수능기출학력평가 + N제 모의고사

고3 화법과 작문

Contents

● PART Ⅰ

● PART Ⅱ

※ 6월·9월 모의평가와 수능은 표기 명칭과 시행 연도가 다릅니다.

예 2024학년도 6월 모의평가는? ➡ 2023년도 6월에 시행!

수능 모의고사 전문 출판
입시플라이

교재의 구성과 특징

강력한 해설로 새롭게 출시된 「2024 리얼 오리지널」

혼자서도 학습이 충분하도록 왜 오답과 정답인지 확실히 알려주며, 문제 해결 꿀~팁까지 입체적인 해설로 전면 보강했습니다.

01 실제 시험지와 똑같은 문제지

화법과 작문 모의고사는 총 42회분의 문제가 수록되어 있으며, 실전과 동일하게 학습할 수 있습니다.

❶ 리얼 오리지널 모의고사는 **실제 시험지의 크기와 느낌을 그대로 살려 실전과 동일한 조건 속에서 문제를 풀어** 볼 수 있습니다.

❷ 실전 느낌을 100% 살리기 위해서 문항 순서를 1번부터가 아니고 **수능과 똑같이 선택 과목 35번부터 45번으로 구성**했습니다.

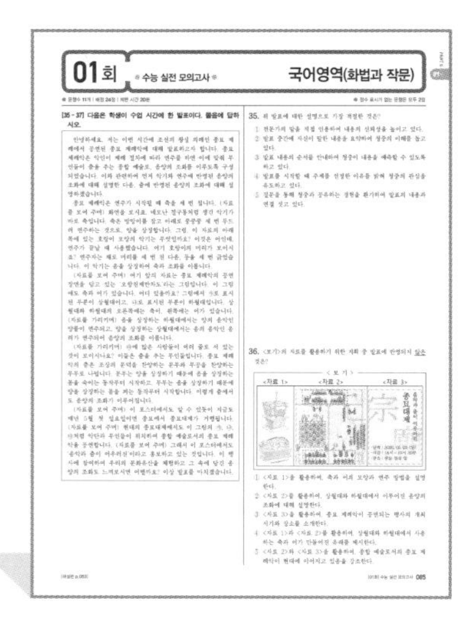

02 2025 수능시험 + 학력평가 대비

2025 수능을 대비해 6월·9월 평가원 모의고사와 교육청에서 시행하는 전국연합 학력평가를 대비할 수 있습니다.

❶ 평가원 [6월·9월] 모의평가와 수능을 대비해 **총 42회분 모의고사를 풀어 보면 실전에서 실력을 마음껏 발휘**할 수 있습니다.

❷ 1년에 4회 [3월·4월·7월·10월] 시행되는 **전국연합 학력평가를 대비할 수 있으며, 내신도 동시에 대비**가 됩니다.

03 입체적 해설 & 문제 해결 꿀 팁

혼자서도 학습이 충분하도록 자세한 [입체적 해설]과 함께 고난도 문제는 문제 해결 꿀~팁까지 수록을 했습니다.

❶ 선지에 **왜, 정답인지? 왜, 오답인지? 입체적으로 자세한 해설을 수록**해 답답함이 없는 학습이 가능합니다.

❷ 국어에서 등급을 가르는 **고난도 문제는 많이 틀린 이유와 함께 문제 해결 꿀 팁**까지 명쾌한 해설을 수록했습니다.

★ 모의고사를 실전과 똑같이 풀어보면
내 실력과 점수는 반드시 올라갈 수밖에 없습니다.

04
3개년 21회 + N제·재구성 21회

[화법과 작문] 과목만을 집중 학습할 수 있으며, 현직 고교 및 학원 선생님들의 [신출제 문항]까지 수록하였습니다.

❶ 최신 3개년 **21회 문제는 신 수능으로 출제된 화법과 작문 기출 문제이며, 수능 및 내신까지도 대비**할 수 있습니다.

❷ N제(신출제)는 **현직 선생님들이 문제를 출제하였고, 기출 우수 문항만을 선별해 재구성 모의고사 21회를 수록**했습니다.

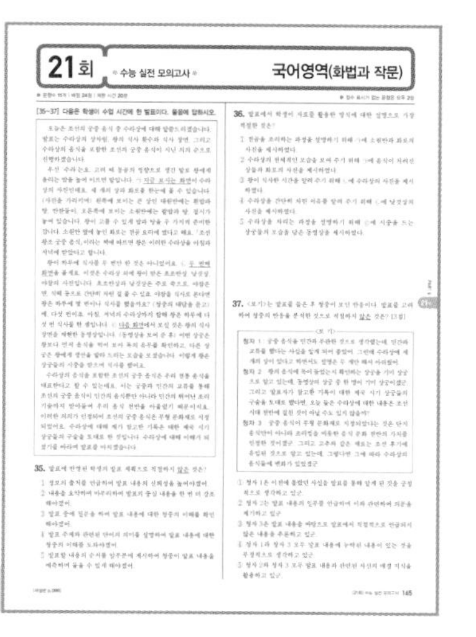

05
정답률 & SPEED 정답 체크 표

빠르게 정답을 확인할 수 있는 SPEED 정답 체크 표를 제공하며, 문항별 정답까지 제공합니다.

❶ 문제를 푼 후 빠르게 정답을 확인할 수 있는 **SPEED 정답 체크 표를 제공**하며, **오려서 책갈피로도 사용**할 수 있습니다.

❷ **문항별로 정답률을 제공하므로 문제의 난이도를 파악**할 수 있어 문제 풀이에 답답함이 없습니다.

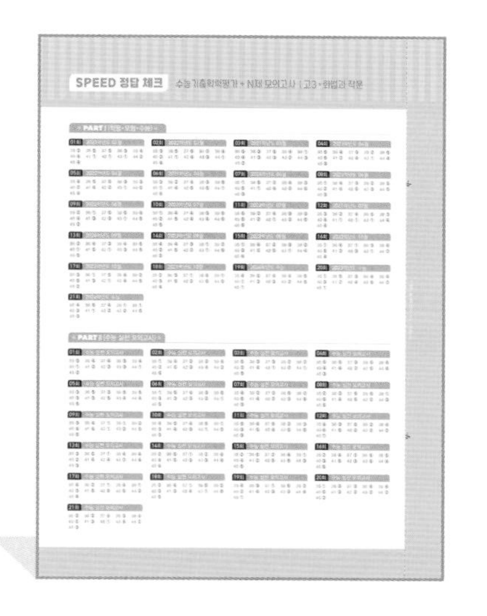

06
실전과 동일한 OMR 체크카드

정답 마킹을 위한 OMR 체크카드는 실전력을 높여주며 부록 형태로 모의고사 문제편 뒷부분에 수록되었습니다.

❶ OMR 체크카드는 **실전과 동일한 형태로 제공되며, 모의고사에서 마킹 연습은 또 하나의 실전 연습**입니다.

❷ 답을 밀려 썼을 때 교체하는 연습도 중요하며, **추가로 OMR 체크카드가 필요하면 홈페이지 자료실에서 다운로드** 받을 수 있습니다.

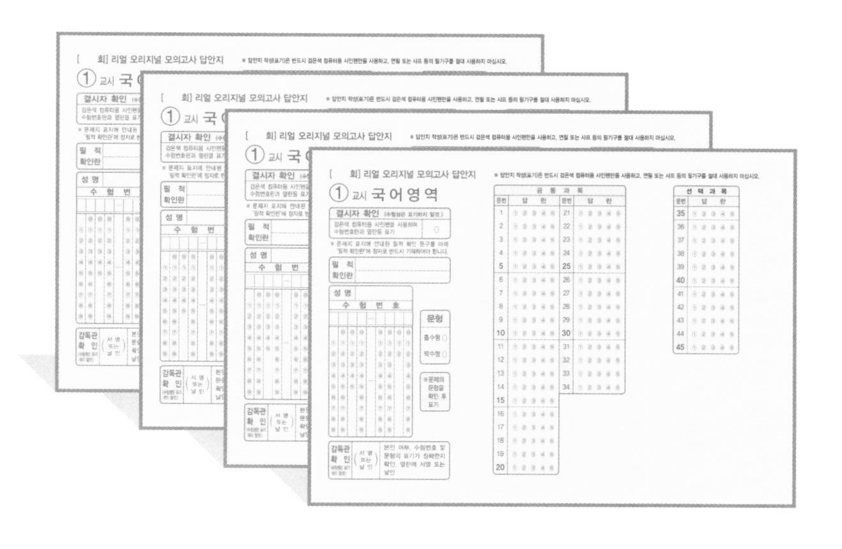

STUDY 플래너

● 화법과 작문 | PART Ⅰ (학평·모평·수능)

회분	학습 날짜	학습 시간	채점 결과	틀린 문제	시간 부족 문제
01회 2023학년도 3월	월 일	시 분 ~ 시 분			
02회 2022학년도 3월	월 일	시 분 ~ 시 분			
03회 2021학년도 3월	월 일	시 분 ~ 시 분			
04회 2023학년도 4월	월 일	시 분 ~ 시 분			
05회 2022학년도 4월	월 일	시 분 ~ 시 분			
06회 2021학년도 4월	월 일	시 분 ~ 시 분			
07회 2024학년도 6월	월 일	시 분 ~ 시 분			
08회 2023학년도 6월	월 일	시 분 ~ 시 분			
09회 2022학년도 6월	월 일	시 분 ~ 시 분			
10회 2023학년도 7월	월 일	시 분 ~ 시 분			
11회 2022학년도 7월	월 일	시 분 ~ 시 분			
12회 2021학년도 7월	월 일	시 분 ~ 시 분			
13회 2024학년도 9월	월 일	시 분 ~ 시 분			
14회 2023학년도 9월	월 일	시 분 ~ 시 분			
15회 2022학년도 9월	월 일	시 분 ~ 시 분			
16회 2023학년도 10월	월 일	시 분 ~ 시 분			
17회 2022학년도 10월	월 일	시 분 ~ 시 분			
18회 2021학년도 10월	월 일	시 분 ~ 시 분			
19회 2024학년도 수능	월 일	시 분 ~ 시 분			
20회 2023학년도 수능	월 일	시 분 ~ 시 분			
21회 2022학년도 수능	월 일	시 분 ~ 시 분			

● 화법과 작문 | PART Ⅱ (실전 모의고사)

회분	학습 날짜	학습 시간	채점 결과	틀린 문제	시간 부족 문제
01회 수능 실전 모의고사	월 일	시 분 ~ 시 분			
02회 수능 실전 모의고사	월 일	시 분 ~ 시 분			
03회 수능 실전 모의고사	월 일	시 분 ~ 시 분			
04회 수능 실전 모의고사	월 일	시 분 ~ 시 분			
05회 수능 실전 모의고사	월 일	시 분 ~ 시 분			
06회 수능 실전 모의고사	월 일	시 분 ~ 시 분			
07회 수능 실전 모의고사	월 일	시 분 ~ 시 분			
08회 수능 실전 모의고사	월 일	시 분 ~ 시 분			
09회 수능 실전 모의고사	월 일	시 분 ~ 시 분			
10회 수능 실전 모의고사	월 일	시 분 ~ 시 분			
11회 수능 실전 모의고사	월 일	시 분 ~ 시 분			
12회 수능 실전 모의고사	월 일	시 분 ~ 시 분			
13회 수능 실전 모의고사	월 일	시 분 ~ 시 분			
14회 수능 실전 모의고사	월 일	시 분 ~ 시 분			
15회 수능 실전 모의고사	월 일	시 분 ~ 시 분			
16회 수능 실전 모의고사	월 일	시 분 ~ 시 분			
17회 수능 실전 모의고사	월 일	시 분 ~ 시 분			
18회 수능 실전 모의고사	월 일	시 분 ~ 시 분			
19회 수능 실전 모의고사	월 일	시 분 ~ 시 분			
20회 수능 실전 모의고사	월 일	시 분 ~ 시 분			
21회 수능 실전 모의고사	월 일	시 분 ~ 시 분			

● 문항수 11개 | 배점 24점 | 제한 시간 20분

● 점수 표시가 없는 문항은 모두 2점

[35 ~ 37] 다음은 학생 대상의 강연이다. 물음에 답하시오.

안녕하세요? 진로 특강을 맡은 전통 목조 건축 연구원 ○○○입니다. 여러분은 전통 건축물의 뼈대가 목재로 짜여 있는 것을 보신 적이 있나요? (청중의 반응을 확인하고) 많은 분이 보셨군요. (자료 제시) 여기 화면에 세 개의 자료가 있습니다. 여기 보이는 목재를 무엇이라고 부르는지 아시나요? 아시는 분들이 있군요. 답하신 것처럼 '부재'라고 합니다. 그리고 화면의 자료들처럼 부재들을 짜 맞추는 것을 '결구'라고 합니다. 저는 오늘 여러분께 결구 방법에 대해 소개하고자 합니다.

결구 방법은 크게 '이음'과 '맞춤'으로 구분됩니다. (자료를 가리키며) 여기 있는 것들은 같은 방향으로 부재들을 길게 결구했습니다. 이를 이음이라고 합니다. 위의 것은 부재들에 어떤 변형도 가하지 않고 두 부재를 이은 '맞댄이음'이고, 아래 것은 부재들에 홈을 만들고 그 홈에 나비 모양의 부재인 '나비장'을 끼워서 두 부재를 이은 '나비장이음'입니다. (자료를 가리키며) 여기 있는 것들은 맞춤의 예인데요, 이음과의 차이점을 아시겠나요? 많은 분이 결구된 부재들이 놓인 방향에 주목해서 답하셨네요. 여기 화면에 보이는 것처럼, 이음과 달리 맞춤은 다른 방향으로 교차하는 부재들을 결구하는 방법입니다. 그렇다면 위의 것과 아래 것의 차이는 무엇일까요? 결구된 부분에 차이가 있다고 답하셨네요. 위의 것에서는 홈이 보이시죠? 이 홈에 끼워서 맞추는 것을 '장부맞춤'이라고 합니다. 아래 것은 위의 것과 달리 두 부재 단면의 한 부분을 반 씩 걷어내어 결구한 것입니다. 이를 '반턱맞춤'이라고 합니다.

이제 구체적 사례를 살펴보겠습니다. (자료를 가리키며) 이것은 경복궁 근정전에 사용된 이음과 맞춤을 보여 줍니다. 여기 창방, 평방, 안초공, 원기둥이 있습니다. 원기둥을 보면, 홈이 있습니다. 이 홈에 창방과 하부 안초공을 결구합니다. 이것은 어떤 결구 방법일까요? 맞춤인 것을 잘 맞혀 주셨네요. 좌우에 있는 평방을 봐 주세요. 두 평방 모두 홈이 보이시죠. 두 평방이 결구되기 위해서는 무엇인가가 필요합니다. 이에 대해 묻기 위해 그것을 그리지 않았습니다. 무엇일까요? 생각보다 많은 분이 맞히셨네요. 맞습니다. 나비장입니다. 나비장이음으로 결구된 평방은 다시 상부 안초공과 결구됩니다.

이음과 맞춤으로 결구된 부재들은 서로 맞물려 잡아 주기 때문에 건축물의 구조적 안정성이 높아집니다. 이음과 맞춤에 주목해 여러 전통 건축물의 구조에 대해 이해하면 좋겠습니다. 여기서 강연을 마치겠습니다. 감사합니다.

35. 위 강연에 대한 설명으로 가장 적절한 것은?

① 청중의 관심사를 확인하여 강연 내용을 조정하고 있다.
② 강연 중간중간에 청중에게 질문하고 답을 들으며 상호 작용하고 있다.
③ 청중의 요청에 따라 강연 내용과 관련 있는 추가적인 정보를 제공하고 있다.
④ 강연 내용과 청중의 관련성을 언급하며 청중에게 주의를 집중할 것을 요청하고 있다.
⑤ 청중에게 친숙한 사례를 제시하여 강연 내용에 대한 청중의 잘못된 이해를 바로잡고 있다.

36. 다음은 강연자가 제시한 자료이다. 강연자의 자료 활용에 대한 설명으로 적절하지 않은 것은?

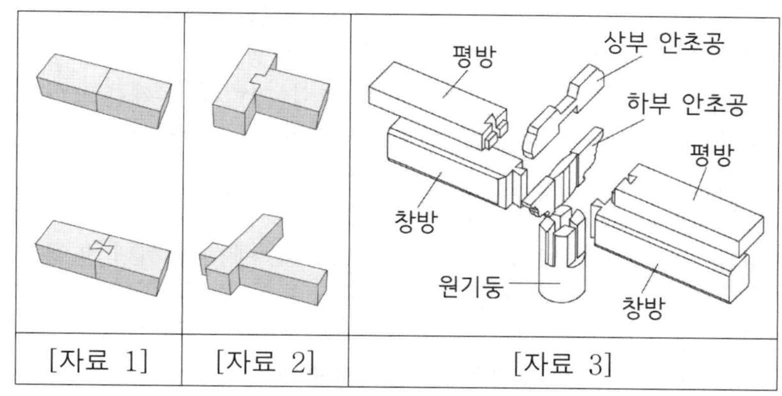

[자료 1] [자료 2] [자료 3]

① [자료 1]을 활용하여, '이음'의 결구 방법을 '맞댄이음'과 '나비장이음'으로 구분하고 있다.
② [자료 2]를 활용하여, '장부맞춤'과 '반턱맞춤'의 차이점을 밝히고 있다.
③ [자료 3]을 활용하여, 경복궁 근정전에서 부재들이 '이음'과 '맞춤'으로 결구되어 있는 것을 소개하고 있다.
④ [자료 1]과 [자료 2]를 활용하여, 결구되는 부재들의 방향에 주목하여 '이음'과 '맞춤'을 설명하고 있다.
⑤ [자료 2]와 [자료 3]을 활용하여, 원기둥의 홈에 '맞춤'하는 하부 안초공의 모양을 분석하고 있다.

37. 다음은 위 강연을 들은 학생들의 반응이다. 학생의 반응을 이해한 내용으로 적절하지 않은 것은?

학생 1: 전통 건축물 부재들의 결구 방법이 궁금했는데 강연을 통해 알게 되어 유익했어. 덕수궁에 가서, 결구 방법에 주목해 전통 건축물들의 구조를 이해해 봐야겠어.
학생 2: 경복궁 근정전의 원기둥 상부와 부재들이 어떻게 짜 맞춰져 있는지 알고 싶었는데 연구원 선생님이 잘 설명해 주셔서 좋았어. 강연을 들으니, 전통 건축물이 수려한 미감을 자아내는 이유는 이음과 맞춤을 통해 다양한 형태의 구조로 만들어졌기 때문인 것 같아.
학생 3: 예전에 책에서 전통 건축물에 사용되는 부재의 모양이 구조적 안정성과 관련이 있다는 것을 읽었었어. 나비 모양으로 부재를 만드는 이유를 구조적 안정성과 관련지어 설명해 주시지 않아 아쉬웠어.

① 학생 1은 강연자가 제언한 대로 강연 내용을 다른 사례에 적용하려 하고 있다.
② 학생 2는 강연 내용을 바탕으로 강연자가 언급하지 않은 내용을 추측하고 있다.
③ 학생 3은 강연에서 설명되지 않은 내용을 언급하며 아쉬워하고 있다.
④ 학생 1과 학생 2는 모두 자신의 궁금증이 해소되었다는 점에서 강연 내용을 긍정적으로 평가하고 있다.
⑤ 학생 1과 학생 3은 모두 기존의 배경지식을 떠올려 자신의 지식과 강연 내용이 연계되는 지점을 확인하고 있다.

[해설편 p.002]

[38 ~ 42] (가)는 학생회 게시판에 올라온 학생 소감문이고, (나)는 이를 읽은 학생회 학생들이 나눈 대화이다. 물음에 답하시오.

(가)

우리 학교에서는 학생이 주도하는 교육 여행을 권장하고 있는데, 그 일환으로 학생회에서 치유 농업을 주제로 하는 여행을 진행하였다. 이 '치유 농업 여행'은 농장 체험을 통해 학업에 지친 학생들의 마음을 치유하기 위해 마련되었다. 치유 농업에 대한 안내가 부족하여 참가를 망설이는 학생들이 있었지만 나는 '건강하고 행복한 삶을 위한 치유 농업 여행에 함께해요'라는 홍보 문구를 보고 호기심이 생겼다. 그래서 지난달에 1박 2일 동안 진행된 치유 농업 여행에 참가하게 되었다.

토요일 오전, 참가자 20여 명이 버스를 타고 학교에서 1시간 정도 떨어진 농장으로 향했다. 농장 입구에 들어서니 농장을 운영하시는 분이 우리를 반갑게 맞아 주셨다. 첫 번째 프로그램은 농장 주변을 산책하는 것이었다. 농장 주변에는 큰 나무들이 많아서 맑은 공기를 마시며 상쾌한 기분을 느낄 수 있었는데, 산책에 주어진 시간이 너무 짧아 아쉬움이 컸다. 그다음에는 농장에서 키운 채소들을 우리 손으로 수확해 보는 체험을 했다. 몸을 쓰는 농장 일에 집중하다 보니 잡념이 사라지고 활기가 생겼다. 저녁을 먹은 후에는 농장 마당에 모여 앉아 별을 보았다. 밤하늘의 별빛들이 토닥토닥, 지쳐 있는 내 마음을 위로해 주었다. 비가 올 때를 대비한 프로그램이 준비되어 있지 않아 비가 오면 시간을 허비할 수도 있었는데, 날씨가 좋아 별을 볼 수 있어서 다행이었다. 다음날 아침에는 농장을 둘러싼 나무들을 바라보며 명상하는 시간을 가졌는데, 학업에 지친 마음을 회복하는 데 도움이 되었다. 마지막 프로그램은 농장의 동물들에게 먹이를 주는 체험이었다. 동물들과 마음을 나누며 즐거움을 느낄 수 있었다. 마지막 프로그램을 마치며 다른 친구들을 보니 모두들 행복한 표정이었다. 이 여행에 함께 했던 다른 학생들과 소감을 나눌 수 있는 장이 마련되면 좋겠다는 생각을 했다.

짧은 시간이었지만 치유 농업 여행은 나에게 유익한 체험이었다. 학생회가 준비해 준 이번 여행 덕분에 힘든 학업으로 답답했던 마음이 시원하게 뚫린 기분이었다. 좋은 프로그램을 준비해 줘서 고마웠다. 이번 교육 여행을 계기로 치유 농업에 관한 자료를 찾아보고 더 깊이 이해해 봐야겠다는 계획을 세웠는데 꼭 실천해야겠다.

(나)

학생 1: 두 번째 치유 농업 여행을 홍보하는 글을 쓰기로 했는데, 어떻게 쓰면 좋을지 이야기해 보자.

[A]

학생 2: 지난번 여행을 홍보하는 글에서는 프로그램을 소개하는 데 주안점을 두었잖아. 이번에는 치유 농업 여행을 통해 얻을 수 있는 효과를 강조해서 더 많은 학생들이 참가할 수 있도록 하면 좋지 않을까?

학생 3: 그래, 맞아. 학생회 게시판에 올라온 소감문 읽어 봤지? 그 소감문에는 치유 농업 여행이 준 만족감이 잘 표현되어 있잖아. 그 내용이 좋아 보이더라.

학생 1: 여행을 통해 학업에 지친 마음을 치유할 수 있었다고 한 내용을 홍보하는 글에 포함하자는 말이지?

학생 3: 맞아. 그 내용이 들어가게 하자. 그리고 우리 학생회가 여행을 준비하는 데 많은 노력을 기울였다는 점과 여행이 끝나고 실시한 설문 조사에서도 만족도가 높게 나온 점을 모두 언급해 주면 좋겠어.

학생 2: 우리가 노력한 것은 맞지만 그 내용을 홍보하는 글에까지 넣을 필요는 없을 것 같아. 그렇지만 설문 조사의 문항과 결과를 수치로 보여 주는 건 여행에 대한 관심도를 높일 수 있다는 면에서 좋네.

학생 1: 설문 조사의 문항과 결과를 수치로 보여 주는 것은 우리가 쓰려는 글의 성격에 맞지 않아. 만족도가 높았다는 내용만 간단히 언급하는 게 좋지 않을까?

[B]

학생 2: 그렇게 하자. 그리고 지난번에는 학생들이 홍보하는 글을 읽고 나서 학생회로 문의를 많이 했잖아. 이번에는 그런 점도 고려할 필요가 있어.

학생 1: 좀 더 자세한 여행 관련 정보를 안내받을 수 있는 별도의 방법을 홍보하는 글에 제시해 주자는 거구나. 그렇지?

학생 2: 맞아. 그리고 지난번 여행에서 동물들 먹이 주기 체험에 대한 호응이 진짜 좋았잖아? 이에 대해 꼭 언급하자.

학생 3: 좋아. 그리고 지난번 여행에서 학생들이 즐거워하는 모습을 찍은 사진들이 많이 있잖아. 그 사진 중 하나를 제시하면 어때?

학생 1: 나는 소감문에서 밤하늘의 별을 보고 얻은 위로를 '토닥토닥'이라고 한 표현이 인상적이었는데, 그것과 관련된 사진을 넣고 그 사진을 설명하는 데 이 표현을 사용하자.

학생 3: 그래, 좋아. 나도 그 표현이 참 좋더라.

학생 2: 내가 너희들의 의견을 반영해서 초고를 작성해 볼게.

학생 1: 응, 고마워. 그리고 지난번 여행에서 부족한 점이나 다시 생각해 봐야 할 점도 있었잖아. 다음번 모임에서는 그 부분에 대해 이야기해 보자.

학생 3: 우리가 앞에서 살펴봤던 소감문에도 그런 내용이 있었잖아. 내가 그 내용을 정리해서 우리가 논의해야 할 사항을 [메모]해 올게.

학생 1, 2: 그래, 좋아.

38. (가)의 학생이 사용한 글쓰기 방법에 대한 설명으로 가장 적절한 것은?

① 치유 농업 여행에 참가하면서 겪은 어려움을 사례를 들어 제시한다.
② 치유 농업 여행에 참가한 경험을 다른 참가자의 경험과 비교하여 설명한다.
③ 치유 농업 여행의 세부 프로그램 내용과 소감을 시간적 순서에 따라 제시한다.
④ 치유 농업에 대한 전문가의 견해를 직접 인용하여 치유 농업 여행의 목적을 설명한다.
⑤ 치유 농업 여행의 프로그램이 지닌 장점을 다른 교육 여행 프로그램과 대조하여 제시한다.

[해설편 p.002]

39. <보기>는 (가)의 마지막 문단 초고이다. <보기>를 고쳐 쓰기 위한 친구들의 조언 중 반영되지 않은 것은? [3점]

< 보 기 >

짧은 시간이었지만 치유 농업 여행은 나에게 도움이 되는 유익한 체험이었다. 학생회가 준비해 준 이번 여행 탓에 힘든 학업으로 답답했던 마음이 시원하게 뚫린 기분이었다. 학업에 집중하기 위해서는 공부하는 환경이 중요하다는 생각이 들었다. 좋은 프로그램을 준비해 준 학생회 학생들이 고맙다는 말을 전하고 싶다. 이번 교육 여행을 계기로 생긴 앞으로의 계획도 잘 실천해 봐야겠다.

① 첫 번째 문장에서 의미가 중복된 표현은 수정하는 게 어때?
② 두 번째 문장에서 부적절하게 사용된 어휘는 바꾸는 게 어때?
③ 세 번째 문장은 글의 통일성을 고려하여 삭제하는 게 어때?
④ 네 번째 문장은 행위가 미치는 대상인 객체를 분명하게 표현하는 게 어때?
⑤ 다섯 번째 문장의 내용은 더 구체적으로 제시해 주는 게 어때?

40. [A], [B]에 대한 이해로 가장 적절한 것은?

① [A]에서 학생 3은 첫 번째 발화에서 학생 2의 의견 중 자신의 의견과 부합하는 부분과 그렇지 않은 부분을 구별하고 있다.
② [A]에서 학생 1은 두 번째 발화에서 학생 2와 학생 3의 발화 내용의 일부를 재진술하면서 그 발화 내용을 뒷받침할 근거 자료를 요청하고 있다.
③ [B]에서 학생 3은 첫 번째 발화에서 학생 2의 제안에 대한 공감을 표현한 후 두 번째 발화에서 그 제안과 학생 1의 제안을 절충하고 있다.
④ [A]와 [B] 모두에서 학생 1은 첫 번째 발화에서 상대의 발화 의도를 파악하여 자신이 이해한 내용이 맞는지 확인하고 있다.
⑤ [A]와 [B] 모두에서 학생 2는 두 번째 발화에서 상대의 발화 내용이 대화 맥락에 어긋나 있음을 고려하여 대화의 흐름을 조정하고 있다.

41. (가)와 (나)를 고려할 때, '학생 3'이 작성한 메모의 내용으로 적절하지 않은 것은?

<우리가 논의해야 할 사항>

○ 참가자 안전 교육의 효율적인 진행을 위해 필요한 사항 검토 ······ ①
○ 여행 참가자들 사이에 소감을 공유할 수 있는 구체적인 방안 검토 ······ ②
○ 일부 프로그램에 배정된 활동 시간을 조정할 필요성에 대한 검토 ······ ③
○ 우천 시 진행하기 어려운 프로그램을 대체할 수 있는 프로그램 검토 ······ ④
○ 참가자 모집 과정에서 부족했던 치유 농업에 대한 안내를 보완할 수 있는 방안 검토 ······ ⑤

42. 다음은 '학생 2'가 작성한 초고이다. 이에 대한 반응으로 적절하지 않은 것은?

건강하고 행복한 삶을 위한 치유 농업 여행에 함께해요

학생회에서 두 번째 치유 농업 여행에 참가할 학생을 모집합니다. 첫 번째 치유 농업 여행에 참가했던 학생들의 반응이 얼마나 좋았는지 아시나요? 치유 농업 여행을 통해 학업으로 지친 마음을 치유할 수 있어서 좋았다는 학생의 반응이 있었어요. 여행 후 진행된 설문 조사 결과에서도 만족도가 매우 높게 나왔답니다. 그리고 이번에는 특별히 주목할 만한 프로그램이 하나 더 생겼어요. 지난번 여행에서 동물들 먹이 주기 체험에 대한 호응이 매우 좋았는데, 이번에는 소 껴안기 프로그램을 추가하여 지난번보다 동물들과 더 가깝게 교감할 수 있도록 했어요. 치유 농업 여행에 참가를 원하는 학생들은 학생회 게시판을 통해 구체적인 프로그램 일정과 내용, 신청 방법 등을 확인해 주세요.

<사진: 토닥토닥 위로해 준 별빛들>

① 새로 추가된 프로그램의 내용과 효과를 부각하자는 의견이 반영되었군.
② 치유 농업 여행이 준 만족감에 대한 소감문의 내용을 포함하자는 의견이 반영되었군.
③ 치유 농업 여행 후 진행된 설문 조사의 만족도 결과를 간단하게 언급하자는 의견이 반영되었군.
④ 치유 농업 여행에 관한 추가 정보를 얻을 수 있는 별도의 방법을 안내하자는 의견이 반영되었군.
⑤ 학생들의 활동 모습이 담긴 사진과 소감문에서 인상적이었던 표현을 함께 제시하자는 의견이 반영되었군.

[43 ~ 45] 다음은 작문 상황과 이를 바탕으로 학생이 작성한 초고이다. 물음에 답하시오.

○ **작문 상황** : ○○ 지역 신문의 독자 기고란에 캠핑장에서의 안전사고에 관한 글을 쓰려 함.

○ **초고**

여가 활동으로 캠핑을 즐기는 사람들이 늘어나면서 캠핑장에서의 안전사고도 증가하고 있다. 캠핑장에서의 안전사고 중 가장 많이 발생하는 사고는 미끄러짐, 넘어짐, 부딪힘 등 물리적 충격으로 발생하는 사고이지만, 생명에 미치는 위해의 심각성은 물리적 충격으로 발생하는 사고보다 화재와 일산화 탄소 중독 사고가 더 크다. 이에 따라 안전한 캠핑을 위해 캠핑장에서 일어나는 화재와 일산화 탄소 중독 사고에 유의하는 것이 중요하다.

캠핑 중 화재는 주로 캠핑장 이용객들이 캠핑 용품을 올바르게 사용하지 않아 발생한다. 캠핑장 이용객들이 가스버너나 가스난로의 사용 방법을 지키지 않거나 모닥불을 부주의하게 관리하여 화재가 발생하는 경우가 많다. 그로 인해 캠핑 용품 관련 안전사고에서 화재 관련 사고가 차지하는 비율이 가장 높다. 또한 캠핑 중 화재는 캠핑장 사업자가 소방 시설을 제대로 갖추지 않거나 관계 당국이 소방 시설에 대한 관리 감독을 소홀히 하여 발생하기도 한다. 소방 시설의 미비와 관리 감독의 소홀은 화재의 조기 진화를 어렵게 하여 인명 피해를 키운다.

캠핑 중 일산화 탄소 중독 사고는 이용객들이 밀폐된 텐트에서 부주의하게 난방 기기를 사용하다가 주로 발생한다. 일산화 탄소는 무색, 무취여서 중독되기 전까지는 누출 여부를 알 수가 없기 때문에 더 위험하다. 일산화 탄소에 중독되면 구토, 어지럼증 외에 심정지까지 발생할 수 있다. 일산화 탄소 중독 사고는 인명 피해율이 높아서 각별한 주의가 필요함에도 불구하고 캠핑 중 일산화 탄소 중독 사고는 줄지 않고 있다.

캠핑장에서의 화재와 일산화 탄소 중독 사고를 예방하기 위해 캠핑장 이용객들은 안전 수칙에 따라 캠핑 용품을 사용하고 난방 기기 사용 시에는 환기구를 확보해야 한다. 이와 함께, 캠핑장 사업자들은 소방 시설과 일산화 탄소 경보기 등의 안전 용품 등을 구비해야 하며, 관계 당국은 이에 대한 관리와 감독을 철저하게 해야 한다. 다시 말해, [A]

43. '초고'에 대한 설명으로 가장 적절한 것은?

① 문제의 심각성을 제기하고 문제의 원인을 밝혔다.
② 특정 주장을 소개하고 예상되는 반론을 반박하였다.
③ 다양한 문제 해결 방안을 설명하고 그 장단점을 비교하였다.
④ 일반적 통념을 제시하고 그 통념이 지닌 모순을 지적하였다.
⑤ 문제 상황을 분석하고 그에 대한 대책 마련의 어려움을 제시했다.

44. 선생님의 조언을 반영하여 [A]를 작성한 내용으로 가장 적절한 것은?

> **선생님** : 글을 마무리할 때, 핵심 내용을 문제 해결의 모든 주체와 관련지어 요약하고 예상되는 효과를 언급하자.

① 안전한 캠핑은 캠핑장의 안전시설을 확인하는 것부터 시작된다. 캠핑장 사업자와 관계 당국은 캠핑장 이용객이 안전시설을 수월하게 확인할 수 있는 환경을 조성해 주어야 한다.
② 캠핑장 화재와 일산화 탄소 중독 사고를 예방하기 위해 이용객, 사업자, 관계 당국 모두가 주의와 노력을 기울여야 한다. 이를 통해 사고 없는 안전한 캠핑이 이루어질 수 있다.
③ 빈틈없는 안전시설 관리를 위해 캠핑장 사업자의 노력이 가장 중요하다. 캠핑장 화재와 일산화 탄소 중독 사고를 예방할 때 이용객들은 즐거운 캠핑을 할 수 있다.
④ 여가 활동으로 캠핑을 즐기는 사람들이 늘어나고 있다. 반면에 안전시설을 규정에 맞게 모두 갖춘 캠핑장은 늘지 않고 있어 이에 대한 대책이 필요하다.
⑤ 캠핑을 하면 자연과 함께하는 휴식을 통해 몸과 마음을 건강하게 만들 수 있다. 안전한 환경을 조성하여 캠핑을 즐기는 사람들이 늘어나게 해야 한다.

45. <보기>는 '초고'를 보완하기 위해 추가로 수집한 자료이다. 자료 활용 방안으로 적절하지 않은 것은? [3점]

< 보 기 >

(가) △△ 연구소 통계 자료

(가-1) 캠핑장 안전사고 현황	(가-2) 캠핑 용품 관련 안전사고 현황

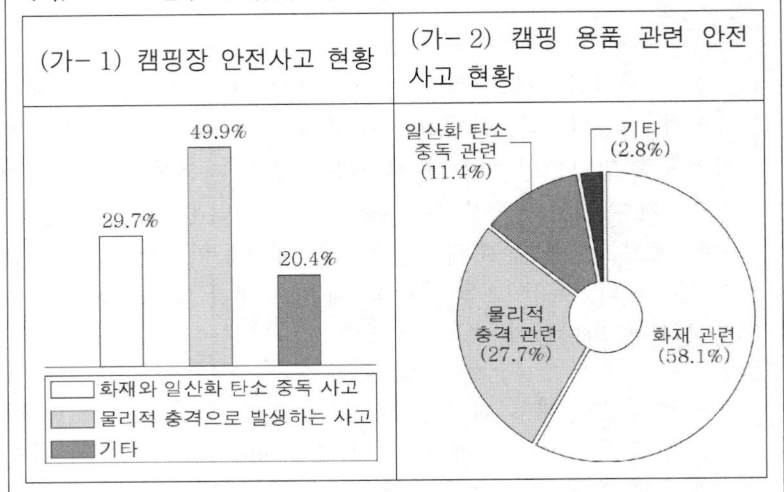

(나) 신문 기사

◇◇ 자료에 따르면, 최근 연평균 캠핑장 안전사고가 두 배 가까이 증가했다. 더욱이 생명에 미치는 위해의 심각성이 큰 사고의 발생 비율도 높아졌다. 일산화 탄소 중독 사고의 경우 캠핑 중 발생하는 사고가 예년보다 증가해 전체 사고에서 캠핑 중 발생한 비율이 26%에 이르렀다. 화재 사고의 경우 다수의 사상자가 발생한 □□ 캠핑장 사고가 그 피해의 심각성을 보여 준다. 이 사고는 소방 시설의 미비와 관계 당국의 관리 소홀로 조기 진화에 실패해 일어난 참사였다.

(다) 전문가 인터뷰

일산화 탄소 중독 사고는 생명에 미치는 위해가 매우 심각합니다. 이는 사고 발생 건수 대비 사상자 수의 비율인 인명 피해율을 통해 알 수 있습니다. 일반적으로 재난 사고의 인명 피해율은 1을 넘지 않습니다. 그러나 일산화 탄소 중독 사고의 인명 피해율은 2.65로 매우 높습니다.

① (가-1)을 활용하여, 물리적 충격으로 발생하는 사고가 캠핑장에서의 안전사고 중 발생 빈도가 가장 높다는 1문단의 내용을 뒷받침한다.
② (가-2)를 활용하여, 캠핑 용품 관련 안전사고 중 화재 관련 사고의 발생 비율이 가장 높다는 2문단의 내용에 구체적인 수치를 추가한다.
③ (나)를 활용하여, 소방 시설의 미비와 관리 감독의 소홀은 화재의 조기 진화를 어렵게 하여 인명 피해를 키운다는 2문단의 내용에 사례를 추가한다.
④ (가-2)와 (나)를 활용하여, 일산화 탄소 중독 사고와 화재 사고가 물리적 충격으로 발생하는 사고보다 많다는 1문단의 내용을 구체화한다.
⑤ (나)와 (다)를 활용하여, 일산화 탄소 중독 사고는 인명 피해율이 높아서 주의가 필요함에도 캠핑 중 일산화 탄소 중독 사고는 줄지 않고 있다는 3문단의 내용을 구체화한다.

* 확인 사항
○ 답안지의 해당란에 필요한 내용을 정확히 기입(표기)했는지 확인하시오.

02회 ● 2022학년도 3월 학력평가 국어영역(화법과 작문)

● 문항수 11개 | 배점 24점 | 제한 시간 20분

● 점수 표시가 없는 문항은 모두 2점

[35 ~ 37] 다음은 학생의 발표이다. 물음에 답하시오.

안녕하세요? 이번 시간에 발표를 맡은 ○○○입니다. 여기 모니터 화면을 보시죠. (시각 자료1) 이 화면에 보이는 앱은 제 휴대 전화에 설치되어 있는 것입니다. 이 앱에 나타난 광고 창을 닫으려고 할 때에는 ○, × 버튼 중 누구나 × 버튼을 누르게 될 텐데요, 이 광고 창에서는 × 버튼을 누르면 또 다른 광고 창으로 연결됩니다. 그래서 저는 이 앱을 사용할 때 제 의도와 다르게 광고 창을 열게 되는 경우가 종종 있습니다. 여러분도 저와 비슷한 경험을 하신 적이 있지 않나요? (청중의 반응을 확인하고) 그렇다면 저와 여러분은 '다크 패턴'에 속은 것입니다. 지금부터 다크 패턴에 대해 알려 드리겠습니다.

다크 패턴이란 이용자를 속이기 위해 교묘하게 웹이나 앱을 설계하는 것으로, 우리말로는 '눈속임 설계'라고 합니다. 다크 패턴에는 대표적으로 속임수 유형과 강요 유형이 있습니다. 속임수 유형은 이용자가 쉽게 속도록 하여 원래 의도했던 선택과 다른 선택을 하게 하는 것입니다. 앱에 가입하려 할 때 다른 앱을 설치하도록 유도하거나, 동영상 재생 버튼을 누르면 광고로 연결되는 것 등이 이에 해당합니다. 앞서 여러분이 화면을 보고 저에게 피해를 입은 적이 있다고 말해 주신 것이 속임수 유형에 해당한다고 볼 수 있습니다.

강요 유형은 이용자가 앱 설계자의 의도대로 선택을 하도록 여러 가지 방법을 사용하는 것입니다. 여기 화면을 보시죠. (시각 자료2) 제가 가입한 이 앱을 해지해 보겠습니다. 여기에 있는 해지 버튼을 누르면 '지금까지 받아 온 많은 혜택을 모두 포기하실 건가요?'라는 문구가 나옵니다. 이런 식으로 이용자가 해지를 못하게 유도하는 것이 강요 유형에 해당합니다. 이 외에도 다크 패턴에는 주의 분산 유형, 탐색 조작 유형 등 다양한 유형이 있습니다. 시간 관계상 다 소개하기 어려우니 관심이 있으신 분들은 한국소비자원 누리집을 참고하시기 바랍니다.

다크 패턴으로 인한 피해는 어느 정도일까요? 한국소비자원에서 발표한 자료에 따르면 조사한 앱 중 97%에서 1개 이상의 다크 패턴이 나타났고, 하나의 앱에서 6개까지 사용된 경우도 있었습니다. 이러한 다크 패턴으로 인해 이용자는 선택의 자율성을 침해받을 뿐만 아니라 금전적 손실, 개인 정보 유출 등의 피해를 받고 있습니다. 이런 다크 패턴에 속지 않도록 웹이나 앱에서 어떠한 선택을 할 때에는 항상 주의를 기울여야 피해를 예방할 수 있습니다. 이상으로 발표를 마치겠습니다. 감사합니다.

35. 위 발표에 대한 설명으로 가장 적절한 것은?

① 발표할 내용의 순서를 발표의 앞부분에서 제시하고 있다.
② 청중의 요청에 따라 발표 내용에 대한 정보를 추가로 설명하고 있다.
③ 발표자 자신의 경험을 활용하여 발표에서 다룰 화제를 제시하고 있다.
④ 다양한 사례를 제시하여 설명한 내용에 대한 청중의 잘못된 이해를 바로잡고 있다.
⑤ 청중이 발표 내용을 이해했는지를 질문을 통해 확인하며 발표를 마무리하고 있다.

36. 다음은 발표자가 위 발표를 준비하면서 작성한 메모이다. ㉠~㉤을 바탕으로 하여 발표에서 사용한 발표 전략으로 적절하지 않은 것은?

○ 목적 : 수업 시간에 정보 전달을 하기 위한 발표임. ······ ㉠
○ 장소 : 모니터가 설치된 교실임. ······ ㉡
○ 예상 청중
  1. 다크 패턴에 대해 잘 알지 못할 수 있음. ······ ㉢
  2. 다크 패턴으로 인한 피해를 입은 경험이 있을 것임. ······ ㉣
○ 발표 시간 : 발표 시간의 제약이 있으므로 발표할 내용의 분량을 조절해야 함. ······ ㉤

① ㉠ : 발표에 사용된 자료의 출처를 밝혀 청중에게 전달되는 정보의 신뢰성을 높인다.
② ㉡ : 교실에 있는 모니터 화면으로 휴대 전화의 앱을 보여 주어 정보의 전달 효과를 높인다.
③ ㉢ : 청중의 이해를 돕기 위해 다크 패턴의 개념과 우리말로 된 용어를 함께 제시한다.
④ ㉣ : 다크 패턴의 유형을 소개하는 데 청중이 피해를 겪은 경험을 활용한다.
⑤ ㉤ : 발표 시간을 고려해 다크 패턴의 피해를 예방하는 방법을 도식화한 자료를 제시한다.

37. 다음은 위 발표를 들은 학생들의 반응이다. 학생의 반응을 이해한 내용으로 적절하지 않은 것은? [3점]

학생 1 : 그동안 몰랐던 다크 패턴에 대해 많은 것을 알게 되어서 좋았어. 다크 패턴은 인간의 심리와 관련이 있는 것 같아. 이에 대해 알고 싶은 것이 있으니 조사해 보아야겠어.

학생 2 : 어제 무료 앱을 설치했는데 원하지 않던 앱도 함께 설치되어 그것이 무엇인지 알아봤어. 그리고 속임수 유형에 대한 발표 내용이 정확한지도 조사해 봤는데, 내가 알아본 것과 내용이 일치해서 신뢰감이 들었어.

학생 3 : 다크 패턴에 관하여 많은 정보를 확인할 수 있는 누리집을 알게 되어 유익했어. 지금 내 휴대 전화에 있는 앱에도 다크 패턴이 적용되어 있는지 확인해 보아야겠어.

① 학생 1은 발표 내용과 관련해 궁금한 점을 더 조사해야겠다고 생각하고 있군.
② 학생 2는 발표에서 속임수 유형에 대해 설명한 내용이 정확한지 평가하고 있군.
③ 학생 3은 발표 내용을 바탕으로 자신의 현재 상황을 점검하려 하고 있군.
④ 학생 1과 학생 3은 발표를 통해 얻은 정보를 긍정적으로 평가하고 있군.
⑤ 학생 2와 학생 3은 발표에서 들은 정보를 사실과 의견으로 구분하고 있군.

[38~42] (가)는 한 학생이 학생회 누리집 게시판에 올린 글이고, (나)는 (가)를 읽은 학생회 학생들이 나눈 대화이다. 물음에 답하시오.

(가)

안녕하세요. 며칠 전 다목적실의 리모델링을 앞두고 학생회에서 다목적실의 활용 방안을 논의하는 데 참관했던 ○○○입니다. 그때 논의에서는 다목적실을 학생 휴게실로 바꾸자는 측과 기존처럼 학습 공간으로 사용하자는 측의 대립이 있었는데, 의견 차이만 확인하고 결론은 내리지 못했습니다. 양측에서 자신의 입장만 내세우는 문제가 있고 논의 태도에도 문제가 있다는 생각이 들어, 학생회 활동에 대한 학생의 의견을 듣는 게시판에 이 글을 쓰게 되었습니다.

먼저 논의 내용을 간략하게 요약하면, 다목적실을 학생 휴게실로 바꾸어야 한다는 측은 쾌적한 환경에서 편하게 대화를 하며 스트레스를 줄일 수 있는 공간에 대한 학생들의 요구가 있다는 점을 근거로 들었습니다. 그리고 학습 공간으로 사용하자는 측은 점심시간에 학생들이 편리하게 이용할 수 있는 학습 공간이 부족해 교내 학습 공간의 확보에 대한 학생들의 요구가 있다는 점을 근거로 들었습니다.

양측은 각자 자신의 주장을 뒷받침하는 타당한 근거를 제시했습니다. 그런데 양측 모두 자신의 주장과 상대방의 주장을 절충하기 위한 방안을 고민하지 않았습니다. 학생회라면 학생 모두의 복지를 고려해야 합니다. 다목적실은 일부 학생을 위한 공간이 아니라 학생 전체를 위한 복지 공간입니다. 따라서 학생회는 학생 모두를 위한 다목적실의 활용 방안을 고민해야 합니다.

양측의 주장을 절충할 수 있는 현실적인 방안으로 리모델링을 할 때 다목적실을 학습 공간과 휴게 공간으로 나누는 방법이 있습니다. 공간을 구분하면 각 공간을 이용하는 학생들이 좁다는 느낌을 받을 수 있겠지만 양측의 요구를 모두 충족할 수 있습니다. 곧 리모델링을 시작하는 만큼 제 의견을 참고해 구체적인 공간 활용 방안을 논의하면 좋겠습니다. 다음에는 협력해서 방안을 마련하기 바랍니다.

지난 논의에서는 다목적실을 학생 휴게실로 바꾸자는 측과 학습 공간으로 계속 사용하자는 측 모두 서로의 입장을 이해하려는 노력이 부족하다는 것을 느꼈습니다. 양측이 열린 마음으로 상대 입장을 배려하며 논의에 임해야 학생 모두를 위한 방안을 마련할 수 있을 것입니다. 읽어 주셔서 감사합니다.

(나)

학생 1: 리모델링 이후의 다목적실 활용 방안에 대해 다시 이야기해 보자. 지난 논의에 대해 비평하는 글 읽어 봤니? 나는 특히 글의 마지막 부분에 공감하면서 읽었어. 논의 과정에서 상대방의 입장을 고려하지 않아 문제가 해결되지 않고 오히려 갈등이 고조되는 걸 느꼈거든. 너희들은 논의할 때 어땠어?

학생 2: 그 글을 읽으며 내 태도를 되돌아봤어. 내가 너무 일방적으로 내 생각만 내세웠던 것 같아. 다목적실이 학습 공간으로만 사용되는 것에 평소 불만이 있어서, 다목적실을 학습 공간으로 사용하고 싶어 하는 학생들이 많다는 점을 고려하지 않았어. 상대방의 입장을 배려하며 방안을 찾아야 했어.

학생 3: 난 점심시간에 다목적실을 학습 공간으로 편리하게 이용할 수 있어서 정말 좋았거든. 그래서 다목적실을 학생 휴게실로 바꾸자는 주장에 거부감이 들었어. 하지만 글에도 나왔듯이 다목적실은 학생 모두의 복지를 위한 공간이니까 휴게 공간을 필요로 하는 학생들의 입장도 고려해야 했어.

학생 1: 그럼 이제 양측의 입장을 절충해 좋은 방안을 마련할 수 있도록 협의해 보자. 글에 제시된 필자의 의견처럼 다목적실을 학습 공간과 휴게 공간으로 나누는 건 어떨까?

학생 3: 그러면 글에서도 우려한 것처럼 각각의 공간이 좁을 것 같아. 다목적실을 학습 공간으로 운영하는 시간과 휴게 공간으로 운영하는 시간을 구분하는 게 더 낫겠어.

학생 2: 다목적실을 시간대별로 학습 공간과 휴게 공간으로 운영하자는 의견에는 동의해. 그런데 그렇게 운영하기 위해서는 많은 학생이 수긍할 수 있는 기준이 필요해.

[A]
학생 3: 그래, 기준이 필요하겠다. 다목적실에서 공부하는 학생들이 가장 많을 때는 점심시간인 것을 고려하자. 그 시간에는 학습 공간으로 운영하고, 수업 사이의 쉬는 시간에는 휴게 공간으로 운영하는 건 어때?

학생 2: 공부하는 학생들을 고려하는 건 좋아. 하지만 점심시간은 수업 사이의 쉬는 시간보다 길어. 그 시간에 친구들과 대화하고 싶은 학생들의 마음도 존중해 줬으면 해. 투명 칸막이로 공간을 분리해서 대화 공간을 따로 만들면 좋겠어. 그렇게 하면 점심시간에 다목적실에서 친구들과 대화하기를 원하는 학생들의 요구가 수용될 수 있고 공간이 좁다는 느낌도 완화될 수 있을 거야.

학생 3: 좋은 생각이다. 투명 칸막이 설치를 어떻게 할지 방법을 찾아봐야겠어.

학생 1: 나도 동의해. 이제 서로 다른 생각을 잘 절충해서 좋은 방안이 나온 것 같아. 점심시간에는 학습 공간과 휴게 공간으로 분리해 운영하고, 쉬는 시간에는 다목적실을 휴게 공간으로 운영하자. 다른 학생들에게 이 방안에 대해 어떤지 물어보고 많은 학생이 동의하면, 다목적실을 리모델링할 때 투명 칸막이를 설치해 공간을 분리해 달라고 학교에 건의해 보자. 오늘 협의는 이것으로 마무리하자.

38. (가)를 쓰기 위해 세운 글쓰기 계획 중 글에 반영되지 <u>않은</u> 것은?

① 다목적실 활용 방안에 대한 논의에 참관해 갖게 된 문제의식을 밝혀야겠군.
② 다목적실 활용 방안에 대한 논의의 진행 순서가 잘못되었음을 지적해야겠군.
③ 다목적실 활용 방안에 대한 논의에서 대립한 두 주장의 근거를 요약해야겠군.
④ 다목적실 활용 방안에 대해 논의할 때 학생회 학생들이 지녀야 할 태도를 제시해야겠군.
⑤ 다목적실 활용 방안에 대해 논의할 때 학생 복지를 위해 학생회에서 고려해야 할 점을 제시해야겠군.

39. (가)의 작문 맥락을 파악한 내용으로 가장 적절한 것은?

① 1문단에서 다목적실의 활용 방안에 대한 논의가 어떻게 마무리 되었는지를 설명하고 있으므로, 공동체의 현안에 대해 조사한 내용을 보고하는 것이 작문 목적임을 알 수 있다.
② 2문단에서 다목적실을 학생 휴게실로 바꾸자는 주장을 먼저 서술하고 있으므로, 필자가 공동체의 현안에 대한 두 주장 중 한쪽을 다른 한쪽보다 중시하고 있음을 알 수 있다.
③ 3문단에서 다목적실을 학생들의 복지 공간으로 규정하고 있으므로, 공동체의 현안으로부터 파생될 수 있는 문제점들을 설명하는 것을 작문 주제로 삼았음을 알 수 있다.
④ 4문단에서 다목적실의 활용 방안을 다음 논의에서 마련하기를 바란다고 주문했으므로, 공동체의 현안 해결과 관련된 구성원을 예상 독자로 설정하고 있음을 알 수 있다.
⑤ 5문단에서 다목적실 활용 방안 마련의 어려움을 밝히고 있으므로, 공동체의 현안과 관련된 개인의 일상적 자기 성찰을 기록하는 데 적합한 작문 매체를 선택했음을 알 수 있다.

40. <보기>는 (나)에 따라 작성한 건의문이다. <보기>를 작성할 때 고려한 내용으로 적절하지 <u>않은</u> 것은? [3점]

< 보 기 >

교장 선생님, 안녕하세요.
학생회에서는 리모델링을 앞두고 있는 다목적실의 활용 방안을 협의했습니다. 그 방안은 쉬는 시간에는 다목적실을 휴게 공간으로 운영하고, 점심시간에는 학습 공간과 휴게 공간으로 분리해 운영하는 것입니다.
이러한 운영 방안에 대한 동의 여부를 온라인 투표를 활용해 학생들에게 물었습니다. 그 결과 전체 학생의 85%가 투표에 참여했으며, 그중 90%에 이르는 학생들이 해당 방안에 찬성했습니다. 자세한 설문 조사 결과는 학생회 누리집 게시판에서 확인하실 수 있습니다.
앞서 제시한 방안대로 다목적실을 활용한다면 학생들의 스트레스를 줄일 수 있고, 부족한 학습 공간도 확보할 수 있습니다. 그런데 이를 위해서는 학교에서 다목적실을 리모델링할 때 투명 칸막이를 이용해 휴게 공간과 학습 공간으로 공간을 분리해 주셔야 합니다. 많은 학생이 바라고 있는 만큼 저희의 건의를 꼭 들어주시면 좋겠습니다. 감사합니다.

① 학생회에서 마련한 다목적실의 활용 방안에 대해 학생들의 동의 여부를 조사한 결과를 제시한다.
② 다목적실의 활용 방안을 논의하는 과정에서 대두된 학생들의 갈등을 건의의 배경으로 제시한다.
③ 건의 내용을 제시하면서 학생들의 바람을 언급하여 건의 내용을 수용해 줄 것을 강조한다.
④ 학생회에서 제안한 다목적실의 활용 방안이 실현되었을 때 예상되는 효과를 제시한다.
⑤ 학생회에서 다목적실의 활용 방안에 대해 협의한 결과를 소개한다.

41. (나)의 '학생 1'에 대한 설명으로 적절하지 <u>않은</u> 것은?

① (가)에서 언급한 논의 내용에 근거하여 그 내용과 다른 의견을 가진 학생을 비판하고 있다.
② (가)의 내용을 다른 학생들이 읽었는지 확인하고 (가)의 내용에 공감하는 태도를 드러내고 있다.
③ (가)의 필자의 입장을 취해 다른 학생들이 (가)에서 제시한 방안에 대해 의견을 개진하도록 유도하고 있다.
④ (가)의 내용과 관련해 지난 논의에서 자신이 느낀 바를 제시하며 그에 대한 다른 학생들의 의견을 묻고 있다.
⑤ (가)의 제언에 따라 협의한 결과 적절한 방안이 마련되었다고 판단하고 그 방안에 대한 실천 과제를 제안하고 있다.

42. 대화의 흐름을 고려할 때, [A]에 대한 이해로 가장 적절한 것은?

① '학생 3'은 '학생 2'의 의견을 재진술하면서 문제 상황을 구체적으로 언급하고 있다.
② '학생 3'은 '학생 2'의 의견에 동의하면서 의견을 뒷받침할 다른 근거를 요구하고 있다.
③ '학생 2'는 '학생 3'의 의견에 이의를 제기하면서 근거의 출처를 문제 삼고 있다.
④ '학생 2'는 '학생 3'의 의견에 일부 동의하면서 자신의 의견을 추가로 제시하고 있다.
⑤ '학생 2'는 '학생 3'의 의견을 따랐을 때 예상되는 문제점을 여러 관점에서 열거하며 입장의 변화를 요구하고 있다.

[43 ~ 45] (가)는 편집장이 기자에게 보낸 요청이고, (나)는 그에 따라 기자가 작성한 초고이다. 물음에 답하시오.

(가) 편집장의 요청
정부, 기업, 그리고 소비자의 측면에서 식품 안전을 지키기 위한 기획 기사를 연재하고 있습니다. 이와 관련하여 '식품 이력 추적 관리 제도의 활성화 방안'을 주제로 글을 써 주세요. 글에는 ㉠ <u>제도의 취지</u>, ㉡ <u>제도의 취지가 잘 살지 못하는 이유</u>, ㉢ <u>제도의 취지를 살릴 수 있는 방안</u>을 포함해 주세요.

(나) 초고
식품 이력 추적 관리 제도는 식품의 제조, 가공, 판매의 각 단계별 이력 정보를 기록하고 관리하는 제도이다. 이 제도는 소비자에게 이력 정보를 제공함으로써 소비자가 안전한 식품을 선택할 수 있도록 하고, 식품의 안전성에 문제가 발생했을 때 신속하게 유통을 차단하고 문제가 된 식품을 회수할 수 있도록 하기 위해 만들어졌다. 그러나 현실에서는 이 제도가 활성화되지 못해 문제점이 발생하고 있다.
식품 이력 추적 관리 제도의 취지가 제대로 살지 못하는 이유로는 첫째, 소비자가 식품 이력 정보를 이용하기 어렵다는 점을 들 수 있다. 식품 이력 정보는 식품 이력 관리 시스템에서 조회할 수 있는데, 조회하는 방법이 번거로워 소비자들이 쉽게 이용하지 못하기 때문이다. 둘째, 소비자가 식품 이력 관리 시스템에서 원하는 식품 이력 정보를 확인할 수 없는 경우가 많다. 식품 이력 추적 관리 제도는 식품을 이력 정보 의무 등록 식품과 자율 등록 식품으로 구분하는데, 후자의 경우 등록률이 매우 저조해서 소비자가 원하는 정보를 찾기 어렵다.

식품 이력 추적 관리 제도의 취지를 살리려면 어떻게 해야 할까? 관계 기관에서는 식품 이력 정보 조회 방법을 간소화할 수 있는 방안을 마련해서 소비자가 쉽게 이용할 수 있게 해야 한다. 그리고 자율 등록 식품을 취급하는 업체가 이 제도에 더 적극적으로 참여하도록 하여야 한다. 이를 위해 정부에서는 참여 업체에 더 많은 지원을 해야 한다.

[A] 식품 이력 추적 관리 제도를 활성화하기 위해서는 정부와 식품 업체가 적극적으로 노력해야 한다. 그래야 이 제도의 취지를 더 잘 살릴 수 있을 것이다.

43. (나)에서 ㉠~㉢을 작성할 때 고려한 내용으로 가장 적절한 것은?

① ㉠: 최근에 논란이 되었던 사례를 활용하여 제도의 시행 목적을 제시하고 있다.
② ㉡: 의무 등록 식품과 자율 등록 식품의 구분 기준을 항목화하여 제시하고 있다.
③ ㉡: 정보 이용의 측면에서 소비자가 겪고 있는 어려움을 두 가지로 나누어 제시하고 있다.
④ ㉢: 다양한 해결 방안의 장단점을 비교하여 제시하고 있다.
⑤ ㉢: 조회 순서에 따라 식품 이력 정보 조회를 간소화하는 방안을 단계적으로 제시하고 있다.

44. <보기>는 편집장의 조언에 따라 [A]를 고쳐 쓴 글이다. [A]를 <보기>로 고쳐 쓸 때 반영한 편집장의 조언으로 가장 적절한 것은?

< 보 기 >

식품 이력 추적 관리 제도의 취지를 잘 살리기 위해서는 정부와 식품 업체가 노력해야 하지만, 소비자도 이 제도를 적극적으로 활용해야 한다. 소비자가 식품 안전을 위해 자신들이 날마다 먹고 마시는 식품의 이력 정보에 관심을 가지고 이 제도를 적극적으로 활용할 때 이 제도는 활성화될 수 있을 것이다.

① 기획 연재의 의도를 살리기 위해 소비자가 기울여야 할 노력이 포함되도록 써 주시면 좋겠어요.
② 글에 균형 잡힌 관점이 드러나도록 식품 업체가 얻게 되는 긍정적 효과가 드러나게 써 주시면 좋겠어요.
③ 글의 설득력을 높이기 위해 식품 안전의 중요성을 널리 알릴 수 있는 정부의 방안이 포함되도록 써 주시면 좋겠어요.
④ 글의 주제를 강조하기 위해 식품 이력 추적 관리 제도의 취지를 살리는 정부의 지원 방안을 정리하여 써 주시면 좋겠어요.
⑤ 글의 완결성을 높이기 위해 소비자가 식품 이력 추적 관리 제도에 관심을 가지지 못하게 된 이유가 포함되도록 써 주시면 좋겠어요.

45. 다음은 (나)를 보완하기 위해 수집한 자료이다. 자료의 활용 방안으로 적절하지 않은 것은?

Ⅰ. 전문가 인터뷰

대부분의 식품은 식품 이력 추적 관리 번호를 식품 포장지에서 찾기도 어려우며 일단 찾아낸 번호를 통해 조회를 하려해도 숫자를 일일이 입력해야 합니다. 그런데 일부 기업은 식품에 QR 코드를 사용하여 편리하게 식품 이력 정보를 확인하게 하고 있습니다. 이처럼 QR 코드를 사용하는 것이 보편화될 수 있게 관계 기관이 주도적인 역할을 해야 합니다.

Ⅱ. 신문 기사

보건 당국은 한 달 전 50여 곳의 학교에서 발생한 2,000여 명의 대규모 식중독 의심 사고의 원인이 케이크 크림 제조에 사용된 식재료 오염이었다고 발표했다. 문제가 된 식품은 식품 이력 추적 관리 제도의 자율 등록 대상 품목으로, 해당 업체는 식품 이력 정보의 추적을 위한 정보를 관련 시스템에 등록하지 않아 피해를 확산시켰다.

Ⅲ. 설문 조사

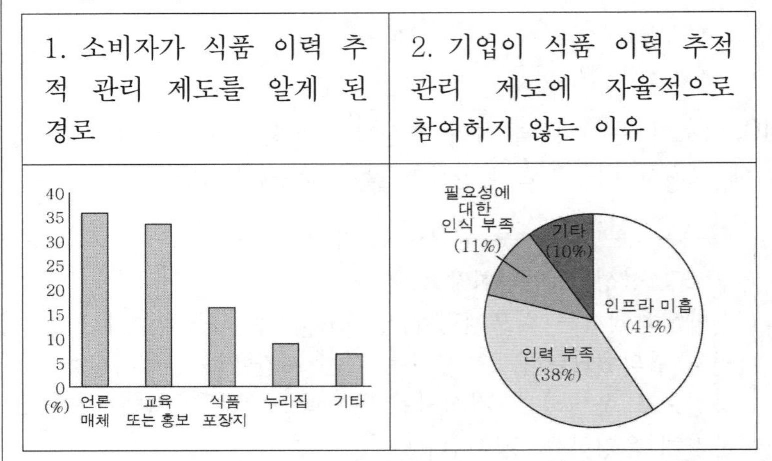

① Ⅰ을 활용하여, 소비자가 식품 이력 관리 시스템에서 식품 이력 정보를 확인하는 데 불편함을 겪고 있다는 2문단의 내용을 구체화한다.
② Ⅰ을 활용하여, 식품 이력 정보의 조회 방법을 간소화할 수 있는 방안에 관한 3문단의 내용을 보완한다.
③ Ⅱ를 활용하여, 식품 이력 추적 관리 제도가 활성화되지 못해 초래된 문제점의 사례를 1문단에 추가한다.
④ Ⅲ-1을 활용하여, 식품 이력 추적 관리 제도의 활성화를 위해 이 제도에 대한 교육 및 홍보를 강화해야 한다는 3문단의 내용을 뒷받침한다.
⑤ Ⅲ-2를 활용하여, 자율 등록 식품의 등록을 유도하기 위한 정부의 지원 방안에 인프라 확충, 인력 지원 등이 있다는 내용을 3문단에 추가한다.

* 확인 사항
○ 답안지의 해당란에 필요한 내용을 정확히 기입(표기)했는지 확인하시오.

03회 ● 2021학년도 3월 학력평가 국어영역(화법과 작문)

● 문항수 11개 | 배점 24점 | 제한 시간 20분

● 점수 표시가 없는 문항은 모두 2점

[35 ~ 37] 다음은 학생의 발표이다. 물음에 답하시오.

여러분, (그림 제시) 풍속화 속에 나오는 이 기계가 무엇인지 아시겠습니까? 바로 수차입니다. 조선 시대에도 이렇게 물을 끌어 올리는 수차를 이용해 농사를 지었다는 것이 흥미롭지 않나요? 그런데 이 그림 속 농민의 표정이 힘들어 보입니다. 수차는 직접 발로 밟아 물을 끌어 올리는 기계였기 때문에 수차를 이용해 물을 끌어 올리는 일은 농민들에게 여전히 고된 노동이었습니다. 바로 이런 농민들의 어려움을 해결하기 위해 조선의 실학자 하백원은 자승차를 설계했습니다. 자승차란 물을 스스로 끌어 올리는 수차라는 뜻입니다. 오늘은 이에 대해 발표하고자 합니다.

(설계도 제시) 이것은 자승차의 설계도인 『자승차도해』입니다. 100여 개가 넘는 각 부품이 그려져 있지만 시간 관계상 몇 장만 선택해 보여 드리겠습니다. 보시는 것처럼 자승차에 쓰이는 부품의 이름은 물론 치수와 재질까지 상세하게 설명하고 있습니다. 그렇지만 설계도만으로는 자승차의 모습이 어떤지 잘 모르시겠죠? (사진 1 제시) 이 사진은 『자승차도해』를 바탕으로 ○○ 과학관에서 직접 만들어 본 자승차의 모형입니다. (화면을 가리키며) 이 부분이 흐르는 물의 힘에 의해서 회전하는 물레방아인데 이것이 돌면 그 끝에 설치된 톱니바퀴가 돌아가게 됩니다. 톱니바퀴가 회전하면서 연결된 막대가 피스톤 역할을 합니다. 그러면 물통에 물이 차서 관을 통해 높은 곳으로 물이 이동하게 됩니다. (청중의 반응을 살핀 후) 제가 생각한 대로 이 사진만으로는 자승차가 작동되는 모습을 떠올리기 어려워하시는 것 같군요. 그래서 자승차가 작동되는 모습을 컴퓨터로 구현한 동영상 하나를 준비했습니다. (동영상 재생) 훨씬 이해가 잘 되시죠?

그런데 자승차가 당시에 널리 쓰였을까요? (청중의 반응을 살핀 후) 여러분들의 생각과 달리 자승차는 실용화되지 못했습니다. 물의 힘만으로는 자승차를 작동하기가 쉽지 않았던 것입니다. 그렇지만 여기에 사용되었던 과학적 원리들은 그렇게 단순한 것이 아니었습니다. (사진 2 제시) 보시는 것처럼 자동차에서는 톱니바퀴를 활용하여 운동의 방향을 바꾸는데 자승차에도 이와 유사한 과학적 원리가 사용됩니다. 이처럼 자승차에 적용된 시대를 뛰어넘은 과학적 발상은 높이 살 만합니다.

백성의 어려움을 고민했던 하백원의 노력과 의지가 담겨 있다는 점에서 자승차는 역사적인 의미가 있다고 생각합니다. 발표 내용에 대해 더 알고 싶거나 궁금한 게 있는 분들은 발표 후 제게 질문해 주시거나 제가 발표를 위해 참고한 ○○ 과학관 누리집에 방문해 보시면 관련된 정보를 더 자세히 알 수 있을 것입니다. 이상으로 발표를 마치겠습니다.

35. 위 발표를 위한 계획 중 발표에 반영되지 <u>않은</u> 것은?

① 자승차라는 이름이 가진 뜻을 제시해야겠다.
② 자승차가 실제로 쓰이지 못한 이유를 설명해야겠다.
③ 자승차에 관한 추가 정보를 얻는 방법을 소개해야겠다.
④ 하백원이 자승차를 설계하려고 했던 이유를 밝혀야겠다.
⑤ 하백원이 자승차 개량 과정에서 겪은 시행착오를 언급해야겠다.

36. 발표에서 학생이 자료를 활용한 방식에 대한 설명으로 적절하지 <u>않은</u> 것은?

① 화제와 관련하여 청중의 관심을 유도하기 위해 그림을 활용하였다.
② 발표 시간을 고려하여 발표 대상의 설계도 일부를 선택적으로 활용하였다.
③ 발표 대상의 각 부분을 제작하는 과정을 구체적으로 보여 주기 위해 사진 1을 활용하였다.
④ 청중의 반응을 예상하여 준비한 동영상을 발표 대상에 대한 청중의 이해를 돕기 위해 활용하였다.
⑤ 다른 사례와의 유사성을 들어 발표 대상의 과학적 우수성을 알려 주기 위해 사진 2를 활용하였다.

37. 다음은 위 발표를 들은 학생들의 반응이다. 발표의 내용을 고려하여 학생의 반응을 이해한 내용으로 가장 적절한 것은? [3점]

> **학생 1** : 물의 힘만으로 작동하기가 쉽지 않다고 했는데 이유를 구체적으로 알려 주지 않아 아쉬웠어. 나중에 발표자에게 직접 물어봐야겠어.
>
> **학생 2** : 하백원이라는 실학자를 잘 몰랐었는데 새롭게 알게 되어 좋았어. 그가 백성의 어려움을 고민했던 실학자였다고 하니 자승차 이외에도 농사에 관련된 다른 기계를 더 고안했을 것 같아.
>
> **학생 3** : 조선 시대에도 스스로 작동하는 수차를 만들려고 했다는 사실을 처음 알게 되어 유익했어. 현대 기술에서 자승차와 유사한 원리가 사용된 경우가 더 있을까? 나중에 검색해 봐야겠어.

① '학생 1'은 발표에서 알게 된 정보를 통해 자신이 평소 알고 있던 바를 수정하고 있다.
② '학생 2'는 추가적인 정보를 바탕으로 발표 내용의 신뢰성을 점검하고 있다.
③ '학생 3'은 발표에서 누락된 부분이 있다는 점을 지적하고 있다.
④ '학생 1'과 '학생 3'은 발표에서 직접적으로 언급되지 않은 내용을 추론하고 있다.
⑤ '학생 2'와 '학생 3'은 발표를 통해 새로운 사실을 알게 된 것을 긍정적으로 생각하고 있다.

[해설편 p.007]

[38 ~ 41] (가)는 '활동 1'에 따른 대화이고, (나)는 '활동 2'에 따라 '지민'이 쓴 초고이다. 물음에 답하시오.

> 독후 활동
> **[활동 1]** 책에서 인상적이었던 내용에 대해 이야기 나누기
> **[활동 2]** '활동 1'을 바탕으로 교훈을 주는 글쓰기

(가)

지민 : 선생님께서 추천해 주신 책 다들 읽었지? 나는 지금까지 인식하지 못했던 우리들의 사고 경향에 대해 생각해 볼 수 있어 좋았는데, 너희들은 어땠어?

홍철 : ㉠ 이 책이 내가 이해하기 너무 힘든 내용을 다루고 있지는 않은지 확인하려고 목차를 봤더니 걱정이 많이 되더라. 그런데 막상 읽어 보니 쉽게 설명을 잘 해 놓았더라.

윤주 : 응. ㉡ 이 책은 우리의 사고 경향을 일곱 가지로 나눠 각 장에서 한 가지씩 설명하는 방식으로 구성되어 있어서 내가 하루 1장씩 일주일간 읽으려고 계획했었어. 그런데 3일 만에 다 읽었어.

지민 : 어떤 내용이 흥미로웠는지 말해 줄래?

윤주 : 배가 정박할 때 닻을 펄에 박아 두면 배가 일정 범위를 벗어나지 못하잖아. 그것처럼 우리도 주어진 기준에 얽매여 폭넓게 사고하지 못한다고 한 부분이 흥미로웠어.

홍철 : 나는 우주 왕복선 챌린저호의 폭발 사고에 대한 내용이 기억에 남아. 보고 싶은 것만 보고 받아들이고 싶은 것만 받아들이는 성향이 특정한 판단을 강화하여 유용한 정보를 놓치고 오류를 범하게 만든다는 것이었어.

지민 : ㉢ (메모를 살피며) 3장에서 다룬 '정박 효과'와 5장에서 다룬 '확신의 덫'이 인상적이었다고 말하는 거구나.

윤주 : (목소리를 높여) 우아! 그건 책의 내용을 메모해 둔 거야?

지민 : 응, 맞아. 책을 읽으면서 책의 내용을 메모해 두면 독후 활동을 할 때 유용하거든. (메모를 살피며) 나는 책의 서문에서 '그 누구도 정답만을 말할 수는 없다.'라고 한 작가의 말이 인상적이었어.

홍철 : ㉣ 나도 이 책의 작가가 우리에게 개방적인 자세를 가져야 한다는 교훈을 전해 주고 있다는 생각이 들었어.

지민 : 나도 그렇게 생각해. 그래서 말인데, 우리가 독후 활동 중 '활동 2'를 해야 하잖아. 정박 효과나 확신의 덫을 일으키는 사고 경향의 문제점을 설명하고 우리가 가져야 할 바람직한 자세에 대해 서술하는 것이 좋겠지?

홍철 : 음, 그런데 이 책에서도 언급하고 있듯이 그러한 사고 경향이 나쁜 것만은 아니야.

윤주 : ㉤ 내가 이 책을 읽는 과정에서 더 알고 싶은 내용이 생겨서 책을 읽은 뒤에 이 책의 참고 문헌에 나와 있는 책도 찾아 읽었거든. 그 책에서도 그런 점을 언급하고 있더라.

지민 : 그렇구나. 내가 초고에 그 점도 언급하도록 해 볼게.

[A] 시작
홍철 : 그런데 윤주야, (엄지손가락을 치켜들며) 그새 다른 책까지 찾아 읽어 보다니 대단하다.

윤주 : (겸연쩍은 표정을 지으며) 내가 할 일이 없어서 그래.

지민 : (간절한 눈빛으로) 윤주야, 초고를 쓸 때 참고하려고 그러는데, 내일까지 책 내용을 요약해서 줄 수 있니?

윤주 : (안타까운 표정을 지으며) 그 책을 그냥 도서관에 반납해 버렸는데 어떡하지?

지민 : (상냥한 말투로) 괜찮아. 내가 관련된 자료를 찾아볼게.
[A] 끝

윤주 : 응. 도울 일이 있으면 말해 줘.

(나)

10만 원이라는 가격표가 붙은 물건을 3만 원에 살 수 있다면 우리는 이 물건을 사야 할까, 말아야 할까? 아마 우리 중 대부분은 물건의 가격이 합당한 것인가를 생각하지 않고 10만 원이라는 가격표에 얽매여 지갑 열기를 주저하지 않을 것이다. 배가 항구에 정박할 때 닻을 펄에 박아 두면 배가 일정 범위를 벗어나지 못하는 것처럼 초기에 제시된 기준이나 상황을 벗어나는 것이 쉽지 않기 때문이다. 심리학에서는 이를 '정박 효과'라고 부른다. 정박 효과는 비단 소비의 측면뿐만이 아니라 우리의 일상생활에서 흔히 일어난다. 우리는 일상에서 어떤 사람의 첫인상을 통해 그 사람의 성격을 판단해 버리는 일이 많은데, 이때의 직관적 판단은 진위 여부를 확인하는 데 오랜 시간이 걸리고 그것이 틀린 것일지라도 쉽게 바뀌지 않는다. 이 역시 정박 효과와 관련이 있다.

우리는 자신의 판단이 옳다는 것을 확인시켜 주는 정보만을 받아들이려고 하는 사고 경향도 가지고 있다. 이러한 사고 경향은 '확신의 덫'에 빠지는 문제를 일으킨다. 우주 왕복선 챌린저호의 폭발 사고는 이러한 문제를 잘 보여 준다. 챌린저호는 발사된 지 약 72초 만에 폭발하였는데, 챌린저호의 폭발 가능성이 충분히 예견되었음에도 불구하고 관련 전문가들이 자신들의 기대와 상충하는 정보를 무시해 버렸다는 사실이 원인 규명 조사 과정에서 밝혀졌다. 전문가들조차 보고 싶은 것만 보고 믿고 싶은 것만 믿음으로써 잘못된 판단을 내리는 확신의 덫에 빠졌던 것이다. '답은 정해져 있고 너는 대답만 하면 돼.'라는 뜻을 가진 '답정너'라는 신조어를 떠올려 보면 확신의 덫에 빠져 있는 것이 어떤 것인지 쉽게 이해할 수 있다.

아마 누군가는 정박 효과나 확신의 덫과 같은 문제를 일으킬 수 있는 직관적 판단과 자기 확신을 긍정적으로도 볼 수 있다는 반응을 보일 수 있다. 정보 부족과 시간 제약의 한계가 있는 상황에서 직관적 판단은 인지적 부담을 줄여 주고 의사 결정의 효율성을 높여 준다. 또한 어떠한 판단에 대한 자기 확신은 일을 적극적으로 추진할 수 있게 해 준다. 그러나 이러한 사고 경향은 터무니없거나 편향된 판단을 이끌어 낼 수 있다. 그러므로 우리는 이러한 문제점을 인지하고 예방하기 위해 노력해야 한다. 첫째, 누구든지 자신의 판단의 오류 가능성에 대해 인정할 수 있어야 한다. 그 누구도 정답만을 말할 수는 없다. 둘째, 다른 사람들의 말을 경청할 줄 알아야 한다. 내 생각과 다른 생각도 수용할 수 있는 개방적인 자세는 경청에서부터 나온다. 이러한 두 자세를 통해 우리는 보다 합리적인 판단을 할 수 있고 나 자신과 타인, 세계를 올바르게 이해할 수 있다.

38. ㉠ ~ ㉤에 대한 이해로 적절하지 않은 것은?

① ㉠: 책을 읽기 전에 미리 책의 내용 수준을 가늠하고자 하였음을 알 수 있다.
② ㉡: 책의 구성을 고려하여 책 읽기 계획을 세웠음을 알 수 있다.
③ ㉢: 책을 읽는 과정에서 책의 내용을 메모하였음을 알 수 있다.
④ ㉣: 책에 드러난 글쓰기 형식에 대해 평가하였음을 알 수 있다.
⑤ ㉤: 책을 읽은 뒤에 책의 내용과 관련하여 확장적 독서를 하였음을 알 수 있다.

39. [A]의 발화에 대한 설명으로 가장 적절한 것은?

① '홍철'의 발화에는 상대방을 칭찬하는 언어적 표현을 강화하는 비언어적 표현이 사용되었다.
② '윤주'의 첫 번째 발화에는 상대방에게 자신을 낮추는 언어적 표현을 보완하는 준언어적 표현이 사용되었다.
③ '지민'의 첫 번째 발화에는 상대방의 의견과 일치점을 찾고자 하는 언어적 표현을 부각하는 준언어적 표현이 사용되었다.
④ '윤주'의 두 번째 발화에는 상대방에게 이익이 되도록 제안하는 언어적 표현을 강조하는 비언어적 표현이 사용되었다.
⑤ '지민'의 두 번째 발화에는 언어적 표현이 담고 있는 내용이 자신의 의도와 다른 것임을 드러내는 준언어적 표현이 사용되었다.

40. (가)를 바탕으로 (나)를 설명한 내용으로 적절하지 않은 것은?

① (가)에 언급되지 않은 첫인상 판단에 대해 설명하여 정박 효과가 일상생활에서 흔히 일어난다는 점을 부연하였다.
② (가)에 언급된 챌린저호의 폭발 사고에 대해 정보를 추가하여 확신의 덫에 빠지는 문제를 설명하였다.
③ (가)에 언급되지 않은 신조어를 예로 들어 확신의 덫에 대한 이해를 도왔다.
④ (가)에 언급된 작가의 말을 직접 인용하여 시간 제약이 있는 상황에서 합리적 판단을 이끌어 내는 방법을 제시하였다.
⑤ (가)에 언급되지 않은 경청의 중요성에 대해 밝혀 개방적인 자세의 필요성을 강조하였다.

41. <보기>와 관련하여 (나)에 나타난 쓰기 전략을 분석한 내용으로 적절하지 않은 것은?

< 보 기 >

글쓰기는 필자와 독자의 의사소통을 위한 것이다. 글쓰기에서 필자가 전달하려는 내용이 독자에게 의미 있는 것으로 받아들여지기 위해서는 독자의 공감을 유도하는 것이 중요한데, 이때 사용할 수 있는 전략은 다양하다. 대표적으로 ⓐ 1인칭 대명사를 사용하여 필자와 독자가 동일한 특성을 지니고 있는 관계임을 나타내어 독자와의 거리감을 좁히는 전략, ⓑ 물음이나 독창적 표현 등을 사용하여 독자의 주의를 환기하는 전략, ⓒ 글의 내용이 독자의 상황과 관련되어 있음을 밝히는 전략, ⓓ 독자의 반응을 예측하여 글 속에서 미리 대응하는 전략, ⓔ 독자에게 의미가 있을 만한 정보나 문제 해결 방법 등을 제시하는 전략 등이 있다.

① ⓐ와 관련하여, 필자와 독자를 모두 포함하는 '우리'라는 표현을 사용함으로써 필자와 독자의 거리감을 좁혔다.
② ⓑ와 관련하여, 상품을 구매하는 일상적 상황을 가정한 물음을 제시함으로써 독자의 주의를 환기했다.
③ ⓒ와 관련하여, 판단의 오류를 인정하지 않으려고 하는 사회적 이유를 분석하여 독자가 자신의 문제 상황을 알 수 있게 했다.
④ ⓓ와 관련하여, 직관적 판단과 자기 확신의 긍정적 측면에 내재된 문제점을 언급하여 예상되는 독자의 반응에 대응하는 입장을 제시했다.
⑤ ⓔ와 관련하여, 터무니없거나 편향된 판단을 예방하기 위해 필요한 태도를 설명함으로써 독자에게 문제 해결 방법을 알려 주었다.

[42 ~ 45] (가)는 지역 문제 탐구 동아리에서 교지에 싣기 위해 작성한 보고서의 초고이고, (나)는 (가)의 작성에 참여한 학생이 시청 누리집에 게재한 건의문이다. 물음에 답하시오.

(가)

지역 주민들의 ○○숲 공원 이용에 대한 보고서

Ⅰ. 조사 동기 및 목적

생태 탐방 명소로 알려진 우리 지역의 ○○숲 공원을 이용하는 지역 주민들의 수가 점점 줄어들고 있다는 언론 보도가 있었다. 이를 계기로 지역 주민들이 ○○숲 공원 이용에 대해 어떻게 생각하는지를 알아보기 위해 조사해 보고자 한다.

Ⅱ. 조사 계획

- 조사 대상: □□시 주민 ◇◇명
- 조사 기간: 20××.03.01. ~ 03.14.
- 조사 내용: ○○숲 공원 이용 현황, ○○숲 공원에 대한 인식

Ⅲ. 조사 결과

1. ○○숲 공원 이용 현황

조사 대상 중 지난 1년간 ○○숲 공원을 이용한 주민의 비율은 18%에 그쳤다. 또한 △△ 신문의 보도 내용에 따르면 최근 ○○숲 공원의 전체 이용객 중 76%가 외부 방문객들이었으며 그들은 대부분 생태 탐방을 위해 방문한 것이었다. 최근 ○○숲 공원을 이용하는 외부 방문객의 수는 13%p 증가한 반면에 지역 주민의 수는 10%p 감소하였다고 한다.

2. ○○숲 공원에 대한 인식

가. ○○숲 공원의 가치에 대한 인식

지역 주민들이 가장 중요하게 여기는 공원의 가치를 조사하였다. 그 결과, 지역 주민의 62%가 정신적 치유와 휴식에 도움을 주는 후생적 가치를, 23%가 소득을 증대해 주는 경제적 가치를, 15%가 수백여 종 수목이 자생하는 곳으로서의 생태적 가치를 가장 중요하게 여겼다.

나. ○○숲 공원 개선에 대한 인식

조사에 참여한 지역 주민의 85%가 개선이 필요하다고 답했다. 이들을 대상으로 공원 이용과 관련해 개선되기를 바라는 점을 조사한 결과는 다음과 같다.

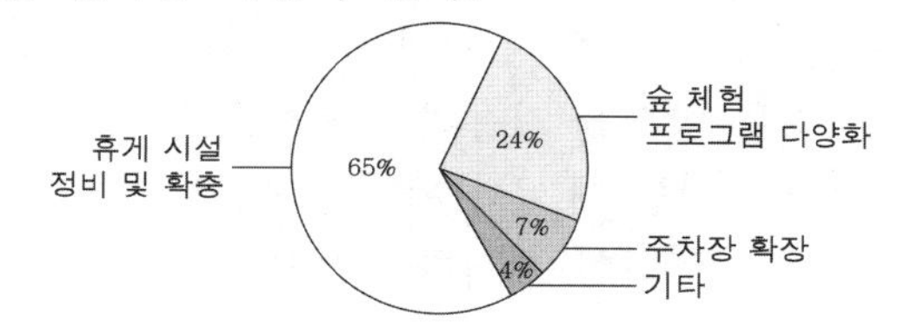

Ⅳ. 결론

[A] 정신적 치유와 휴식에 도움을 주는 후생적 가치를 ○○숲 공원의 가치로 가장 중요하게 여기는 지역 주민들의 비율이 62%에 이르렀으며, ○○숲 공원 개선이 필요하다고 응답한 사람들 중 65%는 휴게 시설 정비 및 확충이 필요하다고 답했다. 이를 고려해 ○○숲 공원을 이용하는 지역 주민의 수가 감소하고 있는 문제의 해결 방안을 모색할 필요가 있다.

(나)

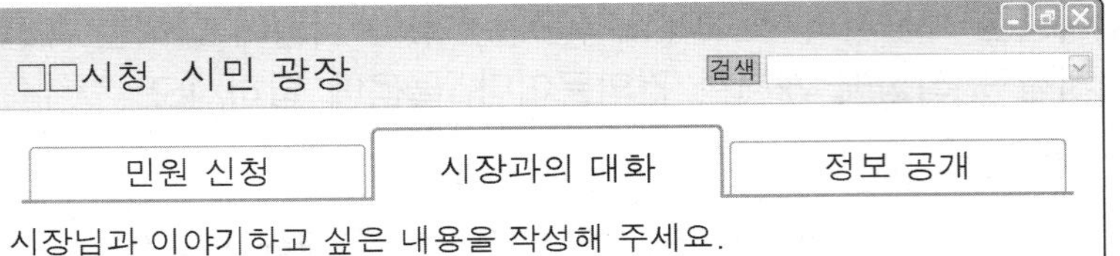

시장님과 이야기하고 싶은 내용을 작성해 주세요.

시장님, 안녕하십니까? 저는 ○○ 고등학교 지역 문제 탐구 동아리 학생입니다. △△ 신문 보도 내용에 따르면, 최근 ○○숲 공원을 이용한 지역 주민의 수가 감소하였다고 합니다. 이에 저희 동아리에서 ○○숲 공원 이용에 대한 지역 주민의 인식을 조사해 보니, 많은 지역 주민들이 ○○숲 공원이 개선되기를 바라고 있었습니다. 그래서 이에 대한 건의를 드리고자 합니다.

△△ 신문 보도 내용에 따르면, 최근 ○○숲 공원의 전체 이용객 중 76%가 외부 방문객들이었습니다. 외부 방문객들의 ○○숲 공원 방문 목적은 대부분 생태 탐방이기 때문에 공원 내 휴게 시설의 부족을 문제점으로 여기는 외부 방문객은 그리 많지 않을 것입니다. 그러나 저희 동아리에서 조사한 내용에 따르면, ○○숲 공원의 개선이 필요하다고 답한 지역 주민의 65%가 공원 내 휴게 시설의 정비와 확충의 필요성을 느끼고 있었습니다.

○○숲 공원의 탐방로 곳곳에는 벤치가 설치되어 있습니다. 하지만 너무 낡아 휴식하기가 어려운 벤치가 많습니다. 이를 조속히 정비하여 주시기 바랍니다. 또한 공원 내부의 쉼터에는 현재 휴게 시설이 마련되어 있지 않습니다. 공원 탐방로의 중간 지점에 위치한 쉼터에 휴게 시설이 마련된다면 많은 지역 주민들이 편리하게 이용할 수 있을 것입니다.

○○숲 공원의 개선이 이루어진다면 지역 주민들의 공원 이용 만족도가 높아질 것입니다. 이는 지역 주민의 62%가 정신적 치유와 휴식에 도움을 주는 후생적 가치를 중요하게 여기고 있다는 저희 보고서의 내용에 의해 뒷받침됩니다.

시장님께서 늘 우리 □□시를 위해 많은 노력을 기울이고 계신 것으로 알고 있습니다. 조속한 답변과 조치를 기대합니다. 감사합니다.

42. 작문 맥락을 고려할 때, (가)와 (나)에 대한 설명으로 가장 적절한 것은?

① 예상 독자를 고려할 때, (가)는 (나)와 달리 독자와의 관계를 고려하여 격식에 맞는 어투를 쓰고 있다.
② 글의 주제를 고려할 때, (나)는 (가)와 달리 주요 서술 대상의 특징을 유형별로 분류해 설명하고 있다.
③ 작문 목적을 고려할 때, (나)는 (가)와 달리 독자를 특정하여 문제 해결 방법을 제안하고 있다.
④ 작문 매체를 고려할 때, (가)와 (나)는 모두 필자와 독자 간의 즉각적인 소통 방식을 사용하고 있다.
⑤ 글의 유형을 고려할 때, (가)와 (나)는 모두 항목별로 소제목을 달아 정보를 정리하여 제시하고 있다.

43. 다음은 학생이 (가)를 바탕으로 (나)를 작성하기 위해 떠올린 생각이다. (나)에 반영되지 않은 것은? [3점]

① (가)의 'Ⅲ-1'에서 제시한 신문 보도 내용을 근거로, 지역 주민들의 ○○숲 공원 이용이 줄어들었음을 언급해야겠다.
② (가)의 'Ⅲ-1'에서 제시한 신문 보도 내용을 근거로, 외부 방문객이 휴게 시설의 부족을 ○○숲 공원의 문제점으로 여기는 이유를 제시해야겠다.
③ (가)의 'Ⅲ-2-가'에서 제시한 우리 보고서의 조사 내용을 근거로, 우리 지역 주민들이 ○○숲 공원의 후생적 가치를 중시하고 있다는 내용을 제시해야겠다.
④ (가)의 'Ⅲ-2-나'에서 제시한 우리 보고서의 조사 내용을 근거로, 많은 지역 주민들이 ○○숲 공원의 개선이 필요하다고 생각하고 있음을 언급해야겠다.
⑤ (가)의 'Ⅲ-2-나'에서 제시한 우리 보고서의 조사 내용을 근거로, ○○숲 공원 내 휴게 시설의 정비와 확충이 필요하다고 생각하는 지역 주민이 많다는 것을 제시해야겠다.

44. 다음의 점검 기준에 따라 (가)를 점검한 결과가 적절하지 않은 것은?

점검 기준	점검 결과	
• 조사 목적을 조사 동기와 관련지어 제시했는가?	○	······· ①
• 조사 계획에 조사 대상과 조사 기간을 밝혔는가?	○	······· ②
• 상위 항목과 하위 항목 간의 위계를 고려하였는가?	×	······· ③
• 조사 항목의 성격에 부합하는 다양한 그래프를 사용했는가?	×	······· ④
• 참고 문헌 항목을 설정하여 보고서에서 인용한 자료의 출처를 모두 명시했는가?	×	······· ⑤

45. <보기>는 [A]의 초안이다. <보기>를 [A]와 같이 수정한 이유로 가장 적절한 것은?

< 보 기 >

○○숲 공원을 이용하는 지역 주민의 수가 감소하고 있다. 정신적 치유와 휴식에 도움을 주는 후생적 가치를 ○○숲 공원의 가치로 가장 중요하게 여기는 지역 주민들의 비율이 62%에 이르렀으며, ○○숲 공원 개선이 필요하다고 응답한 사람들 중 65%는 휴게 시설 정비 및 확충이 필요하다고 답했다.

① 하나의 긴 문장을 여러 개의 문장으로 나누어 제시하기 위해
② 내용 순서의 조정을 바탕으로 필자의 견해를 제시하기 위해
③ 조사 결과와 직접적으로 관련이 없는 정보를 삭제하기 위해
④ 보고서에 사용된 주요 개념에 대한 정보를 추가하기 위해
⑤ 맥락에 적합하지 않은 담화 표지를 수정하기 위해

* 확인 사항
○ 답안지의 해당란에 필요한 내용을 정확히 기입(표기)했는지 확인하시오.

[해설편 p.008]

04회 ● 2023학년도 4월 학력평가 국어영역(화법과 작문)

● 문항수 11개 | 배점 24점 | 제한 시간 20분

● 점수 표시가 없는 문항은 모두 2점

[35 ~ 37] 다음은 학생의 발표이다. 물음에 답하시오.

안녕하세요, 발표를 맡은 ○○○입니다. ㉠ 여러분, 지난주 현장 체험 학습 때 공작을 보셨나요? 제가 그때 직접 촬영한 영상을 보여 드리겠습니다. (동영상 제시) 이 새는 인도공작 수컷인데요, 여기 공작 꼬리가 무슨 색으로 보이시나요? (청중의 대답을 듣고) 많은 분들이 파란색과 녹색으로 보인다고 하시네요. 그런데 사실 공작은 파란색이나 녹색 깃털이 없다고 합니다. 신기하시죠? 오늘 발표에서는 실제 공작 깃털의 색이 우리 눈에 보이는 색과 다른 이유에 대해 알려드리겠습니다.

㉡ 과학 시간에 멜라닌 색소에 대해 배운 내용이 기억나시나요? (자신의 머리카락을 가리키며) 이 머리카락이 검은색인 것은 멜라닌 색소 때문입니다. 사람이나 공작처럼 대부분의 척추 동물은 멜라닌 색소를 가지고 있는데요. 이 색소의 양에 따라 피부나 머리카락, 깃털 등의 색깔이 붉은 갈색이나 검은색 등으로 결정됩니다. 이처럼 화학 물질인 색소에 의해 나타나는 색을 화학색이라고 부르는데요. 그런데 공작 깃털에는 멜라닌 색소는 있지만 파란색이나 녹색의 색소는 없습니다.

㉢ 그렇다면 공작의 깃털이 파란색과 녹색으로 보이는 이유는 무엇일까요? (사진 제시) 공작의 깃털을 전자현미경으로 촬영한 사진을 보면서 말씀드리겠습니다. 그 비밀은 구조색에 있습니다. 구조색이란 색소의 영향이 아닌 물리적 구조의 영향으로 인해 나타나는 색을 말하는데요. ㉣ 뒤에 앉으신 분들도 잘 보이시나요? (사진을 확대하며) 잘 안 보이시는 것 같으니 확대해 드리겠습니다. 보시는 것처럼 공작의 깃털은 아주 작은 구슬 모양의 결정들이 뭉쳐져 만들어진 오팔 구조로 되어 있습니다. ㉤ 오팔 구조가 무엇인지 이해하기 어려우시죠? (그림 제시) 이해가 어려우신 분들을 위해 오팔 구조를 도식화한 그림을 보여 드리겠습니다. 그림에서 보시는 것처럼, 오팔 구조는 구슬과 구슬 사이에 빈 공간이 있습니다. 오팔 구조를 갖는 물체에 빛이 들어오게 되면 빛은 구슬과 빈 공간을 통과하며 파장이 변합니다. 물체는 빛의 파장의 길이에 따라 다양한 색을 내는데요, 공작의 깃털은 오팔 구조에 의해 빛의 파장이 짧아져 파란색 계열로 우리 눈에 보이게 됩니다.

지금부터는 주제와 관련해서 여러분의 질문을 받겠습니다. (청중의 질문을 듣고) 네, 공작 이외에도 카멜레온, 모르포나비와 같은 동물들에도 나타납니다. 또한 실생활에서도 이러한 구조색의 원리를 활용한 기술이 많이 개발되고 있는데요, 위조지폐 방지 기술에도 활용되고 있습니다. 오늘 제가 준비한 내용은 여기까지입니다. 감사합니다.

35. 위 발표에 대한 설명으로 가장 적절한 것은?

① 통계 자료를 사용하여 구체적인 수치를 밝히고 있다.
② 발표할 내용의 순서를 안내하며 발표를 시작하고 있다.
③ 발표 제재의 역사적 유래와 변천 과정을 제시하고 있다.
④ 발표 내용과 관련하여 전문가의 말을 직접 인용하고 있다.
⑤ 정의의 방식을 사용하여 핵심 개념에 대해 설명하고 있다.

36. 다음은 발표자가 위 발표를 준비하면서 작성한 메모이다. 이를 바탕으로 발표자가 발표에서 사용한 전략으로 적절하지 않은 것은?

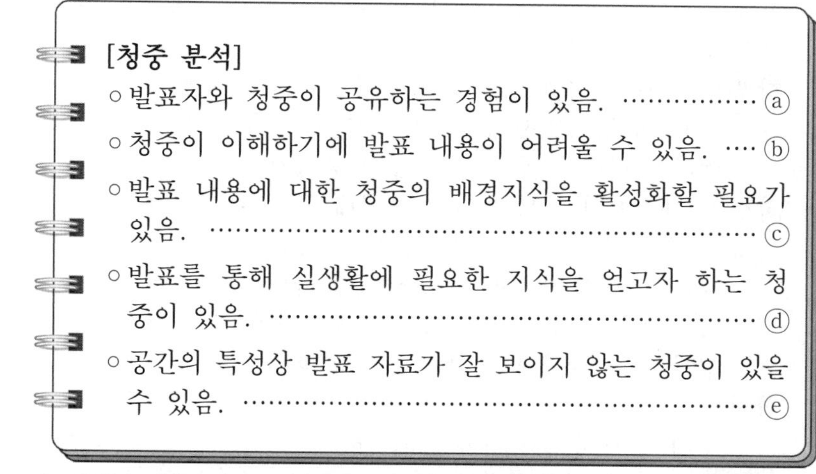
[청중 분석]
○ 발표자와 청중이 공유하는 경험이 있음. …………… ⓐ
○ 청중이 이해하기에 발표 내용이 어려울 수 있음. …. ⓑ
○ 발표 내용에 대한 청중의 배경지식을 활성화할 필요가 있음. …………… ⓒ
○ 발표를 통해 실생활에 필요한 지식을 얻고자 하는 청중이 있음. …………… ⓓ
○ 공간의 특성상 발표 자료가 잘 보이지 않는 청중이 있을 수 있음. …………… ⓔ

① ⓐ를 고려하여, ㉠의 질문과 함께 동영상 자료를 제시해야겠어.
② ⓑ를 고려하여, ㉤의 질문과 함께 그림 자료를 제시해야겠어.
③ ⓒ를 고려하여, ㉡의 질문과 함께 관련된 예시를 비언어적 표현을 사용하여 제시해야겠어.
④ ⓓ를 고려하여, ㉢의 질문과 함께 사진 자료를 제시해야겠어.
⑤ ⓔ를 고려하여, ㉣의 질문과 함께 자료를 확대하여 제시해야겠어.

37. <보기>는 위 발표를 들은 학생들의 반응이다. 학생의 반응을 이해한 내용으로 적절하지 않은 것은?

< 보 기 >

학생 1: 평소에 공작의 깃털에 대해 궁금한 점이 많았는데, 유익한 정보를 많이 얻을 수 있었어. 그러고 보니까 다른 새들의 화려한 깃털 색도 공작처럼 구조색일 수 있겠구나.
학생 2: 구조색을 만들어 내는 다양한 구조가 있다고 들은 적이 있는데, 오팔 구조에 의한 구조색만 이야기해 주어서 아쉬웠어. 구조색을 만들어 내는 다양한 구조의 종류와 사례에 대해 조사해 봐야겠어.
학생 3: 구조색의 원리를 활용한 기술이 실생활에서도 쓰이고 있다는 사실이 흥미로웠어. 다만, 구조색의 원리를 설명할 때 조금 천천히 설명했으면 더 좋았을 것 같아. 말이 빨라서 발표 내용을 메모하기가 어려웠어.

① 학생 1은 발표에서 직접 언급하지 않은 내용을 추론하고 있군.
② 학생 2는 발표 내용을 바탕으로 추가적인 활동을 계획하고 있군.
③ 학생 3은 발표 내용에 대한 자신의 듣기 태도를 반성하고 있군.
④ 학생 1과 학생 3은 모두 발표를 통해 얻은 정보를 긍정적으로 받아들이고 있군.
⑤ 학생 2와 학생 3은 모두 발표에서 만족스럽지 않은 부분을 언급하며 아쉬움을 드러내고 있군.

[38 ~ 42] (가)는 교지에 실을 비평문을 쓰기 위해 학생들이 나눈 대화이고, (나)는 이를 바탕으로 작성한 초고이다. 물음에 답하시오.

(가)

학생 1: 지난 시간에 '기술 발전으로 사라지는 것들' 중 공중전화에 대해 비평하는 글을 작성하기로 정했잖아. 먼저 각자 조사한 내용을 공유해 보자. 공중전화 현황에 대해 누가 찾아보기로 했지?

학생 2: 내가 찾아봤는데 현재 공중전화는 전국에 2만 8천여 대가 있대. 1999년까지만 해도 15만 3천여 대 정도 있었다고 하니 그동안 정말 많이 줄었지?

학생 1: 생각했던 것보다 많이 줄었네. 그 이유가 뭘까?

학생 3: 통신 환경이 달라져서 그럴 수밖에 없었다고 생각해. 내가 찾아본 자료에 따르면 현재 국내 휴대전화 보급률이 99%에 달한대. 그렇다 보니 공중전화의 하루 이용 횟수가 전화기 한 대당 평균 4건도 안 되더라고.

학생 2: 나도 기사에서 봤는데 다른 나라도 우리와 상황이 비슷해. 그래서 공중전화를 폐지하거나 그 수를 줄여 나가는 경우가 많대. 우리나라에서도 공중전화를 폐지해야 한다는 목소리가 나오고 있어.

학생 1: 그렇구나. 정리해 보면 휴대전화 보급이 확대되면서 공중전화 이용이 많이 줄어 공중전화 폐지 여부가 현안이 되고 있다는 거네. 그럼 너희는 공중전화 폐지에 대해 어떤 입장이야?

[A]
학생 3: 나는 공중전화를 지금처럼 계속 유지하는 건 경제적인 측면에서 비효율적이라고 생각해. 요즘에는 공중전화를 유지하는 데 1년에 100억 원 이상의 손실이 생기고 있다고 해. 앞으로 손실이 계속 생길 텐데 유지할 필요가 없지.

학생 2: 경제적인 관점에서만 본다면 그런 주장을 할 수 있겠지만, 통신 복지 차원에서 본다면 공중전화는 유지되어야 한다고 생각해. 공중전화는 보편적 서비스거든.

학생 1: 공중전화가 보편적 서비스라는 것이 무슨 뜻이야? 자세히 설명해 줄래?

[B]
학생 2: 보편적 서비스는 취약 계층을 포함하여 누구에게나 평등하게 제공되는 서비스를 말하는데 공중전화도 여기에 해당해. 만약 공중전화가 없어진다면 공중전화에 의존해 통신 서비스를 이용하던 사람들은 불편을 겪지 않을까?

학생 3: 공중전화가 없어지면 불편을 겪는 사람들이 생길 수는 있겠지. 하지만 그런 사람들의 경우에는 통신비를 지원하거나 통신 기기를 대신 대여해 주면 된다고 생각해.

학생 2: 물론 그런 방법도 가능하겠지. 하지만 공중전화를 폐지하고 다른 방법으로 서비스를 제공하더라도 이러한 결정을 할 때는 사회 구성원들의 충분한 논의가 먼저 이루어져야 한다고 생각해.

학생 1: 지금까지는 공중전화가 없어지면 불편한 사람들에 대한 이야기를 한 것 같으니, 지금부터는 휴대전화가 있는 사람들에게도 공중전화가 필요한 이유가 있는지에 대해 말해 볼까?

학생 3: 휴대전화가 있으면 공중전화를 쓸 일이 없는 것 아닐까?

학생 2: 그렇지 않아. 개인이나 사회의 안전을 위해서도 공중전화는 필요해. 휴대전화 배터리가 없거나 휴대전화를 분실했을 때 위급한 일이 생기면 공중전화가 큰 도움이 될 수 있어. 그리고 더 중요하게는 재난 등의 비상 상황이 발생해 무선 통신망이 마비될 경우에도 공중전화는 꼭 필요해.

학생 3: 그렇구나. 비상 상황에도 이용할 수 있겠구나. 지금까지 몰랐는데 공중전화는 유지할 만한 가치가 있네.

학생 1: 그럼 결론적으로 공중전화는 유지되어야 한다는 것이지? 내가 오늘 나온 이야기들을 바탕으로 초고를 써 볼게. 나중에 같이 검토해 보자.

(나)

기술이 발전하면서 우리가 꼭 필요하다고 생각했던 것들이 주변에서 하나둘 사라지고 있다. 공중전화도 그런 것들 중 하나이다. 휴대전화 보급의 확대로 공중전화 이용량이 급감하면서 최근에는 공중전화를 폐지해야 한다는 목소리가 나오고 있다. 하지만 공중전화는 여전히 중요한 가치를 지니고 있으므로 앞으로도 유지되어야 한다.

우선 공중전화는 개인이나 사회의 안전을 위해서 필요하다. 휴대전화 사용이 어려운 상황에서 위급한 일이 발생할 때는 물론, 재난 등으로 무선망이 마비된 비상 상황에서도 공중전화를 이용해 도움을 받을 수 있다. 또한 공중전화는 국민 복지의 차원에서 가치가 있다. 휴대전화를 구입하지 않은 이들이나 휴대전화 사용이 어려운 취약 계층에게 공중전화는 유용한 통신 수단이다. 전기 통신 사업법에서는 누구나 기본적인 전기 통신 서비스를 언제 어디서든 적절한 요금으로 제공받을 수 있도록 제도로 규정하고 있다. 여기에는 장애인·저소득층 등에 대한 요금 감면 서비스, 긴급 통신 서비스, 섬 지역 통신 등과 함께 공중전화도 포함되어 있다.

경제적인 관점으로 접근하는 사람들은 공중전화 유지에 따른 손실 등을 이유로 공중전화 폐지를 주장한다. 이들 중에는 공중전화 폐지로 불편을 겪을 사람들에게는 휴대전화를 대여해 주거나 통신비를 지원해 주면 된다고 말하는 이들도 있다. 그러나 국민 복지의 문제를 경제 논리로만 접근해서는 안 되며, 공중전화 대신 다른 방법으로 통신 서비스를 제공할지를 결정할 때에는 사회 구성원들의 충분한 논의가 선행되어야 할 것이다. 그렇지 않으면 사회적 혼란이 야기될 수 있다. 이를 보여 주는 사례로 간이역을 들 수 있다. 경제적 효율성이 떨어진다는 이유로 간이역 대부분이 없어졌는데, 이로 인해 교통 서비스를 이용하기 어려워진 이들이 생겨났고, 어떤 지자체에서는 없어진 간이역을 되살리기 위해 주민들이 힘을 모으기도 했다.

이처럼 경제적인 효율성이 우선시되어 이루어지는 변화는 사회에서 불편을 일으킬 수도 있다는 것을 염두에 두고, 기술 발전으로 인해 사라지는 것들에 대해 다시 한번 생각해 볼 필요가 있다. 공중전화가 폐지되어야 한다고 주장하는 사람들도 공중전화의 가치에 대해 새롭게 인식해야 한다.

38. (가)의 '학생 1'의 역할에 대한 설명으로 적절하지 않은 것은?

① 대화의 흐름을 전환하며 논의를 이끌어 나가고 있다.
② 대화 참여자들이 제시한 근거의 출처를 요구하고 있다.
③ 지난 시간에 논의한 사항을 환기하며 대화를 시작하고 있다.
④ 주제와 관련하여 대화 참여자들의 입장이 무엇인지 묻고 있다.
⑤ 대화 참여자들의 발언과 관련하여 추가 설명을 요청하고 있다.

[해설편 p.009]

39. [A]와 [B]에 대한 설명으로 가장 적절한 것은?

① [A]에서 '학생 2'는 '학생 3'의 의견을 인정하면서 자신의 의견과 절충할 수 있는 방안을 밝히고 있다.
② [A]에서 '학생 2'는 '학생 3'의 발화 중 일부를 재진술하며 자신이 이해한 내용이 정확한지 확인하고 있다.
③ [A]에서 '학생 2'는 '학생 3'의 의견을 뒷받침할 수 있는 근거를 덧붙이며 상대의 의견에 공감을 드러내고 있다.
④ [B]에서 '학생 3'은 '학생 2'의 질문에 대답하며 상대의 질문에 논리적 오류가 있음을 지적하고 있다.
⑤ [B]에서 '학생 3'은 '학생 2'가 예측한 문제 상황을 인정하며 이를 해결하기 위한 방안을 제시하고 있다.

40. (가)를 바탕으로 (나)를 설명한 내용으로 적절하지 않은 것은? [3점]

① 1문단에서는 (가)에서 언급된 공중전화 이용량에 대한 내용을 공중전화 폐지라는 현안의 배경으로 제시하고 있다.
② 2문단에서는 (가)에서 언급된 공중전화가 비상 상황에서 활용될 수 있다는 내용을 공중전화가 개인이나 사회의 안전을 위해 유지되어야 하는 이유로 제시하고 있다.
③ 2문단에서는 (가)에서 언급되지 않았던 법 규정을 공중전화가 국민 복지 차원에서 가치가 있음을 드러내는 근거로 제시하고 있다.
④ 3문단에서는 (가)에서 언급되지 않았던 사례를 공중전화 유지 여부를 경제적인 관점에서만 판단해서는 안 된다는 내용의 근거로 제시하고 있다.
⑤ 4문단에서는 (가)에서 언급된 공중전화의 가치를 새롭게 인식하게 되었다는 내용을 사라지는 것들의 경제적 효율성을 강조하는 이유로 제시하고 있다.

41. (나)를 쓰기 위해 세운 글쓰기 계획 중 글에 반영되지 않은 것은?

① 글의 도입부에 화제에 대한 나의 입장을 분명히 밝혀야겠어.
② 화제에 대해 나의 입장이 변한 이유와 과정을 함께 밝혀야겠어.
③ 핵심 쟁점에 대해 내세울 의견과 대립하는 주장의 내용도 구체적으로 밝혀야겠어.
④ 전문적 지식의 내용을 제시하며 그 내용에 포함되는 대상을 구체적으로 열거해야겠어.
⑤ 화제에 대한 인식 변화를 촉구하며 글을 마무리해야겠어.

42. <보기>에 제시된 학생들의 조언에 따라 (나)의 제목을 작성한 것으로 가장 적절한 것은?

< 보 기 >

학생 2: 핵심 단어인 공중전화를 포함해서 글의 주제가 드러나게 제목을 붙여보자.

학생 3: 비유적인 표현을 사용하면 더 좋을 것 같아.

① 급격한 경제 성장의 역습, 공중전화의 한계
② 공중전화를 떠나보내며 기술 혁신의 바다로
③ 공중전화의 가치를 인식할 때 안전과 복지도 유지된다
④ 안전과 복지를 지키는 우산과 같은 공중전화, 계속 우리와 함께
⑤ 사라져 가는 것의 가치를 찾는 보물찾기, 통신 수단의 새로운 세계가 열리다

[43 ~ 45] 다음은 작문 상황과 이를 바탕으로 작성한 학생의 글이다. 물음에 답하시오.

[작문 상황]

도시 낙엽으로 인해 발생하는 문제와 이에 대한 해결 방안을 다룬 글을 ○○시 지역 신문 독자 기고란에 실으려 함.

[학생의 글]

[A] 가을철 낙엽은 우리에게 아름다운 정취를 느끼게 한다. 그런데 특별한 처리 과정을 거치지 않아도 자연 순환되는 숲속 낙엽과 달리 도시 가로수들이 만들어 내는 도시 낙엽은 처리 과정에서 여러 가지 문제를 발생시킨다.

먼저, 도시 낙엽이 쌓이면 도로 위 보행자들이 미끄러지는 안전사고를 유발하거나 우천 시 하수구를 막아 침수 피해를 발생시키기도 한다. 그래서 지자체에서는 사람들이 많이 다니는 장소 위주로 도시 낙엽을 치우고 있지만, 처리 인력과 시간 등이 부족하여 제때 치우지 못한 낙엽이 발생하고 있는 실정이다. 다음으로, 수거된 도시 낙엽을 소각 처리하는 과정에서 추가 비용과 환경 오염 문제가 발생한다. 수거된 도시 낙엽은 다른 일반 쓰레기와 달리 폐기할 때 대부분 소각 처리를 하기 때문에 소각 비용이 추가로 들고, 대기 오염을 유발하는 유해 물질을 발생시킨다. 마지막으로, 도시 낙엽의 경제적 가치에 대한 인식이 부족하여, 수거된 도시 낙엽을 경제적 자원으로 활용하지 못하고 있는 실정이다. 지자체들이 수거된 도시 낙엽의 가치를 인식하고 활용 방안을 마련하기보다는 주로 폐기하는 방법으로 처리하고 있어 도시 낙엽의 문제가 더욱 심각해지고 있다.

도시 낙엽으로 인해 발생하는 문제점을 해결하기 위해서는 다음과 같은 노력이 필요하다. 첫째, 지자체의 손길이 닿지 못하는 곳에 남은 도시 낙엽을 치우기 위해 시민들의 협조가 필요하다. 지자체에서는 도시 낙엽을 치워야 하는 이유를 캠페인 활동을 통해 시민들에게 알려 자발적인 참여를 유도해야 한다. 둘째, 도시 낙엽을 소각 처리하는 과정에서 발생하는 비용과 유해 물질을 줄이기 위해 낙엽 수거 전용 봉투의 사용을 확대할 필요가 있다. 일반 쓰레기가 섞이지 않게 낙엽 수거 전용 봉투를 사용하면 낙엽을 축사 바닥 깔개나 보온재로 농가에서 사용하는 등의 다양한 용도로 재사용할 수 있어 소각되는 도시 낙엽의 양을 줄일 수 있기 때문이다. 셋째, 지자체에서는 도시 낙엽을 경제적 자원으로 인식하고 재활용을 통해 가치를 창출할 수 있는 방안을 모색해야 한다. 도시 낙엽을 퇴비로 가공한 뒤 판매하는 것은 좋은 예가 될 수 있다. 더 나아가 도시 가로수의 주된 수종과 특성을 파악하여 낙엽을 경제적 자원으로 재활용하는 적합하고 효율적인 방안에 대한 연구도 활성화되어야 할 것이다.

43. '학생의 글'에 대한 설명으로 가장 적절한 것은?

① 해결 방안에 대한 구체적 예시를 제시하고 있다.
② 자문자답의 방식으로 문제의 심각성을 드러내고 있다.
③ 글쓴이의 주장에 대해 예상되는 반론을 반박하고 있다.
④ 문제 상황의 시의성을 드러내는 속담을 사용하고 있다.
⑤ 문제 상황과 관련하여 인용한 자료의 출처를 밝히고 있다.

44. 다음은 학생이 쓴 글을 보완하기 위해 수집한 자료이다. 자료의 활용 방안으로 적절하지 않은 것은? [3점]

[자료 1] 통계 자료

㉮ ○○시 낙엽 처리 현황

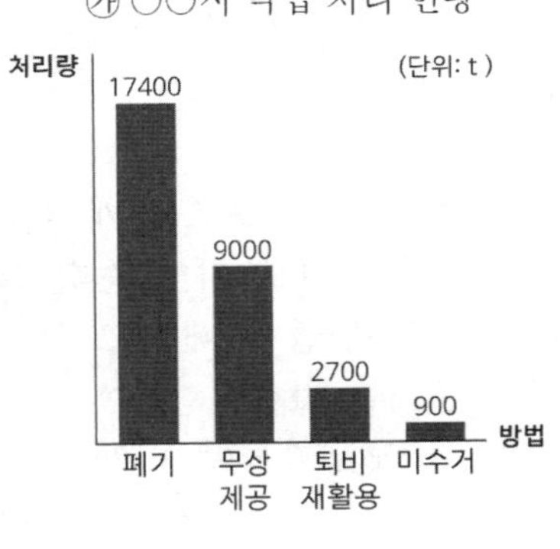

㉯ ○○시 가로수 수종 현황

가로수 수종	비율(%)
은행나무	40.3
플라타너스	25.7
느티나무	11.3
벚나무	9.2
기타	13.5

[자료 2] 신문 기사

지자체들이 낙엽 수거와 수거한 낙엽 활용에 적극적으로 나서고 있다. △△시는 거리의 낙엽을 빠르고 깨끗하게 수거하기 위해 시민들의 참여를 독려하는 행사를 진행하고 있다. 시민들은 낙엽 청소를 한 거리 사진을 SNS에 공유하면서 지자체의 낙엽 수거에 적극적으로 협조하고 있다. 또한 □□시는 수거한 낙엽을 관광 자원으로 재사용할 수 있도록 테마 공원에 무상 제공하고 있다. 시 관계자는 “낙엽을 공원에 제공하면서 낙엽 폐기량이 줄어 톤(t)당 20만 원의 소각 비용이 절감되었다.”라고 말했다.

[자료 3] 전문가 인터뷰

낙엽이나 장작 등을 태우는 생물성 연소는 불완전 연소를 일으켜 일산화탄소, 포름알데하이드 등과 같은 위해성 오염 물질을 배출하게 됩니다. 이런 이유로 최근에는 생물적 자원을 가급적 소각하지 않고 재활용하는 방안이 주목받고 있습니다. 예를 들어 천연 살충 성분인 플라보노이드 성분이 함유된 은행나무 낙엽은 모기 퇴치제로, 플라타너스 낙엽은 황토 분말과 혼합하여 단열 효과가 있는 건축 자재로 재활용되고 있습니다.

① [자료 1-㉮]를 활용하여, 수거된 도시 낙엽이 주로 폐기되고 있다는 내용의 근거를 제시해야겠어.
② [자료 2]를 활용하여, 도시 낙엽을 재사용할 수 있는 방안을 추가로 제시해야겠어.
③ [자료 3]을 활용하여, 도시 낙엽을 수거한 뒤 소각하는 과정에서 유해 물질이 발생하는 이유를 제시해야겠어.
④ [자료 1-㉮]와 [자료 2]를 활용하여, 수거되지 못한 도시 낙엽이 일으키는 사고의 위험성을 알리기 위한 캠페인의 사례를 제시해야겠어.
⑤ [자료 1-㉯]와 [자료 3]을 활용하여, 도시 가로수의 주된 수종과 특성을 파악하여 낙엽을 경제적 자원으로 적합하게 재활용할 수 있다는 내용의 사례를 제시해야겠어.

45. <보기>는 [A]의 초고이다. <보기>를 고쳐 쓰기 위해 친구들이 조언한 내용 중 [A]에 반영되지 않은 것은?

< 보 기 >

가을철 낙엽은 우리에게 아름다운 정취를 느껴지게 한다. 특별한 처리 과정을 거치지 않아도 자연 순환되는 숲속 낙엽과 달리 도시 낙엽은 처리 과정에서 여러 가지 문제가 발생시킨다. 그래서 숲속 낙엽과 도시 낙엽을 구분하지 않고 처리해야 할 필요가 있다.

① 첫 번째 문장에서 피동 표현이 알맞지 않게 사용된 단어가 있으니 바꿔 보는 건 어때?
② 첫 번째 문장과 두 번째 문장을 긴밀하게 연결하기 위한 표현을 사용해 보는 건 어때?
③ 두 번째 문장에서 문장 성분의 호응이 맞지 않는 부분이 있으니 서술어를 다른 단어로 수정하는 건 어때?
④ 두 번째 문장에서 핵심어의 의미가 분명하지 않으니 꾸며 주는 말을 통해 구체적으로 규정해 주는 건 어때?
⑤ 세 번째 문장의 내용이 글의 흐름에서 벗어나니까 해당 문장을 삭제하는 건 어때?

* 확인 사항
◦ 답안지의 해당란에 필요한 내용을 정확히 기입(표기)했는지 확인하시오.

[해설편 p.010]

● 문항수 11개 | 배점 24점 | 제한 시간 20분

● 점수 표시가 없는 문항은 모두 2점

[35 ~ 37] 다음은 학생의 발표이다. 물음에 답하시오.

안녕하세요? 오늘 발표를 맡은 ○○○입니다. 먼저 영상을 보시죠. (동영상 제시) 이 영상 속 인물은 등산 중 조난을 당해 구조 요청을 하고 있는데요. 산에 설치된 노란색 표지판을 보고 자신의 위치를 구조대에 알리고 있습니다. 저는 오늘 이 표지판에 적힌 국가지점번호에 대해 소개해 드리고자 합니다.

국가지점번호는 정확한 위치를 알려 재난, 재해 등의 상황에 신속하게 대응하기 위해 도입된 것으로, 국토 및 이와 인접한 해양을 격자형으로 일정하게 구획하여 만들어진 것입니다. 특히 국가지점번호는 산이나 바다처럼 도로명주소가 없는 곳에 설치한 표지판에 표시되어 유용하게 활용됩니다. 그럼 국가지점번호는 어떻게 구성되어 있을까요? (사진 1 제시) 보시는 것처럼 국가지점번호는 한글 문자 2개와 숫자 8개로 이루어져 있습니다.

그러면 국가지점번호를 부여하는 원리는 무엇일까요? (사진 2 제시) 화면에 보시는 것처럼 국가지점번호는 우리나라의 최서남단을 기준점으로 하여 국토를 가로와 세로 각각 100km 간격의 격자형으로 나누고, 기준점에서부터 동쪽과 북쪽으로 각각 100km 간격마다 가나다순으로 한글 문자를 부여하여 만들어졌습니다. 기준점에서 100km 미만까지를 '가', 100km에서 200km 미만까지를 '나'와 같이 부여하는 것입니다. 그다음 특정 지점의 위치를 보다 자세히 표시하기 위해 하나의 구역 안에서 가로와 세로를 10m씩 구분하여 각각 네 자리의 숫자로 표시합니다. 예를 들어 국가지점번호 '다바 5122 8610'에서 '다바'는 기준점에서 동쪽으로 200km에서 300km 사이, 북쪽으로 500km에서 600km 사이의 구역을 의미합니다. 그리고 '5122 8610'은 해당 구역의 시작점에서 동쪽으로 51.22km, 북쪽으로 86.10km 떨어진 위치라는 것을 의미합니다. 따라서 '다바 5122 8610'은 기준점에서 동쪽으로 251.22km, 북쪽으로 586.10km 떨어진 위치를 나타냅니다.

지금부터는 국가지점번호에 대해 여러분의 질문을 받겠습니다. (청중의 질문을 듣고) 좋은 질문이시네요. 물론 국가지점번호가 만들어지기 전에도 위치를 표시하기 위한 방식들이 있었습니다. 미처 준비하지는 못했지만 여러분의 이해를 돕기 위해 인터넷 검색을 통해 자료를 보여 드리겠습니다. (인터넷 검색 자료 제시) 보시는 것처럼 소방청, 국립공원관리공단, 해양경찰청 등 각 기관마다 제각각 다른 위치 표시 방식을 사용하고 있었습니다. 이를 하나로 통일한 것이 바로 국가지점번호인 것이지요. 또 궁금한 점 있으신가요? (청중의 질문을 듣고) 질문하신 국가지점번호 표지판의 설치 현황은 다음과 같습니다. (도표 제시) 보시다시피 국가지점번호 표지판은 2017년 이후부터 매년 12,000개 이상씩 꾸준히 설치되고 있습니다.

자, 더 질문 있으신가요? 없으시면 이상으로 발표를 모두 마치겠습니다. 경청해 주셔서 감사합니다.

35. 위 발표에 대한 설명으로 가장 적절한 것은?

① 발표 주제를 강조하기 위해 속담을 활용하고 있다.
② 청중과 함께 한 경험을 환기하기 위해 질문을 던지고 있다.
③ 발표의 신뢰성을 높이기 위해 전문가의 말을 인용하고 있다.
④ 청중의 이해를 돕기 위해 구체적인 예시를 들어 설명하고 있다.
⑤ 발표의 객관성을 확보하기 위해 제재의 장단점을 나열하고 있다.

36. 다음을 바탕으로 위 발표가 진행되었다고 할 때, 발표자가 사용한 발표 전략으로 적절하지 <u>않은</u> 것은?

발표 전 청중 특성 분석
㉠ 국가지점번호에 대해 흥미가 적을 것임. ㉡ 국가지점번호가 어떻게 구성되어 있는지 잘 알지 못할 것임. ㉢ 국가지점번호를 부여하는 원리에 대해 잘 알지 못할 것임.
발표 중 청중 반응 분석
㉣ 국가지점번호가 만들어지기 전에 사용된 위치 표시 방식에 대해 알기를 원함. ㉤ 국가지점번호 표지판의 설치 현황에 대해 궁금해함.

① ㉠을 고려하여, 청중의 궁금증을 유발하기 위해 영상 자료를 활용하고 있다.
② ㉡을 고려하여, 국가지점번호가 한글 문자와 숫자로 구성되어 있음을 알려 주기 위해 사진 1을 활용하고 있다.
③ ㉢을 고려하여, 국토를 격자형으로 나누어 국가지점번호를 부여하였음을 설명하기 위해 사진 2를 활용하고 있다.
④ ㉣을 고려하여, 국가지점번호 도입 전의 다양한 위치 표시 방식을 보여 주기 위해 실시간으로 검색한 인터넷 자료를 활용하고 있다.
⑤ ㉤을 고려하여, 국가지점번호 표지판의 지역 간 설치 현황을 비교하기 위해 도표를 활용하고 있다.

37. 다음은 발표 내용을 확인하기 위한 학습지의 일부이다. 위 발표를 들은 학생들이 보인 반응으로 적절하지 <u>않은</u> 것은? [3점]

국가지점번호에 대한 이해

<자료 1>

<자료 2>

① <자료 1>의 '가가'에 해당하는 구역에 국가지점번호의 기준점이 위치하고 있겠군.
② <자료 1>에서 ⓐ 구역의 시작점은 ⓑ 구역의 시작점으로부터 서쪽으로 300km 떨어진 곳에 위치하고 있겠군.
③ <자료 1>의 ⓒ 구역의 국가지점번호 중 한글 문자는 '마사'이겠군.
④ <자료 2>와 같은 표지판은 도로명주소가 부여되기 어려운 곳에서 위치를 알리는 데 유용하겠군.
⑤ <자료 2>의 국가지점번호 표지판은 기준점에서 동쪽으로 484.85km, 북쪽으로 813.33km 떨어진 곳에 위치하고 있겠군.

[해설편 p.011]

[38 ~ 42] (가)는 학생회 학생들의 회의이고, (나)는 회의에 참여한 학생이 작성한 건의문의 초고이다. 물음에 답하시오.

(가)

학생 1: 지난 회의에서 학습플래너 사용률과 관련해 대화를 나누고 설문 조사 문항을 만들었잖아. 오늘은 그 후에 진행된 설문 조사의 결과를 바탕으로 우리 학교 학습플래너 사용률을 높이기 위한 방안에 대해 이야기해 보도록 할게. 먼저 설문 조사 결과를 보면서 사용률이 저조한 원인을 파악하고 해결 방안에 대해 논의해 보자.

학생 2: 설문 조사 결과를 보니 학습플래너 자체의 필요성을 느끼지 못하는 학생들이 많았어.

학생 3: 학습플래너의 필요성은 알고 있지만 학습플래너를 작성하는 방법을 잘 몰라서 사용하지 못하는 학생들도 의외로 많더라.

학생 1: 그렇구나. 혹시 다른 원인도 있었어?

학생 2: 학교에서 제공하는 학습플래너가 실용적이지 않다고 생각하는 경우도 많았어.

학생 1: 그러면 실용적이지 않다고 생각하는 구체적인 이유에는 어떤 것들이 있어?

학생 2: 학습플래너 크기가 너무 커서 가지고 다니기 불편하다고 하네.

학생 3: 맞아. 나도 가지고 다니면서 틈틈이 계획을 적고 점검하고 싶었는데 크기가 크니까 불편하더라.

학생 1: 그런 이유들이 있었구나. 그러면 지금까지 이야기한 것들을 바탕으로 우리 학교 학습플래너 사용률을 높일 수 있는 방안을 논의해 보자.

학생 2: 나는 학습플래너의 필요성과 작성법을 알려주는 홍보 활동이 필요하다고 생각해. 네 생각은 어때?

[A]
학생 3: 나도 홍보 활동이 좋은 해결 방안이라고 생각해. 우리 학교 학생 중 학습플래너를 작성해서 도움을 받았던 경험담을 소개하는 활동은 어떨까?

학생 2: 그래, 정말 좋은 생각이야. 경험담을 소개하면 학습플래너의 작성법도 알리고 자연스럽게 학습플래너의 필요성도 알릴 수 있을 것 같네.

학생 1: 그럼 학습플래너의 실용성은 어떻게 높일 수 있을까?

학생 2: 지금보다 학습플래너의 크기를 줄이면 가지고 다니기 편리해져 실용성이 높아질 거야.

학생 3: 맞아. 그런데 내 친구들 중에는 지금 학습플래너 크기에 만족한다는 친구들도 있더라. 그러니 다양한 크기의 학습플래너가 있으면 좋을 것 같아.

[B]
학생 2: 네 생각이 맞는 것 같아. 그러면 오늘 회의 내용을 정리해서 학교에 건의문을 제출하도록 하자.

학생 3: 그렇게 하자. 그리고 건의문에는 지금까지 논의한 내용과 설문 조사에서 나온 다른 요구 사항도 더 포함시키자.

학생 2: 그리고 이러한 건의와 더불어 학생들의 다양한 요구를 지속적으로 반영할 수 있도록 기획단 구성도 제안하는 건 어떨까?

학생 1: 그것도 좋은 생각이다. 그러면 오늘은 여기까지 하고, 다음 회의 시간에는 오늘 회의 내용을 반영해서 담당 선생님께 드릴 건의문을 작성해 보도록 할게. 내가 초고를 작성해 올 테니 보완할 점에 대해 함께 의견을 나누어 보자.

(나)

안녕하세요. 저는 학생회 ○○○입니다. 늘 학생들을 위해 애쓰시는 선생님께 감사드립니다. 학교에서는 학생들의 자기 주도 학습을 위해 학습플래너를 제작하여 나누어 주고 있습니다. 그런데 설문 조사 결과에 따르면 학습플래너를 사용하는 학생 수가 전체의 24% 정도로 매우 ㉠ <u>작은</u> 것으로 나타났습니다. 저희는 많은 예산과 노력이 ㉡ <u>들어간</u> 학습플래너의 사용률을 높이기 위해 몇 가지 건의를 드리고자 합니다.

학생회에서 실시한 설문 조사 결과, 학습플래너를 사용하지 않는 학생 중 다수는 학습플래너 자체의 필요성을 인식하지 못하고 있거나 학습플래너 작성 방법을 모르고 있었습니다. ㉢ <u>그러나</u> 우리 학교 학습플래너가 실용적이지 않다고 생각하는 학생들도 많았습니다.

더 많은 학생들이 학습플래너를 사용하게 하기 위해, 먼저 학기 초와 학기 말에 우리 학교 학생들의 학습플래너 작성 경험을 소개하는 행사를 열어 주셨으면 합니다. 학습플래너를 통해 실제 도움을 받은 또래 친구들의 생생한 경험담을 들으며, 학생들은 학습플래너의 필요성을 느끼고 학습플래너 작성법도 배울 수 있을 것입니다.

다음으로 학습플래너의 실용성을 높이기 위해 학생들의 다양한 요구를 반영해 학습플래너를 제작해 주셨으면 좋겠습니다. 설문 조사 결과에 따르면 학습플래너의 크기를 다양화하자는 의견과 독서 감상이나 학교 행사 등을 기록할 수 있는 속지를 넣는 것이 좋겠다는 의견이 많았습니다. 실제로 인근 학교에서도 학생들의 요구를 반영해 ㉣ 제작한 뒤로 학교 학습플래너 사용률이 높아진 사례가 있습니다.

마지막으로 학생들의 요구가 학습플래너 제작에 지속적으로 반영될 수 있도록 학습플래너 기획단을 만들어 주셨으면 좋겠습니다. 학습플래너 제작에 기획단이 참여한다면 학생들의 요구를 충실하게 반영할 수 있을 뿐만 아니라 학교 공동체의 주체로서 학생이 주도적으로 문제를 해결하는 학생 자치를 실천할 수 있을 것입니다. ㉤ <u>이를 위해 우리 학생회에서는 학생 자치의 중요성을 적극 홍보하고 있습니다.</u>

이러한 의견들을 반영해 주신다면 더 많은 학생들이 우리 학교 학습플래너를 사용할 것입니다. 이를 통해 학생들의 학교생활을 실질적으로 돕는 데 학교의 예산과 노력을 투입할 수 있을 것입니다. 또한 학생들의 자기 주도적 학습 태도를 길러 준다는 학습플래너의 교육적 목적도 달성할 수 있을 것이라고 생각합니다. 지금까지 읽어 주셔서 감사합니다.

38. (가)의 '학생 1'의 발화에 대한 설명으로 적절하지 <u>않은</u> 것은?

① 회의의 순서를 안내하며 논의의 방향을 드러내고 있다.
② 회의 참여자의 발언을 듣고 추가 정보를 요청하고 있다.
③ 회의에 참여한 학생들의 입장을 구분하여 정리하고 있다.
④ 회의를 마무리하며 다음 회의에서 논의할 사안을 제시하고 있다.
⑤ 지난 회의 내용을 요약하며 오늘 진행할 회의 주제를 밝히고 있다.

[해설편 p.011]

39. [A]와 [B]에 대한 설명으로 가장 적절한 것은?

① [A]에서의 '학생 2'와 달리 [B]에서의 '학생 3'은 상대가 제안한 내용의 한계를 지적하며 근거를 제시하고 있다.
② [A]에서의 '학생 2'와 달리 [B]에서의 '학생 3'은 상대가 제안한 내용에 자신의 경험을 바탕으로 한 해결책을 추가하고 있다.
③ [B]에서의 '학생 3'과 달리 [A]에서의 '학생 2'는 상대가 제안한 내용을 수용하며 그 효과를 언급하고 있다.
④ [B]에서의 '학생 3'과 달리 [A]에서의 '학생 2'는 상대가 제안한 내용의 타당성을 인정하며 자신의 의견과 절충하고 있다.
⑤ [B]에서의 '학생 3'과 달리 [A]에서의 '학생 2'는 상대가 제안한 내용을 재진술하며 자신의 이해가 정확한지를 확인하고 있다.

40. 다음은 (가)에 참여한 학생이 작성한 메모이다. 이를 바탕으로 세운 글쓰기 계획 중 (나)에 반영되지 않은 것은? [3점]

1. 문제 상황
- 우리 학교 학습플래너의 사용률이 낮음. ········· ⓐ

2. 문제의 원인
- 많은 학생들이 학습플래너의 필요성과 작성법을 모르고 있음.
- 학습플래너의 휴대성이 떨어짐. ························ ⓑ

3. 문제 해결 방안
- 학생을 대상으로 한 홍보 활동 ························ ⓒ
- 학생들의 요구를 반영한 실용성 개선 ··············· ⓓ
- 학습플래너 기획단 구성 ································· ⓔ

① 회의에서 언급되지 않았던, 학교의 예산이나 노력과 관련된 내용을 글에 포함시켜 ⓐ를 해결했을 때의 의미를 강조해야겠어.
② 회의에서 언급되었던, 작은 크기의 학습플래너를 선호하는 이유를 글에 밝혀 ⓑ의 내용을 명확히 해야겠어.
③ 회의에서 언급되었던, 학습플래너 경험담 소개 행사에 대해 그 실시 시기를 글에 추가하여 ⓒ의 내용을 구체화해야겠어.
④ 회의에서 언급되지 않았던, 다양한 유형의 학습플래너 속지를 요구한다는 설문 조사 내용을 글에 포함시켜 ⓓ의 의미를 강조해야겠어.
⑤ 회의에서 언급되지 않았던, 학습플래너 기획단의 새로운 측면을 글에 추가하여 ⓔ의 의미를 강조해야겠어.

41. <보기>를 참고하여 (나)에 대해 학생들이 보일 수 있는 반응으로 적절하지 않은 것은?

<보 기>

건의문은 특정한 개인이나 기관을 대상으로 공식적으로 문제 해결을 제안하거나 요구하는 글이므로 예의 바르고 공손한 표현을 사용하는 것이 좋다. 글의 목적을 달성하기 위해서는 해결해야 할 상황의 문제점을 분명하게 드러내고 상황의 심각성을 부각해야 하며, 해결 방안을 제시할 때는 구체적인 근거를 들어야 한다. 또한 해결 방안이 실현 가능함을 강조하거나 문제가 해결되었을 경우 얻을 수 있는 공동체의 이익이나 기대 효과를 제시한다면 글의 설득력을 높일 수 있다.

① 예상 독자와 글의 형식을 고려하여 정중한 인사로 글을 시작한 것이겠군.
② 문제 상황의 심각성을 부각하기 위해 설문 조사 통계를 사용한 것이겠군.
③ 문제 해결 방안이 실현 가능함을 강조하기 위해 인근 학교의 사례를 제시한 것이겠군.
④ 문제 해결 방안의 구체적인 근거로 사용하기 위해 또래 친구들의 학습플래너 제작 경험을 제시한 것이겠군.
⑤ 문제가 해결되었을 경우 얻을 수 있는 공동체의 이익을 드러내기 위해 교육적 목적을 달성하는 데 도움이 된다는 내용을 제시한 것이겠군.

42. ㉠ ~ ㉤을 고쳐 쓰기 위해 학생들이 조언한 내용으로 적절하지 않은 것은?

① ㉠: 단어의 쓰임이 적절하지 않으므로 '적은'으로 고치자.
② ㉡: 문장 성분 간의 호응을 고려하여 '사용된'으로 고치자.
③ ㉢: 문장과 문장의 연결 관계를 고려하여 '그리고'로 고치자.
④ ㉣: 필요한 문장 성분이 생략되어 있으므로 '학습플래너를'을 추가하자.
⑤ ㉤: 글의 통일성을 해치는 문장이므로 삭제하자.

[43 ~ 45] 다음은 환경 동아리 학생이 작성한 보고서의 초고이다. 물음에 답하시오.

우리 학교 수목 관리 실태 조사 보고서

Ⅰ. 조사 동기 및 목적

학교에서 나무는 학생들에게 휴식 공간을 제공할 뿐만 아니라 외부의 소음과 미세 먼지로부터 학습 환경을 보호해 주기도 한다. 그런데 학교 곳곳에 관리되지 못한 채 방치된 나무들이 있음에도 불구하고 학생들은 학교의 나무에 대해 잘 알지 못하고 관심도 부족한 것이 현실이다. 그래서 이번 식목일 주간을 맞아 우리 동아리에서는 우리 학교의 수목 관리 실태를 조사해 보았다. 이를 통해 수목 관리의 문제점을 짚어 보고, 개선 방안을 모색하고자 한다.

Ⅱ. 조사 계획

○ 조사 대상: 학교 안 나무(총 136그루)
○ 조사 기간: 2022.03.28. ~ 04.08.
○ 조사 방법: 현장 조사, 자료 검색

Ⅲ. 조사 결과

1. 관리 실태 및 문제점 분석

우리 동아리에서 현장 조사를 통해 우리 학교 나무들을 어떻게 관리하고 있는지 살펴본 결과 6종의 나무 34그루에서 40건의 문제 사례가 발견되었다. 주요 문제점을 세 가지로 정리하면 다음과 같다. 첫째, 나무들이 과도하게 가지치기가 되어 활력을 잃어가고 있다. 특히 정문 통행로의 은행나무 14그루의 경우, 지난해 시행한 일률적인 가지치기로 인하여 줄기의 윗부분이 잘리고, 잎이 날 수 있는 가지 대부분이 제거된 상태였다. 둘째, 생육 환경에 적합하지 않은 곳에 심어 제대로 생장하지 못하는 나무들이 있다는 점이다. 본관 뒤편에 심은 무궁화 7그루의 경우, 같은 시기에 다른 곳에 심은 무궁화에 비해 생장 상태가 불량했다. 이는 그늘에 있는 무궁화가 생장에 필요한 햇빛을 충분히 받지 못했기 때문이라고 판단된다. 셋째, 일부 학생들에 의해 인위적으로 손상된 나무들이 있다는 점이다. 학생 쉼터에 있는 등나무 6그루의 경우 줄기의 껍질이 벗겨져 있거나, 날카로운 것에 의해 파인 채로 방치되어 있었다.

2. 개선 방안

현장 조사 자료와 관련 연구 자료를 종합한 결과, 다음과 같은 개선 방안을 도출할 수 있었다. 첫째, 가지치기는 나무의 형태와 가지치기 목적에 맞게 그 방법을 달리해야 한다. 둘째, 나무의 생육 특성을 조사하여 현재의 환경이 생육 특성에 맞지 않은 경우, 나무가 제대로 생장할 수 있는 장소를 찾아 옮겨 심어야 한다. 셋째, 학생들이 나무의 소중한 가치를 인식하고 나무를 하나의 생명체로 존중할 수 있도록 캠페인 활동을 진행하여 나무가 훼손되는 것을 방지해야 한다.

Ⅳ. 결론

이번 실태 조사를 통해 우리 학교에 있는 나무들의 관리에 여러 가지 문제점이 있다는 것을 알게 되었다. 이러한 문제점들을 해결하기 위해 우리 학교 나무들에 대한 학교 구성원 모두의 적극적인 관심이 필요하다.

43. 윗글의 글쓰기 방식에 대한 설명으로 가장 적절한 것은?

① 내용을 항목화하여 체계적으로 제시하고 있다.
② 주요 용어의 개념을 명시적으로 서술하고 있다.
③ 비유적 표현을 사용하며 글을 마무리하고 있다.
④ 통념을 반박하기 위하여 근거를 제시하고 있다.
⑤ 제재와 관련된 질문을 통해 글을 시작하고 있다.

44. 다음은 초고를 작성하기 전에 학생이 세운 작문 계획이다. 학생의 초고에 반영되지 않은 것은?

○ 학교의 나무가 우리에게 주는 긍정적인 기능에 대해 언급해야겠어. ············ ①
○ 우리 학교 수목 관리의 문제점에 따른 개선 방안을 찾기 위한 목적으로 조사를 하였음을 밝혀야겠어. ············ ②
○ 우리 동아리에서 조사한 내용을 정리하여 우리 학교 수목 관리의 주요 문제점을 설명해야겠어. ············ ③
○ 현장 조사 자료와 관련 연구 자료를 통해 얻은 정보를 바탕으로 개선 방안이 도출되었음을 밝혀야겠어. ············ ④
○ 결론에서는 개선 방안을 토대로 우리 학교 수목 관리에 대한 앞으로의 계획을 밝혀야겠어. ············ ⑤

45. 다음은 초고를 보완하기 위해 추가로 수집한 자료이다. 자료의 활용 방안으로 적절하지 않은 것은?

[자료 1] 통계 자료

㉮ 우리 학교 설문 조사 결과

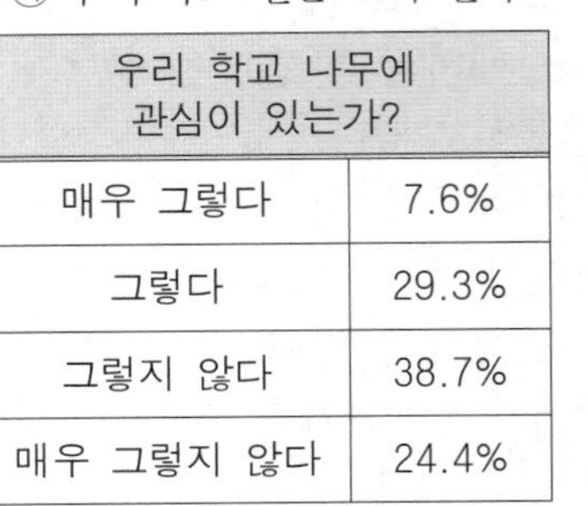

우리 학교 나무에 관심이 있는가?	
매우 그렇다	7.6%
그렇다	29.3%
그렇지 않다	38.7%
매우 그렇지 않다	24.4%

㉯ 차광률에 따른 무궁화 개화 수

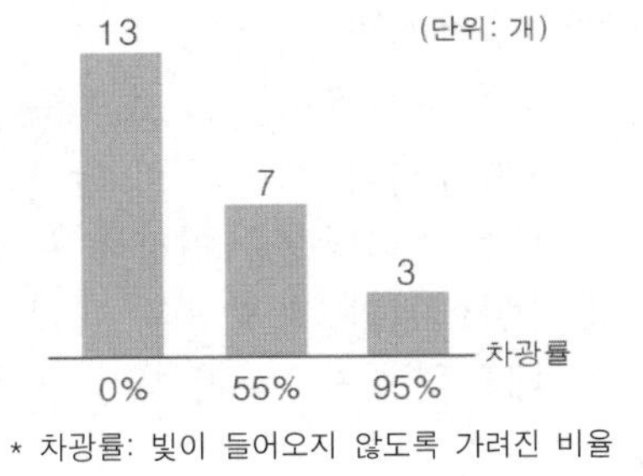

* 차광률: 빛이 들어오지 않도록 가려진 비율

[자료 2] 전문가 인터뷰

"일반적으로 나무는 햇빛이 부족할 경우 가지가 연약하게 자라거나 피는 꽃의 수가 줄어들게 됩니다. 따라서 그늘진 곳에 심은 나무는 가급적 적합한 곳으로 옮겨 심어야 하며, 옮겨 심은 후에도 나무의 적절한 생장을 위해 가지치기를 하는 것이 좋습니다. 하지만 과도한 가지치기로 인하여 나무가 세균에 감염되어 고사할 수 있으므로 주의해야 합니다."

[자료 3] 신문 기사

□□신문 ◇◇◇◇년 ◇◇월 ◇◇일

내 나무 한 그루, 내가 가꾼다

시민들이 나무 한 그루씩을 맡아 직접 가꾸어 보는 캠페인 활동이 호응을 얻고 있다. △△시에서는 시민들이 가뭄철 물 주기, 비료 주기, 나무 옮겨심기 등을 하는 '나무 돌보미' 캠페인이 진행되고 있다. ○○○ 학생은 "직접 내 나무를 가꾸어 보니 나무의 소중함을 느낄 수 있고 생명을 사랑하는 마음도 저절로 길러지는 것 같다. 친구들에게도 이 프로그램을 많이 추천하고 싶다."라고 말했다.

① [자료 1-㉮]를 활용하여, 우리 학교 나무에 대한 학생들의 관심도가 낮다는 내용을 뒷받침하는 자료로 제시한다.
② [자료 1-㉯]와 [자료 2]를 활용하여, 그늘에 심은 무궁화의 생장 상태가 불량한 원인이 부족한 햇빛 때문임을 뒷받침하는 자료로 제시한다.
③ [자료 2]를 활용하여, 지나친 가지치기가 나무의 건강에 악영향을 미친다는 내용의 심각성을 부각하는 자료로 제시한다.
④ [자료 2]와 [자료 3]을 활용하여, 부적합한 생육 환경을 개선하기 위해 나무를 옮겨 심어야 하는 시기를 구체적으로 제시한다.
⑤ [자료 3]을 활용하여, 나무에 대한 학생들의 인식 개선을 위한 캠페인 활동의 사례를 구체적으로 제시한다.

* 확인 사항
○ 답안지의 해당란에 필요한 내용을 정확히 기입(표기)했는지 확인하시오.

06회 ● 2021학년도 4월 학력평가 국어영역(화법과 작문)

● 문항수 11개 | 배점 24점 | 제한 시간 20분

● 점수 표시가 없는 문항은 모두 2점

[35 ~ 37] 다음은 수업 시간 중 학생의 발표이다. 물음에 답하시오.

안녕하세요. 저는 QR 코드에 대해 발표할 ○○○입니다. 최근 QR 코드가 많이 쓰이고 있는데요, 여러분도 사용해 보셨나요? (사진 1을 보여 주며) 이 사진에서처럼 공공장소에 들어갈 때 한 번쯤은 사용해 보셨을 텐데요. 이렇게 QR 코드는 주변에서 흔히 사용되고 있지만, QR 코드의 특징과 구성에 대해서는 잘 모르실 것 같아 발표를 준비했습니다.

QR 코드는 명암에 따라 빛의 반사량이 다르다는 원리가 이용된다는 점에서 바코드와 유사합니다. (표를 보여 주며) 하지만 표에 제시된 것처럼 바코드가 가로로 된 1차원적 구성이기 때문에 주로 간단한 숫자 정보만을 담을 수 있는 것과 달리, QR 코드는 가로와 세로의 2차원적 구성이어서 이미지나 동영상과 관련한 정보까지도 담을 수 있습니다. (동영상을 보여 주고) 보신 것처럼 QR 코드는 상품 홍보, 결제, 웹 사이트 연결 등의 다양한 용도로 활용되고 있습니다.

다음은 QR 코드의 구성에 대해 설명하겠습니다. (사진 2를 제시하며) 우선 QR 코드는 밝은색과 어두운색 모듈들의 집합으로, 여기 가장 작은 한 칸의 사각형이 바로 모듈입니다. 뒤에 계신 분들 잘 보이시나요? 안 보이시는 분이 있다고 하니 확대해 보겠습니다. (사진 2를 확대하며) 잘 보이시죠? 이런 모듈들로 구성된 QR 코드는 인코드화 영역과 기능 패턴으로 구분할 수 있습니다.

인코드화 영역은 정보가 담긴 모듈들로 구성되어 있습니다. 모듈 수가 늘어날수록 인코드화 영역에는 더 많은 정보를 담을 수 있고, QR 코드의 크기도 커집니다. 모듈 수가 가장 많은 QR 코드 버전은 숫자는 7,089자, 한글은 1,817자까지 담을 수 있습니다.

다음으로 QR 코드가 효율적으로 인식될 수 있도록 돕는 기능 패턴들에 대해 설명하겠습니다. (사진 3을 제시하며) 여기 QR 코드 상단 양쪽 끝과 왼쪽 하단을 보시면 큰 사각형 형태들이 보이는데요. 이 세 개의 형태들은 QR 코드가 어떤 방향으로 놓여 있어도 쉽고 빠르게 인식될 수 있게 해 주는 위치 탐지 패턴이라고 합니다. 위치 탐지 패턴은 QR 코드의 버전이 달라지더라도 크기와 개수는 변하지 않습니다. 그리고 오른쪽 아래에 보이는 것과 같이 위치 탐지 패턴과 형태는 비슷하지만, 크기는 작은 사각형 형태를 정렬 패턴이라고 합니다. 정렬 패턴은 QR 코드가 곡면 등에 인쇄되어 일그러진 상태에서도 정상적으로 인식될 수 있게 합니다. 마지막으로 위치 탐지 패턴 사이의 밝은색과 어두운색 모듈이 하나씩 교대로 나타나는 부분을 타이밍 패턴이라고 하는데, 이 패턴은 다른 모듈들의 위치 정보를 알려줄 뿐만 아니라 QR 코드의 버전도 확인할 수 있게 해 줍니다.

오늘 제가 준비한 발표는 여기까지입니다. QR 코드에 대한 궁금증이 조금이나마 해소되었길 바라며 발표를 마치겠습니다.

35. 위 발표에 대한 설명으로 가장 적절한 것은?

① 발표 제재를 활용할 때 유의할 점을 안내하고 있다.
② 발표를 통해 배운 점을 실천해 볼 것을 권유하고 있다.
③ 발표 제재의 선정 이유를 도입 부분에 제시하고 있다.
④ 발표 중간중간에 앞에서 설명한 내용을 요약하고 있다.
⑤ 발표를 마치며 정보의 출처를 구체적으로 명시하고 있다.

36. 다음은 발표를 위해 준비한 분석 자료의 일부이다. 이를 바탕으로 위 발표가 진행되었다고 할 때, 발표자의 발표 전략으로 적절하지 <u>않은</u> 것은?

발표 제재의 특성 분석	㉠ 일상생활에서 자주 접할 수 있음. ㉡ 바코드의 원리와 비교 가능함.
청중의 특성 분석	㉢ QR 코드의 용도를 궁금해함. ㉣ QR 코드가 어떻게 구성되어 있는지 모름.
발표 장소의 특성 분석	㉤ 교실 구조상 자료 화면이 뒤쪽까지 잘 보이지 않을 수 있음.

① ㉠을 고려하여, 일상생활 속에서 QR 코드가 흔히 사용되고 있다는 것을 보여 주기 위해 '사진 1'을 활용하고 있다.
② ㉡을 고려하여, QR 코드와 바코드는 빛을 이용하는 원리가 다르다는 것을 비교하기 위해 '표'를 활용하고 있다.
③ ㉢을 고려하여, QR 코드의 다양한 용도를 알려 주기 위해 '동영상'을 활용하고 있다.
④ ㉣을 고려하여, QR 코드의 구성에 대해 설명하기 위해 '사진 2'와 '사진 3'을 활용하고 있다.
⑤ ㉤을 고려하여, 교실 뒤쪽까지 정보를 효과적으로 전달하기 위해 '사진 2'의 크기를 조절하여 활용하고 있다.

37. 위 발표를 들은 학생이 <보기>에 대해 보인 반응으로 적절하지 <u>않은</u> 것은? [3점]

<보 기>

① ⓐ가 있어 거꾸로 놓여 있는 QR 코드도 빠르게 인식될 수 있겠군.
② ⓑ를 통해 ⓓ의 위치 정보와 QR 코드의 버전을 확인할 수 있겠군.
③ ⓒ가 있어 둥근 유리병 표면에 부착된 QR 코드도 정상적으로 인식될 수 있겠군.
④ ⓓ의 수가 늘어나 QR 코드 크기가 커지면 ⓐ에 더 많은 정보를 담을 수 있겠군.
⑤ ⓐ, ⓑ, ⓒ는 모두 QR 코드가 효율적으로 인식될 수 있도록 하는 기능 패턴들이겠군.

[38 ~ 41] (가)는 고전 읽기 동아리 활동 중 학생들이 나눈 대화이고, (나)는 이를 바탕으로 '학생 3'이 작성한 글이다. 물음에 답하시오.

(가)

학생 1: 지난번 모임에서 오늘은 '「홍길동전」과 영웅'이라는 주제로 이야기하기로 했잖아. 우선 한 명씩 차례대로 이야기해 보자. (학생 2를 가리키며) 먼저 이야기해 볼래?

학생 2: 나는 홍길동이 서자라는 신분적 한계에도 좌절하지 않고, 자신의 능력을 키워 고통받는 사람들을 도왔다는 점에서 영웅의 모습을 충분히 보여 주었다고 생각했어.

학생 3: 나도 홍길동이 고통받는 사람들을 도왔다는 점에서는 영웅적인 면모가 있다고 생각해. 하지만 홍길동의 행동을 모두 정당하다고 인정할 수는 없어. 왜냐하면 홍길동이 강제로 남의 재물을 빼앗은 것은 사실이고, 그건 잘못이잖아.

[A]
학생 2: 당대 대다수의 사람들은 힘없는 사람들 편에 서서 부정부패한 세력에 저항하는 소설 속 홍길동을 진정한 영웅이라고 생각하지 않았을까? 그러니까 그를 도적이 아닌 의적이라고 불렀던 것이겠지. 그리고 지금까지 「홍길동전」이 고전으로 읽히는 것도 그런 홍길동의 행동이 시대를 초월해서 많은 사람들에게 지지를 얻어서라고 생각해.

학생 3: 물론 많은 사람들은 권력층의 부당한 횡포를 저지하고 불의에 맞서 싸우는 홍길동의 영웅적인 모습을 응원했겠지. 하지만 법 또한 사회 구성원 모두가 지켜야 할 약속이라는 점에서 본다면 법을 어긴 홍길동의 행동은 진정한 영웅의 모습이라고 볼 수는 없을 것 같아.

학생 1: 다른 사람을 돕는다는 점에서 홍길동에게 영웅적인 면모가 있다는 것은 둘 다 인정하지만, 그를 진정한 영웅으로 볼 수 있는지에 대해서는 서로 생각이 다르구나. 그럼 지금부터는 진정한 영웅은 어떤 사람이어야 하는지에 대해 이야기해 보자. (학생 3을 가리키며) 이번에는 네가 먼저 얘기해 볼래?

[B]
학생 3: 나는 목적이 정당하더라도 사회적 규범을 어기는 건 사회질서를 어지럽힐 수 있다는 점에서 정의로운 행동으로 볼 수 없다고 생각해. 홍길동이 진정한 영웅이라면 목적을 실현하기 위한 방법까지도 정의로웠어야 해.

학생 2: 진정한 영웅이 정의로워야 한다는 말에는 동의하지만, 영웅의 정의로움을 판단할 때 무엇을 더 중요하게 봐야 하는지에 대해서는 너와 생각이 좀 달라. 나는 홍길동의 행동이 사회 규범에 어긋났더라도, 사회적 약자를 돕기 위한 불가피한 선택이었다면 용기 있는 그의 행동은 정의로웠다고 생각해.

학생 1: 너희가 생각하는 진정한 영웅은 사회적 규범 안에서 정당한 방법으로 정의를 실현해야 한다는 입장과 사회적 약자를 돕는다는 목적을 더 중요하게 여겨야 한다는 입장으로 나뉘는구나. 혹시 더 할 말 없어?

학생 2: 얼마 전 지하철 선로에 떨어진 아이를 구한 용감한 시민에 대한 방송을 봤어. 물론 선로에 사람이 들어가는 것 자체는 법을 어긴 행동이지만, 많은 사람이 그의 행동을 칭찬하면서 영웅이라고까지 하잖아. 넌 어떻게 생각해?

학생 3: 아, 그럴 수도 있겠구나. 소설 내용에만 집중하다 보니 미처 그런 부분까지는 생각을 못 했어. 좀 더 생각해 봐야겠다.

학생 1: 그러면 오늘 나눈 이야기를 바탕으로 '「홍길동전」과 우리 시대의 영웅'이라는 주제로 글을 써서 다음 모임 때 발표해 보자.

학생 2, 3: 좋아.

(나)

우리 시대의 진정한 영웅은 누구인가?

'영웅'이라고 하면 지혜와 재능이 뛰어나고, 용맹하여 보통 사람이 하기 어려운 일을 해내는 사람을 떠올릴 것이다. 우리에게 익숙한 「홍길동전」의 주인공 역시 비범한 능력을 발휘하여 부정부패한 권력층의 재물을 빼앗아 가난한 백성들을 구제하는 등 불의에 맞서 의적 활동을 펼쳐 영웅의 대명사로 손꼽히고 있다.

하지만 나는 홍길동이 진정한 영웅이 되기에는 아쉬운 점이 있다고 생각했었다. 왜냐하면 홍길동은 법을 어기고 사회질서를 혼란스럽게 하는 행동들을 했기 때문이다. 사회 구성원 모두가 지켜야 할 약속을 어겨 공동체에 부정적인 영향을 끼친다면 진정한 영웅이라고 할 수 없을 것이다. 그러나 친구들과 대화를 나누고 보니 불가피하게 사회 규범을 어겼지만 사회적 약자나 도움이 필요한 사람들을 위해 위험을 무릅쓰고 용기를 발휘했다는 것 역시 그의 정의로움을 판단하는 데 중요하다는 것을 깨닫게 되었고, 홍길동도 진정한 영웅이라고 생각하게 되었다.

그렇다면 소설이 아닌 현대 사회 속에서의 진정한 영웅은 어떤 사람들일까? 나는 소설 속 홍길동이 발휘한 용기에 주목하여 그 답을 찾을 수 있었다. 오늘날 용기는 사회적 약자나 도움이 필요한 사람들을 위해 노력하는 사람들의 희생과 봉사라고 생각했다. 예를 들어 재난 현장 같은 위기의 상황에서 자신보다 다른 사람의 목숨을 먼저 구해 주는 분들의 희생이나, 전염병이 발생했을 때 감염의 위험을 무릅쓰고 다른 사람의 생명을 돌보는 분들의 봉사는 용기 있는 이 시대의 진정한 영웅의 모습이라고 할 수 있을 것이다.

이번 동아리 활동은 「홍길동전」과 영웅에 관한 대화를 나누며 홍길동의 영웅적 면모와 진정한 영웅에 대해 함께 생각해 볼 수 있는 좋은 기회였다. 나아가서 우리 시대의 진정한 영웅은 어려움에 처한 사람을 위해 기꺼이 희생을 받아들이고 봉사할 수 있는 사람이라는 생각을 하게 되었고, 이러한 우리 주변의 진정한 영웅들에게 응원과 감사의 마음을 전해야겠다고 다짐하게 되었다.

38. 다음은 '학생 1'이 동아리 활동을 준비하면서 작성한 메모이다. (가)의 '학생 1'의 발화에서 확인할 수 있는 내용으로 적절하지 <u>않은</u> 것은?

◎ 동아리 활동 시작
- 지난 활동에서 결정된 주제 환기하기 ………………… ①
- 발언자의 순서를 지정하기 ……………………………… ②

◎ 동아리 활동 진행
- 사례를 제시하여 다양한 생각을 유도하기 ……………… ③
- 대화의 내용 정리하기 ………………………………… ④

◎ 동아리 활동 마무리
- 다음 모임의 활동 내용 제안하기 ……………………… ⑤

39. [A], [B]에 대한 설명으로 가장 적절한 것은?

① [A]의 '학생 2'는 질문을 통해 '학생 3'의 견해에 대한 자신의 이해가 정확한지를 확인하고 있다.
② [A]의 '학생 3'은 자신의 의견을 뒷받침하는 권위자의 말을 인용하여 '학생 2'의 견해가 지닌 논리적 오류를 지적하고 있다.
③ [B]의 '학생 2'는 발생할 수 있는 문제 상황을 예측하면서 '학생 3'이 제시한 정보의 적절성에 의문을 제기하고 있다.
④ [A]의 '학생 2'와 [B]의 '학생 3'은 모두 객관적인 자료를 제시하면서 자신의 의견이 지닌 타당성을 부각하고 있다.
⑤ [A]의 '학생 3'과 [B]의 '학생 2'는 모두 상대방이 한 말의 일부를 인정하면서도 상대방과 다른 자신의 입장을 밝히고 있다.

40. '학생 3'이 (가)를 바탕으로 세운 글쓰기 계획 중, (나)에 반영되지 <u>않은</u> 것은?

① (가)에서 언급되지 않았던 영웅의 일반적 의미를 설명하며 다른 영웅보다 정의로운 홍길동의 행동을 부각해야겠군.
② (가)에서 언급된 「홍길동전」의 내용을 활용하여 불의에 맞서 약자들을 돕는 홍길동의 영웅적인 모습을 제시해야겠군.
③ (가)에서 언급된 정의로움에 대한 '학생 2'의 견해에 공감하며 홍길동에 대한 생각이 달라졌음을 드러내야겠군.
④ (가)에서 언급되지 않은 사례를 제시하며 오늘날의 진정한 영웅의 의미를 구체적으로 밝혀야겠군.
⑤ (가)에서 언급된 내용을 정리하며 홍길동의 영웅적 면모와 진정한 영웅에 대해 생각해 볼 수 있었다는 활동의 의의를 강조해야겠군.

41. 다음은 (나)의 마지막 문단의 초고이다. 이를 고쳐 쓰기 위해 학생들이 조언한 내용 중 반영되지 <u>않은</u> 것은?

> 이번 동아리 활동은 「홍길동전」과 영웅에 관한 대화를 나누며 홍길동의 영웅적 면모와 진정한 영웅에 대해 함께 생각해 볼 수 있는 좋은 기회였다. 고전을 읽으면 현대 문학을 이해하는 데에도 도움이 된다. 우리 시대의 진정한 영웅은 어려움에 처한 사람을 위해 기꺼이 희생을 받아들이고 수용하는 사람이라는 생각을 하게 되었고, 이러한 우리 주변의 진정한 영웅들에게 응원과 감사의 마음을 갖게 되었다.

① 의미가 중복되어 사용된 어휘 중 하나를 삭제하는 건 어때?
② 주제에서 벗어나 통일성을 해치는 문장은 삭제하는 건 어때?
③ 너의 생각이 확장되었음을 드러낼 수 있는 단어를 추가하는 건 어때?
④ 글을 읽는 사람들에게 네가 결심한 내용에 동참할 것을 촉구하면서 마무리하는 건 어때?
⑤ 제목과 관련해 앞 문단에서 제시한 너의 생각이 정확히 드러나도록 누락된 내용을 찾아 추가하는 건 어때?

[42 ~ 45] (가)는 교지에 실린 조사 보고서의 일부이고, (나)는 (가)를 참고하여 학교 신문에 쓴 글이다. 물음에 답하시오.

(가)

'수면'에 대한 우리 학교 학생들의 인식과 실태 조사

Ⅰ. 서론

최근 사회적으로 수면의 중요성이 대두되고 있다. 이에 우리 학교 학생들 전체를 대상으로 수면에 대한 인식 및 수면의 실태를 설문지를 통해 조사하였다. 설문 조사는 2021년 3월 11일부터 3월 17일까지 진행되었다.

Ⅱ. 본론

1. 수면에 대한 인식

'수면이 중요하다고 생각하는가?'라는 질문에 대해 85%의 학생이 '그렇다'라고 답했다. '그렇다'라고 응답한 학생들만을 대상으로 한 '수면이 중요한 이유는 무엇인가?'라는 추가 질문에는 91%의 학생이 '피로를 풀기 위해'라고 응답하였다.

2. 수면 실태

실태 조사는 앞서 수면이 중요하다고 응답한 학생들을 대상으로, 수면의 양과 질에 대한 항목을 각각 설정하여 실시하였다. 먼저 '하루에 6시간 이상 잠을 자는가?'라는 질문에 61%의 학생이 '그렇지 않다'라고 응답했다. '하루에 6시간 이상 못 자는 이유는 무엇인가?'라는 추가 질문에는 휴대폰 사용(62%), TV 시청(20%), 공부(16%), 기타(2%) 순으로 답변했다.

그리고 '하루에 6시간 이상 잠을 자는가?'라는 질문에 대해 '그렇다'라고 응답한 학생을 대상으로 한, '수면 후 충분히 피로가 풀렸다고 생각하는가?'라는 추가 질문에는 75%의 학생이 '그렇지 않다'라고 응답했다. 그 이유를 묻는 질문에는 92%의 학생이 '잘 모르겠다'라고 응답하였다.

Ⅲ. 결론

우리 학교 학생들은 수면이 중요하다는 것을 알고 있지만, 절대적인 수면의 양이 부족하고, 수면의 양이 부족하지 않은 학생들도 수면의 질이 낮은 것을 확인할 수 있었다.

(나)

'잠이 보약'이라는 말이 있다. 잠을 잘 자는 것이 건강한 삶을 위한 기본이라는 뜻이다. 하지만 수면이 중요하다고 생각하는 학생 중 61%는 수면 시간이 6시간 미만이라고 응답했고, 이는 외국 학생들의 평균 수면 시간에 비해 낮은 수치이다. 수면 시간이 6시간 이상인 학생들도 수면 후 충분히 피로가 풀렸다고 생각하지 않는다고 응답했다. 이처럼 우리 학교에는 수면의 양이 부족하거나 수면의 질이 낮은 학생들이 많아 수면 습관 개선이 필요한 상황이다.

우리의 몸은 적절한 수면을 통해 건강을 유지할 수 있다. 그런데 수면의 양이 부족하거나 질이 떨어지게 되면 피로해진 몸을 회복할 기회를 얻지 못한다. 그 결과 면역력이 떨어져서 질병에 쉽게 노출될 수도 있고, 집중력과 판단력이 저하되어 정상적인 생활을 하는 데 어려움을 겪을 수도 있다.

이런 문제들을 해결하기 위해서는 첫째, 최소 6시간 이상의 충분한 수면 시간을 확보해야 한다. 이를 위해 효율적인 수면 계획을 세워 취침 시간과 기상 시간을 일정하게 유지해야 한다. 또한 잠자리에 들기 전에는 규칙적인 수면 습관을 방해하는 휴대폰 사용이나 TV 시청 등을 하지 않아야 한다.

[해설편 p.014]

둘째, 수면의 질을 높여야 한다. 수면의 질은 수면의 환경과 밀접한 관련이 있다. 밤이 되면 우리 몸에서는 잠과 관련된 호르몬인 멜라토닌이 분비되는데 빛에 노출되면 멜라토닌의 분비량은 줄어들고 결과적으로 깊은 잠을 자지 못한다. 그래서 취침 전에는 수면의 질에 영향을 미칠 수 있는 빛을 차단해야 한다.

잠은 우리의 삶에서 중요한 요소이다. 따라서 학생들은 건강한 수면 습관을 가지도록 힘써야 한다. 또한 ㉠ 학교에서는 수면의 양과 질이 모두 중요하다는 내용을 학생들에게 교육하기 위한 캠페인을 실시해야 한다.

42. 다음은 (가)를 쓰기 위한 계획의 일부이다. (가)에 반영되지 않은 것은?

구분	내용
설문 조사 계획	– 우리 학교 학생들을 대상으로 기간을 설정하고 설문지를 활용하여 조사해야겠어. ··· ① – 설문 항목을 학생들의 수면에 대한 인식과 수면 실태로 구성해야겠어. ··· ② – 수면에 대한 인식과 수면 실태에 대한 응답에 따라 추가 질문을 제시해야겠어. ··· ③
보고서 작성 계획	– 서론에 조사 배경을 언급해야겠어. – 본론에 설문의 응답 결과를 구체적인 수치로 표현하여 제시해야겠어. ··· ④ – 결론에 수면 실태가 수면에 대한 인식에 미치는 영향을 정리해야겠어. ··· ⑤

43. 다음은 (나)를 보완하기 위해 추가로 수집한 자료이다. 자료의 활용 방안으로 적절하지 않은 것은? [3점]

[자료 1] 통계 자료

㉮ 국가별 고등학생 평균 수면 시간

국가	평균 수면 시간
한국	6시간 3분
일본	7시간 30분
미국	8시간 12분
OECD평균	8시간 22분

㉯ T세포 활성화 수치

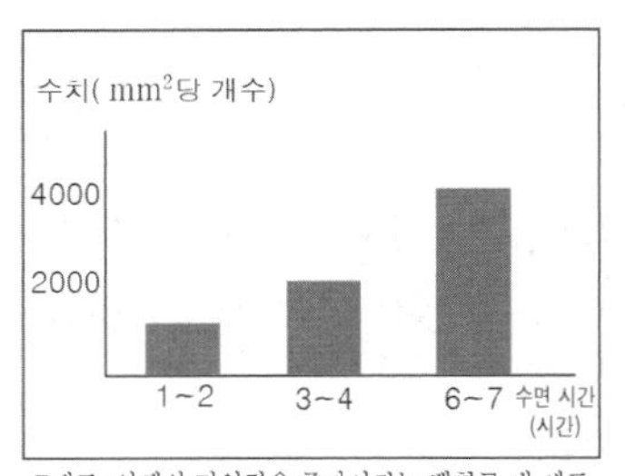

T세포: 인체의 면역력을 증가시키는 백혈구 내 세포

[자료 2] 연구 자료

생체 호르몬의 일종인 멜라토닌은 깊은 잠을 자는 데 도움을 주어 면역 기능 유지에 기여한다. 우리 몸에 멜라토닌이 부족해지면 면역력이 저하될 뿐만 아니라, 정보를 습득하고 판단하는 능력과 정서를 조절할 수 있는 능력 등이 저하될 수 있다. 연구에 따르면 전자 기기 화면에서 방출되는 빛에 2시간 노출되었을 때 멜라토닌의 분비가 노출 전보다 22% 정도 억제된다고 나타났다.

[자료 3] 전문가 인터뷰

"잠을 충분히 자기 위해서는 자기 전에 카페인이 함유된 커피나 에너지 음료 등의 섭취를 삼가야 합니다. 카페인은 뇌의 활동을 억제하는 물질인 아데노신의 활성을 방해하는데, 이로 인해 각성 효과가 나타나게 되고 결국 제시간에 잠을 자지 못하는 것입니다. 그뿐만 아니라 카페인은 우리가 깊은 수면에 빠지는 시간을 지연시키고, 자다가 깨는 빈도를 높여 수면의 질도 낮춥니다. 따라서 적어도 잠자리에 들기 6시간 전부터는 카페인이 들어간 음식을 섭취해서는 안 됩니다."

① [자료 1-㉮]를 활용하여, 외국 학생들의 평균 수면 시간에 비해 우리 학교 학생들의 수면 시간이 부족하다는 내용을 뒷받침하는 근거로 제시한다.
② [자료 2]를 활용하여, 멜라토닌 분비량이 빛과 관련이 있으므로 수면의 질을 높이기 위해서는 빛을 차단해야 한다는 내용을 뒷받침하는 자료로 제시한다.
③ [자료 3]을 활용하여, 충분한 수면 시간을 확보하기 위한 방안으로 자기 전에 카페인이 들어간 음식을 섭취해서는 안 된다는 내용을 추가한다.
④ [자료 1-㉯]와 [자료 2]를 활용하여, 수면의 양이 부족하거나 질이 떨어지면 면역력이 떨어질 수 있다는 내용을 구체화하는 자료로 제시한다.
⑤ [자료 2]와 [자료 3]을 활용하여, 수면의 질을 높이기 위해서는 멜라토닌의 분비량을 증가시켜 각성 효과가 나타나게 해야 한다는 내용을 해결책으로 추가한다.

44. <조건>에 따라 ㉠을 위한 캠페인 문구를 작성한다고 할 때, 가장 적절한 것은?

〈조 건〉
- ㉠에 제시된 교육의 내용을 모두 포함할 것.
- 비유적 표현을 활용할 것.

① 충분한 시간 동안 깊이 자는 잠은 건강한 삶을 위한 지름길입니다.
② 수면의 양과 질을 모두 확보해야 우리는 건강해질 수 있습니다.
③ 수면 시간을 줄이면 여러분의 몸에 빨간불이 켜집니다.
④ 잃어버린 수면의 질은 결국 당신의 건강을 앗아갑니다.
⑤ 달님도 꿈꾸는 늦은 밤에 당신도 꿈꾸고 있나요?

45. (가)와 (나)에 대한 이해로 가장 적절한 것은?

① (가)는 (나)와 달리, 예상 독자에 대한 글쓴이의 당부가 드러나고 있다.
② (가)는 (나)와 달리, 문제 상황에 대해 글쓴이가 생각하는 해결 방안을 제시하고 있다.
③ (나)는 (가)와 달리, 글쓴이의 경험을 구체적으로 밝혀 주제에 대한 독자의 흥미를 유발하고 있다.
④ (가)와 (나)는 모두, 객관적인 근거를 활용하여 글의 신뢰성을 높이고 있다.
⑤ (가)와 (나)는 모두, 제목을 활용하여 글의 내용을 효과적으로 전달하고 있다.

* 확인 사항
- 답안지의 해당란에 필요한 내용을 정확히 기입(표기)했는지 확인하시오.

[해설편 p.015]

● 문항수 11개 | 배점 24점 | 제한 시간 20분

● 점수 표시가 없는 문항은 모두 2점

[35~37] 다음은 학생들을 대상으로 한 강연의 일부이다. 물음에 답하시오.

안녕하세요? ○○고 학생 여러분, 문화 해설사 □□□입니다. 한글 창제 이야기는 이미 잘 알고 계실 테니, 오늘은 한글 대중화에 힘쓴 두 인물에 대해 말씀드리죠. (목소리를 높여) 바로 주시경, 최현배 선생입니다. 역사적으로 암울했던 시기에 한글을 교육하고 연구하는 데 앞장선 두 분은 특별한 관계이기도 한데요. 어떤 관계일까요? 강연 내용에 힌트가 있으니 끝까지 잘 들어 주시길 바랍니다.

(한 손을 올렸다 내리며) "말이 오르면 나라도 오르고, 말이 내리면 나라도 내리나니라." 나라와 민족을 지키기 위해 한글 교육과 연구에 매진했던 주시경 선생이 남긴 말씀입니다. 선생은 한글을 가르칠 수 있다면 어디든 마다하지 않고 책 보따리를 들고 다녔기에 '주 보따리'로 불렸다고 합니다. 이런 열정으로 국어 강습소를 개설했고, 여기에서 배출한 제자들과 함께 국어 연구 학회를 설립하였는데 이는 오늘날 한글 학회의 뿌리가 됩니다. 대표 저서로는 『국어 문법』, 『국어문전음학』, 『국문초학』 등이 있습니다. 그리고 얼마 전 주시경 선생에 대한 다큐멘터리가 방영되었는데, 이 영상을 찾아보는 것도 도움이 될 것입니다.

다음 소개할 인물은 최현배 선생입니다. 선생은 국어 강습소에 다니며 만난 어떤 인물로부터 큰 영향을 받게 됩니다. 이쯤에서 주시경 선생과의 관계를 눈치채신 분도 있을 텐데요. (청중의 반응을 살피며) 맞습니다. 두 분은 사제 간입니다. 최현배 선생은 스승의 길을 따라 한글 교육과 연구에 전념합니다. 조선어 학회 사건에 연루되어 옥고를 치르는 중에도 검열을 피해 솜옷 속에 쪽지를 숨겨 놓으며 한글을 연구했다는 이야기는 선생의 굳은 의지를 잘 보여 주죠. 대표 저서로는 『우리말본』과 『한글갈』이 있습니다. 아, '갈'이 무슨 뜻인지 잘 모르실 텐데, 연구를 의미하는 우리말입니다. 선생은 해방 후에 국어 교재 집필과 교원 양성에 힘썼습니다. 최현배 선생에 대한 자료는 △△ 기념관 누리집에서 찾으실 수 있습니다.

35. 위 강연자의 말하기 방식으로 가장 적절한 것은?

① 인물의 특성을 보여 주는 일화를 제시하고 있다.
② 자신의 경험을 시간 순서에 따라 전달하고 있다.
③ 대조를 통해 두 인물 간의 차이를 부각하고 있다.
④ 준언어적 표현을 조절하여 화제를 전환하고 있다.
⑤ 강연을 하게 된 소감을 밝히며 강연을 시작하고 있다.

36. 다음은 강연자의 강연 계획이다. 강연에 반영되지 않은 것은?

• **화제 선정**
– 청중의 배경지식을 고려하여 강연 내용을 한글 대중화에 힘쓴 두 인물로 선정해야겠다. ············ ①

• **청중 분석**
– 청중이 생소하게 느낄 만한 우리말의 의미를 풀이해서 제시해야겠다. ············ ②
– 강연 내용에 관심 있는 청중을 위해 추가 정보를 찾을 수 있도록 안내해야겠다. ············ ③

• **강연 전략**
– 강연 내용에 집중할 수 있도록 먼저 질문을 던져 궁금증을 유발하고 나중에 답을 제시해야겠다. ······ ④
– 강연 내용을 인상적으로 기억할 수 있도록 두 인물이 남긴 말을 각각 인용해야겠다. ············ ⑤

37. 강연 내용을 참고할 때, <보기>에 제시된 청중의 반응을 이해한 내용으로 가장 적절한 것은?

<보 기>

청중 1: 한글 학회의 출발점이 국어 연구 학회였음을 알게 되었어. 국어 연구 학회는 어떤 활동을 했는지 찾아봐야겠어.
청중 2: 조선어 학회 사건에 대한 발표를 맡았는데 강연 내용이 도움이 될 것 같아. 최현배 선생이 옥중에서도 한글을 연구했다는 내용을 발표에 추가해야지.
청중 3: 주시경 선생의 저서를 별다른 설명 없이 제목만 알려 줘서 아쉬웠어. 그 저서들이 어떤 내용인지 찾아봐야겠어.

① 청중 1은 자신이 알고 있던 내용을 강연 내용과 비교하여 평가하고 있군.
② 청중 2는 강연을 통해 알게 된 정보를 유용성 측면에서 평가하고 있군.
③ 청중 3은 강연 내용을 바탕으로 강연에서 직접 언급되지 않은 내용을 추론하고 있군.
④ 청중 1과 3은 강연에서 새롭게 알게 된 사실에 대해 의구심을 드러내고 있군.
⑤ 청중 2와 3은 강연에서 언급된 내용과 관련하여 추가 정보를 탐색하려 하고 있군.

[해설편 p.016]

[38~42] (가)는 반대 신문식 토론의 일부이고, (나)는 토론에 참여한 반대 측 학생이 작성한 소감문의 초고이다. 물음에 답하시오.

(가)

사회자: 오늘 토론의 논제는 '규격화된 초보 운전 표지 부착을 의무화해야 한다.'입니다. 먼저 찬성 측 입론해 주십시오.

찬성 1: 얼마 전 초보 운전자의 운전 미숙으로 인해 교통사고가 연이어 발생하면서 초보 운전 표지 의무화에 대한 논의가 본격화되고 있습니다. 현행법에서 초보 운전자는 면허 취득일을 기준으로 정의하는데 이것으로는 면허 취득자의 실제 운전 여부를 파악하기 어렵습니다. 따라서 이번 토론에서는 관련 연구들을 참고하여 초보 운전자를 '자동차 보험 가입 경력 기준 1년 미만자'로 정의하여 입론하겠습니다.

초보 운전자는 운전이 서툴기 때문에 사고 위험이 높을 수밖에 없습니다. 초보 운전자의 사고율이 전체 운전자의 평균에 비해 18%p 높다는 통계도 있습니다. 교통사고는 안전과 직결되는 문제이며 생명을 위협할 수 있으므로 일본에서는 1970년대부터 초보 운전 표지 의무 부착 제도를 시행하고 있습니다. 표지를 의무화하여 초보임을 알리는 것은 초보 운전자를 보호할 뿐 아니라 모두의 안전을 위해 반드시 필요합니다.

한편 표지의 내용과 형식을 자율에 맡겨 발생하는 문제도 있습니다. 저는 최근에 '초보인데 보태 준 거 있어?'라는 표지를 커다랗게 붙인 차를 봤습니다. 이는 다른 운전자의 불쾌감을 유발하고 또 운전자의 후방 시야를 가려 안전 운전에 방해가 되기 때문에 표현의 자유라는 이유로 정당화될 수 없습니다. 따라서 국가 차원에서 예산을 들여 규격화된 표지를 제작하고 배부해 초보 운전자가 이를 의무적으로 부착하게 해야 합니다.

사회자: 이어서 반대 측에서 반대 신문해 주십시오.

반대 2: 질문에 앞서 방금 찬성 측이 한 발언은 표지 규격화가 표현의 자유를 침해한다는 점을 인정한 것으로 보입니다. 그럼 질문을 드리겠습니다. ㉠ <u>초보 운전자 사고율에 대한 통계의 정확한 출처를 알 수 있을까요?</u>

찬성 1: 2022년 국회 입법 조사처에서 발표한 자료입니다.

반대 2: ㉡ <u>그 자료에서처럼 초보 운전자의 운전 미숙이 사고의 주요 원인이라면 표지 부착 의무화로 사고가 감소할까요?</u>

찬성 1: 경력 운전자들이 도로 위에서 초보 운전자를 확인하게 되면 이들을 배려하는 태도로 운전할 수 있습니다. 이를 통해 초보 운전자의 사고 위험을 감소시킬 수 있으리라 생각합니다.

반대 2: 배려하는 태도, 중요하죠. 그런데 ㉢ <u>일부 경력 운전자들이 표지를 부착한 초보 운전자에 대해 위협 운전을 할 수도 있지 않습니까?</u>

찬성 1: 표지를 보고 위협 운전을 하는 것은 제도로 인한 문제가 아니라 잘못된 운전 문화로 인해 발생한 문제입니다. 그러나 잘못된 운전 문화 역시 표지 부착 의무화를 통해서 바로잡을 수 있다고 생각합니다.

반대 2: 저희도 운전 문화 개선은 필요하다고 생각하지만 의무화로 해결될 문제는 아니라고 봅니다. 그리고 표지를 규격화해 제작하고 배부하려면 국가의 예산이 소요됩니다. ㉣ <u>이 제도를 도입할 경우 비용이 발생할 텐데 결국 득보다 실이 더 크지 않을까요?</u>

찬성 1: 안전과 생명은 무엇보다 중요한 가치이기 때문에 비용의 측면으로만 따질 문제는 아니라고 생각합니다.

반대 2: ㉤ <u>표지 의무화는 제재를 가한다는 뜻인데, 위반자를 적발하는 등 제도를 운영하는 것이 현실적으로 가능할까요?</u>

찬성 1: (잠시 생각한 후) 구체적인 방법은 아직 생각해 보지 못했습니다.

사회자: 이어서 [반대 측 입론]해 주십시오.

(나)

이번 토론의 논제를 보고 나도 내년이면 면허를 취득할 수 있는 나이가 된다는 생각에 관심이 생겨 토론에 참여하기로 했다. 나는 반대 입장을 선택한 후 친구와 한 팀이 되어 토론을 준비했다.

먼저 쟁점을 분석한 후 주장할 내용을 정리하였다. 다음 날에는 근거 자료를 마련하려고 인터넷에서 자신의 개성을 자유롭게 표현하고 있는 다양한 초보 운전 표지 사진들을 찾아 저장했다. 그리고 '초보 스티커, 되레 난폭 운전자들의 표적'이라는 제목의 표지 부착 부작용 사례를 다룬 인터넷 신문 기사를 수집했다. 이후 관련 기관에 메일로 자료를 요청하여 운전 행태, 교통안전 등을 평가해 수치화한 교통 문화 지수가 운전자의 인식 개선을 위한 다양한 활동을 통해 매년 꾸준히 상승하고 있다는 보도 자료를 받았다. 그다음 날에도 자료를 찾으러 친구와 함께 도서관에 갔다. 미국 대다수의 주에서는, 표지 부착은 의무화하지 않으면서 임시 면허 기간을 두어 초보 운전자의 운전 숙련도를 높이는 단계적 운전면허 제도를 시행하고 있다는 논문 자료를 찾았다. 그리고 초보 운전자 대부분이 표지를 부착하고 있다는 설문 결과도 찾아 스크랩했다.

막상 토론을 하려니 평소 사람들 앞에서 말할 때 긴장해서 말을 더듬는 편이라 걱정이 되었다. 이를 극복하기 위해 실전처럼 말하는 연습을 반복했고 그 덕분에 토론에서 침착하게 말할 수 있었다. 한편 토론 후 상호 평가를 해 보니, 친구는 준비한 자료를 활용해 논리적으로 답변한 반면 나는 찬성 측 반론을 미흡하게 반박한 것 같아 조금 아쉬웠다.

[A] 이번 토론을 준비하며 생각보다 많은 시간과 노력이 든다는 것을 알았다. 논제에 대한 찬성과 반대의 자료를 모두 조사해야 하기 때문이다.

38. (가)의 '찬성 1'의 입론에 대한 설명으로 가장 적절한 것은?

① 핵심 용어를 정의한 후 상대의 동의를 구하고 있다.
② 외국의 사례를 분류하여 논의의 범위를 확장하고 있다.
③ 특정 경험을 활용하여 기존 정책의 목적을 설명하고 있다.
④ 최근 발생한 사건을 언급하여 논의의 필요성을 드러내고 있다.
⑤ 정책이 변화한 과정을 중심으로 논의의 배경을 제시하고 있다.

[해설편 p.016]

39. 반대 신문의 목적을 고려했을 때, ㉠~㉤에 대한 이해로 적절하지 <u>않은</u> 것은?

① ㉠은 상대가 근거로 인용한 자료가 신뢰할 만한 것인지 출처를 확인하고 있다.
② ㉡은 초보 운전 표지를 의무적으로 부착하면 사고가 감소한다는 상대의 주장이 타당하지 않음을 지적하고 있다.
③ ㉢은 상대의 주장이 경력 운전자의 입장만 반영하여 공정하지 않음을 지적하고 있다.
④ ㉣은 상대의 주장을 비용의 측면에서 보았을 때 실질적 이익이 있는지 확인하고 있다.
⑤ ㉤은 초보 운전 표지 의무화 제도를 운영하는 일이 실행 가능한지 확인하고 있다.

40. (가)의 토론 내용과 (나)의 자료를 바탕으로 [반대 측 입론] 내용을 추론했다고 할 때, 적절하지 <u>않은</u> 것은? [3점]

▷쟁점: 표지 부착 의무화는 교통사고 감소를 위해 필요한가?

[자료] 표지 부착 부작용 관련 신문 기사
└**반대 측 입론**: 일부 운전자가 초보 운전 표지를 붙인 차량을 위협하는 경우를 볼 때, 의무화가 오히려 교통사고를 유발할 수 있다. ······ ①

[자료] 단계적 운전면허 제도 관련 논문
└**반대 측 입론**: 단계적 운전면허 제도를 참고하여 초보 운전자의 운전 숙련도를 높인다면, 표지 부착을 의무화하지 않고도 초보 운전자의 교통사고를 줄일 수 있다. ······ ②

▷쟁점: 표지 부착 의무화는 운전 문화 개선을 위해 필요한가?

[자료] 교통 문화 지수 관련 보도 자료
└**반대 측 입론**: 교통 문화 지수의 상승 추세를 볼 때, 운전 문화는 홍보나 캠페인 등을 통해 개선할 수 있으므로 표지 부착을 의무화할 필요가 없다. ······ ③

▷쟁점: 국가 차원에서 표지를 규격화해야 하는가?

[자료] 다양한 초보 운전 표지 사진
└**반대 측 입론**: 국가 차원에서 표지를 규격화하면, 개성 있는 표지를 부착하고자 하는 운전자의 자기표현의 자유를 침해할 수 있어 규격화는 불필요하다. ······ ④

[자료] 초보 운전 표지 부착에 대한 설문 결과
└**반대 측 입론**: 대부분의 초보 운전자가 표지를 부착하고 있음을 볼 때, 기존 표지를 규격화된 표지로 교체하는 비용을 초보 운전자가 부담하게 되므로 규격화는 불필요하다. ······ ⑤

41. (나)를 작성할 때 활용한 내용 조직 방법으로 적절하지 <u>않은</u> 것은?

① 1문단에서는 논제에 대한 입장을 선택하게 된 계기를 원인과 결과에 따라 제시하였다.
② 2문단에서는 토론을 준비하는 과정을 시간 순서에 따라 제시하였다.
③ 2문단에서는 토론에 활용할 자료를 수집한 경로에 따라 나누어 제시하였다.
④ 3문단에서는 말하기 불안 문제를 인식하고 이를 해결하기 위한 노력을 제시하였다.
⑤ 3문단에서는 토론 활동에 대한 평가를 대비의 방식으로 제시하였다.

42. 다음은 [A]를 고쳐 쓴 것이다. 그 과정에서 반영된 교사의 조언으로 가장 적절한 것은?

> 이번 토론을 준비하며 시간과 노력을 들여 자료 조사와 말하기 연습을 한 결과 설득력 있게 주장할 수 있다는 자신감이 생겼다. 또 토론 중 상대의 발언을 잘 들었더니 문제를 깊이 이해할 수 있었고 사회적 쟁점을 바라보는 다양한 시각의 중요성을 알았다.

① 토론의 경쟁적 속성이 지닌 장점만 다루고 있으니, 단점도 함께 제시해 보렴.
② 토론에서 배운 점만 다루고 있으니, 시행착오와 이를 보완할 계획을 모두 제시해 보렴.
③ 토론에서 자료 조사의 어려움만 다루고 있으니, 토론 중 겪은 어려움도 함께 제시해 보렴.
④ 토론 준비에 대해서만 다루고 있으니, 실제 토론을 하면서 깨달은 점도 함께 제시해 보렴.
⑤ 토론 준비 과정에서의 개인적 노력만 다루고 있으니, 협력하며 준비하는 토론의 가치도 함께 제시해 보렴.

[43~45] (가)는 기획 기사를 연재 중인 학교 신문의 일부이고, (나)는 학생이 작성한 〈2편〉의 초고이다. 물음에 답하시오.

(가) 학교 신문의 일부

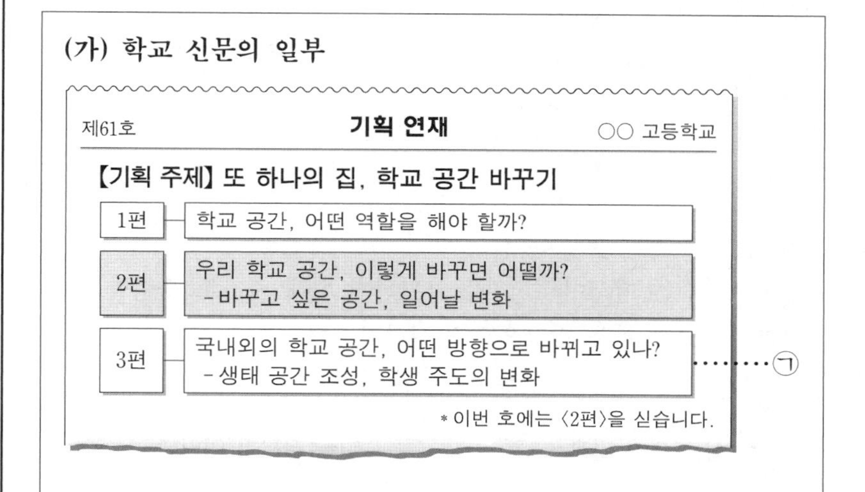
제61호 **기획 연재** ○○ 고등학교

【기획 주제】 또 하나의 집, 학교 공간 바꾸기

1편	학교 공간, 어떤 역할을 해야 할까?
2편	우리 학교 공간, 이렇게 바꾸면 어떨까? - 바꾸고 싶은 공간, 일어날 변화
3편	국내외의 학교 공간, 어떤 방향으로 바뀌고 있나? - 생태 공간 조성, 학생 주도의 변화 ······ ㉠

* 이번 호에는 〈2편〉을 싣습니다.

(나) <2편>의 초고

학교는 학생들이 집 다음으로 오랜 시간 생활하는 공간으로 제2의 집이라 할 수 있다. 그런데 학교를 생각하면 네모난 교실에서 칠판을 향해 앉아 있는 학생들이 떠오른다. 학교는 학습 기능을 수행하는 효율적 공간임에 틀림없지만, 지적 성장을 위한 공간뿐만 아니라 정서적 안정과 사회적 성장을 위한 공간도 필요하다. 하지만 우리 학교는 학습을 위한 공간에 집중되어 있어 아쉽다. 그래서 3층과 4층에서 현재 사용하지 않는 서편 끝 교실을 새롭게 바꿀 것을 제안한다.

먼저 학교에서 가장 높은 곳에 있으며 바깥 풍경이 아름답고 조용한 4층 교실을 '사색의 방'으로 만들었으면 한다. 이곳은 통창을 설치해 산과 하늘을 볼 수 있도록 하고 창가 의자에 앉아 쉬며 사색할 수 있는 공간으로 바꾼다. 창을 통해 자연을 느끼며 안정을 찾고 성찰의 시간을 보낼 수도 있다. 이 공간은

집기로 채우지 않고 편안한 음악 소리로 채우되, 인공조명은 최소화한다. 마음을 다독일 수 있는 이 방은 정서적 안정을 위한 곳으로서 학생들이 머물고 싶은 공간이 될 것이다.

3층 교실은 '어울림의 방'으로 만들었으면 한다. 이곳은 교실과 복도 사이의 벽을 없애 누구나 드나들기 쉽도록 한다. 또 바닥은 자유롭게 앉거나 누워 즐겁게 이야기할 수 있는 공간으로 바꾼다. 모퉁이 공간을 활용하여 친한 친구들끼리 소모임을 할 수 있도록 하면 서로의 고민을 터놓을 수도 있다. 친구들과 어울리며 관계를 형성하는 이 방은 사회적 성장을 위한 곳으로서 학생들이 또 오고 싶은 공간이 될 것이다.

학생들이 바라는 이런 공간이 우리 학교에 생긴다면 학교 생활이 얼마나 행복할까? 정서적 안정과 사회적 성장을 위한 학교 공간의 조성으로 나의 생각은 커가고 친구들과 어울리며 행복을 느낄 수 있을 것이다. 이런 변화는 학업에도 더욱 열중할 수 있는 동력이 되며 학교에 대한 자부심도 느끼게 할 것이다.

43. '초고'에 활용된 쓰기 전략으로 가장 적절한 것은?

① 우리 학교와 다른 학교 공간의 구조를 비교하여 실태를 부각한다.
② 공간이 조성되었을 때의 모습을 가정하여 기대되는 효과를 제시한다.
③ 학교의 기능이 변화해 온 과정을 분석하여 공간 개선의 필요성을 강조한다.
④ 학교 공간의 중요성에 대한 질문을 반복하여 문제 해결의 시급성을 드러낸다.
⑤ 공간의 이동에 따라 각 공간의 문제점을 나열하여 공간별 개선 방안을 제안한다.

44. <보기>는 학생이 '초고'를 보완하기 위해 추가로 수집한 자료이다. 자료의 활용 방안으로 적절하지 않은 것은? [3점]

<보 기>

ㄱ. 설문 조사 결과

우리 학교에 필요하다고 생각하는 공간은?

비율	응답
38.0%	조용한 휴식 공간
32.0%	자유로운 친교 공간
21.9%	자연을 느끼는 공간
8.1%	무응답

※ 대상: 우리 학교 학생 700명

ㄴ. 전문가 인터뷰

"천장이나 벽을 없애는 형태적 확장, 투명한 유리 재료를 이용해 변화를 주는 시각적 확장을 통해 건축물 내부와 외부가 연결되는 부분이 늘어나면 실내 공간의 개방감이 높아집니다."

ㄷ. 보고서 자료

1. 안정감을 주는 공간 구성	2. 청소년기의 심리 특성과 공간 구성
실내 공간에서 자연을 느끼며 안정감을 얻을 수 있는 방법으로 다음과 같은 것이 있다. - 창을 통해 자연과의 시각적 연결을 늘림. - 목재를 사용함. - 천연 소재 소품을 이용함.	청소년기는 자의식이 높아지는 시기로, 경계를 형성하는 벽을 없앤 공간에서 자신이 노출되는 것에 부담을 느낄 수 있다. 색의 대비, 부분 조명, 이동식 가구를 이용해 공간 분리 효과를 주면 부담감을 낮추는 데 도움이 된다.

① ㄱ을 활용하여, 학습 이외 다른 용도의 공간 조성이 필요한 이유로 휴식 공간과 친교 공간에 대한 학생들의 요구가 높은 비율로 나타났음을 1문단에 추가한다.
② ㄷ-1을 활용하여, 학생들이 자연을 느낄 수 있는 공간 조성 방안으로 창가 의자의 재질을 목재로 하고 천연 소재 방석을 비치할 것을 2문단에 추가한다.
③ ㄷ-2를 활용하여, 자신이 노출되는 것에 대한 부담을 줄이며 소모임을 할 수 있는 공간 조성 방안으로 모퉁이 공간에 이동식 가구를 비치해 공간 분리 효과를 줄 것을 3문단에 추가한다.
④ ㄴ과 ㄷ-1을 활용하여, 시각적 확장 효과를 주는 통창 설치를 제안하는 이유로 자연과의 시각적 연결이 늘어나 학생들의 안정감에 도움이 될 수 있다는 것을 2문단에 추가한다.
⑤ ㄴ과 ㄷ-2를 활용하여, 벽을 없애 형태적으로 확장된 공간에 개방감을 높이는 방안으로 색이 대비되는 소품을 비치하고 부분 조명을 설치할 것을 3문단에 추가한다.

45. <보기>를 반영하여 ㉠의 1문단을 다음과 같이 작성했다고 할 때, ⓐ~ⓔ 중 적절하지 않은 것은?

<보 기>

편집부장: 기획 연재의 <3편>을 작성하려고 해. 1문단은 도입 문단의 성격을 살려서 <2편> 초고의 핵심 내용과 <3편> 표제, 부제의 내용이 드러나도록 작성하자.

학교 공간에 변화의 바람이 불고 있다. 지난 호에서는 ⓐ 학습 공간 외에 학생들이 이용할 수 있는 사색의 공간, 어울림의 공간을 구상해 보았다. ⓑ 공간의 변화는 학생들이 학교를 자랑스럽게 느끼도록 하며, 학업에도 긍정적인 영향을 미칠 것이다. 이에 ⓒ 학교 공간 조성에 관심이 있는 학부모, 지역 사회의 참여가 요구된다. 나아가 최근 ⓓ 국내외의 많은 학교들은 학생들이 자연을 가까이에서 느낄 수 있도록 생태 공간을 조성하고 있다. 이 과정에 ⓔ 학생들이 학교 공간의 문제점을 찾거나 공간을 바꾸는 데 중심 역할을 하고 있다. 이번 호에서는 이러한 변화의 흐름을 국내외의 사례를 통해 살펴보고자 한다.

① ⓐ ② ⓑ ③ ⓒ ④ ⓓ ⑤ ⓔ

* 확인 사항
○ 답안지의 해당란에 필요한 내용을 정확히 기입(표기)했는지 확인하시오.

● 문항수 11개 | 배점 24점 | 제한 시간 20분

● 점수 표시가 없는 문항은 모두 2점

[35~37] 다음은 텃밭 가꾸기를 안내하기 위한 사례 발표이다. 물음에 답하시오.

안녕하세요. 텃밭 선배 ○○○입니다. 잘 들리시나요? (청중의 반응을 살피며 큰 목소리로) 잘 안 들리시는 것 같으니 좀 더 크게 말씀드릴게요. 저는 텃밭을 처음 가꿀 때 가정에서 필요한 다양한 작물을 심고 싶었어요. 아마 15제곱미터 정도의 좁은 텃밭을 가꾸기 시작하시는 여러분도 비슷한 마음이실 거예요. 그러면 어떻게 해야 할까요? (잠시 뒤에) 작물을 심기 전에 효율적인 배치를 위해 작물 배치도를 그려 보면 도움이 됩니다.

(화면에 자료를 제시하며) 왼쪽은 제가 첫해 심은 작물의 배치도이고, 그 옆은 다음 해에 그것을 수정한 배치도입니다. 첫해 배치에는 두 가지 문제가 있었는데요, 우선 작물의 키를 고려하지 않았다는 점이에요. 해는 동쪽에서 떠서 한낮에 남쪽을 지나 서쪽으로 지고 해가 떠 있는 반대 방향으로 그림자가 생기죠. 작물은 광합성이 많이 이루어지는 오전부터 한낮까지 그림자의 영향을 최소한으로 받아야 잘 자랄 수 있어요. 이를 고려해 키가 작은 작물을 동쪽과 남쪽에 배치해야 해요. (자료를 가리키며) 그런데 보시는 것처럼 상대적으로 키가 큰 고추와 옥수수를 동쪽에 배치하여 상추와 감자에 그늘이 많이 생겼어요.

두 번째 문제는 작물의 재배 기간을 고려하지 않았다는 점이었어요. (자료를 가리키며) 제가 4월부터 텃밭을 가꾸기 시작했는데 8월에 옥수수를 수확한 후 같은 자리에 배추를 심었어요. 그런데 문제는 남쪽에 심은 고추의 재배 기간이었어요. 고추 재배가 10월까지 계속되는 바람에 배추가 광합성을 많이 하지 못했거든요. 그래서 좁은 땅을 효율적으로 사용하기 위해 기존 작물을 수확하고 다른 작물로 교체할 때에는 주변 작물의 재배 기간도 함께 고려하여 배치해야 한다는 것을 알았어요.

(자료를 다시 가리키며) 다음 해에는 이러한 실패를 교훈 삼아 작물의 키 순서에 따라 작은 것부터 상추는 남동쪽, 감자는 북동쪽, 고추는 남서쪽, 옥수수는 북서쪽에 배치했어요. 그리고 감자 수확 이후 재배 기간과 주변 작물의 키를 고려해 감자 위치에 배추를 심었더니 첫해와 동일한 위치임에도 배추가 더 잘 자랐어요.

좁은 텃밭에 다양한 작물을 잘 기르고 싶으신가요? 그렇다면 배치도를 그려 효율적으로 텃밭을 가꿔 보세요. 땀을 흘려 손수 먹거리를 수확하는 기쁨을 누리실 수 있을 겁니다.

35. 위 발표자의 말하기에 대한 설명으로 적절하지 않은 것은?

① 그림을 그리면서 설명을 하여 청중의 이해를 돕고 있다.
② 준언어적 표현을 조절하여 발표의 전달력을 높이고 있다.
③ 자신의 경험에 비추어 청중의 관심을 짐작하여 말하고 있다.
④ 질문하고 답하는 방식을 사용하여 발표 내용을 전달하고 있다.
⑤ 청중이 얻을 수 있는 효용을 제시하며 실천을 권유하고 있다.

36. 발표자의 자료 활용 계획 중 발표에 반영되지 않은 것은? [3점]

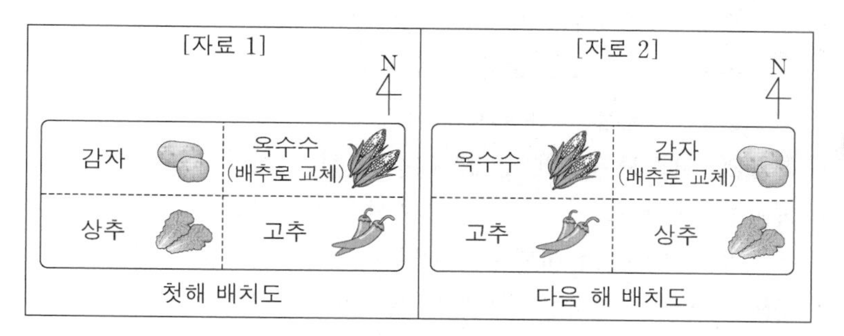

① 상추보다 키가 큰 고추가 상추의 동쪽에 배치되어 상추에 그늘이 많이 생겼음을 [자료 1]을 활용하여 설명해야지.
② 옥수수를 수확하고 나서 심은 배추가 고추 때문에 광합성이 부족했음을 [자료 1]을 활용하여 설명해야지.
③ 작물들의 키 순서를 고려하여 감자를 북동쪽에 배치했음을 [자료 2]를 활용하여 설명해야지.
④ 키가 제일 큰 옥수수는 어느 위치에 심어도 잘 자랄 수 있었음을 [자료 1]과 [자료 2]를 활용하여 설명해야지.
⑤ 동일한 위치에서도 주변 작물에 따라 배추가 자라는 정도가 달랐음을 [자료 1]과 [자료 2]를 활용하여 설명해야지.

37. 발표 내용을 참고할 때 <보기>에 제시된 청중의 반응을 이해한 내용으로 가장 적절한 것은?

<보 기>

청자 1 : 작물을 수확하고 난 후 다른 작물로 교체한 이유를 제시하지 않았는데, 작물을 교체한 이유가 뭘까?
청자 2 : 브로콜리가 케일보다 키가 크게 자란다고 알고 있어. 이번에 케일과 브로콜리를 심을 계획인데, 들은 것을 활용해 봐야겠어.
청자 3 : 작물들의 키 순서만 알려 줘서, 작물들이 다 자랐을 때의 키를 알 수 없었어. 작물들의 키를 구체적으로 알려 주면 좋았겠어.

① 청자 1은 발표 내용의 정확한 이해를 바탕으로 발표 내용에서 보완할 점을 지적하고 있다.
② 청자 2는 자신이 알고 있던 사실과 발표 내용을 비교하며 발표에서 다룬 정보의 문제점을 제시하고 있다.
③ 청자 3은 자신이 필요하다고 생각하는 내용이 다루어지지 않았음을 지적하며 아쉬워하고 있다.
④ 청자 1과 청자 2는 모두 자신의 과거 경험을 떠올리며 발표 내용에 의문을 제기하고 있다.
⑤ 청자 2와 청자 3은 모두 발표 내용이 적용되지 않는 예외적 상황이 있는지 검토하고 있다.

[해설편 p.018]

[38~42] (가)는 비평문을 쓰기 위해 학생들이 나눈 대화이고, (나)는 이를 바탕으로 작성한 초고이다. 물음에 답하시오.

(가)

학생 1 : '디스토피아 작품의 인기 현상'에 대한 글을 쓰기 위해 오늘 함께 이야기하기로 했는데 자료 좀 찾아봤어? 우리 동아리 이름으로 교지에 실을 글이니까 어떤 내용으로 구성하면 좋을지 이야기해 보자.

학생 2 : 디스토피아의 정의부터 확인하고 시작하면 어떨까?

학생 1 : 내가 그럴 줄 알고 사전을 찾아봤지. 디스토피아는 유토피아랑 반대되는 뜻으로 암울한 미래상을 의미해.

학생 3 : 나는 기사를 검색해 봤는데 현실의 문제를 소재로 디스토피아적 세계를 형상화한 영화나 드라마가 요즘 엄청난 인기를 끌고 있다고 하더라고.

학생 2 : ㉠ 나도 주변 친구들이 디스토피아 작품의 각종 소품을 사는 걸 보고 인기를 실감했어. 그런데 작품 속 세계를 충격적으로 표현한 자극적인 장면은 문제가 된다던데?

학생 3 : 내가 봤던 기사에서도 그 점이 문제가 된다고 하더라고. 사람들이 자극적인 장면에 반복적으로 노출되면 불안감을 느끼고 현실에 대한 회의주의에 빠질 수 있다고.

학생 1 : 자극적인 장면이 지금 우리가 사는 세상을 더 부정적으로 보게 만든다는 거구나. 그렇지?

학생 3 : 맞아. 자극적인 장면은 메시지를 전달하기 위한 장치일 뿐인데, ㉡ 자극적인 장면이 주는 재미에 빠져서 작품이 담고 있는 메시지를 못 보는 게 문제가 되는 거지.

학생 2 : 나는 디스토피아 소설을 찾아 읽어 봤어. 「멋진 신세계」라는 작품인데 과학 기술로 인간의 감정까지 통제하는 사회에 대한 이야기야. 꽤 오래전 작품인데도 작가가 그린 미래상이 대단히 실감나고 정교하게 표현되어서 놀라웠어.

학생 3 : ㉢ 어, 나도 그 소설 봤는데, 과학 기술의 발전이 불행을 초래했는데도 사람들이 그걸 깨닫지 못하는 암울한 세상에 대한 이야기야.

학생 2 : 오래전 작품인데 요즘에도 많이 읽히는 것은 디스토피아 작품의 인기 현상과 관련이 있는 것 같아.

학생 1 : 아까 디스토피아 작품이 담고 있는 메시지에 대해 이야기하다 말았잖아. 구체적인 메시지가 뭔지 알려 줄래?

학생 3 : ㉣ 부정적인 미래상을 통해서 현재의 사회상을 비판한다는 거지.

학생 1 : 디스토피아적 미래가 어차피 허구인데 어떻게 현재 사회를 비판한다는 건지 잘 모르겠는데?

학생 3 : ㉤ 허구적 미래가 현재를 비판한다는 게 이해가 안 되는 거구나. 디스토피아 작품은 현재의 사회 문제가 극단화되면 미래에 나타날 수 있는 가상의 상황을 실감나게 표현해. 우리는 그걸 보면서 사회가 지닌 문제의 위험성을 미리 깨달을 수 있는 거야.

학생 1 : 아, 그러니까 그런 암울한 세상이 오기 전에 경계하자는 메시지를 담고 있는 거구나.

학생 2 : 응, 디스토피아 작품의 메시지에 대해 글에서 자세히 설명하면 독자들의 이해에 도움이 되겠다.

학생 1 : 그래, 일단 내가 초고를 쓸 테니 나중에 점검 부탁해. 모두들 고마워.

(나)

디스토피아 작품의 인기 몰이가 심상치 않다. 디스토피아를 다룬 영화와 드라마가 흥행하면서 '디스토피아 작품, 전 세계를 사로잡다'와 같은 제목의 기사가 쏟아지고 있다. 사전적 정의에 따르면 디스토피아는 부정적 측면이 극단화된 암울한 미래상이다. 유토피아와 마찬가지로 현실 어디에도 존재하지 않는 세계를 뜻하지만, 긍정적 의미를 지니는 유토피아와 반대로 디스토피아는 부정적 의미를 담고 있다.

디스토피아 작품의 인기 현상에 대해 부정적인 관점을 지닌 사람들은 작품이 주는 불편함을 이야기한다. 디스토피아 작품에서는 어떤 형태로든 일그러지거나 붕괴된 모습으로 세계가 묘사되기 때문이다. 이와 같이 충격적으로 묘사된 자극적인 장면에 반복적으로 노출되면, 불안 심리가 가중되어 현실을 부정적으로 인식하게 되고 결국 회의주의나 절망에 빠질 수 있다고 우려한다.

그러나 디스토피아 작품은 현실의 문제점이 극단화되면 나타날 수 있는 세계를 통해 현실의 문제를 경계하게 하므로 디스토피아 작품의 인기 현상은 긍정적이다. 디스토피아 작품은 과학 기술의 오남용, 핵전쟁, 환경 파괴 등을 소재로, 작가가 기발한 상상력으로 구현한 디스토피아적 세계를 제시한다. 우리는 그러한 세계에 몰입함으로써 암울한 미래상이 도래해서는 안 된다는 점을 깨닫게 된다.

물론 디스토피아 작품의 인기 현상 때문에 자극적으로 묘사된 장면이 초래하는 문제가 부각되어 보일 수 있지만, 이러한 장면은 오히려 무감각하게 받아들이고 있는 현실의 문제점을 강렬하게 자각하도록 하는 필수적인 장치로 보아야 한다. 그리고 이는 주제 의식을 드러내는 데 효과적으로 기여한다. 가령, 디스토피아 작품의 고전이라 할 수 있는 「멋진 신세계」에서는 사람들이 과학 기술을 지나치게 신뢰하다가 오히려 이에 종속당하는 충격적인 미래상을 암울하게 그리고 있다. 하지만 이를 통해 과학 기술에 대한 맹신이 현재 우리 사회가 점검해야 할 문제라는 점을 깨닫게 한다.

디스토피아 작품의 메시지는 우리가 현실의 문제를 인식하여 그 문제가 극단화되지 않도록 경계하게 한다는 점에서 큰 의미가 있다. 그리고 이러한 디스토피아 작품의 인기 현상은 사회를 개선하는 계기가 될 것이므로 이를 긍정적으로 보아야 한다. 디스토피아 작품들이 인기를 얻고 있는 요즘, 디스토피아 작품을 감상하며 현실의 문제를 성찰해 보는 것은 어떨까.

38. 위 대화에서 '학생 1'에 대한 설명으로 적절하지 않은 것은?

① 대화 참여자에게 대화의 목적을 밝히며 참여를 유도한다.
② 대화 참여자에게 자신이 조사한 내용이 이해되는지 확인한다.
③ 대화 참여자에게 자신이 이해한 내용이 맞는지 점검한다.
④ 대화 참여자의 발언과 관련해 추가적인 설명을 요청한다.
⑤ 대화 참여자와 대화를 진행하면서 자신의 이해를 심화한다.

39. 대화의 흐름을 고려할 때, ㉠~㉤에 대한 이해로 가장 적절한 것은?

① ㉠: 앞선 발화 내용에 동의하며 디스토피아 작품의 인기 원인을 보여 주는 사례를 언급하고 있다.
② ㉡: 자신의 발언을 부연하며 디스토피아 작품의 메시지가 무엇인지 강조하고 있다.
③ ㉢: 대화의 내용을 상기하며 과학 기술 발전에 대한 반대 입장에 동의함을 드러내고 있다.
④ ㉣: 질문에 답변하며 부정적인 미래상에 대해 대화 참여자가 잘못 파악한 부분을 바로잡고 있다.
⑤ ㉤: 앞선 발화 내용을 재진술하며 디스토피아 작품과 관련하여 상대가 궁금해하는 점을 확인하고 있다.

40. 다음은 '학생 1'이 (가)의 대화 내용을 정리하여 (나)의 글쓰기 계획을 세운 것이다. 글쓰기 계획 중 (나)에 반영되지 않은 것은? [3점]

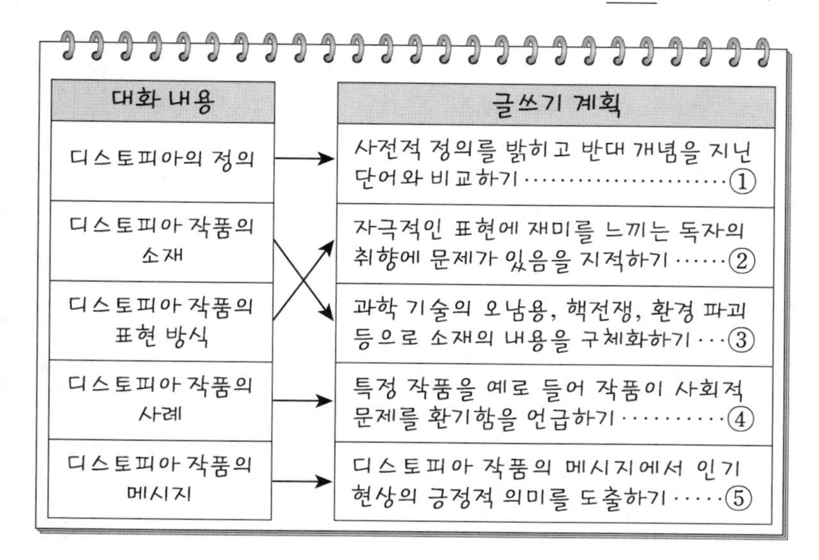

41. <조건>을 반영하여 (나)의 제목을 작성한 것으로 가장 적절한 것은?

<조 건>
○ 디스토피아 작품의 주제 의식을 반영하여 글쓴이의 관점을 드러낼 것.
○ 부제에서 비유적 표현을 활용할 것.

① 디스토피아란 무엇인가
  - 디스토피아 작품의 인기 현상을 진단하다
② 디스토피아, 우리 사회의 자화상
  - 디스토피아 작품에 드러난 우리의 모습
③ 말초 신경을 자극하는 디스토피아 작품
  - 묵직한 메시지를 가볍게 다루다
④ 디스토피아 작품 열풍, 더 나은 사회를 향한 열망
  - 아픈 사회를 들여다보는 거울이 되다
⑤ 어디에도 없지만, 어디에나 있는 디스토피아 세상
  - 디스토피아 작품을 통한 새로운 세상과의 대화

42. '학생 2'가 다음의 점검 기준에 따라 (나)를 점검한다고 할 때, 그 내용으로 적절하지 않은 것은?

점검 기준	점검 결과 (예/아니요)
• 사회적으로 관심을 가질 만한 사안임을 드러냈는가?	ⓐ
• 필자가 선택한 관점의 주장을 드러냈는가?	ⓑ
• 필자가 선택한 관점의 약점을 보완했는가?	ⓒ
• 필자가 선택하지 않은 관점의 주장도 다루었는가?	ⓓ
• 필자가 선택하지 않은 관점의 약점을 비판했는가?	ⓔ

① 디스토피아 작품이 흥행하고 이와 관련된 기사가 쏟아지고 있다고 언급한 점을 고려하여 ⓐ에 '예'라고 해야지.
② 디스토피아 작품이 현실의 문제를 경계하게 하므로 작품의 인기 현상이 긍정적이라고 언급한 점을 고려하여 ⓑ에 '예'라고 해야지.
③ 우려에도 불구하고 자극적인 장면이 현실의 문제점을 자각하게 하는 필수적인 장치라고 언급한 점을 고려하여 ⓒ에 '예'라고 해야지.
④ 디스토피아 작품이 회의주의에 빠지게 하므로 작품의 인기 현상이 부정적이라고 언급한 점을 고려하여 ⓓ에 '예'라고 해야지.
⑤ 충격적인 묘사에 반복적으로 노출되면 현실의 문제점을 무감각하게 받아들이게 된다고 언급한 점을 고려하여 ⓔ에 '예'라고 해야지.

[43~45] 다음은 작문 상황과 이를 바탕으로 학생이 작성한 초고이다. 물음에 답하시오.

○ **작문 상황**: ○○ 지역 신문의 독자 기고란에 청소년 문제와 관련해 주장하는 글을 쓰려 함.

○ **초고**

최근 감염병 유행에 따른 일상의 변화로 인해 무기력이나 우울과 불안 등의 부정적 감정을 겪는 청소년이 늘고 있다. 청소년기는 자아 정체성을 확립해 가는 시기로 부정적인 감정이 계속되면 부정적인 정체성을 형성할 우려가 있다. 그러므로 ㉠ <u>현 상황의 문제 해결</u>을 위해 청소년을 위한 감정 관리 프로그램을 확대 실시해야 한다.

현재 우리 지역에서는 청소년의 감정 관리를 위해 전문 상담 기관을 운영하고 있다. 이를 근거로 청소년의 감정 관리 프로그램이 실시되고 있어 프로그램 확대 실시는 필요 없다고 주장할 수 있다. 하지만 기존의 감정 관리 프로그램은 소수의 청소년만을 대상으로 하며 전문적인 상담 활동만으로 시행된다는 한계가 있다.

감정 관리 프로그램은 청소년이 자신의 감정을 알아차리고 이해함으로써 상황에 따라 감정을 조절할 수 있도록 돕는 것을 목표로 한다. 청소년을 위한 감정 관리 프로그램의 실질적인 확대 실시를 위해서는 실시 대상의 확대와 활동 내용의 다양화라는 두 가지 방향에서 접근해야 한다. ㉡ <u>실시 대상의 확대</u>가 필요한 이유는 부정적 감정을 겪는 청소년이 증가했고, 심각한

[해설편 p.019]

감정 상태임에도 기존의 전문 상담 기관을 찾지 않는 청소년이 있기 때문이다. 그리고 ㉢ 활동 내용의 다양화가 필요한 이유는 부정적 감정과 관련한 청소년 개개인의 다양성을 고려하여 보다 다양하고 단계적인 활동을 마련해야 청소년의 개인적 특성에 맞는 감정 관리 활동을 선택할 수 있기 때문이다.

[A] 요컨대 청소년 문제에 적극적으로 대응하고 청소년이 심리적으로 건강한 청소년기를 보낼 수 있도록 대상을 모든 청소년으로 확대하여 감정 관리 프로그램을 실시해야 한다. 이를 위해 지역 구성원의 관심이 필요하다.

43. '초고'에 대한 설명으로 가장 적절한 것은?

① 문제의 원인을 항목별로 유형화하였다.
② 일반적 통념이 지닌 모순을 지적하였다.
③ 주장에 대해 예상되는 반론을 반박하였다.
④ 자신의 주장이 지닌 한계점을 제시하였다.
⑤ 다양한 문제 해결 방안의 장단점을 비교하였다.

44. <보기>는 '초고'를 보완하기 위해 추가로 수집한 자료이다. ㉠~㉢과 관련한 자료 활용 방안으로 적절하지 않은 것은?

<보 기>

[자료 1] ○○ 지역 청소년 대상 설문 조사

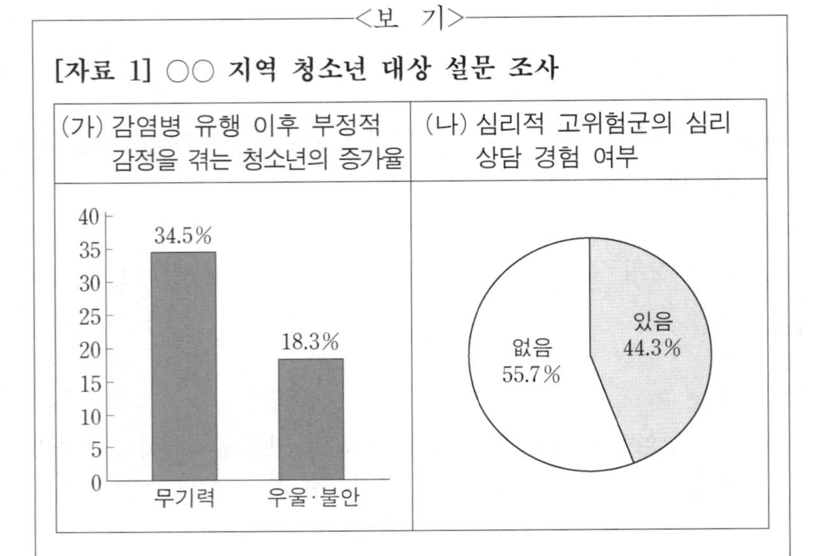

[자료 2] △△ 학술지의 논문

청소년기에 부정적인 감정을 유발하는 환경에 자주 노출되면 뇌 성장이 저해된다. 뇌가 제대로 성장하지 않으면 감정을 과잉 표출하거나 위험한 행동을 하게 된다. 우울, 불안, 짜증 등이 지속되면 뇌의 해마가 손상되어 학습에 어려움이 생기고 학업 능력의 저하도 발생할 수 있다.

[자료 3] ○○ 지역 교육 상담 전문가 면담

"청소년을 대상으로 적용할 수 있는 감정 관리 프로그램으로는 마음 알아차리기, 감정 노트 쓰기, 독서 치료 등이 있습니다. 실제로 전교생을 대상으로 감정 노트 쓰기를 실시한 학교에서는 학생들의 부정적 감정이 감소되고 학교생활을 긍정적으로 인식하게 되었다는 연구 결과가 있습니다."

① [자료 1]의 (가)와 (나)를 활용하여, ㉡이 필요한 이유를 뒷받침하는 자료로 부정적 감정을 겪는 청소년의 증가율과 심리 상담 경험이 없는 고위험군 청소년의 비율을 추가한다.
② [자료 2]를 활용하여, ㉠이 필요한 이유로 청소년기의 부정적 감정이 관리되지 않으면 뇌 성장이 저해될 수 있다는 점을 추가한다.
③ [자료 3]을 활용하여, ㉢의 적용 방법으로 학교에서 학생들의 감정 관리를 돕기 위해 실시할 수 있는 구체적인 활동의 예를 제시한다.
④ [자료 1]의 (가)와 [자료 2]를 활용하여, ㉠이 필요한 이유로 부정적 감정을 겪는 청소년이 늘어난 현상이 학습 및 학업에 곤란을 겪는 청소년의 증가로 이어질 가능성이 있음을 추가한다.
⑤ [자료 1]의 (나)와 [자료 3]을 활용하여, ㉢에 따른 기대 효과를 보여 주는 자료로 전문 상담 기관이 학생들의 부정적 감정 해소에 도움을 주었다는 연구 결과의 사례를 제시한다.

45. <보기>는 [A]를 고쳐 쓴 것이다. 그 과정에서 반영된 교사의 조언으로 가장 적절한 것은?

<보 기>

요컨대 부정적 감정을 겪는 청소년이 늘고 있는 상황에 적극적으로 대응하고 청소년이 긍정적 자아 정체성을 형성할 수 있도록 청소년 감정 관리 프로그램의 실시 대상을 확대하고 활동 내용을 다양화해야 한다. 이를 위해 청소년 감정 관리 문제에 지역 구성원 모두의 관심이 필요하다.

① 실행 방법이 나타나지 않았으니 글에서 언급한 실행 방법을 강조하는 게 어때?
② 예상 독자가 언급되지 않았으니 예상 독자에게 호소하며 글을 마무리하는 게 어때?
③ 해결 방안 중 일부만 제시되어 있으니 글에서 다룬 주장을 모두 포함하는 게 어때?
④ 앞서 논의한 내용과 거리가 있는 내용이 제시되어 있으니 이를 지우고 글의 요점을 제시하는 게 어때?
⑤ 해결 방안의 이점을 다루지 않았으니 실행을 통해 기대할 수 있는 변화를 구체적으로 드러내는 게 어때?

* 확인 사항
○ 답안지의 해당란에 필요한 내용을 정확히 기입(표기)했는지 확인하시오.

[해설편 p.020]

09회 ● 2022학년도 6월 모의평가 국어영역(화법과 작문)

● 문항수 11개 | 배점 24점 | 제한 시간 20분

● 점수 표시가 없는 문항은 모두 2점

[35~37] 다음은 봉사 동아리 학생들을 대상으로 한 강연이다. 물음에 답하시오.

> 안녕하세요. □□ 산림 연구소 연구원 ○○○입니다. 강연 시작에 앞서 먼저 사진을 보실까요? (사진을 보여 주며) 기억나시지요? 지난 겨울 방학에 가로수 지킴이 활동을 하는 여러분의 모습입니다. 이번 여름 방학에도 가로수 지킴이로 활동할 여러분에게 도움을 드리고자 여름철 가로수 고사의 원인과 대책을 주제로 말씀드리겠습니다.
>
> (사진을 보여 주며) 어디인지 아시겠어요? 여러분이 사는 △△시의 2년 전 사진입니다. 몇 월의 모습일까요? (청중의 답변을 듣고) 11월이나 12월이라고요? 그렇게 보이지만 8월의 모습입니다. 그해 여름이 얼마나 더웠는지 기억나시지요? (사진을 보여 주며) 이 사진도 가뭄과 폭염으로 말라 죽은 가로수의 모습입니다. 특히 도시의 가로수가 가뭄과 폭염으로 인한 건조에 취약한 것은 도시의 열악한 토양 환경 때문입니다. 도시의 토양은 물이 스며들기 어려워서 토양 내 수분 함유량이 매우 낮습니다. (그림을 보여 주며) 보시는 바와 같이 차도와 보도의 압력으로 토양 입자 사이의 틈이 줄어들어 있습니다. 이로 인해 뿌리에 충분한 수분이 전달되지 못하는 것이지요. 그래서 건조에 강한 수종을 가로수로 선정합니다. 잔뿌리가 땅 표면 가까이에 분포해서 적은 강우량에도 수분을 잘 흡수할 수 있는 수종을 선택하는 것이지요. 이와 함께 가로수가 건조에 견딜 수 있는 환경을 만들어 주기 위해 가로수의 기존 보호 틀을 확대해 물이 스며드는 면적을 넓히고 잔뿌리가 잘 자라도록 최대한 생육 공간을 확보합니다.
>
> 그런데 다들 아시는 것처럼 최근 기후 변화로 가뭄과 폭염이 심해지고 있어 도시의 가로수에 수분을 공급하는 일이 절실합니다. 가로수가 말라 죽지 않도록 땅 표면 아래 20 ㎝까지 적셔 주려면 2시간 이상은 비가 내려야 하는데 폭염에는 잠시 쏟아지는 소나기로는 턱없이 부족합니다. 살수차를 동원해 물도 뿌리지만 한계가 있습니다. 그래서 사람이 직접 나무마다 물주머니를 매달고 토양 보습제를 투입하는 것입니다. 일일이 수작업해야 하는 일이라 여러분과 같은 자원봉사자의 역할이 매우 중요합니다. 가로수를 지키는 건 여러분이 살아갈 도시를 더욱 건강하게 가꾸는 일입니다. 여러분 덕분에 △△시의 가로수가 올 여름에는 말라 죽지 않을 것입니다. 이상 강연을 마칩니다.

35. 위 강연자의 말하기 방식으로 가장 적절한 것은?

① 강연 대상을 다른 소재에 빗대어 설명하고 있다.
② 강연 내용과 관련한 청중의 경험을 환기하고 있다.
③ 통계 자료를 인용하여 강연 내용을 설명하고 있다.
④ 과거 사례와 최근의 사례를 대조하며 설명하고 있다.
⑤ 강연을 하게 된 소감을 밝히며 강연을 시작하고 있다.

36. 다음은 동아리 부장이 강연자에게 보낸 전자 우편이다. 이를 바탕으로 세운 강연자의 계획 중 강연에 반영되지 않은 것은?

답장 | 전체 답장 | 전달 | X삭제 | 스팸 신고 | 목록 | 위 | 아래

> 안녕하세요. 저는 △△시 △△고등학교 봉사 동아리 부장입니다. 여름 방학 봉사 활동을 위해 도시의 가로수가 여름에 왜 말라 죽는지, 이를 막기 위해서 필요한 것은 무엇인지, 저희의 활동이 어떤 의미가 있는지를 알고자 동아리 학생들을 대표해 강연을 부탁드립니다. 강연하실 때 저희 지역과 관련한 자료를 활용해 주시면 도움이 될 것 같습니다. 감사합니다.

① 청중이 여름 방학 봉사 활동에 참여하므로 여름철 가로수 지킴이 활동을 위한 준비 사항을 안내한다.
② 청중이 도시 가로수 고사의 원인을 알고자 하므로 이와 관련한 도시의 토양 환경을 시각 자료를 활용하여 설명한다.
③ 청중이 도시 가로수의 고사를 방지하기 위한 방안을 알고자 하므로 가로수에 수분을 공급하는 다양한 방안을 설명한다.
④ 청중이 봉사 활동의 의의를 알고자 하므로 봉사 활동이 가뭄과 폭염에서 가로수를 보호하는 데 기여한다는 것을 설명한다.
⑤ 청중이 자신의 지역과 관련한 자료의 활용을 희망하므로 △△시의 사진을 보여 주며 질의응답한다.

37. 다음은 학생이 강연을 들으면서 작성한 메모이다. 이를 바탕으로 학생의 듣기 과정을 이해한 내용으로 적절하지 않은 것은? [3점]

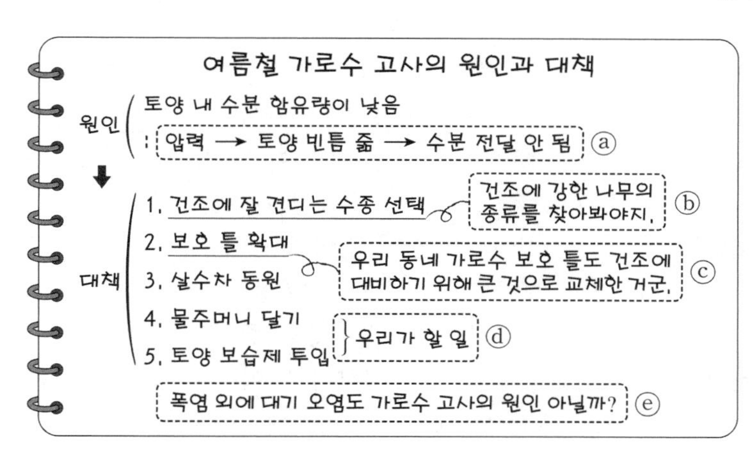

① ⓐ: 화살표를 사용하여 강연 내용을 메모한 것으로 보아, 세부 정보들 사이의 관계를 파악하며 들었겠군.
② ⓑ: 강연 이후의 조사 계획을 작성한 것으로 보아, 강연 내용에서 더 알고 싶은 점을 떠올리며 들었겠군.
③ ⓒ: 동네 가로수의 보호 틀을 교체한 이유를 추측한 것으로 보아, 강연 내용을 자기 경험과 관련지으며 들었겠군.
④ ⓓ: 자신이 할 일을 따로 묶은 것으로 보아, 특정 기준으로 정보를 구분하며 들었겠군.
⑤ ⓔ: 강연 내용에 의문을 제기한 것으로 보아, 강연 내용의 논리적 모순을 확인하며 들었겠군.

[38~42] (가)는 학생들의 대화이고, (나)와 (다)는 대화에 참여한 학생들이 작성한 초고이다. 물음에 답하시오.

(가)

학생 1 : 이번 과제가 '공동체 문제의 해결을 위한 글을 써서 독자와 공유하기'잖아. 과제에 대해 생각 좀 해 봤어?

학생 2 : 의류 수거함에 대해 쓰려고 자료 찾아보고 있어. 너는?

학생 1 : 나도 의류 수거함 생각했는데. 잘 됐다. 찾은 자료 나한테 전자 우편으로 보내 줘.

학생 2 : 음…, 주는 건 어렵지 않은데 네가 당연하다는 듯이 말해서 좀 당황스러워. [A]

학생 1 : 미안해. 기분 상하게 하려던 건 아니었어. 나도 자료 준비되면 줄 테니까 공유 좀 부탁해도 될까?

학생 2 : 알겠어. 그렇게 하자.

학생 1 : 그런데 넌 왜 의류 수거함에 대해 쓰려고 해?

학생 2 : 평소에도 문제가 많다고 생각했는데, 우리 학교 친구들도 수거함이 관리될 필요가 있다고 하더라고.

학생 1 : 나도 그렇게 생각해. 수거함이 망가진 채 방치된 데다가 수거함 주변에 옷들이 버려져 있잖아.

학생 2 : 맞아. 의류 수거함 주변이 쓰레기장이 되고 있어. 수거함에 수거 대상이 아닌 물품과 쓰레기들도 많고. 너는 수거함이 그렇게 된 원인이 뭐라고 생각해?

학생 1 : ㉠ 얼마 전 신문 기사를 봤는데 ○○시에서도 비슷한 문제가 있었지만 시청이 적극 노력해서 잘 해결했다는 걸 보면 우리 시청의 대처가 미흡해서인 것 같아.

학생 2 : ㉡ ○○시청은 어떤 노력을 한 거야?

학생 1 : 파손된 수거함을 수리하고 시민들에게 올바른 수거함 사용법을 알리는 캠페인도 했대.

학생 2 : ㉢ 그러니까 네 말은 우리 시청이 적극적으로 나서지 않은 게 원인이라는 거지?

학생 1 : 맞아. 공공의 문제 해결에는 시청의 영향력이 크니까.

학생 2 : ㉣ 그 말도 맞지만 이용자의 탓이 더 크지 않을까? 아무리 시청이 관리를 잘 해도 이용자들이 함부로 사용하면 궁극적으로는 문제가 해결되지 않으니까.

학생 1 : 하지만 시청이 수거함의 올바른 이용 방식을 안내하는 게 먼저 아닐까? 안내대로 의류를 올바르게 배출하면 선별하는 데 드는 시간과 비용을 줄일 수 있잖아.

학생 2 : ㉤ 나는 이 문제를 해결하려면 이용자부터 변화해야 한다고 생각하는데 너는 다르게 접근하는구나. 그럼 해결 방안을 구상해서 각자 글을 써 보자.

학생 1 : 좋아. 나는 시청 누리집 게시판에 시청의 조치를 촉구하는 글을 올릴 거야.

학생 2 : 그러면 나는 우리 학교 학생을 대상으로 우리가 할 수 있는 방안에 대해 글을 써서 학교 신문에 실어야지.

학생 1 : 좋아. 그렇게 하자.

(나) 학생 1의 초고

제목을 입력해 주세요.

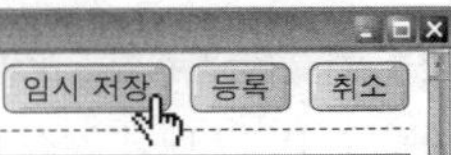

시장님, 안녕하세요. 저는 □□고등학교 3학년 학생입니다. 저희 학교의 많은 학생들도 필요성을 느끼고 있는 의류 수거함 관리에 대해 건의할 사항이 있어 글을 씁니다.

첨부한 영상처럼 우리 시의 의류 수거함 중 상당수가 파손된 채 방치되어 그 주변이 쓰레기장이 되고 있습니다. 의류가 의류 수거함 주변에 버려져 있는 일도 많습니다.

반면에 링크의 신문 기사(https://www.****.co.kr/v3R4e)에서 알 수 있듯이, 인근 ○○시에서도 유사한 문제가 있었지만 시청이 노력한 결과, 시민의 불편이 해소되고 의류 수거함 이용이 활성화되었다고 합니다.

따라서 파손되고 방치된 의류 수거함을 수리하거나 교체해 주시고 의류 수거함의 올바른 이용에 대한 캠페인을 벌여 주셨으면 합니다. 그러면 도시의 미관이 개선되고 의류 수거함에 대한 시민들의 인식도 좋아질 것입니다.

건의드린 내용에 대한 답변을 기다리겠습니다. 감사합니다.

첨부 파일 우리 시의 의류 수거함 실태 동영상.mp4 파일 찾기 + −

(다) 학생 2의 초고

수거 대상이 아닌 물품과 쓰레기로 의류 수거함이 몸살을 앓고 있다. 수거함 주변이 쓰레기장이 된 곳도 있다. 이에 의류 수거함의 올바른 이용에 대한 관심이 요구되고 있다.

우리는 왜 의류 수거함을 올바르게 이용해야 할까? 첫째, 도시의 미관과 환경을 개선할 수 있다. 둘째, 다시 입기에 충분한 의류가 재사용되는 비율을 높일 수 있다. ⓐ 외국은 기부와 판매 등의 방식을 통해 의류를 재사용하고 있다. 셋째, 의류를 자원으로 재활용하는 과정에 도움이 된다. 우리나라는 섬유 원료나 산업 자재의 자원으로 재활용될 수 있는 물품을 주로 수작업을 통해 선별한다. 따라서 올바르게 배출하면 선별 과정에서의 비용과 시간을 크게 줄일 수 있다.

그렇다면 학생인 우리가 할 수 있는 일은 무엇일까? 우선 의류 수거함 안이나 그 주변에 쓰레기를 버려서는 안 된다. 의류 수거함은 쓰레기통이 아니다. 다음으로 수거함에 넣을 수 있는 물건과 그렇지 않은 물건을 구분해서 넣어야 한다. ⓑ 예를 들어 배출할 의류가 물에 젖었다면 반드시 말려야 한다. 이때 의류 수거함에 넣을 물건의 상태를 확인해야 한다. 이물질이 묻었다면 제거 후 배출하고 오염이 심하면 폐기하도록 한다.

의류 수거함을 올바르게 이용하는 일이 어른들만의 일은 아니다. 우리 학생들의 관심과 작지만 큰 실천이 모인다면 나눔과 공유라는 사회적 가치를 실현할 수 있을 것이다.

38. 대화의 흐름을 고려할 때, ㉠~㉤에 대한 설명으로 적절하지 않은 것은?

① ㉠ : 사안의 원인을 묻는 상대에게 신문 기사의 내용을 근거로 답하고 있다.
② ㉡ : 상대가 언급한 신문 기사의 내용에 대한 세부적인 정보를 상대에게 요청하고 있다.
③ ㉢ : 사안의 원인에 대한 상대의 의견을 확인하고 있다.
④ ㉣ : 상대의 의견을 인정하며 상대와 다른 견해를 드러내고 있다.
⑤ ㉤ : 자신이 언급한 내용의 일부를 반복하며 절충안을 제시하고 있다.

[해설편 p.021]

39. [A]의 학생 1의 발화에 대한 설명으로 가장 적절한 것은?

① 상대에게 바라는 행동을 제안한 것에 대한 긍정적 반응을 보고, 구체적인 의견을 덧붙이고 있다.
② 상대와의 의견을 최대한 일치시킨 것에 대한 긍정적 반응을 보고, 세부 내용을 추가적으로 제시하고 있다.
③ 상대에게 의사를 명료하게 드러내지 않은 것에 대한 부정적 반응을 보고, 상대의 정서에 적극 공감하고 있다.
④ 상대에게 원하는 바를 일방적으로 요구한 것에 대한 부정적 반응을 보고, 질문의 방식으로 상대의 동의를 구하고 있다.
⑤ 자신의 상황을 내세워 상대의 요구를 일부만 수용한 것에 대한 부정적 반응을 보고, 상대에게 동조의 뜻을 표현하고 있다.

40. (가)의 대화 내용이 (나), (다)에 각각 반영된 양상으로 적절하지 <u>않은</u> 것은?

① (가)에서 학생 2가 글감 선정의 이유에 대해 언급한 내용이 (나)의 1문단에 학생 다수가 문제 해결의 필요성을 느끼고 있음을 밝히는 내용으로 제시되었다.
② (가)에서 학생 2가 의류 수거함의 상태에 대해 언급한 내용이 (다)의 1문단에 문제 제기의 내용으로 제시되었다.
③ (가)에서 학생 1이 신문 기사에 대해 언급한 내용이 (나)의 3문단에 건의를 뒷받침하는 사례로 제시되었다.
④ (가)에서 학생 1이 시청의 영향력에 대해 언급한 내용이 (나)의 2문단에 건의 수용의 기대 효과로 제시되었다.
⑤ (가)에서 학생 1이 의류를 올바르게 배출하는 일의 장점에 대해 언급한 내용이 (다)의 2문단에 의류 수거함을 올바르게 이용해야 하는 이유로 제시되었다.

41. 작문 맥락을 고려할 때 (나), (다)에 대한 이해로 적절하지 <u>않은</u> 것은?

① 글의 유형 면에서, (나)는 구체적이고 실행 가능한 방안을 제시하며 공동체의 문제 해결을 요구하는 형식의 글이다.
② 작문 매체 면에서, (나)는 필자가 언급한 내용을 예상 독자가 확인할 수 있도록 글의 특정 정보가 다른 자료에 연결되게 하고 있다.
③ 예상 독자 면에서, (다)는 문제 해결의 당위성을 강조하기 위해 지역 공동체의 모든 구성원을 독자로 상정하고 있다.
④ 글의 주제 면에서, (다)는 공동의 실천으로 해결할 수 있는 문제 상황과 그 해결 방안을 중심 내용으로 제시하고 있다.
⑤ 작문 목적 면에서, (나)와 (다)는 예상되는 긍정적인 효과를 근거로 제시하며 예상 독자를 설득하고 있다.

42. <보기>를 점검 기준으로 할 때 ⓐ, ⓑ를 고쳐 쓰기 위한 방안으로 가장 적절한 것은?

<보 기>

㉮ 앞뒤 문장 간의 관계는 긴밀한가?
㉯ 주장을 뒷받침하는 논거인가?

① ㉮를 기준으로, ⓐ를 '여전히 다른 사람들이 입던 옷을 재사용하는 일을 꺼리는 사람들이 많기 때문이다'로 수정한다.
② ㉮를 기준으로, ⓑ를 '그러나 배출할 의류가 물에 젖었다면 반드시 말려야 한다'로 수정한다.
③ ㉮를 기준으로, ⓑ를 '의류와 가방, 담요 등은 가능하지만 솜이불과 베개, 신발 등은 넣어서는 안 된다'로 수정한다.
④ ㉯를 기준으로, ⓐ를 '왜냐하면 주변 친구들 중에는 의류 수거함에 쓰레기를 넣는 친구들이 없기 때문이다'로 수정한다.
⑤ ㉯를 기준으로, ⓑ를 '왜냐하면 이용자들이 재활용 가능 여부를 구분하는 일은 어렵기 때문이다'로 수정한다.

[43～45] 다음은 작문 상황과 이를 바탕으로 작성한 학생의 초고이다. 물음에 답하시오.

○ **작문 상황** : 손 글씨 쓰기의 효과를 소개하는 글을 써서 교지에 실으려 함.

○ **학생의 초고**

컴퓨터와 온라인을 기반으로 한 쓰기 환경이 조성됨에 따라, 많은 학생들이 펜을 쥐는 대신에 컴퓨터 자판을 두드리는 일이 일상화되었다. '손 글씨 쓰기'보다 힘이 덜 들고 편리하기 때문에 많은 학생들이 컴퓨터 자판을 이용한 쓰기를 선호한다. 하지만 손 글씨 쓰기의 효과는 생각보다 크다.

컴퓨터 자판으로 글자를 입력할 때에는 '강'을 입력하든 '물'을 입력하든 손가락으로 세 번의 타점을 두드리는 동작에는 큰 차이가 없다. 그러나 손으로 글씨를 쓸 때에는 손의 동선이 그대로 글씨를 이루며 단어마다 다른 궤적이 생기게 된다. 뇌의 시각 처리와 손을 통한 운동 경험, 쓰고자 하는 단어를 떠올리는 과정이 동시에 이루어져 뇌의 다양한 영역이 활성화되는 효과가 생기는 것이다.

손 글씨 쓰기는 컴퓨터 자판을 이용할 때보다 많은 시간이 소요된다. 하지만 이 느림 때문에 사고할 수 있는 시간이 확보된다. 또 느림 때문에 듣는 내용을 기록할 수 있는 양도 적어지므로 내용의 우선순위를 판단하고 체계를 세워 정리하게 된다. 이때 정보의 선별과 구조화라는 고등 사고 과정이 이루어진다. 결과적으로 해당 내용에 대한 이해도가 높아지는 것이다.

최근에는 정서적 효과도 주목받고 있다. 좋은 글귀를 손으로 차분히 따라 쓰는 필사는 자신이 적고 있는 글귀에 몰입하는 경험을 하게 한다. 자신의 손 글씨로 작성된 단 하나뿐인 책을 완성했다는 성취감을 맛보거나, 좋아하는 글을 음미하며 마음이 치유되는 느낌을 받기도 한다.

컴퓨터 자판을 이용한 쓰기는 현대 사회에서 필수적이다. 하지만 편리함이라는 그늘에 가려지기에는 손 글씨 쓰기가 우리에게 주는 효과가 이처럼 다양하다. [A]

43. 다음은 초고를 작성하기 전에 학생이 떠올린 생각이다. ⓐ~ⓔ 중 학생의 초고에 반영되지 않은 것은?

- 손 글씨 쓰기의 개념을 정의하며 글을 시작해야겠어. ····· ⓐ
- 컴퓨터 자판을 이용한 쓰기가 일상화된 배경을 언급해야겠어. ····· ⓑ
- 손 글씨 쓰기와 컴퓨터 자판을 이용한 쓰기의 차이를 예를 활용하여 설명해야겠어. ····· ⓒ
- 컴퓨터 자판을 이용한 쓰기보다 손 글씨 쓰기의 속도가 느린 데서 오는 효과를 설명해야겠어. ····· ⓓ
- 최근에 주목받는 손 글씨 쓰기의 효과를 언급해야겠어. ····· ⓔ

① ⓐ ② ⓑ ③ ⓒ ④ ⓓ ⑤ ⓔ

44. 다음은 초고를 읽은 교지 편집부 담당 선생님의 조언이다. 이를 반영하여 [A]를 작성한 내용으로 가장 적절한 것은?

"이 글에 제시된 손 글씨 쓰기의 주요 효과를 모두 언급하고 비유적 표현을 활용해서 마무리하면 어떨까요?"

① 손 글씨 쓰기의 다양한 효과를 정확히 알고 이를 상황에 맞게 활용한다면 쓰기의 효율성을 높일 수 있을 것이다.
② 손 글씨 쓰기의 과정, 장점과 한계, 정서적 효과를 통해 손 글씨 쓰기가 동전의 양면과 같음을 기억해야 할 것이다.
③ 손 글씨 쓰기가 우리의 뇌, 이해, 정서에 미치는 긍정적 영향을 고려하여 손 글씨 쓰기의 횟수를 더욱 늘려야 할 것이다.
④ 손 글씨 쓰기는 글을 쓰는 능력을 향상시키고 정서적 효과를 주기에, 그 가치는 시대가 변해도 늘 별처럼 빛날 것이다.
⑤ 손 글씨 쓰기를 통해 뇌의 다양한 영역 활성화, 이해도 향상, 정서적 효과라는 세 가지 빛깔의 진주를 발견할 수 있을 것이다.

45. <보기>는 학생이 초고를 보완하기 위해 추가로 수집한 자료이다. 자료의 활용 방안으로 적절하지 않은 것은? [3점]

<보 기>

ㄱ. 전문가 인터뷰

"손으로 글씨를 쓸 때, 전두엽, 후두엽, 측두엽, 두정엽 등의 뇌의 전 영역에 걸쳐 신경 회로가 형성되어 활성화됩니다. 그래서 손 글씨 쓰기는 뇌를 건강하게 해 주는 일종의 뇌 운동이라고 할 수 있습니다."

ㄴ. 연구 자료

65명의 대학생에게 컴퓨터 자판을 이용한 쓰기와 손 글씨 쓰기라는 두 방식으로 강연 내용을 정리하도록 한 후 성취도를 확인했다. 그 결과, 기억 여부를 묻는 '과제 1'에서는 집단 간 차이가 없었으나, 개념의 이해를 묻는 '과제 2'에서는 손 글씨 쓰기 방식으로 정리한 집단이 훨씬 높은 성취를 보였다.

ㄷ. 우리 학교 설문 조사

ㄷ-1. **학습 과제 작성 시 선호하는 쓰기 방식은?**
컴퓨터 자판을 이용한 쓰기 72%, 손 글씨 쓰기 28%

ㄷ-2. **ㄷ-1에서 응답한 쓰기 방식을 선호하는 이유는?**

순위 \ 쓰기 방식	컴퓨터 자판을 이용한 쓰기	손 글씨 쓰기
1순위	과제 작성을 빠르게 할 수 있어서	내 과제에 애착이 생겨서
2순위	손으로 쓰면 팔이 아프고 귀찮아서	과제에 정성을 쏟을 수 있어서

① ㄱ을 활용하여, 뇌의 다양한 영역이 활성화된다는 2문단의 내용을 구체화한다.
② ㄴ에서 과제 1의 결과를 활용하여, 손 글씨 쓰기가 특정 상황에서 효과적이라는 3문단의 내용을 보강한다.
③ ㄴ에서 과제 2의 결과를 활용하여, 손 글씨 쓰기가 내용 이해도를 높인다는 3문단의 내용을 뒷받침한다.
④ ㄷ-1을 활용하여, 학생들이 컴퓨터 자판을 이용한 쓰기 방식을 선호한다는 1문단의 내용을 보강한다.
⑤ ㄷ-2를 활용하여, 손 글씨 쓰기가 과제를 수행할 때에도 정서적 효과를 준다는 내용을 4문단에 보충한다.

＊ 확인 사항
○ 답안지의 해당란에 필요한 내용을 정확히 기입(표기)했는지 확인하시오.

[해설편 p.022]

10회 ● 2023학년도 7월 학력평가 국어영역(화법과 작문)

● 문항수 11개 | 배점 24점 | 제한 시간 20분

● 점수 표시가 없는 문항은 모두 2점

[35~37] 다음은 학생의 발표이다. 물음에 답하시오.

여러분, 최근에 약속 장소를 정하거나 새로운 장소에 갈 때 지도를 보신 적이 있나요? (청중의 대답을 듣고) 네, 여러분이 보았던 지도처럼 우리가 평소 접하는 일반적인 지도는 사실적인 지리 정보를 제공할 목적으로 제작되는 경우가 대부분입니다. 그런데 옛 지도 중에는 정확한 사실 정보보다 제작자의 주관적 인식을 더 중요하게 나타낸 경우도 있었습니다. 오늘 소개할 '천하도'가 그런 지도의 대표적인 예인데요, 천하도를 통해 당대 사람들의 독특한 세계관을 살펴볼 수 있습니다.

천하도는 17세기부터 19세기까지 널리 유행한 조선 시대의 세계 지도입니다. (㉠ 자료 제시) 천하도의 다양한 판본 중 하나인 이 지도는 현재 국립중앙박물관에 소장되어 있는데요, 전체 형태를 보시면 세계를 원 형태로 나타내고 중앙의 안쪽 대륙, 이 대륙을 둘러싼 바다, 바다 밖의 대륙으로 구성한 점 등이 천하도의 전형적인 양식에 해당합니다. (㉡ 자료 제시) 위의 그림은 지도의 중앙 부분을 확대한 그림입니다. (나라를 가리키며) 안쪽 대륙에는 실제 나라인 중국, 조선국이 표시된 것을 볼 수 있습니다. 그런데 바깥 대륙 일부분을 확대한 아래 그림을 볼까요? 여기 '불사국'은 말 그대로 사람이 죽지 않는 나라라는 뜻으로 실제 존재하는 나라가 아닙니다. 이외에도 바다와 바깥 대륙에는 대인국, 머리가 세 개인 사람들이 사는 삼수국 등 상상의 나라들이 많이 나타나 있습니다. (㉢ 자료 제시) 또 가장자리 일부를 확대한 그림을 보시면 선으로 연결된 동그라미들이 보이실 텐데요, 이 부분은 28수의 별자리를 그린 것으로 천문학에 대한 제작자의 관심을 보여 주고 있습니다.

천하도는 판본별로 차이는 있지만 주로 안쪽 대륙에 실제 나라, 바다와 바깥 대륙에 상상의 나라를 원형의 세계로 그린 점은 대부분 동일합니다. 이런 독특한 형태의 세계 지도는 조선에만 존재한 것으로 알려져 있습니다. 그렇다면 이러한 천하도가 제작된 이유는 무엇일까요? 당시 서양 세계에 대해 새로운 정보를 접한 조선의 지식인들은 동아시아를 세계의 중심에 두고 그 바깥에 실제 서양 세계 대신 가상의 나라를 그림으로써 세계에 대한 새로운 인식을 표현하고자 했는데요, 그 결과 천하도와 같은 세계 지도가 만들어진 것입니다.

방금 소개한 천하도 외에도 흥미로운 옛 지도들이 많습니다. 옛 지도에 담긴 과거 사람들의 인식이나 가치관을 더 알아보고 싶으신 분은 국토지리정보원, 국립중앙박물관 누리집에 방문하시면 다양한 자료를 더 찾아볼 수 있습니다. 이상으로 발표를 마치겠습니다.

35. 위 발표자의 말하기 방식으로 가장 적절한 것은?

① 청중의 경험을 환기하여 발표 내용에 대한 청중의 관심을 유도하고 있다.
② 발표 순서를 안내하여 청중이 발표 내용에 대해 예측할 수 있도록 하고 있다.
③ 발표 중간에 질문을 하여 청중이 발표 내용을 이해하고 있는지 확인하고 있다.
④ 청중의 요청에 따라 발표 내용과 관련 있는 정보를 추가적으로 제시하고 있다.
⑤ 발표 내용을 요약하여 마무리함으로써 청중에게 발표의 중심 내용을 강조하고 있다.

36. 다음은 발표자가 제시한 자료이다. 발표자의 자료 활용에 대한 설명으로 적절하지 <u>않은</u> 것은?

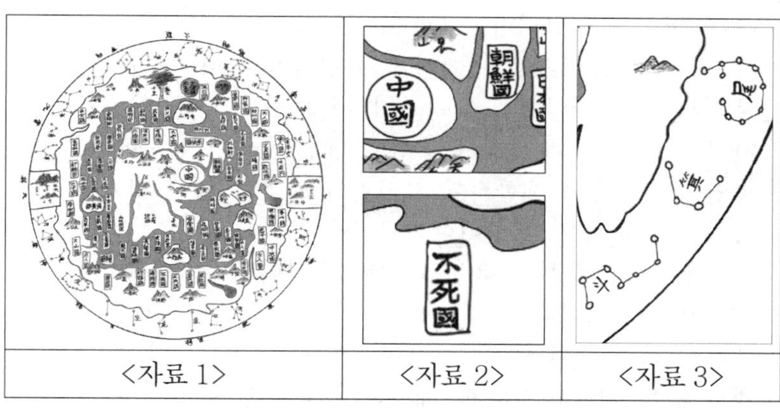

<자료 1> <자료 2> <자료 3>

① ㉠에 <자료 1>을 활용하여 '천하도'의 전체 형태를 보여 주고 있다.
② ㉠에 <자료 1>을 활용하여 '천하도'의 전형적인 특징을 설명하고 있다.
③ ㉡에 <자료 2>를 활용하여 실제 나라와 상상의 나라를 구분하여 보여 주고 있다.
④ ㉡에 <자료 2>를 활용하여 지도 제작자의 세계관이 변화되는 양상을 설명하고 있다.
⑤ ㉢에 <자료 3>을 활용하여 천문학에 대한 제작자의 관심이 지도에 반영되었음을 설명하고 있다.

37. 발표 내용을 바탕으로 할 때, <보기>에 나타난 학생들의 반응에 대한 이해로 가장 적절한 것은?

< 보 기 >

학생 1: 지도는 사실적 정보만을 담아 제작하는 것이라고 알고 있었는데, 제작자의 주관적 가치관이 지도에 반영될 수도 있다는 점을 새롭게 알게 됐어.

학생 2: 옛 지도는 대동여지도밖에 몰랐는데, 당대 사람들의 상상력이 담긴 세계 지도가 존재한다는 걸 알게 되어 유익했어. 발표자가 알려준 누리집에 방문해서 다른 지도들도 더 찾아봐야겠어.

학생 3: 오늘 발표에서 천하도가 판본별로 차이가 있다고 설명했는데, 판본에 따라 어떤 차이가 있는지 더 구체적으로 알려줬으면 좋았을 것 같아.

① '학생 1'은 발표 내용을 바탕으로 추가적인 활동을 계획하고 있다.
② '학생 2'는 발표자가 발표 중 다루지 않은 내용을 언급하며 아쉬움을 표현하고 있다.
③ '학생 3'은 발표 내용이 실생활에 도움이 되는 정보인지를 평가하고 있다.
④ '학생 1'과 '학생 2'는 모두 발표 내용과 관련 있는 자신의 배경지식을 떠올리고 있다.
⑤ '학생 2'와 '학생 3'은 모두 발표를 통해 새로운 사실을 알게 된 것을 긍정적으로 생각하고 있다.

[38~42] (가)는 토론 전 찬성 측 학생이 작성한 입론서 초고이고, (나)는 이를 읽은 찬성 측 학생들이 나눈 대화이다. 물음에 답하시오.

(가)

'디지털 유산의 상속권을 인정해야 한다.'에 찬성합니다. 디지털 유산이란 고인이 생전에 인터넷상에 남긴 데이터 형태의 모든 정보를 말합니다. 현재 우리나라는 디지털 유산에 대한 상속권이 제도적으로 명확하게 규정되지 않아 인터넷 서비스를 제공하는 기업별로 상속권에 대해 서로 다른 약관을 적용하고 있습니다. ㉠ 그래서 고인이 남긴 디지털 유산에 대한 상속인들의 접근이 제한되어 고인과의 추억을 잃게 되거나 재산상의 손해를 입기도 합니다.

논제에 찬성하는 이유는 디지털 유산이 상속 대상이라고 생각하기 때문입니다. 현재 디지털 유산은 크게 인터넷 계정에 대한 권리와 데이터 자체로 나누어 볼 수 있습니다. 인터넷 계정의 경우 계약상 지위에 해당하기 때문에 포괄적 권리의무의 대상으로 볼 수 있습니다. 따라서 피상속인의 재산에 관한 포괄적 권리의무는 상속인에게 당연 승계된다는 민법 조항에 따라 상속 대상이 될 수 있습니다. 데이터의 경우도 실체는 없지만 데이터가 재산적 가치가 부여된 저작물이라면 공개 여부에 상관없이 당연히 상속 대상으로 볼 수 있습니다.

하지만 현재 우리나라의 민법 조항에 따르면 인터넷 계정을 계약상의 지위가 아닌, 특정 개인에만 온전히 속한 계약으로 해석할 수 있어 상속 대상으로 보지 않기도 합니다. 또 고인이 남긴 데이터에 대해서도 민법에서 인정하는, 상속 대상이 되는 물건이 아니라는 점 때문에 상속권을 인정받지 못하기도 합니다. 상속인의 경제적 이익을 위해 디지털 유산의 가치를 알릴 필요도 있습니다. 따라서 디지털 유산을 상속 가능한 대상으로 명확하게 규정한 법 제도를 마련하여 상속인의 권리를 인정해야 한다고 생각합니다.

(나)

학생 1: 작성해 준 초고는 잘 봤어. 토론 개요서를 작성하며 미리 의논했던 대로 논제에 대한 입장을 분명히 밝히고 시작하니까 우리 입장이 잘 드러난 것 같아. 그래도 토론에 참여하려면 입론서를 조금 수정해야 할 것 같아.

학생 2: 그래. 함께 작성한 토론 개요서를 참고해서 쓰긴 했는데 혹시 부족한 부분이 있으면 알려 줘.

[A]
학생 3: 보완할 부분이 있는지 알려 달라는 거지? 토론 개요서를 작성하며 조사한 낯선 용어들의 개념은 모두 설명해 줄 필요가 있을 것 같아.

학생 2: 하지만 토론자들이 이미 용어의 의미를 공유하고 있어서 조사한 용어를 모두 다 설명할 필요는 없다고 생각했어.

학생 1: 그렇긴 해도 배경지식이 없는 청중들은 생소하게 느낄 수 있으니까 조사한 용어를 빠짐없이 설명해 주는 것이 더 낫다고 생각해.

학생 2: 그래. 그럼 용어가 처음 등장할 때 개념도 같이 설명할게.

학생 3: 그런데 우리나라 인터넷 서비스 제공 기업의 디지털 유산과 관련된 약관의 내용을 언급하지는 않았구나.

학생 2: 분량이 너무 길어질 것 같아서 인터넷 서비스 기업별 약관의 내용에 대해서는 구체적으로 언급하지 않았어. 대신에 [Ⓐ]

[B]
학생 1: 그래. 그 정도면 충분할 것 같아. 그런데 디지털 유산의 상속권을 인정하고 있는 독일의 사례가 빠져 있는 것 같은데, 두 번째 단락에 근거로 추가해서 설득력을 높이는 건 어떨까?

학생 2: 디지털 유산의 상속권과 관련된 다른 나라의 제도나 해외 기업의 사례는 조금 더 꼼꼼히 조사한 후 반론 단계에서 활용하는 게 좋다고 생각해서 언급하지 않았어.

학생 3: 좋긴 한데, 지난번에 함께 조사해서 알고 있듯이 해외 기업들의 경우 디지털 유산 정책이 다양해서 반대 측에서도 해외 기업의 사례를 근거로 들 수 있을 것 같아서 걱정돼.

학생 1: 우린 디지털 유산의 상속권을 실질적으로 인정하고 있는 기업의 사례만 반론 단계에서 근거로 활용하면 되지 않을까?

학생 3: 그래. 그리고 상속권을 인정하는 기업의 정책이 그렇지 않은 기업의 정책보다 상속인에게 더 이익이 된 사례를 함께 제시하면 설득력을 높일 수 있을 거야.

학생 1: 좋은 생각이야. 그리고 입론서에 데이터 중 저작물에 대해서만 상속 대상으로 언급하고 있는데 괜찮을까?

학생 3: 데이터 중 저작물이 아니더라도 공개 여부에 따라 상속 대상으로 인정되는 경우가 있더라고. 저작물이 아닌 데이터의 공개 여부에 따라 상속 대상으로 인정되는 경우를 구분하여 설명할 필요가 있을 것 같아.

학생 2: 그래. 그렇게 수정해 볼게. 그리고 반론을 사전에 차단하기 위해 마지막 단락에 반대 측 근거로 조사한 내용을 의도적으로 추가했는데 오히려 상대측의 근거로 활용되는 건 아닐까?

학생 3: 난 오히려 현재 상속 제도의 문제점이 부각돼서 더 좋은 것 같아. 대신 현재의 제도를 어떻게 개선해야 하는지 좀 더 구체적으로 제시해야 예상되는 반론을 효과적으로 제한할 수 있을 것 같아.

학생 1: 좋아. 그리고 마지막 단락에 토론의 쟁점인 '디지털 유산이 상속 대상인가?'와 관련 없는 내용이 있는데, 삭제하여 논의 내용을 초점화하는 게 좋을 것 같아.

학생 2: 그래. 지금까지 나온 내용을 바탕으로 다시 수정해 볼게.

38. (가)에 활용된 글쓰기 방식으로 가장 적절한 것은?

① 디지털 유산의 개념을 정의한 후 상속인의 자격을 안내하는 방식으로 서술하였다.
② 디지털 유산을 기록 매체에 따라 분류한 후 상속 대상이 될 수 있는지 점검하는 방식으로 서술하였다.
③ 디지털 유산에 대한 상속권을 인정받지 못하는 문제의 원인을 밝힌 후 해결책을 제시하는 방식으로 서술하였다.
④ 디지털 유산을 상속 대상으로 보아야 하는 이유를 나열한 후 상속 과정을 절차에 따라 안내하는 방식으로 서술하였다.
⑤ 디지털 유산의 유형에 따라 상속권을 제한하는 제도를 비교한 후 두 제도 사이의 차이점을 밝히는 방식으로 서술하였다.

[해설편 p.024]

39. 다음은 '학생 2'가 (가)를 작성하기 위해 참고한 토론 개요서 이다. (나)의 대화를 참고했을 때, ⓐ~ⓔ가 (가)에 반영된 양상으로 적절하지 않은 것은? [3점]

논제	ⓐ 디지털 유산의 상속권을 인정해야 한다.	
ⓑ 용어의 개념	◦디지털 유산 : 고인이 생전에 인터넷상에 남긴 데이터 형태의 모든 정보 ◦포괄적 권리의무 : 특정 개인에 온전히 속한 것을 제외한 모든 권리와 의무	
ⓒ 논제의 배경	◦○○기업 : 계정 정보 제공하지 않음. 공개된 데이터의 백업 제공. ◦△△기업 : 계정 정보 및 데이터를 유족에게 제공하지 않음.	
입장	찬성	반대
주장	디지털 유산은 상속 대상이다.	디지털 유산은 상속 대상이 아니다.
이유 및 근거	⋮ ⓓ ◦독일의 경우 디지털 유산의 상속권을 인정함. ⋮	ⓔ ⋮ ◦특정 주체만 향유할 수 있는 권리는 포괄적 권리의무에 해당하지 않음. ◦실체가 없는 데이터는 상속 대상 물건에 해당하지 않음. ⋮

① ⓐ: 사전에 의논한 대로 디지털 유산의 상속에 대해 찬성하는 입장을 밝히며 글을 시작하였다.
② ⓑ: 토론자들의 배경지식을 고려하여 특정 용어의 개념에 대한 설명을 생략하였다.
③ ⓒ: 분량을 조절하기 위해 디지털 유산에 대한 약관이 인터넷 서비스 기업별로 다르다는 점만 언급하였다.
④ ⓓ: 반론 단계의 근거로 활용하기 위해 디지털 유산의 상속권을 인정하고 있는 다른 나라의 사례를 생략하였다.
⑤ ⓔ: 예상되는 반론을 이끌어 내기 위해 반대 측이 활용할 수 있는 근거를 의도적으로 언급하였다.

40. [A], [B]에 대한 설명으로 적절하지 않은 것은?

① [A]에서 '학생 3'은 자신이 이해한 내용이 맞는지 확인하며 '학생 2'에게 자신의 의견을 제시하고 있다.
② [A]에서 '학생 1'은 '학생 2'와 '학생 3'의 의견을 절충한 뒤 절충한 의견이 더 나은 이유를 설명하고 있다.
③ [B]에서 '학생 1'은 '학생 2'에게 주장에 대한 설득력을 높일 수 있는 근거를 추가할 것을 제안하고 있다.
④ [B]에서 '학생 3'은 '학생 2'와 공유하고 있는 정보를 바탕으로 '학생 2'의 의견에 대한 우려를 나타내고 있다.
⑤ [A]와 [B] 모두 '학생 2'는 다른 학생의 제안을 들은 후 자신이 의도했던 바를 구체적으로 밝히고 있다.

41. ㉠을 고려할 때, Ⓐ에 들어갈 말로 가장 적절한 것은?

① 디지털 유산을 상속받기 위한 조건을 언급하여 제도를 개선하기 위한 방향을 제시했어.
② 디지털 유산의 상속으로 인해 발생하는 이익을 언급하여 디지털 유산이 지닌 가치를 강조했어.
③ 디지털 유산을 상속받기 위해 노력한 사례를 언급하여 디지털 유산 상속의 어려움을 구체화했어.
④ 디지털 유산에 대한 상속인들의 접근이 제한되는 이유를 언급하여 제도가 지닌 한계를 구체화했어.
⑤ 디지털 유산의 상속권을 인정하지 않아 발생하는 현실적 피해를 언급하여 제도 개선의 필요성을 드러냈어.

42. (나)의 논의 내용을 반영하여, (가)를 수정하기 위한 방안으로 가장 적절한 것은?

초고	수정 내용
1문단	◦'포괄적 권리의무'의 개념을 설명한다. ············ ①
2문단	◦디지털 유산의 상속권을 인정하는 해외 기업의 사례를 추가한다. ············ ② ◦데이터의 공개 여부에 따라 저작물의 상속권이 인정되는 경우를 구분하여 설명한다. ············ ③
3문단	◦토론 쟁점과 관련 없는, 디지털 유산의 가치를 알려야 한다는 내용을 삭제한다. ············ ④ ◦디지털 유산의 상속권을 제한하는 현재의 제도를 구체적으로 제시한다. ············ ⑤

[43~45] 다음은 환경 동아리 학생이 작성한 보고서의 초고이다. 물음에 답하시오.

폐어구 문제에 대한 조사 보고서

Ⅰ. 조사 동기 및 목적
우리 동아리는 '지구를 위한 환경 보호 실천'을 취지로 우리 주변의 환경오염 실태를 분석하고, 이에 대한 해결 방안을 모색하는 활동을 진행하고 있다. 최근 멸종 위기종으로 보호받고 있는 해양 생물들이 폐어구로 인해 죽어 간다는 뉴스를 접한 후, 해양 생태계를 위협하는 요인으로 주목받고 있는 폐어구 문제의 현황과 폐어구의 증가 원인을 살펴보고, 이에 대한 해결 방안을 찾아보기 위해 이 보고서를 작성하였다.

Ⅱ. 폐어구 문제의 현황과 폐어구의 증가 원인
'폐어구'란 더 이상 못 쓰게 되어 바다에 버려진 그물이나 통발, 밧줄 등의 어구를 말한다. '해양수산부'의 통계 자료에 따르면, 전체 해양 쓰레기 발생량 중 폐어구가 차지하는 비율이 가장 높으며 매년 증가하는 추세라고 한다. 전체 어획량의 10%에 해당하는 해양 생물이 폐어구로 인해 목숨을 잃고 있는 것으로 나타났는데, 이는 경제적 가치로 환산하면 약 3,700억 원에 달한다. 또한 폐어구로 인한 해양 선박 사고도 꾸준히 발생하고 있다.
폐어구가 증가하는 가장 큰 원인은 해양에 폐어구를 버리는 행위를 막을 수 있는 제도적 장치가 실효성이 없기 때문이다. 이미 어업인들을 대상으로 어구에 소유 정보를 표시하는 어구실명제가 실시되고 있지만, 이를 위반하더라도 과태료 처분이 실질적인 제재로 이어지지 않아 유명무실하게 운영되고 있는 상황이다. 또한 폐어구의 경우, 대부분이 바닷속에 가라앉아 있어 눈에 보이지 않기 때문에 그 심각성에 비해 사회적인 인식이 낮은 것도 폐어구가 증가하는 원인으로 작용하고 있다.

Ⅲ. 폐어구 문제의 해결 방안

먼저 어구실명제 위반에 대한 신고포상금제를 마련하고, 폐어구를 불법으로 버리는 소유주들에 대한 법적 제재를 강화하는 등 어구실명제가 실질적으로 운영될 수 있도록 제도적 장치를 보완할 필요가 있다. 또한 폐어구로 인한 환경오염의 실태를 보여 주는 자료를 제작, 배포하여 사회 전반적으로 폐어구 문제에 대해 사람들의 관심을 이끌어 낼 필요가 있다. 시민들도 폐어구 문제가 남의 일이라는 방관적 태도에서 벗어나 자신의 일로 여길 수 있는 인식의 전환이 필요하다.

[A] 이처럼 폐어구로 인한 해양 환경오염 문제를 해결하기 위해서는 법적인 제도 보완과 함께 시민들의 관심과 실천이 뒷받침되어야 한다. 시민들은 낚시 및 해양 레저활동 시 사용한 낚시 도구와 쓰레기를 수거해 가야 한다.

43. 학생이 보고서의 초고를 쓰기 위해 세운 계획 중 초고에 반영되지 않은 것은?

① 독자의 이해를 돕기 위해 조사 대상의 개념을 설명해야겠어.
② 통계 자료를 활용하여 문제의 현황을 객관적으로 전달해야겠어.
③ 문제의 심각성을 보여 주는 자료가 조사의 동기가 되었음을 언급해야겠어.
④ 여러 방안의 장단점을 비교하여 가장 효율적인 문제 해결 방안을 제시해야겠어.
⑤ 문제의 해결 방안을 제도적인 측면과 인식적인 측면으로 구분하여 제시해야겠어.

44. 다음은 [A]를 쓴 후 학생이 선생님께 보낸 이메일이다. ㉮에 들어갈 내용으로 가장 적절한 것은?

보내 주신 검토 의견 중 (　　㉮　　)하여 해결 방안의 의의를 드러내는 것이 좋겠다는 조언을 바탕으로 초고의 마지막 부분을 아래와 같이 수정했습니다.

> 이처럼 폐어구로 인한 해양 환경오염 문제를 해결하기 위해서는 법적인 제도 보완과 함께 시민들의 관심과 실천이 뒷받침되어야 한다. 이러한 노력을 통해 멸종 위기종의 보호뿐만 아니라 우리가 살아가는 지구를 위한 환경 보호도 실천할 수 있을 것이다.

① 폐어구 문제의 원인은 삭제하고, 정부의 제도적 지원 방안을 추가
② 폐어구 문제의 원인은 삭제하고, 폐어구 문제의 조사 동기와 동아리의 취지를 반영
③ 시민들의 관심을 촉구하는 내용은 삭제하고, 정부의 제도적 지원 방안을 추가
④ 시민들의 개인적 실천 방안은 삭제하고, 폐어구 문제를 알릴 수 있는 홍보 방안을 추가
⑤ 시민들의 개인적 실천 방안은 삭제하고, 폐어구 문제의 조사 동기와 동아리의 취지를 반영

45. <보기>는 학생이 초고를 보완하기 위해 추가로 수집한 자료이다. 자료 활용 방안으로 적절하지 않은 것은? [3점]

< 보 기 >

ㄱ. 통계 자료

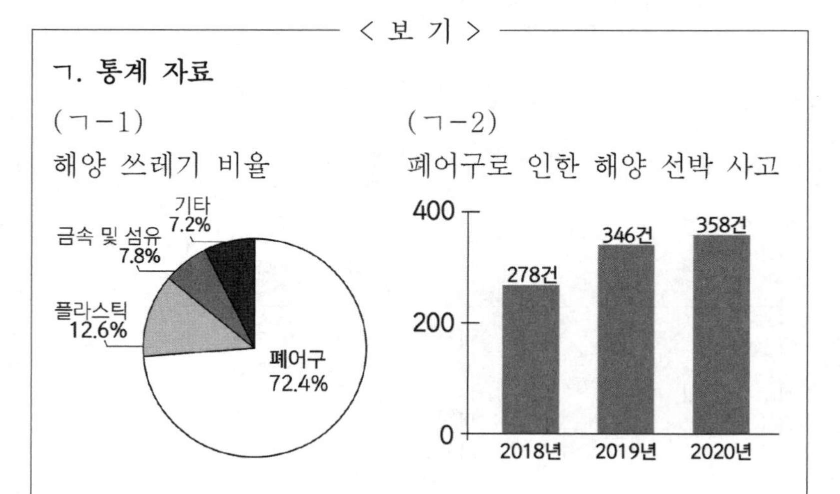

ㄴ. 신문 기사 자료

최근 멕시코 해안에서 바다거북 300마리가 폐어구에 걸려 죽은 채로 발견되었다. 이처럼 폐어구에 해양 생물이 걸려 죽거나 다치는 현상을 '유령 어업'이라고 한다. ○○ 자료에 따르면 수거된 폐어구 중 소유 정보를 표기하지 않은 폐어구가 85%로 나타났다. 이에 어구에 전자 태그를 의무적으로 부착하고, 폐어구 투기를 실질적으로 제재할 수 있는 과태료 처분의 필요성이 제기되고 있다.

ㄷ. 전문가 인터뷰 자료

"폐어구를 수거해 성분을 분석해 보니 플라스틱이 87%를 차지하고 있었습니다. 플라스틱은 미세플라스틱으로 분해되어, 해양 환경에 심각한 위협을 가할 수 있습니다. 이런 위험성을 막기 위해 A국은 어구에 전자 태그를 부착하고 있는데요, 폐어구의 분실 및 투기를 막는 데 큰 효과를 보고 있습니다."

① ㄱ-1을 활용하여, 해양 쓰레기 중 폐어구가 차지하는 비율이 높다는 Ⅱ의 내용을 보완하기 위해 구체적인 수치를 제시한다.
② ㄱ-2를 활용하여, 폐어구로 인한 해양 선박 사고가 꾸준히 발생하고 있다는 Ⅱ의 내용을 뒷받침하는 근거로 제시한다.
③ ㄴ을 활용하여, 폐어구로 인해 해양 생물들이 죽어 간다는 Ⅰ의 내용의 사례로 제시한다.
④ ㄱ-1과 ㄷ을 활용하여, 폐어구 문제의 심각성을 보여 주는 Ⅱ의 내용에 해양 쓰레기 중 폐어구 성분의 대부분을 차지하는 플라스틱이 해양 환경을 위협한다는 문제를 추가한다.
⑤ ㄴ과 ㄷ을 활용하여, 어구실명제의 실질적인 운영이 중요하다는 Ⅲ의 내용에 어구실명제가 폐어구 수거율을 높여 과태료 부담을 덜어준다는 내용을 추가한다.

* 확인 사항
○ 답안지의 해당란에 필요한 내용을 정확히 기입(표기)했는지 확인하시오.

[해설편 p.025]

11회 ● 2022학년도 7월 학력평가 국어영역(화법과 작문)

● 문항수 11개 | 배점 24점 | 제한 시간 20분

● 점수 표시가 없는 문항은 모두 2점

[35~37] 다음은 학생의 발표이다. 물음에 답하시오.

여러분, 얼마 전 우리 반이 우승한 암산 대회를 기억하시죠? 1에서 8까지 곱하라는 문제를 반별로 5초 동안만 풀게 한 뒤 학생들이 쓴 답의 평균이 정답에 가장 가까운 반이 이기는 대회였죠. 그때 저는 우승 소식이 기쁘면서도, 평소 수학을 어려워하는 우리 반이 암산 실력만큼은 정말 뛰어난지 의문이 들기도 했습니다. 그러다 며칠 전 한 가지 사실을 알게 되었습니다. (화면을 보여 주며) 보시는 바와 같이 우리 반이 푼 계산식은 '8×7×6×5×4×3×2×1'이었는데 어떤 반은 '1×2×3×4×5×6×7×8'이었다는 것을요. 이 사실을 듣고 문득 지난주 경제 시간에 행동경제학에 대해 배우면서 알게 된 '기준점 효과'가 떠올랐습니다. 기준점 효과의 내용이 생각나시나요? (대답을 듣고) 네, 그렇습니다. 어떤 값을 추정할 때 지금 알고 있는 값을 기준점으로 삼아 추정하는 현상이지요. 1에서 8까지 곱하면 40,320인데, 이런 큰 수를 5초 안에 암산하긴 어려우니 대부분 추측 값을 써 냈을 겁니다. 그런데 우리 반 친구들은 앞에서부터 두 번째 숫자까지만 곱해도 56이니까 정답을 큰 수로 추측했겠지만, 다른 반 친구들은 네 번째 숫자까지 곱해도 24밖에 안 되므로 그리 큰 수를 떠올리지는 않았겠지요. 결국 5초 동안 구한 값이 추측 값의 기준점이 되는 상황에서, 기준점 효과가 우리 반에 유리하게 작용해서 우승할 수 있었던 것입니다. 여러분의 표정을 보니 들떠 있던 반 분위기에 제가 괜히 찬물을 끼얹게 된 것 같아 미안한 마음도 드네요.

이번 암산 대회의 사례와 같이 기준점은 자신도 모르는 사이에 자신의 선택과 판단을 좌지우지하여 뜻밖의 결과를 만들어 냅니다. 심지어는 기준점이 우리 삶의 행복도까지 결정짓기도 하지요. 신학자 토마스 아퀴나스는 이런 말을 했습니다. "인간은 변화가 일어나는 과도기에만 행복이나 불행을 느낀다."라고요. 가령 몹시 갖고 싶었던 물건을 갖게 되었을 때 처음에는 행복감을 느끼지만, 익숙해지면 점차 행복감을 느끼지 못하게 되는 경험을 한 번쯤은 해 보셨을 겁니다. 그 이유가 뭘까요? (대답을 듣고) 네, 맞습니다. 현재의 자신의 상태가 행복도를 결정짓는 기준점으로 끊임없이 작용하기 때문이겠죠. 이렇게 본다면 행복을 위해 중요한 것은 절대량이라기보다는 기준점으로부터의 변화량이라고 말할 수 있을 것입니다.

여러분, 꾸준히 행복감을 느끼고 싶으신가요? 그렇다면 단번에 큰 성과를 내려 하기보다는 하루하루 조금씩 성장하기 위해 노력해 나가는 것이 좋지 않을까요? 이상 발표를 마치겠습니다.

35. 위 발표자의 말하기 방식으로 적절하지 <u>않은</u> 것은?

① 질문과 대답을 통해 청중과 상호 작용하고 있다.
② 구체적인 수치를 언급하여 청중의 이해를 돕고 있다.
③ 설의적 질문을 사용하여 청중의 공감을 유도하고 있다.
④ 관용 표현을 활용하여 청중이 보이는 반응에 대응하고 있다.
⑤ 경험을 사례로 제시하여 청중의 행동에 나타난 문제점을 지적하고 있다.

36. 다음은 발표자가 위 발표에 반영한 발표 계획이다. ㉠~㉤에 들어갈 구체적인 계획의 내용으로 적절하지 <u>않은</u> 것은? [3점]

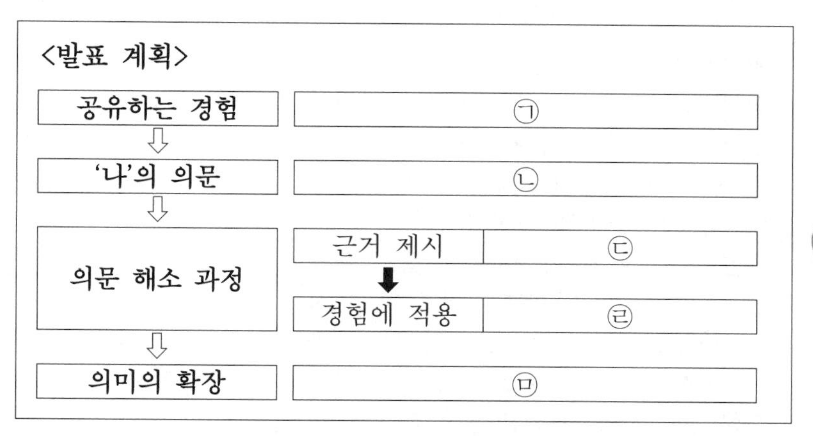

① ㉠ : 청중이 암산 대회에 대한 기억을 구체적으로 떠올릴 수 있도록 대회의 규칙을 언급하자.
② ㉡ : 암산 대회의 계산식을 화면에 제시하여 내가 의문을 가지게 된 이유를 설명하자.
③ ㉢ : 특정 학문에서 다루는 개념을 근거로 제시하여 발표 내용의 타당성을 확보하자.
④ ㉣ : 우리 반과 다른 반 학생들의 사고 과정의 차이가 대회 결과에 끼친 영향을 추측하여 제시하자.
⑤ ㉤ : 학자의 말을 인용하여 기준점이 판단에 미치는 영향력을 강조한 뒤 지향해야 할 삶의 방향을 제안하자.

37. <보기>는 위 발표를 들은 학생들의 반응이다. <보기>에 드러난 학생들의 듣기 방식으로 가장 적절한 것은?

< 보 기 >

학생 1 : 등산을 처음 시작하면서 나의 약한 체력으로 지리산을 오르는 건 무리라고 생각했는데, 지난 주말에 동네 뒷산의 정상을 밟고 나니 어쩌면 지리산도 오를 수 있겠구나 싶더라고.
학생 2 : 판사와 같이 중요한 결정을 내려야 하는 사람들이 자신도 모르는 사이에 어떤 기준점에 의해 영향을 받아서 공정하지 않은 판결을 하게 된다면 큰일이겠는걸?
학생 3 : 자신의 현재 상태만 기준점으로 작용하는 것은 아닌 것 같아. 시험에서 내가 목표한 점수를 받지 못했을 때 낙담했던 걸 생각해 보면 미래의 목표가 기준점이 될 수도 있잖아.

① 학생1은 '기준점으로부터의 변화량'이 행복을 위해 중요하다는 말이 자신의 경험과 부합하지 않는다고 생각하며 들었다.
② 학생2는 판사의 결정에 '기준점 효과'가 작용하지 않을 때 재판의 공정성을 확보하기 어려울 수 있음을 고려하며 들었다.
③ 학생3은 목표 달성을 위해서는 '현재의 자신의 상태'보다 미래의 목표를 기준점으로 삼는 것이 옳다고 판단하며 들었다.
④ 학생1은 학생3과 달리 '기준점 효과'가 자신이 처한 상황에 대한 인식에 긍정적으로 영향을 끼쳤던 경험을 떠올리며 들었다.
⑤ 학생3은 학생2와 달리 기준점이 '자신도 모르는 사이'에 '자신의 선택과 판단'을 결정한다는 사실을 비판하며 들었다.

[38~41] (가)는 역사 동아리 학생과 문화재 연구사와의 인터뷰이고, (나)는 인터뷰를 한 학생이 교지에 소개하기 위해 작성한 초고이다. 물음에 답하시오.

(가)

학생 : 안녕하세요? 얼마 전 저희 동아리에서 미륵사지를 견학한 후 석탑 복원에 대해 궁금증이 생겨서 인터뷰를 요청하게 됐습니다. 인터뷰에 응해 주셔서 감사합니다.

연구사 : 반갑습니다.

학생 : 먼저 문화재 복원이란 무엇인지 설명해 주시겠어요?

연구사 : 문화재 복원은 문화재가 소실된 경우에 고증을 통해 문화재의 전체나 일부를 원형 또는 특정 시기의 모습으로 되찾는 행위를 의미합니다.

학생 : 그렇다면 미륵사지 석탑은 원형으로 복원한 것인가요?

연구사 : 아닙니다. 이 석탑은 특정 시기의 모습으로 보수하여 복원한 것이에요. ㉠ <u>얼마 전 석탑을 견학했다고 하셨는데, 혹시 복원이 끝나지 않은 것처럼 보이지는 않았나요?</u>

학생 : 맞아요. 사실 저는 아직 복원이 진행 중인 줄 알았어요. 왜 이런 모습으로 복원된 것인가요?

연구사 : 문화재는 원형의 모습으로 복원하는 것이 일반적인데, 미륵사지 석탑은 창건 당시의 원형을 알 수 있는 문헌 기록을 찾지 못했습니다. 그래서 현재와 같이 비대칭의 모습으로 복원할 수밖에 없었죠.

학생 : 그렇군요. 방금 문화재는 원형의 모습으로 복원하는 것이 일반적이라고 하셨는데, 문화재를 복원할 때 지켜야 할 원칙으로는 어떤 것들이 있을까요?

연구사 : 문화재를 복원할 때는 역사적 가치의 보존을 위해 훼손된 재료는 보강하여 재사용해야 합니다. 미륵사지 석탑도 새로운 석재를 사용하여 훼손된 원래의 석재를 보강했는데, 이때 전통 기법을 최대한 활용했습니다.

학생 : 그렇다면 미륵사지 석탑 복원에는 어떤 전통 기법이 사용되었나요

연구사 : 석탑을 복원할 때 정을 이용해 석재를 손으로 하나하나 다듬는 전통적인 석재 가공법을 활용했습니다.

학생 : 정성이 많이 들어간 작업이었겠네요. 혹시 문화재 복원에 사용되는 기법에 대해 더 말씀해 주실 것이 있나요?

연구사 : ㉡ <u>방금 전에 새로운 석재를 복원에 사용했다고 얘기했지요?</u> 기존의 석재와 유사한 석재를 찾기 위해 기존 석재를 방사선으로 분석하는데요, 미륵사지 석탑 복원에도 방사선 분석 결과를 토대로 익산 황등 지역의 화강암을 사용하였습니다. 이외에도 석탑의 석재들을 다시 쌓아 올릴 때 3D 스캐닝을 활용하여 기울어짐 발생 여부를 확인 후 보완할 수 있었습니다.

학생 : 현대의 과학 기술이 전통을 다시 살리는 데 쓰였다니 흥미롭네요. 미륵사지 석탑을 복원하는 데 얼마나 걸렸나요?

연구사 : 복원을 완료하기까지 20년이 걸렸습니다. 일제강점기 때 보수하는 과정에서 무너진 부분에 다량의 콘크리트를 덧씌워 놨었는데, 그것을 수작업으로 걷어내는 데만 3년이 걸렸을 정도로 쉽지 않은 작업이었죠.

학생 : 석탑 복원에 보이지 않는 노력이 많았군요. 끝으로 문화재 복원에 대해 학생들에게 한 말씀 부탁드리겠습니다.

연구사 : 문화재는 우리의 역사를 담고 있는 자산입니다. 학생들이 문화재 복원에 좀 더 관심을 가지고, 그 역사적 가치를 생각해 보면 좋겠습니다.

학생 : 좋은 말씀 감사합니다.

(나)

우리나라에 20년에 걸쳐 복원된 문화재가 있다는 것을 아시나요? 바로 익산 미륵사지 석탑입니다. 미륵사지 석탑은 목탑에서 석탑으로 변화되어 가는 양식을 대표하는 탑으로서 역사적 가치가 있습니다. 2019년에 복원이 완료된 미륵사지 석탑은 왼쪽의 사진에서 보듯이 불완전해 보이는데요, 그 이유는 무엇일까요?

문화재 복원의 국제적 이념을 담은 '베니스 헌장'에는 '추측이 시작되는 순간 복원이 중지되어야 한다'라고 기록되어 있습니다. 원형을 알 수 없었던 미륵사지 석탑도 이 헌장에 따라 복원했기 때문에 불완전해 보이는 것입니다.

미륵사지 석탑은 복원하는 과정에서 복원 원칙을 지키기 위해 여러 가지 방법을 활용했습니다. 먼저 방사선을 이용하여 훼손된 기존 석재와 유사한 석재를 찾아냈고, 정을 사용해 수작업으로 다듬는 전통 기법을 활용했습니다. 마지막으로 물체에 레이저를 쏘아 돌아오는 시간을 거리로 환산하여 3차원 형상 정보를 취득하는 방식인 3D 스캐닝 기술로 석탑 조립 시에 기울어짐 없이 석재를 쌓아 올릴 수 있었습니다.

단일 문화재로는 가장 오랜 시간에 걸쳐 복원된 미륵사지 석탑은 일제강점기 때 보수에 사용된 콘크리트를 제거하고 2천 개가 넘는 기존 석재를 수습하는 데에만 10년이 걸렸습니다. 문화재 복원의 원칙을 지키기 위해 노력했기 때문입니다.

문화재 복원의 원칙을 지켰더라도 미흡한 점이 있을 수 있기에 후대에 복원을 보완할 수 있도록 그 과정을 보고서로 남기기도 합니다. 문화재는 우리의 역사를 담고 있는 자산이므로 더 많은 사람들이 문화재 복원에 관심을 가져 주셨으면 좋겠습니다.

38. ㉠과 ㉡에 대한 설명으로 가장 적절한 것은?

① ㉠은 상대방의 의도를 확인하는 발화이고, ㉡은 상대방의 발언을 요약하여 정리하는 발화이다.
② ㉠은 상대방의 흥미를 유발하기 위한 발화이고, ㉡은 자신의 요구를 상대방에게 전하는 발화이다.
③ ㉠은 상대방의 경험을 상기시키는 발화이고, ㉡은 자신이 언급한 내용을 상대방에게 환기시키는 발화이다.
④ ㉠은 상대방에게 내용의 이해 여부를 묻는 발화이고, ㉡은 상대방에게 추가적인 정보를 요구하는 발화이다.
⑤ ㉠은 상대방의 말에 호응하며 관심을 표현하는 발화이고, ㉡은 상대방과의 의견 차이를 탐색하려는 발화이다.

39. 다음은 (가)의 인터뷰를 진행하기 위해 학생이 작성한 계획이다. (가)를 고려할 때, 인터뷰에 반영되지 <u>않은</u> 것은?

- 문화재를 견학하면서 생긴 의문이 동기임을 밝히면서 인터뷰를 시작해야겠어. ········· ①
- 문화재 복원의 개념을 설명해 달라고 해야겠어. ········· ②
- 미륵사지 석탑을 복원한 이유를 설명해 달라고 해야겠어. ·· ③
- 미륵사지 석탑의 복원 기간을 물어봐야겠어. ········· ④
- 학생들에게 하고 싶은 말씀을 해 달라고 부탁하며 인터뷰를 마무리해야겠어. ········· ⑤

40. (가)를 바탕으로 (나)를 쓸 때, 학생이 글을 쓰기 위해 떠올린 생각으로 적절하지 않은 것은?

① 문화재가 우리 역사를 담고 있는 자산이라고 들었는데, 미륵사지 석탑이 가진 역사적 가치를 구체적으로 밝혀야겠다.
② 미륵사지 석탑을 다시 쌓아 올릴 때 3D 스캐닝을 활용했다고 들었는데, 3D 스캐닝 기술의 원리를 밝혀 설명해야겠다.
③ 미륵사지 석탑을 원형의 모습으로는 복원할 수 없었다고 들었는데, 문화재 복원의 이념을 담은 기록을 인용해 그 이유를 설명해야겠다.
④ 미륵사지 석탑이 특정 시기의 모습으로 복원된 것이라고 들었는데, 복원된 모습을 담은 시각적인 이미지를 찾아서 보여 주어야겠다.
⑤ 훼손된 기존 석재를 보강할 재료로 새로운 석재를 찾았다고 들었는데, 미륵사지 석탑에 사용된 새로운 석재의 산출지를 밝혀야겠다.

41. 다음은 (나)를 쓴 학생이 교지 편집부장에게 보낸 이메일의 일부이다. ⓐ에 들어갈 내용으로 가장 적절한 것은?

> 보내 주신 검토 의견 중 (ⓐ)해 달라는 말을 고려해 초고의 마지막 문단을 아래와 같이 수정했습니다.
>
> 미륵사지 석탑은 문화재 복원이 어떻게 이루어지는지를 보여 줄 뿐만 아니라 문화재 복원의 원칙을 지키기 위해 노력한 사례로 의미가 있습니다. 문화재는 우리의 역사를 담고 있는 자산이므로 더 많은 사람들이 문화재 복원에 관심을 가져 주셨으면 좋겠습니다.

① 문화재 복원 과정을 보완해야 하는 이유는 삭제하고, 미륵사지 석탑 복원의 현황은 추가
② 문화재 복원 과정을 보고서로 작성하는 이유는 삭제하고, 미륵사지 석탑 복원의 의의는 추가
③ 문화재 복원 과정을 보고서로 작성하는 이유는 삭제하고, 미륵사지 석탑 복원의 필요성은 추가
④ 문화재 복원 과정에서 미흡한 점이 생기는 이유는 삭제하고, 미륵사지 석탑 복원의 가치는 추가
⑤ 문화재 복원 과정에서 미흡한 점이 생기는 이유는 삭제하고, 미륵사지 석탑 복원 시 기대 효과는 추가

[42~45] (가)는 환경 동아리 학생이 작성한 조사 보고서의 초고이고, (나)는 (가)를 쓴 학생이 학교 누리집에 작성한 글이다. 물음에 답하시오.

(가)

다회용품 사용 실태에 대한 조사 보고서

Ⅰ. 조사의 동기 및 목적
최근 들어 일상생활에서 환경 보호를 실천하자는 인식이 확산되면서 일회용품 대신에 여러 번 재사용이 가능한 다회용품을 쓰는 사람들이 늘어나고 있다. 그래서 다회용품을 쓰는 것이 실제로 환경 보호에 긍정적인 영향을 주는지 조사해 보고자 한다.

Ⅱ. 조사의 방법 및 내용
1. 조사 방법 : 설문 조사, 문헌 조사
2. 조사 내용 : 다회용품 사용의 이유 및 실태, 다회용품의 권장 사용 기준

Ⅲ. 조사의 결과
1. 다회용품 사용 이유
다회용품을 사용하고 있는 사람들을 대상으로 설문 조사를 진행한 결과, 응답자의 76%가 환경 보호를 위해 사용한다고 대답하였다.
2. 다회용품 사용 실태
'어떤 종류의 다회용품을 사용하는가'라는 질문에는 여러 번 재사용이 가능한 음료 용기(43%), 일회용 봉투 대신 사용하는 장바구니(32%)가 가장 높은 비율로 나타났다.
'하나의 다회용품을 평균 몇 번까지 재사용하는가'라는 질문에는 50회 미만(46%)과 50~100회(38%)가 전체의 84%를 차지하였다. 또, '여러 개를 구매해 두고 현재 사용하고 있지 않은 다회용품이 있는가'라는 질문에는 '그렇다'에 74%가 응답하였고 그 개수를 묻는 추가 질문에는 3개 이상(41%), 2개(35%), 1개(24%) 순으로 응답하였다.
3. 다회용품의 권장 사용 기준
설문 조사 결과 가장 높은 비율로 응답한 다회용 음료 용기와 장바구니에 대하여 문헌 조사를 실시하였다. 조사 결과 다회용 음료 용기의 경우 스테인리스 재질은 220회 이상, 세라믹 재질은 210회 이상, 그리고 면 재질 장바구니의 경우는 최소 131회 이상 사용해야만 환경에 긍정적 영향을 끼칠 수 있음이 확인되었다. (김□□, 『△△환경연구』, OO연구소, 2021, p57.)

Ⅳ. 결론
이번 조사를 통해 다회용품은 일정 횟수 이상 사용해야만 환경에 긍정적 영향을 줄 수 있다는 것을 알 수 있었다. 그러나 실제 다회용품을 사서 권장 사용 기준에 못 미치게 사용하는 사람이 많다는 것과, 다회용품을 여러 개 사 두기만 하고 쓰지 않는 사람도 많다는 것을 알 수 있었다.

(나)
최근 세계 여러 나라에서는 일회용품의 사용을 줄이기 위해 노력하고 있다. 우리나라에서도 일회용품 대신 여러 번 재사용 할 수 있는 다회용품을 사용하는 사람들이 늘고 있다. 일회용품에 비해 사용이 불편한데도 사람들이 다회용품을 사용하는 이유는 환경을 보호할 수 있다는 기대 때문이다. 그런데 다회용품을 사용한다고 해서 무조건 환경 보호에 도움이 되는 것일까?
다회용품 사용 실태 보고서 작성을 위해 자료를 조사하면서, 다회용품은 일회용품에 비해 생산 과정에서 지구온난화의 주범인 온실가스를 더 많이 배출한다는 것을 알게 되었다. 환경을 보호하기 위해서는 다회용품을 일정 횟수 이상 사용해야 이러한 온실가스 배출량을 상쇄할 수 있고, 다회용품 사용 횟수가 늘수록 온실가스 배출량 감소 효과는 커진다.
그런데 보고서의 설문 조사 결과, 다회용품을 권장 사용 기준보다 적게 사용하는 것과 여러 개를 구매하여 보관만 하는 것이 문제점으로 나타났다. 그러므로 우선 사람들이 다회용품 권장 사용 횟수를 알고 그 이상 사용할 수 있도록 다양한 매체를 통해 적극적으로 홍보할 필요가 있다. [A]
다회용품을 구매해 사용한다는 사실만으로 환경이 보호되는 것은 아니다. 이제부터는 다회용품에 대한 정확한 정보를 바탕으로 환경 보호에 실질적으로 도움이 되는 방안을 찾아 이를 실천에 옮겨야 한다.

42. (가)와 (나)에 대한 설명으로 가장 적절한 것은?

① (가)는 탐구한 내용을 바탕으로 정보를 전달하고 있고, (나)는 탐구한 결과를 바탕으로 독자를 설득하고 있다.
② (가)는 다양한 관점을 바탕으로 문제 상황을 분석하고 있고, (나)는 일상의 체험을 중심으로 자신의 정서를 표현하고 있다.
③ (가)는 대안 제시와 이에 대한 평가를 중심으로 내용을 조직하고 있고, (나)는 비교와 대조의 방법으로 내용을 조직하고 있다.
④ (가)는 주장과 뒷받침 논거를 바탕으로 내용을 구성하고 있고, (나)는 주장과 예상되는 반론을 바탕으로 내용을 구성하고 있다.
⑤ (가)는 대립하고 있는 쟁점을 바탕으로 내용을 전개하고 있고, (나)는 객관적 자료를 바탕으로 문제 해결 방안을 제시하고 있다.

43. 다음은 (가)를 작성하기 전에 학생이 참고한 내용이다. ㉠~㉤을 고려하여 (가)를 분석한 것으로 적절하지 <u>않은</u> 것은?

> 보고서를 쓰기 위해 조사를 할 때는 ㉠ <u>조사할 내용에 따라 적절한 조사 방법을 선택해야 한다</u>. 그리고 보고서를 작성할 때는 ㉡ <u>조사의 동기나 목적을 제시해야 하고</u>, ㉢ <u>조사한 내용은 항목화하여 정리하면 좋다</u>. 보고서의 내용을 작성할 때는 이유나 근거를 제시하여 논리적으로 작성해야 하며 ㉣ <u>쓰기 윤리도 유의해야 한다</u>. ㉤ <u>결론에서는 조사 결과를 간결하게 요약하거나</u> 필자의 의견 및 소감을 덧붙일 수 있다.

① ㉠에 따라, 다회용품 사용 이유와 실태를 파악할 수 있도록 설문 조사의 방법을 선택하였다.
② ㉡에 따라, 일회용품 사용이 환경에 미치는 영향을 언급하고 다회용품 사용의 필요성에 대해 알아보고자 한다는 내용을 제시하였다.
③ ㉢에 따라, 다회용품의 사용 이유, 실태, 권장 사용 기준으로 항목을 설정하여 내용을 제시하였다.
④ ㉣에 따라, 근거로 제시한 다회용품의 권장 사용 기준에 대한 자료의 출처를 밝혔다.
⑤ ㉤에 따라, 현재 다회용품 사용과 관련된 문제점에 대한 조사 결과를 요약하였다.

44. 다음은 (나)를 보완하기 위해 추가로 수집한 자료이다. 자료 활용 방안으로 적절하지 <u>않은</u> 것은? [3점]

ㄱ. 통계 자료

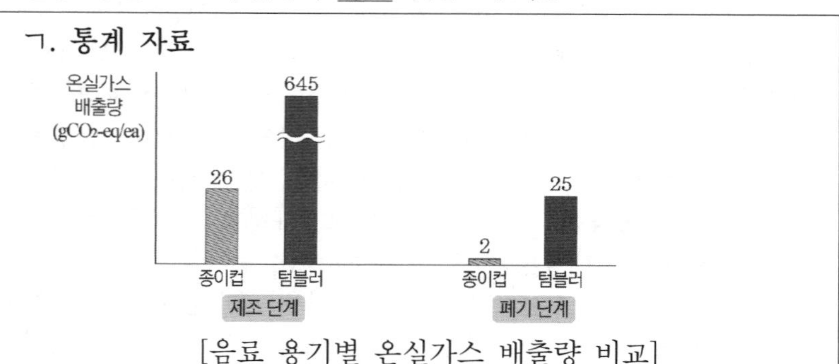

[음료 용기별 온실가스 배출량 비교]

ㄴ. 신문 기사 자료

최근 많은 나라들이 일회용품 사용을 줄이기 위한 노력을 하고 있다. 미국, 프랑스, 독일 등은 일회용 식기 사용을 금지하는 등 일회용품 사용 자체를 규제하는 정책을 시행하고 있으며, 일본도 일회용품 사용을 억제하고 텀블러 사용을 권장하기 위한 캠페인을 벌이고 있다.

ㄷ. 전문가 인터뷰 자료

"일회용품 대신 다회용품을 사용할 경우, 사용 횟수가 늘수록 온실가스 배출 감소 효과가 증대됩니다. 텀블러는 180회 이상 사용할 때 온실가스 배출량이 일회용 컵보다 11.9배 줄어들고 720회 이상 사용할 때 33.5배가량 줄어듭니다. 최근에는 폐자원을 활용해 다회용품을 제작하는 움직임도 늘고 있습니다. 한 예로 헌 현수막이나 버려진 옷 등의 폐자원을 활용해 제작한 에코백은 폐자원을 폐기할 때 발생되는 온실가스 배출량을 줄일 수 있어 환경친화적입니다."

① ㄱ을 활용하여, 다회용품이 일회용품보다 폐기되는 단계에서도 더 많은 온실가스를 배출한다는 내용을 추가한다.
② ㄴ을 활용하여, 세계 여러 나라에서 일회용품 사용을 줄이고자 노력하고 있다는 내용을 뒷받침하는 사례로 제시한다.
③ ㄷ을 활용하여, 다회용품 사용 횟수와 온실가스 배출량 감소 효과의 관계를 구체적인 수치로 제시한다.
④ ㄷ을 활용하여, 폐기 단계에서 온실가스를 배출하게 되는 폐자원으로 다회용품을 만드는 것이 환경 보호에 도움이 될 수 있다는 내용을 추가한다.
⑤ ㄴ과 ㄷ을 활용하여, 일회용품 사용을 줄이는 것이 폐자원을 활용한 다회용품 생산에 도움이 될 수 있다는 내용을 추가한다.

45. <보기>의 선생님의 조언을 고려할 때, (나)의 [A]에 들어갈 내용으로 가장 적절한 것은?

> < 보 기 >
>
> **선생님** : 보고서 결론에는 문제점이 두 가지로 정리되어 있는데 글에서는 해결 방안이 하나만 제시되어 있으니 하나 더 추가하여 작성해 보자.

① 또한 폐기되어 사용하지 못하는 다양한 제품을 재활용하여 다회용품을 제작하는 방법을 개발해야 한다.
② 또한 다회용품을 제작할 때 온실가스를 배출하는 재료를 사용하지 못하도록 규제하는 방안을 마련해야 한다.
③ 또한 생산 과정에서 온실가스를 많이 배출하는 다회용품 대신 일회용품을 효율적으로 사용할 방법을 찾아야 한다.
④ 또한 사람들이 다회용품을 권장 사용 기준보다 적게 사용하는 이유가 다회용품의 권장 사용 횟수를 모르기 때문임을 알게 해야 한다.
⑤ 또한 자신에게 필요하지 않은 다회용품은 다른 사람과 나누거나 재판매하여 사용하지 않는 다회용품이 사용될 수 있도록 만들어야 한다.

> * 확인 사항
> ○ 답안지의 해당란에 필요한 내용을 정확히 기입(표기)했는지 확인하시오.

[해설편 p.027]

● 문항수 11개 | 배점 24점 | 제한 시간 20분

● 점수 표시가 없는 문항은 모두 2점

[35 ~ 37] 다음은 학생의 발표이다. 물음에 답하시오.

저는 오늘 '옛 그림의 제발'을 주제로 발표하겠습니다. 여러분, '제발(題跋)'이라는 말을 들어보셨나요? 제발이란 원래 책의 앞이나 뒤에 책과 관련된 사항을 적은 글을 뜻하는데요, 그림에도 제발이 있습니다. 그림 속의 제발은 작품에 대한 정보나 창작 배경, 작품에 대한 감상 등을 기록한 것입니다. 그림에 제발을 쓰는 문화는 중국에서 유행하다가 우리나라에는 조선 초에 들어왔다고 합니다. 먼저 시대에 따라 제발이 그림에 어떻게 나타났는지 보도록 하겠습니다.

(㉠ 자료 제시) 두 개의 그림 중 왼쪽의 그림은 중국 북송대에 그려진 이당의 <만학송풍도>입니다. 제발이 잘 보이지 않으시죠? (손가락으로 가리키며) 봉우리 속에 숨은 듯 적힌 글귀가 이당의 서명과 제작 연도가 쓰인 제발입니다. 제발이 나타난 초기에는 행여 그림을 해칠까 하는 마음에 제발을 눈에 띄지 않게 썼다고 합니다. 오른쪽 그림은 북송대 이후 원나라의 화가였던 오진이 그린 <묵죽도>인데요, 화가가 대나무 그림을 그리게 된 이유를 설명한 제발을 쉽게 확인할 수 있습니다. 이처럼 초기와 달리 그 이후에는 제발을 그림의 한 요소로 인식하여 잘 보이는 곳에 크게 써 넣었다고 합니다.

한편 제발은 화가뿐만 아니라 감상자가 작품에 직접 남기기도 했는데요. (㉡ 자료 제시) 이번에는 조선 후기에 그려진 두 작품을 함께 보도록 하겠습니다. 왼쪽의 그림은 강희언의 <인왕산도>입니다. (손으로 가리키며) 그림 왼쪽의 글귀는 당대의 문인이자 서화가였던 강세황이 남긴 제발로, <인왕산도>가 사실적이면서 회화적 본질을 잃지 않았다고 호평한 글입니다. 이 제발은 감상자가 그림에 대한 인상을 비평의 형태로 표현한 것입니다. 다음으로 오른쪽 그림은 김홍도의 <마상청앵도>입니다. 그림 상단에 제발이 있는데요, 그림을 감상한 이인문이 한시로 적은 것입니다. 말을 타고 가던 선비가 올려다 본 나무 위의 꾀꼬리가 노래하는 모습을, '어여쁜 여인이 천 가지 가락으로 생황을 불고, 비안개를 이끌어다 봄 강에 비단을 짜고 있다'며 아름답게 비유했네요. 이처럼 때로는 감상자가 그림을 감상한 후의 감흥을 시의 형태로 표현하기도 했습니다.

지금까지 옛 그림 속에 나타난 제발을 살펴보았습니다. 여러분, 발표한 내용이 잘 이해되셨나요? (청중의 대답을 듣고) 다행이군요. 제발에 관심이 있으신 분들은 마침 제발과 관련된 전시회가 ○○미술관에서 열린다고 하니, 전시회를 관람해 보시는 것도 좋을 것 같습니다. 이상으로 발표를 모두 마치겠습니다.

35. 위 발표자의 말하기 방식에 대한 설명으로 적절하지 않은 것은?

① 중심 화제의 개념을 설명하여 청중의 이해를 돕고 있다.
② 비언어적 표현을 사용하여 청중의 집중을 유도하고 있다.
③ 청중과 공유했던 경험을 제시하여 발표의 목적을 밝히고 있다.
④ 발표 주제와 관련된 정보를 제공하며 발표를 마무리하고 있다.
⑤ 청중에게 질문을 하며 발표 내용에 대한 청중의 이해 여부를 확인하고 있다.

36. 발표자의 자료 활용에 대한 설명으로 가장 적절한 것은?

① 제발이 그림에 잘 드러나지 않았을 때의 문제점을 설명하기 위해 ㉠을 제시하였다.
② 제발이 나타난 초기와 그 이후의 제발을 비교하여 표현 양상의 차이를 설명하기 위해 ㉠을 제시하였다.
③ 비평이나 시의 형태로 쓰인 제발의 역사적 유래를 설명하기 위해 ㉡을 제시하였다.
④ 화가가 요구한 바에 따라 제발이 다르게 쓰일 수도 있다는 점을 설명하기 위해 ㉡을 제시하였다.
⑤ 중국에서 유행하던 제발이 우리나라에 들어오게 된 이유를 설명하기 위해 ㉠과 ㉡을 제시하였다.

37. 다음은 위 발표를 들은 후 청중이 보인 반응이다. 발표를 고려하여 청중의 반응을 분석한 것으로 적절하지 않은 것은? [3점]

청중 1: 제발은 문인화가 유행하면서 더욱 활발히 쓰였다고 알고 있어. 글을 쓰는 문인들이 그림을 그리게 되면서 그림에서 제발이 점차 중요하게 여겨졌을 것 같아.

청중 2: 감상자가 자신이 느낀 바를 그림에 시로 표현하기도 했다는 것은 몰랐던 사실이야. 이번 기회에 새로 배울 수 있어서 유익했어. 그런데 이인문이 <마상청앵도>에 그 감상을 한시로 표현했다고 하는데, 다양한 시의 갈래 중에 왜 한시를 택했을까?

청중 3: 평소 그림 속에 쓰인 글에 대해 궁금했는데, 발표를 통해 알게 되어서 좋았어. 예전에 미술관에 갔을 때는 잘 몰라서 제발을 그냥 지나쳤는데, 앞으로는 제발에도 관심을 가지고 작품을 감상해야겠어.

① '청중 1'은 발표에 직접적으로 언급되지 않은 내용을 배경지식을 통해 추론하고 있군.
② '청중 2'는 발표 내용의 일부를 언급하며 이와 관련된 궁금한 점을 떠올리고 있군.
③ '청중 3'은 발표를 들은 후, 작품을 감상하는 태도의 변화를 다짐하고 있군.
④ '청중 1'과 '청중 2' 모두 발표 내용과 자신의 의견이 다른 부분을 정리하며 듣고 있군.
⑤ '청중 2'와 '청중 3' 모두 발표를 통해 이전에 몰랐던 사실을 알게 된 것을 긍정적으로 생각하고 있군.

[해설편 p.028]

[38 ~ 41] (가)는 학생회 학생들이 나눈 대화이고, (나)는 '학생 1'이 작성한 건의문의 초안이다. 물음에 답하시오.

(가)

학생 1 : 연말에 기부 행사를 할 수 있을지 걱정이야. 왜냐하면 우리 학교 학생들이 만든 된장이 작년에 비해 판매가 너무 안 되고 있거든.
학생 2 : ㉠ 올해 학교 행사가 대폭 축소되어서 그런 거지?
학생 3 : 맞아. 된장을 판매해서 그 수익금으로 어려운 이웃을 돕는 기부 행사를 주관했는데, 올해는 어려울 것 같아.
학생 1 : 좋은 방법이 없을까?
학생 2 : 얼마 전 △△구에서 주최한 행사에 다녀왔는데, 학생들도 지역 상인과 함께 판매 부스를 운영하는 점이 인상 깊었어. 주민들의 호응도 좋더라.
학생 3 : 우리 지역에서도 매달 '지역 사랑 상품 한마당'이 열리잖아. 여기에 참여해서 된장을 홍보해 보는 것은 어때?
학생 2 : 아, 그럼 행사에 참여하게 되면 이번 기회에 학생회가 하는 다양한 활동도 소개하자.
학생 1 : 지금은 된장 판매에만 집중했으면 좋겠어. [A]
학생 2 : 알았어. 그런데, '지역 사랑 상품 한마당'은 지역 상인만 신청할 수 있대. 행사 기간도 평일이라 학생이 참여하기가 어려워
학생 3 : 그래? 다른 지역의 사례를 들어 우리 지역에도 학생이 참여할 수 있는 행사가 필요하다는 글을 구청 누리집 게시판에 써 보자.
학생 1 : 좋은 생각이야. 어떤 내용을 쓰면 좋겠어?
학생 2 : ㉡ 학생이 지역 행사에 참여했을 때 학생들에게 교육적으로 효과가 있다고 이야기하는 것은 어떨까?
학생 3 : 그리고 된장 판매가 어려워진 이유와 판매 수익금을 기부한다는 것을 알려 주면 구청에서도 우리의 건의를 긍정적으로 생각해 줄 거 같아.
학생 1 : 그래. 우리가 만든 제품을 지역 주민들이 구매하는 것이 지역 사회에 도움이 된다는 내용을 강조하자.
학생 3 : 좋아. 그리고 평일뿐만 아니라 주말에도 행사를 하면, 행사에 참여한 지역 상인들에게도 긍정적인 효과가 있다는 내용도 넣었으면 좋겠어.
학생 1 : 그러면 오늘 이야기한 내용을 중심으로 건의문을 작성해 올게. 초고 다 쓰면 검토 부탁해.

(나)

안녕하십니까? 저희는 □□고등학교 학생회입니다. ○○구민의 행복을 위해 항상 애써 주셔서 감사드립니다.

저희가 이렇게 구청 누리집 게시판에 글을 올리게 된 이유는 구청에서 주관하는 '지역 사랑 상품 한마당'에 학생들이 참여 할 수 있도록 부탁드리기 위해서입니다.

우리 학교에서는 수업 시간에 만든 된장을 학교에 방문하시는 학부모님을 대상으로 판매를 하고 그 수익금을 해마다 지역 사회에 기부해 왔습니다. 그런데 올해 학교 행사가 대폭 축소되어 수익이 거의 나지 않아 기부를 하기가 어려운 실정입니다. ○○구에서 주관하는 '지역 사랑 상품 한마당'은 이러한 어려움을 해결할 수 있는 좋은 기회라고 생각합니다. 그런데 '지역 사랑 상품 한마당'은 지역 상인만 부스를 운영할 수 있고, 행사 기간도 평일로 한정되어 있어 학생들이 참여하기 어렵습니다. △△구에서는 학생과 지역 상인이 함께하는 프로그램을 운영하여 주민들에게 큰 호응을 얻었다고 합니다. 저희도 '지역 사랑 상품 한마당'이 학생과 지역 상인이 함께하는 장이 될 수 있었으면 좋겠습니다.

학생의 참여가 우수 상품을 소개하는 행사의 취지에 맞는지 걱정하실 수 있으나, 우리 학교는 전문가의 자문을 받아 된장의 맛과 품질을 향상시키기 위해 꾸준히 노력하고 있습니다. 그리고 된장의 판매 수익을 지역 사회에 기부하기 때문에 주민들이 우리 학교의 제품을 구매하는 것은 지역 사회를 돕는 일이라는 점에서 의미가 있습니다. 아울러 학생들은 행사 참여를 통해 지역 공동체의 중요성을 배울 수 있어 학생들에게도 좋은 기회가 될 것입니다. 또한 주말에도 행사가 열린다면, 행사에 방문하는 주민의 수가 많아져 지역 상인에게도 큰 도움이 될 것입니다.

[B] '지역 사랑 상품 한마당'에 꼭 참여하고 싶습니다. ○○구청에서 학생을 위한 다양한 행사가 진행 중인 것으로 알고 있습니다. 이 행사가 학생들과 지역 상인이 함께하는 장이 될 수 있도록 ○○구에서 많은 관심을 가지고 배려해 주시면 좋겠습니다.

바쁘신데도 불구하고 저희의 글을 읽어 주셔서 감사합니다.

□□고등학교 학생회 올림

38. 대화의 흐름을 고려할 때, ㉠과 ㉡에 대한 이해로 가장 적절한 것은?

① ㉠, ㉡은 모두 상대의 제안에 자신의 견해를 밝히는 발화이다.
② ㉠, ㉡은 모두 상대의 의견에 추가적인 설명을 요구하는 발화이다.
③ ㉠은 상대의 의견을 바로잡아 주는 발화이고, ㉡은 상대에게 조언을 요청하는 발화이다.
④ ㉠은 상대의 관심을 촉구하는 발화이고, ㉡은 상대의 긍정적인 반응을 기대하는 발화이다.
⑤ ㉠은 자신의 생각이 맞는지 확인하는 발화이고, ㉡은 구체적인 방안을 상대에게 제안하는 발화이다.

39. 다음을 바탕으로 [A]를 평가한 내용으로 가장 적절한 것은?

> ㉮ 타당한 근거를 들어 진실을 말하는가?
> ㉯ 대화에서 모호한 말은 피하고 간결하게 말하는가?
> ㉰ 대화의 목적이나 주제와 관련된 것을 말하는가?
> ㉱ 대화의 목적에 필요한 만큼의 정보를 전달하는가?
> ㉲ 대화를 독점하지 않고 서로 교대해 가며 말을 하는가?

① ㉮ : '학생 1'은 된장 판매 부진의 원인에 대해 타당한 근거를 들어 말하고 있군.
② ㉯ : '학생 1'은 기부 행사가 어려워진 이유를 중의적 표현을 사용하여 모호하게 말하고 있군.
③ ㉰ : '학생 2'는 대화의 주제와 관련이 없는 학생회 활동 홍보에 대해 언급하고 있군.
④ ㉱ : '학생 2'는 대화 목적에 필요하지 않은 다양한 지역의 행사 정보를 전달하고 있군.
⑤ ㉲ : '학생 3'은 대화 참가자들의 말을 중간에 끊어 대화를 독점하며 말하고 있군.

40. (가)의 대화가 (나)에 반영된 내용으로 적절하지 않은 것은?

① 학생들이 행사에 참여함으로써 지역 공동체의 중요성을 배울 수 있음을 드러내고 있다.
② 주말에 행사를 열게 되면 더 많은 주민들이 행사에 올 수 있어 행사에 참여한 지역 상인들에게도 도움이 될 수 있음을 드러내고 있다.
③ 학교 행사 축소로 학생들이 만든 된장을 판매할 기회가 부족해졌다는 점을 언급하며 지역 사랑 상품 한마당에 참가하고 싶다는 바람을 드러내고 있다.
④ 전문가의 도움을 받아 학생들이 된장의 맛과 품질을 향상시키기 위해 노력했음을 강조하여 학생들의 행사 참여가 교육적으로 효과가 있음을 드러내고 있다.
⑤ 학생들이 만든 된장을 판매하여 얻은 수익이 지역 사회로 환원되기 때문에 주민들이 된장을 구입하는 것이 지역 사회를 돕는 의미 있는 일이라는 점을 드러내고 있다.

41. <보기>는 학생들의 검토 의견에 따라 [B]를 수정한 것이다. 검토 의견으로 가장 적절한 것은?

< 보 기 >

> ‘지역 사랑 상품 한마당’에 학생들이 참여할 수 있도록 부스 운영 자격을 확대해 주시고, 주말에도 행사를 개최해 주실 것을 다시 한번 부탁드립니다. 이 행사가 학생들과 지역 상인이 함께하는 장이 될 수 있도록 ○○구에서 많은 관심을 가지고 배려해 주시면 좋겠습니다.

① 구청에 건의하는 내용을 명확하게 밝히고, 글의 흐름에 어긋나는 내용은 삭제했으면 좋겠어.
② 구청에서 준비하고 있는 행사의 목적을 밝히고, 학생이 지역 행사에 참여했을 때의 장점을 강조했으면 좋겠어.
③ 건의를 받아들였을 때에 나타날 수 있는 효과를 제시하고, 문제 해결을 위한 구청의 노력은 삭제했으면 좋겠어.
④ 구청이 지역 주민을 위해 노력하고 있는 일을 소개하는 내용을 추가하고, 중복된 요구 사항을 삭제했으면 좋겠어.
⑤ 건의하고자 하는 내용을 두 가지로 나눠 밝히고, 예상 독자가 수행하는 일에 대한 감사의 뜻을 추가했으면 좋겠어.

[42 ~ 45] (가)는 교지에 실을 조사 보고서이고, (나)는 (가)를 작성한 학생의 자기소개서이다. 물음에 답하시오.

(가)

블리스터 포장의 실태와 문제점에 대한 조사 보고서

Ⅰ. 조사 동기 및 목적

최근 충전기를 구매한 후 포장을 제거하는 데 큰 어려움을 겪었다. 플라스틱을 가열 성형한 후 앞뒤로 접착하여 제품을 포장한 블리스터 포장이 사용되어 있었기 때문이다. 이 포장은 손으로 열 수 없어 가위를 사용하는데, 포장을 잘라 내기 위해 힘이 많이 필요할 뿐만 아니라 잘린 플라스틱 단면이 날카로워 위험하기도 하다. 그래서 블리스터 포장의 실태와 문제점을 조사해 보고자 한다.

Ⅱ. 조사 계획

1. 조사 대상 및 방법: 10대~60대 각 연령대별 20명씩을 대상으로 한 설문지 조사, 업체 관계자 인터뷰
2. 조사 내용: 블리스터 포장의 실태 및 문제점

Ⅲ. 조사 결과

1. 블리스터 포장의 실태

가. 블리스터 포장을 사용한 품목

대형 마트를 찾아가 블리스터 포장이 사용되는 품목을 살펴본 결과, 각종 문구, 전기·전자 부품 등 생활용품에 블리스터 포장이 많이 사용되고 있었다.

나. 블리스터 포장의 이유

블리스터 포장을 사용한 제품의 생산 업체 5곳을 찾아 블리스터 포장을 사용한 이유를 인터뷰했다. 업체들은 블리스터 포장이 사용자에게 불편을 준다는 것은 인지하고 있으나, 상품 도난이나 훼손으로 인한 손실을 방지하고 생산 비용을 낮추기 위해 블리스터 포장을 사용한다고 응답했다. 생산 업체들은 기업의 이익과 효율을 중시하여 블리스터 포장을 사용하고 있었다.

2. 블리스터 포장의 문제점

가. 포장 개봉의 어려움

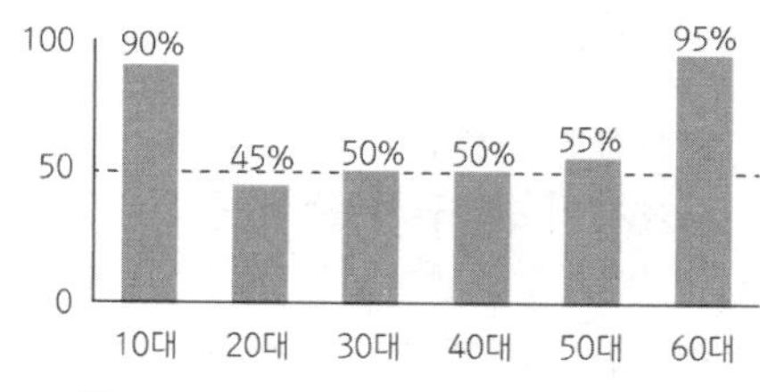

ⓐ <u>〈도표〉 블리스터 포장으로 어려움을 겪었다고 응답한 각 연령대별 비율</u>

‘블리스터 포장을 개봉하는 데 어려움을 겪은 경험이 있는가?’를 설문한 결과, 응답자의 64%가 ‘그렇다’라고 대답했다. 블리스터 포장으로 인해 많은 사람들이 개봉에 어려움을 겪고 있는 것이다. ⓑ <u>특히 10대와 60대 중 ‘그렇다’라고 응답한 비율은 20대 청년층과 각각 45%p, 50%p의 상당한 차이를 보인다.</u> ⓒ <u>이는 노약자층이 20대 청년층에 비해 힘이 약해 블리스터 포장을 개봉하는 데 더 어려움을 겪었기 때문이라고 생각한다.</u>

나. 사용자의 안전 위협

‘블리스터 포장을 개봉하던 중 부상을 입은 경험이 있는가?’에 ‘그렇다’라고 응답한 비율이 전체의 35%로 나타났다. ⓓ <u>대부분의 사용자가 블리스터 포장으로 인해 부상을 경험했음을 알 수 있었다.</u> 외국에서도 블리스터 포장으로 부상을 입은 사람이 많다는 조사 결과가 있다. ⓔ <u>블리스터 포장으로 인해 부상을 입어 응급실을 찾는 사례가 미국에서만 한 해 6,000건에 달한다고 한다(김△△, 『◇◇디자인』, ◎◎출판사, 2018, p. 210.).</u>

Ⅳ. 결론

[A]

(나)

안녕하세요? □□디자인 연구소 청소년 디자이너 모집에 지원한 박○○입니다.

저는 □□디자인 연구소가 지향하는 ‘더 나은 삶으로의 한 걸음’을 실천하는 자세를 가졌습니다. 제가 실천한 것은 생활에 불편을 주는 제품을 개선하도록 목소리를 내는 것입니다. 고등학교 2학년 때 생활용품에 많이 사용된 ‘블리스터 포장’의 문제점을 조사하는 보고서를 작성하였습니다. 그리고 블리스터 포장을 사용한 업체에 이 보고서를 보내 포장의 변경을 검토해 보겠다는 긍정적인 답변을 얻었습니다. 저의 실천이 개인의

삶을 편안하게 만들 수 있을 것이며, 나아가 제품을 디자인할 때 사용자를 우선으로 고려하는 사회 분위기를 만드는 데 영향을 미칠 것이라 생각합니다.

또한 저는 □□디자인 연구소의 핵심 가치인 '도전 정신'을 지녔습니다. 앞에서 말한 보고서를 작성하는 과정에서 업체 관계자를 인터뷰하는 데 큰 어려움을 겪었습니다. 업체 관계자들은 회사의 제품에 사용된 포장에 비판적 태도를 갖고 있는 저에게 인터뷰 시간을 내주려고 하지 않았습니다. 그러나 저는 포기하지 않고 업체 관계자들을 설득했습니다. 제품 포장이 개선되면 제품에 대한 사용자의 인식도 긍정적으로 바뀐다는 제 말에 마음을 돌린 업체 관계자들이 인터뷰에 참여해 주셨습니다. 어려움을 회피하지 않고 이에 맞서 도전한 결과로 블리스터 포장의 실태를 파악한 보고서를 완성할 수 있었습니다.

□□디자인 연구소의 청소년 디자이너가 된다면 청소년의 삶을 불편하게 했던 디자인을 찾고, 이를 개선하는 아이디어를 고안해 청소년들의 더 나은 삶을 만드는 데에 기여하고 싶습니다. 감사합니다.

42. (가)와 (나)에 대한 설명으로 가장 적절한 것은?

① (가)는 자신이 탐구한 내용을, (나)는 자신에 관해 독자에게 알리고 싶은 정보를 전달하고 있다.
② (가)는 현상에 대한 원인 분석을 통한, (나)는 현상에 대한 관찰을 통한 자기 성찰을 목적으로 한다.
③ (가)는 (나)와 달리 예상 독자가 요구하는 바를 바탕으로 내용을 생성하고 있다.
④ (나)는 (가)와 달리 객관적인 사실을 근거로 하여 주제를 드러내고 있다.
⑤ (가)와 (나)는 모두 예상되는 문제와 그 해결 방안을 중심으로 글을 전개하고 있다.

43. <보기>를 바탕으로 (가)에 대한 자기 점검을 실시할 때, ⓐ~ⓔ를 점검한 내용으로 적절하지 않은 것은?

< 보 기 >

	자기 점검 항목	점검 대상
1	보조 자료를 통해 글의 내용을 효과적으로 시각화하고 있는가?	ⓐ
2	명료한 표현을 사용하여 의미를 분명히 드러내었는가?	ⓑ
3	사실과 의견을 구분하여 제시하였는가?	ⓒ
4	조사 결과의 해석이 오류 없이 정확한가?	ⓓ
5	인용한 자료의 출처를 밝혔는가?	ⓔ

① ⓐ: 전체 응답자 중 '그렇다'라고 답한 응답자의 비율이 64%임을 막대그래프를 활용하여 효과적으로 시각화했다.
② ⓑ: 비교한 응답 비율의 차이를 구체적 수치로 명료하게 밝혀 의미를 분명히 드러냈다.
③ ⓒ: 해당 부분이 글쓴이의 의견임을 구분할 수 있는 표현을 제시하였다.
④ ⓓ: 조사 결과의 내용을 과장하여 해석한 부분이 있으므로 조사 결과의 해석이 정확하지 않다.
⑤ ⓔ: 참고 문헌의 저자명과 도서명, 발행처 등 출처를 밝혔다.

44. 다음은 (나)를 쓰기 위해 작성한 글쓰기 계획이다. (나)에 반영되지 않은 것은?

○ 나의 장점을 2, 3문단의 첫 부분에 제시하여 강조해야겠어. ······ ①
○ 보고서를 작성한 사례를 언급해 나의 태도가 □□디자인 연구소가 지향하는 가치에 부합함을 드러내야겠어. ··· ②
○ 나의 실천력이 가져올 수 있는 긍정적인 영향을 개인적 측면과 사회적 측면으로 나누어 언급해야겠어. ······ ③
○ 도전 정신을 갖기 위해 노력했던 과정을 언급하며 나의 변화된 자세를 부각해야겠어. ······ ④
○ 청소년 디자이너가 된 후의 나의 포부를 제시하며 글을 마무리해야겠어. ······ ⑤

45. <보기>를 고려할 때, [A]에 들어갈 내용으로 가장 적절한 것은? [3점]

< 보 기 >

○ **선생님의 조언:** 결론에는 조사 결과에 제시되어 있는 블리스터 포장에 대한 서로 다른 입장을 요약하고, 블리스터 포장에 대한 너의 의견을 제시하면 좋겠구나.

① 디자인의 아름다움도 중요하지만 가장 중요한 것은 사용자의 요구를 충족해야 한다는 것이다. 사용자를 생각하지 않는 디자인은 결국 사용자에게 외면받게 될 것이다.
② 블리스터 포장을 둘러싸고 이윤을 중시하는 생산자와 안전을 중시하는 사용자의 갈등이 심화되고 있다. 양측의 입장을 반영하여 해결책을 도출하는 성숙한 사회로 발전해야 한다.
③ 현재의 블리스터 포장은 인간의 기본 욕구인 안전의 욕구를 위협하고 있다. 사용자의 안전을 지키지 못하는 블리스터 포장은 종이 포장 등 보다 안전한 방식으로 바뀌어야 한다.
④ 생산 업체는 이익과 효율을 위해 블리스터 포장을 사용하고 있지만, 사용자들은 이로 인해 불편을 느끼고 안전을 위협받고 있다. 사용자의 안전과 편의를 위해 블리스터 포장을 개선할 필요가 있다.
⑤ 이번 조사를 통해 제품 포장을 둘러싼 생산자와 사용자 각각의 입장이 충돌하고 있음을 알 수 있었다. 또한 생산자와 사용자의 의견을 수렴한 절충안을 만들어 모두를 만족시키는 것이 디자이너의 역할임을 깨닫게 되었다.

* 확인 사항
○ 답안지의 해당란에 필요한 내용을 정확히 기입(표기)했는지 확인하시오.

[해설편 p.029]

● 문항수 11개 | 배점 24점 | 제한 시간 20분

● 점수 표시가 없는 문항은 모두 2점

[35~37] 다음은 학생의 발표이다. 물음에 답하시오.

안녕하세요? 지난 수업 시간에 곰팡이의 생육 환경에 대해 우리가 조사했던 활동이 기억나나요? (청중의 반응을 듣고) 네, 기억하는군요. 자료를 더 찾아보니 식물 뿌리와 함께 사는 곰팡이에 관한 흥미로운 사실이 있어 소개하려 합니다.

식물 뿌리와 함께 사는 곰팡이가 식물 뿌리와 상호 작용한다는 것을 알고 있나요? (청중의 반응을 살피고) 대부분 모르는군요. 곰팡이와 식물 뿌리의 상호 작용에는 곰팡이의 균사가 중요한 역할을 합니다. (㉠ 화면 제시) 이렇게 식물 뿌리를 감싸고 있는 실처럼 생긴 것이 곰팡이의 균사인데요, 균사는 곰팡이의 몸을 이루는 세포가 실 모양으로 이어진 것을 말합니다.

식물 뿌리와 연결된 곰팡이의 균사는 양분이 오가는 통로가 됩니다. 마치 서로를 잇는 다리와 같은 역할을 하지요. (㉡ 화면 제시) 이렇게 곰팡이가 토양에서 흡수한 양분은 식물 뿌리로 전달되고, 식물이 광합성으로 만든 양분도 곰팡이로 전달됩니다. 또한 균사는 땅속에서 펴져 나가면서 거리가 떨어져 있는 식물 뿌리와 연결될 수 있고, 한 식물의 뿌리와 또 다른 식물의 뿌리를 연결할 수도 있습니다. 식물과 식물을 연결한 균사를 통해 양분이 식물 간에 전달되지요.

아, 질문이 있네요. (ⓐ 질문을 듣고) 곰팡이나 식물에 눈이 있어 서로를 찾아가는 것은 아닙니다. 곰팡이와 식물 뿌리는 각각 상대의 생장을 촉진하는 물질을 내놓아 상대를 자기 쪽으로 유인하여 만날 수 있지요. 이해되었나요? (고개를 끄덕이는 모습을 보고) 그럼 발표를 이어 가겠습니다.

곰팡이의 균사가 식물 뿌리와 연결되는 방식은 곰팡이에 따라 다릅니다. 예를 들어, (㉢ 화면 제시) 화면의 왼쪽처럼 균사가 식물 뿌리 세포의 내부로 들어가는 곰팡이가 있고, 화면의 오른쪽처럼 균사가 식물 뿌리의 겉면이나 식물 뿌리 세포를 감싸는 곰팡이도 있습니다.

곰팡이와 식물 뿌리의 상호 작용이 흥미롭지 않나요? 발표 내용이 잘 이해되었기를 바라며 이만 마치겠습니다.

35. 위 발표에 활용된 발표 전략으로 적절하지 않은 것은?

① 청중의 주의를 환기하기 위해 청중과 공유하고 있는 경험을 언급한다.
② 청중이 발표 내용을 예측하도록 발표 내용의 제시 순서를 발표 도입에서 밝힌다.
③ 청중이 발표 내용에 대해 사전에 알고 있었는지 확인하기 위해 발표 내용과 관련된 질문을 한다.
④ 청중이 특정 대상의 개념을 파악하도록 대상의 정의를 제시한다.
⑤ 청중의 이해를 돕기 위해 특정 대상을 일상적 소재에 빗대어 표현한다.

36. 다음은 발표자가 보여 준 화면이다. 발표자의 시각 자료 활용에 대한 설명으로 가장 적절한 것은?

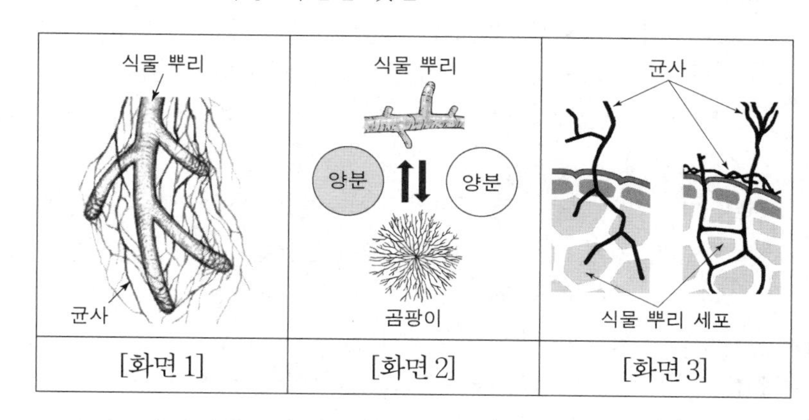

① [화면 1]은 균사가 식물 뿌리를 감싸는 정도가 식물 뿌리의 부위마다 다름을 설명하기 위해 ㉠에 제시하였다.
② [화면 1]은 균사를 통해 한 식물의 양분이 다른 식물에 전달됨을 설명하기 위해 ㉠에 제시하였다.
③ [화면 2]는 곰팡이의 몸을 이루는 세포가 실 모양으로 이어진 것이 균사임을 설명하기 위해 ㉡에 제시하였다.
④ [화면 2]는 곰팡이가 토양에서 흡수한 양분은 식물 뿌리로 전달되고, 광합성으로 만들어진 양분은 곰팡이로 전달됨을 설명하기 위해 ㉡에 제시하였다.
⑤ [화면 3]은 땅속에서 펴져 나가는 특성이 있는 균사가 주변에 서식하는 여러 식물의 뿌리와 연결될 수 있음을 설명하기 위해 ㉢에 제시하였다.

37. 위 발표의 흐름을 고려할 때, ⓐ로 가장 적절한 것은?

① 균사가 식물 뿌리 세포의 내부까지 어떻게 들어가나요?
② 곰팡이는 식물 이외에 다른 생물과도 상호 작용할 수 있나요?
③ 서로 떨어져 있는 곰팡이와 식물 뿌리가 어떻게 닿을 수 있나요?
④ 곰팡이와 식물 뿌리의 생장을 촉진하는 물질에는 어떤 것이 있나요?
⑤ 곰팡이와 연결된 식물 뿌리는 그렇지 않은 식물 뿌리보다 빨리 생장하나요?

[해설편 p.030]

[38~42] (가)는 방송 대담의 일부이고, (나)는 이를 바탕으로 학생회 학생들이 나눈 대화이며, (다)는 학생회장이 작성한 건의문이다. 물음에 답하시오.

(가)

진행자: 안녕하십니까? 특별 기획 '박물관에 바란다'입니다. 우리 지역 박물관은 증축을 추진하면서 시민 건의를 받고 있습니다. 오늘은 우리 지역 박물관의 발전적 변화를 모색하고자 전문가 두 분을 모셨습니다. 먼저 공간 구성에 관한 사항을 논의하겠습니다.

전문가 1: 이 지역은 ○○ 문화의 중심지였고, 박물관에서는 토기와 왕릉의 왕관 등 ○○ 문화의 흥망성쇠를 보여 주는 유물을 다수 보유하고 있습니다. 따라서 ○○ 문화권 상설 전시실의 규모를 확대할 것을 제안합니다.

진행자: 지역의 역사와 유물을 고려해 상설 전시실 규모를 늘리자는 말씀이군요. 이에 대해 어떻게 생각하시나요? [A]

전문가 2: 저 역시 동의합니다. 그리고 이번 기회에 교육, 공연, 시민 교류 등을 위한 시민 활용 공간들을 확보해서 박물관을 복합 문화 공간으로 조성해야 합니다.

전문가 1: 교육 공간의 확보에 대해서는 같은 생각입니다. 하지만 교육 공간 이외의 시민 활용 공간보다 유물 보존을 위한 공간을 확보하는 것이 더 중요합니다.

진행자: 보존 공간의 확보가 중요한 이유는 무엇인가요?

전문가 1: 인류의 귀중한 유산을 보존하는 게 박물관 본연의 기능이기 때문입니다. 보존 공간이 부족해 5년 만에 재증축한 □□ 박물관의 전철을 밟으면 곤란합니다. 증축할 공간에 한계가 있으니 본연의 기능에 집중해야 하지 않을까요?

전문가 2: 말씀에 공감하지만, 이번 증축을 계기로 박물관이 시민에게 더 다가가는 공간이 되었으면 합니다.

진행자: 공간 구성에 대한 두 분의 좋은 말씀 고맙습니다. 다음으로 운영상 중점을 둘 부분을 논의해 볼까요? [B]

전문가 1: 박물관의 핵심은 유물 보존과 연구입니다. 특히 충분한 연구가 전제되지 않으면 내실 있는 전시가 어렵습니다. 따라서 유물 연구를 강화해야 합니다.

전문가 2: 최근 새로 제시된 박물관의 정의에 공동체의 참여에 관한 내용이 추가되었지요. 이는 박물관 운영 과정에서 시민의 의견을 적극 수용해야 한다는 의미로 볼 수 있습니다. 저는 이 점이 중요하다고 생각합니다.

진행자: 방금 하신 말씀이 어떤 식으로 실현될지 궁금하네요.

전문가 2: 박물관에서 운영할 교육 프로그램 기획 단계에서 시민에게 의견을 묻고 이를 운영에 반영할 수 있습니다.

진행자: 시민에게 의견을 묻고 이를 운영에 반영하면 수요자의 요구에 맞는 교육 프로그램 운영이 가능하겠군요. [C]

(나)

학생회장: '박물관에 바란다'를 보고 우리도 박물관에 건의하기로 했잖아. 무엇을 건의할지 이야기해 보자.

학생 1: 전문가가 우리 지역은 ○○ 문화의 중심지였다고 했으니, 박물관을 왕릉 모양으로 만들면 뜻깊을 거야.

학생 2: 흥미롭지만 현실적으로 어렵지 않을까?

학생 1: 그럼 진로 체험 강좌를 운영해 달라는 건 어때?

학생 2: 그래. 역사학 관련 체험 강좌가 박물관에 없어서 진로 체험 기회가 부족한 게 문제였잖아.

학생회장: 방송에서 유물 보존과 연구가 박물관의 핵심이라고 했는데, 이와 관련한 강좌는 진로 개발에 큰 도움이 될 거야. 또 다른 건의 사항 있어?

학생 1: 설명 위주의 기존 전시 방식에 친구들의 불만이 많잖아. 유물 모형을 만져 보며 체험할 수 있는 공간을 만들어 달라고 건의하자.

학생 2: 맞아. 박물관이 다양한 시민 활용 공간을 확보해야 한다고 전문가도 그랬잖아.

학생회장: 이야기한 내용을 바탕으로 글을 써 볼게.

(다)

박물관장님, 안녕하세요? 저는 △△ 고등학교 김◇◇입니다. 증축을 앞둔 박물관에 건의 사항이 있습니다.

첫째, 유물 모형을 체험할 수 있는 공간을 마련해 주십시오. 저희 청소년은 체험해 보는 교육 활동을 좋아합니다. 그런데 기존 박물관은 유리벽 안의 유물에 대한 설명만 있어서 청소년의 불만이 많습니다. 유물 모형을 만져 보며 체험하는 공간이 생긴다면, ㉠ 지역의 많은 청소년이 유물의 가치에 대해 더 재미있게 배울 수 있을 것입니다. 또한 박물관을 홍보하는 효과가 있을 것입니다. ㉡ 체험 중 안전사고를 우려하실 수 있지만 이 문제는 자원봉사자의 참여로 해결 가능하며, 이는 청소년에게 자원봉사의 기회를 제공하는 이점도 있습니다.

둘째, 청소년 대상의 진로 체험 강좌를 운영해 주십시오. 우리 지역은 ○○ 문화의 중심지여서 많은 청소년이 역사적 자긍심을 느끼고 있습니다. 그래서 역사학에 관심이 있는 청소년이 많은 편이지만, 진로 체험의 기회는 부족합니다. 유물의 보존과 연구에 대해 배우는 강좌가 운영된다면, 지역 청소년의 진로 개발에 큰 도움이 될 것입니다.

건의를 수용할 경우 ㉢ 박물관 운영에 부담이 된다고 우려하실 수 있지만, 이보다 청소년이 꿈을 키우고 지역에 대한 청소년의 자긍심이 높아지는 효과가 더 클 것입니다. 증축될 박물관은 자랑스러운 역사를 간직한 참여의 공간이 될 것입니다. 고맙습니다.

38. [A]~[C]에 대한 설명으로 가장 적절한 것은?

① [A]: '전문가 1'의 질문 내용을 요약하며 이에 대한 '전문가 2'의 생각을 묻고 있다.
② [A]: '전문가 1'의 답변 중 이해가 어려운 내용을 밝히며 추가 답변을 요청하고 있다.
③ [B]: '전문가 1'과 '전문가 2'의 제안을 종합한 후 이에 대한 자신의 의견을 제시하고 있다.
④ [B]: '전문가 1'과 '전문가 2'가 밝힌 의견에 대해 감사를 표한 후 이어서 논의할 사항을 제시하고 있다.
⑤ [C]: '전문가 2'가 언급한 내용의 일부를 재진술하며 예상되는 문제를 밝히고 있다.

[해설편 p.031]

39. 다음은 (가)의 전문가들이 대담을 준비하며 쓴 메모의 일부이다. ⓐ~ⓔ와 관련하여 계획한 내용 중 (가)에 나타나지 않은 것은?

[전문가 1]	[전문가 2]
• ○○ 문화권 상설 전시실 규모 확대가 필요함. ··· ⓐ • 유물 연구가 강화될 필요가 있음. ··· ⓑ • 유물 보존 공간이 충분히 확보되어야 함. ··· ⓒ	• 박물관 운영 과정에서 시민 의견이 적극 수용되어야 함. ··· ⓓ • 박물관이 복합 문화 공간이 되어야 함. ··· ⓔ

① ⓐ: 박물관에서 지역의 역사에 중요한 의미가 있는 유물을 다수 보유하고 있음을 이유로 제시한다.
② ⓑ: 내실 있는 전시는 충분한 연구가 선행되어야 가능함을 언급하며 유물 연구를 강화할 필요가 있음을 제시한다.
③ ⓒ: 박물관 본연의 기능을 위한 공간을 충분히 확보하지 않아 다시 증축하게 된 다른 박물관의 사례를 제시한다.
④ ⓓ: 박물관의 정의에 새롭게 추가된 내용을 언급하며 시민의 의견을 적극적으로 수용할 필요가 있음을 제시한다.
⑤ ⓔ: 박물관을 복합 문화 공간으로 만들면 공간별로 시민이 얻을 수 있는 효과가 다양함을 이유로 제시한다.

40. (가), (나)의 담화 내용이 (다)에 반영된 양상으로 가장 적절한 것은? [3점]

① '학생회장'이 '전문가 1'의 발언을 언급하며 밝힌 의견이 박물관의 진로 체험 강좌 운영의 기대 효과로 제시되었다.
② '학생회장'이 '전문가 2'의 발언을 언급하며 밝힌 의견이 증축될 박물관의 향후 전망으로 제시되었다.
③ '학생 1'이 '전문가 1'의 발언을 언급하며 밝힌 의견이 박물관 전시 방식의 개선이라는 건의 사항으로 제시되었다.
④ '학생 1'이 '전문가 2'의 발언을 언급하며 밝힌 의견이 체험 교육 활동에 대한 청소년의 선호라는 건의 이유로 제시되었다.
⑤ '학생 2'가 '전문가 2'의 발언을 언급하며 밝힌 의견이 역사학 관련 진로 체험 강좌의 부재라는 문제 상황으로 제시되었다.

41. <보기>를 바탕으로 (다)의 ㉠~㉢을 이해한 내용으로 가장 적절한 것은?

<보 기>

건의문의 필자는 건의 수용의 기대 효과를 분명하게 밝혀야 한다. 이때, ㉮건의가 필자 개인만이 아니라 다수를 위한 것임을 드러냄은 물론, ㉯건의를 받는 독자의 이점을 제시하는 것이 좋다. 한편, 건의를 수용할 경우 우려되는 점이 있다는 독자의 반론이 있을 수 있다. 필자가 이를 예상하여 독자가 우려하는 점은 해결 가능하다거나 ㉰우려하는 점보다 건의 수용의 기대 효과가 더 크다는 것을 제시하는 것이 좋다.

① ㉠: 체험 공간 조성으로 청소년이 얻을 수 있는 이점을 제시하고 있다는 점에서, ㉯에 해당한다.
② ㉡: 체험 중 안전사고의 문제를 해결해 달라는 요구가 청소년을 위한 것임을 드러내고 있다는 점에서, ㉮에 해당한다.
③ ㉡: 체험 중 안전사고에 대한 우려와 자원봉사 기회 제공이라는 이점을 비교하고 있다는 점에서, ㉰에 해당한다.
④ ㉢: 박물관 운영상의 부담이 해결된다는 이점을 제시하고 있다는 점에서, ㉯에 해당한다.
⑤ ㉢: 박물관 운영상의 부담과 청소년에게 미치는 영향을 비교하고 있다는 점에서, ㉰에 해당한다.

42. 다음은 (다)의 3문단의 초고이다. 3문단에 반영된 수정 사항으로 적절하지 않은 것은?

> 박물관에서 진로 체험 강좌를 운영해야 합니다. 우리 지역은 역사적 자긍심이 느껴지는 곳입니다. 그래서 역사학에 대한 관심이 높은 편입니다. 진로 체험의 기회가 부족하므로 체험 강좌가 운영된다면 우리 지역에 큰 도움이 될 것입니다. 또한 음악회, 미술전 등 문화 행사도 열어 주셨으면 합니다.

① 청소년 진로 개발의 중요성을 언급한다.
② 진로 체험 강좌의 수강 대상을 제시한다.
③ 청소년이 지역에 자긍심을 느끼는 이유를 추가한다.
④ 청소년이 진로 체험 강좌에서 배울 수 있는 내용을 밝힌다.
⑤ 진로 체험 강좌 운영의 요구에서 벗어나는 내용을 삭제한다.

[43~45] (가)는 글쓰기를 위한 학생의 생각이고, (나)는 (가)를 바탕으로 쓴 학생의 초고이다. 물음에 답하시오.

(가) [학생의 생각]

학교 주변의 어린이 식품안전보호구역은 불량 식품과 관련 있다고 들었어. 무엇이 불량 식품이고, 이를 없애기 위해 우리 사회는 어떤 노력을 하고 있을까? 교지 원고를 모집하던데, 불량 식품에 관한 글을 써 봐야지. ㉠불량 식품의 개념과 ㉡불량 식품에 해당하는 것을 밝히고, ㉢불량 식품을 근절하는 방안을 제시해야겠어.

(나) [학생의 초고]

불량 식품은 건강과 직접적으로 관련된다. 따라서 불량 식품에 대해 이해하는 것은 중요하다. 연구 보고서에 따르면, 불량 식품은 생산, 유통, 판매 등의 과정에서 식품 위생 관련 법규를 준수하지 않은 식품을 말한다.

불량 식품에 해당하는 것이 다양하다 보니 무엇이 불량 식품인지 잘 모르는 경우가 있다. 예를 들어, 저렴한 군것질거리는 불량 식품으로 생각되기 쉽지만 법규에 맞게 위생적으로 만들어져 유통, 판매되는 것이라면 불량 식품이 아니다. 그렇다면 의약품인 것처럼 광고하는 식품은 불량 식품일까? 허위 광고나 과대광고를 통해 판매되는 식품은 소비자에게 유해한 불량 식품이다.

[해설편 p.031]

안전한 식생활을 위해 불량 식품을 근절하는 방안이 시행되고 있다. 첫째, 어린이 식품안전보호구역 제도가 있다. 이 제도는 학교 주변에서 불량 식품 판매 사례가 발생함에 따라 2009년부터 시행되었다. 이 구역의 어린이 기호 식품 조리·판매업소는 식품 위생 및 안전에 대해 관리를 받는다. 이 제도는 어린이가 위생적이고 안전한 식품을 접하게 하는 효과가 있다.

둘째, 이물 보고 의무화 제도가 있다. 이 제도는 식품 이물에 대한 업체의 소극적 대응에 소비자 불만이 커지면서 2010년부터 시행되었다. 업체는 식품에서 이물이 나왔다는 소비자의 신고를 받으면 이를 관련 기관장에게 보고해야 한다. 불량 식품 적발 유형 중 이물 검출 사례가 가장 많았는데, 이 제도는 이물 검출 문제를 해결하는 데 기여할 것으로 보인다.

[A]

43. (가)의 ㉠~㉢을 (나)에 구체화한 내용으로 적절하지 않은 것은?

① ㉠: 연구 보고서에서 제시한 불량 식품의 개념을 밝힌다.
② ㉡: 불량 식품인 것과 아닌 것을 구분하여 제시한다.
③ ㉡: 불량 식품에 대한 인식의 변화를 시기별로 제시한다.
④ ㉢: 불량 식품 근절을 위한 제도가 도입된 배경을 제시한다.
⑤ ㉢: 어린이 식품안전보호구역 제도와 이물 보고 의무화 제도를 설명한다.

44. 다음은 (나)를 읽은 교지 편집부장의 조언이다. 이를 반영하여 [A]를 작성한 내용으로 가장 적절한 것은?

> 식품 산업의 변화와 관련지어 독자가 글의 중심 내용을 아는 것이 어떤 의의가 있는지를 밝히는 마지막 문단이 있어야겠어.

① 소비자가 다양한 식품을 접할 수 있게 되면서 안전한 먹거리에 대한 관심이 높아지고 있다. 건강한 먹거리에 대한 기대가 큰 만큼 불량 식품 근절을 위한 노력이 요구된다.
② 식품 산업이 변화하면서 식품 안전의 사각지대가 발생하고 있다. 허위 광고나 과대광고로 홍보하는 식품의 신고 방법을 알면 불량 식품으로 인한 피해를 예방할 수 있다.
③ 어린이 식품안전보호구역과 이물 보고 의무화 제도가 불량 식품 문제를 해결할 수 있음을 아는 것은 중요하다. 이 제도는 앞으로도 불량 식품을 근절하는 역할을 할 것이다.
④ 식품 산업계는 안전한 식품을 원하는 소비자의 요구에 따라 건강한 식재료를 식품에 활용하고 있다. 식품업체는 소비자의 신뢰를 얻을 수 있는 식품 생산에 집중할 전망이다.
⑤ 식품 유통 및 판매 방식의 다변화로 다양한 식품이 출시되고 있다. 이 변화에 맞춰 무엇이 불량 식품이고 불량 식품 근절 방안이 무엇인지 아는 것은 우리 건강을 지키는 첫걸음이다.

45. <보기>는 학생이 (나)를 보완하기 위해 추가로 수집한 자료이다. 자료 활용 방안으로 적절하지 않은 것은? [3점]

<보 기>

ㄱ. 통계 자료

ㄱ-1. 어린이 기호 식품 조리·판매 업소의 식품 위생 및 안전 점검 결과

연도	점검 업소(개소)	위반율(%)
2009	325,880	0.19
2010	387,488	0.11
2011	404,222	0.09
2015	378,346	0.05
2016	375,508	0.04
2017	358,589	0.03

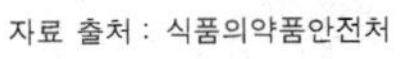

자료 출처 : 식품의약품안전처

ㄱ-2. 불량 식품 적발 유형

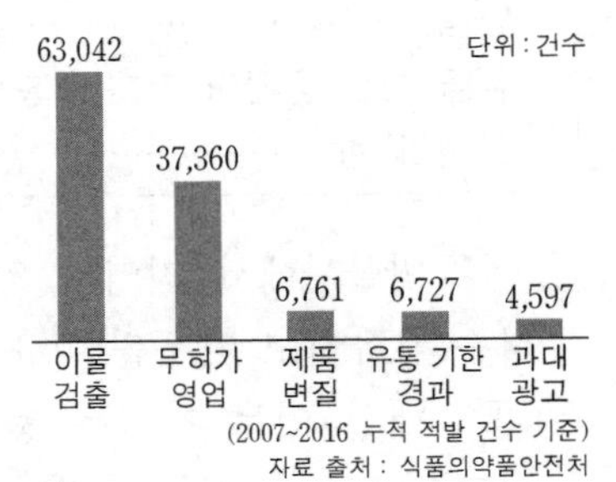

(2007~2016 누적 적발 건수 기준)
자료 출처 : 식품의약품안전처

ㄴ. 신문 기사

A사는 자사 식품을 의약품인 것처럼 허위·과대 광고한 행위가 적발되어 시정 명령을 받았다. 해당 광고는 잘못된 정보로 소비자를 기만하여 소비자의 건강을 해친다는 점에서 문제가 되었다. 또한 이물이 검출된 B가공식품은 인체에 유해하고 소비자의 불안감을 조성한다는 점에서 신속히 회수되었다.

ㄷ. 전문가 인터뷰

"불량 식품은 식중독, 급성 장염, 유해 물질에 장기간 노출되어 생기는 질병 등 건강상의 문제를 일으킵니다. 특히 어린이에게 더 위험하므로 어린이 식품안전보호구역 제도에 따라 구역 내 업소를 관리하는 전담 관리원은 식품 위생 및 안전을 주기적으로 점검하고, 위반 업소를 개선 시까지 관리합니다. 이러한 전담 관리원의 활동으로 위반 업소의 비율이 감소하고 있습니다."

① ㄱ-2를 활용하여, 불량 식품의 적발 유형 중 이물 검출의 누적 적발 건수를 식품에서 이물이 검출되는 사례가 가장 많았다는 내용을 구체화하는 자료로 4문단에 추가한다.
② ㄴ을 활용하여, 잘못된 정보로 소비자를 기만하여 건강을 해친다는 점을 허위 광고나 과대광고로 판매되는 식품이 소비자에게 유해함을 구체화하는 자료로 2문단에 추가한다.
③ ㄷ을 활용하여, 불량 식품이 일으키는 식중독, 급성 장염 등 건강상의 문제를 불량 식품이 건강과 직접적으로 관련되어 있다는 내용을 구체화하는 자료로 1문단에 추가한다.
④ ㄱ-1과 ㄷ을 활용하여, 전담 관리원이 업소를 점검하고 위반 업소를 개선 시까지 관리하여 위반 업소의 비율이 감소 추세인 점을 제도의 효과를 보여 주는 자료로 3문단에 추가한다.
⑤ ㄱ-2와 ㄴ을 활용하여, 소비자의 불안감을 조성하는 이물 검출이 과대광고보다 빈도가 높다는 점을 제도에 대한 소비자 불만이 커진 이유를 보여 주는 자료로 4문단에 추가한다.

* 확인 사항
○ 답안지의 해당란에 필요한 내용을 정확히 기입(표기)했는지 확인하시오.

● 문항수 11개 | 배점 24점 | 제한 시간 20분

● 점수 표시가 없는 문항은 모두 2점

[35~37] 다음은 학생의 발표이다. 물음에 답하시오.

안녕하세요? 오늘 발표를 맡은 ○○○입니다. 개똥쑥에서 말라리아 치료 성분을 발견했다는 지난주 특강 내용 기억나시나요? (청중의 대답을 듣고) 네, 인류를 살리는 식물에 관한 얘기였죠. 이런 식물이 지구상에서 사라진 상황, 상상이 되시나요? (㉠ 화면을 보여 주며) 나무의 경우 30%에 해당하는 종이 멸종 위기라고 합니다. 또 다른 조사 결과에 따르면 (㉡ 화면을 보여 주며) 보시는 바와 같이 전체 식물 중 40%에 해당하는 종이 멸종 우려 수준이라고 합니다. 그래서 식물을 품고 있는 씨앗, 즉 종자의 보존은 중요합니다. 오늘 발표는 그 종자 보존과 관련된 내용입니다.

종자를 보존하기 위한 시설로 시드볼트가 있습니다. 종자와 금고를 합친 말인데, 용어가 어려우니 종자 금고라고 할게요. 종자 금고는 기후 변화나 전쟁 등 예기치 못한 재앙으로 인한 식물의 멸종을 막기 위해 지어진 종자 영구 보관 시설입니다. 여기서 잠깐 퀴즈를 내 볼게요. 종자 금고는 전 세계에 몇 군데 있을까요? (청중의 대답을 듣고) 아, 정답자가 없네요. 놀라지 마세요. (손가락 두 개를 펼쳐 보이며) 단 두 나라, 노르웨이와 우리나라에 있습니다.

인류의 미래를 지키는 데 일조하고자 지은 우리나라 종자 금고는 경북 봉화군에 있습니다. (㉢ 화면을 보여 주며) 화면 속 건물 아래쪽에 보이는 공간이 저장고가 있는 지하의 모습인데, 외부 영향을 최소화하기 위해 지하에 종자를 보관하고 있습니다. 우리나라뿐만 아니라 외국의 종자도 기탁받아 4천 종 넘게 보관하고 있는데, 저장고 내부는 종자의 발아를 억제해 장기 보관이 가능하도록 적정 온도와 습도를 유지하고 있습니다. 보관된 종자는 특수한 상황이 아니면 반출하지 않는데 식물의 멸종이나 자생지 파괴 등을 대비해 보관하고 있기 때문입니다.

종자를 지키는 일은 미래를 지키는 일입니다. 다음 세대에 물려주어야 할 살아 있는 유산인 씨앗. 씨앗을 보존하기 위한 노력의 일환인 우리나라의 종자 금고는 그런 점에서 의미가 크다고 할 수 있습니다. 제가 준비한 내용은 여기까지인데 궁금한 점을 질문 받고 발표를 마무리할까 합니다.

35. 위 발표자의 말하기 방식으로 가장 적절한 것은?

① 청중에게 친숙한 사례로 개념 간의 차이를 부각하고 있다.
② 비언어적 표현을 통해 청중의 행동 변화를 촉구하고 있다.
③ 발표 중간중간에 청중의 질문을 받으며 청중과 상호 작용하고 있다.
④ 청중과 공유하고 있는 경험을 언급하여 청중의 주의를 환기하고 있다.
⑤ 발표 내용에 대한 청중의 이해 정도를 확인한 후 이어질 발표의 순서를 안내하고 있다.

36. 다음은 발표자가 보여 준 화면이다. 발표자의 시각 자료 활용에 대한 설명으로 가장 적절한 것은?

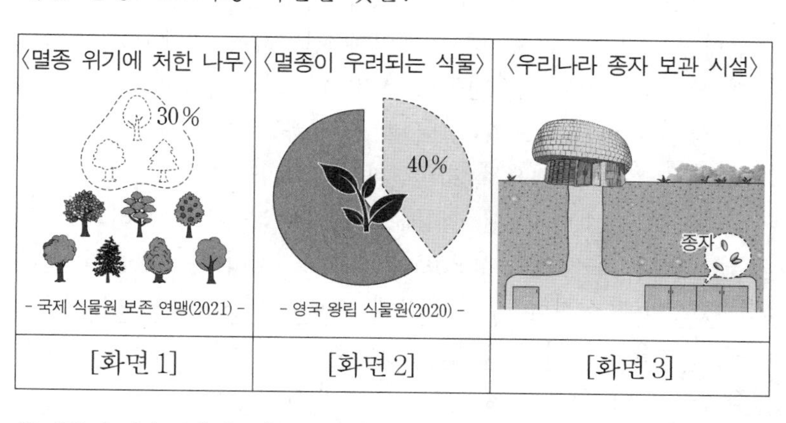

[화면 1] [화면 2] [화면 3]

① [화면 1]은 매년 나무 종이 얼마나 감소하고 있는지를 보여 주는 자료로 ㉠에 제시하였다.
② [화면 1]은 멸종 위기의 나무 종 중에서 종자가 보존되고 있는 종의 비율을 보여 주는 자료로 ㉠에 제시하였다.
③ [화면 2]는 전체 멸종 우려 종에서 식물 종이 차지하는 비율을 보여 주는 자료로 ㉡에 제시하였다.
④ [화면 3]은 외부 영향을 최소화하기 위해 종자를 지하에 보관하고 있음을 보여 주는 자료로 ㉢에 제시하였다.
⑤ [화면 3]은 지하 종자 저장고의 위치가 종자의 발아 상태에 따라 달라짐을 보여 주는 자료로 ㉢에 제시하였다.

37. 다음은 청자와 발표자가 나눈 질의응답의 일부이다. [A]에 들어갈 청자의 질문으로 적절하지 않은 것은?

> **청자**: 발표 잘 들었습니다. 그런데 듣고 나서 궁금한 점이 생겨 질문합니다.
>
> [A]
>
> **발표자**: 그 내용은 발표에 없었네요. 추가로 그 내용에 대해 알려 드릴게요.

① 종자 금고는 현재 두 나라에 있다고 하셨는데, 두 나라의 종자 금고에는 어떤 차이점이 있나요?
② 기탁받은 종자를 보관하고 있다고 하셨는데, 종자를 기탁받는 절차는 어떻게 되나요?
③ 현재 보관 중인 종자 규모를 말씀하셨는데, 종자 금고에는 우리나라 종자만 보관하나요?
④ 적정한 온도를 유지해 종자를 보관한다고 말씀하셨는데, 적정 온도는 어떻게 되나요?
⑤ 종자 금고에 보관된 종자는 특수한 상황이 아니면 반출하지 않는다고 하셨는데, 반출했던 경우가 있나요?

[해설편 p.033]

[38~42] (가)는 학교 신문에 실을 글의 초고이고, (나)는 (가)를 수정하기 위한 대화이다. 물음에 답하시오.

(가)

청소년의 팬 상품 소비가 우려된다

일요일 오후에 방문해 본 우리 학교 근처의 한 '팬 상품' 판매점. 옷이나 소품 등 연예인과 관련하여 판매되는 상품인 팬 상품을 사려는 청소년들로 북적였다. 최근 청소년들 사이에서 팬 상품의 인기가 뜨겁다. 국내 팬 상품 시장의 규모는 2020년 기준 약 2,200억 원으로 2014년과 비교해 크게 확대되었다.

하지만 청소년의 팬 상품 소비는 여러 가지 우려되는 점들이 있다. 우선 충동적으로 팬 상품을 소비하는 비율이 높다. ㉠ 2020년에 실시한 설문 조사에 따르면 약 67%가 충동적으로 팬 상품을 산 적이 있다고 응답했다. 이러한 일회성 소비는 잘못된 소비 습관의 형성으로 이어질 수 있다.

다음으로 과시적 소비도 문제로 지적된다. 사회학자 유△△ 교수는 "청소년의 과시적인 팬 상품 소비는 남과 차별화하고 싶은 욕구의 그릇된 발현이다."라고 그 원인을 밝혔다. 과시적인 팬 상품 소비는 물질적인 요소로 자신을 드러내야 한다는 잘못된 가치관을 형성하게 할 수 있다.

마지막으로 소외감을 느끼지 않으려고 팬 상품을 소비하는 일 역시 우려된다. 1학년 정○○은 "친구들은 다 갖고 있는데 나만 없으면 소외감을 느낄까 봐 산 적도 많아요."라며 인터뷰 과정에서 속마음을 드러내었다.

따라서 팬 상품 소비에 대한 청소년들의 바람직한 태도가 요구된다. 정신과 전문의 박□□의 저서 『청소년의 팬 상품 소비문화』에서 언급하였듯이 청소년들은 합리적이고 주체적인 소비 태도를 갖출 필요가 있다. 물론 기업이 디자인과 실용성을 갖춘 팬 상품을 판매하는 일이 선행되어야 한다.

(나)

학생 1 : 청소년의 팬 상품 소비를 다룬 초고를 검토할 차례지?

학생 2 : 응, 초고는 내가 작성했어. 편집부장은 조금 늦는대. 우리부터 의견 나누고 있자.

학생 1 : 그래. 그런데 초고에 부정적인 관점의 내용만 제시했던데?

학생 2 : 친구들을 보면 우려스럽다는 생각이 들 때가 많아. 학생들이 팬 상품 소비에 대해 바람직한 태도를 지녔으면 해서 그렇게 썼어.

[A]
학생 1 : 그런데 긍정적인 면도 분명 있잖아. 즐거움이나 행복과 같은 정서적 만족감을 느낄 수 있고, 관심사가 같은 친구들끼리 더욱 친밀해지기도 하고. 그러니 두 관점의 내용을 균형 있게 제시해야 할 것 같아.

학생 2 : 나도 그런 긍정적인 면이 있다는 의견에 동의해. 하지만 주변 친구들을 보면 우려되는 점이 더 커 보여. 팬 상품 소비의 바람직한 태도를 강조하려면 우려되는 면을 부각하는 게 맞지 않을까?

[B]
학생 3 : (들어오며) 회의에 늦어서 정말 미안해. 회의 시작 시간을 착각했어.

학생 1 : 괜찮아. 이제 막 시작했어.

[C]
학생 2 : 너도 두 관점을 모두 제시하는 게 낫다고 생각해?

학생 3 : (어리둥절해하며) 두 관점이라니 무슨 말이야?

[D]
학생 1 : 방금까지 청소년의 팬 상품 소비에 대해 긍정하는 관점과 우려하는 관점의 내용을 균형 있게 다룰지, 우려하는 관점의 내용만 다룰지 논의 중이었어.

[E]
학생 3 : 아, 그랬구나. 판매 수익 기부처럼 팬 상품 소비가 사회에 선한 영향력을 미치기도 하잖아. 학생들이 균형 잡힌 시각에서 바람직한 태도에 대해 생각해 볼 수 있게, 괜찮다면 두 관점의 내용을 모두 글에 담아 줄 수 있어?

학생 2 : 듣고 보니 내가 너무 우려되는 점만 강조하려 한 것 같아. 팬 상품 소비의 긍정적인 면에 대한 내용을 추가해 볼게.

학생 1 : 좋아. 그러면 제목도 그에 맞게 수정 부탁해.

학생 2 : 알겠어.

학생 1 : 다음으로 초고의 세부 내용을 검토해 보자.

학생 3 : 2문단은 충동적 소비를 다루고 있잖아. 그러니 마지막 문장의 일회성 소비라는 표현은 적절해 보이지 않아.

학생 2 : 다시 보니 그렇네. 문단의 중심 내용과 어울리는 표현으로 교체할게.

학생 1 : 같은 문단에서 설문 조사 자료를 인용할 때 빠뜨린 게 있어. [Ⓐ]

학생 2 : 설문 조사 자료의 내용을 믿기 어려운 문제가 있겠구나. 확인해서 수정할게.

학생 1 : 혹시 더 검토할 부분이 있을까?

학생 3 : 마지막 문단에 글의 초점에서 벗어나는 내용이 있으니 삭제가 필요해 보여.

학생 1 : 아, 그리고 팬 상품 시장의 규모가 확대되었음을 강조하려면 비교 기준이 되는 해의 팬 상품 시장의 규모를 밝혀야 할 것 같아.

학생 2 : 둘 다 좋은 의견이야. 반영해서 수정할게.

학생 1 : 그럼 오늘 논의한 내용을 모두 잘 반영해서 다음 회의 때 확인하자.

학생 2, 3 : 그래. 좋아.

38. (가)에 활용된 글쓰기 방법으로 가장 적절한 것은?

① 담화 표지로 문단 간의 연결 관계를 드러낸다.
② 특정 이론을 활용하여 중심 화제의 개념을 제시한다.
③ 다른 나라의 사례와 대조하여 문제 해결의 필요성을 강조한다.
④ 예상되는 반론을 제시하고 이를 반박하여 글의 설득력을 높인다.
⑤ 중심 화제에 대한 인식을 시기별로 제시하여 인식의 변화 과정을 드러낸다.

39. 다음은 (가)를 작성하기 위해 쓴 메모이다. ⓐ~ⓔ가 (가)에 반영된 양상으로 적절하지 않은 것은?

> ○ 팬 상품의 인기 ········ ⓐ
> ○ 팬 상품 소비에서 우려되는 점
> - 충동적 소비 ········ ⓑ
> - 과시적 소비 ········ ⓒ
> - 소외감을 느끼지 않으려고 하는 소비 ········ ⓓ
> ○ 팬 상품 소비의 바람직한 태도 ········ ⓔ

① ⓐ: 현장을 방문하여 목격한 팬 상품 판매점의 분위기를 제시하였다.
② ⓑ: 글쓴이 자신의 경험을 근거로 들어 충동적인 팬 상품 소비 태도가 청소년에 미치는 부정적 영향을 제시하였다.
③ ⓒ: 전문가의 견해를 인용하여 팬 상품을 과시적으로 소비하는 행위의 심리적 원인을 제시하였다.
④ ⓓ: 학생을 인터뷰하여 팬 상품을 소비하는 이유가 소외감과 관련 있음을 제시하였다.
⑤ ⓔ: 관련 저서를 근거로 들어 청소년들은 합리적이고 주체적인 소비 태도를 갖출 필요가 있음을 제시하였다.

40. 다음 자료를 바탕으로 [A]~[E]의 대화 참여자의 발화를 이해한 내용으로 적절하지 않은 것은? [3점]

> **[자료 1]**
> 대화 상황에서 자신의 말이 상대방에게 미칠 영향을 고려하며 상대방을 배려하는 태도를 가져야 한다. 이를 위해 ㉮ 상대방의 부담을 덜어 주기, ㉯ 문제의 원인을 자신의 탓으로 돌리기, ㉰ 상대방의 의견과 일치되는 점을 언급한 후 자신의 의견 제시하기 등을 활용할 수 있다.
>
> **[자료 2]**
> 대화 참여자들이 ㉱ 대화 상황과 관련한 맥락을 공유하는 일은 중요하다. 맥락이 공유되지 않아 ㉲ 대화의 흐름을 이해하지 못한 경우 의사소통에 어려움을 겪을 수 있다.

① [A]: '학생 2'의 발화는 상대방과 의견이 다름을 제시하기 전에 공통되는 의견부터 말하고 있다는 점에서, ㉰에 해당한다.
② [B]: '학생 1'의 발화는 상대방이 회의에 늦은 것을 상대방의 탓으로 돌리지 않고 있다는 점에서, ㉯에 해당한다.
③ [C]: '학생 3'의 발화는 상대방의 물음에 대한 답변을 하는 대신 되묻고 있다는 점에서, ㉲에 해당한다.
④ [D]: '학생 1'의 발화는 회의에서 논의 중인 내용을 전달하고 있다는 점에서, ㉱에 해당한다.
⑤ [E]: '학생 3'의 발화는 질문의 형식을 활용함으로써 명령형으로 표현했을 때보다 상대방의 부담을 완화한다는 점에서, ㉮에 해당한다.

41. ㉠과 (나)의 대화 상황을 고려할 때, Ⓐ에 들어갈 말로 가장 적절한 것은?

① 설문 조사가 언제 이루어졌는지를 밝히지 않았어.
② 설문 조사 자료를 인용하고 있음을 밝히지 않았어.
③ 설문 조사의 응답 결과를 순위대로 밝히지 않았어.
④ 설문 조사의 결과가 시사하는 점을 밝히지 않았어.
⑤ 설문 조사를 한 주체와 응답 대상을 밝히지 않았어.

42. (나)의 논의 내용을 반영하여, (가)를 고쳐 쓰기 위한 방안으로 가장 적절한 것은?

제목	○ '청소년의 팬 상품 소비 문제점과 해결 방안'으로 교체한다. ········ ①
처음	○ 2014년도 국내 팬 상품 시장 규모에 관한 정보를 추가한다. ········ ②
중간	○ '일회성 소비'를 '과시적 소비'로 교체한다. ········ ③ ○ 팬 상품 소비가 과소비로 이어진다는 내용을 추가한다. ········ ④
끝	○ 마지막 문장의 내용은 기업의 사회적 책임에 관한 내용으로 교체한다. ········ ⑤

[43~45] (가)는 글쓰기를 위한 학생의 생각이고, (나)는 (가)를 바탕으로 쓴 학생의 초고이다. 물음에 답하시오.

> **(가) [학생의 생각]**
> 학생회에서 체육 대회의 새 이름을 공모하기로 했지. 공모전과 관련해서 이름 짓기에 대한 글을 학교 누리집에 올리려고 해. 그럼 어떻게 구성하면 좋을까? ㉠ 공모전을 하는 이유를 언급하며 글을 시작하자. 그리고 ㉡ 이름 짓기의 효과를 제시해야지. ㉢ 이름 짓기의 방법도 설명하면 좋을 것 같아.
>
> **(나) [학생의 초고]**
> 올해 체육 대회는 운동을 잘 못하는 학생들도 즐겁게 참여할 수 있는 새로운 프로그램으로 구성될 예정이다. 그래서 학생회에서는 올해부터 바뀌는 체육 대회의 특징이 잘 드러나는 이름이 필요하다고 판단해서 새 이름을 짓는 공모전을 열기로 했다. 이름이 무슨 영향을 미칠까 생각할 수도 있지만 이름 짓기의 효과는 생각보다 크다.
> 이름 짓기를 잘하면, 사람들에게 대상에 대한 긍정적인 이미지를 갖게 할 수 있다. 맛과 영양에 문제가 없지만 흠집이 있어 상품성이 떨어진 사과에 '등급 외 사과' 대신 '보조개 사과'라는 이름을 붙여 이미지를 개선한 사례가 있다. 귀여운 보조개가 연상되는 이름으로 대상에 대한 인식을 변화시킨 것이다.
> 또한 이름 짓기를 잘하면, 사람들의 참여 동기를 이끌어 낼 수 있다. 지하철이나 버스에서 임산부가 우선적으로 앉을 수 있는 좌석의 이름은 '임산부 배려석'이다. 만약에 '임산부 양보석'

이라고 하면 자신이 앉을 자리를 남에게 내어 준다는 느낌을 갖게 한다. 하지만 '임산부 배려석'은 자신이 다른 사람을 배려하고 있다는 느낌을 갖게 하여 자발적으로 좌석을 양보할 수 있도록 한다.

그렇다면 이름 짓기는 어떻게 해야 할까? 먼저, 대상의 특성이 잘 드러나도록 표현해야 한다. 그리고 이름을 지나치게 생소하지 않게 지어야 한다. 이름이 지나치게 생소해서 이름의 의미를 이해하기 어려운 경우에는 사람들에게 수용되지 않을 수 있기 때문이다. 따라서 대상의 특성을 잘 드러내고 사람들이 이해하기 쉽도록 이름을 짓는 것이 중요하다. 또한 사람들이 기분 좋게 수용할 수 있도록 표현하는 것도 필요하다.

43. (가)의 ㉠~㉢을 (나)에 구체화한 내용으로 적절하지 않은 것은?

① ㉠: 체육 대회라는 이름에 대한 학생들의 부정적인 반응을 제시한다.
② ㉠: 올해부터 바뀌는 체육 대회의 특징이 잘 드러나는 새로운 이름이 필요함을 언급한다.
③ ㉡: 이름 짓기를 통해 이미지를 개선한 '보조개 사과'의 사례를 제시한다.
④ ㉡: '임산부 배려석'이라는 이름이 주는 효과를 '임산부 양보석'과 비교하여 제시한다.
⑤ ㉢: 이름 짓기를 할 때 사람들이 기분 좋게 수용할 수 있는 표현을 사용해야 함을 언급한다.

44. 다음은 (나)를 읽은 학생회장의 조언이다. 이를 반영하여 추가할 마지막 문단의 내용으로 가장 적절한 것은?

> **학생회장**: 많은 학생들이 공모전에 참여할 수 있도록, 이름 짓기는 학생들에게 어려운 일이 아님을 밝혀 주면 좋겠어. 또한 2문단에서 언급한 효과와 관련하여 공모전 참여를 권유하면서 마무리하면 좋을 것 같아.

① 이름 짓기는 누구나 어렵지 않게 도전할 수 있는 일이다. 다만 이름을 지을 때 사람들이 이해하기 쉬운 표현을 사용해야 함을 유의하도록 한다.
② 이름 짓기는 지식과 경험이 풍부한 사람만이 할 수 있는 일은 아니다. 원활한 의사소통을 위해 이름 짓기의 효과를 이해하고 그 방법을 활용해 보자.
③ 지나치게 생소한 이름은 사람들에게 수용되지 않을 수 있다. 새로운 체육 대회의 긍정적 이미지를 느낄 수 있는 이름을 지어 이번 공모전에 참여하면 좋지 않을까?
④ 이름 짓기는 대상을 새롭게 바라보게 한다. 올해 새롭게 바뀔 체육 대회에 어울리는 참신한 이름이 지어진다면 체육 대회에 많은 학생들이 적극적으로 참여할 것이다.
⑤ 이름 짓기는 학생들도 충분히 할 수 있다. 새로운 체육 대회는 누구나 즐길 수 있다는 긍정적인 인식을 갖게 하는 좋은 이름을 지어 공모전에 도전해 보는 것은 어떨까?

45. <보기>는 (나)를 보완하기 위해 추가로 수집한 자료이다. 자료 활용 방안으로 적절하지 않은 것은? [3점]

<보 기>

[자료 1] 학생의 설문 조사 자료

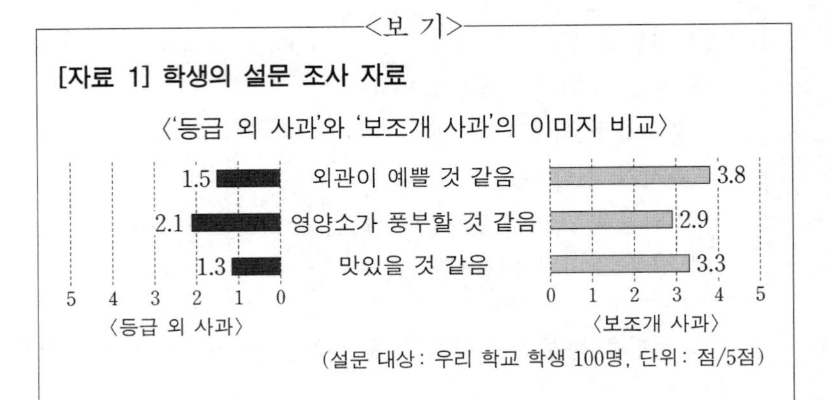

[자료 2] 보고서 자료

〈이름 짓기의 사례〉

구분 \ 이름	대한민국 구석구석	G4C
목적	국내 관광 활성화 캠페인 홍보	각종 정부 민원을 24시간 처리하는 누리집 홍보
의미	국내 구석구석에 가 볼 만한 장소가 많음.	시민을 위한 정부 (Government for Citizen)
결과	국내 관광에 대한 인식을 개선하여 관광객이 증가하는 데 기여함.	이름이 대상의 특성을 잘 드러내지 못하고 지나치게 생소해 의미 파악이 어렵다는 지적에 '민원24'로 바꾸자 인지도가 향상됨.

① [자료 1]: '등급 외 사과'보다 '보조개 사과'가 외관과 맛 항목의 점수가 높다는 점을, 이름 짓기가 대상에 대한 인식을 변화시켰다는 근거로 2문단에 활용해야겠어.
② [자료 1]: '보조개 사과'와 '등급 외 사과'의 영양소 항목에서 점수 차이가 가장 작다는 점을, 이름 짓기가 대상에 대한 긍정적 이미지를 갖게 할 수 있다는 근거로 2문단에 활용해야겠어.
③ [자료 2]: '대한민국 구석구석'이라는 이름이 관광객의 증가에 기여했다는 점을, 잘 지어진 이름이 참여 동기를 이끌어 낼 수 있다는 또 다른 사례로 3문단에 활용해야겠어.
④ [자료 2]: 'G4C'라는 이름의 의미를 파악하기 어렵다는 점을, 이름이 지나치게 생소하여 사람들에게 받아들여지지 않은 사례로 4문단에 활용해야겠어.
⑤ [자료 2]: '민원24'라는 이름이 누리집의 인지도를 향상했다는 점을, 대상의 특성을 잘 드러내면서 이해하기 쉽게 이름을 짓는 것이 중요함을 보여 주는 사례로 4문단에 활용해야겠어.

> ∗ 확인 사항
> ○ 답안지의 해당란에 필요한 내용을 정확히 기입(표기)했는지 확인하시오.

15회 ● 2022학년도 9월 모의평가 국어영역(화법과 작문)

● 문항수 11개 | 배점 24점 | 제한 시간 20분

● 점수 표시가 없는 문항은 모두 2점

[35~37] 다음은 라디오 방송이다. 물음에 답하시오.

안녕하세요. <대화가 있는 지금>의 진행자 □□□입니다. 오늘은 청취자께서 보내 주신 사연을 듣고 해결을 도와 드리는 시간을 가질 텐데요, 지난주에 여러분이 보내 주신 사연 중에서 하나를 선정했어요. 이제 읽어 볼게요.

> 안녕하세요. 친구를 사귀는 것이 어려운 고등학생 ○○입니다. 저는 대화를 통해 서로에 대해 많이 알게 될수록 더 깊이 서로를 이해할 수 있다고 생각했어요. 그래서 친해지고 싶은 친구들과는 처음 만나 대화를 할 때부터 저의 고민을 이야기하려고 노력했어요. 그런데 오히려 친구들이 저와 더 거리를 두는 것 같은 느낌이 들어요. 매번 이런 상황이 반복되는데, 어떻게 하면 좋을까요?

○○ 님, 친구들과 더 가깝게 지내고 싶은 마음이 통하지 않아 많이 속상했겠어요. 다른 사람에게 자신에 대한 정보를 알리는 걸 자기표현이라고 하는데요, 대화를 할 때 진솔하게 자신을 드러내는 것은 다른 사람들과의 관계를 발전시키는 데 필요한 일이죠. 고민을 나누는 것도 자기표현의 일종이에요. 그런데 친밀감이 형성되기 전에 자신의 고민과 같은 민감한 정보까지 드러내는 것은 상대방이 부담을 느끼고 거리를 두는 원인이 돼요. 그래서 자기표현의 정도와 속도를 적절하게 조절할 필요가 있어요.

○○ 님, 이렇게 한번 해 보는 건 어떨까요? 친해지고 싶은 친구들과 처음에는 날씨, 텔레비전 프로그램 정도의 가벼운 화제로 대화를 시작하는 거예요. 그 후 친밀감이 형성되면 개인적 감정이나 고민, 자신의 성격과 가치관까지 이야기하고요. 친구를 알아 가면서 조금씩 마음속 이야기까지 하는 거죠. 청취자 여러분 중에서도 ○○ 님과 비슷한 경험을 하신 분이 계실 것 같아요. 여러분도 한번 시도해 보시겠어요?

방송을 듣고 여러분이 조언하고 싶은 말이나 소감을 청취자 게시판에 글로 남겨 주시면 좋겠어요. 오늘 방송 들어 주셔서 감사합니다. 다음 주에 또 다른 사연으로 만나요.

35. 위 방송 진행자의 말하기 방식에 대한 설명으로 가장 적절한 것은?

① 질문의 형식을 활용하여 청취자에게 실천을 권유하고 있다.
② 견해의 근거가 되는 출처를 언급하여 청취자가 신뢰감을 갖게 하고 있다.
③ 감사 표현을 반복적으로 사용하여 청취자에게 정중한 태도를 드러내고 있다.
④ 스스로 묻고 답하는 방식으로 개념을 설명하여 청취자의 이해를 돕고 있다.
⑤ 중심 화제를 다양한 일상적 소재에 비유하여 청취자에게 친숙한 느낌을 주고 있다.

36. 다음은 진행자가 방송 진행을 위한 계획을 메모한 것이다. 위 방송에 반영되지 않은 것은?

- 도입부
  - 청취자의 사연을 읽고 문제 해결을 돕는 방식으로 방송을 진행할 것임을 소개 ………… ①
- 중심부
  - 사연을 읽고, 사연 속 상황으로 인해 사연 신청자가 느꼈을 감정을 언급 ………… ②
  - 사연 속 문제 상황의 원인을 밝히고, 사연 신청자의 문제 해결을 위해 조언 ………… ③
  - 대화할 때 활용할 수 있는 화제의 예를 제시하고, 각각의 예를 활용한 발화 내용을 구성하여 소개 ………… ④
- 마무리
  - 방송 내용에 관해 청취자가 자신의 생각을 남길 수 있는 방법을 안내 ………… ⑤

37. <보기>는 위 방송의 게시판에 청취자가 남긴 글이다. 방송 내용을 고려할 때, <보기>에서 확인되는 청취자의 듣기 반응에 대한 이해로 적절하지 않은 것은?

<보 기>

> 안녕하세요, 진행자님. 방송 정말 잘 들었어요. 저도 사연을 들으면서, 친구가 친해지기도 전에 갑자기 고민을 이야기해서 당황했던 기억이 떠올랐어요. 저도 다른 사람들에게 말하지 못했던 이야기를 그 친구와 공유해야 할 것 같은 의무감을 느껴서 부담이 됐었거든요. 대화할 때 상대방과의 친밀감을 고려해야 한다는 진행자님의 말씀을 들으면서 앞으로 제가 대화할 때에도 그렇게 하는 것이 도움이 되겠다고 생각했어요. 그래서 저도 ○○ 님께 자신을 드러내는 정도를 조절하면서 대화하는 건 정말 중요하다는 걸 꼭 말씀드리고 싶어요.

① 자기표현과 관련된 사례를 언급한 내용을 보니 자신의 경험을 떠올리며 들었다.
② 의무감을 느꼈다고 언급한 내용을 보니 자신의 고민을 나누어야 친밀감이 형성될 수 있다는 진행자의 말에 공감하며 들었다.
③ 대화할 때 고려할 점에 대해 언급한 내용을 보니 진행자의 조언을 올바르게 이해하며 들었다.
④ 방송에서 들은 조언을 자신에게 적용할 것을 언급한 내용을 보니 방송에서 얻은 정보의 유용성을 생각하며 들었다.
⑤ 사연 신청자에게 조언하는 내용을 보니 자기표현을 조절하는 대화에 관한 진행자의 의견에 동의하며 들었다.

PART Ⅰ 15회

[38~42] (가)는 시정 소식지에 실린 글이고, (나)는 소식지 발행 이후에 개최된 협상이다. 물음에 답하시오.

(가)

시정 소식지 8월호(발행일 : 20△△. 8. 1.)

신설 주민 복지 센터의 공간 활용을 위한 의견 수렴 실시

우리 시에서는 새로 건립되는 주민 복지 센터의 공간 활용 방안에 대해 Y동과 Z동 주민들을 대상으로 의견 수렴을 실시한다. 이번 의견 수렴은 사전에 선정된 몇 가지 방안에 대한 주민들의 선호도 파악을 목적으로 하며, 8월 9일부터 16일 사이에 시청 누리집 '시민 게시판'에 접속해서 참여할 수 있다.

지금까지 Y동과 Z동은 인근 세 개의 동과 주민 복지 센터를 함께 이용해 왔다. 그러나 Y동과 Z동은 다른 동들에 비해 기존의 주민 복지 센터와의 거리가 멀어서 이용에 어려움이 있었다. 또한 해당 두 동의 인구 증가로 현재의 주민 복지 센터로는 이용량을 감당하기 힘든 실정이다. 게다가 현재로서는 기존 주민 복지 센터를 확장하는 것이 불가능한 상황이다. 이러한 문제들 때문에 시청에서는 두 동을 위한 주민 복지 센터 신설을 추진해 왔다.

건립을 추진하면서 시청에서 Y동의 부지 한 곳과 Z동의 부지 한 곳을 후보지로 뽑자, 둘 중 어느 곳이 건립 부지로 더 적절한지에 대해 주민들 간에 의견 차이가 발생하기도 했다. 이에 시에서는 양측의 주민 대표와 함께 첫 협상의 자리를 가졌고, 부지의 면적, 인구 규모를 고려하여 Z동 부지에 새 주민 복지 센터를 건립하기로 결정했다. 양보를 한 Y동 주민들을 위해서는 새 주민 복지 센터로 연결되는 버스 노선을 신설하기로 했다.

시는 3층 규모의 해당 센터를 노인 복지 공간(1층), 육아 지원 공간(2층)으로 구성할 예정이다. 주민의 요구가 다양한 3층 공간은 의견 수렴을 통해 도서관, 주민 영화관, 체육 시설 중 주민 선호도를 파악하여 활용 방안을 결정한다. 두 동의 의견 수렴 결과가 불일치할 경우에는 이달 30일에 후속 협상을 진행하여 3층 공간 활용 방안을 결정할 계획이며, 의견 수렴 결과는 두 동 대표에게 전달된다.

(나)

시청 담당자: 오늘은 Z동에 신축할 주민 복지 센터 3층 공간 활용에 대해 협상을 진행하겠습니다. 첫 협상에 이어 후속 협상에도 참여해 주신 Y동 대표님과 Z동 대표님께 감사드립니다.

Y동 대표: 우리 동은 학령 인구의 비율이 높지만 아이들이 책을 읽고 공부할 수 있는 공간이 부족합니다. 그래서 도서관 건립을 지속적으로 건의해 왔습니다. 시청의 선호도 조사에서도 우리 동 주민들의 1순위는 도서관이었습니다. Z동에 주민 복지 센터가 지어지는 만큼 3층 공간에 대해서는 우리 동의 의견을 따라 주시면 좋겠습니다. [A]

Z동 대표: 우리 동에서도 도서관을 선호하는 의견은 있었습니다. 하지만 우리 동은 중장년층 인구 비율이 높아 체육 시설의 필요성이 더 큽니다. 선호도 조사에서도 체육 시설을 가장 선호하는 것으로 나타났습니다. 이 점을 고려하여 체육 시설을 마련하면 좋겠습니다.

Y동 대표: 저희도 Z동의 상황을 알고 있습니다. 현재 진행 중인 저희 동의 체육 시설 확장 공사가 마무리되면 Z동의 중장년층 주민들도 편리하게 이용할 수 있을 것입니다. ㉠<u>그러니 주민 복지 센터에 도서관을 만들면 두 동에 필요한 시설을 다 갖추게 되어 모두에게 이득이 되지 않을까요?</u>

Z동 대표: 물론 두 시설을 다 이용할 수 있으면 좋습니다. 하지만 Y동의 체육 시설과 우리 동 사이의 거리가 멀고 교통편도 불편합니다. 주민 복지 센터로 연결되는 신설 버스 노선이 체육 시설에도 연결되도록 조정하는 추가 조치도 있어야 합니다.

시청 담당자: 그 문제는 버스 회사와 협의해야 하는 문제이고, 조정도 쉽지 않습니다.

Z동 대표: 그러면 체육 시설을 통한 수익 증가가 예상되는 Y동에서 비용을 부담해 주시는 것은 어떻습니까?

Y동 대표: 이번 협상을 준비하면서 우리 동에서 양보할 수 있는 부분에 대해 주민들과 의견을 나누었습니다. 우리 체육 시설에서 운영하는 무료 셔틀버스를 Z동까지 운행하는 것은 가능합니다.

Z동 대표: 그뿐만 아니라 Y동의 체육 시설 이용료는 기존 복지 센터 내 체육 시설 이용료보다 비쌉니다. ㉡<u>Y동 입장에서는 이용자 증가로 더 큰 수익을 얻을 수 있지만, 우리 동 주민들은 체육 시설 이용에 대한 부담이 더 커질 것이므로 요금에 대한 부담을 낮춰 주십시오.</u>

Y동 대표: 도서관을 설치하는 것에 동의해 주신다면 Z동 주민에게 우리 동 주민과 동일한 수준의 요금 할인을 적용하겠습니다.

Z동 대표: 네, 동의하겠습니다.

시청 담당자: 그럼 3층에 도서관을 설치하는 것으로 협상이 타결되었습니다. 세부 추진 방법은 차후에 논의하겠습니다. 참여해 주셔서 감사합니다.

38. (가)를 쓰기 위해 세운 글쓰기 계획 중 글에 반영되지 <u>않은</u> 것은?

① 실시 예정인 주민 의견 수렴의 목적과 참여 방법을 함께 밝혀야겠군.
② Y동과 Z동 주민들이 인근 지역 주민들과 주민 복지 센터를 함께 사용하고 있는 상황을 제시해야겠군.
③ 건립 부지의 적절성을 평가할 때 주민 참여가 필요하다는 의견 때문에 첫 협상이 개최되었음을 제시해야겠군.
④ 첫 협상의 결과를 이끌어 내면서 고려한 부지 선정의 기준이 무엇인지 제시해야겠군.
⑤ 새로 건립될 주민 복지 센터의 공간 활용에 대한 계획을 언급하며 후속 협상이 개최될 경우에 다룰 주제를 밝혀야겠군.

[해설편 p.036]

39. (가)를 작성할 때 활용한 내용 조직 방법으로 가장 적절한 것은?

① 1문단에서는 시청에서 주민 복지 센터 건립을 위해 수행하는 여러 업무를 유형에 따라 분류한다.
② 2문단에서는 시청에서 주민 복지 센터 신설을 추진하게 된 이유를 나열한다.
③ 2문단에서는 Y동 주민들이 겪는 문제를 Z동 주민들이 겪는 문제와 대조한다.
④ 3문단에서는 주민 복지 센터 건립을 추진하는 과정에서 발생할 수 있는 문제점을 분석한다.
⑤ 4문단에서는 다양한 시설들을 설치가 완료된 순서대로 제시한다.

40. (가)와 (나)의 맥락을 고려할 때, (가)를 읽고 (나)를 참관한 주민이 [A]에 보인 반응 중 적절하지 않은 것은?

① 시청 담당자의 말을 들으니, 소식지에서의 첫 협상과 같이 후속 협상에도 양측 동 대표가 참석하였군.
② Y동 대표의 말을 들으니, 소식지에 안내된 의견 수렴에 대하여 Y동의 결과가 언급되었군.
③ Y동 대표의 말을 들으니, 소식지에서 소개한 주민 복지 센터 건립 위치는 Z동의 중장년층 인구 비율을 고려하여 결정되었군.
④ Z동 대표의 말을 들으니, 소식지에서 소개한 공간 활용 방안 중에 도서관 설치를 선호하는 주민들이 Z동에도 있었군.
⑤ Z동 대표의 말을 들으니, 소식지에 언급된 신설 버스 노선에 대하여 조정 방안이 제시되었군.

41. 협상 진행 과정을 고려할 때, ㉠, ㉡에 대한 설명으로 가장 적절한 것은? [3점]

① ㉠은 도서관 설치와 관련해 양보할 수 있는 범위를 제시하여 상대의 제안과 절충을 시도하는 발화이다.
② ㉠은 체육 시설에 대한 상대의 제안을 일부 수용하여 자신의 제안을 조정함으로써 상대의 양보를 이끌어 내는 발화이다.
③ ㉡은 체육 시설 설치가 실현 가능성이 낮음을 들어 자신의 이익을 극대화하는 발화이다.
④ ㉡은 체육 시설 이용에 대한 상대의 요구 사항을 언급하며 자신이 양보 가능한 범위를 제시하는 발화이다.
⑤ ㉡은 체육 시설 이용 시 예상되는 상대의 이익과 자신의 부담을 언급하며 추가적인 요구 사항을 제시하는 발화이다.

42. <보기>는 (나)의 협상을 취재한 기자가 쓴 기사이다. <보기>를 작성할 때 고려한 내용으로 적절하지 않은 것은?

<보 기>

Y동과 Z동의 주민 대표는 신설될 주민 복지 센터에 도서관을 설치하기로 합의했다. 신설 센터의 공간 활용에 대한 두 동의 의견 차이를 조정하기 위한 협상이 지난달 30일 오후 2시에 시청 회의실에서 개최되었다.

협상은 다음과 같이 진행되었다. Y동 대표가 지역에 학령 인구 비율이 높아서 도서관 설치가 필요하다고 하자, Z동 대표는 중장년층 비율이 높아 체육 시설이 필요하다고 밝혔다. 양측의 입장 차는 Y동 체육 시설의 활용이 대안으로 떠오르면서 좁혀지기 시작했으며, 세부적인 조건의 조율을 거쳐 합의가 도출되었다.

① 독자들이 협상이 개최된 장소와 시간을 파악할 수 있도록 한다.
② 독자들이 합의가 도출되기까지의 협상의 경과를 확인할 수 있도록 한다.
③ 독자들이 기사의 중심 내용인 협상의 결과를 도입부에서 파악할 수 있도록 한다.
④ 독자들이 기사에 인용된 내용을 바탕으로 협상에 참여한 두 동 대표의 입장을 파악할 수 있도록 한다.
⑤ 독자들이 기사에 언급된 필자의 의견을 통해 협상의 결과가 Y동과 Z동 주민에게 중요한 사안임을 확인할 수 있도록 한다.

[43~45] 다음은 학교 협동조합을 운영하는 학생이 작성한 보고서의 초고이다. 물음에 답하시오.

우리 학교 협동조합의 운영 개선안

Ⅰ. 서론

우리 학교는 '협력을 통한 나눔 실천'이라는 취지로 학생 조합원으로 구성된 협동조합을 만들어 전교생을 대상으로 협동 매점을 운영하고 있다. 조합 설립 2년 차를 맞이하여 ㉠ 협동조합의 현황을 살펴보고 문제점을 확인한 후, 그로 인해 ㉡ 발생할 수 있는 어려움을 파악하고, 문제점을 해결할 수 있는 방안을 찾기 위해 이 보고서를 작성하였다. ㉢ 문제의 원인을 파악하기 위해 전교생을 대상으로 한 설문 조사를 진행하였다.

Ⅱ. 본론

1. 현황

조합원들이 점심시간(12:30~13:30)에 협동 매점을 운영하고 있고, 수익금 전액을 ○○ 환경 단체에 기부하는 데 사용하고 있다. 조합원은 설립 초기에 107명으로 시작하였고 지난해 4분기에는 85명이었다. 전교생은 322명으로, 지난 1년간 인원 변동은 없었다. 아래의 표는 협동조합의 1년 차 운영과 관련해 전교생 대비 조합원 비율 및 협동 매점 수익금의 변동 추이를 보여 주는 통계 자료이다.

PART Ⅰ 15회

	1분기	2분기	3분기	4분기
조합원 비율 (%)	33.2	30.4	28.6	26.4
협동 매점 수익금(원)	752,400	672,600	547,200	461,700

<조합원 비율 및 협동 매점 수익금>

2. 문제점 분석 및 해결 방안

[A] 현황을 통해 문제점을 확인할 수 있었다. 첫째, 조합원 비율이 감소하고 있다. 이러한 상황이 지속되면 협동조합을 유지하기 어려워질 수 있다. 둘째, 협동 매점의 수익금이 줄고 있다. 그래서 수익금 기부를 통한 나눔 실천 활동을 지속하기가 어려워질 수 있다.

설문 조사 결과, 조합원 비율이 감소한 원인은 조합원에 대한 혜택이 부족해서 탈퇴한 것, 홍보가 부족해서 가입이 저조한 것으로 분석되었다. 또 협동 매점 수익금이 감소하는 원인은 판매 물품, 운영 시간에 대한 불만이 쌓여 협동 매점 이용자가 줄고 있기 때문으로 분석되었다.

첫 번째 문제점의 해결 방안은 두 가지가 있다. 우선 조합원의 탈퇴를 막기 위해 조합원이 혜택을 받을 수 있는 방안을 마련한다. 예를 들어 수익금 중 일부를 조합원의 복지를 위해 체험 활동비로 지원하는 방안 등이다. 다음으로 홍보를 통해 협동조합 가입을 유도하는 방안을 마련한다. 두 번째 문제점의 해결 방안으로 협동 매점의 소비자인 학생들의 불만 사항을 파악할 수 있는 수단을 마련한다.

Ⅲ. 결론

조합원들에 대한 지속적인 관심과 협동 매점 운영에 대한 학생들과의 적극적인 소통이 필요하다. 개선안을 실천한다면 우리 학교의 협동조합이 더욱 발전할 수 있을 것이다.

43. 학생이 보고서의 초고에 사용한 글쓰기 방법으로 가장 적절한 것은?

① 통계 자료를 통해 객관적인 정보를 제시한다.
② 문헌 자료 분석을 통해 결론의 근거를 제시한다.
③ 다양한 해결 방안의 장단점을 비교하여 설명한다.
④ 조사 기간과 방법 및 대상을 항목화하여 제시한다.
⑤ 조사 내용과 관련된 전문 용어의 개념을 설명한다.

44. ㉠~㉢이 'Ⅱ. 본론'에 구체화된 내용으로 적절하지 않은 것은?

① ㉠: 협동 매점의 운영 시간 및 수익금 사용처
② ㉠: 조합원 비율 및 협동 매점 수익금의 변동 추이
③ ㉡: 협동조합 유지와 설립 취지의 지속적인 실현이 어려움
④ ㉢: 조합원에 대한 혜택이 부족하게 된 과정을 분석하여 파악한 원인
⑤ ㉢: 조합원 비율 및 협동 매점 수익금 감소와 관련된 설문 조사 내용을 분석하여 파악한 원인

45. <보기>는 보고서의 초고를 쓴 학생이 초고의 [A]를 보완하기 위해 수집한 자료이다. 자료 활용 방안으로 적절하지 않은 것은? [3점]

<보 기>

ㄱ. 전문가 인터뷰
"학교 협동조합은 학교를 기반으로 설립한 경제 조직이자 사회적 가치를 추구하는 교육 공동체입니다. 학생, 교직원, 학부모, 지역 주민 등이 참여할 수 있습니다. 수익금은 조합원의 복지를 위해 사용하거나 조합원의 동의를 바탕으로 공익을 위해 사용합니다."

ㄴ. 인근 학교 사례
Y학교의 협동조합에서는 SNS를 통해 소비자의 불만 사항을 파악하여 협동 매점 운영에 반영하고 있다. Z학교의 협동조합은 조합원 복지를 위해 수익금으로 도서 구입비를 지원하고 있다.

ㄷ. 우리 학교 학생 인터뷰
"저는 우리 학교 협동조합에 대해 잘 몰라서 가입하지 않았지만 알았다면 가입했을 것 같아요. 학교 게시판이나 누리집에도 협동조합에 대한 안내는 없었어요."

① ㄱ을 활용하여, 조합원을 위한 체험 활동비 지원이 조합원 복지 제도로서 협동조합의 수익금 사용 방법에 부합함을 밝혀 해결 방안의 근거로 제시한다.
② ㄴ을 활용하여, 조합원의 이탈 문제를 해결하는 방안의 예로 조합원에게 도서 구입비를 지원하는 것을 추가한다.
③ ㄴ을 활용하여, 협동 매점의 수익금 감소 문제를 해결하는 방안 중 하나로 SNS와 같은 소통 수단을 사용하는 것을 제시한다.
④ ㄷ을 활용하여, 협동 매점의 수익금을 늘리는 방안 중 하나로 협동조합에 대한 안내를 통해 협동 매점 이용자들의 불만 사항을 해소해 주는 것을 추가한다.
⑤ ㄷ을 활용하여, 조합원 가입이 저조한 문제를 해결하는 방안 중 하나로 학교 게시판이나 누리집에 협동조합을 홍보하여 학생들의 가입을 유도하는 것을 제시한다.

* 확인 사항
○ 답안지의 해당란에 필요한 내용을 정확히 기입(표기)했는지 확인하시오.

[해설편 p.036]

● 문항수 11개 | 배점 24점 | 제한 시간 20분

● 점수 표시가 없는 문항은 모두 2점

[35 ~ 37] 다음은 수업 중 학생의 발표이다. 물음에 답하시오.

안녕하세요? 발표를 맡은 ○○○입니다. 여러분, 지난 수업 시간에 세포의 자기 복제에 대해 공부했죠? 이번 시간에 저는 세포의 자기 복제와 관련 있는 콘웨이의 '생명 게임'을 여러분에게 9칸의 격자판으로 설명하려 합니다. (㉠ [화면1] 제시) 여기 화면처럼 각각의 칸에 a부터 i까지 기호를 붙이겠습니다. 그리고 a처럼 음영을 넣지 않은 칸은 살아 있는 세포가 없는 칸으로 0이라고 정의하고, b처럼 음영을 넣은 칸은 살아 있는 세포가 있는 칸으로 1이라고 정의하겠습니다. 이에 따라 b, e, h는 1, 그 이외의 것들은 0입니다.

생명 게임은 규칙이 있습니다. 첫째, 1은 이웃 중에 1이 한 개 이하이면 다음 세대에서 0이 됩니다. (㉡ [화면2] 제시) 여기 1인 a의 이웃은 무엇일까요? (대답을 듣고) b, d뿐만 아니라 e도 이웃입니다. 덧붙이자면 e는 a, b, c, d, f, g, h, i 모두가 이웃입니다. 여기 2세대의 이 a는 1인 이웃이 없는 것이죠. 그래서 3세대에서 0이 됩니다. 이것은 세포가 고립되면 죽기 때문입니다. 둘째, 1은 이웃 중에 1이 네 개 이상이면 세포 과잉으로 다음 세대에서 0이 됩니다. 셋째, 1 또는 0이 이웃 중에 1이 세 개 있으면 다음 세대에서 1은 1이 되고, 0은 1이 됩니다. 넷째, 1인 이웃이 두 개면 1이든 0이든 그 상태가 변하지 않습니다. 그래서 (㉢ [화면3] 제시) 이 화면의 a와 b는 모두 세대가 바뀌어도 상태가 변하지 않고 있습니다.

사례에 따라 격자판에서 1과 0이 나타나는 양상이 세대별로 다양하게 드러나는데요, 그것을 몇 가지 유형으로 설명할 수 있습니다. 여기서는 '주기', '멸종', '안정'의 세 가지 유형만 소개하겠습니다. (㉣ [화면1] 제시) 1세대의 e는 1인 이웃이 두 개, d, f는 모두 1인 이웃이 세 개입니다. 그래서 2세대에서는 d, e, f가 1이 되고, 3세대에서는 1세대처럼 다시 b, e, h가 1이 됩니다. 이러한 양상을 주기 유형이라고 합니다. 이번에는 9칸이 모두 1인 경우와 b, d, f, h가 1인 경우를 함께 보겠습니다. (㉤ [화면2]와 [화면3] 제시) 두 경우는 2세대가 되면 어떻게 될까요? (대답을 듣고) 맞아요. 서로 다르게 변하겠죠. 두 경우를 비교해 보면, e 이외의 칸들에 1, 0이 상반되게 나타납니다. 이에 따라 3세대에서 모든 칸이 0이 되는 경우도 있고, b, d, f, h가 1인 것이 그대로 이어지는 경우도 있습니다. 전자는 멸종 유형이고, 후자는 안정 유형입니다.

지금까지 생명 게임을 설명했습니다. 생명 게임은 복잡한 생명 현상에 모종의 질서가 있음을 설명하는 하나의 방법이라는 점에서 의미가 있습니다. 발표를 들어 주셔서 감사합니다.

35. 위 발표에 대한 설명으로 가장 적절한 것은?

① 질문을 통해 청중과 상호 작용하며 정보를 제공하고 있다.
② 청중과 공유한 경험을 활용하여 청중의 관심 분야를 확인하고 있다.
③ 전문가들의 서로 다른 견해를 인용하며 발표 내용을 설명하고 있다.
④ 발표 중간중간에 내용을 요약하며 청중이 알아야 하는 정보를 강조하고 있다.
⑤ 발표를 시작할 때 청중에게 기대하는 바를 언급하며 발표 목적을 제시하고 있다.

36. 다음은 발표자가 보여 준 화면이다. 발표자의 시각 자료 활용에 대한 설명으로 적절하지 <u>않은</u> 것은? [3점]

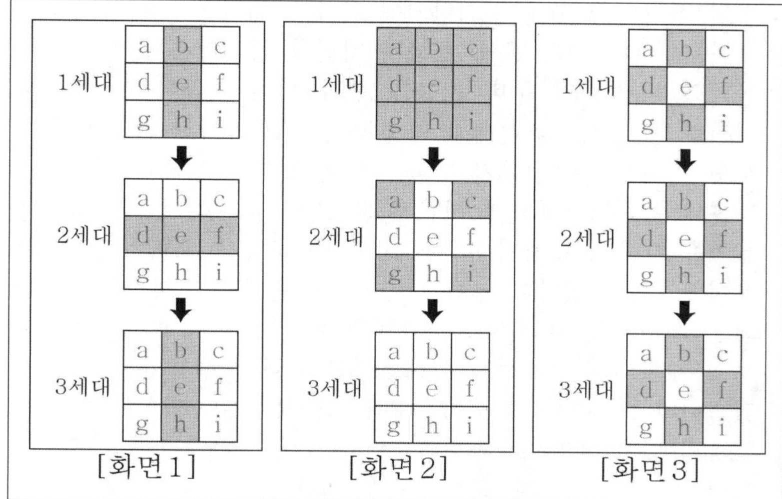

① ㉠을 활용하여, 격자판의 칸에 표시된 음영의 의미를 설명하였다.
② ㉡을 활용하여, 세포가 고립되었을 때 1이 다음 세대에서 0이 되는 경우를 설명하였다.
③ ㉢을 활용하여, 1과 0 모두 이웃 중에 1이 두 개이면 상태가 변하지 않는다는 것을 제시하였다.
④ ㉣을 활용하여, 1세대와 3세대의 격자판의 양상이 서로 다르다는 것을 보여 주었다.
⑤ ㉤을 활용하여, 멸종 유형과 안정 유형의 사례에서 발견할 수 있는 차이점을 언급하였다.

37. <보기>는 위 발표를 들은 학생들의 반응이다. 발표의 내용을 고려하여 학생의 반응을 이해한 내용으로 가장 적절한 것은?

< 보 기 >

학생 1: 이웃에 살아 있는 세포가 많을수록 세포 생존에 유리할 거라고 생각했는데, 오히려 불리하군. 그런데 왜 1인 이웃이 네 개인 경우부터 세포 과잉으로 볼까?
학생 2: 격자판에서 1과 0이 나타나는 양상을 세 가지 유형으로만 설명해서 아쉬웠어. 관련 서적을 찾아봐야겠어.
학생 3: 복잡한 생명 현상에 모종의 질서가 있음을 새롭게 알게 되어서 좋았어. 그런데 이 모형이 실제 현실에서도 적용되는지 확인해 봐야겠군.

① '학생 1'은 자신이 짐작했던 바를 발표 내용을 바탕으로 수정하고 있다.
② '학생 2'는 발표 내용이 사실에 부합하는지 의문을 제기하고 있다.
③ '학생 3'은 자신의 의문이 해소되었다는 점에서 발표 내용을 긍정적으로 평가하고 있다.
④ '학생 1'과 '학생 3'은 발표 내용이 적용되지 않은 예외적 상황이 있는지 검토하고 있다.
⑤ '학생 2'와 '학생 3'은 발표에서 자신에게 필요한 내용이 다루어지지 않아 아쉬워하고 있다.

[38 ~ 42] (가)는 학생회 누리집 게시판에 올라온 글이고, (나)는 (가)를 읽은 학생회 학생들의 대화이다. 물음에 답하시오.

(가)

안녕하세요. 저는 2학년 ○○○입니다. 학생회에서 '에너지 하베스팅 체험전'을 작년과 동일한 프로그램으로 구성하여 다음 달에 여는 것으로 알고 있습니다. 저는 에너지 하베스팅 체험전 행사의 취지에 동의하기에 올해도 행사에 참여하고자 합니다. 그런데 저는 올해 행사가 작년과 동일해서는 안 된다고 봅니다. 학생회의 준비 기간을 생각할 때 지금이 건의하기에 적절한 시기라고 판단해서 학생회 누리집 게시판에 ㉠ 작년 행사의 문제점을 개선하기 위한 방안을 건의합니다.

올해 초 작년 행사에 대한 설문 조사 결과를 학교 신문에서 보았습니다. 응답자의 50% 정도가 '에너지 하베스팅'이라는 용어에 친숙해졌다고 답했지만, 일상생활에서 버려지거나 소모되는 에너지를 에너지 하베스팅으로 어떻게 모아 활용하는지는 구체적으로 이해하기 어려웠다고 답한 학생들이 60%를 넘었습니다. 그래서 행사에 대해 만족한다고 답한 학생들이 30%밖에 안 된다고 봅니다. 이와 같은 설문 조사의 결과는 작년 행사가 에너지 하베스팅에 대한 사진이나 영상 자료를 전시하는 데 치우쳤기 때문에 나타난 것이라고 생각합니다.

에너지 하베스팅 체험전의 목적은 일상에서 쓰임이 확대되고 있는 에너지 하베스팅에 대한 이해도를 높여서 학생들이 에너지를 효율적으로 쓰도록 유도하기 위함이라고 알고 있습니다. 이러한 목적을 달성하기 위해서는 학생들에게 에너지 하베스팅이 적용된 제품을 직접 제작하고 사용하는 기회를 제공하는 프로그램을 추가해야 합니다.

제가 건의한 대로 에너지 하베스팅 체험전의 프로그램을 개선한다면 행사에 대한 학생들의 만족도가 높아질 것입니다. 실제로 □□ 과학 체험관에서 에너지 하베스팅을 직접 체험하는 프로그램을 진행했는데, 참여자의 80%가 에너지 하베스팅을 구체적으로 이해하는 데 유익했다고 답했습니다. 에너지 하베스팅에 대한 구체적 이해는 우리가 에너지를 효율적으로 활용할 수 있도록 도와줄 것입니다. 학생들에게 소중한 경험을 제공하기 위해 노력해 주셔서 감사합니다.

(나)

학생 1 : 학교의 누리집 게시판에 에너지 하베스팅 체험전에 대해 건의한 글 봤지? 건의 내용에 대해 논의해 보자.

학생 2 : 올해 행사를 작년과 동일하게 치러서는 안 된다는 건의였지. 나도 그 생각에 동의해.

[A]

학생 1 : 우리가 작년 행사의 문제점을 충분히 고려하지 못했던 것 같아. 작년 행사의 문제점부터 논의해 보자.

학생 3 : 학생들의 만족도가 낮은 것이 문제였어.

학생 2 : 맞아, 나도 건의한 글처럼 학생들의 만족도가 낮은 이유가 프로그램이 자료를 전시하는 데 치우쳐서 에너지 하베스팅을 일상생활과 관련지어 구체적으로 이해하기 어려웠기 때문이라고 생각해.

학생 3 : 동의해. 그런데 우리가 사용한 사진과 영상 자료에는 문제가 없었을까?

학생 1 : 사진은 에너지 하베스팅이 적용된 다양한 제품들을 보여 주는 것이었고, 영상은 에너지 하베스팅의 원리를 구체적으로 설명해 주는 것이었잖아. 사진이나 영상 자료에는 문제가 없었던 것 같아.

학생 2 : 일부이기는 하지만 유사한 내용이 반복되는 사진이나 영상 자료가 있었던 것은 문제라고 봐.

학생 1 : 그럼 작년 자료들은 선별해서 사용하자. 프로그램의 다양화에 모두 동의하는 것 같으니, 이제 건의 내용을 수용할 것인지 논의해 보자.

학생 2 : 에너지 하베스팅 체험전의 목적에 부합하는 프로그램을 마련하기 위해 수용해야 하는 건의라고 생각해. 건의 내용을 수용하면 □□ 과학 체험관의 경우처럼 행사에 대한 만족도가 높을 거야.

[B]

학생 1 : 그러면 어떤 프로그램을 마련할지 말해 보자.

학생 2 : 학생들이 신발 발전기를 직접 제작해서 사용하게 하면 어떨까? 신발 발전기는 압전 소자, 전선, 발광 다이오드 등의 부속만 있으면 간단하게 만들 수 있고, 전기가 생산되는 것을 발광 다이오드로 바로 확인할 수 있어.

학생 3 : 근데 제품을 제작하는 체험까지 해야 할까?

학생 2 : 학생들이 신발 발전기를 직접 제작하면, 장치의 구조를 알게 되어 압력 에너지가 어떻게 전기로 변환되는지 구체적으로 더 잘 이해할 수 있을 거야.

학생 1 : 신발 발전기를 제작해서 신고 걷는 체험만 하면 단조롭지 않을까? 좋은 의견 있어?

학생 3 : 에너지 하베스팅을 통해 생산되는 전기로 휴대 전화를 충전하는 체험을 해 보는 것은 어때? 전기를 생산할 수 있는 장치가 되어 있는 평평한 판에 휴대 전화 충전기를 연결하는 것은 어렵지 않아.

학생 2 : 좋은 생각이네. 평평한 판 위를 뛰면서 휴대 전화를 충전하면 학생들이 일상적인 활동을 통해 전기를 생산할 수 있다는 것을 직접 확인할 수 있을 거야.

학생 1 : 행사 취지에 잘 맞는 체험인 것 같아. 지금까지 논의한 내용을 종합하면, 작년에 사용한 자료들은 선별해서 사용하고, 학생들이 직접 체험하는 프로그램을 추가하기로 했어.

학생 3 : 그럼 지금까지 논의한 대로 잘 준비해 보자.

학생 2 : 응, 논의한 내용은 내가 정리해서 회의록을 작성할게.

학생 1, 3 : 그래, 고마워.

38. ㉠과 관련하여 (가)의 작문 맥락을 파악한 내용으로 가장 적절한 것은?

① ㉠에 대해 동일한 문제의식을 갖고 프로그램을 변경한 주체를 예상 독자로 설정했다.
② ㉠을 해결하기 위해 행사의 취지에 대한 학생들의 인식 개선이 필요함을 글의 주제로 삼았다.
③ ㉠을 참고하여 행사의 목적에 부합하는 프로그램을 구성해야 한다고 제안하는 것을 작문 목적으로 설정했다.
④ ㉠과 관련하여 행사에 대한 자신의 생각을 진솔하게 기록하기 위해 개인적인 성격이 강한 작문 매체를 선정했다.
⑤ ㉠의 실상을 객관적으로 드러내기 위해 주관적인 견해를 배제하고 사실을 있는 그대로 설명하는 글의 유형을 선택했다.

[해설편 p.038]

39. <보기>를 기준으로 하여 (가)를 평가한 내용으로 적절하지 않은 것은?

< 보 기 >

ⓐ 적절한 건의 시기를 고려했는가?
ⓑ 사실에 근거하여 문제를 제기했는가?
ⓒ 문제가 발생한 이유를 제시했는가?
ⓓ 해결 방안의 실행 가능성을 점검하여 제시했는가?
ⓔ 방안을 시행했을 때 기대되는 효과를 제시했는가?

① 1문단에서 학생회의 행사 준비 기간을 생각했다는 내용은, 건의 시기의 적절성을 고려했다는 점에서 ⓐ를 충족하는군.
② 2문단에서 작년 행사에 대한 설문 조사 결과를 인용한 내용은, 올해 행사를 위해 개선해야 할 문제를 사실에 근거하여 제기했다는 점에서 ⓑ를 충족하는군.
③ 2문단에서 작년 행사가 자료를 전시하는 데 치우쳤다고 언급한 내용은, 작년 행사에 만족한 학생의 비율이 30%밖에 안 된 이유에 관한 것이라는 점에서 ⓒ를 충족하는군.
④ 3문단에서 에너지 하베스팅이 적용된 제품의 제작과 사용을 언급한 내용은, 에너지 하베스팅에 대한 이해도를 높이기 위한 체험의 실행 가능성 여부를 점검한 것이라는 점에서 ⓓ를 충족하는군.
⑤ 4문단에서 학생들의 만족도가 높아질 것이라고 언급한 내용은, 건의한 방안을 시행했을 때 기대되는 효과를 제시했다는 점에서 ⓔ를 충족하는군.

40. <보기>는 (가)의 마지막 문단의 초고이다. <보기>를 고쳐 쓰는 과정에서 반영된 친구의 조언으로 적절하지 않은 것은?

< 보 기 >

제가 건의한 대로 에너지 하베스팅 체험전의 프로그램을 개조한다면 행사에 대한 학생들의 만족도가 높아질 것입니다. 그러나 실제로 □□ 과학 체험관에서 에너지 하베스팅을 직접 체험하는 프로그램을 진행했는데, 참여자의 80%가 에너지 하베스팅을 구체적으로 이해하는 데 유익했다고 답했습니다. 화석 에너지의 고갈에 대한 우려가 있습니다. 에너지 하베스팅에 대한 구체적 이해는 우리가 효율적으로 활용할 수 있도록 도와줄 것입니다. 학생들을 소중한 경험을 제공하기 위해 노력해 주셔서 감사합니다.

① 첫 번째 문장은 부적절하게 사용된 어휘를 바꾸는 게 어때?
② 두 번째 문장은 잘못된 접속어를 사용했으므로 접속어를 삭제하는 게 어때?
③ 세 번째 문장은 글의 자연스러운 흐름을 해치고 있는 문장이므로 삭제하는 게 어때?
④ 네 번째 문장은 필요한 문장 성분이 빠져 있으므로 추가하는 게 어때?
⑤ 다섯 번째 문장은 목적어에 맞게 서술어를 수정하는 게 어때?

41. [A]와 [B]에 대한 이해로 가장 적절한 것은?

① [A]에서 '학생 1'은 문제점을 살피기 위한 여러 관점을 소개한 후, [B]에서 여러 관점에서 논의된 내용을 종합하고 있다.
② [A]에서 '학생 2'는 문제의 원인을 제시한 후, [B]에서 문제 해결을 위한 방안을 제시하고 있다.
③ [A]에서 '학생 3'은 문제에 대한 추가적인 논의의 필요성을 제기한 후, [B]에서 추가적인 논의의 의미를 강조하고 있다.
④ [A], [B] 모두에서 '학생 1'은 논의한 내용을 정리하면서 '학생 2'와 '학생 3'이 문제에 대한 의견을 내도록 요청하고 있다.
⑤ [A], [B] 모두에서 '학생 2'는 '학생 3'의 질문에 답하면서 문제에 대한 자신의 의견이 타당함을 주장하고 있다.

42. (가)와 (나)를 고려할 때 '학생 2'가 쓴 회의록의 내용 중 적절하지 않은 것은?

일시 : 20××. ××. ××.	장소 : 학생회실
회의 주제 : 에너지 하베스팅 체험전의 개선 방안 마련	
작년 행사 점검	전시에 치우쳐 프로그램이 다양하지 않았음. …… ①
	유사한 내용이 반복되는 자료가 일부 있었음. …… ②
건의 내용 점검	건의 내용이 행사에 참여하는 학생의 수를 늘리기 위한 방안으로 적합함. …… ③
추가 프로그램 마련	학생들이 신발 발전기를 제작해서 신고 걸으며 전기가 생산되는 것을 직접 확인할 수 있도록 함. …… ④
	학생들이 평평한 판 위에서 뛰어 휴대 전화를 충전할 수 있도록 함. …… ⑤

[43~45] 다음은 작문 상황을 바탕으로 작성한 학생의 초고이다. 물음에 답하시오.

[작문 상황] ㉠지역 사회의 문제에 대한 견해를 담은 글을 작성하여 지역 신문에 기고하려고 함.

[초고]
얼마 전 지방의 인구 감소 문제를 해결한 외국의 사례를 소개하는 책을 읽고, 지역의 문제 해결을 위해서는 지역민들이 함께 고민하는 것이 중요함을 알 수 있었다. 이에 우리 ○○시의 인구 감소 문제를 함께 살펴보고자 한다. 우리 지역은 전체 인구가 2018년에 비해 2022년에 10% 가까이 감소했다. 이는 무엇보다 우리 지역의 20~30대 청년층 인구 감소 속도가 빠르기 때문에 나타난 결과이다. 우리 지역의 청년층 인구의 감소 속도는 전체 인구의 감소 속도에 비해 2배 이상 빠르다. 이런 추세라면 얼마 지나지 않아 우리 지역은 소멸 위험에 처하게 될 것이다.

우리 지역의 청년층 인구 감소의 주요 요인은 양질의 일자리 감소이다. 그동안 우리 지역은 섬유 산업, 식품 산업, 자동차 부품 산업 등을 중심으로 경제 활동이 이루어져 왔다. 그런데 근래 들어 전통적인 섬유 산업이 쇠퇴하여 양질의 일자리가 지속적으로 감소하고 그에 따라 지역의 서비스 산업도 함께 쇠퇴해 왔다. 이것은 보육·교육, 문화 등 지역에 자리를 잡고 생활하는 데 필요한 정주 여건의 악화로 이어지고 있다. 이렇게 악화되는 정주 여건은 인구 유입의 장애 요인으로 작용하여 우리 지역의 인구 감소를 가속화하고 있다.

양질의 일자리를 늘리기 위해 고부가 가치 섬유 산업의 육성을 지원하고 식품 산업 단지를 확대해 기업들을 유치하기 위한 노력이 지방 자치 단체를 중심으로 이루어지고 있다. 그런데 외국의 사례를 보면 산업 진흥 정책과 함께 보육·교육 여건의 개선이 이루어지고 지역의 특색 있는 문화가 발전할 때 청년층 인구 증가의 효과가 컸다. 우리 지역도 이 사례를 참고해 지역민의 보육·교육 여건의 개선과 문화 콘텐츠 개발 등을 위해 제도적인 지원을 늘려야 한다.

청년층 인구의 증가는 지역의 인구 소멸 위험을 낮추고 지역 경제 발전의 선순환 구조를 만드는 토대가 된다. 이러한 선순환 구조에 우리 지역이 진입하기 위해서는 양질의 일자리가 제공되어야 할 뿐 아니라 청년층에게 필요한 제도가 마련되고 기반 시설이 확충되어야 한다. [A]

43. '초고'에서 ㉠을 제시할 때 활용한 전략으로 가장 적절한 것은?

① 문제를 해결한 사례를 근거로 해결 방안을 제안한다.
② 문제에 관한 쟁점을 바탕으로 문제의 심각성을 강조한다.
③ 문제의 다양한 발생 원인을 근거로 문제 해결의 어려움을 주장한다.
④ 문제 해결을 위한 기존 방안의 한계를 근거로 문제에 대한 논의의 시급성을 주장한다.
⑤ 문제에 대한 여러 연구 결과를 바탕으로 문제를 분석하기 위한 다양한 관점을 제안한다.

44. 다음 선생님의 조언에 따라 [A]에 들어갈 내용을 작성한다고 할 때 가장 적절한 것은?

선생님: 1문단에서 밝힌 작문의 계기에 관한 내용을 포함하고 관용구를 활용하여 글을 마무리하는 것이 좋겠습니다. 이때 대용 표현을 사용하면 앞 문장과의 응집성을 높일 수 있습니다.

① 이와 관련하여 정책 당국은 나이가 들수록 소득이 줄어 발생하는 세대 간 소득 격차 문제를 우선적으로 해결하기 위해 발 빠르게 대처해야 한다.
② 이를 위해서는 백지장도 맞들면 낫듯이 우리 지역민 모두가 함께 고민하며 문제 해결을 위한 노력을 하는 것이 중요하다.
③ 이것은 정주 여건이 좋아야 우리 지역을 떠난 청년층이 우리 지역으로 다시 돌아올 수 있다는 사실을 보여 준다.
④ 우물을 파도 한 우물을 파야 하듯이 정책 당국은 효과가 가장 큰 하나의 정책을 꾸준히 시행해야 한다.
⑤ 인구 감소 문제는 당장 우리 지역민 모두가 당면하고 있는 현실이어서 많은 관심을 필요로 한다.

45. <보기>는 학생이 '초고'를 보완하기 위해 추가로 수집한 자료이다. 자료의 활용 방안으로 적절하지 않은 것은? [3점]

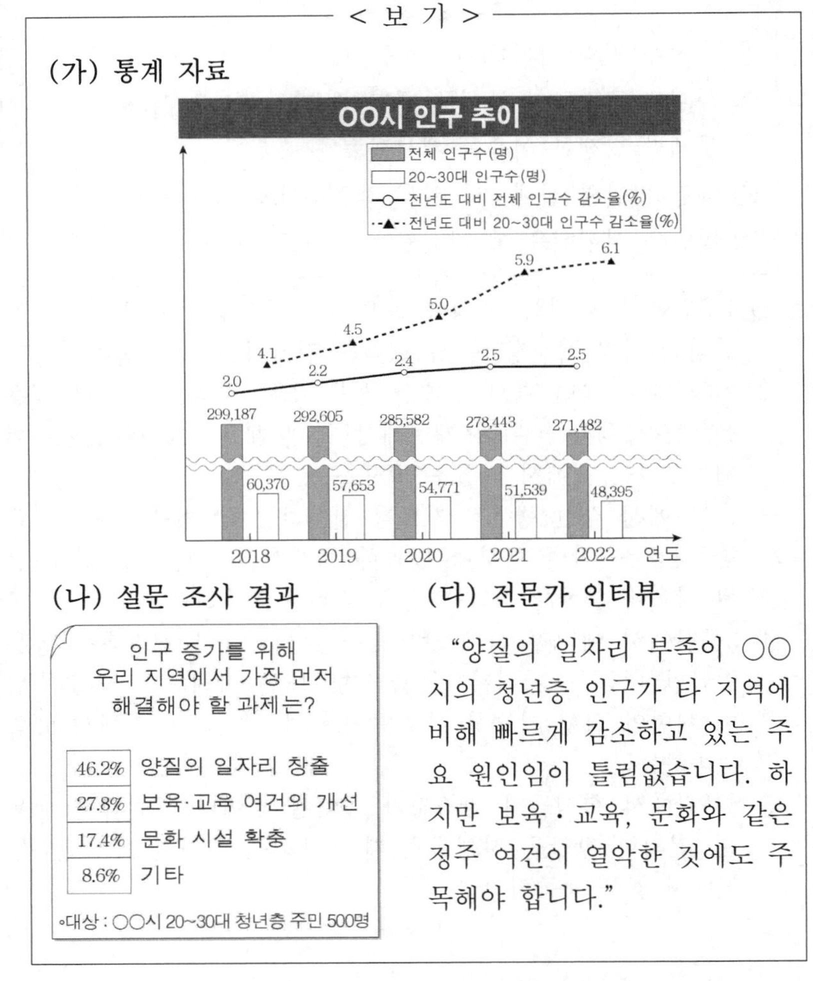

① (가)를 활용하여, 1문단에서 우리 지역의 전체 인구가 2018년에 비해 2022년에 10% 가까이 감소했다고 제시한 것에 대해, 2018년과 2022년의 전체 인구수를 밝혀 구체화한다.
② (나)를 활용하여, 3문단에서 보육·교육 여건의 개선과 문화 발전의 필요성을 언급한 것에 대해, 청년층의 인구 증가를 위해서는 정주 여건을 개선해야 한다는 설문 조사 결과를 추가한다.
③ (다)를 활용하여, 2문단에서 정주 여건이 인구 유입의 장애 요인이라고 언급한 것에 대해, 열악한 정주 여건이 청년층 인구 감소의 주요 요인임을 강조한다.
④ (가)와 (다)를 활용하여, 1문단에서 우리 지역의 청년층 인구와 전체 인구의 감소 속도를 비교한 것에 대해, 우리 지역과 타 지역의 청년층의 인구 감소 속도를 비교한 값을 추가한다.
⑤ (나)와 (다)를 활용하여, 4문단에서 청년층에게 필요한 제도와 기반 시설을 언급한 것에 대해, 보육·교육의 지원을 위한 제도가 마련되고 문화 시설이 확충되어야 한다는 내용으로 구체화한다.

* 확인 사항
∘ 답안지의 해당란에 필요한 내용을 정확히 기입(표기)했는지 확인하시오.

17회 ● 2022학년도 10월 학력평가 국어영역(화법과 작문)

● 문항수 11개 | 배점 24점 | 제한 시간 20분

● 점수 표시가 없는 문항은 모두 2점

[35~37] 다음은 학생 대상의 강연이다. 물음에 답하시오.

안녕하세요. 전통문화 연구원 ○○○입니다. 여러분은 자연의 풍경을 접한 채 음악을 들으면서 한가롭게 차를 마신 경험이 있으신가요? (청중의 반응을 확인한 후) 제가 생각한 것보다 많지 않군요. 그렇다면 한번 눈을 감고 상상을 해 보세요. (잠시 후) 마음이 평안해지지 않나요? 저는 오늘 여러분에게 정신적 여유로움을 담아낸 그림들을 소개하고자 합니다.

먼저 조선 중기에 창작된 이경윤의 「월하탄금도」를 소개하겠습니다. 고요하고 깊은 산속, 보름달 아래에서 거문고를 연주하며 차를 마시는 상상을 해 보시겠어요? (자료 제시) 여러분이 상상한 장면과 비슷한가요? 달빛이 고즈넉한 자연 공간을 채워 탈속의 느낌을 자아내고 있습니다. 이 공간에서 한 문사가 거문고를 어루만지고 다동이 차를 준비하고 있습니다. (자료의 해당 부분을 각각 지시) 거문고는 마음을 바르게 이끄는 것이고, 차는 정화를 위한 것입니다. 이 둘은 내면의 여유로움과 높은 정신의 경지를 나타내기도 합니다.

다음은 조선 후기 작품인 김홍도의 「전다한화」입니다. (자료 제시) 그림 속 인물과 소재에 주목해 앞의 그림과 유사한 점을 찾아보세요. 이 그림에서도 다동이 차를 준비하고 있죠. 그 왼편에서 책을 들고 있는 선비와 부채를 들고 있는 선비가 한가롭게 담소를 나누고 있는데 여유로움이 느껴집니다. (자료의 해당 부분을 각각 지시) 여기 기암괴석의 왼쪽에 파초가 있고 오른쪽에는 야자수가 있습니다. 이것들은 당대 문인들의 취향을 반영한 것으로 그림 속 인물들의 한가로움을 부각하고 있습니다. 그리고 이 그림에도 거문고가 있죠. 이 그림에서도 거문고는 인물들의 정신적 지향점을 나타냅니다.

이제 두 그림을 함께 보겠습니다. (두 자료를 한 화면에 함께 제시) 「월하탄금도」는 자연의 공간인 산속을, 「전다한화」는 인위적 공간인 정원을 배경으로 삼고 있습니다. 이처럼 두 그림은 공간의 성격이 서로 다릅니다. 하지만 두 그림은 모두 내면의 여유로움을 보여 주고 있습니다. 「월하탄금도」는 '은일'을 통해, 「전다한화」는 '망중한'을 통해 보여 주고 있죠. 그런데 '은일', '망중한'의 의미를 아시나요? (청중의 반응을 살피고) 모르시는 분이 많군요. '은일'은 속세를 떠나 숨어 한가롭게 지냄을, '망중한'은 바쁜 가운데의 한가한 틈을 의미합니다. 여기서 우리의 생활을 잠시 돌아볼까요? 일상에 파묻혀 바쁘게만 지내고 있지는 않나요? 그림 속 문인들처럼 차를 가까이 하며 여유로움과 내면의 자유를 느껴 보시기를 바랍니다.

35. 위 강연에 대한 설명으로 가장 적절한 것은?

① 청중이 당면할 수 있는 문제 상황들을 열거하며 실천을 권유하고 있다.
② 청중과 함께 공유한 경험을 환기하여 화제에 관한 청중의 관심을 유도하고 있다.
③ 청중에게 질문을 제시하고 청중의 반응을 확인하여 필요한 정보를 제공하고 있다.
④ 강연 중간중간에 청중이 강연의 내용을 이해할 때 주의해야 할 점을 제시하고 있다.
⑤ 강연에서 다룰 내용들의 순서를 안내하여 청중이 강연 내용을 예측하도록 돕고 있다.

36. 강연자의 자료 활용 계획 중 위 강연에 반영되지 않은 것은?

<자료 1> 이경윤, 「월하탄금도」　　<자료 2> 김홍도, 「전다한화」

① <자료 1>을 보여 주며 그림 속 소재들에 대한 청중들의 감상 의견을 유형별로 나누어 분석한다.
② <자료 1>의 소재들을 각각 지시하며 소재들이 그림에서 나타내고 있는 의미를 설명한다.
③ <자료 2>를 보여 주며 <자료 1>과 유사한 점을 찾을 수 있도록 유도한다.
④ <자료 2>의 소재들을 각각 지시하며 그림에 반영되어 있는 당대 문인들의 취향을 언급한다.
⑤ <자료 1>과 <자료 2>를 함께 보여 주며 두 그림의 공간적 배경의 차이점을 제시한다.

37. 다음은 위 강연을 들은 학생들의 반응이다. 이를 이해한 내용으로 적절하지 않은 것은? [3점]

> **학생 1** : 미술 서적을 통해 「월하탄금도」의 거문고가 도연명의 고사와 관련이 있다고 알고 있어. 고사에 관한 내용을 기대했는데 이야기해 주지 않아 아쉬웠어.
> **학생 2** : 두 그림의 제목이 지닌 의미를 설명했다면 강연 내용을 더 잘 이해할 수 있었을 텐데. 아쉽네. 하지만 오랜만에 강연을 통해 내 생활을 돌아보는 기회를 가질 수 있어 유익했어.
> **학생 3** : 자연물을 소재로 삼은 그림 속 공간은 모두 자연의 공간이라고만 생각했었는데, 인위적인 정원도 그림 속 공간이 됨을 새롭게 알았어. 그리고 차를 소재로 삼은 그림을 감상할 때 정신적인 측면을 고려해야 함도 알았어.

① 학생 1은 강연 내용과 관련 있는 자신의 배경지식을 떠올리고 있다.
② 학생 2는 강연의 효용성을 근거로 강연을 긍정적으로 평가하고 있다.
③ 학생 3은 강연을 통해 새롭게 알게 된 정보를 통해 자신이 생각했던 바를 수정하고 있다.
④ 학생 1과 학생 2는 강연에서 다루면 좋았을 내용을 제시하며 아쉬워하고 있다.
⑤ 학생 1과 학생 3은 강연 내용과 관련하여 강연자가 언급하지 않은 내용을 추론하고 있다.

[38~42] (가)는 학교 신문 동아리 학생들의 회의이고, (나)는 회의 내용을 바탕으로 작성한 글의 초고이다. 물음에 답하시오.

(가)

학생 1 : 지난 회의에서 학생회가 주관하는 '친해지길 바라' 행사를 학교 신문에 싣기로 하고 관련 내용을 조사하기로 했잖아. 먼저 인터뷰한 내용을 공유한 후, 이를 바탕으로 초고의 내용 구성을 어떻게 할지 이야기해 보자.

학생 2 : 학생회장은 이번 행사를 통해 감염병 유행 기간에 외로움을 느끼는 학생들을 돕고 싶다고 말했어. 그래서 학생회 임원들이 등교하는 학생들을 반갑게 맞이하는 프로그램을 준비한다고 해.

학생 3 : ㉠ 인사하며 맞이하는 프로그램을 통해 학생들의 외로움을 달래 주려는 것 같은데, 짧게 인사를 나눈다고 외로움을 덜어 줄 수 있을까?

학생 2 : 실제로 짧은 순간 친근감을 표현하더라도 혼자라는 느낌이 덜 든다는 연구 결과가 있더라고.

학생 1 : 그렇구나. 바리스타 동아리와 요리 동아리는 점심시간에 학생 휴게실에 카페를 운영하기로 했어. 서로 이야기를 나눌 수 있도록 자리를 마련하는 건데, 친구의 이야기를 귀담아들을 수 있게 하는 적절한 방법 같아.

학생 2 : ㉡ 직접 소통할 수 있는 기회를 제공한다는 점에서 좋은 방법 같은데, 특히 전자 기기에 빠져서 대면 소통이 부족한 학생들에게 도움이 될 것 같아.

학생 3 : 또래 상담 동아리에서는 '행복한 대화 벤치'라는 프로그램을 진행해. 대화에 초대하는 팻말을 들고 벤치에 앉아 있으니 누구라도 와서 대화를 나눌 수 있도록 한대.

학생 2 : ㉢ 대화에 초대하는 팻말을 들고 벤치에 앉아 있는 또래 상담 동아리 학생에게 대화하고 싶은 학생이 말을 걸면 된다는 거지?

학생 3 : 응, 맞아.

학생 1 : 행복한 대화 벤치 사례에 대한 글을 봤어. 이 사례를 신문 기사에서 활용하는 건 어때?

학생 3 : ㉣ 그래, 독자의 흥미를 끌 수 있을 것 같으니까 구체적으로 어떤 내용인지 조사해 볼게.

학생 2 : 공연 동아리들이 행사에 참여하기로 했다는 이야기 들었지? 자세한 내용은 내가 좀 알아볼게.

학생 1 : 이제 각자 인터뷰한 내용을 모두 이야기한 거지? 그럼 내용 구성을 어떻게 하면 좋을지 말해 볼까?

학생 3 : 학생들이 행사 정보를 잘 기억할 수 있게 학생의 이동 동선에 따라 행사 프로그램을 소개하고, 각 프로그램의 기대 효과를 덧붙이면 좋겠어.

학생 2 : ㉤ 좋은 생각이야. 행사 개최의 이유를 밝히기 위해 기사 앞부분에 외로움의 위험성에 대해 언급하는 게 필요할 것 같아.

학생 1 : 좋아. 지금까지의 의견을 종합해 내용을 구성하기로 하자. 기사문 작성을 위해 역할 분담은 어떻게 할까?

학생 3 : 인터뷰 자료를 바탕으로 초고는 내가 써 볼게.

학생 2 : 난 공연 동아리들의 프로그램을 조사해서 알려 줄게.

학생 1 : 그럼 초고 검토는 내가 할게. 각자 조사한 자료의 출처가 믿을 만한지 확인해 줘.

(나)

[표제] 외로움 줄이고 친밀함 높이는 행사가 열려
[부제] 감염병으로 끊어진 관계를 연결하는 '친해지길 바라'

[전문] 학생회가 주관하고 희망하는 동아리들이 참여하는 '친해지길 바라' 행사가 진행될 예정이다.

[본문] 사람들 간의 상호 작용을 연구한 ○○○ 박사는 지속적인 외로움은 정신 건강은 물론이고 신체 건강도 위협한다고 말한다. 이에 학생회장은 '친해지길 바라'를 준비하면서 "이 행사를 통해 감염병 유행 기간에 다른 사람들과 제대로 교류하지 못해 외로움을 느끼는 학생들이 도움을 받았으면 좋겠다."라고 행사의 취지를 밝혔다. 이번 행사는 참여자들의 상호 소통을 중시하는 자율적인 성격의 프로그램들을 학생회와 여섯 개의 동아리가 준비하고 있다.

먼저 행사 기간 동안 등교 시간에 학교 정문에서는 학생회 임원들이 '친구야, 반가워!'를 외치며 학생들을 맞이할 예정이다. 서로 반갑게 인사를 주고받으며 혼자라는 느낌을 떨치고 활력을 얻을 수 있을 것으로 기대된다.

정문에서 학교 건물로 들어가는 길에 있는 벤치에는 누구라도 와서 말을 건넬 수 있다는 문구가 써 있다. 또래 상담 동아리에서 휴식 시간에 대화가 필요한 친구들을 이 벤치에서 만난다. '행복한 대화 벤치'는 영국에서 시작되었는데, 이를 통해 지역 주민들이 공동체와 자신이 연결되었다는 느낌을 받았다고 한다. 또래 상담 동아리도 영국의 '행복한 대화 벤치'에서처럼 학생들이 학교 공동체와 연결되어 있다는 느낌을 받도록 프로그램을 준비했다고 한다.

학교 건물 1층의 학생 휴게실에서는 점심시간에 바리스타 동아리와 요리 동아리가 함께 카페를 운영한다. 카페의 이용 규칙은 스마트폰과 같은 전자 기기를 카페 입구에 보관하는 것이다. 그리고 동아리에서 만든 음료와 간식을 들며 친구들과 이야기를 나눌 수 있다. 대화에 집중할 수 있는 환경에서 친구들과 친밀감을 높일 수 있게 한 것이다.

학교의 가장 안쪽에 있는 공연장에서는 수요일 방과 후에 사물놀이 동아리, 댄스 동아리, 연극 동아리가 각 동아리 특색을 살린 체험 활동을 진행한다. 학생들은 체험 활동을 통해 다양한 상호 작용을 직접 경험할 수 있을 것이다.

[A] 학생회장은 이번 행사를 계기로 외로움을 느끼는 학생들이 도움을 받았으면 좋겠다는 바람을 드러내었다. '친해지길 바라' 행사의 자세한 프로그램 내용, 운영 시간, 변경 사항 등은 학생회 누리 소통망에서 확인할 수 있다.

38. 대화의 흐름을 고려할 때, ㉠~㉤에 대한 이해로 적절하지 <u>않은</u> 것은?

① ㉠ : 상대의 발화와 관련된 내용을 추측하며 프로그램 효과에 대한 의문을 드러내고 있다.
② ㉡ : 상대의 발화 내용에 동의하며 프로그램의 도움을 받을 수 있는 대상이 누구인지 언급하고 있다.
③ ㉢ : 상대의 발화 내용을 재진술하며 프로그램에 대해 자신이 이해한 바가 맞는지 확인하고 있다.
④ ㉣ : 상대의 발화에 공감하며 프로그램에 대해 소개할 자료를 요청하고 있다.
⑤ ㉤ : 상대의 발화를 긍정적으로 평가하며 자신의 의견을 덧붙이고 있다.

[해설편 p.041]

39. (가)의 '학생 1'에 대한 설명으로 가장 적절한 것은?

① 회의 중간에 논의된 사항을 정리하고 이에 대한 문제점을 지적한다.
② 지난 회의에서 논의된 사항을 환기하며 회의의 진행 순서를 제시한다.
③ 기사문의 내용을 확정하고 기사문 초고 작성을 위한 역할을 개인별로 배분한다.
④ 인터뷰 여부를 확인하고 인터뷰 자료를 효과적으로 공유할 수 있는 방안을 제안한다.
⑤ 자료 점검의 필요성을 제시하고 기사문에 활용할 자료의 출처를 점검하는 방법을 구체적으로 안내한다.

40. (가)와 (나)를 고려할 때, '학생 3'이 초고를 쓰기 위해 떠올렸을 생각으로 적절하지 않은 것은?

① 학생회장의 인터뷰를 직접 인용하여 행사의 취지를 드러내야겠다.
② 공연 동아리들의 프로그램에 대해 추가적으로 조사한 정보를 제시해야겠다.
③ 영국에서 시작된 '행복한 대화 벤치'를 들어 프로그램의 기대 효과를 제시해야겠다.
④ 회의에서 언급된 내용 구성 방법을 고려하여, 학생들의 이동 동선에 따라 프로그램을 소개해야겠다.
⑤ 회의에서 언급된 연구 결과를 뒷받침하기 위해, 전문가의 견해를 인용하여 외로움이 미치는 해악을 밝혀야겠다.

41. '학생 1'이 다음의 점검 기준에 따라 (나)를 점검한다고 할 때, 그 내용으로 적절하지 않은 것은?

점검 기준	점검 결과 (예 / 아니요)
· [표제]에서 행사의 목적을 나타냈는가?	ⓐ
· [부제]는 [표제]를 보완하는 기능을 하였는가?	ⓑ
· [전문]은 기사문을 요약적으로 제시하였는가?	ⓒ
· [본문]에서 행사 프로그램의 성격을 밝혔는가?	ⓓ
· [본문]에서 누가 무슨 내용의 프로그램을 진행하는지를 전달하였는가?	ⓔ

① [표제]에서 외로움을 줄이고 친밀함을 높이는 목적으로 행사가 열린다고 밝혔으므로 ⓐ에 '예'라고 해야지.
② [부제]에서 행사가 열리는 배경과 행사의 명칭을 담았으므로 ⓑ에 '예'라고 해야지.
③ [전문]에서 육하원칙을 모두 지켜 '친해지길 바라' 행사를 요약적으로 제시했으므로 ⓒ에 '예'라고 해야지.
④ [본문]에서 행사 프로그램이 상호 소통을 중시하는 자율적 성격임을 밝혔으므로 ⓓ에 '예'라고 해야지.
⑤ [본문]에서 학생회와 동아리가 무슨 프로그램을 진행하는지를 전달하였으므로 ⓔ에 '예'라고 해야지.

42. <보기>는 [A]를 고쳐 쓴 것이다. [A]를 <보기>와 같이 수정한 이유로 가장 적절한 것은?

<보 기>

행사 소식을 접한 학생들은 이번 행사를 계기로 한동안 잃어버렸던 일상 속 활기를 되찾을 수 있을 것이라며 행사에 꼭 참여하겠다는 뜻을 밝혔다. '친해지길 바라' 행사의 자세한 프로그램 내용, 운영 시간, 변경 사항 등은 학생회 누리 소통망에서 확인할 수 있다.

① 앞에서 이미 언급한 내용은 삭제하고 행사에 대한 학생들의 기대감을 드러내기 위해
② 글의 주제와 관련이 없는 정보를 삭제하고 행사에 대한 잘못된 정보는 바로잡기 위해
③ 글의 주제와 관련이 없는 정보를 삭제하고 학생들에게 행사 참여 방법을 소개하기 위해
④ 글의 주제와 관련이 없는 정보를 삭제하고 학생들에게 적극적인 행사 참여를 호소하기 위해
⑤ 앞에서 이미 언급한 내용은 삭제하고 학생들의 흥미를 끌 수 있는 행사 프로그램을 추가하기 위해

[43~45] 다음은 작문 상황을 바탕으로 작성한 학생의 초고이다. 물음에 답하시오.

[작문 상황] 산불이 확산되는 요인과 확산되는 것을 막는 방법을 탐구하는 글을 작성하려고 함.

[초고]

최근 10여 년 동안 우리나라에서 4,000건 이상의 산불이 발생하였다. 특히 최근에는 대형 산불의 발생 건수가 증가하였는데 이로 인해 훼손되는 산림의 면적도 넓어지고 있다. 또한 경제적 손실도 상당하다.

산불은 입산자들의 실화, 인근 주민의 쓰레기 소각 등 인위적 요인에 의해 발생하는 경우가 많지만 낙뢰, 나무들 간의 마찰 등 자연적 요인으로 발생하기도 한다. 대부분 산불의 피해는 작은 불씨가 큰 산불로 확산되어 발생한다. 산불을 확산시키는 요인에는 바람과 지형도 있지만 산림의 종류도 있다. 우리나라 산림은 소나무 중심의 침엽수림의 비율이 높다. 침엽수는 활엽수와 달리 겨울과 봄에도 잎이 가지에 붙어 있다. 따라서 산불이 발생하면 지상에서 낙엽층을 태우던 불이 가지와 잎을 타고 윗부분까지 번진다. 이러한 수관화가 발생하면 산불이 빠르게 확산되어 대형 산불로 이어진다.

산불의 확산을 막을 수 있는 방법 중의 하나로 숲 가꾸기를 들 수 있다. 낙엽을 긁어 내는 것, 낮은 위치의 나뭇가지를 쳐내는 것, 생장이 나쁜 나무를 솎아 내어 큰 나무 사이의 간격을 넓히는 것 등은 산불의 확산을 막을 수 있는 숲 가꾸기의 방법이다. 또한 내화 수림대를 조성하여 산불의 확산 속도와 강도를 낮추는 방법도 있다. 내화 수림대는 침엽수에 비해 상대적으로 산불에 잘 버티는 활엽수를 띠 형태로 심어 조성한 숲이다. 내화 수림대를 조성하면, 수관화로 번져 오던 산불이 내화 수림대에 막혀 더 이상 확산되지 못하고 산불의 강도가 현저히 떨어지게 된다.

[A]

[해설편 p.041]

43. ‘초고’에 반영된 내용 조직 방법으로 가장 적절한 것은?

① 1문단에서 묻고 답하는 방식으로 산불 피해의 심각성을 강조하였다.
② 2문단에서 통념을 반박하는 방식으로 산불의 발생 원인을 제시하였다.
③ 2문단에서 사물에 빗대는 방식으로 수관화의 개념을 이해하기 쉽게 설명하였다.
④ 3문단에서 정보를 나열하는 방식으로 숲 가꾸기 방법을 제시하였다.
⑤ 3문단에서 대비의 방식으로 산불 확산을 해결하는 여러 방안의 장단점을 분석하였다.

44. 다음은 ‘초고’를 보완하기 위해 추가로 수집한 자료이다. 자료 활용 방안으로 적절하지 않은 것은? [3점]

I. 전문가 인터뷰
“수관화가 한번 일어나면 화세가 강렬한 데다가 불씨가 멀리 날아가는 비화 현상을 일으킬 수 있어 산불이 넓은 지역으로 빠르게 번질 수 있습니다. 보통 수관화는 정유 물질을 포함하고 있는 침엽수림에서 많이 일어납니다. 따라서 산림 정책을 펼칠 때 침엽수와 활엽수가 혼합된 혼효림을 조성하는 방향으로 산림 정책을 변화시켜야 합니다.”

II. 신문 기사
○○ 지역에서 일어난 산불은 크게 확산되어 산림 피해 면적만 2만 923ha로 서울 면적의 41%에 해당한다. 이를 복원하는 데 산림은 20년, 토양은 100년의 시간이 필요하다고 한다. 피해액은 약 1,700억 원 규모로 잠정 집계되었다.

III. □□ 연구소 자료

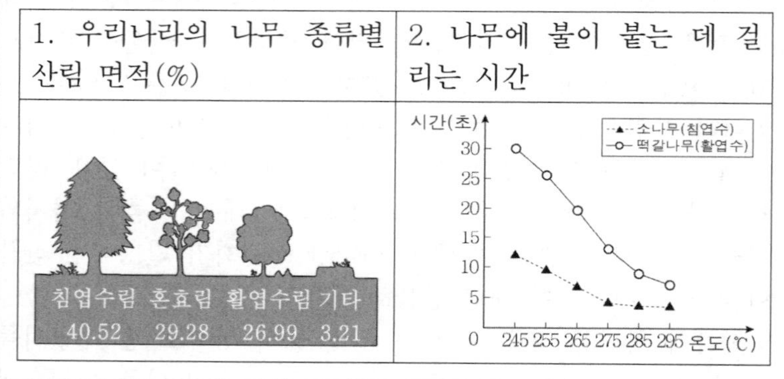

① I을 활용하여, 수관화가 발생하면 산불이 빠르게 확산된다는 2문단의 내용을 구체화한다.
② II를 활용하여, 산불로 인한 피해가 심각하다는 것을 보여 주는 사례를 1문단에 추가한다.
③ III-2를 활용하여, 내화 수림대 조성에 침엽수보다 활엽수가 사용된다는 3문단의 내용을 뒷받침한다.
④ I과 III-1을 활용하여, 산불 확산을 막는 방법으로 우리나라 산림 정책에 변화가 필요하다는 내용을 3문단에 추가한다.
⑤ II와 III-2를 활용하여, 산불을 확산시키는 요인에 바람과 지형 외에 토양과 수종이 있다는 내용을 2문단에 추가한다.

45. 선생님의 조언을 반영하여 [A]를 작성한 내용으로 가장 적절한 것은?

> **선생님** : 앞서 제시한 산불 확산 방지 방법의 효과를 비유적으로 표현하자. 그리고 산불 확산 방지에 관심을 가져야 하는 이유를 밝히며 글을 마무리하자.

① 산불의 발생을 막기 위해서는 사람들이 관행적으로 하는 불법 쓰레기 소각 행위, 입산 중 불씨를 취급하는 행위를 하지 말아야 한다. 우리의 실천이 산불을 진압하는 소화기가 된다.
② 숲 가꾸기와 내화 수림대 조성은 산불 확산을 막을 수 있는 방패가 된다. 우리의 자연과 재산을 지킬 수 있도록 산불 확산 방지에 관심을 가져야 한다.
③ 숲은 가꾸어 주어야 할 시기를 놓치면 자연으로서의 가치가 낮아진다. 농가의 피해를 최소화하기 위해서는 산불의 발생을 막는 것이 중요하다.
④ 산불은 일어나는 것을 막는 것도 중요하지만 번지지 않게 막는 것도 중요하다. 산불 확산 방지에 대한 관심이 중요한 때이다.
⑤ 숲은 우리의 건강을 책임지는 보약이다. 숲을 잘 가꾸어 아름다운 숲을 우리 후손들에게 물려줄 수 있도록 해야 할 것이다.

* 확인 사항
○ 답안지의 해당란에 필요한 내용을 정확히 기입(표기)했는지 확인하시오.

[해설편 p.042]

● 문항수 11개 | 배점 24점 | 제한 시간 20분

● 점수 표시가 없는 문항은 모두 2점

[35 ~ 37] 다음은 학생의 발표이다. 물음에 답하시오.

> 안녕하세요? 먼저 그림부터 보시죠. (자료를 제시하며) 이 풍속화 속 사람들은 무엇을 하는 걸까요? (청중의 대답을 듣고) 바둑이라고요? 놀이에 사용되는 판만 보면 그렇게 볼 수도 있지만, 아닙니다. 선비가 손에 작은 막대를 든 것이 보이시죠? 막대는 아래 사진에 있는 윤목으로, '승경도 놀이'에 쓰이는 도구입니다. 오늘은 풍속화에 그려질 정도로 조선 시대에 많은 사람들이 즐겼던 이 놀이에 대해 알려 드리겠습니다.
>
> 승경도 놀이는 조선 초기에 새롭게 정비한 관직 체계를 널리 알리고자 만들어진 것으로, 가장 높은 벼슬에 누가 먼저 오르는지를 겨루는 놀이입니다. (자료를 제시하며) 지금 보시는 이것이 바로 놀이의 핵심 도구인 승경도판인데, 많게는 300여 칸의 격자로 이루어져 있습니다. 여러분, 격자 안에는 무엇이 적혀 있을까요? (청중의 대답을 듣고) 아시는 분이 몇 분 계시네요. (화면을 가리키며) 이건 판의 한 칸을 확대한 것인데, 보시는 것처럼 각 칸에 가로 방향의 큰 글씨로 관직명이 적혀 있습니다. 그리고 세로 방향의 작은 글씨들은 다음에 이동할 수 있는 관직들입니다. 승경도판은 이렇게 칸마다 관직들이 적혀 있는데, (화면을 가리키며) 여기 가운데 부분과 바깥 부분을 나누는 굵은 선이 보이시죠? 선의 안쪽에는 중앙 관직이, 선의 바깥에는 지방 관직이 배치되어 있습니다.
>
> 이제 놀이의 규칙을 알아볼까요? 윤목을 던져 나온 수에 해당하는 관직의 칸으로 말을 이동하는 것입니다. (자료를 바꾸며) 이 윤목은 오각기둥의 막대로, 모서리에 눈금이 한 개에서 다섯 개까지 새겨져 있습니다. 그럼 한 번 윤목을 던져 몇 가지 경우로 진출할 수 있을까요? (청중의 대답을 듣고) 설명을 잘 들으셨는지 모두 맞히셨네요. 예, 윤목의 가장 큰 수가 5이니까 다섯 가지 경우로 진출할 수 있습니다. 예를 들어 윤목을 던져 5가 나왔다고 가정해 봅시다. (자료를 바꾸며) 말이 지금 대제학에 있다면 말은 어디로 이동해야 될까요? (청중의 대답을 듣고) 바로 이조 판서입니다. (화면을 가리키며) 놀이는 여기 판 바깥쪽 아랫부분의 격자들에서 시작하는데, 격자마다 문과, 무과, 군졸 등의 출신이 적혀 있습니다. 이는 각 출신에 따라 승진 과정이 다르다는 점을 반영한 것입니다. 그런데 윤목을 던져 1이 나오면 강등되거나 벌칙을 당할 수도 있습니다. 놀이의 벌칙은 유배, 파직, 사약 등이 있는데, 이는 실제 관직 생활에서 일어날 수 있는 일을 반영한 것입니다.
>
> 조선 시대에 양반뿐 아니라 민중들도 승경도 놀이를 즐겼다고 합니다. (놀이판을 들어 보이며) 이것은 저희 동아리에서 시범용으로 제작한 승경도판입니다. 오늘은 컴퓨터 게임 대신 저와 함께 승경도 놀이를 하면 어떨까요? 감사합니다.

35. 위 발표에 대한 설명으로 가장 적절한 것은?

① 청중과 공유한 경험을 환기하며 발표의 목적을 밝히고 있다.
② 청중에게 질문을 던져 청중이 발표에 집중하도록 하고 있다.
③ 발표 순서를 안내하여 청중이 내용을 예측하도록 돕고 있다.
④ 정보의 출처를 언급해 발표 내용의 신뢰성을 확보하고 있다.
⑤ 발표 내용에 대한 청중의 이해도를 점검하며 발표를 마무리하고 있다.

36. <보기>의 자료를 활용하기 위한 계획 중 발표에 반영되지 않은 것은?

< 보 기 >

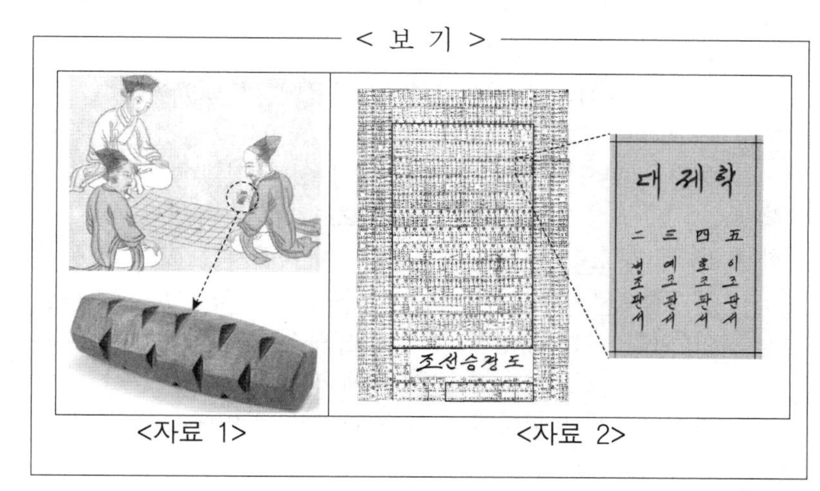

<자료 1> <자료 2>

① <자료 1>을 활용하여, 조선 시대에 승경도 놀이가 성행했음을 알려 준다.
② <자료 2>를 활용하여, 승경도판의 칸에 들어 있는 글자들에 대한 정보를 알려 준다.
③ <자료 2>를 활용하여, 놀이를 시작하는 출신의 종류와 출신을 정하는 방법을 소개한다.
④ <자료 2>를 활용하여, 전체 승경도판의 관직 배치 방식과 놀이의 시작 지점을 제시한다.
⑤ <자료 1>과 <자료 2>를 활용하여, 윤목을 던져 나온 수에 따라 말이 이동하는 방식을 설명한다.

37. 다음은 위 발표를 들은 학생들의 반응이다. 학생의 반응을 이해한 내용으로 적절하지 않은 것은? [3점]

> 학생 1: 선조들의 놀이에 유배나 파직처럼 실제 관직 생활에서 일어날 수 있는 일까지 반영했다는 사실을 알게 되어 좋았어. 그럼 현실에서처럼 놀이에서도 유배나 파직이 되었을 때 다시 관직으로 복귀할 수 있었을까?
> 학생 2: 보드게임 중에도 주사위를 활용해서 하는 놀이가 있는데, 조선 시대에도 이와 비슷한 놀이를 즐겼다는 점을 알게 되어 유익했어. 이 놀이를 누가 만들었는지 궁금한데 그에 대한 설명이 없네. 자료를 찾아봐야겠어.
> 학생 3: 도구를 던져 나온 수에 따라 이동한다는 점은 윷놀이와 같네. 그렇지만 출신에 따라 승진 과정이 다르다고 하니 윷놀이와 달리 말이 잡히는 경우는 없겠어.

① 학생 1은 발표의 일부를 언급하며 그 내용의 타당성에 대한 의문을 제기하고 있다.
② 학생 2는 발표 내용과 관련해 궁금한 점에 대해 더 조사해야겠다고 생각하고 있다.
③ 학생 3은 발표에서 직접적으로 언급되지 않은 내용을 추론하고 있다.
④ 학생 1과 학생 2는 발표를 통해 새로운 사실을 알게 된 것을 긍정적으로 평가하고 있다.
⑤ 학생 2와 학생 3은 발표에서 언급한 내용을 배경지식을 활용하여 이해하고 있다.

[해설편 p.043]

[38 ~ 42] (가)는 학교에서 진행한 강연이 끝난 후 학생들이 나눈 대화이고, (나)는 '학생 2'의 초고이다. 물음에 답하시오.

(가)

학생 1 : 시민 의식을 주제로 한 김○○ 교수님의 오늘 강연 정말 유익했어. 한 시간이 금방 흘러가더라.

학생 2 : 나도 강연에 집중하다 보니 시간 가는 줄 몰랐어. 개인의 선택과 행동에 의해 우리 사회가 만들어진다는 의미를 비유적으로 이야기한 게 마음에 와 닿았어.

학생 1 : 맞아. 우리 사회를 정원으로, 시민을 이 정원을 관리하는 정원사로 비유한 것이 정말 인상 깊었어.

학생 2 : 또 인상 깊었던 내용이 있으면 말해 줄래?

학생 1 : ㉠상호 의존적으로 맺어진 관계에서는 모든 행동이 잠재적으로 전염성이 아주 높다는 게 기억이 나. 한 사람이 어떤 나쁜 행동을 괜찮다는 듯이 하게 되면 다른 사람들도 똑같이 그 행동을 하게 되고, 그런 행동이 마치 바이러스처럼 퍼지게 된다는 거였지. 강연에서 이걸 설명하는 단어가 있었는데 뭐였더라?

[A]
학생 2 : 강연에서는 '시민적 롬바드 효과'라고 했어.
학생 1 : 아, 맞다. 난 뭘 배우면 중요한 단어가 기억이 안 나. 난 항상 이런 식이지.
학생 2 : (다정한 목소리로) 괜찮아. 이미 그 단어가 가리키는 의미는 알고 있었잖아.
학생 1 : (두 손을 맞잡으며) 그렇게 말해줘서 고마워.

학생 2 : 그런데 시민적 롬바드 효과를 막으려면 어떻게 해야 한다고 그랬지?

학생 1 : ㉡나쁜 행동의 전염을 막으려면 어떻게 해야 한다고 했는지 알고 싶은 거지?

학생 2 : 응, 그래.

학생 1 : 강연에서는 사회에 해를 끼치는 행동이 확산되는 걸 막으려면 나부터 그런 행동을 하지 않아야 한다고 얘기했어.

학생 2 : 맞아, 그랬지. 한 명, 한 명의 선택과 행동이 바로 이 사회를 만들어 가는 거니까.

학생 1 : ㉢한 명, 한 명의 선택과 행동이 사회를 만들어 간다고 생각하니까 책임감이 느껴진다.

학생 2 : 나도 마찬가지야. 가끔은 멋대로 행동해도 괜찮다고 생각했는데 이제는 달라져야겠어. 그런데 다른 사람이 나쁜 행동을 할 때 그냥 두고 보지 않는 것도 중요한 것 같아.

학생 1 : ㉣나쁜 행동을 그냥 두고 본 경험이 있어서 그래?

[B]
학생 2 : 청소하는 학생들이 쓰레기통을 분리수거장까지 들고 가지 않고 아무 데나 쓰레기를 버리는 걸 봤었거든. 한 학생이 쓰레기를 버리니 다른 학생들도 따라서 그곳에 쓰레기를 버리고 교실로 가더라. 지켜보고도 말리지 못했어. 그게 계속 마음에 걸려.
학생 1 : (고개를 끄덕이며) 그런 일이 있었구나. 그래도 중요한 건 그때 네가 그 학생들을 따라 하지 않았다는 거야.
학생 2 : 고마워. 하지만 그때처럼 지켜보기만 한다면 결국 모든 학생들이 피해를 보게 될 거야.

학생 1 : 생각해 보니 나도 아무 데나 쓰레기를 버리는 학생들이 급속도로 늘었다고 난감해 하는 학교 관계자의 모습을 본 적이 있어. 문제가 더 심각해지기 전에 우리가 뭘 해야 되지 않을까?

학생 2 : 나도 함부로 버려지는 쓰레기가 늘어서 골치가 아프다는 학교 관계자의 말을 들었어. (두 주먹을 불끈 쥐고) 그래, 결심했어! 난 우리가 이야기한 내용을 바탕으로 학교 신문에 글을 투고할래.

학생 1 : ㉤멋지다! 넌 우리가 사는 정원을 아름답게 만드는 정원사가 될 거야. 나도 할 수 있는 일을 찾아봐야겠어.

(나) 학생 2의 초고

학생회 게시판에 학교 내에 무분별하게 버려진 쓰레기 사진이 올라와 우리 학생들 사이에 화제가 된 일이 있었다. 필자도 청소하는 학생들이 쓰레기통을 분리수거장까지 들고 가지 않고 아무 데나 쓰레기를 버리는 것을 목격한 적이 있다. 학교 관계자에 따르면 최근에 우리 학교 내에 쓰레기를 함부로 버리는 학생들이 급속도로 늘어나 쓰레기 처리에 골머리를 앓고 있다고 한다. 왜 이런 일이 일어나게 된 것일까?

얼마 전 학교에서 열린 김○○ 교수의 강연에 따르면, 상호 의존적인 관계로 맺어진 사회에 살고 있는 우리는 다른 사람의 행동에 쉽게 영향을 받는다. 한 사람의 나쁜 행동을 방치하면 그와 같은 행동이 마치 바이러스처럼 쉽게 퍼져 나간다. 이를 가리켜 '시민적 롬바드 효과'라고 한다. 지금 학교에서 발생하는 일은 시민적 롬바드 효과로 설명할 수 있다. 누군가가 쓰레기를 함부로 학교 내에 버리자 너도나도 이런 행동을 따라 하게 된 것이다. 이런 일이 확산되면 어떤 일이 발생할까?

지금처럼 학교 내에 함부로 쓰레기를 버리는 행동이 확산되면 학교에서 생활하는 모두가 괴로울 수밖에 없다. 강연에서는 사회에 해를 끼치는 행동이 확산되는 것을 막으려면 자신부터 그런 행동을 하지 않아야 한다고 주장했다. 이처럼 남들이 쓰레기를 버린다고 너도나도 따라 하는 행동을 해서는 안 된다. 나아가 쓰레기를 함부로 버리는 일을 목격하면 이를 막도록 노력해야 한다.

상호 의존적인 관계로 맺어져 있는 우리의 선택과 행동이 우리가 생활하는 학교를 만든다. 그렇다면 우리는 좀 더 큰 책임감을 느껴야 한다. 제멋대로 쓰레기를 버리는 학생에게 그 행동이 우리 학교를 어지럽히는 일이라는 점을 분명히 인식시킬 필요가 있다.

38. 대화의 흐름을 고려할 때, ㉠ ~ ㉤에 대한 설명으로 적절하지 않은 것은?

① ㉠: 상대의 요청에 따라 강연에서 인상적이었던 내용을 제시하고 있다.
② ㉡: 상대가 한 질문의 의미를 자신이 제대로 이해했는지 확인하고 있다.
③ ㉢: 상대의 말을 다시 진술하며 그에 대한 자신의 생각을 덧붙이고 있다.
④ ㉣: 상대의 의견을 뒷받침할 수 있는 추가적인 사례를 요구하고 있다.
⑤ ㉤: 상대의 계획을 응원하기 위해 강연에서 들었던 비유를 활용하고 있다.

[해설편 p.043]

39. [A], [B]에 대한 설명으로 가장 적절한 것은?

① [A]에서 학생 2는 스스로에 대한 인식이 부정적인 상대에게, [B]에서 학생 1은 스스로의 행동을 자책하는 상대에게 위로의 말을 건네고 있다.
② [A]에서 학생 2는 상대의 말에 동의하고 있음을, [B]에서 학생 1은 상대의 말에 공감하고 있음을 준언어적 표현을 통해 드러내고 있다.
③ [A]에서 학생 2는 상대가 잘못 정리한 강연 내용을, [B]에서 학생 1은 상대가 스스로의 행동에 대해 평가한 생각을 수정하고 있다.
④ [A]에서 학생 2는 상대의 의견에 이의를 제기하며, [B]에서 학생 1은 상대의 의견 일부를 인정하며 자신의 의도를 설명하고 있다.
⑤ [A]에서 학생 2는 상대가 생각하지 못했던 강연의 의미를, [B]에서 학생 1은 상대가 한 행동의 의미를 알려 주고 있다.

40. (가)의 대화 내용이 (나)에 반영된 양상으로 적절하지 않은 것은?

① (가)에서 학생 2가 학생들의 나쁜 행동을 목격한 경험에 대해 언급한 내용이 (나)의 1문단에서 문제 상황의 실태를 드러내는 내용으로 제시되었다.
② (가)에서 학생 1, 학생 2가 학교 관계자의 말에 대해 언급한 내용이 (나)의 1문단에서 문제 상황의 심각성을 부각하는 내용으로 제시되었다.
③ (가)에서 학생 1이 문제 해결을 위한 행동의 필요성에 대해 언급한 내용이 (나)의 2문단에서 문제 해결 방안의 적절성을 입증하는 근거로 제시되었다.
④ (가)에서 학생 1, 학생 2가 강연에서 들은 시민적 롬바드 효과에 대해 언급한 내용이 (나)의 2문단에서 문제의 원인을 설명하는 내용으로 제시되었다.
⑤ (가)에서 학생 1, 학생 2가 사회에 해를 끼치는 행동의 확산을 막는 방법에 대해 언급한 내용이 (나)의 3문단에서 문제 해결과 관련한 주장의 내용으로 제시되었다.

41. (나)에 활용된 글쓰기 전략으로 가장 적절한 것은?

① 예상되는 반론을 제시하고 이를 반박하여 논지를 강화했다.
② 본문에서 설명하는 순서대로 요약한 내용을 포함하여 마무리했다.
③ 각 문단의 마지막마다 의문형 문장을 활용하여 문단의 핵심 내용을 강조했다.
④ '행동'이라는 말을 반복하여 예상 독자가 지닌 신중한 태도의 문제점을 지적했다.
⑤ '우리'라는 말을 자주 사용해 글에서 다루고 있는 내용이 공동체의 문제임을 부각했다.

42. 다음은 학교 신문 편집부장의 검토 의견을 반영해 (나)의 마지막 문단을 학생 2가 수정한 원고이다. 검토 의견으로 가장 적절한 것은?

> 상호 의존적인 관계로 맺어져 있는 학교생활에 좀 더 큰 책임감을 느껴야 한다. 이에 '쓰레기 되가져 가기'와 '버리지 마' 캠페인을 제안한다. 캠페인을 통해 무분별한 쓰레기 투기를 막을 수 있고, 쓰레기를 버리는 행동에 대한 거부감을 드러내는 것으로 나쁜 행동의 확산을 막을 수 있다.

① 학교 내에서 예의와 존중을 지키지 않는 행동에 대해 소극적으로 대처할 때의 문제점을 지적하며 글을 마무리해 주세요.
② 학교 내에서 쓰레기를 함부로 버리는 것을 막기 위한 구체적인 방법과 그 기대 효과를 설명하며 글을 마무리해 주세요.
③ 학교 내에서 쓰레기를 함부로 버리는 행동을 하는 심리가 무엇인지 설명하며 글을 마무리해 주세요.
④ 학교 내에서 분리수거를 효율적으로 실천하기 위한 교육적 방안을 제안하며 글을 마무리해 주세요.
⑤ 학교 내에서 분리수거를 하지 않는 학생에 대한 대처 방안을 안내하며 글을 마무리해 주세요.

[해설편 p.043]

[43 ~ 45] 다음은 작문 상황과 이를 바탕으로 작성한 학생의 초고이다. 물음에 답하시오.

○ 작문 상황 : 마감 시한에 임박해서 과제를 수행하는 습관에 대한 글을 써서 교지에 실으려 함.

○ 학생의 초고

학습 부장이 선생님께 과제를 제출해야 한다며 학생들을 독촉한다. 그러면 급히 과제를 마무리한 학생들이 학습 부장에게 몰려들어 과제를 건넨다. 우리는 과제 제출일이 되면 어김없이 이런 장면을 목격한다. 이처럼 우리 학교의 많은 학생들은 습관적으로 마감 시한에 임박해 과제를 수행하고 있다. 그런데 우려되는 점은 많은 학생들이 이러한 과제 수행 방식이 지닌 문제점을 제대로 알고 있지 못하다는 것이다.

흔히 마감에 임박해 벼락치기로 과제를 수행하면 집중력이 높아져 좋은 성과를 낼 수 있다고 믿는 학생들이 많다. 실제로 벼락치기로 과제를 할 때는 일시적으로 집중력이 향상되기도 한다. 하지만 마감 시한에 임박해 과제를 수행하면 고등 사고 능력이 떨어져 과제의 완성도가 낮아질 수밖에 없다. 우리 학교의 선생님들을 인터뷰한 결과, 시간에 쫓겨 과제를 수행한 학생들의 결과물은 조건을 제대로 지키지 못하거나 중요한 정보가 누락되어 좋은 점수를 받지 못한 경우가 많았다고 한다.

마감 시한에 임박해 과제를 수행하는 방식은 또 다른 문제를 유발한다. 과제에 온 정신이 쏠리면 수업의 준비물이나 다른 과목의 과제를 잊는 등 해야 할 일에 대해 살피지 못하는 경우가 발생한다. 여기서 알 수 있는 것처럼 짧은 시간에 과제 수행에만 집중하다 보면 과제 이외의 다른 중요한 일들을 소홀히 하게 된다.

이런 문제를 해결하려면 어떻게 해야 할까? 먼저 과제 제출 시한을 확인하고 그에 따라 과제 수행 계획을 체계적으로 세워야 한다. 그리고 과제 수행 도중 계획의 이행 정도를 점검·조절하는 것이 좋다. [A]

43. 다음은 초고를 작성하기 전에 학생이 떠올린 생각이다. 학생의 초고에 반영되지 않은 것은?

① 인터뷰를 제시하여 학생들의 과제 수행에 관한 문제점을 강조해야겠어.
② 묻고 답하는 방식으로 과제 수행에 관한 문제 해결 방안을 제시해야겠어.
③ 과제 수행에 대한 통념을 언급한 후 이 통념이 사실과 다른 부분이 있음을 드러내야겠어.
④ 학교생활에서 벌어지는 모습을 제시해 과제 수행과 관련해 발생하는 문제 상황을 보여 주어야겠어.
⑤ 과제 수행과 관련한 문제의 발생 원인을 개인적 측면과 사회적 측면으로 구분하여 밝혀 주어야겠어.

44. 다음은 초고를 읽은 교지 편집부원이 조언한 내용이다. 이를 반영하여 [A]를 작성한 내용으로 가장 적절한 것은?

앞서 언급한 두 가지 문제를 해결할 수 있음을 밝히며 마무리하되, 문맥에 어울리는 관용적 표현을 활용하면 좋겠어요.

① 그러면 과제 수행에 온전히 에너지를 쏟게 되어 자신의 과제 수행에 대해 만족할 수 있게 될 것이다.
② 그러면 시간적 여유를 가지고 과제를 수행해서 과제 이외의 다른 일들을 두루 살필 수 있게 될 것이다.
③ 그러면 다른 중요한 일들을 놓치더라도 과제 결과물에 대해서는 좋은 평가를 받을 수밖에 없게 될 것이다.
④ 그러면 돌다리를 두드려 보고 건너듯이 신중한 자세로 과제를 수행하는 것이 중요하다는 점을 알게 될 것이다.
⑤ 그러면 완성도 높은 과제 결과물도 얻고 해야 할 다른 일도 소홀히 하지 않게 되어 두 마리 토끼를 모두 잡게 될 것이다.

45. 다음은 학생이 초고를 보완하기 위해 수집한 자료이다. 자료의 활용 방안으로 적절하지 않은 것은? [3점]

ㄱ. 우리 학교 설문 조사

ㄱ-1. 과제 제출 시한에 임박해서 과제를 수행하는 편인가?

예 78%	아니요 22%

ㄱ-2. (ㄱ-1에서 '예'라고 응답한 학생들을 대상으로) 본인이 제출한 과제 결과물에 만족하는가?

만족 65%	불만족 35%

ㄴ. 신문 기사의 일부

우리의 뇌는 무엇인가가 부족하다고 생각되면 본능적으로 그와 관련된 자극에 더 민감하게 반응하여 부족한 것을 채우기 위해 뇌의 에너지 대부분을 쏟게 된다. 한정된 집중력을 일시에 몰아주는 것이다. 이로 인해 짧은 시간에 한 가지 문제에 관심을 쏟다 보면 그 문제 해결에만 집중하게 되고, 그 외의 것에 대해서는 집중하지 않게 되는 '터널 시야 현상'이 발생할 수 있다.

ㄷ. 전문가 인터뷰

"과제 수행에는 고등 사고 능력이 요구되는데 시간에 쫓기면 이런 능력이 발휘되기 어렵습니다. 따라서 과제를 수행할 때에는 중요도와 시급성을 기준으로 일의 우선순위를 정하는 것이 중요합니다. 이를 바탕으로 계획을 세워 정해진 과업을 실행하고, 실행한 결과를 점검해야 합니다."

① ㄱ-1을 활용해, 마감 시한에 임박해 과제를 수행하는 습관을 지닌 학생이 많다는 1문단의 내용을 구체화한다.
② ㄴ을 활용해, 단시간에 과제를 해결하려 할 때 과제 외의 중요한 일들을 소홀히 하게 된다는 3문단의 내용을 보강한다.
③ ㄷ을 활용해, 마감 시한에 임박해 과제를 수행하면 과제의 완성도가 떨어진다는 2문단의 내용을 보강한다.
④ ㄱ-2와 ㄴ을 활용해, 과제 결과물에 대한 학생과 교사의 평가 기준이 일치하지 않는 이유를 2문단에 덧붙인다.
⑤ ㄴ과 ㄷ을 활용해, 뇌의 집중력은 한정되어 있으므로 일들의 우선순위를 정해 수행 계획을 세워야 한다는 내용을 4문단에 보충한다.

* 확인 사항
○ 답안지의 해당란에 필요한 내용을 정확히 기입(표기)했는지 확인하시오.

● 문항수 11개 | 배점 24점 | 제한 시간 20분

● 점수 표시가 없는 문항은 모두 2점

[35~37] 다음은 학생의 발표이다. 물음에 답하시오.

여러분, 물고기가 눈을 감는 모습을 상상해 봅시다. (청중의 반응을 살피며) 잘 떠오르지 않으시죠? 일반적으로 물고기는 눈꺼풀이 없어 눈을 감지 못합니다. 물에 사니 눈을 촉촉하게 하고 이물질을 제거해 주는 역할을 하는 눈꺼풀이 필요 없는 거죠. 그런데 사람의 눈꺼풀처럼 눈을 덮어 주는 피부가 있어, 눈을 개폐하는 물고기가 있다고 합니다. 오늘은 그 물고기에 대해 발표하겠습니다.

바다와 갯벌을 오가는 말뚝망둑어를 소개해 드리죠. 화면을 봅시다. (자료 제시) 동영상에 보이는 것처럼 말뚝망둑어가 눈을 닫을 때 위로 볼록 솟아 있는 눈이 아래의 구멍으로 들어가고, 이어서 눈 아래 피부가 올라와 눈을 덮어 줍니다. 함몰된 눈이 다시 올라오면 피부가 내려가서 눈이 열리죠. 말뚝망둑어의 눈 구조에 대해 말씀드릴게요. (자료 제시) 말뚝망둑어와 물속에서만 사는 둥근망둑어의 안구와 눈 근육을 각각 그린 그림입니다. 말뚝망둑어 눈 근육은 둥근망둑어에 비해 그 기울기가 훨씬 가파릅니다. 이로 인해 눈 근육이 수직 방향으로 수축하며 안구를 아래로 잡아당길 수 있죠. 그래서 말뚝망둑어는 둥근망둑어와 달리 눈을 닫을 수 있습니다. 한 연구에 따르면 말뚝망둑어 눈의 개폐는 사람의 눈 깜빡임과 같은 역할을 수행하며, 이를 통해 갯벌에서도 살아갈 수 있다고 합니다.

민물고기 꾸구리도 말뚝망둑어처럼 눈을 개폐합니다. 다만 차이는 눈이 좌우로 개폐된다는 거죠. (자료 제시) 나란히 놓인 두 사진이 보이시죠? 왼쪽 사진은 밝은 곳에서 꾸구리가 눈으로 들어오는 빛을 줄이기 위해 눈 양옆의 피부로 눈을 덮은 모습입니다. 오른쪽 사진에서는 어두운 곳에서 꾸구리의 눈이 활짝 열린 것을 확인할 수 있죠. 꾸구리의 눈 양옆 피부는 눈으로 들어오는 빛의 양을 조절하는 역할을 하는 겁니다. 그렇다면 꾸구리는 낮과 밤 중 언제 주로 활동할까요? (대답을 듣고) 맞습니다. 밤이죠. 야행성인 꾸구리는 어두운 밤에 먹이를 잘 찾을 수 있도록 눈을 여는 겁니다.

오늘 발표 내용 잘 이해되었나요? 말뚝망둑어와 꾸구리는 모두 눈을 개폐하지만, 그 양상과 역할은 각각 다르죠. 특별한 두 물고기에 대해 알게 된 유익한 시간이 되었길 바랍니다.

35. 위 발표자의 말하기 방식으로 가장 적절한 것은?

① 청중의 이해를 돕기 위해 전문 용어의 개념을 정의한다.
② 청중의 요청에 따라 발표 내용에 대한 정보를 추가한다.
③ 청중이 내용을 예측하며 듣도록 발표 진행 순서를 안내한다.
④ 청중의 참여를 이끌어 내기 위해 질문을 하고 청중의 반응을 확인한다.
⑤ 청중과 공유하는 기억을 환기하여 발표 주제를 선정하게 된 계기를 밝힌다.

36. 다음은 발표를 준비하며 참고한 내용이다. ㉠~㉢을 구체화한 발표 계획 중 발표에 반영되지 않은 것은?

- 청중 분석
  - 청중의 요구, 배경지식, 청중과의 관련성 등
- 발표의 구성
  - 도입부 : 청중의 관심 유발 ········· ㉠
  - 전개부 : 효과적인 정보 전달을 위한 내용 조직 ········· ㉡
    전달할 내용에 알맞은 자료 활용 ········· ㉢
  - 정리부 : 내용 요약 및 강조

① ㉠ : 청중의 관심을 끌기 위해 물고기에게서 흔히 보기 어려운 모습을 떠올리도록 청중에게 요청해야겠어.
② ㉡ : 말뚝망둑어 눈의 개폐 과정을 드러내기 위해 눈과 눈 아래 피부의 움직임을 순서대로 설명해야겠어.
③ ㉡ : 말뚝망둑어 눈의 개폐가 가능한 이유를 설명하기 위해 말뚝망둑어와 둥근망둑어의 눈 근육을 비교하여 말해야겠어.
④ ㉢ : 두 물고기의 눈 개폐 양상을 보여 주기 위해 말뚝망둑어의 동영상과 꾸구리의 사진을 제시해야겠어.
⑤ ㉢ : 꾸구리 눈이 개폐된 모습의 차이를 드러내기 위해 두 사진을 화면에 순차적으로 제시해야겠어.

37. 발표 내용을 바탕으로 할 때, <보기>에 나타난 학생들의 반응에 대한 이해로 적절하지 않은 것은?

<보 기>

학생 1 : 눈꺼풀이 없는 다른 물고기들은 눈으로 들어오는 빛의 양을 어떻게 조절하는지에 대한 설명이 빠져 있어서 그것을 알고 싶어.

학생 2 : 상어에도 눈꺼풀 같은 피부가 있다고 알고 있어. 그 피부가 꾸구리 눈에 있는 피부와 같은 역할을 수행하는지 누리집에서 검색해야지.

학생 3 : 말뚝망둑어 눈의 개폐가 사람의 눈 깜빡임과 같은 역할을 한다는 정보는 흥미롭지만, 그 연구 결과가 믿을 만한 것일까? 관련 내용을 도서관에서 찾아봐야겠어.

① 학생 1은 발표에 언급되지 않은 정보에 대해 궁금증을 드러내고 있다.
② 학생 2는 발표 내용과 관련하여 자신의 배경지식을 떠올리고 있다.
③ 학생 3은 발표에 제시된 내용을 신뢰할 수 있는지에 대해 의문을 제기하고 있다.
④ 학생 1과 학생 3은 모두, 발표 내용을 통해 알게 된 정보의 효용성을 판단하고 있다.
⑤ 학생 2와 학생 3은 모두, 발표 내용과 관련하여 추가적인 정보를 탐색하려 하고 있다.

PART I 19회

[38~42] (가)는 '전통 문화 연구 동아리' 학생들의 대화이고, (나)는 이를 바탕으로 '학생 1'이 작성한 초고이다. 물음에 답하시오.

(가)

학생 1: 교지에 우리 동아리 이름으로 글을 싣기로 했잖아. 유네스코 인류 문화유산으로 등재 신청한다는 전통 한지에 대해 쓰기로 한 거 기억하지? 전통 한지의 우수성부터 이야기해 볼까?

학생 2: 조사해 보니 유럽에서는 손상된 종이 문화재를 원상태로 되돌리는 용도로 우리 전통 한지를 사용하고 있대.

학생 3: 나도 봤는데 전통 한지가 보존성이 좋아서 그렇대. 목재 펄프로 만든 서양 종이는 빛에 취약해서 변색, 퇴색이 발생하는데 전통 한지는 빛에 안정적이야.

학생 2: 서양 종이는 빛을 받으면 색이 잘 변하는데 전통 한지는 빛에 더 강하단 말이지?

학생 3: 응. 또 중국, 일본에도 전통 한지처럼 닥나무로 만든 종이가 있지만, 전통 한지는 섬유 조직이 교차로 배열되어 더 질기고 오래간대. [A]

학생 1: 그런데 이렇게 우수한 전통 한지가 정작 국내에서는 잘 사용되지 않고 있어.

학생 2: 맞아. 잘 사용되지 않으니 제작 업체도 많이 줄었다고 들었어. 또 전통 한지가 계승될 수 있었던 건 장인들 역할이 큰데, 요즘은 기술 전수받을 사람도 별로 없다고 해.

학생 1: 그럼 해결 방안에 대해 이야기해 볼까? 전통 한지를 계승하고 발전시킬 수 있는 방법에는 뭐가 있을까?

학생 2: 우선 높은 품질을 유지해야지. 그러려면 전통 방식으로 만들고 국내산 닥나무만 사용해야 해. 또 기술 전수 교육도 필요해.

학생 3: 품질 유지도 중요하지만, 어떤 식으로든 사용하지 않으면 결국 사라지게 될 거야.

학생 2: 나도 그렇게 생각해. 그래서 전통 한지 사용을 늘리기 위한 정부 차원의 노력이 필요해.

학생 3: 그것만으로 문제를 해결할 수 있을까? 난 민간에서 많이 사용하는 게 더 중요한 것 같아. 전통 한지로 만든 생활용품이나 공예품도 있잖아.

학생 2: 그런 데에 쓰이는 한지는 기계로 만들거나 수입산 닥나무로 만든 품질 낮은 한지가 대부분이야. 그렇게 해서는 전통을 계승하기 어려워.

학생 3: 민간에서 쓰이는 한지가 대부분 품질이 낮다는 건 확인이 필요할 것 같아. 그리고 옛것을 유지해야만 전통의 계승일까? 보존만이 좋은 건 아니라고 봐. [B]

학생 1: 그러니까 너희는 각각 전통 한지의 원형을 지켜 나가야 한다는 입장과 두루 사용하는 게 더 중요하다는 입장인 거지? 둘 다 일리가 있는 말이야.

학생 2: 내가 강조하고 싶은 건, 전통 한지와 그 제작 기술에 자부심을 갖고 명품의 가치를 지켜 나가 전통 한지가 더 사랑받도록 해야 한다는 거야.

학생 3: 무슨 말인지 알겠어. 근데 난 사용 가치 측면에서도 생각해 봤으면 좋겠어. 비록 품질이 옛 수준에는 못 미치더라도 생활 속에서 다양하게 사용되는 게 더 가치 있다 생각해. 실제로 전통 한지가 친환경 소재, 인체 친화형 소재로도 주목받고 있는 걸로 알고 있어.

학생 1: 얘기 잘 들었어. 들으면서 메모해 두었으니 잘 정리해서 글을 써 볼게.

(나)

우리 고유의 방식으로 제작된 전통 한지는 세계적으로 주목받는 문화유산이다. 이에 문화재청에서는 전통 한지와 그 제작 기술을 유네스코 인류 무형 문화유산 등재 신청 대상으로 선정하였다.

전통 한지의 장점은 보존성이 우수하다는 것이다. 우리나라는 유네스코 세계 기록 유산을 아시아에서 가장 많이 보유한 나라인데, 그중 대부분이 전통 한지에 기록된 문화유산이라는 것이 이를 증명한다. 전통 한지처럼 닥나무를 원료로 하는 주변국들의 종이와 비교해도, 전통 한지는 섬유 조직이 교차로 배열되어 더 질기고 보존성이 좋다.

그러나 국내에서 전통 한지는 사용 부진으로 인한 위기를 겪고 있다. 유럽에서는 우리 전통 한지를 손상된 문화재 복구에 사용하는 등 관심이 높은데 정작 국내에서는 사용하는 사람이 많지 않으니, 제작 업체도 전수자도 줄어들어 향후 전통 한지의 명맥이 끊어질까 염려하는 사람도 많다. 그래서 전통 한지를 계승하고 발전시키기 위한 노력이 필요하다.

우선 전통 한지의 원형을 지켜 나가기 위해 품질을 유지하는 것이 중요하다. 이를 위해 재료 측면에서는 국내산 닥나무만을 사용해야 한다. 또 제작 기술 측면에서는 전통 방식으로 생산하고 기술 전수 교육도 실시해야 한다. 다음으로 전통 한지 사용을 확대하기 위한 노력도 필요하다. 정부 차원에서 공공 부문에 전통 한지 사용을 장려하고 문화재 수리에도 전통 한지를 사용해야 한다. 민간 차원에서는 전통 한지의 활용 분야를 넓힐 필요가 있다. 일례로 전통 한지는 친환경 소재로 주목받아 의류와 침구류 제작에 사용되고 있어, 그 응용 범위가 점차 확대되어 갈 것으로 기대된다.

전통 한지와 그 제작 기술은 우리의 자랑스러운 문화유산으로 세계가 주목하고 있다. 따라서 전통 한지가 더욱 사랑받을 수 있도록 전통 한지와 그 제작 기술의 가치를 이어 나가기 위한 우리 모두의 노력이 필요하다.

38. (가)의 '학생 1'에 대한 설명으로 가장 적절한 것은?

① 대화 참여자에게 대화에 적극적인 태도로 참여할 것을 요청하고 있다.
② 대화 참여자에게 추후 모임에서 논의할 사항을 안내하고 있다.
③ 대화 참여자의 입장을 확인한 후 합의를 이끌어 내고 있다.
④ 대화 참여자에게 질문을 하여 대화 내용을 전환하고 있다.
⑤ 대화 참여자가 제시한 정보에 대해 출처를 요구하고 있다.

[해설편 p.046]

39. [A], [B]에서 나타나는 의사소통 방식에 대한 설명으로 적절하지 <u>않은</u> 것은?

① [A]에서 '학생 2'는 '학생 3'의 말을 자신의 표현으로 바꾸어 말하며 이해한 내용을 확인하고 있다.
② [A]에서 '학생 3'은 '학생 2'가 말한 내용에 대해 자신이 알고 있는 정보를 덧붙이고 있다.
③ [B]에서 '학생 2'는 '학생 3'의 의견을 수용한 후, 자신의 의견을 제시하고 있다.
④ [B]에서 '학생 3'은 '학생 2'가 제공한 정보가 정확한지에 대해 의문을 제기하고 있다.
⑤ [B]에서 '학생 3'은 '학생 2'가 제시한 해결 방안이 공정하지 못하다고 지적하고 있다.

40. 다음은 (가)에서 '학생 1'이 대화의 내용과 자신이 떠올린 생각을 작성한 메모이다. ㉠~㉤이 (나)에 반영된 양상으로 적절하지 <u>않은</u> 것은? [3점]

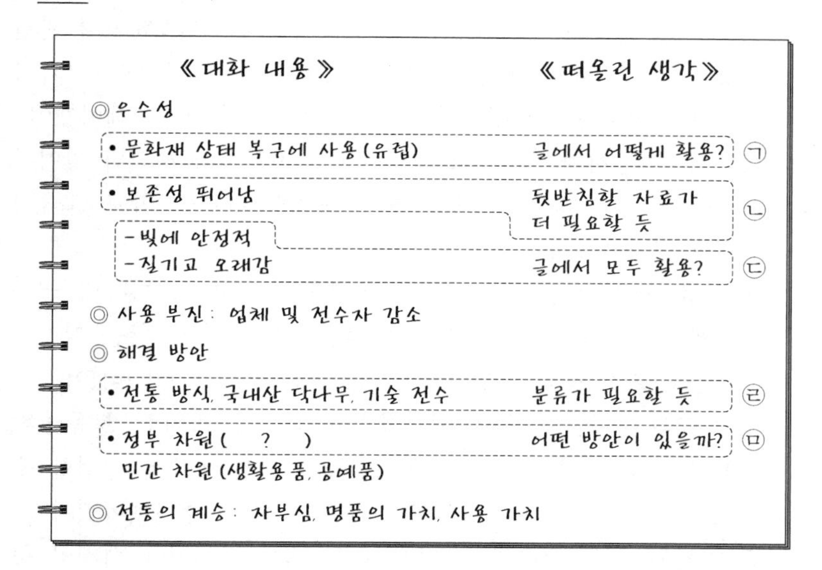

① '학생 2'의 발화를 토대로 작성된 ㉠은, 전통 한지의 우수성을 부각하기 위한 내용으로 (나)에 반영되었다.
② '학생 3'의 발화를 토대로 작성된 ㉡은, 세계 기록 유산과 관련된 내용이 추가되어 (나)에 반영되었다.
③ '학생 3'의 발화를 토대로 작성된 ㉢은, 전통 한지의 보존성을 설명하는 내용 중 일부가 제외되어 (나)에 반영되었다.
④ '학생 2'의 발화를 토대로 작성된 ㉣은, 전통 한지의 품질 유지를 위한 방안이 범주화되어 (나)에 반영되었다.
⑤ '학생 2'의 발화를 토대로 작성된 ㉤은, 전통 한지의 사용 확대를 위한 방안이 구체화되어 (나)에 반영되었다.

41. (나)의 글쓰기 방식에 대한 설명으로 가장 적절한 것은?

① 자신의 특별한 경험을 활용하여 문제의 심각성을 드러내었다.
② 독자에게 익숙한 상황을 들어 예상되는 반론에 대해 반박하였다.
③ 주장을 뒷받침하는 사례를 들어 주장의 실현 가능성을 제시하였다.
④ 제재의 물리적 특성을 분석하여 문제 상황의 원인으로 제시하였다.
⑤ 보도 자료의 내용을 인용하여 제재와 관련한 정책의 변화를 드러내었다.

42. 다음은 (나)의 마지막 문단을 고쳐 쓴 것이다. 그 과정에서 반영된 수정 계획으로 가장 적절한 것은?

> 전통 한지와 그 제작 기술은 우리가 자부심을 가질 만한 세계적인 문화유산이다. 따라서 전통 한지를 계승하고 발전시키려면 전통 한지와 그 제작 기술의 원형을 보존하여 품질을 유지하는 한편, 전통 한지의 사용을 확대하여 전통 한지가 다양한 방식으로 활용될 수 있도록 해야 한다.

① 전통 한지를 계승하고 발전시켜 예상되는 기대 효과를 제시해야겠군.
② 전통 한지를 계승해야 할 필요성이 드러나지 않으니, 관련된 내용을 추가해야겠군.
③ 전통 한지의 계승 및 발전을 위한 방안을, 앞서 제시한 두 가지 방향이 드러나도록 써야겠군.
④ 전통 한지의 계승 및 발전에 대해 언급하며 사용한 접속 표현이 적절하지 않으니 수정해야겠군.
⑤ 전통 한지의 특성에 관해 앞부분에서 이미 다룬 내용은 삭제하고 다른 내용으로 대체해야겠군.

[43~45] 다음은 작문 상황과 이를 바탕으로 학생이 작성한 초고이다. 물음에 답하시오.

[작문 상황]
학교 신문의 기고란에 기후 변화 대응과 관련된 글을 쓰려 함.

[초고]
제목 : [A]

인류의 생존을 위협하는 기후 변화는 더욱 가속화될 것으로 예측된다. 이에 기후 변화에 대한 대응에 미래 세대인 청소년들이 관심을 가지고 참여해야 한다는 사회적 공감대가 형성되고 있다. 그러나 청소년의 참여도는 여전히 낮은 수준이다.

청소년이 기후 변화 대응 활동에 참여하지 않는 원인은 여러 가지이다. 청소년들은 기후 변화 대응 방안에 무엇이 있는지 제대로 모르는 경우가 많다. 제대로 모르기 때문에 하고자 하는 의지가 있어도 참여하기 어렵다. 반대로 방안을 알면서 참여하지 않는 경우도 있다. 기후 변화에 대응하는 것이 너무 큰 과제라고 인식하기 때문에 자신의 실천은 효과가 없다고 생각하여 참여하지 않는 것이다.

이를 고려할 때 청소년의 참여를 이끌어 내려면 우선 청소년이 실천할 수 있는 방안을 알려 주는 것이 중요하다. 이때의 대응 방안은 생활 속에서 실천할 수 있는 것부터 사회적인 차원의 것까지 다양하다. 생활 속에서의 실천과 함께, 그러한 실천들을 사회적인 차원으로 확산시키려는 노력이 중요하다. 구성원 개개인과 공동체의 노력이 어우러질 때 더 효과적인 대응이 될 것이기 때문이다.

자신의 활동을 통해 상황을 개선할 수 있다는 인식을 형성하는 것도 중요하다. 기후 변화 대응 활동에 관한 긍정적 인식이 형성되어야 자발적 참여를 이끌어 낼 수 있다. 긍정적 인식이 형성되려면, 대응 활동이 효과가 있었다고 체감할 수 있는 성공적인 경험이 쌓여야 한다. 이를 위해서는 체계적이고 지속적인 지원이 필요하다. 학교는 이러한 지원을 할 수 있는 대표적인 곳이다. 그래서 기후 변화 대응 활동에의 참여를 도울 수 있도록 학교 교육에 변화가 필요하다.

개인 및 공동체 차원에서의 실천과 이에 대한 지원을 통해 기후 변화에 대한 대응이 청소년의 삶에서 멀리 있는 것이 아니라는 생각을 만들어 갈 수 있다.

43. '작문 상황'을 고려하여 구상한 글쓰기 내용으로, 초고에 반영되지 않은 것은?

① 기후 변화 대응에 대한 청소년의 참여를 유도하는 방안
② 기후 변화 대응에 대한 청소년 참여를 위한 지원 정책
③ 기후 변화 대응에 대한 청소년의 참여도가 낮은 원인
④ 기후 변화 대응에 대한 청소년 인식 형성의 중요성
⑤ 기후 변화 대응에 대한 청소년 참여의 필요성

44. <보기>는 초고를 읽은 교사의 조언이다. 이를 반영하여 [A]를 작성한다고 할 때, 가장 적절한 것은?

<보 기>

"글의 제목은 글에 대한 독자의 관심을 이끌어 낼 수 있도록 표현하는 게 좋아. 기후 변화의 심각성과 글의 5문단에서 말하고자 하는 바가 잘 드러나는 내용으로 쓰는 게 좋겠어."

① 기후 변화 정책, 학교와 사회의 실천적 연대를 지향할 때
② 기후 변화에 대처하는 삶의 양식 전환, 이제 더 이상은 미룰 수 없다
③ 환경에 위협받는 삶, 인간 중심의 삶에서 환경과 공존하는 생활로 전환
④ 기후 변화 문제, 청소년을 위해 모두가 실천적 노력으로 모여야 할 시기
⑤ 미래를 위협하는 기후 변화, 실천을 도와 청소년의 삶에서 대응을 실현할 때

45. <보기>는 초고를 보완하기 위해 추가로 수집한 자료이다. 자료의 활용 방안으로 적절하지 않은 것은? [3점]

<보 기>

ㄱ. 기후 변화 대응 활동 관련 설문 조사 자료

(대상: 우리 지역 청소년 600명)

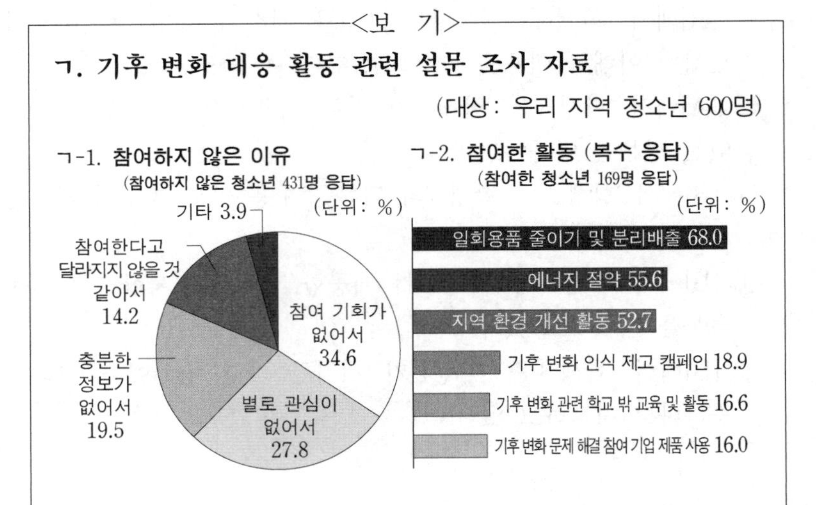

ㄴ. 신문 기사

청소년 기후 변화 대응 세미나가 ○○에서 개최되었다. 참여자들은, 기존의 교육이 기후 변화에 관심을 갖도록 만들었으나 청소년들의 실천적 대응을 이끌어 내기에는 한계가 있었다고 지적하며, 청소년들도 적극 참여하고 실천하며 효용을 체감할 수 있도록 학교·사회의 실천 연계형 교육으로 전환해야 한다는 데 의견을 모았다.

ㄷ. 인터뷰 자료

□□ 생태환경연구소 △△△ 박사는 "현재 각 국가가 온실가스 감축을 시행하고 있지만 각국에서 설정한 목표로 감축을 하더라도, 2020년에 출생한 세계 각국의 아이들은 평생 동안 50년 전에 태어난 세대에 비해 7배 수준의 폭염을 겪을 것이라고 예상합니다."라고 말했다.

① ㄱ-1을 활용하여, 청소년들이 대응 방안에 무관심하거나 관련 정보가 충분하지 않은 것을, 방안을 실천하더라도 효과가 없다고 청소년들이 생각하는 이유로 2문단에 구체화해야겠어.
② ㄴ을 활용하여, 기존 교육의 한계를 지적하며 세미나 참여자들이 동의한 내용을, 기후 변화 대응과 관련한 학교 교육의 변화 방향으로 4문단에 보강해야겠어.
③ ㄷ을 활용하여, 미래 세대는 폭염으로 인한 영향을 더 크게 받게 될 것이라는 전문가의 예측을, 청소년들의 활동 참여에 대한 사회적 공감대 형성의 근거로 1문단에 추가해야겠어.
④ ㄱ-1과 ㄱ-2를 활용하여, 청소년 다수가 참여한 활동들을, 참여 기회가 없다고 답한 청소년들이 생활 속에서 실천할 수 있는 기후 변화 대응 활동의 사례로 3문단에 추가해야겠어.
⑤ ㄱ-2와 ㄴ을 활용하여, 지역 환경 개선 활동이나 캠페인 등 지역 사회와 연계될 수 있는 활동들을, 청소년의 긍정적 인식 형성을 위해 학교가 지원할 사례로 4문단에 구체화해야겠어.

* 확인 사항
○ 답안지의 해당란에 필요한 내용을 정확히 기입(표기)했는지 확인하시오.

20회 ● 2023학년도 대학수학능력시험 국어영역(화법과 작문)

● 문항수 11개 | 배점 24점 | 제한 시간 20분

● 점수 표시가 없는 문항은 모두 2점

[35~37] 다음은 수업 중 학생의 발표이다. 물음에 답하시오.

> 안녕하세요? 발표를 맡은 ○○○입니다. 지난 수업 시간에 우리는 도로에서 볼 수 있는 안전 설계에 대해 배웠는데요, 이와 관련한 유익한 내용이 있어 소개하려 합니다.
>
> 여러분, 달리는 차 안에서 특정 구간을 지날 때 드르륵하는 소리가 들리며 차가 진동하는 것을 느껴 본 적 있나요? (대답을 듣고) 많은 분들이 경험했군요. 여러분이 느낀 진동은 도로에 시공된 홈 때문일 수 있습니다. (㉠ 자료 제시) 왼쪽은 진행 방향과 일치하는 세로 홈을, 오른쪽은 진행 방향에 수직인 가로 홈을 진하게 표시한 그림입니다. 세로 홈은 도로에 살얼음이 생기는 일을 줄이고, 가로 홈은 제동 거리를 줄여 주죠.
>
> 특히 가로 홈을 활용하면 도로에서 멜로디가 들리게 할 수 있는데요, 잠시 영상을 보겠습니다. (영상 제시) 차가 특정 도로 구간을 지날 때 동요 멜로디가 들리는 것이 신기하죠? (㉡ 자료 제시) 화면에 보이는 것처럼 홈의 너비와, 홈 사이의 도로면 너비를 합한 값에 따라 음 높이가 정해집니다. 홈 너비는 일정하니까 결국 홈 사이 도로면의 너비에 따라 음 높이가 달라지는 셈이죠. 이 자료에는 없지만 음 길이도 달라지게 홈을 시공하면 차가 달릴 때 멜로디가 들리게 됩니다. 이 멜로디는 운전자의 주의를 환기하여 졸음운전을 예방합니다. 실제로 졸음운전으로 인한 교통사고 발생 건수가 월 평균 2.6건이었던 구간에 멜로디가 들리게 가로 홈을 시공하자 해당 도로 구간에서의 교통사고가 3개월간 0건이었다고 합니다.
>
> 도로에서의 또 다른 안전 설계는 터널에서도 확인할 수 있습니다. (㉢ 자료 제시) 조명등이 설치된 간격이 달라서 낮에 터널 입구 쪽과 출구 쪽이 중간 구간보다 밝은데요, 이는 우리 눈이 터널 입구에서는 어둠에, 출구에서는 밝음에 서서히 익숙해지도록 하는 것이지요.
>
> 이 외에 곡선 도로에서 차가 이탈하는 것을 막기 위해 도로 바깥쪽이 높아지게 경사를 주고, 밤에도 차선이 잘 보이게 미세한 유리 알갱이를 차선에 바르기도 합니다. 발표 내용 잘 이해되었나요? 그동안 무심코 지나쳤던 도로에서 안전을 위한 장치들을 찾아보길 바라며 발표를 마치겠습니다.

35. 위 발표자의 말하기 방식으로 적절하지 <u>않은</u> 것은?

① 용어의 개념을 정의하여 발표에서 다룰 화제의 범위를 한정하고 있다.
② 청중과 공유하는 기억과 관련지어 발표의 계기를 밝히고 있다.
③ 청중의 경험과 관련한 질문을 하며 청중의 반응을 확인하고 있다.
④ 구체적인 수치를 밝혀 발표 내용의 근거로 활용하고 있다.
⑤ 발표 내용과 관련하여 청중에게 바라는 바를 언급하며 발표를 마무리하고 있다.

36. 다음은 발표자가 제시한 자료이다. 발표자의 자료 활용에 대한 설명으로 가장 적절한 것은?

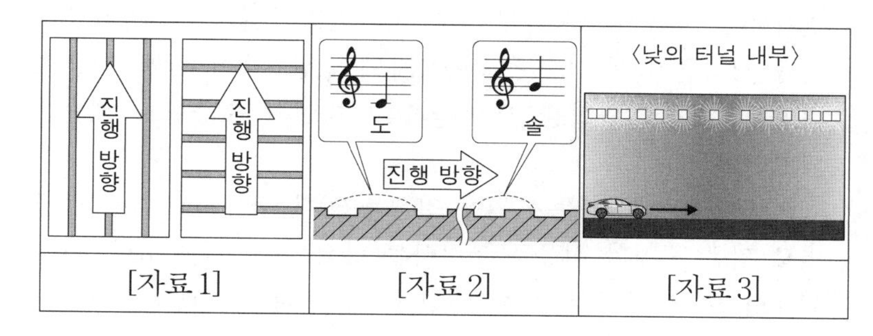

[자료 1] [자료 2] [자료 3]

① [자료 1]은 홈 사이의 도로면 너비를 달리해서 멜로디를 만든다는 내용을 설명하기 위해 ㉠에서 활용하였다.
② [자료 1]은 살얼음 발생 감소에 효과적인 홈과 제동 거리 단축에 효과적인 홈을 설명하기 위해 ㉢에서 활용하였다.
③ [자료 2]는 특정 구간을 지날 때 느끼는 차의 진동이 홈 때문일 수 있다는 내용을 설명하기 위해 ㉡에서 활용하였다.
④ [자료 3]은 낮에 터널의 중간 구간이 입구 쪽과 출구 쪽보다 어둡다는 내용을 설명하기 위해 ㉠에서 활용하였다.
⑤ [자료 3]은 달라지는 밝기에 눈이 서서히 적응하도록 조명등의 설치 간격을 달리한다는 내용을 설명하기 위해 ㉢에서 활용하였다.

37. 발표 내용을 바탕으로 할 때, <보기>에 나타난 학생들의 반응에 대한 이해로 가장 적절한 것은?

<보 기>

> **학생 1**: 곡선 도로에 경사를 준다는 내용을 간략히 제시해서 아쉬워. 도서관에서 그 원리를 알아봐야겠어.
> **학생 2**: 멜로디가 들리는 도로가 재미를 위한 것인 줄 알았는데, 안전을 위한 거였군. 이런 도로가 실제로 어디에 있는지 조사해 봐야겠어.
> **학생 3**: 미세한 유리 알갱이를 차선에 바르는 방법이 무엇인지, 밤에도 터널 구간별로 밝기가 다른지 알고 싶어.

① 학생 1은 자신의 의문이 해소되었다는 점에서 발표 내용을 긍정적으로 평가하고 있다.
② 학생 2는 발표 내용이 자신의 배경지식과 일치하지 않는 이유를 궁금해하고 있다.
③ 학생 1과 학생 2는 모두, 발표에서 언급된 내용과 관련하여 추가적인 정보를 탐색하려 하고 있다.
④ 학생 1과 학생 3은 모두, 발표를 통해 새롭게 알게 된 정보가 사실과 부합하는지 판단하고 있다.
⑤ 학생 2와 학생 3은 모두, 자신의 경험을 바탕으로 발표 내용의 효용성을 점검하고 있다.

PART I 20회

[38~42] (가)는 ○○ 고등학교 행사에 참여한 학생이 마을 소식지에 쓴 후기이고, (나)는 이를 읽은 다른 지역의 학생들이 나눈 대화이다. 물음에 답하시오.

(가)

지난 한 학기 동안 우리 학교에서는 식물에 대한 관심을 높이자는 취지에서 '다 함께 식물 지도 만들기' 행사를 진행하였다. 마을 사람들이 볼 △△동 식물 지도를 전교생이 함께 만들며, 다양한 식물에 관심을 갖게 되었고 자연의 소중함도 깨닫게 되었다.

식물 지도 만들기는 △△동 전체를 30개 구역으로 나눠 학급별로 맡은 구역의 식물을 조사하는 방식으로 이루어졌다. 먼저 최대한 여러 종류의 식물 사진을 찍은 다음, 식물의 이름을 알려 주는 누리집을 이용해 식물 이름을 편리하게 찾았다. 그리고 학급마다 특색 있게 그린 지도 위에 조사한 모든 식물의 이름을 표시하였다. 이렇게 학급별로 만든 지도를 이어 붙여 100여 종의 식물이 표시된 △△동 식물 지도를 완성하였다.

평소 우리가 잘 모르던 곳까지 꼼꼼히 살피며 식물을 조사하는 과정에서 몇몇 친구들은 힘들다고 포기하는 모습도 보였지만, 나는 이렇게 생각했다. '누군가는 이 지도를 보며 마을의 식물에 관심을 갖게 되지 않을까?' 이런 생각에 나는 계속해서 의욕적으로 조사를 해 나갈 수 있었다.

이번 행사를 통해 그동안 주변의 식물에 무심했던 나 자신을 반성하게 되었다. 그리고 화살나무나 분꽃 등의 식물을 교실 밖에서 직접 관찰하니 책으로만 접했을 때보다 식물에 대한 관심이 더 커지는 것 같았다. 다른 학교에서도 식물 지도 만들기 행사를 개최한다면 더 많은 학생들이 자연의 소중함을 느낄 수 있을 것이라는 생각이 들었다.

(나)

학생 1: 이번 가을에 열릴 동아리 발표회 때 전시하기 위해 우리도 △△동 마을 소식지에 실린 ○○ 고등학교 사례처럼 식물 지도를 만들기로 했잖아. ○○ 고등학교 사례에서 어떤 점을 수용하고 어떤 점을 달리할지 논의해 보자.

학생 2: 생각해 봤는데, 우리 셋이서 ○○ 고등학교가 한 것처럼 넓은 공간을 조사하긴 힘들 듯하니 학교에서 걸어갈 만한 거리만 지도의 범위로 삼는 게 좋지 않을까?

학생 1: 그러자. 학교에서 걸어갈 만큼 가까운 범위 내에서 어디로 조사하러 갈지 장소를 정해 보자.

[A]
학생 3: □□ 농장에 갔으면 하는데, 너희 생각은 어때? 거기는 나무가 많으니까.

학생 1: 거긴 매실나무만 많잖아. 식물 지도를 만드는 거니까 여러 종류의 식물이 있는 곳으로 가자.

학생 2: 여러 종류의 식물이 있는 곳도 좋지만, 나는 우리 학교 학생들이 볼 지도이니 학생들에게 친숙한 장소가 더 좋을 듯해. 그런데 그 농장은 아무나 들어갈 수가 없어서 가 본 학생이 거의 없을 테니…….

학생 3: 듣고 보니 일리가 있네. 친숙한 장소라면 전교생이 함께 걷기 행사를 했던 행복산과 구름천이 어때?

학생 1: 거기도 좋고 하늘습지도 좋을 것 같아. 학생들이 자주 산책하러 가는 곳이잖아.

학생 2: 모두 좋은 생각이야.

학생 3: 그럼 조사 장소는 세 군데로 정해진 거네.

학생 2: 맞아. 이제 어떤 식물을 지도에 표시할지 얘기해 보자.

학생 1: 우리 마을은 다양한 꽃과 나무가 자생하기로 유명하니까 우리도 지도에 되도록 다양한 종류의 식물을 표시하자.

학생 2: 근데 발표회까지 얼마 안 남아서 국가 보호종을 비롯해 주목할 만한 몇몇 식물만 표시해야 할 듯해. 그리고 식물 이름은 ○○ 고등학교처럼 누리집을 이용해 편리하게 찾자.

학생 1: 그러자.

[B]
학생 3: 식물 이름과 함께 식물이 어떤 효용이 있는지도 제시했으면 하는데, 너희는 어떻게 생각해?

학생 1: 약효가 있는 식물은 그 정보도 제시하자는 거지?

학생 3: 응? 나는 꽃이나 나무가 마음을 편안하게 해 주는 것 같은 효용을 말한 거였는데.

학생 1: 식물이 사람의 정서에 어떤 영향을 미칠 수 있는지에 대한 내용을 싣자는 말이었어?

학생 3: 응. 그런 정보가 학생들에게 의미가 있을 것 같아.

학생 2: 그거 좋은데? 우리가 행복산에서 조사할 꽃과 나무 중 일부에는 그런 내용도 추가로 표시하면 되겠다.

학생 1: 좋아. 이제 지도에 식물들을 어떻게 표현할지 얘기해 보자.

학생 2: 장소마다 대표 식물을 하나씩 선정해서 그 식물 이름 밑에 식물의 사진도 함께 제시하는 건 어때?

학생 3: 그래. 그리고 군집을 이루고 있는 식물은 모두 빗금으로 표시하자. 행복산은 갈림길이 많으니 걷기에 더 편한 길을 화살표로 표시도 하고.

학생 1: 좋은 생각이야. 모두 적용해 보자.

학생 2: 그래. 그런데 ○○ 고등학교가 이어 붙이는 방식으로 지도를 만든 건 참신하긴 한데 통일감이 없어 부자연스러울 듯해. 우리는 조사한 내용을 모아 함께 지도를 그리자.

학생 3: 그러자.

학생 1: 오늘 논의한 내용은 내가 [회의록]에 쓸게.

학생 2, 3: 고마워.

38. (가)에 활용된 글쓰기 방식으로 가장 적절한 것은?

① 1문단에서는 식물 지도 만들기 행사에서 자신이 깨달은 점을 문제점과 해결책을 제시하는 방식으로 서술하였다.
② 2문단에서는 식물 지도를 만든 과정을 원인과 결과를 제시하는 방식으로 서술하였다.
③ 2문단에서는 학급별 식물 지도의 특색을 나열하는 방식으로 서술하였다.
④ 3문단에서는 식물 조사에 임하는 자신의 참여 자세를 친구들의 참여 자세와 대조하는 방식으로 서술하였다.
⑤ 3문단에서는 식물을 조사하며 친구들이 겪은 어려움을 묻고 답하는 방식으로 서술하였다.

39. <보기>는 (가)의 마지막 문단의 초고이다. <보기>를 고쳐 쓰기 위해 친구들이 조언한 내용 중 반영되지 않은 것은?

<보 기>

이 행사를 통해 나 자신을 반성하게 되었다. 그리고 교실 밖에서 관찰 활동을 하는 것이 학업으로 인한 부담감을 덜어 준다는 것도 알게 되었다. 다른 학교에서도 식물 지도 만들기 행사를 열면 좋겠다는 생각이 들었다.

① 교실 밖에서 관찰한 대상의 구체적 예를 언급하는 게 어때?
② 행사를 통해 자신의 어떤 점을 반성했는지 밝히는 게 어때?
③ 다른 학교에서도 행사를 개최했을 때 예상되는 기대 효과를 제시하는 게 어때?
④ 교실 밖에서 관찰 활동을 하려면 책을 활용한 학습이 선행될 필요가 있다는 내용을 추가하는 게 어때?
⑤ 교실 밖에서 이루어지는 관찰 활동의 긍정적 효과를 행사의 취지에 부합하는 내용으로 바꾸는 게 어때?

40. [A], [B]에 대한 설명으로 적절하지 않은 것은?

① [A]에서 '학생 2'는 '학생 1'의 발화를 일부 재진술한 후 자신의 견해를 밝히고 있다.
② [A]에서 '학생 1'과 '학생 2'는 각기 다른 이유로 '학생 3'의 제안에 반대하는 입장을 드러내고 있다.
③ [B]에서 '학생 1'과 '학생 3' 모두 질문을 주고받는 과정에서 서로가 상대의 발화 내용을 잘못 이해했음을 깨닫고 있다.
④ [B]에서 '학생 2'는 '학생 3'에게 공감을 표한 후 '학생 3'의 제안을 구체화할 방안을 제시하고 있다.
⑤ [A]와 [B] 모두의 첫 번째 발화에서 '학생 3'은 자신이 제안한 바에 대한 '학생 1'과 '학생 2'의 의견을 묻고 있다.

41. (가)와 (나)를 고려할 때, '학생 1'이 쓴 회의록의 내용 중 적절하지 않은 것은? [3점]

일시: 2022. 8. ▽▽.	**장소**: 동아리실
회의 주제: 마을 식물 지도 만들기 계획 수립	
논의 내용 1: ○○ 고등학교 식물 지도 제작 사례 검토	
수용할 점	정보 확인의 편의성을 고려하여, 우리도 식물의 이름을 누리집에서 찾는다. ················ ①
	발표회까지 남은 기간을 감안하여, 우리도 몇몇 주목할 식물만 지도에 표시한다. ················ ②
달리할 점	조사 인원을 고려하여, 우리는 학교에서 걸어갈 만큼 가까운 거리만 지도의 범위로 삼는다. ······ ③
	지도를 볼 대상을 감안하여, 우리는 우리 학교 학생들에게 친숙한 장소의 식물을 조사한다. ···· ④
	지도의 통일감을 고려하여, 우리는 각각의 지도를 이어 붙이는 방식은 활용하지 않는다. ·············· ⑤

42. 다음은 (나)를 바탕으로 학생들이 만든 지도의 초안이다. ㉠~㉤에 대한 반응으로 가장 적절한 것은?

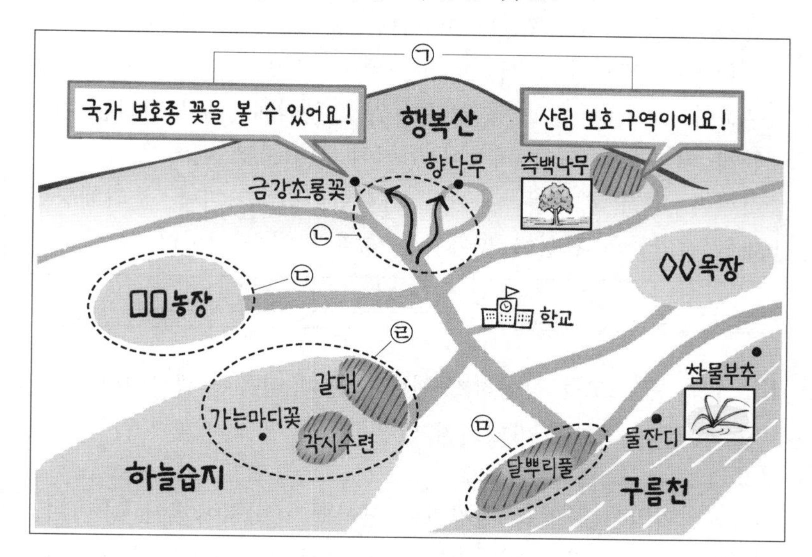

① ㉠: 식물이 있는 곳의 핵심적인 특징을 제시하기로 했으므로 논의한 내용이 반영되었군.
② ㉡: 국가 보호종 식물이 있는 곳으로 가는 길은 동선을 표시하기로 했으므로 논의한 내용이 반영되었군.
③ ㉢: 식물에 대해 조사한 내용이 제시되지 않았으므로 조사한 식물에 대한 정보를 추가해야겠군.
④ ㉣: 각 장소마다 하나씩 대표 식물의 사진을 제시하기로 했으므로 사진을 추가해야겠군.
⑤ ㉤: 군집을 이루고 있는 식물 중 학생들에게 낯선 식물은 빗금으로 표시하기로 했으므로 논의한 내용이 반영되었군.

[43~45] 다음은 교지에 싣기 위해 학생이 작성한 초고이다. 물음에 답하시오.

우리나라의 연간 1인당 커피 소비량은 세계 평균의 2배 이상일 정도로 우리나라 사람들은 커피를 마시는 일에 관심이 많다. 이러한 관심이 커피 사랑에만 머물지 않고, 일회용 컵 회수 방안처럼 커피로 인한 사회적 문제에 대한 관심으로 이어지는 현상은 바람직하다. 하지만 커피로 인한 사회적 문제를 논할 때, 상대적으로 관심을 받지 못하고 있는 것이 있다. 커피를 만든 후 남는 커피 찌꺼기, 바로 '커피박(coffee 粕)'이다. 여러 면에서 커피박에 대한 우리 사회의 관심은 낮은 편이다.

우선, 커피박을 잘못 처리하고 있는 사람이 많다. 추출 직후의 커피박을 싱크대 배수구에 버리거나 흙에 버리기도 하는데, 이는 잘못된 처리 방법이다. 배수구에 버린 커피박에서 나온 카페인은 하수 처리 과정에서 완벽히 걸러지지 않은 채 강물에 흘러 들어가 부정적으로 작용할 수 있다. 그리고 흙에 버린 커피박은 토양과 식물에 악영향을 줄 수 있다.

또한, 커피박이 다양한 분야에서 재활용될 수 있다는 사실을 모르는 사람도 많다. 커피박은 일상에서 탈취제나 방향제로 이용된다. 그뿐만 아니라 건축 분야에서 합성 목재를 대신하는 재료로 쓰이거나 농업 분야에서 혼합 및 발효 과정을 거쳐 비료로 사용되기도 한다. 최근에는 바이오에너지의 원료로 활용될 수 있다는 점도 부각되고 있다.

끝으로, 커피박 수거 시설이 매우 부족하다는 점도 아쉬운 부분이다. 커피박을 그냥 버리지 않고 분리배출해야 한다는 것을 알게 되더라도 수거 시설이 있어야 실천으로 이어질 수 있다. 커피박 수거 시설을 곳곳에 마련한다면, 커피박 분리배출에 대한 시민들의 관심이 높아지는 효과가 있을 것이다.

[A]

43. 다음은 초고를 작성하기 전에 학생이 떠올린 생각이다. ㉠~㉤ 중, 학생의 초고에 반영되지 않은 것은?

- ○ 커피박이 무엇을 지칭하는 단어인지 밝혀야겠어. ……… ㉠
- ○ 커피박이 잘못 버려지고 있는 예를 제시해야겠어. ……… ㉡
- ○ 커피박이 무엇으로 재활용될 수 있는지 언급해야겠어. … ㉢
- ○ 우리나라의 연간 1인당 커피 소비량이 세계 평균 대비 어느 정도인지 밝혀야겠어. ……… ㉣
- ○ 커피로 인해 발생하는 사회적 문제가 해마다 증가하고 있는 실태를 제시해야겠어. ……… ㉤

① ㉠ ② ㉡ ③ ㉢ ④ ㉣ ⑤ ㉤

44. 다음은 초고를 읽은 교지 편집부 학생의 조언이다. 이를 반영하여 [A]를 작성한다고 할 때, 가장 적절한 것은?

"초고 2~4문단에서 문단별로 문제 삼고 있는 점을 해결할 수 있는 방안을 각각 언급하고, 우리 사회가 지녀야 할 태도를 커피에 대한 사랑과 관련지으며 마무리하는 게 좋겠어."

① 커피에 대한 사랑은 커피박에 관심을 갖는 태도로 이어질 필요가 있다. 다양한 재활용 분야와 수거 시설 확충의 중요성을 아는 것이 진정한 커피 사랑의 시작이다.
② 커피박의 올바른 처리 방법과 재활용 분야를 홍보하고, 수거 시설 확충을 제도화할 필요가 있다. 커피박에도 관심을 갖는 책임감 있는 태도가 커피 사랑의 참된 자세이다.
③ 커피를 마시지 않는 사람들은 왜 커피박에 관심을 가져야 하는지 의아해할 수 있다. 하지만 공동체의 문제 해결을 위해 가치관이 다르더라도 포용하는 태도가 필요하다.
④ 우리나라의 커피 소비량은 앞으로도 늘어날 것으로 보인다. 따라서 커피박의 바람직한 처리 방법과 재활용 분야를 알리고, 커피박 수거 시설을 확충하는 것이 필요하다.
⑤ 커피박 수거 시설의 설치는 시민들에게 커피박의 쓰임새를 알리는 효과가 있다. 사랑할수록 관심을 표현하듯이, 커피에 대한 사랑을 커피박에 대한 관심으로 표현해야 할 것이다.

45. <보기>는 초고를 보완하기 위해 추가로 수집한 자료이다. 자료 활용 방안으로 적절하지 않은 것은? [3점]

<보 기>

(가) 전문가 인터뷰

"커피박으로 인한 탄소 배출이 문제가 되고 있습니다. 커피박 소각 시 탄소 배출량은 1톤당 338kg이나 됩니다. 또한 추출 직후의 커피박은 카페인 함유량이 높고, 수분이 많습니다. 이를 흙에 버리면 카페인과 토양 속 물질이 결합한 상태로 쌓여 식물의 생장을 저해할 수 있고, 수분이 많은 커피박이 부패하여 토양을 오염시킬 수 있습니다."

(나) 연구 보고서 자료

〈커피박의 바이오에너지 원료화〉

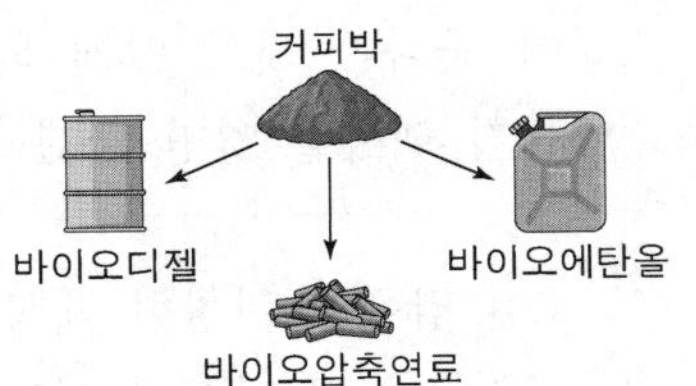

현재 우리나라는 커피박의 바이오에너지 원료화를 추진하고 있다. 바이오압축연료는 상품화되었으며, 바이오디젤, 바이오에탄올을 생산하는 기술도 개발되고 있다.

(다) 신문 기사

스위스는 우체국 등 2,600여 곳의 수거 거점을 마련해 커피박을 효과적으로 수거하고 있다. 반면에 우리나라는 일부 지방 자치 단체에서만 커피박 수거를 시도 중이다. ○○구는 "수거 시설이 시민들의 커피박 분리배출에 대한 관심을 높이고 커피박 수거나 운반 등과 관련한 일자리를 창출할 수 있을 것"이라고 밝혔다.

① (가): 커피박을 소각할 때 발생하는 탄소 배출량 수치를, 커피박이 우리 사회에서 관심을 받지 못하고 있는 배경을 보여 주는 자료로 1문단에 추가한다.
② (가): 추출 직후 커피박에 남은 카페인과 수분이 많은 커피박이 유발하는 문제를, 커피박이 식물과 토양에 미치는 악영향을 구체화하는 자료로 2문단에 추가한다.
③ (나): 커피박으로 만들 수 있는 바이오에너지의 종류를, 커피박이 바이오에너지의 원료로 활용될 수 있다는 내용을 뒷받침하는 자료로 3문단에 추가한다.
④ (다): 효과적으로 커피박을 수거하고 있는 해외 사례를, 커피박 수거 시설이 부족한 우리나라의 문제 상황을 부각하는 자료로 4문단에 추가한다.
⑤ (다): 커피박 수거가 일자리 창출로 이어질 수 있음을, 커피박 수거 시설이 곳곳에 마련되었을 때 예상되는 또 다른 효과를 보여 주는 자료로 4문단에 추가한다.

* 확인 사항
○ 답안지의 해당란에 필요한 내용을 정확히 기입(표기)했는지 확인하시오.

● 문항수 11개 | 배점 24점 | 제한 시간 20분

● 점수 표시가 없는 문항은 모두 2점

[35~37] 다음은 학생의 발표이다. 물음에 답하시오.

안녕하세요? 오늘 발표를 맡은 ○○○입니다. 저는 얼마 전 읽은 책에서 17세기의 우리 음식 중 흥미로운 음식을 발견하여 '17세기의 두 가지 음식'을 발표 주제로 정했습니다. 혹시 『음식디미방』이라는 책을 알고 계신가요? (청중의 반응을 보며) 예상대로 아는 분이 많지 않으시네요. 이 책은 1670년경에 쓰인 한글 음식 조리서로, 당대의 음식을 알 수 있는 대표적인 자료인데요, '음식디미방'이란 '음식의 맛을 아는 방법'이라는 뜻입니다. 지금부터 책에 실린 음식 중 석류탕을 먼저 소개한 후 난면을 소개하겠습니다.

먼저 화면을 보시죠. (화면에 사진을 보여 주며) 어떤 음식에 더 관심이 있으신가요? (청중의 대답을 듣고 화면을 넘기며) 네, 여러분이 관심을 보이시는 이 사진이 '석류탕'입니다. 여기서 석류는 여러분이 알고 계신 바로 그 과일의 이름입니다. 석류탕은 석류 모양으로 빚은 만두를 넣어 만든 음식이기 때문에 붙여진 이름이지요. 석류탕은 꿩고기, 무, 표고 등에 간장과 후춧가루를 넣고 볶아 만두소를 만들고, 밀가루로 만든 피에 만두소와 잣가루를 넣어 석류 모양의 만두를 빚은 뒤 맑은장국에 넣어 끓여 낸 음식입니다.

(화면을 넘기고) 이 사진은 '난면'입니다. '계란' 할 때의 '란', '냉면' 할 때의 '면'입니다. 난면은 계란 흰자와 밀가루를 반죽한 후 썰거나 분틀에 눌러 면을 만들고 이를 삶아 낸 다음 꿩고기를 삶은 국물에 그 면을 말아 만든 음식입니다.

지금까지 17세기의 두 가지 음식을 소개했습니다. 『음식디미방』에는 두 음식을 포함하여 총 146가지의 음식이 면병류, 어육류, 주국방문 및 초류, 이 세 가지로 나뉘어 소개되어 있습니다. 면병류는 밀가루로 요리한 종류, 어육류는 생선과 고기를 요리한 종류, 주국방문 및 초류는 술과 식초 종류를 말합니다. 제가 소개한 것은 어육류에 속하는 음식이었습니다. 이 외에 다른 음식에 관심 있으신 분은 책을 보시면 흥미로운 음식들을 발견할 수 있을 겁니다. 제 발표는 여기서 마무리하겠습니다. 감사합니다.

35. 위 발표에 대한 설명으로 가장 적절한 것은?

① 두 가지 음식에 대해 발표한 내용을 중간중간 요약하고 있다.
② 소개한 두 음식에 대해 추가로 자료를 탐색할 것을 권유하고 있다.
③ 소개한 조리법을 활용하여 만들 수 있는 다른 음식들의 예를 들고 있다.
④ 발표자 자신의 경험과 관련하여 발표 주제의 선정 동기를 밝히고 있다.
⑤ 언급한 책의 역사적 가치를 전문가들의 서로 다른 견해를 인용하며 설명하고 있다.

36. 다음은 발표자가 위 발표를 준비하면서 작성한 메모이다. ㉠~㉤을 바탕으로 하여 발표에서 사용한 발표 전략으로 적절하지 <u>않은</u> 것은?

<상황 분석>
○ 수업 시간에 이루어지는 정보 전달 목적의 발표임. .... ㉠
○ 발표 장소는 대형 모니터가 설치된 교실임. .... ㉡
○ 청중이 『음식디미방』이라는 책을 잘 알지 못할 것임. .... ㉢
○ 청중이 음식 이름에 익숙하지 않을 것임. .... ㉣

<실행 계획>
○ 청중의 반응을 고려하여, 발표할 내용의 순서나 분량을 조정할 수 있음. .... ㉤

① ㉠: 청중이 발표 내용을 신뢰할 수 있도록 발표에서 다루려는 음식이 소개된 문헌을 밝힌다.
② ㉡: 전달 효과를 높이기 위해 모니터를 활용해 사진을 화면으로 제시하며 설명한다.
③ ㉢: 책에 대한 청중의 사전 지식을 점검하고, 책에 대한 이해를 돕기 위해 책의 집필 시기와 책 제목의 의미를 밝힌다.
④ ㉣: 청중의 이해를 돕기 위해 청중에게 익숙한 단어를 사용하여 음식의 이름을 설명한다.
⑤ ㉤: 청중과의 상호 작용으로 파악한 청중의 관심을 반영하기 위해, 도입부에서 안내한 발표 순서를 바꾸어 소개한다.

37. <보기>는 위 발표를 들은 학생들의 반응이다. <보기>에 드러난 학생들의 듣기 방식으로 가장 적절한 것은?

<보 기>

학생 1: 석류탕과 난면을 조리할 때 모두 꿩고기를 재료로 사용하는 걸 보니 당시에는 꿩고기가 구하기 쉬웠나 봐.
학생 2: 석류탕에서 만두 만드는 방법이 내가 아는 만두 만드는 방법과 크게 다르지 않네.
학생 3: 석류탕이 어육류에 속하는 걸 보니 고기를 핵심적인 재료로 간주해서 분류한 것 같아.

① 학생 1은 학생 2와 달리 발표에서 음식 재료를 설명한 내용이 정확한지 평가하며 들었다.
② 학생 2는 학생 1과 달리 자신이 알고 있는 조리법과 비교하며 제시된 정보를 사실과 의견으로 구분하며 들었다.
③ 학생 2는 학생 3과 달리 발표자가 두 번째로 소개한 음식의 조리법에 대한 발표 내용을 배경지식을 바탕으로 예측하며 들었다.
④ 학생 1과 학생 3은 모두 발표 내용과 관련하여 발표자가 언급하지 않은 내용을 추론하며 들었다.
⑤ 학생 2와 학생 3은 모두 사전 경험을 바탕으로 발표 내용의 효용성을 점검하며 들었다.

[해설편 p.050]

[38~42] (가)는 한 학생이 학생회 누리집 게시판에 올린 글이고, (나)는 (가)를 읽은 학생회 학생들이 나눈 대화이다. 물음에 답하시오.

(가)

안녕하세요. 저는 올해 학생회에서 개최하는 토론 한마당에 참가하고자 하는 ○○○입니다. 토론 한마당을 담당하는 학생회 운영진에게 토론 한마당 예선 방식의 개선을 건의하고자 게시판에 글을 쓰게 되었습니다.

학생회가 진행해 온 토론 한마당은 예선과 본선에서 항상 많은 청중이 참여한 가운데 대면 토론으로 진행되어 현장감이 넘친다는 장점이 있습니다. 그런데 참가 팀이 늘면서 예선을 위한 시간과 공간 부족, 예선을 운영할 인원과 심사자 확보 곤란 등의 어려움이 발생하여 이를 해소하기 위해 작년부터 예선에 참가할 수 있는 인원을 학급당 한 팀으로 제한했습니다.

하지만 이런 현행 예선 방식으로 인해 토론 한마당에 대한 학생들의 불만이 매우 높아졌다는 문제가 발생하였습니다. 학생회도 알다시피 작년 행사 이후 학교 신문이 전교생을 대상으로 실시한 설문 조사에서 토론 한마당에 불만족스럽다는 응답률이 76%로 매우 높았습니다. 불만의 원인은 예선 참가 기회가 제한되어 있는 현행 예선 방식의 한계에서 찾을 수 있습니다.

이를 해결하기 위해 더 많은 학생들이 참여할 수 있도록 예선 방식을 개선해 주십시오. 현행의 평가 방법인 대면 토론을 유지하려면 예선 기간이 짧아 참여자를 제한할 수밖에 없으니 예선 기간을 연장해 주시기 바랍니다. 예선 기간을 연장하지 않는다면 대면 토론 외의 다른 방법을 마련해 주시기 바랍니다. 실제로, 우리 학교와 학생 수도 거의 같고 토론에 대한 관심도 높은 인근 학교 중에서도 우리와 유사한 문제를 겪다가 예선 방식을 개선하여 이를 해결한 사례가 있습니다. 이 학교들에서는 대면 토론의 기간을 연장하거나, 대면 토론 대신 예선에서 토론 개요서로 평가하니까 많은 학생들이 예선에 참가할 수 있었습니다.

토론 한마당 예선의 기간을 연장하는 방식이나 평가 방법을 변경하는 방식으로 현행의 예선 방식을 개선하면 학생들이 더 많이 참가할 수 있게 되어 불만이 해소될 것입니다. 그러면 토론 한마당에 대한 학생들의 관심도 더 높아져 토론 한마당이 학생 자치 대표 행사로 자리매김하게 될 것입니다. 읽어 주셔서 감사합니다.

(나)

학생 1: 토론 한마당 행사의 예선 방식을 개선해 달라고 게시판에 올라온 글 봤지? 기간 연장은 일정상 당장 반영하기 곤란하니 참가 인원을 늘릴 수 있는 좋은 방안이 있는지 논의해 보자.

학생 2: 응. 예선 참가 인원을 학급당 한 팀으로 제한하다 보니, 토론에 참가하지 못하는 학생들이 많아져서 불만이 많다는 건데, 예선 방식을 바꿔야 되겠더라.

학생 1: 행사 운영을 위한 시간과 공간이 부족하고 심사자가 부족한 상황에서 대면 토론을 유지하다 보니 참가 인원을 제한하게 되어 불만이 많아진 거니까 대면 토론을 대신할 방안을 찾을 필요가 있어.

학생 2: 그러면 토론 개요서를 도입하는 게 좋겠어. 글에서 언급한 것이기도 하지. 논제에 대한 입장과 근거가 담긴 토론 개요서를 제출하도록 하여 예선을 치르는 거야.

학생 3: 동영상을 활용해 보는 건 어때? 참가 신청한 팀들 중 두 팀씩 서로 찬반을 나누어 토론을 하고, 그 과정을 동영상으로 촬영해 제출하게 하는 거야.

학생 1: 두 가지 방식이 여러 측면에서 달라 보이는데, 각각의 방안이 가지는 장점은 뭐라고 생각해?

학생 2: 토론 개요서로 평가하면 현행 방식일 때 예선에 참가하지 못할 학생들도 기회를 얻을 수 있어. 그리고 시간이나 장소에 구애를 덜 받고, 대면 토론을 운영할 인원이나 심사자를 섭외하는 부담도 많이 줄일 수 있어.

학생 3: 동영상을 제출하도록 하면 대면 토론과 달리 토론 시간이나 장소를 참가자들이 자율적으로 정할 수 있고, 토론 개요서를 평가할 때와 달리 참가자들이 상대방과 서로 소통하는 토론 과정을 평가할 수 있다는 장점이 있어.

학생 1: 두 방식의 단점이나 운영상 어려움에는 어떤 것들이 있을까? 청중이 모인 가운데 진행되는 대면 토론만큼의 현장감 있는 토론을 경험하기는 어려울 테니 그것 말고 얘기해 줄래?

학생 2: 동영상 촬영을 하려면 참가 팀들이 별도의 장비를 준비해야 해서 번거로워. 또 토론 개요서와 다르게 대면 토론만큼 시간이 필요하니까 많은 팀이 참가한다면 심사자의 평가 부담이 클 것 같네.

학생 3: ㉠ <u>토론 개요서로 평가하는 것보다 심사자 부담은 큰 게 맞겠네. 그런데 토론 개요서 평가는 참가자들이 소통하는 과정을 평가하긴 어려워.</u>

학생 2: ㉡ <u>그래도 토론에서 더 중요한 건 적절한 근거를 들어 논제에 대한 자신의 입장이 타당함을 밝히는 논증 능력이니까 그걸 평가하는 건 가능하다고 생각해.</u>

학생 3: 네 말이 맞는 것 같아.

학생 1: 나도 좋아. 토론 개요서를 평가하면 예선 참가 가능한 인원이 늘겠지. 그러면 게시판의 글에서 말한 학생들 불만이 해소될 거야. 모두들 동의했으니 이 방안을 도입하기로 하고 오늘 논의는 마무리하자.

38. (가)의 작문 맥락을 파악한 내용으로 가장 적절한 것은?

① 공동체의 문제를 해결할 수 있는 주체를 예상 독자로 설정했다.
② 공동체의 문제를 해결하기 위해서는 공동체 구성원 개개인의 인식 개선이 필요함을 글의 주제로 삼았다.
③ 공동체의 문제와 관련하여 가치 있는 경험을 통해 얻은 깨달음을 성찰하는 것을 작문 목적으로 설정했다.
④ 공동체의 문제와 관련하여 자신의 생각을 진솔하게 기록하기 위해 개인적인 성격이 강한 작문 매체를 선택했다.
⑤ 공동체의 문제를 조사하고 분석한 절차와 결과가 잘 드러나도록 보고하는 형식을 갖춘 글의 유형을 선택했다.

[해설편 p.051]

39. <보기>를 기준으로 하여 (가)를 평가한 내용으로 적절하지 않은 것은?

<보 기>

ⓐ 해결해야 할 현재의 문제를 제시했는가?
ⓑ 문제를 사실에 근거하여 제시했는가?
ⓒ 문제의 원인을 제시했는가?
ⓓ 문제 해결 방안의 실행 가능성을 점검하여 제시했는가?
ⓔ 문제 해결을 통한 기대 효과를 제시했는가?

① 2문단에서 현행 토론 한마당의 예선 방식으로 인해 발생한 문제를 언급한 내용은, 참가 팀이 늘면서 발생한 운영상의 어려움을 문제로 제시했다는 점에서 ⓐ를 충족하는군.
② 3문단에서 토론 한마당에 대한 설문 조사 결과를 인용한 내용은, 학생들의 불만이 높다는 문제를 사실에 근거하여 제시했다는 점에서 ⓑ를 충족하는군.
③ 3문단에서 현행 예선 방식의 한계를 언급한 내용은, 참가자 제한을 학생들이 불만족한 원인으로 제시했다는 점에서 ⓒ를 충족하는군.
④ 4문단에서 인근 학교의 사례를 언급한 내용은, 유사한 상황에서 문제를 해결한 사례를 통해 기간 연장 및 평가 방법 변경의 실행 가능성을 점검하여 제시했다는 점에서 ⓓ를 충족하는군.
⑤ 5문단에서 토론 한마당의 예선 방식 개선이 가져올 결과를 언급한 내용은, 문제 해결을 통한 기대 효과를 제시했다는 점에서 ⓔ를 충족하는군.

40. (나)의 '학생 1'에 대한 설명으로 적절하지 않은 것은? [3점]

① (가)에서 토론 한마당 예선 방식 개선을 요구한 것을 논의의 계기로 삼고 있다.
② (가)에서 서술한 예선 참가 인원 제한의 배경을 언급하며 논의의 필요성을 제시하고 있다.
③ (가)에서 예선 방식 개선을 위해 제시한 두 가지 방식 각각의 장단점을 판단하게 하며 논의를 진행하고 있다.
④ (가)에서 현행 예선 평가 방법의 장점으로 언급한 내용과 관련해서는 발언에서 제외하도록 논의의 내용을 제한하고 있다.
⑤ (가)에서 서술한 현행 예선 방식에 대한 불만이 해소될 것을 언급하며 논의의 결론을 제시하고 있다.

41. ㉠, ㉡의 발화에 대한 이해로 가장 적절한 것은?

① ㉠은 ㉠ 직전의 '학생 2'가 말한 내용에 담긴 의견의 일부를 긍정하면서 추가로 자신의 의견을 드러낸다.
② ㉠은 ㉠ 직전의 '학생 2'가 말한 내용에 담긴 의견에 동의를 표하면서 그 의견에 대한 상세한 설명을 요청한다.
③ ㉠은 ㉠ 직전의 '학생 2'가 말한 내용에 담긴 의견에 이의를 제기하면서 그 의견을 뒷받침하는 근거의 타당성을 지적한다.
④ ㉡은 ㉡ 직전의 '학생 3'이 말한 내용에 담긴 의견을 뒷받침할 수 있는 근거를 덧붙이면서 공감을 드러낸다.
⑤ ㉡은 ㉡ 직전의 '학생 3'이 말한 내용에 담긴 의견의 핵심을 재진술하면서 그 의견에 대해 동의를 유보한다.

42. (나)의 흐름을 다음과 같이 정리할 때, ㉮에 해당하는 내용으로 적절하지 않은 것은?

문제 인식 및 대안 생성 → ㉮ 대안에 대한 검토 → 최선의 대안 선택

① 동영상 방식의 장점으로, 참가자들이 시간과 장소를 자율적으로 정할 수 있다는 점이 언급되었다.
② 동영상 방식의 장점으로, 대면 토론에 비해 심사자 섭외의 부담을 줄일 수 있다는 점이 언급되었다.
③ 동영상 방식의 단점으로, 참가자가 별도의 촬영 장비를 준비해야 한다는 점이 언급되었다.
④ 토론 개요서 방식의 장점으로, 현행 방식에 비해 더 많은 학생이 예선에 참여할 수 있다는 점이 언급되었다.
⑤ 토론 개요서 방식의 단점으로, 참가자들의 소통 과정을 평가하기 어렵다는 점이 언급되었다.

[43~45] 다음은 '건강 상식' 잡지의 편집장이 보낸 요청과 그에 따라 기자가 작성한 초고이다. 물음에 답하시오.

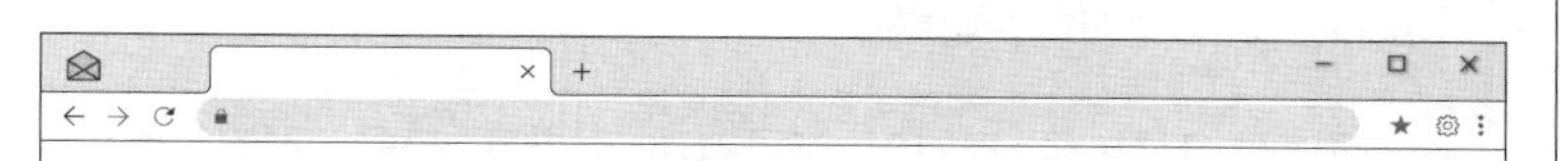

안녕하세요. 편집장입니다. 기획 연재 '다양한 직업 세계의 직업병' 제2회 원고와 관련하여 '악기 연주자가 겪는 근골격계 질환'을 주제로 글을 쓰면서 ㉠ 질환의 개념, ㉡ 질환의 유병률, ㉢ 질환 완화 방법을 포함해 주세요. 감사합니다.

<초고>

직업성 질환 중 하나인 근골격계 질환은 근육, 신경, 뼈와 주변 조직 등 근골격계에 발생하는 손상 또는 통증을 말한다. 사무직의 요통이 대표적인 예이다. 악기 연주자들도 연주를 할 때 주로 사용하는 부위에 근골격계 질환을 겪는다.

[해설편 p.051]

악기 연주자들의 근골격계 질환 유병률을 악기군과 부위의 범주로 나누어 차이를 살펴보면 다음과 같다. 먼저 악기군별로 보면, 다른 악기 연주자들보다 건반 악기 연주자들의 유병률이 가장 높았다. 피아니스트 ○○○ 씨는 오랜 시간 건반에 손을 얹고 손가락을 과도하게 사용하다 보니 손목과 손가락에 통증이 심하다고 고충을 토로하며, 주변의 건반 악기 연주자들도 흔히 겪는 질환이라고 덧붙였다. 다음으로 부위별 유병률을 보면 목, 어깨, 팔꿈치, 손목과 같은 상지 부위에서 유병률이 가장 높았고, 부위별로 구체적인 유병률은 악기군에 따라 차이를 보였다. 악기군에 따른 근골격계 질환의 전체 부위 유병률 순위와 부위별 유병률 순위는 일부 차이를 보였다.

악기군별로 차이는 있지만, 연습 중 휴식, 운동, 연주 자세, 연주 기간 등이 근골격계 질환의 유병률에 영향을 미친다. 그렇다면 악기 연주자의 근골격계 질환 완화를 위한 방법은 무엇일까? 악기 연주자들이 실천할 수 있는 방법 중 특히 도움이 되는 것은 연습 중의 규칙적인 휴식이다. 이와 관련하여 근골격계 질환에 영향을 미치는 요인에 대한 악기 연주자의 인식 개선이 필요하다. 또한 근골격계 질환 완화에 도움이 되도록 적절한 운동을 하는 것도 필요하다.

43. 초고에서 ㉠~㉢을 작성할 때 활용한 글쓰기 방법으로 가장 적절한 것은?

① ㉠: 질환의 개념을 묻고 답하는 방식으로 제시했다.
② ㉡: 두 범주를 설정하여 범주별로 질환 유병률의 차이를 제시했다.
③ ㉡: 악기 연주자의 질환 경험 사례를 악기군별로 제시했다.
④ ㉢: 질환 완화 방법을 질환의 부위별로 분석하여 제시했다.
⑤ ㉢: 질환 완화에 효과가 있는 운동의 과정을 단계별로 제시했다.

44. 다음은 초고를 쓴 기자가 잡지 편집장에게 보낸 이메일의 일부이다. ⓐ에 들어갈 내용으로 가장 적절한 것은?

> 초고에 대한 검토 의견 중 (ⓐ) 요청에 따라 첫 문단을 아래와 같이 수정했습니다.
>
> 직업성 질환 중 하나인 근골격계 질환은 근육, 신경, 뼈와 주변 조직 등 근골격계에 발생하는 손상 또는 통증을 말한다. 주로 장기간의 반복된 작업으로 근골격계에 손상이 누적되어 나타난다. 악기 연주자들도 연주를 할 때 유사한 동작을 오래 반복하다 보니 주로 사용하는 부위에 근골격계 질환을 겪는다.

① 직업성 질환이 아닌 예 삭제, 근골격계 질환의 발병 이유 추가
② 직업성 질환이 아닌 예 삭제, 근골격계 질환의 발병 조건 추가
③ 다른 직업군의 예 삭제, 근골격계 질환의 발병 부위 추가
④ 다른 직업군의 예 삭제, 근골격계 질환의 발병 유형 추가
⑤ 다른 직업군의 예 삭제, 근골격계 질환의 발병 원인 추가

45. 다음은 초고를 보완하기 위해 추가로 수집한 자료이다. 자료 활용 방안으로 적절하지 않은 것은? [3점]

(가) □□ 의학회 논문 자료

악기 연주자의 근골격계 질환의 전체 부위 유병률은 관악기는 57.6%, 건반 악기는 75.0%, 현악기는 68.1%로 나타났다. 통증 부위에 따른 유병률은 상지 부위의 경우, 관악기 대비 건반 악기가 1.82배, 현악기가 1.57배였고, 하지 부위는 관악기 대비 건반 악기가 1.72배, 현악기가 0.84배로 나타났다.

(나) △△ 연구소 통계 자료

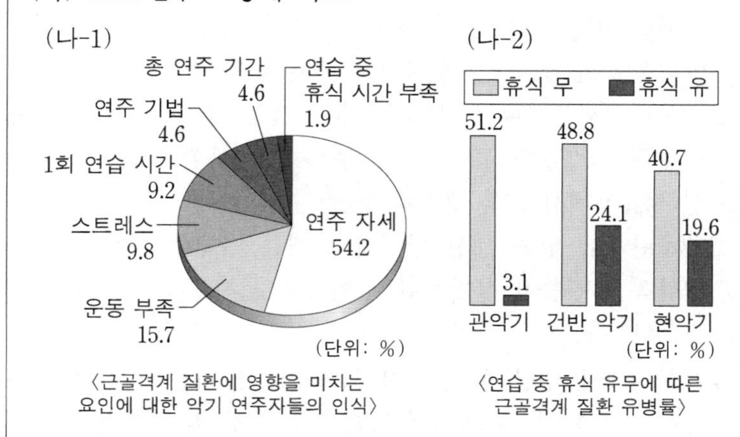

〈근골격계 질환에 영향을 미치는 요인에 대한 악기 연주자들의 인식〉

〈연습 중 휴식 유무에 따른 근골격계 질환 유병률〉

(다) ◇◇ 대학교 의대 교수 인터뷰 자료

"스트레칭 운동으로 근육의 긴장을 완화하고, 안정화 운동을 통해 바른 자세로 교정하면 근골격계에 도움이 됩니다."

① (가)를 활용하여, 악기군별 상지 부위의 유병률 차이에 대해, 건반 악기의 유병률이 가장 높고 다음으로 현악기, 관악기 순이라는 내용으로 2문단을 구체화한다.
② (가)를 활용하여, 악기군에 따른 부위별 유병률 순위에 대해, 상지 부위와 달리 하지 부위의 유병률은 전체 부위 유병률과 순위가 일치하지 않는다는 내용으로 2문단을 보강한다.
③ (나-1)을 활용하여, 질환의 유병률을 낮추는 데 도움이 되는 방법에 대해, 근골격계 질환이 연주 자세에 미치는 영향에 대한 인식 개선이 필요하다는 내용으로 3문단을 구체화한다.
④ (나-2)를 활용하여, 연습 중 휴식이 악기군별 유병률에 미치는 영향에 대해, 관악기의 경우가 현악기보다 유병률을 낮추는 데 휴식의 영향이 더 크다는 내용으로 3문단을 구체화한다.
⑤ (다)를 활용하여, 질환 완화에 도움이 되는 운동에 대해, 근골격계에 도움이 되는 운동과 그 효과에 관한 내용으로 3문단을 보강한다.

＊ 확인 사항
○ 답안지의 해당란에 필요한 내용을 정확히 기입(표기)했는지 확인하시오.

01회 ● 수능 실전 모의고사 ● 국어영역(화법과 작문)

● 문항수 11개 | 배점 24점 | 제한 시간 20분

● 점수 표시가 없는 문항은 모두 2점

[35 ~ 37] 다음은 학생이 수업 시간에 한 발표이다. 물음에 답하시오.

안녕하세요. 저는 이번 시간에 조선의 왕실 의례인 종묘 제례에서 공연된 종묘 제례악에 대해 발표하고자 합니다. 종묘 제례악은 악인이 제례 절차에 따라 연주를 하면 이에 맞춰 무인들이 춤을 추는 종합 예술로, 음양의 조화를 이루도록 구성되었습니다. 이와 관련하여 먼저 악기와 연주에 반영된 음양의 조화에 대해 설명한 다음, 춤에 반영된 음양의 조화에 대해 설명하겠습니다.

종묘 제례악은 연주가 시작될 때 축을 세 번 칩니다. (자료를 보여 주며) 화면을 보시죠. 네모난 절구통처럼 생긴 악기가 바로 축입니다. 축은 방망이를 잡고 아래로 쿵쿵쿵 세 번 두드려 연주하는 것으로, 양을 상징합니다. 그럼, 이 자료의 아래쪽에 있는 호랑이 모양의 악기는 무엇일까요? 이것은 어인데, 연주가 끝날 때 사용했습니다. 여기 호랑이의 머리가 보이시죠? 연주자는 채로 머리를 세 번 친 다음, 등을 세 번 긁었습니다. 이 악기는 음을 상징하여 축과 조화를 이룹니다.

(자료를 보여 주며) 여기 앞의 자료는 종묘 제례악의 공연 장면을 담고 있는 '오향친제반차도'라는 그림입니다. 이 그림에도 축과 어가 있습니다. 어디 있을까요? 그림에서 ㉮로 표시된 부분이 상월대이고, ㉯로 표시된 부분이 하월대입니다. 상월대와 하월대의 오른쪽에는 축이, 왼쪽에는 어가 있습니다. (자료를 가리키며) 음을 상징하는 하월대에서는 양의 음악인 양률이 연주되고, 양을 상징하는 상월대에서는 음의 음악인 음려가 연주되어 음양의 조화를 이룹니다.

(자료를 가리키며) ㉰에 많은 사람들이 여러 줄로 서 있는 것이 보이시나요? 이들은 춤을 추는 무인들입니다. 종묘 제례악의 춤은 조상의 문덕을 찬양하는 문무와 무공을 찬양하는 무무로 나뉩니다. 문무는 양을 상징하기 때문에 음을 상징하는 몸을 숙이는 동작부터 시작하고, 무무는 음을 상징하기 때문에 양을 상징하는 몸을 펴는 동작부터 시작합니다. 이렇게 춤에서도 음양의 조화가 이루어집니다.

(자료를 보여 주며) 이 포스터에서도 알 수 있듯이 지금도 매년 5월 첫 일요일이면 종묘에서 종묘대제가 거행됩니다. (자료를 보여 주며) 현대의 종묘대제에서도 이 그림의 ㉮, ㉯, ㉰처럼 악단과 무인들이 위치하여 종합 예술로서의 종묘 제례악을 공연합니다. (자료를 보여 주며) 그래서 이 포스터에서도 '음악과 춤이 어우러진'이라고 홍보하고 있는 것입니다. 이 행사에 참여하여 우리의 문화유산을 체험하고 그 속에 담긴 음양의 조화도 느껴보시면 어떨까요? 이상 발표를 마치겠습니다.

35. 위 발표에 대한 설명으로 가장 적절한 것은?

① 전문가의 말을 직접 인용하여 내용의 신뢰성을 높이고 있다.
② 발표 중간에 자신이 말한 내용을 요약하여 청중의 이해를 돕고 있다.
③ 발표 내용의 순서를 안내하여 청중이 내용을 예측할 수 있도록 하고 있다.
④ 발표를 시작할 때 주제를 선정한 이유를 밝혀 청중의 관심을 유도하고 있다.
⑤ 질문을 통해 청중과 공유하는 경험을 환기하여 발표의 내용과 연결 짓고 있다.

36. <보기>의 자료를 활용하기 위한 계획 중 발표에 반영되지 <u>않은</u> 것은?

< 보 기 >

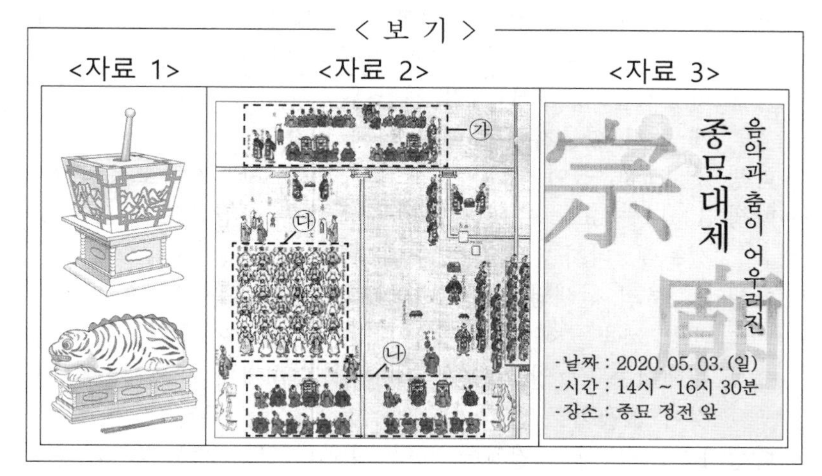

① <자료 1>을 활용하여, 축과 어의 모양과 연주 방법을 설명한다.
② <자료 2>를 활용하여, 상월대와 하월대에서 이루어진 음양의 조화에 대해 설명한다.
③ <자료 3>을 활용하여, 종묘 제례악이 공연되는 행사의 개최 시기와 장소를 소개한다.
④ <자료 1>과 <자료 2>를 활용하여, 상월대와 하월대에서 사용하는 축과 어가 만들어진 유래를 제시한다.
⑤ <자료 2>와 <자료 3>을 활용하여, 종합 예술로서의 종묘 제례악이 현대에 이어지고 있음을 강조한다.

37. 다음은 발표를 듣고 청중이 보인 반응이다. 이를 바탕으로 청중의 듣기 활동을 이해한 내용으로 적절하지 않은 것은? [3점]

> ○ **청자 1**: 얼마 전에 종묘 제례악 공연을 영상으로 봤어. 그때 미처 알지 못했던 내용을 발표를 통해 알게 되어서 좋았어. 축과 어 이외의 다른 악기들에 대해서도 설명했다면 더 좋지 않았을까?
>
> ○ **청자 2**: 문무가 양을 상징하고 무무가 음을 상징한다고 설명했는데, 문무와 무무가 왜 각각 양과 음을 상징하는지 설명해 주지 않아 아쉬워. 내가 자료를 찾아봐야지.
>
> ○ **청자 3**: 음악 시간에 제례악에는 종묘 제례악 외에 문묘 제례악도 있다고 배워서 알고 있어. 그런데 서로 어떻게 다를까? 관련 내용을 알아봐야겠어.

① '청자 1'은 새로운 사실을 알게 된 것을 긍정적으로 생각하고 있다.
② '청자 2'는 누락된 내용이 있는 것을 발표의 문제점으로 지적하고 있다.
③ '청자 3'은 자신의 배경지식을 활용하여 발표 내용과 관련 있는 대상을 떠올리고 있다.
④ '청자 1'과 '청자 3'은 발표의 일부를 언급하며 그 내용의 타당성에 대해 의문을 제기하고 있다.
⑤ '청자 2'와 '청자 3'은 발표를 듣고 생긴 궁금한 점에 대해 조사해야겠다고 생각하고 있다.

[38~41] (가)는 동아리 학생들의 회의 중 일부이고, (나)는 이를 바탕으로 작성한 글의 초고이다. 물음에 답하시오.

(가)

학생 1: ㉠ 교지 담당 선생님께서 교지의 건강 상식 코너에 실을 글을 우리 의학 동아리에서 써 주었으면 좋겠다고 하셨거든. 그래서 이번 시간에는 교지에 실을 글을 어떻게 쓰면 좋을지에 대해 논의해 보자.
학생 2: 그래, 좋아. 그럼 먼저 글의 제재부터 정하도록 하자.
학생 3: 나는 요즘 유행하고 있는 독감을 글감으로 삼으면 좋겠는데, 너희들 생각은 어때?
학생 2: 보건 선생님께서 지난달에 학생 전체를 대상으로 독감 예방 교육을 하셨잖아. 아마 많은 학생들이 독감 예방법에 대해서는 잘 알고 있을 거야. 학생들에게 새롭게 알려줄 것이 없을까?
학생 1: 그럼 척추 건강에 대한 정보를 알려 주는 것이 어떨까? 근래에 교지에서 다룬 적이 없고 보건 교육을 통해서도 제시된 적이 없어서 척추 건강에 대해 구체적으로 잘 알지 못하는 학생들이 많을 거야.
학생 3: 좋아. 우리가 하루 중 대부분의 시간을 앉아서 보내다 보니 목이나 허리가 뻐근하다고 느끼는 경우가 많잖아. 척추 건강에 대한 정보는 많은 학생들이 알고 싶어하는 내용일 거야.
학생 2: 척추 건강에 대한 정보는 너무 어렵지 않을까? 전문적인 용어나 개념이 많으면 학생들이 이해하기가 힘들 거야.
학생 3: ㉡ 척추 건강에 대해 알려 주는 전문 잡지의 기사와 텔레비전 프로그램을 본 적이 있는데, 모두 특별히 어려운 내용은 없었어.
학생 2: 좋아. 그럼 이제 어떤 내용으로 구성할지에 대해 이야기해 보자.
학생 3: ㉢ 얼마 전에 척추 질환을 앓고 있는 청소년들의 수가 증가하는 추세를 보인다는 기사를 읽었어. 이를 활용하여 글의 시작 부분에서 척추 질환의 원인을 알고 예방하기 위한 노력이 필요하다고 말하자.
학생 2: 그래. 그 다음에는 어떤 내용이 이어져야 할까? 척추 질환의 원인부터 구체적으로 설명해야 하지 않을까?
학생 1: 맞아. 학생들의 생활 습관에 초점을 맞추어서 원인을 설명하는 것이 좋겠어.
학생 2: ㉣ 척추 건강은 생활 습관과 관련이 깊기 때문에 그렇게 쓰면 학생들이 생활 습관을 점검하는 데 도움이 될 거야.
학생 1: 그 다음에는 척추 질환의 증상에 대해 자세히 알려 주어야 하지 않을까?
학생 2: ㉤ 그보다는 제시된 원인을 바탕으로 척추 질환을 예방하는 방안을 제시해야 글의 흐름이 자연스러울 거야.
학생 1: 알았어. 그럼 예방하는 방안으로 척추 건강을 위한 올바른 자세와 운동 방법에 대해 소개하자.
학생 2, 3: 응, 그래.

(나)

한 조사 기관에 따르면, 해마다 척추 질환으로 병원을 찾은 청소년들이 연평균 5만 명에 이르며 그 수가 지속적으로 증가하고 있다. 청소년의 척추 질환은 성장을 저해하고 학업의 효율성을 저하시킬 수 있다. 그렇기 때문에 적절한 대응 방안이 마련되지 않으면 문제가 더욱 심각해질 것이다. 따라서 청소년 척추 질환의 원인을 알고 예방하기 위한 노력이 필요하다.

전문가들은 앉은 자세에서 척추에 가해지는 하중이 서 있는 자세에 비해 1.4배 정도 크기 때문에 책상 앞에 오래 앉아 있는 청소년들의 경우, 척추 건강에 적신호가 켜질 가능성이 매우 높다고 말한다. 또한 전문가들은 청소년들의 운동 부족도 청소년 척추 질환의 원인이라고 강조한다. 척추 건강을 위해서는 기립근과 장요근 등을 강화하는 근력 운동이 필요하다. 그런데 실제로 질병관리본부의 조사에 따르면, 청소년들 가운데 주 3일 이상 근력 운동을 하고 있다고 응답한 비율은 남성이 약 33%, 여성이 약 9% 정도밖에 되지 않았다.

청소년들이 생활 속에서 비교적 쉽게 척추 질환을 예방할 수 있는 방법은 무엇일까? 첫째, 바른 자세로 책상 앞에 앉아 있는 습관을 들여야 한다. 의자에 앉아 있을 때는 엉덩이를 의자 끝까지 밀어 넣고 등받이에 반듯하게 상체를 기대 척추를 꼿꼿하게 유지해야 한다. 또한 책을 보기 위해 고개를 아래로 많이 숙이는 행동은 목뼈가 받는 부담을 크게 늘려 척추 질환을 유발하므로 책상 높이를 조절하여 목과 허리를 펴고 반듯하게 앉아 책을 보는 것이 좋다. 둘째, 틈틈이 척추 근육을 강화하는 운동을 해 준다. 허리를 곧게 펴고 앉아 어깨를 뒤로 젖히고 고개를 들어 하늘을 본다. 그리고 발을 어깨보다 약간 넓게 벌리고 서서 양손을 허리에 대고 상체를 서서히 뒤로 젖혀 준다. 이러한 동작들은 척추를 지지하는 근육과 인대를 강화시켜 척추가 휘어지거나 구부러지는 것을 막아 준다. 따라서 이런 운동은 척추 건강을 위해 반드시 필요하다.

[해설편 p.053]

38. ㉠ ~ ㉤에 대한 설명으로 적절하지 않은 것은?

① ㉠: 회의 안건을 제시하게 된 이유에 대해 설명하고 있다.
② ㉡: 자신의 경험을 토대로 상대방의 우려를 해소하고 있다.
③ ㉢: 앞서 논의된 내용을 자신이 제대로 이해했는지 확인하고 있다.
④ ㉣: 상대방의 제안이 지닌 효용성에 대해 언급하고 있다.
⑤ ㉤: 상대방이 제시한 의견에 대해 이의를 제기하고 있다.

39. (가)에 대한 이해로 적절하지 않은 것은?

① '학생 1'이 척추 건강에 대한 정보를 알려 주자고 한 것은 '학생 2'의 발언을 고려하여 대안을 제시한 것이다.
② '학생 3'이 '학생 1'의 제안에 동의한 것은 척추 건강에 관한 정보가 독자의 관심을 끌 수 있다고 본 것이다.
③ '학생 2'가 내용의 수준과 관련된 언급을 한 것은 독자의 이해를 고려한 것이다.
④ '학생 3'이 척추 질환의 원인을 알아야 한다고 한 것은 '학생 2'의 제안이 지닌 한계를 보완하고자 한 것이다.
⑤ '학생 1'이 생활 습관에 초점을 맞추어 원인을 설명하자고 한 것은 '학생 2'의 제안을 구체화하는 방향을 제시한 것이다.

40. (가)를 바탕으로 (나)를 작성했다고 할 때, (나)에 반영된 내용으로 적절하지 않은 것은?

① 척추 질환의 발병 여부를 알 수 있는 증상에 대해 알려 주며 척추 질환의 위험성을 제시한다.
② 척추 근육을 강화할 수 있는 운동법을 제시하고 척추 건강을 위한 운동의 필요성을 강조한다.
③ 척추 질환을 앓고 있는 청소년의 연평균 인원을 제시하여 청소년 척추 질환에 대한 문제의식을 환기한다.
④ 앉은 자세에서 척추에 가해지는 하중에 대해 언급하며 청소년에게 척추 질환이 많이 발생하는 원인을 설명한다.
⑤ 의자에 앉아 있을 때와 책을 볼 때의 바른 자세에 대해 알려 주어 척추 질환의 예방을 위한 올바른 생활 습관을 안내한다.

41. <보기>를 바탕으로 (나)의 끝부분에 새로운 문단을 이어 쓴다고 할 때, 그 내용으로 가장 적절한 것은?

< 보 기 >

○ **선생님의 조언**: 척추 건강이 청소년들에게 중요한 이유를 제시하고 척추 건강을 위한 노력을 강조하는 내용으로 마무리해 보렴. 이때 비유적 표현을 활용하여 표현 효과를 높이는 것도 필요해.

① 청소년뿐만 아니라 컴퓨터 앞에 오래 앉아 있는 직장인들도 바른 자세로 앉아 있는 습관을 들여야 한다. 또한 꾸준한 운동을 하여 척추가 휘어지거나 구부러지는 것을 막도록 하자.
② 우리 몸의 보배인 척추가 건강해야 신체적 성장이 원활해지고 학업의 효율성을 높일 수 있다. 척추 질환을 예방하기 위해 바르게 앉고 꾸준히 운동하는 습관을 기르도록 하자.
③ 척추는 몸에서 가장 중요한 기관이다. 척추 질환을 방치할 경우, 심폐 기능과 소화 기능에도 장애가 생길 수 있으므로 척추 질환이 발생하지 않도록 유의하자.
④ 고정된 자세를 오래 유지하거나 목을 움츠리고 있는 것은 척추 건강에 독이 된다. 그리고 턱을 괴고 있는 습관 역시 척추 질환을 유발할 수 있다.
⑤ 질병의 치료를 위해서는 운동을 꾸준히 하는 것이 중요하다. 올바른 생활 습관은 건강에 제일 좋은 보약이다.

[42 ~ 45] (가)는 학교 신문에 실을 글을 쓰기 위해 학생이 작성한 메모이고, (나)는 이에 따라 쓴 초고이다. 물음에 답하시오.

(가) 학생의 메모

[작문 상황]

○ 목적: 게임 중독세에 대한 나의 입장을 밝힘.
○ 주제: 게임 중독세를 도입하지 않아야 한다.
○ 예상 독자: 우리 학교 학생들

[독자 분석]

○ 일부 학생들은 게임 중독세가 무엇인지 잘 모른다. …… ㉠
○ 게임 중독세를 알고 있는 학생들 중에는 나와 상반되는 입장을 가진 학생들도 있다. …… ㉡

(나) 학생의 글

세계보건기구(WHO)가 게임 이용 장애, 즉 게임 중독을 국제질병분류 제11차 개정판에 등록하기로 결정하였다. 우리나라에서는 2026년부터 게임 중독을 질병으로 분류할 것이라고 한다. 이와 관련하여 국내에서는 게임 중독세의 도입에 대한 논의가 시작되어 입장이 대립하고 있다. 게임 중독세란 게임 중독에 대한 책임 부담의 일환으로 게임 업체에 부과하는 세금이다. 게임 업체가 납부하는 세금을 게임 중독을 예방하고 치료하는 데 쓰자는 것이다. 하지만 나는 게임 중독세 도입을 다음과 같은 이유로 반대한다.

게임 중독세는 세금 징수의 당위성이 인정되지 않는다. 세금으로 특별 목적 기금을 조성하려면 검증을 통해 그 당위성을 인정할 수 있어야 한다. 담배에 건강 증진 기금을 위한 세금을 부과하는 것은 담배가 건강에 유해한 요소들로 이루어져 있다는 것이 의학적으로 증명되어 세금 징수의 당위성이 인정되기 때문이다. 하지만 게임은 유해한 요소들로 이루어져 있다는 것이 의학적으로 증명되지 않았다.

게임 중독세는 게임 업체에 조세 부담을 과도하게 지우는 것이다. 게임 업체는 이미 매출에 상응하는 세금을 납부하고 있는데, 여기에 게임 중독세까지 내도록 하는 것은 지나치다. 카지노, 복권 등 사행 산업을 대상으로 연 매출의 일부를 세금으로 추가 징수하는 경우가 있긴 하지만, 게임 산업은 문화 콘텐츠 산업이지 사행 산업이 아니다. 또한 스마트폰 사용 중독 등에 대해서는 세금을 부과하지 않는데, 유독 게임 중독에 대해서만 세금을 부과하는 것은 형평성에 맞지 않는다.

[A] 게임 중독세는 게임에 대한 편견을 강화하여 게임 업체에 대한 부정적 이미지만을 공식화한다. 게임 중독은 게임 이용자의 특성이나 생활 환경 등이 원인이 되어 발생하는 것이지 게임 자체에서 비롯되는 것은 아니다. 게임 중독이 이용자 개인의 책임이 큰 문제임에도 불구하고 게임 업체에 징벌적 세금을 물리는 것은 게임을 사회악으로 규정하고 게임 업체에 사회 문제를 조장하는 기업이라는 낙인을 찍는 것이다.

[해설편 p.053]

[B] 게임 중독세는 게임 산업을 위축시켜 성장을 저해할 수 있다. 우리나라의 게임 산업은 빠르게 발전해 국가 경제에 기여해 왔다. 과거에는 사람들이 게임을 하는 데서 즐거움을 찾았으나 이제는 게임을 하는 것을 보고 공유하는 데서 즐거움을 찾고 있다. 세금의 과도한 부과로 게임 산업이 위축된다면 엄청난 국가적 손실이 아닐 수 없다. 게임 중독세의 도입으로 게임 산업이 퇴보하는 일이 없기를 바란다.

신출제

42. (나)에 대한 설명으로 가장 적절한 것은?

① 주장 내용의 신뢰성을 확보하기 위해 권위자의 견해를 인용하고 있다.
② 주장 내용의 타당성을 높이기 위해 근거가 되는 이유를 제시하고 있다.
③ 주장 내용의 필요성을 강조하기 위해 다른 나라의 사례를 제시하고 있다.
④ 주장 내용의 합리성을 확보하기 위해 누구나 인정할 수 있는 절충안을 제시하고 있다.
⑤ 주장 내용의 공정성을 확보하기 위해 예상되는 반론을 제시하고 이를 재반론하고 있다.

43. ㉠, ㉡을 고려하여 (나)를 작성했다고 할 때, (나)에 활용된 글쓰기 전략으로 적절하지 않은 것은?

① ㉠을 고려하여, 게임 중독세의 개념과 게임 중독세를 도입하려는 목적을 제시한다.
② ㉠을 고려하여, 게임 중독세 도입에 대한 논의가 시작된 배경으로 세계보건기구의 결정이 있었다는 정보를 제시한다.
③ ㉡을 고려하여, 게임 산업을 카지노, 복권과 같은 사행 산업으로 분류한 것은 법적 근거가 없음을 지적한다.
④ ㉡을 고려하여, 스마트폰 사용 중독에 대해 세금을 부과하지 않는 것을 들어 게임 중독세의 형평성 문제를 지적한다.
⑤ ㉡을 고려하여, 세금으로 특별 목적 기금을 조성하는 조건을 밝히고 게임 중독세가 그에 부합하지 않는다고 지적한다.

44. <보기>에서 근거를 찾아 [A]에 대해 반박하는 글을 쓰려고 한다. 글에 담길 내용으로 가장 적절한 것은? [3점]

< 보 기 >

게임 중독으로 인한 사건이 끊이지 않으면서 게임 중독에 대한 사회적 차원의 대책이 필요하다는 목소리와 함께 게임 업체에 대한 비난의 목소리도 높아지고 있다. 게임 중독이 게임 자체에서 비롯되는 것임에도 불구하고 게임 업체가 이에 대한 사회적 책임을 지지 않고 있다는 것이다. 게임 중독세는 특별 목적 기금을 조성하기 위한 것으로 사회 문제 해결에 필요하다.

① 게임 중독은 게임 자체에서 비롯되는 사회적 문제이기 때문에 게임 업체는 게임 중독세를 통해 사회적 책무를 다함으로써 이미지를 개선할 수 있다.
② 게임 중독세를 부과하려고만 할 것이 아니라 게임 중독으로 인한 사회 문제를 해결할 수 있는 근본적 방법에 대해 고민해야 한다.
③ 게임 중독의 책임을 세금을 통해 게임 업체가 지도록 하는 것은 이용자들에게 게임의 유해성을 성찰하는 기회를 줄 것이다.
④ 게임 중독세를 통해 게임 중독의 예방과 치료를 위한 재원을 마련함으로써 게임 산업의 양적 성장을 도모해야 한다.
⑤ 게임 중독세를 부과한다고 해서 게임 중독으로 인해 발생하는 사고가 줄어들지는 않을 것이다.

45. 다음은 학생이 [B]를 고쳐 쓰는 과정의 일부이다. ⓐ에 들어갈 내용으로 가장 적절한 것은?

점검	[B]에는 (ⓐ)해야겠다.

↓

고친 글	게임 중독세는 게임 산업을 위축시켜 성장을 저해할 수 있다. 우리나라의 게임 산업은 빠르게 발전해 국가 경제에 기여해 왔다. 2010년 7.4조 원이었던 국내 게임 산업 규모가 2019년에는 12.5조 원에 달한다. 세금의 과도한 부과로 게임 산업이 위축된다면 엄청난 국가적 손실이 아닐 수 없다. 게임 중독세의 도입으로 게임 산업이 퇴보하는 일이 없기를 바란다.

① 의미가 중복되는 문장이 있으니 이를 삭제하고, 문장 간 연결이 긴밀하지 않으니 연결 표현을 추가
② 글의 흐름에서 벗어나는 문장이 있으니 이를 삭제하고, 내용을 뒷받침하는 근거가 없으니 이를 추가
③ 맥락에 부적합한 담화 표지가 있으니 이를 삭제하고, 글 전체를 마무리하는 문장이 없으니 이를 추가
④ 글의 통일성을 해치는 문장이 있으니 이를 삭제하고, 전체 내용을 요약해 주는 문장이 없으니 이를 추가
⑤ 앞 문단에서 다룬 중복된 내용이 있으니 이를 삭제하고, 주제를 명료하게 드러낼 수 있는 문장이 없으니 이를 추가

* 확인 사항
○ 답안지의 해당란에 필요한 내용을 정확히 기입(표기)했는지 확인하시오.

[해설편 p.054]

02회 ● 수능 실전 모의고사 ● 국어영역(화법과 작문)

● 문항수 11개 | 배점 24점 | 제한 시간 20분 ● 점수 표시가 없는 문항은 모두 2점

[35 ~ 37] 다음은 학생의 발표이다. 물음에 답하시오.

여러분, 지난 체험 학습 때 생태 공원의 교육관에서 함께 시청했던 다큐멘터리를 기억하시죠? 저는 그와 관련하여 생태 복원을 통해 환경 문제를 해결하는 방안을 소개하고자 합니다. (화면을 가리키며) 이곳은 ○○ 나라의 항구 도시 □□입니다. 과거 이 지역은 수중 생물들이 방파제 역할을 했으나, 항구가 건설되면서 수중 생태계가 파괴되어 물이 범람하는 일이 잦아졌습니다. (화면을 가리키며) 여기는 운하인데요, 이 운하가 만들어져 물이 잘 순환되지 않아 오염되는 문제가 생겼습니다. 이러한 문제들의 해결을 위해 여러 방안이 강구되어 왔는데, 최근에 굴 구조체를 활용하는 프로젝트가 진행되고 있습니다.

지난 과학 시간에 굴이나 홍합이 자연의 방파제가 될 수 있고 물을 정화할 수 있다는 것을 함께 배웠는데, 기억하시나요? (청중의 반응을 살핀 후) 대부분 기억하시는군요. 제가 소개하는 프로젝트는 우리가 알고 있는 이러한 굴의 능력을 활용한 것입니다. □□ 도시의 해안가에는 원래 굴이 많이 서식했지만, 항구와 운하를 만들면서 일부 지역을 제외하고는 거의 사라졌습니다. 이 프로젝트에서는 이렇게 사라진 굴의 서식지를 복원하여 도시 환경을 개선하는 것을 목표로 삼고 있습니다.

(화면을 가리키며) 여기가 굴 서식지를 대규모로 조성하고 있는 곳입니다. 이곳에 굴 서식지가 조성되면 물이 정화되고 암초처럼 크고 단단하게 굳어진 굴 구조체가 방파제 역할을 하게 됩니다. 그런데 굴은 이곳에만 있는 것이 아닙니다. (화면을 가리키며) 여기 운하에도 굴이 있습니다. 운하에서는 '떠 있는 용승 시스템'을 설치하여 어린 굴을 키웁니다. 이 장치의 부표 아래에는 물을 흘려보내는 통로가 있으며, 통로 양옆에 굴을 키우는 방이 있습니다. 이곳의 굴들은 성장하면서 운하의 물을 정화합니다. 이 장치에서 어린 굴이 어느 정도 자라면 해안가 근처의 암초망으로 옮겨지고, 그곳에서 작은 굴 구조체 덩어리가 형성되면 대규모 서식지로 옮겨집니다.

이 프로젝트가 완성되면 (화면을 가리키며) 이 지역은 파도에 의한 물의 범람이 없어지고, 깨끗한 물로 둘러싸인 쾌적한 환경이 될 것입니다. 그리고 (화면을 가리키며) 이곳에 대규모로 만들어진 굴 서식지에는 굴뿐만 아니라 다양한 수중 생물들이 새로운 생태계를 형성할 것으로 전망됩니다. 이와 같이 생태 복원을 통해 환경을 개선하는 것은 자연과 인간이 공생하는 좋은 방안이 될 것입니다.

35. 위 발표에 대한 설명으로 가장 적절한 것은?

① 질문을 통해 청중과 공유하는 경험을 환기하여 발표의 내용과 연결 짓고 있다.
② 발표 순서를 제시하여 청중이 발표의 흐름을 파악할 수 있도록 하고 있다.
③ 여러 사례를 비교한 결과를 제시하며 발표의 주제를 이끌어 내고 있다.
④ 발표 중간중간에 발표 내용을 요약하여 청중의 이해를 돕고 있다.
⑤ 전문가의 말을 인용하여 발표 내용의 신뢰성을 높이고 있다.

36. <보기>는 발표에 활용된 자료이다. 이와 관련하여 발표자가 세운 계획 중, 발표에 반영되지 않은 것은?

< 보 기 >

① ㉠을 짚으며 ㉠이 만들어져 발생한 문제점을 제시해야겠어.
② ㉠을 짚으며 ㉠에 설치되는 '떠 있는 용승 시스템'의 기능과 구조에 대해 설명해야겠어.
③ ㉡을 짚으며 ㉡이 조성되었을 때 나타날 변화를 제시해야겠어.
④ ㉡을 짚으며 굴 서식지의 확대로 ㉡에 새롭게 조성되는 생태계를 보존하는 방안을 설명해야겠어.
⑤ ㉢을 짚으며 프로젝트의 완성으로 ㉢에 기대되는 효과를 제시해야겠어.

37. <보기>는 학생들이 발표를 들으며 떠올린 생각이다. 이를 바탕으로 학생들의 듣기 활동을 이해한 내용으로 적절하지 않은 것은? [3점]

< 보 기 >

학생 1 : 굴 구조체를 활용하는 프로젝트가 인간과 자연이 공생하는 방안이 된다는 것을 알게 되어 유익했어. 얼마 전 △△ 나라에서 맹그로브 숲이 파괴되어 해일이 심해졌다는 기사를 읽었는데, 맹그로브 숲이 복원될 필요가 있겠어.

학생 2 : 도시 가까이에 생태계를 복원해 친환경적인 도시 환경을 조성할 수 있음을 알게 되어 좋았어. 그런데 굴이 오염된 물을 정화한다고 했는데, 그 효과가 미미하지 않을까?

학생 3 : 대규모 굴 서식지를 조성한다고 했는데 너무 시간이 오래 걸리고 비용이 많이 들어 경제성이 낮은 것은 아닐까? 그리고 운하가 만들어진 후 물이 잘 순환되지 않는다고 했는데, 그 문제의 해결에 대한 내용은 언급되지 않아 발표에 미흡한 부분이 있는 것 같아 아쉬웠어.

① '학생 1'은 발표 내용과 관련 있는 사례를 떠올리고 있다.
② '학생 2'는 발표 내용과 관련하여 자신이 실천할 수 있는 방법을 생각하고 있다.
③ '학생 3'은 발표에 누락된 내용이 있는 것을 부정적으로 평가하고 있다.
④ '학생 1'과 '학생 2'는 모두 이전에 몰랐던 사실을 발표를 통해 알게 된 것을 긍정적으로 생각하고 있다.
⑤ '학생 2'와 '학생 3'은 모두 발표 내용의 일부를 언급하며 이와 관련하여 의문을 제기하고 있다.

[해설편 p.055]

[38 ~ 41] (가)는 학교 신문반 회의이고, (나)는 (가)를 바탕으로 작성한 기사문의 초고이다. 물음에 답하시오.

(가)

학생 1 : ㉠ 지난 회의에서 급식 메뉴를 학생들이 직접 선정하는 행사에 대한 기사를 쓰기로 결정했는데, 오늘은 기사의 내용 구성에 대해 논의해 보자.

학생 2 : 학생들은 자신들이 좋아하는 급식 메뉴가 급식으로 제공된다는 사실에 관심이 많아. 본문의 처음 부분에 학생들이 선정한 급식 메뉴와 제공 날짜를 밝히면 학생들이 기사 내용에 주목할 거야.

학생 3 : 그러면 학생들이 단순히 급식 메뉴에만 관심을 갖게 되어 행사의 취지가 부각되지 않을 수 있어. 그러므로 학생들의 급식 만족도를 높이고 음식물 쓰레기를 줄이기 위해 행사가 실시된다는 취지부터 언급하는 것이 좋겠어.

학생 1 : 좋아. 그렇게 하면서 급식 메뉴를 학생들이 직접 선정하게 된 취지가 표제나 부제에 드러나도록 하자.

학생 2 : 그래, 너희들 의견대로 하면 기사의 핵심 내용이 강조되겠구나. ㉡ 그럼 학생들이 직접 급식 메뉴를 선정하는 취지부터 부각한 후, 선정된 급식 메뉴와 제공 날짜를 밝히자.

[A]

학생 1, 3 : 응, 그래.

학생 1 : ㉢ 학생들이 어떤 과정을 거쳐 급식 메뉴를 선정하게 되었는지도 소개해야 하지 않을까?

학생 3 : 좋아, 그런데 급식 메뉴 선정에 참여하는 학생들이 어떻게 정해졌는지부터 밝혀야 하지 않을까? 학생들이 이 점을 많이 궁금해할 것 같아.

학생 2 : 그 내용도 필요한데 너무 길게 쓰면 기사가 산만하다는 인상을 줄 수 있어. 이 점을 고려하여 쓰면 좋겠어. 그리고 ㉣ 급식 메뉴 선정 방법을 그 과정에 따라 서술하자. 그러면 기사를 읽은 학생들이 급식 메뉴를 선정하게 되었을 때 도움을 받을 수 있을 거야.

학생 1, 3 : 그게 좋겠다.

학생 3 : 내가 취재해 보니, 급식 메뉴 선정에 참여했던 학생들이 학생 선호와 학교 급식 영양 기준을 모두 고려해야 해서 어려움을 겪었다고 하더라.

학생 1 : ㉤ 맞아, 전에 내가 학교 급식 영양 기준에 대해 조사한 적이 있어 알고 있는데, 그 기준들과 학생들의 선호를 모두 고려하여 메뉴를 선정하느라고 매우 힘들었을 거야. 그 내용을 포함시키도록 하자.

학생 2 : 그래, 좋아.

학생 1 : 그럼 본문의 마지막 부분은 어떻게 할까?

학생 2 : 학생들이 급식에 대해 가지고 있던 불만의 주요 내용을 정리하고 해결을 촉구하면 어떨까?

학생 3 : 그런 내용은 기사문의 통일성을 해칠 수 있을 것 같아. 학생들이 급식 메뉴를 직접 선정함으로써 얻을 수 있는 효과를 제시하면서 학생들의 관심을 촉구하는 것이 좋겠어.

학생 2 : 아, 그렇구나. 그렇게 하면 설득력을 높일 수 있겠다. 나도 동의할게.

학생 1 : 응, 그래. 그리고 학생들의 급식 메뉴 선정 횟수를 늘릴 수 있다는 향후 계획도 함께 언급하면 어때?

학생 2, 3 : 좋아.

[B]

학생 1 : 그럼, 이제 기사문을 작성해 보자.

(나)

[표제] 우리가 직접 선정하는 급식 메뉴

[부제] 급식 만족도를 높이고 잔반을 줄이기 위해 실시돼

[전문] 4월 3일(수), 3학년 7반 학생들이 직접 선정한 급식 메뉴가 학교 급식으로 제공된다.

[본문] 학교 급식에 대한 학생들의 만족도를 높이고 잔반을 줄여 환경 문제 개선에 기여하기 위해 이번 달부터 1달에 1번씩 학생들이 직접 급식 메뉴를 선정한다. 다음 달 급식 메뉴는 3학년 7반 학생들이 선정했다. 메뉴로는 흑미밥, 대패 삼겹살 구이, 상추쌈, 명이 나물, 된장국, 구슬 아이스크림이 선정되었으며, 4월 3일(수) 급식으로 제공될 예정이다.

급식 메뉴를 선정하는 학생들은 매월 잔반을 가장 적게 배출하는 학급의 학생들이 선정된다. 급식 메뉴 선정에 참여한 3학년 7반 학생들은 먼저 학생들이 선호하는 음식을 조사한 후, 그 조사 결과를 바탕으로 급식 식단표의 열량 정보를 고려하여 여러 개의 안을 마련했다. 그리고 영양사 선생님의 조언을 구해 급식 메뉴를 결정했다. ㉮ 급식 메뉴 선정에 참여했던 학생들은 메뉴 선정 과정에서 경험했던 어려움을 토로했다.

학생들이 직접 급식 메뉴를 선정하면 급식에 대한 만족도가 높아질 뿐만 아니라 음식물 쓰레기가 줄어드는 효과도 커질 것으로 기대된다. 이에 따라 학생들이 직접 선정한 급식 메뉴가 제공된 후 학생들의 호응이 좋을 경우, 현재 매월 1회인 학생들의 급식 메뉴 선정 횟수를 늘릴 계획이다. 그러므로 급식 메뉴를 직접 선정하는 행사에 많은 학생들이 관심을 가지고 적극적으로 참여하는 것이 중요하다.

38. ㉠ ~ ㉤에 대한 이해로 적절하지 않은 것은?

① ㉠: 지난 회의 결과를 환기하며 회의에서 다루어야 할 내용을 제시하고 있는 발화이다.

② ㉡: 기사문의 내용 구성에 대해 논의하며 드러난 쟁점을 제시하고 있는 발화이다.

③ ㉢: 의문의 형식을 활용하여 기사문에 포함되어야 하는 내용을 제안하고 있는 발화이다.

④ ㉣: 기사문의 내용이 독자에게 유용할 수 있도록 기사문의 서술 방식을 제안하고 있는 발화이다.

⑤ ㉤: 자신의 배경지식을 토대로 다른 학생이 앞서 말한 내용에 대해 공감하는 태도를 드러내고 있는 발화이다.

39. [A], [B]의 담화에 대한 설명으로 가장 적절한 것은?

① [A]에서 '학생 1'은 '학생 3'의 제안의 문제점을 지적하고 대안을 제시하고 있다.

② [A]에서 '학생 3'은 '학생 2'의 의견을 일부 인정하면서 자신의 의견과 절충한 방안을 제시하고 있다.

③ [B]에서 '학생 3'은 '학생 2'의 의견에 동의하면서 추가적인 방안을 제안하고 있다.

④ [A]와 [B]에서 '학생 2'는 '학생 3'이 제안한 내용의 효과를 고려하여 그 내용을 수용하고 있다.

⑤ [A]와 [B]에서 '학생 1'은 '학생 3'이 제안한 내용과 관련하여 구체적인 시행 방안을 덧붙이고 있다.

40. 다음은 (가)를 바탕으로 (나)를 쓰기 위해 작성한 메모이다. 이 중 (나)에 반영되지 않은 것은?

- 보도하고자 하는 행사의 취지가 드러나도록 표제나 부제를 작성해야겠어. ······ ⓐ
- 급식 메뉴 선정에 참여한 학생들의 반응을 제시하여 행사의 효과를 부각해야겠어. ······ ⓑ
- 학생들의 급식 메뉴 선정 횟수를 늘릴 계획과 관련지어 학생들의 행사 참여를 유도해야겠어. ······ ⓒ
- 학생들의 궁금증을 해소해 주기 위해 급식 메뉴 선정에 참여하는 학생들을 선정하는 방법을 제시해야겠어. ······ ⓓ
- 급식 메뉴에 대한 학생들의 관심을 고려해 학생들이 선정한 급식 메뉴와 제공 날짜를 구체적으로 밝혀야겠어. ······ ⓔ

① ⓐ ② ⓑ ③ ⓒ ④ ⓓ ⑤ ⓔ

41. <보기>는 (나)를 작성한 후, 학생들이 퇴고 과정에서 나눈 대화이다. 이를 참고하여 ㉮를 수정·보완한 내용으로 가장 적절한 것은? [3점]

< 보 기 >

학생 1 : 기사문의 초고를 살피다 보니, 회의에서 기사문에 포함하기로 했던 급식 메뉴 선정 과정의 어려움과 그 이유를 잘 드러내지 못한 것 같아.

학생 2 : 그래, 맞아. 글의 맥락에 맞게, 급식 메뉴 선정에 참여한 학생의 말을 인용하여 그 내용을 구체적으로 제시하자.

① 급식 메뉴 선정에 참여했던 학생들은, 급식 메뉴를 선정하는 일이 어려운 일이긴 하지만 앞으로 이와 같은 일을 계속 확대할 필요가 있다는 반응을 보였다.

② 급식 메뉴 선정에 참여했던 학생들은, 선정된 급식 메뉴가 학교 급식 영양 기준과 학생 선호를 모두 반영한 것이므로 선정 메뉴에 대한 불평을 자제해 달라고 당부했다.

③ 이 과정에 참여한 ○○○은, 학생들이 선호하는 음식 위주로 급식 메뉴를 선정하다 보니 학교 급식 단가를 충분히 고려하지 못한 채 메뉴를 선정한 것에 대해 안타까워했다.

④ 이 과정에 참여한 ○○○은, 영양사 선생님께서 평소 학생들의 선호와 학교 급식 영양 기준을 모두 고려해서 메뉴를 선정하시느라 어려움이 많으실 것이라며 그 노고를 생각하면 좋겠다고 말했다.

⑤ 이 과정에 참여한 ○○○은, 학생들이 선호하는 음식들은 고열량으로 학교 급식 영양 기준에 맞지 않는 것들이 많고, 기준에 부합하는 것들은 선호하지 않는 학생들이 많아서 메뉴를 확정하는 데 시간이 너무 오래 걸렸다고 했다.

[42 ~ 45] 글을 쓰기 위해 (가)의 메모를 작성한 후, (나)의 자료를 수집하고 (다)를 작성하였다. 물음에 답하시오.

(가) 학생의 메모

- 학습 활동 과제 : 사회적 쟁점에 대해 학급 학생들에게 의견을 밝히는 글을 쓴다.
- 학급 학생들에 대한 분석
  - 일부 학생들은 사전 규제 방식과 사후 규제 방식이 무엇인지 잘 모른다. ······ ㉠
  - 드론이 개인 정보를 수집하고 활용하는 것에 대해 궁금해하는 학생들이 있다. ······ ㉡
  - 드론의 개인 정보 수집과 활용을 규제하는 방식에 대해 나와 상반된 견해를 가진 학생들도 있다. ······ ㉢

(나) 학생이 수집한 자료의 일부

ⓐ 무인 항공기인 드론의 활용 범위가 넓어지고 있다. …(중략)… ⓑ 최근 기술의 발달로 드론이 더 작고 가벼워짐에 따라 주택가, 사무실 등에서 비행이 가능해져 비행 중에 여러 가지 개인 정보를 쉽게 수집할 수 있게 되었다. 법학자들은 ⓒ 헌법에서 보장하고 있는 개인의 기본권이 드론에 의해 침해되는 일이 늘어날 것을 우려하고 있다. …(중략)… 드론의 개인 정보 수집과 활용을 규제하는 방법으로는 ⓓ 사전 규제 방식과 사후 규제 방식이 있다. 드론 산업 관계자들은 사전 규제 방식을 택한 상태에서 ⓔ 드론 기술과 산업을 발전시키기 위해서는 개인 정보의 수집·활용 동의 절차가 간소화되어야 한다고 말하고 있다.

- 기술 전문 잡지『 ○○ 』-

(다) 학생의 초고

현재 우리나라는 드론의 개인 정보 수집과 활용에 대해 '사전 규제' 방식을 적용하고 있다. 이는 개인 정보 수집과 활용을 원칙적으로 금지하면서 예외적인 경우에만 허용하는 방식으로 정보 주체의 동의 없이 개인 정보를 수집·활용하기 어려운 것이다. 이와 관련하여 개인 정보를 대부분의 경우 개인 동의 없이 활용하는 것을 허용하고, 예외적인 경우에 제한적으로 금지하는 '사후 규제' 방식을 도입해야 한다는 의견이 대두하고 있다. 그러나 나는 사전 규제 방식의 유지에 찬성한다.

드론은 고성능 카메라나 통신 장비 등이 장착되어 있는 경우가 많아 사전 동의 없이 개인의 초상, 성명, 주민 등록 번호 등의 정보뿐만 아니라 개인의 위치 정보까지 저장할 수 있다. 또한 드론에서 수집한 정보를 검색하거나 전송하는 중에 사생활이 노출될 가능성이 높다. 더욱이 드론의 소형화, 경량화 기술이 발달하고 있어 사생활 침해의 우려가 커지고 있다. 이와 같은 사실들은 사전 규제 방식이 유지되어야 함을 뒷받침한다.

[A] 드론은 인명 구조, 시설물 점검 등의 공공 분야뿐만 아니라 제조업, 물류 서비스 등의 민간 분야까지 활용 범위가 확대되고 있다. 이에 따라 드론이 개인 정보를 수집하는 일이 많아지면서 사생활 침해 사례가 증가하고 있다. 이러한 상황에서 사후 규제 방법을 도입하면 드론을 이용하여 개인 정보를 자유롭게 수집할 수 있게 만들어, 사생활 침해는 더욱 심해지고 개인 정보의 복제, 유포, 훼손, 가공 등 의도적으로 악용하는 사례까지 증가할 것이다.

[해설편 p.056]

[B] 사후 규제 방식을 도입하면 개인 정보의 수집과 활용에 제약이 적기 때문에 드론을 다양한 분야에 활용할 수 있게 되고 그에 따라 드론 기술과 산업이 더욱 빠르게 발전할 수 있다는 의견이 있다. 그러나 이와 같은 입장은 산업적 이익을 우선시하여 개인 정보 보호에 관한 개인의 기본권을 등한시하는 결과를 초래할 수 있다. 사전 규제 방식을 유지하면서도 개인 정보 수집과 활용에 동의를 얻는 절차를 간소화하고 편의성을 높이면 정보의 활용이 용이해져 드론 기술과 산업의 발전을 도모할 수 있다.

헌법에서는 주거의 자유, 사생활의 비밀과 자유 등을 명시하여 개인의 사생활이 보호받도록 하고 있고, 개인 정보를 자신이 통제할 수 있는 정보의 자기 결정권을 부여하고 있다. 이와 같은 기본권이 안정적으로 보호될 때 드론 기술과 산업의 발전으로 얻게 되는 사회적 이익은 더욱 커질 것이다.

42. ㉠ ~ ㉢을 고려하여 (다)를 작성했다고 할 때, 학생의 초고에 활용된 글쓰기 전략으로 적절하지 않은 것은?

① ㉠을 고려해, 개인 정보 수집과 활용에 대한 사전 규제 방식과 사후 규제 방식의 주요 내용을 제시한다.
② ㉡을 고려해, 개인 정보의 수집과 활용에 용이한 드론의 특성을 언급한다.
③ ㉡을 고려해, 드론이 개인 정보를 수집하고 활용하는 기술적 원리와 한계를 설명한다.
④ ㉢을 고려해, 사후 규제 방식을 도입했을 때 예상되는 부정적 결과를 제시한다.
⑤ ㉢을 고려해, 사후 규제 방식의 도입으로 드론 기술과 산업이 빠르게 발전할 수 있다는 입장의 문제점을 지적한다.

43. (나)를 활용하여 (다)를 작성했다고 할 때, 학생의 자료 활용에 대한 설명으로 적절하지 않은 것은?

① ⓐ를 구체화하여, 공공 분야와 민간 분야에서 드론의 활용 범위가 넓어지고 있음을 제시했다.
② ⓑ를 토대로, 드론으로 인한 사생활 침해의 우려가 커지고 있음을 제시했다.
③ ⓒ의 구체적인 내용을 찾아, 개인의 기본권이 안정적으로 보호받아야 할 필요성을 강조했다.
④ ⓓ에서 하나의 방식을 선택하여, 개인 정보의 침해를 예방하지 못해 발생하는 피해를 경제적 측면에서 강조했다.
⑤ ⓔ를 참고하여, 사전 규제 방식을 유지하면서도 드론 기술과 산업의 발전을 도모할 수 있음을 제시했다.

44. <보기>에서 근거를 찾아, [A]에 대해 반박하는 글을 쓰고자 한다. 글에 담길 내용으로 가장 적절한 것은?

< 보 기 >

여러 나라에서 사후 규제 방식을 도입하면서도 개인의 기본권을 보호하는 방안들을 시행하고 있다. 한 예로 '징벌적 손해 배상 제도'를 도입한 것을 들 수 있다. 개인 정보의 복제, 유포, 위조 등으로 정보 주체에게 신체나 재산 등의 중대한 손실을 입힌 경우 손해액의 3~5배 정도를 배상하도록 하여 엄격하게 책임을 물음으로써 개인 정보를 효과적으로 보호하고 있다.

① 개인의 동의를 구한 상황에서 개인 정보를 자유롭게 이용하도록 하는 것이 추후에 발생할지 모르는 문제를 예방하는 효과적인 방법이다.
② 개인의 동의 없이 개인 정보를 수집하고 활용하는 것을 허용하되 엄격한 기본권 보호 방안을 시행함으로써 개인 정보의 불법적인 이용을 막을 수 있다.
③ 드론의 활용 범위를 민간 분야까지 확대하기 위해서는 징벌적 손해 배상 제도를 도입하되 개인 정보의 침해 종류에 따라 손해 배상액을 결정해야 한다.
④ 개인 정보의 수집과 활용을 원칙적으로 금지하되 규제를 완화하면 개인 정보의 복제, 유포, 위조 등으로 정보 주체에게 일어나는 피해가 증가할 것이다.
⑤ 사전 규제와 사후 규제 방식을 절충해서 개인 정보의 수집과 활용을 규제하는 법안을 마련하여 시행하면 개인 정보의 악용으로 인한 신체나 재산상의 중대한 손실을 줄일 수 있다.

신출제

45. 다음 <보기>는 [B]를 쓰기 전의 학생의 글이다. 학생이 <보기>를 고쳐 쓰면서 고려했을 사항으로 가장 적절한 것은?

< 보 기 >

사후 규제 방식을 도입하면 개인 정보의 수집과 활용에 제약이 적기 때문에 드론을 다양한 분야에 활용할 수 있게 되고 그에 따라 드론 기술과 산업이 더욱 빠르게 발전할 수 있다는 의견이 있다. 그러나 이와 같은 입장은 산업적 이익을 우선시하여 개인 정보 보호에 관한 개인의 기본권을 등한시하는 결과를 초래할 수 있으므로 사전 규제 방식을 도입해야 한다.

① 사후 규제 방식이 지닌 문제점을 해결할 수 있는 구체적인 방안을 제시할 필요가 있겠어.
② 사전 규제 방식과 사후 규제 방식을 대비하여 사후 규제 방식이 지닌 가치를 부각시켜야겠어.
③ 사후 규제 방식으로 초래할 수 있는 결과를 좀 더 구체적으로 부연하여 설명할 필요가 있겠어.
④ 사전 규제 방식과 사후 규제 방식의 긍정적인 측면을 절충하여 새로운 규제 방식이 필요함을 강조할 필요가 있겠어.
⑤ 사후 규제 방식을 주장하는 사람들이 지적한 사전 규제 방식이 지닌 문제점에 대한 해결 방안을 언급할 필요가 있겠어.

* 확인 사항
○ 답안지의 해당란에 필요한 내용을 정확히 기입(표기)했는지 확인하시오.

[해설편 p.056]

03회 ● 수능 실전 모의고사 ● 국어영역(화법과 작문)

● 문항수 11개 | 배점 24점 | 제한 시간 20분

● 점수 표시가 없는 문항은 모두 2점

[35～37] 다음은 학생이 수업 시간에 한 발표이다. 물음에 답하시오.

> 화석 에너지 고갈과 환경 오염에 대한 우려가 커지면서 에너지 절약과 신재생 에너지에 대한 관심이 높아지고 있습니다. 그래서 저는 이와 관련하여 최근 관심을 끌고 있는 '제로 에너지 주택'에 대해 조사해 보았습니다. '제로 에너지 주택'은 에너지를 자체 생산하고 관리하여 에너지 자립도를 높인 주택입니다. 국토교통부와 ○○ 건축학회 홈페이지에 있는 자료들을 활용해서 제로 에너지 주택이 어떠한 방법으로 에너지 자립도를 높이고 있는지 말씀드리겠습니다. 주택에서 소비되고 있는 에너지가 전 세계 에너지 소비량의 36%로 매우 큰 비중을 차지하고 있는 만큼 많은 관심을 갖고 경청해 주시기 바랍니다.
>
> ㉠ 지금 보시는 화면 속에 있는 집이 제로 에너지 주택인데요, 보시는 것처럼 건물 옥상에 설치된 패널을 이용해 태양광 에너지를 생산합니다. 그리고 이 화면에는 보이지 않지만 땅속 160 m에도 수십 개의 관을 박아 지열을 끌어 올려 에너지를 만듭니다. 이렇게 생산된 에너지는 필요한 만큼 사용하고, 남은 에너지는 전력 회사에 보내 수익을 얻기도 합니다.
>
> 한편 제로 에너지 주택은 에너지를 생산하는 데 그치는 것이 아니라 첨단 공법을 이용해 에너지를 잘 지킬 수 있게 만들어집니다. 이른바 패시브 공법을 이용하는 것이지요. ㉡ 다음 영상을 보시죠. 지금 보시는 실험은 제로 에너지 주택에서 창문을 닫고 실내 온도의 변화를 측정하는 실험입니다. 여기에 보이는 창문은 아르곤 가스를 채운 3중창으로 단열 효과가 아주 뛰어납니다. 그래서 실내 온도가 거의 그대로 유지되는 것을 확인할 수 있습니다. 또한 창문이 설치된 외벽이 무척 두껍다는 생각이 드실 텐데요, 일반 주택보다 다섯 배나 두껍게 설계된다고 합니다. (다음 화면을 보며) 이뿐만 아니라 ㉢ 이 화면에서 알 수 있듯이 집 안의 중앙 천장에는 폐열 회수 순환 장치를 설치하여 열 손실을 줄였습니다. 창문을 열지 않아도 공기 순환이 가능하도록 한 것입니다.
>
> (시간을 확인하고) 더 준비한 내용이 있었는데, 벌써 정해진 시간이 다 되어서 마무리를 해야겠네요. 지금까지 설명한 이러한 장치들을 통해 에너지 자립도가 높은 주택이 만들어지는 것입니다. 에너지 자립형 주택이 우리나라에서도 성공적으로 뿌리내려 주변에서 많이 볼 수 있는 날이 오기를 바랍니다. 그럼, 이상으로 발표를 마치겠습니다.

35. 발표에 반영된 학생의 발표 계획으로 적절하지 않은 것은?

① 정보의 출처를 밝혀 발표 내용의 신뢰성을 높여야겠어.
② 최근의 상황을 언급하며 화제 선정의 이유를 제시해야겠어.
③ 발표 내용과 관련된 기대감을 드러내며 발표를 마무리해야겠어.
④ 구체적인 수치를 제시하여 화제에 대한 관심을 이끌어 내야겠어.
⑤ 중심 화제의 장단점을 바탕으로 유용성과 한계가 함께 드러나도록 해야겠어.

36. 발표에서 학생이 자료를 활용한 방식에 대한 설명으로 가장 적절한 것은?

① 태양광 에너지를 생산하는 패널의 제작 원리를 설명하기 위해 ㉠에 태양광 패널이 설치된 모습을 제시하였다.
② 지열을 에너지로 활용하는 과정을 설명하기 위해 ㉠에 지열을 끌어 올리는 장치를 제시하였다.
③ 창문의 단열 효과를 설명하기 위해 ㉡에 이와 관련된 실험을 제시하였다.
④ 외벽 구조의 내구성을 입증하기 위해 ㉡에 두꺼운 외벽의 모습을 제시하였다.
⑤ 열 손실의 다양한 원인을 분석하기 위해 ㉢에 폐열 회수 순환 장치가 설치된 실내의 모습을 제시하였다.

37. 다음은 학생의 발표를 들은 후 청중이 보인 반응이다. 발표를 고려하여 청중의 반응을 분석한 내용으로 적절하지 않은 것은?

> 청자 1 : 집에서 에어컨을 많이 틀어 전기 요금이 많이 나왔다고 어머니께 꾸중을 들은 적이 있었어. 그래서 오늘 발표 내용이 마음에 잘 와닿았어. 그런데 '태양광 에너지'는 '태양열 에너지'와 어떻게 다른지, 또 '폐열 회수'는 무슨 뜻인지 정확한 설명이 없어서 아쉬웠어.
>
> 청자 2 : 과학 선생님께서 우리 주변에서 에너지를 절약할 수 있는 방법을 조사하여 보고서를 작성해 오라고 하셨는데, 패시브 공법의 내용을 활용하면 좋겠어. 그런데 지열을 활용하여 에너지를 생산하는 주택을 지으려면 공사비가 많이 들 것 같은데, 과연 경제성이 있는 것인지 궁금하네. 그리고 발표자가 처음에는 너무 여유 있게 발표를 하다가 나중에는 시간에 쫓겨 서둘러 발표를 마무리한 게 좀 아쉬웠어.

① 청자 1은 용어에 대한 설명이 부족했다고 느끼고 있군.
② 청자 1은 자신이 겪었던 상황과 관련지어 발표 내용에 공감하고 있군.
③ 청자 2는 발표 내용과 관련하여 갖게 된 의문을 스스로 해결하고 있군.
④ 청자 2는 발표 내용 중 일부 내용을 자신의 과제 해결에 활용할 생각을 하고 있군.
⑤ 청자 2는 발표자가 정해진 발표 시간을 잘 활용하지 못했다고 평가하고 있군.

[해설편 p.058]

[38 ~ 42] (가)는 도서반 학생들의 대화이고, (나)는 이를 바탕으로 학생이 작성한 건의문의 초고이다. 물음에 답하시오.

(가)

규연 : 지난 시간에 우리 학교 학생들의 도서관 이용률이 저조하다는 이야기를 했었잖아. 오늘은 이 문제를 해결할 수 있는 방법에 대해 이야기해 보자.

희찬 : 우리 반 친구들 몇 명에게 도서관을 이용하지 않는 이유에 대해 물어본 적이 있어. 친구들 말이 우리 학교 도서관에는 자신들의 흥미를 끄는 책이 없다고 하더라.

규연 : ㉠ 흥미를 끄는 책은 어떤 걸 말하는 거야?

희찬 : 추리 소설이나 판타지 소설 같은 것 말이야.

윤지 : 우리 학교 도서관의 장서 목록을 본 적 있는데, 추리 소설과 판타지 소설이 500여 권이나 있던걸.

민수 : 난 도서관에 있는 책에 대해 안내하는 것이 도서관 이용률을 높이는 방법이라고 생각해. ㉡ 학생들이 도서관에 흥미로운 책이 없어서 안 오는 게 아니라, 그런 책이 있는지 몰라서 안 오는 거지.

윤지 : 맞아. 매달 새로 들어오는 책에 대한 안내도 잘되지 않고 있어.

규연 : ㉢ 사서 선생님께서 도서관 앞 게시판에 새로 들어온 책에 대해 공지하시잖아.

윤지 : 도서관에 오지 않는 학생들은 그걸 알 수가 없지.

규연 : 그렇다면 우리가 보다 적극적인 도서 안내 방법을 마련해야겠네. 뭐 좋은 방법이 없을까?

희찬 : 학교 식당 안의 벽면에 도서 게시판을 설치해서 새로 들어온 책이나 좋은 책을 안내하는 것은 어때?

윤지 : 좋은 생각이네. 급식을 기다리는 동안 많은 학생들이 게시판을 볼 테니까 홍보 효과가 클 것 같아.

민수 : ㉣ 그렇기는 해. 그런데 게시판에는 책에 대한 간략한 정보만을 제시하게 되어 있잖아. 어떤 내용의 책인지 알려 줘야 학생들이 책을 찾아 읽으려고 할거야.

희찬 : 학교 홈페이지의 정보 나눔방을 활용해 보는 건 어때? 거기에 게시물을 올리면 조회 수도 아주 높을 거야.

규연 : ㉤ 정보 나눔방에 책에 대해 소개할 수 있는 페이지를 따로 만들어 달라고 요청하자는 거지?

희찬 : 그렇지. 거기에 책을 소개하는 글을 쓰는 거지.

윤지 : 무엇보다 호기심과 흥미를 불러일으키는 부분을 책에서 찾아 제시하고 그 내용을 중심으로 책을 소개하자. 그러면 도서관에 찾아오는 학생들이 많아질 거야. 이에 맞춰 정보 나눔방에 올릴 글은 내가 구상해 볼게.

규연 : 그럼 난 사서 선생님의 도움이 필요한 내용을 정리해서 건의문을 써야겠다. 민수야, 네가 그 글을 검토해 줘.

민수 : 그럴게.

(나)

사서 선생님께

안녕하세요? 저는 도서반 반장 김규연입니다. 늘 학생들을 위해 마음을 써 주시는 선생님께 감사드립니다.

선생님도 아시다시피, 우리 학교 학생들의 도서관 이용률은 상당히 저조합니다. 이번 달 도서 대출 대장을 보니, 1,500명이나 되는 우리 학교 학생들의 하루 평균 도서 대출 권수가 15권 남짓에 불과하였습니다. 이러한 상황의 원인은 학교 신문에 실린 설문 조사 결과에서 찾을 수 있습니다. '도서관을 이용하지 않는 이유는?'이라는 질문에 우리 학교 학생들 절반 이상이 '읽고 싶은 책이 없을 것 같아서.'라고 답하였습니다. 도서관에는 매달 20권씩 새로운 책이 들어오고 학생들이 관심을 가질 만한 책도 상당히 많은데 이러한 반응이 나온 것은 도서관에 있는 책에 대한 안내가 제대로 이루어지지 않고 있기 때문입니다. 그래서 저희 도서반은 적극적으로 도서 안내 활동을 하고자 선생님께 두 가지 사항을 건의드립니다.

첫째, 학교 식당 안의 벽면에 도서 게시판을 설치해 주셨으면 합니다. 저희들은 매달 이 게시판을 활용하여 도서관에 새로 들어온 책과 도서관에 비치된 책 중 추천할 만한 책을 안내할 예정입니다. 학생들이 많이 드나드는 학교 식당 안 게시판은 도서관 앞 게시판보다 홍보 효과가 클 것입니다. 둘째, 학교 홈페이지의 정보 나눔방에 도서 관련 페이지를 만들어 주셨으면 합니다. 저희들은 책에 대한 학생들의 관심과 흥미를 북돋울 수 있는 글을 수시로 작성해 올릴 계획입니다. 이 페이지가 활성화되면 도서관 이용률도 증가할 것입니다. 학교 식당 안 게시판과 웹 페이지를 관리하는 문제에 대해서는 저희 도서반이 당번을 정해 철저하게 관리할 것을 약속드리겠습니다.

독서는 학업뿐만 아니라 진로 선택, 스트레스 해소에 도움을 주는 가치 있는 활동입니다. 도서반 활동은 학생들의 독서 습관을 형성하는 데 많은 기여를 하고 있습니다. 선생님의 적극적인 도움을 기다리겠습니다.

도서반 반장 김규연 올림

38. ㉠ ~ ㉤에 대한 설명으로 적절하지 않은 것은?

① ㉠ : 상대방의 말에 대한 추가적인 정보를 요청하고 있다.
② ㉡ : 상대방과 공유한 정보를 근거로 자신의 견해를 수정하고 있다.
③ ㉢ : 자신이 알고 있는 정보를 바탕으로 상대방이 제시한 의견에 이의를 제기하고 있다.
④ ㉣ : 상대방의 의견에 동의하면서도 그것이 지니는 한계를 제시하고 있다.
⑤ ㉤ : 자신이 상대방의 의도를 제대로 파악했는지 확인하기 위한 질문을 하고 있다.

39. 다음은 '규연'과 '윤지'가 나눈 대화의 일부이다. (가)를 고려할 때, [A]에 들어갈 말로 가장 적절한 것은?

> 규연 : 홈페이지의 정보 나눔방에 올릴 글을 어떻게 쓸 거야?
> 윤지 : ________[A]________

① 학생들의 흥미를 불러일으킬 만한 추리 소설과 판타지 소설을 도서관에서 찾아 목록을 제시할 거야.
② 학생들이 재미있어 할 내용이나 인상적인 내용을 발췌하여 그 내용을 중심으로 책을 소개할 거야.
③ 학생들이 배경지식 없이도 책에 대해 이해할 수 있도록 쉽고 상세하게 줄거리를 쓸 거야.
④ 학생들의 이해를 돕기 위해 책에 대한 전문가들의 서평을 찾아 소개할 거야.
⑤ 학생들의 호기심을 자극할 수 있는 다양한 질문을 만들어 제시할 거야.

[해설편 p.058]

신출제

40. (나)를 통해 알 수 있는 작문의 특성으로 가장 적절한 것은?

① 글쓴이가 자신의 정서를 주관적으로 담아낸다는 점에서 작문은 주관적인 정서 표현 행위이다.
② 글쓴이가 자신의 주장을 분명하게 제시한다는 점에서 작문은 특정한 목적을 이루기 위한 설득적인 행위이다.
③ 글쓴이가 출처가 분명한 자료를 바탕으로 자신의 주장을 담아낸다는 점에서 작문은 신뢰성을 기반으로 한 표현 행위이다.
④ 글쓴이가 독자의 안위를 염려하며 글을 마무리하고 있다는 점에서 작문은 친교적 관계 형성에 초점을 둔 표현 행위이다.
⑤ 글쓴이가 독자를 분석하여 독자가 잘 모르는 정보를 자세하게 설명한다는 점에서 작문은 정보 제공의 기능을 하는 행위이다.

41. <보기 2>는 (나)를 쓰기 위한 '규연'의 글쓰기 계획이다. <보기 2>의 ⓐ ~ ⓒ를 <보기 1>의 ㉮ ~ ㉰와 연결한 것으로 가장 적절한 것은? [3점]

< 보 기 1 >

건의문은 개인이나 기관에 문제 상황과 관련된 요구나 제안을 밝히는 글이다. 그렇기 때문에 건의문에서는 ㉮ 문제 상황을 분명하게 드러내고 그 심각성을 부각하여야 할 뿐만 아니라, ㉯ 문제 상황의 원인을 밝혀야 한다. 그리고 ㉰ 이를 해결하기 위한 제안을 서술해야 한다.

< 보 기 2 >

ⓐ 도서관 이용과 관련된 설문 조사 자료를 활용해야지.
ⓑ 효과적인 도서 안내 활동을 위해 필요한 사항들을 제시해야지.
ⓒ 도서관 이용 현황을 알 수 있는 도서 대출 대장을 활용해야지.

	㉮	㉯	㉰
①	ⓐ	ⓑ	ⓒ
②	ⓐ	ⓒ	ⓑ
③	ⓑ	ⓐ	ⓒ
④	ⓒ	ⓐ	ⓑ
⑤	ⓒ	ⓑ	ⓐ

42. <보기>는 (나)를 읽은 '민수'의 검토 의견과 이에 따라 '규연'이 고쳐 쓴 글이다. Ⓐ에 들어갈 내용으로 가장 적절한 것은?

< 보 기 >

['민수'의 검토 의견]
네가 쓴 글 잘 읽었어. 마지막 문단에서 (　　Ⓐ　　) 하는 것이 좋겠다.

[고쳐 쓴 글]
도서반 활동은 학생들의 독서 습관을 형성하는 데 많은 기여를 하고 있습니다. 여기에 선생님의 도움으로 도서 안내 활동이 성공적으로 이루어진다면, 우리 학교 도서관은 활기차고 생기 있는 공간으로 거듭날 것입니다. 선생님의 적극적인 도움을 기다리겠습니다.

① 독서의 가치에 대한 내용은 삭제하고, 건의 사항이 실현되었을 때의 기대 효과에 대한 내용은 추가
② 독서의 가치에 대한 내용은 삭제하고, 건의 사항 실현을 위한 노력에 대해 감사하는 내용은 추가
③ 도서반 활동의 의의는 삭제하고, 건의 사항이 실현되었을 때의 기대 효과에 대한 내용은 추가
④ 독서 태도의 중요성에 대한 내용은 삭제하고, 도서 안내 활동의 필요성에 대한 내용은 추가
⑤ 도서반 활동의 의의는 삭제하고, 도서 안내 활동의 필요성에 대한 내용은 추가

[해설편 p.058]

[43 ~ 45] 다음은 교지 편집부의 요청 내용과 그 요청에 따라 학생이 쓴 글의 초고이다. 물음에 답하시오.

〈교지 편집부의 요청 내용〉
우리 학교 학생들을 대상으로 '○○마을 교육 공동체'를 소개하는 글을 써 주세요.

〈초고〉
'마을 교육 공동체'란 학생의 교육 활동 지원을 위해 마을 내 학생, 교직원, 학부모, 마을 주민 등이 교육 활동에 자발적으로 참여하는 공동체를 말한다. ⓐ교육의 장을 학교 밖으로 확대하여 지역 사회의 우수한 자원을 활용할 수 있게 함으로써 미래 사회를 책임질 창의적 인재를 키우기 위한 것이다.
우리 마을에서도 작년부터 '○○마을 교육 공동체'를 시작하였는데, '희망 목공 학교'와 '마을 숲 생태 학교'라는 두 개의 사업을 진행하여 큰 호응을 얻었다. 특히 내가 참여했던 '희망 목공 학교'는 우리 마을에서 목공소를 운영하시는 목공 기술자 두 분이 재능 기부를 해 주신 데다, 작업 도구가 잘 갖춰진 그 분들의 작업장에서 실습 위주로 교육 활동이 이루어져 학생들의 만족도가 매우 높은 것으로 나타났다. '희망 목공 학교'에서는 연간 프로그램을 기획하는 과정에 학생들이 직접 참여할 수 있도록 하여 학생들이 주인 의식을 갖고 창의성을 마음껏 발휘할 수 있었다.
내년에는 '희망 목공 학교'와 '마을 숲 생태 학교' 외에 연극 및 직업 탐방과 관련된 사업이 열릴 예정이라고 한다. 또한 본교의 방과 후 학교와 연계한 '신나는 국악 교실'이라는 수업도 준비 중이어서 공교육의 활성화에 도움을 줄 것으로 기대된다. 더 자세한 내용은 '○○마을 교육 공동체' 홈페이지를 통해 안내받을 수 있다.
인적·물적 자원의 한계로 인해 공교육에서 감당하기 어려운 교육 활동을 지역 사회가 나누어 맡아 줌으로써, '마을 교육 공동체'는 공교육의 질을 높이고 마을 공동체를 활성화할 것으로 기대를 모은다. 이를 위해서는 재능을 나누어 줄 많은 전문 인력과 관계 기관의 협조가 있어야 하지만, 무엇보다 ⓑ학생들의 참여가 있어야 한다. 올해에는 더 많은 학생들이 '○○마을 교육 공동체'에서 함께하기를 바란다.

43. <보기>는 초고를 쓰기 위해 떠올린 생각이다. 초고에 반영된 내용이 아닌 것은?

< 보 기 >

ㄱ. 더 자세한 정보를 알고 싶은 학생도 있을 테니 추가 정보를 얻을 수 있는 방법을 함께 안내해 주어야겠어.
ㄴ. '○○마을 교육 공동체'의 발전을 위해 사업에 필요한 재원을 관계 기관에 요청하는 내용을 담아야겠어.
ㄷ. '○○마을 교육 공동체'에서 진행한 사업과 내년에 추가될 사업을 함께 소개해 주어야겠어.
ㄹ. '마을 교육 공동체'를 모르는 학생들이 많을 테니 그 개념을 제시해야겠어.
ㅁ. '마을 교육 공동체' 사업을 통해 기대할 수 있는 효과를 알려 주어야겠어.

① ㄱ ② ㄴ ③ ㄷ ④ ㄹ ⑤ ㅁ

44. <보기>는 학생이 초고를 쓰기 위해 수집한 자료이다. ㉠ ~ ㉤의 활용에 대한 설명으로 적절하지 않은 것은? [3점]

< 보 기 >

○ 최근 '마을 교육 공동체'가 ㉠미래 사회를 대비할 수 있는 대안 교육으로 주목받고 있다. 마을 교육 공동체는 ㉡학교 교육과 연계한 사업을 통해 공교육의 역량 강화에 도움을 줄 뿐 아니라 ㉢프로그램을 기획하는 과정에 학생들이 직접 참여할 수 있게 하여 학생들의 자발성과 창의성을 이끌어 내는 데도 큰 도움이 되고 있다.
– 교육 전문 잡지 「△△ 교육」 –
○ '○○마을 교육 공동체'의 '희망 목공 학교'에 참여했던 학생들을 대상으로 조사한 결과 ㉣출석률은 87%였고, 만족도는 94%였다. 공교육에서는 ㉤전문 인력도 부족하고 작업장이나 작업 도구도 갖추기 어려워 감당하기 힘들었던 수업을 '희망 목공 학교'가 해냈다는 점에서 그 성과를 높이 평가할 만하다.
– 「'○○마을 교육 공동체' 활동 보고서」 –

① ㉠에 펼쳐질 상황을 예측하여 '○○마을 교육 공동체' 사업이 극복해야 할 점을 제시하는 데 활용하였다.
② ㉡이 구체화될 수 있는 사업을 '○○마을 교육 공동체'에서 준비 중인 사업의 하나로 소개하였다.
③ ㉢과 관련된 효과를 '○○마을 교육 공동체' 사업의 과정에서 거둔 성과로 제시하는 데 활용하였다.
④ ㉣의 정보를 활용하여 '희망 목공 학교'의 학생 만족도가 긍정적으로 나타났음을 제시하였다.
⑤ ㉤을 활용하여 공교육에서 일부 교육 활동을 감당하기 어려운 이유를 제시하였다.

45. '마을 교육 공동체'에 관한 홍보 문구를 작성하고자 할 때, <조건>에 따라 쓴 것으로 가장 적절한 것은?

< 조 건 >

○ ⓐ에 담긴 '마을 교육 공동체'의 특성과 ⓑ를 권유하는 내용을 모두 포함할 것.
○ 직유법을 활용할 것.

① 마을 교육 공동체의 열매가 영글어 갑니다. 함께 열매를 가꾸어 더욱 풍성하게 수확합시다.
② 마을 교육 공동체는 나침반처럼 우리가 나아갈 방향을 알려 줍니다. 우리 교육의 새로운 방향을 떠올려 봅시다.
③ 마을을 지키는 당산나무처럼 마을 교육 공동체는 믿음직스럽습니다. 여러분들의 재능을 나누어 더욱더 믿음직한 마을 교육 공동체를 만듭시다.
④ 학교에서 배우지 못한 것들을 학교 밖 마을 교육 공동체에서 배울 수 있습니다. 학교와 마을이 함께 여러분에게 다양한 교육 기회를 제공합니다.
⑤ 마을 교육 공동체는 학교에서 체험하기 어려운 다양한 교육 기회를 제공합니다. 좋은 양분을 먹고 자란 나무처럼 마을 교육 공동체에서의 활동을 통해 더 크게 성장하기 바랍니다.

* 확인 사항
○ 답안지의 해당란에 필요한 내용을 정확히 기입(표기)했는지 확인하시오.

[해설편 p.059]

[35 ~ 37] 다음은 강연의 일부이다. 물음에 답하시오.

안녕하세요. 강연을 맡은 약사 ○○○입니다. 저는 오늘 약에 대해 설명하려고 하는데요, 혹시 여러분이 아플 때 먹었던 약은 주로 어떤 형태였나요? (대답을 듣고) 네, 약의 형태가 다양하죠? 일반적으로 약의 형태를 제형이라고 합니다. 이렇게 약을 다양한 제형으로 만드는 것은 각각의 제형에 따라 특성이 다르기 때문입니다. 오늘은 먹는 약인 내복약을 제형에 따라 분류하여 종류와 특징, 그리고 복용 시 주의점에 대해 알려 드리겠습니다.

(화면에 사진을 보여 주며) 여기 보시는 것처럼 내복약에는 대표적으로 산제, 액제, 캡슐제, 정제가 있습니다. 산제는 분말이나 아주 작은 알갱이 형태의 가루로 된 약이고, 액제는 액체 형태의 약입니다. 캡슐제는 약물을 캡슐에 넣은 형태의 약이고, 정제는 우리가 흔히 알약이라고 부르는데 약물을 압축해서 일정한 형태로 만든 것입니다.

그럼 이제부터 제형에 따른 특징과 복용 시 주의점을 알아보겠습니다. 먼저 산제나 액제는 복용해야 하는 용량에 맞게 미세하게 조절이 가능합니다. 그리고 정제나 캡슐제에 비해 노인이나 소아가 약을 삼키기 쉽고 약효도 빠르게 나타납니다. 하지만 이 둘은 정제에 비해 변질되기 쉬우므로 특히 보관에 주의해야 하고 복용 전 변질 여부를 잘 확인해야 합니다. 캡슐제는 캡슐로 약물을 감싸서 자극이 강한 약물을 복용할 때 생기는 불편을 줄일 수 있고, 정제로 만들면 약효가 떨어질 수 있는 경우에 사용되어 약효를 유지할 수 있습니다. 하지만 캡슐제는 캡슐이 목구멍이나 식도에 달라붙을 수 있기 때문에 충분한 양의 물과 함께 복용해야 합니다.

그리고 정제는 일정한 형태로 압축되어 있어 산제나 액제에 비해 보관이 간편하고 정량을 복용하기 쉽습니다. 이러한 정제는 약물의 성분이 빠르게 방출되는 속방정과 서서히 지속적으로 방출되는 서방정으로 구분할 수 있습니다. 서방정은 오랜 시간 일정하게 약의 효과를 유지할 수 있어 복용 횟수를 줄일 수 있습니다. 그런데 서방정은 함부로 쪼개거나 씹어서 먹으면 안 됩니다. 왜냐하면 약물의 방출 속도가 달라져 부작용의 위험이 커질 수 있기 때문입니다.

오늘 강연 내용은 유익하셨나요? 이번 강연이 약에 대한 이해를 높일 수 있는 계기가 되었으면 합니다. 또한 약과 관련해 더 궁금한 내용이 있다면 '온라인 의약 도서관'을 통해 찾아보실 수 있습니다. 마지막으로 상세한 복약 정보는 꼭 의사나 약사에게 확인하시기 바랍니다. 경청해 주셔서 감사합니다.

35. 위 강연에 대한 설명으로 적절하지 않은 것은?

① 강연자의 신분을 밝히며 청중에게 신뢰감을 주고 있다.
② 시각 자료를 활용하여 강연 내용을 효과적으로 전달하고 있다.
③ 질문을 던지는 방식을 사용하여 청중의 반응을 유도하고 있다.
④ 강연에 사용된 용어의 개념을 정의하여 청중의 이해를 돕고 있다.
⑤ 강연의 내용을 요약하며 마무리하여 강연의 주제를 강조하고 있다.

36. <보기>는 학생들이 강연을 들으며 떠올린 생각이다. 이를 바탕으로 학생들의 듣기 활동을 이해한 내용으로 가장 적절한 것은?

〈보 기〉

학생 1: 제형의 종류가 이렇게 많은지 몰랐어. 약사를 진로로 생각하는 나에게 참 유익한 정보인 것 같아.
학생 2: 서방정은 복용 시 주의 사항을 설명해 주어서 좋았어. 그런데 속방정을 복용할 때 주의할 점은 무엇일까?
학생 3: 피부에 바르는 약도 내복약처럼 제형에 따라 특징이 달라지는지 알고 싶어졌어. 나중에 온라인 의약 도서관에 접속해서 알아봐야겠어.

① '학생 1'은 강연 내용에 대해 부정적으로 평가하며 듣고 있다.
② '학생 2'는 강연 내용을 자신의 문제 상황에 적용하며 듣고 있다.
③ '학생 3'은 강연 내용의 순서를 예측하며 능동적인 태도로 듣고 있다.
④ '학생 1'과 '학생 3'은 모두 강연을 들으며 생긴 의문점을 해결하기 위한 방법을 고민하며 듣고 있다.
⑤ '학생 2'와 '학생 3'은 모두 강연에서 언급되지 않은 내용에 대해 궁금해하며 듣고 있다.

37. 다음은 강연 내용을 확인하기 위한 학습지의 일부이다. 위 강연을 들은 학생들이 보인 반응으로 적절하지 않은 것은? [3점]

약품	제형	특징 및 주의 사항	
㉠		○ 약물이 분말 형태임. ○ 복용해야 할 용량에 맞게 조절 가능함.	습기 주의
㉡	액제	○ 노약자가 복용하기 쉬움. ○ 복용 전 변질 여부를 확인해야 함.	물약
㉢		○ 약물을 캡슐에 넣은 형태임. ○ 자극이 강한 약물을 복용할 때 생기는 불편을 줄일 수 있음.	충분한 물과 함께 복용
㉣	정제 (서방정)	○ 비교적 보관이 간편함. ○ 일정한 형태로 압축되어 정량을 복용하기 쉬움.	

① ㉠의 '특징 및 주의 사항'으로 보아 '제형'에는 산제라는 내용이 들어갈 수 있겠군.
② ㉡의 '특징 및 주의 사항'에는 ㉠과 같이, 복용해야 하는 용량에 맞게 조절할 수 있다는 내용이 들어갈 수 있겠군.
③ ㉢은 '특징 및 주의 사항'으로 보아 ㉡에 비해 약효가 빠르게 나타나는 제형이라고 할 수 있겠군.
④ ㉣의 '제형'으로 보아 '특징 및 주의 사항'에는 함부로 쪼개거나 씹어서 복용하면 안 된다는 내용이 들어갈 수 있겠군.
⑤ ㉣의 '특징 및 주의 사항'에는 약의 효과를 오랜 시간 일정하게 유지할 수 있어 복용 횟수를 줄일 수 있다는 내용이 들어갈 수 있겠군.

[해설편 p.060]

[38 ~ 41] (가)는 토론의 일부이고, (나)는 청중으로 참여한 학생이 '토론 후 과제'에 따라 쓴 초고이다. 물음에 답하시오.

(가)

사회자: 이번 시간에는 '현금 없는 사회로의 이행은 바람직하다.'라는 논제로 토론을 진행하겠습니다. 찬성 측이 먼저 입론해 주신 후 반대 측에서 반대 신문해 주십시오.

찬성 1: 현금 없는 사회로의 이행은 바람직합니다. 현금 없는 사회에서는 카드나 휴대전화 등을 이용한 비현금 결제 방식을 통해 모든 거래가 이루어질 것입니다. 현금 없는 사회에서 사람들은 불편하게 현금을 들고 다니지 않아도 되고 잔돈을 주고받기 위해 기다릴 필요가 없습니다. 그리고 언제 어디서든 편리하게 거래를 할 수 있습니다. 또한 매년 새로운 화폐를 제조하기 위해 천억 원 이상의 많은 비용이 소요되는데, 현금 없는 사회에서는 이 비용을 절약할 수 있어 경제적입니다. 마지막으로 현금 없는 사회에서는 자금의 흐름을 보다 정확하게 파악할 수 있습니다. 이를 통해 경제 흐름을 예측하고 실질적인 정책들을 수립할 수 있어 공공의 이익에도 기여할 수 있다고 생각합니다.

[A]
반대 2: 비현금 결제 방식을 이용하면 어디서든 거래를 할 수 있다고 하셨는데요, 자신이 가지고 있는 비현금 결제 방식을 사용할 수 없는 곳에서는 오히려 거래에 제약이 있지 않을까요?

찬성 1: 대표적인 비현금 결제 방식 중 하나인 신용카드의 경우 우리나라의 모든 곳에서 사용되고 있습니다. 그리고 다양한 비현금 결제 방식을 상황에 맞게 선택한다면 거래에 제약은 없을 것입니다.

사회자: 이번에는 반대 측에서 입론해 주신 후 찬성 측에서 반대 신문해 주십시오.

반대 1: 현금 없는 사회로의 이행은 바람직하지 않습니다. 현금 없는 사회가 되면 비현금 결제 방식에 익숙하지 않거나 새로운 결제 방식을 익히지 못한 사람들은 불편을 겪을 것입니다. 또한 비현금 결제 방식에 필요한 시스템을 구축하는 데 많은 비용이 소요되어 경제적이지 않습니다. 끝으로 현금 없는 사회는 현금을 사용하고자 하는 개인들의 선택의 자유를 제한합니다. 자유라는 가치가 확대되는 것이 현대 사회의 지향점이라고 할 때, 어떤 이유에서든 사회 구성원들의 선택의 자유가 축소되는 것은 공공의 이익에도 부정적인 영향을 미칠 것이라고 생각합니다.

[B]
찬성 2: 비현금 결제 방식에 필요한 시스템을 구축하는 데 많은 비용이 소요된다고 하셨는데요, 그 비용은 우리나라에 이미 구축되어 있는 정보통신 기반시설을 활용한다면 상당 부분 절감할 수 있지 않을까요?

반대 1: 구축 비용은 절감할 수 있을지라도 시스템을 안정적으로 유지하고, 관리하기 위한 추가 비용이 지속적으로 발생할 것입니다.

> **토론 후 과제**: 논제에 대한 자신의 입장을 밝히고, 이를 확장하여 주장하는 글 쓰기

(나) 학생의 초고

현금 없는 사회로의 이행은 바람직하다. 현금은 결제 수단으로 오랫동안 사용되어 왔다. 하지만 오늘날 새로운 기술의 발전에 따라 거래 환경이 비현금 결제 방식으로 변화하고 있고, 이미 많은 국가들이 현금 없는 사회로의 이행을 준비하고 있다.

물론 비현금 결제 방식에 익숙하지 않은 사람들이 겪을 불편을 이유로 현금 없는 사회로의 이행에 대해 반대하는 사람들도 있다. 그러나 지속적이고 단계적으로 교육하고 비현금 결제 방식을 익힐 수 있는 기회를 제공한다면 그들도 자연스럽게 현금 없는 사회에 적응할 수 있을 것이다.

현금 없는 사회의 장점은 너무나 많다. 이미 국가 간 경제 교류를 가능하게 하는 정보통신기술이 구축되어 있어 현금 없는 사회로 나아갔을 때 새로운 금융 서비스 산업이 개발되어 국제 무역이 더욱 활발해질 것이다.

사회 구성원들 간의 충분한 합의 없이 진행된 사회 변화는 많은 문제를 일으킬 수 있으므로 깊이 있는 사회적 논의가 필요하다.

38. (가)의 입론을 쟁점별로 정리한 내용으로 적절하지 않은 것은?

[쟁점 1] 현금 없는 사회는 편리한가?
◦ **찬성 1**: 현금 휴대 및 사용의 불편함과 비현금 결제 방식이 시간과 장소에 구애받지 않음을 들어 입장을 분명히 하고 있다. ············ ①   ◦ **반대 1**: 비현금 결제 방식에 적응하지 못한 사람들이 겪을 수 있는 불편함을 밝히고 있다. ············ ②
[쟁점 2] 현금 없는 사회는 경제적인가?
◦ **찬성 1**: 화폐 제조 비용을 수치로 제시하여 경제적 효과를 얻을 수 있음을 분명히 하고 있다. ············ ③   ◦ **반대 1**: 시스템 구축에 소요되는 비용이 많을 것이라는 점을 들어 경제적이지 않음을 밝히고 있다. ············ ④
[쟁점 3] 현금 없는 사회는 공공의 이익에 기여하는가?
◦ **찬성 1**: 자금 흐름을 정확하게 파악하여 얻을 수 있는 이점을 들어 공공의 이익에 기여할 수 있음을 밝히고 있다.   ◦ **반대 1**: 개인의 선택의 자유가 제한되는 것이 필요함을 근거로 들어 공공의 이익에 부정적인 영향을 미칠 수 있음을 분명히 하고 있다. ············ ⑤

39. [A], [B]에 대한 설명으로 가장 적절한 것은?

① [A]의 반대 2는 상대측이 인용한 정보의 신뢰성에 의문을 제시하며 출처를 요구하고 있다.
② [A]의 찬성 1은 상대측의 이의 제기를 수용하며 자신의 주장이 타당함을 강조하고 있다.
③ [B]의 찬성 2는 상대측 발언 내용을 재진술하며 구체적인 사례를 제시해 줄 것을 요청하고 있다.
④ [B]의 반대 1은 상대측의 이의 제기를 일부 인정하며 향후 예상되는 문제점을 지적하고 있다.
⑤ [A]의 반대 2와 [B]의 찬성 2는 모두 상대측 주장을 요약하며 절충안을 제시하고 있다.

40. 다음은 (가)를 참고하여 (나)를 작성하기 위해 학생이 메모한 내용이다. (나)에 반영되지 않은 것은?

[1문단]
○ 토론 논제에 대한 나의 입장을 분명히 드러내야겠어.
○ 토론에서 언급되지 않은, 현금 없는 사회로의 이행은 시대적 흐름이라는 내용을 추가해서 나의 입장을 강조해야겠어. ……… ①

[2문단]
○ 토론에서 언급된, 현금 없는 사회에서 발생할 수 있는 문제들 중 일부를 해결 방안과 함께 제시해야겠어. ……… ②

[3문단]
○ 토론에서 언급되지 않은, 현금 없는 사회의 장점을 밝혀 나의 주장을 뒷받침해야겠어. ……… ③
○ 현금 없는 사회로의 이행을 위해 국가적 차원에서 준비해야 할 사항들을 언급해야겠어. ……… ④

[4문단]
○ 현금 없는 사회로의 이행을 위해서는 공동체 합의를 위한 노력이 필요함을 강조해야겠어. ……… ⑤

41. <조건>에 따라 (나)의 마지막 문단에 내용을 이어 쓴다고 할 때, 그 내용으로 가장 적절한 것은?

〈조 건〉
○ 비유적 표현을 활용하여 자신의 주장을 강화한다.

① 현금 결제 방식을 지키기 위해 우리 모두 한 배를 탄 사람이라는 인식을 가져야 한다.
② 현금 결제 방식이 사라지게 된다면 한쪽 날개로만 나는 새처럼 불균형한 사회가 될 것이다.
③ 이렇게 함께 만들어 가는 현금 없는 사회 속에서 개인은 더욱 편리한 삶을 누릴 수 있을 것이다.
④ 공동체가 함께 가는 현금 없는 사회로의 이행은 현대 사회를 윤택하게 하는 새로운 물결이 될 것이다.
⑤ 이처럼 공동체가 함께 논의한다면 현금의 긍정적 가치를 인식하고 미래 사회를 준비할 수 있을 것이다.

[42 ~ 45] (가)는 작문 과제이고, (나)는 (가)를 바탕으로 쓴 학생의 글이다. 물음에 답하시오.

(가) 작문 과제

○ 글의 목적: 폰트 파일의 올바른 사용에 대한 관심 촉구
○ 주제: 폰트 파일을 올바르게 이해하고 사용하자.
○ 예상 독자: 폰트 파일에 대한 이해가 부족한 학생들

(나) 학생의 글

많은 학생들이 컴퓨터로 문서를 작성할 때 전달 효과나 미적 효과를 높이기 위해서 다양한 폰트 파일을 사용한다. 폰트 파일은 동일한 스타일의 크기와 모양으로 작성된 문자 및 기호 등 한 벌의 디자인을 디지털화한 것으로 '컴퓨터프로그램저작물'로 보호되고 있다. 그런데 최근 들어 폰트 파일의 저작권을 침해하는 학생들이 늘어나고 있다.

폰트 파일의 저작권을 침해하는 학생들이 늘어나게 되는 원인은 다양하다. 우선 폰트 파일이 저작권으로 보호되고 있다는 사실을 모르고 사용하는 학생들이 많이 있고, 그 사실을 알면서도 폰트 파일을 문제의식 없이 사용하는 학생들이 있기 때문이다. 또한 폰트 파일의 저작권이 있다는 것은 알지만, 저작권의 내용을 확인하는 구체적인 방법을 모르는 학생들이 많기 때문이다.

학생들이 폰트 파일을 올바르게 사용할 수 있도록 하기 위해서는 어떻게 해야 할까? 폰트 파일이 저작권으로 보호되고 있다는 사실을 모르고 사용하는 학생들이 폰트 파일의 저작권에 대해 이해할 수 있도록 학교에서는 이에 대한 교육을 확대해야 한다. 또한 폰트 파일의 저작권에 대해 알면서도 폰트 파일을 문제의식 없이 사용하는 학생들의 인식 개선을 위해 캠페인을 지속적으로 실시해야 한다.

[A] 폰트 파일은 타인의 노력이 담겨 있는 저작물이므로 우리는 폰트 파일에 대해 정확히 알고 사용하는 태도를 지녀야 한다. 왜냐하면 자신의 노력이 중요하듯이 타인의 노력도 중요하기 때문이다. 자신이 사용하는 폰트 파일의 저작권을 침해하는 일이 없도록 꼭 확인하고 사용하자.

42. (가)를 바탕으로 (나)를 쓰기 위해 세운 글쓰기 계획 중 (나)에 활용된 것으로 가장 적절한 것은?

① 글의 목적을 구체화하기 위해 폰트 파일의 배포 절차를 제시한다.
② 예상 독자의 이해를 돕기 위해 폰트 파일의 개념을 정의하여 제시한다.
③ 주제를 구체화하기 위해 폰트 파일 저작권 침해에 따른 피해 사례를 제시한다.
④ 주제를 강조하기 위해 폰트 파일의 저작권 보호에 대한 상반된 견해를 제시한다.
⑤ 예상 독자의 관심을 반영하기 위해 저작권에 대한 학생들의 생각을 직접 인용하여 제시한다.

[해설편 p.061]

43. 다음은 (나)를 보완하기 위해 추가로 수집한 자료이다. 자료의 활용 방안으로 적절하지 <u>않은</u> 것은? [3점]

[자료 1] 통계 자료

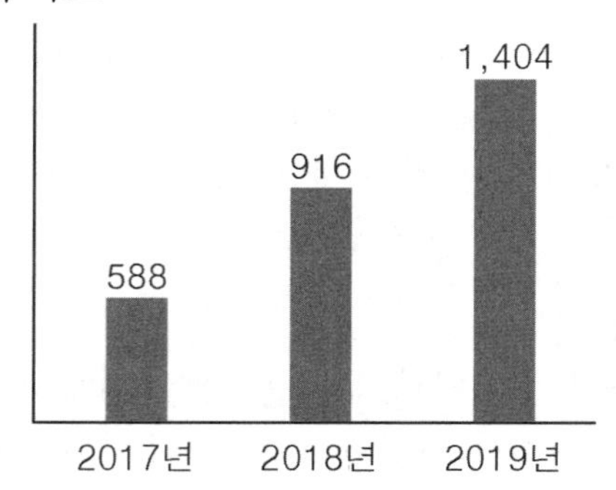

<폰트 파일 사용자의 저작권 침해 상담 건수>

[자료 2] 우리 학교 학생 대상 설문 조사 결과

㉮ 폰트 파일이 저작권으로 보호되고 있다는 사실을 알고 있는가?

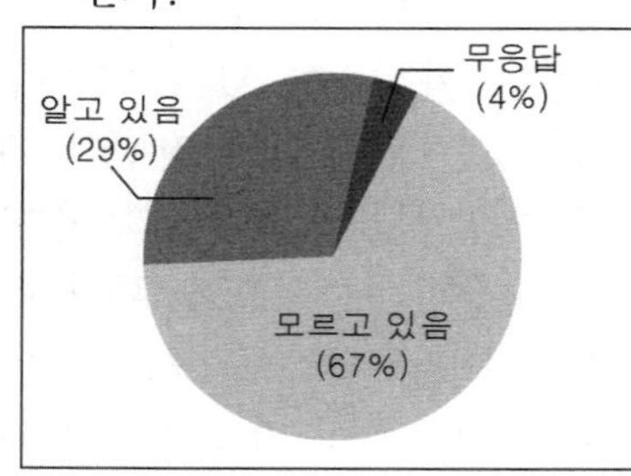

㉯ 폰트 파일의 저작권을 확인하는 방법을 알고 있는가?
(㉮의 '알고 있음' 응답자 대상)

구분	비율(%)
모른다	65
안다	20
기타	15

[자료 3] 전문가 인터뷰

"폰트 파일의 저작권 내용이 너무 복잡해 사용자들이 이를 모두 이해하고 사용하는 것은 쉽지 않습니다. 따라서 폰트 파일 제작자는 폰트 파일 배포 시 저작권 보호 여부 및 내용을 명시적으로 안내하여 사용자들이 쉽게 확인할 수 있도록 해야 합니다. 또한 정부는 사용자가 저작권을 지킬 수 있도록 폰트 파일 저작권 확인 프로그램을 널리 보급할 필요가 있습니다."

① [자료 1]을 활용하여, 폰트 파일 저작권 침해 실태의 심각성을 강조해야겠군.
② [자료 2-㉮]를 활용하여, 폰트 파일이 저작권으로 보호되고 있다는 사실을 모르는 학생들이 많다는 것을 뒷받침하는 근거로 사용해야겠군.
③ [자료 3]을 활용하여, 폰트 파일의 저작권 침해를 줄이기 위해서는 제작자가 사용자를 위해 저작권을 알기 쉽게 제시하는 것이 필요하다는 것을 해결 방안으로 추가해야겠군.
④ [자료 2-㉮]와 [자료 2-㉯]를 활용하여, 폰트 파일이 저작권으로 보호되고 있다는 사실을 아는 학생들 중 많은 학생들이 저작권의 내용을 확인하는 구체적인 방법을 모르고 있음을 원인 분석의 근거로 사용해야겠군.
⑤ [자료 2-㉯]와 [자료 3]을 활용하여, 폰트 파일의 저작권에 대해 알면서도 저작권을 보호하지 않는 학생들의 문제의식 개선을 위해 정부의 지속적인 교육이 필요함을 해결 방안으로 강조해야겠군.

44. <보기>는 [A]의 초고이다. <보기>를 고쳐 쓰기 위해 친구들이 조언한 내용 중 [A]에 반영된 것으로 적절하지 <u>않은</u> 것은?

〈 보 기 〉

우리는 폰트에 대해 정확히 알고 사용하는 태도를 지녀야 한다. 자신의 노력이 중요하듯이 타인의 노력도 중요하기 때문이다. 앞으로 우리는 폰트 파일을 만들어 사용할 수 있어야 한다. 자신이 사용하는 폰트 파일의 저작권을 침해하는 일이 없는 것이 좋다.

① 글의 흐름을 고려하여 통일성에서 벗어난 문장은 삭제하는 게 어때?
② 글에서 반복적으로 사용했던 용어를 고려해 용어를 일관되게 일치시켜 주는 게 어때?
③ 첫 번째 문장은 주장의 설득력을 강화하기 위해 그 문장에 근거를 추가해 주는 게 어때?
④ 두 번째 문장은 서술어와의 호응을 고려하여 생략된 주어를 밝혀 주는 게 어때?
⑤ 네 번째 문장은 학생들에게 실천을 촉구하기 위한 문장으로 바꾸는 게 어때?

신출제

45. <보기>의 ㉠ ~ ㉤ 중 (나)에 반영된 것을 있는 대로 고른 것은?

〈 보 기 〉

선생님: 일상생활에서 문제가 되는 상황을 제재로 삼아 글을 쓸 때에는, 먼저 문제가 되는 상황이 무엇인지 분명히 언급해 주어야 합니다. 이때 ㉠ <u>문제 상황과 관련된 사례</u>를 구체적으로 제시하게 되면 문제의 심각성을 효과적으로 알려 줄 수 있습니다. 그런 다음 ㉡ <u>문제 상황이 발생하게 된 원인</u>이 무엇인지 분석하여 제시할 수 있어야 하고, 이러한 문제 상황을 어떻게 해결할 수 있는지 ㉢ <u>해결 방안을 제시</u>해야 합니다. 마지막으로 ㉣ <u>문제 상황과 관련하여 자신의 주장을 분명히 제시</u>할 수 있어야 하는데, ㉤ <u>설의적인 표현을 활용</u>하거나 비유적 표현을 활용하면 자신의 의견을 효과적으로 전달할 수 있습니다.

① ㉠, ㉡
② ㉠, ㉢, ㉤
③ ㉡, ㉢, ㉣
④ ㉡, ㉣, ㉤
⑤ ㉡, ㉢, ㉣, ㉤

* 확인 사항
○ 답안지의 해당란에 필요한 내용을 정확히 기입(표기)했는지 확인하시오.

05회 • 수능 실전 모의고사 • 국어영역(화법과 작문)

● 문항수 11개 | 배점 24점 | 제한 시간 20분

● 점수 표시가 없는 문항은 모두 2점

[35 ~ 37] 다음은 라디오 방송의 일부이다. 물음에 답하시오.

안녕하세요. '라디오 정보' 시간입니다. 여러분은 식품을 살 때 유통기한을 확인하시나요? 저는 일부러 유통기한이 길게 남은 제품을 고르는데요, 오늘은 식품의 유통기한에 대해 알아보겠습니다. 방송 중 문자 메시지를 통해 청취자 여러분들의 많은 참여 부탁드립니다.

유통기한이란 제품의 제조일로부터 소비자에게 판매가 허용되는 기한을 말하는데, 일반적으로 제조사의 설정실험을 통해 결정됩니다. 설정실험은 보통 새로운 제품을 개발한 경우나 제품의 공정 또는 포장이 변경된 경우에 진행하는데, 실험을 통해 산출된 기간보다 20 ~ 30% 짧게 유통기한을 정합니다.

설정실험에는 실측실험과 가속실험이 있는데요, 예측되는 유통기한이 대개 3개월 이내인 경우에는 실측실험을, 그 이상인 경우에는 가속실험을 합니다. 실측실험으로 유통기한을 정하는 제품은 빵이나 두부, 어묵 등 유통기한이 짧은 식품이 대부분입니다. 제조사가 의도하는 유통기한의 약 1.3배에서 2배 기간 동안 실제와 동일한 유통 조건에서 제품이 어떻게 변하는지 실험을 통해 유통기한을 설정합니다. 그래서 이 실험은 제품의 유통기한을 가장 정확하게 설정할 수 있으며, 비교적 유통기한이 짧고 유통 조건이 단순한 제품에 대해서는 시간이나 비용 면에서 효율적인 방법입니다. 하지만 유통기한이 상대적으로 긴 제품에는 비효율적이죠.

가속실험으로 유통기한을 정하는 제품은 통조림이나 식용유 등이 있는데요, 가속실험은 실제 유통 조건보다 가혹한 조건에서 단기간에 유통기한을 예측하는 방법입니다. 제품의 실제 유통 온도와 2개 이상의 비교 온도에서 제품의 변화를 측정하고, 수학적 계산을 통해 유통기한을 설정합니다. 이 방법은 유통기한이 길고 유통 조건이 복잡한 제품에 효율적이지만, 계산 과정이 복잡해서 쉽게 활용하기 어렵고 실험을 가혹한 조건에서 하기 때문에 유통기한을 잘못 예측할 수도 있습니다.

문자 메시지를 통해, 외국에서도 유통기한을 사용하는지 문의해 주셨는데요. 미국은 유통기한도 사용하지만 최종 사용일자인 소비기한 등도 함께 씁니다. 그리고 유럽에서는 유통기한은 사용하지 않고 주로 소비기한을 사용합니다.

잠시 후 2부에서는 식품의약품안전처 ○○○ 님과 전화 연결을 통해 유통기한과 관련된 정보를 더 자세하게 알아보도록 하겠습니다.

35. 위 방송 진행자의 말하기 방식에 대한 설명으로 가장 적절한 것은?

① 지난 시간 방송 내용을 요약하여 청취자의 이해를 돕고 있다.
② 주제에 대한 자신의 이력을 소개하여 전문성을 부각하고 있다.
③ 질문을 던지는 방식을 사용하여 청취자의 관심을 유도하고 있다.
④ 전문가의 말을 직접 인용하여 방송 내용에 대한 신뢰성을 높이고 있다.
⑤ 방송의 중심 소재를 친숙한 소재에 빗대어 청취자의 공감을 이끌어 내고 있다.

36. 다음은 위 방송을 진행하기 위한 사전 계획의 일부이다. 방송 내용에 반영되지 않은 것은?

[1부]
1. 오프닝
2. 주요 내용 전달
▷ 유통기한의 의미
▷ 유통기한 설정실험을 하는 경우 ······ ㉠
▷ 유통기한 설정실험의 종류
▷ 유통기한 설정실험 식품의 예 ······ ㉡
▷ 실측실험과 가속실험의 방법 ······ ㉢
▷ 실측실험과 가속실험의 장단점 ······ ㉣
▷ 외국에서 유통기한을 사용하지 않는 이유 ······ ㉤
3. 청취자 문자 메시지 소개
4. 클로징

① ㉠ ② ㉡ ③ ㉢ ④ ㉣ ⑤ ㉤

37. 다음은 방송 중 청취자가 보낸 문자 메시지이다. 방송 내용을 고려하여 청취자의 반응을 분석한 것으로 적절하지 않은 것은? [3점]

청취자 1: 진공 포장을 하면 기존보다 유통기한을 늘릴 수 있다고 알고 있어요.
청취자 2: 실측실험이 가장 정확하다고 했는데 계절에 따라 결과가 달라지지 않을까요?
청취자 3: 실측실험의 대상과 가속실험의 대상을 구분하는 기준은 무엇인가요?
청취자 4: 유통기한 사용 여부가 나라마다 다르다는 것을 알게 되어 여행할 때 유용하겠어요.
청취자 5: 실험을 통해 산출된 기간보다 유통기한을 짧게 정하는 이유는 안전을 위한 것이겠군요.

① '청취자 1'은 방송 주제와 관련된 자신의 배경지식을 언급하고 있군.
② '청취자 2'는 방송 내용을 언급하며 의문을 제기하고 있군.
③ '청취자 3'은 방송에서 다루지 않은 내용에 대해 추가 정보를 요구하고 있군.
④ '청취자 4'는 방송을 통해 접한 정보의 유용성에 대해 긍정적으로 평가하고 있군.
⑤ '청취자 5'는 방송에 언급된 내용을 바탕으로 관련된 내용을 추론하고 있군.

[해설편 p.063]

[38 ~ 41] (가)는 ○○시청에 제출할 건의문의 초고이고, (나)는 (가)를 수정하기 위한 회의이다. 물음에 답하시오.

(가)

시장님, 안녕하세요? 저희는 △△고등학교 지역모니터링반 학생들입니다. 뉴스를 보면 버스 도착 예정 시간을 알려 주는 '버스정보 안내단말기(BIT)'가 전국적으로 많이 ㉠ 설치하고 있다는 것을 알 수 있습니다. 우리 시에서도 얼마 전부터 버스정보 안내단말기를 가끔 볼 수 있습니다. 저희가 시장님께 글을 쓰는 것은 우리 시의 버스정보 안내단말기에 관한 건의를 드리기 위해서입니다.

우리 시는 버스정보 안내단말기의 설치율이 낮아서 많은 시민들이 버스를 이용하는 데 큰 불편을 겪고 있습니다. ㉡ 그래서 이미 설치된 버스정보 안내단말기의 화면이 손상되거나 작동이 멈춰 있는 경우도 많습니다. 또한 현재 버스정보 안내단말기는 시각 정보만 제공하고 있어 시력이 좋지 않은 어르신들이나 시각 장애인들이 ㉢ 어려움을 겪고 있습니다. 따라서 저희는 세 가지를 건의하고 싶습니다.

첫째, 버스정보 안내단말기의 설치율을 높여 주시기 바랍니다. 예산 문제로 단기간에 설치율을 높이는 것이 어렵다면, 이용객이 상대적으로 많거나 어르신들이 많이 이용하는 버스 정류장부터 단계적으로 안내단말기를 설치해 주셨으면 좋겠습니다. 둘째, 버스정보 안내단말기를 점검 및 수리해 주시기 바랍니다. 특히 시청 홈페이지에 안내단말기 고장이나 오작동 문제를 신고할 수 있는 게시판을 만든다면 보다 신속하게 수리가 이루어질 수 있을 것입니다. 셋째, 버스정보 안내단말기에 음성 정보 서비스를 비롯한 다양한 기능을 추가해 주시기 바랍니다. 음성 정보 안내 버튼이 생긴다면 ㉣ 이용하기 어려운 시민들에게 큰 도움이 될 것입니다.

시민들을 위해 버스정보 안내단말기 설치율을 높이고 기존의 안내단말기를 효율적으로 관리하며 그 기능을 보완한다면 시민들의 편의와 복지가 크게 향상될 것입니다. ㉤ 시민들의 편의와 복지는 문화 시설의 확충을 통해서도 가능하다고 생각합니다. 시장님, 어려움이 많으시겠지만 저희의 건의를 받아들여 주시기를 부탁드립니다. 감사합니다.

(나)

학생 1: 자, 시청에 제출할 건의문을 검토해 보자.
학생 2: 저번 시간에 우리가 버스정보 안내단말기를 이용할 때 겪었던 문제 상황에 대해 논의한 내용을 바탕으로 초고를 작성해 봤어.

[A]
학생 3: 고생했어. 우선, 글의 첫째 문단부터 살펴보자. 내 생각에는 시장님의 노고에 감사하다는 인사를 추가해서 예의와 격식을 갖추는 것이 좋을 것 같아.
학생 2: 그 생각은 미처 못 했네. 추가해 볼게. 그런데 둘째 문단에서 버스정보 안내단말기에 관한 문제 상황을 좀 더 구체적으로 드러내고 싶은데 어떻게 하면 좋을까?
학생 3: 통계 자료를 제시해서 인근 도시에 비해 우리 시의 안내단말기 설치율이 낮다는 것을 보여 주면 좋겠어.
학생 2: 그런데 글을 읽다가 갑자기 통계 자료가 나오면 읽는 데 불편하지는 않을까?
학생 1: 아니야. 오히려 구체적인 수치를 드러내면 문제 상황이 잘 드러날 것 같아.
학생 2: 그럴 수 있겠네. 조사해서 반영해 볼게.

[B]
학생 3: 그런데 지난 시간에 다루지 않았던 음성 정보 안내 서비스에 관한 내용이 들어가 있네?
학생 2: 대중교통을 이용하는 사람들을 모두 고려하지는 못했다는 생각이 들었어.
학생 1: 그랬구나. 교통 약자층을 위한다는 점에서 좋은 생각인 것 같아.
학생 3: 다음으로 셋째 문단에 대해서 얘기해 보자.
학생 1: 우리 시에는 외국인들이 많으니까 외국어 안내도 제공됐으면 좋겠어.
학생 2: 아, 그거 좋은 생각이다. 그 내용도 반영해서 써 볼게. 그런데 어떻게 하면 글을 좀 더 인상적으로 마무리할 수 있을까?
학생 3: 마지막 문단에서 비유적 표현을 활용해 버스정보 안내단말기의 필요성을 강조하면 좋을 것 같아.
학생 2: 좋아, 그렇게 해 볼게.

학생 3: 그리고 ⓐ 시장님께 우리가 건의하는 내용이 잘 전달되어야 하니까 어법에 맞게 썼는지, 내용 흐름은 자연스러운지 꼼꼼히 점검해 보자.
학생 1, 2: 그래.

38. 다음은 '학생 2'가 (가)를 쓰기 위해 떠올린 생각이다. (가)에 반영된 것으로 적절하지 않은 것은?
① 문제 상황을 구체적으로 제시하기 위해 버스정보 안내단말기의 상태를 언급해야겠어.
② 건의 내용의 현실적 수용을 위해 버스정보 안내단말기의 단계적 설치를 제안해야겠어.
③ 효과적인 문제 해결 방안을 제시하기 위해 시청 홈페이지에 관련 게시판의 신설을 제안해야겠어.
④ 중심 소재와 관련된 현황을 제시하기 위해 버스정보 안내단말기와 관련된 전국적인 추세를 활용해야겠어.
⑤ 신속한 문제 해결의 필요성을 강조하기 위해 버스정보 안내단말기 오작동으로 인한 비용 손실을 언급해야겠어.

39. [A], [B]의 담화에 대한 설명으로 가장 적절한 것은?
① [A]에서 '학생 2'는 '학생 1'의 의견에 대해 반박하며 자신의 생각을 제안하고 있다.
② [B]에서 '학생 1'과 '학생 3'의 대립하는 의견을 '학생 2'가 절충하여 제시하고 있다.
③ [A]에서 '학생 2'는 '학생 3'의 의견에 대해, [B]에서 '학생 2'는 '학생 1'의 의견에 대해 의문을 제기하고 있다.
④ [A]와 [B]에서 모두, '학생 3'은 '학생 1'의 의견을 재진술하며 동의하고 있다.
⑤ [A]와 [B]에서 모두, '학생 3'은 '학생 2'의 질문에 대해 자신의 의견을 제시하고 있다.

[해설편 p.063]

40. '학생 2'가 (나)를 참고하여 (가)에 내용을 추가하기 위해 세운 계획으로 적절하지 않은 것은?

[구성]	[계획]
처음	▶ 첫째 문단에 '○○시의 발전과 안전을 위해 힘써 주시는 시장님께 감사의 마음을 전합니다.'라는 내용을 추가해야겠군. ············ ①
중간	▶ 둘째 문단에 '최근 신문기사를 보면 □□시의 버스정보 안내단말기 설치율은 60%인데, 우리 시의 설치율은 15%에 그치고 있습니다.'라는 내용을 추가해야겠군. ············ ② ▶ 둘째 문단에 '지금은 버스정보 안내단말기가 시각 정보만 제공하고 있어서 안내 정보를 확인하기 어려운 교통 약자층이 불편함을 겪고 있습니다.'라는 내용을 추가해야겠군. ············ ③ ▶ 셋째 문단에 '외국인들을 위해 버스정보 안내단말기에 외국어 안내 기능도 추가해 주시기 바랍니다.'라는 내용을 추가해야겠군. ············ ④
끝	▶ 넷째 문단에 '버스정보 안내단말기는 시민들의 삶의 질 향상으로 나아가는 문을 열기 위한 열쇠와 같습니다.'라는 내용을 추가해야겠군. ···· ⑤

41. (나)의 ⓐ를 고려하여 (가)의 ㉠ ~ ㉤을 고쳐 쓰기 위한 방안으로 적절하지 않은 것은?

① ㉠: 문장 성분 간의 호응을 고려하여 '설치되고'로 고친다.
② ㉡: 문장의 연결 관계를 고려하여 '그리고'로 고친다.
③ ㉢: 단어의 쓰임이 적절하지 않으므로 '난해함'으로 고친다.
④ ㉣: 필요한 문장 성분이 생략되었으므로 '시각 정보를'을 첨가한다.
⑤ ㉤: 글의 통일성을 해치는 내용이므로 삭제한다.

[42 ~ 45] 글을 쓰기 위해 (가)를 작성한 후, (나)를 수집하고 (다)를 작성하였다. 물음에 답하시오.

(가) 학생의 메모

○ 글의 목적: 지역 사회의 쟁점을 선정하여 하나의 관점을 택해 근거를 들어 지역 주민들을 설득한다.

○ 예상 독자에 대한 분석
㉠ 많은 주민들은 문화재 복원과 보존이 무엇인지 잘 모른다.
㉡ 우리 지역 사찰인 ○○사에 있는 탑의 현재 상태와 복원 혹은 보존의 이유를 궁금해하는 주민들이 있다.
㉢ 건축 문화재 복원과 보존에 대해 알고 있는 주민들 중에는 나와 상반되는 견해를 가진 경우도 있다.

(나) 자료

ⓐ 역사 에세이

고려 말기 흉년이 계속되어 백성들의 고통이 극심해지자, 왕이 이런 어려움을 극복하기 위해 ○○사에 탑을 세웠다.

ⓑ 지역 신문

얼마 전, △△ 마을에 문화재로 지정되어 있는 고택을 복원했다. 그런데 원래 쓰였던 나무를 구하기 어려워 다른 품종의 나무로 기둥을 만들었고, 이 고택의 건축 과정에 대한 과거의 정확한 자료가 없는 상태에서 지붕을 복원하였다. 그 결과 고택 본연의 모습을 되살리지 못했다.

ⓒ 전문가 인터뷰

"우리나라 건축 문화재들은 주변 건물이나 자연 경관과의 관계를 고려해서 지어진 경우가 많습니다. 특히 탑은 주로 산속의 절 안에 있기 때문에 탑은 산의 형세와 절 내부 건축물들과의 조화를 중시하여 건축되는 것이 일반적인데, ○○사의 탑도 마찬가지입니다. 그렇기 때문에 탑을 이전할 수밖에 없다면 이런 점을 고려해야만 합니다."

(다) 학생의 글

문화재 관리에서 중요한 개념이 복원과 보존이다. 복원은 훼손된 문화재를 원래대로 다시 만드는 것을, 보존은 더 이상 훼손되지 않도록 잘 간수하는 것을 의미한다. 이와 관련하여 우리 지역 ○○사에 있는 훼손된 탑의 관리에 대한 논의가 한창이다.

탑의 복원을 주장하는 사람들은 탑의 상층부가 대부분 훼손되었으며, 탑이 놓여 있는 지반이 복원을 견딜 수 없을 정도로 약화되었다는 점까지 언급하며 탑을 박물관으로 옮겨 복원하자고 한다. 그들은 이를 통해 더 완전한 형태의 문화재를 대중에게 보여 줄 수 있다고 말하지만, 나는 복원보다는 보존이 다음과 같은 근거에서 더 적절하다고 생각한다.

[A] 우선, 탑을 보존하면 탑에 담긴 역사적 의미를 온전하게 전달할 수 있어 진정한 역사 교육이 가능하다. 우리 지역의 탑은 백성들의 평화로운 삶을 기원하기 위해 만들어졌고, 이후 역사의 흐름 속에서 전란을 겪으며 훼손된 흔적들이 더해져 지금 모습으로 남아 있다. 그런데 탑을 복원하면 이런 역사적 의미들이 사라져 그 의미를 온전하게 전달할 수 없다.

다음으로, 정확한 자료가 없이 탑을 복원하면 이는 결국 탑을 훼손하는 것이 될 수밖에 없다. 우리 지역의 탑을 건축할 당시 사용한 재료와 건축 과정을 알 수 있는 정확한 자료가 현재는 소실된 상황이다. 따라서 원래의 재료를 활용하지 못하고 과거의 건축 과정에 충실하게 탑을 복원하지 못하면 탑의 옛 모습을 온전하게 되살리는 것은 불가능하므로 탑을 보존하는 것이 더 바람직하다.

마지막으로, 탑을 보존하면 탑과 주변 공간의 조화가 유지된다. 전문가에 따르면 우리 지역의 탑은 주변 산수는 물론 절 내부 건축물들과의 조화를 고려하여 세워졌다고 한다. 이런 점을 무시하고 탑의 복원만을 목적으로 탑의 위치를 옮긴다면 탑과 기존 공간의 조화가 사라지기 때문에 보존하는 것이 적절하다.

따라서 우리 지역의 탑은 보존하는 것이 박물관으로 옮겨서 복원하는 것보다 더 적절하다고 생각한다. 건축 문화재의 경우 복원보다는 보존을 중시하는 국제적인 흐름을 고려했을 때도, 탑이 더 훼손되지 않도록 지금의 모습을 유지하고 관리하는 것이 문화재로서의 가치를 지키고 계승할 수 있는 바람직한 방법이라고 생각한다.

[해설편 p.063]

신출제

42. <보기>는 학생이 (다)를 쓰기 위해 생각한 것이다. (다)에 반영된 것을 모두 고르면?

〈보 기〉

㉮ 주장을 뒷받침하기 위해 다른 지역의 사례를 제시해야겠어.
㉯ 주장을 효과적으로 강조하기 위해 비유적 표현을 활용해야겠어.
㉰ 전문가의 말을 인용하여 제시하는 근거가 타당성을 지니고 있음을 보여 줘야겠어.
㉱ 주장에 대한 근거를 제시할 때는 글의 표지를 사용하여 일목요연하게 드러나도록 해야겠어.

① ㉮, ㉯ ② ㉮, ㉯, ㉱ ③ ㉮, ㉰, ㉱
④ ㉯, ㉰, ㉱ ⑤ ㉰, ㉱

43. (가)의 ㉠ ~ ㉢을 고려하여 (다)를 작성했다고 할 때, 학생의 글에 활용된 글쓰기 전략으로 적절하지 않은 것은?

① ㉠을 고려해, 1문단에서 문화재의 복원과 보존의 개념을 설명한다.
② ㉡을 고려해, 2문단에서 우리 지역의 탑이 훼손된 정도를 제시한다.
③ ㉡을 고려해, 2문단에서 탑을 복원함으로써 발생하는 효과를 언급한다.
④ ㉢을 고려해, 4문단에서 탑의 건축 과정을 설명하며 복원이 필요하지 않음을 부각한다.
⑤ ㉢을 고려해, 6문단에서 국제적 흐름을 언급하며 탑의 복원보다 보존이 긍정적임을 강조한다.

44. (나)를 활용하여 (다)를 작성했다고 할 때, 학생의 자료 활용에 대한 설명으로 적절하지 않은 것은?

① ⓐ를 근거로 하여, 우리 지역 탑이 세워진 역사적 의미를 제시했다.
② ⓑ를 근거로 하여, 우리 지역 탑을 만들던 당시의 건축 재료를 활용하지 못할 경우에 대한 우려를 드러냈다.
③ ⓑ를 근거로 하여, 우리 지역 탑의 경우에 건축 과정을 알 수 있는 자료가 충분하지 않기 때문에 온전한 복원이 어려움을 제시했다.
④ ⓒ를 근거로 하여, 새로운 공간과의 조화를 고려해서 우리 지역 탑을 이전해야 함을 제시했다.
⑤ ⓒ를 근거로 하여, 우리 지역 탑은 절 내부 건축물들과 조화를 고려하여 세워졌음을 드러냈다.

45. <보기>를 바탕으로 [A]에 대해 반박할 내용을 작성한 것으로 가장 적절한 것은? [3점]

〈보 기〉

건축 문화재를 복원하는 것은 역사 교육에서 가치 있는 일이다. 우리 지역의 탑을 복원하면 사람들은 원형에 가깝게 완성된 탑의 모습을 보면서, 형태가 훼손된 탑에서는 느낄 수 없었던 과거의 문화적 양식이나 아름다움 등을 직접 체험할 수 있게 된다. 따라서 탑을 복원하는 것은 사람들이 당대의 역사를 내면화할 수 있는 기회를 제공하기 때문에 역사 교육의 측면에서 바람직하다.

① 복원된 문화재를 직접 체험할 수 있는 기회를 제공하는 것은 역사적 의미를 왜곡하게 만든다.
② 문화재를 보존해서 실제 경험하도록 해야 문화재에 담긴 아름다움이 사라지는 것을 막을 수 있다.
③ 복원을 통해 역사적 의미를 내면화하려면 지속적으로 문화재를 보존해 온 해외 사례에서 대안을 찾아야 한다.
④ 과거의 문화적 양식이 문화재 복원으로 인해 계승되지 못하는 것을 막을 수 있는 제도적 지원 방안이 마련되어야 한다.
⑤ 문화재의 보존만이 역사 교육에 효과적이라고 보는 것은 복원을 통해 완성된 형태가 주는 교육적 의미를 간과한 것이다.

* 확인 사항
○ 답안지의 해당란에 필요한 내용을 정확히 기입(표기)했는지 확인하시오.

[해설편 p.064]

● 문항수 11개 | 배점 24점 | 제한 시간 20분

● 점수 표시가 없는 문항은 모두 2점

[35~37] 다음은 '교내 연설 대회'에 참가한 학생의 연설이다. 물음에 답하시오.

여러분, 환경의 날 행사 때 교내 방송으로 시청했던 영상을 잠시 떠올려 봅시다. 작은 빙하에 의지한 채 바다를 부유하던 북극곰의 눈물을 보며 모두들 가슴 아파하지 않으셨습니까? 그 눈물은 이산화탄소에 의한 지구 온난화가 빚어 낸 비극입니다. 이와 관련하여 저는 연안 생태계의 가치와 보호에 대한 관심을 촉구하고자 합니다.

2019년 통계에 따르면 우리나라의 이산화탄소 배출량은 세계 11위에 해당하는 높은 수준입니다. 그동안 우리나라는 이산화탄소 배출을 줄이려 노력하고, 대기 중 이산화탄소 흡수를 위한 산림 조성에 힘써 왔습니다. 그런데 우리가 놓치고 있는 이산화탄소 흡수원이 있습니다. 바로 연안 생태계입니다.

연안 생태계는 대기 중 이산화탄소 흡수에 탁월합니다. 물론 연안 생태계가 이산화탄소를 얼마나 흡수할 수 있겠냐고 말하는 분도 계실 것입니다. 하지만 연안 생태계를 구성하는 갯벌과 염습지의 염생 식물, 식물성 플랑크톤 등은 광합성을 통해 대기 중 이산화탄소를 흡수하는데, 산림보다 이산화탄소 흡수 능력이 뛰어납니다. 2018년 정부 통계에 따르면, 우리 연안 생태계 중 갯벌의 면적은 산림의 약 4%에 불과하지만 연간 이산화탄소 흡수량은 산림의 약 37%이며 흡수 속도는 수십 배에 달합니다.

또한 연안 생태계는 탄소의 저장에도 효과적입니다. 연안의 염생 식물과 식물성 플랑크톤은 이산화탄소를 흡수하여 갯벌과 염습지에 탄소를 저장하는데 이 탄소를 블루카본이라 합니다. 산림은 탄소를 수백 년간 저장할 수 있지만 연안은 블루카본을 수천 년간 저장할 수 있습니다. 연안 생태계가 훼손되면 블루카본이 공기 중에 노출되어 이산화탄소 등이 대기 중으로 방출됩니다. 그러므로 블루카본이 온전히 저장되어 있도록 연안 생태계를 보호해야 합니다.

㉠ <u>지금 우리가 연안 생태계로 눈을 돌리지 않으면 북극곰의 눈물은 우리의 눈물이 될 것입니다.</u> 건강한 지구를 후손에게 물려주기 위해 일회용품 줄이기, 나무 한 그루 심기와 함께 이산화탄소의 흡수원이자 저장고인 지구의 보물, 연안 생태계를 보호하고 그 가치를 알리는 데 동참합시다.

35. 위 연설자의 말하기 방법으로 적절하지 <u>않은</u> 것은?

① 청유의 문장을 사용하여 주장이 야기한 논란을 해소한다.
② 통계 자료를 근거로 활용하여 주장의 신뢰성을 강화한다.
③ 예상되는 반론을 언급하여 특정 대상의 가치를 강조한다.
④ 청중과 공유하는 경험을 들어 상황의 심각성을 인식시킨다.
⑤ 비유적 표현을 활용하여 문제 해결에 동참할 것을 촉구한다.

36. 다음은 위 연설자가 자신의 연설을 홍보하기 위해 작성한 포스터이다. 위 연설을 바탕으로 할 때 적절하지 <u>않은</u> 것은? [3점]

○○고등학교 교내 연설 대회

지구 온난화 대응의 새로운 접근, 연안 생태계!

연설자 : △△△

◦ 연설 관련 그림 자료

<연안 생태계>

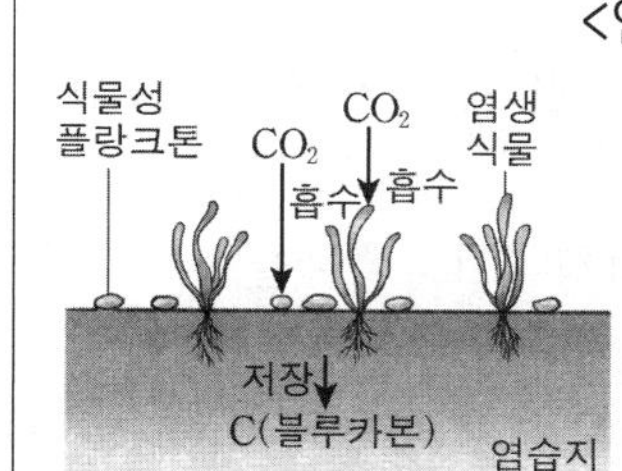

연안의 염생 식물과 식물성 플랑크톤은 광합성을 통해 대기 중의 이산화탄소를 흡수하여 갯벌과 염습지에 탄소를 저장함. ······ ①

◦ 연설 내용

- 우리나라는 이산화탄소 배출량 순위가 높은 편이며 대기 중 이산화탄소를 줄이고자 노력해 왔음. ······ ②
- 연안 생태계는 대기 중 이산화탄소 감축 효과가 있으며 산림보다 이산화탄소 흡수 능력이 우수함. ······ ③
- 연안 생태계가 훼손되면 블루카본이 공기 중에 노출되어 문제가 발생함. ······ ④
- 대기 중 이산화탄소 감축을 위한 기존의 방법을 연안 생태계 보호가 대체할 수 있음. ······ ⑤

37. 위 연설을 듣고 그 취지에 공감한 학생이 ㉠에 주목하여 친구들을 설득할 말로 가장 적절한 것은?

① 연안 생태계의 복구에 무심했던 나를 반성했어. 일회용품 사용을 자제하여 연안 생태계를 되살리자.
② 블루카본이 지구 온난화의 원인임을 알았어. 북극곰을 위해 연안 생태계 보호의 중요성을 홍보하자.
③ 북극곰의 모습에서 우리의 미래를 보는 것 같았어. 북극곰을 살리기 위해 산림 조성이 시급함을 알리자.
④ 우리도 북극곰처럼 위기에 처할 수 있어. 이제 연안 생태계의 가치를 알고 이를 보호하기 위해 관심을 갖자.
⑤ 북극곰과 공생하려면 나무 한 그루가 의미 있다는 것을 알았어. 이산화탄소를 줄이기 위해 작은 일부터 실천하자.

[38~41] (가)는 한 학생이 학교 홈페이지 '자유 게시판'에 올린 글이고, (나)는 이를 바탕으로 학생회 학생들이 나눈 대화이며, (다)는 학생회 학생들이 작성한 건의문이다. 물음에 답하시오.

(가)

○○고등학교에 오신 것을 환영합니다.

어떻게 생각하세요? | 홈 | 공지사항 | 자유 게시판 | 자료실

저는 버스를 타고 등교하는데요, 아침마다 교문 앞 도로에 학생들을 내려 주는 자가용이 많다 보니 버스에서 내릴 때 **되게** 위험해요. 심지어 오늘은 **친구하고** 수다 떨며 등교하다가 다가오는 자가용을 뒤늦게 발견하는 바람에 부딪힐 뻔해서 무지 놀랐어요(ㅠㅠ). 무슨 해결 방법이 없을까요?

댓글 128개

(나)

학생 1 : 어제 학교 **홈피** '자유 게시판'에 올라온 글 봤어?

학생 2 : 아, 등굣길 문제?

학생 3 : 나도 봤어. 조회 수도 엄청나고, 댓글을 보니 공감하는 애들이 **되게** 많더라.

학생 1 : 그래서 말인데, 안전한 등굣길을 만들기 위해 학생회 차원에서 건의문을 써서 게시하는 건 어때?

학생 3 : (고개를 끄덕이며) 좋은 생각이야.

[A]
학생 1 : 내 생각엔 첫째로, 일단 학생들이 **학교 올 때** 자가용 이용은 자제하자고 제안하면 좋겠어.

학생 2 : 그런데, 자가용 등교는 대부분 사정이 있는 거 아닐까? 다리를 다쳤거나 집이 너무 멀거나 하는.

학생 1 : 내 기억에 차에서 내리는 애들 중 다리가 불편해 보이는 경우는 별로 없던데? 집도 멀지 않은데 차 타고 오는 애들도 많이 봤고.

학생 3 : 어떤 방법으로 학교에 오든 그건 개인의 선택에 맡겨야 할 문제 아닐까?

[B]
학생 1 : 그렇다 해도 댓글 보면 많은 애들이 자가용 등교 때문에 등굣길이 안전하지 않다고 여기는 건 분명해 보여. 누군가의 선택이 다른 많은 사람들을 불편하게 한다면 그건 문제가 있다고 봐야지.

학생 2 : 그렇다고 특별한 사정이 있는 애들까지 자가용 등교를 미안해하게 만들 필요는 없잖아?

학생 3 : 그럼 글 쓸 때 이런 경우는 이해해 주자고 따로 언급하는 건 어때?

학생 1 : 그 정도면 괜찮겠다. 자가용을 이용하지 않았을 때 남은 물론 자기한테도 좋은 점이 있다는 것도 알려 주면 좋겠어.

학생 3 : 응. 그리고 다른 사람의 자가용 등교 때문에 위험했던 적이 있는 학생들은 그 기억을 떠올리게 해 주자. 실제 자가용 등교로 인한 사고가 얼마나 많은지 자료도 찾아 제시하고.

학생 2 : 그래. 그럼 이제 등굣길 안전을 위해 추가로 제안할 게 뭐가 있을지 생각해 보자. 아, 등굣길에 주변을 살피며 걸어야 한다는 건 어때?

학생 1 : 나도 **너하고** 같은 생각 했는데. 그럼 **우리** 지금까지 이야기한 내용을 정리해서 학교 게시판에 올려 보자.

(다)

학생 여러분, 안녕하세요? 제28대 학생회입니다.

오늘 아침 여러분의 등굣길은 어떤 모습이었나요? 안전했나요?

㉠ <u>최근 학교 **홈페이지**에 올라온 글처럼, 여러분도 **학교에 올 때** 누군가 등교에 이용한 자가용으로 인해 놀라거나 위험에 처한 적이 있을 것입니다.</u> ㉡ <u>자가용 등교는 자신의 등굣길은 편하게 해 주지만 다른 학생들의 등굣길을 혼잡하고 위험하게 만들기도 합니다.</u> ㉢ <u>□□경찰서의 자료에 따르면, 우리 지역 학교 앞 교통사고 발생률은 일과 시간과 대비하여 등교 시간에 67% 정도 높다고 합니다.</u> 여러분이 타고 온 차도 다른 학생들에게 해가 될 수 있습니다. 특히 우리 학교 앞 도로는 유난히 좁다 보니 횡단보도에 정차하는 경우도 많아 **몹시** 위험합니다.

㉣ <u>물론 걷기가 불편하거나 집이 많이 먼 경우는 자가용 등교가 불가피할 수 있습니다.</u> 그러나 이런 경우가 아니라면, 안전한 등굣길을 위해 우선 자가용 이용을 자제하는 것이 필요합니다.

또한 안전한 등굣길을 만들려면 주변을 살피며 걷는 습관도 필요합니다. 휴대전화를 보거나 이어폰을 꽂고 걷다 보면 차가 오는 것을 보지 못해 위험해질 수 있기 때문입니다.

우리가 조금만 노력하면, 차에 놀라며 걷는 대신 **친구와** 함께 여유로운 발걸음으로 교문을 들어서는 아침 풍경을 만들 수 있습니다. 또, 자가용을 이용할 필요가 없게 부지런히 등교 준비를 하다 보면 규칙적인 생활 습관도 갖게 될 것입니다.

㉤ <u>여러분은 안전한 등굣길을 만들고 싶지 않으신가요?</u> 그러려면 자가용 이용은 자제하고 주변을 살피며 걸어 주세요. 다 함께, 평화로운 등교 장면을 상상이 아닌 현실로 만듭시다.

긴 글 읽어 주셔서 감사합니다.

2020년 △월 △일

○○고등학교 학생회

38. (가)~(다)를 비교하여 이해한 내용으로 적절하지 <u>않은</u> 것은?

① 개인의 경험을 이야기하는 (가)보다 공식적인 성격이 강한 (다)에서 격식을 갖춘 표현이 더 두드러지게 나타나는군.

② (나)의 '홈피'와 (다)의 '홈페이지'를 비교해 보면, (다)에서는 줄인 말을 되도록 쓰지 않는 문어적인 특징을 확인할 수 있군.

③ (가), (나)는 (다)와 달리 의사소통 참여자들이 시간과 공간을 모두 공유하는 상황이므로 (가), (나)에는 언어적 표현 외에 비언어적 표현도 함께 나타나는군.

④ (나)의 '학교 올 때', '우리'와 (다)의 '학교에 올 때', '우리가'를 비교해 보면, (나)에서는 조사의 생략이 문어보다 자유롭게 허용되는 구어적인 특징을 확인할 수 있군.

⑤ (가)는 (다)처럼 문어 상황이지만 (가)의 '되게', '친구하고', (나)의 '되게', '너하고', (다)의 '몹시', '친구와'를 비교해 보면, (가)에서는 (나)에서처럼 구어적인 특징을 확인할 수 있군.

[해설편 p.066]

39. [A], [B]에 대한 설명으로 가장 적절한 것은?

① [A]에서 '학생 1'은 '학생 2'의 발화를 듣고 자신이 확인한 주변 상황을 근거로 들어 '학생 2'의 의견을 뒷받침하고 있다.
② [A]에서 '학생 3'은 '학생 1'의 발화 중 일부를 재진술하여 '학생 1'이 제시한 상황에 대한 자신의 이해가 정확한지 확인하고 있다.
③ [B]에서 '학생 1'은 자신의 관점과 상반되는 다수의 생각을 언급하며 자신의 의견이 지닌 차별성을 부각하고 있다.
④ [B]에서 '학생 3'은 '학생 2'가 한 말을 요약하며 '학생 2'의 견해가 지닌 한계를 드러내고 있다.
⑤ [A], [B] 모두에서 '학생 2'는 질문의 형식을 활용하여 '학생 1'의 의견에 대해 추가로 생각할 점이 있음을 밝히고 있다.

40. <보기>를 참고할 때, ㉠~㉤에 대한 반응으로 가장 적절한 것은?

<보 기>

글을 쓸 때는 설득 전략과 표현 방식을 활용하여 설득 효과를 높일 수 있다. 논리적 추론을 강조하는 이성적 설득 전략에는 전문가 소견이나 객관적 자료 활용하기, 예상 반론을 언급하고 필자의 주장이 우위에 있음을 드러내기 등이 있다. 독자의 감정에 호소하는 감성적 설득 전략에는 독자의 공감을 얻기 위해 독자나 필자의 경험을 언급하기 등이 있다. 또한 표현 방식으로는 이중 부정이나 설의법 등이 활용된다.

① ㉠에서 현안과 관련한 예상 독자의 경험을 언급한 것은 필자의 주장이 전문가의 의견에 부합함을 강조하고 있다고 볼 수 있겠어.
② ㉡에서 필자의 경험을 제시하고 그와 대비되는 예상 독자의 경험을 제시한 것은 독자의 감정에 호소하여 설득의 효과를 높이고 있다고 볼 수 있겠어.
③ ㉢에서 구체적인 수치를 사용하여 현황을 보여 준 것은 객관적인 자료를 제시하여 이성적 설득 전략을 활용한 것으로 볼 수 있겠어.
④ ㉣에서 예상 독자가 제기할 수 있는 이견을 언급한 것은 그 의견이 실현 불가능한 것임을 밝혀 필자의 주장이 우위에 있음을 드러내기 위한 것으로 볼 수 있겠어.
⑤ ㉤에서 현재의 상황이 지속됨으로써 발생할 결과를 설의적인 표현으로 제시한 것은 표현 방식을 활용하여 설득적 효과를 높이고 있는 것으로 볼 수 있겠어.

41. <보기>는 (나)를 반영하여 (다)를 쓸 때 적용한 내용 전개 과정이다. <보기>의 ⓐ~ⓔ에 따라 (나)와 (다)를 관련지어 이해한 내용으로 적절하지 않은 것은?

<보 기>

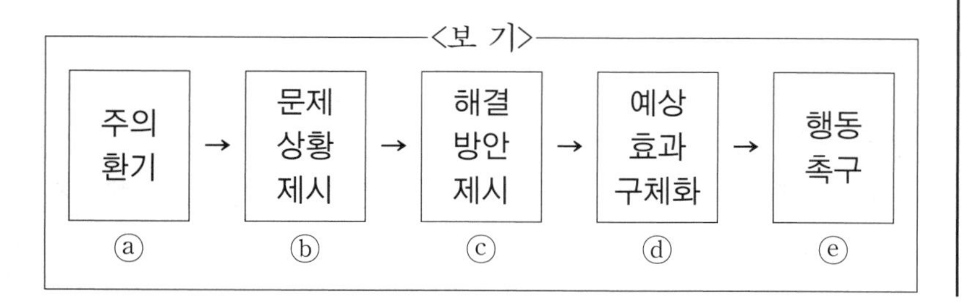

① ⓐ : (나)에서 안전한 등굣길 만들기를 화제로 삼았던 것을 반영하여, (다)에서는 이와 관련한 독자의 일상을 떠올려 보게 함으로써 화제에 대한 주의를 환기하고 있다.
② ⓑ : (나)에서 자가용 등교로 인해 등굣길이 위험하다는 인식을 드러낸 것을 반영하여, (다)에서는 자가용 등교가 학교 주변 환경과 맞물려 심각한 문제가 되고 있음을 제시하고 있다.
③ ⓒ : (나)에서 자가용 이용이 불가피한 학생이 있음을 언급한 것을 반영하여, (다)에서는 집이 먼 경우 부지런히 등교 준비를 해야 한다는 것을 해결 방안으로 제시하고 있다.
④ ⓓ : (나)에서 자가용 등교 자제가 자신에게도 좋은 점이 있음을 알려 주자고 한 의견을 반영하여, (다)에서는 자가용 이용을 자제했을 때 예상되는 긍정적 변화를 구체화하고 있다.
⑤ ⓔ : (나)에서 등굣길 안전을 확보하기 위한 방법으로 언급한 제안들을 반영하여, (다)에서는 등교 시에 유념할 행동 방향을 제시하며 독자가 이를 실천하도록 촉구하고 있다.

[42~45] 다음을 읽고 물음에 답하시오.

[작문 상황]
○ 작문 목적 : 물 섭취와 관련된 잘못된 인식을 바로잡을 수 있는 올바른 물 섭취 방법에 대한 정보 제공
○ 예상 독자 : 학교 학생들
○ 전달 매체 : 2020년 6월에 발간될 학교 신문

[수집한 자료 목록]

구분	내용	출처	연도(제작/발행)
〈자료 1〉	전문가가 권하는 물 섭취 방법	○○신문	2019
〈자료 2〉	물 중독 사례	△△방송 다큐멘터리	2014
〈자료 3〉	한국인의 물 섭취 현황	□□병원 보고서	2004
〈자료 4〉	1일 1인당 수돗물 사용량 현황	환경부 연례 보고서	2013

[초고]

학생들은 물 섭취에 대해 어떤 인식을 가지고 있을까? 인터뷰를 통해 만난 우리 학생들은 대부분 물은 많이 마실수록 좋다고 답했다. 물이 관절의 충격을 흡수하며, 장기와 조직을 보호하는 등의 역할을 한다는 점에서 물 섭취는 중요하다. 그러나 물을 많이 섭취한다고 무조건 좋은 것만은 아니다. 그렇다면 바람직한 물 섭취를 위해 유의할 점은 무엇일까?

[A] 우선, 한 번에 마시는 물의 양에 유의해야 한다. 단시간 내에 지나치게 많은 양의 물을 마시면 혈액 속 나트륨 농도가 정상 수치 이하로 내려가는 '물 중독'이 발생할 수 있다. 그러면 피로감이 커지고, 두통 또는 어지럼증에 시달리거나, 장기가 붓는 등의 증상이 나타날 수 있다. 한 다큐멘터리에서는 물 중독 환자들의 모습을 보여 주며 그 위험성을 경고하기도 했다.

다음으로, 물을 마시는 때에 대해서도 유의해야 한다. ◇◇대학 연구 팀의 실험이 이를 뒷받침한다. 연구 팀은 먼저 실험 참여자들을 대상으로 목이 마른지 물어보았다. 그런 다음 이들에게 동일한 과제를 부여했다. 이후 관찰을 통해 이들의 물 섭취 유무를 파악하며 과제 수행 능력을 측정했다. 실험 결과는 우리에게 다음과 같은 정보를 제공한다. 목이 마를 때 물을 마신 경우는 물을 마시지 않은 경우보다 과제 수행 능력이 뛰어나다. 이는 일반적인 생각과 같다. 반면 일반적 생각과 달리 목마르지 않은 때 물을 마신 경우는 물을 마시지 않은 경우보다 과제 수행 능력이 떨어진다.

42. 수집한 자료를 다음의 기준에 따라 선별한 후, 선별된 자료를 반영하여 '초고'를 작성하였다. 각 자료에 대한 이해로 적절하지 않은 것은? [3점]

선별 기준	그렇다	아니다
(가) 작문 목적에 부합하는가?		
(나) 출처가 분명한 최근의 정보인가?		

① <자료 1>은 '내용'이 물 섭취 방법에 대한 올바른 정보를 제공하기에 적합하다고 보아 (가)에 대해 '그렇다'라고 판단했겠군.
② <자료 2>는 '내용'이 물 섭취에 대한 많은 학생들의 인식이 잘못되었음을 뒷받침하는 정보를 제공한다고 보아 (가)에 대해 '그렇다'라고 판단했겠군.
③ <자료 3>은 '연도'를 고려하면 최근의 상황을 반영하지 못하지만 '출처'가 명확하고 물 섭취 실태를 보여 주기에 적절하다고 보아 (나)에 대해 '그렇다'라고 판단했겠군.
④ <자료 4>는 '내용'이 물 섭취에 관해 정확한 정보를 제공하려는 목적에 부합하지 않는다고 보아 (가)에 대해 '아니다'라고 판단했겠군.
⑤ <자료 4>는 '출처'는 분명하지만 해마다 발간되는 보고서라는 점에서 '연도'를 고려했을 때 최근의 현황에 대한 정보가 아니라고 보아 (나)에 대해 '아니다'라고 판단했겠군.

43. 위의 '초고'에 반영된 내용 조직 방법으로 적절하지 않은 것은?

① 1문단에서 물 섭취에 대한 학생들의 인식은 묻고 답하는 구조로 제시한다.
② 1문단에서 물의 인체 내 역할은 원인과 결과의 관계가 드러나도록 제시한다.
③ 2문단에서 물 중독 증상에 대한 부분은 정보를 나열하여 제시한다.
④ 3문단에서 물 섭취에 대한 실험 방법은 그 과정을 순서대로 제시한다.
⑤ 3문단에서 물 섭취에 대한 실험 결과는 비교·대조의 방법으로 제시한다.

44. <보기>는 '초고'를 읽은 친구의 조언이다. <보기>를 반영하여 '초고'에 마지막 문단을 추가한다고 할 때 가장 적절한 것은?

<보 기>

글이 마무리되지 않은 느낌이 드니까 중심 내용으로 제시한 두 가지 유의 사항을 모두 포함하는 문장을 추가하는 것이 좋겠어. 그리고 중심 내용에 담긴 정보가 독자에게 어떤 긍정적인 가치가 있는지도 언급하는 게 좋겠어.

① 물은 적당한 양을 필요한 때에 마셔야 좋은 것이다. 물 섭취에 대한 올바른 정보를 이해하고 삶에 적용한다면 건강을 지키며 삶의 질을 높일 수 있을 것이다.
② 언제 마시는가에 따라 물도 독이 될 수 있음을 유의해야 한다. 갈증을 느낄 때 물을 마셔야만 물이 인체에서 수행하는 역할을 활성화하는 데 기여할 수 있다.
③ 물은 인체에 필수적이나 한 번에 많은 물을 마시지는 말아야 한다. 물이 인체에 미치는 영향을 정확히 안다면 물이 지닌 긍정적 가치를 더 많이 발견할 수 있을 것이다.
④ 물 중독 사례와 연구 팀의 실험을 통해 물 섭취 시 유의 사항을 확인하였다. 결국 물을 한 번에 많이 마시면 건강에 해롭고, 목마르지 않은데 마시면 과제 수행 능력이 떨어진다.
⑤ 당연하다고 생각했던 것들이 거짓인 경우도 있는데 물은 많이 마실수록 좋다는 인식도 그러하다. 올바른 물 섭취를 생활화한다면 학습 능력 향상에 도움을 얻을 수 있을 것이다.

신출제
45. [A]는 학생이 <보기>를 쓴 다음 퇴고하는 과정에서 고쳐 쓴 것이다. <보기>를 퇴고할 때 학생이 고려한 점으로 가장 적절한 것은?

<보 기>

우선, 한 번에 마시는 물의 양에 유의해야 한다. 단시간 내에 지나치게 많은 양의 물을 마시면 혈액 속 나트륨 농도가 정상 수치 이하로 내려가는 '물 중독'이 발생할 수 있다. 그리고 피로감이 커지고, 두통 또는 어지럼증에 시달리거나, 장기가 붓는 등의 증상이 나타날 수 있다. 한 번에 마실 수 있는 물의 양은 사람마다 다를 수 있다. 한 다큐멘터리에서는 물 중독 환자들의 모습을 보여 주며 그 위험성을 경고하기도 했다.

① 앞뒤 문장을 이어주는 접속어와 맞춤법에 맞지 않는 표현을 고쳐야 할 것 같아.
② 글의 통일성에 어긋나는 문장이 있고, 띄어쓰기에 맞지 않는 부분이 있는 것 같아.
③ 문장 간의 호응 관계에 벗어난 부분과 글의 통일성에서 어긋나는 부분을 고쳐야겠어.
④ 글의 내용에 맞는 정확한 단어와 앞뒤 문장을 이어주는 접속어를 고칠 필요가 있겠어.
⑤ 앞뒤 문장을 이어주는 접속어를 고치면서 글의 통일성에 어긋나는 내용은 삭제해야겠어.

* 확인 사항
○ 답안지의 해당란에 필요한 내용을 정확히 기입(표기)했는지 확인하시오.

[해설편 p.067]

07회 ● 수능 실전 모의고사 ● 국어영역(화법과 작문)

● 문항수 11개 | 배점 24점 | 제한 시간 20분

● 점수 표시가 없는 문항은 모두 2점

[35~37] 다음은 학생의 발표이다. 물음에 답하시오.

> 여러분, '탈'이라고 하면 무엇이 떠오르세요? (청중의 대답을 듣고) 저는 며칠 전에 『세계 여러 나라의 탈』이라는 책을 읽었는데요, 인상적인 탈이 있어서 여러분께 소개하고자 발표 주제로 선정했습니다. 발표를 준비하던 중 마침 국어 시간에 '봉산 탈춤'을 배워서 발표를 준비하는 데 도움이 되었습니다.
>
> 여러분, (화면 1을 가리키며) 이 탈의 이름을 아세요? (청중의 반응이 없자) 안동에서 볼 수 있는 탈이에요. (대답을 듣고) 하회탈이라고 말씀하신 분들이 많군요. 흔히들 그렇게 알고 계시는데 정확히는 하회탈 중 양반탈입니다. '봉산 탈춤'의 양반탈과 달리 눈 아래부터 귀 위까지 이어진 선이 눈꼬리와 겹쳐 미소를 만드는데, 단순한 얼굴형에 특별한 장식이나 화려한 색채 없이 눈썹, 눈, 코, 입을 선으로 표현한 것이 인상적입니다. "양반은 냉수 마시고도 이 쑤신다."라는 말에 담긴 허풍과 여유가 동시에 느껴지지 않나요?
>
> (화면 2를 가리키며) 이 탈은 중국의 장수 관우 탈인데요, 무엇이 가장 먼저 보이세요? (청중의 대답을 듣고) 저는 용이 새겨진 복잡한 모양의 관에 시선이 갔습니다. 양반탈이 이마 부분까지만 표현돼 있는 것과 달리 관우 탈은 머리에 쓴 관까지 표현돼 있습니다. 그리고 보시는 것처럼 얼굴이 강렬한 붉은색이어서 무시무시하면서도 화려한 느낌을 줍니다. 얼굴과 머리 부분을 모두 이용해 관우의 박력과 위엄을 드러내고 있는 것이 인상적입니다.
>
> 마지막은 아프리카 카메룬의 탈입니다. 일반적으로 아프리카의 탈은 과장과 생략이 특징입니다. (화면 3을 가리키며) 보시는 것처럼 이 탈도 추상적으로 보일 만큼 과감한 생략이 인상적인데요, 단순한 곡선과 직선으로 표현된 커다란 눈이 작은 코와 대비되어 더 두드러져 보입니다.
>
> 지금까지 소개한 탈들을 (화면 4를 가리키며) 이렇게 정리해 보았습니다. 선을 활용하여 단순하게 표현된 왼쪽 탈들, 화려한 장식에 다소 복잡한 오른쪽 탈이 보이시죠? 이 차이가 탈의 용도 때문은 아닌지 궁금하여 기회가 되면 '탈의 용도에 따른 모양'이란 주제로 탐구해 보려 합니다. 여러분도 한번 조사해 보시면 어떨까요? 이만 발표를 마치겠습니다. 감사합니다.

35. 위 발표에 대한 설명으로 가장 적절한 것은?

① 도입부에서 발표에 사용될 용어의 개념을 설명하며 화제를 제시하고 있다.
② 수업 시간의 경험이 발표 주제 선정의 동기가 되었음을 밝히고 있다.
③ 전문가의 말을 인용하며 발표 내용에 대한 신뢰도를 높이고 있다.
④ 청중에게 질문을 던지고 청중의 반응을 확인하며 추가 정보를 제시하고 있다.
⑤ 발표 내용에 대한 청중의 이해도를 확인하며 마무리하고 있다.

36. 다음은 위 발표에 반영된 매체 자료 활용 계획이다. 발표를 참고할 때 A, B에 들어가기에 가장 적절한 것은? [3점]

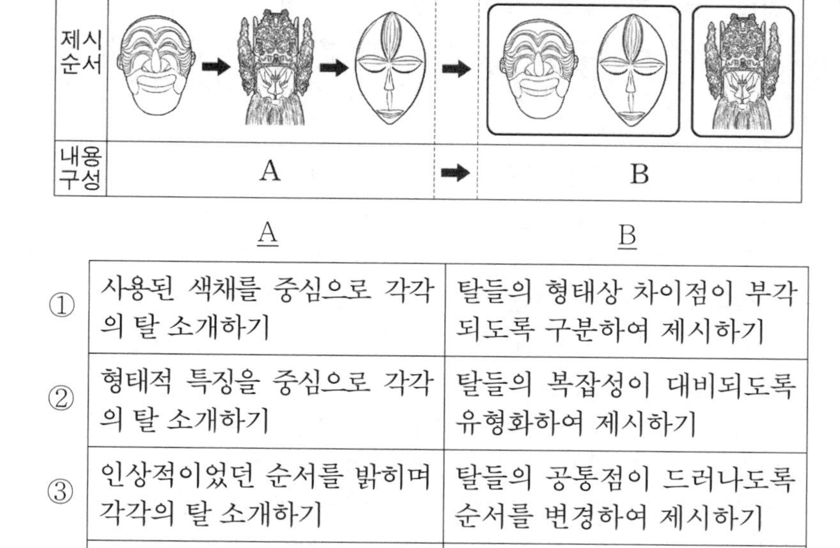

	A	B
①	사용된 색채를 중심으로 각각의 탈 소개하기	탈들의 형태상 차이점이 부각되도록 구분하여 제시하기
②	형태적 특징을 중심으로 각각의 탈 소개하기	탈들의 복잡성이 대비되도록 유형화하여 제시하기
③	인상적이었던 순서를 밝히며 각각의 탈 소개하기	탈들의 공통점이 드러나도록 순서를 변경하여 제시하기
④	지리적으로 인접한 순서를 밝히며 각각의 탈 소개하기	탈들의 관이 가진 장식성이 대비되도록 제시하기
⑤	표현된 선의 유사성을 중심으로 각각의 탈 소개하기	탈들의 선의 형태에 따른 분류 기준이 드러나도록 제시하기

37. <보기>는 위 발표를 들으며 떠올린 생각들이다. <보기>의 듣기 활동을 이해한 내용으로 적절하지 않은 것은?

<보 기>

- 저 탈이 하회탈인 줄 알았는데, 하회탈의 한 종류였구나. 양반탈 말고 다른 하회탈도 설명해 주겠지?
- 나도 관우 탈을 박물관에서 봤을 때에 정말 화려하다고 생각했었어.
- 발표자가 말한 대로 '탈의 용도에 따른 모양'에 대해 조사해보면 좋을 것 같아.

① 발표 내용을 예측하며 능동적인 태도로 듣고 있다.
② 발표를 들으며 갖게 된 의문을 해결하며 듣고 있다.
③ 발표자가 제안한 탐구 주제를 긍정적으로 수용하며 듣고 있다.
④ 발표 내용과 관련된 경험을 떠올리며 발표자의 설명에 공감하며 듣고 있다.
⑤ 발표를 통해 알게 된 새로운 정보를 활용하여 기존 지식을 수정하며 듣고 있다.

[38~42] (가)는 지역 신문에 실린 기사문이고, (나)는 (가)의 보도 이후에 지역 사회에서 개최된 협상이다. 물음에 답하시오.

(가)

'전통 한옥의 멋' 솔빛 마을이 달라진다

솔빛 마을, 시청과 한옥 관광지 조성에 합의

시청 측과 솔빛 마을 주민 측은 △월 △일 시청에서 회동해, 지역 경제 활성화와 전통 한옥의 가치 전파를 위한 한옥 관광지 조성 사업을 연내 추진하는 데 큰 틀에서 합의했다.

시청 측은 솔빛 마을의 한옥이 타 지역 한옥에 비해 규모가 크고 보존 상태가 양호해 사업 경쟁력이 충분할 것이라고 말했다. 또한 전통 문화 체험 프로그램 운영, 둘레 길 조성, 마을 진입로 정비 등을 추진할 계획이라고 밝혔다.

주민 측도 사업이 마을 발전과 한옥의 가치 전파에 기여할 것이라고 말했다. 다만 한옥 관광지로 조성된 인근 ○○ 마을에서 발생한 과잉 관광 현상이 솔빛 마을에서 되풀이되지는 않을지 걱정했다.

지역 연구소 자료에 의하면 2010년 이래 ○○ 마을의 마을 소득과 관광객 수는 각각 연평균 약 5%, 7%씩 증가했다. ㉠ <u>그러나 관광객 수가 마을이 감당할 수 있는 방문 인원의 최대치인 관광 수용력을 초과했다. 이로 인해 주민들은 각종 문제에 봉착했고, 그에 따라 올해 4월 기준 ○○ 마을의 토착 거주 인구는 8년 전 대비 12% 감소했다.</u>

주민 측은 ○○ 마을을 타산지석으로 삼아 예상되는 문제를 최소화할 방안을 마련해 이를 시청 측과 논의할 것이라고 말했다. 양측은 세부적인 사업 추진 계획을 협의하기 위해 이달 내 추가 협상을 진행한다.

(나)

시청 측 : 지난 협상 후 기사를 통해 여러분의 입장을 확인했습니다. 성공적인 사업 진행을 위해 주민들의 적극적인 협조가 필요합니다. 우선 주민들의 한옥을 관광객들에게 개방해 주시기 바랍니다. ⓐ <u>관광객에게 한옥 내부를 직접 관람하는 기회를 제공하면 관광객의 만족도를 높일 수 있지 않겠습니까?</u>

주민 측 : 저희도 사업이 성공적으로 진행되기 위해 노력할 것입니다. 그러나 한옥 내부를 개방하면 주민들의 사생활이 침해받아 삶의 질이 저하될 것입니다. 결국 ○○ 마을처럼 오랫동안 거주했던 주민들이 떠난 자리가 관광업에 종사하는 외지인들로 채워져, 전통 마을로서의 모습도 퇴색될 것입니다. [A]

시청 측 : 이해합니다. 저희도 모든 한옥을 개방해 달라는 것은 아닙니다. 희망하는 주민들에 한하여 한옥을 개방하되 가능하면 많이 동참해 주십사 하는 것입니다. 개방을 허락하실 경우에도 예약한 관광객에게만 관람을 허용하고, 한옥 관광 도우미가 동행하여 미개방 영역이 침해되지 않도록 관리하겠습니다. 그렇게 하면 여러분이 우려하시는 바는 발생하지 않을 것입니다.

주민 측 : 한옥 내부 관람을 않고 골목길 관람만 한다 해도 많은 관광객이 한곳에 몰리면 현재의 마을 여건상 개방 여부와 상관없이 주민들의 삶이 침해될 것입니다. 많은 관광객이 다닐 만큼 길이 넓지도 않고요. 결국 지역 주민의 삶의 질과 관광객의 여행 경험의 질이 동시에 악화될 것입니다. [B]

시청 측 : 한옥 내부 관람 인원은 매일 일정 수 이하로 제한하고, 단체 관광은 마을 관광 에티켓 교육을 이수한 경우에만 실시하도록 하겠습니다. 또한 실시간 정보 안내판을 설치하여 관광객의 동선이 분산되도록 유도하겠습니다. ⓑ <u>이 방법으로 특정 장소에 관광객이 몰리는 것을 방지할 수 있지 않겠습니까?</u>

주민 측 : 그 정도 계획은 마을의 여건을 고려할 때 받아들일 수 있는 현실적인 방안이라 봅니다. 그러면 한옥 개방 시간은 오후 5시까지로 제한해 주십시오. 또한 한옥 관광 도우미로 지역 어르신들을 우선 채용해 주십시오. [C]

시청 측 : 지역민 일자리 창출이라는 측면에서 채용 건은 수용할 수 있습니다. 대신 개방 시간은 늘려 주시길 바랍니다. 야간 개방에 대한 관광객들의 호응이 클 것이므로 관광 산업이 활성화될 것입니다. ⓒ <u>그러면 주민들의 소득도 증대되지 않을까요?</u>

주민 측 : 개방 시간을 연장하면 주민들의 피로도가 높아질 것입니다. 그것을 상쇄할 만한 대가를 얻는다면 주민들이 연장에 찬성하겠지만, 실질적으로 개방 시간 연장의 이득은 관광 산업에 종사하는 일부에게만 돌아갈 것입니다. 야간 개방으로 주민들의 불만이 커지면 시청 측도 부담이 되지 않겠습니까? [D]

시청 측 : 그러면 야간은 아니더라도 오후 7시까지 개방은 고려해주십시오. 그 후는 주민들의 생활을 배려하여 관광객들의 방문을 엄격히 제한하겠습니다.

주민 측 : 그렇게 하신다면 그 점은 주민들과 다시 상의해 보겠습니다. 대신 관광 산업 발전으로 증대된 세수는 반드시 주민 생활 복지 개선에 사용해 주십시오. 노인 회관 시설 개·보수와 주민 문화 시설 마련에 중점적으로 활용해 주신다면 개방 시간과 관련해 주민들의 동의를 얻을 수 있을 것입니다. [E]

38. 다음은 기자가 (가)를 작성하기 전 취재 계획을 메모한 것이다. (가)에 반영되지 <u>않은</u> 것은?

[기사 내용] 솔빛 마을 한옥 관광지 조성 사업
[조사 방법] 관계자 취재, 관련 기업 문헌 자료 수집

<시청 측과 주민 측 협상 취재>
· 사업 추진 목적 및 양측 협의 사항

<시청 측과의 인터뷰>
· 사업 경쟁력에 대한 판단 …………… ①
· 사업 추진 계획 …………… ②

<솔빛 마을 주민 측과의 인터뷰>
· 사업 추진에 따른 기대 및 우려 사항 …………… ③

<지역 연구소 자료 수집>
· ○○마을 한옥 관광지 사업 관련 통계 …………… ④
· 관광지 운영에 따른 피해 경감 사례 …………… ⑤

[해설편 p.068]

39. <보기>는 ㉠의 초안이다. <보기>를 ㉠과 같이 수정한 이유로 가장 적절한 것은?

<보 기>

그러나 관광객 수가 마을의 관광 수용력을 초과했다. 이로 인해 주민들은 각종 문제에 봉착했고, 그에 따라 올해 4월 기준 ○○ 마을 토착 거주 인구는 8년 전 대비 12% 감소했다.

① 독자의 관심도를 고려하여 인과 관계에 따라 정보를 배열하기 위해
② 독자의 이해도를 고려하여 주요 개념에 대한 정보를 추가하기 위해
③ 글의 통일성을 고려하여 주제와 관련이 없는 정보를 삭제하기 위해
④ 글의 응집성을 고려하여 맥락에 적합하지 않은 담화 표지를 수정하기 위해
⑤ 글의 가독성을 고려하여 긴 문장을 두 문장으로 나누어 간결하게 표현하기 위해

신출제
40. <보기>는 협상 전략에 대한 설명이다. (나)의 협상 내용을 고려할 때, (나)에 사용된 협상 전략으로 가장 적절한 것은?

<보 기>

협상 전문가들은 협상가들이 개별적으로 사용할 수 있는 여러 가지 방법에 대하여, 대체로 '자신의 이익에 대한 관심'과 '상대의 이익에 대한 관심'이라는 양쪽 측면을 고려하는 기본 틀을 바탕으로 설명한다.

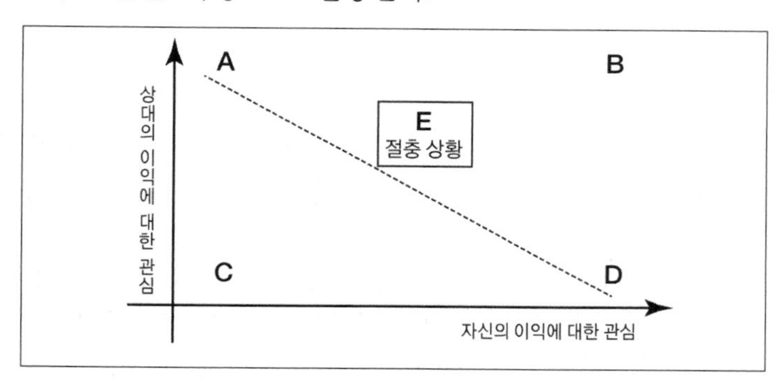

A. 자신의 이익보다 상대의 이익을 먼저 배려하는 '양보 전략'
B. 양자의 이익을 모두 극대화할 수 있는 '윈(WIN)－윈(WIN) 문제 해결 전략'
C. 양자의 이익 모두에 무관심한 '회피 전략'
D. 자신의 이익을 극대화하기 위해 수단과 방법을 가리지 않는 '투쟁 전략'
E. 자신의 이익을 취하고 상대의 이익도 적당히 배려하는 '타협 전략'

① A ② B ③ C ④ D ⑤ E

41. 다음은 솔빛 마을 주민 측에서 협상을 준비하는 과정에서 작성한 협상 계획서의 일부이다. 다음을 참고하여 [A] ~ [E]를 이해한 내용으로 적절하지 <u>않은</u> 것은?

논의할 내용	세부 내용	대응 전략
⋮	⋮	⋮
과잉 관광 문제 – 관광 수용력을 중심으로	개인 생활 침해, 공동체 구성원의 이탈과 같은 상황에 대처하지 못할 우려 ········· ㉮	
	관광객이 기대하는 관광 경험의 질적 수준을 유지하지 못할 우려 ··················· ㉯	
	동시에 방문할 수 있는 관광객 규모를 넘을 우려 ·· ㉰	
지역민을 위한 현안	일자리 창출 ·· ㉱	
	생활 복지 개선 ······································ ㉲	
⋮	⋮	⋮

① [A]에서는 ㉮와 관련된 문제 상황을 언급하며 상대측의 요구에 대한 입장을 제시하고 있다.
② [B]에서는 ㉯와 관련된 문제의식을 드러내며 상대측 의견에 대해 부정적으로 전망하고 있다.
③ [C]에서는 ㉰와 관련된 상대측 계획에 대한 수용 가능성을 언급하면서 추가적인 요구 사항을 제시하고 있다.
④ [D]에서는 ㉱에 대한 입장을 드러내면서 상대측에 그에 대한 대안을 요구하고 있다.
⑤ [E]에서는 ㉲에 대한 필요성을 드러내며 상대측의 요구에 대한 수용 가능성을 언급하고 있다.

42. (나)의 담화 흐름을 고려할 때, ⓐ~ⓒ의 공통점으로 가장 적절한 것은?

① 논의할 대상을 제한하여 상대방에게 선택할 것을 권유하는 발화이다.
② 예상되는 효과를 언급하며 상대방에게 자신의 의도를 전달하는 발화이다.
③ 상대방이 제기할 수 있는 의견을 가정하며 그 의견의 타당성 여부를 묻는 발화이다.
④ 상대방과 공유하고 있는 정보에서 자신이 파악하지 못한 부분에 대하여 설명을 요구하는 발화이다.
⑤ 상대방과 공동으로 기대하는 상황이 발생할 조건을 제시하며 기대가 충족되지 않을 가능성을 부정하는 발화이다.

[43~45] (가)는 학생의 일기이고, (나)는 (가)를 쓴 학생이 친구들과 함께 작성한 글의 초고이다. 물음에 답하시오.

(가)
○월 ○일
환경 동아리 시간에 'PVC가 환경에 끼치는 영향'을 주제로 특강을 들었다. 특강을 통해 PVC가 플라스틱의 일종이라는 것과 정말 많은 물건이 PVC 재질로 만들어져 있다는 것을 알게 되었다. 심지어 나뿐만 아니라 많은 학생들이 가지고 있는 필통에도 PVC가 사용되었다고 한다. 그런데 그 PVC가 환경 문제의 원인이 된다고 한다. 내가 환경을 오염시키고 있었다니!

나 때문에 환경이 오염되면 안 된다는 생각이 문득 들었다. 그래서 동아리 친구들과 이야기를 나눠 보니 친구들도 나와 같은 생각을 하고 있었다. 환경 오염을 조금이라도 줄이기 위해 무엇인가 해야겠다는 생각에 친구들과 함께 의논을 했다.

(나)
안녕하세요? 저희는 □□ 고등학교 환경 동아리 학생들입니다. 저희가 이렇게 글을 쓰게 된 이유는 귀사에서 제조하는 필통에 대해 건의하기 위해서입니다.
저희 학교 학생들은 평소 귀사에서 만든 학용품을 자주 구입합니다. 그런데 ㉠ 귀사의 필통이 몸체는 PVC 재질이고, 지퍼는 철이어서 문제가 있음을 알게 되었습니다.
저희는 귀사가 필통의 재질을 개선하는 것이 옳다고 생각합니다. ㉡ 귀사뿐 아니라 여러 회사에서 학용품에 PVC 재질의 플라스틱을 사용하는 경우가 많아, 환경을 오염시킬 수 있기 때문입니다. 그렇지 않아도 ㉢ 우리나라 국민들의 플라스틱 사용량은 세계적으로 많고 그 증가율도 매우 높다고 합니다. 플라스틱을 완전히 사용하지 않을 수는 없겠으나, ㉣ 환경에 끼치는 영향 등을 고려한다면 PVC 사용이라도 줄여 가야 할 것입니다. 그러므로 ㉤ 귀사에서도 필통의 재질을 다른 것으로 바꾸어 주시기를 부탁드립니다.
끝까지 읽어 주셔서 감사합니다.

43. 작문 맥락을 고려할 때, (가)와 (나)에 대한 설명으로 적절하지 않은 것은?

① (가)의 글쓴이와 같은 생각을 하는 사람들이 (나)의 글쓰기 과정에 참여하고 있다.
② (가)에서 언급한 개인의 경험이 동기가 되어 (나)의 사회적 문제 해결의 글쓰기를 이끌어 내고 있다.
③ (가)는 (나)와 달리 예상 독자의 관심사에 대한 분석이 글쓰기에 중요하게 작용하고 있다.
④ (나)는 (가)와 달리 글쓴이의 주장과 그에 대한 논거가 제시되고 있다.
⑤ (가)는 (나)에 비해 글쓴이의 체험을 기록하고 이를 통해 일상을 반성하려는 성격이 두드러진다.

44. <보기>는 (나)에 대한 학생들의 수정 의견이다. <보기>를 참고할 때, (나)에 추가할 내용으로 가장 적절한 것은?

<보 기>

초고에서는 건의 내용을 언급한 후 글을 읽어 준 것에 감사하는 끝인사로 마무리했잖아. 그런데 글의 설득력을 높이려면 건의 내용을 언급한 후에 건의가 받아들여졌을 때 소비자와 기업 양쪽이 얻게 될 이익을 직접적으로 표현하면 좋겠어.

① 재질을 개선한다면 소비자는 질 좋은 PVC 제품을 구매할 기회를 얻게 되고, 귀사는 제품의 재질을 개선하기 전보다 높은 수익을 얻을 수 있을 것입니다.
② 재질을 개선한다면 소비자는 귀사의 제품을 선택함으로써 자원 재활용에 동참하게 되는 것이며, 그렇게 되면 우리나라의 플라스틱 사용량이 줄어들 것입니다.
③ 재질을 개선한다면 귀사처럼 환경 보호에 동참하는 기업이 늘어나게 됨으로써 소비자는 환경을 오염시키지 않으면서 다양한 제품을 선택할 수 있을 것입니다.
④ 재질을 개선한다면 소비자는 제품을 구입하면서 환경 오염에 대한 부담을 덜 수 있을 것이며, 개선하지 않는다면 귀사에 환경 오염에 대한 부담이 돌아올 것입니다.
⑤ 재질을 개선한다면 소비자는 귀사 제품을 구매하며 환경 보호를 실천했다는 만족감을 얻을 것이고, 귀사는 친환경 기업이라는 신뢰감을 고객에게 주게 되어 매출이 증가할 것입니다.

45. 다음은 (나)를 작성한 후 추가로 수집한 자료이다. 자료를 활용하여 (나)의 ㉠~㉤을 수정·보완하고자 할 때 적절하지 않은 것은? [3점]

㉮ **논문 자료**
플라스틱은 가공성이 우수하고 저렴하지만 재활용하지 않고 폐기하는 경우에 분해가 되지 않아 환경 오염을 일으킨다. 플라스틱은 성분에 따라 PVC, PP, PET 등으로 나뉘는데, 염화 비닐이 주성분인 PVC는 질기고 깨지지 않아 투명 지퍼백, 필통 등에 쓰인다. PVC를 부드럽게 하기 위해 첨가하는 프탈레이트는 인체에 유해할 수 있다. 이에 비해 식품 용기, 학용품 등에 사용되는 PP나 음료 병 등에 주로 사용되는 PET는 프탈레이트가 첨가되지 않는다.

㉯ **통계 자료**
〈1인당 연간 플라스틱 사용량(kg) 세계 1위~6위 국가〉
사용량(kg)
170
150
130
110
90
70
2009 2010 2011 2012 2013 2014 2015
연도
벨기에 대만 한국 이스라엘 미국 체코

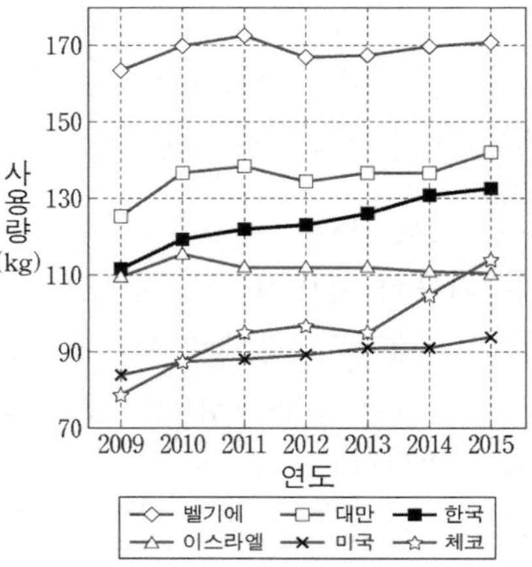

㉰ **보고서 자료**
〈재질에 따른 재활용 정도〉

재질		재활용 정도	
		용이함	어려움
플라스틱	PVC		○
	PP	○	
	무색 PET	○	
	유색 PET		○
철		○	

① ㉠ : ㉰를 참고하여 문제점을 구체적으로 드러내려면 필통의 지퍼는 재활용이 용이한 재질이지만 몸체는 재활용이 어려운 재질인 것이 문제라고 수정해야겠군.
② ㉡ : ㉮를 활용하여 상대방의 입장을 이해함을 드러내려면 PVC로 필통을 만드는 이유가 가격과 가공성 면에서 유리하며 질기기 때문일 것이라는 내용을 추가해야겠군.
③ ㉢ : ㉯를 활용하여 정보를 정확하게 제시하려면 우리나라의 1인당 연간 플라스틱 사용량은 2009~2015년 기간 중 세계 3위에 해당할 만큼 많고 그 증가율도 가장 높았다고 수정해야겠군.
④ ㉣ : ㉮와 ㉰를 참고하여 문제의 심각성을 드러내려면 PVC는 재활용이 어려워 환경에 부정적인 영향을 끼칠 뿐 아니라, 제조 공정에서 첨가되는 물질이 인체에 해로울 수 있다는 내용을 추가해야겠군.
⑤ ㉤ : ㉮와 ㉰를 참고하여 건의 내용을 구체적으로 제시하려면 필통의 재질을 플라스틱으로 유지할 경우에 재활용이 용이하고 프탈레이트가 첨가되지 않는 PP로 바꾸어 달라고 수정해야겠군.

[해설편 p.069]

08회 ● 수능 실전 모의고사 ● 국어영역(화법과 작문)

● 문항수 11개 | 배점 24점 | 제한 시간 20분

● 점수 표시가 없는 문항은 모두 2점

[35~37] 다음은 강연이다. 물음에 답하시오.

안녕하세요. 야생조류보호협회의 ○○○입니다.

여러분, 혹시 걷다가 유리문에 부딪친 적 있나요? (대답을 듣고) 네, 몇몇 학생들이 경험했군요. 꽤 아팠죠? 그런데 사람보다 훨씬 빠른 야생 조류가 유리창에 부딪치면 어떻게 될까요? □□연구소에서 발간한 안내서에 따르면 유리창 충돌이 야생 조류가 사고로 죽는 원인 중 2위에 해당한다고 합니다.

야생 조류는 왜 유리창에 잘 부딪치는 걸까요? (㉠ 자료 제시) 보시는 것처럼 사람은 양쪽 눈의 시야가 겹치는 범위가 넓어서 전방에 있는 사물을 잘 인식하지만, 대부분의 야생 조류는 눈이 머리 측면에 있어서 양쪽 눈의 시야가 겹치는 범위가 좁습니다. 이 때문에 전방 인지 능력이 떨어지므로 유리창을 인식하지 못해서 부딪치는 경우가 많은 거죠.

그렇다면, 야생 조류가 유리창에 부딪치지 않도록 도울 방법이 없을까요? □□연구소의 안내서에는 그물망 설치나 줄 늘어뜨리기 등의 방법이 소개돼 있습니다. 그중 자외선 반사 테이프를 붙이는 것은 건물의 미관을 해치지 않으면서도 효과를 볼 수 있는 방법입니다. 사람은 자외선을 볼 수 없다고 과학 시간에 배웠죠? (대답을 듣고) 다들 잘 알고 있군요. (㉡ 자료 제시) 보시는 것처럼 대부분의 야생 조류는 사람과 달리 우리가 보는 색뿐만 아니라 자외선도 볼 수 있습니다. 이를 이용한 것이 바로 자외선 반사 테이프입니다. 이 테이프를 유리창에 붙이면 야생 조류가 테이프에서 반사된 자외선을 보고 그곳에 장애물이 있다고 인식할 수 있지요. 그러면 얼마나 효과가 있을까요? 테이프 부착 전후를 비교한 결과, (㉢ 자료 제시) 보시는 것처럼 부착 후 야생 조류의 유리창 충돌이 크게 줄었습니다.

야생 조류의 유리창 충돌 사고는 우리 주변에서 계속 일어나고 있습니다. 여러분의 작은 관심이 야생 조류의 유리창 충돌을 줄이는 데 큰 힘이 됩니다. 제가 안내한 방법 중에는 여러분이 집에서 활용할 수 있는 것도 있으니 가능한 방법을 찾아 실천해 보세요. 이상으로 강연을 마치겠습니다.

35. 위 강연에 대한 설명으로 가장 적절한 것은?

① 강연에서 제시된 용어를 정의하여 청중의 이해를 돕고 있다.
② 청중의 응답을 이끌어 내고 반응을 확인하여 청중과 상호 작용하고 있다.
③ 청중의 배경지식이 잘못되었음을 지적하여 청중의 주의를 환기하고 있다.
④ 강연의 앞부분에서 강연 내용의 순서를 제시하여 청중들이 내용을 예측하며 듣게 하고 있다.
⑤ 강연 내용의 이해 정도를 확인하는 질문을 하면서 강연을 마무리하여 청중에게 강연 주제를 강조하고 있다.

36. 다음은 학생이 강연을 들으며 떠올린 생각들이다. 이를 바탕으로 학생의 듣기 활동을 이해한 내용으로 적절하지 <u>않은</u> 것은?

○ 며칠 전 우리 집 유리창에도 비둘기가 부딪쳐서 놀랐어.
○ 비둘기도 야생 조류에 해당할까?
○ 자외선 반사 테이프는 정말 좋은 방법인 것 같아. 우리 집에도 부착하면 새가 부딪치지 않겠지.
○ 야생 조류가 부딪치지 않게 유리창에 그물망을 설치하는 것은 나도 할 수 있을 것 같아.

① 강연 내용과 관련된 자신의 과거 경험을 떠올리며 들었다.
② 강연자가 설득의 근거로 제시한 내용에 의문을 제기하며 들었다.
③ 강연을 통해 알게 된 정보에 대해 긍정적으로 평가하며 들었다.
④ 강연자가 제시한 방법이 실제로 효과가 있을 것이라고 생각하며 들었다.
⑤ 강연자의 제안에 따라 자신이 실천할 수 있는 방법을 생각하며 들었다.

37. <보기>는 강연에서 강연자가 제시한 자료이다. 강연자의 자료 활용에 대한 설명으로 가장 적절한 것은? [3점]

<보 기>

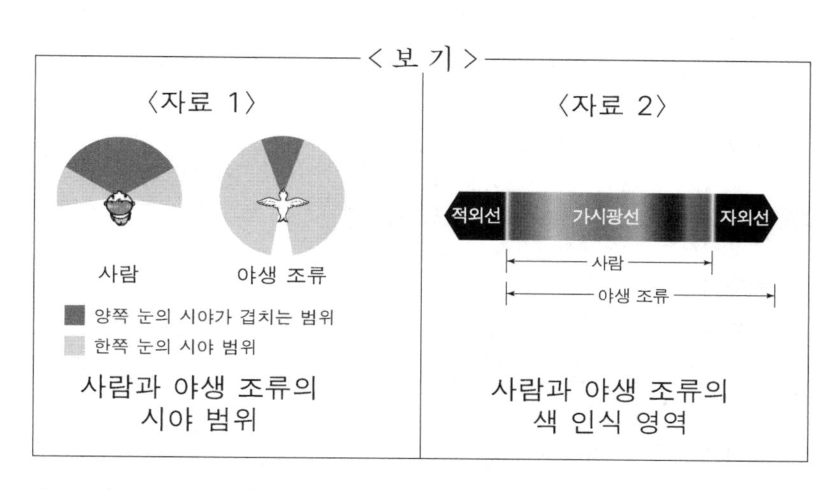

① <자료 1>은 야생 조류의 유리창 충돌로 인한 피해 현황을 보여 주기 위해 ㉠에서 활용하였다.
② <자료 1>은 사람과 야생 조류의 시야 범위가 다름을 설명하기 위해 ㉡에서 활용하였다.
③ <자료 1>은 자외선 반사 테이프의 부착 효과를 보여 주기 위해 ㉢에서 활용하였다.
④ <자료 2>는 야생 조류가 유리창에 충돌하는 원인을 설명하기 위해 ㉠에서 활용하였다.
⑤ <자료 2>는 야생 조류가 자외선 반사 테이프를 장애물로 인식할 수 있음을 설명하기 위해 ㉡에서 활용하였다.

[38~41] (가)는 모둠 과제를 수행하기 위한 학생들의 토의이고, (나)는 이를 바탕으로 작성한 글의 초고이다. 물음에 답하시오.

[모둠 과제 안내장]
- 과제 : 다른 지역의 학생들에게 우리 도시를 소개하는 글쓰기.
- 조건 : 우리 도시의 특색 있는 장소나 행사를 포함할 것.

(가)

학생 1 : 자, 어떤 내용으로 글을 쓸지 논의해 보자. 나는 분식으로 유명한 맛나거리에 대해 쓰고 싶은데, 어때?
학생 2 : 요즘 음식으로 유명한 △△거리, □□길처럼 비슷한 장소가 다른 지역에도 많잖아.
학생 3 : 그럼 맛나거리 대신에 반딧불이 축제를 소개하자. 우리 도시가 청정하다는 점을 드러낼 수 있잖아.
학생 1 : 그게 좋겠다. 반딧불이 축제에 대해 조사해 올게.
학생 2 : 응, 알겠어. 그리고 사랑미술관도 소개하자. 거기서 운영하는 유화 그리기 수업이 우리 도시에서만 하는 거라 특색 있어 보이던데. [A]
학생 1 : 그 수업은 어른들만을 대상으로 하는 거잖아.
학생 3 : 사랑미술관의 다른 활동 중에 학생들을 대상으로 하는 게 있는지 더 찾아봐야 할 것 같아.
학생 2 : 알겠어. 그러면 방금 이야기한 점을 고려해서 사랑미술관에 대해 조사해 올게.
학생 3 : 우리 도시의 특색 중에 전통이 드러나는 산할머니 제당과 거기서 열리는 문화제도 소개하자.
학생 1 : 좋은 생각이야. 그 내용에 산할머니 전설과 사랑시 명칭의 유래도 추가하는 건 어떨까?
학생 3 : 알겠어. 그 내용도 조사해 올게.
학생 2 : 참, 바람맞이 언덕이 사진 찍기에 좋다던데. 우리 도시의 특색은 아니지만 제당 근처니까 바람맞이 언덕도 소개하자. [B]
학생 3 : 그리고 제당에서 언덕까지 찾아가는 길도 안내하면 좋겠어.
학생 1, 2 : 좋아.
학생 3 : 혹시 더 논의할 사항이 있어?
학생 2 : ㉠ <u>수집한 내용들을 나열해서 쓰기만 하면 평범한 글이 될 것 같은데, 어떻게 하면 인상적인 글을 쓸 수 있을까?</u>
학생 1 : ㉡ <u>독자들이 찾아가기 쉽도록 이동 경로가 드러나게 글을 조직하는 건 어때?</u>
학생 3 : 좋은 생각이야. 그리고 우리 도시를 상징하는 반딧불이 그림에 말풍선을 달고 거기에 문구를 넣자. 사랑시의 전통, 자연, 예술 분야의 특색을 모두 드러내고, 사랑시를 방문하면 얻을 수 있는 좋은 점도 문구에 포함하면 좋겠어.
학생 1 : 그럼 문구는 어떻게 표현하는 게 좋을까?
학생 2 : 대조의 표현 방식을 사용하는 건 어때?
학생 1, 3 : 응, 좋아.
학생 1 : 그럼 다음 주에는 함께 글을 써 보자.

(나)

사랑시의 이야기는 사랑시 터미널에서 버스로 20분 거리에 위치한 '산할머니 제당'에서 시작한다. 이 제당은 사랑시의 전통적 특색을 드러내는 곳으로 사랑시 명칭의 유래와도 관련된 곳이다. 전설에 따르면, 하늘에서 내려온 여인이 아들 네 쌍둥이를 낳았는데, 그 네 아들[四郞(사랑)]은 평생 효를 다해 어머니를 모셨고, 훗날 그 여인은 하늘로 올라가 마을을 지켜 주는 산할머니신이 되었다고 한다. 그래서 예부터 우리 도시는 효를 으뜸으로 여기며, 산할머니신을 섬기는 전통을 이어받아 이곳에서 해마다 문화제를 열고 있다. 제당 뒤편으로 난 길을 따라가다 정자를 지나 5분 정도 더 올라가면 '바람맞이 언덕'에 도착한다. 언덕 중앙에는 사랑시에서 가장 오래된 은행나무가 있다. 노을이 질 무렵 바람맞이 언덕과 어우러진 풍경이 아름다워 사람들이 사진을 찍기 위해 많이 찾고 있다. [C]

바람맞이 언덕에서 오른편으로 난 길을 따라 20여 분 걷다 보면 '사랑미술관'이 나온다. 이곳은 우리 도시로 이주한 예술가들이 사랑시 사람들의 일상적인 모습과 청정한 자연의 모습을 담은 작품들을 전시하고 있다. 특히 화가들이 학생들을 대상으로 직접 자신들의 작품을 해설해 주고 있어 관심을 끌고 있다.

사랑미술관에서 10분 정도 걸으면 숲이 우거진 공간이 나오는데, 이곳에서는 매년 여름에 '반딧불이 축제'가 열린다. 반딧불이 축제에서는 깨끗한 환경에서만 사는 반딧불이를 직접 보며 아름다운 반딧불을 즐길 수 있다. 여름날 사랑미술관에 들렀다가, 해가 지면 반딧불이 축제장에 가 보는 것도 좋다.

바쁜 학교생활로 인한 긴장을 풀고 즐거운 추억을 쌓을 수 있는 곳이 필요하다면 맑고 깨끗한 자연 환경이 돋보이는 도시, 전통과 예술이 공존하는 도시인 사랑시의 이야기를 따라 길을 떠나 보자.

38. [A]에 대한 이해로 적절하지 <u>않은</u> 것은?

① '학생 2'가 △△거리, □□길을 언급한 것은 맛나거리가 사랑시만의 특색이 드러나는 곳이 아니라는 판단에 따른 것이군.
② '학생 3'이 반딧불이 축제를 소개하자고 한 것은 '학생 2'의 발언을 고려하여 대안을 제시한 것이군.
③ '학생 2'가 사랑미술관을 소개하자고 한 것은 모둠 과제 안내장에 제시된 조건을 고려하여 제안한 것이군.
④ '학생 1'이 유화 그리기 수업에 대해 언급한 것은 독자가 학생이라는 점을 고려해야 한다는 판단에 따른 것이군.
⑤ '학생 3'이 사랑미술관의 다른 활동을 언급한 것은 '학생 1'이 제시한 대안의 적절성을 판단하여 평가한 것이군.

[해설편 p.071]

39. ㉠, ㉡에 대한 설명으로 가장 적절한 것은?

① ㉠은 우려되는 문제 상황을 들어 논의가 필요한 사항을 제시하고 있다.
② ㉡은 상대가 제시한 의견의 문제를 지적하며 상대에게 해결 방법을 제안하고 있다.
③ ㉠은 ㉡과 달리 물음의 형식을 활용하여 자신의 의견에 대한 상대의 동의를 구하고 있다.
④ ㉡은 ㉠과 달리 상대에게 되묻는 방식으로 상대의 질문 내용에 대한 자신의 이해가 정확한지를 확인하고 있다.
⑤ ㉠과 ㉡은 모두 자신이 처한 상황을 설명하며 상대의 조언을 요청하고 있다.

40. [B]를 바탕으로 [C]를 작성했다고 할 때, [C]에 반영된 내용으로 가장 적절한 것은?

① 산할머니 제당과 문화제를 소개하자는 의견을 반영하여, 제당과 문화제에서 열리는 다양한 행사를 안내한다.
② 산할머니 전설을 추가하자는 의견을 반영하되, 산할머니의 일화가 담긴 은행나무도 함께 소개한다.
③ 사랑시 명칭의 유래를 추가하자는 의견을 반영하되, 사랑시의 명칭이 변화되어 온 과정도 설명한다.
④ 사랑시의 전통을 보여 주는 바람맞이 언덕을 소개하자는 의견을 반영하여, 해마다 문화제가 열리는 이유를 설명한다.
⑤ 제당에서 바람맞이 언덕으로 찾아가는 길을 안내하자는 의견을 반영하여, 정자를 거쳐서 가는 경로를 소개한다.

41. (가)와 (나)를 바탕으로 할 때, ⓐ에 들어갈 내용으로 가장 적절한 것은?

① 효의 고장, 사랑시로 오시겠어요? 바람맞이 언덕에서 별빛처럼 피어나는 반딧불을 보면 텅 빈 가슴이 빛으로 가득 찰 거예요.
② 산할머니 전설이 남아 있는 사랑시에는 효의 전통과 함께 맑고 깨끗한 자연 풍경이 있어요. 아름다운 예술이 가득한 사랑시로 오세요.
③ 사랑시의 맑고 깨끗한 자연을 담은 그림을 감상하면서 화가의 해설을 들어 보세요. 효의 전통을 느낄 수 있는 산할머니 전설이 가족의 소중함을 깨닫게 해 줍니다.
④ 효의 정신이 담긴 산할머니 전설과 화가들의 작품 이야기가 있는 청정한 사랑시로 오세요. 어두운 여름밤을 수놓는 밝은 반딧불을 보면 여러분들 마음속에 여유가 생길 거예요.
⑤ 사랑스러운 반딧불이와 오순도순 함께 떠나는 사랑시 여행. 눈은 시원하게 마음은 따뜻하게, 사랑시의 평범한 사람들의 일상이 오롯이 담긴 미술 작품을 천천히 둘러보십시오.

[42~45] 다음을 읽고 물음에 답하시오.

[초고 작성을 위한 학생의 메모]

○ **글의 목적** : 사극을 어떻게 바라볼 것인가에 대한 나의 생각을 밝히려고 함.

○ **글을 쓰기 위해 떠올린 생각**
- 학생들 사이에 사극에 대한 논란이 있음. ……… ㉠
- 사극의 본질은 주제 의식에 있음. ……………… ㉡
- 시청자들이 사극에 흥미를 갖는 원인 ………… ㉢
- 사극은 실제 역사에 대한 관심을 유도함. ……… ㉣
- 역사적 사실의 반영 정도에 따른 사극의 유형 …. ㉤

[글의 초고]

드라마 '○○'이 인기를 끌면서 사극에 대해 학생들 사이에 논란이 일고 있다. 실제 역사와는 다르지만 재미있었다는 반응과 아무리 드라마이지만 수업에서 배운 내용과 너무 달라서 보기에 불편했다는 반응도 있었다. 이러한 반응을 지켜보면서 사극의 본질과 역할에 대해 다시 생각해 보게 되었다.

[A] 사극은 역사적 사건이나 인물을 소재로 다양한 상상력을 발휘하여 만든 허구적 창작물이다. 따라서 사극의 본질은 상상력을 바탕으로 만들어진 이야기를 통해 구현되는 주제 의식에 있다. 사극에서는 허구를 통해 가치 있는 의미를 담고 그것이 얼마나 시청자의 공감을 살 수 있느냐가 중요한 것이지, 역사적 사실과 얼마나 부합하느냐는 중요하지 않다.

사극에서는 실존 인물에 새로운 성격을 부여하거나, 실재하지 않았던 인물을 등장시켜 극적 긴장감을 더욱 높인다. 이러한 점은 시청자들이 사극에 공감하고 재미를 느끼게 하는 요인이 되어 실제 역사에 대한 관심을 유도하는 역할을 한다. 그리고 이러한 관심은 역사에 대한 탐색으로 이어져 과거의 지식으로만 존재하던 역사를 현재에서 살아 숨 쉬게 만들 수 있다.

한편 일각에서는 시청자들이 사극에서 다뤄지는 상황을 실제 역사로 오해할 수 있다는 우려를 제기한다. 하지만 다큐멘터리와 달리 사극은 정확한 역사적 지식을 전달하기 위해 제작된 것이 아니다. 또한 사극의 영향력이 크기는 하지만 대부분의 시청자들은 사극의 내용이 실제 역사라고 생각하지 않는다.

우리는 실제 역사 속 인물과 사건을 통해 현재의 삶을 성찰하며 지혜를 얻는다. 한편 사극을 통해서는 감동과 즐거움을 얻는다. 이처럼 실제 역사와 사극은 저마다의 가치를 지니며 우리의 삶을 풍요롭게 만들어 주기에 어느 하나도 포기할 수 없다.

[초고 작성 후 수행한 자기 점검]

○ **점검 내용** : 초고의 마지막 문단은 [ⓐ] 수정해야 글의 목적이 더 잘 드러날 것 같아.

○ **고쳐 쓴 마지막 문단**

사극은 상상력을 바탕으로 실제 역사를 현실로 소환하면서, 끊임없이 과거와의 대화를 시도한다. 이로 인해 시간적 간극에도 불구하고 우리는 사극에서 재창조된 인물에 공감하거나 그들의 삶을 통해 의미 있는 경험을 하게 된다. 이러한 공감과 경험을 온전하게 즐길 수 있으려면 사극을 실제 역사 그 자체의 재현이 아닌 허구적 창작물로 인식해야 한다.

42. ㉠~㉤ 중 '글의 초고'에 반영되지 않은 것은?

① ㉠ ② ㉡ ③ ㉢ ④ ㉣ ⑤ ㉤

43. '고쳐 쓴 마지막 문단'을 고려할 때, ⓐ에 들어갈 내용으로 가장 적절한 것은?

① 사극의 순기능과 역기능을 함께 제시하여 통일성이 약화되므로, 허구적 창작물이 사극의 본질이라는 입장이 부각되도록
② 실제 역사와 사극으로 초점이 분산되어 논지가 흐려지므로, 사극은 상상력을 바탕으로 한 창작물이라는 입장이 부각되도록
③ 실제 역사의 장점을 위주로 제시하여 주장이 분명하게 드러나지 않으므로, 사극이 실제 역사에 긍정적 영향을 미친다는 입장이 강조되도록
④ 실제 역사와 사극의 긍정적 기능을 함께 제시하여 일관성이 부족하므로, 사극의 본질은 실제 역사를 온전히 수용하는 데 있다는 입장이 강조되도록
⑤ 실제 역사 반영이 사극에서 중요함을 제시하여 설득력이 부족하므로, 허구적 창작물로서의 사극이 갖는 효용에 주목해야 한다는 입장이 강조되도록

44. <보기>의 관점에서 [A]에 대해 비판하는 글을 쓰려고 한다. 글에 담길 주장으로 가장 적절한 것은? [3점]

<보 기>

사실로서의 역사와 상상력의 산물로서의 허구라는 두 가지 요소가 사극의 본질이다. 그중 어느 한쪽으로 치우치게 되면 사극은 자신의 정체성에서 멀어지므로 둘 사이의 균형을 유지해야 한다. 이를 위해서는 보편적으로 인정하는 역사적 사실은 유지하고, 역사적 사실들을 연결해 하나의 이야기를 만들어 가는 과정에서 상상력이 발휘되어야 한다.

① 사극은 상상력의 산물로서의 허구를 제외하고 사실로서의 역사를 중심으로 만들어야 한다.
② 사극에서는 상상력을 바탕으로 한 허구를 사실로서의 역사보다 더 가치 있게 바라봐야 한다.
③ 사극에서 상상력은 역사적 사실에 부합하는 범위에서 역사적 사실들 간의 유기성을 부여하는 데 활용해야 한다.
④ 사극에서 시청자의 공감을 유도하는 요인은 허구를 통해서 드러나는 주제 의식이 아니라 사실로서의 역사이다.
⑤ 사극의 본질에 부합하려면 허구적 내용의 재미보다는 역사적 사건과의 유사성에 초점을 맞춰 사극을 제작해야 한다.

신출제
45. <보기>의 ⓐ~ⓕ 중, '글의 초고'를 통해 확인할 수 있는 것끼리 묶은 것은?

<보 기>

글을 쓸 때는 설득 전략과 표현 방식을 활용하여 설득 효과를 높일 수 있다. 논리적 추론을 강조하는 이성적 설득 전략에는 ⓐ 전문가 소견이나 객관적 자료 활용하기, ⓑ 근거를 뒷받침하는 구체적 사례 제시하기, ⓒ 예상 반론을 언급하고 이에 대한 재반박하기 등이 있다. 그리고 주장을 강조하기 위한 표현 방식으로는 ⓓ 이중 부정이나 ⓔ 설의법, ⓕ 비유적 표현 등을 활용할 수 있다.

① ⓐ－ⓓ ② ⓐ－ⓕ ③ ⓑ－ⓔ
④ ⓒ－ⓔ ⑤ ⓒ－ⓕ

* 확인 사항
○ 답안지의 해당란에 필요한 내용을 정확히 기입(표기)했는지 확인하시오.

[해설편 p.071]

● 문항수 11개 | 배점 24점 | 제한 시간 20분

● 점수 표시가 없는 문항은 모두 2점

[35~37] 다음은 학생의 발표이다. 물음에 답하시오.

안녕하세요? 지난 주 진로 시간에 우리 학급은 '디지털 기술의 오늘과 내일'을 주제로 한 강연을 들었는데요, 디지털 기술의 활용을 쉽게 이해하고 진로 선택에도 도움이 되었던 유익한 시간이었습니다. 여러분도 강연을 들어 잘 알고 있듯이 디지털 기술의 활용 범위는 점차 확대되어 가고 있는데요, 그래서 오늘은 문화유산의 디지털 복원에 대해 말씀을 드리겠습니다.

문화유산의 디지털 복원이라는 개념이 생소하게 느껴질 텐데요, 문화유산의 디지털 복원이란 디지털 기술을 활용해 문화유산을 디지털 자료로 변환하여 보존하거나 그것을 가상의 공간에 복원하는 것을 의미합니다.

문화유산의 디지털 복원을 활용하면, 파손 정도가 심해서 사라질 우려가 있는 문화유산을 디지털 자료의 형태로 반영구적으로 보존할 수 있습니다. 또한 현재 훼손이 심각하여 현실의 공간에 복원이 불가능한 문화유산을 가상의 공간에 복원할 수 있습니다.

한편, 문화유산을 직접 접하고 싶은데 거리가 멀어서 그러지 못한 적이 있지요? 문화유산의 디지털 복원을 활용하면, 멀티미디어 기기를 활용하여 간접적이지만 문화유산을 쉽게 접할 수 있습니다. 더 나아가 가상 체험 기술과 결합하여 문화유산을 가상 공간에서 체험할 수 있는 디지털 콘텐츠로도 만들 수 있습니다. 몇 년 전 석굴암을 가상 체험 할 수 있는 디지털 콘텐츠가 큰 인기를 끌었던 것처럼 문화유산을 다양한 디지털 콘텐츠로 만드는 움직임이 활발하게 이루어지고 있습니다. 여러분들도 평소 디지털 콘텐츠 이용에 관심이 많은데, 문화유산을 소재로 한 디지털 콘텐츠에도 관심을 가져 본다면 그 매력을 느낄 수 있을 거예요.

지금까지 말씀드린 것처럼 디지털 기술은 문화유산 복원에 유용하게 활용될 수 있습니다. 디지털 기술에 대한 관심에서 더 나아가 문화유산의 디지털 복원에도 관심을 가져 보는 건 어떨까요? 마침 학교와 가까운 ○○ 박물관에서 '디지털로 복원한 조선 시대 한양 도성 체험전'이 다음 주까지 열린다고 합니다. 눈앞에 생생하게 펼쳐진 한양 도성을 저와 함께 걸어 보지 않겠어요? 이상으로 발표를 마치겠습니다.

35. 위 발표에 대한 설명으로 가장 적절한 것은?

① 디지털 기술과 문화유산의 관계를 비유적으로 설명하며 문화유산 복원에 디지털 기술이 유용함을 강조하고 있다.
② 문화유산의 디지털 복원이 성공한 요인을 제시하며 다양한 학술 분야 간의 연계가 선행되어야 함을 강조하고 있다.
③ 디지털 기술을 활용한 문화유산 복원의 장점을 소개하며 문화유산의 디지털 복원에 대한 관심을 갖도록 권유하고 있다.
④ 문화유산과 관련된 산업의 발전 가능성을 언급하며 디지털 기술의 개발을 위한 재정적 지원이 필요함을 강조하고 있다.
⑤ 문화유산 훼손의 근본 원인을 다각도로 분석하며 문화유산 복원에 학생들이 더 많은 관심을 가져 줄 것을 요청하고 있다.

36. 다음은 위 발표를 위해 사전에 청중을 분석하여 세운 발표 계획이다. 발표 내용에 반영되지 않은 것은?

○ 지역
- 학교 가까운 곳에 박물관이 있으니, 그곳에서 발표 내용과 관련된 체험을 함께 해 보자고 제안해야겠다. ······ ①

○ 사전 지식
- 디지털 기술의 활용에 대해서는 알고 있을 테니, 문화유산 복원을 디지털 기술과 관련지어 설명해야겠다. ······ ②
- 문화유산의 디지털 복원이라는 용어가 낯설 테니, 개념을 설명해야겠다. ······ ③

○ 요구
- 발표 내용이 진로 선택에 도움이 되기를 바라니, 문화유산의 디지털 복원과 관련된 직업을 소개해야겠다. ······ ④

○ 관심사
- 디지털 콘텐츠 이용에 관심이 많으니, 문화유산을 디지털 콘텐츠로 만든 사례를 언급해야겠다. ······ ⑤

37. 다음은 위 발표를 들으며 학생이 떠올린 생각이다. 이를 바탕으로 발표자에게 질문할 내용으로 가장 적절한 것은?

디지털 기술을 활용하더라도 문화유산의 종류에 따라 디지털 복원의 가능 여부가 다를 것 같은데, 이에 대해서는 구체적으로 밝히지 않은 것 같아.

① 발표 내용이 유형 문화유산에만 해당하는 것 같은데요, 한옥을 짓는 기술과 같은 무형 문화유산도 디지털 기술을 활용해 복원할 수 있는 건가요?
② 얼마나 훼손되어야 현실 공간에 문화유산을 복원하는 게 불가능한지 구체적으로 밝히지 않았는데요, 복원 가능 여부를 판단하는 기준은 무엇인가요?
③ 디지털 기술을 활용하면 문화유산을 반영구적으로 보존할 수 있다고 했는데요, 구체적으로 디지털 기술의 어떤 원리로 그것이 가능하다는 건가요?
④ 문화유산의 복원을 과학 기술의 차원에서만 다룬 것 같은데요, 그 외에 제도적 차원에서 문화유산의 복원을 위해 할 수 있는 노력에는 무엇이 있을까요?
⑤ 앞으로 해결해야 할 과제에 대해서는 말씀하지 않았는데요, 만약 개인이 소장한 문화유산을 디지털 콘텐츠로 제작한다면 그 소유권은 누구에게 있는 건가요?

[해설편 p.072]

[38~42] (가)는 학생들이 발명가를 대상으로 한 인터뷰이고, (나)는 이를 참고하여 '학생 1'이 '학습 활동' 과정에서 작성한 설명문의 초고이다. 물음에 답하시오.

(가)

학생 1 : 안녕하세요? 학생 발명가이신 선배님께 궁금한 게 많습니다. 먼저 발명이 무엇인지부터 말씀해 주세요.

발명가 : 네. 발명은 전에 없던 기술이나 물건을 새롭게 생각하여 만들어 내는 것이라고 할 수 있지요.

학생 2 : ㉠ 새롭게 생각하여 전에 없던 기술이나 물건을 만든다는 게 쉽지 않은데요, 선배님의 발명품이 궁금해요.

발명가 : (발명품을 꺼내며) 네, 이걸 보여 드리죠. 설탕, 소금과 같은 양념을 담는 통들이 어디 있는지 찾지 못해 곤란한 때가 많았어요. ㉡ 그래서 통의 뚜껑과 본체를 여러 개로 나눈다는 아이디어를 생각해 냈습니다. 통 하나에 여러 가지 양념을 담을 수 있게 말이죠.

학생 2 : 간단하면서도 유용하네요. 저도 발명을 하고 싶은데 아이디어가 잘 떠오르지 않아서 힘들어요. 도움이 될 만한 게 있다면 알려 주세요.

발명가 : 아이디어 창출 중심 모형이 도움이 될 것 같네요. 이것은 세 단계로 구성됩니다. 체험 단계에서는 발명의 주제가 되는 물건을 탐색하며 발명에 대한 호기심을 가져 보고, 인지 단계에서는 그 물건에 담긴 과학적 원리를 학습합니다. 이 두 단계를 통해 주제가 되는 물건에 대한 이해를 높입니다. 발명 단계에서는 그러한 이해를 바탕으로 물건을 개선할 아이디어를 창출합니다. 이때 도움을 얻기 위해 기존의 다른 발명품들을 참고할 수 있습니다.

학생 1 : 아직 이해가 잘 안 되는데요. ㉢ 예를 들어 설명해 주실 수 있을까요?

발명가 : 좋습니다. (가방에서 필통을 꺼내며) 필기구로 말씀드리죠. 여기 연필, 볼펜, 자가 있지요? 필기구를 발명 주제로 정했다면, 체험 단계에서는 필기구만 골라 만지고 분해하며 호기심을 가져 봅니다.

학생 2 : ㉣ 그럼 다음 단계에선 과학적 원리를 공부하겠군요.

발명가 : 네, 인지 단계에서는 필기구에 담긴 과학적 원리를 공부하지요. 다음으로 발명 단계에서는 필기구를 개선할 아이디어를 창출합니다. 아까 기존의 다른 발명품을 참고한다고 했는데요, ㉤ 이를테면 자가 발전 기능이 있는 손전등에 전자기 유도 법칙이 이용됐다는 것을 참고할 수 있습니다. 참고한 내용을 통해 빛을 내는 볼펜이라는 아이디어를 생성할 수 있지요.

학생 1 : 그렇군요. 끝으로 미래의 발명가 후배들에게 한 말씀 부탁드려요.

발명가 : 주변 사물에 호기심을 갖고 개선할 점이 있는지 살펴보세요. 과학적 원리를 바탕으로 개선 방법을 찾다 보면 좋은 아이디어가 떠오를 것입니다.

학생 1,2 : 네, 감사합니다.

[학습 활동]
1. 정보 전달을 목적으로 발명 동아리 소식지에 글 쓰기
2. 상호 평가를 통한 고쳐 쓰기

(나)

학생들은 발명을 어려워한다. 그 이유는 새로운 아이디어를 떠올리기가 어렵기 때문이다. 이를 해결하기 위해 사용할 수 있는 것이 아이디어 창출 중심 모형이다. 이것은 아이디어를 떠올리는 데 어려움을 겪는 학생들에게 도움을 줄 수 있고, 그로 인해 쉽게 발명에 다가설 수 있게 한다. 그렇다면 아이디어 창출 중심 모형은 어떤 단계로 이루어질까?

먼저 체험 단계에서는 발명에 대한 호기심을 유발한다. 예를 들어 자전거라는 발명 주제가 제시되면 자전거를 눈으로 살피고 손으로 만진다. 그리고 직접 자전거를 타 보이기도 하고, 자전거를 분해해 보이기도 하면서 탐색된다.

그 후 인지 단계에서는 자전거에 적용된 과학적 원리를 학습한다. 커브를 도는 쪽으로 자전거를 기울여야 하는 것은 원심력 때문이고, 울퉁불퉁한 길을 부드럽게 달릴 수 있는 것은 타이어의 탄성력 때문임을 알 수 있다. 이런 내용을 친구들과 이야기하면서 발명 주제인 자전거를 깊이 이해하게 된다. 이때 자전거를 탔던 즐거운 추억을 떠올려 감상문을 써 보는 것도 좋다.

마지막으로 발명 단계에서는 자전거에 대한 이해를 바탕으로 그것의 개선 방안을 생각한다. 즉 자전거가 아닌, 자동으로 공기가 채워지는 튜브를 참고해 물에 뜨는 자전거라는 아이디어를 창출할 수 있는 것이다. 개선 방안을 생각할 때는 기존의 다른 발명품을 참고할 수 있다.

신출제
38. <보기>는 '학생 1'과 '학생 2'가 인터뷰를 어떻게 할지 상의한 뒤, '학생 1'이 인터뷰를 하기 전 생각한 내용이다. ㉮ ~ ㉲ 중, 인터뷰를 통해 확인할 수 없는 것은?

<보 기>

내일 발명가인 선배님을 만나서 인터뷰하기로 했으니까 어떻게 인터뷰해야 할지 생각해 봐야겠어. 선배님을 만나면 인사말을 하면서 ㉮ 인터뷰를 하게 된 구체적인 목적을 밝혀야겠지. 그런 다음 선배님께 질문하기 위해 준비된 질문을 해야 하는데, 먼저 선배님께 ㉯ 발명이 무엇인지, 선배님이 발명하신 발명품은 무엇인지 질문해야겠어. 그런 다음 발명을 할 때 ㉰ 아이디어를 잘 떠오르게 하는 방법에 대해서도 질문해야겠어. 이 과정에서 잘 모르면 ㉱ 선배님께 이해가 될 수 있도록 구체적인 설명을 부탁해야겠어. 마지막으로 선배님에게 ㉲ 미래의 발명가 후배들에게 조언할 말은 무엇인지 요청하면서 인터뷰를 마무리하면 되겠어.

① ㉮ ② ㉯ ③ ㉰ ④ ㉱ ⑤ ㉲

[해설편 p.073]

39. ㉠~㉤의 말하기 방식으로 적절하지 않은 것은?

① ㉠ : 상대방의 말을 재진술하며 자신의 생각을 드러내고 있다.
② ㉡ : 설명 대상에 대한 과학적 상식을 제시하여 상대방의 흥미를 유발하고 있다.
③ ㉢ : 물음의 형식을 활용하여 자신의 요구를 상대방에게 전하고 있다.
④ ㉣ : 상대방이 언급한 정보를 이용하여 다음 내용을 예측하고 있다.
⑤ ㉤ : 구체적 사례를 제시하여 앞의 발화를 보충하고 있다.

40. 다음은 (가)에 참여한 '학생 1'이 (나)를 쓰기 위해 '학생 2'와 나눈 대화의 일부이다. (가)와 (나)를 고려할 때, ⓐ에 들어갈 말로 가장 적절한 것은? [3점]

> **학생 2** : 선배님의 말씀을 활용해서 글을 쓴다고 했잖아. 어떤 내용을 글에 포함할 거니?
> **학생 1** : 선배님은 ________ⓐ________

① 발명품을 만드는 데 어려움을 겪었다고 하셨지. 나도 발명 도중에 겪었던 어려움을 글에 포함해야겠어.
② 주변 사물에 호기심을 갖고 개선점을 찾아보라고 하셨지. 나는 개선이 필요한 주변 사물의 문제점을 글에 포함해야겠어.
③ 모형의 각 단계를 양념 담는 통으로 설명하셨지. 나는 다른 물건을 이용해 모형을 설명하는 내용을 글에 포함해야겠어.
④ 기존의 다른 발명품을 참고할 수 있다고 하셨지. 나도 기존의 다른 발명품을 참고하여 아이디어를 창출하는 내용을 글에 포함해야겠어.
⑤ 발명은 아이디어를 통해 새로운 물건을 만드는 것이라고 하셨지. 나도 창출한 아이디어를 이용하여 새로운 물건을 제작, 완성하는 과정을 글에 포함해야겠어.

41. 다음 선생님의 조언에 따라 (나)에 내용을 추가하고자 할 때, 가장 적절한 것은?

> **선생님** : 설명문의 끝부분을 쓸 때에는 먼저 중심 내용이 잘 드러나도록 요약해야 합니다. 그리고 중심 내용이 지닌 의의를 덧붙이며 글을 마무리하면 좋습니다.

① 이처럼 아이디어 창출 중심 모형은 발명을 처음 시작하는 사람에게 좋은 안내가 될 수 있다. 또한 주위 사물을 꼼꼼하게 관찰하는 태도를 길러 준다.
② 이처럼 아이디어 창출 중심 모형은 체험, 인지, 발명 단계로 이루어진다. 발명 단계 이후에는 체험 단계 이전에 학습한 발명 기법을 떠올리며 아이디어를 창출한다.
③ 이처럼 아이디어 창출 중심 모형은 주변의 사물들 중에서 발명 주제를 선정하는 것이다. 이렇게 주제를 선정하면 손쉽게 아이디어를 구상할 수 있다는 장점이 있다.
④ 이처럼 아이디어 창출 중심 모형은 체험 단계, 인지 단계, 발명 단계가 순서대로 진행된다. 이 모형의 단계를 따라 하면 쉽게 아이디어를 생성할 수 있고 이를 통해 발명에 대한 자신감을 가질 수 있다.
⑤ 이처럼 아이디어 창출 중심 모형은 발명에 대한 호기심을 떠올리는 체험 단계, 과학적 원리를 탐구하는 인지 단계, 발명 아이디어를 창출하는 발명 단계로 이루어진다. 그리고 이후에는 아이디어를 구현한 제품을 만드는 적용 단계가 있다.

42. (나)에 대한 '학생 2'의 상호 평가 내용으로 적절하지 않은 것은?

'학생 2'의 평가 내용

구분	내용
잘한 점	비교의 방법을 사용하여 중심 화제의 의미를 구체적으로 설명한 점 ······ ①
	글의 흐름이 잘 드러나도록 문단의 앞부분에 순서를 알려 주는 표지를 사용한 점 ······ ②
수정할 점	2문단에서 표현이 어색한 문장을 사용한 점 ······ ③
	3문단에서 글의 흐름과 어긋나는 문장을 사용하여 통일성을 떨어뜨린 점 ······ ④
	4문단에서 앞뒤 문장의 위치를 잘못 배열하여 내용의 연결이 자연스럽지 않은 점 ······ ⑤

[해설편 p.073]

[43~45] (가)는 학교 신문에 기고한 학생의 글이고, (나)는 (가)를 읽은 후 다른 학생이 같은 신문에 기고한 반박 글이다. 물음에 답하시오.

(가)

우리 학교는 내년도 학사 일정을 수립하기 위해 학생들의 의견을 수렴하였다. 그 과정에서 여름방학 기간을 현행 4주에서 2주로 단축하자는 주장이 제기되었다. 하지만 여름방학 기간을 단축하자는 주장에는 다음과 같은 문제점이 있다.

첫째, 여름방학의 의미가 제대로 실현되기 어렵다. 여름방학은 1학기가 끝나고 휴식을 취하면서 몸과 마음의 여유를 찾아 2학기를 준비한다는 점에서 의미가 있다. 그런데 여름방학 기간이 단축되면 그만큼 여유를 찾는 시간이 줄어들게 된다.

둘째, 학생들이 원하는 프로그램에 참여하기 어렵다. 우리 학교의 많은 학생들은 여름방학 기간에 외부 기관에서 운영하는 교외 청소년 프로그램에 참여하고 싶어 한다. 그런데 여름방학 기간이 단축되면 개학 이후에 시작되는 프로그램에는 참여할 수 없게 된다.

셋째, 학교 시설을 개선할 수 있는 기간을 확보하기 어렵다. 학교 시설을 보수하거나 설치하는 일이 2주 이상 걸리는 경우 방학을 활용한다. 그런데 여름방학 기간이 단축되면 학교 시설 공사를 완료하지 못한 상태에서 2학기를 시작하게 되므로 생활이 불편하게 될 가능성이 매우 크다.

학교는 학생들이 여유를 갖고 자율적으로 활동에 참여하며 편안한 환경에서 생활할 수 있도록 충분한 시간을 확보해 주어야 한다. 따라서 현재의 여름방학 기간을 유지해야 한다.

(나)

학교 신문에 여름방학 기간 단축을 반대하는 글이 실린 후 학생들 사이에서 찬성과 반대의 다양한 의견들이 오가고 있다. 그 글에서 제시한 근거들을 반박하고자 한다.

첫째, 여름방학 기간을 유지한다고 해서 여름방학의 의미가 실현되는 것은 아니다. 대다수의 학생들은 오히려 학기 중보다 학습 부담이 커져서 여름방학 기간에 여유를 갖고 휴식을 취하지 못한다. 그러므로 2주로 줄여도 문제가 되지 않는다.

둘째, 여름방학 기간을 단축해도 학생들은 원하는 프로그램에 참여할 수 있다. 2학기가 시작된 후에도 개인 체험 학습을 신청하면 원하는 프로그램에 얼마든지 참여할 수 있다.

셋째, 오랜 시일이 필요한 공사는 겨울방학 기간을 활용하고 시급한 공사의 경우 기간을 단축할 수 있는 방안을 모색하면 된다. 불가피하게 학기 중에 공사를 하게 되더라도 불편 없이 진행할 수 있다. 실제로 우리 학교에서 지난 학기 중 특별실 보수 공사를 하였지만 불편 없이 진행되었다.

[A] 여름방학 기간을 단축해야 하는 이유는 다음과 같다. 수업 공백이 줄어들어 지난 학기의 수업 내용을 잘 기억할 수 있게 되어서 학습이 연속적으로 이루어질 수 있다. 그리고 겨울방학 시작을 앞당길 수 있어 학년 말의 비효율적인 학사 운영을 피하는 데에도 도움을 준다. 인근 고등학교에서는 이미 여름방학 기간을 단축하여 운영하고 있는데, 학생들의 만족도가 높다고 한다.

학교가 학생들의 여유로운 생활을 보장해 주어야 한다는 주장도 타당한 측면이 있지만, 학교가 해야 할 더 중요한 일은 수업의 연속성 확보와 학사 운영의 효율성 제고라고 생각한다. 따라서 이를 실현하려면 여름방학 기간을 단축해야 한다.

43. <보기>는 (가)를 쓰기 위해 떠올린 생각이다. (가)에 반영된 생각만을 <보기>에서 있는 대로 고른 것은?

<보 기>

ㄱ. 여름방학 기간에 학교 측에서는 무슨 일을 할까?
ㄴ. 여름방학 기간을 단축했을 때 얻을 수 있는 이점은 무엇일까?
ㄷ. 여름방학 기간을 단축했을 때 발생할 수 있는 문제는 무엇일까?
ㄹ. 여름방학 기간을 유지하자는 주장에 대해 어떤 반론이 제기될 수 있을까?

① ㄱ, ㄴ ② ㄱ, ㄷ ③ ㄴ, ㄹ
④ ㄱ, ㄷ, ㄹ ⑤ ㄴ, ㄷ, ㄹ

44. (나)에 사용된 쓰기 전략이 아닌 것은?

① 여름방학 기간 단축에 대하여 (가)로 인해 촉발된 반응을 제시하고 글을 쓰는 목적을 밝힌다.
② 여름방학의 의미가 현실과 차이가 있다는 점을 들어 (가)의 주장을 비판한다.
③ 학생들이 원하는 프로그램에 참여하기 어렵다는 (가)의 주장을 반박하며 이를 뒷받침할 수 있는 근거를 제시한다.
④ 학기 중 공사가 불편을 초래한다는 (가)의 주장을 비판하며 이를 뒷받침하는 사례를 제시한다.
⑤ 학생들의 여유로운 생활을 보장해야 한다는 (가)의 주장을 일부 수용하고 자신의 의견을 추가하여 절충안을 제시한다.

45. (가)를 쓴 학생이 (나)를 반박하는 글을 쓰려고 한다. [A]를 비판하기 위한 자료 활용 방안으로 가장 적절한 것은? [3점]

① 학교 시설 공사로 통행에 불편을 겪었던 학생의 인터뷰를, 학기 중 공사가 불편 없이 진행된다는 주장을 반박하는 근거로 제시해야겠어.
② 개인이 신청할 수 있는 체험 학습 일수를 제한하고 있는 학교 규정을, 학기 중에도 체험 학습 참여가 얼마든지 가능하다는 주장을 반박하는 근거로 제시해야겠어.
③ 학기 중보다 여름방학 기간에 더 많은 휴식을 취한다는 신문 기사를, 여름방학 기간을 유지할 때 학생들의 만족도가 높다는 주장을 반박하는 근거로 제시해야겠어.
④ 여름방학 기간을 단축했지만 학년 말 학사 운영이 비효율적이었던 다른 학교 사례를, 여름방학 기간 단축이 학사 운영과 무관하다는 주장을 반박하는 근거로 제시해야겠어.
⑤ 여름방학 기간이 2주, 4주인 두 학교 학생들이 지난 학기의 수업 내용을 기억하는 정도에 차이가 없다는 조사 결과를, 여름방학 기간과 학습 연속성이 관련 있다는 주장을 반박하는 근거로 제시해야겠어.

* 확인 사항
○ 답안지의 해당란에 필요한 내용을 정확히 기입(표기)했는지 확인하시오.

[해설편 p.073]

10회 ● 수능 실전 모의고사 ● 국어영역(화법과 작문)

● 문항수 11개 | 배점 24점 | 제한 시간 20분

● 점수 표시가 없는 문항은 모두 2점

[35~37] 다음은 학생의 발표이다. 물음에 답하시오.

안녕하세요? 교내 학술제 첫 번째 발표자 ○○○입니다. 먼저, 짧은 영상을 보여 드리며 발표를 시작하겠습니다. (㉠ TV 드라마 화면을 보여 주며) 방금 본 영상에서 '한뉘'라는 말이 나옵니다. 확인해 보니 '한뉘'는 '한평생'이라는 뜻을 지닌 순우리말이라고 합니다. '한뉘'는 여러분이 자주 사용하는 우리 학교 도서관의 이름이기도 하지요. 예스러운 멋과 부드러운 어감이 느껴지지 않나요? (청중의 대답을 듣고) 이렇게 예로부터 쓰인 순우리말을 드라마 속에서 만나니 반갑게 느껴지네요.

그렇다면, 다음 단어들은 어떨까요? (㉡ SNS 화면을 보여 주며) '선물'을 뜻한다는 '아토', '친구'를 뜻한다는 '씨밀레' 등이 보입니다. 이 단어들은 '예쁜 순우리말 목록'에서 공유되고 있는 어휘들입니다. 본 적이 있으신가요? (청중의 반응을 살피고) 꽤 많은 분들이 보셨군요. 이 어휘들은 순우리말이라는 이름으로 공공 기관이나 상품명에 활용되기도 했습니다. 그런데 '순우리말'이란 무엇일까요? 순우리말이란 본디부터 있던 말이나 그것에 기초하여 새로 만들어진 말로, 흔히 한자어나 외래어가 아닌 말을 뜻합니다. 과연 '아토'나 '씨밀레'와 같은 단어들이 순우리말일까요?

이를 알아보기 위해 첫 번째, 두 단어의 어원을 확인해 보았습니다. 고어사전도 찾아보고 국립국어원 홈페이지에 질의를 해 보았습니다. 그 결과 고어사전에서 그 근거를 찾아볼 수 없었던 것은 물론 (㉢ 홈페이지 질의응답 화면을 보여 주며) 화면과 같은 국립국어원의 답변을 들을 수 있었습니다. 결론적으로, 이러한 어휘들은 본디 있던 말이 아닐뿐더러 그것에 기초하여 새로 만들어지지도 않았으므로 순우리말과는 전혀 상관이 없는 말들인 것입니다.

두 번째, 왜 이런 어휘들이 순우리말로 알려지게 되었는지 출처를 알아보았습니다. 그 결과 이런 어휘들은 주로 청소년들이 보는 판타지 소설이나 SNS 상에서 임의로 지어낸 것이 확인되었습니다. 대부분 외래어를 조합한 것으로, 순우리말로 보기에는 무리가 있었습니다.

순우리말을 찾아내 사용하려는 노력은 바람직합니다. 하지만 외래어에서 파생된 말에 순우리말이라는 이름을 붙인다면, 우리말을 사용하려는 노력이 무용지물이 되지 않을까요? 앞으로는 이런 어휘들을 순우리말로 혼동하지 않았으면 합니다. 이상으로, 발표를 마치겠습니다.

35. 위 발표에 대한 설명으로 적절하지 않은 것은?

① 용어의 개념을 설명하며 청중의 이해를 돕고 있다.
② 청중의 경험을 환기시켜 발표 내용에 대해 친근감을 느끼게 하고 있다.
③ 발표 내용과 관련된 질문을 하여 청중과의 상호 작용을 유도하고 있다.
④ 청중이 발표 내용을 예측할 수 있도록 발표 순서를 제시하며 발표를 시작하고 있다.
⑤ 담화 표지를 사용하여 청중이 발표 내용을 구조적으로 파악할 수 있도록 하고 있다.

36. 발표를 참고할 때, 발표자의 자료 활용에 대한 설명으로 가장 적절한 것은?

① ㉠에서 나온 어휘가 옛말에서 어떤 형태였는지를 알리기 위해 ㉡을 제시하고 있다.
② ㉠에서 나온 어휘가 실제 생활에서 활용되는 사례를 알려 주기 위해 ㉡을 제시하고 있다.
③ ㉠에서 나온 어휘를 사용하려는 노력이 필요함을 강조하기 위해 ㉢을 제시하고 있다.
④ ㉡에서 나온 어휘의 다양한 의미를 소개하기 위해 ㉢을 제시하고 있다.
⑤ ㉡에서 나온 어휘와 관련된 문제점을 언급하기 위해 ㉢을 제시하고 있다.

37. 다음은 발표를 들은 후 학생들이 보인 반응이다. 발표를 고려하여 청중의 반응을 분석한 것으로 적절하지 않은 것은?

> **학생 1**: 발표자가 한 것처럼 순우리말이라고 알려진 말의 근거를 확인하려는 노력은 필요할 것 같아. 그런데 우리가 사용하는 말들이 순우리말에서 유래되었는지 아닌지 일일이 파악하는 것은 어렵지 않을까?
> **학생 2**: 나는 '바다'라는 뜻을 지녔다고 하여 운하나 배의 이름으로 쓰이는 '아라'가 사실 옛말에서는 '바다'라는 의미를 지니지 않았다는 것을 기사에서 본 적이 있어. 이처럼 나도 순우리말인 줄 알고 있는 말 중에서 잘못 사용하고 있는 말은 없는지 확인해 봐야겠어.
> **학생 3**: '한뉘'가 '한평생'이라는 뜻이었구나. 이번 발표를 통해 '한뉘'와 같이 순우리말에 대해 알게 되어 좋았어. 우리 학교 '동아리 발표회 명칭 공모전'에 응모할 때, 순우리말 이름을 지어봐야겠어.

① '학생 1'은 발표 내용의 일부를 언급하며 이에 대한 의문을 제기하고 있다.
② '학생 2'는 발표 내용과 관련된 자신의 배경 지식을 활용하고 있다.
③ '학생 3'은 발표를 통해 새로운 사실을 알게 된 것을 긍정적으로 생각하고 있다.
④ '학생 1'과 '학생 3'은 발표를 통해 알게 된 내용을 바탕으로 추가적인 활동을 계획하고 있다.
⑤ '학생 2'와 '학생 3'은 발표자의 발표 내용에 대해 공감하고 있다.

[해설편 p.074]

[38~41] (가)는 설문 조사를 위한 학생회의 회의이고, (나)는 (가)를 바탕으로 작성한 안내문의 초고이다. 물음에 답하시오.

(가)

학생 1 : 동아리 발표회를 12월에서 10월로 바꾸고 전시 위주로만 진행되던 행사에 다른 프로그램을 추가하여 행사 내용을 다양화하자는 의견에 대해 우리 반 친구들과 동아리 후배들은 좋은 생각이라고 하더라.

학생 2 : 그래? 우리 반 친구들은 동아리 발표회에 3학년이 참여하기 어렵고, 참여 학생들의 부담이 늘어날 것이라며 부정적으로 생각하는 친구들이 많던데.

학생 3 : 학년과 학급에 따라 생각이 다르구나. 동아리 발표회 시기 변경과 행사 프로그램 추가 여부는 전체 학생들의 의견을 수합해서 결정해야 할 것 같아.

[A]
학생 2 : 그럼 선택지 중 하나를 고르는 폐쇄형 질문 형태의 설문지를 만들어 전교생의 의견을 물어보는 건 어때?

학생 3 : 그렇게 하면 발표회 시기 변경이나 행사 프로그램을 추가하는 것에 대한 찬반 의견은 손쉽게 파악할 수 있지만, 어떤 이유로 그렇게 생각하는지는 알기 어려울 것 같아. 또한 동아리 발표회에 대해 관심이 많은 학생들의 요구 사항도 파악하기 어렵고.

학생 1 : 그럼 학급별로 3~4명의 모집단을 선정한 후 면접 방식으로 설문을 진행하는 것은 어떨까? 자유롭게 의견을 개진하는 개방형 질문을 활용하고 응답자의 답변에 따라 추가 질문을 하면 학생들의 의견을 심층적으로 파악할 수 있을 것 같아.

학생 2 : 그 방법은 모집단 선정 기준과 선정된 학생이 전체 학생의 의견을 대표할 수 있을지가 문제가 될 것 같아.

학생 3 : ㉠<u>그럼 전교생을 대상으로 설문 조사를 하되, 발표회에 대한 학생들의 솔직한 의견과 요구 사항을 확인할 수 있도록 설문 문항의 유형을 다양화하는 건 어때?</u>

학생 1 : 좋은 생각이야. 설문 조사 방식은 그렇게 진행하자. 그럼 설문 문항에서는 어떤 내용을 물어야 할까?

[B]
학생 2 : 먼저 발표회 시기 변경과 행사 프로그램 추가에 대한 찬반 여부를 확인해야겠지. 그리고 추가 질문을 통해 그 이유나 추가하고 싶은 프로그램에는 어떤 것들이 있는지 파악하면 좋을 것 같아.

학생 3 : 발표회 시기 변경이나 행사 프로그램 추가에 찬성하는 경우에는 그 이유를 알 필요가 없을 것 같아. 그렇지 않은 경우에만 개방형 질문 형태로 그 이유를 물어 보자.

학생 1 : 그래, 그렇게 하자. 그리고 프로그램 추가와 관련된 질문도 개방형 질문으로 자신의 생각을 자유롭게 적도록 하면 좋을 것 같아.

학생 2 : 그렇게 하면 지나치게 많은 의견이 나올 수 있기 때문에 설문 조사 결과를 수합하기 어려울 것 같은데? 폐쇄형으로 질문지를 작성하는 게 효율적일 것 같아.

학생 1 : ㉡<u>그럼 프로그램 관련 추가 문항은 폐쇄형으로 추가 질문을 하고, 응답 항목 중 원하는 것이 없을 때 개방형으로 자신의 의견을 서술하도록 하는 것은 어떨까?</u>

학생 3 : 그래, 그게 좋겠다. 그리고 이런 논의가 진행 중인 것을 모르는 학생들이 많으니, 설문 조사를 실시하기 전에 각 교실에 설문 조사에 관한 안내문을 게시하는 건 어때?

학생 1 : 좋은 생각이야. 그렇게 하면 학생들의 설문 조사 참여를 독려할 수 있을 것 같아. 그럼 오늘 논의한 내용을 바탕으로 안내문과 설문 문항을 작성한 후, 다음 회의 때 점검해 보자. 오늘 회의는 여기까지 할게.

(나)

동아리 발표회 관련 설문 조사

학생 여러분, 안녕하십니까? ○○고등학교 학생회입니다. 지난번에 개최된 학생회 회의에서는 동아리 발표회와 관련된 논의가 이루어졌습니다. 또한 등교 음악회 선곡 및 학급 단합 행사의 지원금 확대 등에 대해서도 논의를 하였습니다. 이에 학생회에서는 지난 회의에서의 논의 결과를 바탕으로 동아리 발표회 개최 시기 변경과 프로그램 추가 여부에 관해 여러분의 생각을 듣고자 합니다. 학생회에서 실시하는 설문 조사에 여러분의 솔직한 생각을 담아 주시길 바랍니다.

38. [A], [B]의 담화에 대한 설명으로 가장 적절한 것은? [3점]

① [A]에서 '학생 3'은 '학생 2'가 제시한 문제점을 반박한 후 새로운 대안을 제시하고 있다.
② [B]에서 '학생 1'은 '학생 3'의 의견이 지닌 긍정적 측면을 인정한 후 이에 대한 자료를 제시하고 있다.
③ [A]에서 '학생 1'은 '학생 3'의 의견에 대해 구체적 대안을, [B]에서 '학생 3'은 '학생 2'의 의견에 대한 문제점을 근거를 들어 언급하고 있다.
④ [A]와 [B]에서는 모두 '학생 3'이 '학생 2'가 제시한 의견이 실현되기 위한 조건에 대해 언급하고 있다.
⑤ [A]와 [B]에서는 모두 '학생 2'가 '학생 1'이 제시한 의견이 야기할 문제점을 언급하며 이의를 제기하고 있다.

39. (가)의 담화 흐름을 고려할 때, ㉠과 ㉡의 공통점으로 가장 적절한 것은?

① 논의된 의견을 절충하는 방안을 제시한 후 그 방안에 대한 상대방의 동의를 구하는 발화이다.
② 논의된 의견들이 지닌 장점을 언급한 후 상대방에게 하나의 방안을 선택할 것을 권유하는 발화이다.
③ 논의된 의견 중 하나를 지지하는 방안을 제시한 후 그 방안에 대한 상대방의 생각을 확인하는 발화이다.
④ 논의된 의견들이 지닌 한계를 언급한 후 이를 보완할 수 있는 방안에 대한 상대방의 의견을 요청하는 발화이다.
⑤ 논의된 의견들을 시행했을 때 기대되는 효과를 언급한 후 상대방에게 자신의 생각이 맞는지를 확인하는 발화이다.

[해설편 p.075]

40. 다음은 추가 회의를 바탕으로 (나)를 고쳐 쓴 글이다. 고쳐 쓴 글에 반영된 의견으로 적절하지 않은 것은?

> **동아리 발표회 개최 시기 변경 및 프로그램 추가 찬반 조사**
>
> 학생 여러분, 안녕하십니까? ○○고등학교 학생회입니다. 지난 6월에 개최된 학생회 회의에서 12월에 개최되는 동아리 발표회를 10월로 변경하여 실시하자는 의견과 동아리 발표회 행사의 다양화를 위해 행사 프로그램을 추가하자는 의견에 대해 논의하였습니다. 이에 학생회에서는 동아리 발표회 개최 시기 변경과 프로그램 추가 여부에 관해 여러분의 생각을 듣고자 합니다. 여러분께서 주시는 소중한 의견이 학생이 함께 학교를 만들어 가는 데 디딤돌이 된다는 점에서, 앞으로 진행될 설문 조사에 여러분의 솔직한 생각을 담아 주시면 고맙겠습니다.

① 제목이 구체적이지 않으므로 설문 조사의 목적을 알 수 있도록 제목을 수정하자.
② 글의 흐름에 어긋나는 문장이 있으므로 글의 흐름과 관련 없는 내용은 삭제하자.
③ 설문 조사로 의견을 수합하는 방식의 장점을 언급하며 설문 조사에 참여하는 구체적인 방법을 안내하자.
④ 설문 조사에 대한 학생들의 참여를 독려하기 위해 설문 조사 참여가 지닌 의의와 관련된 내용을 추가하자.
⑤ 설문 조사와 관련된 논의 내용을 모르는 학생이 많으므로 설문 조사를 실시하게 된 배경을 구체적으로 언급하자.

41. 다음은 (가)를 바탕으로 작성한 설문 문항의 초고이다. 설문 문항에 대한 이해로 적절하지 않은 것은?

> **◇ 설문 문항 ◇**
>
> **문항 1.** 작년에 개최된 동아리 발표회에 참여하였습니까?
> (1) 참여하였다. (2) 참여하지 않았다.
>
> **문항 2.** 동아리 발표회 시기 변경과 행사 프로그램 추가에 동의하십니까?
> (1) 동의한다. (2) 동의하지 않는다.
>
> 2-1. 동의한다면 그 이유는 무엇입니까? (   )
> 2-2. 동의하지 않는다면 그 이유는 무엇입니까? (   )
>
> **문항 3.** 동아리 발표회에 추가할 프로그램은 무엇입니까?
> (1) 체험 부스 (2) 전시회 (3) 학술제 (4) 기타 (   )

① '문항 1'은 발표회 시기 변경이나 행사 프로그램 추가와 관련하여 회의에서 언급되지 않은 내용이므로 굳이 설문 문항에 포함시킬 필요가 없을 것 같아.
② '문항 2'는 동아리 발표회 시기 변경에 찬성하지만 행사 프로그램 추가에 반대하는 의견을 반영할 수 있도록 추가 문항을 포함하여 각각 별도의 문항으로 분리하면 좋을 것 같아.
③ '문항 2-1'은 발표회 시기 변경과 행사 프로그램 추가에 동의한 학생들에게 이유를 물을 필요가 없다는 회의 내용을 고려하면 설문 문항에 포함시킬 필요가 없을 것 같아.
④ '문항 3'의 선택 항목 중 체험 부스는 이미 동아리 발표회 프로그램으로 운영되고 있다고 했으므로 다른 행사로 바꿀 필요가 있을 것 같아.
⑤ '문항 3'은 설문 조사 결과 수합의 용이성과 답변의 다양성을 둘 다 확보하기 위해 폐쇄형 문항과 개방형 문항을 섞어 작성했다는 점에서 회의 내용을 잘 반영한 문항 같아.

[42~45] 다음을 읽고 물음에 답하시오.

> [작문 상황]
>
> ○ **작문 과제 :** 지역 하천과 주변 습지에 서식하는 멸종 위기 생물들의 보호를 위한 건의문 작성하기
> ○ **예상 독자 :** ○○시청 정책 담당자
>
> [학생의 초고]
>
> 안녕하세요? 저는 ○○시에 사는 ◇◇고등학교 학생 □□□입니다. 제가 이렇게 글을 쓰게 된 이유는 장천 주변 자전거 도로 건설 사업으로 인해 사라질 위기에 처한 생물들을 보호할 수 있는 방안을 건의하기 위해서입니다.
>
> 제가 살고 있는 마을을 지나가는 장천과 그 주변 습지에는 많은 생물들이 서식하고 있습니다. 최근에는 멸종 위기 야생 생물 Ⅱ급으로 지정되어 있는 금개구리뿐만 아니라 꼬마잠자리나 가시연꽃과 같은 희귀 생물들이 발견되어 생태적 가치가 더욱 높아졌다고 합니다. 그런데 시청에서 인근 지역의 자전거 도로들을 연결하기 위해 장천을 따라 새로운 자전거 도로를 건설하려는 계획을 수립했다고 합니다. 만약 계획대로 자전거 도로 연결 공사가 진행된다면 장천 인근의 습지가 매립되어 사라지게 되고, 그곳에 서식하는 생명들이 삶의 터전을 잃을 것입니다.
>
> 이 문제를 해결하기 위한 방안으로 자전거 도로를 새로 만드는 대신, 기존의 자전거 도로와 장천 주변의 둘레 길을 연결하는 방식을 생각해 보았습니다. 그렇게 된다면 주변 습지에 사는 생물들의 서식지 보호는 물론 새로운 도로를 건설하는 데 소요되는 비용도 절약할 수 있을 것입니다. 또한 관리가 제대로 이루어지지 않아 주민들의 외면을 받았던 장천 주변의 둘레 길까지 정비할 수 있는 일석이조의 효과를 거둘 수 있을 것입니다. 아울러 현재 장천은 습지의 가치를 모르는 사람들이 함부로 버린 쓰레기들로 인해 소중한 생명들의 생존이 위협받고 있습니다. 따라서 절약한 예산으로 장천과 그 주변 습지에 서식하는 생물들과 서식 환경의 중요성에 대한 정보를 제공한다면, 장천 주변에 서식하는 생물들을 보호하고 이곳을 찾는 사람들에게 환경 보호에 대한 중요성도 일깨워 줄 수 있을 것입니다.
>
> | ㉠ |
> |---|
>
> 긴 내용을 읽어 주셔서 감사합니다. 이상으로 제 건의를 마치겠습니다.

42. 신출제 윗글을 통해 알 수 있는 작문의 특성으로 가장 적절한 것은?

① 사회의 비특정 다수를 독자로 설정한 것을 통해 작문은 사회적 문제를 해소할 수 있는 표현 행위임을 알 수 있다.
② 공간의 흐름에 따라 내용을 구성한 것을 통해 작문은 정보 제시 방법을 고려하는 표현 행위임을 알 수 있다.
③ 근거를 들어 글쓴이 자신의 의견을 제시한 것으로 미루어 보아 작문은 특정한 목적을 이루기 위한 표현 행위임을 알 수 있다.
④ 문제가 되는 상황을 구체적으로 제시한 것으로 미루어 보아 작문은 독자와 글쓴이 간의 갈등 해결을 위한 표현 행위임을 알 수 있다.
⑤ 작문의 일반적인 관습적 형식을 지키고 있는 것으로 미루어 보아 작문은 글의 소재가 다르더라도 글쓰기 형식은 동일하게 표현하는 행위임을 알 수 있다.

43. '학생의 초고'에 사용된 글쓰기 전략에 대한 설명으로 적절하지 않은 것은?

① 글을 쓰게 된 계기를 설명하기 위해 장천 둘레 길에서의 개인적인 경험을 언급하고 있다.
② 건의 내용의 타당성을 높이기 위해 둘레 길을 활용하는 방안이 가져올 다양한 효과를 제시하고 있다.
③ 건의 내용의 적절성을 강조하기 위해 자전거 도로 건설 사업으로 인해 예상되는 문제점을 언급하고 있다.
④ 문제 해결의 필요성을 강조하기 위해 장천과 그 주변 습지에 서식하는 희귀 생물들을 예로 들어 제시하고 있다.
⑤ 건의 내용의 실현 가능성을 높이기 위해 장천 습지를 매립하지 않고 자전거 도로를 연결할 수 있는 대안을 제시하고 있다.

44. <보기>는 '학생의 초고'를 보완하기 위해 수집한 자료이다. <보기>의 활용 방안으로 적절하지 않은 것은? [3점]

<보 기>

(가) 통계 자료

1. 생물 종 감소 원인

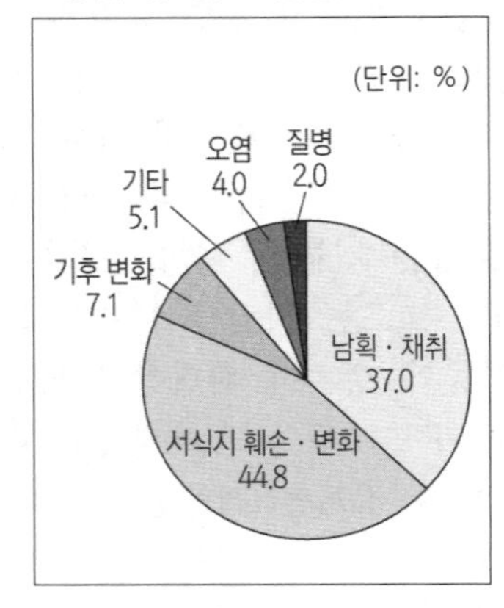

2. 지역 주민 대상 설문 조사 결과

장천 주변 습지 방문자를 위한 효과적인 정보 제공 방법	
습지 생태 안내판	47%
시청 홈페이지	23%
시청 공식 SNS	15%
지역 신문	7%
기타	8%

(나) 신문 기사

△△ 생태공원은 한강을 대표하는 친환경 생태공원이자 지역 주민의 생활·휴식 공간으로 자리매김하고 있다. 다양하고 희귀한 생물들의 서식지를 보호하기 위해 생태공원으로 조성한 후 정부에서는 매년 환경 평가를 실시해 공원 상태를 점검·관리하고 있고 지역 주민들 역시 공원 환경 지킴이, 환경 정화 캠페인 활동으로 공원 관리에 적극적으로 참여하고 있다. △△ 생태공원은 지역 주민과 정부가 생태 환경 보호와 지역 주민 복지라는 두 가지 공익 실현을 위해 함께 노력한 모범 사례로 손꼽히고 있다.

(다) 전문가 인터뷰

습지의 가치는 다양합니다. 다양한 생명체들의 서식처를 제공해 생태계의 안정을 유지시켜 주는 '생태적 가치', 장마철이나 홍수 때의 물을 저장해 두었다가 주위에 공급하는 '수문으로서의 가치'가 대표적입니다. 또한 수자원 개발 및 관리와 관련된 비용을 절감시켜 주며, 수질을 정화해 환경 오염에 따른 비용을 절감시키는 등 '경제적 가치'도 지녀 그 보존 가치가 매우 높습니다.

① (가)-1을 활용하여, 장천 주변 습지에 살고 있는 멸종 위기 생물의 보호를 위해 서식지 보호가 필요함을 부각한다.
② (나)를 활용하여, 장천 주변 습지의 생태를 보호하기 위해 장천 습지를 친환경 생태공원으로 개발해야 한다는 주장을 뒷받침하는 사례로 제시한다.
③ (다)를 활용하여, 장천 주변 습지가 생태적 가치 외에도 다양한 가치를 지닌다는 내용을 장천 주변 습지 매립에 반대하는 근거로 추가한다.
④ (가)-1과 (나)를 활용하여, 행정 기관과 지역 주민이 연계한 서식지 보호 노력이 이루어진다면 생물 종 감소를 막는 데 도움이 될 수 있음을 추가한다.
⑤ (가)-2와 (다)를 활용하여, 장천 주변의 습지가 지닌 가치를 알리기 위해 장천 주변 습지 방문자를 위한 생태 안내판을 설치하자는 내용을 추가한다.

45. 선생님의 조언을 고려할 때, ㉠에 들어갈 내용으로 가장 적절한 것은?

선생님 : 글의 마무리로 건의 내용을 언급한 후, 그것이 받아들여졌을 때 자연과 마을 주민들 양쪽이 얻게 될 이익을 구체적으로 표현한다면 설득력을 높일 수 있을 것 같구나.

① 기존 자전거 도로와 둘레 길을 연결한다면 사람과 자연 모두에게 이익을 제공할 수 있는 지속 가능한 개발이 실현될 것입니다.
② 기존 자전거 도로와 둘레 길을 연결한다면 주민들뿐만 아니라 이곳을 찾는 방문객들도 안전하고 깨끗해진 둘레 길에서 건강과 여유를 얻게 될 것입니다.
③ 기존 자전거 도로와 둘레 길을 연결한다면 주민들은 정비된 둘레 길을 통해 자연 속 휴식처를 얻게 되고, 멸종 위기 생물들은 안전한 서식처를 얻게 될 것입니다.
④ 기존 자전거 도로와 둘레 길을 연결한다면 주민들은 자연이 주는 혜택을 충분히 누리게 되고, 이를 통해 자연의 소중함을 깨달아 자발적으로 환경 보호에 힘쓸 것입니다.
⑤ 기존 자전거 도로와 둘레 길을 연결한다면 습지 생태계를 보호할 수 있어 생물 종 다양성을 확보하면서도 멸종 위기종의 개체 수는 증가할 것입니다.

* 확인 사항
○ 답안지의 해당란에 필요한 내용을 정확히 기입(표기)했는지 확인하시오.

11회 ● 수능 실전 모의고사 ● 국어영역(화법과 작문)

● 문항수 11개 | 배점 24점 | 제한 시간 20분

● 점수 표시가 없는 문항은 모두 2점

[35~37] 다음은 강연이다. 물음에 답하시오.

> 안녕하세요. '자발적 고독'에 대해 강연을 하게 된 심리학과 교수 ○○○입니다.
>
> 여러분, 'TMI'나 '관태기'와 같은 신조어를 들어 보셨나요? (학생들의 대답을 들은 후) 네, 많이들 알고 있네요. 'TMI'는 'Too Much Information'의 머리글자로 너무 많은 정보에 대한 거부감을, '관태기'는 '관계 권태기'를 줄인 말로 복잡하게 얽힌 인간관계에 대한 권태를 드러내는 말이지요. 이처럼 받아들여야 하는 정보가 너무 많아지거나 인간관계가 지나치게 복잡해지면 자연스레 피로가 쌓일 수밖에 없습니다. 심한 경우 불안감이나 답답함을 호소하기도 하지요. 우리에게 '자발적 고독'이 필요한 이유는 여기에 있습니다. 사회가 복잡해질수록 자신에게만 집중할 수 있는 시간을 더욱 확보해야 하는 셈입니다.
>
> 그런데 '자발적 고독'은 타인에 의한 '고립'과는 구별됩니다. 남에 의해 강제적으로 고립되면 외로움과 소외감을 느끼겠지요? 이는 불행에 가깝습니다. 하지만 자발적으로 선택한 고독은 오히려 원만한 대인 관계를 형성하는 데 도움을 줍니다. 자신에게 집중하는 시간이 많아질수록 자신의 내면을 더욱 자세히 들여다볼 수 있고, 정신적으로도 여유가 생기게 되어 타인의 마음을 더 잘 헤아릴 수 있게 되는 것이지요.
>
> 그렇다면 자발적 고독을 즐기기에 가장 효과적인 활동은 무엇일까요? 저는 여러분께 '멍하게 있는 시간'을 가지는 것을 추천하고 싶습니다. (그림을 보여 주며) 보시는 것처럼 우리 뇌에는 별다른 인지 작용을 하지 않는 상태에서도 활성화되는 부위가 있습니다. 바로 이곳인데요, 미국 코넬 대학 연구팀은 이 부위가 활성화되면 창의적 사고력이 증진되며 특정 업무의 수행 능력이 향상된다는 연구 결과를 발표한 바 있습니다. 아이러니하게도 아무 생각도 하지 않는 것이 생각할 수 있는 힘을 키워 주는 셈이지요. 또한 '유도된 심상'을 떠올리는 것도 자발적 고독을 즐기기에 효과적인 활동입니다. 예를 들어 여유롭게 바닷가에서 산책하는 장면을 상상해 보는 겁니다. 이러한 활동은 스트레스를 조절하고 마음을 정리하는 데 도움이 될 수 있습니다.
>
> 짧은 시간이라도 좋습니다. 숨 가쁘게 흘러가는 삶 속에서 매끼니처럼 챙겨야 하는 것은 나 자신을 위한 시간입니다. 지금부터라도 오롯이 나를 위한 '1인분의 시간'을 마련해 보는 것이 어떨까요? 이상으로 강연을 마치겠습니다. 제게 하고 싶은 이야기나 궁금한 내용은 제 SNS에 남겨 주세요.

35. 다음은 위 강연을 위해 사전에 청중을 분석하여 세운 강연 계획이다. 강연 내용에 반영되지 <u>않은</u> 것은?

① 학생들이 일상생활에서 시도해 볼 수 있는 '자발적 고독'의 방법을 안내해야겠군.
② 학생들이 알고 있는 신조어를 활용하여 학생들의 주의를 환기하고 흥미를 유발해야겠군.
③ 학생들이 '자발적 고독'이 왜 필요한지 궁금해 할 수 있으니 '자발적 고독'의 효과를 제시해야겠군.
④ 학생들이 '자발적 고독'과 타인에 의한 '고립'을 혼동할 수 있으니 그 차이를 비교하여 설명해야겠군.
⑤ 학생들이 '자발적 고독'을 실천하는 과정에서 어려움을 겪을 수 있으니 예상되는 문제와 해결 방안을 함께 제시해야겠군.

36. 위 강연자의 말하기 방식으로 가장 적절한 것은?

① 관련 기관의 설문 조사 결과를 인용하여 강연 내용을 뒷받침하고 있다.
② 자신의 과거 경력을 소개하여 청중이 강연 내용에 대해 신뢰감을 갖게 하고 있다.
③ 강연 진행 순서를 처음에 안내하여 청중이 강연 내용을 예측할 수 있도록 하고 있다.
④ 강연의 마무리 부분에서 비유적 표현을 활용하여 강연의 핵심적인 내용을 강조하고 있다.
⑤ 전체 강연 내용을 요약하는 시각 자료를 활용하여 청중이 강연 내용을 잘 기억할 수 있도록 하고 있다.

37. 다음은 위 강연을 들은 청중들이 강연자의 SNS에 남긴 댓글이다. 강연 내용을 고려하여 청중들의 반응을 분석한 것으로 적절하지 <u>않은</u> 것은?

[공지] 강연 후기를 남겨 주세요.

심리학과 교수 ○○○
오늘 제 강연에 귀 기울여 주신 학생 여러분들께 진심으로 감사의 마음을 전합니다.

청중 1
요즘 이유 없이 마음이 답답하고 불안한 적이 많았는데, 이제 제가 왜 그랬는지 알 것 같아요. 앞으로는 제 자신에게만 집중할 수 있는 시간을 꼭 확보해야겠어요.

청중 2
겨울 방학 때 여행 갈 생각을 하는 것만으로도 스트레스가 풀렸던 이유가 '유도된 심상'을 활용했기 때문이었네요.

청중 3
저는 교수님께서 자발적 고독을 지나치게 긍정적으로 보시는 것은 아닌가 하는 생각을 했습니다. 만약 자발적 고독의 시간을 부정적인 생각들로만 채웠을 때는 오히려 스트레스가 더 쌓이지 않을까요?

청중 4
교수님께서는 자신을 돌아볼 수 있는 휴식의 시간이 바쁜 현대인들의 정신 건강을 위해 꼭 필요하다는 말씀을 하고 싶으셨던 거죠? 저도 교수님 말씀에 공감합니다.

청중 5
미국 코넬 대학 연구팀의 연구 내용을 자세히 알려 주시면 안 될까요? '멍하게 있는 시간'이 창의력을 증진시킨다는 연구 결과의 과학적인 근거를 확인하고 싶어서요.

① '청중 1'은 강연 내용을 자신의 문제 상황에 적용하고 있다.
② '청중 2'는 강연 내용과 관련된 자신의 경험을 떠올리고 있다.
③ '청중 3'은 비판적 태도로 강연 내용에 의문을 제기하고 있다.
④ '청중 4'는 강연자의 의도를 확인한 후 강연자의 견해에 동조하고 있다.
⑤ '청중 5'는 강연자에게 질문을 하며 강연 내용에 대한 자신의 이해가 맞는지 확인하고 있다.

[해설편 p.077]

[38~42] (가)는 학생회에서 개최할 '나눔 장터' 행사의 홍보를 위한 토의이고, (나)는 (가)를 바탕으로 작성한 안내 글의 초고이다. 물음에 답하시오.

(가)

[A]

학생 1 : 자, 먼저 홍보용 안내 게시물을 어떤 형식으로 작성할지부터 말해 보자. 내 생각에는 학생들의 행사 참여도를 높일 수 있게 '나눔 장터'에 대한 정보를 쉽게 파악할 수 있는 형식으로 게시물을 만드는 게 좋을 것 같아.

학생 2 : 잠깐. ㉠ 게시물의 형식부터 먼저 결정하면 게시물에 들어갈 내용이 제한될 수 있을 것 같아.

학생 3 : '밤샘 독서' 행사 때에도 오랫동안 토의하면서 게시물 내용을 정했지만, 그 형식이 뒤늦게 결정되는 바람에 내용 선정 토의를 다시 해야 했잖아?

학생 1 : 그랬었지. 그럼 이번 안내 게시물은 광고 포스터 형식으로 하는 것은 어떨까? 개최 시기나 장소 등과 같이 '나눔 장터'와 관련된 핵심 정보를 전달하기에는 포스터 형식이 좋을 것 같아.

학생 3 : 그것도 좋지만, 작년에 행사가 끝난 후 실시한 설문 조사에서 행사의 취지와 참가 방법을 몰라 참여를 못 했다는 의견이 많았잖아?

학생 2 : ㉡ 그렇다면 이러한 내용들을 효과적으로 알릴 수 있는 방법을 찾아볼 필요가 있겠네?

학생 1 : 그럼 행사 취지와 물품 판매 방법 등은 안내 글 형식으로 설명하고, 그 옆에는 '나눔 장터'의 개최 시기와 장소와 같은 행사 관련 정보를 안내하는 포스터를 함께 게시하는 것은 어떨까?

학생 3 : 좋은 생각이야. 그럼 안내 글은 내가 작성할게. 작년 행사의 문제점을 정리한 설문 자료를 활용하면 어렵지 않게 글을 쓸 수 있을 거야.

[B]

학생 1 : 그럼 안내 포스터에 들어갈 내용에 대해 말해 보자. 행사 제목은 그대로 해도 괜찮겠지?

학생 3 : 작년 행사 제목은 너무 식상했으니까, 이번에는 우리 학교의 특징이 드러날 수 있도록 교목이나 교화를 활용하자. 둘 중 어느 것이 좋을까?

학생 2 : ㉢ '나눔 장터'에는 지역 주민들도 참여할 수 있으니까, 교화보다는 주민들도 잘 알고 있는 교목인 느티나무를 활용하자. 그리고 표현 기법을 활용해서 행사의 의의를 소개하는 문구도 넣자.

학생 3 : 좋아. 그리고 포스터만 봐도 '나눔 장터'에 관한 것이라는 점을 알 수 있도록 포스터 중앙에는 행사 진행 모습을 그림으로 나타내는 건 어때?

학생 2 : 그래. 그리고 그림 우측에는 '나눔 장터'의 정보를 육하원칙에 따라 제시하고 좌측에는 세부 프로그램에 대한 정보를 제시하는 것이 좋을 것 같아.

학생 1 : 포스터에 너무 많은 정보를 제시하면 학생들이 행사 정보를 쉽게 파악하기 어렵지 않을까?

학생 3 : ㉣ 그럼 그림의 양쪽에 제시할 정보는 일부 내용만 선별해서 제공하도록 하자.

학생 2 : 행사 참여에 대한 정보를 모르는 학생이 많았다는 작년 설문 조사 결과를 고려할 때, 그림 아래에 행사 참여 방법과 관련된 내용을 간략하게 제시하면 어때?

학생 3 : 그게 좋겠다. 그리고 ㉤ 이번 '나눔 장터'를 준비하는 데 후원을 해 준 단체들에 대한 고마움을 표현할 수 있게, 그 단체들의 이름을 제시하는 건 어때?

학생 1 : 좋은 생각이야. 그럼 포스터 제작과 관련된 일정은 다음에 정하기로 하고 오늘은 여기서 끝내자.

(나)

한 번만 읽고 책장에 꽂아 놓은 책, 책상 서랍에 방치된 장난감이나 문구류. 나에겐 필요 없지만 누군가에겐 소중할 수 있는 물건. '나눔 장터'는 이처럼 자신이 사용하지는 않지만 남들에게는 쓸모 있는 물건을 행사 참여자들이 직접 사고팔아 재사용을 실천함으로써 환경을 지키고, 또 행사 수익금으로 어려운 이웃을 도움으로써 나눔을 실천하는 행사입니다.

우리 학교에서는 나눔의 삶을 실천하기 위해 올해에도 '나눔 장터'를 개최합니다. 물품 판매를 원하시는 분들은 학교 홈페이지 '나눔 장터' 게시판에 의류 및 문구류, 도서류와 같이 판매하고자 하는 물품의 종류와 수량, 판매 가격, 물품 상태 등에 관한 정보를 기입하시면 됩니다. 단, 동·식물, 고장 여부를 판단하기 어려운 전자 제품이나 안전사고를 유발할 수 있는 물품은 판매할 수 없습니다. 판매 수량과 판매 물품의 가격은 판매자가 직접 결정할 수 있습니다.

또한 행사 당일에는 구름다리 미술 전시회, 먹거리 시장, 체험 마당 등 다양한 프로그램도 진행됩니다. '나눔 장터'에서 모은 기부금은 저소득층 아동과 독거노인과 같이 도움을 필요로 하는 이웃들을 위해 소중하게 쓰이므로, 판매 수익금은 기부해 주시길 부탁드립니다. 환경을 지키고, 어려운 이웃도 도울 수 있는 소중한 기회가 여러분의 참여를 기다리고 있습니다.

38. 대화의 흐름을 고려할 때, ㉠~㉤에 대한 이해로 적절하지 않은 것은?

① ㉠ : 상대 제안이 야기할 수 있는 부정적 측면을 고려하여 토의 안건의 논의 순서에 대한 반대 의견을 전달하는 발화이다.
② ㉡ : 설문 결과를 근거로 포스터 형식의 게시물을 채택하자는 상대의 의견과 상반된 생각을 나타내는 발화이다.
③ ㉢ : 행사에 참여하는 대상을 고려해야 한다는 점을 이유로 상대가 발언한 제안 중 한 가지를 선택하는 발화이다.
④ ㉣ : 포스터를 제작하는 목적을 고려하여 전달할 정보의 양을 고려해야 한다는 상대의 의견에 동의하는 발화이다.
⑤ ㉤ : 행사에 도움을 준 단체를 밝히자는 자신의 제안을 상대가 어떻게 생각하는지 확인하는 발화이다.

39. [A], [B]의 담화에 대한 설명으로 가장 적절한 것은? [3점]

① [A]에서 '학생 3'은 '학생 1'과 '학생 2'의 의견이 대립하는 상황에서 '학생 2'의 의견을 지지하고 있다.
② [B]에서 '학생 2'는 '학생 3'이 제안한 의견의 타당성을 점검한 후 이를 뒷받침하는 근거를 요구하고 있다.
③ [A]에서 '학생 1'은 '학생 2'의 의견에 대한 구체적 방안을, [B]에서 '학생 1'은 '학생 2'의 의견에 대한 문제점을 언급하고 있다.
④ [A]와 [B]에서는 모두 '학생 3'이 '학생 1'이 제시한 의견을 수용하면서 그 이유를 밝히고 있다.
⑤ [A]와 [B]에서는 모두 '학생 3'이 '학생 2'가 제시한 의견을 들은 후 자신의 의견을 수정하여 제시하고 있다.

[해설편 p.077]

40. 다음은 (가)를 바탕으로 작성한 '안내 포스터'이다. ⓐ ~ ⓔ에 대한 이해로 적절하지 않은 것은?

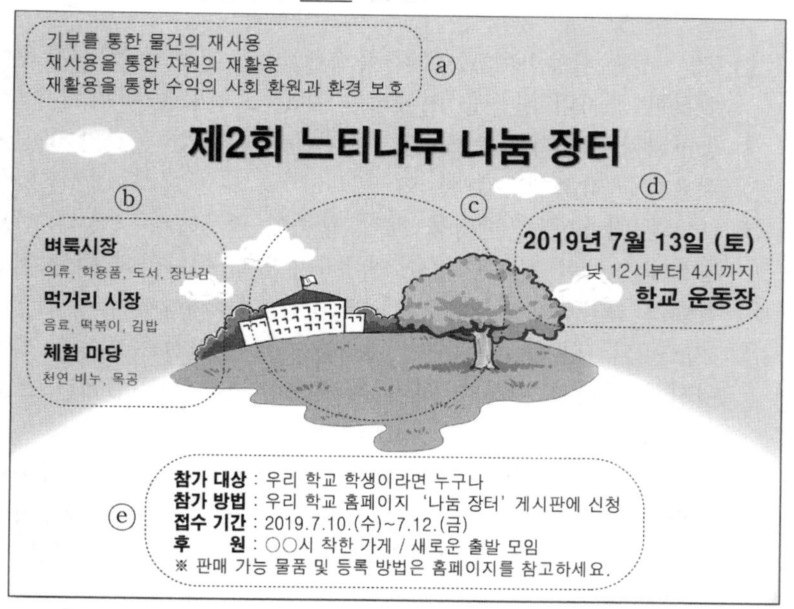

① ⓐ를 보니 '나눔 장터' 행사의 의의를 드러내기 위해 대구법과 연쇄법을 활용한 문구를 제시하였군.
② ⓑ를 보니 학생들이 '나눔 장터'에서 개최되는 프로그램을 쉽게 파악할 수 있도록 정보를 항목화하여 나타내었군.
③ ⓒ를 보니 토의 내용을 반영하기 위해서 '나눔 장터'의 개최 시기와 목적이 드러나는 그림으로 교체할 필요가 있겠군.
④ ⓓ를 보니 포스터에 실릴 정보의 양을 조절하기 위해 행사 일시와 장소와 관련된 정보만을 수록하였군.
⑤ ⓔ를 보니 작년 행사에 학생들의 참여가 저조했던 이유를 고려하여 행사 참여와 관련된 정보를 안내하였군.

41. <보기>는 '학생 3'이 (나)를 쓰면서 활용한 설문 자료의 일부이다. <보기>의 활용에 대한 설명으로 적절하지 않은 것은?

<보 기>

◦ 구매한 꽃이 금방 시드는 바람에 판매자와 언쟁을 벌인 경우가 있었음.
◦ 홍보가 제대로 이루어지지 않아 미술 전시회나 체험 마당에 참여한 학생이 적었음.
◦ 기부금의 사용 계획을 알지 못해 판매 수익금을 기부하지 않은 판매자도 다수 있었음.
◦ 많은 학생들이 행사의 취지를 잘 모르고 있으며, 참여 방법을 알지 못해 물건을 판매하지 못한 경우도 있었음.

① 판매 수익금의 기부를 권장하기 위해 기부금의 사용 계획을 제시하였다.
② 불미스러운 일이 생기는 것을 예방하기 위해 판매할 수 없는 물품의 종류를 안내하였다.
③ 행사의 취지를 모르는 학생들을 위해 '나눔 장터'의 개념과 행사를 개최하는 이유를 설명하였다.
④ 학생들의 참여를 이끌어 내기 위해 '나눔 장터' 행사 때 진행되는 다양한 체험 프로그램을 소개하였다.
⑤ 물품 판매 방법을 몰라 행사에 참여하지 못했던 사람들을 위해 판매 물품을 등록하는 방법과 참가 자격을 안내하였다.

신출제
42. (나)에 반영된 글쓰기 계획으로 적절하지 않은 것은?
① '나눔 장터' 행사가 지닌 의의를 제시해야겠어.
② '나눔 장터'가 어떤 행사인지 설명해 주어야겠어.
③ '나눔 장터' 행사 참여를 촉구하는 말로 글을 마무리해야겠어.
④ '나눔 장터' 행사로 얻게 될 학생회 수익금의 용도를 알려 줘야겠어.
⑤ '나눔 장터'에서 팔 수 있는 물건과 그렇지 않은 물건을 알려 주어야지.

[43~45] 다음을 읽고 물음에 답하시오.

[작문 상황]

◦ **작문 과제**: 동아리 지원 확대를 요구하는 건의문 작성
◦ **예상 독자**: 동아리 업무 담당 교사

[학생의 초고]

안녕하세요? 저는 발명 동아리 '사고뭉치'의 부장을 맡고 있는 문호영입니다. 저희들을 위해 항상 마음 써 주시는 선생님께 감사드립니다.

매점이 없어 불편해하는 학생들을 위해 저희 동아리에서 직접 만든 미니 자판기를 선생님과 함께 복도에 설치하여 학생들의 뜨거운 호응을 받았던 일 기억하시지요? 이처럼 저희 동아리는 생활 속의 불편함을 개선하거나 일상생활의 편리함을 도모할 수 있는 발명품을 만들고 있습니다. 하지만 동아리 활동을 원활하게 진행하는 데 어려움이 있어 이를 해결하기 위한 방안을 건의하고자 합니다.

[A] 먼저, 동아리원들의 참신한 아이디어를 실물로 제작할 수 있는 '무한 상상실'과 같은 공간이 필요합니다. 무한 상상실이란 3D 프린터, 레이저 커터 등의 디지털 기기나 공작 도구가 마련된 공간을 말하는데, △△고등학교에서는 무한 상상실을 설치하여 학생들이 스스로 고안한 제품을 만드는 데 활용하고 있다고 합니다. 하지만 저희들은 시제품을 만들 때마다 인근 대학교의 무한 상상실까지 찾아가야 하는데, 이마저도 이용하려는 사람이 많아 시설을 예약하는 것이 어렵고, 이용 시간을 맞추기도 힘들었습니다. 만약, 우리 학교에 무한 상상실이 설치된다면 저희 동아리 구성원들의 창의적 아이디어를 제품으로 만들어서 많은 학생들의 편의를 도울 수 있을 것이고, 또 다른 동아리 학생들도 이 공간에서 다양한 제작 활동을 할 수 있을 것입니다.

두 번째, 발명에서 특허 출원까지의 과정에 도움을 줄 수 있는 전문가와의 연계 프로그램이 필요합니다. 아이디어를 발전시키는 과정에서 동아리원들끼리 의견을 나누지만 어느 순간 한계를 느낄 때가 있는데, 그럴 때마다 전문가의 조언이 필요하다는 생각을 자주 합니다. 그리고 요즈음 청소년 특허 출원이 증가하고 있다는데, 저희도 열심히 만든 발명품들을 상품화하고 싶습니다. 만약 저희를 도와줄 전문가가 있다면 발명품의 완성도도 높이고, 발명가라는 꿈에 다가가는 데 많은 도움이 될 것입니다.

㉠

[해설편 p.078]

43. [A]에 사용된 글쓰기 전략에 대한 설명으로 적절하지 않은 것은?

① 글의 내용을 구조적으로 파악할 수 있도록 담화 표지를 사용하고 있다.
② 독자의 관심을 유도하기 위해 물음의 형식을 통해 독자의 경험을 환기하고 있다.
③ 실현 가능성을 높이기 위해 건의하는 목적에 부합하는 해결 방안을 제시하고 있다.
④ 건의 내용의 적절성을 강조하기 위해 현재의 문제 상황을 구체적으로 언급하고 있다.
⑤ 건의 내용의 타당성을 높이기 위해 건의 내용의 실현 과정에서 예상되는 문제점을 밝히고 그 대안을 제시하고 있다.

44. <자료>를 활용하여 '학생의 초고'를 보완하려 한다. <자료>의 활용 방안으로 적절하지 않은 것은? [3점]

<자 료>

(가) 통계 자료

1. ○○광역시 소재 학교 내 무한 상상실 설치율

(단위 : %)

연도	설치율
2016년	1.2
2017년	5.1
2018년	10.3

2. 우리 학교 학생 대상 설문 조사 결과
<동아리 활동이 활성화되지 않는 이유>

(중복 응답, 단위 : %)

이유	응답률
동아리 특성에 맞는 활동 공간 부족	45.7
전문가 연계 프로그램 부족	40.5
활동 예산 지원 부족	28.4
동아리 신설 제약	15.2
기타	7.0

(나) 신문 기사

3D 프린터와 같은 디지털 제작 도구를 이용해 자신만의 아이디어를 실물로 구현하는 사람을 '메이커'라고 하는데, 최근 창업에 대한 사회적 관심이 높아지면서 메이커 교육이 활발히 전개되고 있다. 메이커 교육은 학생들에게 자연 현상과 사물에 대하여 흥미와 호기심을 갖게 하고, 창의적이고 융합적인 사고를 바탕으로 개인과 사회의 문제를 해결할 수 있는 능력을 길러줄 수 있다. 교육정책관 ◇◇◇은 미국, 중국 등은 이미 학교에서의 메이커 교육이 진로·직업교육의 일환으로 인정받고 있다며, 우리 학교 현장에서도 미래 메이커 양성을 위해 발명 및 특허 과정을 교육해 줄 수 있는 전문가의 도움이 절실하다고 말했다.

(다) 인터뷰

발명 활동을 통해 제가 생각해 낸 작품을 제작하며 무엇을 잘하고 좋아하는지, 나중에 무엇을 하고 싶은지 알게 되었습니다. 무한 상상실에서 3D 프린터를 사용하며 디지털 제작 도구 활용 능력을 키울 수 있었고, 친구들과 함께 아이디어를 모아 다른 학생들의 일상을 편리하게 해 주는 발명품을 만들며 보람을 느낄 수 있었습니다.

– △△고 발명 동아리 부장 학생

① (가)-1을 활용하여, 학교 내 무한 상상실 설치가 증가하는 추세임을 보여 주어 우리 학교에도 무한 상상실을 설치할 필요성이 있음을 부각해야겠어.
② (가)-2를 활용하여, 동아리 특성에 맞는 활동 공간의 부족이 원활한 동아리 활동을 저해하는 주된 요인임을 밝히고, 발명 동아리의 활성화를 위해서도 창작 활동을 위한 공간의 마련이 필요함을 강조해야겠어.
③ (다)를 활용하여, 발명품 제작 활동이 학생들의 적성과 진로 탐색에 도움이 된다는 점을 언급하며 발명 동아리에 대한 지원 확대가 교육적으로 의미 있는 일임을 언급해야겠어.
④ (가)-2와 (나)를 활용하여, 학생들이 관련 지식과 기능을 익혀 원활한 동아리 활동을 하기 위해서는 전문가와 연계한 프로그램의 제공이 필요함을 강조해야겠어.
⑤ (나)와 (다)를 활용하여, 다른 학생들에게 편의를 제공하는 발명품을 만들기 위해서는 디지털 제작 도구를 활용하여 발명품을 상품화하는 과정이 수반되어야 함을 부각해야겠어.

45. ㉠에 들어갈 내용을 <조건>에 따라 쓴 것으로 가장 적절한 것은?

<조 건>

◦ 비유적 표현을 사용할 것.
◦ [A]에 제시된 건의 내용을 모두 언급하고, 건의 주체와 관련된 긍정적 기대를 드러낼 것.

① 발명 활동을 통해 창의적 상상력의 싹을 틔우고 특허 출원에 대한 관심도 높일 수 있도록 학생들을 대상으로 한 관련 교육이 이루어져야 할 것입니다.
② 우리 학교에 무한 상상실을 설치한다면, 우리 학교가 학생들의 창의성을 증진시킴으로써 미래의 발명가를 양성해 나가는 견인차의 역할을 하게 될 것입니다.
③ 다양한 창작과 공작이 가능한 공간에서의 활동은 저희들의 아이디어에 현실의 날개를 달아줄 것이며, 전문가를 통한 배움은 발명에 대한 흥미와 잠재력을 이끌어 낼 것입니다.
④ 무한 상상실에서 무언가를 만드는 것에만 그치지 않고, 발명품을 제작하며 수없이 반복되는 실패를 친구들과 함께 극복하는 과정에서 저희들은 끈기와 소통을 배우게 될 것입니다.
⑤ 체계적인 동아리 활동을 위한 전문가의 지원이 제공된다면 저희가 아이디어를 발전시키는 과정을 통해 빠르게 변화하는 시대에 적극적으로 대처하는 능력을 기를 수 있을 것입니다.

* 확인 사항
◦ 답안지의 해당란에 필요한 내용을 정확히 기입(표기)했는지 확인하시오.

[해설편 p.078]

12회 ● 수능 실전 모의고사 ● 국어영역(화법과 작문)

● 문항수 11개 | 배점 24점 | 제한 시간 20분

● 점수 표시가 없는 문항은 모두 2점

[35~37] 다음은 학생이 수업 시간에 한 발표이다. 물음에 답하시오.

떫은맛이 어떤 느낌인지 모르는 사람은 없을 것입니다. 그런데 그 맛이 어떻게 해서 느껴지는지, 떫은맛이 나는 식품이 몸에 어떤 영향을 주는지에 대해서는 잘 모르는 것 같습니다. 그래서 여러분에게 떫은맛에 대해 알려 드리려고 합니다.

과학 시간에 단맛, 짠맛, 신맛 등과 같은 기본적인 맛이 혀의 미각 세포를 통해 느껴진다고 배운 적이 있는데, 기억하시나요? (대답을 듣고) 다들 잘 알고 있네요. 그런데 떫은맛은 입속 점막과 같은 피부 조직이 자극을 받아 느껴지는 촉각에 해당해요. 떫은맛을 내는 성분은 입안에서 혀 점막의 단백질과 결합합니다. 그 과정에서 만들어진 물질이 혀의 점막을 자극하죠. 이 자극 때문에 우리는 입안이 텁텁하다고 느낍니다. 그 텁텁한 느낌을 떫은맛이라고 하는 거죠.

(사진을 보여 주며) 이것은 감의 단면입니다. 과육 사이에 보이는 작고 검은 점들을 본 적이 있으시죠? (대답을 듣고) 네, 다들 본 적이 있는 이 점들이 떫은맛을 내는 성분 중의 하나인 타닌 입니다. 덜 익은 감의 타닌은 침에 녹는 성질이 있어 떫은맛을 느끼게 해요. 하지만 감이 익어 가면서 타닌이 침에 녹지 않는 성질로 변하기 때문에 잘 익은 감에서는 떫은맛이 느껴지지 않습니다.

떫은맛이 나는 식품을 적당히 먹으면 건강에 도움이 됩니다. ○○ 연구소의 연구에 따르면, 떫은맛을 내는 타닌이 들어 있는 감과 녹차는 당뇨와 고혈압 등을 개선하는 기능이 있다고 합니다. 다만 떫은맛이 나는 식품을 많이 섭취하면 입이 마르고, 대장에서 수분 흡수율이 지나치게 높아져서 속이 불편할 수 있으니 적당히 섭취하는 게 좋습니다.

떫은맛을 꺼리는 사람도 있지만 떫은맛은 다른 맛과 혼합돼 독특한 풍미를 형성하기도 합니다. 그 풍미 때문에 녹차나 홍차를 즐기는 사람도 많은데요, 발표를 준비하면서 우리 주변에 떫은맛이 나는 식품이 많다는 것을 알게 되었습니다. 떫은맛이 나는 식품에는 무엇이 더 있는지 여러분도 찾아보면 어떨까요? 이상으로 발표를 마치겠습니다.

35. 위 발표에 대한 설명으로 가장 적절한 것은?

① 발표에 사용할 용어의 개념을 정의한 후 화제를 제시하고 있다.
② 청중의 요청에 따라 발표 내용에 대한 정보를 추가하여 설명하고 있다.
③ 발표 중간중간에 청중이 발표를 들으면서 주의해야 할 점을 안내하고 있다.
④ 발표 내용과 관련된 청중의 경험을 환기하며 청중의 반응을 확인하고 있다.
⑤ 발표 내용에 대한 청중의 이해 여부를 확인하는 질문을 하며 발표를 마무리하고 있다.

36. 다음은 발표를 하기 위해 작성한 메모와 발표 계획이다. 발표내용에 반영되지 않은 것은?

	메모		발표계획
①	청중은 떫은맛의 느낌은 알지만 떫은맛과 관련된 지식은 부족할 것임.	→	떫은맛에 대한 정보를 제공하는 것이 발표의 목적임을 밝혀야지.
②	청중은 기본적인 맛은 미각 세포를 통해 느낀다는 것을 배운 적이 있음.	→	기본적인 맛과 떫은맛이 느껴지는 감각의 차이를 언급하며 떫은맛이 느껴지는 과정을 설명해야지.
③	감의 타닌(과육의 검은 점)이 떫은맛을 냄.	→	떫은맛을 내는 다양한 성분을 분석한 시각 자료를 보여 줘야지.
④	떫은맛이 나는 식품이 건강에 도움을 줌.	→	떫은맛이 나는 식품의 효능과 관련된 연구 결과를 인용해야지.
⑤	떫은맛이 나는 식품은 여러 가지가 있음.	→	떫은맛이 포함되어 풍미를 느낄 수 있는 식품의 예를 언급해야지.

37. <보기>는 위 발표를 들은 학생들의 반응이다. 발표의 내용을 고려하여 학생의 반응을 이해한 내용으로 가장 적절한 것은?

<보 기>

학생 1 : 녹차에 타닌이 들어 있다는 사실을 처음 알았어. 녹차의 떫은맛이 물에 우려내는 정도에 따라 달라지는 걸로 봐서 녹차의 타닌은 물에 녹는 성질을 가지고 있겠군.

학생 2 : 떫은맛에 대해 관심이 없었는데 쉽게 접하는 과일인 감과 연결해서 설명하니 떫은맛에 관심이 생겼어. 떫은맛이 나는 건 먹어서 좋을 게 없다고 생각했는데 그렇지 않네. 몸에 좋다니 앞으로 적당히 먹어 봐야겠어.

학생 3 : 감의 검은 점이 단맛을 내는 것이라고 생각했는데 떫은맛을 내는 성분이었구나. 감이 익어 가면서 그 성분의 성질이 변한다는 점이 흥미로웠어.

① '학생 1'은 발표 내용과 자신이 알고 있던 사실을 비교하며 발표에서 제시한 정보의 문제점을 지적하고 있다.
② '학생 2'는 발표자가 청중에게 익숙한 사물을 소재로 제시한 것에 대해 그 이유를 궁금해 하고 있다.
③ '학생 3'은 발표에서 새롭게 알게 된 사실에 대해 추가적인 정보가 필요하다고 판단하고 있다.
④ '학생 1'과 '학생 2'는 모두, 발표에서 직접적으로 언급하지 않은 내용을 추론하고 있다.
⑤ '학생 2'와 '학생 3'은 모두, 발표에서 새롭게 알게 된 정보를 통해 자신이 평소 생각하던 바를 수정하고 있다.

[38~41] (가)는 텔레비전 방송의 인터뷰이고, (나)는 (가)를 시청하고 산림 치유 프로그램에 참여한 학생이 쓴 수기이다. 물음에 답하시오.

(가)

진행자 : 산림 치유에 대해 알아보고자 ◇◇국립 산림 치유원의 산림 치유 지도사 이○○님을 모셨습니다. 안녕하세요.

지도사 : 안녕하세요.

진행자 : 시청자 분들께 산림 치유와 산림 치유 프로그램에 대해 간단히 소개해 주시겠어요?

지도사 : 산림 치유란 피톤치드, 나뭇잎의 초록색 등과 같은 숲의 환경 요소로 심신의 건강을 회복시키는 것입니다. 삼림욕, 숲 치료라고들 하시는데요, 공식 명칭은 산림 치유입니다. 산림 치유원과 치유의 숲에서는 숲 명상, 숲 체조 등의 활동으로 구성된 다양한 산림 치유 프로그램을 운영하고 있습니다. 저희가 운영하고 있는 숲 명상 사례를 잠시 보여 드리겠습니다. (동영상 제시) 시청자 분들께서는 화면을 보시면서, 숲의 소리에 귀 기울여 보세요. 숲의 짙은 녹음과 맑은 새소리에 마음이 편안해지실 겁니다.

진행자 : (동영상을 보고 나서) 숲에서의 활동이 실감 나게 느껴지네요. 실제로 체험하면 훨씬 좋겠습니다. 중·장년층이 주로 이런 활동에 참여할 거라고 많은 분들이 생각하시는데, 실제로는 그렇지 않죠?

지도사 : 청소년부터 노년층까지 폭넓은 연령층이 참여합니다. 최근에는 청소년 대상 프로그램의 인기가 높습니다.

진행자 : 제 생각에는 청소년들이 학업 등으로 힘들어하는 경우가 많아져서 그런 것 같네요. 산림 치유 프로그램에 참여하면 어떤 점이 좋나요?

지도사 : 요즘 스트레스 때문에 힘들어하는 분들이 많으시죠? 진행자께서도 스트레스 때문에 힘들었던 적 있으신가요?

진행자 : 네, 업무 처리가 생각만큼 잘 진행되지 않아서 스트레스를 받았던 적이 있습니다. 그럴 땐 좀 힘들죠.

지도사 : 스트레스는 마음을 지치게 하죠. 그럴 때 산림 치유프로그램이 도움이 될 수 있습니다. (표 제시) 이 표는 저희가 프로그램 참가자의 스트레스 정도를 조사한 자료인데요, 참가 전과 후를 비교해 보면 두 집단 모두 스트레스 점수의 평균값이 절반 이하로 감소했음을 알 수 있습니다.

진행자 : 산림 치유 프로그램의 효과를 잘 알 수 있네요.

지도사 : 진행자께서도 참여하시면 스트레스가 줄어들고 마음이 좀 편해지실 겁니다. 꼭 한번 참여해 보세요.

진행자 : 네, 그러겠습니다. 그러면 프로그램 운영 장소에 대해 알려 주시겠어요?

지도사 : (그림 제시) 이렇게 한 곳의 산림 치유원과 스물일곱 곳의 국공립 치유의 숲이 여러 시·도에 분산돼 운영되고 있습니다. 적절한 장소를 골라 참가 신청을 하고 이용하시면 됩니다.

진행자 : 말씀하신 참가 신청은 어떻게 할 수 있나요?

지도사 : △△ 누리집에 신청 방법과 프로그램 정보가 안내되어 있으니, 그에 따라 신청하시면 됩니다.

진행자 : 끝으로 시청자 분들께 한 말씀 해 주시죠.

지도사 : 숲은 마음을 토닥여 주는 친구입니다. 숲으로 오세요.

진행자 : 오늘 좋은 말씀 감사합니다.

(나)

내성적인 성격 때문에 고민이 많았다. 내 생각을 표현하고 친구들에게 말을 거는 것이 쉽지 않아 속상했고, 스트레스를 받았다. 그러던 중 산림 치유에 대한 방송 인터뷰를 보게 되었다. 인터뷰에서는 산림 치유 프로그램이 스트레스를 낮춰 준다고 했다. 그런 점이 나에게 도움이 될 것 같아 산림 치유 프로그램에 참여하기로 마음먹었다.

내 생각과 달리 인터뷰에서는 산림 치유 프로그램에 어른들만 참여하는 것이 아니라고 했다. '내 또래의 다른 청소년들도 산림치유 프로그램을 많이 찾는구나.' 하고 생각했다. 그런데 인터뷰 내용만으로는 내게 맞는 청소년 프로그램이 언제, 어디서 열리는지 알 수 없었다. 그래서 인터뷰에서 알려 준 누리집에 들어 가보니 자세한 내용을 확인할 수 있었다. □□ 치유의 숲에서 운영하는 산림 치유 프로그램의 하나인 '쉼숲' 프로그램이 마음에 들었다.

'쉼숲' 프로그램에서 제일 좋았던 활동은 '나무와 대화하기'였다. 내 마음에 드는 나무를 하나 골라 그 나무와 20분 동안 대화하는 활동이었다. 나무에 귀를 대고 숲의 소리를 들어 보기도 하고, 그동안 하지 못했던 이야기를 나무에게 털어놓기도 했다. 친구들에게 나를 표현하지 못해 답답했던 것, 그런 내 모습 때문에 힘들었던 일들을 이야기했다. 그러고 나니 마음이 후련해지면서 고민하던 나 자신의 모습을 한 발짝 물러서서 바라볼 수 있었다. 인터뷰에서 숲을 '마음을 토닥여 주는 친구'라고 했던 말이 마음에 와닿았다.

[A]

38. (가)에 나타난 의사소통 방식으로 적절하지 <u>않은</u> 것은?

① '진행자'는 '지도사'의 답변에 자신의 의견을 덧붙이고 있다.
② '지도사'는 '진행자'가 잘못 이해하고 질문한 내용을 바로잡아 주고 있다.
③ '진행자'는 '지도사'의 답변에 대한 추가 정보를 요청하는 질문을 하고 있다.
④ '진행자'는 자신의 경험을 언급하며 '지도사'의 질문에 대해 답변하고 있다.
⑤ '지도사'는 기대되는 긍정적인 결과를 언급하며 '진행자'의 참여를 권유하고 있다.

[해설편 p.080]

39. <보기 1>은 '지도사'가 받은 전자 우편의 내용이고, <보기 2>는 '지도사'가 인터뷰를 위해 준비한 자료이다. ㉠~㉢의 활용 계획 중 (가)에 드러나지 않은 것은? [3점]

<보기 1>

방송국입니다. 인터뷰 질문을 보내 드리니, 답변과 자료를 준비해주세요. 추가 질문이 있으면 다시 연락드리겠습니다.
[질문 1] 산림 치유와 산림 치유 프로그램을 간단히 소개해 주시겠어요?
[질문 2] 산림 치유 프로그램의 긍정적 효과에 대해 소개해 주시겠어요?
[질문 3] 프로그램 운영 장소에 대한 정보를 알려 주시겠어요?

<보기 2>

㉠ [동영상]
∘ 내용 : '숲 명상' 참가자들이 숲에서 새소리 등 숲의 소리를 들으며 명상하는 장면 (1분 분량)

㉡ [표]

산림 치유 프로그램 참가자 집단의 스트레스 점수 평균값 변화

참가자 집단	참가 전 점수 평균값	참가 후 점수 평균값
A 직업군	36.6점	12.4점
B 직업군	34.3점	10.8점

※ 32~49점 구간 : '스트레스 관련 질환 주의군'에 해당함.

㉢ [그림]

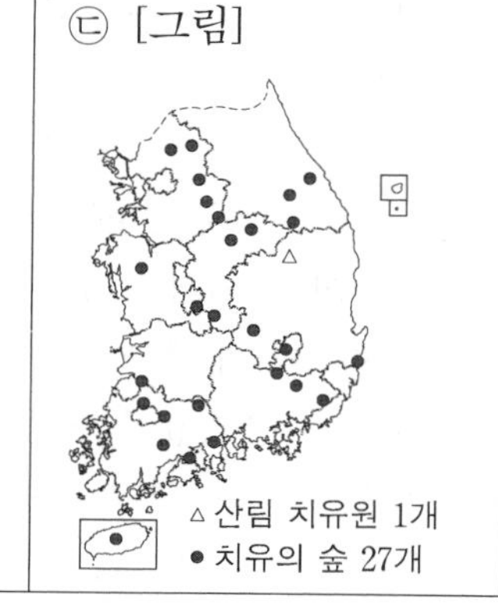

① [질문 1]에 대한 답변 과정에서 ㉠을 제시하며, 실제 산림 치유프로그램 활동을 간접 체험해 보도록 안내해야겠군.
② [질문 1]에 대한 답변 과정에서 ㉠을 제시하여, 영상과 소리를 통해 산림 치유 프로그램 활동을 생생하게 전달해야겠군.
③ [질문 2]에 대한 답변 과정에서 ㉡을 제시하여, 수치 변화로 알 수 있는 산림 치유 프로그램의 효과를 보여 줘야겠군.
④ [질문 2]에 대한 답변 과정에서 ㉡을 제시하며, 많은 직장인이 스트레스 관련 질환 주의군에 속한다는 점을 언급해야겠군.
⑤ [질문 3]에 대한 답변 과정에서 ㉢을 제시하며, 산림 치유 프로그램 운영 장소의 수와 분포에 대한 정보를 제공해야겠군.

40. (가)와 (나)를 고려할 때, 학생이 글을 쓰기 위해 떠올렸을 생각으로 적절하지 않은 것은?

① 인터뷰에서 숲을 비유적으로 표현했는데, 그 어구를 활용해 산림 치유 프로그램이 나에게 도움이 되었음을 제시해야겠다.
② 인터뷰에서 산림 치유 프로그램이 스트레스 해소에 좋다고 했는데, 그 점이 프로그램에 참여하는 계기였음을 밝혀야겠다.
③ 인터뷰에서 산림 치유 프로그램에 청소년들도 참가한다고 했는데, 이 말을 듣고 산림 치유 프로그램에 대한 기존의 생각이 바뀌었음을 밝혀야겠다.
④ 인터뷰에서 숲의 환경 요소가 심신에 좋은 영향을 준다고 했는데, 산림 치유 프로그램에서 만난 다른 사람들도 좋은 영향을 받았음을 언급해야겠다.
⑤ 인터뷰에서 청소년을 대상으로 하는 산림 치유 프로그램의 운영 시기와 장소에 대한 정보를 얻지 못했는데, 이에 대한 구체적 정보를 누리집에서 찾을 수 있었음을 언급해야겠다.

41. 다음을 고려할 때, [A]에 들어갈 내용으로 가장 적절한 것은?

[글쓰기 과정에서의 자기 점검]
체험의 의미가 부각되도록 '쉼숲' 프로그램에 참여하기 전과 후의 내 마음 상태를 모두 표현해야겠어. 그리고 삶의 자세에 대한 다짐을 나타내야지.

① 주말에 집에만 틀어박혀 지내던 나는 이제 주말이 오면 종종 숲으로 향한다. 숲이 내가 믿고 기댈 수 있는 친구가 되었기 때문이다.
② 고민거리를 지니고 있던 나는 나무와 대화를 나눈 후 마음의 짐을 덜어 낼 수 있었다. 산림 치유의 효과를 실감한 뜻깊은 시간이었다.
③ 인터뷰에서 알게 된 산림 치유 프로그램을 직접 경험해 보니 정말 만족스러웠다. 앞으로 힘든 일이 생길 때마다 숲을 찾아가 숲의 응원을 받고 와야겠다.
④ 이제 나는 집에 돌아와 다시 일상을 보내고 있다. 나를 따뜻하게 맞아 주던 숲을 기억하면서 나도 다른 사람들에게 향기로운 사람이 되려고 노력할 것이다.
⑤ 성격 때문에 속상해하던 나는 나무와 대화를 나누고 나서, 속상했던 마음이 풀리고 내 성격을 인정하게 되었다. 이제 내 모습을 아끼며 살아갈 것이다.

[42~45] (가)는 글을 쓰기 전 학생이 작성한 메모이고, (나)는 (가)를 작성한 학생이 쓴 글이다. 물음에 답하시오.

(가) 학생의 메모
- 작문 상황 : 교내 학생들에게 인포그래픽에 대해 소개하는 글을 써서 교지에 실으려 함.
- 예상 독자가 궁금해할 만한 내용
  - 어떤 것을 인포그래픽이라고 할까? ·························· ㉠
  - 인포그래픽의 유형을 나누는 기준은 무엇일까? ········ ㉡
  - 비상구 표시등의 그래픽 기호도 인포그래픽일까? ····· ㉢
  - 인포그래픽이 글에 비해서 더 나은 점은 무엇일까? ·· ㉣
  - 인포그래픽이 널리 쓰이게 된 배경은 무엇일까? ······· ㉤

(나) 학생의 글

[그림]과 같이 복합적인 정보의 배열이나 정보 간의 관계를 시각적인 형태로 나타낸 것을 '인포그래픽'이라고 한다.

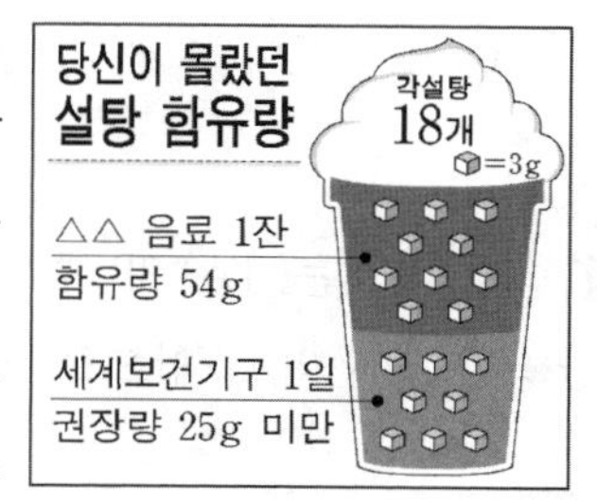

[그림]

인포그래픽에 대한 높은 관심은 시대의 변화와 관련이 있다. 정보가 넘쳐나고 정보에 주의를 지속하는 시간이 점차 짧아지면서, 효과적으로 정보를 전달할 수 있는 인포그래픽에 주목하게 된 것이다. 특히 소셜미디어의 등장은 정보 공유가 용이한 인포그래픽의 쓰임을 더욱 확대하였다.

인포그래픽과 유사한 것으로, 비상구 표시등의 그래픽 기호처럼 시설이나 사물 등을 상징화하여 표시한 픽토그램이 있다.

그러나 픽토그램은 인포그래픽과 달리 복합적인 정보를 나타내기 어렵다. 예를 들어 컴퓨터를 나타낸 픽토그램은 컴퓨터 자체를떠올리게 하지만, 인포그래픽으로는 컴퓨터의 작동 원리도 효과적으로 설명할 수 있다.

인포그래픽은 독자의 정보 처리 시간을 절감할 수 있다. 글은 문자 하나하나를 읽어야 정보를 파악할 수 있지만, 인포그래픽은 시각 이미지를 통해 한눈에 정보를 파악할 수 있다. 또한 인포그래픽은 독자의 관심을 끌 수 있다. 김○○ 박사의 논문에 따르면, 인포그래픽은 독자들이 정보에 주목하는 정도를 높이는 효과가 있다고 한다.

시각적인 형태로 복합적인 정보를 나타냈다고 해서 다 좋은 인포그래픽은 아니다. 정보를 한눈에 파악하게 하는지, 단순한 형태와 색으로 구성됐는지, 최소한의 요소로 정보의 관계를 나타냈는지, 재미와 즐거움을 주는지를 기준으로 좋은 인포그래픽인지를 판단해 봐야 한다. 시각적 재미에만 치중한 인포그래픽은 정보 전달력을 떨어뜨릴 수 있다.

[A] 학생들도 쉽게 인포그래픽을 만들 수 있다. 발표를 하거나 보고서를 작성할 때 인포그래픽을 활용해 보면 어떨까? 발표와 보고서의 전달력이 한층 높아질 것이다.

신출제

42. <보기>는 학생이 (나)를 쓰면서 고려한 서술 방식이다. (나)를 통해 확인할 수 있는 서술 방식을 모두 찾은 것은?

<보 기>

ⓐ 의문형을 통해 독자에게 실천할 것을 권유해야겠어.
ⓑ 전문가의 견해를 제시하여 대상이 지닌 효과를 강조해야겠어.
ⓒ 구체적 사례를 제시하여 대상 간의 차이점을 이해할 수 있게 해야지.
ⓓ 대상에 대한 인상을 선명하게 해 주기 위해 비유적 표현을 활용해야겠어.

① ⓐ, ⓑ ② ⓐ, ⓑ, ⓒ ③ ⓐ, ⓒ, ⓓ
④ ⓑ, ⓒ, ⓓ ⑤ ⓒ, ⓓ

43. ㉠~㉤ 중 (나)에 반영되지 않은 것은?

① ㉠ ② ㉡ ③ ㉢ ④ ㉣ ⑤ ㉤

44. <보기>는 [A]의 초고이다. <보기>를 [A]로 고쳐 쓸 때 반영한 친구의 조언으로 가장 적절한 것은?

<보 기>

지금까지 인포그래픽에 대해 살펴보았다. 인포그래픽의 여러 특성에 비추어 볼 때 앞으로 인포그래픽이 활용되는 분야는 더욱 늘어날 것이다.

① 예상 독자가 탐구해야 할 문제가 포함되도록 써 보는 게 어때?
② 예상 독자가 얻을 수 있는 효용이 드러나도록 써 보는 게 어때?
③ 글의 내용에 대해 균형 잡힌 관점이 드러나도록 써 보는 게 어때?
④ 글의 도입에서 제기한 문제에 대한 답이 포함되도록 써 보는 게 어때?
⑤ 글의 내용을 설명한 순서대로 요약한 내용이 포함되도록 써보는 게 어때?

45. 다음은 (나)를 읽은 학생이 이를 참고하여 작성한 글의 일부이다. (나)의 정보를 활용한 방식으로 가장 적절한 것은? [3점]

설문 조사 결과 우리 학교 학생의 90%가 학교 정보 알림판을 읽어 본 적이 없었습니다. 그 이유를 물은 인터뷰에서 학생들 대다수는 '알림판에 관심이 안 생겨서'라고 답했습니다.

이러한 문제를 해결하기 위해, 알림판을 인포그래픽으로 만들어 주실 것을 건의합니다. 많은 학생들이 인포그래픽을 선호하며, 인포그래픽이 유용하다는 점도 알고 있습니다. 특히 교지의 글에서 인용한 논문을 찾아보니, 인포그래픽을 활용하면 정보에 주목하는 정도가 글만 활용할 때보다 성별이나 나이와 상관없이 2배 정도 높아졌다고 합니다. 또한 인근 학교 에서는 학교 신문에 인포그래픽을 추가했더니 학교 신문을 읽는 학생이 3배 늘었다고 합니다. 건의가 수용되면 알림판에 관심을 갖는 학생들이 많아질 것입니다.

① (나)에 언급된 인포그래픽의 관심 유발 효과와 관련하여, 그 효과가 확인된 인근 학교의 사례를 문제 해결 방안의 근거로 제시하였다.
② (나)에 인용된 인포그래픽 연구 논문과 관련하여, 그 논문의 내용에 대해 추가적으로 조사한 정보를 문제 상황의 내용으로 제시하였다.
③ (나)에 진술된 좋은 인포그래픽의 기준과 관련하여, 그 기준으로 알림판의 정보가 신뢰할 만한지 평가한 결과를 문제 상황의 내용으로 제시하였다.
④ (나)에 언급된 인포그래픽의 사용 목적과 관련하여, 그 사용 목적이 무엇인지 교내 학생들에게 설문한 결과를 문제 상황의 내용으로 제시하였다.
⑤ (나)에 언급된 인포그래픽의 효율성과 관련하여, 그 효율성에 얼마나 공감하는지 교내 학생들에게 인터뷰한 내용을 문제 해결 방안의 근거로 제시하였다.

* 확인 사항
◦ 답안지의 해당란에 필요한 내용을 정확히 기입(표기)했는지 확인하시오.

[해설편 p.080]

● 문항수 11개 | 배점 24점 | 제한 시간 20분

● 점수 표시가 없는 문항은 모두 2점

[35~37] 다음은 학생이 수업 시간에 한 발표이다. 물음에 답하시오.

안녕하세요? 이번 시간에 발표를 맡은 ○○○입니다. 저는 전통극과 관련된 문화유산 중 '예산대'를 소개하고자 합니다.

예산대를 알기 위해서는 먼저 '산대'를 알아야 하는데요, 산대는 산 모양의 큰 무대입니다. 산대는 대개 고정되어 있었지만 『광해군 일기』에 사람들이 산대를 끌어냈다는 기록이 있는 것으로 보아 이동이 가능한 산대가 있었음을 알 수 있습니다. 그중 하나가 바로 예산대인데, 이 명칭은 『성종실록』에 이미 기록되어 있습니다. 예산대의 구체적인 모습은 조선 영조 때 중국 사신단의 일정을 담은 『봉사도』에서 찾아볼 수 있습니다. 여러분의 이해를 돕기 위해 준비한 자료를 보겠습니다. (㉠ 자료 제시) 기이한 돌산처럼 보이는 물체를 사람들이 움직이고 있죠? 이것이 바로 전통 인형극을 위한 예산대의 전체 모습입니다.

우선, 예산대에 있는 인형들을 알아볼까요? 수레바퀴 바로 위에는 선녀 인형과 낚시꾼 인형이, 그 위에는 원숭이 인형 등이 있습니다. 그림이 작아 잘 안 보일 테니 이 인형들만 확대해서 보여 드릴게요. (㉡ 자료 제시) 지금 보는 선녀 인형은 양팔을 흔들며 춤을 추었답니다. 낚시꾼 인형은 낚싯대를 앞뒤로 움직이는 모습을 연출했다고 해요. 그리고 원숭이 인형은 돌아가면서 주변 구멍에 얼굴을 내밀어 관객들에게 웃음을 주었다고 합니다.

여러분, 예산대 위의 인형들은 어떻게 움직일 수 있었는지 궁금하지 않으세요? 예산대 아랫부분에 힌트가 있습니다. (㉢ 자료 제시) 여기 보이는 수레바퀴가 그 역할을 했는데요, 이 그림은 최근 예산대를 복원하는 과정에서 내부 구조를 재현한 것입니다. 사람들이 예산대를 이동하면, 예산대 내부의 톱니바퀴가 수레바퀴로부터 동력을 전달받아 회전하면서 인형들을 움직였습니다.

이처럼 예산대는 이동 시에 인형들을 자동으로 움직여 극에 활력을 불어넣었다는 점에서 우리 조상들의 지혜를 보여 줍니다. 여러분, 예산대에 대해 관심이 좀 생겼나요? (청중의 대답을 듣고) 여러분도 기술과 예술을 접목한 전통문화의 또 다른 예를 찾아보면 좋겠습니다. 이상으로 발표를 마치겠습니다.

35. 위 발표에 대한 설명으로 적절하지 <u>않은</u> 것은?

① 청중에게 질문을 하여 발표 내용에 관심을 유도하고 있다.
② 정보의 출처를 언급하여 발표 내용의 신뢰성을 높이고 있다.
③ 청중과 공유했던 경험을 제시하며 발표의 목적을 밝히고 있다.
④ 발표 주제와 관련된 단어의 의미를 설명하여 청중의 이해를 돕고 있다.
⑤ 발표에 대한 청중의 반응을 확인하며 청중에게 바라는 바를 제시하고 있다.

36. <보기>는 위 발표에서 발표자가 제시한 자료이다. 발표자의 자료 활용에 대한 설명으로 가장 적절한 것은? [3점]

<보 기>

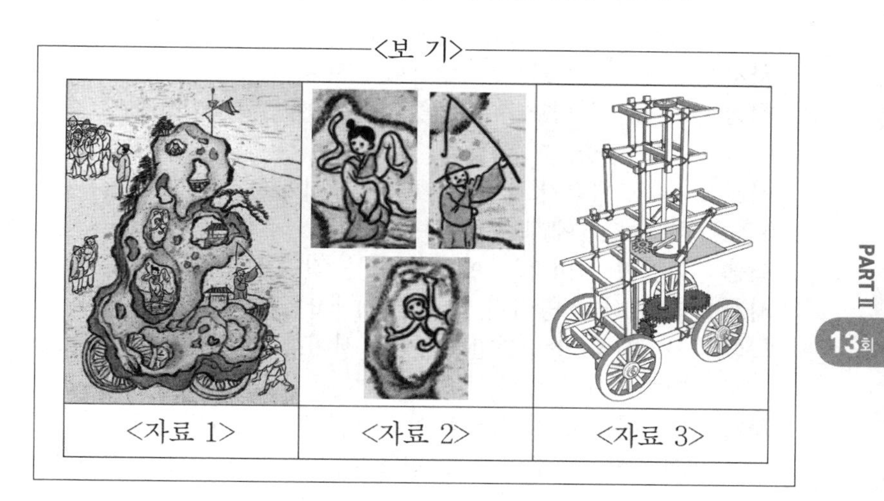

<자료 1> <자료 2> <자료 3>

① 예산대의 제작 과정을 보여 주기 위해 ㉠에 <자료 1>을 활용하였다.
② 예산대의 구조를 설명하기 위해 ㉠에 <자료 3>을 활용하였다.
③ 예산대의 유래를 설명하기 위해 ㉡에 <자료 2>를 활용하였다.
④ 예산대 인형의 형태를 보여 주기 위해 ㉢에 <자료 2>를 활용하였다.
⑤ 예산대 인형이 움직이는 원리를 설명하기 위해 ㉢에 <자료 3>을 활용하였다.

37. 다음은 발표 후 청중의 질문에 대한 발표자의 답변이다. 발표 내용과 답변을 바탕으로 할 때, 청중의 질문으로 가장 적절한 것은?

"신선의 세계에서 유희를 즐기는 인물과 동물을 나타낸 것입니다. 당시 사람들이 꿈꾸던 이상향 속의 존재들이지요."

① 예산대에는 여러 인형들이 있다고 하셨는데, 그 인형들은 어떤 의미를 지니고 있나요?
② 전통극 무대에는 상징적 의미가 있다고 하셨는데, 예산대는 무엇을 상징하는 것인가요?
③ 예산대는 산 모양의 큰 무대라고 하셨는데, 그 산은 신선의 세계와 어떤 관련이 있나요?
④ 예산대에서 인형극이 행해졌다고 하셨는데, 사람이 직접 예산대 위에서 공연할 수 있었나요?
⑤ 『봉사도』는 중국 사신단의 일정을 보여 준다고 하셨는데, 예산대 외에 다른 그림에는 무엇이 있었나요?

[해설편 p.081]

[38~39] 다음은 학생이 교지에 실을 글을 쓰기 위한 면담이다. 물음에 답하시오.

학생 : 안녕하세요? 한국고 교지 편집부 기자 ○○○입니다.
사서 : 네, 반가워요. 햇살도서관 사서 △△△입니다.
학생 : 전화로 미리 말씀드린 것처럼 햇살도서관을 저희 학교 교지에 소개하는 글을 쓰려고 합니다. 햇살도서관이 학생들에게 참 좋을 거라고 주변 분들이 추천하시더라고요.
사서 : 우리 도서관을 소개한다니 고마워요.
학생 : 도서관에 다녀온 주민들이 SNS에 '햇살도서관은 책을 빌리는 곳, 그 이상의 장소'라고 쓴 것을 봤어요.
사서 : 아마 '책편지' 서비스 때문일 거예요. 이 서비스가 특히 주민들에게 호응이 좋아요.

[A]
학생 : 책편지 서비스는 어떻게 하는 건가요?
사서 : 혹시 신청 방법이 궁금한 거예요?
학생 : 아, 신청 방법뿐만 아니라 서비스 진행 과정도 설명해주시겠어요?
사서 : 네, 책편지 서비스를 이용하려면 도서관에 직접 와서 책을 통해 어떤 고민을 해결하고 싶은지 신청서를 작성하면 됩니다. 저희 사서들이 그것을 보고, 고민 해결에 도움이 될 만한 책을 선정합니다. 다음 날 선정한 이유를 적은 편지를 책과 함께 신청자에게 드립니다. 일종의 개인 맞춤형 서비스죠.

[B]
학생 : 저희 학교 학생들에게 도움이 되겠네요. 이 서비스를 시작하시게 된 이유는 무엇인가요?
사서 : 지역 주민들께 책으로 도움을 드리고 싶었어요.
학생 : 구체적으로 어떤 도움을 주시고 싶었나요?
사서 : 우리는 많은 고민 속에 살지만 그 답을 찾기가 힘들잖아요. 우리 도서관에서는 고민을 해결하는 데 책이 도움을 줄 수 있다고 생각해서 책편지 서비스를 시작하게 됐어요.

학생 : 그렇군요. 그런데 이 서비스를 운영하시는 데 어려움은 없으세요?
사서 : 적은 인원으로 일일이 책을 고르고 편지를 쓰는 게 힘든 건 사실이에요. 하지만 서비스를 즐겁게 이용하시는 주민들의 모습에 보람을 느끼고 있어요.
학생 : 인자하신 모습만큼이나 마음이 따뜻하시네요. 마지막으로 질문드리겠습니다. 선생님께 도서관이란 어떤 곳인가요?
사서 : 도서관은 단순히 책을 빌리는 곳이 아니라, 책을 경험하는 곳이라고 생각해요.
학생 : 책으로 주민들에게 도움을 주시려는 선생님의 친절한 마음이 한국고 학생들에게도 전해졌으면 좋겠어요.
사서 : 고맙습니다.

38. [A], [B]에 대한 이해로 가장 적절한 것은?

① [A]에서 학생은 사서의 답변이 질문의 의도에서 벗어났다고 판단하여 같은 질문을 다시 하고 있다.
② [A]에서 사서는 질문에 대한 답변을 학생이 제대로 이해하지 못했다고 판단하여 이를 확인하는 질문을 하고 있다.
③ [B]에서 학생은 사서의 답변이 면담의 목적에서 벗어났다고 판단하여 새로운 질문을 하고 있다.
④ [A]에서 사서는 학생의 질문이 명확하지 않았다고 판단하여 질문의 의도를 확인하고 있고, [B]에서 학생은 사서의 답변을 듣고 더 알고 싶은 점을 질문하고 있다.
⑤ [A]에서 학생은 질문의 의미가 잘못 전달됐다고 판단하여 다시 질문하고 있고, [B]에서 사서는 학생의 질문 중 일부 내용을 반복하여 자신의 이해 여부를 확인하고 있다.

39. 다음은 위 면담을 바탕으로 학생이 쓴 글이다. 면담과 학생 글을 고려할 때, 학생이 활용한 글쓰기 방법으로 적절하지 <u>않은</u> 것은?

> **책과 마음이 닿는 햇살도서관**
> "도서관은 책을 경험하는 곳입니다."
>
> 햇살도서관은 책편지 서비스를 하는 마을 도서관이다. 인자한 인상의 사서 선생님의 설명에 따르면 책편지 서비스는 햇살도서관에서 신청자의 고민 해결에 도움이 되는 책을 골라 주고, 그 이유를 편지에 적어 주는 개인 맞춤형 서비스이다. 이 서비스를 경험한 주민들은 햇살도서관이 책을 빌리는 곳, 그 이상의 장소라고 말한다. 책편지 서비스는 방문객들을 친절하게 응대해 주는 사서 선생님들 덕분에 큰 호응을 얻고 있다. 진로 탐색이나 교우 관계에 고민이 있는 한국고 학생들이 이 서비스를 이용하면, 고민 해결에 많은 도움을 받을 수 있을 것으로 기대된다.

① 면담에서 받은 사서에 대한 주관적 인상을 포함하여 독자들에게 도서관에 대한 호감을 높인다.
② 책편지 서비스가 도움이 될 만한 대상자를 구체화하여 책편지 서비스를 통한 기대 효과를 알린다.
③ 마지막 질문에 대한 사서의 답변 중 일부를 글의 부제로 제시하여 도서관에 대한 관심을 이끌어 낸다.
④ 면담에서 알게 된 책편지 서비스 신청 방법을 제시하여 책편지 서비스 이용에 대한 정보를 제공한다.
⑤ 면담에서 학생이 사서에게 언급한, 도서관에 대한 주민들의 반응을 제시하여 도서관의 장점을 부각한다.

[40~41] 다음은 작문 과제에 따라 작성한 학생들의 글이다. 물음에 답하시오.

> **[작문 과제]**
> 일상의 체험을 바탕으로 자신을 성찰하는 글을 써 보자.

[학생의 글]
(가) 학생 1
옥수수 씨앗을 심으러 학교 텃밭에 가는 날이었다. 처음 심어보는 옥수수라 마음이 설렜다. 그런데 텃밭에는 잡초가 무성했다. 잡초를 뽑고 텃밭의 흙을 정리하느라 흙먼지가 날리고 땀이 흘렀다. 생각보다 일이 많고 힘들었다. 괜히 시작한 것 같아 후회가 되면서 나도 모르게 투덜대며 얼굴을 찡그렸다. 옆에서 나를 지켜보신 선생님께서 "하나의 생명을 심을 때는 심는 사람의 마음도 함께 심는 거란다. 즐거운 마음으로 심어야지."라고 하셨다. 생각해 보니 텃밭에 오면서 느꼈던 설렘은 어느새 투덜댐으로 바뀌어 있었다. 당장의 어려움 때문에 시작할 때의 마음을 잊었던 것은 아닐까? 텃밭에 올 때의 마음으로 옥수수 씨앗을 심으며 선생님의 말씀을 떠올렸다. '하나의 생명을 심을 때는 심는 사람의 마음도 함께 심는 거란다.'

[해설편 p.082]

(나) 학생 2

선배와 학교 텃밭에 옥수수 씨앗을 심고 아침저녁으로 살피며 싹이 나기를 손꼽아 기다렸다. 열흘쯤 지나자 선배의 옥수수는 싹이 올라오는데, 내 옥수수의 싹은 아직 보이지 않았다. 마음이 조마조마하여 여러 번 텃밭에 갔다. 선배는 때가 되면 싹이 돋아날 테니까 너무 조급해하지 말고 기다려 보자고 했다. 선배의 말에 나를 되돌아보았다. 왜 그렇게 조급해했던 것일까? 나는 평소 무엇인가를 여유롭게 기다리지 못하고, 결과가 빨리 나오기를 바랄 때가 많았다. 이런 태도는 친구들을 대할 때도 마찬가지였다. 우정을 쌓기 위해서는 서로 알아 가기 위한 기다림의 자세가 필요한데, 빨리 친해지고 싶어서 조급해하며 서운했던 적이 많았다. 기다림의 시간을 소중하게 여기며 성급한 마음을 먹지 말아야겠다고 생각했다. 그렇게 생각한 지 며칠 지나지 않아 옥수수 싹이 어느새 올라와 있었다.

40. (가)와 (나)를 통해 두 학생의 글쓰기 과정을 이해한 내용으로 적절하지 않은 것은?

① '학생 1'과 '학생 2'는 모두 타인의 조언을 성찰의 계기로 삼았다.
② '학생 1'과 '학생 2'는 모두 식물이 자라는 모습에서 새로운 의미를 발견하였다.
③ '학생 1'과 '학생 2'는 모두 자신을 돌아보기 위해 스스로에게 질문하는 방식을 사용하였다.
④ '학생 1'은 같은 문장을 다시 인용하며, '학생 2'는 자신이 원했던 상황이 이루어진 모습을 제시하며 글을 마무리하였다.
⑤ '학생 1'은 자신의 감정 변화를 중심으로, '학생 2'는 자신의 태도를 타인과의 관계와 연결 지어 내용을 전개하였다.

41. <보기>는 (가)와 (나)를 읽은 학생들이 나눈 대화의 일부이다. ㉠~㉤에 대한 설명으로 적절하지 않은 것은?

<보 기>

A: 친구들이 쓴 글 읽어 봤어? 소감이 어때?
B: '학생 1', '학생 2' 모두 학교 텃밭에서 체험한 내용에 대해 쓴 점이 흥미로웠어. '학생 1'은 자신이 느낀 점을 진솔하게 표현한 점이 좋았고, '학생 2'는 결과를 얻기 위해서 기다림의 자세가 필요하다고 한 점이 인상 깊었어.
A: 나도 그렇게 생각해. ㉠ 그런데 기다림의 자세만으로 목표한 결과를 얻을 수 있다고 생각하니?
B: 그럼. ㉡ 예전에 수영을 배울 때 빨리 잘하고 싶었지만 생각처럼 되지 않은 적이 있어서 '학생 2'의 생각이 이해되더라. 나도 성급하게 생각하지 말고 꾸준히 연습해야겠다고 마음먹으니까 실력이 늘더라고.
A: ㉢ '학생 2'의 생각처럼 여유를 갖고 기다리는 것도 중요하지만 문제점을 고치려는 노력도 중요하지 않을까? 원하는 결과가 나오지 않을 때 그 과정에 문제가 있을지도 모르잖아. ㉣ 노력에 따라 목표한 결과를 얻는 시기를 앞당길 수도 있어.
B: 그렇게 생각할 수도 있겠다. ㉤ 같은 글을 읽고 이야기해보니, 서로의 생각이 어떤 점에서 비슷하고 다른지 알 수 있어서 좋았어.

① ㉠: '학생 2'의 글에 의문을 제기하며 상대의 생각을 묻고 있다.
② ㉡: 자신의 경험을 들어 '학생 2'의 글에 공감하고 있다.
③ ㉢: '학생 2'의 글에 담긴 생각을 인정하면서 자신의 생각을 추가하고 있다.
④ ㉣: '학생 2'의 글과 자신의 생각의 공통점을 근거로 자신의 의견을 강조하고 있다.
⑤ ㉤: '학생 1', '학생 2'의 글을 읽고 대화를 나누는 행위에 대해 이유를 들어 긍정적으로 평가하고 있다.

PART II 13회

[42~45] (가)는 작문 과제이고, (나)는 (가)를 바탕으로 쓴 학생의 글이다. 물음에 답하시오.

(가) 작문 과제

- 주제 : 확증 편향에 빠지지 않기 위한 방안
- 글의 목적 : 확증 편향에 빠지지 않기 위해 노력해야 함을 주장하기
- 예상 독자 : 확증 편향의 개념이 생소한 우리 학교 학생들

(나) 학생의 글

만약 특정 주제에 대해 자신의 생각과 상반되는 증거를 본다면 사람들은 어떻게 반응할까? 미국의 한 심리학자는 사형 제도에 찬성, 반대하는 대학생들에게 사형 제도의 효과에 관한 상반된 연구 결과를 제공한 후 반응을 살피는 실험을 수행하였다. 그 결과 자신의 생각을 지지하는 연구 결과에 대해서는 '역시 그렇지.'라고 반응한 반면, 자신의 생각과 반대되는 연구 결과에 대해서는 받아들이지 않고 여러 이유를 들어 그 연구가 잘못되었을 가능성을 제기하는 반응을 보였다.

이처럼 자신의 생각이나 주장과 일치하는 정보만을 선택적으로 수집하고 그렇지 않은 것은 의도적으로 무시하는 심리적 경향을 확증 편향이라고 한다. 확증 편향에 빠질 경우 비판적 사고를 하기 어려워 비합리적인 판단을 내리기 쉽다. 또한 확증 편향에 의해 형성된 사고방식은 사회적으로 편향된 통념을 형성하여 사회 문제를 야기할 수 있다.

[A] 따라서 확증 편향에 빠지지 않기 위해서는 먼저 반대 입장에서 생각해 보는 자세를 지녀야 한다. 왜냐하면 고려의 대상이 되지 않았던 기존 증거들을 탐색하게 되어 판단의 착오를 줄일 수 있기 때문이다. 진화론을 주장한 찰스 다윈은 자신의 생각이 옳다는 확신이 강해질수록 그와 모순되는 증거들을 더 적극적으로 찾아 나섰기에 학문적 업적을 이룰 수 있었다.

다음으로는 토의와 같은 집단 의사 결정 방법을 거치도록 해야 한다. 이를 통해 확증 편향에 빠질 때 발생할 수 있는 개인의 판단 착오를 발견하여 수정할 수 있으며, 더 나아가 구성원 간 상호 작용을 통해 시너지 효과를 거둘 수 있기 때문이다.

[해설편 p.082]

마지막으로 자신의 생각이나 판단의 결과를 책임지는 자세를 지녀야 한다. 자신의 생각이나 판단을 글이나 말로 표현할 때 그것이 불러일으킬 영향을 예상하여 책임감을 가진다면, 판단의 착오를 줄이기 위해 더욱 신중하게 생각하게 될 것이기 때문이다.

물론 확증 편향에 빠지지 않는 것이 쉬운 일은 아니다. 하지만 개인이나 집단이 비합리적으로 판단하거나 서로 갈등하는 일을 막으려면 확증 편향에 빠지지 않기 위한 노력을 지속적으로 기울여야 한다.

42. (가)를 바탕으로 (나)를 쓰기 위해 세운 글쓰기 계획 중 (나)에 활용된 것은?

① 주제를 구체화하기 위해 확증 편향의 원인을 개인적 측면과 사회적 측면으로 나누어 제시해야겠다.
② 글의 목적을 강조하기 위해 확증 편향의 문제점에 대한 상반된 견해를 비교하여 설명해야겠다.
③ 글의 목적을 분명히 하기 위해 확증 편향에 빠지지 않기 위한 방안의 한계와 이를 보완할 방향을 제시해야겠다.
④ 예상 독자의 이해를 돕기 위해 확증 편향을 보여 주는 예를 들어 개념을 설명해야겠다.
⑤ 예상 독자의 관심을 반영하기 위해 사회적 쟁점을 두고 우리 학교 학생들 간에 벌어진 논쟁을 제시해야겠다.

신출제

43. <보기>는 학생들이 (나)를 읽고 평가한 것이다. 평가 내용으로 적절한 것을 모두 찾은 것은?

<보 기>

ⓐ 경아: 표지를 사용하여 자신의 의견을 구체적으로 나열하고 있군.
ⓑ 은영: 의문의 방식으로 글을 시작하여 독자의 관심을 유발하고 있군.
ⓒ 찬민: 의견을 뒷받침하기 위한 이유를 제시하여 설득력을 높이고 있군.
ⓓ 유영: 자신의 의견을 강조하기 위해 특정 대상에 빗대어 표현하고 있군.

① ⓐ, ⓑ ② ⓐ, ⓑ, ⓒ ③ ⓑ, ⓒ ④ ⓑ, ⓒ, ⓓ ⑤ ⓒ, ⓓ

44. (나)에 제시된, 확증 편향에 빠지지 않기 위한 방안에 대해 <보기>를 바탕으로 비판하는 글을 쓰려고 한다. 비판의 내용으로 가장 적절한 것은? [3점]

<보 기>

갈릴레이는 태양의 흑점 이동과 목성의 위성 존재 등 경험적 사실을 근거로 지동설이 옳음을 주장하였다. 하지만 당시 과학계에서는 천동설을 지지했기에 갈릴레이의 거듭된 증거 제시에도 불구하고 논의를 거쳐 이를 거부하였다. 지동설은 갈릴레이 사후에야 받아들여지게 되었다.

① 자신의 주장과 일치하는 정보만을 선택적으로 수집한다면 비판적 사고에 부정적 영향을 줄 수 있다.
② 집단 구성원 간의 상호 작용이 원활하게 이루어진다면 확증 편향으로 인한 판단의 착오를 줄일 수 있다.
③ 현상에 대해 판단을 내릴 때 책임감 있는 자세를 갖지 않는다면 보고 싶은 대로 보는 관습에서 벗어나기 어렵다.
④ 집단의 의견이 한쪽으로 치우쳐 있다면 집단 의사 결정 방법을 거치더라도 비합리적인 의사 결정이 이루어질 수 있다.
⑤ 가치관이 다양한 세상에서 일관된 자아 정체성을 유지할 수 있는 것은 인간에게 확증 편향이 있기에 가능한 일이다.

45. <보기>는 [A]의 초고이다. <보기>를 고쳐 쓰기 위해 친구들이 조언한 내용 중 [A]에 반영되지 <u>않은</u> 것은?

<보 기>

반대 입장에서 생각해 보는 자세를 지녀야 한다. 즉, 자신의 판단이 틀릴 수도 있는 이유에 대해 구체적으로 떠올려 보는 것이다. 그러나 반대를 위한 반대는 의사 결정에 역효과를 초래할 수 있다.

① 앞 문단과의 연결 관계를 보여 주기 위해 문단 간의 관계를 알려 주는 표현을 추가하는 게 어때?
② 첫 번째 문장의 내용을 뒷받침하는 근거가 제시되어 있지 않으니까 제시된 방안의 긍정적 효과를 근거로 추가하는 게 어때?
③ 두 번째 문장의 내용이 앞 문장과 유사하니까 두 문장의 핵심어를 포함한 한 문장으로 교체하는 게 어때?
④ 세 번째 문장의 내용이 문단의 통일성에서 벗어나니까 해당 문장을 삭제하는 게 어때?
⑤ 주장의 설득력을 강화하기 위해 역사적 인물의 사례를 주장에 대한 근거로 추가하는 게 어때?

* 확인 사항
○ 답안지의 해당란에 필요한 내용을 정확히 기입(표기)했는지 확인하시오.

[해설편 p.082]

● 문항수 11개 | 배점 24점 | 제한 시간 20분

● 점수 표시가 없는 문항은 모두 2점

[35~36] 다음은 수업 중 학생의 발표이다. 물음에 답하시오.

안녕하세요? 이번 학기 프로젝트 과제는 '숨어 있는 들꽃의 재발견'인데요. (슬라이드를 보여 주며) 여기 우리 모둠의 발표 차례를 봐 주세요. 우리 모둠의 1차 탐구 과제는 '들꽃의 아름다움'이고, 2차 탐구 과제는 '들꽃의 아름다운 이름을 찾아서'입니다. 오늘은 1차 탐구 과제 발표를 하겠습니다.

여러분, 지난주 국어 시간에 배운 「옥상의 민들레꽃」에서 들꽃이 하나 등장했었는데 기억나시나요? (청중의 답을 듣고 고개를 끄덕이며) 네, 그렇죠. 시멘트 틈을 뚫고 피어나 주인공에게 삶의 희망을 일깨워 준 민들레꽃이 있었죠. 그리고 여기 이것은 (사진을 보여 주며) 제가 산책을 하다가 보도블록 틈에 수줍은 듯 피어 있는 모습에 저도 모르게 이끌려 찍은 제비꽃 사진이에요. 이처럼 우리는 기대치 않은 곳에 핀 들꽃을 발견할 때 그 아름다움에 이끌려 자세히 보게 됩니다.

그럼 우리는 왜 들꽃의 아름다움에 매료되는 걸까요? (동영상을 보여 주며) 이 높은 산 위에 부는 세찬 바람 소리 들리시죠? 이곳을 자세히 보세요. (화면을 가리키며) 여기 짙은 자주색의 들꽃 보이시죠? 바로 이곳, 고산 지대에서 피는 고려엉겅퀴꽃입니다. 이런 곳은 바람뿐 아니라 자외선도 강해 꽃이 자라기 힘든데요. 그래서 고산 지대에서 피는 들꽃 중에는 빛깔이 짙고 크기는 아담한 것이 많습니다. 강한 자외선을 걸러 내며 짙은 색의 꽃잎이 되었고 강한 바람을 견디며 아담한 크기의 꽃이 되었습니다. 우리는 바로 여기서 들꽃의 강인한 생명력을 느껴 그 아름다움에 감탄하게 되는 거죠. (인터넷을 검색한 화면을 보여 주며) 여기 이 들꽃들도 아담하면서 색이 선명하죠? 고산 지대에서 피는 금강초롱꽃과 동자꽃입니다.

그런데 여기 보세요. (슬라이드를 보여 주며) 도표 왼쪽 부분은 들꽃의 아름다운 모습에 어울리는 이름이 붙은 꽃들입니다. 금강초롱꽃, 숲바람꽃 등 정말 잘 어울리는 이름이죠? 그런데 도표 오른쪽의 이름들을 보세요. 예컨대 도둑놈의갈고리꽃을 보면, 들꽃 이름에 어울리지 않는 '도둑놈'이라는 말이 들어 있는데 놀랍지 않으세요? 그래서 다음 시간에는 들꽃이 이렇게 명명된 이유를 알아보고 들꽃의 아름다운 이름을 찾아보는 내용으로 발표하겠습니다.

35. 학생의 발표에 대한 반응으로 가장 적절한 것은?

① 청중의 이해도를 점검하고 발표 내용을 요약하며 마무리하고 있군.
② 공유할 수 있는 경험을 환기하여 발표 내용에 대한 청중의 관심을 끌고 있군.
③ 전문가의 말을 직접 인용하여 청중이 발표 내용에 대해 신뢰를 가지게 하고 있군.
④ 청중을 칭찬하는 말로 발표를 시작하여 청중과 긍정적인 유대감을 쌓고 있군.
⑤ 청중의 질문에 답을 함으로써 발표 내용과 관련된 청중의 궁금증을 해소하고 있군.

36. 다음은 위 학생 모둠의 1차 탐구 과제 발표 계획안이다. 발표에 반영된 매체 활용 방안에 대한 설명으로 적절하지 않은 것은?

프로젝트 과제	숨어 있는 들꽃의 재발견	
발표 단계 및 발표 내용	도입	1차 탐구 과제 제시 ……… ㉠
	전개	1. 기대치 않은 곳에서 찾은 들꽃의 아름다움 … ㉡ 2. 들꽃의 아름다움에 매료되는 이유 • 고산 지대의 생태 환경 ……… ㉢ • 고산 지대에서 피는 들꽃 - 고려엉겅퀴꽃 - 금강초롱꽃과 동자꽃 ……… ㉣
	정리	2차 탐구 과제 예고 ……… ㉤

① ㉠: 슬라이드를 활용하여 모둠 탐구 과제의 차례를 보여 주며 오늘 발표할 탐구 과제를 제시하고 있다.
② ㉡: 사진을 활용하여 들꽃의 모습에 청중의 시선을 집중시키고 있다.
③ ㉢: 동영상을 활용하여 고산 지대의 생태 환경을 실감나게 전달하고 있다.
④ ㉣: 인터넷으로 검색한 화면을 활용하여 고산 지대의 들꽃이 지닌 특징을 뒷받침하는 사례를 제시하고 있다.
⑤ ㉤: 슬라이드를 활용하여 들꽃 이름이 분류된 도표를 보여 주며 들꽃 이름과 자연 환경의 관계를 파악하게 하고 있다.

[37~41] (가)는 공개 토론 장면의 일부이며, (나)는 청중으로 참여한 학생이 학교 신문에 실을 글이다. 물음에 답하시오.

(가)

사회자 : 지금부터 '학생회장 선거에 결선 투표제를 도입해야 한다.'라는 논제로 공개 토론을 시작하겠습니다. 먼저 찬성 측 첫 번째 토론자 입론하십시오.

찬성 1 : 우리 학교는 단순 다수제로 학생회장을 선출하고 있습니다. 그런데 학생들의 투표율이 낮아, 선출된 학생회장의 대표성에 대해 논란이 제기되고 있습니다. 이를 해결하기 위해 학생회장 선거에 결선 투표제를 도입해야 한다고 생각합니다. 결선 투표제는 과반의 득표자가 없을 때, 다수표를 얻은 사람들을 후보자로 올려 과반의 득표로 선출하는 방식입니다. 이를 도입하면 선거에 대한 관심이 고조되고 투표율이 높아져 대표성을 인정받는 학생회장이 선출될 것으로 기대됩니다. 또한 1차 투표와 결선 투표를 거치면서 서로 다른 의사가 수렴되므로 후보자의 자질과 능력도 향상될 것입니다.

사회자 : 반대 측 두 번째 토론자 반대 신문이 있겠습니다.

PART Ⅱ 14회

반대 2: 투표 과정을 더 거친다고 후보자가 지닌 자질과 능력도 향상될까요?

찬성 1: 그렇다고 후보자의 자질과 능력이 향상되지는 않겠지요.

사회자: 반대 측 첫 번째 토론자 입론해 주십시오.

반대 1: 저는 결선 투표제 도입에 반대합니다. 단순 다수제는 후보자 중 최다 득표자가 당선되는 방식입니다. 학생회장 선거의 투표율을 높여야 하는 것에는 공감하지만, 결선 투표제를 도입한다고 해서 이 문제가 해결된다고 생각하지 않습니다. 오히려 단순 다수제는 투표권을 한 번만 행사할 수 있기 때문에 후보자를 더 신중하게 결정하게 되는 민주적 절차입니다. 무엇보다 결선 투표제를 도입할 때 발생할 수 있는 가장 큰 문제는 학교에서 시행하기 번거롭다는 것입니다. 결선 투표를 하게 되면 시간을 또 내야 하고, 투표소도 다시 설치해야 하는 등 시간과 비용의 측면에서 비효율적입니다.

사회자: 찬성 측 첫 번째 토론자 반대 신문이 있겠습니다.

찬성 1: 단순 다수제가 최선의 후보자를 신중하게 선택하게 만드는 민주적 절차라고 하셨는데, 결선 투표제도 1차 투표는 단순 다수제와 같은 방식으로 진행됩니다. 이 과정을 한 번 더 거치면 더 민주적이지 않을까요?

반대 1: 그렇다면…, 그런 점에서는 더 민주적일 수도 있겠네요.

사회자: 반대 측 첫 번째 토론자 반론해 주십시오.

반대 1: 결선 투표제는 선거에 대한 관심을 유발할 수는 있지만, 후보자들 간의 담합이 발생할 수 있습니다. 따라서 이것은 진정한 민주적 합의라고 보기 어렵습니다.

사회자: 찬성 측 첫 번째 토론자 반론하십시오.

찬성 1: 반대 측에서 시간과 비용 문제를 제기하셨는데, ○○고등학교처럼 투표 방식을 변경하여 해결한 경우가 있습니다. 이 학교는 학생들이 언제든지 홈페이지에 접속해 투표할 수 있도록 했기 때문에 투표소 재설치 등의 비용도 거의 들지 않았다고 합니다.

(나)

이번 토론회는 대표성 높은 학생회장을 선출하기 위해 개최된 것이다. 토론에 대한 의견을 밝혀 학교의 중요한 의사 결정에 참여하고자 한다.

찬성 측은 입론에서 결선 투표제를 도입하면 과반을 득표한 사람이 학생회장으로 선출되므로 대표성을 갖게 된다고 주장한다. 그런데 사회 시간에 배운 A 나라는 결선 투표제를 실시했지만 1차 투표율보다 결선 투표율이 낮아 당선자의 득표율은 전체 유권자의 34%였다. 결국 당선자는 전체 유권자의 34%만의 대표성을 얻은 것이다. 따라서 투표율이 낮은 경우, 찬성 측의 근거는 타당하지 않다고 생각한다. 한편, 반대 측은 입론에서 단순 다수제가 1회만 투표하므로 더 신중하게 투표권을 행사하는 민주적 절차라고 주장하나, 주장과 근거의 관련성이 입증되지 않아 설득력이 부족하다. 또한 우리 학교는 현재 이 제도를 시행하고 있지만 투표율이 낮은 문제 상황이 발생하여 이 토론이 시작된 것이다. 반대 측은 투표율이 낮은 문제 상황은 인식하고 있지만 현 제도를 유지할 때 문제 상황을 해결할 방안을 제시하지 않아 자신의 주장을 뒷받침할 근거를 보여 주지 못하였다.

토론 단계에 따른 발언의 적합성에 대해 살펴보면, 입론 단계에서 반대 측은 상대측의 주장을 반박하며 자신의 주장을 강화할 수 있다. 이 토론에서 반대 측은 상대측이 주장하는 투표 제도를 도입할 때 발생할 수 있는 문제점을 지적하고 있다. 이는 상대측의 주장을 반박하며 자신의 주장을 강화하는 것이므로 입론 단계에 적합하다. 한편, 반론 단계에서 반대 측은 찬성 측이 제시한 투표 제도의 도입으로 생기는 담합의 가능성을 문제점으로 제시한다. 그런데 상대측과는 달리 사례나 증거를 들어 자신의 주장을 입증하지 못하고 있으므로 적합하지 않다.

나는 이 토론을 보면서 '대표성은 어떻게 생기는 것일까?'에 대한 의문이 들었다. 이를 해결하기 위해 관련 서적을 찾아보니 국민은 국가의 의사를 최종적으로 결정하는 주권을 가지고 있다고 한다. 그러나 국민 모두가 의사 결정에 직접 참여할 수 없으므로 선거를 통해 의사 결정을 할 사람을 선출한다. 따라서 다수의 지지를 받을수록 당선자의 대표성은 높아진다.

대표성 높은 학생회장을 선출하기 위해서는 선거 방식 개선에 대한 논쟁도 중요하지만 투표율을 높이기 위한 다양한 해결 방안의 모색이 필요하다고 생각한다. 투표는 권리이자 의무라는 생각으로 적극적으로 참여할 때, 우리는 대표성 높은 후보자를 선출하게 될 것이다.

이번 토론회는 토론 참여자와 청중 모두에게 민주적 의사 결정의 과정을 경험하게 해 준 의미 있는 시간이었다. 학교의 중요한 문제 해결을 위해 논쟁하고 공동체의 일원으로서 의견을 나누는 것은 민주적 의사소통의 첫걸음이라고 생각한다.

37. (가)에서 찬성 측과 반대 측이 공통으로 인정하고 있는 내용으로 가장 적절한 것은?

① 학생회장 선거에서 투표율을 높여야 한다.
② 학생회장 선거 홍보 방법을 다양화해야 한다.
③ 학생회장 선거에 새로운 투표 제도를 도입해야 한다.
④ 무효표를 줄이기 위해 선거 홍보 기간을 늘려야 한다.
⑤ 선거 기간이 길어지면 후보자의 자질과 능력이 향상된다.

38. (가)의 토론자들의 말하기 방식에 대한 설명으로 적절하지 <u>않은</u> 것은? [3점]

① '반대 2'는 반대 신문에서, 상대방이 말한 내용을 지적하여 상대방 스스로 자신의 생각이 잘못되었음을 인정하게 하고 있다.
② '반대 1'은 입론에서, 상대방이 제기한 문제점에 대한 원인을 다양하게 분석해 자신의 주장을 강조하고 있다.
③ '찬성 1'은 반대 신문에서, 상대방이 한 말을 언급하며 질문함으로써 자신이 원하는 답변을 이끌어 내고 있다.
④ '반대 1'은 반론에서, 상대방의 주장이 받아들여질 경우 예상되는 문제점을 거론하며 상대방의 주장에 대해 반박하고 있다.
⑤ '찬성 1'은 반론에서, 상대방이 제기하는 문제점을 해결할 수 있는 대안으로 사례를 제시하고 있다.

[해설편 p.083]

39. <보기>의 ㉠~㉤ 중 '찬성 1'의 입론에서 언급하지 않은 것은?

<보 기>

대체로 입론에서는 ㉠ 문제 상황을 제시하고, 문제의 원인을 분석하며, ㉡ 문제를 해결할 수 있는 방안을 제시한다. 또한 ㉢ 용어의 개념을 제시하고, ㉣ 예상되는 반박에 대비한 해결 방안을 제시하기도 한다. 끝으로 ㉤ 자신의 주장이 관철되었을 때의 기대 효과를 제시하여 주장의 정당성을 입증한다.

① ㉠ ② ㉡ ③ ㉢ ④ ㉣ ⑤ ㉤

40. 다음은 (나)를 쓰기 위한 글쓰기 계획이다. (나)에 반영되지 않은 것은?

- 토론회가 개최된 목적과 관련하여 글을 쓴 동기를 밝히며 글을 시작해야겠어. ①
- 찬성 측의 발언 내용에 대해 배경지식을 가지고 판단한 내 생각을 써야겠어. ②
- 토론을 들으며 생긴 의문점에 대해 자료를 찾아 정리한 내 생각을 써야겠어. ③
- 찬반 양측의 입장 중 내 입장을 선택하고, 내 입장과 반대되는 주장에 대한 비판의 내용을 담아야겠어. ④
- 토론회의 의의에 대해 내 생각을 밝히고, 문제 해결의 과정에서 토론의 필요성을 제시하며 글을 마무리해야겠어. ⑤

41. 다음은 (나)의 필자가 글을 쓰기 위해 정리한 토론 평가 항목이다. 글을 쓴 후, 이를 바탕으로 (나)를 점검한 내용으로 적절하지 않은 것은?

토론 평가	㉮ 찬성 측 입론에서 제시한 내용의 타당성 평가 ㉯ 반대 측 입론에서 제시한 내용의 타당성 평가
	㉰ 입론 단계에서 발언한 내용의 적합성 평가 ㉱ 반론 단계에서 발언한 내용의 적합성 평가

① ㉮: 필자는 찬성 측이 입론에서 제시한 내용과 부합하지 않는 사례를 들어, 찬성 측의 입론 내용이 타당하지 않다고 평가하였다.
② ㉯: 필자는 반대 측이 입론에서 주장한 투표 횟수와 신중한 투표권 행사 사이의 연관성을 입증하지 않았다는 점을 들어, 반대 측의 입론 내용이 타당하지 않다고 평가하였다.
③ ㉯: 필자는 반대 측이 입론에서 현행 투표제를 유지할 때 문제 상황을 해결할 방안을 제시하지 않은 점을 들어, 반대 측의 입론 내용이 타당하지 않다고 평가하였다.
④ ㉰: 필자는 반대 측이 입론 단계에서 상대측의 주장대로 투표가 시행되었을 때 예상되는 문제점을 지적하여 반박했다는 점을 적합하다고 평가하였다.
⑤ ㉱: 필자는 반대 측이 반론 단계에서 자신의 주장을 입증하는 근거를 들고 있다는 점을 적합하다고 평가하였다.

[42~45] 다음은 교지에 실을 동아리 홍보 글을 작성하기 위한 학생의 생각과 초고이다. 물음에 답하시오.

(가) [학생의 생각 : 예상 독자가 궁금해할 만한 내용]

㉠ 우리 동아리의 특색 있는 활동이 무엇인지 궁금하지 않을까?
㉡ 퍼네이션이 무엇인지 궁금하지 않을까?
㉢ 자신의 진로와 관련이 되는지 궁금하지 않을까?
㉣ 우리 동아리의 선발 기준이 무엇인지 궁금하지 않을까?
㉤ 가입 후 자신이 무슨 활동을 할지 궁금하지 않을까?

(나) [학생의 초고]

그동안 봉사 활동을 해 온 우리 동아리는 다른 봉사 동아리와 달리 특색 있고 재미있는 봉사 활동을 하기 위해 퍼네이션과 같은 기부 활동을 추가하여 운영하고 있습니다.

'퍼네이션(funation)'은 재미(fun)와 기부(donation)를 결합한 말로, 일상에서 재미있게 나눔을 실천할 수 있도록 새로운 형태로 기부하는 봉사 활동입니다. 예를 들어 '아이스버킷 챌린지'는 얼음물을 뒤집어쓰면서 루게릭병 환자들의 고통을 체험하며 기부금을 모으는 퍼네이션입니다. 주로 연예인들이나 유명 인사가 다음 순번을 지목하여 릴레이로 참여하는 퍼네이션인데, 누리소통망(SNS)을 통해 전 세계로 확대되었습니다. 사람들은 기부를 어렵게 생각하지만 이런 퍼네이션 때문에 요즘은 기부 문화가 확산되고 있습니다.

그런데 학생들은 대개 경제 활동을 하지 않으므로 기부를 자신과는 관련이 없다고 생각하는 경향이 있습니다. 그리고 우리 학교 학생들이 기부를 하지 않는 가장 큰 이유도 경제적 여유가 없기 때문입니다. 그러나 타인에게 도움의 손길을 내밀 때 가장 필요한 것은 나눔의 마음이라고 생각합니다. 우리 동아리가 추구하는 가치는 나눔의 마음이며, 우리 동아리의 선발 기준도 나눔의 마음입니다.

㉮ [우리 동아리는 학생들이 자신의 관심과 흥미에 맞는 퍼네이션에 자발적으로 참여할 수 있도록 노력하고 있습니다. 최근에는 급식의 잔반을 줄여 절약한 잔반 처리 비용을 결식아동에게 기부하는 '잔반 제로 게임 애플리케이션'을 개발하였습니다.]

여러분이 우리 동아리에 가입하면 관심과 흥미에 따라 다양한 퍼네이션을 함께할 수 있습니다. 컴퓨터를 잘하는 학생은 퍼네이션 애플리케이션 개발을, 마케팅에 관심이 있는 학생은 퍼네이션 홍보를 하며 나눔의 경험을 함께할 수 있을 것입니다. 이러한 동아리 활동은 여러분의 진로 탐색에도 도움이 될 것입니다.

[A]

42. (가)의 '학생의 생각'이 (나)에 반영된 내용으로 적절하지 않은 것은?

① 동아리에서 추가한 활동을 제시하여 ㉠을 반영하고 있다.
② 퍼네이션의 개념과 사례를 제시하여 ㉡을 반영하고 있다.
③ 다른 동아리와의 연계 활동을 제시하여 ㉢을 반영하고 있다.
④ 동아리가 추구하는 가치를 제시하여 ㉣을 반영하고 있다.
⑤ 가입한 학생이 할 수 있는 활동을 제시하여 ㉤을 반영하고 있다.

43. <보기>는 (나)를 수정 · 보완하기 위해 찾은 자료이다. 자료 활용 방안으로 적절하지 않은 것은? [3점]

< 보 기 >

ㄱ. 우리 학교 설문 조사

ㄱ-1. 기부를 하지 않는 이유

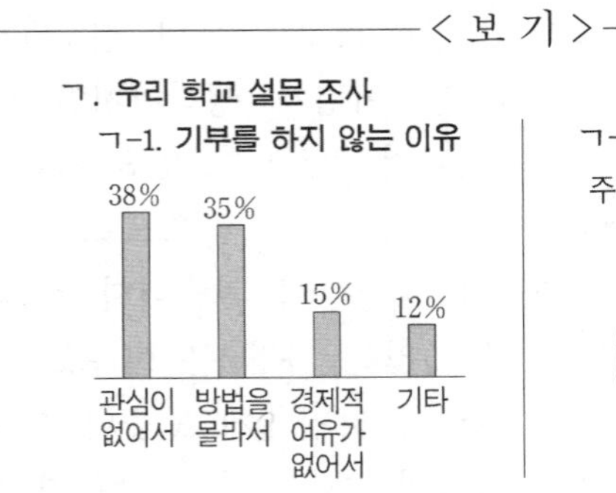

ㄱ-2. SNS 이용 빈도

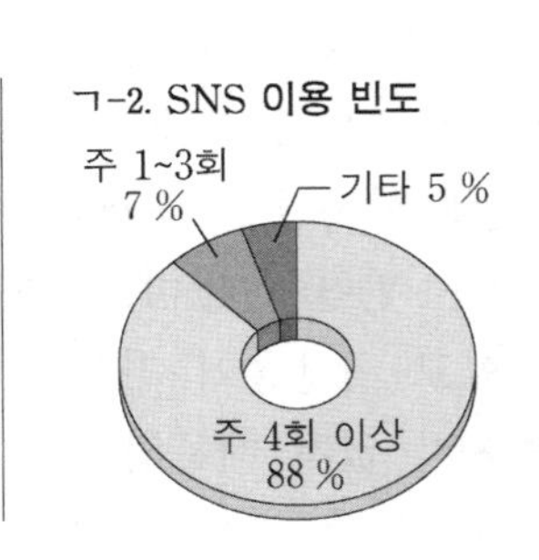

ㄴ. 연구 자료
봉사 활동에 참여하는 청소년들의 경우, 참여 빈도가 높을수록 봉사 활동에 대한 만족도가 증가한다. 또한 자발적으로 봉사 활동에 참여할수록 진로 탐색 기회가 많아져 진로 의식의 성숙도가 높아진다.

ㄷ. 신문 기사
최근 퍼네이션이 SNS를 통해 확산되고 있다. 퍼네이션을 위한 게임 애플리케이션은 재미있고 일상에서 쉽게 접할 수 있어서 많은 사람들이 퍼네이션에 자주 참여하고 있다.

① ㄱ-1을 활용하여, 우리 학교 학생들이 기부하지 않는 가장 큰 이유를 경제적 여유가 없다는 것에서 기부에 관심이 없다는 것으로 수정해야겠어.
② ㄱ-1을 활용하여, 기부 방법을 모르는 우리 학교 학생들에게 '잔반 제로 게임 애플리케이션'을 통해 기부를 체험할 수 있도록 하는 것을 우리 동아리 활동의 내용으로 제시해야겠어.
③ ㄱ-2와 ㄴ을 활용하여, SNS 이용 빈도가 높은 학생일수록 봉사 활동 참여 빈도가 높아져 진로 탐색에 도움이 된다는 내용을 보강해야겠어.
④ ㄴ을 활용하여, 우리 동아리에 가입해 퍼네이션에 자발적으로 참여하면 진로 의식의 성숙도를 높일 수 있음을 제시해야겠어.
⑤ ㄷ을 활용하여, 우리 동아리가 '잔반 제로 게임 애플리케이션'을 개발한 이유는 일상에서 퍼네이션에 자주 참여할 수 있도록 하기 위한 것임을 제시해야겠어.

신출제

44. ㉮는 동아리 회장의 의견을 들어 <보기> 내용을 고쳐 쓴 것이다. ㉮를 볼 때, 동아리 회장의 의견으로 가장 적절한 것은?

<보 기>

우리 동아리는 학생들이 자신의 관심과 흥미에 맞는 퍼네이션에 자발적으로 참여할 수 있도록 노력하고 있습니다. 우리 동아리에 참여한 학생들의 만족도는 다른 어느 동아리보다 높았습니다. 최근에는 급식의 잔반을 줄여 절약한 잔반 처리 비용을 결식아동에게 기부하는 '잔반 제로 게임 애플리케이션'을 발명하였습니다.

① 잘못된 띄어쓰기와 맞춤법이 맞지 않는 부분이 있으므로 바르게 고쳤으면 해.
② 맞춤법에 어긋나는 부분이 있으니 고치고, 통일성에 어긋나는 문장은 삭제했으면 해.
③ 주어와 서술어가 호응이 되도록 수정하고, 맞춤법에 맞지 않는 단어가 있으니 고쳤으면 해.
④ 글의 통일성에 어긋나는 문장은 삭제하고, 잘못 사용된 어휘는 문맥에 맞게 고쳤으면 해.
⑤ 잘못 사용된 어휘는 문맥에 맞게 다른 어휘로 바꾸고, 문장 성분 간의 호응 관계가 맞지 않는 부분은 수정했으면 해.

45. [A]에 들어갈 내용을 <조건>에 따라 작성한 것으로 가장 적절한 것은?

<조 건>

나눔의 의의를 밝히고, 의문문의 형식으로 동아리 가입을 권유하면서 글을 마무리해야겠어.

① 나눔은 베푸는 마음입니다. 우리 동아리에 가입하면 여러분의 재능과 나눔의 마음이 더해져 우리 주변은 밝아질 것입니다.
② 우리가 생활 속에서 실천할 수 있는 나눔에는 어떤 것이 있을까요? 각자의 자리에서 나눔을 실천할 수 있는 방법을 찾아봅시다.
③ 동아리 활동을 함께하다 보면 친구들 간의 친밀감이 높아집니다. 우리 동아리에서 퍼네이션 게임을 하며 재능을 발견해 보지 않으실래요?
④ 나눔은 내가 베푼 마음이 누군가에게 퍼져 모두를 따뜻하게 만드는 것입니다. 우리 동아리에서 나눔을 실천하는 경험을 해 보지 않으시겠어요?
⑤ 다른 사람이 도움을 필요로 할 때 나의 재능이 함께하면 나눔이 시작됩니다. 자신이 잘할 수 있는 일을 찾기 위해서는 어떻게 하는 것이 좋을까요?

* 확인 사항
○ 답안지의 해당란에 필요한 내용을 정확히 기입(표기)했는지 확인하시오.

[해설편 p.084]

15회 ● 수능 실전 모의고사 ● 국어영역(화법과 작문)

● 문항수 11개 | 배점 24점 | 제한 시간 20분

● 점수 표시가 없는 문항은 모두 2점

[35~37] 다음은 강연의 일부이다. 물음에 답하시오.

> 안녕하세요? 영양 성분 표시 제도와 관련해 강연을 하게 된 ○○보건소의 △△△입니다. 2018년부터는 개정된 영양 성분 표시 방법으로 식품의 영양 정보를 표시하게 되는데요, 알고 있나요? (학생들의 대답을 듣고) 모른다는 학생들이 많은데요, 오늘은 이에 대해 알려 드리고자 합니다.
>
> 식품의약품안전처에서는 일부 가공 식품에 영양 정보를 표시하는 영양 성분 표시 제도를 운영하고 있는데요, 소비자들이 좀 더 쉽게 영양 정보를 확인하고 건강한 식생활을 실천하는데 도움이 되도록 영양 성분을 표시하는 방법을 개정하였습니다. 개정 전과 후의 표시 도안을 같이 보시죠. (시각 자료를 보여 주며) 함량을 의무적으로 표시해야 하는 대상이 열량, 나트륨, 탄수화물, 당류, 지방, 트랜스지방, 포화지방, 콜레스테롤, 단백질인 점은 이전과 변함이 없습니다. 그러나 이를 표시하는 기준은 달라졌습니다. 개정 전에는 한 번에 섭취할 것으로 예상되는 양인 1회 제공량을 기준으로 영양 성분의 함량을 표시했는데요, 업체마다 1회로 보는 양이 달라서 소비자에게 혼란을 줄 수 있었습니다. 그래서 제품의 총 내용량을 기준으로 영양 성분의 함량을 표시하는 것으로 바뀌었습니다. 단, 한 번에 먹기 힘든 대용량 제품은 별도의 표시 기준을 두기로 했습니다.
>
> 영양 성분의 표시 순서에도 변화가 있는데요, 개정 전에는 에너지 공급원순으로 표시했는데 소비자의 관심도가 높고 국민 건강상 중요해진 성분들은 순서를 위로 올려 표시하는 것으로 바뀌었습니다. 예로 나트륨의 표시 위치가 개정 전보다 올라가게 되었는데요, 이는 우리나라 국민이 나트륨을 과도하게 섭취하고 있어 1일 나트륨 섭취량의 관리가 시급하기 때문입니다. 질병 관리본부 발표 자료에 따르면 우리나라 국민의 1일 나트륨 섭취량은 세계보건기구 권고량의 2배 수준이라고 합니다.
>
> 또한 열량의 표시 방식도 바뀌었는데요, 열량에 대한 소비자들의 관심이 높은 만큼 이를 확인하기 쉽도록 다른 성분들과 분리해 열량을 표시하게 되었습니다. 그리고 그동안 1일 영양 성분 기준치에 대한 비율을 표시하지 않았던 열량, 당류, 트랜스지방 중에서 당류는 이번에 개정되면서 그 비율을 표시하도록 바뀌었습니다.

35. 위 강연자의 말하기 방식으로 가장 적절한 것은?

① 강연 중간 중간에 자신이 말한 내용을 요약하여 청중의 이해를 돕고 있다.
② 관련 기관의 발표 자료를 인용하여 자신이 언급한 내용을 뒷받침하고 있다.
③ 강연 대상과 관련된 자신의 경험을 사례로 들어 청중의 흥미를 유발하고 있다.
④ 강연 대상을 친숙한 소재에 빗대어 표현함으로써 대상의 개념을 설명하고 있다.
⑤ 청중의 질문에 답을 함으로써 강연 내용과 관련된 청중의 궁금증을 해소하고 있다.

36. 다음은 강연자가 사용한 시각 자료이다. 시각 자료를 보며 강연을 들은 학생이 떠올린 생각으로 적절하지 않은 것은?

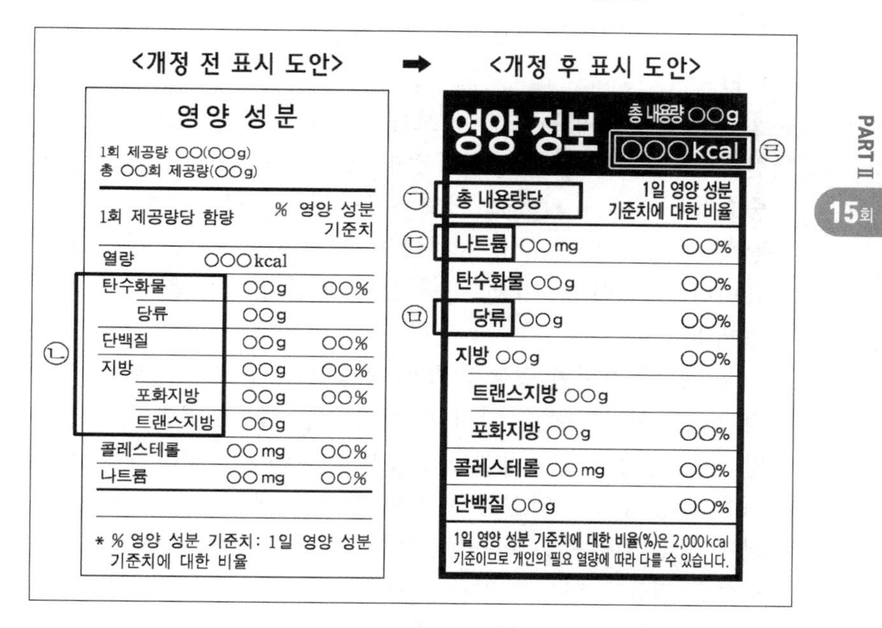

① ㉠은 영양 정보를 확인할 때 소비자의 혼란을 줄이기 위한 함량 표시 기준이구나.
② ㉡은 에너지 공급원순에 따라 탄수화물, 단백질, 지방을 표시한 것이구나.
③ ㉢은 소비자의 관심도와 국민 건강상의 중요도가 반영되어 이전과 표시 위치가 달라졌구나.
④ ㉣은 소비자들이 확인하기 쉽도록 다른 성분들과 위치를 구분해 표시한 것이구나.
⑤ ㉤은 함량을 의무적으로 표시해야 하는 성분으로 추가되면서 1일 영양 성분 기준치에 대한 비율도 표시하게 되었구나.

37. 강연 내용에 대한 이해를 바탕으로 추가 설명을 요청하는 학생의 질문으로 적절하지 않은 것은?

① 영양 성분 표시 제도가 일부 가공 식품에 적용되고 있다고 하셨는데, 무엇을 기준으로 적용 대상을 결정하나요?
② 식품의약품안전처에서 영양 성분 표시 방법을 바꿨다고 하셨는데, 그 이유는 무엇인가요?
③ 의무적으로 함량을 표시해야 하는 성분들을 말씀해 주셨는데, 비타민이나 칼슘 등은 왜 의무 표시 대상이 아닌가요?
④ 대용량 제품의 경우에는 별도의 표시 기준을 둔다고 하셨는데, 그 기준은 무엇인가요?
⑤ 우리나라 국민의 나트륨 섭취량이 세계보건기구 권고량의 2배 수준이라고 하셨는데, 그 권고량은 얼마인가요?

PART II 15회

[해설편 p.085]

[38~41] (가)는 '또래 상담 요원 모집 공고문'에 따라 학생이 작성한 자기소개서이고, (나)는 (가)를 바탕으로 실시한 면접의 일부이다. 물음에 답하시오.

[또래 상담 요원 모집 공고문]

2017년 △△구 청소년 상담 복지 센터에서 또래 상담 요원을 모집합니다. 또래 상담에 관심 있는 학생들의 많은 지원 바랍니다.

- 모집 대상: △△구 지역 내 고등학생
- 신청 방법: 자기소개서를 작성하여 △△구 청소년 상담 복지 센터 홈페이지에 제출
- 선발 방법: 자기소개서 및 면접

(가)

친구 관계로 힘든 시기를 보내고 있을 때, 저는 또래 상담을 받으면서 많은 위안을 얻은 적이 있습니다. 이를 통해 상담의 중요성을 깨닫게 되었고, 저도 친구들과 고민을 나누며 함께 성장할 수 있는 또래 상담 요원이 되고 싶다는 생각을 하게 되었습니다. 그러던 중 '또래 상담 요원 모집 공고문'을 보고 지원하게 되었습니다.

작년부터 참여한 공부방 봉사 활동은 상담에서 신뢰와 친근감이 중요하다는 것을 알려 준 의미 있는 활동이었습니다. 공부방 봉사 활동은 초등학생들의 공부를 도와주는 활동인데, 학습 내용을 중심으로 열심히 준비해 갔지만 제 생각만큼 잘 진행되지 않았습니다. 그 이유를 고민해 보니 서로에 대한 친밀감을 형성할 겨를도 없이 무언가를 가르쳐 주려고만 했던 것이 문제라는 생각이 들었습니다. 그래서 수업 내용 중 어려운 것은 없었는지, 혹시 공부 외에 힘든 점은 없는지 서로 마음을 터놓고 이야기를 나눠 보았습니다. 그러자 아이들이 다가오기 시작했고 이후 수업도 잘 진행되었습니다. 이를 통해 공부방 봉사 활동은 물론, 상담을 할 때에도 상호 간의 신뢰와 친근감이 중요하다는 생각을 하게 되었고 상담에 대해 더 관심을 갖게 되었습니다. 이는 앞으로 좋은 또래 상담 요원이 되는 데 도움을 주리라 생각합니다.

최근에는 상담 관련 내용을 공부하기 위해, 상담 선생님께 추천을 받은 「상담 심리학의 기초」란 책을 읽어 보았습니다. 이 책에 소개된 여러 이론 중 저는 로저스의 인간 중심적 상담 이론을 흥미롭게 읽었습니다. 로저스는 상담자의 태도를 설명하면서, 상담자에게는 피상담자에 대한 공감적 이해의 태도가 필요하다고 보았습니다. 저는 또래 상담 요원 역시 또래 친구들의 고민에 대한 공감적 이해의 태도를 갖추어야 한다고 생각합니다.

제가 또래 상담을 받으면서 얻은 가장 큰 힘은 또래 친구가 전해 주는 정서적 위로였습니다. 만약 제가 또래 상담 요원으로 선발된다면 친구의 이야기와 고민을 경청하면서 공감해 줄 수 있도록 노력하겠습니다.

(나)

면접 대상자 : 안녕하십니까? 지원자 김○○입니다.

면접자 : 안녕하세요? 긴장한 것 같은데요, 편안한 마음으로 답변하면 됩니다.

면접 대상자 : 네. 잘 알겠습니다.

[A]
면접자 : 다양한 상담의 유형이 있는데, 청소년들에게 또래 상담이 왜 필요하다고 생각하나요?

면접 대상자 : 네. 요즘 청소년들은 많은 고민을 안고 있는데요, 제가 본 설문 조사 결과에 따르면 청소년이 고민을 이야기하고 싶은 대상 1순위가 친구였습니다. 또래 상담은 생각의 눈높이가 맞는 또래 친구와 함께 고민을 나눌 수 있다는 점에서 청소년들에게 꼭 필요한 상담이라고 생각합니다.

[B]
면접자 : 평소 또래 상담에 대해 많은 생각을 했군요. 인간 중심적 상담 이론에서 제시한 상담자의 태도에 대해 좀 더 자세히 설명해 줄 수 있을까요?

면접 대상자 : 네. 「상담 심리학의 기초」란 책을 보면 인간 중심적 상담 이론에서의 상담자의 태도가 세 가지로 제시되어 있는데요, 공감적 이해의 태도 외에도 상담자는 피상담자를 진정성 있게 대해야 하며 피상담자에 대한 긍정적 존중의 태도를 지녀야 한다고 했습니다.

면접자 : 잘 알고 있네요. 혹시 상담에서 말하는 '래포'가 무엇인지 알고 있나요?

면접 대상자 : 래포의 개념을 말씀하시는 건가요?

면접자 : 네. 맞습니다.

면접 대상자 : 래포란 상호 간에 신뢰하며 감정적으로 친근감을 느끼는 인간관계를 말합니다. 상담은 마음을 열고 진솔하게 이야기를 나눌 수 있어야 하는 활동이므로 래포는 상담이 이뤄지기 위한 중요한 요소라고 생각합니다.

[C]
면접자 : 신뢰와 친근감을 뜻하는 래포는 진솔하게 이야기를 나눌 수 있게 하는 상담의 중요한 요소라는 말이군요. 이번에는 상담 상황을 하나 말씀드리겠습니다. 또래 친구가 최근 성적이 많이 떨어져 부모님께서 자신에 대해 실망하시는 모습을 보며 우울해하고 있습니다. 이 경우에 어떻게 상담을 하겠습니까?

면접 대상자 : 먼저 또래 친구와 마음을 터놓고 이야기할 수 있도록 신뢰와 친근감을 형성한 뒤 친구의 어려움에 공감해 주며 상담을 하겠습니다.

38. (가)에 반영된 내용만을 <보기>에서 있는 대로 고른 것은?

<보 기>

자기소개서는 자신을 알리고자 하는 의도로 다른 사람에게 자신을 드러내는 글이다. 자기소개서에는 ㉠ 지원 동기, ㉡ 성장 배경 및 가정환경, ㉢ 성격의 장단점, ㉣ 지원 분야와 관련된 의미 있는 활동, ㉤ 지원자의 다짐 등의 내용이 포함될 수 있다.

① ㉠, ㉡ ② ㉠, ㉣ ③ ㉢, ㉤
④ ㉠, ㉣, ㉤ ⑤ ㉡, ㉢, ㉣

39. (가)의 글쓰기 방법에 대한 설명으로 가장 적절한 것은?

① 구체적인 경험을 제시하여 지원 분야에 대한 관심을 드러내고 있다.
② 지원 분야와 관련된 학업 계획을 언급하여 지원자의 의지를 드러내고 있다.

[해설편 p.086]

③ 지원 분야에 대한 분석 결과를 인용하여 지원자의 잠재력을 드러내고 있다.
④ 비유적 표현을 활용하여 지원 분야에 대한 지원자의 포부를 드러내고 있다.
⑤ 지원자에 대한 전문가의 평가를 활용하여 지원 분야에 대한 전문성을 드러내고 있다.

40. <보기 2>는 면접 대상자의 사고 과정 중 일부이다. <보기 1>을 참고하여 [A]~[C]에 대한 질문 분석과 답변 전략을 연결한 것으로 가장 적절한 것은? [3점]

<보기 1>

면접은 질문을 통해 면접 대상자의 지식, 성품, 능력 등을 평가하기 위한 공적 대화이다. 질문에 효과적으로 답변하기 위해 면접 대상자에게는 질문의 의도를 정확하게 분석하고, 그에 따라 적절한 답변 전략을 수립하기 위한 사고의 과정이 요구된다.

<보기 2>

[질문 분석]	[답변 전략]
ⓐ 자기소개서에서 제시한 내용과 관련하여 추가적인 설명을 요구하는군.	㉮ 자기소개서에서 언급한 내용을 제시된 상황에 적용하여 답변해야겠군.
ⓑ 지원 분야의 필요성에 대해 근거를 들어 답할 것을 요구하는군.	㉯ 자기소개서에서 언급한 책의 내용을 바탕으로 자세하게 답변해야겠군.
ⓒ 지원 분야와 관련한 상황을 제시하며 수행 능력을 확인하고자 하는군.	㉰ 자기소개서에서 언급하지 않은 설문 조사 결과를 근거로 들어 답변해야겠군.
⋮	⋮

	질문 분석	답변 전략
① [A]	ⓑ	㉯
② [A]	ⓒ	㉰
③ [B]	ⓐ	㉮
④ [B]	ⓐ	㉯
⑤ [C]	ⓒ	㉰

41. (나)에 나타난 면접 참여자들의 의사소통 방식에 대한 설명으로 적절하지 않은 것은?

① '면접 대상자'는 '면접자'에게 되묻는 방식으로 질문 내용을 확인하고 있다.
② '면접 대상자'는 '면접자'와의 견해 차이를 인정하면서 자신의 입장을 밝히고 있다.
③ '면접자'는 '면접 대상자'의 답변에 대해 긍정적으로 반응하고 있다.
④ '면접자'는 '면접 대상자'의 답변 내용을 요약하며 재진술하고 있다.
⑤ '면접자'는 면접의 도입부에 '면접 대상자'의 긴장을 풀어 주는 말을 하고 있다.

[42~45] 다음을 읽고 물음에 답하시오.

[작문 상황]
◦ **작문 과제** : 일상생활에서 많은 사람들이 겪고 있는 문제를 해결하기 위한 건의문 작성하기
◦ **예상 독자** : ○○시청 시내버스 운행 정책 담당자

[학생의 초고]

안녕하세요? 저는 'A 단지'에 사는 □□고등학교 학생 ◇◇◇입니다. 제가 이렇게 글을 쓰게 된 이유는 시내버스 노선 문제로 어려움을 겪고 있는 A 단지 학생들을 대표하여 개선 방안을 건의하기 위해서입니다.

우리 시의 고등학교들은 시내에 위치한 반면 2016년 2월에 생긴 A 단지는 시 외곽에 있어 이곳에 사는 많은 학생들은 시내버스를 이용해 통학하고 있습니다. 그런데 시내버스를 이용하면 자가용을 이용할 때보다 30분 이상 시간이 더 걸립니다. ○번 버스의 경우 A 단지를 지나 시청, 버스 터미널, 중앙 시장 등 시내 주요 장소뿐만 아니라 여러 곳을 경유하여 □□고등학교에 이릅니다. 시내 고등학교들로 향하는 다른 노선들도 상황은 이와 유사합니다. 통학 시간이 길어서 아침부터 피곤해져 학생들이 수업 시간에 졸게 되는 등 학업에 집중하기가 어렵습니다. 그러다 보니 학생들이 시내버스를 기피하게 되고 부모님의 자가용을 이용해 통학하는 사례가 증가하였습니다. 이로 인해 학부모의 부담이 가중되고, 학교 주변의 교통이 혼잡해지고 있습니다. 결국 이러한 문제가 생긴 원인은 A 단지에서 고등학교들로 향하는 시내버스 노선들이 시내의 너무 많은 정류장을 경유하기 때문입니다.

㉮ 이 문제를 해결하는 방안은 학생 전용 급행 노선을 신설하는 것입니다. 학생 전용 급행 노선이란 등교 시간에 학생들만 이용할 수 있는 시내버스 노선으로, A 단지에서 출발해서 거점 정류장만을 경유하여 시내 고등학교까지 최단 경로로 운행하는 노선을 말합니다. 급행 노선의 신설을 위해서는 학생들의 수요를 조사하여 인접한 고등학교들을 묶어 하나의 노선으로 정하고, A 단지 이외의 학생들이 많이 타는 곳을 거점 정류장으로 정하면 될 것입니다.

제 건의 내용이 받아들여진다면, [㉠]

42. '학생의 초고'에 대한 설명으로 가장 적절한 것은?

① 건의 내용의 신뢰성을 확보하기 위해 권위자의 견해를 인용하고 있다.
② 건의 내용의 타당성을 높이기 위해 해결 방안의 한계점을 검토하고 있다.
③ 건의 내용의 합리성을 확보하기 위해 여러 가지 해결 방안을 비교하고 있다.
④ 건의 내용의 공정성을 확보하기 위해 예상되는 반론을 함께 제시하고 있다.
⑤ 건의 내용의 실현 가능성을 높이기 위해 구체적인 실행 방안을 제안하고 있다.

[해설편 p.086]

43. 선생님의 조언을 고려할 때, ㉠에 들어갈 내용으로 가장 적절한 것은?

> **선생님** : 건의문의 끝 부분에는 건의가 받아들여졌을 때 건의 주체에게 도움이 된다는 점을 밝히고 다른 사람들에게도 도움이 된다는 점을 제시하면 설득력을 높일 수 있어요.

① 수요 조사에 따른 버스 운영으로 시내버스 회사의 이익 창출에 기여하며, ○○시도 시내버스 운영 지원비를 줄일 수 있게 될 것입니다.
② A 단지 학생들이 겪는 등굣길 버스 이용의 불편을 줄일 수 있을 뿐만 아니라 A 단지 학생들의 아침 수면 시간을 확보할 수 있을 것입니다.
③ A 단지 학생들의 등굣길 스트레스를 줄여 줄 수 있으며, 여유롭게 등교할 수 있게 되어 A 단지 학생들이 즐겁게 학교 생활을 하는 데에도 기여할 것입니다.
④ 학생들의 자가용 통학으로 인한 학부모들의 부담을 줄일 수 있으며, 자녀들을 데려다 주지 않아도 되어 학부모들이 여유로운 아침 시간을 보낼 수 있을 것입니다.
⑤ 긴 통학 시간으로 인한 A 단지 학생들의 피로감을 줄일 수 있어 학업에 보다 집중할 수 있게 되고, 학교 주변 교통 혼잡을 해결하여 인근 주민들의 불편을 해소할 수 있을 것입니다.

44. <자료>를 활용하여 '학생의 초고'를 보완하려 한다. <자료>의 활용 방안으로 적절하지 않은 것은? [3점]

<자 료>

(가) 인터뷰

"학교까지 가는 버스가 너무 많은 곳을 돌아서 시간이 오래 걸려서 힘들어요. 그러다 보니 아침에 일찍 집을 나서야 되고, 종종 아침밥도 못 먹고 갈 때가 있어요."

– □□고등학교 학생 –

(나) 'A 단지' 고등학생들의 등교 수단 이용률

조사 시점 \ 등교 수단	자가용	시내버스	기타
2016년 6월	25.2%	66.7%	8.1%
2016년 12월	44.4%	47.8%	7.8%
2017년 6월	53.2%	38.5%	8.3%

– □□고등학교 학생자치회 –

(다) 신문 기사

△△시가 3월부터 고등학교 학생 전용 급행 노선을 본격적으로 운행하였다. 등교 급행 노선은 오전 7시 30분부터 9시까지 통학생들이 집중된 지역에서 학교까지 일부 정류장만 경유하여 운행하는 것으로 기존 40분대 통학 시간을 20분대로 줄였다. 이로 인해 시내버스로 통학하는 학생의 비율이 급행 노선 운행 전보다 증가하였다.

① (가)의 학생 경험을 제시하여 등굣길 시내버스 노선 문제의 실태를 보여 주어야겠군.
② (나)의 시내버스 이용률 변화 추이를 활용하여 학생들의 시내버스 기피 현상이 심화되고 있음을 보여 주어야겠군.
③ (가)와 (나)를 활용하여 자가용 이용률 증가가 시내버스 이용 불편의 원인이 될 수 있다는 점을 보여 주어야겠군.
④ (나)와 (다)를 활용하여 학생 전용 급행 노선이 자가용 이용률을 감소시키는 데 도움이 될 수 있음을 제시해야겠군.
⑤ (가)와 (다)를 활용하여 학생 전용 급행 노선이 학생 불편 해소에 기여할 수 있음을 강조해야겠군.

신출제

45. ㉮는 선생님의 조언을 들어 <보기> 내용을 고쳐 쓴 것이다. ㉮를 볼 때, 선생님의 조언으로 가장 적절한 것은?

<보 기>

이 문제를 해결하는 방안은 학생 전용 급행 노선을 신설하는 것입니다. 여기서 학생 전용 급행 노선이란 학생들의 등교만을 위한 급행 버스 노선입니다. 학생 전용 급행 노선 신설을 위해서는 정책 담당자님의 적극적인 관심이 필요합니다.

① 해결 방안을 제시할 때는 자신의 생각이 무엇인지 드러나야 하고, 또한 상대방을 고려하여 정확한 어휘를 사용하여 개념을 제시할 수 있어야 해.
② 해결 방안을 제시할 때는 상대방의 입장을 배려해야 하고, 또한 개념을 제시할 때 상대방이 잘 모르는 어휘가 있을 경우 풀어서 설명할 수 있어야 해.
③ 해결 방안을 제시할 때는 자신의 생각이 무엇인지 드러나야 하고, 또한 개념을 제시할 때 상대방이 잘 모르는 어휘가 있을 경우 풀어서 설명할 수 있어야 해.
④ 해결 방안을 제시할 때는 상대방이 쉽게 파악할 수 있도록 항목화하여 제시해야 하고, 또한 상대방의 입장을 고려하여 개념을 설명할 때 쉬운 어휘를 사용해야 해.
⑤ 해결 방안을 제시할 때는 상대방이 수긍할 수 있도록 구체적으로 실행 방안을 제시해야 하고, 또한 상대방을 고려하여 필요한 경우 개념을 정확히 설명해 주어야 해.

> * 확인 사항
> ○ 답안지의 해당란에 필요한 내용을 정확히 기입(표기)했는지 확인하시오.

[해설편 p.086]

16회 ● 수능 실전 모의고사 ● 국어영역(화법과 작문)

● 문항수 11개 | 배점 24점 | 제한 시간 20분

● 점수 표시가 없는 문항은 모두 2점

[35 ~ 37] 다음은 학생의 발표이다. 물음에 답하시오.

저는 요즘 휴대폰 사용 시간이 늘어나면서 사물이 또렷이 보이지 않고 눈에 피로를 느끼는 일이 잦아졌는데요, 여러분들도 저와 같은 증상을 경험하고 있지 않으신가요? (청중의 반응을 확인하고) 역시 그러시네요. 실제 휴대폰 사용으로 인해 안구 질환 환자가 급증했다고 합니다. 그래서 오늘은 제가 여러분들께 도움을 드리고자 휴대폰 사용과 눈 건강에 대해 발표하고자 합니다.

본래 우리 눈은 자동 초점 기능이 있어서 보고자 하는 대상과의 거리가 바뀔 때 초점을 순식간에 맞출 수 있습니다. 그런데 휴대폰을 오랜 시간 동안 보는 습관을 갖게 되면 조절 긴장증이 생겨 눈의 자동 초점 기능이 저하됩니다. 왜 그런 현상이 생기는 것일까요? 지난 시간에 선생님께서 수정체에 대해 설명해 주셨죠? (㉠ 자료 제시) 여기 수정체를 둘러싸고 있는 이 근육의 이름도 기억하시나요? (대답을 듣고) 네, 맞습니다. 바로 섬모체근입니다. 그리고 수정체와 섬모체근을 잇는 이것은 걸이 인대라고 합니다. 다음 화면을 함께 보시죠. (㉡ 자료 제시) 보시는 것처럼 먼 곳을 볼 때에는 섬모체근이 늘어나 걸이 인대가 팽팽한 상태가 됩니다. 그러면 걸이 인대가 잡아당기고 있는 수정체가 납작해져 초점을 맞출 수 있게 되는 것입니다. 가까운 곳을 볼 때에는 그 반대가 되고요. 휴대폰을 오래 보게 되면 걸이 인대가 이완된 상태가 지속되어 나중에는 자동 초점 기능이 저하되는 것입니다.

그렇다면 눈 건강을 유지하기 위해 어떻게 해야 하는 것일까요? 휴대폰을 오랫동안 보게 되는 경우에는 중간중간에 걸이 인대를 유연하게 하는 눈 초점 운동을 해 주는 것이 좋습니다. 자, 여러분 저를 따라해 보시죠. 먼저 30cm 이내의 근거리를 10초 동안 바라봅니다. 그리고 바로 이어서 5m 이상의 원거리를 10초 동안 바라봅니다. 이것을 번갈아 1분 이상 해 주면 됩니다. 어떠신가요? 눈이 좀 시원해지셨나요? (청중의 반응을 확인하고) 그러면 눈 초점 운동은 얼마나 효과가 있을까요? (㉢ 자료 제시) 보시는 것처럼 눈 초점 운동을 하루에 10회 이상 지속적으로 한 사람은 눈의 자동 초점 기능이 크게 향상되었음을 확인할 수 있습니다.

오늘의 제 발표가 여러분의 눈 건강에 도움이 되었으면 좋겠습니다. 그렇지만 무엇보다 눈 건강에 가장 좋은 것은 휴대폰 보는 시간을 줄여 눈을 쉬게 해야 한다는 점은 잘 아시죠? 시력은 한 번 저하되면 눈 초점 운동을 한다고 해도 회복되기 어렵기 때문입니다. 오늘 제가 발표한 내용은 대한안과학회에서 발간한 학술지와 대한시과학회의 누리집에 게재된 자료를 바탕으로 했습니다. 그럼 이상으로 발표를 마치겠습니다.

35. 위 발표에 반영된 학생의 발표 계획으로 적절하지 않은 것은?

① 청중과 공유하고 있는 경험을 언급하여 발표 내용과 관련된 청중의 지식을 환기해야겠어.
② 발표 내용의 순서를 안내하여 청중이 발표 내용을 예측할 수 있도록 해야겠어.
③ 청중에게 질문을 던지는 방식으로 청중과 상호작용해야겠어.
④ 발표 내용 선정의 이유를 밝혀 청중의 관심을 유도해야겠어.
⑤ 정보의 출처를 밝혀 발표 내용의 신뢰성을 높여야겠어.

36. <보기>는 위 발표에서 발표자가 제시한 자료이다. 발표자의 자료 활용에 대한 설명으로 가장 적절한 것은?

< 보 기 >

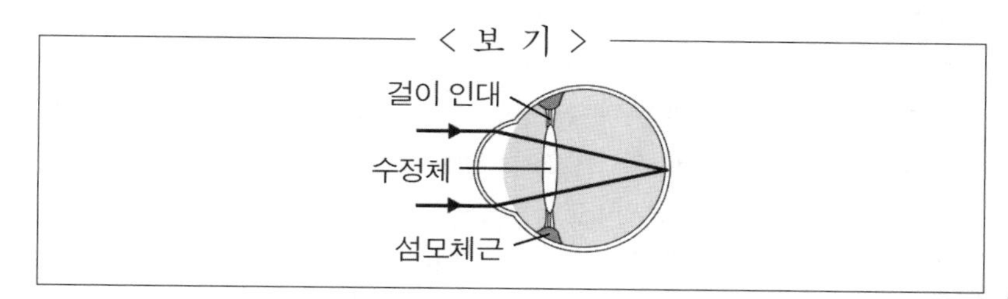

① 대상과의 거리에 따라 수정체가 초점을 맞추는 원리를 설명하기 위해 ㉠에서 활용하였다.
② 섬모체근의 기능이 저하되었을 때 수정체에 이상이 생길 수 있다는 것을 설명하기 위해 ㉠에서 활용하였다.
③ 눈 초점 운동이 걸이 인대의 힘을 키워 초점을 맞추는 기능이 향상된다는 것을 설명하기 위해 ㉡에서 활용하였다.
④ 먼 곳을 볼 때는 걸이 인대가 잡아당기고 있는 수정체가 납작해진다는 것을 설명하기 위해 ㉡에서 활용하였다.
⑤ 휴대폰으로 인해 저하된 시력을 회복시켜 줄 수 있는 눈 초점 운동의 방법을 설명하기 위해 ㉢에서 활용하였다.

37. 다음은 학생이 위 발표를 들으며 떠올린 생각들이다. 이를 바탕으로 학생의 듣기 활동을 이해한 내용으로 적절하지 않은 것은?

- 컴퓨터 화면의 경우도 가까이에서 오랫동안 보는 것이 습관화되면 조절 긴장증을 유발할 수 있겠네.
- 눈 초점 운동을 꾸준히 하면 효과가 있다고 했으니 나도 하루에 10회 이상 눈 초점 운동을 해 봐야지.
- 휴대폰 사용으로 안구 질환 환자가 급증했다고 하는데, 얼마나 증가했는지 구체적으로 알고 싶어. 관련 자료를 인터넷 검색으로 찾아봐야겠어.
- 수정체를 모양체라고도 하고 걸이 인대를 친대라고도 하는 것으로 알고 있어. 그런데 같은 대상에 서로 다른 이름을 붙인 이유는 무엇일까?

① 발표 내용과 관련된 자신의 배경지식을 떠올리며 들었다.
② 발표자가 제시한 정보의 정확성에 의문을 제기하며 들었다.
③ 발표 내용을 통해 알게 된 사실을 유사한 경우에 적용하며 들었다.
④ 발표자가 제시한 방법이 효과가 있을 것이라고 여기고 실천을 다짐하며 들었다.
⑤ 발표 내용과 관련하여 생긴 궁금증을 해결하는 데 필요한 정보를 어떻게 수집할지를 생각하며 들었다.

PART II 16회

[해설편 p.087]

[38 ~ 42] (가)는 지역 신문에 실린 기사문이고, (나)는 (가)의 보도 이후에 개최된 협상이다. 물음에 답하시오.

(가)

□□ 백화점 주변의 극심한 교통 혼잡 해결되려나

구청 측과 □□ 백화점 측은 지난 9월 7일 구청에서 만나, 백화점 방문 차량으로 인해 발생하고 있는 문제들을 해결하기 위해 함께 노력하기로 큰 틀에서 합의했다.

구청 측은 최근 □□ 백화점을 방문하는 차량이 크게 증가함에 따라 교통 혼잡으로 인해 민원이 폭증하는 문제가 발생하고 있음을 지적했다. 이에 따라 구청 측은 □□ 백화점에 해결책을 조속히 마련할 것을 요청할 예정이며, 필요한 부분이 있다면 구청도 적극적으로 협조할 것이라고 말했다. 한편, 백화점 측도 문제 해결을 위해 적극적으로 나서겠다고 밝혔다. 다만 주차장 확보라는 근본적인 문제 해결이 쉽지 않다는 점을 걱정하며 구청 측의 협조가 필요함을 강조하였다.

□□ 백화점 주변의 교통량을 분석한 교통 연구소의 최근 자료에 의하면 백화점이 입점한 이후 그 전보다 주변 도로의 주말 평균 교통량이 45%나 증가했고, 평균 정체 시간도 20분이나 증가한 것으로 나타났다. ㉠ 이 자료에서는 주말에 백화점으로 유입되는 차량의 수가 백화점의 주차 수용력을 40% 초과하기 때문에 주차장 추가 확보가 시급하다고 분석했다.

인근 아파트 주민 김 모 씨는 백화점을 방문하는 차량으로 인해 생활에 불편을 겪는 일이 많다면서 이번 협상을 통해 문제가 해결되기를 바란다고 말했다. 양측은 세부적인 해결 방안을 협의하기 위해 이달 내 추가 협상을 진행하기로 하였다.

(나)

구청 측: 오늘은 문제 해결을 위한 세부적인 방안에 대해 논의하겠습니다. 아시다시피, 최근 백화점 방문 차량이 많아지면서 주변의 교통 혼잡이 심각한 상황입니다. 주차장 10부제를 운영하여 백화점 방문 차량의 수가 줄어들 수 있도록 조치해 주시기 바랍니다. [A]

백화점 측: 고객의 입장을 먼저 생각해야 하는 저희 입장에서는 쉬운 선택이 아니지만 상황의 심각성을 고려하여 주차장 10부제 운영을 적극적으로 검토해 보겠습니다. 대신 백화점 앞을 지나는 버스 노선을 증설해 주셨으면 합니다.

구청 측: 그 문제는 여러 입장에 따라 이해관계가 복잡하고 또 다른 교통 혼잡을 유발할 수 있어 곤란합니다.

백화점 측: ⓐ 그렇다면 백화점 앞을 지나는 기존 마을버스의 배차 간격을 줄여 주시면 좋겠습니다.

구청 측: 그것은 마을버스 회사와 협의해 추진해 보도록 하겠습니다. 그런데 백화점 방문자들이 인근 아파트의 주차장을 무단으로 이용하는 경우도 있고 백화점으로 진입하려는 차량들이 아파트 입구를 막아 아파트 차량의 진출입을 방해하는 경우도 많습니다. 이에 대한 해결책도 마련해 주시기 바랍니다. [B]

백화점 측: 그럼 무단 주차 예방을 위해 현수막을 부착하고 고객 알림 문자를 발송하는 등의 조치를 하겠습니다. 또한 주차 안내 요원을 백화점 외부에도 배치해 차량의 동선을 관리하도록 하겠습니다.

구청 측: 협조해 주신다니 감사합니다. 그렇지만 무엇보다 교통 혼잡의 문제를 근본적으로 해결하기 위해서는 백화점 내부에 주차장 추가 확보가 필요합니다. △△ 백화점처럼 건물 옥상에 주차 공간을 마련하는 것도 한 방법이 될 것입니다. [C]

백화점 측: 저희도 옥상 주차장을 검토하였으나 설계상의 문제로 추진이 어려웠습니다. 그래서 백화점 외부에 새로운 부지를 찾고 있는데, 쉽지 않은 상황입니다. 서면으로 요청드린 바와 같이 구청 측에서 도와주시면 좋겠습니다.

구청 측: 저희도 문제 해결 방안을 고심해 보았습니다. ○○ 유수지 주변 공터를 주차장으로 이용하는 것은 어떻습니까? 백화점과 떨어져 있기는 하지만 도보로 이동은 가능한 거리이므로 괜찮지 않겠습니까? [D]

백화점 측: ○○ 유수지는 백화점과 떨어져 있기 때문에 손님들의 편의를 최우선으로 생각해야 하는 저희들 입장에서는 쉬운 선택이 아닙니다. 주차장 부족 현상은 주로 주말에 일어나므로 주말에 한해 백화점 가까이에 위치한 구청 주차장을 개방해 주시는 것은 어떻습니까?

구청 측: 주말에 구청의 지하 주차장은 비어 있는 경우가 많아 안 되는 것은 아니지만, 출입구가 좁고 시설도 노후화되어 많은 차량이 오갈 경우 안전 문제 등이 우려됩니다. 따라서 면밀한 검토가 필요합니다. [E]

백화점 측: 그렇다면 저희가 구청 주차장의 시설을 개선하고 주말에는 안전 요원도 배치하도록 하겠습니다.

구청 측: 그렇게 하면 지역 주민들의 편의도 향상될 수 있겠네요. 그럼 그 방안을 적극적으로 검토해 보겠습니다.

백화점 측: 대신 우리 백화점 방문자에 한해 주차 요금을 면제해 주셨으면 합니다.

구청 측: 백화점 주차장을 무료로 운영하지 않는 상황에서 구청 주차장을 무료로 운영할 경우 이곳으로 너무 많은 차량이 몰려 또 다른 문제가 발생할 것입니다.

백화점 측: ⓑ 그럼 백화점 방문자에 대해 주차 요금을 할인해 주시면 어떻겠습니까?

구청 측: 지하 주차장 개방 여부에 대한 검토가 우선적으로 이루어져야 할 것으로 보입니다. 주차 요금 책정 등 구체적인 운영 방안은 차후에 논의하는 것이 좋겠습니다.

백화점 측: 네, 좋습니다. 긍정적 결과를 기대하겠습니다.

38. 다음은 기자가 취재 과정에서 작성한 메모이다. (가)에 반영되지 않은 것은?

[구청 측과 백화점 측 협상 취재]

<구청 측과의 인터뷰>
- □□ 백화점 방문 차량으로 인한 민원 발생 ········· ①
- 문제 해결을 위한 노력 요청 및 협조 의향 ········· ②

<백화점 측과의 인터뷰>
- 문제 해결을 위한 의지 표명 및 협조 당부 ········· ③

<교통 연구소 자료 수집 및 지역 주민 인터뷰>
- □□ 백화점 관련 교통 상황 통계 ········· ④
- 시설 개선을 통한 주차 문제 해결 사례 ········· ⑤

[해설편 p.088]

39. <보기>는 ㉠의 초안이다. 기자가 <보기>를 ㉠과 같이 수정한 이유로 가장 적절한 것은?

< 보 기 >

이 자료에서는 □□ 백화점의 주차장 추가 확보가 시급하다고 분석했다. 그리고 주말에 백화점으로 유입되는 차량의 수가 백화점의 주차 수용력을 40% 초과한다고 했다.

① 주요 개념에 대한 정보를 추가하기 위해
② 주관적인 의견이 담긴 부분을 삭제하기 위해
③ 한 측의 입장으로 치우친 정보를 수정하기 위해
④ 긴 문장을 나누어 내용을 효과적으로 표현하기 위해
⑤ 문제 원인과 해결 방안의 순서에 따라 정보를 재배치하기 위해

신출제

40. 다음은 (나)를 바탕으로 협상에 대해 대화를 나눈 것이다. 협상에 대한 이해로 적절하지 않은 사람은?

경민 : 협상은 서로의 안을 조정하고 합의하는 의사 결정 과정이라 할 수 있어.

은아 : 협상이 이루어지기 위해서는 협상을 필요로 하는 구체적 갈등 상황이 존재해야 할 것 같아.

민정 : 협상 참여자는 협상 원칙을 세우고 변함없는 태도로 자신의 주장을 견지해야 협상에서 성공할 수 있어.

진철 : 협상은 자신만의 이익을 관철시키는 데 있는 것이 아니라 양보와 설득을 통해 실현 가능한 구체적인 타협안을 찾는 것이야.

유주 : 협상을 조정할 때는 참여자들이 입장을 표명하고 구체적인 제안이나 대안을 상호 검토하면서 양보를 통해 서로의 입장을 좁혀가야 해.

① 경민 ② 은아 ③ 민정 ④ 진철 ⑤ 유주

41. 다음은 '구청 측'에서 협상을 준비하는 과정에서 작성한 협상 계획서의 일부이다. 다음을 참고하여 [A] ~ [E]를 이해한 내용으로 적절하지 않은 것은? [3점]

논의할 내용	세부 내용
⋮	⋮
백화점 방문 차량 관련 민원	백화점 방문자들의 차량 증가에 따른 교통 혼잡 ………… ㉮
	백화점 방문자들의 아파트 주차장 무단 이용 …………… ㉯
	인근 아파트 차량의 진출입 방해 ……………………… ㉰
주차장 공간 확보	백화점 내부에 새로운 주차 공간 확보 ………………… ㉱
	백화점 외부에 새로운 주차 공간 확보 ………………… ㉲
⋮	⋮

① [A]는 ㉮와 관련된 문제의식을 드러내며 상대측에 요구 사항을 제시하고 있다.
② [B]는 ㉯, ㉰와 관련된 문제 상황을 언급하며 문제 해결을 위한 방안을 마련할 것을 상대측에 요구하고 있다.
③ [C]는 ㉱의 필요성을 언급하며 다른 사례를 참고하여 문제를 해결할 것을 제안하고 있다.
④ [D]는 ㉲와 관련하여 대안을 제시하면서 이에 대한 상대측의 수용 의사를 묻고 있다.
⑤ [E]는 ㉱, ㉲와 관련된 상대측의 요구 사항을 수용하면서 그에 상응하는 요구 조건을 직접 제시하고 있다.

42. (나)의 담화 흐름을 고려할 때, ⓐ와 ⓑ의 공통점으로 가장 적절한 것은?

① 상대측이 제시한 문제점에 대해 추가적인 설명을 요구하는 발화이다.
② 상대측의 제안을 수용할 경우 예상되는 부작용에 대해 언급하는 발화이다.
③ 상대측이 지적한 문제점을 고려하여 요구 사항을 수정하여 제시하는 발화이다.
④ 상대측이 제기할 수 있는 의견을 가정하며 그 의견의 타당성 여부를 묻는 발화이다.
⑤ 상대측의 제안을 수용하기 어려운 이유를 들어 상대측에게 양보를 요구하는 발화이다.

[해설편 p.088]

[43 ~ 45] 다음은 작문 상황에 따라 학생이 쓴 초고이다. 물음에 답하시오.

[작문 상황]
○ 목적 : 예상 독자인 우리 학교 학생들을 설득함.
○ 주제 : 정보 전달을 위한 글쓰기 능력 향상을 위해 노력해야 한다.
○ 독자 분석
㉠ 정보 전달을 위한 글쓰기의 중요성을 인식하지 못하는 학생들이 있다.
㉡ 글쓰기 능력은 선천적이라고 생각하는 학생들이 있다.

[학생의 초고]

우리는 일상생활에서 설명문이나 보고서 등 정보 전달을 위한 글을 쓰게 되는 일이 많다. 전문가들은 지식 정보화 사회가 도래하면서 정보 전달을 위한 글쓰기가 더욱 중요해졌다고 말하고 있다. 글쓰기의 효과에 대한 대다수 연구 논문에서도 정보 전달을 위한 글쓰기 능력이 학습 능력이나 업무 능력에 많은 도움을 준다고 밝히고 있다.

일부 학생들은 글쓰기 능력이 타고나는 것이기 때문에 아무리 노력해도 나아지지 않는다고 말하기도 한다. 그러나 정보 전달을 위한 글쓰기 능력은 선천적인 능력보다 후천적인 노력이 더 중요하다. 국내의 ○○ 대학교에서 발표한 자료에 따르면, 이 대학에서 정보 전달을 위한 글쓰기 교육을 받은 학생들이 작성한 보고서의 완성도가 그 이전보다 월등히 높아졌다고 한다. 또한 미국, 독일 등의 국가에서는 어릴 때부터 학생들에게 탐구 보고서와 같은 정보 전달을 위한 글쓰기 교육을 철저하게 하고 있다.

[A] 그렇다면 정보 전달을 위한 글쓰기 능력은 어떻게 향상시킬 수 있을까? 정보 전달을 위한 글쓰기에서 가장 중요한 것은 가치 있는 정보를 담아내는 것이다. 가치 있는 정보란 독자의 요구와 흥미 등을 고려하면서도 참신하고 실용적이며 출처가 분명한 것을 말한다. 이러한 정보를 찾기 위해서는 다양한 매체를 활용하여 자료를 풍부하게 수집하는 능력을 갖추어야 한다. 이는 반복적인 훈련을 통해 가능하다.

처음부터 좋은 글을 쓸 수 있는 사람은 없다. (　　[B]　　)

43. ㉠, ㉡을 바탕으로 세운 글쓰기 계획 중 '학생의 초고'에 활용되지 <u>않은</u> 것은?

① ㉠을 고려하여, 시대적 상황과 관련하여 정보 전달을 위한 글쓰기의 중요성을 강조하는 전문가들의 견해를 제시한다.
② ㉠을 고려하여, 정보 전달을 위한 글쓰기 능력으로 얻을 수 있는 이점을 다룬 연구 논문의 내용을 제시한다.
③ ㉡을 고려하여, 정보 전달을 위한 글쓰기 교육의 효과에 대한 기관의 자료를 제시한다.
④ ㉡을 고려하여, 정보 전달을 위한 글쓰기 교육을 적극적으로 하고 있는 외국의 사례를 제시한다.
⑤ ㉡을 고려하여, 훈련을 통해 정보 전달을 위한 글쓰기 능력이 향상될 수 있음을 보여 주는 실험의 과정을 제시한다.

44. <보기>는 [A]를 보완하기 위해 추가로 수집한 자료이다. 자료 활용 방안으로 가장 적절한 것은? [3점]

< 보 기 >

(가) 글쓰기 능력 진단을 위한 설문 조사 (대상 : 우리 학교 학생들)

1. 평소 어떤 종류의 글을 가장 많이 쓰십니까?

정보 전달을 위한 글 37%	사회적 상호 작용을 위한 글 26%	자기표현을 위한 글 24%	설득을 위한 글 13%

2. 정보 전달 글쓰기 능력에 만족하십니까?

아니요 74%	예 26%

3. 정보 전달 글쓰기에서 가장 어려운 부분은 무엇입니까?

자료 수집 48%	내용 조직 34%	문장 표현 18%

(나) 작문 관련 서적 자료

정보 전달 글쓰기에서 유용한 내용을 담아내기 위해서는 정보를 효과적으로 조직해야 한다. 그러기 위해서는 수집한 자료를 비교, 대조, 분류 등의 방식으로 정리하는 유형적 사고법을 활용해 체계화할 수 있어야 한다.

① (가) : 정보 전달을 위한 글을 많이 쓴다는 점에서, 학생들이 다양한 글을 쓰도록 유도해야 한다는 내용을 추가해야겠군.
② (가) : 자신의 글쓰기 능력에 만족하지 못하고 있다는 점에서, 학생들의 자신감을 키워 주어야 한다는 내용을 추가해야겠군.
③ (나) : 유형적 사고법을 통해 자료를 수집할 수 있다는 점에서, 비교, 대조, 분류 등의 방식으로 수집된 자료가 더 유용하다는 내용을 추가해야겠군.
④ (나) : 유용한 내용을 담아내기 위해서는 정보를 효과적으로 조직해야 한다는 점에서, 수집한 자료를 체계화하는 훈련도 필요하다는 내용을 추가해야겠군.
⑤ (가), (나) : 내용 조직에 가장 큰 어려움을 느끼고 있다는 점에서, 학생들의 수준을 고려한 내용 조직 방법을 마련해야 한다는 점을 추가해야겠군.

45. [B]에 들어갈 내용을 <조건>에 따라 작성한 것으로 가장 적절한 것은?

< 조 건 >

정보 전달을 위한 글쓰기의 중요성을 강조하고 직유법을 활용해 글의 주제를 효과적으로 드러내면서 글을 마무리하자.

① 우리는 정보 전달이 일상이 된 시대에 살고 있다. 꾸준히 노력해서 정보 전달 글쓰기와 가까워지도록 하자.
② 정보는 일용할 양식처럼 우리의 삶을 풍요롭게 한다. 정보를 다양하게 활용하여 우리의 삶을 더욱 풍성하게 만들자.
③ 정보 전달을 위한 글쓰기는 학업과 업무에 큰 영향을 준다. 글쓰기 능력의 향상을 위해 반복적인 노력을 해 나가자.
④ 작은 물방울이 큰 바위를 뚫는다. 꾸준히 훈련하면 누구나 만족할 만한 정보 전달의 글을 쓸 수 있다는 것을 명심하자.
⑤ 정보 전달을 위한 글쓰기 능력은 지식 정보화 사회의 핵심 역량이다. 농부의 땀방울이 좋은 열매를 맺게 하듯이 정보 전달을 위한 글쓰기 능력의 향상을 위해 노력하자.

＊ 확인 사항
○ 답안지의 해당란에 필요한 내용을 정확히 기입(표기)했는지 확인하시오.

[해설편 p.088]

17회 ● 수능 실전 모의고사 ● 국어영역(화법과 작문)

● 문항수 11개 | 배점 24점 | 제한 시간 20분

● 점수 표시가 없는 문항은 모두 2점

[35 ~ 37] 다음은 강연이다. 물음에 답하시오.

지난 체험 학습 때 저희 천문대에 오셔서 별을 관측했던 것을 기억하시죠? (대답을 듣고) 천체 망원경으로 별자리들을 보면서 즐거워했던 여러분의 모습이 떠오릅니다. 그런데 여러분, 천체 망원경이 없었던 조선 시대에도 하늘을 관측해 기록했다는 사실을 알고 계신가요? (반응을 보고) 잘 모르는 학생이 많군요. 오늘은 이에 대해 말씀드리겠습니다.

태조는 조선 건국이 천명에 따른 것임을 밝히기 위해 큰 비석에 '천상열차분야지도'라는 천문도를 새겼습니다. 앞의 화면을 봐 주시겠어요? 천상열차분야지도를 컴퓨터로 재현한 것입니다. (화면의 글자들을 가리키며) 여기 '천상(天象)'이라는 글자가 보이시죠? 하늘의 형상을 뜻합니다. 옆의 '열(列)'은 무슨 뜻일까요? 펼쳐 놓았다는 뜻입니다. 그리고 '차(次)'와 '분야(分野)'는 구획을 나눠 체계적으로 별을 표시했음을 의미합니다.

제목 바로 아래를 보시면, 가운데에 '天'이 표기된 원형의 중성기가 있습니다. 중성기는 24절기의 황혼과 새벽에, 남중하는 별자리를 기록한 것입니다. 이것은 절기에 따른 별의 위치로 밤의 시각을 알 수 있게 해 줍니다.

(화면을 가리키며) 천문도 중앙에는 원형의 별 그림인 성도가 있습니다. 성도의 가운데 부분을 확대해 보겠습니다. 우리가 함께 천문대에서 봤던 별자리가 보이시나요? (반응을 보고) 많은 분들이 찾으셨군요. 그럼 지난번에 직접 관측했던 북극성도 잘 찾으셨겠네요. 여기 북극성을 중심으로 작은 원이 그려져 있습니다. 이 원은 계절에 관계없이 항상 관측할 수 있는 하늘의 범위를 나타냅니다. (화면을 바꾸며) 이 부분은 성도의 외곽 경계선인데, 이 경계선 안에 있는 별들을 보면 크기가 다른 것들이 있습니다. (화면을 확대하며) 한 예로, 여기 경계선 주변의 두 별을 보십시오. 하나는 크고, 하나는 작습니다. 이 차이는 별의 밝기가 다름을 나타냅니다. 이것은 별을 모두 동일한 크기로 표시한 동시대 중국의 천문도와 다른 점입니다.

성도의 아래에는 여러 설명이 있습니다. 그중에 '천문을 관측해 중성을 바로잡는 것은, 요와 순의 정치를 본받는 것'이라는 기록이 있습니다. 이 말은 천문에 대한 선조들의 생각을 보여 주는 것으로 하늘을 받들어 백성들에게 절기를 알리고 좋은 정치를 하기 위해 천문을 중요히 여겨야 한다는 뜻입니다. 이처럼 천상열차분야지도는 선조들의 얼과 뛰어난 능력을 보여 줍니다. 이러한 천상열차분야지도를 잘 기억해 주십시오.

35. 위 강연에 대한 설명으로 가장 적절한 것은?

① 강연을 시작할 때 강연 순서를 미리 안내하여 청중이 내용의 흐름을 예측하며 듣도록 하고 있다.
② 질문을 던져 청중이 강연자와 다른 관점에서 강연 내용을 생각해 보도록 유도하고 있다.
③ 강연 대상의 변화 과정과 그에 수반되는 문제점을 제시하고 있다.
④ 청중과 공유하고 있는 경험을 환기하여 강연의 내용과 연결짓고 있다.
⑤ 청중의 이해도를 점검하며 마무리하여 강연 주제를 강조하고 있다.

36. <보기>는 강연에서 활용한 자료이다. 이에 대한 이해로 적절하지 않은 것은?

< 보 기 >

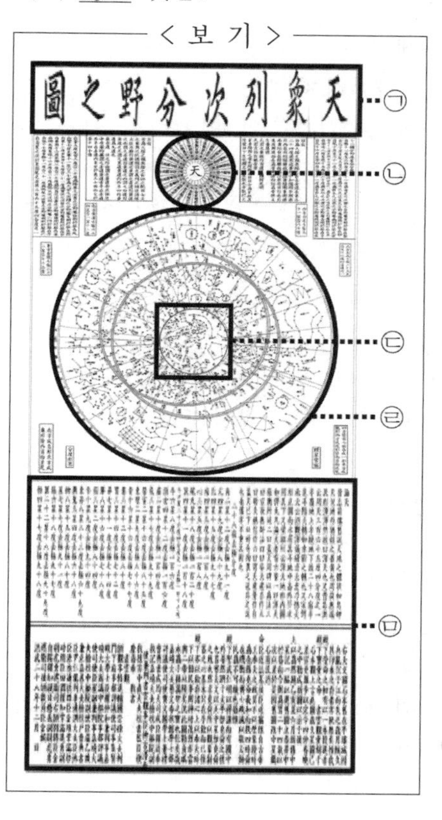

① ㉠의 글자들을 가리키며 '천상열차분야지도'라는 명칭에 대해 설명하였다.
② ㉡의 가운데에 있는 글자를 언급하며 밤의 시각을 알기 위해 중성기를 활용하는 방법을 예를 들어 설명하였다.
③ ㉢을 확대해 보여 주며 북극성을 중심으로 일 년 내내 관측할 수 있는 하늘의 범위가 성도에 그려져 있음을 제시하였다.
④ ㉣의 외곽 경계선 주변의 별들을 확대해 보여 주며 성도와 동시대 중국 천문도의 차이점을 언급하였다.
⑤ ㉤의 일부를 인용하며 선조들이 천문을 중요하게 여겼음을 제시하였다.

37. 다음은 강연을 듣고 학생들이 보인 반응이다. 이를 바탕으로 학생들의 듣기 활동을 이해한 내용으로 적절하지 않은 것은? [3점]

○ **학생 1**: 천체 망원경 없이 하늘을 관측했다니 놀랍네. 관련 자료를 찾아봐야겠어. 또 어떤 기준으로 '차'와 '분야'의 구획을 나누었는지도 알아봐야겠어.
○ **학생 2**: 조선 시대에 별자리를 체계적으로 정리한 천문도가 있었음을 알게 되어 유익했어. 그런데 '남중', '중성' 같은 말의 의미가 궁금했는데 설명해 주지 않아 아쉬웠어. 이 말들의 의미는 따로 찾아봐야겠어.
○ **학생 3**: 태조가 조선 건국의 정당성 확보를 중요하게 여겼다고 알고 있었는데, 이를 바탕으로 '천상열차분야지도'의 제작 목적을 이해할 수 있었어. 천문이 정치와 관련이 있었다는 것을 알게 되어 좋았어.

① '학생 1'은 강연에서 사용한 자료의 출처를 확인하며 정보의 신뢰성을 점검하고 있다.
② '학생 2'는 강연 내용에 설명이 부족한 부분이 있다는 점을 지적하고 있다.
③ '학생 3'은 자신의 배경지식을 활용하여 강연에서 언급한 내용을 이해하고 있다.
④ '학생 1'과 '학생 2'는 강연의 내용과 관련하여 궁금한 점에 대해 조사해야겠다고 생각하고 있다.
⑤ '학생 2'와 '학생 3'은 강연을 통해 새로운 사실을 알게 된 것을 긍정적으로 평가하고 있다.

[해설편 p.089]

[38 ~ 41] (가)는 도서부원들 간의 토의이고, (나)는 (가)를 바탕으로 쓴 안내문의 초고이다. 물음에 답하시오.

(가)

학생 1: ㉠ 도서부에서 매년 진행하고 있는 '○○ 독서 대화'의 참여 인원이 재작년에 이어 작년에도 줄었어. 오늘 토의에서는 이 문제점을 짚고 개선 방안을 마련해 보자.

학생 2: 작년에는 모든 모둠에서 읽어야 할 도서가 한 권뿐이어서 학생들이 많이 참여하지 않았던 것 같아. 선정 도서의 내용이 자신의 관심 분야와 일치하지 않는 학생들은 독서 대화에 관심을 갖지 않았을 거야.

학생 3: 맞아. 그리고 홍보의 부족도 참여가 적었던 이유라고 생각해. ㉡ 작년에는 도서관 앞 게시판에만 일주일 정도 안내문을 붙여 놓았거든. 도서관을 자주 이용하지 않는 학생들은 독서 대화에 대해 알 수 없었을 거야.

학생 1: ㉢ 선정 도서가 한 권밖에 없었고 홍보가 부족했던 점을 개선해야겠구나. 이밖에도 개선해야 할 점이 또 있을까?

학생 3: 작년에 참여한 학생들을 대상으로 이루어진 설문 조사를 살펴보면, 화제가 잘 맞지 않아 대화가 산만하게 이루어져서 아쉬웠다는 의견이 많았어.

학생 2: ㉣ 우리 모둠에서도 화제가 잘 맞지 않아 책의 내용에 대해 깊이 있는 이야기를 나누지 못했던 것 같아.

학생 1: ㉤ 이제부터는 지금까지 논의된 바를 바탕으로 문제를 개선하기 위한 방안에 대해 이야기해 보자. 먼저 책 선정 문제부터 이야기해 볼까?

[A]
학생 2: 학생들이 개인적으로 읽고 싶어하는 도서를 선정 도서에 포함해 주는 것은 어때?

학생 3: 그러면 선정 도서가 다양해지겠지만, 학생들의 선택이 개별적으로 이루어져 독서 대화를 위한 모둠을 꾸리기가 어려울 수 있어. 도서부에서 선생님과 학생들의 추천을 받고, 추천 받은 도서들 중에서 세 권을 선정하는 것이 좋겠어.

학생 2: 내가 미처 생각하지 못한 문제가 있었네. 그렇게 세 권을 선정하도록 하고, 세 권 중 어떤 책을 선택했는지 기입하도록 참가 신청서를 만들자.

학생 1, 3: 그래, 좋아.

학생 1: 모둠별로 독서 대화를 할 때에, 화제를 서로 맞추기 위한 방안으로는 어떤 것이 있을까?

[B]
학생 3: 우리 도서부에서 선정 도서별로 화제를 미리 정해서 제시하는 것이 어떨까?

학생 2: 학생들은 다양한 관점에서 책에 대해 이야기하고 싶어할 거야. 우리가 제시한 화제가 학생들의 관심을 끌 수 없는 것이라면 대화가 제대로 이루어지지 않을 것 같아. 학생들이 이야기 나누고 싶은 내용을 질문으로 만들어 오도록 하는 것이 어떨까?

학생 3: 그게 좋겠다. 그러면 질문을 중심으로 모둠을 구성하여 학생들이 대화를 나누도록 하면 되겠어.

학생 1: 홍보가 부족했던 문제점은 어떻게 해결해야 할까?

학생 2: 학교 신문에 안내문을 실어서 많은 학생들이 볼 수 있도록 하면 어떨까? 내가 초고를 써 올게.

학생 1, 3: 그래. 초고를 써 오면 다 같이 모여 수정하자.

(나)

'○○ 독서 대화'에 여러분을 초대합니다
– 우리들의 소중한 추억이 될 독서 대화

여러분, 좋은 책을 읽고 친구들과 함께 생각을 나누고 싶지 않은가요? 도서부에서는 매년 '○○ 독서 대화'를 진행하여 책 속에서 다양한 삶의 문제를 발견하고 그에 대해 함께 이야기하는 시간을 갖고 있습니다.

올해는 10월 △일 금요일 17시에 도서관에서 함께 이야기하고자 합니다. 이번에는 학생들의 선택의 폭을 넓혀 주기 위해 작년과 달리 선생님과 학생들의 추천을 받아 도서부에서 세 권의 도서를 선정했습니다. 독서 대화에 참여하기 위해서는 10월 □일까지 도서부로 신청하면 됩니다. 이때 함께 이야기하고 싶은 책 한 권을 신청서에 꼭 기입하여 제출하기 바랍니다.

'○○ 독서 대화'에 참여를 신청한 분들은 선택한 책을 읽고 나서 함께 이야기 나누고 싶은 내용을 질문으로 만들어 행사 3일 전까지 도서부에 제출해야 합니다. 그러면 질문을 중심으로 모둠을 구성하여 깊이 있고 폭넓은 대화를 나누게 될 것입니다.

독서 대화에 참여했던 학생들은 다양한 의견을 존중하는 태도를 기를 수 있어 좋았다고 했습니다. ㉮ 저희가 준비한 독서 대화에 많은 참여를 바랍니다.

38. ㉠ ~ ㉤에 대한 이해로 적절하지 않은 것은?

① ㉠: 토의에서 논의할 내용과 관련 있는 문제 상황을 제시하고 있는 발화이다.
② ㉡: 자신의 견해를 뒷받침하는 사실을 근거로 제시하고 있는 발화이다.
③ ㉢: 앞서 논의한 내용을 정리하여 제시하고 있는 발화이다.
④ ㉣: 자신이 처했던 상황을 근거로 문제를 해결할 수 있는 대안을 제시하고 있는 발화이다.
⑤ ㉤: 토의를 진전시키기 위해 앞으로 논의할 내용을 제시하고 있는 발화이다.

39. [A], [B]의 담화에 대한 설명으로 가장 적절한 것은?

① [A]에서는 '학생 3'이, [B]에서는 '학생 2'가 상대 의견의 문제점을 지적하며 대안을 제시하고 있다.
② [A]에서는 '학생 2'가, [B]에서는 '학생 3'이 상대 의견을 일부 인정하며 자신의 의견과 절충하고 있다.
③ [A]에서는 '학생 2'가, [B]에서는 '학생 3'이 상대가 제시한 방안의 실현 가능성을 검토하며 상대 의견의 한계를 지적하고 있다.
④ [A]에서와 달리 [B]에서는 '학생 3'이 '학생 2'의 의견에 반대하며 자신의 제안을 수정하고 있다.
⑤ [B]에서와 달리 [A]에서는 '학생 2'가 '학생 3'의 의견에 대한 타당성을 점검하기 위해 근거를 요구하고 있다.

[해설편 p.090]

40. 다음은 '학생 2'가 (나)를 쓰기 위해 작성한 메모이다. 이 중 (나)에 반영되지 않은 것은?

- ○ 올해와 작년 독서 대화의 차이점 제시 ········· ⓐ
- ○ 독서 대화에 참여를 신청하는 방법 제시 ········· ⓑ
- ○ 독서 대화를 위해 선정할 도서의 분야 제시 ········· ⓒ
- ○ 독서 대화에 참여하려는 학생들의 준비 사항 제시 ····· ⓓ
- ○ 독서 대화에 참여했던 학생들의 소감 제시 ········· ⓔ

① ⓐ ② ⓑ ③ ⓒ ④ ⓓ ⑤ ⓔ

41. 다음은 (나)를 작성한 후, 학생들이 퇴고 과정에서 나눈 대화이다. 이를 참고해 ㉮를 수정·보완한 내용으로 가장 적절한 것은?

학생 1 : 마지막 부분에 학생들의 참여를 독려하기 위해, 한 권의 책에 대해서 여러 사람이 이야기를 나눔으로써 얻을 수 있는 이점을 추가하도록 하자.
학생 3 : 부제의 내용을 활용하면서 함께한다는 의미도 드러내면 더욱 좋을 것 같아.

① 책을 읽으며 독서 대화를 위한 이야깃거리를 찾아보세요. 책을 깊이 읽고 내면화하는 시간이 될 것입니다. 독서 대화에 많은 참여를 바랍니다.
② 도서부는 독서 대화를 위해 많은 준비를 하고 있습니다. 여러분의 참여로 저희가 준비한 행사가 완성될 수 있습니다. 독서 대화에 많은 참여를 바랍니다.
③ 누구나 책 속에서 다양한 삶의 모습을 발견할 수 있습니다. 좋은 책을 만나 여러분의 문제를 해결할 실마리를 찾아보세요. 독서 대화에 많은 참여를 바랍니다.
④ 책을 읽으며 스스로를 돌아보면서 진정한 자신을 만날 수 있을 것입니다. 내면의 이야기에 귀 기울이는 의미 있는 시간을 가져 보세요. 독서 대화에 많은 참여를 바랍니다.
⑤ 한 권의 책을 읽고 여러 사람의 생각이 모이면 넓고 깊은 깨달음에 이를 수 있습니다. 이렇게 함께한 경험은 학창 시절의 뜻깊은 기억으로 남을 것입니다. 독서 대화에 많은 참여를 바랍니다.

[42 ~ 45] 다음 글을 읽고 물음에 답하시오.

(가) 학생의 일기

○○로부터 최근에 겪은 일을 들었다. ㉠ 친구 관계를 고민하면서 자신의 개인 블로그에 잠시 썼다가 지웠던 글이 △△ 사이트에 공개되어 있어 난처했다는 것이었다. 이후 '잊힐 권리'에 대해 학급 친구들과 이야기를 나누었다. 그런데 ㉡ 학급 친구들 중에는 잊힐 권리가 무엇인지, 그것이 사회적으로 왜 중요한지를 모르는 친구들이 많았고, ㉢ 나와 반대 의견을 가진 친구도 있었다. 그래서 나는 학급 신문에 잊힐 권리가 적극적으로 보장되어야 한다는 내용의 글을 써야겠다고 생각했다.

(나) 학생이 수집한 자료의 일부

한 설문 조사에 따르면 ⓐ 전체 응답자 중 70%가 개인의 존엄성을 지키기 위해 잊힐 권리를 적극적으로 보장해야 한다는 주장에 공감했다. 그리고 ⓑ 디지털 기술의 발달로 개인 정보가 자신도 모르게 널리 퍼질 수 있음을 우려한다고 응답한 사람들의 비율이 3년 연속 67%, 69%, 73%로 증가했다. …(중략)… 우리나라의 현행법 체계에 ⓒ 잊힐 권리에 관한 법률이 있다. 그런데 ⓓ 이 법률에서는 현재 잊힐 권리를 소극적으로 보장하고 있다. …(중략)… ⓔ 전문가들은 현실의 변화를 법과 제도가 따라가지 못하고 있다고 지적하고 있다.

— 법률 전문 잡지 —

(다) 학생의 초고

인터넷 공간에서 우리는 사람들이 남겨 놓은 개인의 흔적을 쉽게 만날 수 있다. 이러한 '디지털 흔적'의 노출로 인해 우리 주위에서도 피해가 발생하고 있다. 일상에서 우리들 중에 누구라도 피해자가 될 수 있는 것이다. 나는 이를 막기 위해서 '잊힐 권리'가 적극적으로 보장되어야 한다고 생각한다.

잊힐 권리는 정보 주체의 의사에 따라 자신과 관련된 과거 기록의 공개 여부를 결정할 수 있도록 보장하는 권리이다. 가령 A의 신상에 관한 정보가 담긴 글, 사진, 동영상 등이 불특정 다수가 접근할 수 있는 인터넷 공간에서 공개되는 것과 관련하여 A가 공개 여부를 결정할 수 있도록 하는 권리이다. 이 권리는 디지털 기술이 발달함에 따라 원치 않는 개인의 정보가 빠르게 확산될 수 있다는 불안감을 느끼는 사람들이 많아지고 있는 상황에서 점점 더 중요하게 여겨지고 있다.

현재 정보통신망 이용촉진 및 정보보호 등에 관한 법률에 따르면, 명예 훼손 또는 사생활 침해에 해당한다고 소명한 정보에 대해 삭제 또는 차단을 요청할 수 있지만, 정보 통신 서비스 사업자가 이에 응하지 않을 경우에 제재할 조항이 없다. 한편 사생활 침해라고 소명하기는 어렵지만 삭제하고 싶은 정보가 존재하는데, 그럴 때에 삭제할 법적인 방법이 없다. 이처럼 현재는 잊힐 권리에 대한 보장을 소극적으로 하고 있을 뿐이다.

[A] 우리들은 인터넷을 사적인 용도로 많이 사용한다. 그에 따라 개인의 사진이나 자유로운 생각 등이 여러 인터넷 공간에 있을 수 있다. 과거에는 개인적인 기록들이 주로 개인의 통제가 가능한 사진첩이나 일기장 등에 남아 있었지만, 이제는 개인의 통제가 어려운 여러 인터넷 공간에 남아 있는 경우가 많다. 개인적인 기록들에 대한 권한은 전적으로 해당 개인에게 있어야 한다. 따라서 잊힐 권리를 적극적으로 보장하는 법적 장치가 마련되어야 한다.

[B] 잊힐 권리가 표현의 자유와 알 권리를 침해한다는 측면에서 잊힐 권리의 적극적 도입을 반대하는 입장도 있다. 물론 표현의 자유와 알 권리도 중요하다. 그러나 그 권리들보다 개인의 존엄성이 더 우선시되어야 한다. 많은 사람들이 잊힐 권리의 적극적 보장에 찬성하는 까닭도 여기에 있다. 잊힐 권리를 적극적으로 보장하여 디지털 흔적으로 인한 피해로부터 개인의 존엄성을 보호한다면 더욱 건강한 정보화 사회를 만들어 나갈 수 있을 것이다.

[해설편 p.090]

42. (가)의 ㉠~㉢을 고려하여 (다)를 작성했다고 할 때, 학생의 초고에 활용된 글쓰기 전략으로 적절하지 않은 것은?

① ㉠을 고려해, '디지털 흔적'으로 인한 피해가 일상에서 직면할 수 있는 문제임을 강조한다.
② ㉡을 고려해, '잊힐 권리'의 개념을 예를 들어 설명한다.
③ ㉡을 고려해, '잊힐 권리'가 중요한 권리로 대두된 상황을 제시한다.
④ ㉢을 고려해, '잊힐 권리'에 대해 자신과 반대되는 입장을 소개한 후 그에 대한 자신의 생각을 제시한다.
⑤ ㉢을 고려해, '디지털 흔적'을 삭제하는 기술의 한계로 잊힐 권리가 제대로 보장되지 못하고 있음을 부각한다.

43. (나)를 활용하여 (다)를 작성했다고 할 때, 학생의 자료 활용에 대한 설명으로 적절하지 않은 것은?

① ⓐ를 토대로, 많은 사람들이 개인의 존엄성을 중시해 잊힐 권리의 적극적 보장에 동의하고 있음을 제시했다.
② ⓑ에 대한 해석을 바탕으로, 디지털 기술의 발달로 원치 않는 개인 정보의 확산을 우려하는 사람들이 많아지고 있는 상황을 제시했다.
③ ⓒ의 내용을 찾아, 정보에 대한 삭제 또는 차단을 요청할 수 있는 경우를 제시했다.
④ ⓓ를 참고하여, 정보통신망 이용촉진 및 정보보호 등에 관한 법률에서 잊힐 권리를 보장하는 것의 한계를 제시했다.
⑤ ⓔ를 일반화하여, 인터넷 공간이 우리 삶의 편의를 높여 주는 만큼 알 권리 보장의 필요성도 커지고 있음을 제시했다.

44. <보기>에서 근거를 찾아 [A]에 대해 반박하는 글을 쓰고자 한다. 글에 담길 내용으로 가장 적절한 것은? [3점]

< 보 기 >

인터넷 공간에서 유통되는 개인적인 기록들 중에는 공적인 성격을 가지게 되는 것들이 있다. 예를 들어, 유권자들이 국회의원 선거에 출마한 후보자의 자질을 검증할 때 후보자의 디지털 흔적은 중요한 참고 자료가 될 수 있다. 이와 같은 사례는 디지털 흔적이 공익을 위해 사용될 수 있음을 보여 준다.

① 사회의 투명성을 높인다는 이유로 사적인 자료를 활용하여 개인의 인성을 검증한다면, 개인 정보를 검열의 도구로 악용하게 될 것이다.
② 법적 장치를 통해 잊힐 권리를 적극적으로 보장하면, 공익을 위해 필요한 정보들까지 사라지거나 왜곡될 수 있다. 이것은 공익을 훼손하는 것이다.
③ 디지털 흔적에 대한 통제 권한을 각 개인에게 주어야 한다. 그리고 디지털 흔적을 더 많은 분야에서 공익을 위해 활용할 수 있게 해 주는 제도적 장치가 필요하다.
④ 인터넷 공간에서 개인의 표현의 자유는 보장되어야 한다. 그러나 그 자유에는 자신의 표현에 대해 도덕적으로 책임을 지고자 하는 의식이 반드시 뒷받침되어야 한다.
⑤ 과거에는 개인적인 기록이 통제가 가능했지만, 오늘날에는 매체의 발달로 인하여 통제가 어렵다. 따라서 개인이 통제할 수 있도록 만들어 주는 제도적 장치가 필요하다.

신출제

45. [B]는 선생님의 검토 의견을 반영하여 <보기>를 고쳐 쓴 것이다. <보기>를 볼 때, 선생님의 검토 의견으로 가장 적절한 것은?

< 보 기 >

잊힐 권리가 표현의 자유와 알 권리를 침해한다는 측면에서 잊힐 권리의 적극적 도입을 반대하는 입장도 있다. 물론 표현의 자유와 알 권리도 중요하다. 그 권리들보다 개인의 존엄성이 더 우선시되어야 한다. 많은 사람들이 잊힐 권리의 적극적 보장에 찬성하는 까닭도 여기에 있다. 잊힐 권리를 적극적으로 보장하여 디지털 흔적으로 인한 피해로부터 개인의 존엄성을 보호할 수 있어야 한다.

① 의견을 좀 더 부각시키기 위해 예상되는 효과를 덧붙이면서 마무리하는 것이 좋겠어. 더불어 글을 흐름에 어긋나는 문장이 있으므로 삭제하는 것이 좋겠어.
② 의견을 좀 더 부각시키기 위해 구체적인 사례를 제시하며 마무리하는 것이 좋겠어. 더불어 글을 흐름을 자연스럽게 하기 위해 적절한 접속어를 넣어 주는 것이 필요해.
③ 의견을 강조하기 위해 주장 내용을 한 번 더 언급하며 마무리하는 것이 좋겠어. 더불어 문맥에 맞지 않는 단어가 사용되어 있으므로 적절한 단어로 고치는 것이 필요해.
④ 의견을 좀 더 부각시키기 위해 예상되는 효과를 덧붙이면서 마무리하는 것이 좋겠어. 더불어 글을 흐름을 자연스럽게 하기 위해 적절한 접속어를 넣어 주는 것이 필요해.
⑤ 의견을 강조하기 위해 상대방의 주장이 잘못된 이유를 간단히 언급하면서 의견을 제시하는 것으로 마무리하는 것이 좋겠어. 더불어 문맥에 맞지 않는 단어가 사용되어 있으므로 적절한 단어로 고치는 것이 필요해.

* 확인 사항
○ 답안지의 해당란에 필요한 내용을 정확히 기입(표기)했는지 확인하시오.

[해설편 p.090]

● 문항수 11개 | 배점 24점 | 제한 시간 20분

● 점수 표시가 없는 문항은 모두 2점

[35~37] 다음은 학생의 발표이다. 물음에 답하시오.

안녕하세요? 이번 탐구 과제는 '우리 문화재 깊이 보기'인데요, 저는 '고구려 고분 벽화'에 대해 발표하려고 합니다. 여러분은 고구려 고분 벽화를 본 적이 있나요? (청중의 대답을 듣고) 생각보다 많지 않네요. 우리나라 고분 벽화의 대다수는 고구려 돌방무덤에 있습니다. 돌방무덤은 돌을 쌓아 방처럼 만든 무덤으로 3세기부터 만들어졌는데요, 바로 이 시기에 고분 벽화가 그려지기 시작했습니다. (㉠자료 제시) 여기가 돌방무덤의 내부입니다. 고분 벽화는 이곳의 천장과 벽에 그려져 있어요.

그럼 고구려 고분 벽화에는 무엇을 그렸을까요? (청중의 반응을 살피고) 네, 다양한 답변이 있네요. 3세기 중반부터 5세기 초에는 밥 먹는 모습, 사냥하는 모습 등 무덤 주인의 일상생활을 주로 그렸습니다. (㉡자료 제시) 이것은 주인과 종의 모습입니다. 여기에서 주목할 점은 주인을 종에 비해 크게 그린 건데요, 이렇게 주가 되는 것을 크게, 나머지는 작게 그리는 방법을 '주대종소법'이라고 합니다. 보시는 것처럼 고분 벽화에서는 이 방법을 활용하여, 무덤 주인의 권위를 강조하고 그의 풍요로운 삶이 사후세계에서도 이어지길 바라는 마음을 담아냈습니다.

5세기 중반부터 6세기 초의 고분 벽화에는 연꽃무늬가 주로 등장합니다. 이때는 불교가 확산되는 시기로, 무덤 주인이 이상 세계에 다시 태어나길 바라는 마음을 연꽃을 통해 표현했습니다. 6세기 중반부터 7세기 전반의 일부 고분에는 연꽃 위에 도교 사상과 관련된 신선을 그렸는데요, (㉢자료 제시) 이것은 불교와 도교 사상이 공존하던 당시의 상황이 반영된 것이라 할 수 있습니다. 한편 이 시기 대다수의 고분 벽화에는 도교의 영향으로 청룡, 백호 등과 같은 사신(四神)을 주로 그렸습니다. 사신이 무덤주인을 수호해 준다고 여겼기 때문입니다.

당대의 인식과 사회상을 담아낸 고분 벽화의 전통은 조선 전기 까지 이어졌습니다. 고구려 고분 벽화는 선조들의 삶의 모습을 보여준다는 점에서 역사 자료로서의 가치를 지니고 있습니다. 이상으로 발표를 마치겠습니다.

35. 위 발표자의 말하기 방식으로 가장 적절한 것은?

① 청중에게 기대하는 바를 언급하여 발표 목적을 부각하고 있다.
② 발표 내용과 관련된 질문을 하여 청중의 반응을 이끌어 내고 있다.
③ 청중의 요청에 따라 발표 내용과 관련된 정보를 추가하여 설명하고 있다.
④ 발표 내용의 순서를 안내하여 청중이 발표 내용을 예측하도록 돕고 있다.
⑤ 발표 내용이 청중과 관련성이 높음을 제시하여 청중의 흥미를 유발하고 있다.

36. 다음은 발표자가 제시한 자료이다. 발표자의 자료 활용에 대한 설명으로 적절하지 <u>않은</u> 것은? [3점]

[자료 1] [자료 2] [자료 3]

① 고구려 돌방무덤 내부에 벽화가 그려져 있음을 보여 주기 위해 ㉠에 [자료 1]을 활용하였다.
② 무덤 주인의 권위를 고분 벽화에 담아내었음을 보여 주기 위해 ㉡에 [자료 2]를 활용하였다.
③ 사후 세계에 대한 염원이 고분 벽화에 반영되어 있음을 보여 주기 위해 ㉡에 [자료 2]를 활용하였다.
④ 무덤 주인을 지켜 준다고 여긴 대상을 고분 벽화에 담아내었음을 보여 주기 위해 ㉢에 [자료 3]을 활용하였다.
⑤ 종교 사상이 고분 벽화에 영향을 주었음을 보여 주기 위해 ㉢에 [자료 3]을 활용하였다.

37. 학생의 발표를 바탕으로 할 때, [A]에 들어갈 청중의 질문으로 가장 적절한 것은?

[발표 후 질의응답]
- 청 중: [A]
- 발표자: 네, 그것은 고구려 이후에도 사람들이 사후 세계에 대해 관심을 가지고 있었음을 의미한다고 생각합니다.

① 고구려 고분 벽화의 전통이 후대까지 이어졌다고 하셨는데요, 무덤 내부에 벽화를 계속 그렸다는 것은 어떤 의미인가요?
② 고구려에 도교가 확산된 시기가 있었다고 하셨는데요, 이 시기에 사신이 상징성을 지니게 되었다는 것은 어떤 의미인가요?
③ 고구려 고분 벽화에 주대종소법이 활용되었다고 하셨는데요, 당시에 인물의 크기를 다르게 그렸다는 것은 어떤 의미인가요?
④ 고구려 돌방무덤은 3세기에 출현했다고 하셨는데요, 이전 시기에서 볼 수 없었던 무덤 형태가 나타나게 된 것은 어떤 의미인가요?
⑤ 고구려 고분 벽화가 역사 자료로서의 가치가 있다고 하셨는데요, 문화재가 시대를 초월하여 가치를 지닌다는 것은 어떤 의미인가요?

[해설편 p.091]

[38~42] (가)는 비평문 쓰기 모둠 활동 중 학생들이 나눈 대화이고, (나)는 이를 바탕으로 작성한 글의 초고이다. 물음에 답하시오.

> **비평문 쓰기 모둠 활동**
> **[활동 1]** : 모둠 활동을 통해 비평문에서 다룰 현안과 관점 정하기
> **[활동 2]** : 우리 학교 학생들을 예상 독자로 하여 [활동 1]의 결과를 바탕으로 초고 작성하기

(가)

학생 1 : 오늘은 내가 모둠장 할 차례니까 진행해 볼게. 지난번에 비평문에서 다룰 현안에 대해 각자 찾아보기로 했잖아. 의견 나눠 볼까?

학생 2 : 그래, ㉠ <u>시사성이 있으면서도 우리 학교 학생들도 고민해볼 만한 현안을 다루기로 했었지?</u>

학생 3 : 맞아. 나는 우리 학교 학생들의 독서 실태 개선으로 하는 게 좋을 거 같은데.

학생 2 : ㉡ <u>근데 그건 교지에서 다룬 적이 있어서 내용이 겹치지 않을까?</u>

학생 3 : 그러네. 그럼 어떤 걸로 하지?

학생 1 : 얼마 전에 읽은 신문 기사 중에 장소의 획일화에 대한 내용이 인상적이었거든. 그건 어때?

학생 2 : ㉢ <u>장소의 획일화에 대해 조금 더 얘기해 줄래?</u>

학생 1 : 응. 장소가 본모습을 잃고 다른 장소와 유사하게 변한 것을 말해.

학생 3 : 그렇구나. 우리 학교 근처에 있던 골목길도 다른 지역과 비슷한 ○○거리로 변해 버렸잖아. 우리의 추억이 깃든 장소인데. ㉣ <u>이것도 장소의 획일화 아닐까?</u>

학생 1 : 그래, 그게 장소 획일화의 사례 중 하나라고 볼 수 있을 것 같아.

학생 2 : 그러고 보니 우리 학교 학생들도 경험했을 만한 내용이네. 장소의 획일화를 현안으로 다뤄 보자.

학생 3 : 좋아. 근데 장소의 획일화가 나쁜 점만 있을까? 인기 있는 명소를 따라 해서 획일화되더라도 관광객이 늘어나면 이익이 될 수도 있잖아.

학생 1 : 물론 이익이 될 수도 있겠지. 근데 획일화된 장소는 금방 식상해져 관광객이 줄어들지 않을까? 그렇게 되면 이익 역시 줄어들게 될 거고.

학생 2 : 나도 그렇게 생각해. 그럼 장소의 획일화에 대해 부정적 관점으로 비평문 쓰기를 해 보자.

학생 3 : 응. ㉤ <u>그럼 장소의 획일화로 어떤 문제들이 생길 수 있는지 더 생각해 볼까?</u>

학생 1 : 아무래도 장소의 다양성이 줄어드니까 가 볼 만한 장소가 줄어들겠지. 다른 문제점도 있을 텐데, 내가 자료 수집하면서 더 조사해 볼게. 다른 역할도 나눠 볼까?

학생 2 : 초고는 내가 써 볼게. 초고 다 쓰면 검토 부탁해.

학생 3 : 나도 자료를 찾는 대로 정리해서 공유할게.

(나)

제목 : 이곳저곳 같은 장소, 장소의 획일화 무엇이 문제인가

우리 학교 학생이라면 학교 인근의 변화된 모습을 본 적이 있을 것이다. 학생들이 즐겨 찾던 골목길이 사라지고, 개성 없는 ○○ 거리가 자리 잡았다. 추억이 담긴 골목길이 전국의 수많은 ○○ 거리 중 하나가 되어 버렸다. 이처럼 장소가 고유한 특성을 잃고 다른 장소와 동질화된 것이 장소의 획일화이다. 이러한 장소의 획일화는 바람직하지 않다.

장소가 획일화되면 장소에서 느끼는 정서적 유대가 훼손된다. 장소는 물리적 환경으로서의 공간과는 구별되며, 인간과 밀접한 관계를 형성한다. 지리학자 에드워드 렐프는 '나의 장소'라고 느낄 수 있는 진정한 장소가 인간에게 중요하다고 밝히며, 장소에 대한 정서적 유대를 강조하였다. 인간과 장소의 관계가 장소의 획일화로 훼손되면, 장소는 더 이상 애착의 대상이 되지 못하며 안정감을 주지 못한다.

또한 장소가 획일화되면 장소를 통해 얻을 수 있는 경험의 다양성도 줄어든다. 인기 있는 장소를 따라 하면, 장소 고유의 특성이 사라져 경험의 다양성이 줄어드는 것이다. 교내 학술제에서 소개된 '우리 동네 보고서'를 보면, 학교 근처 골목길에서 일어난 변화가 최근 우리 동네 곳곳으로 퍼지고 있음을 확인할 수 있다. 이렇듯 장소가 획일화되어 차별성이 사라지게 되면 경험을 할 수 있는 장소 선택의 폭이 좁아진다.

그런데 장소의 획일화가 불가피하다고 주장하는 이들도 있다. 그들은 경제적 효과를 얻기 위해서는 유행하는 장소를 따라 할 수밖에 없다고 말한다. 그러나 이는 적절한 주장이 아니다. 어딜 가나 비슷한 장소에 싫증을 느낀 사람들은 더 이상 그곳을 찾지 않게 되고, 그로 인해 기대했던 경제적 효과도 지속되기 어렵기 때문이다.

장소의 가치는 장소가 가진 고유한 특성에 기인한다. △△ 재래시장에서는 전통적인 모습으로 장소의 고유성을 살려 상인과 방문객들에게 큰 호응을 얻고 있다. 이처럼 장소의 획일화에서 벗어나 각 장소에서만 느낄 수 있는 고유한 가치를 지키고 키우려는 노력이 필요하다.

38. 대화의 흐름을 고려할 때, ㉠~㉤에 대한 이해로 적절하지 <u>않은</u> 것은?

① ㉠ : 상대가 언급한 내용을 구체화하여 확인하고 있다.
② ㉡ : 상대의 제안에 대한 자신의 견해를 밝히고 있다.
③ ㉢ : 상대의 의견에 대해 추가 정보를 요청하고 있다.
④ ㉣ : 상대에게 자신의 생각이 맞는지 확인하고 있다.
⑤ ㉤ : 상대의 의도를 정확히 파악했는지 확인하고 있다.

39. 다음은 '학생 1'이 [활동 1]을 준비하면서 작성한 메모이다. ㉮~㉲ 중 (가)의 '학생 1'의 발화에서 확인할 수 있는 내용만을 고른 것은?

> • 모둠 활동 시작
> – [활동 1]과 관련해 지난 활동에서 논의된 사항 환기 ···· ㉮
> • 비평문에서 다룰 현안 선정
> – 교지에 실린 비평문을 참고 자료로 제시 ···················· ㉯
> – 매체에서 찾은 현안 제안 ·· ㉰
> • 현안에 대한 관점 선정
> – 관점을 선정할 때 유의할 점 안내 ······························ ㉱
> • 모둠 활동 마무리
> – [활동 2]와 관련해 모둠원들의 역할 분담 제안 ·········· ㉲

① ㉮, ㉯, ㉰ ② ㉮, ㉰, ㉲ ③ ㉮, ㉱, ㉲
④ ㉯, ㉰, ㉱ ⑤ ㉰, ㉱, ㉲

[해설편 p.092]

40. '학생 2'가 (가)를 바탕으로 세운 글쓰기 계획 중, (나)에 반영되지 않은 것은?

- 제목
  [활동 1]에서 선정한 현안이 드러나게 제목을 구성해야겠군. ······ ①
- 1문단
  [활동 1]에서 예상 독자도 접했을 만하다고 논의된 경험을 제시하며 글을 시작해야겠군. ······ ②
- 2문단
  [활동 1]에서 언급되지 않았던 전문가의 견해를 인용하여 현안에 대한 사회적 인식의 변화에 대해 설명해야겠군. ······ ③
- 3문단
  [활동 1]에서 언급된 문제점과 관련하여, 장소의 획일화가 확산되고 있음을 보여 주는 추가 자료를 활용해야겠군. ······ ④
- 4문단
  [활동 1]에서 제기되었던 의견을 반영하여 서술해야겠군.
- 5문단
  [활동 1]에서 다뤄지지 않았던 사례를 추가하여 장소의 획일화에서 벗어나기 위한 노력이 필요함을 부각해야겠군. ······ ⑤

41. 다음은 선생님의 모둠 활동 안내이다. 이에 따라 (나)를 평가한 내용으로 적절하지 않은 것은? [3점]

선생님 : 오늘은 모둠에서 작성한 비평문의 초고를 평가해 볼게요. 다음의 평가 기준에 따라 각 모둠별로 평가해 봅시다.

ⓐ 현안에 대한 주장이 분명하게 드러나는가?
ⓑ 현안에 대한 관점이 일관되는가?
ⓒ 필자의 주장을 뒷받침할 근거를 제시하였는가?
ⓓ 필자가 선택하지 않은 관점을 비판할 근거를 제시하였는가?

① ⓐ를 고려할 때, 장소의 획일화는 바람직하지 않다는 주장을 명시적으로 드러내고 있어.
② ⓑ를 고려할 때, 장소의 획일화에 대해 부정적으로 생각하는 관점을 일관되게 유지하고 있어.
③ ⓒ를 고려할 때, 획일화된 장소에 식상함을 느낀 사람들이 장소의 선택권을 요구했다는 점을 근거로 제시하고 있어.
④ ⓒ를 고려할 때, 장소가 획일화되면 인간이 장소에서 느끼는 정서적 유대와 안정감이 훼손된다는 점을 근거로 제시하고 있어.
⑤ ⓓ를 고려할 때, 장소의 획일화를 통해 얻으려는 경제적 효과가 지속되기 어렵다는 점을 비판의 근거로 제시하고 있어.

신출제
42. 다음은 (나)를 읽은 학생들이 글쓰기 방식에 대해 나눈 대화 내용이다. 글쓰기 방식에 대해 올바르게 이해한 사람끼리 바르게 묶은 것은?

민아 : 장소의 획일화의 개념과 유형을 제시하여 독자들의 이해를 돕고 있군.
은정 : 장소의 획일화로 인해 발생할 수 있는 문제점을 나열하여 제시하고 있군.
경희 : 장소의 획일화 문제점을 해결할 수 있는 방법을 항목화하여 구체적으로 드러내고 있군.
진영 : 장소의 획일화에 대한 예상되는 반론을 제시하고, 이유를 들어 반론을 반박하고 있군.

① 민아, 은정 ② 민아, 경희 ③ 은정, 경희
④ 은정, 진영 ⑤ 경희, 진영

[43~45] (가)는 작문 과제이고, (나)는 (가)를 바탕으로 쓴 학생의 초고이다. 물음에 답하시오.

(가) 작문 과제
- 작문 목적 : '게임화'에 대한 정보 전달
- 주제 : 다양한 분야에서 활용되고 있는 '게임화'의 특징
- 예상 독자 : '게임화'가 생소한 우리 학급 학생

(나) 학생의 초고

'게임화(gamification)'란 게임적 사고나 게임 기법과 같은 요소를 다양한 분야에 접목시키는 것이다. 이때 게임이란 컴퓨터 게임에 국한되는 것이 아니라 일정한 규칙에 따라 즐기는 놀이를 아우르는 개념이다.

게임화는 먼저 재미와 호기심을 느낄 수 있는 흥미로운 과제를 제공하여 이에 도전하게 만든다. 이후 과제에 참여한 사람들 간의 경쟁을 유도하거나, 목표를 달성하면 성취감과 같은 보상을 받을 수 있게 하여 참여자들이 과제에 몰입할 수 있도록 돕는다. 얼마 전 한국사 수업 시간에 우리나라 지도를 배경으로 윷놀이 판을 만들어 모둠별 퀴즈 대결을 펼친 것도 게임화에 해당한다. 역사적 사건에 대한 퀴즈를 맞히면 다음 지역으로 이동하며 전국을 순회하는 과정에서 학생들은 수업에 더욱 몰입하는 모습을 보였다. 이러한 사례는 게임화의 특징을 잘 보여 준다.

한편 게임화는 교육뿐만 아니라 보건, 기업의 마케팅 등 다양한 분야에서 활용되고 있다. 달리기를 하면 달린 거리와 소모 칼로리 등에 따라 보상을 제공하는 과제를 통해 참여자의 건강 증진에 도움을 줄 수 있다. 또한 비행기를 탈 때마다 마일리지를 올려 주고, 누적된 마일리지에 따라 회원의 지위를 차등 부여하는 등 기업의 마케팅 전략으로 활용되기도 한다.

이처럼 게임화는 우리의 실생활과 밀접한 여러 분야에서 활용되고 있다. 무엇보다 중요한 것은 어떻게 게임화를 활용하느냐이다. 게임화를 통해 달성하고자 하는 목적을 고려하여 흥미, 도전, 경쟁, 보상과 같은 게임적 요소를 적절히 활용하는 지혜가 필요한 것이다.

[해설편 p.092]

43. (나)에 활용된 글쓰기 전략으로 적절하지 않은 것은?

① 제재에 대한 정보를 전달하기 위해 개념 간의 차이를 중심으로 대조한다.
② 제재의 특징을 드러내기 위해 제재가 가지는 효용적 측면을 부각한다.
③ 제재가 다양한 분야에서 활용되는 양상을 드러내기 위해 사례를 제시한다.
④ 제재에 대한 배경지식이 부족한 예상 독자의 이해를 돕기 위해 용어를 정의한다.
⑤ 제재와 관련한 정보를 효과적으로 전달하기 위해 예상 독자와 공유하고 있는 경험을 활용한다.

44. <보기>는 (나)의 '학생'이 '초고'를 보완하기 위해 추가로 수집한 자료이다. 자료 활용 방안으로 적절하지 않은 것은?

<보 기>

ㄱ. 신문 기사
가상의 나무 심기가 실제 나무 심기로 이어지는 애플리케이션이 개발되었다. 이 애플리케이션은 사용자들이 가상의 나무를 심으며 얻는 성취감과 함께 환경 보호에 기여하고 있다는 보람을 느끼도록 설계되어, 가상의 나무 심기에 더욱 몰입하게 만든다는 평가를 받고 있다.

ㄴ. 전문가 인터뷰
"게임화된 과제에서는 참여자가 무언가를 하거나 선택할 때마다 그에 대한 피드백이 즉시 제공됩니다. 이때 피드백의 한 유형인 보상 또한 신속하게 주어집니다. 참여자는 성취감과 같은 보상을 바탕으로 과제에 더 집중하게 됩니다."

ㄷ. 연구 자료
○○초등학교 5학년을 대상으로, 사회 수업에 게임화를 적용한 학급과 적용하지 않은 학급으로 나누어 수업 전후의 변화를 측정하였다. 게임화를 적용한 학급은 적용하지 않은 학급과 달리, 도표와 같이 통계적으로 의미 있는 변화를 보였다.

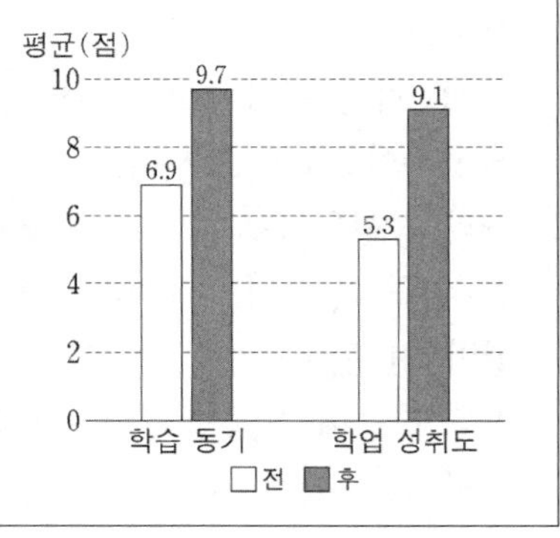

① ㄱ을 활용하여, 게임화가 다양한 분야에 적용되고 있다는 (나)의 내용에 게임화가 환경 분야에서도 활용된다는 점을 추가한다.
② ㄴ을 활용하여, 게임화의 특징을 다루고 있는 (나)의 내용에 참여자에게 피드백이 빠르게 제공된다는 점을 추가한다.
③ ㄷ을 활용하여, 게임화를 학습 상황에 적용한 (나)의 내용에 게임화가 학습 참여자의 학업 성취도를 높이는 데 효과적일 수 있다는 점을 제시한다.
④ ㄱ과 ㄴ을 활용하여, 게임화가 보상을 통해 참여자들의 몰입도를 높인다는 (나)의 내용을 뒷받침하는 근거로 추가한다.
⑤ ㄴ과 ㄷ을 활용하여, 게임화가 참여자의 호기심을 유발한다는 (나)의 내용에 학습 동기가 높을수록 과제 선택에 따른 성취감이 커진다는 점을 제시한다.

45. 다음은 (나)의 '학생'이 '초고'를 고쳐 쓰는 과정에서 수행한 학습 활동이다. [A]에 들어갈 내용으로 가장 적절한 것은?

학습 활동

○ 일상에 대한 성찰을 바탕으로, 자신이 쓴 글을 고쳐 써 보자.
(1) 자신이 쓴 글과 관련한 경험을 떠올려 보자.

지난 한국사 시간에 모둠별로 퀴즈 대결을 하는 과제에 참여했다. 다른 모둠을 꼭 이기고 싶다는 생각에 누구보다 열정적으로 과제에 임했다. 그러다 보니 나도 모르게 같은 모둠의 친구를 다그치며 싫은 소리를 해 버렸다. 집에 와서도 내내 마음이 편치 않아 다음 날 그 친구를 찾아가 미안하다는 말을 건넸다.

(2) (1)에서 작성한 내용을 바탕으로 고쳐 쓸 내용을 생각해 보자.

이번 일로 게임화에 대해 더 깊이 생각해 보게 되었다. 마지막 문단에서 [A] 내용을 제시하여 게임적 요소를 적절히 활용하는 지혜가 필요하다는 점을 강조해야겠다.

① 게임화를 통해 얻을 수 있는 물질적 보상에만 연연할 경우 주객이 전도될 수 있다는
② 게임화를 통해 단순히 흥미만 추구할 경우 상업적으로 변질되는 문제점이 발생할 수 있다는
③ 게임화된 과제에 도전하려는 의욕이 없는 경우 다른 참여자들의 과제 수행을 방해할 수 있다는
④ 게임화를 통해 달성하고자 하는 목적을 고려하지 않을 경우 과제에 대한 몰입이 저해될 수 있다는
⑤ 게임화의 경쟁적 속성이 지나치게 강조될 경우 참여자들 간의 관계에 부정적인 영향을 미칠 수 있다는

* 확인 사항
○ 답안지의 해당란에 필요한 내용을 정확히 기입(표기)했는지 확인하시오.

19회 ● 수능 실전 모의고사 ● 국어영역(화법과 작문)

● 문항수 11개 | 배점 24점 | 제한 시간 20분

● 점수 표시가 없는 문항은 모두 2점

[35~37] 다음은 학생의 발표이다. 물음에 답하시오.

> 안녕하세요. 여러분의 필통에는 어떤 필기구가 가장 많은가요? (청중의 답을 듣고) 네, 제 생각대로 볼펜이 많군요. 그럼 사람들은 왜 볼펜을 애용할까요? 값이 싸고 휴대하기 편해서이기도 하지만 또 다른 장점이 있습니다. 그래서 오늘은 볼펜이 사람들에게 널리 사용되는 이유를 말씀드리겠습니다.
>
> 먼저 볼펜은 글씨를 쓸 때 종이가 찢어지거나 볼펜 끝 부분이 망가지는 일이 적습니다. 이게 왜 장점일까요? (자료 1을 가리키며) 보시는 것처럼 볼펜이 사용되기 이전부터 쓰이던 만년필은 모세관 현상에 의해 힘들이지 않고 글씨를 쓸 수 있습니다. 하지만 펜촉이 날카로워 종이가 찢어지기도 하고, 거친 표면에 글씨를 쓰면 펜촉이 망가지기도 쉽습니다.
>
> 아, 질문이 있으시네요. (㉠ <u>청중의 질문</u>을 듣고) 겉으로는 잘 보이지 않지만 종이의 섬유소가 가는 대롱의 역할을 하기 때문에 펜촉에 있던 잉크가 모세관 현상에 의해 종이로 흘러가서 쉽게 필기할 수 있는 겁니다. 이해되셨나요? (청중이 고개를 끄덕이는 것을 보고) 네, 그럼 발표를 이어 가겠습니다.
>
> (자료 2를 가리키며) 보시는 것처럼 볼펜은 글씨를 쓸 때 볼과 종이의 마찰에 의해 볼이 구르지요. 이 과정에서 볼의 잉크가 종이에 묻으며 글씨가 써집니다. 그런데 볼펜의 볼이 빠진 경험이 한 번쯤 있으시죠? (자료 3을 가리키며) 보시는 것처럼 볼펜은 잉크가 들어갈 대롱의 끝에 볼을 넣은 후 밑부분을 오므려 볼이 빠지지 않도록 하는데요, 볼이 빠지는 문제를 정밀한 기술로 보완하고 있습니다.
>
> 또한 볼펜은 종류가 다양하여 사람들이 필요에 따라 고를 수 있어서 좋습니다. 글자가 물에 잘 번지지 않는 유성 볼펜, 필기감이 부드러운 수성 볼펜, 여러 색을 하나에 담은 다색 볼펜, 글씨를 쓰고 지울 수 있는 볼펜, 우주에서 사용할 수 있는 가압 볼펜 등 선택의 폭이 넓습니다.
>
> 볼펜은 신문 기자였던 라즐로 비로가 특허를 낸 이후 상용화되면서 기존 필기구의 단점을 보완하고 사람들의 다양한 요구를 반영하여 꾸준히 사용되고 있습니다. 지금까지, 볼펜이 사람들에게 널리 사용되는 이유를 말씀드렸습니다. 감사합니다.

35. 위 발표자의 말하기 방식으로 적절하지 <u>않은</u> 것은?

① 발표 대상의 종류를 열거하여 장점을 소개하고 있다.
② 청중의 대답을 예상하고 질문하여 화제를 제시하고 있다.
③ 청중의 경험을 이끌어 내며 관련된 내용을 설명하고 있다.
④ 내용의 신뢰성을 높이기 위해 전문가의 견해를 인용하고 있다.
⑤ 발표 대상의 특징을 부각하기 위해 다른 대상과 비교하고 있다.

36. 다음은 위 발표에 활용된 매체 자료이다. 발표를 참고할 때, 발표 내용과 자료를 활용한 이유를 바르게 짝지은 것은? [3점]

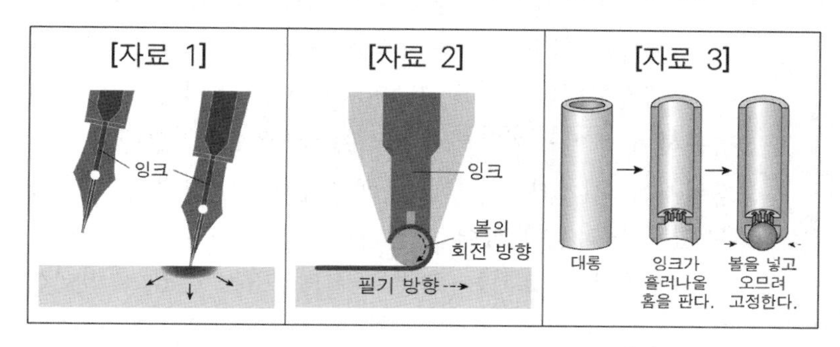

	자료	발표 내용	매체 자료를 활용한 이유
①	자료 1	만년필에 적용된 모세관 현상	표면의 거친 정도에 따라 모세관 현상이 일어나는 정도의 차이를 대비하여 보여 주기 위해
②	자료 2	볼펜의 제작 과정	볼펜의 복잡한 내부 구조를 단순화하여 보여 주기 위해
③	자료 2	볼펜으로 글씨가 써지는 원리	볼이 있는 부분의 단면을 확대하여 볼의 잉크가 종이에 묻는 원리를 보여 주기 위해
④	자료 3	볼펜의 볼을 고정하는 과정	볼펜의 볼을 정밀하게 가공하는 절차를 단계적으로 보여 주기 위해
⑤	자료 3	볼펜에 잉크를 주입하는 방법	잉크가 흘러나오는 과정을 한눈에 확인할 수 있도록 순서대로 보여 주기 위해

37. 위 발표의 흐름을 고려할 때, ㉠으로 가장 적절한 것은?

① 만년필로 종이에 글씨를 수월하게 쓸 수 있는 것이 모세관 현상과 어떤 관련이 있나요?
② 만년필 외에 모세관 현상이 적용되어 손쉽게 필기할 수 있는 필기구에는 무엇이 있나요?
③ 만년필 펜촉의 굵기와 필기할 때 힘을 들이는 정도는 어떤 연관성이 있나요?
④ 만년필로 힘들이지 않고 글씨를 쓰려면 어떤 형태의 펜촉을 사용해야 하나요?
⑤ 종이의 섬유소가 가는 대롱과 같은 역할을 한다는 것이 무슨 의미인가요?

[38~42] (가)는 토론의 일부이고, (나)는 청중으로 참여한 학생이 '토론 후 과제'에 따라 쓴 초고이다. 물음에 답하시오.

(가)

사회자 : 이번 시간에는 '인공 지능을 면접에 활용하는 것이 바람직하다.'라는 논제로 토론을 진행하겠습니다. 찬성 측이 먼저 입론해 주신 후 반대 측에서 반대 신문해 주십시오.

찬성 1 : 저희는 인공 지능을 면접에 활용하는 것이 바람직하다고 생각합니다. 인공 지능을 활용한 면접은 인터넷에 접속하여 [인공 지능과 문답하는 방식]으로 진행됩니다. 지원자는 시간과 공간에 구애받지 않고 면접에 참여할 수 있는 편리성이 있어 면접 기회가 확대됩니다. 또한 회사는 면접에 소요되는 인력을 줄여, 비용 절감 측면에서 경제성이 큽니다. 실제로 인공 지능을 면접에 활용한 ○○회사는 전년 대비 2억 원 정도의 비용을 절감했습니다. 그리고 기존 방식의 면접에서는 면접관의 주관이 개입될 가능성이 큰 데 반해, 인공 지능을 활용한 면접에서는 빅데이터를 바탕으로 한 일관된 평가 기준을 적용할 수 있습니다. 이러한 평가의 객관성 때문에 많은 회사들이 인공 지능 면접을 도입하는 추세입니다.

[A]
반대 2 : 기존 면접에서는 면접관의 주관이 개입될 여지가 있다고 하셨는데요, 회사의 특수성을 고려해 적합한 인재를 선발하려면 오히려 해당 분야의 경험이 축적된 [면접관의 생각이나 견해]가 면접 상황에서 중요한 판단 기준이 돼야 하지 않을까요?

찬성 1 : 면접관의 생각이나 견해로는 [지원자의 잠재력]을 판단하기 어렵습니다. 오히려 오랜 기간 회사의 인사 정보가 축적된 데이터가 잠재력을 판단하는 데 적합하기 때문에 인공 지능 면접이 신뢰성도 높습니다. 회사 관리자들을 대상으로 한 설문 조사에서도 잠재력 파악에 인공 지능을 활용한 면접을 신뢰한다는 비율이 높게 나왔습니다.

사회자 : 이번에는 반대 측에서 입론해 주신 후 찬성 측에서 반대 신문해 주십시오.

반대 1 : 저희는 인공 지능을 면접에 활용하는 것이 바람직하다고 보지 않습니다. 먼저 인공 지능을 활용한 면접은 [기술적 결함]이 발생할 수 있습니다. 이로 인해 면접이 원활하지 않거나 중단되어 지원자들에게 불편을 줄 수 있고, 지원자들의 면접 기회가 상실될 수 있습니다. 또한 인공 지능을 활용한 면접은 당장의 비용 절감 효과에 주목해서는 안 되고 장기적인 관점에서 보아야 합니다. 현재의 경제성만 고려하면 미래에 더 큰 경제적 가치를 창출할 인재를 놓치게 돼 결국 경제적이지 않습니다. 마지막으로 인공 지능의 빅데이터는 왜곡될 가능성이 있습니다. 빅데이터는 [사회에서 형성된 정보가 축적된 결과물]로서 특정 대상과 사안에 치우친 것일 수 있습니다. 이러한 이유로 △△회사는 인공 지능을 활용한 면접을 폐지했습니다.

[B]
찬성 1 : △△회사는 인공 지능을 활용한 면접을 폐지했지만, 통계 자료에서 보다시피 인공 지능을 면접에 활용하는 것은 확대되고 있는 추세이지 않습니까?

반대 1 : 경제적인 이유로 인공 지능 면접이 활용되고 있지만, 인공 지능을 활용한 면접의 한계가 드러난다면 이를 폐지하는 기업들이 늘어나게 될 것입니다.

> **토론 후 과제** : 논제에 대한 자신의 입장을 밝히고, 이를 확장하여 '인간과 인공 지능의 관계'에 대해 주장하는 글 쓰기

(나) 학생의 초고

인공 지능을 면접에 활용하는 것은 바람직하지 않다. 인공 지능 앞에서 면접을 보느라 진땀을 흘리는 인간의 모습을 생각하면 너무 안타깝다. 미래에 인공 지능이 인간의 고유한 영역까지 대신할 것이라고 사람들은 말하는데, 인공 지능이 인간을 대신할 수 있을까? 인간과 인공 지능의 관계는 어떠해야 할까?

인공 지능은 인간의 삶을 편리하게 돕는 도구일 뿐이다. 인간이 만든 도구인 인공 지능이 인간을 평가할 수 있는지에 대해 생각해볼 필요가 있다. 도구일 뿐인 기계가 인간을 평가하는 것은 정당하지 않다. 인간이 개발한 인공 지능이 인간을 판단한다면 주체와 객체가 뒤바뀌는 상황이 발생할 것이다.

인공 지능이 발전하더라도 인간과 같은 사고는 불가능하다. 인공 지능은 겉으로 드러난 인간의 말과 행동을 분석하지만 인간은 말과 행동 이면의 의미까지 고려하여 사고한다. 인공 지능은 빅데이터를 바탕으로 결과를 도출해 내는 기계에 불과하므로, 통계적 분석을 할 뿐 타당한 판단을 할 수 없다. 기계가 타당한 판단을 할 것이라는 막연한 기대를 한다면 머지않아 인간이 기계에 예속되는 상황이 벌어질지도 모른다.

인공 지능은 사회적 관계를 맺을 수 없다. 반면 인간은 사회에서 의사소통을 통해 관계를 형성한다. 이 과정에서 축적된 인간의 경험이 바탕이 되어야 타인의 잠재력을 발견할 수 있다.

38. (가)의 입론을 쟁점별로 정리한 내용으로 적절하지 않은 것은?

[쟁점 1] 인공 지능을 활용한 면접은 편리한가?
- ▸찬성 1 : 때와 장소에 얽매이지 않고 면접에 참여할 수 있는 점을 들어 입장을 분명히 밝히고 있다.
- ▸반대 1 : 기술적 결함으로 인한 문제 상황을 제시하여 지원자가 오히려 불편할 수 있음을 강조하고 있다. ············· ①

[쟁점 2] 인공 지능을 활용한 면접은 경제적인가?
- ▸찬성 1 : 면접에 소요되는 인력을 줄임으로써 경제적 효과가 큼을 비용 절감의 사례를 통해 강조하고 있다. ··········· ②
- ▸반대 1 : 경제적 가치를 창출할 인재를 놓치게 되는 점을 들어 장기적으로는 경제적이지 않음을 밝히고 있다. ··· ③

[쟁점 3] 인공 지능을 활용한 면접에서의 평가는 객관적인가?
- ▸찬성 1 : 면접관의 주관에 영향을 받지 않고 일관된 평가 기준을 적용할 수 있어 객관적임을 밝히고 있다. ············· ④
- ▸반대 1 : 빅데이터에 근거하지 않고 왜곡된 정보를 바탕으로 평가하므로 객관적이지 않음을 강조하고 있다. ··········· ⑤

39. [A], [B]에 대한 설명으로 가장 적절한 것은?

① [A]의 반대 2는 상대측이 제시한 근거의 적절성에 의문을 제기하며 적합한 사례를 요구하고 있다.
② [A]의 찬성 1은 상대측의 이의 제기에 대해 반박하며 자료를 통해 자신의 주장이 타당함을 강조하고 있다.
③ [B]의 찬성 1은 상대측의 진술 내용에 이의를 제기하며 사실 관계를 확인할 수 있는 자료를 추가로 요청하고 있다.
④ [B]의 반대 1은 상대측이 제시한 근거 자료의 출처를 확인하고 새로운 정보를 통해 향후 전망을 제시하고 있다.
⑤ [A]의 찬성 1과 [B]의 반대 1은 모두 상대측이 언급한 의견에 이의를 제기하고 실현 가능한 방안을 추가하고 있다.

40. 다음은 (가)에 청중으로 참여한 학생이 (나)를 쓰기 위해 작성한 과제 학습장의 일부이다. (나)에 반영되지 않은 것은?

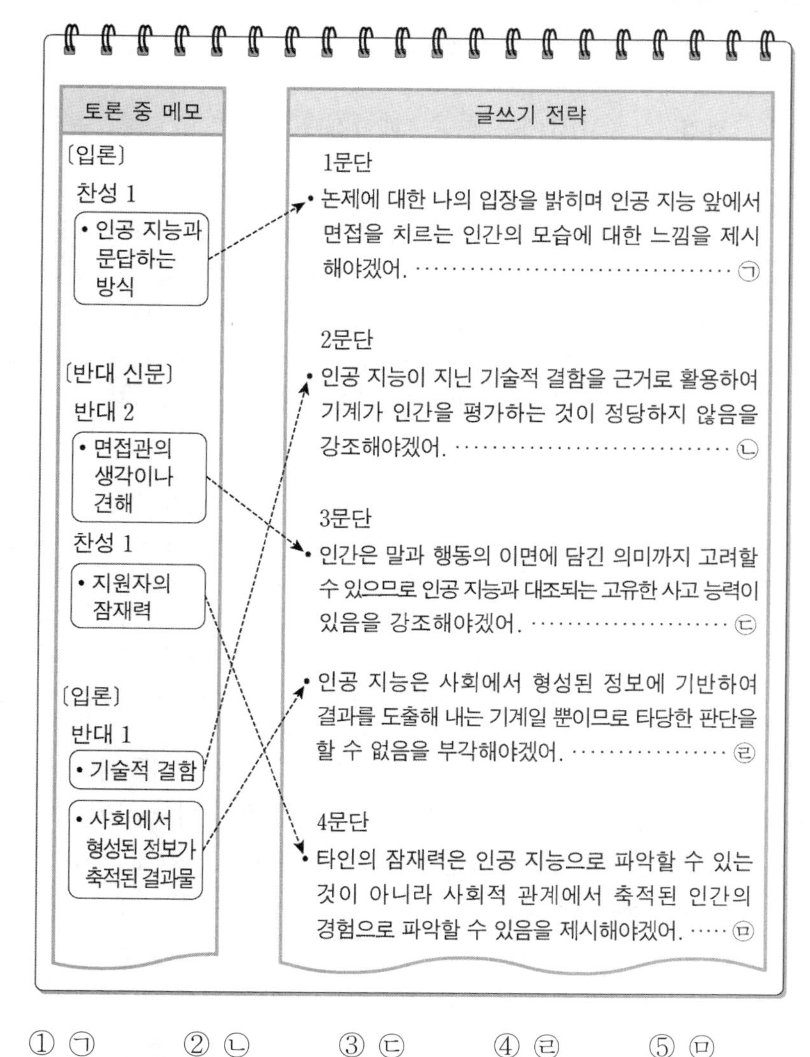
토론 중 메모

[입론]
찬성 1
• 인공 지능과 문답하는 방식

[반대 신문]
반대 2
• 면접관의 생각이나 견해
찬성 1
• 지원자의 잠재력

[입론]
반대 1
• 기술적 결함
• 사회에서 형성된 정보가 축적된 결과물

글쓰기 전략

1문단
• 논제에 대한 나의 입장을 밝히며 인공 지능 앞에서 면접을 치르는 인간의 모습에 대한 느낌을 제시해야겠어. ········ ㉠

2문단
• 인공 지능이 지닌 기술적 결함을 근거로 활용하여 기계가 인간을 평가하는 것이 정당하지 않음을 강조해야겠어. ········ ㉡

3문단
• 인간은 말과 행동의 이면에 담긴 의미까지 고려할 수 있으므로 인공 지능과 대조되는 고유한 사고 능력이 있음을 강조해야겠어. ········ ㉢
• 인공 지능은 사회에서 형성된 정보에 기반하여 결과를 도출해 내는 기계일 뿐이므로 타당한 판단을 할 수 없음을 부각해야겠어. ········ ㉣

4문단
• 타인의 잠재력은 인공 지능으로 파악할 수 있는 것이 아니라 사회적 관계에서 축적된 인간의 경험으로 파악할 수 있음을 제시해야겠어. ····· ㉤

① ㉠ ② ㉡ ③ ㉢ ④ ㉣ ⑤ ㉤

41. <보기>를 바탕으로 (나)의 끝 부분에 새로운 문단을 이어 쓴다고 할 때, 그 내용으로 가장 적절한 것은?

<보 기>

○ 친구의 조언 : 1문단에서 제기한 첫째 물음에 대해 너의 입장을 드러내야 할 것 같아. 둘째 물음에 대해서는 2문단에 썼던 두 단어를 활용하여 인간과 인공 지능의 관계를 드러내는 게 좋겠어.

① 인공 지능은 인간의 고유한 영역을 대신할 수 없다. 인공 지능과 인간의 의사소통을 통한 사회적 관계 형성은 불가능하다.
② 인공 지능은 인간을 대신하기보다는 보조하는 도구이어야 한다. 그러므로 인간은 인공 지능과 공존할 수 있는 길을 모색해야 한다.
③ 인공 지능은 인간보다 우위에 있을 수 없다. 그러나 인공 지능이 지속적으로 발전하고 있으므로 인간이 객체가 되는 날이 머지않았다.
④ 인공 지능은 인간을 대체할 수 없다. 인간의 삶을 결정하는 주체는 인간이고 인공 지능은 인간이 이용하는 객체일 뿐임을 명심해야 한다.
⑤ 객체인 인공 지능을 이용하는 인간의 태도가 무엇보다 중요하다. 인간은 인공 지능과의 소통을 통해 자신의 삶을 주체적으로 이끌어 가야 한다.

신출제

42. <보기>는 토론에서 사회자의 역할과 관련된 내용이다. ⓐ~ⓓ 중 (가)를 통해 확인할 수 있는 것끼리 짝지은 것은?

<보 기>

토론에서 사회자는 객관적인 입장에서 토론이 원만하게 이루어지도록 공정하게 토론을 진행할 수 있어야 한다. 먼저 사회자는 ⓐ <u>토론이 열리게 된 배경</u>과 이를 바탕으로 ⓑ <u>토론 주제를 제시</u>해 주어야 한다. 또한 토론 참석자들이 공정하게 발언권을 행사할 수 있도록 ⓒ <u>토론 순서를 알려 주어</u>야 한다. 그리고 사회자는 토론자들이 토론 규칙을 지킬 수 있도록 해야 하고, ⓓ <u>토론의 쟁점을 정리하여 토론자들에게 숙지시킬 수 있어야</u> 한다. 마지막으로 사회자는 토론자의 발언이 모호하거나 장황할 경우 질문과 요약을 통해 토론 진행을 도울 수 있어야 한다.

① ⓐ, ⓑ ② ⓐ, ⓓ ③ ⓑ, ⓒ
④ ⓑ, ⓓ ⑤ ⓒ, ⓓ

PART II 19회

[43~45] (가)는 학교 신문에 실을 글을 쓰기 위해 학생이 작성한 메모이고, (나)는 이에 따라 쓴 초고이다. 물음에 답하시오.

(가) 학생의 메모

[작문 상황]
○ 목적 : 지역 방언 보호에 대한 관심 촉구
○ 주제 : 지역 방언의 보호가 필요하다.
○ 예상 독자 : 우리 학교 학생들

[독자 분석]
○ 지역 방언이 사라져 가는 실태를 잘 모름. ·············· ㉠
○ 지역 방언의 가치에 대한 인식이 부족함. ·············· ㉡

(나) 학생의 초고

세계에서 언어가 사라져 가는 현상은 우리나라 지역 방언에서도 벌어지고 있다. 특히 지역 방언의 어휘는 젊은 세대 사이에서 빠르게 사라져 가고 있는 실정이다. 일례로 한 조사에 따르면 우리 지역의 방언 어휘 중 특정 단어들을 우리 지역 초등학생의 80% 이상, 중학생의 60% 이상이 '전혀 사용하지 않는다.'라고 답했다. 또한 2010년에 유네스코에서는 제주 방언을 소멸 직전의 단계인 4단계 소멸 위기 언어로 등록하였다.

[A] 지역 방언이 사라져 가는 원인은 복합적이다. 서울로 인구가 집중되면서 지역 방언을 사용하는 인구가 감소하였으며, 대중 매체의 영향으로 표준어가 확산되어 가는 것도 한 원인이다.

일부 학생들은 표준어로도 충분히 대화할 수 있다며 지역 방언이 꼭 필요하냐고 말할 수도 있다. 그럼에도 우리는 왜 지역 방언 보호에 관심을 가져야 하는 것일까? 그것은 지역 방언의 가치 때문이다. 지역 방언은 표준어만으로는 표현하기 어려운 감정과 정서의 표현을 가능하게 한다. 그리고 '다슬기' 외에 '올갱이, 데사리, 민물고동'과 같이 동일한 대상을 지역마다 다르게 표현하는 지역 방언이 있는 것처럼 지역 방언은 우리말의 어휘를 더욱 풍부하게 만드는 바탕이 된다.

[B] 지역 방언은 우리의 소중한 언어문화 자산이다. 지역 방언의 세계문화유산 지정이 시급하다. 사라져 가는 지역 방언의 보호에 관심을 기울이자.

43. ㉠, ㉡을 바탕으로 세운 글쓰기 계획 중 (나)에 활용되지 않은 것은?

① ㉠을 고려하여, 우리 지역 학생들의 지역 방언 사용 실태를 보여 주는 조사 결과를 제시한다.
② ㉠을 고려하여, 소멸 위기 언어로 등록될 정도로 심각한 위기에 처한 지역 방언이 있다는 내용을 제시한다.
③ ㉠을 고려하여, 문제의식을 환기하기 위해 지역 방언으로 인해 의사소통에 어려움을 겪었던 경험을 제시한다.
④ ㉡을 고려하여, 예상되는 반론을 제시하며 지역 방언의 보호에 관심을 가져야 하는 이유를 강조한다.
⑤ ㉡을 고려하여, 지역 방언의 예를 활용하며 지역 방언의 가치를 설명한다.

44. 다음은 [A]를 보완하기 위해 추가로 수집한 자료이다. 자료 활용 방안으로 가장 적절한 것은? [3점]

[자료 1] 언어 의식 조사

표준어 사용자가 지역 방언 사용자와 대화할 때 받는 느낌

(단위 : %)

	2010년	2015년
편하고 친근함	58.9	42.5
불편하고 어색함	17.0	19.1
별 느낌 없음	23.3	38.3
모름/무응답	0.8	0.1

[자료 2] 전문가 인터뷰

"방언 사용 지역에서는 관공서와 학교 등에서나 표준어가 높은 비율로 사용되는 것이 일반적이었어요. 그런데 최근 조사 자료에 따르면, 일상생활에서도 표준어가 상당히 높은 비율로 사용되고 있습니다. 아무래도 표준어가 세련된 느낌을 준다고 생각하기 때문이겠지요."

① [자료 1] : 지역 방언에 대한 긍정적 느낌의 비율과 부정적 느낌의 비율 변화 양상이 상반된다는 점에서, 지역 방언에 대한 무관심을 원인으로 추가해야겠군.
② [자료 1] : 지역 방언 사용자와 대화할 때 받는 느낌의 순위가 변함이 없다는 점에서, 시대의 변화상을 반영하지 못한 지역 방언 교육 정책을 원인으로 추가해야겠군.
③ [자료 2] : 표준어와 지역 방언을 구분하여 사용해야 한다는 인식이 부족하다는 점에서, 공식적 상황에서의 표준어 사용 교육이 부재한 것을 원인으로 추가해야겠군.
④ [자료 2] : 공식적 상황에서 사용하는 표준어를 일상에서도 사용하려는 경향이 있다는 점에서, 방언을 사용해도 되는 상황에서도 표준어를 쓰려는 태도를 원인으로 추가해야겠군.
⑤ [자료 1]과 [자료 2] : 지역 방언에 대한 표준어 사용자와 지역 방언 사용자의 인식이 서로 다르다는 점에서, 대중 매체의 지역 방언에 대한 편향성을 원인으로 추가해야겠군.

45. 다음은 학생이 [B]를 고쳐 쓰는 과정의 일부이다. ⓐ, ⓑ에 해당하는 내용을 바르게 짝지은 것은?

점검	[B]에는 (ⓐ)해야겠다.

↓

고친 글	지역 방언은 지역의 고유한 문화와 정서를 담고 있다는 점에서 우리의 소중한 언어문화 자산이다. 우리의 언어문화를 전 세계에 알릴 수 있기 때문에 지역 방언의 세계문화유산 지정이 시급하다. 사라져가는 지역 방언의 보호에 관심을 기울이자.

↓

재점검	고친 글을 읽어 보았는데 (ⓑ)해야겠다.

↓

다시 고친 글	지역 방언은 지역의 고유한 문화와 정서를 담고 있다는 점에서 우리의 소중한 언어문화 자산이다. 사라져 가는 지역 방언의 보호에 관심을 기울이자.

① ⓐ: 문장의 내용을 뒷받침하는 근거가 없으니 이를 추가 / ⓑ: 글의 흐름에서 벗어나는 문장이 있으니 이를 삭제
② ⓐ: 문단이 완결되지 않았으니 마무리하는 문장을 추가 / ⓑ: 글의 통일성을 해치는 문장이 있으니 이를 삭제
③ ⓐ: 문장 간 연결이 긴밀하지 않으니 연결 표현을 추가 / ⓑ: 의미가 중복되는 문장이 있으니 이를 삭제
④ ⓐ: 글의 목적에 부합하는 정보가 부족하니 이를 추가 / ⓑ: 글의 맥락에 부적합한 담화 표지가 있으니 이를 삭제
⑤ ⓐ: 주요 개념의 설명이 부족하니 부연 설명을 추가 / ⓑ: 앞 문단에서 다룬 중복된 내용이 있으니 이를 삭제

* 확인 사항
○ 답안지의 해당란에 필요한 내용을 정확히 기입(표기)했는지 확인하시오.

20회 수능 실전 모의고사 국어영역(화법과 작문)

● 문항수 11개 | 배점 24점 | 제한 시간 20분

● 점수 표시가 없는 문항은 모두 2점

[35~37] 다음은 라디오 방송이다. 물음에 답하시오.

혹시 어두운 밤길을 걸어 본 적이 있으신가요? 예전에 제가 밤길을 혼자 걸은 적이 있는데요, 처음엔 어둡고 무서웠지만 달빛 덕분에 어렵지 않게 걸었답니다. 여러분의 삶에 든든한 달빛 같은 방송, 청취자의 사연을 읽고 상담해 주는 '나에게 말해 줘' 시간입니다. 저는 이 방송의 진행자인 심리 상담가 ○○○입니다. 오늘의 사연을 읽어 드릴게요.

> 저는 고등학생 □□라고 해요. 제 친구는 자꾸 친구들과 비교하면서 자신이 못났다고 생각해요. 차분하고 손재주도 좋은 친구인데 스스로를 그렇게 생각하는 게 안타까워요. 또 작은 실수에도 "난 항상 이래."라며 자책하고 우울해해요. 그런 생각을 안 하도록 돕고 싶은데 방법을 모르겠어요.

□□ 님은 스스로를 못났다고 생각하는 친구를 돕고 싶은데 방법을 모르신다는 거네요. 친구를 생각하는 마음이 참 따뜻하게 느껴져요. 저도 □□ 님처럼 안타깝네요.

자신의 능력과 가치에 대한 전반적인 평가와 태도를 나타내는 말을 자존감이라고 합니다. 자존감이 낮은 원인은 다양하지만 일반적으로 알려진 것에는 남과 비교하는 버릇이 원인인 경우와 자책하는 태도가 원인인 경우가 있습니다. 사연 속 친구는 자신을 다른 사람과 비교해서 열등감을 느끼고, 사소한 실수에도 자신을 탓하며 스트레스를 받아서 자존감이 낮아진 것으로 보이네요.

이러한 경우에는 '장점 말해 주기'와 '감정 헤아려 주기' 방법이 도움이 될 수 있어요. 먼저 친구가 현재 가지고 있는 긍정적인 면들을 자주 말해 주세요. 그러면 친구가 자신의 장점을 깨닫고 남과 비교하지 않을 거예요. 그리고 친구의 마음을 헤아려 주세요. 만약 친구가 실수해서 자책하고 있으면 "많이 속상하겠구나. 괜찮아. 누구나 그럴 수 있어."라며 친구의 감정을 이해해 주는 식으로요. 그러면 친구가 스스로 괜찮다고 느껴 스트레스를 덜 받고 자책하지 않을 거예요.

오늘 방송 잘 들으셨나요? 저에게 하고 싶은 말이나 청취 소감은 언제든 게시판에 올려 주세요. 그럼 △△의 노래 '우리 함께'를 들으며 오늘 방송 마치겠습니다. 추운 날씨에 감기 조심하세요.

35. 위 방송 진행자의 말하기 방식에 대한 설명으로 가장 적절한 것은?

① 사연 내용을 정리하고 사연 신청자의 마음에 공감하고 있다.
② 사연 신청자의 궁금증을 해소하고 다음 방송을 예고하고 있다.
③ 사연 내용을 선정하게 된 동기를 밝히고 청취자의 참여를 독려하고 있다.
④ 사연과 관련된 자신의 과거 경력을 소개하고 전문성을 부각하고 있다.
⑤ 사연에 대한 상담 중에 질문을 던지고 사연 속 상황을 다양한 관점에서 생각해 보도록 유도하고 있다.

36. 다음은 위 방송을 진행하기 위해 진행자가 세운 계획이다. 방송에 반영되지 않은 것은?

> **[오프닝]** 방송의 취지를 드러내기 위해 '달빛' 이야기로 시작
> **[사연 소개 및 고민 진단]**
> ○ 사연 신청자가 보낸 사연 소개
> ○ 내용의 이해를 돕기 위해 자존감이라는 용어의 의미 제시 … ㉠
> ○ 자존감이 낮은 원인 중 일반적으로 알려진 원인을 제시하고 사연의 문제 상황에 적용 …… ㉡
> ○ 사연의 문제 상황을 설명하기 위해 유사한 문제 상황 제시 …… ㉢
> **[방법 제시]**
> ○ '장점 말해 주기' 방법을 안내하고 효과 제시 …… ㉣
> ○ '감정 헤아려 주기' 방법을 예를 들어 소개하고 효과 제시 … ㉤
> **[클로징]** 청취자 게시판에 관한 안내 및 인사말로 마무리

① ㉠ ② ㉡ ③ ㉢ ④ ㉣ ⑤ ㉤

37. 다음은 위 방송을 들은 청취자들이 게시판에 올린 댓글이다. 방송 내용을 고려하여 청취자들의 반응을 분석한 것으로 적절하지 않은 것은? [3점]

> '나에게 말해 줘' 게시판
> ○월 ○일 방송에 대해 자유롭게 의견을 남겨 주세요.
> ↳ 청취자 1: 저도 자존감이 낮은 거 같아서 좋은 방법이 나오기를 기다리며 들었는데, 스스로 자존감을 높이는 방법은 안 나오네요.
> ↳ 청취자 2: 자존감을 높여 주려면 자기만 부족하다는 생각에서 벗어나게 해 주라는 거네요. 그렇다면 가능한 목표를 세워서 도달하게 하는 방법도 성취감을 느낄 수 있게 해 주어 자존감을 높이는 데 도움이 되겠군요.
> ↳ 청취자 3: 딸아이의 자존감이 향상되도록 앞으로는 제 아이에게 긍정적인 면들을 말해 줘야겠어요.
> ↳ 청취자 4: 도와주고 싶은 대상의 연령대가 사연 속 친구와 다를 때에도 방송에서 알려 준 방법대로 해도 되는 건가요?
> ↳ 청취자 5: 감정을 헤아려 주는 건 좋은 방법이네요. 제가 직설적으로 말하는 버릇이 있어서 친구들이 속상했을 텐데 활용해 볼게요.

① '청취자 1'은 자신이 방송을 들은 목적과 관련해 방송 내용이 충분하지 않다고 판단하고 있군.
② '청취자 2'는 방송 내용을 이해한 바를 확인하고 방송에서 안내되지 않았던 방법의 효과를 예측하고 있군.
③ '청취자 3'은 방송에서 언급한 방법을 다른 사람들에게 권유하고 적용할 것을 다짐하고 있군.
④ '청취자 4'는 방송에서 제시한 방법을 다른 경우에도 적용할 수 있는지 궁금해하고 있군.
⑤ '청취자 5'는 방송에서 언급한 방법을 긍정적으로 평가하고 자신의 언어 습관을 반성하고 있군.

PART II 20회

[해설편 p.096]

[38~41] (가)는 학교 신문에 실을 기사문의 초고이고, (나)는 (가)를 수정하기 위한 회의이다. 물음에 답하시오.

(가)

[표제] 성금 마련을 위해 모두가 함께해

[전문] 지난 10월 4일 우리 학교 선생님들과 학생들은 K 군을 돕기 위해 응원 메시지를 달고 사제동행 마라톤 행사를 함께했다.

[본문] 선생님 32명과 학생 174명이 함께 달린 이 행사는 K 군(2학년)의 쾌유를 기원하기 위해 학생회가 주최하였다. 한 달 전 교실에서 쓰러져 입원한 K 군의 소식이 알려지자 학생들이 병원비 모금을 위해 자발적으로 나서서 의미가 컸다. 또한 행사 참가자들은 모두 5천 원씩의 성금을 내고 학교 인근 △△공원 일대 4km 구간을 완주했다.

이날 행사에 참가한 학생들은 평소 마라톤을 즐겼던 K 군을 생각하며 응원 메시지를 가슴에 달고 뛰었다. △△공원을 찾은 많은 시민들은 이 모습을 보고 학생들과 선생님들에게 힘내라며 응원을 보냈다. 이날 많은 시민들이 △△공원을 찾았다. 마라톤이 끝난 뒤, 행사의 취지에 공감하며 성금을 기탁한 시민도 있었다. K 군의 담임선생님은 "친구를 돕기 위해 학생회가 앞장선 모습이 무척 감동적이었다."라고 말했다.

(나)

학생 1: 사제동행 마라톤 행사를 다룬 기사문을 검토할게.

학생 2: 이 기사문은 네가 작성한 거지?

학생 3: 응, 초고라서 부족한 게 많을 것 같아.

[A]

학생 1: 우선 표제와 전문에 대해 논의하자. 표제를 수정하고, 전문은 육하원칙 중 빠진 내용을 추가해야 할 것 같아.

학생 3: ㉠ <u>네 말을 들으니 전문은 어떤 내용을 추가해야 할지 알겠는데, 표제는 어떤 문제가 있는지 좀 더 말해 줄래?</u>

학생 1: 표제는 중심 소재를 담고 있어야 하는데 현재 표제에는 어떤 행사가 열렸는지 드러나지 않잖아.

학생 3: 그러게, 표제에 그런 문제가 있었구나.

학생 1: 그리고 행사의 의미를 비유적 표현을 활용해서 써보는 건 어때?

학생 2: 그러면 한눈에 기사 내용을 알아보기 어렵잖아. 대신에 참가 인원수를 적자.

학생 1: ㉡ <u>네 말대로 하면 행사 규모에 초점이 맞춰져서 행사의 의미를 드러내려는 기사문의 의도가 살지 않으니, 그렇게 하면 안 될 것 같아.</u>

학생 3: 두 의견을 들어 보니, 네 의견대로 중심 소재를 담고 화합이라는 행사의 의미를 드러낼 수 있도록 비유적 표현을 활용해서 표제를 다시 작성하는 게 좋을 것 같아.

학생 1, 2: 응, 그래.

[B]

학생 1: 다음으로 본문에 대해 논의하자.

학생 3: ㉢ <u>선생님과 학생이 한마음으로 행사에 참여한 모습이 드러나게 쓰려 했는데, 어때?</u>

학생 2: 응, 그 점은 잘 드러나게 쓴 것 같아. 그런데 선생님들도 응원 메시지를 직접 써서 가슴에 달고 뛰셨는데 본문에 그 내용을 빠뜨린 것 같아. 수정이 필요해.

학생 3: 그 부분은 일부러 그렇게 쓴 건데, 이상해?

학생 2: 왜 그렇게 표현했는지 궁금해.

학생 3: 응원 메시지에 대한 아이디어를 학생들이 제안한 거라 학생의 역할을 강조하면 좋겠다고 생각해서 그랬어.

학생 2: 실제 사실에 대한 부분은 정확히 다뤄야지. 개인적인 관점에 따라 정보를 누락하면 안 돼.

학생 1: 맞아. 정보를 객관적으로 전달해야지.

학생 3: 그러게. 내가 잘못 생각했네. 수정해 올게.

학생 1: ㉣ <u>그런데 이번 행사는 그 의미가 중요한 만큼 본문의 마지막 부분에 화합을 드러내는 내용을 담기로 하지 않았어?</u>

학생 3: 아, 맞다. 지난 회의에서 그러자고 했는데 잊었네. 거기에 학생 인터뷰를 넣기로 했었는데 그것도 안 넣고.

학생 1: 응, 학생회장이 행사를 주최하면서 어려웠던 점에 대해 말한 인터뷰 있잖아. 그걸 넣으면 될 것 같아.

학생 2: 행사 이후 결과에 대한 내용도 포함되면 좋겠어.

학생 3: 고마워. 지금까지 나온 의견 모두 반영해서 써 볼게.

학생 1: 그런데 글의 분량도 생각해야 할 것 같아.

학생 2: ㉤ <u>기사문이 실릴 지면이 한정되어 있으니까 추가로 작성할 내용은 많지 않아야 하지 않을까?</u>

학생 1: 지금 다시 읽어 보니 본문에 불필요하게 중복된 내용의 문장이 있어. 그걸 삭제하면 글의 분량이 줄어들 것 같아.

학생 3: 지면의 크기도 염두에 두면서 기사를 써야 하는구나. 알겠어. 그렇게 할게.

학생 2: 아, 그리고 성금을 5천 원씩 낸 건 학생이었고, 선생님은 만 원씩 내셨어. 사실에 맞게 본문을 수정해 줘.

학생 3: 그럴게. 처음 써 본 기사문이라 부족한 게 많아.

학생 1, 2: 괜찮아. 기사 쓰느라 고생했어.

38. '학생 3'이 (나)를 참고하여 (가)를 고쳐 쓰기 위해 세운 계획으로 적절하지 <u>않은</u> 것은?

○ **표제 수정하기**
→ '작은 물방울들 하나 되어 희망 만든 사제동행 마라톤'으로 수정해야겠군. ··· ㉮

○ **전문 수정하기**
→ '지난 10월 4일 △△공원 일대에서 우리 학교 선생님들과 학생들은 K 군을 돕기 위해 응원 메시지를 달고 사제동행 마라톤 행사를 함께했다.'로 고쳐야겠군. ··· ㉯

○ **본문 수정하기**
→ 첫째 문단 마지막 문장을 '또한 행사 참가자들 중 선생님은 1만 원씩, 학생은 5천 원씩의 성금을 내고 학교 인근 △△공원 일대 4km 구간을 완주했다.'로 수정해야겠군. ··· ㉰
→ 둘째 문단 첫 문장을 '이날 행사에 참가한 학생들은 평소 마라톤을 즐겼던 K 군을 생각하며 응원 메시지를 직접 써서 가슴에 달고 뛰었다.'로 고쳐야겠군. ··· ㉱
→ 둘째 문단에서 '이날 많은 시민들이 △△공원을 찾았다.'를 삭제해야겠군. ··· ㉲

① ㉮　② ㉯　③ ㉰　④ ㉱　⑤ ㉲

[해설편 p.097]

39. (나)를 바탕으로 할 때, (가)의 마지막 부분에 추가로 작성할 내용으로 가장 적절한 것은?

① 학생회장은 "행사 홍보가 힘들었지만 즐거운 경험이었다." 라고 밝혔다. 선생님과 학생 누구도 중도에 포기하지 않고 함께 달린 의미 있는 행사였다.
② 학생회장은 "준비 기간이 짧아서 부족한 점이 있었지만 무사히 마무리되어 기뻤다."라고 밝혔다. 행사에서 모인 성금은 다음 날 학생회장이 대표로 K 군 가족에게 전달했다.
③ 학생회장이 계획하고 준비한 이번 행사는 선생님과 학생들이 한마음으로 참여한 인상적인 행사였다. 행사 이후 K 군 가족은 성금을 전달받고, 학교에 감사의 뜻을 전했다.
④ 학생회장은 "장소 섭외가 힘들었지만 뜻 깊은 경험이었다." 라고 밝혔다. 선생님과 학생들이 한마음이 되어 성공적으로 행사를 마쳤고, 모금된 성금은 K 군 가족에게 전달됐다.
⑤ 학생회장은 "어려운 친구를 생각하며 기쁘게 완주했다."라고 밝혔다. 선생님과 학생들이 함께 달리며 뜻을 모을 수 있었던 행사였으며, 학생회에서 성금을 K 군 가족에게 전달했다.

40. 대화의 흐름을 고려할 때, ㉠~㉤에 대한 이해로 적절하지 <u>않은</u> 것은?

① ㉠: 상대의 제안 중에서 추가적인 정보가 필요한 부분에 대한 설명을 상대에게 요청하는 발화이다.
② ㉡: 상대의 제안은 기사문에서 강조하려는 바와 달라지게 한다고 판단하여 반대 의사를 상대에게 전달하는 발화이다.
③ ㉢: 화합의 모습을 표현하려는 의도가 본문에 나타나는지에 대한 상대의 생각을 확인하는 발화이다.
④ ㉣: 본문의 마지막 부분의 작성에 대해 논의했던 사항이 무엇인지를 상대에게 환기하는 발화이다.
⑤ ㉤: 글의 분량을 언급한 상대의 의견에 대해 지면의 크기를 이유로 들어 상반된 의견을 드러내는 발화이다.

41. [A], [B]의 담화에 대한 설명으로 가장 적절한 것은?

① [A]에서 '학생 3'은 '학생 1'과 '학생 2'의 의견이 대립하는 상황에서 양측에 절충안을 제시하고 있다.
② [B]에서 '학생 2'는 '학생 3'의 의견은 비판하고 있고, '학생 1'의 의견은 지지하고 있다.
③ [A]에서 '학생 3'은 '학생 1'의 의견을, [B]에서 '학생 3'은 '학생 2'의 의견을 수용하고 있다.
④ [A]와 [B]에서는 모두 '학생 1'이 '학생 2'의 의견의 타당성을 인정하고 있다.
⑤ [A]와 [B]에서는 모두 '학생 2'가 '학생 1'이 제시한 의견을 점검하고 있다.

[42~45] 글을 쓰기 위해 (가)의 메모를 작성한 후, (나)의 자료를 수집하고 (다)를 작성하였다. 물음에 답하시오.

(가) 학생의 메모

∘ **학습 활동 과제**: 사회적 쟁점에 대해 학급 학생들에게 주장하는 글을 쓴다.
∘ **학급 학생들에 대한 분석**

- 일부 학생들은 로봇세가 무엇인지 잘 모른다. ………………… ㉠
- 로봇세를 도입하려는 목적을 궁금해하는 학생들이 있다. …… ㉡
- 로봇세를 알고 있는 학생들 중에는 나와 상반되는 견해를 가진 학생들도 있다. ……………………………………………………… ㉢

(나) 학생이 수집한 자료의 일부

한 설문 조사에서 ⓐ <u>전체 응답자 중 86.6%가 로봇이 일자리를 빼앗을 것이라고, 52.2%는 자신의 직업이 로봇으로 인해 위협받게 될 것이라고 응답</u>했다. 과거에도 ⓑ <u>새로운 기계가 도입되면서 일부 분야에서 일자리가 줄어든 경우</u>가 있었지만, 산업 전반적으로는 일자리가 증가했다. …(중략)… ⓒ <u>로봇 기술 중 상당수는 특허권 등록의 대상</u>이므로, ⓓ <u>로봇 기술 개발 경쟁에서 뒤처지면 문제가 발생할 수 있다.</u> …(중략)… ⓔ <u>전문가들 사이에서도 로봇세가 로봇 기술 개발에 악영향을 준다는 의견과, 로봇세가 로봇 산업의 활성화에 도움이 된다는 의견이 있다.</u>

- 로봇 전문 잡지 『○○』 -

(다) 학생의 글

로봇의 발달로 일자리가 줄어들 것이라는 사람들의 불안이 커지면서 최근 로봇세 도입에 대한 논의가 활발하다. 로봇세는 로봇을 사용해 이익을 얻는 기업이나 개인에 부과하는 세금이다. 로봇으로 인해 일자리를 잃은 사람들을 지원하거나 사회 안전망을 구축하기 위해 예산을 마련하자는 것이 로봇세 도입의 목적이다. 하지만 나는 로봇세 도입을 다음과 같은 이유로 반대한다.

로봇세는 공정한 과세로 보기 어렵다. 널리 쓰이고 있는 모바일 뱅킹이나 티켓 자동 발매기도 일자리를 줄였음에도 세금을 부과하지 않았는데 로봇에만 세금을 부과하는 것은 그 기준이 일관되지 않는다는 문제가 있다. 또 로봇을 사용해 이익을 얻은 기업이나 개인은 이미 법인세나 소득세를 납부하고 있다. 로봇을 사용했다는 이유로 세금을 추가로 부과한다면 한 번의 이익에 두 번의 과세를 하는 것이므로 불공평하다.

앞으로 로봇 수요가 증가하면서 로봇 시장의 우위를 선점하기 위한 로봇 기술 개발의 경쟁이 더욱 뜨거워질 것이다. 로봇 기술 중 상당수가 특허권이 인정되는 고부가 가치 기술이기 때문이다. 이러한 상황에서 전문가들은 로봇세를 도입하면 기술 개발에 악영향을 끼칠 수 있다고 말한다. 로봇세를 도입하면 세금에 대한 부담이 늘어나 로봇에 대한 수요가 감소한다. 그렇게 되면 로봇을 생산하는 기업은 기술 개발 의지가 약화되어 로봇 기술의 특허권으로 이익을 창출할 수 있는 기회가 줄어들게 된다. 그래서 로봇 사용이 필요한 기업이나 개인은 선진 로봇 기술이 적용된 로봇을 외국에서 수입해야 하므로 막대한 금액이 외부로 유출되어 국가적으로 손해이다.

[해설편 p.097]

[A] 로봇의 사용으로 일자리가 감소할 것이라는 이유로 로봇세의 필요성이 제기되었지만, 역사적으로 볼 때 새로운 기술로 인해 전체 일자리는 줄지 않았다. 산업 혁명을 거치면서 새로운 기술에 대한 걱정은 늘 존재했지만, 산업 전반에서 일자리는 오히려 증가해 왔다는 점이 이를 뒷받침한다. 따라서 로봇의 사용으로 일자리가 줄어들 가능성은 낮다.

우리는 로봇 덕분에 어렵고 위험한 일이나 반복적인 일로부터 벗어나고 있다. 로봇 사용의 증가 추세에서 알 수 있듯이 로봇 기술이 인간의 삶을 편하게 만들어 주는 것은 틀림이 없다. 로봇세의 도입으로 이러한 편안한 삶이 지연되지 않기를 바란다.

42. ㉠~㉢을 고려하여 (다)를 작성했다고 할 때, 학생의 글에 활용된 글쓰기 전략으로 적절하지 않은 것은?

① ㉠을 고려해, 로봇세의 납부 주체를 포함한 로봇세의 개념을 설명한다.
② ㉡을 고려해, 로봇 사용으로 얻을 수 있는 편안한 삶에 로봇세 도입이 미치는 영향을 드러낸다.
③ ㉡을 고려해, 로봇 사용으로 일자리를 잃은 사람들을 지원하려는 로봇세 도입의 취지를 언급한다.
④ ㉢을 고려해, 로봇세 도입과 로봇 기술 개발의 관계를 제시하여 로봇세의 부정적 측면을 부각한다.
⑤ ㉢을 고려해, 일자리가 증가해 온 역사적 사실을 언급하며 로봇세 도입이 필요하지 않음을 부각한다.

43. (나)를 활용하여 (다)를 작성했다고 할 때, 학생의 자료 활용에 대한 설명으로 적절하지 않은 것은?

① ⓐ에 대한 해석을 토대로, 로봇세 도입에 대한 논의는 일자리가 감소할 것이라는 사람들의 우려를 배경으로 한다는 점을 제시했다.
② ⓑ의 사례를 찾아, 이를 로봇의 경우와 비교하여 로봇세가 중복 부과되는 세금이라는 점을 제시했다.
③ ⓒ를 이유로 들어, 로봇 시장을 선점하기 위해 벌어질 경쟁의 양상을 예측하여 제시했다.
④ ⓓ를 구체화하여, 로봇세를 도입하는 경우 국가에 손실이 발생할 수 있음을 제시했다.
⑤ ⓔ에서 한쪽의 의견을 선택하여, 로봇세 부과가 로봇 관련 특허 기술 개발에 걸림돌이 될 수 있음을 제시했다.

44. <보기>에서 근거를 찾아 [A]에 대해 반박하는 글을 쓰려고 한다. 글에 담길 내용으로 가장 적절한 것은? [3점]

<보 기>

로봇 기술의 발전에 따라 로봇의 생산 능력이 비약적으로 향상되고 있다. 이는 로봇 하나당 대체할 수 있는 인간 노동자의 수도 지속적으로 증가함을 의미한다. 로봇 사용이 사회 전반에 빠르게 확산되는 현실을 고려할 때, 로봇 사용으로 인한 일자리 대체 규모가 기하급수적으로 커질 것이다.

① 로봇 기술의 발달을 통해 일자리를 늘리려면 지속적으로 일자리가 늘었던 산업 혁명의 경험에서 대안을 찾아야 한다.
② 로봇의 생산 능력에 대한 고려 없이 과거 사례만으로 일자리가 감소하지 않을 것이라고 보는 것은 성급한 판단이다.
③ 로봇 사용으로 밀려날 수 있는 인간 노동자의 생산 능력을 향상시킬 수 있는 제도적 지원 방안을 마련해야 한다.
④ 로봇세를 도입해 기업이 로봇의 생산성 향상에 기여하도록 해야 인간의 일자리 감소를 막을 수 있다.
⑤ 산업 혁명의 경우와 같이 로봇의 생산성 증가는 인간의 새로운 일자리를 만드는 데 기여할 것이다.

신출제

45. (가)와 (다)를 바탕으로 이끌어 낼 수 있는 작문의 특성으로 가장 적절한 것은?

① 글쓴이가 자신의 감정을 주관적으로 드러냈다는 점에서 작문은 주관적인 정서 표현 행위라 할 수 있다.
② 글쓴이가 근거를 들어 자신의 주장을 제시했다는 점에서 작문은 주장의 타당성을 드러내는 표현 행위라 할 수 있다.
③ 글쓴이가 구체적인 통계 자료를 제시하여 자신의 생각을 드러냈다는 점에서 작문은 독자의 이해를 위한 표현 행위라 할 수 있다.
④ 글쓴이가 문제가 되는 상황을 구체적으로 제시했다는 점에서 작문은 인물 간의 갈등 해결을 위한 표현 행위라 할 수 있다.
⑤ 글쓴이가 사회 구성원을 독자로 설정하고 있다는 점에서 작문은 사회적 문제를 해소할 수 있는 표현 행위라 할 수 있다.

* 확인 사항
○ 답안지의 해당란에 필요한 내용을 정확히 기입(표기)했는지 확인하시오.

[해설편 p.097]

● 문항수 11개 | 배점 24점 | 제한 시간 20분

● 점수 표시가 없는 문항은 모두 2점

[35~37] 다음은 학생이 수업 시간에 한 발표이다. 물음에 답하시오.

오늘은 조선의 궁중 음식 중 수라상에 대해 말씀드리겠습니다. 발표는 수라상의 상차림, 왕의 식사 횟수와 식사 장면, 그리고 수라상의 음식을 포함한 조선의 궁중 음식이 지닌 의의 순으로 진행하겠습니다.

우선 '수라'는요, 고려 때 몽골의 영향으로 생긴 말로 왕에게 올리는 밥을 높여 이르던 말입니다. ㉠ 지금 보시는 화면이 수라상의 사진인데요, 세 개의 상과 화로를 한눈에 볼 수 있습니다. (사진을 가리키며) 왼쪽에 보이는 큰 상인 대원반에는 흰밥과 탕, 반찬들이, 오른쪽에 보이는 소원반에는 팥밥과 탕, 접시가 놓여 있습니다. 왕이 고를 수 있게 밥과 탕을 두 가지씩 준비한 겁니다. 소원반 옆에 놓인 화로는 전골 요리에 썼다고 해요. 『조선왕조 궁중 음식』이라는 책에 따르면 왕은 이러한 수라상을 아침과 저녁에 받았다고 합니다.

왕이 하루에 식사를 두 번만 한 것은 아니었어요. ㉡ 두 번째 화면을 볼게요. 이것은 수라상 외에 왕이 받은 초조반상, 낮것상, 야참의 사진입니다. 초조반상과 낮것상은 주로 죽으로, 야참은 면, 식혜 등으로 간단히 차린 걸 볼 수 있죠. 야참을 식사로 본다면 왕은 하루에 몇 번이나 식사를 했을까요? (청중의 대답을 듣고) 예, 다섯 번이죠. 아침, 저녁의 수라상까지 합해 왕은 하루에 다섯 번 식사를 한 셈입니다. ㉢ 다음 화면에서 보실 것은 왕의 식사 장면을 재현한 동영상입니다. (동영상을 보여 준 후) 어떤 상궁은 왕보다 먼저 음식을 먹어 보아 독의 유무를 확인하고, 다른 상궁은 왕에게 생선을 발라 드리는 모습을 보셨습니다. 이렇게 왕은 상궁들의 시중을 받으며 식사를 했어요.

수라상의 음식을 포함한 조선의 궁중 음식은 우리 전통 음식을 대표한다고 할 수 있는데요, 이는 궁중과 민간의 교류를 통해 조선의 궁중 음식이 민간의 음식뿐만 아니라 민간의 뛰어난 조리 기술까지 받아들여 우리 음식 전반을 아울렀기 때문이지요. 이러한 의의가 인정되어 조선의 궁중 음식은 무형 문화재로 지정되었어요. 수라상에 대해 제가 참고한 기록은 대한 제국 시기 상궁들의 구술을 토대로 한 것입니다. 수라상에 대해 이해가 되셨기를 바라며 발표를 마치겠습니다.

35. 발표에 반영된 학생의 발표 계획으로 적절하지 <u>않은</u> 것은?

① 정보의 출처를 언급하여 발표 내용의 신뢰성을 높여야겠어.
② 내용을 요약하며 마무리하여 발표의 중심 내용을 한 번 더 강조해야겠어.
③ 발표 중에 질문을 하여 발표 내용에 대한 청중의 이해를 확인해야겠어.
④ 발표 주제와 관련된 단어의 의미를 설명하여 발표 내용에 대한 청중의 이해를 도와야겠어.
⑤ 발표할 내용의 순서를 앞부분에 제시하여 청중이 발표 내용을 예측하며 들을 수 있게 해야겠어.

36. 발표에서 학생이 자료를 활용한 방식에 대한 설명으로 가장 적절한 것은?

① 전골을 조리하는 과정을 설명하기 위해 ㉠에 소원반과 화로의 사진을 제시하였다.
② 수라상의 전체적인 모습을 보여 주기 위해 ㉠에 음식이 차려진 상들과 화로의 사진을 제시하였다.
③ 왕이 식사한 시간을 알려 주기 위해 ㉡에 수라상의 사진을 제시하였다.
④ 수라상을 간단히 차린 이유를 알려 주기 위해 ㉡에 낮것상의 사진을 제시하였다.
⑤ 수라상을 차리는 과정을 설명하기 위해 ㉢에 시중을 드는 상궁들의 모습을 담은 동영상을 제시하였다.

37. <보기>는 발표를 들은 후 청중이 보인 반응이다. 발표를 고려하여 청중의 반응을 분석한 것으로 적절하지 <u>않은</u> 것은? [3점]

<보 기>

청자 1 : 궁중 음식을 민간과 무관한 것으로 생각했는데, 민간과 교류를 했다는 사실을 알게 되어 좋았어. 그런데 수라상에 세 개의 상이 있다고 하면서도 설명은 두 개만 해서 아쉬웠어.
청자 2 : 왕의 음식에 독이 들었는지 확인하는 상궁을 기미 상궁으로 알고 있는데, 동영상의 상궁 중 한 명이 기미 상궁이겠군. 그리고 발표자가 참고한 기록이 대한 제국 시기 상궁들의 구술을 토대로 했다면, 오늘 들은 수라상에 대한 내용은 조선 시대 전반에 걸친 것이 아닐 수도 있지 않을까?
청자 3 : 궁중 음식이 무형 문화재로 지정되었다는 것은 단지 음식만이 아니라 조리법을 비롯한 음식 문화 전반의 가치를 인정한 것이겠군. 그리고 고추와 같은 재료는 조선 후기에 유입된 것으로 알고 있는데, 그렇다면 그에 따라 수라상의 음식들에 변화가 있었겠군.

① 청자 1은 이전에 몰랐던 사실을 발표를 통해 알게 된 것을 긍정적으로 생각하고 있군.
② 청자 2는 발표 내용의 일부를 언급하며 이와 관련하여 의문을 제기하고 있군.
③ 청자 3은 발표 내용을 바탕으로 발표에서 직접적으로 언급되지 않은 내용을 추론하고 있군.
④ 청자 1과 청자 3 모두 발표 내용에 누락된 내용이 있는 것을 부정적으로 생각하고 있군.
⑤ 청자 2와 청자 3 모두 발표 내용과 관련된 자신의 배경 지식을 활용하고 있군.

[해설편 p.098]

[38~41] (가)는 활동지의 '활동 1'에 따라 학생들이 실시한 독서 토의의 일부이고, (나)는 '활동 2'에 따라 '민호'가 작성한 글의 초고이다. 물음에 답하시오.

활동지

(활동 1) 다음의 내용을 바탕으로 토의해 보자.

「허생의 처」에서 허생은 집안을 전혀 돌보지 않고 자신의 이상만을 추구한다. 이 때문에 허생의 처는 홀로 집안의 생계를 힘겹게 꾸려 나가지만 빈곤한 형편에서 벗어나지 못한다. 이러던 중 허생의 처는 행복하지 않은 자신의 처지를 한탄하며 허생과 갈등한다. 두 인물은 삶에서 중요시하는 행복의 조건이 서로 달라 갈등한다고도 볼 수 있다. 허생은 세상의 이치를 밝히고자 독서에만 전념한 것으로 보아 여기에서 자신의 행복을 찾고 있다고 볼 수 있다. 그렇다면 허생의 처가 추구하는 행복의 조건은 무엇일까?

(활동 2) 토의 내용을 참고하여 자신의 삶을 성찰하는 글을 써 보자.

(가)

현지 : 오늘은 내가 진행할게. (활동지를 나눠 주며) 지난 시간에 『허생의 처』를 읽었으니, 이번 시간에는 '허생의 처가 추구하는 행복의 조건은 무엇인가?'라는 주제로 토의하려고 해. 활동지를 통해 주제와 관련된 내용을 확인했으면, 지금부터 토의를 시작해 보자.

[A]
민호 : 행복의 조건은 지혜나 도덕적 선과 같은 내적 조건과 부나 명예와 같은 외적 조건으로 나눌 수 있잖아. 허생의 처는 빈곤한 형편에 놓여 있기 때문에 행복하지 않았다고 생각해. 이런 이유로 볼 때, 허생의 처는 외적 조건인 부를 추구하는 사람이라고 볼 수 있어.

영수 : 과연 그럴까? 허생의 처는 생존을 위한 기본적 요건을 충족하고자 한 것으로 볼 수 있어. 그런 점에서 허생의 처가 외적 조건인 부를 추구하는 사람이라고 볼 수는 없을 것 같아.

민호 : 듣고 보니 그러네. 허생의 처가 행복의 외적 조건인 부를 추구하고 있다고 보는 건 적절하지 않을 수 있겠어.

현지 : 정리하면, 허생의 처가 추구한 행복의 조건을 외적 조건이나 내적 조건으로만 접근하는 건 적절하지 않을 수 있겠네. 그렇다면 허생의 처가 추구한 행복의 조건을 다른 측면에서는 어떻게 접근할 수 있을까?

[B]
민호 : 허생의 처가 추구하는 행복의 조건은 가족 구성원의 관계라는 측면에서 접근해 볼 수 있겠어. 허생의 처는 홀로 가정 생계를 꾸려야 하는 부담을 일방적으로 강요받고 있고 허생은 허생의 처의 힘겨움을 외면하고 있어. 이 때문에 허생의 처는 행복하지 않다고 느끼는 것 같아.

영수 : 맞아. 허생의 처가 추구하는 행복의 조건을 가족 구성원의 관계라는 측면에서 더 살펴보면, "나는 내 남편이 하는 일을 모르고, 남편은 제 아내인 나를 모르고…."라고 허생의 처가 남편에 대해 한탄하는 대목을 볼 때 허생의 처는 가족 간의 소원한 관계도 행복하지 않은 이유로 여기는 것 같아.

현지 : 정리하면, 결국 허생의 처는 강요된 희생과 소원한 가족 관계라는 두 가지 이유 때문에 행복하지 않았던 것이고, 가족 구성원 간의 바람직한 관계를 행복의 조건으로 추구했다고 볼 수 있겠어.

(나)

『허생의 처』를 읽고 허생의 처가 빈곤한 형편에 힘들어 하고 한탄하는 모습을 통해, 나는 허생의 처가 행복의 외적 조건을 추구하고 있다고 여겼다. 하지만 토의를 통해 허생의 처는 단지 생존을 위한 기본적인 요건이 충족되기를 바랐을 뿐, 물질적인 부를 추구했다고 보기 어렵다는 사실을 깨닫게 되었다.

그런데 생계와 관련된 문제만 해결된다면 허생의 처는 행복해질 수 있었을까 하는 의문이 들었다. 허생은 자신의 이상을 추구하느라 독서에만 전념하여 가정을 외면했다. 이 때문에 허생의 처는 생계에 대한 부담을 홀로 떠안게 되었고, 남편인 허생과 소원해지면서 가족 구성원으로서의 유대감 또한 느낄 수 없었던 것이다. 결국 허생의 처가 행복해지기 위해서는 가족 구성원간의 바람직한 관계 역시 중요한 조건이었던 것이다.

그동안 나는 돈을 많이 벌거나 좋은 직업을 갖는 등 행복의 외적 조건만이 나를 행복으로 이끌어 줄 것이라 생각했다. 하지만 <u>㉠ 이 조건만이 행복을 위한 조건의 전부가 아니라는 것을 깨닫게 되었다</u>. 그리고 그동안 부모님의 희생을 당연하게 여기며 살아온 것은 아닌지, 공부나 친구를 핑계로 가족과의 관계를 소원하게 만든 것은 아닌지 반성하게 되었다.

38. 다음은 '현지'가 (가)를 준비하면서 떠올린 생각이다. ㉮~㉲ 중 (가)에서 확인할 수 있는 것을 고른 것은?

이번 독서 토의는 어떻게 진행하는 게 좋을까? 우선 토의와 관련된 활동지를 나눠 주고, ㉮ <u>시작할 때 토의 주제를 언급</u>하는 게 좋겠어. 그리고 참여자들이 고루 의견을 제시할 수 있도록 ㉯ <u>발언 순서를 지정</u>해 줘야지. ㉰ <u>근거 없이 의견만을 이야기할 때는 근거를 함께 제시하도록 요구</u>해야겠어. 토의 흐름을 이해할 수 있도록 ㉱ <u>토의 내용을 정리</u>해 주고, ㉲ <u>질문을 통해 다른 관점에서 생각해 보도록 유도</u>하는 것도 좋을 것 같아.

① ㉮, ㉯, ㉱ ② ㉮, ㉰, ㉲ ③ ㉮, ㉱, ㉲
④ ㉯, ㉰, ㉲ ⑤ ㉰, ㉱, ㉲

39. [A], [B]를 이해한 내용으로 가장 적절한 것은?

① [A] : '영수'는 '민호'에게 추가적인 근거를 요구하기 위해 질문하고 있다.
② [A] : '영수'는 '민호'의 의견을 수용하면서 또 다른 근거를 제시하고 있다.
③ [A] : '영수'는 '민호'의 의견에 동의하면서 그 의견을 재진술하고 있다.
④ [B] : '영수'는 '민호'의 의견을 받아들이며 이를 보완하는 의견을 추가하고 있다.
⑤ [B] : '영수'는 '민호'의 의견에 대해 논리적 오류를 지적하면서 상반된 의견을 제시하고 있다.

[해설편 p.099]

40. 다음은 (가)를 반영하여 (나)를 작성하기 위한 '민호'의 작문 계획이다. (나)에 반영된 내용으로 적절하지 않은 것은?

1문단
- 허생의 처가 추구한 행복의 조건이 외적 조건이라고 한 기존의 내 의견과, 토의를 통해 수정된 내 생각을 함께 써야겠어. ······ ①

2문단
- 허생의 처가 행복하지 않은 이유를 생계 문제를 중심으로 파악했던 의견에 의문을 제기하고 이에 답하는 식으로 써야겠어. ······ ②
- '영수'가 허생의 처의 말을 인용하면서 개진한 의견을 포함하여 허생의 처가 행복해지기 위한 조건을 써야겠어. ······ ③

3문단
- 나와 '영수'가 허생의 처의 행복을 가족 간 관계의 측면에서 논의한 내용을 바탕으로, 내가 기존에 갖고 있던 행복에 대한 생각이 편협했음을 깨달았다는 내용을 써야겠어. ···④
- 허생의 처가 왜 행복하지 않은지에 대해 나와 '영수'가 동의했던 두 가지 이유 중 강요된 희생을 주된 이유로, 소원한 관계를 부차적 이유로 구별하고 이에 비추어 나의 삶을 반성하는 내용을 써야겠어. ······ ⑤

41. <보기>는 '민호'가 (나)를 쓴 후 찾은 자료이다. (나)의 문맥에 따라 <보기>를 활용하여 ㉠을 구체화할 수 있는 방안으로 가장 적절한 것은? [3점]

<보 기>
- 한 경제학자는 ⓐ 소득이 높아질수록 행복 수준도 상승할 것이라는 사람들의 기대와는 달리, ⓑ 소득이 일정 수준을 넘어서면 소득이 더 증가해도 행복 수준은 더 이상 상승하지 않는다고 주장했다.
- OECD 국가 간 행복 비교 연구에서는 ⓒ 행복 수준을 조사하기 위해 물질적 풍요 수준, 가족이나 친구와 같은 인간관계에서의 만족 수준 등을 종합적으로 고려한다.

① ⓐ를 활용하여, 행복을 위한 조건인 물질적 부의 수준은 사람마다 다를 수 있다는 내용으로 구체화한다.
② ⓑ를 활용하여, 일정 소득 수준을 넘어선 물질적 부의 추구가 행복의 조건에 해당하지 않는다는 내용으로 구체화한다.
③ ⓒ를 활용하여, 행복을 위한 조건으로 물질적 부도 고려해야 하지만 가족 구성원 간의 바람직한 관계 형성도 고려해야 한다는 내용으로 구체화한다.
④ ⓐ와 ⓒ를 활용하여, 행복을 위한 조건인 바람직한 가족 관계를 형성하려면 일정 수준 이상의 소득이 보장되어야 한다는 내용으로 구체화한다.
⑤ ⓑ와 ⓒ를 활용하여, 행복을 위한 조건인 물질적 부를 추구할 경우 가족 간의 관계가 소원해질 수 있다는 내용으로 구체화한다.

[42~45] (가)는 학생의 메모이고, (나)는 (가)를 바탕으로 쓴 초고이다. 물음에 답하시오.

(가) 초고 작성을 위한 메모

- 작문 상황 : 봉사의 날 운영 방식을 글감으로 하여 교지에 글을 게재하려 함.
- 글의 목적 : 예상 독자인 우리 학교 구성원을 설득하는 글.
- 주제 : 봉사의 날 운영 방식을 동아리별 봉사 활동으로 전환할 필요가 있다.
- 자료 : 우리 학급 학생들을 대상으로 한 인터뷰.

(나) 글의 초고

우리 학교에서는 한 달에 한 번씩 봉사의 날을 지정하여 학급별로 학교 주변의 환경을 정화하는 봉사 활동을 실시해 왔다. 그러나 이러한 운영 방식에 대한 학생들의 개선 요구가 제기되면서 봉사의 날 운영 방식을 동아리별 봉사 활동으로 전환하는 것이 대안으로 제시되었다. 이로 인해 학교 구성원들 사이에서 봉사의 날 운영 방식에 대한 논의가 한창이다.

[A] 우리 학급 학생들을 대상으로 인터뷰를 해 본 결과 실제로 학생들 대다수가 현행 봉사의 날 운영 방식에 대해 만족하지 않았다. 학생들은 그 이유로 참여 의지가 떨어진다는 점을 들었다. 이러한 결과를 바탕으로 할 때 환경 정화 활동과 같이 개인의 의사를 반영하지 않은 획일적인 방식은 학생들의 자발적 참여를 유도하기 어렵다고 할 수 있다.

학생들은 동아리별 봉사 활동의 장점으로 진로와 관심사를 반영한 봉사 활동을 할 수 있다는 점을 언급했다. 동아리별 봉사 활동은 진로와 관심사가 비슷한 학생들이 모인 동아리를 기반으로 하기 때문에 동아리의 특색을 살린 봉사 활동을 할 수 있다. 그 결과 학생들은 획일적인 봉사 활동에서 벗어나 보다 다양한 봉사 활동을 계획하고 실행할 수 있다. 동아리 활동이 위축될 수 있다는 일부 학생들의 우려도 있지만, 이 방식은 현행 봉사의 날 운영 방식에 대한 학생들의 불만을 해소할 수 있는 효과적인 대안이 될 수 있다.

청소년기는 육체적·심리적·사회적으로 중요한 변화가 나타나고 성장이 이루어지는 시기라는 점에서 의의가 있다. 청소년기에 수행하는 봉사 활동은 청소년들에게 나눔과 배려의 정신을 길러 줄 뿐만 아니라, 스스로 성장할 수 있는 기회를 제공한다는 점에서 의의가 있다.

42. (가)의 사항이 (나)에 반영된 내용으로 가장 적절한 것은?

① 글감에 대한 논의의 필요성을 드러내기 위해, 봉사의 날 운영 방식이 논의되고 있는 우리 학교 상황을 제시하였다.
② 글의 목적을 강조하기 위해, 자료를 수집한 과정과 우리 학교에 봉사의 날이 도입된 취지를 제시하였다.
③ 예상 독자의 관심을 반영하기 위해, 학교 구성원이 관심을 가질 수 있는 주제를 선정하는 과정을 제시하였다.
④ 글의 주제를 구체화하기 위해, 현행 봉사의 날 운영 방식의 장점을 병렬적으로 열거하여 제시하였다.
⑤ 자료의 객관성을 높이기 위해, 봉사 활동과 관련한 설문 조사 문항과 조사 대상에 대한 정보를 제시하였다.

[해설편 p.099]

43. 다음은 [A]를 보완하기 위해 추가로 수집한 자료이다. 자료의 활용 방안으로 적절하지 않은 것은?

<자 료>

우리 학교 학생 대상 설문 조사 결과

㉮ 현행 봉사의 날 운영 방식에 대한 만족 여부

매우 만족 7%, 만족 15%, 보통 9%, 불만족 52%, 매우 불만족 17%

㉯ 현행 봉사의 날 운영 방식에 대한 불만족 이유
('매우 불만족', '불만족' 응답자 대상)

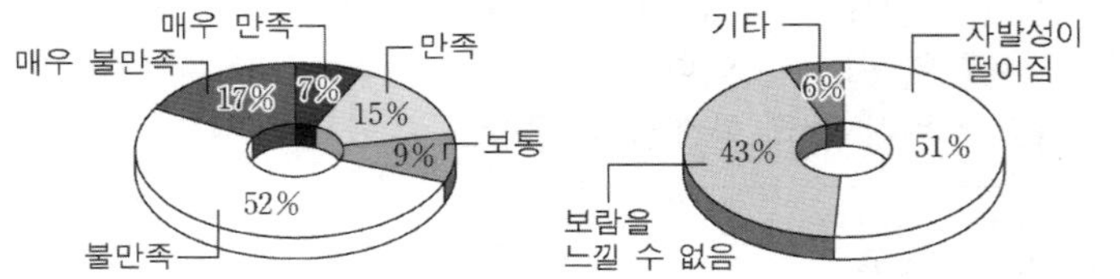

자발성이 떨어짐 51%, 보람을 느낄 수 없음 43%, 기타 6%

㉰ 교육 전문 잡지 『□□□』

동아리별 봉사 활동은 동아리 활동을 통해 계발한 역량을 봉사 활동에서 발휘할 수 있어 학생들에게 성취 경험을 제공하므로 봉사 활동에 대한 학생들의 자발성을 높일 수 있다. 하지만 학생들이 동아리 활동 시간에 봉사 활동 준비를 하는 경우도 있어 동아리의 본래 목적에 맞는 활동이 잘 이뤄지지 않을 수 있다. 따라서 학교에서는 별도의 봉사 활동 준비 시간을 마련해 주는 방안을 고려할 필요가 있다.

① ㉮를 활용해, 현행 운영 방식에 대한 우리 학교 학생들의 만족 여부를 구체적으로 보여 주는 설문 조사의 결과를 추가해야겠어.
② ㉯를 활용해, 현행 운영 방식에 대한 학생들의 불만족 이유에 봉사 활동에서 보람을 느낄 수 없다는 점을 추가해야겠어.
③ ㉰를 활용해, 동아리별 봉사 활동의 도입과 관련한 일부 학생들의 우려에 대해 이를 해결할 수 있는 방안을 추가해야겠어.
④ ㉮와 ㉰를 활용해, 현행 운영 방식의 문제점으로 봉사 활동 준비에 많은 시간이 소요된다는 점을 추가해야겠어.
⑤ ㉯와 ㉰를 활용해, 동아리별 봉사 활동이 학생들에게 성취 경험을 제공하여 불만족 이유 중 가장 비율이 높은 문제의 해결에 도움이 된다는 점을 추가해야겠어.

44. 다음은 (나)를 쓴 학생이 교지 편집부장에게 보낸 이메일이다. ㉠에 들어갈 내용으로 가장 적절한 것은?

답장 전체답장 전달 X삭제 스팸신고 목록 | 위 | 아래

보내 주신 검토 의견 중 (㉠)해 달라는 말을 고려해 초고의 마지막 문단을 아래와 같이 수정했습니다. 확인 바랍니다.

청소년기에 수행하는 봉사 활동은 청소년들에게 나눔과 배려의 정신을 길러 줄 뿐만 아니라, 스스로 성장할 수 있는 기회를 제공한다는 점에서 의의가 있다. 동아리별 봉사 활동을 도입한다면, 학생들이 자발적으로 봉사 활동에 참여하게 되어 봉사 정신을 기를 수 있고 자신들의 진로 관련 역량을 계발하여 자기 성장의 기회를 얻게 될 것이다.

① 청소년기의 의의는 삭제하고, 청소년기 봉사 활동의 의의는 추가
② 청소년기의 의의는 삭제하고, 동아리별 봉사 활동 도입 시 기대 효과는 추가
③ 청소년기의 의의는 삭제하고, 동아리별 봉사 활동 도입을 위한 지원 방안은 추가
④ 청소년기 봉사 활동의 의의는 삭제하고, 동아리별 봉사 활동 도입 시 기대 효과는 추가
⑤ 청소년기 봉사 활동의 의의는 삭제하고, 동아리별 봉사 활동 도입을 위한 지원 방안은 추가

신출제

45. 다음은 (나)를 친구들이 읽고 난 뒤의 평가이다. 적절한 평가를 한 사람들끼리 바르게 짝지은 것은?

윤아 : 자신의 의견에 반대하는 학생들을 고려하여 절충안을 제시하고 있군.
정수 : 인터뷰 내용을 바탕으로 기존 봉사 활동이 지닌 문제점을 지적하고 있군.
경민 : 동아리별 봉사 활동이 지닌 장점을 제시하여 자신의 생각을 드러내고 있군.
상은 : 봉사 활동이 지닌 의의를 제시하면서 봉사 활동에 대해 참여하기를 독려하고 있군.

① 윤아, 정수 ② 윤아, 상은 ③ 정수, 경민
④ 정수, 상은 ⑤ 경민, 상은

* 확인 사항
○ 답안지의 해당란에 필요한 내용을 정확히 기입(표기)했는지 확인하시오.

[회] 리얼 오리지널 모의고사 답안지

① 교시 국어영역

결시자 확인 (수험생은 표기하지 말것.)

검은색 컴퓨터용 사인펜을 사용하여 수험번호란과 옆란을 표기	○

※ 문제지 표지에 안내된 필적 확인 문구를 아래 '필적 확인란'에 정자로 반드시 기재하여야 합니다.

필 적 확인란	

성 명								
수 험 번 호								
				—				
	⓪	⓪	⓪		⓪	⓪	⓪	⓪
①	①	①	①		①	①	①	①
②	②	②	②		②	②	②	②
③	③	③	③		③	③		③
④	④	④	④	—	④	④		④
⑤	⑤	⑤	⑤		⑤	⑤		⑤
⑥	⑥		⑥		⑥	⑥		⑥
⑦	⑦		⑦		⑦	⑦		⑦
⑧	⑧		⑧		⑧	⑧		⑧
⑨	⑨		⑨		⑨	⑨		⑨

문형
홀수형 ○
짝수형 ○

※문제의 문형을 확인 후 표기

감독관 확인 (수험생은 표기하지 말것)	(서 명 또는 날 인)	본인 여부, 수험번호 및 문형의 표기가 정확한지 확인, 옆란에 서명 또는 날인

※ 답안지 작성(표기)은 반드시 검은색 컴퓨터용 사인펜만을 사용하고, 연필 또는 샤프 등의 필기구를 절대 사용하지 마십시오.

공통과목			
문번	답 란	문번	답 란
1	① ② ③ ④ ⑤	21	① ② ③ ④ ⑤
2	① ② ③ ④ ⑤	22	① ② ③ ④ ⑤
3	① ② ③ ④ ⑤	23	① ② ③ ④ ⑤
4	① ② ③ ④ ⑤	24	① ② ③ ④ ⑤
5	① ② ③ ④ ⑤	25	① ② ③ ④ ⑤
6	① ② ③ ④ ⑤	26	① ② ③ ④ ⑤
7	① ② ③ ④ ⑤	27	① ② ③ ④ ⑤
8	① ② ③ ④ ⑤	28	① ② ③ ④ ⑤
9	① ② ③ ④ ⑤	29	① ② ③ ④ ⑤
10	① ② ③ ④ ⑤	30	① ② ③ ④ ⑤
11	① ② ③ ④ ⑤	31	① ② ③ ④ ⑤
12	① ② ③ ④ ⑤	32	① ② ③ ④ ⑤
13	① ② ③ ④ ⑤	33	① ② ③ ④ ⑤
14	① ② ③ ④ ⑤	34	① ② ③ ④ ⑤
15	① ② ③ ④ ⑤		
16	① ② ③ ④ ⑤		
17	① ② ③ ④ ⑤		
18	① ② ③ ④ ⑤		
19	① ② ③ ④ ⑤		
20	① ② ③ ④ ⑤		

선택과목	
문번	답 란
35	① ② ③ ④ ⑤
36	① ② ③ ④ ⑤
37	① ② ③ ④ ⑤
38	① ② ③ ④ ⑤
39	① ② ③ ④ ⑤
40	① ② ③ ④ ⑤
41	① ② ③ ④ ⑤
42	① ② ③ ④ ⑤
43	① ② ③ ④ ⑤
44	① ② ③ ④ ⑤
45	① ② ③ ④ ⑤

✂ 절취선

[회] 리얼 오리지널 모의고사 답안지

① 교시 국어영역

결시자 확인 (수험생은 표기하지 말것.)
검은색 컴퓨터용 사인펜을 사용하여 수험번호란과 옆란을 표기 ○

※ 문제지 표지에 안내된 필적 확인 문구를 아래 '필적 확인란'에 정자로 반드시 기재하여야 합니다.

필 적 확인란

성 명
수 험 번 호

문형
홀수형 ○
짝수형 ○

※문제의 문형을 확인 후 표기

감독관 확인 (수험생은 표기하지 말것) (서 명 또는 날 인) 본인 여부, 수험번호 및 문형의 표기가 정확한지 확인, 옆란에 서명 또는 날인

※ 답안지 작성(표기)은 반드시 검은색 컴퓨터용 사인펜만을 사용하고, 연필 또는 샤프 등의 필기구를 절대 사용하지 마십시오.

공통과목 1–34 ① ② ③ ④ ⑤
선택과목 35–45 ① ② ③ ④ ⑤

[회] 리얼 오리지널 모의고사 답안지

※ 답안지 작성(표기)은 반드시 검은색 컴퓨터용 사인펜만을 사용하고, 연필 또는 샤프 등의 필기구를 절대 사용하지 마십시오.

① 교시 국어 영역

결시자 확인 (수험생은 표기하지 말것.)	
검은색 컴퓨터용 사인펜을 사용하여 수험번호란과 옆란을 표기	○

※ 문제지 표지에 안내된 필적 확인 문구를 아래 '필적 확인란'에 정자로 반드시 기재하여야 합니다.

필 적 확인란	

성 명								
수험번호								
				—				
	⓪	⓪	⓪		⓪	⓪	⓪	⓪
①	①	①	①		①	①	①	①
②	②	②	②		②	②	②	②
③	③	③	③		③	③		③
④	④	④	④	—	④	④		④
⑤	⑤	⑤	⑤		⑤	⑤		⑤
⑥	⑥		⑥		⑥	⑥		⑥
⑦	⑦		⑦		⑦	⑦		⑦
⑧	⑧		⑧		⑧	⑧		⑧
⑨	⑨		⑨		⑨	⑨		⑨

문형	
홀수형	○
짝수형	○

※문제의 문형을 확인 후 표기

감독관 확인 (수험생은 표기하지 말것)	(서 명 또는 날 인)	본인 여부, 수험번호 및 문형의 표기가 정확한지 확인, 옆란에 서명 또는 날인

공 통 과 목

문번	답 란	문번	답 란
1	① ② ③ ④ ⑤	21	① ② ③ ④ ⑤
2	① ② ③ ④ ⑤	22	① ② ③ ④ ⑤
3	① ② ③ ④ ⑤	23	① ② ③ ④ ⑤
4	① ② ③ ④ ⑤	24	① ② ③ ④ ⑤
5	① ② ③ ④ ⑤	25	① ② ③ ④ ⑤
6	① ② ③ ④ ⑤	26	① ② ③ ④ ⑤
7	① ② ③ ④ ⑤	27	① ② ③ ④ ⑤
8	① ② ③ ④ ⑤	28	① ② ③ ④ ⑤
9	① ② ③ ④ ⑤	29	① ② ③ ④ ⑤
10	① ② ③ ④ ⑤	30	① ② ③ ④ ⑤
11	① ② ③ ④ ⑤	31	① ② ③ ④ ⑤
12	① ② ③ ④ ⑤	32	① ② ③ ④ ⑤
13	① ② ③ ④ ⑤	33	① ② ③ ④ ⑤
14	① ② ③ ④ ⑤	34	① ② ③ ④ ⑤
15	① ② ③ ④ ⑤		
16	① ② ③ ④ ⑤		
17	① ② ③ ④ ⑤		
18	① ② ③ ④ ⑤		
19	① ② ③ ④ ⑤		
20	① ② ③ ④ ⑤		

선 택 과 목

문번	답 란
35	① ② ③ ④ ⑤
36	① ② ③ ④ ⑤
37	① ② ③ ④ ⑤
38	① ② ③ ④ ⑤
39	① ② ③ ④ ⑤
40	① ② ③ ④ ⑤
41	① ② ③ ④ ⑤
42	① ② ③ ④ ⑤
43	① ② ③ ④ ⑤
44	① ② ③ ④ ⑤
45	① ② ③ ④ ⑤

리얼 오리지널 I 화법과 작문

✂ 절취선

[회] 리얼 오리지널 모의고사 답안지

※ 답안지 작성(표기)은 반드시 검은색 컴퓨터용 사인펜만을 사용하고, 연필 또는 샤프 등의 필기구를 절대 사용하지 마십시오.

① 교시 국어 영역

결시자 확인 (수험생은 표기하지 말것.)
검은색 컴퓨터용 사인펜을 사용하여 수험번호란과 옆란을 표기 ○

※ 문제지 표지에 안내된 필적 확인 문구를 아래 '필적 확인란'에 정자로 반드시 기재하여야 합니다.

필 적 확인란

성 명
수험번호

문형 홀수형 ○ 짝수형 ○
※문제의 문형을 확인 후 표기

감독관 확인 (수험생은 표기하지 말것) (서 명 또는 날 인) 본인 여부, 수험번호 및 문형의 표기가 정확한지 확인, 옆란에 서명 또는 날인

공 통 과 목 (문번 1–34, 답란 ① ② ③ ④ ⑤)

선 택 과 목 (문번 35–45, 답란 ① ② ③ ④ ⑤)

리얼 오리지널 I 화법과 작문

[회] 리얼 오리지널 모의고사 답안지

① 교시 국어 영역

※ 답안지 작성(표기)은 반드시 검은색 컴퓨터용 사인펜만을 사용하고, 연필 또는 샤프 등의 필기구를 절대 사용하지 마십시오.

결시자 확인 (수험생은 표기하지 말것.)

검은색 컴퓨터용 사인펜을 사용하여 수험번호란과 옆란을 표기 ⬯

※ 문제지 표지에 안내된 필적 확인 문구를 아래 '필적 확인란'에 정자로 반드시 기재하여야 합니다.

필 적 확인란	

성 명									
수 험 번 호									
				—					
	⓪	⓪	⓪		⓪	⓪	⓪	⓪	
①	①	①	①		①	①	①	①	
②	②	②	②		②	②	②	②	
③	③	③	③		③	③		③	
④	④	④	④	—	④	④		④	
⑤	⑤	⑤	⑤		⑤	⑤		⑤	
⑥	⑥		⑥		⑥	⑥		⑥	
⑦	⑦		⑦		⑦	⑦		⑦	
⑧	⑧		⑧		⑧	⑧		⑧	
⑨	⑨		⑨		⑨	⑨		⑨	

문형

홀수형 ⬯

짝수형 ⬯

※문제의 문형을 확인 후 표기

감독관 확 인 (수험생은 표기하지 말것)	(서 명 또는 날 인)	본인 여부, 수험번호 및 문형의 표기가 정확한지 확인, 옆란에 서명 또는 날인

공 통 과 목

문번	답 란	문번	답 란
1	① ② ③ ④ ⑤	21	① ② ③ ④ ⑤
2	① ② ③ ④ ⑤	22	① ② ③ ④ ⑤
3	① ② ③ ④ ⑤	23	① ② ③ ④ ⑤
4	① ② ③ ④ ⑤	24	① ② ③ ④ ⑤
5	① ② ③ ④ ⑤	25	① ② ③ ④ ⑤
6	① ② ③ ④ ⑤	26	① ② ③ ④ ⑤
7	① ② ③ ④ ⑤	27	① ② ③ ④ ⑤
8	① ② ③ ④ ⑤	28	① ② ③ ④ ⑤
9	① ② ③ ④ ⑤	29	① ② ③ ④ ⑤
10	① ② ③ ④ ⑤	30	① ② ③ ④ ⑤
11	① ② ③ ④ ⑤	31	① ② ③ ④ ⑤
12	① ② ③ ④ ⑤	32	① ② ③ ④ ⑤
13	① ② ③ ④ ⑤	33	① ② ③ ④ ⑤
14	① ② ③ ④ ⑤	34	① ② ③ ④ ⑤
15	① ② ③ ④ ⑤		
16	① ② ③ ④ ⑤		
17	① ② ③ ④ ⑤		
18	① ② ③ ④ ⑤		
19	① ② ③ ④ ⑤		
20	① ② ③ ④ ⑤		

선 택 과 목

문번	답 란
35	① ② ③ ④ ⑤
36	① ② ③ ④ ⑤
37	① ② ③ ④ ⑤
38	① ② ③ ④ ⑤
39	① ② ③ ④ ⑤
40	① ② ③ ④ ⑤
41	① ② ③ ④ ⑤
42	① ② ③ ④ ⑤
43	① ② ③ ④ ⑤
44	① ② ③ ④ ⑤
45	① ② ③ ④ ⑤

✂ 절취선

[회] 리얼 오리지널 모의고사 답안지

① 교시 국어 영역

※ 답안지 작성(표기)은 반드시 검은색 컴퓨터용 사인펜만을 사용하고, 연필 또는 샤프 등의 필기구를 절대 사용하지 마십시오.

결시자 확인 (수험생은 표기하지 말것.)

검은색 컴퓨터용 사인펜을 사용하여 수험번호란과 옆란을 표기 ⬯

※ 문제지 표지에 안내된 필적 확인 문구를 아래 '필적 확인란'에 정자로 반드시 기재하여야 합니다.

필 적 확인란

성 명

수 험 번 호

문형

홀수형 ⬯

짝수형 ⬯

※문제의 문형을 확인 후 표기

감독관 확 인 (수험생은 표기하지 말것) (서 명 또는 날 인) 본인 여부, 수험번호 및 문형의 표기가 정확한지 확인, 옆란에 서명 또는 날인

공 통 과 목 (문번 1–34, 답란 ① ② ③ ④ ⑤)

선 택 과 목 (문번 35–45, 답란 ① ② ③ ④ ⑤)

[회] 리얼 오리지널 모의고사 답안지

※ 답안지 작성(표기)은 반드시 검은색 컴퓨터용 사인펜만을 사용하고, 연필 또는 샤프 등의 필기구를 절대 사용하지 마십시오.

① 교시 국 어 영 역

결시자 확인 (수험생은 표기하지 말것.)

검은색 컴퓨터용 사인펜을 사용하여 수험번호란과 옆란을 표기	⓪

※ 문제지 표지에 안내된 필적 확인 문구를 아래 '필적 확인란'에 정자로 반드시 기재하여야 합니다.

필 적 확인란	

성 명								
수 험 번 호								
				—				
	⓪	⓪	⓪		⓪	⓪	⓪	⓪
①	①	①	①		①	①	①	①
②	②	②	②		②	②	②	②
③	③	③	③		③	③		③
④	④	④	④	—	④	④		④
⑤	⑤	⑤	⑤		⑤	⑤		⑤
⑥	⑥		⑥		⑥	⑥		⑥
⑦	⑦		⑦		⑦	⑦		⑦
⑧	⑧		⑧		⑧	⑧		⑧
⑨	⑨		⑨		⑨	⑨		⑨

문형
홀수형 ⓪
짝수형 ⓪

※문제의 문형을 확인 후 표기

감독관 확인 (수험생은 표기하지 말것.)	(서 명 또는 날 인)	본인 여부, 수험번호 및 문형의 표기가 정확한지 확인, 옆란에 서명 또는 날인

공 통 과 목

문번	답 란	문번	답 란
1	① ② ③ ④ ⑤	21	① ② ③ ④ ⑤
2	① ② ③ ④ ⑤	22	① ② ③ ④ ⑤
3	① ② ③ ④ ⑤	23	① ② ③ ④ ⑤
4	① ② ③ ④ ⑤	24	① ② ③ ④ ⑤
5	① ② ③ ④ ⑤	25	① ② ③ ④ ⑤
6	① ② ③ ④ ⑤	26	① ② ③ ④ ⑤
7	① ② ③ ④ ⑤	27	① ② ③ ④ ⑤
8	① ② ③ ④ ⑤	28	① ② ③ ④ ⑤
9	① ② ③ ④ ⑤	29	① ② ③ ④ ⑤
10	① ② ③ ④ ⑤	30	① ② ③ ④ ⑤
11	① ② ③ ④ ⑤	31	① ② ③ ④ ⑤
12	① ② ③ ④ ⑤	32	① ② ③ ④ ⑤
13	① ② ③ ④ ⑤	33	① ② ③ ④ ⑤
14	① ② ③ ④ ⑤	34	① ② ③ ④ ⑤
15	① ② ③ ④ ⑤		
16	① ② ③ ④ ⑤		
17	① ② ③ ④ ⑤		
18	① ② ③ ④ ⑤		
19	① ② ③ ④ ⑤		
20	① ② ③ ④ ⑤		

선 택 과 목

문번	답 란
35	① ② ③ ④ ⑤
36	① ② ③ ④ ⑤
37	① ② ③ ④ ⑤
38	① ② ③ ④ ⑤
39	① ② ③ ④ ⑤
40	① ② ③ ④ ⑤
41	① ② ③ ④ ⑤
42	① ② ③ ④ ⑤
43	① ② ③ ④ ⑤
44	① ② ③ ④ ⑤
45	① ② ③ ④ ⑤

리얼 오리지널 I 화법과 작문

✂ 절취선

[회] 리얼 오리지널 모의고사 답안지

※ 답안지 작성(표기)은 반드시 검은색 컴퓨터용 사인펜만을 사용하고, 연필 또는 샤프 등의 필기구를 절대 사용하지 마십시오.

① 교시 국 어 영 역

결시자 확인 (수험생은 표기하지 말것.)

검은색 컴퓨터용 사인펜을 사용하여 수험번호란과 옆란을 표기	⓪

※ 문제지 표지에 안내된 필적 확인 문구를 아래 '필적 확인란'에 정자로 반드시 기재하여야 합니다.

필 적 확인란	

성 명								
수 험 번 호								
				—				
	⓪	⓪	⓪		⓪	⓪	⓪	⓪
①	①	①	①		①	①	①	①
②	②	②	②		②	②	②	②
③	③	③	③		③	③		③
④	④	④	④	—	④	④		④
⑤	⑤	⑤	⑤		⑤	⑤		⑤
⑥	⑥		⑥		⑥	⑥		⑥
⑦	⑦		⑦		⑦	⑦		⑦
⑧	⑧		⑧		⑧	⑧		⑧
⑨	⑨		⑨		⑨	⑨		⑨

문형
홀수형 ⓪
짝수형 ⓪

※문제의 문형을 확인 후 표기

감독관 확인 (수험생은 표기하지 말것.)	(서 명 또는 날 인)	본인 여부, 수험번호 및 문형의 표기가 정확한지 확인, 옆란에 서명 또는 날인

공 통 과 목

문번	답 란	문번	답 란
1	① ② ③ ④ ⑤	21	① ② ③ ④ ⑤
2	① ② ③ ④ ⑤	22	① ② ③ ④ ⑤
3	① ② ③ ④ ⑤	23	① ② ③ ④ ⑤
4	① ② ③ ④ ⑤	24	① ② ③ ④ ⑤
5	① ② ③ ④ ⑤	25	① ② ③ ④ ⑤
6	① ② ③ ④ ⑤	26	① ② ③ ④ ⑤
7	① ② ③ ④ ⑤	27	① ② ③ ④ ⑤
8	① ② ③ ④ ⑤	28	① ② ③ ④ ⑤
9	① ② ③ ④ ⑤	29	① ② ③ ④ ⑤
10	① ② ③ ④ ⑤	30	① ② ③ ④ ⑤
11	① ② ③ ④ ⑤	31	① ② ③ ④ ⑤
12	① ② ③ ④ ⑤	32	① ② ③ ④ ⑤
13	① ② ③ ④ ⑤	33	① ② ③ ④ ⑤
14	① ② ③ ④ ⑤	34	① ② ③ ④ ⑤
15	① ② ③ ④ ⑤		
16	① ② ③ ④ ⑤		
17	① ② ③ ④ ⑤		
18	① ② ③ ④ ⑤		
19	① ② ③ ④ ⑤		
20	① ② ③ ④ ⑤		

선 택 과 목

문번	답 란
35	① ② ③ ④ ⑤
36	① ② ③ ④ ⑤
37	① ② ③ ④ ⑤
38	① ② ③ ④ ⑤
39	① ② ③ ④ ⑤
40	① ② ③ ④ ⑤
41	① ② ③ ④ ⑤
42	① ② ③ ④ ⑤
43	① ② ③ ④ ⑤
44	① ② ③ ④ ⑤
45	① ② ③ ④ ⑤

리얼 오리지널 I 화법과 작문

절취선 ✂

SPEED 정답 체크 수능기출학력평가 + N제 모의고사 | 화법과 작문

PART Ⅰ (학평·모평·수능)

01회 2023학년도 03월
35 ② 36 ⑤ 37 ⑤ 38 ③ 39 ④
40 ④ 41 ① 42 ① 43 ① 44 ②
45 ④

02회 2022학년도 03월
35 ③ 36 ⑤ 37 ⑤ 38 ② 39 ④
40 ② 41 ① 42 ④ 43 ③ 44 ①
45 ④

03회 2021학년도 03월
35 ⑤ 36 ③ 37 ⑤ 38 ④ 39 ①
40 ④ 41 ③ 42 ③ 43 ② 44 ③
45 ②

04회 2023학년도 04월
35 ⑤ 36 ④ 37 ③ 38 ② 39 ⑤
40 ⑤ 41 ② 42 ④ 43 ① 44 ④
45 ③

05회 2022학년도 04월
35 ④ 36 ⑤ 37 ⑤ 38 ③ 39 ③
40 ② 41 ④ 42 ② 43 ① 44 ⑤
45 ④

06회 2021학년도 04월
35 ③ 36 ② 37 ④ 38 ③ 39 ⑤
40 ① 41 ④ 42 ⑤ 43 ⑤ 44 ①
45 ④

07회 2024학년도 06월
35 ① 36 ⑤ 37 ② 38 ④ 39 ③
40 ⑤ 41 ① 42 ④ 43 ② 44 ⑤
45 ③

08회 2023학년도 06월
35 ① 36 ④ 37 ③ 38 ② 39 ⑤
40 ② 41 ④ 42 ⑤ 43 ③ 44 ⑤
45 ③

09회 2022학년도 06월
35 ② 36 ① 37 ⑤ 38 ⑤ 39 ④
40 ④ 41 ③ 42 ③ 43 ① 44 ⑤
45 ②

10회 2023학년도 07월
35 ① 36 ④ 37 ④ 38 ③ 39 ⑤
40 ② 41 ⑤ 42 ④ 43 ④ 44 ⑤
45 ⑤

11회 2022학년도 07월
35 ⑤ 36 ② 37 ④ 38 ③ 39 ③
40 ⑤ 41 ② 42 ① 43 ② 44 ⑤
45 ⑤

12회 2021학년도 07월
35 ③ 36 ② 37 ④ 38 ⑤ 39 ③
40 ④ 41 ① 42 ① 43 ① 44 ④
45 ④

13회 2024학년도 09월
35 ② 36 ④ 37 ③ 38 ④ 39 ⑤
40 ① 41 ⑤ 42 ① 43 ③ 44 ⑤
45 ⑤

14회 2023학년도 09월
35 ④ 36 ④ 37 ③ 38 ① 39 ②
40 ② 41 ⑤ 42 ② 43 ① 44 ⑤
45 ②

15회 2022학년도 09월
35 ① 36 ④ 37 ② 38 ③ 39 ②
40 ③ 41 ⑤ 42 ⑤ 43 ① 44 ④
45 ④

16회 2023학년도 10월
35 ① 36 ④ 37 ① 38 ③ 39 ④
40 ⑤ 41 ② 42 ③ 43 ① 44 ②
45 ④

17회 2022학년도 10월
35 ③ 36 ① 37 ⑤ 38 ④ 39 ②
40 ⑤ 41 ③ 42 ① 43 ④ 44 ⑤
45 ②

18회 2021학년도 10월
35 ② 36 ③ 37 ① 38 ④ 39 ①
40 ③ 41 ⑤ 42 ② 43 ⑤ 44 ⑤
45 ④

19회 2024학년도 수능
35 ④ 36 ⑤ 37 ④ 38 ④ 39 ⑤
40 ① 41 ③ 42 ③ 43 ② 44 ⑤
45 ①

20회 2023학년도 수능
35 ① 36 ⑤ 37 ③ 38 ④ 39 ④
40 ③ 41 ② 42 ④ 43 ⑤ 44 ②
45 ①

21회 2022학년도 수능
35 ④ 36 ⑤ 37 ④ 38 ① 39 ①
40 ③ 41 ① 42 ② 43 ② 44 ⑤
45 ③

PART Ⅱ (수능 실전 모의고사)

01회 수능 실전 모의고사
35 ③ 36 ④ 37 ④ 38 ③ 39 ④
40 ① 41 ② 42 ② 43 ③ 44 ①
45 ②

02회 수능 실전 모의고사
35 ① 36 ④ 37 ② 38 ② 39 ④
40 ② 41 ⑤ 42 ③ 43 ④ 44 ②
45 ⑤

03회 수능 실전 모의고사
35 ⑤ 36 ③ 37 ③ 38 ② 39 ②
40 ② 41 ④ 42 ① 43 ② 44 ①
45 ⑤

04회 수능 실전 모의고사
35 ⑤ 36 ⑤ 37 ③ 38 ⑤ 39 ④
40 ④ 41 ④ 42 ② 43 ⑤ 44 ④
45 ③

05회 수능 실전 모의고사
35 ③ 36 ⑤ 37 ③ 38 ⑤ 39 ⑤
40 ③ 41 ③ 42 ⑤ 43 ④ 44 ④
45 ⑤

06회 수능 실전 모의고사
35 ① 36 ⑤ 37 ④ 38 ③ 39 ⑤
40 ③ 41 ③ 42 ③ 43 ② 44 ①
45 ⑤

07회 수능 실전 모의고사
35 ④ 36 ② 37 ② 38 ⑤ 39 ②
40 ⑤ 41 ④ 42 ② 43 ③ 44 ⑤
45 ③

08회 수능 실전 모의고사
35 ② 36 ② 37 ⑤ 38 ⑤ 39 ①
40 ⑤ 41 ④ 42 ⑤ 43 ② 44 ③
45 ⑤

09회 수능 실전 모의고사
35 ③ 36 ④ 37 ① 38 ① 39 ②
40 ④ 41 ④ 42 ① 43 ② 44 ⑤
45 ⑤

10회 수능 실전 모의고사
35 ④ 36 ⑤ 37 ④ 38 ⑤ 39 ①
40 ③ 41 ④ 42 ③ 43 ① 44 ②
45 ③

11회 수능 실전 모의고사
35 ⑤ 36 ④ 37 ⑤ 38 ② 39 ③
40 ③ 41 ⑤ 42 ④ 43 ⑤ 44 ⑤
45 ③

12회 수능 실전 모의고사
35 ④ 36 ③ 37 ⑤ 38 ② 39 ④
40 ④ 41 ⑤ 42 ② 43 ② 44 ②
45 ①

13회 수능 실전 모의고사
35 ③ 36 ⑤ 37 ① 38 ④ 39 ④
40 ② 41 ④ 42 ④ 43 ② 44 ④
45 ③

14회 수능 실전 모의고사
35 ② 36 ⑤ 37 ① 38 ② 39 ④
40 ④ 41 ⑤ 42 ③ 43 ③ 44 ④
45 ④

15회 수능 실전 모의고사
35 ② 36 ⑤ 37 ② 38 ④ 39 ①
40 ④ 41 ② 42 ⑤ 43 ⑤ 44 ③
45 ⑤

16회 수능 실전 모의고사
35 ② 36 ④ 37 ② 38 ⑤ 39 ⑤
40 ③ 41 ⑤ 42 ③ 43 ⑤ 44 ④
45 ⑤

17회 수능 실전 모의고사
35 ④ 36 ② 37 ① 38 ④ 39 ①
40 ③ 41 ⑤ 42 ⑤ 43 ⑤ 44 ②
45 ④

18회 수능 실전 모의고사
35 ② 36 ④ 37 ① 38 ⑤ 39 ②
40 ③ 41 ③ 42 ④ 43 ① 44 ⑤
45 ⑤

19회 수능 실전 모의고사
35 ④ 36 ③ 37 ① 38 ⑤ 39 ②
40 ② 41 ④ 42 ③ 43 ③ 44 ④
45 ①

20회 수능 실전 모의고사
35 ① 36 ③ 37 ③ 38 ④ 39 ④
40 ⑤ 41 ③ 42 ② 43 ② 44 ②
45 ②

21회 수능 실전 모의고사
35 ② 36 ② 37 ④ 38 ③ 39 ④
40 ⑤ 41 ③ 42 ① 43 ④ 44 ②
45 ③

※ 절취선을 따라 잘라서 쓰실 수 있습니다.

수능시험+학교내신완벽대비

수능기출 학력평가 + N제 모의고사

42회 [신 수능 기출 21회 / N제 모의고사 21회]

- 최신 3개년 **신 수능 체제 기출 문제 [화법과 작문] 21회**
- **N제**(신출제)**+재구성 모의고사 [화법과 작문] 21회**
- 화법과 작문 **[11문항]을 한 세트씩 풀어 보는** 실전 모의고사
- **화작 N제는 현직 고교와 학원 선생님이 [예상 문제] 집필**
- 모든 선지에 **[정답과 오답인 이유]**를 수록한 **입체적 해설**
- 고난도 문제도 혼자서 학습이 충분한 **[문제 해결 꿀팁]**
- 회차별 **[SPEED 정답 체크표·STUDY 플래너·정답률]**
- 실전 연습에 꼭 필요한 **OMR 카드** 제공

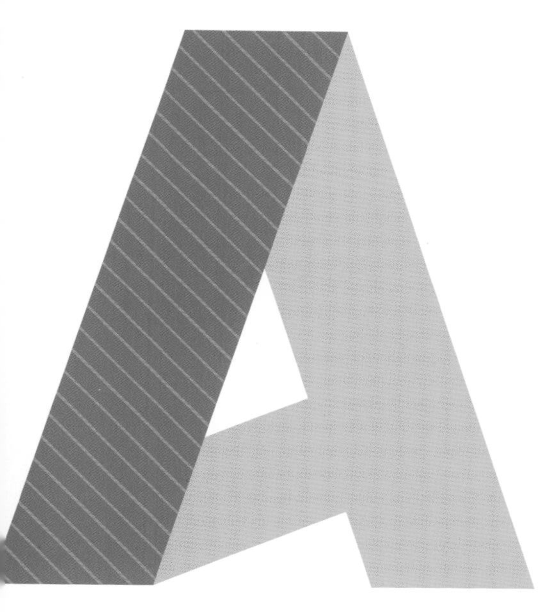

The Real series ipsifly provide questions in previous real test and you can practice as real college scholastic ability test.

화법과 작문

· 해설편 ·

SPEED 정답 체크 수능기출학력평가 + N제 모의고사 | 화법과 작문

PART I (학평·모평·수능)

01회 2023학년도 03월
35 ② 36 ⑤ 37 ⑤ 38 ③ 39 ④
40 ④ 41 ① 42 ① 43 ① 44 ②
45 ④

02회 2022학년도 03월
35 ③ 36 ⑤ 37 ⑤ 38 ② 39 ④
40 ② 41 ① 42 ④ 43 ③ 44 ①
45 ④

03회 2021학년도 03월
35 ⑤ 36 ③ 37 ⑤ 38 ④ 39 ①
40 ④ 41 ③ 42 ③ 43 ② 44 ③
45 ②

04회 2023학년도 04월
35 ⑤ 36 ④ 37 ③ 38 ② 39 ⑤
40 ⑤ 41 ② 42 ④ 43 ① 44 ④
45 ③

05회 2022학년도 04월
35 ④ 36 ⑤ 37 ⑤ 38 ③ 39 ③
40 ② 41 ④ 42 ② 43 ① 44 ⑤
45 ④

06회 2021학년도 04월
35 ③ 36 ② 37 ④ 38 ③ 39 ⑤
40 ① 41 ④ 42 ⑤ 43 ⑤ 44 ①
45 ④

07회 2024학년도 06월
35 ① 36 ⑤ 37 ② 38 ④ 39 ③
40 ⑤ 41 ① 42 ④ 43 ② 44 ⑤
45 ③

08회 2023학년도 06월
35 ① 36 ④ 37 ③ 38 ② 39 ⑤
40 ② 41 ④ 42 ⑤ 43 ③ 44 ⑤
45 ③

09회 2022학년도 06월
35 ② 36 ① 37 ⑤ 38 ⑤ 39 ④
40 ④ 41 ③ 42 ③ 43 ① 44 ⑤
45 ②

10회 2023학년도 07월
35 ① 36 ④ 37 ④ 38 ③ 39 ⑤
40 ② 41 ⑤ 42 ④ 43 ④ 44 ⑤
45 ⑤

11회 2022학년도 07월
35 ⑤ 36 ② 37 ④ 38 ③ 39 ③
40 ⑤ 41 ② 42 ① 43 ② 44 ⑤
45 ⑤

12회 2021학년도 07월
35 ③ 36 ② 37 ④ 38 ⑤ 39 ③
40 ④ 41 ① 42 ① 43 ① 44 ④
45 ④

13회 2024학년도 09월
35 ② 36 ④ 37 ③ 38 ④ 39 ⑤
40 ① 41 ⑤ 42 ① 43 ③ 44 ⑤
45 ⑤

14회 2023학년도 09월
35 ④ 36 ④ 37 ③ 38 ① 39 ②
40 ② 41 ⑤ 42 ② 43 ① 44 ⑤
45 ②

15회 2022학년도 09월
35 ① 36 ④ 37 ② 38 ③ 39 ②
40 ③ 41 ⑤ 42 ⑤ 43 ① 44 ④
45 ④

16회 2023학년도 10월
35 ① 36 ④ 37 ① 38 ③ 39 ④
40 ⑤ 41 ② 42 ③ 43 ① 44 ②
45 ④

17회 2022학년도 10월
35 ③ 36 ① 37 ⑤ 38 ④ 39 ②
40 ⑤ 41 ③ 42 ① 43 ④ 44 ⑤
45 ②

18회 2021학년도 10월
35 ② 36 ③ 37 ① 38 ④ 39 ①
40 ③ 41 ⑤ 42 ② 43 ⑤ 44 ⑤
45 ④

19회 2024학년도 수능
35 ④ 36 ⑤ 37 ④ 38 ④ 39 ⑤
40 ① 41 ③ 42 ③ 43 ② 44 ⑤
45 ①

20회 2023학년도 수능
35 ① 36 ⑤ 37 ③ 38 ④ 39 ④
40 ③ 41 ② 42 ④ 43 ⑤ 44 ②
45 ①

21회 2022학년도 수능
35 ④ 36 ⑤ 37 ④ 38 ① 39 ①
40 ③ 41 ① 42 ② 43 ② 44 ⑤
45 ③

PART II (수능 실전 모의고사)

01회 수능 실전 모의고사
35 ③ 36 ④ 37 ④ 38 ③ 39 ④
40 ① 41 ② 42 ② 43 ③ 44 ①
45 ②

02회 수능 실전 모의고사
35 ① 36 ④ 37 ② 38 ② 39 ④
40 ② 41 ⑤ 42 ③ 43 ④ 44 ②
45 ⑤

03회 수능 실전 모의고사
35 ⑤ 36 ③ 37 ③ 38 ② 39 ②
40 ② 41 ④ 42 ① 43 ② 44 ①
45 ⑤

04회 수능 실전 모의고사
35 ⑤ 36 ⑤ 37 ③ 38 ⑤ 39 ④
40 ④ 41 ④ 42 ② 43 ⑤ 44 ④
45 ③

05회 수능 실전 모의고사
35 ③ 36 ⑤ 37 ③ 38 ⑤ 39 ⑤
40 ③ 41 ③ 42 ⑤ 43 ④ 44 ④
45 ⑤

06회 수능 실전 모의고사
35 ① 36 ⑤ 37 ④ 38 ③ 39 ⑤
40 ③ 41 ③ 42 ③ 43 ② 44 ①
45 ⑤

07회 수능 실전 모의고사
35 ④ 36 ② 37 ② 38 ⑤ 39 ②
40 ⑤ 41 ④ 42 ② 43 ③ 44 ⑤
45 ③

08회 수능 실전 모의고사
35 ② 36 ② 37 ⑤ 38 ⑤ 39 ①
40 ⑤ 41 ④ 42 ⑤ 43 ② 44 ③
45 ⑤

09회 수능 실전 모의고사
35 ③ 36 ④ 37 ① 38 ① 39 ②
40 ④ 41 ④ 42 ① 43 ② 44 ⑤
45 ⑤

10회 수능 실전 모의고사
35 ④ 36 ⑤ 37 ④ 38 ⑤ 39 ①
40 ③ 41 ④ 42 ③ 43 ① 44 ②
45 ③

11회 수능 실전 모의고사
35 ⑤ 36 ④ 37 ⑤ 38 ② 39 ③
40 ③ 41 ⑤ 42 ④ 43 ⑤ 44 ⑤
45 ③

12회 수능 실전 모의고사
35 ④ 36 ③ 37 ⑤ 38 ② 39 ④
40 ④ 41 ⑤ 42 ② 43 ② 44 ②
45 ①

13회 수능 실전 모의고사
35 ③ 36 ⑤ 37 ① 38 ④ 39 ④
40 ② 41 ④ 42 ④ 43 ② 44 ④
45 ③

14회 수능 실전 모의고사
35 ② 36 ⑤ 37 ① 38 ② 39 ④
40 ④ 41 ⑤ 42 ③ 43 ③ 44 ④
45 ④

15회 수능 실전 모의고사
35 ② 36 ⑤ 37 ② 38 ④ 39 ①
40 ④ 41 ② 42 ⑤ 43 ⑤ 44 ③
45 ⑤

16회 수능 실전 모의고사
35 ② 36 ④ 37 ② 38 ⑤ 39 ⑤
40 ③ 41 ⑤ 42 ③ 43 ⑤ 44 ④
45 ⑤

17회 수능 실전 모의고사
35 ④ 36 ② 37 ① 38 ④ 39 ①
40 ③ 41 ⑤ 42 ⑤ 43 ⑤ 44 ②
45 ④

18회 수능 실전 모의고사
35 ② 36 ④ 37 ① 38 ⑤ 39 ②
40 ③ 41 ③ 42 ④ 43 ① 44 ⑤
45 ⑤

19회 수능 실전 모의고사
35 ④ 36 ③ 37 ① 38 ⑤ 39 ②
40 ② 41 ④ 42 ③ 43 ③ 44 ④
45 ①

20회 수능 실전 모의고사
35 ① 36 ③ 37 ③ 38 ④ 39 ④
40 ⑤ 41 ③ 42 ② 43 ② 44 ②
45 ②

21회 수능 실전 모의고사
35 ② 36 ② 37 ④ 38 ③ 39 ④
40 ⑤ 41 ③ 42 ① 43 ④ 44 ②
45 ③

수능기출학력평가 + N제 모의고사

고3 화법과 작문 해설편

Contents

REAL ORIGINAL

※ 수록된 정답률은 실제와 차이가 있을 수 있습니다. 문제 난도를 파악하는데 참고용으로 활용하시기 바랍니다.

수능 모의고사 전문 출판
입시플라이

| 정답과 해설 |

회 | 2023학년도 3월 학력평가 고3

• 정답 •

35 ② 36 ⑤ 37 ⑤ 38 ③ 39 ④ 40 ④ 41 ① 42★ ① 43 ① 44 ② 45 ④

★ 표기된 문항은 [등급을 가르는 문제]에 해당하는 문항입니다.

35 말하기 방식 파악 정답률 93% | 정답 ②

위 강연에 대한 설명으로 가장 적절한 것은?

① 청중의 관심사를 확인하여 강연 내용을 조정하고 있다.
이 강연에서 강연자가 청중의 관심사를 확인하거나, 이를 통해 강연 내용을 조정한 부분은 찾아볼 수 없다.

✔ 강연 중간중간에 청중에게 질문하고 답을 들으며 상호 작용하고 있다.
이 강연의 '여기 있는 것들은 맞춤의 예인데요, 이음과의 차이점을 아시겠나요? 많은 분이 결구된 부재들이 놓인 방향에 주목해서 답하셨네요.'와 '그렇다면 위의 것과 아래 것의 차이는 무엇일까요? 결구된 부분에 차이가 있다고 답하셨네요.' 등을 통해, 강연자는 강연 중간중간에 청중에게 질문하고 답을 들으며 상호 작용하고 있음을 알 수 있다.

③ 청중의 요청에 따라 강연 내용과 관련 있는 추가적인 정보를 제공하고 있다.
이 강연에서 청중이 강연자에게 강연 내용과 관련 있는 추가적인 정보를 요청한 부분은 찾아볼 수 없다.

④ 강연 내용과 청중의 관련성을 언급하며 청중에게 주의를 집중할 것을 요청하고 있다.
이 강연에서 강연자는 강연 내용과 청중의 관련성을 언급하거나 청중에게 주의를 집중할 것을 요청하는 부분은 찾아볼 수 없다.

⑤ 청중에게 친숙한 사례를 제시하여 강연 내용에 대한 청중의 잘못된 이해를 바로잡고 있다.
이 강연에서 강연자는 청중에게 경복궁 근정전에서 사용된 이음과 맞춤을 사례로 보여 주고 있지만, 강연 내용에 대한 청중의 잘못된 이해를 바로잡는 부분은 찾아볼 수 없다.

36 자료 활용 방안 파악 정답률 65% | 정답 ⑤

다음은 강연자가 제시한 자료이다. 강연자의 자료 활용에 대한 설명으로 적절하지 않은 것은?

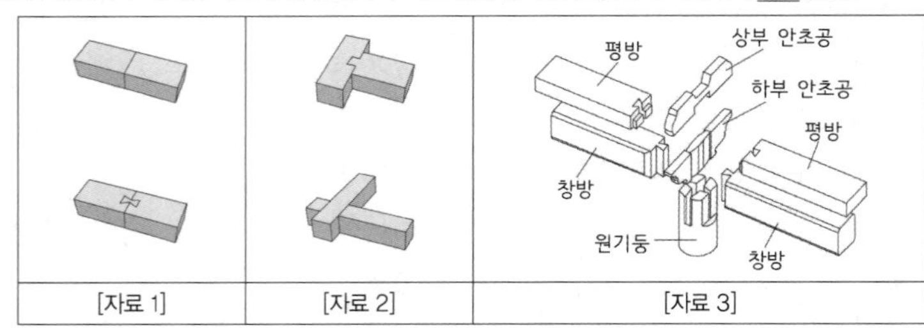

[자료 1] [자료 2] [자료 3]

① [자료 1]을 활용하여, '이음'의 결구 방법을 '맞댄이음'과 '나비장이음'으로 구분하고 있다.
2문단에서 강연자는 [자료 1]을 활용하여, 부재들에 어떤 변형도 가하지 않고 두 부재를 이은 맞댄이음과, 부재들에 홈을 만들고 그 홈에 나비 모양의 부재인 나비장을 끼워 두 부재를 이은 나비장이음으로 이음의 결구 방법을 구분하고 있다.

② [자료 2]를 활용하여, '장부맞춤'과 '반턱맞춤'의 차이점을 밝히고 있다.
2문단에서 강연자는 [자료 2]를 활용하여, 부재들이 결구된 부분을 통해 장부맞춤과 반턱맞춤의 차이점을 밝히고 있다.

③ [자료 3]을 활용하여, 경복궁 근정전에서 부재들이 '이음'과 '맞춤'으로 결구되어 있는 것을 소개하고 있다.
3문단에서 강연자는 [자료 3]을 활용하여, 경복궁 근정전에서 창방, 평방, 안초공, 원기둥과 같은 부재들이 이음과 맞춤으로 결구되어 있는 것을 소개하고 있다.

④ [자료 1]과 [자료 2]를 활용하여, 결구되는 부재들의 방향에 주목하여 '이음'과 '맞춤'을 설명하고 있다.
2문단에서 강연자는 [자료 1]과 [자료 2]를 활용하여, 결구되는 부재들의 방향에 주목하여 이음과 맞춤을 설명하고 있다.

✔ [자료 2]와 [자료 3]을 활용하여, 원기둥의 홈에 '맞춤'하는 하부 안초공의 모양을 분석하고 있다.
이 강연을 통해 강연자가 원기둥의 홈에 창방과 하부 안초공을 결구한다는 것을 설명하고 있음을 알 수 있다. 하지만 원기둥 홈에 맞춤하는 하부 안초공의 모양을 분석하지는 않고 있으므로 적절하지 않다.

37 듣기 전략의 파악 정답률 84% | 정답 ⑤

다음은 위 강연을 들은 학생들의 반응이다. 학생의 반응을 이해한 내용으로 적절하지 않은 것은?

> **학생1** : 전통 건축물 부재들의 결구 방법이 궁금했는데 강연을 통해 알게 되어 유익했어. 덕수궁에 가서, 결구 방법에 주목해 전통 건축물들의 구조를 이해해 봐야겠어.
> **학생2** : 경복궁 근정전의 원기둥 상부와 부재들이 어떻게 짜 맞춰져 있는지 알고 싶었는데 연구원 선생님이 잘 설명해 주셔서 좋았어. 강연을 들으니, 전통 건축물이 수려한 미감을 자아내는 이유는 이음과 맞춤을 통해 다양한 형태의 구조로 만들어졌기 때문인 것 같아.
> **학생3** : 예전에 책에서 전통 건축물에 사용되는 부재의 모양이 구조적 안정성과 관련이 있다는 것을 읽었었어. 나비 모양으로 부재를 만드는 이유를 구조적 안정성과 관련지어 설명해 주시지 않아 아쉬웠어.

① 학생 1은 강연자가 제언한 대로 강연 내용을 다른 사례에 적용하려 하고 있다.
학생 1은 덕수궁에 있는 전통 건축물들의 구조를 결구 방법에 주목해 이해해 보려고 함으로써 강연자가 제언한 대로 강연 내용을 다른 사례에 적용하려 하고 있다.

② 학생 2는 강연 내용을 바탕으로 강연자가 언급하지 않은 내용을 추측하고 있다.
학생 2는 강연자가 언급하지 않은 내용이지만 강연 내용을 바탕으로 전통 건축물이 수려한 미감을 자아내는 이유는 이음과 맞춤을 통해 다양한 형태의 구조로 만들어졌기 때문이라고 추측하고 있다.

③ 학생 3은 강연에서 설명되지 않은 내용을 언급하며 아쉬워하고 있다.
학생 3은 나비 모양으로 부재를 만드는 이유를 구조적 안정성과 관련지어 설명해 주지 않아 아쉬워하고 있다.

④ 학생 1과 학생 2는 모두 자신의 궁금증이 해소되었다는 점에서 강연 내용을 긍정적으로 평가하고 있다.
학생 1은 전통 건축물 부재들의 결구 방법에 대한 궁금증이 강연을 통해 해소되었다는 점에서 강연 내용을 긍정적으로 평가하고 있다. 학생 2는 강연자의 설명을 통해 경복궁 근정전의 원기둥 상부와 부재들이 어떻게 짜 맞춰져 있는지에 대한 궁금증이 해소되었다는 점에서 강연 내용을 긍정적으로 평가하고 있다.

✔ 학생 1과 학생 3은 모두 기존의 배경지식을 떠올려 자신의 지식과 강연 내용이 연계되는 지점을 확인하고 있다.
학생 1은 강연의 유익한 점을 언급하고 있지만 기존의 배경지식을 떠올려 자신의 지식과 강연 내용이 연계되는 지점을 확인하지는 않고 있다. 한편 학생 3은 전통 건축물에 사용되는 부재의 모양이 구조적 안정성과 관련이 있다는 기존의 배경지식을 떠올려 나비 모양의 부재에 대한 강연 내용과 전통 건축물에 사용되는 부재에 대한 자신의 지식이 연계되는 지점을 확인하고 있다.

38 글쓰기 방법 파악 정답률 94% | 정답 ③

(가)의 학생이 사용한 글쓰기 방법에 대한 설명으로 가장 적절한 것은?

① 치유 농업 여행에 참가하면서 겪은 어려움을 사례를 들어 제시한다.
학생의 글을 통해 치유 농업 여행에 참가해서 경험한 사례들을 확인할 수 있지만, 이러한 사례에서 겪은 어려움은 찾아볼 수 없다.

② 치유 농업 여행에 참가한 경험을 다른 참가자의 경험과 비교하여 설명한다.
학생의 글을 통해 치유 농업 여행에 참가한 경험을 다른 참가자의 경험과 비교하는 내용은 찾아볼 수 없다.

✔ 치유 농업 여행의 세부 프로그램 내용과 소감을 시간적 순서에 따라 제시한다.
2문단을 통해 치유 농업 여행의 세부 프로그램 내용과 소감을 시간적 순서에 따라 제시하고 있음을 알 수 있다.

④ 치유 농업에 대한 전문가의 견해를 직접 인용하여 치유 농업 여행의 목적을 설명한다.
학생의 글을 통해 치유 농업에 대한 전문가의 견해를 직접 인용하고 있는 부분은 찾아볼 수 없다.

⑤ 치유 농업 여행의 프로그램이 지닌 장점을 다른 교육 여행 프로그램과 대조하여 제시한다.
학생의 글을 통해 치유 농업 여행에 대한 만족감을 표현하고 있음을 알 수 있다. 하지만 프로그램이 지닌 장점을 다른 교육 여행 프로그램과 대조하는 내용은 찾아볼 수 없다.

39 검토 의견에 따른 고쳐쓰기 정답률 74% | 정답 ④

〈보기〉는 (가)의 마지막 문단 초고이다. 〈보기〉를 고쳐 쓰기 위한 친구들의 조언 중 반영되지 않은 것은? [3점]

> 〈보 기〉
> 짧은 시간이었지만 치유 농업 여행은 나에게 도움이 되는 유익한 체험이었다. 학생회가 준비해 준 이번 여행 탓에 힘든 학업으로 답답했던 마음이 시원하게 뚫린 기분이었다. 학업에 집중하기 위해서는 공부하는 환경이 중요하다는 생각이 들었다. 좋은 프로그램을 준비해 준 학생회 학생들이 고맙다는 말을 전하고 싶다. 이번 교육 여행을 계기로 생긴 앞으로의 계획도 잘 실천해 봐야겠다.

① 첫 번째 문장에서 의미가 중복된 표현은 수정하는 게 어때?
〈보기〉의 첫 번째 문장에서 중복되는 의미인 '도움이 되는'과 '유익한' 중 '도움이 되는'을 삭제하였으므로, 의미가 중복되는 표현을 수정하라는 조언을 반영하였음을 알 수 있다.

② 두 번째 문장에서 부적절하게 사용된 어휘는 바꾸는 게 어때?
〈보기〉의 두 번째 문장에서 부적절하게 사용된 '탓'을 대신하여 '덕분'으로 어휘를 바꾸었으므로, 부적절하게 사용된 어휘를 바꾸라는 조언을 반영하였음을 알 수 있다.

③ 세 번째 문장은 글의 통일성을 고려하여 삭제하는 게 어때?
글의 내용과 관계없는 〈보기〉의 세 번째 문장을 삭제하였으므로, 글의 통일성을 고려해 해당 문장을 삭제하라는 조언을 반영하였음을 알 수 있다.

✔ 네 번째 문장은 행위가 미치는 대상인 객체를 분명하게 표현하는 게 어때?
(가)의 마지막 문단과 〈보기〉를 비교해 보면, 〈보기〉의 네 번째 문장에서 고맙다는 말을 전하는 행위가 미치는 객체를 분명하게 표현하라는 조언을 반영하지 않고, 해당 문장을 수정하고 있다.

⑤ 다섯 번째 문장의 내용은 더 구체적으로 제시해 주는 게 어때?
〈보기〉의 다섯 번째 문장을 치유 농업에 관한 자료를 찾아보고 더 깊이 이해해 보겠다는 계획을 세웠다고 구체화하였으므로, 해당 문장의 내용을 더 구체적으로 제시해 달라는 조언을 반영하였음을 알 수 있다.

40 발화의 의미와 기능 이해 정답률 79% | 정답 ④

[A], [B]에 대한 이해로 가장 적절한 것은?

① [A]에서 학생 3은 첫 번째 발화에서 학생 2의 의견 중 자신의 의견과 부합하는 부분과 그렇지 않은 부분을 구별하고 있다.
[A]에서 학생 3은 첫 번째 발화를 통해 학생 1의 의견에 동의하면서 치유 농업 여행을 통해서 얻을 수 있는 효과와 관련된 소감문의 내용을 제시하고 있다. 따라서 학생 2의 의견 중 자신의 의견과 부합하는 부분과 그렇지 않은 부분을 구별하였다는 내용은 적절하지 않다.

② [A]에서 학생 1은 두 번째 발화에서 학생 2와 학생 3의 발화 내용의 일부를 재진술하면서 그 발화 내용을 뒷받침할 근거 자료를 요청하고 있다.
[A]에서 학생 1의 두 번째 발화를 통해, 학생 1이 학생 2의 발화 내용의 일부를 재진술하고 있음을 알 수 있다. 하지만 학생 1이 학생 2와 학생 3에게 발화 내용을 뒷받침할 근거 자료를 요청하지는 않고 있다.

③ [B]에서 학생 3은 첫 번째 발화에서 학생 2의 제안에 대한 공감을 표현한 후 두 번째 발화에서 그 제안과 학생 1의 제안을 절충하고 있다.
[B]에서 학생 3의 첫 번째 발화를 통해 학생 2의 제안에 대해 '좋아.'라고 공감을 표시하고 있음을 알 수

[문제편 p.001]

있다. 하지만 학생 3의 두 번째 발화를 통해 '학생 1'의 제안에 공감을 표시하고 있지만, 학생 2의 제안과 학생 1의 제안을 절충하지는 않고 있다.

✔ [A]와 [B] 모두에서 학생 1은 첫 번째 발화에서 상대의 발화 의도를 파악하여 자신이 이해한 내용이 맞는지 확인하고 있다.
[A]에서 학생 1의 첫 번째 발화를 통해, 학생 1이 여행을 통해 학업에 지친 마음을 치유할 수 있었다는 소감문의 내용을 홍보하는 글에 포함하자는 의미인지 학생 3에게 확인하고 있음을 알 수 있다. 그리고 [B]에서 학생 1의 첫 번째 발화를 통해, 여행 관련 정보를 좀 더 자세하게 안내받을 수 있는 별도의 방법을 홍보하는 글에 제시하자는 의미인지 학생 2에게 확인하고 있다. 따라서 [A]와 [B] 모두 학생 1은 첫 번째 발화에서 상대의 발화 의도를 파악하여 자신이 이해한 내용이 맞는지 확인하고 있음을 알 수 있다.

⑤ [A]와 [B] 모두에서 학생 2는 두 번째 발화에서 상대의 발화 내용이 대화 맥락에 어긋나 있음을 고려하여 대화의 흐름을 조정하고 있다.
[A]에서 학생 2의 두 번째 발화를 통해 학생 3의 의견에 대해 부정적인 점과 긍정적인 점을 밝히고 있고, [B]에서는 학생 1의 의견에 공감하면서 추가로 언급할 내용을 제시하고 있다. 이를 볼 때, 학생 2가 학생 3의 발화나 학생 1의 발화가 대화 맥락에서 어긋나 있음을 고려하여 대화의 흐름을 조정하였다는 내용은 적절하지 않다.

41 대화 맥락에 맞는 내용의 정리

정답률 69% | 정답 ①

(가)와 (나)를 고려할 때, '학생 3'이 작성한 메모의 내용으로 적절하지 않은 것은?

〈우리가 논의해야 할 사항〉

- 참가자 안전 교육의 효율적인 진행을 위해 필요한 사항 검토 ………… ①
- 여행 참가자들 사이에 소감을 공유할 수 있는 구체적인 방안 검토 ………… ②
- 일부 프로그램에 배정된 활동 시간을 조정할 필요성에 대한 검토 ………… ③
- 우천 시 진행하기 어려운 프로그램을 대체할 수 있는 프로그램 검토 ………… ④
- 참가자 모집 과정에서 부족했던 치유 농업에 대한 안내를 보완할 수 있는 방안 검토 …… ⑤

✔ 참가자 안전 교육의 효율적인 진행을 위해 필요한 사항 검토
(나)에서 학생 3은 다음번 모임을 위해, 학생회 게시판에 올라온 소감문에서 지난번 치유 농업 여행의 부족한 점이나 다시 생각해 봐야 할 점과 관련된 내용을 정리해 논의할 사항을 메모해 오겠다고 하였다. 하지만 소감문에는 안전 교육에 대한 언급이 없으므로, 참가자 안전 교육과 관련한 검토는 학생 3이 작성한 메모의 내용으로 적절하지 않다.

② 여행 참가자들 사이에 소감을 공유할 수 있는 구체적인 방안 검토
(나)의 학생 2의 '이번에는 치유 농업 여행을 ~ 하면 좋지 않을까?'의 발화를 통해, 여행 참가자들 사이에 소감을 공유할 수 있는 구체적인 방안 검토는 메모 내용으로 적절하다.

③ 일부 프로그램에 배정된 활동 시간을 조정할 필요성에 대한 검토
(가)의 '산책에 주어진 시간이 너무 짧아 아쉬움이 컸다.'를 통해, 일부 프로그램에 배정된 활동 시간을 조정할 필요성에 대한 검토는 메모 내용으로 적절하다.

④ 우천 시 진행하기 어려운 프로그램을 대체할 수 있는 프로그램 검토
(가)의 '비가 올 때를 대비한 프로그램이 준비되어 있지 않아 비가 오면 시간을 허비할 수도 있었는데'를 통해, 우천 시 진행하기 어려운 프로그램을 대체할 수 있는 프로그램 검토는 메모 내용으로 적절하다.

⑤ 참가자 모집 과정에서 부족했던 치유 농업에 대한 안내를 보완할 수 있는 방안 검토
(나)의 학생 1의 '좀 더 자세한 여행 관련 정보를 안내받을 수 있는 별도의 방법을 홍보하는 글에 제시해 주자는 거구나.'의 발화를 통해, 참가자 모집 과정에서 부족했던 치유 농업에 대한 안내를 보완할 수 있는 방안 검토는 메모 내용으로 적절하다.

★★★ 등급을 가르는 문제!

42 대화 내용의 반영 여부 판단

정답률 51% | 정답 ①

다음은 '학생 2'가 작성한 초고이다. 이에 대한 반응으로 적절하지 않은 것은?

건강하고 행복한 삶을 위한 치유 농업 여행에 함께해요

〈사진: 토닥토닥 위로해 준 별빛들〉

학생회에서 두 번째 치유 농업 여행에 참가할 학생을 모집합니다. 첫 번째 치유 농업 여행에 참가했던 학생들의 반응이 얼마나 좋았는지 아시나요? 치유 농업 여행을 통해 학업으로 지친 마음을 치유할 수 있어서 좋았다는 학생의 반응이 있었어요. 여행 후 진행된 설문 조사 결과에서도 만족도가 매우 높게 나왔답니다. 그리고 이번에는 특별히 주목할 만한 프로그램이 하나 더 생겼어요. 지난번 여행에서 동물들 먹이 주기 체험에 대한 호응이 매우 좋았는데, 이번에는 소 꼈안기 프로그램을 추가하여 지난번보다 동물들과 더 가깝게 교감할 수 있도록 했어요. 치유 농업 여행에 참가를 원하는 학생들은 학생회 게시판을 통해 구체적인 프로그램 일정과 내용, 신청 방법 등을 확인해 주세요.

✔ 새로 추가된 프로그램의 내용과 효과를 부각하자는 의견이 반영되었군.
학생 2가 작성한 초고에는 소 꼈안기 프로그램을 추가하였다고 했는데, (나)의 학생들 대화에서는 이에 대한 언급이 없다.

② 치유 농업 여행이 준 만족감에 대한 소감문의 내용을 포함하자는 의견이 반영되었군.
치유 농업 여행에서 학업에 지친 마음을 치유할 수 있었다는 소감문의 내용을 학생 2의 초고에서 확인할 수 있으므로, 치유 농업 여행이 준 만족감을 표현한 소감문의 내용을 홍보하는 글에 포함하자는 의견이 반영되었다고 볼 수 있다.

③ 치유 농업 여행 후 진행된 설문 조사의 만족도 결과를 간단하게 언급하자는 의견이 반영되었군.
치유 농업 여행 후 진행된 설문 조사에서 만족도가 매우 높았다는 내용을 학생 2의 초고에서 확인할 수 있으므로, 설문 조사의 만족도 결과를 홍보하는 글에 간단하게 언급하자는 의견이 반영되었다고 볼 수 있다.

④ 치유 농업 여행에 관한 추가 정보를 얻을 수 있는 별도의 방법을 안내하자는 의견이 반영되었군.
치유 농업 여행에 관한 추가 정보를 얻을 수 있는 별도의 방법을 안내하는 내용을 학생 2의 초고에서 확인할 수 있으므로, 치유 농업 여행에 관한 추가 정보를 얻을 수 있는 별도의 방법을 안내하자는 의견이 반영되었다고 할 수 있다.

⑤ 학생들의 활동 모습이 담긴 사진과 소감문에서 인상적이었던 표현을 함께 제시하자는 의견이 반영되었군.
학생들의 활동 모습이 담긴 사진과 소감문에서 인상적이었던 표현을 함께 제시한 내용을 학생 2의 초고에서 확인할 수 있으므로, 학생들의 활동 모습이 담긴 사진과 소감문에서 인상적이었던 표현을 함께 제시하자는 의견이 반영되었다고 할 수 있다.

★★ 문제 해결 꿀~팁 ★★

▶ 많이 틀린 이유는?
이 문제는 문제의 의도를 정확히 파악하지 못해 오답률이 높았던 것으로 보인다.
▶ 문제 해결 방법은?
이 문제를 해결하기 위해서는 문제의 의도를 정확히 파악해야 한다. 즉, '학생 2'가 작성한 초고가 (나)의 대화를 바탕으로 한 것임을 파악해야 한다는 것이다. 이럴 경우 선택지의 내용이 (나)에서 언급되었는지 일차적으로 확인하고, '학생 2'의 초고에도 반영되었는지 확인하면 된다. 가령 정답인 ①의 경우, '학생 2'의 초고에서는 '소 꼈안기 프로그램을 추가하였다'고 하였지만, (나)의 학생들 대화에서는 이를 찾아볼 수 없으므로 적절하지 않음을 알 수 있다. 한편 이 문제의 경우에는 선택지를 먼저 읽게 되면 (나)와 관련 있음을 알아챌 수 있었을 것이므로, 문제를 풀 때 선택지를 미리 한번 쭉 훑어 보는 것도 출제 의도를 이해하는데 도움이 될 수 있다.

43 글쓰기 전략 파악

정답률 86% | 정답 ①

'초고'에 대한 설명으로 가장 적절한 것은?

✔ 문제의 심각성을 제기하고 문제의 원인을 밝혔다.
1문단에서 캠핑장에서의 화재와 일산화 탄소 중독 사고가 생명에 미치는 위해의 심각성이 크다는 문제의 심각성을 제기하고 있다. 그리고 2, 3문단에서 문제의 원인을 이용객의 캠핑 용품 사용 안전 수칙 미준수, 캠핑장 사업자의 소방 시설 미비, 관계 당국의 감독 소홀, 부주의한 난방 기기 사용 등으로 밝히고 있다. 따라서 '초고'에서는 문제의 심각성을 제기한 뒤 문제의 원인을 밝혔음을 알 수 있다.

② 특정 주장을 소개하고 예상되는 반론을 반박하였다.
'초고'를 통해 주장에 대해 예상되는 반론이나, 그에 대한 반박을 한 내용은 찾을 수 없다.

③ 다양한 문제 해결 방안을 설명하고 그 장단점을 비교하였다.
'초고'를 통해 다양한 문제 해결 방안을 언급하고 있음을 알 수 있지만, 다양한 문제 해결 방안의 장단점을 비교한 내용은 찾아볼 수 없다.

④ 일반적 통념을 제시하고 그 통념이 지닌 모순을 지적하였다.
'초고'를 통해 일반적인 통념을 제시하거나 이러한 통념이 지닌 모순을 지적한 내용은 찾아볼 수 없다.

⑤ 문제 상황을 분석하고 그에 대한 대책 마련의 어려움을 제시했다.
'초고'를 통해 캠핑장에서의 화재와 일산화 탄소 중독 사고가 심각하다는 문제 상황은 제시되었음을 알 수 있다. 하지만 이 문제 상황을 해결하기 위한 대책을 마련하기 어렵다는 내용은 제시하지 않았다.

44 조건에 맞는 글쓰기

정답률 84% | 정답 ②

선생님의 조언을 반영하여 [A]를 작성한 내용으로 가장 적절한 것은?

선생님 : 글을 마무리할 때, 핵심 내용을 문제 해결의 모든 주체와 관련지어 요약하고 예상되는 효과를 언급하자.

① 안전한 캠핑은 캠핑장의 안전시설을 확인하는 것부터 시작된다. 캠핑장 사업자와 관계 당국은 캠핑장 이용객이 안전시설을 수월하게 확인할 수 있는 환경을 조성해 주어야 한다.
캠핑장에서의 화재와 일산화 탄소 중독 사고를 예방을 위해 노력해야 하는 문제 해결의 주체인 캠핑장 이용객이 빠져 있고, 예상되는 효과도 언급하지 않고 있다.

✔ 캠핑장 화재와 일산화 탄소 중독 사고를 예방하기 위해 이용객, 사업자, 관계 당국 모두가 주의와 노력을 기울여야 한다. 이를 통해 사고 없는 안전한 캠핑이 이루어질 수 있다.
선생님 말을 통해 글쓰기 조건이 '핵심 내용을 문제 해결의 모든 주체와 관련지어 요약'하고 '예상되는 효과'를 언급하는 것임을 알 수 있다. 이러한 조건을 만족하는 것은 ②로, ②에서는 캠핑장에서의 화재와 일산화 탄소 중독 사고를 예방을 위해 노력해야 한다는 핵심 내용을 캠핑장 이용객, 사업자, 관계 당국이라는 문제 해결의 주체와 관련지어 요약하고 있다. 그리고 이렇게 문제가 해결될 때 사고 없는 안전한 캠핑이 이뤄진다는 효과를 언급하고 있다.

③ 빈틈없는 안전시설 관리를 위해 캠핑장 사업자의 노력이 가장 중요하다. 캠핑장 화재와 일산화 탄소 중독 사고를 예방할 때 이용객들은 즐거운 캠핑을 할 수 있다.
예상되는 효과는 언급하고 있지만, 캠핑장에서의 화재와 일산화 탄소 중독 사고를 예방을 위해 노력해야 하는 문제 해결의 주체인 캠핑장 이용객과 관계 당국이 빠져 있다.

④ 여가 활동으로 캠핑을 즐기는 사람들이 늘어나고 있다. 반면에 안전시설을 규정에 맞게 모두 갖춘 캠핑장은 늘지 않고 있어 이에 대한 대책이 필요하다.
캠핑장에서의 화재와 일산화 탄소 중독 사고를 예방을 위해 노력해야 하는 문제 해결의 주체와 관련지어 요약하지 않고 있고, 예상되는 효과도 언급하지 않고 있다.

⑤ 캠핑을 하면 자연과 함께하는 휴식을 통해 몸과 마음을 건강하게 만들 수 있다. 안전한 환경을 조성하여 캠핑을 즐기는 사람들이 늘어나게 해야 한다.
캠핑장에서의 화재와 일산화 탄소 중독 사고를 예방을 위해 노력해야 하는 문제 해결의 주체와 관련지어 요약하지 않고 있고, 문제 해결을 할 때의 예상되는 효과도 언급하지 않고 있다.

45 자료 활용 방안의 적절성 판단

정답률 64% | 정답 ④

〈보기〉는 '초고'를 보완하기 위해 추가로 수집한 자료이다. 자료 활용 방안으로 적절하지 않은 것은? [3점]

〈보 기〉

(가) △△ 연구소 통계 자료

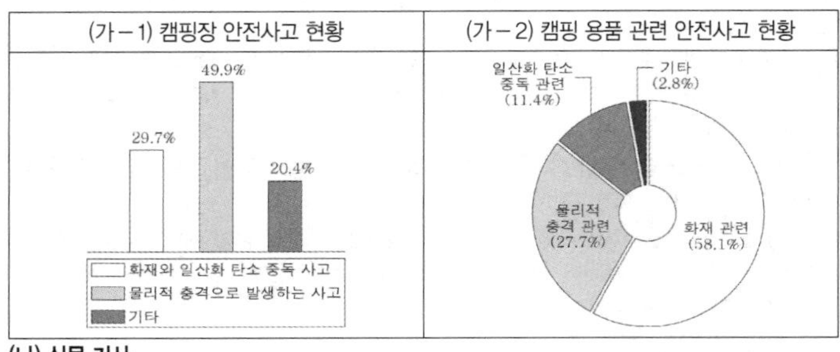

(나) 신문 기사

◇◇하는 사고가 예년보다 증가해 전체 사고에서 캠핑 중 발생한 비율이 26%에 이르렀다. 화재 사고의 경우 다수의 사상자가 발생한 □□ 캠핑장 사고가 그 피해의 심각성을 보여 준다. 이 사고는 소방 시설의 미비와 관계 당국의 관리 소홀로 조기 진화에 실패해 일어난 참사였다.

(다) 전문가 인터뷰

일산화 탄소 중독 사고는 생명에 미치는 위해가 매우 심각합니다. 이는 사고 발생 건수 대비 사상자 수의 비율인 인명 피해율을 통해 알 수 있습니다. 일반적으로 재난 사고의 인명 피해율은 1을 넘지 않습니다. 그러나 일산화 탄소 중독 사고의 인명 피해율은 2.65로 매우 높습니다.

① (가－1)을 활용하여, 물리적 충격으로 발생하는 사고가 캠핑장에서의 안전사고 중 발생 빈도가 가장 높다는 1문단의 내용을 뒷받침한다.

(가－1)은 통계 자료로 캠핑장 안전사고 중 물리적 충격으로 발생하는 사고가 49.9%로 가장 높은 비율을 차지하고 있음을 보여 주고 있다. 이를 활용하여 물리적 충격으로 발생하는 사고가 캠핑장에서의 안전사고 중 발생 빈도가 가장 높다는 1문단의 내용을 구체화할 수 있다.

② (가－2)를 활용하여, 캠핑 용품 관련 안전사고 중 화재 관련 사고의 발생 비율이 가장 높다는 2문단의 내용에 구체적인 수치를 추가한다.

(가－2)는 통계 자료로 캠핑 용품 관련 안전사고 중 화재와 관련한 사고가 58.1%로 가장 높음을 알 수 있다. 이를 활용하여 캠핑 용품 관련 안전사고 중 화재 관련 사고의 발생 비율이 가장 높다는 2문단의 내용에 58.1%라는 구체적인 수치를 추가할 수 있다.

③ (나)를 활용하여, 소방 시설의 미비와 관리 감독의 소홀은 화재의 조기 진화를 어렵게 하여 인명 피해를 키운다는 2문단의 내용에 사례를 추가한다.

(나)는 소방 시설의 미비와 관리 소홀로 인하여 다수의 사상자가 발생한 캠핑장 사고 사례를 보여 주는 신문 기사이다. 이를 소방 시설의 미비와 관리 감독의 소홀은 화재의 조기 진화를 어렵게 하여 인명 피해를 키운다는 2문단의 사례로 추가할 수 있다.

✔ (가－2)와 (나)를 활용하여, 일산화 탄소 중독 사고와 화재 사고가 물리적 충격으로 발생하는 사고보다 많다는 1문단의 내용을 구체화한다.

(가－2)는 캠핑 용품 관련 안전사고에 대한 통계 자료로, 화재, 물리적 충격, 일산화 탄소 중독 관련 사고가 차지하는 비율을 제시하고 있다. (나)는 신문 기사로 캠핑 중 발생하는 일산화 탄소 중독 사고가 증가한다는 점과 소방 시설의 미비로 다수의 사상자가 발생한 캠핑장 사고 사례를 보여 준다. 이렇게 볼 때, (가－2)와 (나)를 활용하여 일산화 탄소 중독 사고와 화재 사고가 물리적 충격으로 발생하는 사고보다 많다는 1문단의 내용을 뒷받침할 수 없다. 또한 1문단에서는 캠핑장에서의 화재나 일산화 탄소 중독 사고가 생명에 미치는 위해의 심각성이 크지만, 캠핑장 안전 사고 발생 건수 자체는 화재, 일산화 탄소 중독 사고보다 물리적 충격으로 발생하는 사고가 더 많다고 제시하고 있다. 그렇기 때문에 일산화 탄소 중독 사고와 화재 사고가 물리적 충격으로 발생한 사고보다 많다는 내용은 적절하지 않다.

⑤ (나)와 (다)를 활용하여, 일산화 탄소 중독 사고는 인명 피해율이 높아서 주의가 필요함에도 캠핑 중 일산화 탄소 중독 사고는 줄지 않고 있다는 3문단의 내용을 구체화한다.

(나)의 신문 기사에는 캠핑장에서 발생하는 안전사고 중 생명에 심각한 위해를 미치는 일산화 탄소 중독 사고가 예년보다 증가했다는 내용이 있다. (다)의 전문가 인터뷰에는 일산화 탄소 중독 사고의 경우 다른 사고보다 인명 피해율이 높다는 내용이 있다. 그러므로 (나)와 (다)를 활용하여 일산화 탄소 중독 사고는 인명 피해율이 높아서 주의가 필요함에도 캠핑 중 일산화 탄소 중독 사고가 줄지 않고 있다는 3문단의 내용을 구체화할 수 있다.

02회 | 2022학년도 3월 학력평가 고3

• 정답 •

35 ③ 36 ⑤ 37 ⑤ 38 ② 39 ④ 40 ② 41 ① 42 ④ 43 ③ 44 ① ★45 ④

★ 표기된 문항은 [등급을 가르는 문제]에 해당하는 문항입니다.

35 말하기 방식 파악

정답률 93% | 정답 ③

위 발표에 대한 설명으로 가장 적절한 것은?

① 발표할 내용의 순서를 발표의 앞부분에서 제시하고 있다.

1문단을 통해 발표자는 시각 자료에 대해 설명하면서 발표 화제를 제시하고 있지만, 발표할 내용의 순서를 제시하지는 않고 있다.

② 청중의 요청에 따라 발표 내용에 대한 정보를 추가로 설명하고 있다.

이 발표를 통해 청중이 발표자에 대해 요청한 부분을 찾아볼 수 없다.

✔ 발표자 자신의 경험을 활용하여 발표에서 다룰 화제를 제시하고 있다.

이 발표의 1문단에서 발표자는 자신의 휴대 전화의 앱에서 버튼을 눌러 광고 창을 닫으려고 했지만 자신의 의도와 다르게 새로운 광고 창이 열렸던 경험을 언급하며, 발표 화제인 '다크 패턴'을 제시하고 있다.

④ 다양한 사례를 제시하여 설명한 내용에 대한 청중의 잘못된 이해를 바로잡고 있다.

이 발표에서 발표자는 사례를 제시하여 청중의 이해를 돕고 있다. 하지만 다양한 사례를 제시하여 청중의 잘못된 이해를 바로잡지는 않고 있다.

⑤ 청중이 발표 내용을 이해했는지를 질문을 통해 확인하며 발표를 마무리하고 있다.

발표자는 다크 패턴으로 인한 피해를 예방할 수 있도록 주의를 기울여야 한다고 당부하며 발표를 마무리하고 있다. 하지만 발표자가 청중이 발표 내용을 이해했는지를 질문을 통해 확인하며 발표를 마무리하지는 않고 있다.

36 발표 전략의 파악

정답률 80% | 정답 ⑤

다음은 발표자가 위 발표를 준비하면서 작성한 메모이다. ㉠～㉤을 바탕으로 하여 발표에서 사용한 발표 전략으로 적절하지 않은 것은?

> ㅇ 목적 : 수업 시간에 정보 전달을 하기 위한 발표임. ……… ㉠
> ㅇ 장소 : 모니터가 설치된 교실임. ……… ㉡
> ㅇ 예상 청중
> 1. 다크 패턴에 대해 잘 알지 못할 수 있음. ……… ㉢
> 2. 다크 패턴으로 인한 피해를 입은 경험이 있을 것임. ……… ㉣
> ㅇ 발표 시간 : 발표 시간의 제약이 있으므로 발표할 내용의 분량을 조절해야 함. ……… ㉤

① ㉠ : 발표에 사용된 자료의 출처를 밝혀 청중에게 전달되는 정보의 신뢰성을 높인다.

4문단에서 발표자는 다크 패턴으로 인한 피해가 어느 정도인지 알려 주기 위해 '한국소비자원'에서 발표한 자료를 소개해 주고 있다. 이러한 자료 출처 제시는 청중들에게 신뢰감을 주는 효과가 있다.

② ㉡ : 교실에 있는 모니터 화면으로 휴대 전화의 앱을 보여 주어 정보의 전달 효과를 높인다.

1문단을 통해 발표자는 자신이 전달하는 정보의 전달 효과를 높이기 위해 교실의 모니터 화면을 통해 자신의 휴대 전화에 설치된 앱의 화면을 시각 자료로 보여 주고 있음을 알 수 있다. 또한 3문단을 통해 모니터 화면을 통해 휴대 전화에 설치된 앱을 해지하는 화면과 이때 나타나는 다크 패턴의 유형을 시각 자료로 제시하고 있음을 알 수 있다.

③ ㉢ : 청중의 이해를 돕기 위해 다크 패턴의 개념과 우리말로 된 용어를 함께 제시한다.

2문단을 통해 발표자는 청중의 이해를 돕기 위해 다크 패턴의 개념을 설명하면서 다크 패턴의 우리말로 된 용어도 제시하고 있음을 알 수 있다.

④ ㉣ : 다크 패턴의 유형을 소개하는 데 청중이 피해를 겪은 경험을 활용한다.

2문단의 '앞서 여러분이 화면을 보고 ～ 해당한다고 볼 수 있습니다.'를 통해, 발표자는 다크 패턴의 유형 중 속임수 유형이 무엇인지 소개하기 위해 광고 창을 닫으려고 했지만 자신의 의도와 다르게 새로운 광고 창으로 연결되었던 청중의 경험을 활용하고 있음을 알 수 있다.

✔ ㉤ : 발표 시간을 고려해 다크 패턴의 피해를 예방하는 방법을 도식화한 자료를 제시한다.

메모 내용을 통해 발표 시간의 제약으로 인해 발표 내용의 분량을 조절하겠다는 내용은 찾아볼 수 있다. 하지만 발표를 통해 다크 패턴의 피해를 예방하는 방법을 도식화한 자료를 제시하지는 않고 있으므로 적절하지 않다.

37 듣기 반응 이해의 적절성 판단

정답률 91% | 정답 ⑤

다음은 위 발표를 들은 학생들의 반응이다. 학생의 반응을 이해한 내용으로 적절하지 않은 것은? [3점]

> **학생 1** : 그동안 몰랐던 다크 패턴에 대해 많은 것을 알게 되어서 좋았어. 다크 패턴은 인간의 심리와 관련이 있는 것 같아. 이에 대해 알고 싶은 것이 있으니 조사해 보아야겠어.
> **학생 2** : 어제 무료 앱을 설치했는데 원하지 않던 앱도 함께 설치되어 그것이 무엇인지 알아봤어. 그리고 속임수 유형에 대한 발표 내용이 정확한지도 조사해 봤는데, 내가 알아본 것과 내용이 일치해서 신뢰감이 들었어.
> **학생 3** : 다크 패턴에 관하여 많은 정보를 확인할 수 있는 누리집을 알게 되어 유익했어. 지금 내 휴대 전화에 있는 앱에도 다크 패턴이 적용되어 있는지 확인해 보아야겠어.

① 학생 1은 발표 내용과 관련해 궁금한 점을 더 조사해야겠다고 생각하고 있군.

'학생 1'은 다크 패턴과 인간 심리의 관련성에 대해 알고 싶은 것이 있어 그것을 조사해야겠다고 말하고 있는데, 이는 다크 패턴에 대한 발표 내용과 관련하여 궁금한 점을 더 조사해야겠다고 생각한 것이라 할 수 있다.

[문제편 p.005]

② 학생 2는 발표에서 속임수 유형에 대해 설명한 내용이 정확한지 평가하고 있군.
'학생 2'는 속임수 유형에 대한 설명이 자신이 조사한 내용과 일치해서 발표에 신뢰감을 느낀다고 말하고 있는데, 이는 발표에서 속임수 유형을 설명한 내용이 정확한지 평가하는 것이라 할 수 있다.

③ 학생 3은 발표 내용을 바탕으로 자신의 현재 상황을 점검하려 하고 있군.
'학생 3'은 지금 자신의 휴대 전화에 설치된 앱에 다크 패턴이 적용되어 있는지 확인해 봐야겠다고 말하고 있는데, 이는 발표 내용을 바탕으로 자신의 현재 상황을 점검하는 것이라 할 수 있다.

④ 학생 1과 학생 3은 발표를 통해 얻은 정보를 긍정적으로 평가하고 있군.
'학생 1'은 다크 패턴에 대해 많은 것을 알게 되어서 좋았다고 말하고 있고, '학생 3'은 다크 패턴에 관한 많은 정보를 확인할 수 있는 누리집에 대해 알게 되어서 유익했다고 말하고 있다. 이러한 '학생 1'과 '학생 3'의 말은 발표를 통해 얻은 정보를 긍정적으로 평가한 것이라 할 수 있다.

✔ 학생 2와 학생 3은 발표에서 들은 정보를 사실과 의견으로 구분하고 있군.
'학생 2'는 무료 앱을 설치하면서 자신의 의도와 다르게 원하지 않던 앱까지 설치되었던 자신의 경험을 말하고 있지만, 발표에서 들은 정보를 사실과 의견으로 구분하지는 않고 있다. '학생 3'은 발표를 듣고 다크 패턴에 대한 많은 정보를 확인할 수 있는 누리집에 대해 알게 되었다는 점을 긍정적으로 평가하고 있지만, 발표에서 들은 정보를 사실과 의견으로 구분하지는 않고 있다.

38 글쓰기 계획의 반영 여부 판단

정답률 90% | 정답 ②

(가)를 쓰기 위해 세운 글쓰기 계획 중 글에 반영되지 않은 것은?

① 다목적실 활용 방안에 대한 논의에 참관해 갖게 된 문제의식을 밝혀야겠군.
(가)의 '며칠 전 다목적실의 ~ 참관했던 ○○○입니다.'와 '양측에서 자신의 입장만 내세우는 문제가 있고 논의 태도에도 문제가 있다는 생각이 들어'를 통해 반영되었음을 알 수 있다.

✔ 다목적실 활용 방안에 대한 논의의 진행 순서가 잘못되었음을 지적해야겠군.
(가)의 1문단을 통해 학생은 다목적실의 활용 방안에 대한 학생회의 논의에서 학생 휴게실로 바꾸자는 측과 기존처럼 학습 공간으로 사용하자는 측이 서로 자신의 입장만 내세웠고 논의 태도에도 문제가 있다고 지적하였음을 알 수 있다. 하지만 (가)를 통해 다목적실의 활용 방안에 대한 논의의 진행 순서가 잘못되었음을 지적한 내용은 찾아볼 수 없다.

③ 다목적실 활용 방안에 대한 논의에서 대립한 두 주장의 근거를 요약해야겠군.
(가)의 2문단을 통해 다목적실의 활용 방안에 대한 논의 내용을 요약한다고 하면서, 대립한 두 주장의 근거를 제시하고 있음을 알 수 있다.

④ 다목적실 활용 방안에 대해 논의할 때 학생회 학생들이 지녀야 할 태도를 제시해야겠군.
(가)의 5문단의 '양측이 열린 마음으로 상대 입장 ~ 마련할 수 있을 것입니다.'를 통해, 학생회 학생들이 논의할 때 지녀야 할 태도를 제시하고 있음을 알 수 있다.

⑤ 다목적실 활용 방안에 대해 논의할 때 학생 복지를 위해 학생회에서 고려해야 할 점을 제시해야겠군.
(가)의 3문단을 통해 학생회라면 학생 모두의 복지를 고려해야 한다고 하면서, 학생 전체를 위한 복지 공간인 다목적실의 활용 방안도 학생 모두를 위해야 한다고 제시하였음을 알 수 있다.

39 작문 맥락의 파악

정답률 81% | 정답 ④

(가)의 작문 맥락을 파악한 내용으로 가장 적절한 것은?

① 1문단에서 다목적실의 활용 방안에 대한 논의가 어떻게 마무리되었는지를 설명하고 있으므로, 공동체의 현안에 대해 조사한 내용을 보고하는 것이 작문 목적임을 알 수 있다.
(가)의 1문단을 통해 다목적실 공간 활용에 대한 학생회 논의에서의 문제점에 대한 자신의 생각을 쓴다고 밝히고 있음을 알 수 있다. 따라서 (가)가 공동체의 현안에 대해 조사한 내용을 보고하는 것이 작문 목적이라고 할 수 없다.

② 2문단에서 다목적실을 학생 휴게실로 바꾸자는 주장을 먼저 서술하고 있으므로, 필자가 공동체의 현안에 대한 두 주장 중 한쪽을 다른 한쪽보다 중시하고 있음을 알 수 있다.
3문단의 '그런데 양측 모두 자신의 주장과 상대방의 주장을 절충하기 위한 방안을 고민하지 않았습니다.'를 통해, 학생은 절충 방안이 제시되기를 바라고 있음을 알 수 있다. 따라서 학생이 공동체의 현안에 대한 두 주장 중 한쪽을 다른 한쪽보다 중시하였다고는 할 수 없다.

③ 3문단에서 다목적실을 학생들의 복지 공간으로 규정하고 있으므로, 공동체의 현안으로부터 파생될 수 있는 문제점들을 설명하는 것을 작문 주제로 삼았음을 알 수 있다.
3문단에서 학생이 다목적실을 학생들의 복지 공간으로 규정하고 있는 것은 학생들을 대표하는 학생회가 고려해야 할 점을 제시한 것이라 할 수 있다. 따라서 이 내용은 공동체의 현안으로부터 파생될 수 있는 문제점들을 설명하는 것이라는 것과 관련이 없다.

✔ 4문단에서 다목적실의 활용 방안을 다음 논의에서 마련하기를 바란다고 주문했으므로, 공동체의 현안 해결과 관련된 구성원을 예상 독자로 설정하고 있음을 알 수 있다.
(가)의 4문단을 통해 학생은 다목적실의 공간 활용 방안에 대한 자신의 의견을 제시하며, 구체적인 공간 활용 방안을 다음 논의에서 마련하기를 바란다고 제시하고 있으므로, 다목적실 활용 방안 마련은 공동체의 현안 해결과 관련된다고 할 수 있다. 그리고 1문단을 통해 다목적실 활용 방안에 대해 논의하는 주체는 학생회 학생들임을 알 수 있으므로, 학생은 공동체의 현안 해결과 관련된 구성원을 예상 독자로 설정하였다고 볼 수 있다.

⑤ 5문단에서 다목적실 활용 방안 마련의 어려움을 밝히고 있으므로, 공동체의 현안과 관련된 개인의 일상적 자기 성찰을 기록하는 데 적합한 작문 매체를 선택했음을 알 수 있다.
5문단에서는 양측이 서로의 입장을 이해하려는 노력이 부족함을 지적하고 있지, 다목적실 활용 방안 마련의 어려움을 밝힌다고는 할 수 없다. 또한 (가)에서 학생은 다목적실 활용 방안 회의에 대한 개인의 의견을 드러내고 있으므로 개인의 일상적 자기 성찰을 기록하였다고도 볼 수 없다.

40 글을 쓸 때의 고려 사항 파악

정답률 87% | 정답 ②

〈보기〉는 (나)에 따라 작성한 건의문이다. 〈보기〉를 작성할 때 고려한 내용으로 적절하지 않은 것은? [3점]

〈보 기〉

교장 선생님, 안녕하세요.
학생회에서는 리모델링을 앞두고 있는 다목적실의 활용 방안을 협의했습니다. 그 방안은 쉬는 시간에는 다목적실을 휴게 공간으로 운영하고, 점심시간에는 학습 공간과 휴게 공간으로 분리해 운영하는 것입니다.
이러한 운영 방안에 대한 동의 여부를 온라인 투표를 활용해 학생들에게 물었습니다. 그 결과 전체 학생의 85%가 투표에 참여했으며, 그중 90%에 이르는 학생들이 해당 방안에 찬성했습니다. 자세한 설문 조사 결과는 학생회 누리집 게시판에서 확인하실 수 있습니다.
앞서 제시한 방안대로 다목적실을 활용한다면 학생들의 스트레스를 줄일 수 있고, 부족한 학습 공간도 확보할 수 있습니다. 그런데 이를 위해서는 학교에서 다목적실을 리모델링할 때 투명 칸막이를 이용해 휴게 공간과 학습 공간으로 공간을 분리해 주셔야 합니다. 많은 학생이 바라고 있는 만큼 저희의 건의를 꼭 들어주시면 좋겠습니다. 감사합니다.

① 학생회에서 마련한 다목적실의 활용 방안에 대해 학생들의 동의 여부를 조사한 결과를 제시한다.
3문단의 '이러한 운영 방안에 대한 ~ 해당 방안에 찬성하였습니다.'를 통해 알 수 있다.

✔ 다목적실의 활용 방안을 논의하는 과정에서 대두된 학생들의 갈등을 건의의 배경으로 제시한다.
〈보기〉를 통해 다목적실의 활용 방안에 대해 협의한 결과를 제시하고 있음을 알 수 있지만, 논의 과정에서 대두된 학생들의 갈등을 건의의 배경으로 제시하지는 않고 있다.

③ 건의 내용을 제시하면서 학생들의 바람을 언급하여 건의 내용을 수용해 줄 것을 강조한다.
2문단과 3문단에서 학생들의 투표 결과를 제시하며 많은 학생이 다목적실을 학습 공간과 휴게 공간으로 분리해 운영하는 것을 바라고 있다는 점을 밝히며, '저희의 건의를 꼭 들어주시면 좋겠'다고 건의 내용을 수용해 줄 것을 강조하고 있다.

④ 학생회에서 제안한 다목적실의 활용 방안이 실현되었을 때 예상되는 효과를 제시한다.
3문단에서 다목적실의 활용 방안이 실현되었을 때 학생들의 스트레스를 줄일 수 있고 부족한 학습 공간도 확보할 수 있다는 예상 효과를 제시하고 있다.

⑤ 학생회에서 다목적실의 활용 방안에 대해 협의한 결과를 소개한다.
1문단의 '그 방안은 쉬는 시간에는 ~ 분리해 운영하는 것입니다.'를 통해 알 수 있다.

41 발화의 의미와 기능 이해

정답률 89% | 정답 ①

(나)의 '학생 1'에 대한 설명으로 적절하지 않은 것은?

✔ (가)에서 언급한 논의 내용에 근거하여 그 내용과 다른 의견을 가진 학생을 비판하고 있다.
(나)에서 '학생 1'은 '지난 논의에 대해 비평하는 글 읽어 봤니?'라고 (가)의 내용을 언급하고 있지만, 다른 의견을 가진 학생을 비판하지는 않고 있다.

② (가)의 내용을 다른 학생들이 읽었는지 확인하고 (가)의 내용에 공감하는 태도를 드러내고 있다.
'학생 1'은 다른 학생들에게 지난 논의에 대해 비평한 (가)를 읽었는지 확인하면서, 특히 (가)의 마지막 부분에 공감하면서 읽었다고 (가)의 내용에 공감하는 태도를 드러내고 있다.

③ (가)의 필자의 입장을 취해 다른 학생들이 (가)에서 제시한 방안에 대해 의견을 개진하도록 유도하고 있다.
'학생 1'은 (가)의 학생이 언급한 다목적실을 학습 공간과 휴게 공간으로 나누자는 의견을 드러내며, 이에 대한 다른 학생들이 의견을 낼 수 있도록 유도하고 있다.

④ (가)의 내용과 관련해 지난 논의에서 자신이 느낀 바를 제시하며 그에 대한 다른 학생들의 의견을 묻고 있다.
'학생 1'은 (가)의 내용과 관련해 논의 과정에서 상대방의 입장을 고려하지 않아 문제가 해결되지 않고 오히려 갈등이 고조되었다는 느낀 바를 제시하면서 '너희들은 논의할 때 어땠어?'라며 그에 대한 다른 학생들의 의견을 묻고 있다.

⑤ (가)의 제언에 따라 협의한 결과 적절한 방안이 마련되었다고 판단하고 그 방안에 대한 실천 과제를 제안하고 있다.
'학생 1'은 '이제 서로 다른 생각을 잘 절충해서 좋은 방안이 나온 것 같'다고 언급하면서, '다른 학생들에게 ~ 건의해 보자.'라고 절충 방안에 대한 실천 과제를 제안하고 있다.

42 대화의 의미와 기능 이해

정답률 87% | 정답 ④

대화의 흐름을 고려할 때, [A]에 대한 이해로 가장 적절한 것은?

① '학생 3'은 '학생 2'의 의견을 재진술하면서 문제 상황을 구체적으로 언급하고 있다.
'학생 3'은 '학생 2'의 의견에 동의하면서 바로 자신의 의견을 제안하여 말하고 있다. 하지만 '학생 3'이 '학생 2'의 의견을 재진술하면서 문제 상황을 구체적으로 언급하지는 않고 있다.

② '학생 3'은 '학생 2'의 의견에 동의하면서 의견을 뒷받침할 다른 근거를 요구하고 있다.
'학생 3'은 '학생 2'의 의견에 동의하면서 바로 자신의 의견을 제안하여 말하고 있다. 하지만 '학생 3'이 '학생 2'에게 의견을 뒷받침할 다른 근거를 요구하지는 않고 있다.

③ '학생 2'는 '학생 3'의 의견에 이의를 제기하면서 근거의 출처를 문제 삼고 있다.
'학생 2'는 '학생 3'의 의견에 이의를 제기하고 있지만, 그 의견의 근거의 출처를 문제 삼지는 않고 있다.

✔ '학생 2'는 '학생 3'의 의견에 일부 동의하면서 자신의 의견을 추가로 제시하고 있다.
'학생 3'은 다목적실에서 공부하는 학생들이 가장 많은 점심시간에는 다목적실을 학습 공간으로 운영하고 수업 사이의 쉬는 시간에는 휴게 공간으로 운영하자는 의견을 제시하고 있다. 이에 대해 '학생 2'는 점심시간에는 학습 공간으로 운영하되 대화하고 싶은 학생들 마음도 존중해 투명 칸막이로 다목적실의 공간을 나누어서 점심시간에도 이용할 수 있는 대화 공간을 따로 만들자 하고 있다. 따라서 '학생 2'는 '학생 3'의 의견에 일부 동의를 하면서 자신의 의견을 추가로 제시하고 있음을 알 수 있다.

⑤ '학생 2'는 '학생 3'의 의견을 따랐을 때 예상되는 문제점을 여러 관점에서 열거하며 입장의 변화를 요구하고 있다.

[문제편 p.006]

'학생 2'는 '학생 3'의 의견에 이의를 제기하고 있을 뿐, '학생 3'의 의견에 따랐을 때 예상되는 문제점을 여러 관점에서 열거하며 입장의 변화를 요구하지는 않고 있다.

43 글쓰기 표현 전략 파악

정답률 82% | 정답 ③

(나)에서 ㉠ ~ ㉢을 작성할 때 고려한 내용으로 가장 적절한 것은?

① **㉠ : 최근에 논란이 되었던 사례를 활용하여 제도의 시행 목적을 제시하고 있다.**
(나)의 1문단을 통해 소비자에게 안전한 식품을 선택할 수 있도록 하고 식품의 안전성에 문제가 발생하였을 때 신속하게 조치를 취할 수 있도록 한다는 식품 이력 추적 관리 제도의 취지를 제시하고 있다. 하지만 최근에 논란이 되었던 사례를 활용하여 식품 이력 추적 관리 제도의 시행 목적을 제시하지는 않고 있다.

② **㉡ : 의무 등록 식품과 자율 등록 식품의 구분 기준을 항목화하여 제시하고 있다.**
(나)의 2문단을 통해 식품 이력 추적 관리 제도가 식품을 이력 정보 의무 등록 식품과 자율 등록 식품으로 나누고 이 중 자율 등록 식품의 등록률이 낮다는 점을 제도의 취지가 잘 살지 못하는 이유로 제시하고 있다. 하지만 식품을 의무 등록 식품과 자율 등록 식품으로 구분하는 기준을 항목화하여 제시하지는 않고 있다.

✔ **㉡ : 정보 이용의 측면에서 소비자가 겪고 있는 어려움을 두 가지로 나누어 제시하고 있다.**
(나)의 2문단을 통해 식품 이력 추적 관리 제도의 취지가 잘 살지 못하는 이유를, 소비자가 식품 이력 정보를 조회하는 방법이 번거롭다는 점과 소비자가 원하는 식품 이력 정보를 찾을 수 없다는 점으로 나누어 제시하고 있다. 따라서 (나)의 2문단에서는 소비자가 식품 이력 정보를 이용하는 데 어려움을 겪고 있음을 두 가지로 나누어 제시하고 있음을 알 수 있다.

④ **㉢ : 다양한 해결 방안의 장단점을 비교하여 제시하고 있다.**
(나)의 3문단을 통해 식품 이력 정보의 조회 방법을 간소화하기 위한 방안을 마련하고 식품 업체가 식품 이력 추적 관리 제도에 더 적극적으로 참여하도록 정부의 지원이 있어야 한다는 점을 제도의 취지를 살릴 수 있는 해결 방안으로 제시하고 있음을 알 수 있다. 하지만 이러한 방안의 장단점을 비교하여 제시하지는 않고 있다.

⑤ **㉢ : 조회 순서에 따라 식품 이력 정보 조회를 간소화하는 방안을 단계적으로 제시하고 있다.**
(나)의 3문단을 통해 관계 기관에서는 식품 이력 정보의 조회 방법을 간소화하기 위한 방안을 마련해야 한다고 언급하고 있음을 알 수 있다. 하지만 이력 정보 조회의 간소화 방안을 단계적으로 제시하지는 않고 있다.

44 글쓰기 내용의 점검 및 조절

정답률 85% | 정답 ①

〈보기〉는 편집장의 조언에 따라 [A]를 고쳐 쓴 글이다. [A]를 〈보기〉로 고쳐 쓸 때 반영한 편집장의 조언으로 가장 적절한 것은?

〈보 기〉

식품 이력 추적 관리 제도의 취지를 잘 살리기 위해서는 정부와 식품 업체가 노력해야 하지만, 소비자도 이 제도를 적극적으로 활용해야 한다. 소비자가 식품 안전을 위해 자신들이 날마다 먹고 마시는 식품의 이력 정보에 관심을 가지고 이 제도를 적극적으로 활용할 때 이 제도는 활성화될 수 있을 것이다.

✔ **기획 연재의 의도를 살리기 위해 소비자가 기울여야 할 노력이 포함되도록 써 주시면 좋겠어요.**
[A]와 〈보기〉를 비교해 보면, 〈보기〉에서는 식품 이력 추적 관리 제도의 취지를 살리기 위해 소비자가 제도를 적극적으로 활용하는 것이 필요하다는 내용을 추가해서 제시하고 있음을 알 수 있다. 따라서 〈보기〉는 기획 연재 의도를 살려 소비자가 기울여야 할 노력이 포함되도록 글을 쓰면 좋겠다는 편집자의 의도를 반영하여 고쳐 쓴 것으로 볼 수 있다.

② **글에 균형 잡힌 관점이 드러나도록 식품 업체가 얻게 되는 긍정적 효과가 드러나게 써 주시면 좋겠어요.**
〈보기〉를 통해 식품 업체가 얻게 되는 긍정적 효과는 찾아볼 수 없으므로 적절하지 않다.

③ **글의 설득력을 높이기 위해 식품 안전의 중요성을 널리 알릴 수 있는 정부의 방안이 포함되도록 써 주시면 좋겠어요.**
〈보기〉를 통해 식품 안전의 중요성을 널리 알릴 수 있는 정부의 방안은 찾아볼 수 없으므로 적절하지 않다.

④ **글의 주제를 강조하기 위해 식품 이력 추적 관리 제도의 취지를 살리는 정부의 지원 방안을 정리하여 써 주시면 좋겠어요.**
〈보기〉를 통해 식품 이력 추적 관리 제도의 취지를 살리는 정부의 지원 방안은 찾아볼 수 없으므로 적절하지 않다.

⑤ **글의 완결성을 높이기 위해 소비자가 식품 이력 추적 관리 제도에 관심을 가지지 못하게 된 이유가 포함되도록 써 주시면 좋겠어요.**
〈보기〉를 통해 소비자가 식품 이력 추적 관리 제도에 관심을 가지지 못하게 된 이유는 찾아볼 수 없으므로 적절하지 않다.

★★★ 등급을 가르는 문제!

45 자료 활용 방안의 적절성 판단

정답률 59% | 정답 ④

다음은 (나)를 보완하기 위해 수집한 자료이다. 자료의 활용 방안으로 적절하지 않은 것은?

Ⅰ. 전문가 인터뷰

대부분의 식품은 식품 이력 추적 관리 번호를 식품 포장지에서 찾기도 어려우며 일단 찾아낸 번호를 통해 조회를 하려 해도 숫자를 일일이 입력해야 합니다. 그런데 일부 기업은 식품에 QR 코드를 사용하여 편리하게 식품 이력 정보를 확인하게 하고 있습니다. 이처럼 QR 코드를 사용하는 것이 보편화될 수 있게 관계 기관이 주도적인 역할을 해야 합니다.

Ⅱ. 신문 기사

보건 당국은 한 달 전 50여 곳의 학교에서 발생한 2,000여 명의 대규모 식중독 의심 사고의 원인이 케이크 크림 제조에 사용된 식재료 오염이었다고 발표했다. 문제가 된 식품은 식품 이력 추적 관리 제도의 자율 등록 대상 품목으로, 해당 업체는 식품 이력 정보의 추적을 위한 정보를 관련 시스템에 등록하지 않아 피해를 확산시켰다.

Ⅲ. 설문 조사

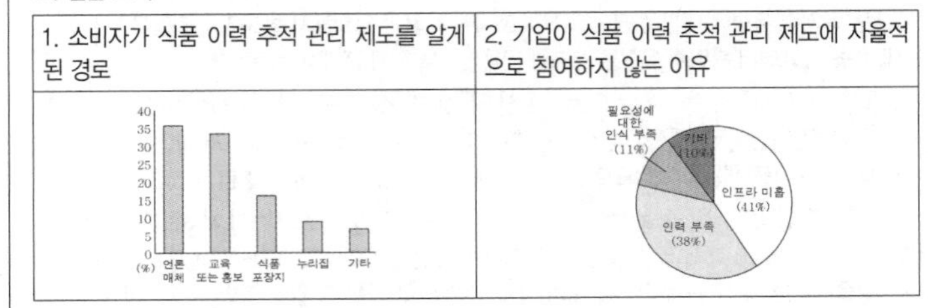

① **Ⅰ을 활용하여, 소비자가 식품 이력 관리 시스템에서 식품 이력 정보를 확인하는 데 불편함을 겪고 있다는 2문단의 내용을 구체화한다.**
'Ⅰ'은 식품 이력 추적 관리 번호를 식품 포장지에서 찾기도 어렵고 식품 이력 정보를 조회하기 위해 이 번호를 입력하는 것이 번거롭다는 내용이 제시된 전문가 인터뷰이다. 따라서 이를 활용하여 (나)의 2문단에서 식품 이력 정보를 조회하는 방법이 번거로워 소비자가 불편을 겪고 있다는 내용을 구체화할 수 있다.

② **Ⅰ을 활용하여, 식품 이력 정보의 조회 방법을 간소화할 수 있는 방안에 관한 3문단의 내용을 보완한다.**
'Ⅰ'은 식품 이력 정보를 조회하는 데 겪는 어려움에 대해 일부 기업이 QR 코드를 활용해 해결하고 있다는 내용이 제시되어 있다. 따라서 이를 활용해 (나)의 3문단에서 식품 이력 정보의 조회 방법을 간소화할 수 있는 방안을 QR 코드를 활용하는 방안으로 보완할 수 있다.

③ **Ⅱ를 활용하여, 식품 이력 추적 관리 제도가 활성화되지 못해 초래된 문제점의 사례를 1문단에 추가한다.**
'Ⅱ'는 식중독 사건이 학교 급식에서 발생했는데 문제가 된 식품은 자율 등록 대상으로 식품 업체가 해당 식품의 이력 추적을 위한 정보를 시스템에 등록하지 않아 피해가 확산되었다는 내용이 제시된 신문 기사이다. 따라서 이를 활용하여 (나)의 1문단에 제도가 활성화되지 못해 초래된 문제점의 사례를 추가할 수 있다.

✔ **Ⅲ-1을 활용하여, 식품 이력 추적 관리 제도의 활성화를 위해 이 제도에 대한 교육 및 홍보를 강화해야 한다는 3문단의 내용을 뒷받침한다.**
'Ⅲ-1'은 소비자가 언론 매체, 교육 또는 홍보 등의 경로로 식품 이력 추적 관리 제도를 알게 되었다는 점이 제시된 설문 조사 결과이다. 그런데 (나)의 3문단에는 제도에 대한 교육과 홍보를 강화해야 한다는 내용이 언급되어 있지 않으므로, 설문 조사 'Ⅲ-1'의 결과를 활용할 수 없다.

⑤ **Ⅲ-2를 활용하여, 자율 등록 식품의 등록을 유도하기 위한 정부의 지원 방안에 인프라 확충, 인력 지원 등이 있다는 내용을 3문단에 추가한다.**
'Ⅲ-2'는 식품 업체가 식품 이력 추적 관리 제도에 자율적으로 참여하지 않는 이유를 인프라 미흡과 인력 부족 등으로 제시하고 있는 설문 조사이다. 이를 활용하여 (나)의 3문단에 정부가 참여 업체를 지원하는 방안으로 인프라 확충 인력 지원 등이 있다는 내용을 추가할 수 있다.

★★ 문제 해결 꿀~팁 ★★

▶ 많이 틀린 이유는?
이 문제는 선택지에 제시된 자료와 자료 활용 방안이 적절하다고 잘못 판단하여 오답률이 높았던 것으로 보인다. 또한 제시된 글의 내용을 정확히 이해하지 못한 것도 오답률을 높였던 것으로 보인다.

▶ 문제 해결 방법은?
이 문제를 해결하기 위해서는 일차적으로 〈보기〉로 제시된 자료를 정확히 이해할 수 있어야 한다. 그런 다음 선택지에서 각 자료에 대해 어떻게 활용하고 있는지 파악하고, 이와 관련된 문단을 찾아 자료 활용이 적절한지 판단할 수 있어야 한다. 이 문제의 경우 선택지에 제시된 글의 어느 문단에서 활용할지가 언급되어 있으므로 그 문단과 직접 연결하여 적절성을 판단하면 된다. 그런데 간혹 글의 내용과 관련 없는 내용이 선택지에 제시되었지만 자료 활용 방안을 제시한 내용이 그럴 듯한 선택지가 제시되기도 한다. 정답인 ④가 대표적인 경우라 할 수 있다. ④의 선택지에 제시된 내용은 3문단을 통해 찾아볼 수 없는 내용인데도 마치 있는 것처럼 제시하고 있는 것이다. 한편 학생들 중에는 간혹 글의 내용을 정확히 파악하지 못하는 잘못을 범하는 경우가 있는데, 자료 활용 문제는 글의 내용을 정확히 파악하지 않으면 적절성을 판단하기 어려우므로 유의하도록 한다.

03회 | 2021학년도 3월 학력평가 고3

• 정답 •

35⑤ 36③ 37⑤ 38④ 39① 40④ 41③ 42③ 43② ★44③ 45②

★ 표기된 문항은 [등급을 가르는 문제]에 해당하는 문항입니다.

35 발표 계획의 반영 여부 파악

정답률 92% | 정답 ⑤

위 발표를 위한 계획 중 발표에 반영되지 않은 것은?

① **자승차라는 이름이 가진 뜻을 제시해야겠다.**
1문단의 '자승차란 물을 스스로 끌어 올리는 수차라는 뜻입니다.'를 통해 확인할 수 있다.

② **자승차가 실제로 쓰이지 못한 이유를 설명해야겠다.**
3문단에서 발표자는 승차가 당시에 실용화되지 못했다고 밝히면서, 그 이유로 자승차가 물의 힘만 사용하여 작동하기가 쉽지 않았다고 설명하고 있다.

③ **자승차에 관한 추가 정보를 얻는 방법을 소개해야겠다.**
마지막 문단에서 발표자는 발표자에게 질문을 하거나 ○○ 과학관 누리집에 방문하면 발표 내용에 대해 더 자세한 정보를 얻을 수 있을 것이라고 자승차에 대한 추가 정보를 얻는 방법을 언급하고 있다.

④ **하백원이 자승차를 설계하려고 했던 이유를 밝혀야겠다.**
1문단에서 발표자는 조선 시대에 농민들에게 수차 이용이 고된 노동이었음을 언급하며, 하백원이 농민들의 이런 어려움을 해결하기 위해 자승차를 설계하려고 했다고 그 이유를 밝히고 있다.

✔ **하백원이 자승차 개량 과정에서 겪은 시행착오를 언급해야겠다.**
이 발표에서 발표자는 하백원이 설계한 자승차가 실용화되지 못했다고 언급하고는 있지만, 하백원이 자승차를 개량한 과정과 그 과정에서의 시행착오에 대해서는 언급하지 않고 있다.

36 자료 활용 방안의 적절성 판단

정답률 86% | 정답 ③

발표에서 학생이 자료를 활용한 방식에 대한 설명으로 적절하지 않은 것은?

① **화제와 관련하여 청중의 관심을 유도하기 위해 그림을 활용하였다.**
'그림' 제시 후 발표자의 말을 통해 '그림'은 수차를 이용하는 농민의 모습이 담긴 풍속화임을 알 수 있다. 발표자는 화제인 자승차라는 수차와 관련하여 청중의 관심을 유도하기 위해 '그림'을 활용하고 있다.

② **발표 시간을 고려하여 발표 대상의 설계도 일부를 선택적으로 활용하였다.**
'설계도' 제시 후 발표자의 말을 통해 '설계도'에는 자승차의 부품들이 그려져 있음을 알 수 있다. 발표자는 발표 시간에 대해 언급하면서 100여 개가 넘는 부품의 설계도 중 몇 장을 선택해 보여 주는 방식으로 '설계도' 일부를 활용하고 있다.

✔ **발표 대상의 각 부분을 제작하는 과정을 구체적으로 보여 주기 위해 사진 1을 활용하였다.**
'사진 1'에 이어지는 발표자의 말을 통해 '사진 1'이 자승차의 모형이 담긴 사진임을 알 수 있다. 발표자는 이러한 '사진 1'을 활용하여 발표 대상인 자승차가 작동하는 과정을 설명하고 있지만, 자승차의 각 부분을 제작하는 과정을 보여 주기 위해 '사진 1'을 활용한 부분은 찾아볼 수 없다.

④ **청중의 반응을 예상하여 준비한 동영상을 발표 대상에 대한 청중의 이해를 돕기 위해 활용하였다.**
'동영상' 앞의 발표자의 말을 통해 '동영상'이 자승차가 작동되는 모습을 컴퓨터로 구현한 것임을 알 수 있다. 발표자는 청중이 자승차가 작동되는 모습을 떠올리기 어려워할 것으로 예상하고, 청중의 이해를 돕기 위해 준비했던 '동영상'을 활용하고 있다.

⑤ **다른 사례와의 유사성을 들어 발표 대상의 과학적 우수성을 알려 주기 위해 사진 2를 활용하였다.**
'사진 2' 제시 후 발표자의 말을 통해 '사진 2'는 톱니바퀴를 활용한 자동차임을 알 수 있다. 발표자는 자승차에 자동차의 톱니바퀴와 유사한 과학적 원리가 사용되었다고 언급하며, 자승차에 시대를 뛰어넘은 과학적 발상이 적용되었다는 우수성을 알려 주기 위해 '사진 2'를 활용하고 있다.

37 듣기 반응의 이해

정답률 91% | 정답 ⑤

다음은 위 발표를 들은 학생들의 반응이다. 발표의 내용을 고려하여 학생의 반응을 이해한 내용으로 가장 적절한 것은? [3점]

> **학생 1** : 물의 힘만으로 작동하기가 쉽지 않다고 했는데 이유를 구체적으로 알려 주지 않아 아쉬웠어. 나중에 발표자에게 직접 물어봐야겠어.
> **학생 2** : 하백원이라는 실학자를 잘 몰랐었는데 새롭게 알게 되어 좋았어. 그가 백성의 어려움을 고민했던 실학자였다고 하니 자승차 이외에도 농사에 관련된 다른 기계를 더 고안했을 것 같아.
> **학생 3** : 조선 시대에도 스스로 작동하는 수차를 만들려고 했다는 사실을 처음 알게 되어 유익했어. 현대 기술에서 자승차와 유사한 원리가 사용된 경우가 더 있을까? 나중에 검색해 봐야겠어.

① **'학생 1'은 발표에서 알게 된 정보를 통해 자신이 평소 알고 있던 바를 수정하고 있다.**

② **'학생 2'는 추가적인 정보를 바탕으로 발표 내용의 신뢰성을 점검하고 있다.**

③ **'학생 3'은 발표에서 누락된 부분이 있다는 점을 지적하고 있다.**

④ **'학생 1'과 '학생 3'은 발표에서 직접적으로 언급되지 않은 내용을 추론하고 있다.**

✔ **'학생 2'와 '학생 3'은 발표를 통해 새로운 사실을 알게 된 것을 긍정적으로 생각하고 있다.**
발표를 들은 '학생 2'는 하백원이라는 실학자를 잘 몰랐었는데 새롭게 알게 되어 좋았다 하고 있고, '학생 3'은 조선 시대에도 스스로 작동하는 수차를 만들려고 했다는 사실을 처음 알게 되어 유익했다 하고 있다. 따라서 '학생 2'와 '학생 3'은 모두 발표에서 새로운 사실을 알게 된 것을 긍정적으로 생각하고 있음을 알 수 있다.

38 발화의 의미와 기능 이해

정답률 95% | 정답 ④

㉠~㉤에 대한 이해로 적절하지 않은 것은?

① **㉠ : 책을 읽기 전에 미리 책의 내용 수준을 가늠하고자 하였음을 알 수 있다.**
㉠에서 홍철은 책의 수준이 자신에게 맞는 것인지를 확인하기 위해 책의 목차를 살펴보고 걱정을 많이 하고 있는데, 이는 홍철이 책을 읽기 전에 미리 책의 내용 수준을 가늠한 것이라 할 수 있다.

② **㉡ : 책의 구성을 고려하여 책 읽기 계획을 세웠음을 알 수 있다.**
㉡에서 윤주는 이 책이 사고 경향을 7가지로 나눠 각 장에서 한 가지씩 설명하는 방식으로 구성되어 있음을 파악한 뒤 일주일 간 책을 읽으려고 계획하였음을 밝히고 있는데, 이는 '윤주'가 책을 읽기 전에 책의 구성을 고려하여 책 읽기 계획을 세운 것이라 할 수 있다.

③ **㉢ : 책을 읽는 과정에서 책의 내용을 메모하였음을 알 수 있다.**
㉢에서 지민은 '메모를 살피면서' 말을 하고 있는데, 이는 지민이 책을 읽는 과정에서 책의 내용을 메모하였음을 보여 주는 것이라 할 수 있다.

✔ **㉣ : 책에 드러난 글쓰기 형식에 대해 평가하였음을 알 수 있다.**
㉣에서 홍철은 책의 필자가 책을 통해 전달해 주고 있는 교훈에 대해 말하고 있지만, 책에 드러난 글쓰기 형식에 대해 평가하지는 않고 있다.

⑤ **㉤ : 책을 읽은 뒤에 책의 내용과 관련하여 확장적 독서를 하였음을 알 수 있다.**
㉤에서 윤주는 책을 읽는 과정에서 더 알고 싶은 내용이 생겨서 책을 읽은 뒤 책의 참고 문헌에 나와 있는 책도 찾아 읽었음을 밝히고 있는데, 이는 책을 읽은 뒤 책의 내용과 관련한 확장적 독서를 하였음을 보여 주는 것이라 할 수 있다.

39 준언어적·비언어적 표현 이해

정답률 87% | 정답 ①

[A]의 발화에 대한 설명으로 가장 적절한 것은?

✔ **'홍철'의 발화에는 상대방을 칭찬하는 언어적 표현을 강화하는 비언어적 표현이 사용되었다.**
[A]에서 '홍철'은 엄지손가락을 치켜드는 비언어적 표현을 사용하여 다른 책까지 찾아 읽었다는 '윤주'를 칭찬하는 언어적 표현을 강화하였다. 한편 준언어적 표현은 말을 할 때 언어적 표현에 덧붙여 의미 전달에 영향을 미치는 성량, 속도, 어조 등을 말하고, 비언어적 표현은 말을 할 때 언어적 표현과는 독립적으로 의미 전달에 영향을 미치는 시선, 표정, 몸동작 등을 말한다.

② **'윤주'의 첫 번째 발화에는 상대방에게 자신을 낮추는 언어적 표현을 보완하는 준언어적 표현이 사용되었다.**
'윤주' 첫 번째 발화의 '겸연쩍은 표정을 지으며'는 비언어적 표현에 해당한다.

③ **'지민'의 첫 번째 발화에는 상대방의 의견과 일치점을 찾고자 하는 언어적 표현을 부각하는 준언어적 표현이 사용되었다.**
'지민' 첫 번째 발화의 '간절한 눈빛으로'는 비언어적 표현에 해당하고, '지민'은 상대방에게 간절히 부탁하는 언어적 표현을 하고 있으므로 상대방의 의견과 일치점을 찾고자 하는 언어적 표현이라는 내용도 적절하지 않다.

④ **'윤주'의 두 번째 발화에는 상대방에게 이익이 되도록 제안하는 언어적 표현을 강조하는 비언어적 표현이 사용되었다.**
'윤주'의 두 번째 발화의 '안타까운 표정을 지으며'는 비언어적 표현에 해당하고, '윤주'는 상대방에 대해 미안한 마음을 지닌 언어적 표현을 하고 있으므로, 상대방에게 이익이 되도록 제안하는 언어적 표현을 강조하였다는 내용도 적절하지 않다.

⑤ **'지민'의 두 번째 발화에는 언어적 표현이 담고 있는 내용이 자신의 의도와 다른 것임을 드러내는 준언어적 표현이 사용되었다.**
'지민' 두 번째 발화의 '상냥한 말투로'는 준언어적 표현에 해당하지만, 상대방의 부담을 최소화하려는 언어적 표현을 하고 있으므로, 상대방이 담고 있는 내용이 자신의 의도와 다른 것임을 드러냈다는 내용은 적절하지 않다.

40 대화에 따른 글의 내용 조직의 이해

정답률 85% | 정답 ④

(가)를 바탕으로 (나)를 설명한 내용으로 적절하지 않은 것은?

① **(가)에 언급되지 않은 첫인상 판단에 대해 설명하여 정박 효과가 일상생활에서 흔히 일어난다는 점을 부연하였다.**
(나)의 1문단에서 정박 효과는 비단 소비의 측면에서만 일어나는 것이 아니라 우리의 일상생활에서 흔히 일어나는 것이라고 하면서 첫인상 판단에 대해 설명하고 있지만, (가)에서는 첫인상 판단에 대해 언급하지 않았다.

② **(가)에 언급된 챌린저호의 폭발 사고에 대해 정보를 추가하여 확신의 덫에 빠지는 문제를 설명하였다.**
(가)에서 '홍철'은 책의 내용 중 우주왕복선 챌린저호의 폭발 사고에 대한 내용이 기억에 남는다고 말하였다. 그리고 (나)의 2문단에서는 챌린저호의 폭발 사고에 대한 정보를 추가하여 확신의 덫에 빠지는 문제를 설명하고 있다.

③ **(가)에 언급되지 않은 신조어를 예로 들어 확신의 덫에 대한 이해를 도왔다.**
(나)의 2문단에서는 '답정너'라는 신조어를 예로 들어 확신의 덫에 빠져 있는 것이 어떤 것인지 쉽게 이해할 수 있게 하였지만, (가)에서는 신조어에 대한 언급을 하지 않았다.

✔ **(가)에 언급된 작가의 말을 직접 인용하여 시간 제약이 있는 상황에서 합리적 판단을 이끌어 내는 방법을 제시하였다.**
(가)에서 '지민'은 책의 서문에서 '그 누구도 정답만을 말할 수는 없다.'라고 한 '작가의 말'이 인상적이었다고 밝히고 있다. 그리고 (나)의 3문단에서 '그 누구도 정답만을 말할 수는 없다.'라고 제시하고는 있지만, 이를 통해 시간 제약이 있는 상황에서 합리적 판단을 이끌어 내는 방법을 제시하지는 않고 있다.

⑤ **(가)에 언급되지 않은 경청의 중요성에 대해 밝혀 개방적인 자세의 필요성을 강조하였다.**
(나)의 3문단에서 다른 사람들의 말을 경청할 줄 알아야 한다고 하면서 경청의 중요성에 대해 밝히고 있지만, (가)에서는 경청의 중요성에 대한 언급을 하지 않았다.

41 글쓰기 전략의 파악

정답률 71% | 정답 ③

<보기>와 관련하여 (나)에 나타난 쓰기 전략을 분석한 내용으로 적절하지 않은 것은?

> <보 기>
> 글쓰기는 필자와 독자의 의사소통을 위한 것이다. 글쓰기에서 필자가 전달하려는 내용이 독자에게 의미 있는 것으로 받아들여지기 위해서는 독자의 공감을 유도하는 것이 중요한데, 이때 사용할 수 있는 전략은 다양하다. 대표적으로 ⓐ 1인칭 대명사를 사용하여 필자와 독자가 동일한 특성

을 지니고 있는 관계임을 나타내어 독자와의 거리감을 좁히는 전략, ⓑ 물음이나 독창적 표현 등을 사용하여 독자의 주의를 환기하는 전략, ⓒ 글의 내용이 독자의 상황과 관련되어 있음을 밝히는 전략, ⓓ 독자의 반응을 예측하여 글 속에서 미리 대응하는 전략, ⓔ 독자에게 의미가 있을 만한 정보나 문제 해결 방법 등을 제시하는 전략 등이 있다.

① ⓐ와 관련하여, 필자와 독자를 모두 포함하는 '우리'라는 표현을 사용함으로써 필자와 독자의 거리감을 좁혔다.
(나)에서 글쓴이는 '우리'라는 표현을 자주 사용하고 있는데, 이는 1인칭 대명사인 '우리'를 사용하여 글쓴이 자신과 독자의 거리감을 좁히려 하는 것이라 할 수 있다.

② ⓑ와 관련하여, 상품을 구매하는 일상적 상황을 가정한 물음을 제시함으로써 독자의 주의를 환기했다.
(나)의 1문단의 '10만 원이라는 가격표가 ~ 이 물건을 사야 할까, 말아야 할까?'를 통해 확인할 수 있다.

✔ ⓒ와 관련하여, 판단의 오류를 인정하지 않으려고 하는 사회적 이유를 분석하여 독자가 자신의 문제 상황을 알 수 있게 했다.
(나)에서는 정박 효과와 확신의 덫에 대해 설명하면서 누구든지 자신의 판단의 오류 가능성에 대해 인정할 수 있어야 하며, 다른 사람들의 말을 경청할 줄 알아야 한다고 말하고 있다. 하지만 (나)에서 판단의 오류를 인정하지 않으려고 하는 사회적 이유를 분석하고 있지는 않으며, 이를 통해 독자가 자신의 문제 상황을 알 수 있게 해 주지도 않고 있다.

④ ⓓ와 관련하여, 직관적 판단과 자기 확신의 긍정적 측면에 내재된 문제점을 언급하여 예상되는 독자의 반응에 대응하는 입장을 제시했다.
(나)의 3문단의 '아마 누군가는 정박 효과나 ~ 편향된 판단을 이끌어 낼 수 있다.'를 통해, 직관적 판단과 자기 확신의 긍정적 측면에 내재된 문제점을 언급하면서 예상되는 독자의 반응에 대응하는 입장을 제시하였음을 알 수 있다.

⑤ ⓔ와 관련하여, 터무니없거나 편향된 판단을 예방하기 위해 필요한 태도를 설명함으로써 독자에게 문제 해결 방법을 알려 주었다.
(나)의 3문단의 '그러므로 우리는 이러한 문제점을 ~ 세계를 올바르게 이해할 수 있다.'를 통해, 터무니없거나 편향된 판단을 예방하기 위해 필요한 태도를 설명함으로써 독자에게 문제 해결 방법을 알려 주었음을 알 수 있다.

42 글쓰기에서 고려한 작문 맥락의 파악

정답률 88% | 정답 ③

작문 맥락을 고려할 때, (가)와 (나)에 대한 설명으로 가장 적절한 것은?

① 예상 독자를 고려할 때, (가)는 (나)와 달리 독자와의 관계를 고려하여 격식에 맞는 어투를 쓰고 있다.
(나)는 필자인 학생이 예상 독자인 시장님과의 관계를 고려하여 예의 바르고 격식에 맞는 어투를 사용하고 있다.

② 글의 주제를 고려할 때, (나)는 (가)와 달리 주요 서술 대상의 특징을 유형별로 분류해 설명하고 있다.
(나)에서는 시장님에게 ○○숲 공원을 이용하는 지역 주민의 수가 감소하였다는 문제를 해결하기 위한 방법을 제안하고 있지만, 주요 서술 대상인 ○○숲 공원의 특징을 유형별로 분류하지는 않고 있다.

✔ 작문 목적을 고려할 때, (나)는 (가)와 달리 독자를 특정하여 문제 해결 방법을 제안하고 있다.
(가)는 보고서이므로 독자에게 정보를 전달하는 것이 작문의 주된 목적으로 하고, (나)는 시장님을 대상으로 시장님을 설득하는 것이 주된 목적인 글이다. (나)에서 글쓴이는 ○○숲 공원을 이용하는 지역 주민의 수가 감소하였다는 문제를 해결하기 위한 방법으로 낡은 벤치 정비, 공원 쉼터 내 휴게 시설 마련을 제안하고 있으므로, (나)는 (가)와 달리 독자를 특정하여 문제 해결 방법을 제안한 것이라 할 수 있다.

④ 작문 매체를 고려할 때, (가)와 (나)는 모두 필자와 독자 간의 즉각적인 소통 방식을 사용하고 있다.
(가)의 작문 매체가 인쇄 매체인 교지임을 고려할 때, 교지는 필자와 독자 간의 즉각적인 소통 방식을 사용한다고 볼 수 없다.

⑤ 글의 유형을 고려할 때, (가)와 (나)는 모두 항목별로 소제목을 달아 정보를 정리하여 제시하고 있다.
(나)는 항목별로 소제목을 달아 정보를 정리하여 제시하지는 않고 있다.

43 글쓰기 계획의 반영 여부 판단

정답률 84% | 정답 ②

다음은 학생이 (가)를 바탕으로 (나)를 작성하기 위해 떠올린 생각이다. (나)에 반영되지 않은 것은? [3점]

① (가)의 'Ⅲ-1'에서 제시한 신문 보도 내용을 근거로, 지역 주민들의 ○○숲 공원 이용이 줄어들었음을 언급해야겠다.
(가)의 'Ⅲ-1'에서 제시한 신문 보도 내용에서는 최근 ○○숲 공원을 방문하는 지역 주민의 수가 10%p 감소하였음을 언급하고 있다. 이를 근거로 (나)의 1문단에서 ○○숲 공원을 이용한 지역 주민의 수가 감소하였다고 언급하고 있다.

✔ (가)의 'Ⅲ-1'에서 제시한 신문 보도 내용을 근거로, 외부 방문객이 휴게 시설의 부족을 ○○숲 공원의 문제점으로 여기는 이유를 제시해야겠다.
(가)의 'Ⅲ-1'에서 제시한 신문 보도 내용에서는 최근 ○○숲 공원을 이용하는 외부 방문객들의 대부분이 생태 탐방을 위해 공원을 방문한다고 하였다. 이를 근거로 (나)의 2문단에서는 외부 방문객들의 주된 방문 목적을 언급하며, 이들이 공원 내 휴게 시설의 부족을 문제점으로 여기는 경우가 많지 않을 것이라고 언급하고 있다. (나)에서 외부 방문객이 휴게 시설의 부족을 ○○숲 공원의 문제점으로 여기는 이유를 제시하지는 않았다.

③ (가)의 'Ⅲ-2-가'에서 제시한 우리 보고서의 조사 내용을 근거로, 우리 지역 주민들이 ○○숲 공원의 후생적 가치를 중시하고 있다는 내용을 제시해야겠다.
(가)의 'Ⅲ-2-가'에서 제시한 보고서의 조사 내용에서는 지역 주민의 62%가 정신적 치유와 휴식에 도움을 주는 후생적 가치를 공원의 가장 중요한 가치로 인식하고 있음을 언급하고 있다. 이를 근거로 (나)의 4문단에서 관련 내용을 제시하고 있다.

④ (가)의 'Ⅲ-2-나'에서 제시한 우리 보고서의 조사 내용을 근거로, 많은 지역 주민들이 ○○숲 공원의 개선이 필요하다고 생각하고 있음을 언급해야겠다.
(가)의 'Ⅲ-2-나'에서 제시한 보고서의 조사 내용에서는 ○○숲 공원 개선에 대해 조사에 참여한 지역 주민의 85%가 개선이 필요하다고 여기고 있고, 이중 65%가 개선되기를 바라는 것으로 '휴게 시설 정비 및 확충'을 들고 있음을 원그래프로 드러내고 있다. 이를 근거로 (나)의 2문단에서 관련 내용을 제시하고 있다.

⑤ (가)의 'Ⅲ-2-나'에서 제시한 우리 보고서의 조사 내용을 근거로, ○○숲 공원 내 휴게 시설의 정비와 확충이 필요하다고 생각하는 지역 주민이 많다는 것을 제시해야겠다.
(가)의 'Ⅲ-2-나'에서 제시한 보고서의 조사 내용에서는 ○○숲 공원에 개선이 필요하다고 답한 지역 주민들을 대상으로 공원 이용과 관련해 개선되기를 바라는 점을 조사한 결과, 휴게 시설 정비 및 확충이 65%로 가장 많은 비중을 차지하고 있음을 원그래프를 통해 보여 주고 있다. 이를 근거로 (나)의 2문단에서 관련 내용을 제시하고 있다.

★★★ 등급을 가르는 문제!

44 보고서의 작성 방법 이해

정답률 62% | 정답 ③

다음의 점검 기준에 따라 (가)를 점검한 결과가 적절하지 않은 것은?

	점검 기준	점검 결과
①	• 조사 목적을 조사 동기와 관련지어 제시했는가?	○

'Ⅰ'에서 조사의 목적을 ○○숲 공원 이용에 대해 지역 주민들이 어떻게 생각하는지 알아보는 것이라고 밝히고 있다. 이는 앞서 제시된 ○○숲 공원을 이용하는 지역 주민들의 수가 점점 줄어들고 있다는 상황과 관련되어 있다. 따라서 이 기준을 준수하였다고 결과를 표기한 것은 적절하다.

	점검 기준	점검 결과
②	• 조사 계획에 조사 대상과 조사 기간을 밝혔는가?	○

'Ⅱ'에 조사 계획을 제시하면서 조사 대상과 조사 기간을 밝히고 있다. 따라서 이 기준을 준수하였다고 결과를 표기한 것은 적절하다.

	점검 기준	점검 결과
✔	• 상위 항목과 하위 항목 간의 위계를 고려하였는가?	×

'Ⅲ'에서 조사 결과를 제시할 때, 상위 항목인 '2. ○○숲 공원에 대한 인식'의 하위 항목으로 '가. ○○숲 공원의 가치에 대한 인식', '나. ○○숲 공원 개선에 대한 인식'을 제시하고 있다. 이를 통해 (가)가 상위 항목과 하위 항목 간의 위계를 고려한 것임을 확인할 수 있다. 그런데 점검 결과에서 (가)가 이 기준을 준수하지 않았다고 결과를 표기하였으므로 이는 적절하지 않다.

	점검 기준	점검 결과
④	• 조사 항목의 성격에 부합하는 다양한 그래프를 사용했는가?	×

'Ⅲ-2-나'에서 ○○숲 공원에 개선이 필요하다고 답한 지역 주민들을 대상으로 공원 이용과 관련해 개선되기를 바라는 점에 대한 조사 결과를 제시할 때, 각 항목에 응답한 주민의 비율을 나타내기 위해 원그래프를 사용한 것은 조사 항목의 성격에 부합하는 것이라 할 수 있다. 다만, 현재의 보고서에서 그래프를 다양하게 사용하고 있지는 않다. 따라서 이 기준을 준수하지 않았다고 결과를 표기한 것은 적절하다.

	점검 기준	점검 결과
⑤	• 참고 문헌 항목을 설정하여 보고서에서 인용한 자료의 출처를 모두 명시했는가?	×

현재 보고서에는 참고 문헌 항목을 설정하여 인용한 자료의 출처를 명시하고 있지 않다. 따라서 이 기준을 준수하지 않았다고 결과를 표기한 것은 적절하다.

★★ 문제 해결 꿀~팁 ★★

▶ 많이 틀린 이유는?
이 문제는 선택지의 내용을 정확히 이해하지 못하여 오답률이 높았던 것으로 보인다. 또한 '점검 결과'에 제시된 'O, X'를 정확하게 확인하지 못한 것도 오답률을 높인 원인으로 보인다.
▶ 문제 해결 방법은?
읽기 문제를 풀 때와 마찬가지로 작문 문제를 풀 때도 선택지를 정확히 이해할 수 있어야 한다. 가령 정답인 ③의 경우, '상위 항목'과 '하위 항목'이 무엇인지 정확히 파악하고, (가)에서 이러한 '상위 항목'과 '하위 항목' 간의 위계를 고려하고 있는지를 파악해야 한다. 이를 정확히 이해했다면 'Ⅲ'에서 상위 항목인 '2. ○○숲 공원에 대한 인식'과 하위 항목인 '가. ○○숲 공원의 가치에 대한 인식', '나. ○○숲 공원 개선에 대한 인식'을 제시하고 있으므로 고려하였다고 볼 수 있는 것이다. 한편 학생들 중에는 간혹 '점검 결과'를 점검 기준과 연결하여 파악하지 못한 실수를 범한 경우도 있는데, 이 역시 선택지를 정확히 읽지 못한 것이라 할 수 있다.
▶ 오답인 ④를 많이 선택한 이유는?
이 문제의 경우 ④를 선택한 학생들이 많았는데, 이는 선택지에 제시된 '다양한 그래프를 사용했는가'를 간과했기 때문으로 보인다. 말 그대로 '다양한 그래프 사용'은 제시된 원 그래프뿐만 아니라 막대 그래프 등등이 사용되었음을 물어본 것이 라 할 수 있다. 그런데 (가)에서는 원그래프 외에는 다른 그래프가 사용되지 않았으므로 다양한 그래프는 사용되지 않은 것이라 할 수 있다. 이 역시 앞에서 언급한 것처럼 선택지를 정확히 읽지 않은 것에 기인하므로, 문제를 풀 때는 선택지를 정확히 읽을 수 있도록 해야 한다.

45 글의 내용 점검 및 고쳐 쓰기

정답률 66% | 정답 ②

<보기>는 [A]의 초안이다. <보기>를 [A]와 같이 수정한 이유로 가장 적절한 것은?

<보 기>

○○숲 공원을 이용하는 지역 주민의 수가 감소하고 있다. 정신적 치유와 휴식에 도움을 주는 후생적 가치를 ○○숲 공원의 가치로 가장 중요하게 여기는 지역 주민들의 비율이 62%에 이르렀으며, ○○숲 공원 개선이 필요하다고 응답한 사람들 중 65%는 휴게 시설 정비 및 확충이 필요하다고 답했다.

① 하나의 긴 문장을 여러 개의 문장으로 나누어 제시하기 위해
초안과 비교하였을 때, [A]에서도 두 개의 문장으로 내용을 서술하고 있으므로 적절하지 않다.

✔ 내용 순서의 조정을 바탕으로 필자의 견해를 제시하기 위해
[A]를 초안과 비교하였을 때, [A]에서는 ○○숲 공원을 이용하는 지역 주민의 수가 감소하고 있다는 내용의 순서를 맨 마지막으로 조정해 제시하면서, 문제의 해결 방안을 모색할 필요가 있다는 필자의 견해를 함께 제시하고 있다. 따라서 <보기>를 [A]와 같이 수정한 이유는 내용 순서의 조정을 바탕으로 필자의 견해를 제시하기 위해서임을 알 수 있다.

③ 조사 결과와 직접적으로 관련이 없는 정보를 삭제하기 위해
초안과 비교하였을 때, [A]에서도 조사 결과와 직접적으로 관련이 있는 정보를 사용하고 있음을 알 수 있다.

④ 보고서에 사용된 주요 개념에 대한 정보를 추가하기 위해
초안과 비교하였을 때, [A]에서 보고서에 사용된 주요 개념에 대한 정보를 추가한 부분은 없다.

⑤ 맥락에 적합하지 않은 담화 표지를 수정하기 위해
초안과 비교하였을 때, [A]에서 맥락에 적합하지 않은 담화 표지를 수정한 부분은 없다.

[문제편 p.012]

04회 | 2023학년도 4월 학력평가 고3

• 정답 •

35 ⑤ 36 ④ 37 ③ 38 ② 39 ⑤ 40 ⑤ 41 ② 42 ④ 43 ① 44 ④ 45★ ③

★ 표기된 문항은 [등급을 가르는 문제]에 해당하는 문항입니다.

35 말하기 방식 파악

정답률 92% | 정답 ⑤

위 발표에 대한 설명으로 가장 적절한 것은?

① 통계 자료를 사용하여 구체적인 수치를 밝히고 있다.
이 발표를 통해 통계 자료를 사용하는 부분은 찾아볼 수 없다.

② 발표할 내용의 순서를 안내하며 발표를 시작하고 있다.
발표자는 자신을 소개하면서 발표를 시작하고 있지, 발표할 내용의 순서를 안내하며 발표를 시작하지는 않고 있다. 또한 발표한 내용의 순서를 안내하지도 않고 있다.

③ 발표 제재의 역사적 유래와 변천 과정을 제시하고 있다.
이 발표를 통해 발표 제재인 '공작 깃털'과 관련한 역사적 유래와 변천 과정을 찾아볼 수 없다.

④ 발표 내용과 관련하여 전문가의 말을 직접 인용하고 있다.
이 발표를 통해 발표 내용과 관련한 전문가의 말은 찾아볼 수 없다.

✔ 정의의 방식을 사용하여 핵심 개념에 대해 설명하고 있다.
3문단의 '구조색이란 색소의 영향이 아닌 물리적 구조의 영향으로 인해 나타나는 색을 말하는데요.'를 통해, 정의의 방식을 사용하여 구조색이라는 핵심 개념에 대해 설명하고 있음을 알 수 있다.

36 발표 전략의 파악

정답률 91% | 정답 ④

다음은 발표자가 위 발표를 준비하면서 작성한 메모이다. 이를 바탕으로 발표자가 발표에서 사용한 전략으로 적절하지 않은 것은?

[청중 분석]
- 발표자와 청중이 공유하는 경험이 있음. …… ⓐ
- 청중이 이해하기에 발표 내용이 어려울 수 있음. …… ⓑ
- 발표 내용에 대한 청중의 배경지식을 활성화할 필요가 있음. …… ⓒ
- 발표를 통해 실생활에 필요한 지식을 얻고자 하는 청중이 있음. …… ⓓ
- 공간의 특성상 발표 자료가 잘 보이지 않는 청중이 있을 수 있음. …… ⓔ

① ⓐ를 고려하여, ㉠의 질문과 함께 동영상 자료를 제시해야겠어.
발표자는 현장 체험 학습 때 본 공작에 대한 ㉠의 질문과 함께 직접 촬영한 동영상 자료를 제시하고 있는데, 이는 발표자와 청중이 현장 체험 학습 때의 경험을 공유하고 있음을 고려한 것이라 할 수 있다.

② ⓑ를 고려하여, ㉣의 질문과 함께 그림 자료를 제시해야겠어.
발표자는 오팔 구조에 대한 이해 정도를 확인하는 ㉣의 질문과 함께 오팔 구조를 도식화한 그림 자료를 제시하고 있는데, 이는 오팔 구조에 대한 내용이 청중이 이해하기에 어려울 수 있음을 고려한 것이라 할 수 있다.

③ ⓒ를 고려하여, ㉡의 질문과 함께 관련된 예시를 비언어적 표현을 사용하여 제시해야겠어.
발표자는 과학 시간에 배운 멜라닌 색소에 대한 ㉡의 질문과 함께 자신의 머리카락을 가리키는 비언어적 표현을 사용하여 관련된 예시인 머리카락을 제시하고 있는데, 이는 멜라닌 색소에 대한 청중의 배경지식을 활성화할 필요가 있음을 고려한 것이라 할 수 있다.

✔ ⓓ를 고려하여, ㉢의 질문과 함께 사진 자료를 제시해야겠어.
발표자는 공작의 깃털이 파란색과 녹색으로 보이는 이유에 대한 ㉢의 질문과 함께 공작의 깃털을 전자현미경으로 촬영한 사진 자료를 제시하고 있는데, ㉢의 질문은 발표 대상에 대한 설명을 하기 위한 질문이라 할 수 있다. 따라서 발표자가 발표를 통해 실생활에 필요한 지식을 얻고자 하는 청중이 있음을 고려하여 ㉢의 질문과 함께 사진 자료를 제시하였다고 할 수 없다.

⑤ ⓔ를 고려하여, ㉤의 질문과 함께 자료를 확대하여 제시해야겠어.
발표자는 뒤에 앉은 청중에게 발표 자료가 잘 보이는지 확인하는 ㉤의 질문과 함께 공작의 깃털을 전자현미경으로 촬영한 사진 자료를 확대하여 제시하고 있는데, 이는 공간의 특성상 뒤에 앉은 청중에게 발표 자료가 잘 보이지 않을 수 있음을 고려한 것이라 할 수 있다.

37 청중 반응 이해의 적절성 파악

정답률 95% | 정답 ③

<보기>는 위 발표를 들은 학생들의 반응이다. 학생의 반응을 이해한 내용으로 적절하지 않은 것은?

<보 기>

학생 1 : 평소에 공작의 깃털에 대해 궁금한 점이 많았는데, 유익한 정보를 많이 얻을 수 있었어. 그러고 보니까 다른 새들의 화려한 깃털 색도 공작처럼 구조색일 수 있겠구나.

학생 2 : 구조색을 만들어 내는 다양한 구조가 있다고 들은 적이 있는데, 오팔 구조에 의한 구조색만 이야기해 주어서 아쉬웠어. 구조색을 만들어 내는 다양한 구조의 종류와 사례에 대해 조사해 봐야겠어.

학생 3 : 구조색의 원리를 활용한 기술이 실생활에서도 쓰이고 있다는 사실이 흥미로웠어. 다만, 구조색의 원리를 설명할 때 조금 천천히 설명했으면 더 좋았을 것 같아. 말이 빨라서 발표 내용을 메모하기가 어려웠어.

① 학생 1은 발표에서 직접 언급하지 않은 내용을 추론하고 있군.
'학생 1'이 다른 새들의 화려한 깃털 색도 공작처럼 구조색일 수 있다고 말한 것을 통해, '학생 1'이 발표에서 직접 언급하지 않은 내용을 추론하고 있음을 알 수 있다.

② 학생 2는 발표 내용을 바탕으로 추가적인 활동을 계획하고 있군.
'학생 2'가 구조색을 만들어 내는 다양한 구조의 종류와 사례에 대해 조사해 봐야겠다고 말한 것을 통해, '학생 2'는 발표 내용을 바탕으로 추가적인 활동을 계획하고 있음을 알 수 있다.

✔ 학생 3은 발표 내용에 대한 자신의 듣기 태도를 반성하고 있군.
'학생 3'은 말이 빨라서 발표 내용을 메모하기가 어려웠다고 말하고 있는데, 이는 발표자의 말하기 속도에 대해 평가한 것이라 할 수 있다. 따라서 '학생 3'이 발표 내용에 대한 자신의 듣기 태도를 반성한 것이라고 이해한 내용은 적절하지 않다.

④ 학생 1과 학생 3은 모두 발표를 통해 얻은 정보를 긍정적으로 받아들이고 있군.
'학생 1'은 평소에 공작의 깃털에 대해 궁금한 점이 많았는데, 유익한 정보를 많이 얻을 수 있었다고 말하고 있고, '학생 3'은 '구조색의 원리를 활용한 기술이 실생활에서도 쓰이고 있다는 사실이 흥미로웠'다고 말하고 있다. 이를 볼 때, '학생 1'과 '학생 3' 모두 발표를 통해 얻은 정보를 긍정적으로 받아들이고 있음을 알 수 있다.

⑤ 학생 2와 학생 3은 모두 발표에서 만족스럽지 않은 부분을 언급하며 아쉬움을 드러내고 있군.
'학생 2'는 오팔 구조에 의한 구조색만 이야기해 주어서 아쉬웠다고 말하고 있고, '학생 3'은 구조색의 원리를 설명할 때 조금 천천히 설명했으면 더 좋았을 것 같다고 말하고 있다. 이를 통해 '학생 2'와 '학생 3' 모두 발표에서 만족스럽지 않은 부분을 언급하며 아쉬움을 드러내고 있음을 알 수 있다.

38 대화 참여자의 역할 이해

정답률 94% | 정답 ②

(가)의 '학생 1'의 역할에 대한 설명으로 적절하지 않은 것은?

① 대화의 흐름을 전환하며 논의를 이끌어 나가고 있다.
'학생 1'의 다섯 번째 발화를 통해, '학생 1'은 공중전화가 없어지면 불편한 사람들에 대한 이야기에서 휴대전화가 있는 사람들에게도 공중전화가 필요한 이유로 대화의 흐름을 전환하며 논의를 이끌어 나가고 있음을 알 수 있다.

✔ 대화 참여자들이 제시한 근거의 출처를 요구하고 있다.
'학생 1'의 발화를 통해 대화 참여자들이 제시한 근거의 출처를 요구하는 부분은 확인할 수 없다.

③ 지난 시간에 논의한 사항을 환기하며 대화를 시작하고 있다.
'학생 1'의 첫 번째 발화를 통해, '학생 1'은 지난 시간에 기술 발전으로 사라지는 것들 중 공중전화에 대해 비평하는 글을 작성하기로 정한 사항을 환기하며 대화를 시작하고 있음을 알 수 있다.

④ 주제와 관련하여 대화 참여자들의 입장이 무엇인지 묻고 있다.
'학생 1'의 세 번째 발화를 통해, '학생 1'은 대화 주제인 '공중전화 폐지'와 관련하여 대화 참여자들의 입장이 무엇인지 묻고 있음을 알 수 있다.

⑤ 대화 참여자들의 발언과 관련하여 추가 설명을 요청하고 있다.
'학생 1'의 네 번째 발화를 통해, '학생 1'은 공중전화가 보편적 서비스라는 '학생 2'의 발화에 대해 추가 설명을 요청하고 있음을 알 수 있다.

39 말하기 방식 파악

정답률 90% | 정답 ⑤

[A]와 [B]에 대한 설명으로 가장 적절한 것은?

① [A]에서 '학생 2'는 '학생 3'의 의견을 인정하면서 자신의 의견과 절충할 수 있는 방안을 밝히고 있다.
[A]에서 '학생 2'는 '학생 3'의 의견의 의견에 대해 통신 복지 차원을 고려할 때 공중전화를 유지해야 함을 밝히고 있으므로, '학생 3'의 의견과 절충할 수 있는 방안을 드러냈다고 할 수 없다.

② [A]에서 '학생 2'는 '학생 3'의 발화 중 일부를 재진술하며 자신이 이해한 내용이 정확한지 확인하고 있다.
[A]에서 '학생 2'는 '학생 3'의 발화 중 일부를 재진술하고는 있지만, 자신이 이해한 내용이 정확한지 확인하지는 않고 있다.

③ [A]에서 '학생 2'는 '학생 3'의 의견을 뒷받침할 수 있는 근거를 덧붙이며 상대의 의견에 공감을 드러내고 있다.
[A]에서 '학생 2'는 '학생 3'의 의견에 대해 부정적인 의견을 드러내고 있으므로, '학생 3'의 의견을 뒷받침할 수 있는 근거를 덧붙이면서 상대의 의견에 공감을 드러낸다고 할 수 없다.

④ [B]에서 '학생 3'은 '학생 2'의 질문에 대답하며 상대의 질문에 논리적 오류가 있음을 지적하고 있다.
[B]에서 '학생 3'은 '학생 2'의 질문에 일부 동의하면서도 문제 해결 방안을 제시하며 자신의 의견을 드러내고 있지만, 상대의 질문에 논리적 오류가 있음을 지적하지는 않고 있다.

✔ [B]에서 '학생 3'은 '학생 2'가 예측한 문제 상황을 인정하며 이를 해결하기 위한 방안을 제시하고 있다.
[B]의 '학생 3'은 '학생 2'가 공중전화가 없어진다면 불편을 겪을 사람들이 생길 것이라고 예측한 문제 상황을 인정하면서, 이에 대해 통신비 지원과 통신기기 대여를 해결 방안으로 제시하고 있다.

40 대화 내용의 반영된 양상 파악

정답률 78% | 정답 ⑤

(가)를 바탕으로 (나)를 설명한 내용으로 적절하지 않은 것은? [3점]

① 1문단에서는 (가)에서 언급된 공중전화 이용량에 대한 내용을 공중전화 폐지라는 현안의 배경으로 제시하고 있다.
(가)의 공중전화 이용량이 줄었다는 내용을, (나)의 1문단에서 공중전화 이용량이 급감하면서 공중전화 폐지라는 현안이 등장하게 되었음을 제시하고 있다.

② 2문단에서는 (가)에서 언급된 공중전화가 비상 상황에서 활용될 수 있다는 내용을 공중전화가 개인이나 사회의 안전을 위해 유지되어야 하는 이유로 제시하고 있다.
재난 등의 비상 상황에서 공중전화를 이용할 수 있다는 (가)의 내용을, (나)의 2문단에서 공중전화가 개인이나 사회의 안전을 위해서 필요한 이유로 제시하고 있다.

③ 2문단에서는 (가)에서 언급되지 않았던 법 규정을 공중전화가 국민 복지 차원에서 가치가 있음을 드러내는 근거로 제시하고 있다.
(가)에서 언급되지 않았던 법 규정인 전기 통신 사업법에 대한 내용을, (나)의 3문단에서 공중전화의 국민 복지 차원의 가치를 드러내는 근거로 제시하고 있다.

④ 3문단에서는 (가)에서 언급되지 않았던 사례를 공중전화 유지 여부를 경제적인 관점에서만 판단해서는 안 된다는 내용의 근거로 제시하고 있다.
(가)에서 언급되지 않았던 간이역 사례를, (나)의 4문단에서 공중전화의 유지에 대해 경제적 관점으로만 판단해서는 안 된다는 내용의 근거로 제시하고 있다.

✔ 4문단에서는 (가)에서 언급된 공중전화의 가치를 새롭게 인식하게 되었다는 내용을 사라지는 것들의 경제적 효율성을 강조하는 이유로 제시하고 있다.

(가)의 공중전화의 가치를 알게 되었다는 내용을 활용하여 (나)의 4문단에서 공중전화를 포함하여 '기술 발전으로 인해 사라지는 것들'에 대한 가치를 설명하고는 있다. 하지만 경제적 효율성을 강조하는 이유로 제시되고 있지는 않으므로 적절하지 않다.

41 글쓰기 계획의 반영 여부 파악

정답률 92% | 정답 ②

(나)를 쓰기 위해 세운 글쓰기 계획 중 글에 반영되지 않은 것은?

① 글의 도입부에 화제에 대한 나의 입장을 분명히 밝혀야겠어.
(나)의 도입부에서 공중전화는 유지되어야 한다며 화제에 대한 자신의 입장을 밝히고 있다.

✔ 화제에 대해 나의 입장이 변한 이유와 과정을 함께 밝혀야겠어.
(나)의 1문단을 통해 글쓴이가 자신의 입장은 밝히고 있지만, 자신의 입장이 변한 이유와 과정을 밝히지는 않고 있다.

③ 핵심 쟁점에 대해 내세울 의견과 대립하는 주장의 내용도 구체적으로 밝혀야겠어.
(나)의 3문단에서 핵심 쟁점인 '공중전화의 폐지'에 대해 글쓴이가 내세우고 있는 의견과 대립하는 주장인 경제적인 관점에서 공중전화 폐지를 주장하는 내용도 구체적으로 밝히고 있다.

④ 전문적 지식의 내용을 제시하며 그 내용에 포함되는 대상을 구체적으로 열거해야겠어.
(나)의 2문단에서 전기 통신 사업법의 내용과 그 내용에 포함되는 대상인 장애인·저소득층 등에 대한 요금 감면 서비스, 긴급 통신 서비스, 섬 지역 통신 등을 구체적으로 열거하고 있다.

⑤ 화제에 대한 인식 변화를 촉구하며 글을 마무리해야겠어.
(나)의 4문단에서서 공중전화가 폐지되어야 한다고 주장하는 사람들도 공중전화의 가치에 대해 새롭게 인식해야 한다고 촉구하며 글을 마무리하고 있다.

42 조건에 따른 글쓰기

정답률 93% | 정답 ④

〈보기〉에 제시된 학생들의 조언에 따라 (나)의 제목을 작성한 것으로 가장 적절한 것은?

〈보 기〉

학생 2 : 핵심 단어인 공중전화를 포함해서 글의 주제가 드러나게 제목을 붙여보자.
학생 3 : 비유적인 표현을 사용하면 더 좋을 것 같아.

① 급격한 경제 성장의 역습, 공중전화의 한계
핵심 단어인 '공중전화'가 포함되어 있지만, 주제가 드러나지 않고 비유적인 표현도 사용하지 않고 있다.

② 공중전화를 떠나보내며 기술 혁신의 바다로
핵심 단어인 '공중전화'가 포함되어 있고 비유적인 표현도 사용하고 있지만, 글의 주제와는 반대되는 내용이므로 적절하지 않다.

③ 공중전화의 가치를 인식할 때 안전과 복지도 유지된다
핵심 단어인 '공중전화'가 포함되어 있지만 글의 주제와는 거리가 멀고 비유적인 표현도 사용하지 않고 있다.

✔ 안전과 복지를 지키는 우산과 같은 공중전화, 계속 우리와 함께
핵심 단어인 공중전화를 포함하고 있고, 공중전화의 가치를 우산에 비유하고 있으며 공중전화를 유지하자는 글의 주제를 '계속 우리와 함께'라는 구절에 드러내고 있다.

⑤ 사라져 가는 것의 가치를 찾는 보물찾기, 통신 수단의 새로운 세계가 열리다
비유적인 표현이 사용되어 있지만, 글의 주제와 거리가 멀고 핵심 단어인 '공중전화'가 포함되지도 않고 있다.

43 글쓰기 전략 파악

정답률 96% | 정답 ①

'학생의 글'에 대한 설명으로 가장 적절한 것은?

✔ 해결 방안에 대한 구체적 예시를 제시하고 있다.
'학생의 글'은 도시 낙엽으로 인해 발생하는 문제점의 해결 방안에 대해 지자체가 해야 하는 캠페인 활동, 도시 낙엽을 퇴비로 가공한 뒤 판매하는 것과 같이 구체적 예를 들어 제시하고 있으므로 적절하다.

② 자문자답의 방식으로 문제의 심각성을 드러내고 있다.
이 글에서 스스로 묻고 답하는 자문자답의 방식은 사용되지 않고 있다.

③ 글쓴이의 주장에 대해 예상되는 반론을 반박하고 있다.
이 글에서 글쓴이가 자신의 주장을 드러내고 있지만, 자신의 주장에 대해 예상되는 반론을 제시하거나 이를 반박하지는 않고 있다.

④ 문제 상황의 시의성을 드러내는 속담을 사용하고 있다.
이 글을 통해 문제 상황의 시의성을 드러내는 속담은 찾아볼 수 없다.

⑤ 문제 상황과 관련하여 인용한 자료의 출처를 밝히고 있다.
이 글을 통해 문제 상황과 관련하여 인용한 자료의 출처를 밝힌 내용은 찾아볼 수 없다.

44 자료 활용 방안의 적절성 판단

정답률 83% | 정답 ④

다음은 학생이 쓴 글을 보완하기 위해 수집한 자료이다. 자료의 활용 방안으로 적절하지 않은 것은? [3점]

[자료 1] 통계 자료

㉮ ○○시 낙엽 처리 현황

(단위: t)

방법	처리량
폐기	17400
무상 제공	9000
퇴비 재활용	2700
미수거	900

㉯ ○○시 가로수 수종 현황

가로수 수종	비율(%)
은행나무	40.3
플라타너스	25.7
느티나무	11.3
벚나무	9.2
기타	13.5

[자료 2] 신문 기사

지자체들이 낙엽 수거와 수거한 낙엽 활용에 적극적으로 나서고 있다. △△시는 거리의 낙엽을 빠르고 깨끗하게 수거하기 위해 시민들의 참여를 독려하는 행사를 진행하고 있다. 시민들은 낙엽 청소를 한 거리 사진을 SNS에 공유하면서 지자체의 낙엽 수거에 적극적으로 협조하고 있다. 또 한 □□시는 수거한 낙엽을 관광 자원으로 재사용할 수 있도록 테마 공원에 무상 제공하고 있다. 시 관계자는 "낙엽을 공원에 제공하면서 낙엽 폐기량이 줄어 톤(t)당 20만 원의 소각 비용이 절감되었다."라고 말했다.

[자료 3] 전문가 인터뷰

낙엽이나 장작 등을 태우는 생물성 연소는 불완전 연소를 일으켜 일산화탄소, 포름알데하이드 등과 같은 위해성 오염 물질을 배출하게 됩니다. 이런 이유로 최근에는 생물적 자원을 가급적 소각하지 않고 재활용하는 방안이 주목받고 있습니다. 예를 들어 천연 살충 성분인 플라보노이드 성분이 함유된 은행나무 낙엽은 모기 퇴치제로, 플라타너스 낙엽은 황토 분말과 혼합하여 단열 효과가 있는 건축 자재로 재활용되고 있습니다.

① [자료 1-㉮]를 활용하여, 수거된 도시 낙엽이 주로 폐기되고 있다는 내용의 근거를 제시해야겠어.
[자료 1-㉮]에서 폐기되는 낙엽의 양이 17,400t으로 다른 처리 방식에 비해 가장 많은 비율로 처리되고 있음을 확인할 수 있고, '학생의 글' 2문단에서 지자체들이 수거된 도시 낙엽을 주로 폐기하는 방법으로 처리하고 있다고 제시되어 있으므로 적절하다.

② [자료 2]를 활용하여, 도시 낙엽을 재사용할 수 있는 방안을 추가로 제시해야겠어.
[자료 2]에서 □□시가 수거한 낙엽을 테마 공원에 무상 제공하여 관광자원으로 재사용하고 있음을 확인할 수 있고, '학생의 글' 3문단에서 도시 낙엽을 수거하여 축사 바닥 깔개나 보온재로 사용하는 등 다양한 용도로 재사용하는 방안이 제시되어 있으므로 적절하다.

③ [자료 3]을 활용하여, 도시 낙엽을 수거한 뒤 소각하는 과정에서 유해 물질이 발생하는 이유를 제시해야겠어.
[자료 3]에서 낙엽이나 장작 등을 태우는 생물성 연소가 불완전 연소로 인해 일산화탄소, 포름알데하이드 등과 같은 위해성 오염 물질을 배출한다는 것을 확인할 수 있고, '학생의 글' 2문단에서 도시 낙엽은 일반 쓰레기와 달리 소각 처리하며 대기 오염을 유발하는 유해 물질을 발생시킨다고 제시되어 있으므로 적절하다.

✔ [자료 1-㉮]와 [자료 2]를 활용하여, 수거되지 못한 도시 낙엽이 일으키는 사고의 위험성을 알리기 위한 캠페인의 사례를 제시해야겠어.
[자료 1-㉮]에서 미수거된 낙엽이 900t이라는 것을 확인할 수 있고, [자료 2]에서 △△시가 시민들의 낙엽 수거 참여 독려 행사를 진행하고 있음을 확인할 수 있다. '학생의 글'에는 도시 낙엽을 치워야 하는 이유를 캠페인 활동을 통해 시민들에게 알려 자발적 참여를 유도해야 한다는 내용은 제시되어 있으나, [자료 1-㉮]와 [자료 2]에서 사고의 위험성을 알리기 위한 캠페인의 사례를 찾을 수 없으므로 적절하지 않다.

⑤ [자료 1-㉯]와 [자료 3]을 활용하여, 도시 가로수의 주된 수종과 특성을 파악하여 낙엽을 경제적 자원으로 적합하게 재활용할 수 있다는 내용의 사례를 제시해야겠어.
[자료 1-㉯]에서 ○○시 전체 가로수 중 은행나무와 플라타너스의 비율이 66%라는 것을 통해 은행나무와 플라타너스가 ○○시 가로수의 주된 수종임을 확인할 수 있고, [자료 3]에서 천연 살충 성분을 지닌 은행나무 낙엽을 모기 퇴치제로, 플라타너스 낙엽을 건축 자재로 재활용하고 있음을 확인할 수 있다. [자료 1-㉯]와 [자료 3]을 활용하여, 도시 가로수의 주된 수종과 특성을 파악하여 낙엽을 경제적 자원으로 적합하게 재활용할 수 있다는 내용의 사례를 제시하는 것은 적절하다.

★★★ 등급을 가르는 문제!

45 고쳐쓰기의 적절성 판단

정답률 68% | 정답 ③

〈보기〉는 [A]의 초고이다. 〈보기〉를 고쳐 쓰기 위해 친구들이 조언한 내용 중 [A]에 반영되지 않은 것은?

〈보 기〉

가을철 낙엽은 우리에게 아름다운 정취를 느껴지게 한다. 특별한 처리 과정을 거치지 않아도 자연 순환되는 숲속 낙엽과 달리 도시 낙엽은 처리 과정에서 여러 가지 문제가 발생시킨다. 그래서 숲속 낙엽과 도시 낙엽을 구분하지 않고 처리해야 할 필요가 있다.

① 첫 번째 문장에서 피동 표현이 알맞지 않게 사용된 단어가 있으니 바꿔 보는 건 어때?
〈보기〉의 첫 번째 문장에서 '~ 느껴지게 한다.'라고 피동 표현이 알맞지 않게 사용된 것을 [A]의 첫 번째 문장에서 '~ 느끼게 한다.'로 바꾸었기 때문에 조언을 반영한 것이므로 적절하다.

② 첫 번째 문장과 두 번째 문장을 긴밀하게 연결하기 위한 표현을 사용해 보는 건 어때?
〈보기〉의 첫 번째 문장과 두 번째 문장을 긴밀하게 연결하기 위해 [A]에서 첫 번째 문장과 두 번째 문장을 접속표현 '그런데'를 사용하여 연결했기 때문에 조언을 반영한 것이므로 적절하다.

✔ 두 번째 문장에서 문장 성분의 호응이 맞지 않는 부분이 있으니 서술어를 다른 단어로 수정하는 건 어때?
친구들의 조언에 따르면 두 번째 문장에서 문장의 호응이 맞지 않는 부분인 '도시 낙엽은 처리 과정에서 여러 가지 문제가 발생시킨다'의 서술어인 '발생시킨다'를 수정해야 하지만 글쓴이는 [A]에서 '여러 가지 문제가'를 '여러 가지 문제를'로 수정하였다. 따라서 조언을 반영한 것은 아니므로 적절하지 않다.

④ 두 번째 문장에서 핵심어의 의미가 분명하지 않으니 꾸며 주는 말을 통해 구체적으로 규정해 주는 건 어때?
〈보기〉의 두 번째 문장에서 '도시 낙엽'의 의미를 [A]의 두 번째 문장에서 '도시 가로수들이 만들어 내는 도시 낙엽'이라고 꾸며주는 말을 통해 구체적으로 규정한 것은 조언을 반영한 것이므로 적절하다.

⑤ 세 번째 문장의 내용이 글의 흐름에서 벗어나니까 해당 문장을 삭제하는 건 어때?
〈보기〉의 세 번째 문장은 글의 흐름에서 벗어나 있어 [A]에서 삭제했기 때문에 조언을 반영한 것이므로 적절하다.

★★ 문제 해결 꿀~팁 ★★

▶ 많이 틀린 이유는?

이 문제는 초고인 〈보기〉와 고쳐 쓴 [A]를 정확하게 비교하지 못해 오답률이 높았던 것으로 보인다.

▶ 문제 해결 방법은?

이 문제를 해결하기 위해서는 기본적으로 〈보기〉와 [A]를 비교하여, 〈보기〉와 달리 [A]에서 달라진 점을 밑줄을 그어 놓아야 한다. 그런 다음 선택지의 내용을 달라진 점을 바탕으로 적절성을 판단해야 한다. 가령 오답률이 높았던 ①의 경우, 〈보기〉와 [A]를 비교해 보면 〈보기〉의 '느껴지게 한다'가 [A]에서는 '느끼게 한다'로 바꾸었으므로 적절한 조언이었음을 알 수 있었을 것이다. 그리고 정답인 ③의 경우에도 〈보기〉의 '여러 가지 문제가'를 [A]에서 '여러 가지 문제를'로 수정하였으므로, 서술어를 다른 단어로 수정하라는 조언은 반영되지 않았음을 알 수 있다. 이 문제뿐만 아니라 [A]를 〈보기〉로 고쳤을 때 조언 내용을 파악하는 문제의 경우, 반드시 두 개를 비교하여 바뀐 부분을 반드시 확인하도록 한다.

[문제편 p.015]

05회 | 2022학년도 4월 학력평가 고3

• 정답 •

35 ④ 36 ⑤ 37★ ⑤ 38 ③ 39 ③ 40 ② 41 ④ 42 ② 43 ① 44 ⑤ 45 ④

★ 표기된 문항은 [등급을 가르는 문제]에 해당하는 문항입니다.

35 말하기 방식 파악

정답률 93% | 정답 ④

위 발표에 대한 설명으로 가장 적절한 것은?

① **발표 주제를 강조하기 위해 속담을 활용하고 있다.**
발표자는 조난을 당해 구조 요청을 하는 동영상을 제시하여 발표 주제를 강조하고 있지만, 속담을 활용하여 발표 주제를 강조하지는 않고 있다.

② **청중과 함께 한 경험을 환기하기 위해 질문을 던지고 있다.**
발표자는 발표 내용에 대해 청중에게 질문을 던지고 있지만, 질문 내용이 청중과 함께 한 경험을 환기하기 위한 질문은 아니다.

③ **발표의 신뢰성을 높이기 위해 전문가의 말을 인용하고 있다.**
발표자는 전문 기관의 자료를 보여 주어 발표의 신뢰성을 높이고는 있지만, 전문가의 말을 인용하지는 않고 있다.

✔ **청중의 이해를 돕기 위해 구체적인 예시를 들어 설명하고 있다.**
3문단의 '예를 들어 국가지점번호 '다바 5122 8610에서 ~ 떨어진 위치를 나타냅니다.'를 통해, 발표자는 실제 사례를 들어 국가지점번호가 의미하는 바를 설명하고 있음을 알 수 있다. 따라서 발표자는 청중의 이해를 위해 구체적 사례를 들어 설명하였다고 할 수 있다.

⑤ **발표의 객관성을 확보하기 위해 제재의 장단점을 나열하고 있다.**
발표자는 국가지점번호에 대해 설명하고 있지만, 이러한 제재에 대한 장단점을 나열하지는 않고 있다.

36 발표 전략의 파악

정답률 73% | 정답 ⑤

다음을 바탕으로 위 발표가 진행되었다고 할 때, 발표자가 사용한 발표 전략으로 적절하지 않은 것은?

발표 전 청중 특성 분석
㉠ 국가지점번호에 대해 흥미가 적을 것임. ㉡ 국가지점번호가 어떻게 구성되어 있는지 잘 알지 못할 것임. ㉢ 국가지점번호를 부여하는 원리에 대해 잘 알지 못할 것임.
발표 중 청중 반응 분석
㉣ 국가지점번호가 만들어지기 전에 사용된 위치 표시 방식에 대해 알기를 원함. ㉤ 국가지점번호 표지판의 설치 현황에 대해 궁금해함.

① **㉠을 고려하여, 청중의 궁금증을 유발하기 위해 영상 자료를 활용하고 있다.**
1문단의 '먼저 영상을 보시죠 ~ 구조대에 알리고 있습니다.'를 통해, 청중의 궁금증을 유발하기 위해 조난 상황을 가정하여 국가지점번호 표지판을 활용하는 동영상을 제시하고 있음을 알 수 있다.

② **㉡을 고려하여, 국가지점번호가 한글 문자와 숫자로 구성되어 있음을 알려 주기 위해 사진 1을 활용하고 있다.**
2문단의 '그럼 국가지점번호는 ~ 숫자 8개로 이루어져 있습니다.'를 통해, 국가지점번호 실제 표지판을 보여 주며 국가지점번호가 어떻게 구성되어 있는지 알려 주고 있다.

③ **㉢을 고려하여, 국토를 격자형으로 나누어 국가지점번호를 부여하였음을 설명하기 위해 사진 2를 활용하고 있다.**
3문단의 '국가지점번호를 부여하는 원리는 ~ 네 자리의 숫자로 표시합니다.'를 통해, 국토를 격자로 나누어 구획한 지도의 사진을 보여 주며 국가지점번호가 최서남단을 기준으로 국토를 격자형으로 나누어 부여하고 있음을 알려 주고 있다.

④ **㉣을 고려하여, 국가지점번호 도입 전의 다양한 위치 표시 방식을 보여 주기 위해 실시간으로 검색한 인터넷 자료를 활용하고 있다.**
4문단의 '물론 국가지점번호가 만들어지기 전에도 ~ 바로 국가지점번호인 것이지요.'를 통해, 인터넷 검색 자료를 통해 국가지점번호가 만들어지기 이전에 각 기관에서 쓰였던 실제 위치 표시 표지판들을 보여 주고 있음을 알 수 있다.

✔ **㉤을 고려하여, 국가지점번호 표지판의 지역 간 설치 현황을 비교하기 위해 도표를 활용하고 있다.**
4문단의 '질문하신 국가지점번호 표지판의 ~ 꾸준히 설치되고 있습니다.'를 통해, 발표자가 도표를 제시하여 2017년부터 꾸준히 설치되고 있는 국가지점번호 표지판의 설치 현황을 보여 주고 있음을 알 수 있다. 하지만 도표를 활용하여 지역 간 설치 현황을 비교하지는 않고 있다.

★★★ 등급을 가르는 문제!

37 청중 반응의 적절성 파악

정답률 63% | 정답 ⑤

다음은 발표 내용을 확인하기 위한 학습지의 일부이다. 위 발표를 들은 학생들이 보인 반응으로 적절하지 않은 것은? [3점]

국가지점번호에 대한 이해	
가아, 사아, 가가, 사가, ⓐ, ⓑ, ⓒ, 북, 서, 동, 남	국가지점번호 라아 8485 1333 La A ○○산 국립공원관리공단
〈자료 1〉	〈자료 2〉

① **〈자료 1〉의 '가가'에 해당하는 구역에 국가지점번호의 기준점이 위치하고 있겠군.**
3문단을 통해 국가지점번호는 우리나라의 최서남단을 기준점으로 하여 기준점에서부터 각각 동쪽과 북쪽으로 100km 간격마다 가나다순으로 한글 문자를 부여함을 알 수 있다. 따라서 〈자료 1〉의 '가가'에 해당하는 구역에 국가지점번호의 기준점이 위치한다는 반응은 적절하다.

② **〈자료 1〉에서 ⓐ 구역의 시작점은 ⓑ 구역의 시작점으로부터 서쪽으로 300km 떨어진 곳에 위치하고 있겠군.**
3문단을 통해 국가지점번호는 국토를 가로와 세로 각각 100km 간격으로 격자를 나눔을 알 수 있고, 〈보기〉를 통해 ⓐ 구역의 시작점은 ⓑ 구역의 시작점에서 서쪽으로 세 칸 떨어져 있음을 알 수 있다. 따라서 ⓐ 구역의 시작점이 ⓑ 구역의 시작점에서 서쪽으로 300km 떨어진 곳에 위치한다는 반응은 적절하다.

③ **〈자료 1〉의 ⓒ 구역의 국가지점번호 중 한글 문자는 '마사'이겠군.**
3문단을 통해 국가지점번호는 우리나라의 최서남단을 기준점으로 하여 기준점에서부터 각각 동쪽과 북쪽으로 100km 간격마다 가나다순으로 한글 문자를 부여함을 알 수 있으므로, ⓒ 구역이 '마사'라는 반응은 적절하다.

④ **〈자료 2〉와 같은 표지판은 도로명주소가 부여되기 어려운 곳에서 위치를 알리는 데 유용하겠군.**
2문단을 통해 국가지점번호 표지판은 산이나 바다처럼 도로명주소가 없는 곳에 설치되어 유용하게 활용됨을 알 수 있으므로 적절한 반응이라 할 수 있다.

✔ **〈자료 2〉의 국가지점번호 표지판은 기준점에서 동쪽으로 484.85km, 북쪽으로 813.33km 떨어진 곳에 위치하고 있겠군.**
3문단을 통해 〈자료 2〉의 국가지점번호 표지판의 '라아'는 기준점에서 동쪽으로 300km ~ 400km 사이, 북쪽으로 700km ~ 800km 사이의 구역임을 알 수 있다. 그리고 '8485 1333'은 해당 구역의 시작점에서 동쪽으로 84.85km, 북쪽으로 13.33km 떨어진 위치라는 것을 의미함을 알 수 있다. 따라서 〈자료 2〉의 국가지점번호 표지판은 기준점에서 동쪽으로 384.85km, 북쪽으로 713.33km 떨어진 곳에 위치하고 있음을 알 수 있으므로, 동쪽으로 484.85km, 북쪽으로 813.33km 떨어진 곳에 위치하고 있다는 반응은 적절하지 않다.

★★ 문제 해결 꿀~팁 ★★

▶ 많이 틀린 이유는?
이 문제는 학생의 발표 내용을 실제 사례에 적용하는 과정에서 어려움을 겪어 오답률이 높았던 것으로 보인다.
▶ 문제 해결 방법은?
이 문제를 해결하기 위해서는 발표자가 발표에서 〈자료 1〉과 〈자료 2〉를 활용하여 무엇을 설명하고 있는지 파악해야 한다. 즉 〈자료 1〉과 〈자료 2〉에 대해 발표하고 있는 2, 3문단을 중심으로 선택지의 적절성을 파악해야 한다. 가령 정답인 ⑤의 경우 '국가지점번호 표지판'에 대해 서술하고 있으므로, 이와 관련하여 발표하고 있는 2문단의 내용을 통해 적절성을 판단해야 한다. 2문단의 '예를 들어 국가지점번호 ~ 떨어진 위치를 나타냅니다.'에 적용하여 이해하면 적절하지 않음을 알 수 있었을 것이다. 화법 문제에서는 이 문제처럼 조금만 주의를 기울이면 쉽게 해결할 수 있는 문제가 출제되므로(이는 독서의 읽기 지문에서도 적용된다.), 차분히 글의 내용과 비교하면서 적절성을 판단할 수 있도록 한다.

38 사회자 역할 파악

정답률 89% | 정답 ③

(가)의 '학생 1'의 발화에 대한 설명으로 적절하지 않은 것은?

① **회의의 순서를 안내하며 논의의 방향을 드러내고 있다.**
'학생 1'의 첫 번째 발화인 '먼저 지난 설문 조사 결과를 보면서 ~ 해결 방안에 대해 논의해 보자.'를 통해, 회의 순서를 안내하고 논의의 방향을 드러내고 있음을 알 수 있다.

② **회의 참여자의 발언을 듣고 추가 정보를 요청하고 있다.**
'학생 1'의 세 번째 발화인 '실용적이지 않다고 생각하는 구체적인 이유에는 어떤 것들이 있어?'를 통해, 회의 참여자의 발언에 추가 정보를 요청하고 있음을 알 수 있다.

✔ **회의에 참여한 학생들의 입장을 구분하여 정리하고 있다.**
(가)의 '학생 1'의 발화를 통해, '학생 1'이 회의에 참여한 학생들의 입장을 구분하여 정리한 부분은 찾아볼 수 없다.

④ **회의를 마무리하며 다음 회의에서 논의할 사안을 제시하고 있다.**
'학생 1'의 마지막 발화인 '오늘은 여기까지 하고 ~ 건의문을 작성해 보도록 할게.'를 통해, 회의 내용을 마무리하며 다음 회의에서 논의할 사안을 설명하고 있음을 알 수 있다.

⑤ **지난 회의 내용을 요약하며 오늘 진행할 회의 주제를 밝히고 있다.**
'학생 1'의 첫 번째 발화인 '지난 회의에서 학습플래너 사용률과 관련해 ~ 방안에 대해 이야기해 보도록 할게.'를 통해, 지난 회의의 내용을 요약하며 오늘 진행할 회의 주제를 밝히고 있음을 알 수 있다.

39 말하기 방식 파악

정답률 78% | 정답 ③

[A]와 [B]에 대한 설명으로 가장 적절한 것은?

① **[A]에서의 '학생 2'와 달리 [B]에서의 '학생 3'은 상대가 제안한 내용의 한계를 지적하며 근거를 제시하고 있다.**
[B]에서 '학생 3'은 '학생 2'가 제안한 내용에 '그렇게 하자.'라 하면서 자신의 의견을 드러내고 있다. 따라서 '학생 3'이 '학생 2'가 제안한 내용의 한계를 지적하며 근거를 제시하였다는 설명은 적절하지 않다.

② **[A]에서의 '학생 2'와 달리 [B]에서의 '학생 3'은 상대가 제안한 내용에 자신의 경험을 바탕으로 한 해결책을 추가하고 있다.**
[B]에서 '학생 3'은 '학생 2'의 제안에 동의하며 의견을 드러내고 있을 뿐, '학생 2'가 제안한 내용에 자신의 경험을 바탕으로 한 해결책을 추가하지는 않고 있다.

✔ **[B]에서의 '학생 3'과 달리 [A]에서의 '학생 2'는 상대가 제안한 내용을 수용하며 그 효과를 언급하고 있다.**
[A]에서 '학생 2'는 '학생 3'의 '우리 학교 학생 중 ~ 경험담을 소개하는 활동은 어떨까?'라는 제안에 대해 '그래, 정말 좋은 생각이야.'라고 수용하면서, '경험담을 소개하면 ~ 알릴 수 있을 것 같네.'라고 학습플래너 사용 경험담을 소개하는 것의 효과를 언급하고 있다. 하지만 [B]에서 '학생 3'은 '학생 2'의 '오늘 회의 내용을 ~ 제출하도록 하자.'는 제안에 '그렇게 하자.'라며 수용하고는 있지만, 그 효과를 언급하지는 않고 있다.

④ **[B]에서의 '학생 3'과 달리 [A]에서의 '학생 2'는 상대가 제안한 내용의 타당성을 인정하며 자신의 의견과 절충하고 있다.**
[A]에서 '학생 2'는 '학생 3'이 제안한 내용에 '그래, 정말 좋은 생각이야.'라고 동의하고 있지만, 자신의 의견과 절충하지는 않고 있다.

⑤ [B]에서의 '학생 3'과 달리 [A]에서의 '학생 2'는 상대가 제안한 내용을 재진술하며 자신의 이해가 정확한지를 확인하고 있다.
[A]에서 '학생 2'가 '학생 3'이 제안한 내용을 재진술하지는 않고 있다.

40 글쓰기 계획 파악
정답률 70% | 정답 ②

다음은 (가)에 참여한 학생이 작성한 메모이다. 이를 바탕으로 세운 글쓰기 계획 중 (나)에 반영되지 않은 것은? [3점]

1. 문제 상황
- 우리 학교 학습플래너의 사용률이 낮음. ………… ⓐ

2. 문제의 원인
- 많은 학생들이 학습플래너의 필요성과 작성법을 모르고 있음.
- 학습플래너의 휴대성이 떨어짐. ………… ⓑ

3. 문제 해결 방안
- 학생을 대상으로 한 홍보 활동 ………… ⓒ
- 학생들의 요구를 반영한 실용성 개선 ………… ⓓ
- 학습플래너 기획단 구성 ………… ⓔ

① 회의에서 언급되지 않았던, 학교의 예산이나 노력과 관련된 내용을 글에 포함시켜 ⓐ를 해결했을 때의 의미를 강조해야겠어.
(가)에서는 언급되지 않았던 학교의 예산이나 노력과 관련된 내용이, 6문단에서 '이러한 의견들을 ~ 학교의 예산과 노력을 투입할 수 있을 것입니다.'라고 언급하여 학습플래너 사용률이 낮다는 문제 상황을 해결했을 때의 의미를 강조하고 있다.

✔ 회의에서 언급되었던, 작은 크기의 학습플래너를 선호하는 이유를 글에 밝혀 ⓑ의 내용을 명확히 해야겠어.
(가)에서는 작은 크기의 학습플래너를 학생들이 가지고 다니기 편리해져 실용성이 높을 것이라 언급되어 있다. 하지만 (나)를 통해 작은 크기의 학습플래너를 선호하는 이유는 언급되어 있지 않으므로 적절하지 않다.

③ 회의에서 언급되었던, 학습플래너 경험담 소개 행사에 대해 그 실시 시기를 글에 추가하여 ⓒ의 내용을 구체화해야겠어.
(가)에서 언급되었던 학습플래너 경험담 소개 행사의 구체적인 실천 방안으로, (나)의 3문단에서 경험담을 소개하는 행사의 시기를 '학기 초와 학기 말'로 제시하고 있다.

④ 회의에서 언급되지 않았던, 다양한 유형의 학습플래너 속지를 요구한다는 설문 조사 내용을 글에 포함시켜 ⓓ의 의미를 강조해야겠어.
(가)에서는 언급되지 않았던 학습플래너 속지에 대한 설문 조사 내용을, 4문단에서 '독서 감상이나 학교 행사 등을 기록할 수 있는 속지를 넣는 것이 좋겠다는 의견이 많았습니다.'라고 언급하여 학생들의 요구를 반영하여 실용성을 개선해야 한다는 의미를 강조하고 있다.

⑤ 회의에서 언급되지 않았던, 학습플래너 기획단의 새로운 측면을 글에 추가하여 ⓔ의 의미를 강조해야겠어.
(가)에서는 언급되지 않았던, 학습플래너 기획단의 긍정적인 측면을, 5문단에서 '학습플래너 제작에 기획단이 참여한다면 ~ 학생 자치를 실천할 수 있을 것입니다.'라며 학습플래너 기획단 구성의 의미를 강조하고 있다.

41 건의문의 이해
정답률 85% | 정답 ④

〈보기〉를 참고하여 (나)에 대해 학생들이 보일 수 있는 반응으로 적절하지 않은 것은?

〈보 기〉

건의문은 특정한 개인이나 기관을 대상으로 공식적으로 문제 해결을 제안하거나 요구하는 글이므로 예의 바르고 공손한 표현을 사용하는 것이 좋다. 글의 목적을 달성하기 위해서는 해결해야 할 상황의 문제점을 분명하게 드러내고 상황의 심각성을 부각해야 하며, 해결 방안을 제시할 때는 구체적인 근거를 들어야 한다. 또한 해결 방안이 실현 가능함을 강조하거나 문제가 해결되었을 경우 얻을 수 있는 공동체의 이익이나 기대 효과를 제시 한다면 글의 설득력을 높일 수 있다.

① 예상 독자와 글의 형식을 고려하여 정중한 인사로 글을 시작한 것이겠군.
1문단에서 '안녕하세요 ~ 선생님께 감사드립니다.'라며 글을 시작하고 있는데, 이는 예상 독자인 선생님과 글의 형식인 건의문을 고려한 것이라 할 수 있다.

② 문제 상황의 심각성을 부각하기 위해 설문 조사 통계를 사용한 것이겠군.
1문단에서 '학습플래너를 사용하는 학생 수가 전체의 24% 정도'라는 설문 조사 통계를 사용하고 있는데, 이는 문제 상황의 심각성을 부각하기 위한 것이라 할 수 있다.

③ 문제 해결 방안이 실현 가능함을 강조하기 위해 인근 학교의 사례를 제시한 것이겠군.
4문단에서 '실제로 인근 학교에서도 ~ 높아진 사례가 있습니다.'라며 해결 방안이 실현된 사례를 제시하고 있는데, 이는 문제 해결 방안이 실현 가능함을 강조하기 위해서라 할 수 있다.

✔ 문제 해결 방안의 구체적인 근거로 사용하기 위해 또래 친구들의 학습플래너 제작 경험을 제시한 것이겠군.
(나)를 통해 문제 해결 방안의 구체적인 근거로 또래 친구들의 학습플래너 제작 경험은 찾아볼 수 없다.

⑤ 문제가 해결되었을 경우 얻을 수 있는 공동체의 이익을 드러내기 위해 교육적 목적을 달성하는 데 도움이 된다는 내용을 제시한 것이겠군.
6문단에서 '학생들의 자기 주도적 ~ 교육적 목적도 달성'하는 데 도움이 된다는 내용을 제시하고 있는데, 이는 문제가 해결되었을 경우 얻을 수 있는 공동체의 이익을 드러내기 위해서라 할 수 있다.

42 고쳐쓰기의 적절성 판단
정답률 85% | 정답 ②

㉠~㉤을 고쳐 쓰기 위해 학생들이 조언한 내용으로 적절하지 않은 것은?

① ㉠ : 단어의 쓰임이 적절하지 않으므로 '적은'으로 고치자.
'작다'는 '정하여진 크기에 모자라서 맞지 아니하다.'라는 뜻이고, '적다'는 '수효나 분량, 정도가 일정한 기준에 미치지 못하다.'라는 의미이므로 '적은'으로 고치자는 조언은 적절하다.

✔ ㉡ : 문장 성분 간의 호응을 고려하여 '사용된'으로 고치자.
조언을 수용하여 ㉡을 '많은 예산과 노력이 사용된'으로 고쳐 쓰게 되면 주어인 '노력'과 서술어인 '사용된'의 호응 관계가 어색해진다. '예산'과 '노력'을 고려하면 '들어간'이 적절하다.

③ ㉢ : 문장과 문장의 연결 관계를 고려하여 '그리고'로 고치자.
'그러나'는 앞의 내용과 뒤의 내용이 상반될 때 쓰는 접속 부사이고, '그리고'는 단어, 구, 절, 문장 따위를 병렬적으로 연결할 때 쓰는 접속 부사이다. '학생회에서 실시한 설문 조사 결과 ~ 작성 방법을 모르고 있었습니다.'와 '우리 학교 학습플래너가 ~ 학생들도 많았습니다.'가 병렬적으로 연결되고 있으므로 '그리고'로 고치자는 조언은 적절하다.

④ ㉣ : 필요한 문장 성분이 생략되어 있으므로 '학습플래너를'을 추가하자.
서술어 '제작하다'가 요구하는 필수 문장 성분인 목적어가 생략되어 있으므로 '학습플래너를'을 추가하자는 조언은 적절하다.

⑤ ㉤ : 글의 통일성을 해치는 문장이므로 삭제하자.
㉤은 '우리 학교 학습플래너 사용률을 높이기 위한 건의'라는 글의 주제에서 벗어나 통일성을 해치는 문장이므로 삭제하자는 조언은 적절하다.

43 글쓰기 전략 파악
정답률 95% | 정답 ①

윗글의 글쓰기 방식에 대한 설명으로 가장 적절한 것은?

✔ 내용을 항목화하여 체계적으로 제시하고 있다.
이 글에서는 보고서의 형식에 따라 'Ⅰ. 조사 동기 및 목적'에서 'Ⅳ. 결론'까지 내용을 항목화하여 체계적으로 제시하고 있음을 알 수 있다.

② 주요 용어의 개념을 명시적으로 서술하고 있다.
이 보고서의 주요 용어인 '수목 관리'에 대한 개념을 설명해 주지는 않고 있다.

③ 비유적 표현을 사용하며 글을 마무리하고 있다.
이 보고서의 'Ⅳ. 결론'에서는 수목 관리에 대한 학교 구성원의 관심이 필요함을 언급하며 마무리하고 있지만, 비유적 표현을 사용하지는 않고 있다.

④ 통념을 반박하기 위하여 근거를 제시하고 있다.
이 보고서에서는 관리 실태의 문제점이나 개선 방안을 나열하고 있지만 기존 통념을 반박하기 위한 근거를 제시하지는 않고 있다.

⑤ 제재와 관련된 질문을 통해 글을 시작하고 있다.
이 보고서에서는 학교에서 나무가 지니는 긍정적 기능을 언급하며 글을 시작하고 있지만, 나무와 관련된 질문을 통해 글을 시작하지는 않고 있다.

44 글쓰기 계획 파악
정답률 83% | 정답 ⑤

다음은 초고를 작성하기 전에 학생이 세운 작문 계획이다. 학생의 초고에 반영되지 않은 것은?

○ 학교의 나무가 우리에게 주는 긍정적인 기능에 대해 언급해야겠어. ………… ①
○ 우리 학교 수목 관리의 문제점에 따른 개선 방안을 찾기 위한 목적으로 조사를 하였음을 밝혀야겠어. ………… ②
○ 우리 동아리에서 조사한 내용을 정리하여 우리 학교 수목 관리의 주요 문제점을 설명해야겠어. ………… ③
○ 현장 조사 자료와 관련 연구 자료를 통해 얻은 정보를 바탕으로 개선 방안이 도출되었음을 밝혀야겠어. ………… ④
○ 결론에서는 개선 방안을 토대로 우리 학교 수목 관리에 대한 앞으로의 계획을 밝혀야겠어. … ⑤

① 학교의 나무가 우리에게 주는 긍정적인 기능에 대해 언급해야겠어.
'Ⅰ. 조사 동기 및 목적'의 '학교에서 나무는 학생들에게 휴식 공간을 제공할 뿐만 아니라 외부의 소음과 미세 먼지로부터 학습 환경을 보호해 주기도 한다.'를 통해 작문 계획이 반영되어 있음을 알 수 있다.

② 우리 학교 수목 관리의 문제점에 따른 개선 방안을 찾기 위한 목적으로 조사를 하였음을 밝혀야겠어.
'Ⅰ. 조사 동기 및 목적'에서 '우리 학교 수목 관리 실태 조사'를 통해 '수목 관리의 문제점을 짚어 보고, 개선 방안을 모색하'려 함을 밝히고 있으므로 작문 계획이 반영되어 있음을 알 수 있다.

③ 우리 동아리에서 조사한 내용을 정리하여 우리 학교 수목 관리의 주요 문제점을 설명해야겠어.
'Ⅲ. 조사 결과 – 1. 관리 실태 및 문제점 분석'에서 동아리에서 실시한 현장 조사 결과를 정리하여 세 가지 주요 문제점을 설명하고 있으므로 작문 계획이 반영되어 있음을 알 수 있다.

④ 현장 조사 자료와 관련 연구 자료를 통해 얻은 정보를 바탕으로 개선 방안이 도출되었음을 밝혀야겠어.
'Ⅲ. 조사 결과 – 2. 개선 방안'에서 '현장 조사 자료와 관련 연구 자료를 종합'하여 개선 방안을 도출하였다고 밝히고 있으므로 작문 계획이 반영되어 있음을 알 수 있다.

✔ 결론에서는 개선 방안을 토대로 우리 학교 수목 관리에 대한 앞으로의 계획을 밝혀야겠어.
'Ⅳ. 결론'에서는 수목 관리에 대한 학교 구성원의 관심이 필요함을 언급하고 있지만, 우리 학교 수목 관리에 대한 앞으로의 계획은 제시되어 있지 않다.

45 자료 활용 방안의 적절성 판단
정답률 86% | 정답 ④

다음은 초고를 보완하기 위해 추가로 수집한 자료이다. 자료의 활용 방안으로 적절하지 않은 것은?

[자료 1] 통계 자료

㉮ 우리 학교 설문 조사 결과

우리 학교 나무에 관심이 있는가?	
매우 그렇다	7.6%
그렇다	29.3%
그렇지 않다	38.7%
매우 그렇지 않다	24.4%

㉯ 차광률에 따른 무궁화 개화 수

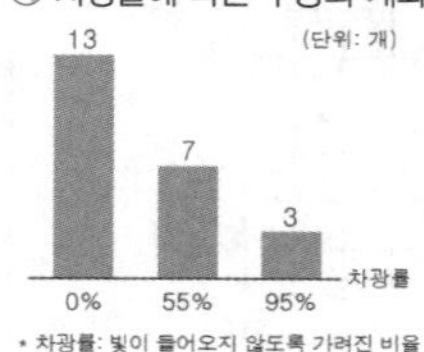

* 차광률: 빛이 들어오지 않도록 가려진 비율

[자료 2] 전문가 인터뷰

"일반적으로 나무는 햇빛이 부족할 경우 가지가 연약하게 자라거나 피는 꽃의 수가 줄어들게

[문제편 p.019]

된니다. 따라서 그늘진 곳에 심은 나무는 가급적 적합한 곳으로 옮겨 심어야 하며, 옮겨 심은 후에도 나무의 적절한 생장을 위해 가지치기를 하는 것이 좋습니다. 하지만 과도한 가지치기로 인하여 나무가 세균에 감염되어 고사 할 수 있으므로 주의해야 합니다."

[자료 3] 신문 기사

□□신문 ◇◇◇◇년 ◇◇월 ◇◇일

내 나무 한 그루, 내가 가꾼다

시민들이 나무 한 그루씩을 맡아 직접 가꾸어 보는 캠페인 활동이 호응을 얻고 있다. △△시에서는 시민들이 가뭄철 물 주기, 비료 주기, 나무 옮겨심기 등을 하는 '나무 돌보미' 캠페인이 진행되고 있다. ○○○ 학생은 "직접 내 나무를 가꾸어 보니 나무의 소중함을 느낄 수 있고 생명을 사랑하는 마음도 저절로 길러지는 것 같다. 친구들에게도 이 프로그램을 많이 추천하고 싶다."라고 말했다.

① **[자료 1-㉮]를 활용하여, 우리 학교 나무에 대한 학생들의 관심도가 낮다는 내용을 뒷받침하는 자료로 제시한다.**
[자료 1-㉮]에서 설문 조사 결과로 '그렇지 않다' 38.7%, '매우 그렇지 않다' 24.4%를 확인할 수 있다. 따라서 우리 학교 나무에 대한 학생들의 관심도가 낮다는 내용을 뒷받침하는 자료로 제시할 수 있으므로 적절하다.

② **[자료 1-㉯]와 [자료 2]를 활용하여, 그늘에 심은 무궁화의 생장 상태가 불량한 원인이 부족한 햇빛 때문임을 뒷받침하는 자료로 제시한다.**
[자료 1-㉯]에서 차광률이 높을수록 무궁화 개화 수가 적다는 것을 확인할 수 있고, [자료 2]에서 나무에 햇빛이 부족할 경우 가지가 연약하게 자라거나 피는 꽃의 수가 줄어들 수 있다는 것을 확인할 수 있다. 이를 활용하여 그늘에 심은 무궁화의 생장 상태가 불량한 원인이 부족한 햇빛 때문임을 뒷받침하는 자료로 제시할 수 있으므로 적절하다.

③ **[자료 2]를 활용하여, 지나친 가지치기가 나무의 건강에 악영향을 미친다는 내용의 심각성을 부각하는 자료로 제시한다.**
[자료 2]에서 '과도한 가지치기로 인하여 나무가 세균에 감염되어 고사할 수 있'다는 점을 확인할 수 있다. 따라서 이를 활용하여 지나친 가지치기가 나무의 건강에 악영향을 미친다는 내용의 심각성을 부각하는 자료로 제시할 수 있으므로 적절하다.

④ **[자료 2]와 [자료 3]을 활용하여, 부적합한 생육 환경을 개선하기 위해 나무를 옮겨 심어야 하는 시기를 구체적으로 제시한다.**
[자료 2]에서 부적합한 곳에 심어진 나무를 옮겨 심어야 하는 이유와 옮겨 심은 후 나무의 적절한 생장을 위해 가지치기를 해 주어야 함을 제시하고 있고, [자료 3]에서 캠페인 활동의 일환으로 나무 옮겨심기를 제시하고 있다. 하지만 두 자료 모두, 나무를 옮겨 심는 시기에 대해서는 구체적으로 밝히고 있지 않으므로 적절하지 않다.

⑤ **[자료 3]을 활용하여, 나무에 대한 학생들의 인식 개선을 위한 캠페인 활동의 사례를 구체적으로 제시한다.**
[자료 3]에서 '나무 돌보미' 캠페인의 활동 내용과 참여 학생의 긍정적인 반응을 확인할 수 있다. 따라서 이를 활용하여 나무에 대한 학생들의 인식 개선을 위한 캠페인 활동의 사례를 구체적으로 제시할 수 있으므로 적절하다.

06회 | 2021학년도 4월 학력평가 고3

• 정답 •
35③ 36② 37④ 38③ 39⑤ 40① 41④ 42⑤ 43⑤ 44① 45④

★ 표기된 문항은 [등급을 가르는 문제]에 해당하는 문항입니다.

35 말하기 방식 파악 정답률 96% | 정답 ③

위 발표에 대한 설명으로 가장 적절한 것은?

① **발표 제재를 활용할 때 유의할 점을 안내하고 있다.**
이 발표에서 QR 코드의 특징과 구성, 기능 패턴에 대해서는 언급하고 있지만, QR를 활용할 때의 유의할 점은 언급하지 않고 있다.

② **발표를 통해 배운 점을 실천해 볼 것을 권유하고 있다.**
발표 마지막에 QR 코드에 대한 궁금증이 해소되었기를 바란다고 언급하고 있지만, 발표를 통해 배운 QR 코드에 대해 실천해 볼 것을 권유하지는 않고 있다.

③ **발표 제재의 선정 이유를 도입 부분에 제시하고 있다.**
1문단의 '이렇게 QR 코드는 주변에서 흔히 사용되고 있지만, QR 코드의 특징과 구성에 대해서는 잘 모르실 것 같아 발표를 준비했습니다.'를 통해, 발표 제재의 선정 이유를 제시하고 있음을 알 수 있다.

④ **발표 중간중간에 앞에서 설명한 내용을 요약하고 있다.**
발표 중간중간에 앞에서 설명한 내용을 요약하여 제시하지는 않고 있다.

⑤ **발표를 마치며 정보의 출처를 구체적으로 명시하고 있다.**
정보의 출처를 구체적으로 명시하지는 않고 있다.

36 매체 활용 방식 이해 정답률 73% | 정답 ②

다음은 발표를 위해 준비한 분석 자료의 일부이다. 이를 바탕으로 위 발표가 진행되었다고 할 때, 발표자의 발표 전략으로 적절하지 않은 것은?

발표 제재의 특성 분석	㉠ 일상생활에서 자주 접할 수 있음. ㉡ 바코드의 원리와 비교 가능함.
청중의 특성 분석	㉢ QR 코드의 용도를 궁금해함. ㉣ QR 코드가 어떻게 구성되어 있는지 모름.
발표 장소의 특성 분석	㉤ 교실 구조상 자료 화면이 뒤쪽까지 잘 보이지 않을 수 있음.

① **㉠을 고려하여, 일상생활 속에서 QR 코드가 흔히 사용되고 있다는 것을 보여 주기 위해 '사진 1'을 활용하고 있다.**
1문단의 '이 사진에서처럼 공공장소에 들어갈 때 한 번쯤은 사용해 보셨을 텐데요.'를 통해, 일상생활에서 QR 코드가 흔히 사용되고 있다는 것을 보여 주기 위해 '사진 1'을 활용하고 있음을 알 수 있다.

② **㉡을 고려하여, QR 코드와 바코드는 빛을 이용하는 원리가 다르다는 것을 비교하기 위해 '표'를 활용하고 있다.**
2문단의 'QR 코드는 명암에 따라 빛의 반사량이 다르다는 원리가 이용된다는 점에서 바코드와 유사합니다.'를 통해, 빛을 이용하는 원리는 QR 코드와 바코드의 유사점임을 확인할 수 있다. 하지만 발표에 활용한 '표'는, 바코드와 QR 코드의 구성 및 담을 수 있는 정보의 종류가 다르다는 것을 비교하기 위해 제시한 것이므로 적절하지 않다.

③ **㉢을 고려하여, QR 코드의 다양한 용도를 알려 주기 위해 '동영상'을 활용하고 있다.**
2문단의 '보신 것처럼 QR 코드는 상품 홍보, 결제, 웹 사이트 연결 등의 다양한 용도로 활용되고 있습니다.'를 통해, 상품 홍보, 결제, 웹 사이트 연결과 같은 QR 코드의 다양한 용도를 알려주기 위해 '동영상'을 활용하고 있음을 알 수 있다.

④ **㉣을 고려하여, QR 코드의 구성에 대해 설명하기 위해 '사진 2'와 '사진 3'을 활용하고 있다.**
3문단에서 QR 코드의 구성을 설명하기 위해 '사진 2'를, 5문단에서 QR 코드를 구성하는 기능 패턴들에 대해 설명하기 위해 '사진 3'을 활용하고 있음을 알 수 있다.

⑤ **㉤을 고려하여, 교실 뒤쪽까지 정보를 효과적으로 전달하기 위해 '사진 2'의 크기를 조절하여 활용하고 있다.**
3문단의 '뒤에 계신 분들 잘 보이시나요? 안 보이시는 분이 있다고 하니 확대해 보겠습니다. (사진 2를 확대하며) 잘 보이시죠?'를 통해, 교실 뒤쪽까지 정보를 효과적으로 전달하기 위해 '사진 2'의 크기를 조절하여 활용하고 있음을 알 수 있다.

37 청중 반응의 적절성 판단 정답률 82% | 정답 ④

위 발표를 들은 학생이 〈보기〉에 대해 보인 반응으로 적절하지 않은 것은? [3점]

〈보 기〉

① **ⓐ가 있어 거꾸로 놓여 있는 QR 코드도 빠르게 인식될 수 있겠군.**

5문단에서 위치 탐지 패턴은 QR 코드가 어떤 방향으로 놓여 있어도 쉽고 빠르게 인식될 수 있게 해 준다고 하였으므로 적절하다.

② ⓑ를 통해 ⓓ의 위치 정보와 QR 코드의 버전을 확인할 수 있겠군.
5문단에서 타이밍 패턴은 다른 모듈들의 위치 정보와 QR 코드의 버전을 확인할 수 있게 해 준다고 하였으므로 적절하다.

③ ⓒ가 있어 둥근 유리병 표면에 부착된 QR 코드도 정상적으로 인식될 수 있겠군.
5문단에서 정렬 패턴은 QR 코드가 곡면 등에 인쇄되어 일그러진 상태에서도 정상적으로 인식될 수 있게 해 준다고 하였으므로 적절하다.

④ ⓓ의 수가 늘어나 QR 코드 크기가 커지면 ⓐ에 더 많은 정보를 담을 수 있겠군.
5문단을 통해 ⓐ는 위치 탐지 패턴, ⓑ는 타이밍 패턴, ⓒ는 정렬 패턴, ⓓ는 모듈임을 알 수 있다. 그리고 4문단에서 모듈의 수가 늘어나면 QR 코드의 크기가 커지지만, 더 많은 정보를 담을 수 있는 영역은 위치 탐지 패턴이 아니라 인코드화 영역임을 확인할 수 있으므로 적절하지 않다.

⑤ ⓐ, ⓑ, ⓒ는 모두 QR 코드가 효율적으로 인식될 수 있도록 하는 기능 패턴들이겠군.
5문단에서 위치 탐지 패턴, 타이밍 패턴, 정렬 패턴이 기능 패턴에 속한다고 하였고, 기능 패턴이 QR 코드가 효율적으로 인식될 수 있도록 돕는다고 하였으므로 적절하다.

38 진행자의 역할 이해
정답률 87% | 정답 ③

다음은 '학생 1'이 동아리 활동을 준비하면서 작성한 메모이다. (가)의 '학생 1'의 발화에서 확인할 수 있는 내용으로 적절하지 않은 것은?

◎ 동아리 활동 시작
– 지난 활동에서 결정된 주제 환기하기 ······ ①
– 발언자의 순서를 지정하기 ······ ②
◎ 동아리 활동 진행
– 사례를 제시하여 다양한 생각을 유도하기 ······ ③
– 대화의 내용 정리하기 ······ ④
◎ 동아리 활동 마무리
– 다음 모임의 활동 내용 제안하기 ······ ⑤

① 지난 활동에서 결정된 주제 환기하기
'학생 1'의 첫 번째 발화인 '지난번 모임에서 오늘은 「홍길동전」과 영웅'이라는 주제로 이야기하기로 했잖아.'를 통해, 지난 활동에서 결정된 주제를 환기하고 있음을 알 수 있다.

② 발언자의 순서를 지정하기
'학생 1'의 첫 번째 발화인 '우선 한 명씩 차례대로 이야기해 보자. (학생 2를 가리키며) 먼저 이야기해 볼래?'와 두 번째 발화인 '(학생 3을 가리키며) 이번에는 네가 먼저 얘기해 볼래?'를 통해, '학생 1'이 발언자의 순서를 지정하고 있음을 알 수 있다.

③ 사례를 제시하여 다양한 생각을 유도하기
(가)에 제시된 '학생 1'의 발화를 통해, '학생 1'이 사례를 제시하여 다양한 생각을 유도한 부분은 찾아볼 수 없다.

④ 대화의 내용 정리하기
'학생 1'의 두 번째 발화인 '다른 사람을 돕는다는 점에서 ~ 그를 진정한 영웅으로 볼 수 있는지에 대해서는 서로 생각이 다르구나.'와 세 번째 발화인 '너희가 생각하는 진정한 영웅은 ~ 더 중요하게 여겨야 한다는 입장으로 나뉘는구나.'를 통해, '학생 1'이 대화의 내용을 정리하고 있음을 알 수 있다.

⑤ 다음 모임의 활동 내용 제안하기
'학생 1'의 네 번째 발화인 '그러면 오늘 나눈 이야기를 바탕으로 「홍길동전」과 우리 시대의 영웅'이라는 주제로 글을 써서 다음 모임 때 발표해 보자.'를 통해, '학생 1'이 다음 모임의 활동 내용을 제안하고 있음을 알 수 있다.

39 말하기 방식 파악
정답률 91% | 정답 ⑤

[A], [B]에 대한 설명으로 가장 적절한 것은?

① [A]의 '학생 2'는 질문을 통해 '학생 3'의 견해에 대한 자신의 이해가 정확한지를 확인하고 있다.
[A]의 '학생 2'의 '당대 대다수의 사람들은 ~ 생각하지 않았을까?'를 통해 질문 형식을 사용하고 있지만, 이러한 질문 형식은 당대 사람들의 생각에 대한 자신의 추측을 드러내기 위해 사용한 것이지 '학생 3'의 견해에 대한 자신의 이해가 정확한지를 확인하기 위해 사용한 것은 아니다.

② [A]의 '학생 3'은 자신의 의견을 뒷받침하는 권위자의 말을 인용하여 '학생 2'의 견해가 지닌 논리적 오류를 지적하고 있다.
[A]의 '학생 3'의 말을 통해 자신의 의견을 뒷받침하는 권위자의 말을 인용한 부분은 찾아볼 수 없다.

③ [B]의 '학생 2'는 발생할 수 있는 문제 상황을 예측하면서 '학생 3'이 제시한 정보의 적절성에 의문을 제기하고 있다.
[B]에서 '학생 2'는 상대방의 의견에 일부 인정하면서도 영웅의 정의로움 판단 기준에 대해 '학생 3'과 견해가 다름을 드러내며 홍길동의 행위가 정의로웠다고 자신의 의견을 밝히고 있다. 따라서 [B]에서 '학생 2'가 발생할 수 있는 문제 상황을 예측하였다는 내용은 적절하지 않다.

④ [A]의 '학생 2'와 [B]의 '학생 3'은 모두 객관적인 자료를 제시하면서 자신의 의견이 지닌 타당성을 부각하고 있다.
[A]의 '학생 2'와 [B]의 '학생 3'은 자신의 의견을 드러내고 있을 뿐, 객관적인 자료를 제시하지는 않고 있다.

⑤ [A]의 '학생 3'과 [B]의 '학생 2'는 모두 상대방이 한 말의 일부를 인정하면서도 상대방과 다른 자신의 입장을 밝히고 있다.
[A]의 '학생 3'의 '물론 많은 사람들은 ~ 모습을 응원했겠지.'와 [B]의 '학생 2'의 '진정한 영웅이 정의로워야 한다는 말에는 동의하지만'을 통해, '학생 3'과 '학생 2' 모두 상대방이 한 말의 일부를 인정하고 있음을 알 수 있다. 그러면서도 [A]의 '학생 3'의 '하지만 법 또한 ~ 볼 수는 없을 것 같아.'와 [B]의 '학생 2'의 '영웅의 정의로움을 ~ 정의로웠다고 생각해.'를 통해, '학생 3'과 '학생 2'는 상대방과 다른 자신의 입장을 밝히고 있음을 알 수 있다.

★★★ 등급을 가르는 문제!

40 글쓰기 계획 반영 여부 판단
정답률 66% | 정답 ①

'학생 3'이 (가)를 바탕으로 세운 글쓰기 계획 중, (나)에 반영되지 않은 것은?

① (가)에서 언급되지 않았던 영웅의 일반적 의미를 설명하며 다른 영웅보다 정의로운 홍길동의 행동을 부각해야겠군.
(나)의 1문단의 "'영웅'이라고 하면 지혜와 재능이 뛰어나고, 용맹하여 보통 사람이 하기 어려운 일을 해내는 사람을 떠올릴 것이다.'를 통해, (가)에서 언급되지 않았던 영웅의 일반적인 의미를 설명하고 있음을 알 수 있다. 하지만 다른 영웅보다 정의로운 홍길동의 행동을 부각하지는 않고 있으므로 적절하지 않다.

② (가)에서 언급된 「홍길동전」의 내용을 활용하여 불의에 맞서 약자들을 돕는 홍길동의 영웅적인 모습을 제시해야겠군.
(나)의 1문단의 '부정부패한 권력층의 재물을 빼앗아 가난한 백성들을 구제하는 등 불의에 맞서 의적 활동을 펼쳐'를 통해, (가)의 '학생 2'와 '학생 3'이 언급한 내용을 활용하여 불의에 맞서 약자들을 돕는 홍길동의 영웅적인 모습을 제시하고 있음을 알 수 있다.

③ (가)에서 언급된 정의로움에 대한 '학생 2'의 견해에 공감하며 홍길동에 대한 생각이 달라졌음을 드러내야겠군.
(가)의 '학생 2'의 세 번째 발화에 드러나는 '나는 홍길동의 행동이 ~ 정의로웠다고 생각해.'라는 '학생 2'의 견해에 공감하며 홍길동에 대한 생각이 달라졌음을, (나)의 2문단에서 '그러나 친구들과 대화를 나누고 보니 ~ 진정한 영웅이라고 생각하게 되었다.'로 드러내고 있음을 알 수 있다.

④ (가)에서 언급되지 않은 사례를 제시하며 오늘날의 진정한 영웅의 의미를 구체적으로 밝혀야겠군.
(나)의 3문단의 '예를 들어 재난 현장 ~ 영웅의 모습이라고 할 수 있을 것이다.'를 통해, (가)에서 언급되지 않은 사례를 제시하며 오늘날의 진정한 영웅의 의미를 구체적으로 밝히고 있음을 알 수 있다.

⑤ (가)에서 언급된 내용을 정리하며 홍길동의 영웅적 면모와 진정한 영웅에 대해 생각해 볼 수 있었다는 활동의 의의를 강조해야겠군.
(나)의 4문단의 '이번 동아리 활동은 ~ 좋은 기회였다.'를 통해, (가)에서 언급된 내용을 정리하며 홍길동의 영웅적 면모와 진정한 영웅에 대해 생각해 볼 수 있었다는 활동의 의의를 강조하고 있음을 알 수 있다.

★★ 문제 해결 꿀~팁 ★★

▶ 많이 틀린 이유는?
이 문제는 (가)의 내용을 확인하고, 이 내용이 (나)에 반영되어 있는지 확인하는 과정에서 어려움을 겪어 오답률이 높았던 것으로 보인다.

▶ 문제 해결 방법은?
이 문제를 해결하기 위해서는 선택지를 끊어서 일일이 확인하는 방법밖에 없다. 가령 정답인 ①의 경우, '(가)에서 언급되지 않았던 영웅의 일반적인 의미'를 통해 (가)에 영웅의 일반적인 의미를 설명하였는지 확인해야 한다. 그리고 (나)에 '(가)에서 언급되지 않았던 영웅의 일반적인 의미를 설명'하는지, '다른 영웅보다 정의로운 홍길동의 행동을 부각'하고 있는지를 확인하면 된다. 이때 주의할 점은 (나)에 대해 설명한 선택지의 내용 중 잘못 제시되어 있거나 언급하지 않은 경우가 있는지 반드시 확인해야 한다. 정답인 ①의 경우는 '다른 영웅보다 정의로운 홍길동의 행동을 부각'한다는 내용이 언급되지 않아 적절하지 않은 것이라 할 수 있다.

▶ 오답인 ②를 많이 선택한 이유는?
이 문제의 경우 ②를 선택한 학생들이 많았는데, 이 역시 선택지에 언급된 (나)와 관련된 내용을 정확히 찾아내지 못했기 때문으로 보인다. 만일 (나)의 1문단의 '부정부패한 권력층의 재물을 빼앗아 가난한 백성들을 구제하는 등 불의에 맞서 의적 활동을 펼쳐'를 파악했다면 ②는 적절함을 바로 알았을 것이다. 이 문제에서 알 수 있듯이 화법이나 작문 문제 역시 독서 지문과 마찬가지로 정확한 내용 이해가 필수적이므로 화법이나 작문 문제를 풀 때에도 내용 이해에 주의를 기울이도록 한다.

41 조건에 따른 고쳐 쓰기
정답률 68% | 정답 ④

다음은 (나)의 마지막 문단의 초고이다. 이를 고쳐 쓰기 위해 학생들이 조언한 내용 중 반영되지 않은 것은?

> 이번 동아리 활동은 「홍길동전」과 영웅에 관한 대화를 나누며 홍길동의 영웅적 면모와 진정한 영웅에 대해 함께 생각해 볼 수 있는 좋은 기회였다. 고전을 읽으면 현대 문학을 이해하는 데에도 도움이 된다. 우리 시대의 진정한 영웅은 어려움에 처한 사람을 위해 기꺼이 희생을 받아들이고 수용하는 사람이라는 생각을 하게 되었고, 이러한 우리 주변의 진정한 영웅들에게 응원과 감사의 마음을 갖게 되었다.

① 의미가 중복되어 사용된 어휘 중 하나를 삭제하는 건 어때?
초고의 '희생을 받아들이고 수용하는'에서 의미가 중복되어 사용된 어휘 중 '수용하는'이 삭제되어 (나)에 반영되어 있으므로 적절하다.

② 주제에서 벗어나 통일성을 해치는 문장은 삭제하는 건 어때?
초고에서 주제에서 벗어난 '고전을 읽으면 현대 문학을 이해하는 데에도 도움이 된다.'라는 문장이 삭제되어 (나)에 반영되어 있으므로 적절하다.

③ 너의 생각이 확장되었음을 드러낼 수 있는 단어를 추가하는 건 어때?
글쓴이의 생각이 확장되었음을 드러내는 '나아가서'라는 단어가 추가되어 (나)에 반영되어 있으므로 적절하다.

④ 글을 읽는 사람들에게 네가 결심한 내용에 동참할 것을 촉구하면서 마무리하는 건 어때?
제시된 초고에서는 '응원과 감사의 마음을 갖게 되었다.'라고 마무리 되어있는데, (나)에서는 '응원과 감사의 마음을 전해야겠다고 다짐하게 되었다.'로 수정되어 글쓴이의 다짐이 추가되어 있음을 알 수 있다. 하지만 이는 '글을 읽는 사람들에게 네가 결심한 내용에 동참할 것을 촉구하면서 마무리하는 건 어때?'라는 조언이 반영된 것은 아니므로 적절하지 않다.

⑤ 제목과 관련해 앞 문단에서 제시한 너의 생각이 정확히 드러나도록 누락된 내용을 찾아 추가하는 건 어때?
제목과 관련해 글쓴이는 (나)의 3문단에서 남을 위해 희생하고 봉사할 수 있는 사람을 생각했으나, 초고에는 봉사에 대한 내용이 누락되어 있다. 이에 조언에 따라 '봉사할 수 있는'이 추가되어 (나)에 반영되어 있으므로 적절하다.

[문제편 p.022]

42 작문 계획의 이해

정답률 89% | 정답 ⑤

다음은 (가)를 쓰기 위한 계획의 일부이다. (가)에 반영되지 않은 것은?

구분	내용
설문 조사 계획	– 우리 학교 학생들을 대상으로 기간을 설정하고 설문지를 활용하여 조사해야겠어. … ① – 설문 항목을 학생들의 수면에 대한 인식과 수면 실태로 구성해야겠어. ……………… ② – 수면에 대한 인식과 수면 실태에 대한 응답에 따라 추가 질문을 제시해야겠어. …… ③
보고서 작성 계획	– 서론에 조사 배경을 언급해야겠어. – 본론에 설문의 응답 결과를 구체적인 수치로 표현하여 제시해야겠어. ……………… ④ – 결론에 수면 실태가 수면에 대한 인식에 미치는 영향을 정리해야겠어. ……………… ⑤

① **우리 학교 학생들을 대상으로 기간을 설정하고 설문지를 활용하여 조사해야겠어.**
서론에 조사 대상, 방법, 기간 등에 대해 서술하고 있으므로 적절하다.

② **설문 항목을 학생들의 수면에 대한 인식과 수면 실태로 구성해야겠어.**
수면에 대한 인식과 수면 실태로 항목을 나누어 조사했음을 본론에서 확인할 수 있으므로 적절하다.

③ **수면에 대한 인식과 수면 실태에 대한 응답에 따라 추가 질문을 제시해야겠어.**
수면에 대한 인식과 수면 실태에 대한 질문에 응답한 학생들 중 일부를 대상으로 추가 질문을 했음을 본론에서 확인할 수 있으므로 적절하다.

④ **본론에 설문의 응답 결과를 구체적인 수치로 표현하여 제시해야겠어.**
본론에서 설문 결과를 백분율을 활용하여 구체적인 수치로 표현하고 있으므로 적절하다.

⑤ **결론에 수면 실태가 수면에 대한 인식에 미치는 영향을 정리해야겠어.**
(가)의 결론에는 본론에서 서술한 설문 조사 결과인 우리 학교 학생들의 수면에 대한 인식과 수면 실태를 요약하여 정리하고 있으나, 수면 실태가 수면에 대한 인식에 미치는 영향은 정리되어 있지 않으므로 적절하지 않다.

43 자료 활용 방안의 적절성 판단

정답률 85% | 정답 ⑤

다음은 (나)를 보완하기 위해 추가로 수집한 자료이다. 자료의 활용 방안으로 적절하지 않은 것은? [3점]

[자료 1] 통계 자료

㉮ 국가별 고등학생 평균 수면 시간

국가	평균 수면 시간
한국	6시간 3분
일본	7시간 30분
미국	8시간 12분
OECD평균	8시간 22분

㉯ T세포 활성화 수치

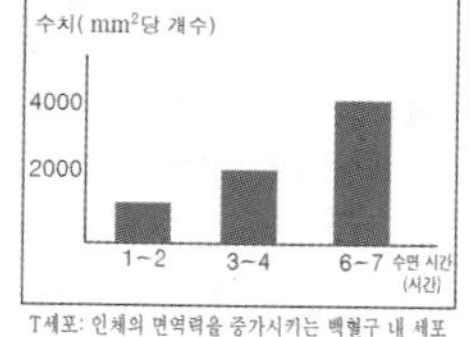

T세포: 인체의 면역력을 증가시키는 백혈구 내 세포

[자료 2] 연구 자료

생체 호르몬의 일종인 멜라토닌은 깊은 잠을 자는 데 도움을 주어 면역 기능 유지에 기여한다. 우리 몸에 멜라토닌이 부족해지면 면역력이 저하될 뿐만 아니라, 정보를 습득하고 판단하는 능력과 정서를 조절할 수 있는 능력 등이 저하될 수 있다. 연구에 따르면 전자 기기 화면에서 방출되는 빛에 2시간 노출되었을 때 멜라토닌의 분비가 노출 전보다 22% 정도 억제된다고 나타났다.

[자료 3] 전문가 인터뷰

"잠을 충분히 자기 위해서는 자기 전에 카페인이 함유된 커피나 에너지 음료 등의 섭취를 삼가야 합니다. 카페인은 뇌의 활동을 억제하는 물질인 아데노신의 활성을 방해하는데, 이로 인해 각성 효과가 나타나게 되고 결국 제시간에 잠을 자지 못하는 것입니다. 그뿐만 아니라 카페인은 우리가 깊은 수면에 빠지는 시간을 지연시키고, 자다가 깨는 빈도를 높여 수면의 질도 낮춥니다. 따라서 적어도 잠자리에 들기 6시간 전부터는 카페인이 들어간 음식을 섭취해서는 안 됩니다."

① **[자료 1-㉮]를 활용하여, 외국 학생들의 평균 수면 시간에 비해 우리 학교 학생들의 수면 시간이 부족하다는 내용을 뒷받침하는 근거로 제시한다.**
[자료 1-㉮]는 국가별 고등학생 평균 수면 시간을 보여 주는 표이므로 외국 학생들과 비교하여 우리학교 학생들의 수면 시간이 부족하다는 내용을 뒷받침할 수 있는 근거로 적절하다.

② **[자료 2]를 활용하여, 멜라토닌 분비량이 빛과 관련이 있으므로 수면의 질을 높이기 위해서는 빛을 차단해야 한다는 내용을 뒷받침하는 자료로 제시한다.**
[자료 2]는 빛의 노출에 따른 멜라토닌 분비량의 변화를 구체적인 수치를 통해 보여 주고 있으므로 수면의 질을 높이기 위해서는 빛을 차단해야 한다는 내용을 뒷받침하는 자료로 적절하다.

③ **[자료 3]을 활용하여, 충분한 수면 시간을 확보하기 위한 방안으로 자기 전에 카페인이 들어간 음식을 섭취해서는 안 된다는 내용을 추가한다.**
[자료 3]은 카페인으로 인해 제시간에 잠을 자지 못한다는 내용이 들어 있으므로 충분한 수면 시간을 확보하기 위한 방안으로, 카페인이 들어간 음식을 섭취해서는 안 된다는 내용을 추가하는 것은 적절하다.

④ **[자료 1-㉯]와 [자료 2]를 활용하여, 수면의 양이 부족하거나 질이 떨어지면 면역력이 떨어질 수 있다는 내용을 구체화하는 자료로 제시한다.**
[자료 1-㉯]는 인체의 면역력과 관련된 T세포의 수치가 수면 시간에 따라 변화한다는 것을 제시하였고, [자료 2]는 깊은 잠을 자는 데 도움을 주는 멜라토닌이 면역 기능 유지에 기여한다는 내용을 제시하였으므로 수면의 양이 부족하거나 질이 떨어지면 면역력이 떨어질 수 있다는 내용을 구체화하는 자료로 적절하다.

⑤ **[자료 2]와 [자료 3]을 활용하여, 수면의 질을 높이기 위해서는 멜라토닌의 분비량을 증가시켜 각성 효과가 나타나게 해야 한다는 내용을 해결책으로 추가한다.**
[자료 3]에서는 각성 효과는 카페인의 섭취로 인해 뇌의 활동이 억제되지 못해 일어나는 현상이며 각성 효과로 인해 제시간에 잠을 자지 못한다 하고 있고, [자료 2]를 통해서는 멜라토닌과 각성 효과의 관계를 확인할 수 없다. 따라서 [자료 2]와 [자료 3]을 활용해 수면의 질을 높이기 위해 각성 효과가 나타나게 해야 한다는 내용을 해결책으로 추가한다는 진술은 적절하지 않다.

44 조건에 따른 표현

정답률 87% | 정답 ①

<조건>에 따라 ㉠을 위한 캠페인 문구를 작성한다고 할 때, 가장 적절한 것은?

<조 건>
- ㉠에 제시된 교육의 내용을 모두 포함할 것.
- 비유적 표현을 활용할 것.

① **충분한 시간 동안 깊이 자는 잠은 건강한 삶을 위한 지름길입니다.**
내용상 조건이 ㉠에 제시된 교육 내용을 모두 포괄하는 것이고, 형식상 조건이 '비유적 표현' 활용임을 알 수 있다. 이러한 조건이 충족된 것은 ①로, ①의 '충분한 시간 동안 깊이 자는 잠은 건강한 삶을 위한 지름길입니다.'는 수면의 양과 질이 모두 중요하다는 교육 내용을 포함한 것이고, '건강한 삶을 위한 지름길입니다.'에서는 비유적 표현을 활용하고 있다.

② **수면의 양과 질을 모두 확보해야 우리는 건강해질 수 있습니다.**
비유적 표현을 활용하고 있지 않으므로 적절하지 않다.

③ **수면 시간을 줄이면 여러분의 몸에 빨간불이 켜집니다.**
수면의 질이 중요하다는 교육의 내용을 포함하고 있지 않으므로 적절하지 않다.

④ **잃어버린 수면의 질은 결국 당신의 건강을 앗아갑니다.**
수면의 양이 중요하다는 교육의 내용을 포함하고 있지 않으므로 적절하지 않다.

⑤ **달님도 꿈꾸는 늦은 밤에 당신도 꿈꾸고 있나요?**
수면의 양과 질이 모두 중요하다는 교육의 내용을 포함하고 있지 않으므로 적절하지 않다.

45 작문 맥락을 고려한 글의 이해

정답률 91% | 정답 ④

(가)와 (나)에 대한 이해로 가장 적절한 것은?

① **(가)는 (나)와 달리, 예상 독자에 대한 글쓴이의 당부가 드러나고 있다.**
(가)에는 예상 독자에 대한 글쓴이의 당부가 드러나고 있지 않으므로 적절하지 않다.

② **(가)는 (나)와 달리, 문제 상황에 대해 글쓴이가 생각하는 해결 방안을 제시하고 있다.**
문제 상황에 대해 글쓴이가 생각하는 해결 방안은 (나)에서만 제시하고 있으므로 적절하지 않다.

③ **(나)는 (가)와 달리, 글쓴이의 경험을 구체적으로 밝혀 주제에 대한 독자의 흥미를 유발하고 있다.**
글쓴이의 구체적인 경험은 (가)와 (나)에 드러나고 있지 않으므로 적절하지 않다.

④ **(가)와 (나)는 모두, 객관적인 근거를 활용하여 글의 신뢰성을 높이고 있다.**
(가)에서는 학생들을 대상으로 한 설문 조사 결과, (나)에서는 (가)에 제시된 설문 조사 결과와 잠과 면역력과의 관계, 잠과 관련된 호르몬인 멜라토닌의 특징 등의 객관적인 근거를 활용하여 서술하고 있다. 따라서 (가), (나) 모두 객관적인 근거를 활용하여 글의 신뢰성을 높이고 있다고 할 수 있다.

⑤ **(가)와 (나)는 모두, 제목을 활용하여 글의 내용을 효과적으로 전달하고 있다.**
제목을 활용하여 글의 내용을 효과적으로 전달하는 것은 (가)에만 해당하므로 적절하지 않다.

[문제편 p.024]

| 정답과 해설 |

07회 | 2024학년도 6월 모의평가 고3

• 정답 •

35① 36⑤ 37② 38④ 39③ 40⑤ ★41① 42④ 43② 44⑤ 45③

★ 표기된 문항은 [등급을 가르는 문제]에 해당하는 문항입니다.

35 말하기 방식 파악 정답률 88% | 정답 ①

위 강연자의 말하기 방식으로 가장 적절한 것은?

✔ 인물의 특성을 보여 주는 일화를 제시하고 있다.

2문단에서 강연자는 주시경 선생이 한글을 가르칠 수 있다면 어디든 마다하지 않고 책 보따리를 들고 다녔기에 '주 보따리'로 불렸다고 이야기하고 있다. 그리고 3문단에서 최현배 선생이 옥고를 치르는 중에도 검열을 피해 솜옷 속에 쪽지를 숨겨 놓으며 한글을 연구했다는 이야기를 제시하고 있다. 따라서 이 강연에서 강연자는 인물의 일화를 제시하여 주시경 선생과 최현배 선생의 특성을 보여 주었다고 할 수 있다.

② 자신의 경험을 시간 순서에 따라 전달하고 있다.

이 강연을 통해 강연자가 자신의 경험을 시간 순서에 따라 전달하고 있는 부분은 찾아볼 수 없다.

③ 대조를 통해 두 인물 간의 차이를 부각하고 있다.

이 강연에서 강연자는 한글 교육과 연구에 힘쓴 주시경, 최현배 선생을 각각 소개하고 있다. 하지만 두 인물을 대조하여 그 차이를 부각하고 있는 부분은 찾아볼 수 없다.

④ 준언어적 표현을 조절하여 화제를 전환하고 있다.

강연자는 강연의 도입 부분에서 '목소리를 높여' 주시경, 최현배 선생을 소개하고 있는데, 이는 준언어적 표현을 조절하여 화제를 강조하여 제시한 것이라 할 수 있다. 따라서 강연자가 준언어적 표현을 조절하여 화제를 전환하였다고 할 수 없다.

⑤ 강연을 하게 된 소감을 밝히며 강연을 시작하고 있다.

이 강연의 1문단을 통해 강연자가 강연을 시작하면서 강연을 하게 된 소감을 밝히는 찾아볼 수 없다.

36 강연 계획의 반영 여부 판단 정답률 88% | 정답 ⑤

다음은 강연자의 강연 계획이다. 강연에 반영되지 않은 것은?

• **화제 선정**
– 청중의 배경지식을 고려하여 강연 내용을 한글 대중화에 힘쓴 두 인물로 선정해야겠다. ‥ ①
• **청중 분석**
– 청중이 생소하게 느낄 만한 우리말의 의미를 풀이해서 제시해야겠다. ························ ②
– 강연 내용에 관심 있는 청중을 위해 추가 정보를 찾을 수 있도록 안내해야겠다. ··········· ③
• **강연 전략**
– 강연 내용에 집중할 수 있도록 먼저 질문을 던져 궁금증을 유발하고 나중에 답을 제시해야겠다. ························ ④
– 강연 내용을 인상적으로 기억할 수 있도록 두 인물이 남긴 말을 각각 인용해야겠다. ······ ⑤

① 청중의 배경지식을 고려하여 강연 내용을 한글 대중화에 힘쓴 두 인물로 선정해야겠다.

1문단의 '한글 창제 이야기는 이미 잘 알고 계실 테니'를 통해, 강연자는 한글 창제 이야기에 대한 청중의 배경지식을 고려하고 있음을 알 수 있다. 그러면서 강연자는 한글 대중화에 힘쓴 주시경, 최현배 선생을 강연의 화제로 제시하고 있으므로 적절하다.

② 청중이 생소하게 느낄 만한 우리말의 의미를 풀이해서 제시해야겠다.

3문단에서 강연자는 최현배 선생의 대표 저서인 『한글갈』을 소개한 뒤, 청중이 생소하게 느낄 만한 우리말 '갈'의 의미를 풀이해서 제시하고 있다.

③ 강연 내용에 관심 있는 청중을 위해 추가 정보를 찾을 수 있도록 안내해야겠다.

강연자는 강연 내용에 관심 있는 청중이 추가 정보를 찾을 수 있도록 2문단에서 주시경 선생에 대한 다큐멘터리를, 3문단에서 최현배 선생에 대한 자료가 있는 △△ 기념관 누리집을 안내하고 있다.

④ 강연 내용에 집중할 수 있도록 먼저 질문을 던져 궁금증을 유발하고 나중에 답을 제시해야겠다.

1문단에서 강연자는 주시경, 최현배 선생이 어떤 관계일지 질문을 던져 학생들의 궁금증을 유발하고 있다. 그런 다음 3문단에서 두 인물이 사제 간이라는 답을 제시하고 있다. 이러한 강연자의 말하기 방식은 청중이 강연 내용에 집중하게 해 주는 효과를 준다고 할 수 있다.

✔ 강연 내용을 인상적으로 기억할 수 있도록 두 인물이 남긴 말을 각각 인용해야겠다.

2문단의 '말이 오르면 나라도 오르고, 말이 내리면 나라도 내리나니라.'를 통해, 강연자는 주시경 선생의 말을 인용하여 청중이 강연 내용을 인상적으로 기억할 수 있도록 하고 있다. 하지만 이 강연에서 강연에서 최현배 선생이 남긴 말을 인용한 부분은 찾아볼 수 없으므로 적절하지 않다.

37 청중의 반응 이해 정답률 82% | 정답 ②

강연 내용을 참고할 때, 〈보기〉에 제시된 청중의 반응을 이해한 내용으로 가장 적절한 것은?

〈보 기〉

청중 1 : 한글 학회의 출발점이 국어 연구 학회였음을 알게 되었어. 국어 연구 학회는 어떤 활동을 했는지 찾아봐야겠어.
청중 2 : 조선어 학회 사건에 대한 발표를 맡았는데 강연 내용이 도움이 될 것 같아. 최현배 선생이 옥중에서도 한글을 연구했다는 내용을 발표에 추가해야지.
청중 3 : 주시경 선생의 저서를 별다른 설명 없이 제목만 알려 줘서 아쉬웠어. 그 저서들이 어떤 내용인지 찾아봐야겠어.

① 청중 1은 자신이 알고 있던 내용을 강연 내용과 비교하여 평가하고 있군.

〈보기〉에서 '청중 1'은 강연을 통해 한글 학회의 출발점이 국어 연구 학회였음을 알게 되었다고 밝히고 있는데, 이는 강연에서 새로 알게 된 정보를 언급한 것에 해당한다. 따라서 '청중 1'이 자신이 알고 있던 내용을 강연 내용과 비교하여 평가하고 있다는 이해는 적절하지 않다.

✔ 청중 2는 강연을 통해 알게 된 정보를 유용성 측면에서 평가하고 있군.

〈보기〉에서 '청중 2'는 자신이 조선어 학회 사건에 대한 발표를 맡았음을 밝히며 강연 내용이 발표에 도움이 될 것 같다고 말하고 있다. 이러한 '청중 2'의 반응은 강연을 통해 알게 된 정보를 유용성 측면에서 평가한 것이라 할 수 있다.

③ 청중 3은 강연 내용을 바탕으로 강연에서 직접 언급되지 않은 내용을 추론하고 있군.

〈보기〉에서 '청중 3'은 강연에서 주시경 선생의 저서를 소개할 때 제목만 알려 주고 별다른 설명이 없었다는 점을 아쉬워하고 있는데, 이는 강연에서 설명하지 않은 부분에 대한 아쉬움을 드러낸 것이라 할 수 있다. 따라서 '청중 3'이 강연에서 직접 언급되지 않은 내용을 추론하고 있다는 이해는 적절하지 않다.

④ 청중 1과 3은 강연에서 새롭게 알게 된 사실에 대해 의구심을 드러내고 있군.

〈보기〉에서 '청중 1'은 한글 학회의 출발점이 국어 연구 학회였음을 알게 되었다며 강연에서 새롭게 알게 된 사실을 언급하고 있고, '청중 3'은 강연에서 설명하지 않은 부분에 대한 아쉬움을 드러내고 있다. 따라서 '청중 1'과 '청중 3'이 강연에서 새롭게 알게 된 사실에 대해 의구심을 드러냈다는 이해는 적절하지 않다.

⑤ 청중 2와 3은 강연에서 언급된 내용과 관련하여 추가 정보를 탐색하려 하고 있군.

〈보기〉에서 '청중 3'은 강연에서 언급된 주시경 선생의 저서 제목과 관련하여 이 저서들이 어떤 내용인지 찾아보겠다 하고 있는데, 이는 강연에서 언급된 내용과 관련하여 추가 정보를 탐색하려는 것이다. 하지만 '청중 2'는 최현배 선생이 옥중에서도 한글을 연구했다는 내용을 자신의 발표에 활용하려고 할 뿐, 강연에 언급된 내용과 관련한 추가 정보를 탐색하지는 않고 있으므로 적절한 이해라 할 수 없다.

38 토론 내용의 이해 정답률 79% | 정답 ④

(가)의 '찬성 1'의 입론에 대한 설명으로 가장 적절한 것은?

① 핵심 용어를 정의한 후 상대의 동의를 구하고 있다.

'찬성 1'은 입론에서 초보 운전자를 '자동차 보험 가입 경력 기준 1년 미만자'로 정의하고 있지만, 이와 관련해 반대 측의 동의를 구하지는 않고 있다.

② 외국의 사례를 분류하여 논의의 범위를 확장하고 있다.

'찬성 1'은 입론에서 일본의 초보 운전 표지 의무 부착 제도에 대해 언급하고 있지만, 외국의 사례를 종류별로 분류하여 논의의 범위를 확장하지는 않고있다.

③ 특정 경험을 활용하여 기존 정책의 목적을 설명하고 있다.

'찬성 1'은 입론에서 '초보인데 보태 준 거 있어?'라는 표지를 커다랗게 붙인 차를 봤던 특정 경험을 활용하고 있지만, 이 경험을 활용해 기존 정책의 목적을 설명하지는 않고 있다.

✔ 최근 발생한 사건을 언급하여 논의의 필요성을 드러내고 있다.

'찬성 1'의 입론을 통해, '찬성 1'은 얼마 전 초보 운전자의 운전 미숙으로 인해 교통사고가 연이어 발생하면서 초보 운전 표지 의무화에 대한 논의가 본격화되고 있다고 언급하고 있다. 따라서 '찬성 1'은 최근 발생한 초보 운전과 관련한 사건을 언급하여 초보 운전 표지 의무화에 대한 논의의 필요성을 드러냈다고 할 수 있다.

⑤ 정책이 변화한 과정을 중심으로 논의의 배경을 제시하고 있다.

'찬성 1'은 입론에서 논의의 배경을 제시하고 있지만, 이를 정책이 변화한 과정을 중심으로 제시하지는 않고 있다.

39 질문의 의도 파악 정답률 88% | 정답 ③

반대 신문의 목적을 고려했을 때, ㉠ ~ ㉤에 대한 이해로 적절하지 않은 것은?

① ㉠은 상대가 근거로 인용한 자료가 신뢰할 만한 것인지 출처를 확인하고 있다.

반대 측은 ㉠에서 통계의 정확한 출처가 어디인지를 묻고 있는데, 이는 상대가 근거로 인용한 자료가 신뢰할 만한 것인지 출처를 확인하려는 질문이라 할 수 있다.

② ㉡은 초보 운전 표지를 의무적으로 부착하면 사고가 감소한다는 상대의 주장이 타당하지 않음을 지적하고 있다.

반대 측은 ㉡에서 운전 미숙이 사고의 주요 원인이라면 표지 부착 의무화로 사고가 감소할지 의문을 제기하고 있는데, 이는 표지 부착 의무화로 사고가 감소한다는 상대의 주장이 타당하지 않음을 지적하려는 질문이라 할 수 있다.

✔ ㉢은 상대의 주장이 경력 운전자의 입장만 반영하여 공정하지 않음을 지적하고 있다.

반대 측은 ㉢에서 일부 경력 운전자들이 초보 운전자에 대해 위협 운전을 할 수도 있지 않냐고 묻고 있는데, 이는 경력 운전자들의 실제 태도가 상대의 생각과 다를 수 있음을 언급하여 제도의 실효성을 지적하고 있는 것이라 할 수 있다. 따라서 ㉢이 상대의 주장이 경력 운전자의 입장만 반영하여 상대의 주장이 공정하지 않음을 지적한 것이라 할 수 없다.

④ ㉣은 상대의 주장을 비용의 측면에서 보았을 때 실질적 이익이 있는지 확인하고 있다.

반대 측은 ㉣에서 제도 도입으로 비용이 발생할 텐데 결국 득보다 실이 더 크지 않을지 의문을 제기하고 있는데, 이는 비용의 측면에서 상대방의 주장이 실질적 이익이 있는지를 확인하려는 질문이라 할 수 있다.

⑤ ㉤은 초보 운전 표지 의무화 제도를 운영하는 일이 실행 가능한지 확인하고 있다.

반대 측은 ㉤에서 표지 의무화는 제재를 가한다는 뜻이라는 점을 언급하면서 위반자를 적발하는 등 제도를 운영하는 것이 현실적으로 가능할지 묻고 있는데, 이는 현실에서 제도를 운영하는 일이 실행 가능한지를 확인하려는 질문이라 할 수 있다.

40 자료를 통한 입론 내용의 추론 정답률 57% | 정답 ⑤

(가)의 토론 내용과 (나)의 자료를 바탕으로 반대 측 입론 내용을 추론했다고 할 때, 적절하지 않은 것은? [3점]

▶ **쟁점: 표지 부착 의무화는 교통사고 감소를 위해 필요한가?**

[자료] 표지 부착 부작용 관련 신문 기사
└ **반대 측 입론**: 일부 운전자가 초보 운전 표지를 붙인 차량을 위협하는 경우를 볼 때, 의무화가 오히려 교통사고를 유발할 수 있다. ·························· ①

[자료] 단계적 운전면허 제도 관련 논문
└ **반대 측 입론**: 단계적 운전면허 제도를 참고하여 초보 운전자의 운전 숙련도를 높인다면, 표지 부착을 의무화하지 않고도 초보 운전자의 교통사고를 줄일 수 있다. ·························· ②

[문제편 p.025]

▶ 쟁점: 표지 부착 의무화는 운전 문화 개선을 위해 필요한가?
[자료] 교통 문화 지수 관련 보도 자료
└ 반대 측 입론: 교통 문화 지수의 상승 추세를 볼 때, 운전 문화는 홍보나 캠페인 등을 통해 개선할 수 있으므로 표지 부착을 의무화할 필요가 없다. ……………… ③

▶ 쟁점: 국가 차원에서 표지를 규격화해야 하는가?
[자료] 다양한 초보 운전 표지 사진
└ 반대 측 입론: 국가 차원에서 표지를 규격화하면, 개성 있는 표지를 부착하고자 하는 운전자의 자기표현의 자유를 침해할 수 있어 규격화는 불필요하다. ……………… ④
[자료] 초보 운전 표지 부착에 대한 설문 결과
└ 반대 측 입론: 대부분의 초보 운전자가 표지를 부착하고 있음을 볼 때, 기존 표지를 규격화된 표지로 교체하는 비용을 초보 운전자가 부담하게 되므로 규격화는 불필요하다. ……………… ⑤

① **일부 운전자가 초보 운전 표지를 붙인 차량을 위협하는 경우를 볼 때, 의무화가 오히려 교통사고를 유발할 수 있다.**
(나)에서는 '초보 스티커, 되레 난폭 운전자들의 표적'이라는 제목의 표지 부착 부작용 사례를 다룬 인터넷 신문 기사를 수집했음을 밝히고 있다. 그리고 (가)의 '반대 2'의 세 번째 발화를 통해, '반대 2'는 일부 경력 운전자들이 표지를 부착한 초보 운전자에 대해 위협 운전을 할 수도 있다고 언급하였음을 알 수 있다. 따라서 반대 측은 인터넷 신문 기사 자료를 바탕으로 표지 부착 의무화가 오히려 교통사고를 유발할 수 있다고 주장할 것임을 추론할 수 있다.

② **단계적 운전면허 제도를 참고하여 초보 운전자의 운전 숙련도를 높인다면, 표지 부착을 의무화하지 않고도 초보 운전자의 교통사고를 줄일 수 있다.**
(나)에서는 미국 대다수의 주에서 임시 면허 기간을 두어 초보 운전자의 운전 숙련도를 높이는 단계적 운전면허 제도를 시행하고 있다는 논문 자료를 찾았음을 밝히고 있다. 그리고 (가)의 '반대 2'의 두 번째 발화를 통해, '반대 2'는 초보 운전자의 운전 미숙이 사고의 주요 원인이라면 표지 부착 의무화로 사고가 감소할지 의문을 제기하고 있다. 따라서 반대 측은 논문 자료에 제시된 단계적 운전면허 제도를 바탕으로, 표지 부착을 의무화하지 않고도 초보 운전자의 운전 숙련도를 높여 교통사고를 줄일 수 있다고 주장할 것임을 추론할 수 있다.

③ **교통 문화 지수의 상승 추세를 볼 때, 운전 문화는 홍보나 캠페인 등을 통해 개선할 수 있으므로 표지 부착을 의무화할 필요가 없다.**
(나)에서는 관련 기관에 메일로 자료를 요청하여 교통 문화 지수가 운전자의 인식 개선을 위한 다양한 활동을 통해 매년 꾸준히 상승하고 있다는 내용의 보도 자료를 받았음을 밝히고 있다. 그리고 (가)의 '반대 2'의 네 번째 발화를 통해, '반대 2'는 운전 문화 개선은 필요하다고 생각하지만 표지 부착 의무화로 해결될 문제는 아니라고 본다고 언급하고 있다. 따라서 반대 측은 보도 자료에 제시된 교통 문화 지수의 상승 추세를 바탕으로, 운전 문화는 홍보나 캠페인을 통해 개선할 수 있으므로 표지 부착 의무화가 불필요하다고 주장할 것임을 알 수 있다.

④ **국가 차원에서 표지를 규격화하면, 개성 있는 표지를 부착하고자 하는 운전자의 자기표현의 자유를 침해할 수 있어 규격화는 불필요하다.**
(나)에서는 운전자가 자신의 개성을 자유롭게 표현하고 있는 다양한 초보 운전 표지 사진들을 인터넷에서 찾아 저장했다고 밝히고 있다. 그리고 (가)의 '반대 2'의 첫 번째 발화를 통해, '반대 2'는 찬성 측의 발언에 대해 표지 규격화가 표현의 자유를 침해한다는 점을 인정한 것으로 보인다고 지적하고 있다. 따라서 반대 측은 다양한 초보 운전 표지 사진들을 활용하여, 국가 차원의 표지 규격화가 개성 있는 표지를 부착하고자 하는 운전자의 자기표현의 자유를 침해할 수 있으므로 규격화가 불필요하다고 주장할 것임을 알 수 있다.

✅ **대부분의 초보 운전자가 표지를 부착하고 있음을 볼 때, 기존 표지를 규격화된 표지로 교체하는 비용을 초보 운전자가 부담하게 되므로 규격화는 불필요하다.**
(나)에서는 초보 운전자 대부분이 표지를 부착하고 있다는 설문 결과 자료를 스크랩했음을 밝히고 있다. 그리고 (가)의 '반대 2' 네 번째 발화를 통해, '반대 2'는 표지를 규격화해 제작하고 배부하려면 국가의 예산이 소요된다고 언급하며, 규격화된 초보 운전 표지 부착 의무화 제도가 비용이 발생하여 득보다 실이 더 클 수 있다는 점을 지적하고 있다. 이를 볼 때, 반대 측은 설문 결과 자료를 바탕으로 기존 표지를 규격화된 표지로 교체하는 데 국가 예산이 소요되므로 규격화가 불필요하다고 주장할 것임을 추론할 수 있다. 또한 (가)와 (나)에서 반대 측이 표지 교체 비용을 초보 운전자가 부담하게 된다고 보지는 않을 것이므로 적절하지 않다.

★★★ 등급을 가르는 문제!

41 내용 조직 방법의 이해

정답률 55% | 정답 ①

(나)를 작성할 때 활용한 내용 조직 방법으로 적절하지 않은 것은?

✅ **1문단에서는 논제에 대한 입장을 선택하게 된 계기를 원인과 결과에 따라 제시하였다.**
1문단을 통해 논제에 대해 반대 입장을 선택하게 된 계기는 밝히지는 않고 있으므로 적절하지 않다.

② **2문단에서는 토론을 준비하는 과정을 시간 순서에 따라 제시하였다.**
2문단의 내용을 통해 학생은 토론을 준비하는 과정을 시간 순서에 따라 제시하고 있음을 알 수 있다.

③ **2문단에서는 토론에 활용할 자료를 수집한 경로에 따라 나누어 제시하였다.**
2문단의 내용을 통해 학생은 토론에 활용할 자료를 수집한 경로에 따라 나누어 제시하고 있음을 알 수 있다.

④ **3문단에서는 말하기 불안 문제를 인식하고 이를 해결하기 위한 노력을 제시하였다.**
3문단을 통해 학생은 자신의 말하기 불안 문제를 인식하고 문제를 해결하기 위한 노력을 제시하고 있음을 알 수 있다.

⑤ **3문단에서는 토론 활동에 대한 평가를 대비의 방식으로 제시하였다.**
3문단을 통해 학생은 친구와 자신을 대비하는 방식으로 토론 활동에 대한 평가를 제시하고 있음을 알 수 있다.

★★ 문제 해결 꿀~팁 ★★

▶ 많이 틀린 이유는?
이 문제는 (나)의 초고와 선택지를 정확하게 비교하여 이해하지 못해 오답률이 높았던 것으로 보인다.

▶ 문제 해결 방법은?
이 문제를 해결하기 위해서는 기본적으로 (나)와 선택지를 일대일로 대응시켜 이해할 수 있어야 한다. 즉 (나)의 2문단을 통해 '인터넷, 인터넷 신문 기사, 관련 기관에 자료 요청, 도서관'을 통해 토론에 활용할 자료를 수집한 경로를 나누어서 제시하고 있음을 알 수 있으므로 ③은 적절함을 알았을 것이다. 마찬가지로 정답인 ①의 경우 선택지에서 1문단에 논제에 대한 입장을 선택하게 된 계기를 원인과 결과에 따라 제시하였다고 하였으므로, 1문단을 통해 이를 확인하면 된다. 1문단에서 글쓴이는 논제에 대해 자신이 반대 입장을 선택하고 있음을 드러내고 있지만, 반대 입장을 선택하게 된 계기는 밝히지 않고 있으므로 적절하지 않은 것이다. 한편 이 문제의 경우 좀 더 주의만 기울였다면 어렵지 않게 문제를 해결할 수 있었다. 따라서 문제를 풀 때는 비교적 풀기 쉬운 문제라도 항상 주의를 기울여야 잘못 선택하는 경우가 없음을 명심하도록 한다.

42 고쳐쓰기 조언의 적절성 파악

정답률 89% | 정답 ④

다음은 [A]를 고쳐 쓴 것이다. 그 과정에서 반영된 교사의 조언으로 가장 적절한 것은?

> 이번 토론을 준비하며 시간과 노력을 들여 자료 조사와 말하기 연습을 한 결과 설득력 있게 주장할 수 있다는 자신감이 생겼다. 또 토론 중 상대의 발언을 잘 들었더니 문제를 깊이 이해할 수 있었고 사회적 쟁점을 바라보는 다양한 시각의 중요성을 알았다.

① **토론의 경쟁적 속성이 지닌 장점만 다루고 있으니, 단점도 함께 제시해 보렴.**
[A]에서 토론의 경쟁적 속성이 지닌 장점에 대한 내용은 확인할 수 없고, 고쳐 쓴 글에서도 토론의 경쟁적 속성이 지닌 단점에 대한 내용도 확인할 수 없다.

② **토론에서 배운 점만 다루고 있으니, 시행착오와 이를 보완할 계획을 모두 제시해 보렴.**
고쳐 쓴 내용에는 토론을 통해 배운 점이 제시되어 있지만, 토론에서 겪은 시행착오와 이를 보완할 계획은 제시되지 않고 있다.

③ **토론에서 자료 조사의 어려움만 다루고 있으니, 토론 중 겪은 어려움도 함께 제시해 보렴.**
고쳐 쓴 내용에는 토론 중 겪은 어려움이 제시되지 않고 있다.

✅ **토론 준비에 대해서만 다루고 있으니, 실제 토론을 하면서 깨달은 점도 함께 제시해 보렴.**
[A]와 고쳐 쓴 글을 비교하면, [A]에는 토론을 준비하며 많은 시간과 노력이 든다는 점을 깨달은 내용만 제시되었지만, 고쳐 쓴 글에는 토론 중 상대의 발언을 잘 듣고 문제를 깊이 이해할 수 있었으며 사회적 쟁점을 바라보는 다양한 시각의 중요성을 알았다는 내용이 추가되었음을 알 수 있다. 따라서 교사는 학생에게 실제 토론을 하면서 깨달은 점도 함께 제시해 보라는 조언하였음을 알 수 있다.

⑤ **토론 준비 과정에서의 개인적 노력만 다루고 있으니, 협력하며 준비하는 토론의 가치도 함께 제시해 보렴.**
고쳐 쓴 내용에는 토론을 준비하며 시간과 노력을 들여 자료 조사와 말하기 연습을 했다는 점이 제시되어 있지만, 협력하며 준비하는 토론의 가치는 제시되지 않고 있다.

43 글쓰기 전략의 파악

정답률 93% | 정답 ②

'초고'에 활용된 쓰기 전략으로 가장 적절한 것은?

① **우리 학교와 다른 학교 공간의 구조를 비교하여 실태를 부각한다.**
1문단을 통해 학교 공간이 학습을 위한 공간에 집중되어 있어 아쉽다는 내용은 있지만, 이러한 실태를 부각하기 위해 우리 학교와 다른 학교 공간의 구조를 비교하는 내용은 찾아볼 수 없다.

✅ **공간이 조성되었을 때의 모습을 가정하여 기대되는 효과를 제시한다.**
4문단의 '정서적 안정과 사회적 성장을 ~ 자부심도 느끼게 될 것이다.'를 통해, 학교에 정서적 안정과 사회적 성장을 위한 공간이 조성될 경우 기대되는 긍정적인 효과가 언급되어 있음을 알 수 있다.

③ **학교의 기능이 변화해 온 과정을 분석하여 공간 개선의 필요성을 강조한다.**
'〈2편〉의 초고'를 통해, 공간 개선의 필요성을 강조하기 위하여 학교의 기능이 변화해 온 과정을 분석하는 내용은 찾아볼 수 없다.

④ **학교 공간의 중요성에 대한 질문을 반복하여 문제 해결의 시급성을 드러낸다.**
'〈2편〉의 초고'를 통해, 학교 공간의 중요성에 대한 질문을 반복하는 내용과 문제 해결의 시급성을 드러내는 내용은 찾아볼 수 없다.

⑤ **공간의 이동에 따라 각 공간의 문제점을 나열하여 공간별 개선 방안을 제안한다.**
〈2편〉 초고의 1문단과 2문단을 통해, 공간별 개선 방안을 제안하였다고는 볼 수 있지만, 공간의 이동에 따라 각 공간의 문제점을 나열하지는 않고 있다.

44 자료 활용 방안의 적절성 판단

정답률 66% | 정답 ⑤

〈보기〉는 학생이 '초고'를 보완하기 위해 추가로 수집한 자료이다. 자료의 활용 방안으로 적절하지 않은 것은? [3점]

〈보 기〉

ㄱ. 설문 조사 결과

우리 학교에 필요하다고 생각하는 공간은?

비율	응답
38.0%	조용한 휴식 공간
32.0%	자유로운 친교 공간
21.9%	자연을 느끼는 공간
8.1%	무응답

※ 대상: 우리 학교 학생 700명

ㄴ. 설문 조사 결과

"천장이나 벽을 없애는 형태적 확장, 투명한 유리 재료를 이용해 변화를 주는 시각적 확장을 통해 내부와 외부가 연결되는 부분이 늘어나면 실내 공간의 개방감이 높아 집니다."

ㄷ. 보고서 자료

1. 안정감을 주는 공간 구성	2. 청소년기의 심리 특성과 공간 구성
실내 공간에서 자연을 느끼며 안정감을 얻을 수 있는 방법으로 다음과 같은 것이 있다. – 창을 통해 자연과의 시각적 연결을 늘림. – 목재를 사용함. – 천연 소재 소품을 이용함.	청소년기는 자의식이 높아지는 시기로, 경계를 형성하는 벽을 없앤 공간에서 자신이 노출되는 것에 부담을 느낄 수 있다. 색의 대비, 부분 조명, 이동식 가구를 이용해 공간 분리 효과를 주면 부담감을 낮추는 데 도움이 된다.

① **ㄱ을 활용하여, 학습 이외 다른 용도의 공간 조성이 필요한 이유로 휴식 공간과 친교 공간에 대한 학생들의 요구가 높은 비율로 나타났음을 1문단에 추가한다.**

ㄱ에서는 38.0%의 학생들이 조용한 휴식 공간을, 32.0%의 학생들이 자유로운 친교 공간을 바라고 있음을 알 수 있다. 따라서 ㄱ은 1문단에서 학습 이외 다른 용도의 공간 조성이 필요한 이유의 근거 자료로 활용할 수 있다.

② **ㄷ-1을 활용하여, 학생들이 자연을 느낄 수 있는 공간 조성 방안으로 창가 의자의 재질을 목재로 하고 천연 소재 방석을 비치할 것을 2문단에 추가한다.**
ㄷ-1에서는 실내 공간에서 자연을 느끼며 안정감을 얻을 수 있는 방법으로 목재 사용과 천연 소재 소품 이용을 제시하고 있다. 따라서 ㄷ-1은 2문단에서 학생들이 자연을 느낄 수 있는 공간을 조성하기 위한 방안을 제시하는 데 활용할 수 있다.

③ **ㄷ-2를 활용하여, 자신이 노출되는 것에 대한 부담을 줄이며 소모임을 할 수 있는 공간 조성 방안으로 모퉁이 공간에 이동식 가구를 비치해 공간 분리 효과를 줄 것을 3문단에 추가한다.**
ㄷ-2에서는 청소년기는 벽을 없앤 공간에서 자신이 노출되는 것에 부담을 느낄 수 있다며, 이동식 가구를 이용하면 그러한 부담을 낮추는 데 도움이 된다고 하였다. 따라서 ㄷ-2는 3문단에서 자신이 노출되는 것에 대한 부담을 줄이며 소모임을 할 수 있는 공간을 조성하기 위한 방안을 제시하는 데 활용할 수 있다.

④ **ㄴ과 ㄷ-1을 활용하여, 시각적 확장 효과를 주는 통창 설치를 제안하는 이유로 자연과의 시각적 연결이 늘어나 학생들의 안정감에 도움이 될 수 있다는 것을 2문단에 추가한다.**
ㄴ에서는 투명한 유리 재료를 이용하면 시각적 확장 효과를 얻을 수 있고 실내 공간의 개방감이 높아진다 하고 있다. 그리고 ㄷ-1에서는 창을 통해 자연과의 시각적 연결을 늘림으로써 실내 공간에서 자연을 느끼며 안정감을 얻을 수 있다 하고 있다. 따라서 ㄴ과 ㄷ-1은 2문단에서 통창 설치를 제안하는 근거 자료로 활용할 수 있다.

✔ **ㄴ과 ㄷ-2를 활용하여, 벽을 없애 형태적으로 확장된 공간에 개방감을 높이는 방안으로 색이 대비되는 소품을 비치하고 부분 조명을 설치할 것을 3문단에 추가한다.**
ㄴ에서는 벽을 없애는 형태적 확장을 통해 실내 공간의 개방감이 높아진다는 내용이 언급되어 있다. 하지만 ㄷ-2에서는 청소년기는 벽을 없앤 공간에서 자신이 노출되는 것에 부담을 느낄 수 있으니, 이러한 부담감을 낮추기 위해서는 색의 대비, 부분 조명을 이용하는 것이 도움이 된다고 하였다. 따라서 색이 대비되는 소품을 비치하고 부분 조명을 설치하는 것은 공간의 개방감을 높이는 방안으로 볼 수 없다.

45 조건에 따른 글쓰기
정답률 88% | 정답 ③

<보기>를 반영하여 ㉠의 1문단을 다음과 같이 작성했다고 할 때, ⓐ ~ ⓔ 중 적절하지 않은 것은?

<보 기>

편집부장 : 기획 연재의 〈3편〉을 작성하려고 해. 1문단은 도입 문단의 성격을 살려서 〈2편〉 초고의 핵심 내용과 〈3편〉 표제, 부제의 내용이 드러나도록 작성하자.

학교 공간에 변화의 바람이 불고 있다. 지난 호에서는 ⓐ 학습 공간 외에 학생들이 이용할 수 있는 사색의 공간, 어울림의 공간을 구상해 보았다. ⓑ 공간의 변화는 학생들이 학교를 자랑스럽게 느끼도록 하며, 학업에도 긍정적인 영향을 미칠 것이다. 이에 ⓒ 학교 공간 조성에 관심이 있는 학부모, 지역 사회의 참여가 요구된다. 나아가 최근 ⓓ 국내외의 많은 학교들은 학생들이 자연을 가까이에서 느낄 수 있도록 생태 공간을 조성하고 있다. 이 과정에 ⓔ 학생들이 학교 공간의 문제점을 찾거나 공간을 바꾸는 데 중심 역할을 하고 있다. 이번 호에서는 이러한 변화의 흐름을 국내외의 사례를 통해 살펴보고자 한다.

① **ⓐ 학습 공간 외에 학생들이 이용할 수 있는 사색의 공간, 어울림의 공간을 구상해 보았다.**
학습 공간 외에 사색의 공간, 어울림의 공간을 조성하자는 내용은 초고의 핵심 내용에 해당하므로 적절하다.

② **ⓑ 공간의 변화는 학생들이 학교를 자랑스럽게 느끼도록 하며, 학업에도 긍정적인 영향을 미칠 것이다.**
공간의 변화가 학생들의 학교에 대한 자부심과 학업에 긍정적인 영향을 미친다는 내용은 초고의 핵심 내용에 해당하므로 적절하다.

✔ **ⓒ 학교 공간 조성에 관심이 있는 학부모, 지역 사회의 참여가 요구된다.**
<보기>를 통해 편집부장이 '초고의 핵심 내용'과 '표제, 부제의 내용'이 드러나도록 작성하자고 하였음을 알 수 있다. 그리고 부제에서는 학생 주도의 변화를 언급하고 있는데, ⓒ는 학부모와 지역 사회의 참여를 요구하고 있다. 따라서 ⓒ는 편집부장이 주문한 내용으로 적절하지 않다.

④ **ⓓ 국내외의 많은 학교들은 학생들이 자연을 가까이에서 느낄 수 있도록 생태 공간을 조성하고 있다.**
국내외의 많은 학교들이 생태 공간을 조성하고 있다는 내용은 〈보기〉의 표제와 부제의 내용에 해당하므로 적절하다.

⑤ **ⓔ 학생들이 학교 공간의 문제점을 찾거나 공간을 바꾸는 데 중심 역할을 하고 있다.**
학생들이 공간 개선에 중심 역할을 하고 있다는 내용은 〈보기〉의 부제의 내용에 해당하므로 적절하다.

08회 | 2023학년도 6월 모의평가 고3

• 정답 •
35 ① 36 ④ 37 ③ 38 ② 39 ⑤ 40 ② 41 ④ 42 ⑤ 43 ③ 44 ⑤ ★45 ③

★ 표기된 문항은 [등급을 가르는 문제]에 해당하는 문항입니다.

35 발표 표현 전략의 이해
정답률 87% | 정답 ①

위 발표자의 말하기에 대한 설명으로 적절하지 않은 것은?

✔ **그림을 그리면서 설명을 하여 청중의 이해를 돕고 있다.**
이 발표를 통해 발표자가 시각 자료를 활용하여 내용 이해를 돕고 있음을 알 수 있지만, 그림을 그리면서 설명을 하고 있는 부분은 찾아볼 수 없다.

② **준언어적 표현을 조절하여 발표의 전달력을 높이고 있다.**
1문단의 '잘 들리시나요? ~ 좀 더 크게 말씀드릴게요.'를 통해, 발표자는 전달 상태를 확인한 후 준언어적 표현인 목소리의 크기를 조절하고 있음을 알 수 있다.

③ **자신의 경험에 비추어 청중의 관심을 짐작하여 말하고 있다.**
1문단의 '저는 텃밭을 처음 가꿀 때 가정에서 ~ 시작하시는 여러분도 비슷한 마음이실 거예요.'를 통해 알 수 있다.

④ **질문하고 답하는 방식을 사용하여 발표 내용을 전달하고 있다.**
1문단의 '그러면 어떻게 해야 할까요? ~ 그려 보면 도움이 됩니다.'를 통해 알 수 있다.

⑤ **청중이 얻을 수 있는 효용을 제시하며 실천을 권유하고 있다.**
마지막 문단의 '그렇다면 배치도를 그려 효율적으로 텃밭을 가꿔 보세요. 땀을 흘려 손수 먹거리를 수확하는 기쁨을 누리실 수 있을 겁니다.'를 통해 알 수 있다.

36 자료, 매체 활용 계획 파악
정답률 79% | 정답 ④

발표자의 자료 활용 계획 중 발표에 반영되지 않은 것은? [3점]

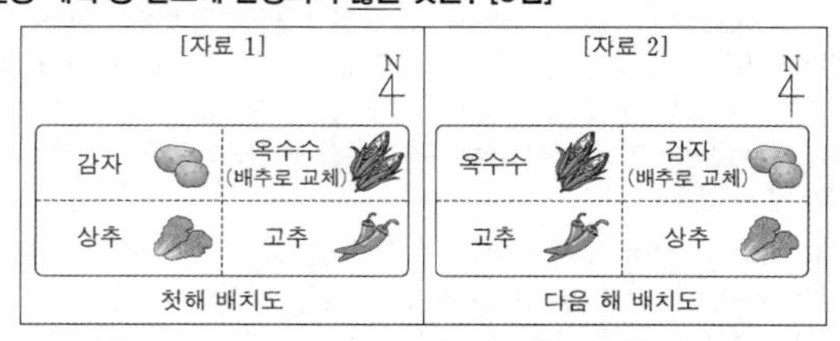

① **상추보다 키가 큰 고추가 상추의 동쪽에 배치되어 상추에 그늘이 많이 생겼음을 [자료 1]을 활용하여 설명해야지.**
[자료 1]을 활용하여 설명한 2문단의 '그런데 보시는 것처럼 ~ 그늘이 많이 생겼어요.'를 통해 확인할 수 있다.

② **옥수수를 수확하고 나서 심은 배추가 고추 때문에 광합성이 부족했음을 [자료 1]을 활용하여 설명해야지.**
[자료 1]을 활용하여 설명한 3문단에서 발표자는 고추 재배가 10월까지 계속되는 바람에 배추가 광합성을 많이 하지 못했음을 언급하고 있다.

③ **작물들의 키 순서를 고려하여 감자를 북동쪽에 배치했음을 [자료 2]를 활용하여 설명해야지.**
[자료 2]를 활용하여 설명한 4문단의 '작물의 키 순서에 따라 ~ 북서쪽에 배치했어요.'를 통해 확인할 수 있다.

✔ **키가 제일 큰 옥수수는 어느 위치에 심어도 잘 자랄 수 있었음을 [자료 1]과 [자료 2]를 활용하여 설명해야지.**
3, 4문단을 통해 옥수수는 키가 크기 때문에 어느 위치에서나 잘 자랄 수 있음을 짐작할 수 있다. 하지만 옥수수가 어느 위치에 심어도 잘 자랄 수 있음을 설명하기 위해 [자료 1]과 [자료 2]를 활용하지는 않고 있다.

⑤ **동일한 위치에서도 주변 작물에 따라 배추가 자라는 정도가 달랐음을 [자료 1]과 [자료 2]를 활용하여 설명해야지.**
발표자는 [자료 1]과 [자료 2]를 활용해 첫해와 다음 해 모두 배추는 동일한 위치에 있었음에도 주변 작물의 재배 기간과 키에 따라 배추의 자라는 정도가 달랐음을 언급하고 있다.

37 발표 내용의 이해 및 평가
정답률 94% | 정답 ③

발표 내용을 참고할 때 <보기>에 제시된 청중의 반응을 이해한 내용으로 가장 적절한 것은?

<보 기>

청자 1 : 작물을 수확하고 난 후 다른 작물로 교체한 이유를 제시하지 않았는데, 작물을 교체한 이유가 뭘까?
청자 2 : 브로콜리가 케일보다 키가 크게 자란다고 알고 있어. 이번에 케일과 브로콜리를 심을 계획인데, 들은 것을 활용해 봐야겠어.
청자 3 : 작물들의 키 순서만 알려 줘서, 작물들이 다 자랐을 때의 키를 알 수 없었어. 작물들의 키를 구체적으로 알려 주면 좋았겠어.

① **청자 1은 발표 내용의 정확한 이해를 바탕으로 발표 내용에서 보완할 점을 지적하고 있다.**
이 발표에서 발표자는 좁은 땅을 효율적으로 사용하기 위해 기존의 작물을 수확하고 다른 작물로 교체한다는 언급을 하고 있다. 이렇게 볼 때, 작물을 교체하는 이유를 제시하지 않았다는 '청자 1'의 반응은 발표의 내용을 정확하게 이해한 것이라 할 수 없다.

② **청자 2는 자신이 알고 있던 사실과 발표 내용을 비교하며 발표에서 다룬 정보의 문제점을 제시하고 있다.**
'청자 2'는 브로콜리와 케일의 키에 대해 자신이 알고 있는 정보를 언급하고 있지만, 이를 발표 내용과 비교하거나 발표에서 다룬 정보의 문제점은 제시하고 않고 있다.

[문제편 p.028]

✔ 청자 3은 자신이 필요하다고 생각하는 내용이 다루어지지 않았음을 지적하며 아쉬워하고 있다.
'청자 3'은 작물들의 키 순서만 언급하고 작물들이 다 자랐을 때의 키가 어느 정도인지 구체적으로 알려 주지 않았음을 지적하며, 작물들이 다 자랐을 때의 키를 알려 주면 좋았겠다는 아쉬움을 표현하고 있다.

④ 청자 1과 청자 2는 모두 자신의 과거 경험을 떠올리며 발표 내용에 의문을 제기하고 있다.
'청자 1'이 발표 내용과 관련하여 의문을 제기하고 있지만, 자신의 과거 경험을 떠올리며 의문을 제기한 것은 아니다. 또한 '청자 2' 역시 자신의 과거 경험을 떠올리지는 않고 있다.

⑤ 청자 2와 청자 3은 모두 발표 내용이 적용되지 않는 예외적 상황이 있는지 검토하고 있다.
'청자 2'와 '청자 3' 모두 발표의 내용이 적용되지 않는 예외적인 상황을 검토하지는 않았다.

38 대화 표현 전략 이해

정답률 94% | 정답 ②

위 대화에서 '학생 1'에 대한 설명으로 적절하지 않은 것은?

① 대화 참여자에게 대화의 목적을 밝히며 참여를 유도한다.
'학생 1'은 첫 번째 발화에서 해당 담화 상황이 '디스토피아 작품의 인기 현상'에 대한 글을 쓰기 위한 것임을 제시하고 글의 내용과 구성에 대한 이야기를 해 보자며 다른 친구들의 참여를 유도하고 있다.

✔ 대화 참여자에게 자신이 조사한 내용이 이해되는지 확인한다.
'학생 1'의 두 번째 발언을 통해, '학생 1'이 조사해 온 '디스토피아'의 사전적 의미를 언급하고 있음을 알 수 있다. 하지만 '학생 1'이 자신이 조사한 내용을 대화 참여자가 이해하고 있는지 확인하고 있는 부분은 찾아볼 수 없다.

③ 대화 참여자에게 자신이 이해한 내용이 맞는지 점검한다.
'학생 1'은 세 번째 발언에서 앞서 이야기한 '학생 3'의 발언과 관련해 자극적인 장면이 지닌 부정적인 점에 대한 자신의 이해가 적절한지를 점검하고 있다.

④ 대화 참여자의 발언과 관련해 추가적인 설명을 요청한다.
'학생 1'은 네 번째 발화에서 앞서 '학생 3'이 언급한 '작품의 메시지'를 다시 언급한 뒤, '구체적인 메시지'가 무엇인지 질문하면서 해당 내용에 대한 추가적인 설명을 요청하고 있다.

⑤ 대화 참여자와 대화를 진행하면서 자신의 이해를 심화한다.
'학생 1'의 다섯 번째 발화와 여섯 번째 발화를 보면 허구인 디스토피아적 미래가 어떻게 현재의 사회를 비판하는 메시지를 담을 수 있는지를 질문하고 그에 따른 답변을 들으면서 디스토피아 작품이 현재의 문제에 대한 경계의 메시지를 담고 있음을 이해해 가고 있음을 파악할 수 있다.

39 대화 맥락의 분석

정답률 84% | 정답 ⑤

대화의 흐름을 고려할 때, ㉠~㉤에 대한 이해로 가장 적절한 것은?

① ㉠ : 앞선 발화 내용에 동의하며 디스토피아 작품의 인기 원인을 보여 주는 사례를 언급하고 있다.
㉠에서 '학생 2'는 '학생 3'이 말한 디스토피아적 세계를 형상화한 드라마나 영화가 인기라는 내용에 동의하고 있다. 하지만 ㉠에서 언급한 각종 소품을 구입하는 모습은 디스토피아 작품의 인기 원인이 아니라 인기 현상 그 자체를 보여 주는 사례에 해당한다.

② ㉡ : 자신의 발언을 부연하며 디스토피아 작품의 메시지가 무엇인지 강조하고 있다.
㉡은 '학생 3'이 디스토피아 작품에서 나타나는 자극적인 장면으로 인해 나타나는 문제점을 언급한 발화이므로 적절하지 않다.

③ ㉢ : 대화의 내용을 상기하며 과학 기술 발전에 대한 반대 입장에 동의함을 드러내고 있다.
㉢에서 '학생 3'은 자신의 독서 경험을 바탕으로 「멋진 신세계」가 제시하는 메시지를 언급하고 있지, 과학 기술 발전에 대한 반대 입장에 동의함을 드러내지는 않고 있다.

④ ㉣ : 질문에 답변하며 부정적인 미래상에 대해 대화 참여자가 잘못 파악한 부분을 바로잡고 있다.
㉣은 '학생 3'이 '학생 1'의 질문에 대한 답변 내용이지 다른 대화 참여자의 잘못 파악한 부분을 바로잡는 발언은 아니다.

✔ ㉤ : 앞선 발화 내용을 재진술하며 디스토피아 작품과 관련하여 상대가 궁금해하는 점을 확인하고 있다.
㉤은 앞에서 언급한 '학생 1'의 발화 일부를 재진술하면서 '학생 1'이 궁금해하는 내용, 즉 '허구적인 미래가 어떻게 현재 사회를 비판할 수 있는지'에 대한 것임을 확인하고 있는 진술이다.

40 글쓰기 계획의 반영 여부 판단

정답률 88% | 정답 ②

다음은 '학생 1'이 (가)의 대화 내용을 정리하여 (나)의 글쓰기 계획을 세운 것이다. 글쓰기 계획 중 (나)에 반영되지 않은 것은? [3점]

대화 내용	글쓰기 계획
디스토피아의 정의	사전적 정의를 밝히고 반대 개념을 지닌 단어와 비교하기 ············ ①
디스토피아 작품의 소재	자극적인 표현에 재미를 느끼는 독자의 취향에 문제가 있음을 지적하기 ······ ②
디스토피아 작품의 표현 방식	과학 기술의 오남용, 핵전쟁, 환경 파괴 등으로 소재의 내용을 구체화하기 ··· ③
디스토피아 작품의 사례	특정 작품을 예로 들어 작품이 사회적 문제를 환기함을 언급하기 ·········· ④
디스토피아 작품의 메시지	디스토피아 작품의 메시지에서 인기 현상의 긍정적 의미를 도출하기 ····· ⑤

① 사전적 정의를 밝히고 반대 개념을 지닌 단어와 비교하기
(나)의 1문단을 통해 (가)에서 제시된 디스토피아의 사전적 정의를 다시 설명한 뒤 그와 반대 개념인 '유토피아'와 비교함을 알 수 있다.

✔ 자극적인 표현에 재미를 느끼는 독자의 취향에 문제가 있음을 지적하기
(나)의 2문단을 통해 (가)에서 언급한 내용과 관련해 자극적인 장면으로 나타날 수 있는 부정적인 현상과 그에 대한 우려를 제시하고 있음을 알 수 있다. 하지만 (나)의 내용을 통해 자극적인 표현에 재미를 느끼는 독자의 취향을 문제 삼는 내용은 찾아볼 수 없다.

③ 과학 기술의 오남용, 핵전쟁, 환경 파괴 등으로 소재의 내용을 구체화하기
(나)의 3문단을 통해 (가)에서 디스토피아 작품의 소재로 언급된 현재의 문제가 극단화된 미래 상황을 과학 기술의 오남용, 핵전쟁, 환경 파괴 등으로 구체화하여 제시하였음을 알 수 있다.

④ 특정 작품을 예로 들어 작품이 사회적 문제를 환기함을 언급하기
(나)의 4문단을 통해 (가)에서 언급했던 「멋진 신세계」를 통해 과학 기술 맹신이 현재 우리 사회가 점검해야 할 문제라는 점을 깨닫게 하고 있음을 알 수 있다.

⑤ 디스토피아 작품의 메시지에서 인기 현상의 긍정적 의미를 도출하기
(나)의 5문단을 통해 (가)에서 언급한 디스토피아 작품의 메시지를 바탕으로 디스토피아 작품의 인기 현상은 사회를 개선하는 계기가 될 것이라는 긍정적인 의미를 제시하고 있음을 알 수 있다.

41 비평 글쓰기 표현 전략의 사용

정답률 86% | 정답 ④

<조건>을 반영하여 (나)의 제목을 작성한 것으로 가장 적절한 것은?

<조 건>
- 디스토피아 작품의 주제 의식을 반영하여 글쓴이의 관점을 드러낼 것.
- 부제에서 비유적 표현을 활용할 것.

① 디스토피아란 무엇인가
– 디스토피아 작품의 인기 현상을 진단하다
표제와 부제가 (나)의 내용을 반영하고 있지만 작품의 주제 의식이나 관점이 잘 드러난다고 할 수 없다.

② 디스토피아, 우리 사회의 자화상
– 디스토피아 작품에 드러난 우리의 모습
디스토피아 작품이 우리 사회의 문제를 보여 준다는 점에서 표제나 부제가 (나)의 내용을 반영하고 있지만 글쓴이의 관점이 드러났다고 보기 어렵다. 또한 부제에서 비유적 표현이 사용되지 않았다.

③ 말초 신경을 자극하는 디스토피아 작품
– 묵직한 메시지를 가볍게 다루다
부제에서 '묵직한 메시지'를 통해 비유적 표현이 활용되었으나, 제목이나 부제가 (나)에서 다뤄진 내용과 거리가 있고 글쓴이의 관점도 드러나지 않았다.

✔ 디스토피아 작품 열풍, 더 나은 사회를 향한 열망
– 아픈 사회를 들여다보는 거울이 되다
(나)의 5문단에서 글쓴이는 디스토피아 작품이 현실의 문제를 인식하여 그 문제가 극단화되지 않도록 경계할 수 있게 한다는 점에서 의미가 있다고 언급하며, 이러한 것을 통해 사회를 개선하는 계기가 될 것이라고 드러내고 있다. 이렇게 볼 때, '디스토피아 작품 열풍, 더 나은 사회를 향한 열망'이라는 제목은 작품의 주제 의식과 글쓴이의 관점을 드러낸다고 할 수 있다. 또한 부제인 '아픈 사회를 들여다보는 거울이 되다'에서 '아픈 사회'나 '거울'이라는 비유적 표현이 사용되고 있으므로 제시된 조건에 부합한다고 할 수 있다.

⑤ 어디에도 없지만, 어디에나 있는 디스토피아 세상
– 디스토피아 작품을 통한 새로운 세상과의 대화
부제에서 '대화'는 비유적 표현으로 볼 수 있으나, 제목과 부제 모두 글쓴이의 관점을 드러내고 있다고는 보기는 어렵다.

42 비평 글쓰기 내용 점검 및 조정

정답률 64% | 정답 ⑤

'학생 2'가 다음의 점검 기준에 따라 (나)를 점검한다고 할 때, 그 내용으로 적절하지 않은 것은?

점검 기준	점검 결과 (예/아니오)
• 사회적으로 관심을 가질 만한 사안임을 드러냈는가?	ⓐ
• 필자가 선택한 관점의 주장을 드러냈는가?	ⓑ
• 필자가 선택한 관점의 약점을 보완했는가?	ⓒ
• 필자가 선택하지 않은 관점의 주장도 다루었는가?	ⓓ
• 필자가 선택하지 않은 관점의 약점을 비판했는가?	ⓔ

① 디스토피아 작품이 흥행하고 이와 관련된 기사가 쏟아지고 있다고 언급한 점을 고려하여 ⓐ에 '예'라고 해야지.
(나)의 1문단에서 디스토피아 작품의 흥행과 그에 대한 기사들이 많이 작성되고 있음을 확인할 수 있다. 이를 바탕으로 디스토피아 작품 인기 현상이 사회적으로 사람들이 관심을 가질 만한 사안임을 알 수 있다.

② 디스토피아 작품이 현실의 문제를 경계하게 하므로 작품의 인기 현상이 긍정적이라고 언급한 점을 고려하여 ⓑ에 '예'라고 해야지.
(나)의 5문단에서 디스토피아 작품의 인기 현상이 사회를 개선하는 계기가 될 것이므로 이를 긍정적으로 보아야 한다는 글쓴이가 선택한 관점의 주장을 확인할 수 있다.

③ 우려에도 불구하고 자극적인 장면이 현실의 문제점을 자각하게 하는 필수적인 장치라고 언급한 점을 고려하여 ⓒ에 '예'라고 해야지.
(나)의 4문단에서 디스토피아 작품의 인기 현상으로 인해 자극적으로 묘사된 장면이 초래하는 문제가 부각될 수 있지만 이러한 장면은 무감각하게 받아들이고 있는 현실의 문제점을 강렬하게 자각하도록 하는 필수적 장치라고 언급하고 있다. 이는 자극적인 장면도 필요하다는 내용이므로 필자가 선택한 관점의 약점을 보완한 것이라고 할 수 있다.

④ 디스토피아 작품이 회의주의에 빠지게 하므로 작품의 인기 현상이 부정적이라고 언급한 점을 고려하여 ⓓ에 '예'라고 해야지.
(나)의 2문단에서 충격적으로 묘사된 자극적인 장면에 반복적으로 노출되면 결국 회의주의나 절망에 빠질 수 있다는, 필자가 선택하지 않은 관점의 주장을 언급하고 있다.

✔ 충격적인 묘사에 반복적으로 노출되면 현실의 문제점을 무감각하게 받아들이게 된다고 언급한 점을 고려하여 ⓔ에 '예'라고 해야지.
(나)의 2문단을 통해 충격적으로 묘사된 자극적인 장면에 반복적으로 노출되면 생길 수 있는 부정적인 현

상이 제시되어 있음을 알 수 있지만, 현실의 문제점을 무감각하게 받아들이게 된다는 내용은 찾아볼 수 없다. 또한 해당 내용은 필자가 선택하지 않은 관점의 약점을 비판한 내용이라고 볼 수도 없다.

43 설득 글쓰기 표현 전략 사용

정답률 58% | 정답 ③

'초고'에 대한 설명으로 가장 적절한 것은?

① **문제의 원인을 항목별로 유형화하였다.**
초고 1문단을 통해 부정적 감정을 겪는 청소년의 증가라는 문제의 원인이 '감염병 유행에 따른 일상의 변화'라고 제시하고 있음을 알 수 있다. 하지만 원인을 항목별로 유형화하지는 않고 있다.

② **일반적 통념이 지닌 모순을 지적하였다.**
초고 내용을 통해 통념을 언급한 내용이나 통념의 모순을 지적한 내용은 찾아볼 수 없다.

✔ **주장에 대해 예상되는 반론을 반박하였다.**
초고의 2문단의 '청소년의 감정 관리 프로그램이 실시되고 있어 프로그램 확대 실시는 필요 없다'를 통해, 예상되는 반론의 주장을 제시하고 있음을 알 수 있다. 그리고 '기존의 감정 관리 프로그램은 소수의 청소년만을 대상으로 하며 전문적인 상담 활동만으로 시행되고 있다는 한계가 있다.'를 통해, 예상되는 반론의 주장을 반박하고 있음을 알 수 있다.

④ **자신의 주장이 지닌 한계점을 제시하였다.**
초고 3문단을 통해 '청소년을 위한 감정 관리 프로그램의 실질적인 확대 실시'라는 주장을 확인할 수 있지만, 이 주장의 한계점을 제시한 부분은 찾아볼 수 없다.

⑤ **다양한 문제 해결 방안의 장단점을 비교하였다.**
초고의 3문단을 통해 학생이 문제 해결 방안으로 실시 대상의 확대와 활동 내용의 다양화를 제시하고 있음을 알 수 있지만, 이에 대한 장단점을 비교하지는 않고 있다.

44 설득 글쓰기 자료 및 매체의 활용

정답률 76% | 정답 ⑤

<보기>는 '초고'를 보완하기 위해 추가로 수집한 자료이다. ㉠~㉢과 관련한 자료 활용 방안으로 적절하지 않은 것은?

<보 기>

[자료 1] ○○ 지역 청소년 대상 설문 조사

(가) 감염병 유행 이후 부정적 감정을 겪는 청소년의 증가율	(나) 심리적 고위험군의 심리 상담 경험 여부
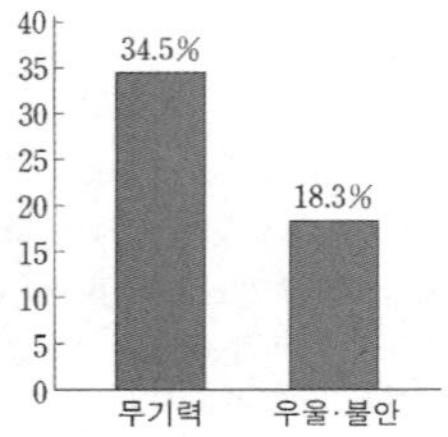 무기력 34.5%, 우울·불안 18.3% (세로축 0~40)	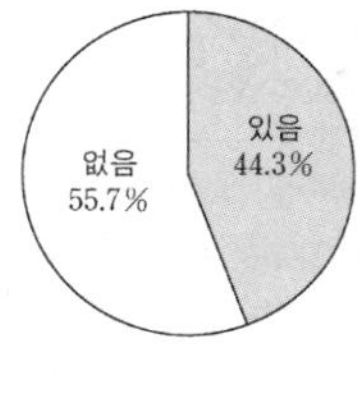 있음 44.3%, 없음 55.7%

[자료 2] △△ 학술지의 논문
청소년기에 부정적인 감정을 유발하는 환경에 자주 노출되면 뇌 성장이 저해된다. 뇌가 제대로 성장하지 않으면 감정을 과잉 표출하거나 위험한 행동을 하게 된다. 우울, 불안, 짜증 등이 지속되면 뇌의 해마가 손상되어 학습에 어려움이 생기고 학업 능력의 저하도 발생할 수 있다.

[자료 3] ○○ 지역 교육 상담 전문가 면담
"청소년을 대상으로 적용할 수 있는 감정 관리 프로그램으로는 마음 알아차리기, 감정 노트 쓰기, 독서 치료 등이 있습니다. 실제로 전교생을 대상으로 감정 노트 쓰기를 실시한 학교에서는 학생들의 부정적 감정이 감소되고 학교생활을 긍정적으로 인식하게 되었다는 연구 결과가 있습니다."

① **[자료 1]의 (가)와 (나)를 활용하여, ㉡이 필요한 이유를 뒷받침하는 자료로 부정적 감정을 겪는 청소년의 증가율과 심리 상담 경험이 없는 고위험군 청소년의 비율을 추가한다.**
감염병 유행 이후 부정적 감정을 겪는 청소년이 증가했음을 알 수 있는 '[자료 1]의 (가)'와 심리적 고위험군임에도 상담 경험이 없는 경우가 많음을 알 수 있는 '[자료 1]의 (나)'를 바탕으로 ㉡이 필요한 이유를 뒷받침하는 자료를 추가하는 것은 적절하다.

② **[자료 2]를 활용하여, ㉠이 필요한 이유로 청소년기의 부정적 감정이 관리되지 않으면 뇌 성장이 저해될 수 있다는 점을 추가한다.**
초고에서는 ㉠이 필요한 이유로 '부정적인 정체성을 형성할 우려'만 제시되어 있으므로 '[자료 2]'를 활용해 부정적 감정이 관리되지 않으면 뇌 성장이 저해될 수 있음을 추가하는 것은 적절하다.

③ **[자료 3]을 활용하여, ㉢의 적용 방법으로 학교에서 학생들의 감정 관리를 돕기 위해 실시할 수 있는 구체적인 활동의 예를 제시한다.**
초고에서는 ㉢이 필요한 이유만 제시했으므로 청소년 대상으로 실시할 수 있는 여러 감정 관리 프로그램을 포함한 '[자료 3]'을 활용해 ㉢의 구체적인 활동 사례를 추가하는 것은 적절하다.

④ **[자료 1]의 (가)와 [자료 2]를 활용하여, ㉠이 필요한 이유로 부정적 감정을 겪는 청소년이 늘어난 현상이 학습 및 학업에 곤란을 겪는 청소년의 증가로 이어질 가능성이 있음을 추가한다.**
초고에서 ㉠이 필요한 이유로 '부정적인 정체성을 형성할 우려'만 제시되어 있으므로 '[자료 1]의 (가)'를 통해 부정적 감정을 겪는 청소년이 늘어났음을 추가하고, '[자료 2]'를 통해 이러한 부정적 감정이 학습의 어려움과 학업 능력의 저하로 이어질 수 있음을 추가하는 것은 적절하다.

✔ **[자료 1]의 (나)와 [자료 3]을 활용하여, ㉢에 따른 기대 효과를 보여 주는 자료로 전문 상담 기관이 학생들의 부정적 감정 해소에 도움을 주었다는 연구 결과의 사례를 제시한다.**
초고의 3문단을 보면 활동 내용의 다양화를 통해 청소년 개인적 특성에 맞는 감정 관리 활동을 선택할 수 있음을 제시하고 있다. 하지만 심리적 고위험군임에도 상담 경험이 없는 경우가 많음을 알 수 있는 '[자료 1]의 (나)'와, 전교생을 대상으로 한 감정 노트 쓰기가 학생들의 부정적 감정 해소에 효과가 있음을 알 수 있는 '[자료 3]'을 바탕으로 '전문적인 상담 기관이 학생들의 부정적 감정 해소에 도움을 주었다는 연구 결과'라는 내용은 도출되기 어렵다. 또한 해당 내용을 추가할 경우 초고의 전체적인 내용과도 어울리지 않는다.

★★★ 등급을 가르는 문제!

45 설득 글쓰기 내용 점검 및 조정

정답률 57% | 정답 ③

<보기>는 [A]를 고쳐 쓴 것이다. 그 과정에서 반영된 교사의 조언으로 가장 적절한 것은?

<보 기>

요컨대 부정적 감정을 겪는 청소년이 늘고 있는 상황에 적극적으로 대응하고 청소년이 긍정적 자아 정체성을 형성할 수 있도록 청소년 감정 관리 프로그램의 실시 대상을 확대하고 활동 내용을 다양화해야 한다. 이를 위해 청소년 감정 관리 문제에 지역 구성원 모두의 관심이 필요하다.

① **실행 방법이 나타나지 않았으니 글에서 언급한 실행 방법을 강조하는 게 어때?**
초고의 [A]에서는 모든 청소년을 대상으로 한 '감정 관리 프로그램' 실시를 제시하고 있으므로 실행 방법이 제시되어 있지 않다는 것은 적절하지 않다.

② **예상 독자가 언급되지 않았으니 예상 독자에게 호소하며 글을 마무리하는 게 어때?**
초고의 [A]에는 '지역 구성원'이라는 예상 독자가 언급되어 있다.

✔ **해결 방안 중 일부만 제시되어 있으니 글에서 다룬 주장을 모두 포함하는 게 어때?**
초고의 [A]와 <보기>를 비교해 보면, 초고에서 제시하고 있는 해결 방안의 접근 방향인 '실시 대상 확대'와 '활동 내용 다양화' 중에서 '실시 대상 확대'만을 언급하고 있으나, <보기>에서는 '실시 대상의 확대'와 '활동 내용의 다양화'를 모두 언급하고 있다. 따라서 '해결 방안 중 일부만 제시되어 있으니 글에서 다룬 주장을 모두 포함하는 것은 어때?'가 교사의 조언으로 적절하다고 할 수 있다.

④ **앞서 논의한 내용과 거리가 있는 내용이 제시되어 있으니 이를 지우고 글의 요점을 제시하는 게 어때?**
초고의 [A] 내용 중 초고의 내용과 거리가 있는 내용을 찾기 어렵고, <보기>와 비교하더라도 특별히 삭제된 부분을 찾기 어렵다.

⑤ **해결 방안의 이점을 다루지 않았으니 실행을 통해 기대할 수 있는 변화를 구체적으로 드러내는 게 어때?**
초고의 [A]에는 '청소년 문제에 적극적으로 대응하고 청소년이 심리적으로 건강한 청소년기를 보낼 수 있도록'이라는 해결 방안의 이점을 다루고 있다.

★★ 문제 해결 꿀~팁 ★★

▶ 많이 틀린 이유는?
이 문제는 <보기>로 제시된 것과 [A]로 제시된 것을 정확히 비교하지 못하여 오답률이 높았던 것으로 보인다. 또한 [A]에 제시되어 있지만 제시되지 않았다고 여긴 것도 오답률을 높인 것으로 보인다.

▶ 문제 해결 방법은?
이 문제를 해결하기 위해서는 기본적으로 <보기>와 [A]를 비교할 수 있어야 한다. 즉, <보기>와 [A]를 비교하여 바뀐 점은 어느 부분인지, 바뀌지 않은 것은 어디인지를 표시하여 정확히 파악할 수 있어야 한다. 그런 다음 이러한 비교를 바탕으로 선택지가 적절한지 평가하면 되는데, 정답인 ③의 경우 이러한 방법으로 하게 되면 적절함을 알았을 것이다. 한편 선택지 중에는 고치기 전의 [A]에 제시되어 있음에도 그렇지 않은 것처럼 서술된 선택지(①, ②, ⑤)가 있는 경우, 이러한 선택지는 문제 출제 의도에 부합하지 않은 선택지이므로 무조건 잘못되었다고 판단하는 것이 좋다.

[문제편 p.032]

09 회 | 2022학년도 6월 모의평가 고3

• 정답 •

35 ② 36 ① 37 ⑤ 38 ⑤ 39 ④ 40 ④ ★41 ③ 42 ③ 43 ① 44 ⑤ 45 ②

★ 표기된 문항은 [등급을 가르는 문제]에 해당하는 문항입니다.

35 말하기 방식 파악

정답률 88% | 정답 ②

위 강연자의 말하기 방식으로 가장 적절한 것은?

① **강연 대상을 다른 소재에 빗대어 설명하고 있다.**
강연 내용을 통해 강연 대상인 '가로수'를 다른 소재에 빗대어 설명한 내용은 찾아볼 수 없다.

✔ **강연 내용과 관련한 청중의 경험을 환기하고 있다.**
1문단의 '(사진을 보여 주며) 기억나시지요?'와 2문단의 '그해 여름이 얼마나 더웠는지 기억나시지요?'를 통해, 강연자는 강연 내용과 관련한 청중의 경험을 환기하며 강연하고 있음을 알 수 있다.

③ **통계 자료를 인용하여 강연 내용을 설명하고 있다.**
강연자가 강연 내용을 설명하기 위해 통계 자료를 인용하지는 않고 있다.

④ **과거 사례와 최근의 사례를 대조하며 설명하고 있다.**
2문단의 '여러분이 사는 △△시의 2년 전 사진입니다.'를 통해, 강연자가 과거 사례를 제시하고 있음을 알 수 있다. 하지만 강연자는 이 사례를 최근의 사례와 대조하며 설명하지는 않고 있다.

⑤ **강연을 하게 된 소감을 밝히며 강연을 시작하고 있다.**
강연을 시작하는 부분에서 강연자는 강연의 주요 내용을 확인할 수 있지만, 강연을 하게 된 소감을 밝히지는 않고 있다.

36 강연 계획 반영 여부 판단

정답률 78% | 정답 ①

다음은 동아리 부장이 강연자에게 보낸 전자 우편이다. 이를 바탕으로 세운 강연자의 계획 중 강연에 반영되지 않은 것은?

> 안녕하세요. 저는 △△시 △△고등학교 봉사 동아리 부장입니다. 여름 방학 봉사 활동을 위해 도시의 가로수가 여름에 왜 말라 죽는지, 이를 막기 위해서 필요한 것은 무엇인지, 저희의 활동이 어떤 의미가 있는지를 알고자 동아리 학생들을 대표해 강연을 부탁드립니다. 강연하실 때 저희 지역과 관련한 자료를 활용해 주시면 도움이 될 것 같습니다. 감사합니다.

✔ **청중이 여름 방학 봉사 활동에 참여하므로 여름철 가로수 지킴이 활동을 위한 준비 사항을 안내한다.**
'전자 우편'의 '여름 방학 봉사 활동을 위해'를 통해 청중이 여름 방학 봉사 활동에 참여할 예정임을 알 수 있다. 하지만 여름철 가로수 지킴이 활동을 위한 준비 사항에 대한 내용은 강연을 통해 확인할 수 없으므로, 여름철 가로수 지킴이 활동을 위한 준비 사항을 안내한다는 계획은 강연에 반영되지 않았다.

② **청중이 도시 가로수 고사의 원인을 알고자 하므로 이와 관련한 도시의 토양 환경을 시각 자료를 활용하여 설명한다.**
'전자 우편'의 '도시의 가로수가 여름에 왜 말라 죽는지'를 통해, 청중이 도시 가로수 고사의 원인을 알고자 함을 알 수 있다. 그리고 강연 2문단의 '(그림을 보여 주며) 보시는 바와 같이 ~ 전달되지 못하는 것이지요.'를 통해, 도시 가로수 고사의 원인과 관련한 도시의 토양 환경을 시각 자료를 활용하여 설명한다는 계획은 강연에 반영되었음을 알 수 있다.

③ **청중이 도시 가로수의 고사를 방지하기 위한 방안을 알고자 하므로 가로수에 수분을 공급하는 다양한 방안을 설명한다.**
'전자 우편'의 '이를 막기 위해서 필요한 것은 무엇인지'를 통해, 청중이 도시 가로수의 고사를 방지하기 위한 방안을 알고자 함을 알 수 있다. 그리고 강연 3문단의 '살수차를 동원해 ~ 투입하는 것입니다.'를 통해, 가로수에 수분을 공급하는 다양한 방안을 설명한다는 계획은 강연에 반영되었음을 알 수 있다.

④ **청중이 봉사 활동의 의미를 알고자 하므로 봉사 활동이 가뭄과 폭염에서 가로수를 보호하는 데 기여한다는 것을 설명한다.**
'전자 우편'의 '저희의 활동이 어떤 의미가 있는지를 알고자'를 통해, 청중이 봉사 활동의 의미를 알고자 함을 알 수 있다. 그리고 강연 3문단의 '여러분 덕분에 △△시의 가로수가 올여름에는 말라 죽지 않을 것입니다.'를 통해, 봉사 활동이 가뭄과 폭염으로부터 가로수를 보호하는 데 기여한다는 것을 설명한다는 계획은 강연에 반영되었음을 알 수 있다.

⑤ **청중이 자신의 지역과 관련한 자료의 활용을 희망하므로 △△시의 사진을 보여 주며 질의응답한다.**
'전자 우편'의 '강연하실 때 저희 지역과 관련한 자료를 활용해 주시면 도움이 될 것 같습니다.'를 통해, 청중이 자신의 지역과 관련한 자료의 활용을 희망함을 알 수 있다. 그리고 강연 2문단의 '어디인지 아시겠어요? 여러분이 사는 △△시의 2년 전 사진입니다.', '몇 월의 모습일까요? ~ 8월의 모습입니다.'를 통해, △△시의 사진을 보여 주며 질의응답한다는 계획은 강연에 반영되었음을 알 수 있다.

37 강연 내용 이해 및 평가

정답률 83% | 정답 ⑤

다음은 학생이 강연을 들으면서 작성한 메모이다. 이를 바탕으로 학생의 듣기 과정을 이해한 내용으로 적절하지 않은 것은? [3점]

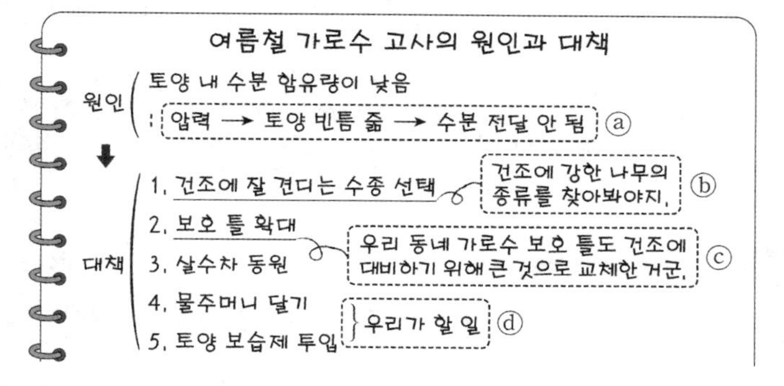

① **ⓐ : 화살표를 사용하여 강연 내용을 메모한 것으로 보아, 세부 정보들 사이의 관계를 파악하며 들었겠군.**
ⓐ는 화살표를 사용하여 토양 내 수분 함유량이 낮아지는 과정을 작성한 메모로, 이를 통해 학생이 세부 정보들의 인과 관계를 파악하며 들었음을 알 수 있다.

② **ⓑ : 강연 이후의 조사 계획을 작성한 것으로 보아, 강연 내용에서 더 알고 싶은 점을 떠올리며 들었겠군.**
ⓑ는 강연 이후에 건조에 강한 나무의 종류를 찾아보겠다는 메모로, 이를 통해 학생이 강연 내용에서 더 알고 싶은 점을 떠올리며 들었음을 알 수 있다.

③ **ⓒ : 동네 가로수의 보호 틀을 교체한 이유를 추측한 것으로 보아, 강연 내용을 자기 경험과 관련지으며 들었겠군.**
ⓒ는 자신의 동네 가로수의 보호 틀을 교체한 경험을 바탕으로 건조에 대비하기 위해서라는 이유를 추측한 메모로, 이를 통해 학생이 자신이 본 동네 가로수 보호 틀 교체와 강연 내용을 관련지으며 들었음을 알 수 있다.

④ **ⓓ : 자신이 할 일을 따로 묶은 것으로 보아, 특정 기준으로 정보를 구분하며 들었겠군.**
ⓓ는 강연 3문단의 '일일이 수작업해야 하는 일이라 여러분과 같은 자원봉사자의 역할이 매우 중요합니다.'를 들은 학생이 자원봉사자가 할 일을 따로 묶으며 작성한 메모이다. 이를 통해 특정 기준으로 정보를 구분하며 들었음을 알 수 있다.

✔ **ⓔ : 강연 내용에 의문을 제기한 것으로 보아, 강연 내용의 논리적 모순을 확인하며 들었겠군.**
ⓔ는 가로수의 고사 원인에 대해 폭염 외에 대기 오염도 해당하지 않는지 강연 내용 이외의 궁금증을 떠올리며 들었음을 보여 주는 것이므로, 강연 내용에 의문을 제기하였다고 할 수 없다. 그리고 ⓔ를 통해 강연 내용의 논리적 모순을 확인하는 내용은 찾아볼 수 없다.

38 대화 내용 이해 및 평가

정답률 93% | 정답 ⑤

대화의 흐름을 고려할 때, ㉠ ~ ㉤에 대한 설명으로 적절하지 않은 것은?

① **㉠ : 사안의 원인을 묻는 상대에게 신문 기사의 내용을 근거로 답하고 있다.**
의류 수거함에 수거 대상이 아닌 물품과 쓰레기가 많은 원인을 묻자, 학생 1은 ㉠에서 '얼마 전 신문 기사를 봤는데'처럼 신문 기사의 내용을 근거로 '우리 시청의 대처가 미흡해서인 것 같아.'라고 답하고 있다.

② **㉡ : 상대가 언급한 신문 기사의 내용에 대한 세부적인 정보를 상대에게 요청하고 있다.**
신문 기사의 내용에 대해 학생 1이 언급하자, 학생 2는 ㉡을 통해 OO시청이 한 노력에 대한 세부적인 정보를 학생 1에게 요청하고 있다.

③ **㉢ : 사안의 원인에 대한 상대의 의견을 확인하고 있다.**
'우리 시청의 대처가 미흡해서인 것 같아.'라며 의류 수거함 문제의 원인을 학생 1이 말하자, 학생 2는 ㉢과 같이 상대의 의견을 확인하고 있다.

④ **㉣ : 상대의 의견을 인정하며 상대와 다른 견해를 드러내고 있다.**
'공공의 문제 해결에는 시청의 영향력이 크'다는 학생 1의 의견에 대해, 학생 2는 '그 말도 맞'는다고 인정하면서도 '이용자의 탓이 더 크지 않을까?'라며 상대와 다른 견해를 드러내고 있다.

✔ **㉤ : 자신이 언급한 내용의 일부를 반복하며 절충안을 제시하고 있다.**
㉤에서 학생 2는 자신의 의견과 상대방의 의견이 다름을 드러내고 있지만, 절충안을 제시하지는 않고 있다.

39 발화 이해의 적절성 판단

정답률 95% | 정답 ④

[A]의 학생 1의 발화에 대한 설명으로 가장 적절한 것은?

① **상대에게 바라는 행동을 제안한 것에 대한 긍정적 반응을 보고, 구체적인 의견을 덧붙이고 있다.**
[A]에서 학생 1은 학생 2에게 특정 행동을 요구하고 있고, 이에 대해 학생 2는 부정적 반응을 보이고 있다.

② **상대와의 의견을 최대한 일치시킨 것에 대한 긍정적 반응을 보고, 세부 내용을 추가적으로 제시하고 있다.**
[A]에서 통해 학생 1이 학생 2와 의견을 최대한 일치시키는 발화는 찾아볼 수 없다.

③ **상대에게 의사를 명료하게 드러내지 않은 것에 대한 부정적 반응을 보고, 상대의 정서에 적극 공감하고 있다.**
[A]에서 학생 1은 학생 2에게 자신의 의사를 명료하게 드러내고 있다.

✔ **상대에게 원하는 바를 일방적으로 요구한 것에 대한 부정적 반응을 보고, 질문의 방식으로 상대의 동의를 구하고 있다.**
[A]에서 학생 1이 '찾은 자료 나한테 전자 우편으로 보내 줘.'라며 상대에게 원하는 바를 일방적으로 요구하고 있고, 학생 2는 이에 대해 '네가 당연하다는 듯이 말해서 좀 당황스러워.'라며 부정적 반응을 드러내고 있다. 그러자 학생 1은 '나도 자료 준비되면 줄 테니까 공유 좀 부탁해도 될까?'라며 질문의 방식으로 상대의 동의를 구하고 있다.

⑤ **자신의 상황을 내세워 상대의 요구를 일부만 수용한 것에 대한 부정적 반응을 보고, 상대에게 동조의 뜻을 표현하고 있다.**
[A]에서 학생 1은 자신의 상황을 내세워 상대의 요구를 일부만 수용하지는 않고 있다.

40 대화 내용의 반영 여부 판단

정답률 81% | 정답 ④

(가)의 대화 내용이 (나), (다)에 각각 반영된 양상으로 적절하지 않은 것은?

① **(가)에서 학생 2가 글감 선정의 이유에 대해 언급한 내용이 (나)의 1문단에 학생 다수가 문제 해결의 필요성을 느끼고 있음을 밝히는 내용으로 제시되었다.**
(가)에서 학생 2는 네 번째 발화에서 '우리 학교 친구들도 수거함이 관리될 필요가 있다고 하더라고.'라고 글감 선정의 이유를 언급하고 있다. 이는 (나)의 1문단의 '저희 학교의 많은 학생들도 필요성을 느끼고 있는 의류 수거함 관리'에서 알 수 있듯이 학생 다수가 문제 해결의 필요성을 느끼고 있음을 밝히는 내용으로 제시되었다.

[문제편 p.033]

② (가)에서 학생 2가 의류 수거함의 상태에 대해 언급한 내용이 (다)의 1문단에 문제 제기의 내용으로 제시되었다.
(가)에서 학생 2는 다섯 번째 발화에서 '의류 수거함 주변이 ~ 쓰레기들도 많고.'라고 의류 수거함의 상태를 언급하고 있다. 이는 (다)의 1문단의 '수거 대상이 아닌 ~ 된 곳도 있다.'에서 알 수 있듯이 문제 제기의 내용으로 제시되었다.

③ (가)에서 학생 1이 신문 기사에 대해 언급한 내용이 (나)의 3문단에 건의를 뒷받침하는 사례로 제시되었다.
(가)에서 학생 1은 여섯 번째 발화에서 '얼마 전 신문 기사를 봤는데 ○○시에서도 비슷한 문제가 있었지만 시청이 적극 노력해서 잘 해결했다'라고 신문 기사를 언급하고 있다. 이는 (나)의 3문단에서 '인근 ○○시에서도 ~ 활성화되었다고 합니다.'에서 알 수 있듯이 건의를 뒷받침하는 사례로 제시되었다.

✔ (가)에서 학생 1이 시청의 영향력에 대해 언급한 내용이 (나)의 2문단에 건의 수용의 기대 효과로 제시되었다.
(가)에서 학생 1은 여덟 번째 발화에서 '공공의 문제 해결에는 시청의 영향력이 크니까.'라고 시청의 영향력에 대해 언급하고 있고, (나)의 2문단에는 의류 수거함 문제의 실태가 제시되어 있다. 따라서 시청의 영향력에 대해 언급한 내용이 건의 수용의 기대 효과로 제시되었다는 내용은 적절하지 않다.

⑤ (가)에서 학생 1이 의류를 올바르게 배출하는 일의 장점에 대해 언급한 내용이 (다)의 2문단에 의류 수거함을 올바르게 이용해야 하는 이유로 제시되었다.
(가)에서 학생 1은 아홉 번째 발화에서 '안내대로 의류를 올바르게 배출하면 선별하는 데 드는 시간과 비용을 줄일 수 있잖아.'라고 의류를 올바르게 배출하는 일의 장점을 언급하고 있다. 이는 (다)의 2문단의 '올바르게 배출하면 선별 과정에서의 비용과 시간을 크게 줄일 수 있다.'에서 알 수 있듯이 의류 수거함을 올바르게 이용해야 하는 이유로 제시되었다.

★★★ 등급을 가르는 문제!

41 맥락을 고려한 작문의 이해 정답률 75% | 정답 ③

작문 맥락을 고려할 때 (나), (다)에 대한 이해로 적절하지 않은 것은?

① 글의 유형 면에서, (나)는 구체적이고 실행 가능한 방안을 제시하며 공동체의 문제 해결을 요구하는 형식의 글이다.
(나)의 4문단의 '파손되고 방치된 의류 수거함을 수리하거나 교체해 주시고 의류 수거함의 올바른 이용에 대한 캠페인을 벌여 주셨으면 합니다.'를 통해, (나)가 구체적이고 실행 가능한 방안을 제시하면서 의류 수거함이 제대로 관리되지 않는 상황에 대한 공동체의 문제 해결을 요구하는 형식의 글임을 알 수 있다.

② 작문 매체 면에서, (나)는 필자가 언급한 내용을 예상 독자가 확인할 수 있도록 글의 특정 정보가 다른 자료에 연결되게 하고 있다.
(나)의 3문단의 '링크의 신문 기사(https://www.****.co. kr/v3R4e)'를 통해, (나)는 글쓴이가 언급한 내용을 예상 독자가 확인할 수 있도록 글의 특정 정보를 다른 자료에 연결하고 있음을 알 수 있다.

✔ 예상 독자 면에서, (다)는 문제 해결의 당위성을 강조하기 위해 지역 공동체의 모든 구성원을 독자로 상정하고 있다.
(다)의 3문단의 '학생인 우리가 할 수 있는 일은 무엇일까?'와 4문단의 '의류 수거함을 올바르게 이용하는 일이 어른들만의 일은 아니다.'를 통해, (다)의 예상 독자는 지역 공동체의 모든 구성원이 아니라 글쓴이가 속해 있는 학교의 학생임을 알 수 있다.

④ 글의 주제 면에서, (다)는 공동의 실천으로 해결할 수 있는 문제 상황과 그 해결 방안을 중심 내용으로 제시하고 있다.
(다)에서는 문제 상황으로 의류 수거함이 제대로 관리되지 않는 상황을 제시하면서, 해결 방안으로 '의류 수거함 안이나 그 주변에 쓰레기를 버려서는 안 된다.'와 '수거함에 넣을 수 있는 물건과 그렇지 않은 물건을 구분해서 넣어야 한다.'를 제시하고 있다. 따라서 (다)는 글쓴이와 예상 독자가 공동의 실천으로 해결할 수 있는 문제 상황과 해결 방안을 중심 내용으로 제시하고 있음을 알 수 있다.

⑤ 작문 목적 면에서, (나)와 (다)는 예상되는 긍정적인 효과를 근거로 제시하며 예상 독자를 설득하고 있다.
(나)의 4문단 '도시의 미관이 개선되고 의류 수거함에 대한 시민들의 인식도 좋아질 것입니다.'와 (다)의 2문단 '첫째, 도시의 미관과 ~ 도움이 된다.'를 통해, 예상되는 긍정적인 효과를 근거로 제시하며 예상 독자를 설득하고 있음을 알 수 있다.

★★ 문제 해결 꿀~팁 ★★

▶ 많이 틀린 이유는?
이 문제는 (나), (다)의 글을 정확하게 이해하지 못하여 오답률이 높았던 것으로 보인다. 또한 작문 맥락에 따라 내용을 이해하는 데 어려움을 겪어 오답률이 높았던 것으로 보인다.
▶ 문제 해결 방법은?
작문에 제시된 글을 읽을 때에는 독서 지문과 같이 정확하게 읽어야 한다. 가령 정답인 ③의 경우, (다)의 글을 정확히 읽지 못해 이해로 적절한 것이라 판단한 것으로 보인다. 그런데 (다)의 '학생인 우리가 할 수 있는 일은 무엇일까?'나, '의류 수거함을 올바르게 이용하는 일이 어른들만의 일은 아니다.'를 제대로 읽었다면, (다)의 예상 독자는 글쓴이가 속해 있는 학교의 학생임을 알았을 것이다. 오답률이 높았던 ①의 경우에도 글쓴이가 '시장'에게 보내는 글이고, 3문단의 내용을 정확히 이해했다면 적절함을 알았을 것이다. 이처럼 작문에서는 제시된 글의 경우 내용 이해가 선행되어야 정확하게 문제를 해결할 수 있으므로, 내용을 정확하게 이해할 수 있도록 주의를 기울이도록 한다. 한편 최근 작문 문제에서는 '작문 맥락'을 고려한 글의 이해가 출제되고 있는데, 각 선택지에 제시된 '작문 맥락'이 무엇인지 확인한 뒤 이를 바탕으로 글을 이해할 수 있어야 한다. 즉 '글의 유형이나 매체, 예상 독자, 글의 주제나 목적' 등의 '작문 맥락'을 살펴보고, 이와 관련하여 글을 이해할 수 있어야 한다.

42 고쳐쓰기 방안의 적절성 판단 정답률 81% | 정답 ③

<보기>를 점검 기준으로 할 때 ⓐ, ⓑ를 고쳐 쓰기 위한 방안으로 가장 적절한 것은?

<보 기>
㉮ 앞뒤 문장 간의 관계는 긴밀한가?
㉯ 주장을 뒷받침하는 논거인가?

① ㉮를 기준으로, ⓐ를 '여전히 다른 사람들이 입던 옷을 재사용하는 일을 꺼리는 사람들이 많기 때문이다'로 수정한다.
ⓐ의 앞 문장이 의류 수거함을 올바르게 이용함으로써 의류가 재사용되는 비율을 높일 수 있다는 내용이므로, ⓐ를 '여전히 다른 사람들이 입던 옷을 재사용하는 일을 꺼리는 사람들이 많기 때문이다.'로 수정하게 되면 앞뒤 문장 간의 관계가 부자연스러워지므로 적절하지 않다.

② ㉮를 기준으로, ⓑ를 '그러나 배출할 의류가 물에 젖었다면 반드시 말려야 한다'로 수정한다.
ⓑ의 앞 문장이 '수거함에 넣을 수 있는 물건과 그렇지 않은 물건을 구분해서 넣어야 한다.'이므로, ⓑ는 이와 관련된 내용으로 보기 어렵다. 따라서 ⓑ의 '예를 들어'를 '그러나'로 수정하더라도 앞뒤 문장 간의 관계는 자연스럽지 않아 적절하지 않다.

✔ ㉮를 기준으로, ⓑ를 '의류와 가방, 담요 등은 가능하지만 솜이불과 베개, 신발 등은 넣어서는 안 된다'로 수정한다.
ⓑ의 앞 문장이 '수거함에 넣을 수 있는 물건과 그렇지 않은 물건을 구분해서 넣어야 한다.'이므로, ⓑ에는 넣을 수 있는 물건과 그렇지 않은 물건의 구체적인 예에 해당하는 내용이 제시되어야 한다. 따라서 ㉮를 기준으로 ⓑ를 '의류와 가방, 담요 등은 가능하지만 솜이불과 베개, 신발 등은 넣어서는 안 된다.'로 수정하는 것은 적절하다.

④ ㉯를 기준으로, ⓐ를 '왜냐하면 주변 친구들 중에는 의류 수거함에 쓰레기를 넣는 친구들이 없기 때문이다'로 수정한다.
ⓐ의 앞 문장은 의류 수거함을 올바르게 이용함으로써 의류가 재사용되는 비율을 높일 수 있다는 내용이므로, '왜냐하면 주변 친구들 중에는 의류 수거함에 쓰레기를 넣는 친구들이 없기 때문이다.'는 이와 내용상 관련이 없어 주장을 뒷받침하는 논거가 되지 못한다.

⑤ ㉯를 기준으로, ⓑ를 '왜냐하면 이용자들이 재활용 가능 여부를 구분하는 일은 어렵기 때문이다'로 수정한다.
ⓑ의 앞 문장이 '수거함에 넣을 수 있는 물건과 그렇지 않은 물건을 구분해서 넣어야 한다.'이므로, '왜냐하면 이용자들이 재활용 가능 여부를 구분하는 일은 어렵기 때문이다.'는 이와 내용상 관련이 없어서 주장을 뒷받침하는 논거가 되지 못한다.

43 글쓰기 계획의 반영 여부 판단 정답률 92% | 정답 ①

다음은 초고를 작성하기 전에 학생이 떠올린 생각이다. ⓐ ~ ⓔ 중 학생의 초고에 반영되지 않은 것은?

• 손 글씨 쓰기의 개념을 정의하며 글을 시작해야겠어. ······ ⓐ
• 컴퓨터 자판을 이용한 쓰기가 일상화된 배경을 언급해야겠어. ······ ⓑ
• 손 글씨 쓰기와 컴퓨터 자판을 이용한 쓰기의 차이를 예를 활용하여 설명해야겠어. ······ ⓒ
• 컴퓨터 자판을 이용한 쓰기보다 손 글씨 쓰기의 속도가 느린데서 오는 효과를 설명해야겠어. ··· ⓓ
• 최근에 주목받는 손 글씨 쓰기의 효과를 언급해야겠어. ······ ⓔ

✔ ⓐ 손 글씨 쓰기의 개념을 정의하며 글을 시작해야겠어.
'학생의 초고' 도입 부분에서는 컴퓨터 자판을 이용한 쓰기가 일상화된 배경과 많은 학생들이 컴퓨터 자판을 이용한 쓰기를 선호하는 이유를 제시하고 있다. 하지만 손 글씨 쓰기의 개념을 정의하는 내용은 제시하고 있지 않으므로 ⓐ는 반영되지 않았다.

② ⓑ 컴퓨터 자판을 이용한 쓰기가 일상화된 배경을 언급해야겠어.
'학생의 초고' 1문단의 '컴퓨터와 온라인을 기반으로 ~ 쓰기를 선호한다.'를 통해 반영되었음을 확인할 수 있다.

③ ⓒ 손 글씨 쓰기와 컴퓨터 자판을 이용한 쓰기의 차이를 예를 활용하여 설명해야겠어.
'학생의 초고' 2문단의 '컴퓨터 자판으로 ~ 생기게 된다.'를 통해 반영되었음을 알 수 있다.

④ ⓓ 컴퓨터 자판을 이용한 쓰기보다 손 글씨 쓰기의 속도가 느린데서 오는 효과를 설명해야겠어.
'학생의 초고' 3문단을 통해 손 글씨 쓰기의 속도가 느린 데서 오는 효과가 반영되었음을 알 수 있다.

⑤ ⓔ 최근에 주목받는 손 글씨 쓰기의 효과를 언급해야겠어.
'학생의 초고' 4문단을 통해 최근에 주목받는 손 글씨 쓰기의 효과가 반영되었음을 확인할 수 있다.

44 조언에 따른 글쓰기의 적절성 판단 정답률 86% | 정답 ⑤

다음은 초고를 읽은 교지 편집부 담당 선생님의 조언이다. 이를 반영하여 [A]를 작성한 내용으로 가장 적절한 것은?

"이 글에 제시된 손 글씨 쓰기의 주요 효과를 모두 언급하고 비유적 표현을 활용해서 마무리하면 어떨까요?"

① 손 글씨 쓰기의 다양한 효과를 정확히 알고 이를 상황에 맞게 활용한다면 쓰기의 효율성을 높일 수 있을 것이다.
손 글씨 쓰기의 주요 효과를 언급하지 않았으며, 비유적 표현도 활용하지 않았다.

② 손 글씨 쓰기의 과정, 장점과 한계, 정서적 효과를 통해 손 글씨 쓰기가 동전의 양면과 같음을 기억해야 할 것이다.
손 글씨 쓰기의 과정이나 한계는 글에 제시된 손 글씨 쓰기의 주요 효과에 해당하지 않는다.

③ 손 글씨 쓰기가 우리의 뇌, 이해, 정서에 미치는 긍정적 영향을 고려하여 손 글씨 쓰기의 횟수를 더욱 늘려야 할 것이다.
손 글씨 쓰기의 주요 효과는 언급하였으나 비유적 표현을 활용하지 않았다.

④ 손 글씨 쓰기는 글을 쓰는 능력을 향상시키고 정서적 효과를 주기에, 그 가치는 시대가 변해도 늘 별처럼 빛날 것이다.
글을 쓰는 능력을 향상시키는 것은 글에 제시된 손 글씨 쓰기의 주요 효과에 해당하지 않는다.

✔ 손 글씨 쓰기를 통해 뇌의 다양한 영역 활성화, 이해도 향상, 정서적 효과라는 세 가지 빛깔의 진주를 발견할 수 있을 것이다.
선생님 조언을 통해 내용상 조건이 '글에 제시된 손 글씨 쓰기의 주요 효과 모두 언급'이고 표현상 조건이 '비유적 표현 활용'임을 알 수 있다. 이러한 조언이 모두 반영된 것은 ⑤로, ⑤의 '뇌의 다양한 영역 활성화, 이해도 향상, 정서적 효과'를 통해 글에 제시된 손 글씨 쓰기의 주요 효과를 모두 언급하였음을 알 수 있고, '세 가지 빛깔의 진주'를 통해 비유적 표현이 활용되고 있음을 알 수 있다.

45 자료 활용 방안의 적절성 판단 정답률 82% | 정답 ②

<보기>는 학생이 초고를 보완하기 위해 추가로 수집한 자료이다. 자료의 활용 방안으로 적절하지 않은 것은? [3점]

[문제편 p.035]

〈보 기〉

ㄱ. 전문가 인터뷰

"손으로 글씨를 쓸 때, 전두엽, 후두엽, 측두엽, 두정엽 등의 뇌의 전 영역에 걸쳐 신경 회로가 형성되어 활성화됩니다. 그래서 손 글씨 쓰기는 뇌를 건강하게 해 주는 일종의 뇌 운동이라고 할 수 있습니다."

ㄴ. 연구 자료

65명의 대학생에게 컴퓨터 자판을 이용한 쓰기와 손 글씨 쓰기라는 두 방식으로 강연 내용을 정리하도록 한 후 성취도를 확인했다. 그 결과, 기억 여부를 묻는 '과제 1'에서는 집단 간 차이가 없었으나, 개념의 이해를 묻는 '과제2'에서는 손 글씨 쓰기 방식으로 정리한 집단이 훨씬 높은 성취를 보였다.

ㄷ. 우리 학교 설문 조사

ㄷ - 1. 학습 과제 작성 시 선호하는 쓰기 방식은?

컴퓨터 자판을 이용한 쓰기 72%, 손 글씨 쓰기 28%

ㄷ - 2. ㄷ - 1에서 응답한 쓰기 방식을 선호하는 이유는?

쓰기방식 / 순위	컴퓨터 자판을 이용한 쓰기	손 글씨 쓰기
1순위	과제 작성을 빠르게 할 수 있어서	내 과제에 애착이 생겨서
2순위	손으로 쓰면 팔이 아프고 귀찮아서	과제에 정성을 쏟을 수 있어서

① ㄱ을 활용하여, 뇌의 다양한 영역이 활성화된다는 2문단의 내용을 구체화한다.

ㄱ은 손으로 글씨를 쓸 때 뇌의 전 영역에 걸쳐 신경 회로가 형성되어 활성화된다는 내용의 전문가 인터뷰이고, 2문단은 손으로 글씨를 쓸 때 뇌의 다양한 영역이 활성화된다는 내용이다. 따라서 ㄱ을 활용하여 2문단의 내용을 구체화하는 방안은 적절하다.

✔ ㄴ에서 과제 1의 결과를 활용하여, 손 글씨 쓰기가 특정 상황에서 효과적이라는 3문단의 내용을 보강한다.

3문단은 손 글씨 쓰기로 인해 사고할 수 있는 시간이 확보되고 고등 사고 과정이 이루어져 해당 내용에 대한 이해도가 높아진다는 내용이다. 그리고 ㄴ의 과제 1은 컴퓨터 자판을 이용한 쓰기 집단과 손 글씨쓰기 집단이 기억 여부의 성취도 면에서 차이가 없었다는 결과를 보여 주는 자료이므로, 과제 1의 결과를 활용하여 3문단의 내용을 보강하는 것은 적절하지 않다.

③ ㄴ에서 과제 2의 결과를 활용하여, 손 글씨 쓰기가 내용 이해도를 높인다는 3문단의 내용을 뒷받침한다.

ㄴ의 과제 2는 손 글씨 쓰기 방식으로 강연 내용을 정리한 집단이 컴퓨터 자판을 이용한 쓰기 방식으로 정리한 집단보다 개념 이해의 측면에서 훨씬 높은 성취를 보였다는 결과를 보여 주는 자료이고, 3문단은 손 글씨 쓰기가 내용에 대한 이해도를 높인다는 내용이다. 따라서 ㄴ의 과제 2의 결과를 활용하여 3문단의 내용을 뒷받침하는 방안은 적절하다.

④ ㄷ - 1을 활용하여, 학생들이 컴퓨터 자판을 이용한 쓰기 방식을 선호한다는 1문단의 내용을 보강한다.

ㄷ-1은 학습 과제 작성 시 학교 학생들이 컴퓨터 자판을 이용한 쓰기 방식을 선호함을 보여 주는 설문 조사이고, 1문단은 학생들이 컴퓨터 자판을 이용한 쓰기 방식을 선호한다는 내용이다. 따라서 ㄷ-1을 활용하여 1문단의 내용을 보강하는 방안은 적절하다.

⑤ ㄷ - 2를 활용하여, 손 글씨 쓰기가 과제를 수행할 때에도 정서적 효과를 준다는 내용을 4문단에 보충한다.

ㄷ-2는 손 글씨 쓰기 방식으로 학습 과제를 작성하면 과제에 '애착'이 생긴다거나, 과제에 '정성'을 쏟을 수 있다는 설문 조사 결과이므로, 이는 4문단에서 제시한 '정서적 효과'를 뒷받침할 수 있다.

10회 | 2023학년도 7월 학력평가 고3

• 정답 •

35① 36④ 37④ 38③ 39⑤★ 40② 41⑤ 42④ 43④ 44⑤ 45⑤

★ 표기된 문항은 [등급을 가르는 문제]에 해당하는 문항입니다.

35 말하기 방식 파악 정답률 90% | 정답 ①

위 발표자의 말하기 방식으로 가장 적절한 것은?

✔ 청중의 경험을 환기하여 발표 내용에 대한 청중의 관심을 유도하고 있다.

1문단의 '지도를 보신 적이 있나요?'를 통해, 발표자는 청중의 경험을 환기하는 질문을 하고 있는데, 이는 발표 내용에 대한 청중의 관심을 유도하는 질문이라 할 수 있다.

② 발표 순서를 안내하여 청중이 발표 내용에 대해 예측할 수 있도록 하고 있다.

1문단을 통해 발표 주제는 알 수 있지만, 발표 순서를 안내하지는 않고 있다.

③ 발표 중간에 질문을 하여 청중이 발표 내용을 이해하고 있는지 확인하고 있다.

3문단의 '천하도가 제작된 이유는 무엇일까요?'를 통해, 발표자가 질문을 하고 있음을 알 수 있다. 그런데 이는 청중의 관심을 이끌어 내기 위한 질문에 해당하므로, 청중이 발표 내용을 이해했는지 질문을 통해 확인하고 있다는 내용은 적절하지 않다.

④ 청중의 요청에 따라 발표 내용과 관련 있는 정보를 추가적으로 제시하고 있다.

4문단을 통해 발표자가 발표 내용과 관련 있는 누리집 정보를 추가로 제시하고 있음을 알 수 있다. 하지만 청중이 추가 정보를 요청하여 제시한 것은 아니므로 적절하지 않다.

⑤ 발표 내용을 요약하여 마무리함으로써 청중에게 발표의 중심 내용을 강조하고 있다.

4문단을 통해 발표자가 발표 내용을 요약하며 마무리하는 내용은 찾아볼 수 없다.

36 자료 활용에 대한 이해 정답률 94% | 정답 ④

다음은 발표자가 제시한 자료이다. 발표자의 자료 활용에 대한 설명으로 적절하지 않은 것은?

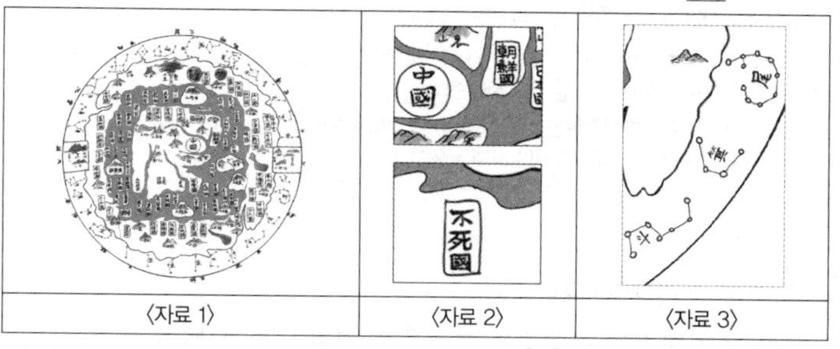

〈자료 1〉 〈자료 2〉 〈자료 3〉

① ㉠에 〈자료 1〉을 활용하여 '천하도'의 전체 형태를 보여 주고 있다.

〈자료 1〉은 천하도의 전체 모습으로, 2문단을 통해 ㉠에 〈자료 1〉을 활용하여 청중에게 천하도의 전체 형태를 보여 주고 있음을 알 수 있다.

② ㉠에 〈자료 1〉을 활용하여 '천하도'의 전형적인 특징을 설명하고 있다.

2문단을 통해 ㉠에 〈자료 1〉을 활용하여 천하도가 갖는 전형적인 특징을 설명하고 있음을 알 수 있다.

③ ㉡에 〈자료 2〉를 활용하여 실제 나라와 상상의 나라를 구분하여 보여 주고 있다.

2문단을 통해 〈자료 2〉는 천하도의 일부분을 각각 확대한 그림임을 알 수 있다. 또한 〈자료 2〉의 위에 있는 그림은 천하도 안쪽 대륙에 나타난 실제 나라들을 확대한 부분이고, 아래에 있는 그림은 바깥 대륙에 나타난 상상의 나라를 확대한 부분임을 알 수 있다. 따라서 ㉡에 〈자료 2〉를 활용하여 실제 나라와 상상의 나라를 구분하여 보여 주고 있음을 알 수 있다.

✔ ㉡에 〈자료 2〉를 활용하여 지도 제작자의 세계관이 변화되는 양상을 설명하고 있다.

㉡에 〈자료 2〉를 활용하여 지도에 나타난 나라들을 설명함으로써 제작자의 세계관은 보여 준다고 할 수 있다. 하지만 ㉡에 〈자료 2〉를 활용하여 제작자의 세계관이 변화되는 양상을 설명하지는 않고 있다.

⑤ ㉢에 〈자료 3〉을 활용하여 천문학에 대한 제작자의 관심이 지도에 반영되었음을 설명하고 있다.

2문단을 통해 〈자료 3〉은 천하도의 가장자리에 그려진 별자리 부분을 확대한 그림임을 알 수 있다. 따라서 ㉢에 〈자료 3〉을 활용하여 천문학에 대한 제작자의 관심이 지도에 반영되었다는 내용을 설명하고 있음을 알 수 있다.

37 반응에 대한 이해의 적절성 판단 정답률 96% | 정답 ④

발표 내용을 바탕으로 할 때, 〈보기〉에 나타난 학생들의 반응에 대한 이해로 가장 적절한 것은?

〈보 기〉

학생 1 : 지도는 사실적 정보만을 담아 제작하는 것이라고 알고 있었는데, 제작자의 주관적 가치관이 지도에 반영될 수도 있다는 점을 새롭게 알게 됐어.

학생 2 : 옛 지도는 대동여지도밖에 몰랐는데, 당대 사람들의 상상력이 담긴 세계 지도가 존재한다는 걸 알게 되어 유익했어. 발표자가 알려준 누리집에 방문해서 다른 지도들도 더 찾아봐야겠어.

학생 3 : 오늘 발표에서 천하도가 판본별로 차이가 있다고 설명했는데, 판본에 따라 어떤 차이가 있는지 더 구체적으로 알려줬으면 좋았을 것 같아.

① '학생 1'은 발표 내용을 바탕으로 추가적인 활동을 계획하고 있다.

'학생 1'은 지도에 제작자의 주관적 가치관이 반영될 수도 있다는 점을 새롭게 알게 됐다고 말하고 있다. 하지만 발표 내용을 바탕으로 추가적인 활동을 계획하지는 않고 있다.

② '학생 2'는 발표자가 발표 중 다루지 않은 내용을 언급하며 아쉬움을 표현하고 있다.

'학생 2'는 당대 사람들의 상상력이 담긴 세계 지도가 존재한다는 것을 알게 되어 유익했다고 말하면서 발표 내용을 바탕으로 추가적인 활동을 계획하고 있다. 하지만 발표 중 다루지 않은 내용을 언급하며 아쉬움을 표현하지는 않고 있다.

③ '학생 3'은 발표 내용이 실생활에 도움이 되는 정보인지를 평가하고 있다.

'학생 3'은 발표 내용과 관련해 천하도의 판본별 차이를 구체적으로 알려주지 않은 것에 대한 아쉬움을 언급하고 있다. 하지만 발표 내용이 실생활에 도움이 되는 정보인지를 평가하지는 않고 있다.

✔ '학생 1'과 '학생 2'는 모두 발표 내용과 관련 있는 자신의 배경지식을 떠올리고 있다.

'학생 1'의 '지도는 사실적 정보만을 담아 제작하는 것이라고 알고 있었는데'와 '학생 2'의 '옛 지도는 대동여지도밖에 몰랐는데'를 통해, '학생 1'과 '학생 2' 모두 발표 내용과 관련 있는 자신의 배경지식을 떠올리고 있음을 알 수 있다.

⑤ '학생 2'와 '학생 3'은 모두 발표를 통해 새로운 사실을 알게 된 것을 긍정적으로 생각하고 있다.

'학생 2'는 발표를 통해 새로운 사실을 알게 된 것을 유익했다고 말하며 긍정적으로 생각하고 있다. 하지만 '학생 3'은 발표 내용과 관련해 아쉬운 점만 말하고 있으므로 적절하지 않다.

38 글쓰기 방식 파악

정답률 55% | 정답 ③

(가)에 활용된 글쓰기 방식으로 가장 적절한 것은?

① 디지털 유산의 개념을 정의한 후 상속인의 자격을 안내하는 방식으로 서술하였다.

(가)의 1문단에서는 디지털 유산의 개념을 정의하고 있지만, 상속인의 자격을 안내하지는 않고 있다.

② 디지털 유산을 기록 매체에 따라 분류한 후 상속 대상이 될 수 있는지 점검하는 방식으로 서술하였다.

(가)에서는 디지털 유산이 상속 대상이 될 수 있는지에 대한 쟁점을 바탕으로 내용이 서술되어 있다. 하지만 디지털 유산을 기록 매체에 따라 분류하지는 않고 있다.

✔ 디지털 유산에 대한 상속권을 인정받지 못하는 문제의 원인을 밝힌 후 해결책을 제시하는 방식으로 서술하였다.

(가)에서 학생은 디지털 유산을 상속받지 못하는 문제의 원인이 디지털 유산에 대한 상속권이 제도적으로 명확하게 규정되어 있지 않아서임을 밝히고 있다. 그런 다음 디지털 유산을 상속 가능한 대상으로 명확하게 규정한 법 제도를 마련하여 상속인의 권리를 인정해야 한다는 해결책을 제시하고 있다.

④ 디지털 유산을 상속 대상으로 보아야 하는 이유를 나열한 후 상속 과정을 절차에 따라 안내하는 방식으로 서술하였다.

(가)에서는 디지털 유산을 상속 대상으로 보아야 하는 이유를 디지털 유산의 종류별로 나열하고 있다. 하지만 상속 과정을 절차에 따라 안내하지는 않고 있다.

⑤ 디지털 유산의 유형에 따라 상속권을 제한하는 제도를 비교한 후 두 제도 사이의 차이점을 밝히는 방식으로 서술하였다.

(가)에서는 디지털 유산의 상속권을 제한하는 제도에 대해 언급하고는 있다. 하지만 디지털 유산의 유형에 따라 상속권을 제한하는 제도를 비교하지는 않고 있다.

★★★ 등급을 가르는 문제!

39 토론 개요서의 반영 양상 파악

정답률 33% | 정답 ⑤

다음은 '학생 2'가 (가)를 작성하기 위해 참고한 토론 개요서이다. (나)의 대화를 참고했을 때, ⓐ ~ ⓔ가 (가)에 반영된 양상으로 적절하지 않은 것은? [3점]

논제	ⓐ 디지털 유산의 상속권을 인정해야 한다.	
ⓑ 용어의 개념	◦디지털 유산 : 고인이 생전에 인터넷상에 남긴 데이터 형태의 모든 정보 ◦포괄적 권리의무 : 특정 개인에 온전히 속한 것을 제외한 모든 권리와 의무	
ⓒ 논제의 배경	◦○○기업 : 계정 정보 제공하지 않음. 공개된 데이터의 백업 제공. ◦△△기업 : 계정 정보 및 데이터를 유족에게 제공하지 않음.	
입장	찬성	반대
주장	디지털 유산은 상속 대상이다.	디지털 유산은 상속 대상이 아니다.
이유 및 근거	⋮ ⓓ ◦독일의 경우 디지털 유산의 상속권을 인정함. ⋮	ⓔ ⋮ ◦특정 주체만 향유할 수 있는 권리는 포괄적 권리의무에 해당하지 않음. ◦실체가 없는 데이터는 상속 대상 물건에 해당하지 않음. ⋮

① ⓐ : 사전에 의논한 대로 디지털 유산의 상속에 대해 찬성하는 입장을 밝히며 글을 시작하였다.

'학생 1'의 발화를 통해, 입론서에 논제에 대한 입장을 밝히며 시작한 내용은 토론 개요서를 작성하며 미리 의논한 내용에 따른 것임을 확인할 수 있다.

② ⓑ : 토론자들의 배경지식을 고려하여 특정 용어의 개념에 대한 설명을 생략하였다.

'학생 2'의 발화를 통해 토론 개요서를 작성하며 조사한 용어의 개념 중 특정 용어의 개념만 입론서에 반영한 것은, 토론자들이 이미 용어의 개념에 대한 배경지식을 갖추었다고 생각했기 때문임을 확인할 수 있다.

③ ⓒ : 분량을 조절하기 위해 디지털 유산에 대한 약관이 인터넷 서비스 기업별로 다르다는 점만 언급하였다.

'학생 2'의 발화를 통해 토론 개요서를 작성하며 조사한 인터넷 서비스 기업별 약관의 구체적 내용을 입론서에 반영하지 않은 이유는 입론서의 분량을 조절하기 위해서임을 확인할 수 있다.

④ ⓓ : 반론 단계의 근거로 활용하기 위해 디지털 유산의 상속권을 인정하고 있는 다른 나라의 사례를 생략하였다.

'학생 2'의 발화를 통해 토론 개요서를 작성하며 조사한 다른 나라의 사례는, 반론 단계에서 활용하기 위해 입론서에 반영하지 않은 것임을 확인할 수 있다.

✔ ⓔ : 예상되는 반론을 이끌어 내기 위해 반대 측이 활용할 수 있는 근거를 의도적으로 언급하였다.

'학생 2'의 발화를 통해 ⓔ는 토론 개요서를 작성하며 조사한 반대 측의 근거를, 상대측의 반론을 사전에 차단하기 위해 의도적으로 언급한 것임을 확인할 수 있다.

★★ 문제 해결 꿀~팁 ★★

▶ 많이 틀린 이유는?

이 문제는 (나)에 제시된 학생들의 대화 내용을 정확하게 이해하지 못해 오답률이 높았던 것으로 보인다. 특히 (나)의 '학생 2'의 발화 이외에도 다른 학생들의 발화를 정확히 이해하지 못한 것도 오답률을 높였던 것으로 보인다.

▶ 문제 해결 방법은?

이 문제를 해결하기 위해서는 기본적으로 (나)의 대화에 중점을 두어 '토론 개요서'에 대해 설명하고 있는 선택지가 적절한지를 판단해야 한다. 즉, (가)와 '토론 개요서'를 '학생 2'가 작성했다는 사실을 파악하고, '학생 2'의 발화에 주목하여 선택지의 적절성을 판단해야 한다. 이때 '학생 2'의 발화뿐만 아니라 다른 학생들의 발화를 통해서도 파악해야 하는 경우(선택지 ①이 이에 해당함.)도 있으므로 유의해야 한다. 이를 바탕으로 하면 정답인 ⑤의 경우, (나)에서 '학생 2'는 ⓔ를 상대측의 반론을 사전에 차단하기 위해 의도적으로 언급한 것임을 확인할 수 있으므로, '예상되는 반론을 이끌어 내기' 위함이 아님을 알 수 있었을 것이다. 한편 선택지 ⑤의 경우 '반론'에만 주목하여 맞을 거라고 지레짐작한 경우가 있는데, 이는 선택지를 정확히 파악하지 못했기 때문이다. 항상 강조하지만 선택지는 꼼꼼히, 정확히 읽을 수 있도록 주의를 기울여야 한다.

40 발화 내용의 이해

정답률 68% | 정답 ②

[A], [B]에 대한 설명으로 적절하지 않은 것은?

① [A]에서 '학생 3'은 자신이 이해한 내용이 맞는지 확인하며 '학생 2'에게 자신의 의견을 제시하고 있다.

[A]에서 '학생 3'은 앞서 '학생 2'가 부족한 부분이 있으면 알려 달라는 말에 대해 보완할 부분을 알려 달라는 것이 맞는지 자신이 이해한 내용을 확인하고 있다. 그런 다음 토론 개요서에 작성한 용어의 개념을 모두 설명해 주자는 의견을 '학생 2'에게 제시하고 있다.

✔ [A]에서 '학생 1'은 '학생 2'와 '학생 3'의 의견을 절충한 뒤 절충한 의견이 더 나은 이유를 설명하고 있다.

[A]에서 '학생 1'은 입론서에 조사한 모든 용어를 설명할 필요가 없다는 '학생 2'의 생각에 일부 동의하면서도 청중의 배경지식을 고려했을 때 '학생 3'의 의견대로 조사한 용어를 빠짐없이 설명해 주자는 의견이 더 낫다고 판단하고 있음을 알 수 있다. 따라서 '학생 1'이 '학생 2'와 '학생 3'의 의견을 절충하였다는 설명은 적절하지 않다.

③ [B]에서 '학생 1'은 '학생 2'에게 주장에 대한 설득력을 높일 수 있는 근거를 추가할 것을 제안하고 있다.

[B]에서 '학생 1'은 '학생 2'에게 설득력을 높이기 위해 토론 개요서를 작성하며 조사한 다른 나라의 사례를 추가할 것을 제안하고 있다.

④ [B]에서 '학생 3'은 '학생 2'와 공유하고 있는 정보를 바탕으로 '학생 2'의 의견에 대한 우려를 나타내고 있다.

[B]에서 '학생 2'가 해외 기업의 사례를 반론에서 활용했으면 좋겠다는 의견에 대해 '학생 3'은 함께 조사하여 알게 된 디지털 유산의 상속권에 대한 해외 기업의 사례가 반대 측의 근거로도 활용될 수 있다는 점을 걱정하고 있다.

⑤ [A]와 [B] 모두 '학생 2'는 다른 학생의 제안을 들은 후 자신이 의도했던 바를 구체적으로 밝히고 있다.

[A]에서 '학생 2'는 낯선 용어의 개념을 모두 설명해 주자는 '학생 3'의 의견에 대해, 토론자들이 용어의 의미를 공유하고 있어 조사한 용어를 모두 설명할 필요가 없다고 생각하여 일부 용어만 반영했던 것이라는 자신의 의도를 구체적으로 밝히고 있다. 그리고 [B]에서 '학생 2'는 토론 개요서를 작성하며 조사한 디지털 유산의 상속권을 인정하고 있는 다른 나라의 사례를 근거로 추가하자는 '학생 1'의 의견에 대해, 디지털 유산의 상속권과 관련된 다른 나라나 해외 기업의 사례는 조금 더 꼼꼼히 조사하여 반론에서 활용하는 것이 좋다고 생각해 입론서에 반영하지 않은 것이라는 자신의 의도를 구체적으로 밝히고 있다.

41 적절한 발화의 추리

정답률 77% | 정답 ⑤

㉠을 고려할 때, Ⓐ에 들어갈 말로 가장 적절한 것은?

① 디지털 유산을 상속받기 위한 조건을 언급하여 제도를 개선하기 위한 방향을 제시했어.

㉠에 디지털 유산에 대한 상속권을 인정하지 않아 생기는 피해만 제시되어 있을 뿐, 디지털 유산을 상속받기 위한 조건은 언급되어 있지 않으므로 들어갈 내용으로 적절하지 않다.

② 디지털 유산의 상속으로 인해 발생하는 이익을 언급하여 디지털 유산이 지닌 가치를 강조했어.

㉠에 디지털 유산의 상속으로 인해 발생하는 이익은 제시되어 있지 않으므로 들어갈 내용으로 적절하지 않다.

③ 디지털 유산을 상속받기 위해 노력한 사례를 언급하여 디지털 유산 상속의 어려움을 구체화했어.

㉠에 디지털 유산을 상속받기 위해 노력한 사례는 제시되어 있지 않으므로 들어갈 내용으로 적절하지 않다.

④ 디지털 유산에 대한 상속인들의 접근이 제한되는 이유를 언급하여 제도가 지닌 한계를 구체화했어.

㉠에 디지털 유산에 대한 상속인들의 접근이 제한되는 이유를 언급하고 있지 않으므로 들어갈 내용으로 적절하지 않다.

✔ 디지털 유산의 상속권을 인정하지 않아 발생하는 현실적 피해를 언급하여 제도 개선의 필요성을 드러냈어.

㉠은 디지털 유산에 접근이 제한되어 추억을 잃거나 재산상 손해가 발생하는 상속인의 피해에 대한 내용이다. 따라서 ㉠을 고려할 때, Ⓐ에는 디지털 유산의 상속권을 인정하지 않아 발생하는 현실적 피해를 언급하여 제도 개선의 필요성을 드러냈다는 말이 들어가는 것이 적절하다.

42 수정 방안의 적절성 파악

정답률 34% | 정답 ④

(나)의 논의 내용을 반영하여, (가)를 수정하기 위한 방안으로 가장 적절한 것은?

초고	수정 내용
1문단	◦ '포괄적 권리의무'의 개념을 설명한다. ·················· ①

[문제편 p.038]

2문단	◦ 디지털 유산의 상속권을 인정하는 해외 기업의 사례를 추가한다. ······ ② ◦ 데이터의 공개 여부에 따라 저작물의 상속권이 인정되는 경우를 구분하여 설명한다. ······ ③
3문단	◦ 토론 쟁점과 관련 없는, 디지털 유산의 가치를 알려야 한다는 내용을 삭제한다. ······ ④ ◦ 디지털 유산의 상속권을 제한하는 현재의 제도를 구체적으로 제시한다. ······ ⑤

① **'포괄적 권리의무'의 개념을 설명한다.**
'포괄적 권리의무'의 개념 설명은 (가)의 1문단이 아니라 2문단에서 제시되어야 하므로 적절하지 않다.

② **디지털 유산의 상속권을 인정하는 해외 기업의 사례를 추가한다.**
디지털 유산의 상속권을 인정하는 해외 기업의 사례는 반론 시 활용하기로 했으므로 (가)의 2문단에 해외 기업의 사례를 추가한다는 수정 내용은 적절하지 않다.

③ **데이터의 공개 여부에 따라 저작물의 상속권이 인정되는 경우를 구분하여 설명한다.**
저작물이 아닌 데이터의 공개 여부에 따라 상속권이 인정되는 경우를 구분하여 설명하자고 했으므로, (가)의 2문단에 저작물의 상속권이 인정되는 경우를 구분하여 설명한다는 수정 내용은 적절하지 않다.

✔ **토론 쟁점과 관련 없는, 디지털 유산의 가치를 알려야 한다는 내용을 삭제한다.**
(나)의 대화를 통해 '학생 1'은 3문단에 '디지털 유산이 상속 대상인가?'라는 토론 쟁점과 관련 없는 내용을 삭제하여 논의 내용을 초점화할 것을 제안하고 있음을 알 수 있다. 따라서 (가)의 3문단에서 토론의 쟁점과 관련 없는, 상속인의 경제적 이익을 위해 디지털 유산의 가치를 알려야 할 필요성이 있다는 내용은 삭제해야 함을 알 수 있다.

⑤ **디지털 유산의 상속권을 제한하는 현재의 제도를 구체적으로 제시한다.**
현재 제도의 개선 방안을 구체적으로 제시하자고 했으므로 (가)의 3문단에 현재의 제도를 구체적으로 제시한다는 수정 내용은 적절하지 않다.

43 글쓰기 계획의 반영 여부 판단

정답률 88% | 정답 ④

학생이 보고서의 초고를 쓰기 위해 세운 계획 중 초고에 반영되지 않은 것은?

① **독자의 이해를 돕기 위해 조사 대상의 개념을 설명해야겠어.**
보고서 초고의 Ⅱ를 통해 독자의 이해를 돕기 위해 조사 대상인 폐어구의 개념을 설명하고 있음을 알 수 있다.

② **통계 자료를 활용하여 문제의 현황을 객관적으로 전달해야겠어.**
보고서 초고의 Ⅱ를 통해 '해양수산부' 통계 자료의 수치를 제시하여 문제의 현황을 객관적으로 전달하고 있음을 알 수 있다.

③ **문제의 심각성을 보여 주는 자료가 조사의 동기가 되었음을 언급해야겠어.**
보고서 초고의 Ⅰ을 통해 멸종 위기종으로 보호받는 해양 생물들이 폐어구로 인해 죽어 간다는 뉴스가 조사 동기가 되었음을 알 수 있다.

✔ **여러 방안의 장단점을 비교하여 가장 효율적인 문제 해결 방안을 제시해야겠어.**
보고서의 초고를 통해 폐어구 문제의 해결 방안을 제도적인 측면과 인식적인 측면으로 구분하여 제시하고 있음을 알 수 있다. 하지만 각 해결 방안의 장단점을 비교하여 가장 효율적인 문제 해결 방안을 제시하지는 않고 있다.

⑤ **문제의 해결 방안을 제도적인 측면과 인식적인 측면으로 구분하여 제시해야겠어.**
보고서 초고의 Ⅲ을 통해 제도적 측면으로 신고포상금제 및 법적 제재 강화 등 어구실명제의 실질적 운영을 위한 제도적 장치의 보완을, 인식적 측면으로 시민들이 방관적 태도를 벗어나 폐어구 문제를 자신의 일로 여기도록 당부하는 내용을 제시하고 있음을 알 수 있다. 따라서 문제 해결의 방안을 제도적 측면과 인식적 측면으로 구분하고 있음을 알 수 있다.

44 고쳐쓰기의 조언 파악

정답률 77% | 정답 ⑤

다음은 [A]를 쓴 후 학생이 선생님께 보낸 이메일이다. ㉮에 들어갈 내용으로 가장 적절한 것은?

> 보내 주신 검토 의견 중 (㉮)하여 해결 방안의 의의를 드러내는 것이 좋겠다는 조언을 바탕으로 초고의 마지막 부분을 아래와 같이 수정했습니다.
>
> > 이처럼 폐어구로 인한 해양 환경오염 문제를 해결하기 위해서는 법적인 제도 보완과 함께 시민들의 관심과 실천이 뒷받침되어야 한다. 이러한 노력을 통해 멸종 위기종의 보호뿐만 아니라 우리가 살아가는 지구를 위한 환경 보호도 실천할 수 있을 것이다.

① **폐어구 문제의 원인은 삭제하고, 정부의 제도적 지원 방안을 추가**
[A]에서 폐어구 문제의 원인은 제시되지 않았으므로 이를 삭제한다는 내용은 검토 의견으로 적절하지 않다. 그리고 정부의 제도적 지원 방안은 [A]에도 제시되어 있으므로 적절하지 않다.

② **폐어구 문제의 원인은 삭제하고, 폐어구 문제의 조사 동기와 동아리의 취지를 반영**
[A]에서 폐어구 문제의 원인은 제시되지 않았으므로 이를 삭제한다는 내용은 검토 의견으로 적절하지 않다.

③ **시민들의 관심을 촉구하는 내용은 삭제하고, 정부의 제도적 지원 방안을 추가**
[A]와 수정한 내용에도 시민들의 관심을 촉구하는 내용은 제시되어 있으므로, 이를 삭제하자는 내용은 검토 의견으로 적절하지 않다. 그리고 정부의 제도적 지원 방안은 [A]에도 제시되어 있으므로 적절하지 않다.

④ **시민들의 개인적 실천 방안은 삭제하고, 폐어구 문제를 알릴 수 있는 홍보 방안을 추가**
[A]를 수정한 내용을 보면, 시민들이 낚시 도구와 쓰레기를 수거해 가야 한다는 개인적인 실천 방안은 삭제하였음을 알 수 있다. 하지만 폐어구 문제를 알릴 수 있는 홍보 방안을 추가하지는 않고 있으므로 검토 의견으로 적절하지 않다.

✔ **시민들의 개인적 실천 방안은 삭제하고, 폐어구 문제의 조사 동기와 동아리의 취지를 반영**
선생님의 조언에 따라 [A]를 수정한 내용을 보면, 시민들이 낚시 도구와 쓰레기를 수거해 가야 한다는 개인적인 실천 방안은 삭제하고, 멸종 위기종 보호와 관련된 뉴스를 접했다는 조사 동기, 지구를 위한 환경 보호 실천이라는 동아리의 취지를 반영하여 해결 방안의 의의를 드러냈음을 알 수 있다.

45 자료 활용 방안의 적절성 판단

정답률 70% | 정답 ⑤

〈보기〉는 학생이 초고를 보완하기 위해 추가로 수집한 자료이다. 자료 활용 방안으로 적절하지 않은 것은? [3점]

〈보 기〉

ㄱ. 통계 자료

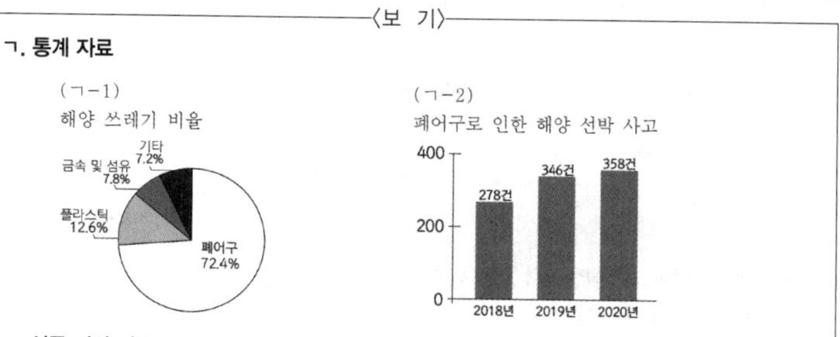

ㄴ. 신문 기사 자료
최근 멕시코 해안에서 바다거북 300마리가 폐어구에 걸려 죽은 채로 발견되었다. 이처럼 폐어구에 해양 생물이 걸려 죽거나 다치는 현상을 '유령 어업'이라고 한다. ○○ 자료에 따르면 수거된 폐어구 중 소유 정보를 표기하지 않은 폐어구가 85%로 나타났다. 이에 어구에 전자 태그를 의무적으로 부착하고, 폐어구 투기를 실질적으로 제재할 수 있는 과태료 처분의 필요성이 제기되고 있다.

ㄷ. 전문가 인터뷰 자료
"폐어구를 수거해 성분을 분석해 보니 플라스틱이 87%를 차지하고 있었습니다. 플라스틱은 미세플라스틱으로 분해되어, 해양 환경에 심각한 위협을 가할 수 있습니다. 이런 위험성을 막기 위해 A국은 어구에 전자 태그를 부착하고 있는 데요, 폐어구의 분실 및 투기를 막는 데 큰 효과를 보고 있습니다."

① **ㄱ-1을 활용하여, 해양 쓰레기 중 폐어구가 차지하는 비율이 높다는 Ⅱ의 내용을 보완하기 위해 구체적인 수치를 제시한다.**
ㄱ-1은 해양 쓰레기 중 폐어구가 차지하는 비율이 72.4%임을 구체적으로 보여 주는 자료이므로, Ⅱ에 해양 쓰레기 중 폐어구가 차지하는 비율이 높다는 내용을 뒷받침하는 근거로 제시할 수 있다.

② **ㄱ-2를 활용하여, 폐어구로 인한 해양 선박 사고가 꾸준히 발생하고 있다는 Ⅱ의 내용을 뒷받침하는 근거로 제시한다.**
ㄱ-2는 폐어구로 인한 해양 선박 사고의 발생 현황을 보여 주는 자료로, Ⅱ의 내용을 뒷받침하는 근거로 활용할 수 있다.

③ **ㄴ을 활용하여, 폐어구로 인해 해양 생물들이 죽어 간다는 Ⅰ의 내용의 사례로 제시한다.**
ㄴ은 유령 어업으로 인해 많은 바다거북이 죽은 채 발견되었다는 신문 기사 자료로, Ⅰ에 폐어구로 인해 해양 생물들이 죽어 간다는 내용을 보여 주는 사례로 제시할 수 있다.

④ **ㄱ-1과 ㄷ을 활용하여, 폐어구 문제의 심각성을 보여 주는 Ⅱ의 내용에 해양 쓰레기 중 폐어구 성분의 대부분을 차지하는 플라스틱이 해양 환경을 위협한다는 문제를 추가한다.**
ㄱ-1은 해양 쓰레기 중 폐어구의 비율이 높다는 것을, ㄷ은 폐어구 성분의 87%가 플라스틱이라는 것을 보여 주는 자료로, Ⅱ에 폐어구 성분의 대부분을 차지하는 플라스틱이 해양 환경을 위협한다는 문제를 추가할 수 있다.

✔ **ㄴ과 ㄷ을 활용하여, 어구실명제의 실질적인 운영이 중요하다는 Ⅲ의 내용에 어구실명제가 폐어구 수거율을 높여 과태료 부담을 덜어준다는 내용을 추가한다.**
ㄴ과 ㄷ에는 어구에 전자 태그를 부착해야 할 필요성과 그 효과가 제시되어 있다. 어구에 전자 태그를 부착하는 것은 어구실명제의 실질적인 운영에 도움이 될 수 있다. 그런데 어구실명제가 폐어구 수거율을 높여주는 것과 과태료 부담을 덜어주는 데 도움을 준다는 것은 서로 관련이 없다.

11회 | 2022학년도 7월 학력평가 고3

• 정답 •

35 ⑤ 36★ ② 37 ④ 38 ③ 39 ③ 40 ⑤ 41 ② 42 ① 43 ② 44 ⑤ 45 ⑤

★ 표기된 문항은 [등급을 가르는 문제]에 해당하는 문항입니다.

35 발표자의 말하기 방식 파악

정답률 69% | 정답 ⑤

위 발표자의 말하기 방식으로 적절하지 않은 것은?

① 질문과 대답을 통해 청중과 상호 작용하고 있다.

1문단에서 '기준점 효과의 내용이 생각나시나요? (대답을 듣고) 네, 그렇습니다. 어떤 값을 추정할 때 지금 알고 있는 값을 기준점으로 삼아 추정하는 현상이지요.'와, 2문단의 '그 이유가 뭘까요? (대답을 듣고) 네, 맞습니다. 현재의 자신의 상태가 행복도를 결정짓는 기준점으로 끊임없이 작용하기 때문이겠죠.'를 통해, 발표자는 질문과 대답을 통해 청중과 상호 작용하고 있음을 알 수 있다.

② 구체적인 수치를 언급하여 청중의 이해를 돕고 있다.

1문단에서는 구체적인 수치를 사용하여 발표하고 있는데, 이러한 수치 활용은 청중의 이해를 돕는다고 할 수 있다.

③ 설의적 질문을 사용하여 청중의 공감을 유도하고 있다.

3문단의 '하루하루 조금씩 성장하기 위해 노력해 나가는 것이 좋지 않을까요?'를 통해, 설의적 질문을 사용하여 청중의 공감을 유도하고 있음을 알 수 있다.

④ 관용 표현을 활용하여 청중이 보이는 반응에 대응하고 있다.

1문단에서 발표자는 '반 분위기'를 가라앉게 만든 상황을 '찬물을 끼얹다'라는 관용 표현을 사용하여 나타내고 있다.

✔⑤ 경험을 사례로 제시하여 청중의 행동에 나타난 문제점을 지적하고 있다.

1문단에서 암산 대회의 경험에 대해, 2문단에서 갖고 싶었던 물건을 갖게 되었을 때의 경험에 대해 언급하고 있지만, 이러한 경험을 제시하여 청중의 행동에 문제점이 있음을 지적하지는 않고 있다.

★★★ 등급을 가르는 문제!

36 발표 계획의 적절성 파악

정답률 85% | 정답 ②

다음은 발표자가 위 발표에 반영한 발표 계획이다. ㉠~㉤에 들어갈 구체적인 계획의 내용으로 적절하지 않은 것은? [3점]

〈발표 계획〉

단계		내용
공유하는 경험		㉠
'나'의 의문		㉡
의문 해소 과정	근거 제시	㉢
	경험에 적용	㉣
의미의 확장		㉤

① ㉠ : 청중이 암산 대회에 대한 기억을 구체적으로 떠올릴 수 있도록 대회의 규칙을 언급하자.

1문단의 '1에서 8까지 곱하라는 문제를 반별로 5초 동안만 풀게 한 뒤 학생들이 쓴 답의 평균이 정답에 가장 가까운 반이 이기는 대회였죠.'를 통해 알 수 있다.

✔② ㉡ : 암산 대회의 계산식을 화면에 제시하여 내가 의문을 가지게 된 이유를 설명하자.

'계산식'을 화면에 제시하겠다는 계획은 1문단의 발표 내용을 통해 반영되었음을 알 수 있다. 하지만 발표자는 '우리 반'이 '평소 수학을 어려워하는'데도 암산 대회에서는 우승을 했다는 사실에 의문을 갖게 되었다고 밝히고 있지, 계산식이 의문을 갖게 된 이유라고 말하지는 않고 있다.

③ ㉢ : 특정 학문에서 다루는 개념을 근거로 제시하여 발표 내용의 타당성을 확보하자.

1문단에서 '행동경제학'이라는 학문에 대해 배우면서 알게 된 '기준점 효과'라는 개념을 근거로 발표 내용의 타당성을 확보하고 있다.

④ ㉣ : 우리 반과 다른 반 학생들의 사고 과정의 차이가 대회 결과에 끼친 영향을 추측하여 제시하자.

1문단에서 발표자는 '기준점 효과'를 바탕으로 '우리 반 친구들'이 정답을 떠올리는 과정과 '다른 반 친구들'이 정답을 떠올리는 과정의 차이가 '우리 반'을 우승으로 이끌게 되었을 것이라고 추측하고 있다.

⑤ ㉤ : 학자의 말을 인용하여 기준점이 판단에 미치는 영향력을 강조한 뒤 지향해야 할 삶의 방향을 제안하자.

2문단에서 발표자는 '토마스 아퀴나스'의 말을 인용하여 인간이 행복과 불행을 느끼는 것에 '기준점'이 큰 영향을 끼친다는 점을 강조하면서, 3문단에서 '단번에 큰 성과를 내려 하'는 것보다 '조금씩 성장하기 위해 노력'하자는 삶의 방향을 제안하고 있다.

★★ 문제 해결 꿀~팁 ★★

▶ 많이 틀린 이유는?

이 문제는 선택지의 내용을 정확하게 이해하지 못해 오답률이 높았던 것으로 보인다. 또한 선택지에 제시된 내용이 글에 드러나지 않는다고 판단한 것도 오답률을 높인 것으로 보인다.

▶ 문제 해결 방법은?

이 문제를 해결하기 위해서는 기본적으로 선택지를 정확히 파악해야 한다. 그런 다음 이에 해당하는 내용을 발표문에서 찾아 비교하여 적절성을 판단해야 한다. 가령 정답인 ②의 경우 선택지에서는 '계산식이 의문을 갖게 된 이유'라 하고 있는데, 발표 내용에서 발표자가 의문을 갖고 있는 것은 '우리 반'이 '평소 수학을 어려워하는'데도 암산 대회에서는 우승을 했다는 사실임을 알 수 있으므로 적절하지 않은 것이다. 최근 수능에서는 잘못된 선택지를 글의 내용과 유사하게 제시하는 경우가 많으므로 선택지를 읽을 때는 항상 주의를 기울이도록 한다. 한편 오답률이 높았던 ②, ③의 경우, '타당성 확보'와 '추측하여 제시'만을 보고 적절하지 않다고 판단한 것이라 할 수 있다. 하지만 근거를 제시하게 되면 타당성을 확보할 수 있다는 배경지식이 있었다면 적절함을 알았을 것이다. 또한 1문단의 '~있었던 것입니다.'를 통해 추측하여 제시하고 있음을 알 수 있으므로 적절하다고 할 수 있는 것이다.

37 반응의 적절성 파악

정답률 95% | 정답 ④

〈보기〉는 위 발표를 들은 학생들의 반응이다. 〈보기〉에 드러난 학생들의 듣기 방식으로 가장 적절한 것은?

〈보 기〉

학생 1 : 등산을 처음 시작하면서 나의 약한 체력으로 지리산을 오르는 건 무리라고 생각했는데, 지난 주말에 동네 뒷산의 정상을 밟고 나니 어쩌면 지리산도 오를 수 있겠구나 싶더라고.

학생 2 : 판사와 같이 중요한 결정을 내려야 하는 사람들이 자신도 모르는 사이에 어떤 기준점에 의해 영향을 받아서 공정하지 않은 판결을 하게 된다면 큰일이겠는걸?

학생 3 : 자신의 현재 상태만 기준점으로 작용하는 것은 아닌 것 같아. 시험에서 내가 목표한 점수를 받지 못했을 때 낙담했던 걸 생각해 보면 미래의 목표가 기준점이 될 수도 있잖아.

① 학생 1은 '기준점으로부터의 변화량'이 행복을 위해 중요하다는 말이 자신의 경험과 부합하지 않는다고 생각하며 들었다.

'학생 1'은 기준점의 변화로 인해 지리산도 오를 수 있을 거라는 자신감을 갖게 되어 이전보다 행복해질 수 있었다고 볼 수 있으므로, '기준점으로부터의 변화량'이 행복을 위해 중요하다는 말이 자신의 경험과 부합한다고 생각했을 것이라 보는 것이 적절하다.

② 학생 2는 판사의 결정에 '기준점 효과'가 작용하지 않을 때 재판의 공정성을 확보하기 어려울 수 있음을 고려하며 들었다.

'학생 2'는 판사가 자신도 모르는 사이에 어떤 기준점에 의해 영향을 받아서 공정하지 않은 판결을 하게 된다면 큰일이라고 생각하고 있으므로 적절한 이해라 할 수 없다.

③ 학생 3은 목표 달성을 위해서는 '현재의 자신의 상태'보다 미래의 목표를 기준점으로 삼는 것이 옳다고 판단하며 들었다.

'학생 3'은 '현재의 자신의 상태'만이 아니라 미래의 목표도 기준점이 될 수 있다는 점을 언급하고 있을 뿐, 미래의 목표를 기준점으로 삼는 것이 옳다고 말하고 있지는 않다.

✔④ 학생 1은 학생 3과 달리 '기준점 효과'가 자신이 처한 상황에 대한 인식에 긍정적으로 영향을 끼쳤던 경험을 떠올리며 들었다.

'학생 1'은 발표를 들은 후, 자신이 '약한 체력'을 가지고 있지만 '동네 뒷산'을 오른 경험이 새로운 기준점으로 작용해 앞으로 '지리산'도 오를 수 있을 것이라고 생각하게 되었으므로 자신이 처한 상황에 긍정적으로 영향을 끼쳤던 경험을 떠올리며 들었다고 볼 수 있다. 이와 달리 '학생 3'은 '미래의 목표'를 '기준점'으로 삼아서 시험 결과에 '낙담했던' 경험을 떠올리고 있으므로, 자신이 처한 상황에 대해 부정적인 감정을 유발했던 경험을 떠올리며 들었다고 볼 수 있다.

⑤ 학생 3은 학생 2와 달리 기준점이 '자신도 모르는 사이'에 '자신의 선택과 판단'을 결정한다는 사실을 비판하며 들었다.

'학생 2'와 '학생 3' 모두 기준점이 '자신도 모르는 사이'에 '자신의 선택과 판단'을 결정한다는 사실에 대해 동의하고, 그것이 유발할 수 있는 부정적인 상황에 대해 언급하고 있다.

38 질문의 의도 파악

정답률 81% | 정답 ③

㉠과 ㉡에 대한 설명으로 가장 적절한 것은?

① ㉠은 상대방의 의도를 확인하는 발화이고, ㉡은 상대방의 발언을 요약하여 정리하는 발화이다.

㉠은 석탑 견학에서 본 것이 어떠했는지 묻는 것이므로 학생의 의도를 확인하는 발화라 할 수 없다. 그리고 ㉡은 앞서 말한 학생의 발언을 재진술한 것이므로 상대방의 발언을 요약하여 정리한 발화라 할 수 없다.

② ㉠은 상대방의 흥미를 유발하기 위한 발화이고, ㉡은 자신의 요구를 상대방에게 전하는 발화이다.

㉠이 학생의 흥미를 유발하기 위한 발화라 할 수 없다. 그리고 ㉡에서 학생에게 요구하지는 않고 있으므로 적절하지 않다.

✔③ ㉠은 상대방의 경험을 상기시키는 발화이고, ㉡은 자신이 언급한 내용을 상대방에게 환기시키는 발화이다.

㉠의 '얼마 전 석탑을 견학했다고 하셨는데'를 통해, ㉠은 '학생'이 복원된 석탑을 보았던 경험을 다시 떠올리게 하려는 발화라 할 수 있다. 그리고 ㉡은 '연구사'가 '미륵사지 석탑도 새로운 석재를 사용하여 훼손된 원래의 석재를 보강했'다고 한 앞에서 언급한 내용을 의문의 형식으로 재진술한 것이므로, '학생'이 들은 내용을 환기시키고 있는 발화라 할 수 있다.

④ ㉠은 상대방에게 내용의 이해 여부를 묻는 발화이고, ㉡은 상대방에게 추가적인 정보를 요구하는 발화이다.

㉠은 석탑 견학에서 본 것이 어떠했는지 묻는 것이므로 학생에게 내용의 이해 여부를 묻는 발화라 할 수 없다. 그리고 ㉡에서 학생에게 추가적인 정보를 요구하지는 않고 있으므로 적절하지 않다.

⑤ ㉠ 은 상대방의 말에 호응하며 관심을 표현하는 발화이고, ㉡은 상대방과의 의견 차이를 탐색하려는 발화이다.

㉠이 학생의 말에 호응하며 관심을 표현한다고 할 수 없고, ㉡에서 학생과의 의견 차이를 탐색하지는 않고 있다.

39 말하기 계획의 적절성 파악

정답률 94% | 정답 ③

다음은 (가)의 인터뷰를 진행하기 위해 학생이 작성한 계획이다. (가)를 고려할 때, 인터뷰에 반영되지 않은 것은?

○ 문화재를 견학하면서 생긴 의문이 동기임을 밝히면서 인터뷰를 시작해야겠어. .... ①
○ 문화재 복원의 개념을 설명해 달라고 해야겠어. .... ②
○ 미륵사지 석탑을 복원한 이유를 설명해 달라고 해야겠어. .... ③

[문제편 p.041]

○ 미륵사지 석탑의 복원 기간을 물어봐야겠어. ································· ④
○ 학생들에게 하고 싶은 말씀을 해 달라고 부탁하며 인터뷰를 마무리해야겠어. ················ ⑤

① **문화재를 견학하면서 생긴 의문이 동기임을 밝히면서 인터뷰를 시작해야겠어.**
'학생'의 첫 번째 말에서 '학생'은 '연구사'에게 인사말을 건네고 나서 미륵사지를 견학한 후에 석탑 복원에 의문이 생겨 인터뷰를 요청하게 되었다고 말하고 있다.

② **문화재 복원의 개념을 설명해 달라고 해야겠어.**
'학생'의 두 번째 말을 통해 '학생'이 문화재 복원이 무엇인지를 묻고 있음을 알 수 있다.

✔ **미륵사지 석탑을 복원한 이유를 설명해 달라고 해야겠어.**
(가)의 인터뷰에 제시된 '학생'의 질문을 통해 미륵사지 석탑을 복원한 이유를 묻는 내용은 찾아볼 수 없다.

④ **미륵사지 석탑의 복원 기간을 물어봐야겠어.**
'학생'의 여덟 번째 말을 통해 '학생'이 미륵사지 석탑을 복원하는 데 얼마나 걸렸는지 묻고 있음을 알 수 있다.

⑤ **학생들에게 하고 싶은 말씀을 해 달라고 부탁하며 인터뷰를 마무리해야겠어.**
'학생'은 인터뷰를 마무리하며 '연구사'에게 학생들에게 한 말씀을 해 달라고 부탁하고 있다.

40 작문 계획의 적절성 파악

정답률 89% | 정답 ⑤

(가)를 바탕으로 (나)를 쓸 때, 학생이 글을 쓰기 위해 떠올린 생각으로 적절하지 않은 것은?

① **문화재가 우리 역사를 담고 있는 자산이라고 들었는데, 미륵사지 석탑이 가진 역사적 가치를 구체적으로 밝혀야겠다.**
(가)에서 '연구사'가 문화재는 우리 역사를 담고 있는 자산이기에 역사적 가치가 있다고 언급했고, (나)에서 미륵사지 석탑은 목탑에서 석탑으로 변화되어 가는 양식을 대표하는 탑으로서 역사적 가치가 있다고 구체적으로 밝히고 있다.

② **미륵사지 석탑을 다시 쌓아 올릴 때 3D 스캐닝을 활용했다고 들었는데, 3D 스캐닝 기술의 원리를 밝혀 설명해야겠다.**
(가)에서 '연구사'가 석탑의 석재들을 다시 쌓아 올릴 때 3D 스캐닝을 활용했다고 언급했고, (나)에서 물체에 레이저를 쏘아 돌아오는 시간을 거리로 환산하여 3차원 형상 정보를 취득하는 방식이라고 기술의 원리를 설명하고 있다.

③ **미륵사지 석탑을 원형의 모습으로는 복원할 수 없었다고 들었는데, 문화재 복원의 이념을 담은 기록을 인용해 그 이유를 설명해야겠다.**
(가)에서 '연구사'가 미륵사지 석탑의 원형을 알 수 있는 문헌 기록을 찾지 못해서 원형의 모습으로 복원하지 못했다고 언급했고, (나)에서 원형을 알 수 없는 경우 추측하여 복원하지 않는다는 '베니스 헌장'을 인용하여 설명하고 있다.

④ **미륵사지 석탑이 특정 시기의 모습으로 복원된 것이라고 들었는데, 복원된 모습을 담은 시각적인 이미지를 찾아서 보여 주어야겠다.**
(가)에서 '연구사'가 미륵사지 석탑은 특정 시기의 모습으로 복원했다고 언급했고, (나)에서 복원된 석탑 모습을 알 수 있는 사진을 제시하고 있다.

✔ **훼손된 기존 석재를 보강할 재료로 새로운 석재를 찾았다고 들었는데, 미륵사지 석탑에 사용된 새로운 석재의 산출지를 밝혀야겠다.**
(가)의 '미륵사지 석탑도 새로운 석재를 사용하여 훼손된 원래의 석재를 보강했는데'를 통해, 훼손된 석재를 보강할 새로운 석재를 찾았다는 말은 찾아볼 수 있다. 하지만 (나)에서는 석탑 복원에 사용된 새로운 석재의 산출지를 밝힌 내용은 찾아볼 수 없다.

41 고쳐쓰기의 적절성 파악

정답률 86% | 정답 ②

다음은 (나)를 쓴 학생이 교지 편집부장에게 보낸 이메일의 일부이다. ⓐ에 들어갈 내용으로 가장 적절한 것은?

> 보내 주신 검토 의견 중 (ⓐ)해 달라는 말을 고려해 초고의 마지막 문단을 아래와 같이 수정했습니다.
>
> 미륵사지 석탑은 문화재 복원이 어떻게 이루어지는지를 보여 줄 뿐만 아니라 문화재 복원의 원칙을 지키기 위해 노력한 사례로 의미가 있습니다. 문화재는 우리의 역사를 담고 있는 자산이므로 더 많은 사람들이 문화재 복원에 관심을 가져 주셨으면 좋겠습니다.

① **문화재 복원 과정을 보완해야 하는 이유는 삭제하고, 미륵사지 석탑 복원의 현황은 추가**

✔ **문화재 복원 과정을 보고서로 작성하는 이유는 삭제하고, 미륵사지 석탑 복원의 의의는 추가**
(나)의 마지막 문단과 수정안을 비교해 보면, 수정안에서 (나)의 '문화재 복원의 ~ 남기기도 합니다.'라는 문화재 복원 과정을 보고서로 작성하는 이유가 삭제되었음을 알 수 있다. 그리고 수정안을 보면 첫째 문장에 '미륵사지 석탑은 ~ 의미가 있습니다.'를 추가하여 미륵사지 석탑 복원의 의의를 밝히고 있음을 알 수 있다. 이를 통해 볼 때, 교지 편집부장은 '문화재 복원 과정을 보고서로 작성하는 이유는 삭제하고, 미륵사지 석탑 복원의 의의는 추가'해 달라는 검토 의견을 보냈음을 알 수 있다.

③ **문화재 복원 과정을 보고서로 작성하는 이유는 삭제하고, 미륵사지 석탑 복원의 필요성은 추가**

④ **문화재 복원 과정에서 미흡한 점이 생기는 이유는 삭제하고, 미륵사지 석탑 복원의 가치는 추가**

⑤ **문화재 복원 과정에서 미흡한 점이 생기는 이유는 삭제하고, 미륵사지 석탑 복원 시 기대 효과는 추가**

42 작문 유형에 따른 성격 파악

정답률 51% | 정답 ①

(가)와 (나)에 대한 설명으로 가장 적절한 것은?

✔ **(가)는 탐구한 내용을 바탕으로 정보를 전달하고 있고, (나)는 탐구한 결과를 바탕으로 독자를 설득하고 있다.**
(가)는 다회용품 사용의 이유와 실태, 권장 사용 기준에 대해 탐구한 내용을 바탕으로 하여 정보를 전달하고 있는 조사 보고서이다. 그리고 (나)는 (가)를 바탕으로 하여 다회용품을 환경에 실질적으로 도움이 되는 방안으로 사용해야 한다는 내용을 담고 있는 설득하고 있는 글이다. 따라서 (가)는 탐구한 내용을 바탕으로 정보를 전달하고 있고, (나)는 탐구한 결과를 바탕으로 독자를 설득한다고 할 수 있다.

② **(가)는 다양한 관점을 바탕으로 문제 상황을 분석하고 있고, (나)는 일상의 체험을 중심으로 자신의 정서를 표현하고 있다.**
(가)를 통해 다양한 관점으로 문제를 분석하고 있는 부분은 찾아보기 어렵고, (나)는 설득하는 글이므로 정서를 표현하고 있는 글이라 할 수 없다.

③ **(가)는 대안 제시와 이에 대한 평가를 중심으로 내용을 조직하고 있고, (나)는 비교와 대조의 방법으로 내용을 조직하고 있다.**
(가)는 조사 보고서로 대안 제시가 드러나 있지 않고, (나)에서는 비교와 대조의 방법을 사용하지 않고 있다.

④ **(가)는 주장과 뒷받침 논거를 바탕으로 내용을 구성하고 있고, (나)는 주장과 예상되는 반론을 바탕으로 내용을 구성하고 있다.**
(나)에 글쓴이의 주장은 드러나 있으나 예상되는 반론은 찾을 수 없다.

⑤ **(가)는 대립하고 있는 쟁점을 바탕으로 내용을 전개하고 있고, (나)는 객관적 자료를 바탕으로 문제 해결 방안을 제시하고 있다.**
(가)에서 대립되는 쟁점을 찾아볼 수 없다.

43 작문 계획의 적절성 파악

정답률 95% | 정답 ②

다음은 (가)를 작성하기 전에 학생이 참고한 내용이다. ㉠~㉤을 고려하여 (가)를 분석한 것으로 적절하지 않은 것은?

> 보고서를 쓰기 위해 조사를 할 때는 ㉠ 조사할 내용에 따라 적절한 조사 방법을 선택해야 한다. 그리고 보고서를 작성할 때는 ㉡ 조사의 동기나 목적을 제시해야 하고, ㉢ 조사한 내용은 항목화하여 정리하면 좋다. 보고서의 내용을 작성할 때는 이유나 근거를 제시하여 논리적으로 작성해야 하며 ㉣ 쓰기 윤리도 유의해야 한다. ㉤ 결론에서는 조사 결과를 간결하게 요약하거나 필자의 의견 및 소감을 덧붙일 수 있다.

① **㉠에 따라, 다회용품 사용 이유와 실태를 파악할 수 있도록 설문 조사의 방법을 선택하였다.**
설문 조사는 다회용품 사용 이유와 실태를 파악하기에 적합한 방식이라 할 수 있다.

✔ **㉡에 따라, 일회용품 사용이 환경에 미치는 영향을 언급하고 다회용품 사용의 필요성에 대해 알아보고자 한다는 내용을 제시하였다.**
(가)의 '조사의 동기 및 목적'을 통해 일회용품 사용이 환경에 미치는 영향과 다회용품 사용의 필요성은 찾아볼 수 없다.

③ **㉢에 따라, 다회용품의 사용 이유, 실태, 권장 사용 기준으로 항목을 설정하여 내용을 제시하였다.**
(가)의 'Ⅲ. 조사의 결과'를 보면, 다회용품의 사용 이유, 실태, 권장 사용 기준으로 항목을 설정하여 내용을 제시하였음을 알 수 있다.

④ **㉣에 따라, 근거로 제시한 다회용품의 권장 사용 기준에 대한 자료의 출처를 밝혔다.**
(가)의 '(김□□, △△환경연구, ○○연구소, 2021, p57.)'를 통해 문헌 조사 내용에 대한 출처를 밝히고 있음을 알 수 있다.

⑤ **㉤에 따라, 현재 다회용품 사용과 관련된 문제점에 대한 조사 결과를 요약하였다.**
(가)의 'Ⅳ. 결론'을 통해 조사 결과를 요약하여 제시하였음을 알 수 있다.

44 자료 활용의 적절성 파악

정답률 92% | 정답 ⑤

다음은 (나)를 보완하기 위해 추가로 수집한 자료이다. 자료 활용 방안으로 적절하지 않은 것은? [3점]

ㄱ. 통계 자료

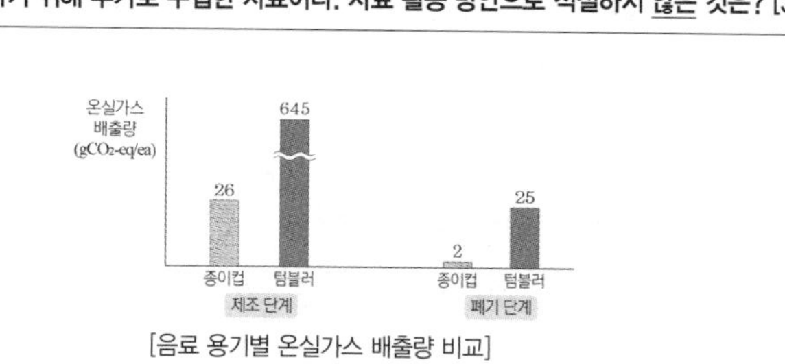

[음료 용기별 온실가스 배출량 비교]

ㄴ. 신문 기사 자료

최근 많은 나라들이 일회용품 사용을 줄이기 위한 노력을 하고 있다. 미국, 프랑스, 독일 등은 일회용 식기 사용을 금지하는 등 일회용품 사용 자체를 규제하는 정책을 시행하고 있으며, 일본도 일회용품 사용을 억제하고 텀블러 사용을 권장하기 위한 캠페인을 벌이고 있다.

ㄷ. 전문가 인터뷰 자료

"일회용품 대신 다회용품을 사용할 경우, 사용 횟수가 늘수록 온실가스 배출 감소 효과가 증대됩니다. 텀블러는 180회 이상 사용할 때 온실가스 배출량이 일회용 컵보다 11.9배 줄어들고 720회 이상 사용할 때 33.5배가량 줄어듭니다. 최근에는 폐자원을 활용해 다회용품을 제작하는 움직임도 늘고 있습니다. 한 예로 헌 현수막이나 버려진 옷 등의 폐자원을 활용해 제작한 에코백은 폐자원을 폐기할 때 발생되는 온실가스 배출량을 줄일 수 있어 환경친화적입니다."

① **ㄱ을 활용하여, 다회용품이 일회용품보다 폐기되는 단계에서 도 더 많은 온실가스를 배출한다는 내용을 추가한다.**
ㄱ을 통해 다회용품이 일회용품보다 제조 및 폐기 단계에서 더 많은 온실가스를 배출한다는 것을 확인할 수 있다.

② **ㄴ을 활용하여, 세계 여러 나라에서 일회용품 사용을 줄이고자 노력하고 있다는 내용을 뒷받침하는 사례로 제시한다.**
ㄴ에서 제시한 미국, 프랑스, 독일, 일본의 사례는 세계 여러 나라에서 일회용품 사용을 줄이려고 노력하고 있다는 내용을 뒷받침하는 사례로 활용할 수 있다.

③ **ㄷ을 활용하여, 다회용품 사용 횟수와 온실가스 배출량 감소 효과의 관계를 구체적인 수치로 제시한다.**

ㄷ에 제시된 구체적 수치를 활용하여 다회용품 사용 횟수가 늘수록 온실가스 배출량 감소 효과가 크다는 것을 뒷받침할 수 있다.

④ ㄷ을 활용하여, 폐기 단계에서 온실가스를 배출하게 되는 폐자원으로 다회용품을 만드는 것이 환경 보호에 도움이 될 수 있다는 내용을 추가한다.

ㄷ을 통해 폐기 단계에서 온실가스를 배출하는 폐자원을 재활용하여 다회용품을 만드는 것도 환경 보호에 도움이 될 수 있다는 내용을 추가할 수 있다.

⑤ ㄴ과 ㄷ을 활용하여, 일회용품 사용을 줄이는 것이 폐자원을 활용한 다회용품 생산에 도움이 될 수 있다는 내용을 추가한다.

일회용품 사용을 줄이는 것과 폐자원을 활용해 다회용품을 생산하는 것은 서로 관련이 없다.

45 조건에 맞는 글쓰기 정답률 88% | 정답 ⑤

〈보기〉의 선생님의 조언을 고려할 때, (나)의 [A]에 들어갈 내용으로 가장 적절한 것은?

〈보 기〉

선생님 : 보고서 결론에는 문제점이 두 가지로 정리되어 있는데 글에서는 해결 방안이 하나만 제시되어 있으니 하나 더 추가하여 작성해 보자.

① 또한 폐기되어 사용하지 못하는 다양한 제품을 재활용하여 다회용품을 제작하는 방법을 개발해야 한다.

보고서에 제시된 두 가지 문제점 중 하나인 여러 개 사 두기만 하고 쓰지 않는 사람이 많다는 점에 대한 해결 방안이라 할 수 없다.

② 또한 다회용품을 제작할 때 온실가스를 배출하는 재료를 사용하지 못하도록 규제하는 방안을 마련해야 한다.

보고서에 제시된 두 가지 문제점에 대해 해결 방안과는 관련이 없다.

③ 또한 생산 과정에서 온실가스를 많이 배출하는 다회용품 대신 일회용품을 효율적으로 사용할 방법을 찾아야 한다.

보고서에 제시된 두 가지 문제점에 대해 해결 방안과는 관련이 없다.

④ 또한 사람들이 다회용품을 권장 사용 기준보다 적게 사용하는 이유가 다회용품의 권장 사용 횟수를 모르기 때문임을 알게 해야 한다.

다회용품을 권장 사용 기준에 못 미치게 사용하는 점과 관련된 내용이지만 해결 방안이라 할 수 없다.

⑤ 또한 자신에게 필요하지 않은 다회용품은 다른 사람과 나누거나 재판매하여 사용하지 않는 다회용품이 사용될 수 있도록 만들어야 한다.

보고서의 결론에는 다회용품 사용에서 나타나는 문제점으로 다회용품을 권장 사용 기준에 못 미치게 사용하는 점과, 여러 개 사 두기만 하고 쓰지 않는 사람이 많다는 점이 제시되어 있다. 그런데 (나)에는 보고서의 결론에 제시된 이 두 가지 문제점 중 다회용품을 권장 사용 기준에 못 미치게 사용하는 문제에 대한 해결 방안만 제시되어 있다. 그래서 선생님의 조언에 따라 여러 개 사 두기만 하고 쓰지 않는 사람이 많다는 문제에 대해, 자신에게 필요하지 않은 다회용품을 다른 사람과 나누거나 재판매하는 것을 추가적인 해결 방안으로 제시한 것은 적절하다.

12회 | 2021학년도 7월 학력평가

| 정답과 해설 | 고3

• 정답 •

35 ③ 36 ② 37 ④ 38 ⑤ 39 ③ 40 ④ 41 ① 42 ① 43★ ① 44 ④ 45 ④

★ 표기된 문항은 [등급을 가르는 문제]에 해당하는 문항입니다.

35 말하기 방식 파악 정답률 95% | 정답 ③

위 발표자의 말하기 방식에 대한 설명으로 적절하지 않은 것은?

① 중심 화제의 개념을 설명하여 청중의 이해를 돕고 있다.

② 비언어적 표현을 사용하여 청중의 집중을 유도하고 있다.

③ 청중과 공유했던 경험을 제시하여 발표의 목적을 밝히고 있다.

발표자는 발표를 시작하면서 화제인 '제발'에 대한 관심을 유발하면서 '제발'에 대한 개념 및 그림 속 '제발'에 대해 언급하고 있다. 하지만 청중과 공유했던 경험을 언급하며 발표 목적을 제시하지는 않고 있다.

④ 발표 주제와 관련된 정보를 제공하며 발표를 마무리하고 있다.

⑤ 청중에게 질문을 하며 발표 내용에 대한 청중의 이해 여부를 확인하고 있다.

36 자료 활용의 이해 정답률 82% | 정답 ②

발표자의 자료 활용에 대한 설명으로 가장 적절한 것은?

① 제발이 그림에 잘 드러나지 않았을 때의 문제점을 설명하기 위해 ㉠을 제시하였다.

2문단의 내용을 통해 초기에 그림을 해칠까 하는 마음에 제발을 눈에 띄지 않게 썼음을 알 수 있지만, 제발이 그림에 잘 드러나지 않았을 때의 문제점에 대해 설명하지는 않고 있다.

② 제발이 나타난 초기와 그 이후의 제발을 비교하여 표현 양상의 차이를 설명하기 위해 ㉠을 제시하였다.

2문단의 내용을 통해 ㉠은, 그림을 해칠까 하는 마음에 제발을 눈에 띄지 않게 썼던 초기의 것과 제발을 그림의 한 요소로 인식하여 잘 보이는 곳에 크게 써 넣은 이후의 것을 비교하기 위해 제시한 자료임을 알 수 있다.

따라서 ㉠을 제시한 것은 제발이 나타난 초기와 그 이후의 제발을 비교하여 표현 양상의 차이를 설명하기 위해서임을 알 수 있다.

③ 비평이나 시의 형태로 쓰인 제발의 역사적 유래를 설명하기 위해 ㉡을 제시하였다.

3문단을 통해 ㉡은 제발을 감상자도 남겼다는 점과 제발에는 비평이나 시의 형태도 있었다는 점을 설명하기 위해 제시한 자료임을 알 수 있다. 하지만 3문단에서 비평이나 시의 형태로 쓰인 제발의 역사적 유래를 설명하지는 않고 있다.

④ 화가가 요구한 바에 따라 제발이 다르게 쓰일 수도 있다는 점을 설명하기 위해 ㉡을 제시하였다.

3문단을 통해 화가가 요구한 바에 따라 제발이 다르게 쓰일 수도 있다는 내용은 찾아볼 수 없다.

⑤ 중국에서 유행하던 제발이 우리나라에 들어오게 된 이유를 설명하기 위해 ㉠과 ㉡을 제시하였다.

3문단을 통해 중국에서 유행하던 제발이 우리나라에 들어오게 된 이유는 찾아볼 수 없다.

37 반응 이해의 적절성 판단 정답률 95% | 정답 ④

다음은 위 발표를 들은 후 청중이 보인 반응이다. 발표를 고려 하여 청중의 반응을 분석한 것으로 적절하지 않은 것은? [3점]

청중 1 : 제발은 문인화가 유행하면서 더욱 활발히 쓰였다고 알고 있어. 글을 쓰는 문인들이 그림을 그리게 되면서 그림에서 제발이 점차 중요하게 여겨졌을 것 같아.

청중 2 : 감상자가 자신이 느낀 바를 그림에 시로 표현하기도 했다는 것은 몰랐던 사실이야. 이번 기회에 새로 배울 수 있어서 유익했어. 그런데 이인문이 〈마상청앵도〉에 그 감상을 한시로 표현했다고 하는데, 다양한 시의 갈래 중에 왜 한시를 택했을까?

청중 3 : 평소 그림 속에 쓰인 글에 대해 궁금했는데, 발표를 통해 알게 되어서 좋았어. 예전에 미술관에 갔을 때는 잘 몰라서 제발을 그냥 지나쳤는데, 앞으로는 제발에도 관심을 가지고 작품을 감상해야겠어.

① '청중 1'은 발표에 직접적으로 언급되지 않은 내용을 배경지 식을 통해 추론하고 있군.

② '청중 2'는 발표 내용의 일부를 언급하며 이와 관련된 궁금한 점을 떠올리고 있군.

③ '청중 3'은 발표를 들은 후, 작품을 감상하는 태도의 변화를 다짐하고 있군.

④ '청중 1'과 '청중 2' 모두 발표 내용과 자신의 의견이 다른 부분을 정리하며 듣고 있군.

'청중 1'은 문인화가 유행하면서 제발이 활발히 쓰였다는 자신의 배경지식을 바탕으로, 문인들이 그림을 그리게 되면서 제발의 중요성이 점차 커졌을 것이라는 내용을 추론하고 있다. 그리고 '청중 2'는 발표 내용에 대해 몰랐던 사실을 알게 되어 유익했다고 반응하면서 감상을 한시로 표현한 이유를 궁금해 하고 있다. 따라서 '청중 1'과 '청중 2' 모두 발표 내용과 자신의 의견이 다른 부분을 정리하며 듣고 있다고 분석한 내용은 적절하지 않다.

⑤ '청중 2'와 '청중 3' 모두 발표를 통해 이전에 몰랐던 사실을 알게 된 것을 긍정적으로 생각하고 있군.

38 발화 의미와 기능 파악 정답률 94% | 정답 ⑤

대화의 흐름을 고려할 때, ㉠과 ㉡에 대한 이해로 가장 적절한 것은?

① ㉠, ㉡은 모두 상대의 제안에 자신의 견해를 밝히는 발화이다.

㉡은 자신의 의견을 드러내는 발화이지만 상대의 제안에 대한 자신의 견해를 밝히는 발화라고 할 수 없다. ㉠에서 자신의 견해를 밝히지는 않고 있다.

② ㉠, ㉡은 모두 상대의 의견에 추가적인 설명을 요구하는 발화이다.
㉠, ㉡ 모두 상대의 의견에 추가적인 설명을 요구하지는 않고 있다.

③ ㉠은 상대의 의견을 바로잡아 주는 발화이고, ㉡은 상대에게 조언을 요청하는 발화이다.
㉠은 학교 행사 축소로 판단한 자신의 생각이 맞는지 질문을 통해 확인하고 있는 발화이므로 상대의 의견을 바로잡아 주는 발화라 할 수 없다. ㉡은 자신의 의견을 드러내는 발화이므로 상대에게 조언을 요청하는 발화라 할 수 없다.

④ ㉠은 상대의 관심을 촉구하는 발화이고, ㉡은 상대의 긍정적인 반응을 기대하는 발화이다.
㉠은 학교 행사 축소로 판단한 자신의 생각이 맞는지 질문을 통해 확인하고 있는 발화이므로 상대의 관심을 촉구하는 발화라 할 수 없다. ㉡은 자신의 의견을 드러내는 발화이므로 상대의 긍정적인 반응을 기대하는 발화라 할 수 없다.

✔ ㉠은 자신의 생각이 맞는지 확인하는 발화이고, ㉡은 구체적인 방안을 상대에게 제안하는 발화이다.
㉠은 된장 판매 부진으로 인해 연말 기부 행사가 어려워졌다는 '학생 1'의 말에, '학생 2'가 그 원인을 학교 행사 축소로 판단한 자신의 생각이 맞는지 질문을 통해 확인하고 있다. 그리고 ㉡은 건의문에 작성할 내용을 묻는 '학생 1'의 말에, '학생 2'가 학생이 지역 행사에 참여했을 때 학생들에게 교육적 효과가 있다는 내용을 쓰자고 구체적인 방안을 제안하고 있다.

39 발화의 적절성 평가

정답률 85% | 정답 ③

다음을 바탕으로 [A]를 평가한 내용으로 가장 적절한 것은?

> ㉮ 타당한 근거를 들어 진실을 말하는가?
> ㉯ 대화에서 모호한 말은 피하고 간결하게 말하는가?
> ㉰ 대화의 목적이나 주제와 관련된 것을 말하는가?
> ㉱ 대화의 목적에 필요한 만큼의 정보를 전달하는가?
> ㉲ 대화를 독점하지 않고 서로 교대해 가며 말을 하는가?

① ㉮ : '학생 1'은 된장 판매 부진의 원인에 대해 타당한 근거를 들어 말하고 있군.

② ㉯ : '학생 1'은 기부 행사가 어려워진 이유를 중의적 표현을 사용하여 모호하게 말하고 있군.

✔ ㉰ : '학생 2'는 대화의 주제와 관련이 없는 학생회 활동 홍보에 대해 언급하고 있군.
㉰는 대화의 목적이나 주제와 관련된 것을 말하는지 점검하는 항목이다. (가)의 대화에서는 된장 판매를 늘리기 위한 방안을 주제로 대화가 진행되고 있는데, 이 과정에서 '학생 2'는 화제와 관련이 없는 '학생회가 하는 다양한 활동도 소개하자.'는 의견을 제시하고 있다. 이러한 '학생 2'의 의견은 대화의 목적이나 주제에 어긋난 말하기에 해당하는 것이어서 ㉰의 점검 항목에 위배된다고 할 수 있다.

④ ㉱ : '학생 2'는 대화 목적에 필요하지 않은 다양한 지역의 행사 정보를 전달하고 있군.

⑤ ㉲ : '학생 3'은 대화 참가자들의 말을 중간에 끊어 대화를 독점하며 말하고 있군.

40 대화 내용의 반영 여부 판단

정답률 79% | 정답 ④

(가)의 대화가 (나)에 반영된 내용으로 적절하지 않은 것은?

① 학생들이 행사에 참여함으로써 지역 공동체의 중요성을 배울 수 있음을 드러내고 있다.
학생의 지역 행사 참여가 학생들에게 교육적으로 효과가 있다는 내용을 언급하자는 학생 2의 제안을 반영하여, (나)에서 학생들의 행사 참여가 지역 공동체의 중요성을 배우는 좋은 기회라고 서술하고 있다.

② 주말에 행사를 열게 되면 더 많은 주민들이 행사에 올 수 있어 행사에 참여한 지역 상인들에게도 도움이 될 수 있음을 드러내고 있다.
'학생 3'이 주말에 행사를 하면 지역 상인에게 긍정적인 효과가 있다는 내용을 넣자는 의견을 반영하여, (나)에 주말 행사 운영은 지역 상인에게도 큰 도움이 될 것이라고 서술하고 있다.

③ 학교 행사 축소로 학생들이 만든 된장을 판매할 기회가 부족해졌다는 점을 언급하며 지역 사랑 상품 한마당에 참가하고 싶다는 바람을 드러내고 있다.
'학생 3'이 말한, 된장 판매가 어려워진 이유와 판매 수익금을 기부한다는 것을 구청에 알리자는 제안을 반영하여, (나)에 올해 학교 행사가 대폭 축소되어 된장을 판매할 기회가 부족해 지역 사랑 상품 한마당에 참가하고 싶다는 바람을 서술하고 있다.

✔ 전문가의 도움을 받아 학생들이 된장의 맛과 품질을 향상시키기 위해 노력했음을 강조하여 학생들의 행사 참여가 교육적으로 효과가 있음을 드러내고 있다.
전문가의 도움을 받아 학생들이 된장의 맛과 품질을 향상시키기 위해 노력했음을 언급한 것은 학생들의 행사 참여가 우수 상품을 소개하는 지역 한마당 행사의 취지에 맞는다는 것을 드러내기 위함이지, 학생 2가 언급한 행사 참여에 따른 교육적 효과를 드러내기 위한 것은 아니다.

⑤ 학생들이 만든 된장을 판매하여 얻은 수익이 지역 사회로 환원되기 때문에 주민들이 된장을 구입하는 것이 지역 사회를 돕는 의미 있는 일이라는 점을 드러내고 있다.
'학생 1'이 말한, 학생이 만든 제품을 지역 주민이 구매하는 것이 지역 사회에 도움이 된다는 내용을 강조하자는 제안을 반영하여, (나)에 된장 판매 수익을 지역 사회에 기부하기 때문에 주민들이 제품을 구매하는 것은 지역 사회를 돕는 의미 있는 일임을 강조하여 서술하고 있다.

41 고쳐쓰기 검토 의견 파악

정답률 87% | 정답 ①

<보기>는 학생들의 검토 의견에 따라 [B]를 수정한 것이다. 검토 의견으로 가장 적절한 것은?

> <보 기>
> '지역 사랑 상품 한마당'에 학생들이 참여할 수 있도록 부스 운영 자격을 확대해 주시고, 주말에도 행사를 개최해 주실 것을 다시 한번 부탁드립니다. 이 행사가 학생들과 지역 상인이 함께하는 장이 될 수 있도록 ○○구에서 많은 관심을 가지고 배려해 주시면 좋겠습니다.

✔ 구청에 건의하는 내용을 명확하게 밝히고, 글의 흐름에 어긋나는 내용은 삭제했으면 좋겠어.
[B]와 <보기>를 비교해 보면, [B]의 '지역 사랑 상품 한마당에 꼭 참여하고 싶습니다.'를 "지역 사랑 상품 한마당'에 학생들이 참여할 수 있도록 부스 운영 자격을 확대해 주시고, 주말에도 행사를 개최해 주실 것을 다시 한번 부탁드립니다.'로 바꾸고 있는데, 이는 건의 내용이 명확하지 않아 학생이 행사에 참여할 수 있도록 운영 자격 확대와 주말 행사 개최를 요청하는 내용으로 수정하여 건의 내용을 명확하게 밝혔다고 할 수 있다. 그리고 '○○구청에서 학생을 위한 다양한 행사가 진행 중인 것으로 알고 있습니다.'를 <보기>에서 삭제하고 있는데, 이는 글의 통일성에 어긋나 삭제하였음을 알 수 있다.

② 구청에서 준비하고 있는 행사의 목적을 밝히고, 학생이 지역 행사에 참여했을 때의 장점을 강조했으면 좋겠어.

③ 건의를 받아들였을 때에 나타날 수 있는 효과를 제시하고, 문제 해결을 위한 구청의 노력은 삭제했으면 좋겠어.

④ 구청이 지역 주민을 위해 노력하고 있는 일을 소개하는 내용을 추가하고, 중복된 요구 사항을 삭제했으면 좋겠어.

⑤ 건의하고자 하는 내용을 두 가지로 나눠 밝히고, 예상 독자가 수행하는 일에 대한 감사의 뜻을 추가했으면 좋겠어.

42 글의 유형에 따른 특징 파악

정답률 85% | 정답 ①

(가)와 (나)에 대한 설명으로 가장 적절한 것은?

✔ (가)는 자신이 탐구한 내용을, (나)는 자신에 관해 독자에게 알리고 싶은 정보를 전달하고 있다.
(가)는 조사 보고서로, '블리스터 포장의 실태와 문제점'에 대해 자신이 탐구한 내용을 전달하고 있다. 그리고 (나)는 자기소개서로, 예상 독자인 '□□ 디자인 연구소'에 자신에 관해 알리고 싶은 정보를 전달하고 있다.

② (가)는 현상에 대한 원인 분석을 통한, (나)는 현상에 대한 관찰을 통한 자기 성찰을 목적으로 한다.
(가)는 조사 보고서이고, (나)는 자기소개서에 해당하므로 자기 성찰을 목적으로 글을 전개하였다고 볼 수 없다.

③ (가)는 (나)와 달리 예상 독자가 요구하는 바를 바탕으로 내용을 생성하고 있다.
예상 독자가 요구하는 바를 바탕으로 내용을 생성하고 있는 것은 (나)이다.

④ (나)는 (가)와 달리 객관적인 사실을 근거로 하여 주제를 드러내고 있다.
(가)는 조사 보고서이므로, 객관적인 사실을 근거로 하여 주제를 드러내고 있다.

⑤ (가)와 (나)는 모두 예상되는 문제와 그 해결 방안을 중심으로 글을 전개하고 있다.
(가)는 조사 보고서이고, (나)는 자기소개서에 해당하므로 예상되는 문제와 그 해결 방안을 중심으로 글을 전개하였다고 볼 수 없다.

★★★ 등급을 가르는 문제!

43 작문 내용의 적절성 점검

정답률 73% | 정답 ①

<보기>를 바탕으로 (가)에 대한 자기 점검을 실시할 때, ⓐ~ⓔ를 점검한 내용으로 적절하지 않은 것은?

<보 기>

	자기 점검 항목	점검 대상
1	보조 자료를 통해 글의 내용을 효과적으로 시각화하고 있는가?	ⓐ
2	명료한 표현을 사용하여 의미를 분명히 드러내었는가?	ⓑ
3	사실과 의견을 구분하여 제시하였는가?	ⓒ
4	조사 결과의 해석이 오류 없이 정확한가?	ⓓ
5	인용한 자료의 출처를 밝혔는가?	ⓔ

✔ ⓐ : 전체 응답자 중 '그렇다'라고 답한 응답자의 비율이 64%임을 막대그래프를 활용하여 효과적으로 시각화했다.
ⓐ는 '블리스터 포장으로 어려움을 겪었다고 응답한 각 연령대별 비율'을 시각화한 도표이며, 전체 응답자 중 '그렇다'라고 답한 응답자의 비율이 64%임을 효과적으로 시각화한 것은 아니다.

② ⓑ : 비교한 응답 비율의 차이를 구체적 수치로 명료하게 밝혀 의미를 분명히 드러냈다.
ⓑ는 10대와 60대 중 '그렇다'라고 응답한 비율이 20대 청년층과 각각 45%p, 50%p의 차이가 있음을 명료하게 밝혀 의미가 분명하게 드러났다.

③ ⓒ : 해당 부분이 글쓴이의 의견임을 구분할 수 있는 표현을 제시하였다.
ⓒ는 해당 부분이 글쓴이의 의견임을 '생각한다'라고 명확히 표현하여 제시하였다.

④ ⓓ : 조사 결과의 내용을 과장하여 해석한 부분이 있으므로 조사 결과의 해석이 정확하지 않다.
ⓓ는 '블리스터 포장을 개봉하던 중 부상을 입은 경험이 있는가?'에 전체의 35%가 '그렇다'라고 응답한 내용을, '대부분의 사용자가 블리스터 포장으로 인해 부상을 경험했'다고 말하고 있다. 이때 '대부분'은 '절반이 훨씬 넘어 전체량에 거의 가까운 정도의 수효나 분량'으로, 전체의 35%를 '대부분의 사용자'로 해석하는 것은 조사 결과의 내용을 과장하여 해석한 것이다.

⑤ ⓔ : 참고 문헌의 저자명과 도서명, 발행처 등 출처를 밝혔다.
ⓔ는 인용한 참고 문헌의 저자명(김△△), 도서명(◇◇디자인), 발행처(◎◎출판사) 등 출처를 밝혔다.

★★ 문제 해결 꿀~팁 ★★

▶ 많이 틀린 이유는?
이 문제는 (가)의 내용을 정확하게 이해하지 못해 오답률이 높았던 것으로 보인다. 특히 제시된 막대그래프가 제시한 내용이 무엇인지 정확하게 파악하지 못한 것도 오답률을 높였던 것으로 보인다.

▶ 문제 해결 방법은?
이 문제는 '자기 점검 항목'과 '점검 대상'을 선택지로 제시한 문제 형태이지만, 기본적으로 선택지의 내용

[문제편 p.045]

을 (가)를 통해 적절성 여부를 판단하는 것이 핵심이다. 즉 (가)의 내용, 그중에서도 ⓐ~ⓔ의 내용을 정확히 이해하는 것이 핵심이다. 가령 정답인 ①의 경우, 막대그래프에 선택지에 언급된 내용이 제시되어 있는지 확인만 하였다면 적절하지 않았음을 바로 알았을 것이다. 마찬가지로 오답률이 높은 ④의 경우에도, 전체의 35%를 '대부분'이라고 표현한 것은 조사 결과를 과장하여 해석하였음을 알 수 있으므로 적절하지 않음을 알 수 있었을 것이다. 이 문제처럼 특정 조건을 주고 이와 관련하여 적절성을 판단하는 문제의 경우에도, 문제 해결의 바탕은 내용의 정확한 이해에 있으므로, 작문 문제를 풀 때에도 내용을 정확히 읽는 습관을 기르도록 한다.

44 글쓰기 계획 반영 여부 파악

정답률 75% | 정답 ④

다음은 (나)를 쓰기 위해 작성한 글쓰기 계획이다. (나)에 반영되지 않은 것은?

- 나의 장점을 2, 3문단의 첫 부분에 제시하여 강조해야겠어. ······ ①
- 보고서를 작성한 사례를 언급해 나의 태도가 □□디자인 연구소가 지향하는 가치에 부합함을 드러내야겠어. ······ ②
- 나의 실천력이 가져올 수 있는 긍정적인 영향을 개인적 측면과 사회적 측면으로 나누어 언급해야겠어. ······ ③
- 도전 정신을 갖기 위해 노력했던 과정을 언급하며 나의 변화된 자세를 부각해야겠어. ······ ④
- 청소년 디자이너가 된 후의 나의 포부를 제시하며 글을 마무리해야겠어. ······ ⑤

① **나의 장점을 2, 3문단의 첫 부분에 제시하여 강조해야겠어.**
2, 3문단의 첫 부분에 '더 나은 삶으로의 한 걸음'을 실천하는 자세와 '도전 정신'을 지니고 있는 자신의 장점을 제시하여 강조하고 있다.

② **보고서를 작성한 사례를 언급해 나의 태도가 □□디자인 연구소가 지향하는 가치에 부합함을 드러내야겠어.**
'생활에 불편을 주는' 블리스터 포장의 문제점에 대해 조사하는 보고서를 써 이를 '개선하도록 목소리를' 낸 자신의 사례를 언급하여, 자신의 태도가 □□ 디자인 연구소가 지향하는 '더 나은 삶으로의 한 걸음'이라는 가치에 부합함을 드러내고 있다.

③ **나의 실천력이 가져올 수 있는 긍정적인 영향을 개인적 측면과 사회적 측면으로 나누어 언급해야겠어.**
자신의 실천력이 가져올 수 있는 긍정적인 영향을 '개인의 삶을 편안하게 만'드는 개인적 측면, '제품을 디자인할 때 사용자를 우선으로 고려하는 사회 분위기를 만드는 데 영향을 미칠 것이라'는 사회적 측면으로 나누어 언급하고 있다.

✔ **도전 정신을 갖기 위해 노력했던 과정을 언급하며 나의 변화된 자세를 부각해야겠어.**
(나)를 통해 도전 정신을 갖기 위한 노력은 찾아볼 수 없고, 자신의 변화된 자세가 드러나지도 않고 있다.

⑤ **청소년 디자이너가 된 후의 나의 포부를 제시하며 글을 마무리해야겠어.**
청소년 디자이너가 된 후 '청소년의 삶을 불편하게 했던 디자인을 찾고, 이를 개선하는 아이디어를 고안해 청소년들의 더 나은 삶을 만드는 데에 기여하고 싶'다는 자신의 포부를 제시하며 글을 마무리하고 있다.

45 조건에 따른 글쓰기

정답률 89% | 정답 ④

<보기>를 고려할 때, [A]에 들어갈 내용으로 가장 적절한 것은? [3점]

<보 기>

- 선생님의 조언 : 결론에는 조사 결과에 제시되어 있는 블리스터 포장에 대한 서로 다른 입장을 요약하고, 블리스터 포장에 대한 너의 의견을 제시하면 좋겠구나.

① **디자인의 아름다움도 중요하지만 가장 중요한 것은 사용자의 요구를 충족해야 한다는 것이다. 사용자를 생각하지 않는 디자인은 결국 사용자에게 외면받게 될 것이다.**
조사 결과에 제시되어 있는 블리스터 포장에 대한 서로 다른 입장 요약과 블리스터 포장에 대한 글쓴이의 의견과는 관련이 없는 내용이다.

② **블리스터 포장을 둘러싸고 이윤을 중시하는 생산자와 안전을 중시하는 사용자의 갈등이 심화되고 있다. 양측의 입장을 반영하여 해결책을 도출하는 성숙한 사회로 발전해야 한다.**
생산자는 이윤을 중시하고, 사용자는 안전을 중시한다고 서로 다른 입장을 요약하여 제시하고 있으나, (가)에 제시되어 있지 않은 '갈등'을 '심화'한다는 내용까지 함께 요약되어 있으므로 적절하지 않다.

③ **현재의 블리스터 포장은 인간의 기본 욕구인 안전의 욕구를 위협하고 있다. 사용자의 안전을 지키지 못하는 블리스터 포장은 종이 포장 등 보다 안전한 방식으로 바뀌어야 한다.**
블리스터 포장이 '보다 안전한 방식으로 바뀌어야 한다'는 자신의 의견은 제시되어 있으나, 블리스터 포장에 대한 서로 다른 입장은 요약하지 않았다.

✔ **생산 업체는 이익과 효율을 위해 블리스터 포장을 사용하고 있지만, 사용자들은 이로 인해 불편을 느끼고 안전을 위협받고 있다. 사용자의 안전과 편의를 위해 블리스터 포장을 개선 할 필요가 있다.**
'선생님의 조언'을 통해 '조사 결과에 제시되어 있는 블리스터 포장에 대한 서로 다른 입장 요약'과 '블리스터 포장에 대한 글쓴이의 의견'을 제시하는 것임을 알 수 있다. 이러한 조건을 만족하고 있는 것은 ④로, ④의 '생산 업체는 이익과 효율을 위해 블리스터 포장을 사용'하고 있다고 블리스터 포장에 대한 생산 업체의 입장을 요약하였고, '이로 인해 불편을 느끼고 안전을 위협받'는다고 블리스터 포장에 대한 사용자의 입장을 요약하고 있다. 그리고 '사용자의 안전과 편의'를 근거로 하여 '블리스터 포장을 개선할 필요가 있다'는 자신의 의견을 제시하고 있다.

⑤ **이번 조사를 통해 제품 포장을 둘러싼 생산자와 사용자 각각의 입장이 충돌하고 있음을 알 수 있었다. 또한 생산자와 사용자의 의견을 수렴한 절충안을 만들어 모두를 만족시키는 것이 디자이너의 역할임을 깨닫게 되었다.**
제품 포장을 둘러싼 생산자와 사용자 각각의 입장이 충돌하고 있음을 언급하고 있지만, 어떤 입장인지 요약하여 제시하지 않고 있고, 블리스터 포장에 대한 글쓴이의 의견은 드러나지 않고 있다.

13회 | 2024학년도 9월 모의평가 고3

• 정답 •

35② 36④ 37③ 38④ 39⑤ 40①★ 41⑤ 42① 43③ 44⑤ 45⑤

★ 표기된 문항은 [등급을 가르는 문제]에 해당하는 문항입니다.

35 발표 전략의 이해

정답률 89% | 정답 ②

위 발표에 활용된 발표 전략으로 적절하지 않은 것은?

① **청중의 주의를 환기하기 위해 청중과 공유하고 있는 경험을 언급한다.**
1문단의 '지난 수업 시간에 곰팡이의 생육 환경에 대해 우리가 조사했던 활동이 기억나나요?'를 통해, 발표자는 발표에 대한 청중의 주의를 환기하기 위해 청중과 공유하고 있는 경험을 언급하고 있음을 알 수 있다.

✔ **청중이 발표 내용을 예측하도록 발표 내용의 제시 순서를 발표 도입에서 밝힌다.**
1문단에서 발표자는 발표 내용이 무엇인지를 언급하고 있지만, 발표 내용을 예측하도록 발표 제시 순서를 밝히지는 않고 있다.

③ **청중이 발표 내용에 대해 사전에 알고 있었는지 확인하기 위해 발표 내용과 관련된 질문을 한다.**
2문단의 '식물 뿌리와 함께 사는 곰팡이가 식물 뿌리와 상호 작용한다는 것을 알고 있나요?'를 통해, 발표자는 청중이 발표 내용에 대해 사전에 알고 있었는지 확인하기 위해 발표 내용과 관련된 질문을 하고 있음을 알 수 있다.

④ **청중이 특정 대상의 개념을 파악하도록 대상의 정의를 제시한다.**
2문단의 '균사는 곰팡이의 몸을 이루는 세포가 실 모양으로 이어진 것을 말합니다.'를 통해, 발표자는 청중이 균사의 개념을 파악하도록 균사의 정의를 제시하고 있음을 알 수 있다.

⑤ **청중의 이해를 돕기 위해 특정 대상을 일상적 소재에 빗대어 표현한다.**
발표자는 2문단에서 식물 뿌리를 감싸고 있는 실처럼 생긴 것이 곰팡이의 균사라고 설명하고 있고, 3문단에서 식물 뿌리와 연결된 곰팡이의 균사는 양분이 오가는 통로가 되어, 마치 서로를 잇는 다리와 같은 역할을 한다고 설명하고 있다. 따라서 발표자는 청중의 이해를 돕기 위해 특정 대상을 일상적 소재에 빗대어 표현하였음을 알 수 있다.

36 자료 활용의 이해

정답률 91% | 정답 ④

다음은 발표자가 보여 준 화면이다. 발표자의 시각 자료 활용에 대한 설명으로 가장 적절한 것은?

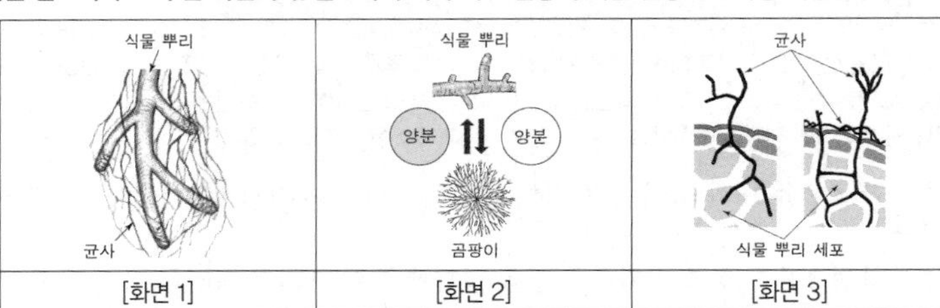

① **[화면 1]은 균사가 식물 뿌리를 감싸는 정도가 식물 뿌리의 부위마다 다름을 설명하기 위해 ㉠에 제시하였다.**
1문단의 '이렇게 식물 뿌리를 감싸고 있는 실처럼 ~ 실 모양으로 이어진 것을 말합니다.'를 통해, [화면 1]을 ㉠에 제시하여 식물 뿌리를 감싸고 있는 실처럼 생긴 것이 곰팡이의 균사임을 설명하고 있으므로 적절하지 않다.

② **[화면 1]은 균사를 통해 한 식물의 양분이 다른 식물에 전달됨을 설명하기 위해 ㉠에 제시하였다.**
3문단에서 발표자는 [화면 3]을 제시하여 식물과 식물을 연결한 균사를 통해 양분이 식물 간에 전달된다고 설명하고 있음을 알 수 있다. 따라서 식물과 식물을 연결한 균사를 통해 양분이 식물 간에 전달된다고 설명하기 위해 ㉡에서 [화면 1]을 활용하였다는 이해는 적절하지 않다.

③ **[화면 2]는 곰팡이의 몸을 이루는 세포가 실 모양으로 이어진 것이 균사임을 설명하기 위해 ㉡에 제시하였다.**
2문단에서 곰팡이의 몸을 이루는 세포가 실 모양으로 이어진 것이 균사임을 설명하고 있지만, 이는 [화면 1]을 ㉠에 활용하여 설명한 것이라 할 수 있다. 따라서 [화면 2]를 ㉡에 제시한 것과는 관계가 없다.

✔ **[화면 2]는 곰팡이가 토양에서 흡수한 양분은 식물 뿌리로 전달되고, 광합성으로 만들어진 양분은 곰팡이로 전달됨을 설명하기 위해 ㉡에 제시하였다.**
3문단의 '이렇게 곰팡이가 토양에서 흡수한 양분은 ~ 양분도 곰팡이로 전달됩니다.'를 통해, 발표자는 식물 뿌리와 곰팡이 사이에 양분이 오간다는 점을 보여 주는 자료인 [화면 2]를 ㉡에 제시하였음을 알 수 있다.

⑤ **[화면 3]은 땅속에서 퍼져 나가는 특성이 있는 균사가 주변에 서식하는 여러 식물의 뿌리와 연결될 수 있음을 설명하기 위해 ㉢에 제시하였다.**
4문단의 '화면의 왼쪽처럼 균사가 ~ 감싸는 곰팡이도 있습니다.'를 통해, 발표자는 [화면 3]을 ㉢에 제시하여 화면의 왼쪽처럼 균사가 식물 뿌리 세포의 내부로 들어가는 곰팡이가 있고, 화면의 오른쪽처럼 균사가 식물 뿌리의 겉면이나 식물 뿌리 세포를 감싸는 곰팡이도 있다는 점을 설명하였음을 알 수 있다. 또한 3문단에서 균사가 땅속에서 퍼져 나가면서 주변에 서식하는 여러 식물의 뿌리들을 연결할 수 있음을 설명하고 있지만, 이는 [화면 3]을 ㉢에 제시한 것과는 관계가 없으므로 적절하지 않다.

37 발표 내용 이해 및 추론

정답률 95% | 정답 ③

위 발표의 흐름을 고려할 때, ⓐ로 가장 적절한 것은?

① **균사가 식물 뿌리 세포의 내부까지 어떻게 들어가나요?**
발표자의 답변을 통해 균사가 식물 뿌리 세포의 내부까지 어떻게 들어가는지를 설명한 내용은 찾아볼 수 없다.

② **곰팡이는 식물 이외에 다른 생물과도 상호 작용할 수 있나요?**
발표자의 답변을 통해 곰팡이가 식물 이외에 다른 생물과도 상호 작용할 수 있는지를 설명한 내용은 찾아볼 수 없다.

[문제편 p.048]

✅ 서로 떨어져 있는 곰팡이와 식물 뿌리가 어떻게 닿을 수 있나요?
발표자는 질문을 듣고 난 뒤, 곰팡이나 식물에 눈이 있어 서로를 찾아가는 것은 아니라고 언급하며, 곰팡이와 식물 뿌리는 각각 상대의 생장을 촉진하는 물질을 내놓아 상대를 자기 쪽으로 유인하여 만날 수 있다고 답변하고 있다. 따라서 이를 바탕으로 할 때, 청중은 '서로 떨어져 있는 곰팡이의 식물 뿌리가 어떻게 닿을 수 있나요?'라고 질문했음을 추측할 수 있다.

④ 곰팡이와 식물 뿌리의 생장을 촉진하는 물질에는 어떤 것이 있나요?
발표자의 답변을 통해 곰팡이와 식물 뿌리의 생장을 촉진하는 물질에 어떤 것이 있는지를 설명한 내용은 찾아볼 수 없다.

⑤ 곰팡이와 연결된 식물 뿌리는 그렇지 않은 식물 뿌리보다 빨리 생장하나요?
발표자는 곰팡이와 식물 뿌리가 각각 상대의 생장을 촉진하는 물질을 내놓아 상대를 자기 쪽으로 유인한다고 물음에 답하고 있다. 하지만 발표자의 답변을 통해 곰팡이와 연결된 식물 뿌리가 그렇지 않은 식물 뿌리보다 빨리 생장하는지를 설명한 내용은 찾아볼 수 없다.

38 진행자의 말하기 방식 파악
정답률 73% | 정답 ④

[A]~[C]에 대한 설명으로 가장 적절한 것은?

① [A] : '전문가 1'의 질문 내용을 요약하며 이에 대한 '전문가 2'의 생각을 묻고 있다.
[A] 앞에서 '전문가 1'이 질문하지는 않고 있으므로, '전문가 1'의 질문 내용을 요약하였다는 설명은 적절하지 않다.

② [A] : '전문가 1'의 답변 중 이해가 어려운 내용을 밝히며 추가 답변을 요청하고 있다.
[A]에서 진행자가 '전문가 1'의 답변 중 이해가 어려운 내용을 밝힌 부분은 없고, '전문가 1'에게 추가 답변을 요청하지도 않고 있으므로 적절하지 않다.

③ [B] : '전문가 1'과 '전문가 2'의 제안을 종합한 후 이에 대한 자신의 의견을 제시하고 있다.
[B]에서 진행자는 '전문가 1'과 '전문가 2'의 의견에 대해 감사를 표할 뿐, 두 사람의 제안을 종합하지 않고 있다. 또한 [B]에서 진행자가 공간 구성에 대한 자신의 의견을 제시하지도 않고 있다.

✅ [B] : '전문가 1'과 '전문가 2'가 밝힌 의견에 대해 감사를 표한 후 이어서 논의할 사항을 제시하고 있다.
[B]에서 진행자는 '전문가 1'과 '전문가 2'가 박물관의 공간 구성에 대해 밝힌 의견에 대해 '공간 구성에 대한 두 분의 좋은 말씀 고맙습니다.'라고 감사를 표하고 있다. 그런 다음 '운영상 중점을 둘 부분을 논의해 볼까요?'라고 논의할 사항을 제시하고 있다.

⑤ [C] : '전문가 2'가 언급한 내용의 일부를 재진술하며 예상되는 문제를 밝히고 있다.
[C]에서 진행자는 '전문가 2'가 언급한 내용 중 일부를 재진술하며 그렇게 되면 수요자의 요구에 맞는 교육 프로그램 운영이 가능하겠다며 예상되는 효과를 밝히고 있지만, 예상되는 문제를 밝히지는 않고 있다.

39 대담 계획의 반영 여부 판단
정답률 81% | 정답 ⑤

다음은 (가)의 전문가들이 대담을 준비하며 쓴 메모의 일부이다. ⓐ~ⓔ와 관련하여 계획한 내용 중 (가)에 나타나지 않은 것은?

[전문가 1]	[전문가 2]
• ○○ 문화권 상설 전시실 규모 확대가 필요함. ⋯ ⓐ • 유물 연구가 강화될 필요가 있음. ⋯ ⓑ • 유물 보존 공간이 충분히 확보되어야 함. ⋯ ⓒ	• 박물관 운영 과정에서 시민 의견이 적극 수용되어야 함. ⋯ ⓓ • 박물관이 복합 문화 공간이 되어야 함. ⋯ ⓔ

① ⓐ : 박물관에서 지역의 역사에 중요한 의미가 있는 유물을 다수 보유하고 있음을 이유로 제시한다.
ⓐ와 관련하여 (가)의 '전문가 1'은 첫 번째 발화에서 ○○ 문화권 상설 전시실의 규모를 확대할 것을 제안하고 있다. 그러면서 박물관이 토기와 왕릉의 왕관 등 ○○ 문화의 흥망성쇠를 보여 주는 유물을 다수 보유하고 있음을 그 이유로 제시하고 있으므로 적절하다.

② ⓑ : 내실 있는 전시는 충분한 연구가 선행되어야 가능함을 언급하며 유물 연구를 강화할 필요가 있음을 제시한다.
ⓑ와 관련하여 (가)의 '전문가 1'은 네 번째 발화에서 충분한 연구가 전제되지 않으면 내실 있는 전시가 어렵다는 점을 들어 유물 연구를 강화해야 한다고 주장하고 있으므로 적절하다.

③ ⓒ : 박물관 본연의 기능을 위한 공간을 충분히 확보하지 않아 다시 증축하게 된 다른 박물관의 사례를 제시한다.
ⓒ와 관련하여 (가)의 '전문가 1'은 세 번째 발화에서 보존 공간이 부족해 5년 만에 재증축한 □□ 박물관의 사례를 제시하며 증축 공간에 한계가 있으니 유산 보존이라는 박물관 본연의 기능에 집중해야 한다는 의견을 밝히고 있으므로 적절하다.

④ ⓓ : 박물관의 정의에 새롭게 추가된 내용을 언급하며 시민의 의견을 적극적으로 수용할 필요가 있음을 제시한다.
ⓓ와 관련하여 (가)의 '전문가 2'는 세 번째 발화에서 최근 새로 제시된 박물관의 정의에 공동체의 참여에 관한 내용이 추가되었고 이는 박물관 운영 과정에서 시민의 의견을 적극 수용해야 한다는 의미로 볼 수 있다고 언급하고 있으므로 적절하다.

✅ ⓔ : 박물관을 복합 문화 공간으로 만들면 공간별로 시민이 얻을 수 있는 효과가 다양함을 이유로 제시한다.
(가)의 '전문가 2'는 첫 번째 발화에서 교육, 공연, 시민 교류 등을 위한 시민 활용 공간들을 확보해서 박물관을 복합 문화 공간으로 조성해야 한다고 주장하고 있다. 하지만 그 근거로 공간별로 시민이 얻을 수 있는 효과가 다양함을 제시하지는 않고 있으므로, ⓔ와 관련한 계획은 반영되었다고 할 수 없다.

★★★ 등급을 가르는 문제!

40 대담 내용의 반영 양상 파악
정답률 46% | 정답 ①

(가), (나)의 담화 내용이 (다)에 반영된 양상으로 가장 적절한 것은? [3점]

✅ '학생회장'이 '전문가 1'의 발언을 언급하며 밝힌 의견이 박물관의 진로 체험 강좌 운영의 기대 효과로 제시되었다.
(가)에서 '전문가 1'은 네 번째 발화에서 박물관의 핵심은 유물 보존과 연구라고 언급하였고, (나)에서 '학생회장'은 방송에서 유물 보존과 연구가 박물관의 핵심이라고 했는데, 이와 관련한 강좌는 진로 개발에 큰 도움이 될 거라며 자신의 의견을 밝히고 있다. 그리고 이를 바탕으로 (다)의 3문단에서 유물의 보존과 연구에 대해 배우는 강좌가 운영된다면 지역 청소년의 진로 개발에 큰 도움이 될 것이라는 기대 효과를 제시하고 있다.

② '학생회장'이 '전문가 2'의 발언을 언급하며 밝힌 의견이 증축될 박물관의 향후 전망으로 제시되었다.
(나)에서 '학생회장'이 '전문가 2'의 발언을 언급하며 자신의 의견을 밝힌 부분은 찾아볼 수 없으므로 적절하지 않다.

③ '학생 1'이 '전문가 1'의 발언을 언급하며 밝힌 의견이 박물관 전시 방식의 개선이라는 건의 사항으로 제시되었다.
(나)의 '학생 1'은 전문가가 우리 지역은 ○○ 문화의 중심지였다고 했다라고 (가)의 '전문가 1'의 발언을 언급하면서, 박물관을 왕릉 모양으로 만들면 뜻 깊을 것이라며 자신의 의견을 밝히고 있다. 하지만 (다)에서 박물관 전시 방식의 개선이라는 건의 사항은 찾아볼 수 없으므로 적절하지 않다.

④ '학생 1'이 '전문가 2'의 발언을 언급하며 밝힌 의견이 체험 교육 활동에 대한 청소년의 선호라는 건의 이유로 제시되었다.
(나)에서 '학생 1'이 '전문가 2'의 발언을 언급하며 자신의 의견을 밝힌 부분은 찾아볼 수 없으므로 적절하지 않다.

⑤ '학생 2'가 '전문가 2'의 발언을 언급하며 밝힌 의견이 역사학 관련 진로 체험 강좌의 부재라는 문제 상황으로 제시되었다.
(다)의 3문단에서 역사학 관련 진로 체험의 기회가 부족함을 문제 상황으로 제시하였지만, 이는 '학생 2'가 '전문가 2'의 발언을 언급하며 밝힌 의견과는 관계가 없으므로 적절하지 않다.

★★ 문제 해결 꿀~팁 ★★

▶ 많이 틀린 이유는?
이 문제는 (가)와 (나)의 담화 내용이 (다)에 반영되었는지 여부를 일일이 확인하는 데서 어려움을 겪어 오답률이 높았던 것으로 보인다.

▶ 문제 해결 방법은?
이 문제를 해결하기 위해서는 선택지를 중심으로 문제에 접근해야 한다. 즉 선택지에 제시한 내용대로 문제에 접근하면 되는데, 가령 선택지 ②의 경우에는 (나)에서 학생회장이 한 말을 통해 증축될 박물관의 향후 전망에 대한 '전문가 2'의 발언을 언급하고 있는지 확인해야 한다. 이렇게 하면 (나)에서 학생회장은 '전문가 2'의 발언과 관련된 말을 하지 않고 있으므로 적절하지 않음을 알 수 있다. 마찬가지로 정답인 ①의 경우에도, 먼저 학생회장이 '전문가 1'의 발언을 언급하였는지 확인하면 되는데, '방송에서 유물 보존과 연구가 박물관의 핵심'이라는 내용을 통해 언급하고 있음을 알 수 있다. 그런 다음 (다)를 통해 '박물관의 진로 체험 강좌 운영의 기대 효과'가 제시되었는지 확인하면 되는데, (다)의 3문단을 통해 확인할 수 있으므로 적절함을 알 수 있다. 다른 선택지들도 이와 같은 방식으로 문제를 풀이하면 적절하지 않음을 쉽게 알 수 있었을 것이다. 이 문제는 일면 복잡해 보이지만, 선택지에 제시된 내용대로 문제를 풀어 나가면 의외로 문제를 쉽게 해결할 수 있으므로, 선택지에도 주의를 기울여 문제 해결 방법을 찾도록 한다.

41 글쓰기 표현 전략의 이해 및 적용
정답률 70% | 정답 ⑤

〈보기〉를 바탕으로 (다)의 ㉠~㉢을 이해한 내용으로 가장 적절한 것은?

〈보 기〉
건의문의 필자는 건의 수용의 기대 효과를 분명하게 밝혀야 한다. 이때, ㉮ 건의가 필자 개인만이 아니라 다수를 위한 것임을 드러내은 물론, ㉯ 건의를 받는 독자의 이점을 제시하는 것이 좋다. 한편, 건의를 수용할 경우 우려되는 점이 있다는 독자의 반론이 있을 수 있다. 필자가 이를 예상하여 독자가 우려하는 점은 해결 가능하다거나 ㉰ 우려하는 점보다 건의 수용의 기대 효과가 더 크다는 것을 제시하는 것이 좋다.

① ㉠ : 체험 공간 조성으로 청소년이 얻을 수 있는 이점을 제시하고 있다는 점에서, ㉯에 해당한다.
㉠은 청소년이 얻을 수 있는 이점을 제시한 것이지, 건의문의 독자인 박물관장이 얻을 수 있는 이점과는 관계가 없으므로 ㉯에 해당하지 않는다.

② ㉡ : 체험 중 안전사고의 문제를 해결해 달라는 요구가 청소년을 위한 것임을 드러내고 있다는 점에서, ㉮에 해당한다.
㉡은 체험 중 안전사고의 문제를 해결해 달라는 요구는 건의의 수용과 관련해 예상되는 우려일 뿐 필자의 건의 사항은 아니므로 ㉮에 해당하지 않는다.

③ ㉡ : 체험 중 안전사고에 대한 우려와 자원봉사 기회 제공이라는 이점을 비교하고 있다는 점에서, ㉰에 해당한다.
㉡에서 체험 중 안전사고에 대한 우려와 자원봉사 기회 제공이라는 이점을 비교하지 않았고, 독자가 우려하는 점보다 건의 수용의 기대 효과가 더 크다는 것을 제시한 것도 아니므로 ㉰에 해당하지 않는다.

④ ㉢ : 박물관 운영상의 부담이 해결된다는 이점을 제시하고 있다는 점에서, ㉯에 해당한다.
㉢은 독자의 이점과 관련해 박물관 운영상의 부담이 해결된다는 점을 제시한 것은 아니므로 ㉯에 해당하지 않는다.

✅ ㉢ : 박물관 운영상의 부담과 청소년에게 미치는 영향을 비교하고 있다는 점에서, ㉰에 해당한다.
㉢은 박물관 운영상의 부담과 청소년에게 미치는 영향을 비교하여, 독자가 우려할 수 있는 점보다 건의 수용의 기대 효과가 더 크다는 것을 제시한 것이므로 ㉰에 해당한다고 할 수 있다.

42 고쳐쓰기에 반영된 수정 사항 파악
정답률 60% | 정답 ①

다음은 (다)의 3문단의 초고이다. 3문단에 반영된 수정 사항으로 적절하지 않은 것은?

> 박물관에서 진로 체험 강좌를 운영해야 합니다. 우리 지역은 역사적 자긍심이 느껴지는 곳입니다. 그래서 역사학에 대한 관심이 높은 편입니다. 진로 체험의 기회가 부족하므로 체험 강좌가 운영된다면 우리 지역에 큰 도움이 될 것입니다. 또한 음악회, 미술전 등 문화 행사도 열어 주셨으면 합니다.

✅ 청소년 진로 개발의 중요성을 언급한다.
제시된 초고 내용과 (다)의 3문단의 내용을 비교할 때, (다)의 3문단에서 청소년 진로 개발의 중요성을 언급한 부분은 없으므로 적절하지 않다.

② 진로 체험 강좌의 수강 대상을 제시한다.

[문제편 p.050]

박물관에서 진로 체험 강좌를 운영해야 한다는 초고의 내용이 (다)의 3문단에서 청소년 대상의 진로 체험 강좌를 운영해 달라는 내용으로 수정되었으므로 적절하다.

③ **청소년이 지역에 자긍심을 느끼는 이유를 추가한다.**
우리 지역은 역사적 자긍심이 느껴지는 곳이라는 초고의 내용이 (다)의 3문단에서 우리 지역은 ○○ 문화의 중심지여서 많은 청소년이 역사적 자긍심을 느끼고 있다는 내용으로 수정되었으므로 적절하다.

④ **청소년이 진로 체험 강좌에서 배울 수 있는 내용을 밝힌다.**
'체험 강좌가 운영된다면'이라는 초고의 내용이 (다)의 3문단에서 '유물의 보존과 연구에 대해 배우는 강좌가 운영된다면'이라는 내용으로 수정되었으므로 적절하다.

⑤ **진로 체험 강좌 운영의 요구에서 벗어나는 내용을 삭제한다.**
'또한 음악회, 미술전 등 문화 행사도 열어 주셨으면' 한다는 초고의 내용이 (다)의 3문단에서는 삭제되었는데, 이는 진로 체험 강좌 운영의 요구에서 벗어나는 내용을 삭제한 것이므로 적절하다.

43 작문 계획의 반영 여부 판단

정답률 93% | 정답 ③

(가)의 ㉠ ~ ㉢을 (나)에 구체화한 내용으로 적절하지 않은 것은?

① **㉠ : 연구 보고서에서 제시한 불량 식품의 개념을 밝힌다.**
(나)의 1문단 '연구 보고서에 따르면, 불량 식품은 ~ 식품을 말한다.'에서 ㉠을 구체화하고 있음을 알 수 있다.

② **㉡ : 불량 식품인 것과 아닌 것을 구분하여 제시한다.**
(나)의 2문단의 '예를 들어, 저렴한 군것질거리는 ~ 유해한 불량 식품이다.'를 통해 ㉡을 구체화하고 있음을 알 수 있다.

✔③ **㉡ : 불량 식품에 대한 인식의 변화를 시기별로 제시한다.**
(나)를 통해 불량 식품에 대한 인식의 변화를 시기별로 제시하는 내용을 찾아볼 수 없으므로, ㉡을 구체화하였다고 할 수 없다.

④ **㉢ : 불량 식품 근절을 위한 제도가 도입된 배경을 제시한다.**
(나)의 3문단의 '학교 주변에서 불량 식품 판매 사례가 발생함에 따라'와 4문단의 '식품 이물에 대한 업체의 소극적 대응에 소비자 불만이 커지면서'를 통해 ㉢을 구체화하고 있음을 알 수 있다.

⑤ **㉢ : 어린이 식품안전보호구역 제도와 이물 보고 의무화 제도를 설명한다.**
(나)의 3문단에서는 어린이 식품안전보호구역 제도를, 4문단에서는 이물 보고 의무화 제도를 설명하고 있으므로 ㉢을 구체화하고 있음을 알 수 있다.

44 조언에 따른 적절한 글쓰기 파악

정답률 74% | 정답 ⑤

다음은 (나)를 읽은 교지 편집부장의 조언이다. 이를 반영하여 [A]를 작성한 내용으로 가장 적절한 것은?

> 식품 산업의 변화와 관련지어 독자가 글의 중심 내용을 아는 것이 어떤 의의가 있는지를 밝히는 마지막 문단이 있어야겠어.

① **소비자가 다양한 식품을 접할 수 있게 되면서 안전한 먹거리에 대한 관심이 높아지고 있다. 건강한 먹거리에 대한 기대가 큰 만큼 불량 식품 근절을 위한 노력이 요구된다.**
식품 산업의 변화와 관련된 내용은 제시되어 있지만, 독자가 글의 중심 내용을 아는 것이 어떤 의미가 있는지를 밝히는 내용은 제시되지 않고 있다.

② **식품 산업이 변화하면서 식품 안전의 사각지대가 발생하고 있다. 허위 광고나 과대광고로 홍보하는 식품의 신고 방법을 알면 불량 식품으로 인한 피해를 예방할 수 있다.**
식품 산업의 변화와 관련된 내용은 제시되어 있지만 '허위 광고나 과대광고로 홍보하는 식품의 신고 방법'은 글의 중심 내용에 해당한다고 볼 수 없다.

③ **어린이 식품안전보호구역과 이물 보고 의무화 제도가 불량 식품 문제를 해결할 수 있음을 아는 것은 중요하다. 이 제도는 앞으로도 불량 식품을 근절하는 역할을 할 것이다.**
독자가 글의 중심 내용을 아는 것이 어떤 의의가 있는지는 밝히고 있지만, 식품 산업의 변화와 관련한 내용은 제시되지 않고 있다.

④ **식품 산업계는 안전한 식품을 원하는 소비자의 요구에 따라 건강한 식재료를 식품에 활용하고 있다. 식품업체는 소비자의 신뢰를 얻을 수 있는 식품 생산에 집중할 전망이다.**
식품 산업의 변화와 관련된 내용은 제시되어 있지만, 독자가 글의 중심 내용을 아는 것이 어떤 의미가 있는지를 밝히는 내용은 제시되어 있지 않다.

✔⑤ **식품 유통 및 판매 방식의 다변화로 다양한 식품이 출시되고 있다. 이 변화에 맞춰 무엇이 불량 식품이고 불량 식품 근절 방안이 무엇인지 아는 것은 우리 건강을 지키는 첫걸음이다.**
'식품 유통 및 ~ 출시되고 있다.'는 식품 산업의 변화에 대한 내용에 해당하고, '이 변화에 맞춰 ~ 건강을 지키는 첫걸음이다.'는 독자가 글의 중심 내용을 아는 것이 어떤 의의가 있는지를 밝히는 내용에 해당하므로, 조언을 반영한 것이라 할 수 있다.

45 자료 활용 방안의 적절성 판단

정답률 66% | 정답 ⑤

〈보기〉는 학생이 (나)를 보완하기 위해 추가로 수집한 자료이다. 자료 활용 방안으로 적절하지 않은 것은? [3점]

〈보 기〉

ㄱ. 통계 자료

ㄱ-1. 어린이 기호 식품 조리·판매 업소의 식품 위생 및 안전 점검 결과

연도	점검 업소(개소)	위반율(%)
2009	325,880	0.19
2010	387,488	0.11
2011	404,222	0.09
2015	378,346	0.05
2016	375,508	0.04
2017	358,589	0.03

자료 출처 : 식품의약품안전처

ㄱ-2. 불량 식품 적발 유형

단위 : 건수

이물 검출	무허가 영업	제품 변질	유통 기한 경과	과대 광고
63,042	37,360	6,761	6,727	4,597

(2007~2016 누적 적발 건수 기준)
자료 출처 : 식품의약품안전처

ㄴ. 신문 기사

A사는 자사 식품을 의약품인 것처럼 허위·과대 광고한 행위가 적발되어 시정 명령을 받았다. 해당 광고는 잘못된 정보로 소비자를 기만하여 소비자의 건강을 해친다는 점에서 문제가 되었다. 또한 이물이 검출된 B 가공식품은 인체에 유해하고 소비자의 불안감을 조성한다는 점에서 신속히 회수되었다.

ㄷ. 전문가 인터뷰

"불량 식품은 식중독, 급성 장염, 유해 물질에 장기간 노출되어 생기는 질병 등 건강상의 문제를 일으킵니다. 특히 어린이에게 더 위험하므로 어린이 식품안전보호구역 제도에 따라 구역 내 업소를 관리하는 전담 관리원은 식품 위생 및 안전을 주기적으로 점검하고, 위반 업소를 개선 시까지 관리합니다. 이러한 전담 관리원의 활동으로 위반 업소의 비율이 감소하고 있습니다."

① **ㄱ-2를 활용하여, 불량 식품의 적발 유형 중 이물 검출의 누적 적발 건수를 식품에서 이물이 검출되는 사례가 가장 많았다는 내용을 구체화하는 자료로 4문단에 추가한다.**
ㄱ-2는 (나)의 4문단에서 '불량 식품 적발 유형 중 이물 검출 사례가 가장 많았는데'를 구체화하는 자료로 활용할 수 있다.

② **ㄴ을 활용하여, 잘못된 정보로 소비자를 기만하여 건강을 해친다는 점을 허위 광고나 과대광고로 판매되는 식품이 소비자에게 유해함을 구체화하는 자료로 2문단에 추가한다.**
ㄴ은 (나)의 2문단에서 허위 광고나 과대광고를 통해 판매되는 식품은 소비자에게 유해한 불량 식품'이라는 내용을 구체화하는 자료로 활용할 수 있다.

③ **ㄷ을 활용하여, 불량 식품이 일으키는 식중독, 급성 장염 등 건강상의 문제를 불량 식품이 건강과 직접적으로 관련되어 있다는 내용을 구체화하는 자료로 1문단에 추가한다.**
ㄷ에서는 불량 식품이 건강상의 문제를 일으킨다는 전문가의 말을 인용하고 있다. 따라서 ㄷ은 (나)의 1문단에서 '불량 식품은 건강과 직접적으로 관련된다.'라는 내용을 구체화하는 자료로 활용할 수 있다.

④ **ㄱ-1과 ㄷ을 활용하여, 전담 관리원이 업소를 점검하고 위반 업소를 개선 시까지 관리하여 위반 업소의 비율이 감소 추세인 점을 제도의 효과를 보여 주는 자료로 3문단에 추가한다.**
ㄱ-1은 어린이 기호 식품 조리·판매 업소의 식품 위생 및 안전 점검 결과에서 '위반율'이 매년 줄어들고 있다는 것을 보여 주고 있으며, ㄷ은 '전담 관리원의 활동으로 위반 업소의 비율이 감소하고 있'다는 전문가의 말을 인용하고 있다. 따라서 ㄱ-1과 ㄷ은 (나)의 3문단에서 '이 제도는 어린이가 위생적이고 안전한 식품을 접하게 하는 효과가 있다.'라는 내용을 뒷받침하는 자료로 활용할 수 있다.

✔⑤ **ㄱ-2와 ㄴ을 활용하여, 소비자의 불안감을 조성하는 이물 검출이 과대광고보다 빈도가 높다는 점을 제도에 대한 소비자 불만이 커진 이유를 보여 주는 자료로 4문단에 추가한다.**
통계 자료인 ㄱ-2를 통해 2007년부터 2016년까지 누적된 불량 식품 적발 건 중 이물 검출 유형의 건수가 가장 많다는 사실을 확인할 수 있고, ㄴ에서는 A사의 허위·과대 광고에 대해 '잘못된 정보로 소비자를 기만하여 소비자의 건강을 해친다는 점'을 지적하고 있다. 그런데 4문단에서는 제도에 대한 소비자 불만이 커진 이유와 관련한 내용을 찾아볼 수 없다. 따라서 ㄱ-2와 ㄴ을 활용하여 제도에 대한 소비자 불만이 커진 이유를 보여 주는 자료로 4문단에 추가하는 방안은 적절하지 않다.

[문제편 p.052]

| 정답과 해설 |

14회 | 2023학년도 9월 모의평가 고3

• 정답 •
35④ 36④ 37③ 38① 39② 40② 41⑤ 42②★ 43① 44⑤ 45②

★ 표기된 문항은 [등급을 가르는 문제]에 해당하는 문항입니다.

35 말하기 방식 파악 정답률 69% | 정답 ④

위 발표자의 말하기 방식으로 가장 적절한 것은?

① **청중에게 친숙한 사례로 개념 간의 차이를 부각하고 있다.**
발표자는 '종자 금고'가 무엇인지 설명하고 있지만, 청중에게 친숙한 사례로 개념 간의 차이를 부각하지는 않고 있다.

② **비언어적 표현을 통해 청중의 행동 변화를 촉구하고 있다.**
2문단의 '(손가락 두 개를 펼쳐 보이며)'를 통해 비언어적 표현이 사용되었음을 알 수 있지만, 이러한 비언어적 표현을 사용하여 청중의 행동 변화를 촉구하지는 않고 있다.

③ **발표 중간중간에 청중의 질문을 받으며 청중과 상호 작용하고 있다.**
1문단과 2문단을 통해 발표자가 청중에게 질문을 던지고 청중의 대답을 듣고 있지만, 청중의 질문을 받는 부분은 찾아볼 수 없다.

✔ **청중과 공유하고 있는 경험을 언급하여 청중의 주의를 환기 하고 있다.**
1문단의 '개똥쑥에서 말라리아 치료 성분을 발견했다는 지난주 특강 내용 기억나시나요?'를 통해, 발표자는 청중과 공유하고 있는 경험을 언급하고 있는데, 이는 청중의 주의를 환기하는 효과가 있으므로 적절하다.

⑤ **발표 내용에 대한 청중의 이해 정도를 확인한 후 이어질 발표의 순서를 안내하고 있다.**
발표 내용에 대한 청중의 이해 정도를 확인한 후, 이어질 발표의 순서를 안내한 부분은 찾아볼 수 없다.

36 자료 활용의 이해 정답률 85% | 정답 ④

다음은 발표자가 보여 준 화면이다. 발표자의 시각 자료 활용에 대한 설명으로 가장 적절한 것은?

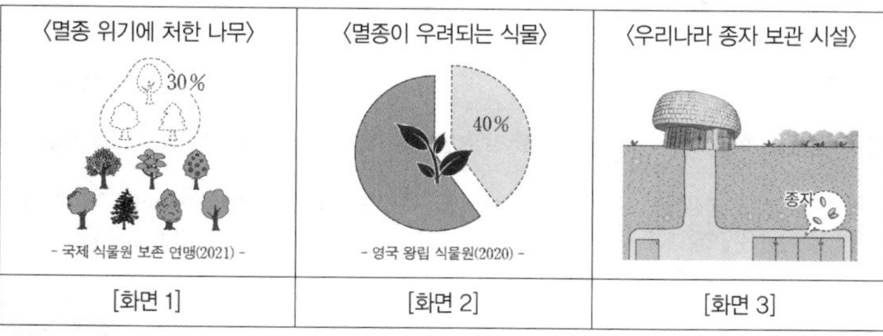

[화면 1] [화면 2] [화면 3]

① **[화면 1]은 매년 나무 종이 얼마나 감소하고 있는지를 보여 주는 자료로 ㉠에 제시하였다.**
[화면 1]은 나무의 경우 30%에 해당하는 종이 멸종 위기임을 보여 주는 자료이다. 이 자료에서 매년 나무 종이 얼마나 감소하고 있는지를 보여 주지는 않고 있다.

② **[화면 1]은 멸종 위기의 나무 종 중에서 종자가 보존되고 있는 종의 비율을 보여 주는 자료로 ㉠에 제시하였다.**
[화면 1]은 〈멸종 위기에 처한 나무〉를 보여 주는 자료이다. 이 자료에서 멸종 위기의 나무 종 중에서 종자가 보존되고 있는 종의 비율을 보여 주지는 않고 있다.

③ **[화면 2]는 전체 멸종 우려 종에서 식물 종이 차지하는 비율을 보여 주는 자료로 ㉡에 제시하였다.**
[화면 2]는 전체 식물 중 40%에 해당하는 종이 멸종 우려 수준임을 보여 주는 자료이다. 이 자료에서 전체 멸종 우려 종에서 식물 종이 차지하는 비율을 보여 주지는 않고 있다.

✔ **[화면 3]은 외부 영향을 최소화하기 위해 종자를 지하에 보관하고 있음을 보여 주는 자료로 ㉢에 제시하였다.**
발표자는 ㉢을 보여 주면서, '화면 속 건물 아래쪽에 보이는 공간이 저장고가 있는 지하의 모습인데, 외부 영향을 최소화하기 위해 지하에 종자를 보관하고 있습니다.'라고 설명하고 있다. 그리고 [화면 3]을 통해 〈우리나라 종자 보관 시설〉 지하에 종자가 보관되어 있음을 알 수 있다. 따라서 [화면 3]은 외부 영향을 최소화하기 위해 종자를 지하에 보관하고 있음을 보여 주는 자료로 ㉢에 제시하였음을 알 수 있다.

⑤ **[화면 3]은 지하 종자 저장고의 위치가 종자의 발아 상태에 따라 달라짐을 보여 주는 자료로 ㉢에 제시하였다.**
[화면 3]은 〈우리나라 종자 보관 시설〉을 보여 주는 자료이다. 하지만 이 자료에서 지하 종자 저장고의 위치가 종자의 발아 상태에 따라 달라짐을 보여 주지는 않고 있다.

37 발표 내용의 이해 및 평가 정답률 95% | 정답 ③

다음은 청자와 발표자가 나눈 질의응답의 일부이다. [A]에 들어갈 청자의 질문으로 적절하지 않은 것은?

> **청자** : 발표 잘 들었습니다. 그런데 듣고 나서 궁금한 점이 생겨 질문합니다.
> [A]
> **발표자** : 그 내용은 발표에 없었네요. 추가로 그 내용에 대해 알려 드릴게요.

① **종자 금고는 현재 두 나라에 있다고 하셨는데, 두 나라의 종자 금고에는 어떤 차이점이 있나요?**
발표자는 종자 금고가 노르웨이와 우리나라에 있다고 하였으나 두 나라의 종자 금고의 차이에 대해서는 언급하지 않았으므로 질문으로 적절하다.

② **기탁받은 종자를 보관하고 있다고 하셨는데, 종자를 기탁받는 절차는 어떻게 되나요?**
발표자는 '우리나라뿐만 아니라 외국의 종자도 기탁받아 4천 종 넘게 보관하고 있'다고 하였으나, 종자를 기탁받는 절차에 대해서는 언급하지 않았으므로 질문으로 적절하다.

✔ **현재 보관 중인 종자 규모를 말씀하셨는데, 종자 금고에는 우리나라 종자만 보관하나요?**
청자와 발표자가 나눈 질의응답의 내용을 보면, 발표자가 '그 내용은 발표에 없었네요. 추가로 그 내용에 대해 알려 드릴게요.'라고 말하고 있으므로 [A]에는 발표자가 발표 중에 언급하지 않은 내용에 대한 청자의 질문이 제시되어야 한다. 이렇게 볼 때, 3문단을 통해 종자 금고에는 우리나라 종자만이 아니라 외국의 종자도 기탁받아 보관 중임을 알 수 있으므로, '현재 보관 중인 종자 규모를 말씀하셨는데, 종자 금고에는 우리나라 종자만 보관하나요?'라는 질문은 적절하지 않다.

④ **적정한 온도를 유지해 종자를 보관한다고 말씀하셨는데, 적정 온도는 어떻게 되나요?**
발표자는 '장기 보관이 가능하도록 적정 온도와 습도를 유지하고 있'다고 하였으나, 적정 온도가 어느 정도인지에 대해서는 언급하지 언급하지 않았으므로 질문으로 적절하다.

⑤ **종자 금고에 보관된 종자는 특수한 상황이 아니면 반출하지 않는다고 하셨는데, 반출했던 경우가 있나요?**
발표자는 '보관된 종자는 특수한 상황이 아니면 반출하지 않'는다고 하였으나, 반출했던 경우에 대해서는 언급하지 않았으므로 질문으로 적절하다.

38 글쓰기 방법 파악 정답률 81% | 정답 ①

(가)에 활용된 글쓰기 방법으로 가장 적절한 것은?

✔ **담화 표지로 문단 간의 연결 관계를 드러낸다.**
(가)의 2문단의 '하지만', 3문단의 '다음으로', 4문단의 '마지막으로', 5문단의 '따라서'와 같은 담화 표지를 사용하고 있는데, 글쓴이는 이러한 담화 표지를 사용하여 문단 간의 연결 관계를 드러내 주고 있다.

② **특정 이론을 활용하여 중심 화제의 개념을 제시한다.**
특정 이론이 활용되거나 중심 화제의 개념을 제시하지는 않고 있다.

③ **다른 나라의 사례와 대조하여 문제 해결의 필요성을 강조한다.**
학교 근처의 '팬 상품' 판매점의 경우와 같이 우리나라의 사례는 제시되어 있으나, 다른 나라의 사례와 대조하여 문제 해결의 필요성을 강조하지는 않고 있다.

④ **예상되는 반론을 제시하고 이를 반박하여 글의 설득력을 높인다.**
예상되는 반론을 제시하거나 이를 반박하지는 않고 있다.

⑤ **중심 화제에 대한 인식을 시기별로 제시하여 인식의 변화 과정을 드러낸다.**
(가)에서 중심 화제에 대한 인식을 시기별로 제시하지는 않고 있다.

39 글쓰기 생성 내용의 반영 여부 판단 정답률 94% | 정답 ②

다음은 (가)를 작성하기 위해 쓴 메모이다. ⓐ~ⓔ가 (가)에 반영된 양상으로 적절하지 않은 것은?

> ○ 팬 상품의 인기 ········ ⓐ
> ○ 팬 상품 소비에서 우려되는 점
> – 충동적 소비 ········ ⓑ
> – 과시적 소비 ········ ⓒ
> – 소외감을 느끼지 않으려고 하는 소비 ········ ⓓ
> ○ 팬 상품 소비의 바람직한 태도 ········ ⓔ

① **ⓐ : 현장을 방문하여 목격한 팬 상품 판매점의 분위기를 제시하였다.**
(가)의 1문단의 '일요일 오후에 방문해 본 우리 학교 근처의 ~ 팬 상품을 사려는 청소년들로 북적였다.'를 통해, 현장을 방문하여 목격한 팬 상품 판매점의 분위기를 제시함으로써 팬 상품의 인기를 드러내고 있음을 알 수 있다.

✔ **ⓑ : 글쓴이 자신의 경험을 근거로 들어 충동적인 팬 상품 소비 태도가 청소년에 미치는 부정적 영향을 제시하였다.**
(가)의 2문단을 통해 글쓴이는 설문 조사 자료를 근거로 들어 청소년이 충동적으로 팬 상품을 소비하는 비율이 높음을 제시하였음을 알 수 있다. 따라서 글쓴이가 자신의 경험을 근거로 들어 충동적인 팬 상품 소비 태도가 청소년에 미치는 부정적 영향을 제시하고 있다는 내용은 적절하지 않다.

③ **ⓒ : 전문가의 견해를 인용하여 팬 상품을 과시적으로 소비하는 행위의 심리적 원인을 제시하였다.**
(가)의 3문단의 '사회학자 유△△ 교수는 ~ 그 원인을 밝혔다.'를 통해, 전문가의 견해를 인용하여 팬 상품을 과시적으로 소비하는 행위의 심리적 원인을 제시하였음을 알 수 있다.

④ **ⓓ : 학생을 인터뷰하여 팬 상품을 소비하는 이유가 소외감과 관련 있음을 제시하였다.**
(가)의 4문단의 '1학년 정○○은 ~ 라며 인터뷰 과정에서 속마음을 드러내었다.'를 통해, 학생을 인터뷰하여 팬 상품을 소비하는 이유가 소외감과 관련됨을 제시하였음을 알 수 있다.

⑤ **ⓔ : 관련 저서를 근거로 들어 청소년들은 합리적이고 주체적인 소비 태도를 갖출 필요가 있음을 제시하였다.**
(가)의 5문단의 '정신과 전문의 박□□의 저서 『청소년의 팬 상품 소비문화』에서 언급하였듯이 ~ 소비 태도를 갖출 필요가 있다.'를 통해, 관련 저서를 근거로 들어 청소년들의 합리적이고 주체적인 소비 태도를 갖출 필요성을 제시하였음을 알 수 있다.

40 발화의 이해 정답률 89% | 정답 ②

다음 자료를 바탕으로 [A]~[E]의 대화 참여자의 발화를 이해한 내용으로 적절하지 않은 것은? [3점]

> **[자료 1]**
> 대화 상황에서 자신의 말이 상대방에게 미칠 영향을 고려하며 상대방을 배려하는 태도를 가져야 한다. 이를 위해 ㉮ 상대방의 부담을 덜어 주기, ㉯ 문제의 원인을 자신의 탓으로 돌리기, ㉰ 상대방의 의견과 일치되는 점을 언급한 후 자신의 의견 제시하기 등을 활용할 수 있다.
>
> **[자료 2]**
> 대화 참여자들이 ㉱ 대화 상황과 관련한 맥락을 공유하는 일은 중요하다. 맥락이 공유되지 않아 ㉲ 대화의 흐름을 이해하지 못한 경우 의사소통에 어려움을 겪을 수 있다.

PART Ⅰ 14회

① [A] : '학생 2'의 발화는 상대방과 의견이 다름을 제시하기 전에 공통되는 의견부터 말하고 있다 는 점에서, ㉯에 해당한다.
[A]의 '학생 2'의 발화인 '나도 그런 긍정적인 면이 있다는 의견에 동의해. 하지만 ~ 더 커 보여.'는 상대방과 의견이 다름을 제시하기 전에 공통되는 의견부터 말하고 있으므로, ㉯에 해당한다.

✔ [B] : '학생 1'의 발화는 상대방이 회의에 늦은 것을 상대방의 탓으로 돌리지 않고 있다는 점에서, ㉯에 해당한다.
[B]의 '학생 1'의 발화인 '괜찮아. 이제 막 시작했어.'는 문제의 원인을 자신의 탓으로 돌리는 것은 아니므로 ㉯라고 할 수 없다. 이 발화는 이는 상대방의 부담을 덜어 주는 발화이므로 ㉮에 해당한다고 할 수 있다.

③ [C] : '학생 3'의 발화는 상대방의 물음에 대한 답변을 하는 대신 되묻고 있다는 점에서, ㉰에 해당한다.
[C]의 '학생 3'의 발화인 '두 관점이라니 무슨 말이야?'는 늦게 대화에 참여하여 대화 맥락을 파악하지 못하여 상대방의 물음에 대한 답변을 하는 대신 되묻고 있으므로, ㉰에 해당한다.

④ [D] : '학생 1'의 발화는 회의에서 논의 중인 내용을 전달하고 있다는 점에서, ㉱에 해당한다.
[D]의 '학생 1'의 발화인 '방금까지 청소년의 팬 상품 소비에 대해 ~ 논의 중이었어.'는 대화 맥락을 파악하지 못한 '학생 3'에게 앞서 논의 중인 내용을 전달하고 있으므로, ㉱에 해당한다.

⑤ [E] : '학생 3'의 발화는 질문의 형식을 활용함으로써 명령형으로 표현했을 때보다 상대방의 부담을 완화한다는 점에서, ㉮에 해당한다.
[E]의 '학생 3'의 발화인 '학생들이~ 볼 수 있게, 괜찮다면 두 관점의 내용을 모두 글에 담아 줄 수 있어?'는 질문의 형식을 활용함으로써 명령형으로 표현했을 때보다 상대방의 부담을 완화하고 있으므로, ㉮에 해당한다.

41 대화 상황을 고려한 생략된 내용 추리
정답률 86% | 정답 ⑤

㉠과 (나)의 대화 상황을 고려할 때, Ⓐ에 들어갈 말로 가장 적절한 것은?

① 설문 조사가 언제 이루어졌는지를 밝히지 않았어.
㉠에서는 '2020년에 실시한'과 같이 설문 조사가 언제 이루어졌는지를 밝히고 있다.

② 설문 조사 자료를 인용하고 있음을 밝히지 않았어.
㉠에서는 '설문 조사에 따르면'과 같이 설문 조사 자료를 인용하고 있음을 밝히고 있다.

③ 설문 조사의 응답 결과를 순위대로 밝히지 않았어.
㉠에서 설문 조사의 응답 결과를 순위대로 밝히지 않았지만 이는 설문 조사 자료의 신뢰도와는 관련이 없다.

④ 설문 조사의 결과가 시사하는 점을 밝히지 않았어.
㉠에서 설문 조사의 결과가 시사하는 점을 밝히지 않았지만 이는 설문 조사 자료의 신뢰도와는 관련이 없다.

✔ 설문 조사를 한 주체와 응답 대상을 밝히지 않았어.
(나)의 대화 상황을 통해 설문 조사 자료를 인용할 때 빠뜨린 부분이 있을 경우 설문 조사 자료의 내용을 믿기 어려움을 알 수 있다. 그리고 ㉠에는 설문 조사를 한 주체와 응답 대상이 밝혀져 있지 않아 설문 조사 자료의 내용을 믿기 어려움을 확인할 수 있다. 따라서 Ⓐ에는 설문 조사를 한 주체와 응답 대상을 밝히지 않았다는 내용이 들어가야 한다.

★★★ 등급을 가르는 문제!

42 고쳐쓰기 방안의 적절성 판단
정답률 51% | 정답 ②

(나)의 논의 내용을 반영하여, (가)를 고쳐 쓰기 위한 방안으로 가장 적절한 것은?

제목	ㅇ '청소년의 팬 상품 소비 문제점과 해결 방안'으로 교체한다. ········· ①
처음	ㅇ 2014년도 국내 팬 상품 시장 규모에 관한 정보를 추가한다. ········· ②
중간	ㅇ '일회성 소비'를 '과시적 소비'로 교체한다. ········· ③ ㅇ 팬 상품 소비가 과소비로 이어진다는 내용을 추가한다. ········· ④
끝	ㅇ 마지막 문장의 내용은 기업의 사회적 책임에 관한 내용으로 교체한다. ········· ⑤

① '청소년의 팬 상품 소비 문제점과 해결 방안'으로 교체한다.
(나)에서 '학생 2', '학생 1'의 각각 여섯 번째 발화를 보면, (가)의 제목을 팬 상품 소비의 긍정적인 면에 대한 내용이 드러나도록 수정해야 함을 알 수 있다. 따라서 제목을 '청소년의 팬 상품 소비 문제점과 해결 방안'으로 교체한다는 내용은 적절하지 않다.

✔ 2014년도 국내 팬 상품 시장 규모에 관한 정보를 추가한다.
(가)의 1문단의 '국내 팬 상품 시장의 ~ 확대되었다.'와 (나)의 '학생 1' 열 번째 발화인 '팬 상품 시장의 규모가 확대되었음을 강조하려면 ~ 시장의 규모를 밝혀야 할 것 같아.'를 통해, (가)의 처음에 2014년도 국내 팬 상품 시장 규모에 관한 정보를 추가해야 함을 알 수 있다.

③ '일회성 소비'를 '과시적 소비'로 교체한다.
(나)에서 '학생 3'의 네 번째 발화를 보면, '일회성 소비'를 '충동적 소비'로 교체해야 함을 알 수 있다. 따라서 '일회성 소비'를 '과시적 소비'로 교체한다는 내용은 적절하지 않다.

④ 팬 상품 소비가 과소비로 이어진다는 내용을 추가한다.
(나)에서 '학생 2'의 여섯 번째 발화에서, 팬 상품 소비의 긍정적인 면에 대한 내용을 추가할 필요성을 알 수 있지만, (나)에서 팬 상품 소비가 과소비로 이어진다는 내용을 추가하겠다는 논의는 진행되지 않고 있다. 따라서 팬 상품 소비가 과소비로 이어진다는 내용을 추가한다는 진술은 적절하지 않다.

⑤ 마지막 문장의 내용은 기업의 사회적 책임에 관한 내용으로 교체한다.
(가)의 5문단의 마지막 문장과 (나)에서 '학생 3'의 다섯 번째 발화를 연결하여 보면, 마지막 문단에 글의 초점에서 벗어나는 내용이 있어 삭제해야 함을 알 수 있다. 따라서 마지막 문장의 내용을 기업의 사회적 책임에 관한 내용으로 교체한다는 진술은 적절하지 않다.

★★ 문제 해결 꿀~팁 ★★

▶ 많이 틀린 이유는?
이 문제는 (나)의 내용을 정확하게 이해하지 못해 오답률이 높았던 것으로 보인다. 또한 문제가 다소 복잡하게 보인 것도 오답률을 높인 것으로 보인다.
▶ 문제 해결 방법은?
이 문제를 해결하기 위해서는 기본적으로 어떻게 접근할지를 잘 설정해야 한다. 즉, 선택지에 제시된 내용을 먼저 확인한 다음 이와 관련하여 (나)에서 어떤 논의가 있었는지를 파악해야 한다. 마지막으로 (가)를 바탕으로 선택지의 적절성을 판단해야 한다. 가령 정답인 ②의 경우, 선택지에서 '팬 상품 시장 규모에 관한 정보를 추가'한다는 내용과 관련된 내용이 (나)의 '학생 1'의 열 번째 발화와 관련 있음을 파악해야 한다. 그리고 (가)의 처음에 2014년도 국내 팬 상품 시장 규모에 관한 정보가 없음을 파악하게 되면 적절함을 알았을 것이다. 마찬가지로 오답률이 높았던 ③의 경우에도 (나)에서 '학생 3'의 네 번째 발화에서 '일회성 소비'를 '충동적 소비'로 교체해야 한다는 내용만 파악했으면 적절하지 않았음을 바로 알 수 있었을 것이다. 모든 국어 영역의 문제는 이 문제처럼 문제자의 출제 의도가 무엇인지 정확히 파악하고 이에 따라 문제 해결 순서에 따라 문제를 풀면 문제를 해결할 수 있으므로, 항상 출제자의 의도가 무엇인지 생각하며 문제에 접근할 수 있도록 한다.

43 정보 전달 글쓰기 내용 이해 및 평가
정답률 95% | 정답 ①

(가)의 ㉠ ~ ㉢을 (나)에 구체화한 내용으로 적절하지 않은 것은?

✔ ㉠ : 체육 대회라는 이름에 대한 학생들의 부정적인 반응을 제시한다.
(나)의 1문단을 통해 체육 대회라는 이름에 대한 학생들의 부정적 반응은 나타나 있지 않으므로 적절하지 않다. (나)의 1문단을 통해 공모전을 하는 이유가 올해부터 바뀌는 체육 대회의 특징이 잘 드러나는 이름이 필요하기 때문임을 알 수 있다.

② ㉠ : 올해부터 바뀌는 체육 대회의 특징이 잘 드러나는 새로운 이름이 필요함을 언급한다.
(나)의 1문단에서 공모전을 하는 이유가 올해부터 바뀌는 체육 대회의 특징이 잘 드러나는 이름이 필요하기 때문이라고 제시하고 있다.

③ ㉡ : 이름 짓기를 통해 이미지를 개선한 '보조개 사과'의 사례를 제시한다.
(나)의 2문단에서 이름 짓기를 통해 이미지를 개선한 '보조개 사과'의 사례를 제시하여 이름 짓기의 효과를 구체화하고 있다.

④ ㉡ : '임산부 배려석'이라는 이름이 주는 효과를 '임산부 양보석'과 비교하여 제시한다.
(나)의 3문단에서 '임산부 배려석'이라는 이름이 주는 효과를 '임산부 양보석'과 비교하여 이름 짓기를 잘하면 사람들의 참여 동기를 이끌어낼 수 있음을 밝힘으로써, 이름 짓기의 효과를 구체화하고 있다.

⑤ ㉢ : 이름 짓기를 할 때 사람들이 기분 좋게 수용할 수 있는 표현을 사용해야 함을 언급한다.
(나)의 4문단의 마지막 문장에서 이름 짓기를 할 때 사람들이 기분 좋게 수용할 수 있는 표현을 사용해야 함을 밝힘으로써, 이름 짓기의 방법을 구체화하고 있다.

44 정보 전달 글쓰기 내용의 생성
정답률 92% | 정답 ⑤

다음은 (나)를 읽은 학생회장의 조언이다. 이를 반영하여 추가할 마지막 문단의 내용으로 가장 적절한 것은?

> **학생회장** : 많은 학생들이 공모전에 참여할 수 있도록, 이름 짓기는 학생들에게 어려운 일이 아님을 밝혀 주면 좋겠어. 또한 2문단에서 언급한 효과와 관련하여 공모전 참여를 권유하면서 마무리하면 좋을 것 같아.

① 이름 짓기는 누구나 어렵지 않게 도전할 수 있는 일이다. 다만 이름을 지을 때 사람들이 이해하기 쉬운 표현을 사용해야 함을 유의하도록 한다.
이름 짓기가 학생들에게 어려운 일이 아님은 밝히고 있으나, 2문단에서 언급한 이름 짓기 효과가 아닌 이름 짓기의 방법을 제시하고 있다.

② 이름 짓기는 지식과 경험이 풍부한 사람만이 할 수 있는 일은 아니다. 원활한 의사소통을 위해 이름 짓기의 효과를 이해하고 그 방법을 활용해 보자.
이름 짓기가 학생들에게 어려운 일이 아님은 밝히고 있으나, 2문단에서 언급한 이름 짓기 효과와 관련되지 않은 원활한 의사소통의 필요성을 제시하고 있다.

③ 지나치게 생소한 이름은 사람들에게 수용되지 않을 수 있다. 새로운 체육 대회의 긍정적 이미지를 느낄 수 있는 이름을 지어 이번 공모전에 참여하면 좋지 않을까?
2문단의 이름 짓기 효과와 관련하여 공모전 참여를 권유하면서 마무리하고 있지만, 이름 짓기가 학생들에게 어려운 일이 아님을 밝히지 않고 있다.

④ 이름 짓기는 대상을 새롭게 바라보게 한다. 올해 새롭게 바뀔 체육 대회에 어울리는 참신한 이름이 지어진다면 체육 대회에 많은 학생들이 적극적으로 참여할 것이다.
이름 짓기가 학생들에게 어려운 일이 아님을 밝히지 않았으며, 2문단에서 언급한 이름 짓기 효과와 관련되지 않은, 새로운 체육 대회의 이름이 가져다줄 효과에 대해 제시하고 있다.

✔ 이름 짓기는 학생들도 충분히 할 수 있다. 새로운 체육 대회는 누구나 즐길 수 있다는 긍정적인 인식을 갖게 하는 좋은 이름을 지어 공모전에 도전해 보는 것은 어떨까?
'학생회장'의 말을 통해 '이름짓기가 어려운 일이 아님을 밝히는 것'과 '2문단에서 언급한 효과와 관련하여 공모전 참여 권유'가 주된 조언임을 알 수 있다. 이를 잘 반영한 것은 ⑤로, ⑤의 '이름 짓기를 학생들도 충분히 할 수 있다.'는 이름 짓기가 학생들에게 어려운 일이 아님을 밝힌 것이라 할 수 있다. 그리고 '새로운 체육 대회는 ~ 공모전에 도전해 보는 것은 어떨까?'는 대상에 대한 긍정적인 이미지를 갖게 할 수 있다는 2문단의 이름 짓기 효과와 관련하여 공모전 참여를 권유하는 것이라 할 수 있다.

45 정보 전달 글쓰기 자료, 매체의 활용
정답률 88% | 정답 ②

<보기>는 (나)를 보완하기 위해 추가로 수집한 자료이다. 자료 활용 방안으로 적절하지 않은 것은? [3점]

<보 기>

[자료 1] 학생의 설문 조사 자료

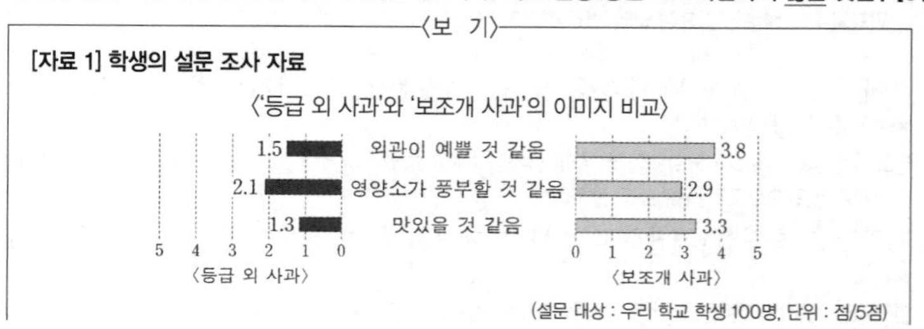

(설문 대상 : 우리 학교 학생 100명, 단위 : 점/5점)

[문제편 p.055]

[자료 2] 보고서 자료

〈이름 짓기의 사례〉

구분 \ 이름	대한민국 구석구석	G4C
목적	국내 관광 활성화 캠페인 홍보	각종 정부 민원을 24시간 처리하는 누리집 홍보
의미	국내 구석구석에 가 볼 만한 장소가 많음.	시민을 위한 정부 (Government for Citizen)
결과	국내 관광에 대한 인식을 개선하여 관광객이 증가하는 데 기여함.	이름이 대상의 특성을 잘 드러내지 못하고 지나치게 생소해 의미 파악이 어렵다는 지적에 '민원24'로 바꾸자 인지도가 향상됨.

① **[자료 1] : '등급 외 사과'보다 '보조개 사과'가 외관과 맛 항목의 점수가 높다는 점을, 이름 짓기가 대상에 대한 인식을 변화 시켰다는 근거로 2문단에 활용해야겠어.**
[자료 1]을 보면, '등급 외 사과'보다 '보조개 사과'가 외관과 맛 항목에서 모두 점수가 높음을 알 수 있다. 이는 이름 짓기가 대상에 대한 인식을 변화시켰음을 보여 주는 근거에 해당하므로, 대상에 대한 인식 변화와 관련된 2문단에 활용할 수 있다.

✔② **[자료 1] : '보조개 사과'와 '등급 외 사과'의 영양소 항목에서 점수 차이가 가장 작다는 점을, 이름 짓기가 대상에 대한 긍정적 이미지를 갖게 할 수 있다는 근거로 2문단에 활용해야겠어.**
[자료 1]을 보면, '보조개 사과'와 '등급 외 사과'의 영양소 항목에서 점수 차이는 0.8로 다른 항목에 비해 가장 작게 나타났음을 알 수 있다. 하지만 이러한 결과만으로 이름 짓기가 대상에 대한 긍정적 이미지를 갖게 할 수 있다는 근거가 될 수는 없으므로 자료 활용 방안으로 적절하지 않다.

③ **[자료 2] : '대한민국 구석구석'이라는 이름이 관광객의 증가에 기여했다는 점을, 잘 지어진 이름이 참여 동기를 이끌어 낼 수 있다는 또 다른 사례로 3문단에 활용해야겠어.**
[자료 2]를 보면, '대한민국 구석구석'이라는 이름이 국내 관광에 대한 인식을 개선하여 관광객이 증가하는 데 기여하였음을 알 수 있다. 이는 잘 지어진 이름이 참여 동기를 이끌어 낼 수 있다는 사례에 해당하므로, 참여 동기와 관련된 3문단에 또 다른 사례로 활용할 수 있다.

④ **[자료 2] : 'G4C'라는 이름의 의미를 파악하기 어렵다는 점을, 이름이 지나치게 생소하여 사람들에게 받아들여지지 않은 사례로 4문단에 활용해야겠어.**
[자료 2]를 보면, 'G4C'라는 이름은 지나치게 생소해 의미 파악이 어렵다는 지적에 '민원24'로 이름을 바꾸자 인지도가 향상되었음을 알 수 있다. 이는 지나치게 생소하여 사람들에게 받아들여지지 않은 사례에 해당하므로, 이름 짓기의 방법과 관련된 4문단에 활용될 수 있다.

⑤ **[자료 2] : '민원24'라는 이름이 누리집의 인지도를 향상했다는 점을, 대상의 특성을 잘 드러내면서 이해하기 쉽게 이름을 짓는 것이 중요함을 보여 주는 사례로 4문단에 활용해야겠어.**
[자료 2]를 보면, '민원24'라는 이름은, 대상의 특성을 잘 드러내지 못하고 지나치게 생소해 의미 파악이 어려운 'G4C'라는 이름과 달리, 누리집의 인지도를 향상하였음을 알 수 있다. 이는 대상의 특성을 잘 드러내면서 이해하기 쉽게 이름을 짓는 것이 중요함을 보여 주는 사례에 해당하므로, 이름 짓기의 방법과 관련된 4문단에 활용될 수 있다.

15회 | 2022학년도 9월 모의평가 고3

• 정답 •
35① 36④ 37② 38③ 39② 40③ 41⑤ 42⑤ 43① ★44④ 45④

★ 표기된 문항은 [등급을 가르는 문제]에 해당하는 문항입니다.

35 말하기 방식 파악
정답률 94% | 정답 ①

위 방송 진행자의 말하기 방식에 대한 설명으로 가장 적절한 것은?

✔① **질문의 형식을 활용하여 청취자에게 실천을 권유하고 있다.**
5문단의 '여러분도 한번 시도해 보시겠어요?'를 통해, 방송 진행자가 질문하는 형식을 활용하여 청취자에게 실천을 권유하고 있음을 확인할 수 있다.

② **견해의 근거가 되는 출처를 언급하여 청취자가 신뢰감을 갖게 하고 있다.**
3문단의 '다른 사람에게 자신에 대한 정보를 알리는 걸 자기표현이라고 해요.'를 통해, 방송 진행자의 견해의 근거를 확인할 수 있지만 이러한 견해의 근거가 되는 출처는 언급하지 않고 있다.

③ **감사 표현을 반복적으로 사용하여 청취자에게 정중한 태도를 드러내고 있다.**
5문단의 '오늘 방송 들어 주셔서 감사합니다.'를 통해 방송 진행자가 감사 표현을 사용하고 있음을 알 수 있지만, 이를 반복적으로 사용하지는 않고 있다.

④ **스스로 묻고 답하는 방식으로 개념을 설명하여 청취자의 이해를 돕고 있다.**
4문단에서 권유하는 말을 'OO 님, 이렇게 한번 해 보는 건 어떨까요?'라고 질문하는 형식으로 제시하고 '친해지고 싶은 친구들과 ~ 가치관까지 이야기하고요.'라고 권유하는 내용을 말하고 있지만, 스스로 묻고 답하는 방식으로 특정 개념을 설명하지는 않고 있다.

⑤ **중심 화제를 다양한 일상적 소재에 비유하여 청취자에게 친숙한 느낌을 주고 있다.**
중심 화제인 '자기표현'을 다양한 일상적 소재에 비유한 내용은 제시하지 않고 있다.

36 방송 진행 계획의 반영 여부 판단
정답률 88% | 정답 ④

다음은 진행자가 방송 진행을 위한 계획을 메모한 것이다. 위 방송에 반영되지 않은 것은?

• 도입부
– 청취자의 사연을 읽고 문제 해결을 돕는 방식으로 방송을 진행할 것임을 소개 ············ ①
• 중심부
– 사연을 읽고, 사연 속 상황으로 인해 사연 신청자가 느꼈을 감정을 언급 ······················ ②
– 사연 속 문제 상황의 원인을 밝히고, 사연 신청자의 문제 해결을 위해 조언 ················ ③
– 대화할 때 활용할 수 있는 화제의 예를 제시하고, 각각의 예를 활용한 발화 내용을 구성하여 소개 ······ ④
• 마무리
– 방송 내용에 관해 청취자가 자신의 생각을 남길 수 있는 방법을 안내 ························ ⑤

① **청취자의 사연을 읽고 문제 해결을 돕는 방식으로 방송을 진행할 것임을 소개**
1문단의 '오늘은 청취자께서 보내 주신 사연을 듣고 해결을 도와 드리는 시간을 가질 텐데요.'를 통해, 방송 진행자의 계획이 방송에 반영되었음을 알 수 있다.

② **사연을 읽고, 사연 속 상황으로 인해 사연 신청자가 느꼈을 감정을 언급**
1문단의 '이제 읽어 볼게요.'와 2문단 내용을 통해 사연을 읽겠다는 진행자의 방송 계획이 반영되었음을 알 수 있다. 그리고 3문단의 'OO 님, 친구들과 더 가깝게 지내고 싶은 마음이 통하지 않아 많이 속상했겠어요.'를 통해 사연 속 상황으로 인해 사연 신청자가 느꼈을 감정을 언급하겠다는 진행자의 방송 계획이 반영되었음을 알 수 있다.

③ **사연 속 문제 상황의 원인을 밝히고, 사연 신청자의 문제 해결을 위해 조언**
3문단의 '친밀감이 형성되기 전에 자신의 고민과 같은 민감한 정보까지 드러내는 것은 상대방이 부담을 느끼고 거리를 두는 원인이 돼요.'를 통해 진행자의 계획이 방송에 반영되었음을 알 수 있다. 그리고 3문단의 '자기표현의 정도와 속도를 적절하게 조절할 필요가 있어요.'와 4문단의 내용을 통해 사연 신청자의 문제 해결을 위해 조언하겠다는 진행자의 계획이 방송에 반영되었음을 알 수 있다.

✔④ **대화할 때 활용할 수 있는 화제의 예를 제시하고, 각각의 예를 활용한 발화 내용을 구성하여 소개**
4문단의 '친해지고 싶은 친구들과 처음에는 날씨, 텔레비전 프로그램 정도의 가벼운 화제로 대화를 시작하는 거예요.'를 통해, 대화할 때 활용할 수 있는 화제의 예를 제시하고 있음을 알 수 있다. 하지만 각각의 예를 활용한 발화 내용을 구성하여 소개하지는 않고 있다.

⑤ **방송 내용에 관해 청취자가 자신의 생각을 남길 수 있는 방법을 안내**
5문단의 '방송을 듣고 여러분이 조언하고 싶은 말이나 소감을 청취자 게시판에 글로 남겨 주시면 좋겠어요.'를 통해 방송 진행자의 계획이 방송에 반영되었음을 알 수 있다.

37 듣기 반응에 대한 이해의 적절성 평가
정답률 92% | 정답 ②

〈보기〉는 위 방송의 게시판에 청취자가 남긴 글이다. 방송 내용을 고려할 때, 〈보기〉에서 확인되는 청취자의 듣기 반응에 대한 이해로 적절하지 않은 것은?

〈보 기〉

안녕하세요, 진행자님. 방송 정말 잘 들었어요. 저도 사연을 들으면서, 친구가 친해지기도 전에 갑자기 고민을 이야기해서 당황했던 기억이 떠올랐어요. 저도 다른 사람들에게 말하지 못했던 이야기를 그 친구와 공유해야 할 것 같은 의무감을 느껴서 부담이 됐었거든요. 대화할 때 상대방과의 친밀감을 고려해야 한다는 진행자님의 말씀을 들으면서 앞으로 제가 대화할 때에도 그렇게 하는 것이 도움이 되겠다고 생각했어요. 그래서 저도 OO 님께 자신을 드러내는 정도를 조절하면서 대화하는 건 정말 중요하다는 걸 꼭 말씀드리고 싶어요.

① **자기표현과 관련된 사례를 언급한 내용을 보니 자신의 경험을 떠올리며 들었다.**
〈보기〉의 '친구가 친해지기도 전에 갑자기 고민을 이야기해서 당황했던 기억이 떠올랐어요.'를 통해, 청취자가 자신의 경험을 떠올리며 들었음을 알 수 있다.

✔ 의무감을 느꼈다고 언급한 내용을 보니 자신의 고민을 나누어야 친밀감이 형성될 수 있다는 진행자의 말에 공감하며 들었다.
〈보기〉의 '저도 다른 사람들에게 말하지 못했던 이야기를 그 친구와 공유해야 할 것 같은 의무감을 느껴서 부담이 됐었거든요.'를 통해, 게시판에 글을 남긴 청취자도 친해지기도 전에 자신의 고민을 이야기하는 친구에게 고민을 공유해야 할 것 같은 의무감을 느꼈다는 내용을 확인할 수 있다. 그런데 방송에서 진행자는 자신의 고민을 나누어야 친밀감이 형성될 수 있다고 생각하기보다는 자기표현의 정도와 속도를 적절하게 조절해 친밀감이 형성된 후에 자기의 고민을 말하기를 권유하고 있으므로 적절한 이해라 할 수 없다.

③ 대화할 때 고려할 점에 대해 언급한 내용을 보니 진행자의 조언을 올바르게 이해하며 들었다.
〈보기〉의 '대화할 때 상대방과의 친밀감을 고려해야 한다는 진행자님의 말씀을 들으면서 앞으로 제가 대화할 때에도 그렇게 하는 것이 도움이 되겠다고 생각했어요.'를 통해, 청취자가 진행자의 조언을 올바르게 이해하며 들었음을 알 수 있다.

④ 방송에서 들은 조언을 자신에게 적용할 것을 언급한 내용을 보니 방송에서 얻은 정보의 유용성을 생각하며 들었다.
〈보기〉의 '앞으로 제가 대화할 때에도 그렇게 하는 것이 도움이 되겠다고 생각했어요.'를 통해, 청취자가 방송에서 얻은 정보의 유용성을 생각하며 들었음을 알 수 있다.

⑤ 사연 신청자에게 조언하는 내용을 보니 자기표현을 조절하는 대화에 관한 진행자의 의견에 동의하며 들었다.
〈보기〉의 '저도 ○○ 님께 자신을 드러내는 정도를 조절하면서 대화하는 건 정말 중요하다는 걸 꼭 말씀드리고 싶어요.'를 통해, 청취자가 사연 신청자에게 조언하고 있음을 알 수 있다. 이는 3문단에서 자기표현을 조절하는 대화에 관해 '자기표현의 정도와 속도를 적절하게 조절할 필요가 있어요.'라고 말한 진행자의 의견과 일치하는 것이라 할 수 있다. 따라서 청취자는 자기표현을 조절하는 대화에 관한 진행자의 의견에 동의하며 들었음을 알 수 있다.

38 글쓰기 계획 반영 여부 판단

정답률 83% | 정답 ③

(가)를 쓰기 위해 세운 글쓰기 계획 중 글에 반영되지 않은 것은?

① 실시 예정인 주민 의견 수렴의 목적과 참여 방법을 함께 밝혀야겠군.
1문단의 '이번 의견 수렴은 ~ '시민 게시판'에 참여할 수 있다.'를 통해 글쓰기 계획이 글에 반영되었음을 알 수 있다.

② Y동과 Z동 주민들이 인근 지역 주민들과 주민 복지 센터를 함께 사용하고 있는 상황을 제시해야겠군.
2문단의 '지금까지 Y동과 Z동은 ~ 함께 이용해 왔다.'를 통해 글쓰기 계획이 글에 반영되었음을 알 수 있다.

✔ 건립 부지의 적절성을 평가할 때 주민 참여가 필요하다는 의견 때문에 첫 협상이 개최되었음을 제시해야겠군.
3문단의 '건립을 추진하면서 ~ 첫 협상의 자리를 가졌고'를 통해, 첫 협상이 개최된 이유가 Y동과 Z동의 부지 중 어느 곳이 더 주민 복지 센터 건립 부지로 적절한지에 대해 주민들 간에 의견 차이가 발생했기 때문임을 알 수 있다. 따라서 주민 참여가 필요하다는 의견 때문에 첫 협상이 개최되었음을 제시해야겠다는 계획은 반영되지 않았음을 알 수 있다.

④ 첫 협상의 결과를 이끌어 내면서 고려한 부지 선정의 기준이 무엇인지 제시해야겠군.
3문단의 '부지의 면적, 인구 규모를 고려하여 Z동 부지에 새 주민 복지 센터를 건립하기로 결정했다.'를 통해 글쓰기 계획이 글에 반영되었음을 알 수 있다.

⑤ 새로 건립될 주민 복지 센터의 공간 활용에 대한 계획을 언급 [A] 하며 후속 협상이 개최될 경우에 다룰 주제를 밝혀야겠군.
4문단의 '시는 3층 규모의 ~ 구성할 예정이다.'를 통해, 새로 건립될 주민 복지 센터의 공간 활용에 대한 글쓰기 계획이 반영되었음을 알 수 있다. 그리고 '두 동의 의견 수렴 결과가 ~ 두 동 대표에게 전달된다.'를 통해 후속 협상이 개최될 경우에 다룰 주제를 밝혀야겠다는 글쓰기 계획이 글에 반영되었음을 알 수 있다.

39 정보 전달 글쓰기의 내용 조직

정답률 94% | 정답 ②

(가)를 작성할 때 활용한 내용 조직 방법으로 가장 적절한 것은?

① 1문단에서는 시청에서 주민 복지 센터 건립을 위해 수행하는 여러 업무를 유형에 따라 분류한다.
1문단에서 주민 복지 센터 건립을 위해 시에서 수행하는 주민 대상 의견 수렴 업무를 소개하고 그 방법을 언급하고 있지만, 이를 유형에 따라 분류하지는 않고 있다.

✔ 2문단에서는 시청에서 주민 복지 센터 신설을 추진하게 된 이유를 나열한다.
2문단의 'Y동과 Z동은 다른 동들에 비해 기존의 주민 복지 센터와의 거리가 멀어서 이용에 어려움이 있었다.', '두 동의 인구 증가로 현재의 주민 복지 센터로는 이용량을 감당하기 힘든 실정이다.', '기존 주민 복지 센터를 확장하는 것이 불가능한 상황이다.'를 통해, 시청에서 주민 복지 센터 신설을 추진하게 된 이유를 나열하고 있음을 알 수 있다.

③ 2문단에서는 Y동 주민들이 겪는 문제를 Z동 주민들이 겪는 문제와 대조한다.
2문단에서 Y동과 Z동의 주민들이 겪는 문제를 언급하고 있지만 이를 서로 대조하지는 않고 있다.

④ 3문단에서는 주민 복지 센터 건립을 추진하는 과정에서 발생할 수 있는 문제점을 분석한다.
3문단에서 주민 복지 센터 건립을 추진하는 과정에서 발생할 수 있는 문제점을 분석하지는 않고 있다.

⑤ 4문단에서는 다양한 시설들을 설치가 완료된 순서대로 제시 한다.
4문단에서 주민 복지 센터를 구성할 다양한 시설들을 언급하고 있지만, 이를 설치가 완료된 순서대로 제시하지는 않고 있다.

40 협상 내용의 이해 및 평가

정답률 77% | 정답 ③

(가)와 (나)의 맥락을 고려할 때, (가)를 읽고 (나)를 참관한 주민이 [A]에 보인 반응 중 적절하지 않은 것은?

① 시청 담당자의 말을 들으니, 소식지에서의 첫 협상과 같이 후속 협상에도 양측 동 대표가 참석하였군.
[A]의 시청 담당자의 '첫 협상에 이어 후속 협상에도 참여해 주신 Y동 대표님과 Z동 대표님'을 통해, 소식지에서의 첫 협상과 같이 후속 협상에도 양측 동 대표가 참석하였음을 알 수 있다.

② Y동 대표의 말을 들으니, 소식지에 안내된 의견 수렴에 대하여 Y동의 결과가 언급되었군.
(가)의 4문단의 '의견 수렴 결과는 두 동 대표에게 전달된다.'와 [A]에서 Y동 대표의 '시청의 선호도 조사에서도 우리 동 주민들의 1순위는 도서관이었습니다.'를 통해, 소식지에 안내된 의견 수렴에 대하여 Y동의 결과가 언급되었음을 알 수 있다.

✔ Y동 대표의 말을 들으니, 소식지에서 소개한 주민 복지 센터 건립 위치는 Z동의 중장년층 인구 비율을 고려하여 결정되었군.
[A]에서 Y동 대표는 주민 복지 센터의 건립 부지를 Z동의 부지로 결정할 때 고려한 사안에 대해 언급하지 않고 있다. 또한 (가)에서 부지의 면적과 인구 규모를 고려하여 Z동 부지에 주민 복지 센터를 건립하기로 결정하였음을 확인할 수 있을 뿐, Z동의 중장년층 인구 비율을 고려하여 이를 결정하였다는 정보는 Y동 대표의 발화에서 확인할 수 없다.

④ Z동 대표의 말을 들으니, 소식지에서 소개한 공간 활용 방안 중에 도서관 설치를 선호하는 주민들이 Z동에도 있었군.
(가)의 4문단의 '도서관, 주민 영화관, 체육 시설 중 주민 선호도를 파악하여 활용 방안을 결정한다.'와 [A]에서 Z동 대표의 '우리 동에서도 도서관을 선호하는 의견은 있었습니다.'를 통해, 소식지에서 소개한 공간 활용 방안 중에 도서관 설치를 선호하는 주민들이 Z동에도 있었음을 알 수 있다.

⑤ Z동 대표의 말을 들으니, 소식지에 언급된 신설 버스 노선에 대하여 조정 방안이 제시되었군.
(가)의 3문단의 '새 주민 복지 센터로 연결되는 버스 노선을 신설하기로 했다.'와 [A]에서 Z동 대표의 '주민 복지 센터로 연결되는 신설 버스 노선이 체육 시설에도 연결되도록 조정하는 추가 조치도 있어야 합니다.'를 통해, 소식지에 언급된 신설 버스 노선에 대하여 조정 방안이 제시되었음을 알 수 있다.

41 협상 표현 전략 사용

정답률 92% | 정답 ⑤

협상 진행 과정을 고려할 때, ㉠, ㉡에 대한 설명으로 가장 적절한 것은? [3점]

① ㉠은 도서관 설치와 관련해 양보할 수 있는 범위를 제시하여 상대의 제안과 절충을 시도하는 발화이다.
㉠은 도서관 설치와 관련해 양보할 수 있는 범위를 제시하고 있지 않으므로 적절하지 않다.

② ㉠은 체육 시설에 대한 상대의 제안을 일부 수용하여 자신의 제안을 조정함으로써 상대의 양보를 이끌어 내는 발화이다.
㉠은 체육 시설에 대한 상대의 제안을 일부 수용하고 있지 않으므로 적절하지 않다.

③ ㉡은 체육 시설 설치가 실현 가능성이 낮음을 들어 자신의 이익을 극대화하는 발화이다.
㉡은 체육 시설 설치가 실현 가능성이 낮음을 언급하고 있지 않으므로 적절하지 않다.

④ ㉡은 체육 시설 이용에 대한 상대의 요구 사항을 언급하며 자신이 양보 가능한 범위를 제시하는 발화이다.
㉡은 체육 시설 이용에 대한 상대의 요구 사항을 언급하고 있지 않으므로 적절하지 않다.

✔ ㉡은 체육 시설 이용 시 예상되는 상대의 이익과 자신의 부담을 언급하며 추가적인 요구 사항을 제시하는 발화이다.
㉡에서 Z동 대표는 'Y동 입장에서는 이용자 증가로 더 큰 수익을 얻을 수 있'다며 체육 시설 이용 시 예상되는 Y동의 이익을 언급하면서, '우리 동 주민들은 체육 시설 이용에 대한 부담이 더 커질 것'이라며 Y동의 체육 시설 이용 시 예상되는 Z동의 부담을 언급하고 있다. 그리고 '요금에 대한 부담을 낮춰 주십시오.'라고 Y동의 체육 시설 이용과 관련한 추가적인 요구 사항을 제시하고 있다.

42 정보 전달 글쓰기 내용 생성

정답률 82% | 정답 ⑤

〈보기〉는 (나)의 협상을 취재한 기자가 쓴 기사이다. 〈보기〉를 작성할 때 고려한 내용으로 적절하지 않은 것은?

〈보 기〉

Y동과 Z동의 주민 대표는 신설될 주민 복지 센터에 도서관을 설치하기로 합의했다. 신설 센터의 공간 활용에 대한 두 동의 의견 차이를 조정하기 위한 협상이 지난달 30일 오후 2시에 시청 회의실에서 개최되었다.

협상은 다음과 같이 진행되었다. Y동 대표가 지역에 학령 인구 비율이 높아서 도서관 설치가 필요하다고 하자, Z동 대표는 중장년층 비율이 높아 체육 시설이 필요하다고 밝혔다. 양측의 입장 차는 Y동 체육 시설의 활용이 대안으로 떠오르면서 좁혀지기 시작했으며, 세부적인 조건의 조율을 거쳐 합의가 도출되었다.

① 독자들이 협상이 개최된 장소와 시간을 파악할 수 있도록 한다.
〈보기〉 1문단의 '협상이 지난달 30일 오후 2시에 시청 회의실에서 개최되었다.'를 통해 고려한 내용임을 알 수 있다.

② 독자들이 합의가 도출되기까지의 협상의 경과를 확인할 수 있도록 한다.
〈보기〉 2문단을 통해 독자들이 합의가 도출되기까지의 협상의 경과를 확인할 수 있으므로 고려한 내용임을 알 수 있다.

③ 독자들이 기사의 중심 내용인 협상의 결과를 도입부에서 파악할 수 있도록 한다.
〈보기〉 1문단의 'Y동과 Z동의 주민 대표는 신설될 주민 복지 센터에 도서관을 설치하기로 합의했다.'를 통해 고려한 내용임을 알 수 있다.

④ 독자들이 기사에 인용된 내용을 바탕으로 협상에 참여한 두 동 대표의 입장을 파악할 수 있도록 한다.
〈보기〉 2문단의 'Y동 대표가 지역에 학령 ~ 체육 시설이 필요하다고 밝혔다.'를 통해 고려한 내용임을 알 수 있다.

✔ 독자들이 기사에 언급된 필자의 의견을 통해 협상의 결과가 Y동과 Z동 주민에게 중요한 사안임을 확인할 수 있도록 한다.
〈보기〉에서는 통해 (나)의 협상에 대한 사실적 내용만 제시하고 있을 뿐, 필자의 의견은 언급되지 않았으므로 고려한 내용으로 적절하지 않다.

43 보고 글쓰기 표현 전략 파악

정답률 93% | 정답 ①

학생이 보고서의 초고에 사용한 글쓰기 방법으로 가장 적절한 것은?

[문제편 p.058]

✔ 통계 자료를 통해 객관적인 정보를 제시한다.
'Ⅱ. 본론'의 '1. 현황'에서 〈조합원 비율 및 협동 매점 수익금〉 통계 자료를 제시하고 있으므로, 통계 자료를 활용하여 객관적인 정보를 제시하는 글쓰기 방법이 사용되었음을 알 수 있다.

② 문헌 자료 분석을 통해 결론의 근거를 제시한다.
이 보고서를 통해 문헌 자료를 분석한 내용은 찾아볼 수 없다.

③ 다양한 해결 방안의 장단점을 비교하여 설명한다.
'Ⅱ. 본론'의 '2. 문제점 분석 및 해결 방안' 3문단에 해결 방안이 제시되어 있지만 해결 방안의 장단점을 비교하여 설명하지는 않고 있다.

④ 조사 기간과 방법 및 대상을 항목화하여 제시한다.
'서론'의 '전교생을 대상으로 한 설문 조사를 진행하였다.'를 통해 조사 대상을 제시하였음을 알 수 있지만, 이를 항목화하여 제시하지는 않고 있다. 또한 조사 기간과 방법을 제시하지도 않고 있다.

⑤ 조사 내용과 관련된 전문 용어의 개념을 설명한다.
이 보고서를 통해 조사 내용과 관련된 전문 용어의 개념을 설명한 부분은 찾아볼 수 없다.

★★★ 등급을 가르는 문제!

44 글쓰기 내용 생성의 적절성 판단

정답률 76% | 정답 ④

㉠ ~ ㉢이 'Ⅱ. 본론'에 구체화된 내용으로 적절하지 않은 것은?

① ㉠ : 협동 매점의 운영 시간 및 수익금 사용처
'1. 현황'의 '조합원들이 점심시간 ~ 사용하고 있다.'를 통해, ㉠과 관련하여 협동 매점의 운영 시간과 수익금 사용처를 확인할 수 있다.

② ㉠ : 조합원 비율 및 협동 매점 수익금의 변동 추이
'1. 현황'의 〈조합원 비율 및 협동 매점 수익금〉 통계 자료를 통해, ㉠과 관련하여 협동 조합의 조합원 비율 및 협동 매점 수익금의 변동 추이를 확인할 수 있다.

③ ㉡ : 협동조합 유지와 설립 취지의 지속적인 실현이 어려움
'2. 문제점 분석 및 해결 방안'의 1문단을 통해, ㉡과 관련하여 '협동조합 유지와 설립 취지의 지속적인 실현이 어려움'을 확인할 수 있다.

✔ ④ ㉢ : 조합원에 대한 혜택이 부족하게 된 과정을 분석하여 파악한 원인
'2. 문제점 분석 및 해결 방안' 2문단의 '설문 조사 결과, 조합원 비율이 감소한 원인은 조합원에 대한 혜택이 부족해서 탈퇴한 것'을 통해, 조합원에 대한 혜택이 부족하여 조합원 비율이 감소하고 있다는 문제의 원인은 알 수 있다. 하지만 조합원에 대한 혜택이 부족하게 된 과정을 분석한 내용이나 이를 바탕으로 조합원 비율이 감소한 원인을 파악한 내용은 본론에 제시되지 않고 있다.

⑤ ㉢ : 조합원 비율 및 협동 매점 수익금 감소와 관련된 설문 조사 내용을 분석하여 파악한 원인
'2. 문제점 분석 및 해결 방안'의 2문단을 통해, 조합원 비율이 감소한 원인과 협동 매점 수익금이 감소하는 원인에 대한 설문 조사 결과를 제시하였음을 알 수 있다. 따라서 ㉢을 설문 조사 내용을 분석하여 파악하였음을 확인할 수 있다.

★★ 문제 해결 꿀~팁 ★★

▶ 많이 틀린 이유는?
이 문제는 주어진 글의 내용을 정확하게 이해하지 못해 어려움을 겪은 것으로 보인다. 특히 글에 원인이 제시되어 있어서 '문제의 원인'이 반영되었다고 성급하게 파악한 것도 오답률을 높인 원인으로 보인다.
▶ 문제 해결 방법은?
이 문제 역시 직문에서 주어진 글을 정확히 이해하고, 이를 선택지의 내용과 비교하여 적절성을 판단했다면 충분히 풀 수 있는 문제이다. 가령 정답인 ④의 경우, '2. 문제점 분석 및 해결 방안' 2문단의 내용을 통해, 조합원에 대한 혜택이 부족하여 조합원 비율이 감소하고 있다는 문제의 원인은 알 수 있다. 그런데 선택지에서는 '조합원에 대한 혜택이 부족하게 된 과정을 분석하여 파악한 원인'에 대한 내용은 찾아볼 수 없으므로 적절하지 않은 것이다. 이 문제에서 보이듯이 '원인'에 대해 글이나 선택지 모두 제시되어 있지만, 선택지에 제시된 원인을 글에서는 찾을 수 없는 경우가 있다. 이는 글의 내용을 정확히 이해하지 못하면 발견할 수 없는 것이므로, 문제를 풀 때는 항상 선택지의 내용이 글에 제시되어 있는지, 글에 제시되어 있더라도 선후나 인과를 바꾸어 잘못 제시하고 있는지를 명확히 판단할 수 있도록 주의를 기울여야 한다.

45 자료 활용 방안의 적절성 평가

정답률 81% | 정답 ④

〈보기〉는 보고서의 초고를 쓴 학생이 초고의 [A]를 보완하기 위해 수집한 자료이다. 자료 활용 방안으로 적절하지 않은 것은? [3점]

〈보 기〉

ㄱ. 전문가 인터뷰
"학교 협동조합은 학교를 기반으로 설립한 경제 조직이자 사회적 가치를 추구하는 교육 공동체입니다. 학생, 교직원, 학부모, 지역 주민 등이 참여할 수 있습니다. 수익금은 조합원의 복지를 위해 사용하거나 조합원의 동의를 바탕으로 공익을 위해 사용 합니다."

ㄴ. 인근 학교 사례
Y학교의 협동조합에서는 SNS를 통해 소비자의 불만 사항을 파악하여 협동 매점 운영에 반영하고 있다. Z학교의 협동 조합은 조합원 복지를 위해 수익금으로 도서 구입비를 지원 하고 있다.

ㄷ. 우리 학교 학생 인터뷰
"저는 우리 학교 협동조합에 대해 잘 몰라서 가입하지 않았지만 알았다면 가입했을 것 같아요. 학교 게시판이나 누리집에도 협동조합에 대한 안내는 없었어요."

① ㄱ을 활용하여, 조합원을 위한 체험 활동비 지원이 조합원 복지 제도로서 협동조합의 수익금 사용 방법에 부합함을 밝혀 해결 방안의 근거로 제시한다.
ㄱ은 학교 협동조합의 수익금이 조합원의 복지를 위해 사용되거나 조합원의 동의를 바탕으로 공익을 위해 사용된다는 점을 언급한 전문가 인터뷰이다. 따라서 이를 활용하여 '수익금 중 일부를 조합원의 복지를 위해 체험 활동비로 지원하는 방안'이 조합원 복지 제도로서 협동조합의 수익금 사용 방법에 부합함을 밝혀 해결 방안의 근거로 제시하는 것은 적절하다.

② ㄴ을 활용하여, 조합원의 이탈 문제를 해결하는 방안의 예로 조합원에게 도서 구입비를 지원하는 것을 추가한다.
ㄴ은 Z학교의 협동조합이 조합원 복지를 위해 수익금으로 도서 구입비를 지원하고 있다는 내용을 다룬 인근 학교 사례로, '조합원의 탈퇴를 막기 위해 조합원이 혜택을 받을 수 있는 방안을 마련한다.'의 예로 제시할 수 있다. 따라서 조합원에게 도서 구입비를 지원하는 것을 조합원의 이탈 문제를 해결하는 방안으로 추가하는 것은 적절하다.

③ ㄴ을 활용하여, 협동 매점의 수익금 감소 문제를 해결하는 방안 중 하나로 SNS와 같은 소통 수단을 사용하는 것을 제시한다.
ㄴ은 Y학교의 협동조합에서 SNS를 통해 소비자의 불만 사항을 파악하여 협동 매점 운영에 반영하고 있다는 내용을 다룬 인근 학교 사례이다. 따라서 이를 활용하여 '두 번째 문제점의 ~ 수단을 마련한다.'의 예로 SNS와 같은 소통 수단을 사용하는 것을 제시하는 것은 협동 매점의 수익금 감소 문제를 해결하는 방안으로 적절하다.

✔ ④ ㄷ을 활용하여, 협동 매점의 수익금을 늘리는 방안 중 하나로 협동조합에 대한 안내를 통해 협동 매점 이용자들의 불만 사항을 해소해 주는 것을 추가한다.
ㄷ은 학교 협동조합에 대해 잘 몰라서 협동조합에는 가입하지 않았고, 학교 게시판이나 누리집에도 협동조합에 대한 안내가 없었음을 드러내는 '우리 학교 학생 인터뷰'이다. 따라서 이 자료는 협동조합에 대한 안내를 조합원 비율 감소 문제를 해소하기 위한 방안으로 활용할 수는 있지만, 협동조합에 대한 안내는 협동 매점 이용자들의 불만 사항을 해소해 주는 것과는 관련이 없으므로 자료 활용 방안으로 적절하지 않다.

⑤ ㄷ을 활용하여, 조합원 가입이 저조한 문제를 해결하는 방안 중 하나로 학교 게시판이나 누리집에 협동조합을 홍보하여 학생들의 가입을 유도하는 것을 제시한다.
ㄷ은 학교 협동조합에 대해 잘 몰라서 가입하지 않았다는 점과 학교 게시판이나 누리집에 협동조합에 대한 안내가 없었다는 점을 언급한 학생 인터뷰이다. 따라서 이를 활용하여 '홍보를 통해 협동조합 가입을 유도하는 방안을 마련한다.'의 예로 학교 게시판이나 누리집에 협동조합을 홍보하여 학생들의 가입을 유도하는 것을 제시하는 것은 조합원 가입이 저조한 문제를 해결하는 방안으로 적절하다.

[문제편 p.060]

16회 | 2023학년도 10월 학력평가 고3

• 정답 •

35 ① 36 ④ 37 ① 38 ③ 39 ④ 40 ⑤ 41 ② 42 ③ 43 ① 44 ② ★45 ④

★ 표기된 문항은 [등급을 가르는 문제]에 해당하는 문항입니다.

35 발표자의 말하기 방식 파악

정답률 85% | 정답 ①

위 발표에 대한 설명으로 가장 적절한 것은?

✔ 질문을 통해 청중과 상호 작용하며 정보를 제공하고 있다.
2문단의 '여기 1인 a의 이웃은 무엇일까요? (대답을 듣고) b, d뿐만 아니라 e도 이웃입니다.'를 통해, 발표자는 질문을 통해 청중과 상호 작용하면서 정보를 제공하고 있음을 알 수 있다.

② 청중과 공유한 경험을 활용하여 청중의 관심 분야를 확인하고 있다.
1문단에서 발표자는 청중과 공유한 경험을 언급하고 있지만, 이를 활용하여 청중의 관심 분야를 확인하지는 않고 있다.

③ 전문가들의 서로 다른 견해를 인용하며 발표 내용을 설명하고 있다.
이 발표에서 발표자가 전문가들의 서로 다른 견해를 인용한 내용은 찾아볼 수 없다.

④ 발표 중간중간에 내용을 요약하며 청중이 알아야 하는 정보를 강조하고 있다.
이 발표를 통해 발표자가 자신이 발표한 내용을 중간중간에 요약한 부분은 찾아볼 수 없다.

⑤ 발표를 시작할 때 청중에게 기대하는 바를 언급하며 발표 목적을 제시하고 있다.
이 발표에서 발표자는 발표를 시작할 때 발표 내용에 대해 제시하고 있지만, 청중에게 기대하는 바를 언급하지는 않고 있다.

36 자료 활용 방안 파악

정답률 82% | 정답 ④

다음은 발표자가 보여 준 화면이다. 발표자의 시각 자료 활용에 대한 설명으로 적절하지 않은 것은? [3점]

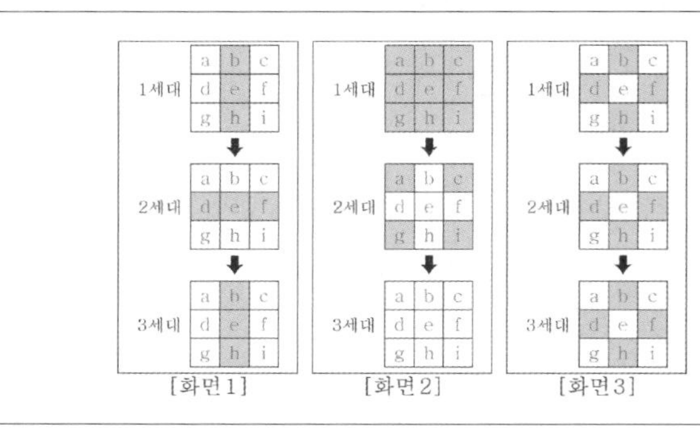

[화면 1] [화면 2] [화면 3]

① ㉠을 활용하여, 격자판의 칸에 표시된 음영의 의미를 설명하였다.
1문단을 통해 발표자가 격자판의 칸에 음영을 표시한 칸은 살아 있는 세포가 있는 칸이고 음영을 표시하지 않은 칸은 살아 있는 세포가 없는 칸임을 설명하기 위해 ㉠을 활용하고 있음을 알 수 있다.

② ㉡을 활용하여, 세포가 고립되었을 때 1이 다음 세대에서 0이 되는 경우를 설명하였다.
2문단을 통해 발표자가 2세대에서 1인 이웃이 없는 a가 3세대에서 0이 되는 것을 세포의 고립에서 비롯된 결과로 설명하기 위해 ㉡을 활용하고 있음을 알 수 있다.

③ ㉢을 활용하여, 1과 0 모두 이웃 중에 1이 두 개이면 상태가 변하지 않는다는 것을 제시하였다.
2문단을 통해 1인 이웃이 두 개이면 1이든 0이든 그 상태가 변하지 않는다는 규칙을 바탕으로 1인 이웃이 2개(b, d) 있는 a와 1인 이웃이 2개(d, f) 있는 b 모두 세대가 바뀌어도 상태가 변하지 않았음을 제시하기 위해 ㉢을 활용하고 있음을 알 수 있다.

✔ ㉣을 활용하여, 1세대와 3세대의 격자판의 양상이 서로 다르다는 것을 보여 주었다.
발표자는 3문단에서 ㉣을 활용하여 주기 유형을 설명하면서, 1세대에서 b, e, h가 1이었다가 2세대에서 d, e, f가 1이 되고 3세대에서 다시 b, e, h가 1이 됨을 설명하고 있다. 따라서 발표자는 ㉣을 활용하여 1세대와 3세대의 격자판의 양상이 서로 다르다는 것을 보여 주었다고 할 수 없다.

⑤ ㉤을 활용하여, 멸종 유형과 안정 유형의 사례에서 발견할 수 있는 차이점을 언급하였다.
3문단을 통해, [화면 2]는 1세대에서 모든 칸이 1이었다가 3세대에서 모든 칸이 0이 되는 멸종 유형이고, [화면 3]은 1세대에서 b, d, f, h가 1이었던 것이 3세대까지 그대로 이어지는 안정 유형이라는 점에서 두 유형이 차이가 있음을 언급하기 위해 ㉤을 활용하였음을 알 수 있다.

37 반응 이해의 적절성 파악

정답률 71% | 정답 ①

<보기>는 위 발표를 들은 학생들의 반응이다. 발표의 내용을 고려하여 학생의 반응을 이해한 내용으로 가장 적절한 것은?

<보 기>

학생 1 : 이웃에 살아 있는 세포가 많을수록 세포 생존에 유리할 거라고 생각했는데, 오히려 불리하군. 그런데 왜 1인 이웃이 네 개인 경우부터 세포 과잉으로 볼까?
학생 2 : 격자판에서 1과 0이 나타나는 양상을 세 가지 유형으로만 설명해서 아쉬웠어. 관련 서적을 찾아봐야겠어.
학생 3 : 복잡한 생명 현상에 모종의 질서가 있음을 새롭게 알게 되어서 좋았어. 그런데 이 모형이 실제 현실에서도 적용되는지 확인해 봐야겠군.

✔ '학생 1'은 자신이 짐작했던 바를 발표 내용을 바탕으로 수정하고 있다.
'학생 1'은 이웃에 살아 있는 세포가 많을수록 세포의 생존에 불리하다는 발표 내용을 바탕으로, 이웃에 살아 있는 세포가 많을수록 세포의 생존에 유리하다고 짐작했던 자신의 생각을 수정하고 있다.

② '학생 2'는 발표 내용이 사실에 부합하는지 의문을 제기하고 있다.
'학생 2'는 발표에서 다루어지지 않은 정보가 있음을 아쉬워할 뿐, 발표 내용이 사실에 부합하는지 의문을 제기하지는 않고 있다.

③ '학생 3'은 자신의 의문이 해소되었다는 점에서 발표 내용을 긍정적으로 평가하고 있다.
'학생 3'은 발표를 듣고 새롭게 알게 된 정보를 바탕으로 발표 내용을 긍정적으로 평가하고 있을 뿐, 자신의 의문이 해소되었다는 점에서 긍정적으로 평가하지는 않고 있다.

④ '학생 1'과 '학생 3'은 발표 내용이 적용되지 않은 예외적 상황이 있는지 검토하고 있다.
'학생 1'은 발표에서 언급된 세포 과잉과 관련하여 1인 이웃이 네 개인 경우부터 세포 과잉으로 보는 이유에 대해 의문을 제기하고 있을 뿐, 발표 내용이 적용되지 않은 예외적 상황이 있는지 검토하지는 않고 있다. 그리고 '학생 3'은 해당 모형이 실제 현실에 적용되는지 확인해 보겠다고 했을 뿐, 발표 내용이 적용되지 않은 예외적 상황이 있는지 검토하지는 않고 있다.

⑤ '학생 2'와 '학생 3'은 발표에서 자신에게 필요한 내용이 다루어지지 않아 아쉬워하고 있다.
'학생 3'은 발표에서 자신에게 필요한 내용이 다루어지지 않아 아쉬워하지는 않고 있다.

38 글쓰기의 맥락 파악

정답률 87% | 정답 ③

㉠과 관련하여 (가)의 작문 맥락을 파악한 내용으로 가장 적절한 것은?

① ㉠에 대해 동일한 문제의식을 갖고 프로그램을 변경한 주체를 예상 독자로 설정했다.
(가)에서 예상 독자는 학생회 관계자이고, 학생은 작년 행사의 문제점을 개선하기 위해 건의문을 쓰고 있다. 따라서 프로그램을 변경한 주체를 예상 독자로 설정하였다고 할 수 없다.

② ㉠을 해결하기 위해 행사의 취지에 대한 학생들의 인식 개선이 필요함을 글의 주제로 삼았다.
(가)에서 학생은 작년 행사의 문제점을 개선하기 위해 건의문을 쓰고 있으므로, 글의 주제를 행사의 취지에 대한 학생들의 인식 개선이 필요함으로 삼지는 않고 있다.

✔ ㉠을 참고하여 행사의 목적에 부합하는 프로그램을 구성해야 한다고 제안하는 것을 작문 목적으로 설정했다.
(가)에서 작문 목적은 작년 행사의 문제점을 참고하여 행사 목적에 부합하는 프로그램, 즉 에너지 하베스팅이 적용된 제품을 직접 제작하고 사용하는 기회를 제공하는 프로그램을 추가해야 하는 것이라 할 수 있다. 따라서 ㉠을 참고하여 행사의 목적에 부합하는 프로그램을 구성해야 한다고 제안하는 것을 작문 목적으로 설정했음을 알 수 있다.

④ ㉠과 관련하여 행사에 대한 자신의 생각을 진솔하게 기록하기 위해 개인적인 성격이 강한 작문 매체를 선정했다.
(가)는 누리집 게시판에 쓴 학생회에 건의하는 건의문이므로, 자신의 생각을 기록하기 위해 개인적인 성격이 강한 작문 매체를 선정하였다고 할 수 없다.

⑤ ㉠의 실상을 객관적으로 드러내기 위해 주관적인 견해를 배제하고 사실을 있는 그대로 설명하는 글의 유형을 선택했다.
(가)는 자신의 의견을 전달하는 건의문이므로 설명하는 글의 유형을 선택하였다고 할 수 없다.

39 기준에 따른 글의 내용 평가

정답률 88% | 정답 ④

<보기>를 기준으로 하여 (가)를 평가한 내용으로 적절하지 않은 것은?

<보 기>

ⓐ 적절한 건의 시기를 고려했는가?
ⓑ 사실에 근거하여 문제를 제기했는가?
ⓒ 문제가 발생한 이유를 제시했는가?
ⓓ 해결 방안의 실행 가능성을 점검하여 제시했는가?
ⓔ 방안을 시행했을 때 기대되는 효과를 제시했는가?

① 1문단에서 학생회의 행사 준비 기간을 생각했다는 내용은, 건의 시기의 적절성을 고려했다는 점에서 ⓐ를 충족하는군.
1문단에서 학생회의 준비 기간을 생각할 때 지금이 건의하기에 적절한 시기라고 판단한 내용은, 건의 시기의 적절성을 고려했다는 점에서 <보기>의 ⓐ를 충족한 것이라 할 수 있다.

② 2문단에서 작년 행사에 대한 설문 조사 결과를 인용한 내용은, 올해 행사를 위해 개선해야 할 문제를 사실에 근거하여 제기했다는 점에서 ⓑ를 충족하는군.
2문단에서 작년 행사에 대한 설문 조사 결과를 인용한 내용은, 설문 조사 결과라는 사실에 근거하여 올해 행사를 위해 개선해야 할 문제를 제기했다는 점에서 <보기>의 ⓑ를 충족한다고 할 수 있다.

③ 2문단에서 작년 행사가 자료를 전시하는 데 치우쳤다고 언급한 내용은, 작년 행사에 만족한 학생의 비율이 30%밖에 안된 이유에 관한 것이라는 점에서 ⓒ를 충족하는군.
2문단에서 작년 행사가 자료를 전시하는 데 치우쳤다고 언급한 내용은, 작년 행사에 만족한 학생의 비율이 30%밖에 안 된 이유에 관한 것이라는 점에서 <보기>의 ⓒ를 충족한다고 할 수 있다.

✔ 3문단에서 에너지 하베스팅이 적용된 제품의 제작과 사용을 언급한 내용은, 에너지 하베스팅에 대한 이해도를 높이기 위한 체험의 실행 가능성 여부를 점검한 것이라는 점에서 ⓓ를 충족하는군.
3문단에서 에너지 하베스팅이 적용된 제품의 제작과 사용을 언급하며 문제 해결 방안을 제시하고 있다. 하지만 에너지 하베스팅에 대한 이해도를 높이기 위한 체험의 실현 가능성 여부를 점검하여 제시하지는 않고 있다.

⑤ 4문단에서 학생들의 만족도가 높아질 것이라고 언급한 내용은, 건의한 방안을 시행했을 때 기대되는 효과를 제시했다는 점에서 ⓔ를 충족하는군.
4문단에서 에너지 하베스팅 체험전의 프로그램을 개선한다면 행사에 대한 학생들의 만족도가 높아질 것이라는 내용은, 건의한 방안을 시행했을 때 기대되는 효과를 제시했다는 점에서 ⓔ를 충족한다고 할 수 있다.

40 검토 의견을 반영한 고쳐쓰기

정답률 69% | 정답 ⑤

<보기>는 (가)의 마지막 문단의 초고이다. <보기>를 고쳐 쓰는 과정에서 반영된 친구의 조언으로 적절하지 않은 것은?

[문제편 p.061]

〈보 기〉

제가 건의한 대로 에너지 하베스팅 체험전의 프로그램을 개조한다면 행사에 대한 학생들의 만족도가 높아질 것입니다. 그러나 실제로 □□ 과학 체험관에서 에너지 하베스팅을 직접 체험하는 프로그램을 진행했는데, 참여자의 80%가 에너지 하베스팅을 구체적으로 이해하는 데 유익했다고 답했습니다. 화석 에너지의 고갈에 대한 우려가 있습니다. 에너지 하베스팅에 대한 구체적 이해는 우리가 효율적으로 활용할 수 있도록 도와줄 것입니다. 학생들을 소중한 경험을 제공하기 위해 노력해 주셔서 감사합니다.

① 첫 번째 문장은 부적절하게 사용된 어휘를 바꾸는 게 어때?
〈보기〉의 첫 번째 문장에서 부적절하게 사용된 '개조한다면'을 대신하여 '개선한다면'으로 어휘를 바꾸었으므로, 부적절하게 사용된 어휘를 바꾸라는 조언을 반영하였음을 알 수 있다.

② 두 번째 문장은 잘못된 접속어를 사용했으므로 접속어를 삭제하는 게 어때?
〈보기〉의 두 번째 문장에서 잘못된 접속어인 '그러나'를 삭제하였으므로, 잘못된 접속어를 삭제하라는 조언을 반영하였음을 알 수 있다.

③ 세 번째 문장은 글의 자연스러운 흐름을 해치고 있는 문장이므로 삭제하는 게 어때?
글의 자연스러운 흐름에서 어긋나는 〈보기〉의 세 번째 문장을 삭제하였으므로, 글의 자연스러운 흐름을 해치고 있는 문장을 삭제하라는 조언을 반영하였음을 알 수 있다.

④ 네 번째 문장은 필요한 문장 성분이 빠져 있으므로 추가하는게 어때?
〈보기〉의 네 번째 문장에서 목적어인 '에너지를'을 추가했으므로, 필요한 문장 성분을 추가하라는 조언을 반영하였음을 알 수 있다.

⑤ 다섯 번째 문장은 목적어에 맞게 서술어를 수정하는 게 어때?
〈보기〉의 다섯 번째 문장에서 목적어에 맞게 서술어를 수정하라는 조언을 반영하지 않고 해당 문장을 수정하고 있으므로, 친구의 조언이 반영되지 않았음을 알 수 있다.

41 발화의 의미와 기능 파악
정답률 83% | 정답 ②

[A]와 [B]에 대한 이해로 가장 적절한 것은?

① [A]에서 '학생 1'은 문제점을 살피기 위한 여러 관점을 소개한 후, [B]에서 여러 관점에서 논의된 내용을 종합하고 있다.
[A]에서 '학생 1'은 문제점을 논의해 보자 하고 있지만, 문제점을 살피기 위한 여러 관점을 소개하지는 않고 있다.

② [A]에서 '학생 2'는 문제의 원인을 제시한 후, [B]에서 문제 해결을 위한 방안을 제시하고 있다.
[A]의 대화에서 학생 2는 프로그램이 자료를 전시하는 데 치우쳐서 에너지 하베스팅을 일상생활과 관련지어 구체적으로 이해하기 어려웠다는 점을 만족도가 낮은 원인으로 제시하고 있다. 그리고 [B]의 대화에서 학생 2는 학생들이 신발 발전기를 직접 제작해서 사용하게 하는 프로그램을 마련하는 것을 문제 해결 방안으로 제시하고 있다.

③ [A]에서 '학생 3'은 문제에 대한 추가적인 논의의 필요성을 제기한 후, [B]에서 추가적인 논의의 의미를 강조하고 있다.
[A]에서 '학생 3'은 자신들이 사용한 사진과 영상 자료에 문제가 없을까 언급하고 있지만, 문제에 대한 추가적인 논의의 필요성을 제기하지는 않고 있다.

④ [A], [B] 모두에서 '학생 1'은 논의한 내용을 정리하면서 '학생 2'와 '학생 3'이 문제에 대한 의견을 내도록 요청하고 있다.
[A]와 [B]에서 '학생 1'이 논의한 내용을 정리하지는 않고 있다.

⑤ [A], [B] 모두에서 '학생 2'는 '학생 3'의 질문에 답하면서 문제에 대한 자신의 의견이 타당함을 주장하고 있다.
[A]와 [B]에서 '학생 2'는 '학생 3'의 질문에 답하지는 않고 있고, 문제에 대한 자신의 의견이 타당함도 주장하지 않고 있다.

42 대화 맥락에 맞는 내용 정리
정답률 87% | 정답 ③

(가)와 (나)를 고려할 때 '학생 2'가 쓴 회의록의 내용 중 적절하지 않은 것은?

일시 : 20××. ××. ××.		장소 : 학생회실
회의 주제 : 에너지 하베스팅 체험전의 개선 방안 마련		
작년 행사 점검	전시에 치우쳐 프로그램이 다양하지 않았음. ………… ①	
	유사한 내용이 반복되는 자료가 일부 있었음. ………… ②	
건의 내용 점검	건의 내용이 행사에 참여하는 학생의 수를 늘리기 위한 방안으로 적합함. ……… ③	
추가 프로그램 마련	학생들이 신발 발전기를 제작해서 신고 걸으며 전기가 생산되는 것을 직접 확인할 수 있도록 함. ………… ④	
	학생들이 평평한 판 위에서 뛰어 휴대 전화를 충전할 수 있도록 함. ………… ⑤	

① 전시에 치우쳐 프로그램이 다양하지 않았음.
작년 행사를 점검하는 논의에서 전시에 치우쳐 프로그램이 다양하지 않았다는 언급이 있으므로 이러한 내용은 회의록의 내용으로 적절하다.

② 유사한 내용이 반복되는 자료가 일부 있었음.
건의 내용을 점검하는 논의에서 유사한 내용이 반복되는 자료가 일부 있었다는 언급이 있으므로, 이러한 내용은 회의록의 내용으로 적절하다.

③ 건의 내용이 행사에 참여하는 학생의 수를 늘리기 위한 방안으로 적합함.
건의 내용을 점검하는 논의에서 건의 내용이 행사에 참여하는 학생의 수를 늘리기 위한 방안으로 적합하다는 언급이 없었으므로, 이러한 내용은 회의록의 내용으로 적절하지 않다.

④ 학생들이 신발 발전기를 제작해서 신고 걸으며 전기가 생산되는 것을 직접 확인할 수 있도록 함.
추가 프로그램을 마련하는 논의에서 학생들이 전기가 생산되는 것을 직접 확인할 수 있는 신발 발전기를 제작해서 신고 걷는 프로그램에 대한 언급이 있으므로, 이러한 내용은 회의록의 내용으로 적절하다.

⑤ 학생들이 평평한 판 위에서 뛰어 휴대 전화를 충전할 수 있도록 함.
추가 프로그램을 마련하는 논의에서 전기를 생산할 수 있는 평평한 판에 휴대 전화를 충전한다는 언급이 있으므로, 이러한 내용은 회의록의 내용으로 적절하다.

43 글쓰기 전략 파악
정답률 67% | 정답 ①

'초고'에서 ㉠을 제시할 때 활용한 전략으로 가장 적절한 것은?

① 문제를 해결한 사례를 근거로 해결 방안을 제안한다.
3문단에서 산업 진흥 정책과 함께 보육·교육 여건의 개선이 이루어지고, 지역의 특색 있는 문화가 발전할 때 청년층 인구 증가의 효과가 컸던 외국의 사례를 근거로 ○○시 청년층 인구 감소 문제에 대한 해결 방안을 제안하고 있다.

② 문제에 관한 쟁점을 바탕으로 문제의 심각성을 강조한다.
구체적인 수치를 활용하여 청년층 인구 감소 문제의 심각성을 강조하고 있다. 하지만 문제에 관한 쟁점을 바탕으로 문제의 심각성을 강조한 것은 아니다.

③ 문제의 다양한 발생 원인을 근거로 문제 해결의 어려움을 주장한다.
청년층 인구 감소와 관련된 복합적인 문제 양상을 '초고'에서 다루었지만, 문제의 다양한 발생 원인을 근거로 문제 해결의 어려움을 주장하고 있지 않다.

④ 문제 해결을 위한 기존 방안의 한계를 근거로 문제에 대한 논의의 시급성을 주장한다.
양질의 일자리를 늘리기 위한 지방 자치 단체의 노력을 언급하고 있지만, 기존 방안의 한계라는 관점에서 문제에 대한 논의의 시급성을 주장하고 있지 않다.

⑤ 문제에 대한 여러 연구 결과를 바탕으로 문제를 분석하기 위한 다양한 관점을 제안한다.
청년층 인구 감소 문제의 여러 연구 결과를 바탕으로 문제를 분석하기 위한 다양한 관점을 제안하고 있지 않다.

44 조건에 맞는 글쓰기
정답률 76% | 정답 ②

다음 선생님의 조언에 따라 [A]에 들어갈 내용을 작성한다고 할 때 가장 적절한 것은?

> 선생님 : 1문단에서 밝힌 작문의 계기에 관한 내용을 포함하고 관용구를 활용하여 글을 마무리하는 것이 좋겠습니다. 이때 대용 표현을 사용하면 앞 문장과의 응집성을 높일 수 있습니다.

① 이와 관련하여 정책 당국은 나이가 들수록 소득이 줄어 발생하는 세대 간 소득 격차 문제를 우선적으로 해결하기 위해 발 빠르게 대처해야 한다.
관용구와 대용 표현은 사용하고 있지만, 1문단에서 밝힌 작문의 계기에 관한 내용을 포함하고 있지 않다.

② 이를 위해서는 백지장도 맞들면 낫듯이 우리 지역민 모두가 함께 고민하며 문제 해결을 위한 노력을 하는 것이 중요하다.
선생님의 조언을 통해 내용 조건은 '작문의 계기에 관한 내용'이고, 형식적 조건은 관용구의 활용과 대용 표현 사용임을 알 수 있다. 이러한 조건을 만족하고 있는 것은 ②로, ②에서는 문제 해결을 위해 지역민 모두가 함께 고민하는 것이 중요하다는 작문의 계기가 포함되었음을 알 수 있다. 그리고 '백지장도 맞들면 낫다'를 통해 관용구를 활용하고 있음을, '이를 위해서는'에서 앞 문장과의 응집성을 높일 수 있는 대용 표현을 사용하였음을 알 수 있다.

③ 이것은 정주 여건이 좋아야 우리 지역을 떠난 청년층이 우리 지역으로 다시 돌아올 수 있다는 사실을 보여 준다.
대용 표현을 사용하고 있지만, 1문단에서 밝힌 작문의 계기에 관한 내용이 포함되지 않았고 관용구도 활용하지 않고 있다.

④ 우물을 파도 한 우물을 파야 하듯이 정책 당국은 효과가 가장 큰 하나의 정책을 꾸준히 시행해야 한다.
관용구는 활용하고 있지만, 1문단에서 밝힌 작문의 계기에 관한 내용이 포함되지 않았고 대용 표현도 사용하지 않고 있다.

⑤ 인구 감소 문제는 당장 우리 지역민 모두가 당면하고 있는 현실이어서 많은 관심을 필요로 한다.
관용구를 활용하지 않고 있고, 대용 표현도 활용하지 않고 있다.

★★★ 등급을 가르는 문제!

45 자료 활용 방안의 적절성 판단
정답률 61% | 정답 ④

〈보기〉는 학생이 '초고'를 보완하기 위해 추가로 수집한 자료이다. 자료의 활용 방안으로 적절하지 않은 것은? [3점]

〈보 기〉

(가) 통계 자료

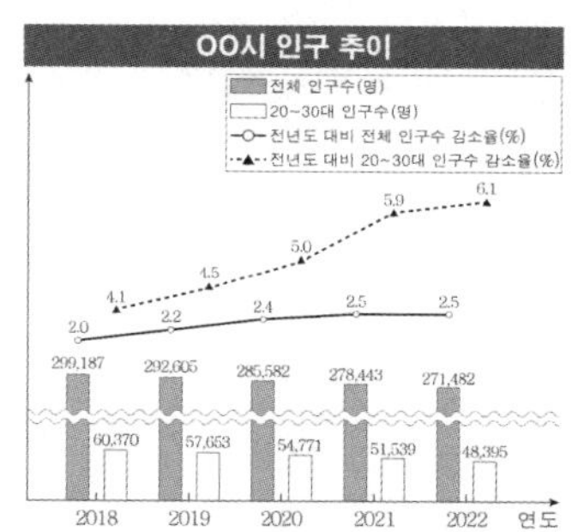

(나) 설문 조사 결과

인구 증가를 위해 우리 지역에서 가장 먼저 해결해야 할 과제는?

46.2%	양질의 일자리 창출
27.8%	보육·교육 여건의 개선
17.4%	문화 시설 확충
8.6%	기타

◦대상 : ○○시 20~30대 청년층 주민 500명

(다) 전문가 인터뷰

"양질의 일자리 부족이 ○○시의 청년층 인구가 타 지역에 비해 빠르게 감소하고 있는 주요 원인임이 틀림없습니다. 하지만 보육·교육, 문화와 같은 정주 여건이 열악한 것에도 주목해야 합니다."

PART I 16회

① **(가)를 활용하여, 1문단에서 우리 지역의 전체 인구가 2018년에 비해 2022년에 10% 가까이 감소했다고 제시한 것에 대해, 2018년과 2022년의 전체 인구수를 밝혀 구체화한다.**
(가)의 2018년과 2022년의 전체 인구수 감소 추이를 활용하여 약 30만 명의 인구가 약 27만 명으로, 10% 가까이 줄었다는 사실을 확인할 수 있고, 1문단에서 ○○시의 전체 인구가 2018년 비해 2022년에 10% 가까이 감소했다고 제시한 것에 대해 구체적인 수치를 활용해 나타낼 수 있다.

② **(나)를 활용하여, 3문단에서 보육·교육 여건의 개선과 문화 발전의 필요성을 언급한 것에 대해, 청년층의 인구 증가를 위해서는 정주 여건을 개선해야 한다는 설문 조사 결과를 추가한다.**
(나)는 인구 증가를 위해 우리 지역에서 가장 먼저 해결해야 할 과제에 대한 ○○시 20 ~ 30대 청년층 주민들의 응답을 보여 주는 설문 조사 결과이다. 이는 양질의 일자리 창출뿐만 아니라 정주 여건을 개선할 필요성도 보여 준다. 이러한 점에서 (나)는 3문단에서 보육·교육 여건의 개선과 문화 발전의 필요성을 언급한 것과 관련해 추가 자료로 활용할 수 있다.

③ **(다)를 활용하여, 2문단에서 정주 여건이 인구 유입의 장애 요인이라고 언급한 것에 대해, 열악한 정주 여건이 청년층 인구 감소의 주요 요인임을 강조한다.**
2문단에서 정주 여건이 인구 유입의 장애 요인이라고 언급한 것에 대해, (다)의 전문가 인터뷰를 활용하여 청년층 인구가 타 지역에 비해 빠르게 감소하고 있는 상황에서 보육·교육, 문화와 같은 정주 여건의 열악함을 청년층 단위에서 인구 감소의 주요 원인으로 추가할 수 있다.

✔ **(가)와 (다)를 활용하여, 1문단에서 우리 지역의 청년층 인구와 전체 인구의 감소 속도를 비교한 것에 대해, 우리 지역과 타 지역의 청년층의 인구 감소 속도를 비교한 값을 추가한다.**
〈보기〉의 (가)는 2018년부터 2022년 사이 ○○시의 전체 인구수 변동 추이와 전년도 대비 인구 감소율 및 20 ~ 30대 청년층 인구수 변동 추이 및 전년도 대비 청년층 인구 감소율을 보여 주는 통계 자료이다. 그리고 (다)는 ○○시의 청년층 인구가 타 지역보다 빠르게 감소하는 주요 원인을 제시한 전문가 인터뷰 자료로, 양질의 일자리 부족과 함께 정주 여건의 악화를 청년층 인구 감소의 핵심적인 요인으로 꼽고 있다. 이러한 (가)와 (다)를 활용하더라도 우리 지역과 타 지역의 청년층의 구체적인 인구 감소 속도를 비교한 값을 추가할 수는 없다.

⑤ **(나)와 (다)를 활용하여, 4문단에서 청년층에게 필요한 제도와 기반 시설을 언급한 것에 대해, 보육·교육의 지원을 위한 제도가 마련되고 문화 시설이 확충되어야 한다는 내용으로 구체화한다.**
(나)는 인구 증가를 위해 우리 지역에서 가장 먼저 해결해야 할 과제에 대한 ○○시 20 ~ 30대 청년층 주민들의 응답을 보여 주는 설문 조사 결과이다. 그리고 (다)는 ○○시의 청년층 인구가 타 지역보다 빠르게 감소하는 주요 원인을 제시한 전문가 인터뷰 자료로, 양질의 일자리 부족과 함께 정주 여건의 악화를 청년층 인구 감소의 핵심적인 요인으로 꼽고 있다. 따라서 4문단에서 보육·교육의 지원을 위한 제도가 마련되고 문화 시설이 확충되어야 한다는 내용으로 구체화하기 위해 (나), (다)를 활용할 수 있다.

★★ 문제 해결 꿀~팁 ★★

▶ 많이 틀린 이유는?
이 문제는 〈보기〉로 제시한 자료를 정확히 이해하지 못하였거나 선택지의 내용을 정확히 파악하지 못하여 오답률이 높았던 것으로 보인다.
▶ 문제 해결 방법은?
이 문제를 해결하기 위해서는 선택지를 중심으로 문제에 접근해야 한다. 즉 선택지에 제시된 자료 활용, ①의 경우에는 (가)를 활용한다고 하였으므로 (가)의 자료를 확인하고 이를 바탕으로 선택지의 적절성을 판단해야 한다. 이때 선택지에 제시된 학생의 글의 내용이 적절한지도 유의해야 하는데, 간혹 선택지에 제시된 내용이 학생의 글과 어긋나는 경우가 있기 때문이다. 이러한 방식으로 문제를 풀면, 정답인 ④의 경우, (가)의 자료와 (다)의 자료에 대해 이해한 다음, 1문단에 언급된 내용이 글의 내용과 일치하는지 확인하고 활용 방안으로 제시된 것이 적절한지 판단하면 된다. 이렇게 문제에 접근하게 되면 (가)와 (다)의 자료를 통해 '우리 지역과 타 지역의 청년층의 구체적인 인구 감소 속도를 비교한 값을 추가할 수는 없'음을 알 수 있다. 이 문제 해결의 핵심은 자료를 정확히 이해하는 데 있으므로, 선택지에서 언급한 자료를 차분하게 읽은 다음 주어진 자료가 글의 내용을 보완하는 데 활용될 수 있는지 판단할 수 있도록 한다.

17회 | 2022학년도 10월 학력평가 고3

• 정답 •
35 ③ 36 ① 37 ⑤ 38 ④ 39 ② ★40 ⑤ 41 ③ 42 ① 43 ④ 44 ⑤ 45 ②

★ 표기된 문항은 [등급을 가르는 문제]에 해당하는 문항입니다.

35 말하기 방식 파악
정답률 87% | 정답 ③

위 강연에 대한 설명으로 가장 적절한 것은?

① **청중이 당면할 수 있는 문제 상황들을 열거하며 실천을 권유하고 있다.**
강연자는 청중들에게 그림 속 문인들처럼 차를 가까이하며 여유로움과 내면의 자유를 느껴 보기를 권유하고 있지만, 청중이 당면할 수 있는 문제 상황들을 열거하지는 않고 있다.

② **청중과 함께 공유한 경험을 환기하여 화제에 관한 청중의 관심을 유도하고 있다.**
1문단에서 강연자는 청중에게 자연 속에서 한가롭게 차를 마신 경험이 있는지 묻고 있지만 청중과 함께 공유한 경험을 환기하지는 않고 있다.

✔ **청중에게 질문을 제시하고 청중의 반응을 확인하여 필요한 정보를 제공하고 있다.**
4문단에서 강연자는 청중에게 '은일'과 '망중한'의 의미에 관한 질문을 제시하고, 청중의 반응을 확인한 뒤 '은일'과 '망중한'의 의미를 설명하고 있다.

④ **강연 중간중간에 청중이 강연의 내용을 이해할 때 주의해야 할 점을 제시하고 있다.**
강연 내용을 통해 강연자가 강연 중간중간에 청중이 강연의 내용을 이해할 때 주의해야 할 점을 제시한 부분은 찾아볼 수 없다.

⑤ **강연에서 다룰 내용들의 순서를 안내하여 청중이 강연 내용을 예측하도록 돕고 있다.**
1문단에서 강연자는 정신적 여유로움을 담아낸 그림들을 소개한다는 강연의 내용을 안내하고 있지만 강연에서 다룰 내용들의 순서를 안내하지는 않고 있다.

36 자료 활용 방안 파악
정답률 93% | 정답 ①

강연자의 자료 활용 계획 중 위 강연에 반영되지 않은 것은?

〈자료 1〉
이경윤, 「월하탄금도」

〈자료 2〉
김홍도, 「전다한화」

✔ **〈자료 1〉을 보여 주며 그림 속 소재들에 대한 청중들의 감상 의견을 유형별로 나누어 분석한다.**
2문단에서 강연자는 청중에게 자연 속에서 차를 마시는 상상을 하라고 한 후에 〈자료 1〉을 보여 주며 청중들이 상상한 장면과 〈자료 1〉의 그림이 비슷한지 묻고 있다. 하지만 〈자료 1〉을 보여 주며 그림 속 소재들에 대한 청중들의 감상 의견을 유형별로 나누어 분석하지는 않고 있다.

② **〈자료 1〉의 소재들을 각각 지시하며 소재들이 그림에서 나타내고 있는 의미를 설명한다.**
2문단에서 강연자는 〈자료 1〉의 소재인 거문고와 차를 각각 지시하며 이러한 소재들이 그림에서 나타내고 있는 의미를 설명하고 있다.

③ **〈자료 2〉를 보여 주며 〈자료 1〉과 유사한 점을 찾을 수 있도록 유도한다.**
3문단에서 강연자는 〈자료 2〉를 보여 주며 그림 속 인물과 소재에 주목해 다동이 차를 준비하고 있다는 점과 거문고가 있다는 점이 〈자료 1〉과 유사한 점임을 청중들이 찾을 수 있도록 유도하고 있다.

④ **〈자료 2〉의 소재들을 각각 지시하며 그림에 반영되어 있는 당대 문인들의 취향을 언급한다.**
3문단에서 강연자는 〈자료 2〉의 소재인 기암괴석과 파초, 그리고 야자수를 각각 지시하며 그림에 반영되어 있는 당대 문인들의 취향을 언급하고 있다.

⑤ **〈자료 1〉과 〈자료 2〉를 함께 보여 주며 두 그림의 공간적 배경의 차이점을 제시한다.**
4문단에서 강연자는 〈자료 1〉과 〈자료 2〉를 함께 보여 주며 〈자료 1〉은 자연의 공간인 산속을 배경으로 삼고 있고, 〈자료 2〉는 인위적 공간인 정원을 배경으로 삼고 있다는 점을 제시하고 있다.

37 듣기 반응 이해의 적절성 판단
정답률 92% | 정답 ⑤

다음은 위 강연을 들은 학생들의 반응이다. 이를 이해한 내용으로 적절하지 않은 것은? [3점]

> **학생 1** : 미술 서적을 통해 「월하탄금도」의 거문고가 도연명의 고사와 관련이 있다고 알고 있어. 고사에 관한 내용을 기대했는데 이야기해 주지 않아 아쉬웠어.
> **학생 2** : 두 그림의 제목이 지닌 의미를 설명했다면 강연 내용을 더 잘 이해할 수 있었을 텐데. 아쉽네. 하지만 오랜만에 강연을 통해 내 생활을 돌아보는 기회를 가질 수 있어 유익했어.
> **학생 3** : 자연물을 소재로 삼은 그림 속 공간은 모두 자연의 공간이라고만 생각했었는데, 인위적인 정원도 그림 속 공간이 됨을 새롭게 알았어. 그리고 차를 소재로 삼은 그림을 감상할 때 정신적인 측면을 고려해야 함도 알았어.

① **학생 1은 강연 내용과 관련 있는 자신의 배경지식을 떠올리고 있다.**

[문제편 p.065]

'학생 1'은 강연 내용과 관련하여 이경윤의 『월하탄금도』의 소재인 거문고가 도연명의 고사와 관련이 있다는 자신의 배경지식을 떠올리고 있다.

② **학생 2는 강연의 효용성을 근거로 강연을 긍정적으로 평가하고 있다.**
'학생 2'는 강연을 통해 오랜만에 자신의 생활을 돌아보는 기회를 가질 수 있었다는 점을 근거로 강연을 긍정적으로 평가하고 있다.

③ **학생 3은 강연을 통해 새롭게 알게 된 정보를 통해 자신이 생각했던 바를 수정하고 있다.**
'학생 3'은 자연물을 소재로 삼은 그림 속 공간은 모두 자연의 공간이라고만 생각했었는데, 인위적인 정원도 그림 속 공간이 됨을 새롭게 알았다고 하고 있다. 또한 '학생 3'은 '차를 소재로 삼은 그림을 감상할 때 정신적인 측면을 고려해야 함도 알았어.'라고 말하고 있으므로, 강연을 통해 자신이 생각했던 바를 수정하고 있음을 알 수 있다.

④ **학생 1과 학생 2는 강연에서 다루면 좋았을 내용을 제시하며 아쉬워하고 있다.**
'학생 1'은 거문고와 관련된 도연명의 고사에 대해 강연에서 다루지 않아 아쉬워하고 있다. 또한 '학생 2'는 이경윤의 『월하탄금도』와 김홍도의 『전다한화』의 제목이 지닌 의미를 강연자가 강연에서 설명하지 않은 것에 대해 아쉬워하고 있다.

✔ **학생 1과 학생 3은 강연 내용과 관련하여 강연자가 언급하지 않은 내용을 추론하고 있다.**
'학생 1'은 강연 내용과 관련하여 이경윤의 『월하탄금도』의 소재인 거문고가 도연명의 고사와 관련이 있다는 자신의 배경지식을 떠올리고 있다. 또한 거문고와 관련된 도연명의 고사에 대해 강연에서 다루기를 기대했는데 다루지 않아 아쉬워하고 있다. '학생 3'은 자연물을 소재로 하는 그림 속 공간에 대해 강연을 듣고 새롭게 알게 된 정보를 통해 자신이 생각하던 바를 수정하고 있다. 하지만 두 학생들 모두 강연 내용과 관련하여 강연자가 언급하지 않은 내용을 추론하고 있는 것은 아니다.

38 대화의 의미와 기능 이해

정답률 97% | 정답 ④

대화의 흐름을 고려할 때, ㉠ ~ ㉤에 대한 이해로 적절하지 않은 것은?

① **㉠ : 상대의 발화와 관련된 내용을 추측하며 프로그램 효과에 대한 의문을 드러내고 있다.**
㉠에서 '학생 3'은 상대가 학생회 임원이 등교하는 학생들을 맞이하는 프로그램을 진행한다고 설명하자, 해당 프로그램이 학생들의 외로움을 달래 주려는 것 같다고 프로그램의 내용을 추측하며 짧게 인사를 나누는 것이 외로움을 더는 효과가 있는지 의문을 드러내고 있다.

② **㉡ : 상대의 발화 내용에 동의하며 프로그램의 도움을 받을 수 있는 대상이 누구인지 언급하고 있다.**
㉡에서 '학생 2'는 '좋은 방법 같은데'라고 상대의 발화 내용에 동의하면서, 프로그램이 '대면 소통이 부족한 학생들'에게 도움이 될 수 있다고 말하고 있다.

③ **㉢ : 상대의 발화 내용을 재진술하며 프로그램에 대해 자신이 이해한 바가 맞는지 확인하고 있다.**
㉢에서 '학생 2'는 상대가 또래 상담 동아리의 '행복한 대화 벤치' 프로그램의 내용을 설명하자, 이를 재진술하며 자신이 이해한 바가 맞는지 질문을 통해 확인하고 있다.

✔ **㉣ : 상대의 발화에 공감하며 프로그램에 대해 소개할 자료를 요청하고 있다.**
㉣에서 '학생 3'은 상대가 '행복한 대화 벤치' 사례에 대한 글을 봤는데 이 사례를 신문 기사에 활용하는 것이 어떠하냐고 제안하자, 이에 대해 구체적인 내용을 조사해 보겠다고 답하고 있다. 하지만 상대에게 프로그램 소개에 필요한 자료를 요청하지는 않고 있다.

⑤ **㉤ : 상대의 발화를 긍정적으로 평가하며 자신의 의견을 덧붙이고 있다.**
㉤에서 '학생 2'는 상대가 학생이 이동하는 동선에 따라 행사 프로그램을 소개하고 각 프로그램의 기대 효과를 덧붙이자고 하자, 좋은 생각이라고 긍정적으로 평가하면서, 행사 개최의 이유를 밝히기 위해 기사 앞부분에 외로움의 위험성에 대해 언급하는 게 필요하다는 자신의 의견을 덧붙이고 있다.

39 발화의 의미와 기능 이해

정답률 88% | 정답 ②

(가)의 '학생 1'에 대한 설명으로 가장 적절한 것은?

① **회의 중간에 논의된 사항을 정리하고 이에 대한 문제점을 지적한다.**
'학생 1'은 의견을 종합하여 내용을 구성하자고 말하고 있지만, 회의 중간에 논의된 사항을 정리하면서 이에 대한 문제점을 지적하지는 않고 있다.

✔ **지난 회의에서 논의된 사항을 환기하며 회의의 진행 순서를 제시한다.**
'학생 1'은 회의 첫 부분에서 '친해지길 바라' 행사를 학교 신문에 싣기로 하고 기사문 작성을 위해 관련 내용을 조사하기로 했다는 지난 회의의 결정 사항을 환기하고 있다. 그러면서 인터뷰 내용을 공유하고 초고의 내용 구성을 어떻게 할지 이야기하자고 회의 진행 순서를 제시하고 있다.

③ **기사문의 내용을 확정하고 기사문 초고 작성을 위한 역할을 개인별로 배분한다.**
학생 1은 기사문 작성을 위한 역할 분담을 어떻게 할지 묻고 있지만 역할을 개인별로 배분하지는 않고 있다.

④ **인터뷰 여부를 확인하고 인터뷰 자료를 효과적으로 공유할 수 있는 방안을 제안한다.**
'학생 1'의 '이제 각자 인터뷰한 내용을 모두 이야기한 거지?'를 통해, '학생 1'이 인터뷰 여부를 확인하고 있음을 알 수 있다. 하지만 인터뷰 자료를 효과적으로 공유할 수 있는 방안을 제안하지는 않고 있다.

⑤ **자료 점검의 필요성을 제시하고 기사문에 활용할 자료의 출처를 점검하는 방법을 구체적으로 안내한다.**
'학생 1'은 초고 검토를 자신이 해야겠다 하고 있지만 자료 점검의 필요성을 제시하지는 않고 있다. 또한 기사문에 활용할 자료의 출처가 믿을 만한지 확인해 달라 하고 있지, 자료 출처를 점검하는 방법을 구체적으로 안내하지는 않고 있다.

★★★ 등급을 가르는 문제!

40 글쓰기 계획의 반영 여부 판단

정답률 47% | 정답 ⑤

(가)와 (나)를 고려할 때, '학생 3'이 초고를 쓰기 위해 떠올렸을 생각으로 적절하지 않은 것은?

① **학생회장의 인터뷰를 직접 인용하여 행사의 취지를 드러내야겠다.**
(나)에서 학생회장의 말을 직접 인용하여 행사의 취지를 설명하고 있다.

② **공연 동아리들의 프로그램에 대해 추가적으로 조사한 정보를 제시해야겠다.**
행사에 참여하는 공연 동아리들의 프로그램과 관련해 (나)에서 추가 정보가 제시되고 있다.

③ **영국에서 시작된 '행복한 대화 벤치'를 들어 프로그램의 기대 효과를 제시해야겠다.**
(나)에서 영국에서 시작된 '행복한 대화 벤치'의 효과를 들어 또래 상담 동아리의 '행복한 대화 벤치' 프로그램이 학생들로 하여금 학교 공동체와 연결되어 있다는 느낌을 받게 할 것이라는 기대 효과를 제시하고 있다.

④ **회의에서 언급된 내용 구성 방법을 고려하여, 학생들의 이동 동선에 따라 프로그램을 소개해야겠다.**
(가)에서 학생의 이동 동선에 따라 행사 프로그램을 소개하자고 한 내용 구성 방법에 따라 (나)에서 각 프로그램을 소개하고 있다.

✔ **회의에서 언급된 연구 결과를 뒷받침하기 위해, 전문가의 견해를 인용하여 외로움이 미치는 해악을 밝혀야겠다.**
(가)에서 언급된, 짧은 순간에 친근감을 표현하더라도 혼자라는 느낌이 덜 든다는 연구 결과가 (나)에서 활용되지 않았다. 그리고 (나)의 외로움이 미치는 해악에 대한 전문가의 견해는 외로움의 위험성을 지적하는 것이지 (가)에서 언급된 연구 결과를 뒷받침하기 위한 것이 아니다.

★★ 문제 해결 꿀~팁 ★★

▶ 많이 틀린 이유는?

이 문제는 (가)와 (나)를 함께 이해해야 하는 문제라서 (가), (나)를 이해하는 데 어려움을 겪어 오답률이 높았던 것으로 보인다. 또한 선택지를 정확히 파악하지 못한 것도 오답률을 높였던 것으로 보인다.

▶ 문제 해결 방법은?

이 문제를 해결하기 위해서는 먼저 발문을 정확히 읽어야 한다. 즉 발문을 통해 (가)의 내용이 (나)에 반영되어 있는지를 확인하는 문제임을 알아야 한다. 그런 다음 선택지를 통해 (가)의 어느 부분과 관련이 있고, 이것을 (나)를 통해 찾을 수 있으면 된다. 오답률이 높았던 ②의 경우 (가)에서 행사에 참여하는 공연 동아리들의 프로그램과 관련한 내용이 언급되어 있고, (나)에서 이와 관련된 추가 정보가 제시되고 있으므로 적절하다. 이때 주의할 점은 선택지를 정확히 읽지 않으면 잘못을 범할 수 있다는 것이다. 정답인 ⑤의 경우가 대표적인데, (나)에 외로움의 위험성을 지적하는 전문가의 견해가 제시되어 있지만, 이러한 견해는 (가)에서 언급된 연구 결과를 뒷받침하기 위한 것이 아니다. 그런데도 학생들 중에는 전문가 견해만 제시된 것을 보고 적절하다고 판단하고 있는 잘못을 범하고 있는데, 이는 선택지를 정확히 읽지 않았기 때문이다. 따라서 선택지도 글을 읽을 때처럼 정확히 읽을 수 있도록 한다.

41 글쓰기의 내용 점검

정답률 88% | 정답 ③

'학생 1'이 다음의 점검 기준에 따라 (나)를 점검한다고 할 때, 그 내용으로 적절하지 않은 것은?

점검 기준	점검 결과 (예 / 아니요)
• [표제]에서 행사의 목적을 나타냈는가?	ⓐ
• [부제]는 [표제]를 보완하는 기능을 하였는가?	ⓑ
• [전문]은 기사문을 요약적으로 제시하였는가?	ⓒ
• [본문]에서 행사 프로그램의 성격을 밝혔는가?	ⓓ
• [본문]에서 누가 무슨 내용의 프로그램을 진행하는지를 전달하였는가?	ⓔ

① **[표제]에서 외로움을 줄이고 친밀함을 높이는 목적으로 행사가 열린다고 밝혔으므로 ⓐ에 '예'라고 해야지.**
[표제]에서 외로움을 줄이고 친밀함을 높이는 목적으로 행사가 열린다고 밝혔으므로, [표제]에서 행사의 목적을 나타냈다는 점검 결과 '예'는 적절하다.

② **[부제]에서 행사가 열리는 배경과 행사의 명칭을 담았으므로 ⓑ에 '예'라고 해야지.**
[부제]에서 행사가 열리는 배경과 행사의 명칭을 담았으므로, [부제]가 [표제]를 보완하는 기능을 하였다는 점검 결과 '예'는 적절하다.

✔ **[전문]에서 육하원칙을 모두 지켜 '친해지길 바라' 행사를 요약적으로 제시했으므로 ⓒ에 '예'라고 해야지.**
[전문]에서 '친해지길 바라' 행사가 언제, 어디에서, 왜 진행되는지 제시되어 있지 않으므로, 육하원칙을 모두 지켜 요약적으로 제시했다는 점검 결과 '예'는 적절하지 않다.

④ **[본문]에서 행사 프로그램이 상호 소통을 중시하는 자율적 성격임을 밝혔으므로 ⓓ에 '예'라고 해야지.**
[본문]에서 이번 행사를 위해 참여자들의 상호 의사 소통을 중시하는 자율적입 성격의 프로그램을 학생회와 여섯 개의 동아리가 준비했다고 하였으므로, [본문]에서 행사 프로그램이 상호 소통을 중시하는 자율적 성격임을 밝혔다는 점검 결과 '예'는 적절하다.

⑤ **[본문]에서 학생회와 동아리가 무슨 프로그램을 진행하는지를 전달하였으므로 ⓔ에 '예'라고 해야지.**
[본문]에서 학생회와 여섯 개의 동아리가 진행하는 프로그램을 소개하고 있으므로, [본문]에서 학생회와 동아리가 무슨 프로그램을 진행하는지를 전달하였다는 점검 결과 '예'는 적절하다.

42 고쳐쓰기의 이유 파악

정답률 89% | 정답 ①

〈보기〉는 [A]를 고쳐 쓴 것이다. [A]를 〈보기〉와 같이 수정한 이유로 가장 적절한 것은?

〈보 기〉

행사 소식을 접한 학생들은 이번 행사를 계기로 한동안 잃어버렸던 일상 속 활기를 되찾을 수 있을 것이라며 행사에 꼭 참여하겠다는 뜻을 밝혔다. '친해지길 바라' 행사의 자세한 프로그램 내용, 운영 시간, 변경 사항 등은 학생회 누리 소통망에서 확인할 수 있다.

✔ **앞에서 이미 언급한 내용은 삭제하고 행사에 대한 학생들의 기대감을 드러내기 위해**
[A]와 〈보기〉를 비교해 보면, 고쳐 쓴 〈보기〉에서는 학생회장이 행사를 통해 바라는 점이 삭제되었는데, 이는 삭제된 내용이 (나)의 앞부분에서 행사를 통해 외로움을 느끼는 학생들이 도움을 받았으면 좋겠다고 한 학생회장의 말에 이미 언급되었기 때문이라 할 수 있다. 그리고 〈보기〉에서는 '친해지길 바라' 행사 소식을 접한 학생들이 행사에 대한 기대감을 드러내는 내용을 추가하였음을 알 수 있다. 따라서 〈보기〉와 같이 고쳐 쓴 이유는 앞에서 이미 언급한 내용은 삭제하고 행사에 대한 학생들의 기대감을 드러내기 위해서라 할 수 있다.

PART I 17회

② 글의 주제와 관련이 없는 정보를 삭제하고 행사에 대한 잘못된 정보는 바로잡기 위해

[A]에서 삭제된 내용은 학생회장이 행사를 통해 바라는 점으로 주제와 관련된 정보라 할 수 있으므로, 글의 주제와 관련이 없는 정보를 삭제하였다는 내용은 적절하지 않다. 그리고 행사에 대한 잘못된 정보를 바로잡는 내용은 제시되어 있지 않으므로 적절하지 않다.

③ 글의 주제와 관련이 없는 정보를 삭제하고 학생들에게 행사 참여 방법을 소개하기 위해

〈보기〉에서 학생들에게 행사 참여 방법을 소개하는 내용은 제시되어 있지 않으므로 적절하지 않다.

④ 글의 주제와 관련이 없는 정보를 삭제하고 학생들에게 적극적인 행사 참여를 호소하기 위해

〈보기〉에서 학생들에게 적극적인 행사 참여를 호소하는 내용은 찾아볼 수 없다.

⑤ 앞에서 이미 언급한 내용은 삭제하고 학생들의 흥미를 끌 수 있는 행사 프로그램을 추가하기 위해

〈보기〉에서 학생들의 흥미를 끌 수 있는 행사 프로그램을 추가한 내용은 찾아볼 수 없다.

43 내용 조직 방법의 반영 여부 판단

정답률 90% | 정답 ④

'초고'에 반영된 내용 조직 방법으로 가장 적절한 것은?

① 1문단에서 묻고 답하는 방식으로 산불 피해의 심각성을 강조하였다.

초고의 1문단에서 산불로 인해 훼손되는 산림의 면적이 넓어지고 경제적인 손실도 상당하다는 점을 들어 산불 피해의 심각성을 강조하고 있다. 하지만 묻고 답하는 방식으로 산불 피해의 심각성을 강조하고 있지 않다.

② 2문단에서 통념을 반박하는 방식으로 산불의 발생 원인을 제시하였다.

초고의 2문단에서 인위적 요인과 자연적 요인으로 나누어 산불의 발생 원인을 제시하고 있다. 하지만 통념을 반박하는 방식으로 산불의 발생 원인을 제시하고 있지는 않다.

③ 2문단에서 사물에 빗대는 방식으로 수관화의 개념을 이해하기 쉽게 설명하였다.

초고의 2문단에서 수관화의 개념을 사물에 빗대는 방식으로 이해하기 쉽게 설명하고 있지 않다.

✔ 3문단에서 정보를 나열하는 방식으로 숲 가꾸기 방법을 제시하였다.

초고의 3문단에서 숲 가꾸기의 방법을 낙엽을 긁어 내는 것, 낮은 위치의 나뭇가지를 쳐 내는 것, 생장이 나쁜 나무를 솎아 내어 큰 나무 사이의 간격을 넓히는 것으로 나열하여 제시하고 있다.

⑤ 3문단에서 대비의 방식으로 산불 확산을 해결하는 여러 방안의 장단점을 분석하였다.

초고의 3문단에서 산불 확산을 해결하는 방안으로 숲 가꾸기와 내화 수림대 조성을 제시하고 있다. 하지만 대비의 방식으로 산불 확산을 해결하는 여러 방안의 장단점을 분석하고 있지 않다.

44 자료 활용 방안의 적절성 판단

정답률 82% | 정답 ⑤

다음은 '초고'를 보완하기 위해 추가로 수집한 자료이다. 자료 활용 방안으로 적절하지 <u>않은</u> 것은? [3점]

I. 전문가 인터뷰

"수관화가 한번 일어나면 화세가 강렬한 데다가 불씨가 멀리 날아가는 비화 현상을 일으킬 수 있어 산불이 넓은 지역으로 빠르게 번질 수 있습니다. 보통 수관화는 정유 물질을 포함하고 있는 침엽수림에서 많이 일어납니다. 따라서 산림 정책을 펼칠 때 침엽수와 활엽수가 혼합된 혼효림을 조성하는 방향으로 산림 정책을 변화시켜야 합니다."

II. 신문 기사

○○ 지역에서 일어난 산불은 크게 확산되어 산림 피해 면적만 2만 923ha로 서울 면적의 41%에 해당한다. 이를 복원하는 데 산림은 20년, 토양은 100년의 시간이 필요하다고 한다. 피해액은 약 1,700억 원 규모로 잠정 집계되었다.

III. □□ 연구소 자료

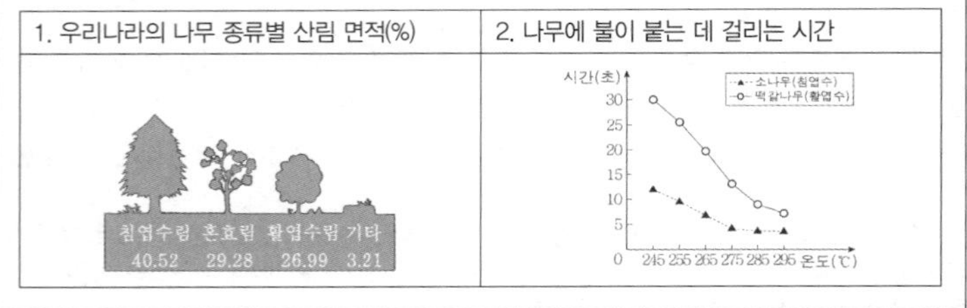

① I을 활용하여, 수관화가 발생하면 산불이 빠르게 확산된다는 2문단의 내용을 구체화한다.

I은 전문가 인터뷰로 수관화가 발생하면 불기운이 강하고 비화 현상을 일으킬 수 있어 산불이 넓은 지역으로 빠르게 번질 수 있다는 내용을 제시하고 있다. 이를 활용해 수관화가 발생하면 산불이 빠르게 확산된다는 2문단의 내용을 구체화할 수 있다.

② II를 활용하여, 산불로 인한 피해가 심각하다는 것을 보여 주는 사례를 1문단에 추가한다.

II는 신문 기사로 사례를 통해 산불로 인한 산림 피해가 심각하다는 내용을 제시하고 있다. 이를 활용해 산불로 인한 피해가 심각하다는 것을 보여 주는 사례를 1문단에 추가할 수 있다.

③ III-2를 활용하여, 내화 수림대 조성에 침엽수보다 활엽수가 사용된다는 3문단의 내용을 뒷받침한다.

III-2는 침엽수인 소나무와 활엽수인 떡갈나무에 불이 붙는 데 걸리는 시간을 비교한 자료로 소나무에 비해 상대적으로 떡갈나무가 시간이 오래 걸린다는 것을 보여 준다. 이를 활용해 내화 수림대 조성에 침엽수보다 활엽수가 사용된다는 3문단의 내용을 뒷받침할 수 있다.

④ I과 III-1을 활용하여, 산불 확산을 막는 방법으로 우리나라 산림 정책에 변화가 필요하다는 내용을 3문단에 추가한다.

I은 전문가 인터뷰로 수관화가 침엽수림에서 많이 일어나므로 산림 정책을 펼칠 때 침엽수와 활엽수가 혼합된 혼효림을 조성하는 방향으로 산림 정책을 변화시켜야 한다는 내용을 제시하고 있다. III-1은 우리나라의 나무 종류별 산림 면적을 보여 주는 자료로 침엽수림이 가장 높은 비중을 차지하고 있다는 것을 보여 준다. I과 III-1을 활용해 산불 확산을 막는 방법으로 우리나라 산림 정책에 변화가 필요하다는 내용을 3문단에 추가할 수 있다.

✔ II와 III-2를 활용하여, 산불을 확산시키는 요인에 바람과 지형 외에 토양과 수종이 있다는 내용을 2문단에 추가한다.

초고의 2문단에서는 산불을 확산시키는 요인으로 바람과 지형을 제시하고 있다. 그런데 II는 신문 기사로 사례를 통해 산불로 인한 산림 피해가 심각하다는 것과 산불로 인해 피해를 입은 산림과 토양을 복구하는 데 많은 시간이 필요하다는 내용을 보여 준다. 그리고 III-2는 침엽수인 소나무와 활엽수인 떡갈나무에 불이 붙는 데 걸리는 시간을 비교한 자료로, 소나무에 비해 상대적으로 떡갈나무가 시간이 오래 걸린다는 것을 보여 준다. 따라서 II와 III-2에서는 산불을 확산시키는 요인으로 토양이 있다는 내용을 확인할 수 없으므로, 2문단에 산불을 확산시키는 요인에 바람과 지형 외에 토양과 수종이 있다는 내용을 추가할 수 없다.

45 조건에 맞게 글쓰기

정답률 88% | 정답 ②

선생님의 조언을 반영하여 [A]를 작성한 내용으로 가장 적절한 것은?

> **선생님** : 앞서 제시한 산불 확산 방지 방법의 효과를 비유적으로 표현하자. 그리고 산불 확산 방지에 관심을 가져야 하는 이유를 밝히며 글을 마무리하자.

① 산불의 발생을 막기 위해서는 사람들이 관행적으로 하는 불법 쓰레기 소각 행위, 입산 중 불씨를 취급하는 행위를 하지 말아야 한다. 우리의 실천이 산불을 진압하는 소화기가 된다.

비유적인 표현은 사용되었지만, 앞서 제시한 산불확산 방지 방법의 효과를 드러내지는 않았다. 또한 산불 확산 방지에 관심을 가져야 하는 이유를 밝히지도 않고 있다.

✔ 숲 가꾸기와 내화 수림대 조성은 산불 확산을 막을 수 있는 방패가 된다. 우리의 자연과 재산을 지킬 수 있도록 산불 확산 방지에 관심을 가져야 한다.

선생님의 조언을 통해 [A]를 작성할 때, 산불 확산 방지 방법의 효과를 비유적으로 표현하고, 산불 확산 방지에 관심을 가져야 하는 이유를 밝혀야 함을 알 수 있다. 이러한 조건이 잘 드러난 것은 ②로, ②에서는 '숲 가꾸기와 내화 수림대 조성'이라는 산불 확산 방지 방법을 '방패'라는 비유를 사용해서 그 효과를 표현하고 있다. 그리고 산불 확산 방지에 관심을 가져야 하는 이유는, 산불로부터 우리의 자연과 재산을 지켜야 하기 때문이라고 밝히고 있다.

③ 숲은 가꾸어 주어야 할 시기를 놓치면 자연으로서의 가치가 낮아진다. 농가의 피해를 최소화하기 위해서는 산불의 발생을 막는 것이 중요하다.

앞서 제시한 산불확산 방지 방법의 효과를 드러내지는 않았다. 또한 산불 확산 방지에 관심을 가져야 하는 이유를 밝히지도 않고 있다.

④ 산불은 일어나는 것을 막는 것도 중요하지만 번지지 않게 막는 것도 중요하다. 산불 확산 방지에 대한 관심이 중요한 때이다.

앞서 제시한 산불 확산 방지 방법의 효과를 드러내지는 않았다. 또한 산불 확산 방지에 관심을 가져야 하는 이유를 밝히지도 않고 있다.

⑤ 숲은 우리의 건강을 책임지는 보약이다. 숲을 잘 가꾸어 아름다운 숲을 우리 후손들에게 물려줄 수 있도록 해야 할 것이다.

비유적인 표현은 사용되었지만, 앞서 제시한 산불 확산 방지 방법의 효과를 드러내지는 않았다. 또한 산불 확산 방지에 관심을 가져야 하는 이유를 밝히지도 않고 있다.

[문제편 p.068]

18회 | 2021학년도 10월 학력평가 고3

| 정답과 해설 |

• 정답 •
35 ② 36★ ③ 37 ① 38 ④ 39 ① 40 ③ 41 ⑤ 42 ② 43 ⑤ 44 ⑤ 45 ④

★ 표기된 문항은 [등급을 가르는 문제]에 해당하는 문항입니다.

35 말하기 방식 파악 정답률 96% | 정답 ②

위 발표에 대한 설명으로 가장 적절한 것은?

① 청중과 공유한 경험을 환기하며 발표의 목적을 밝히고 있다.
1문단을 통해 발표 목적이 무엇인지 알 수 있지만, 청중과 공유한 경험을 환기하지는 않고 있다.

✔② 청중에게 질문을 던져 청중이 발표에 집중하도록 하고 있다.
1문단의 '이 풍속화 속 사람들은 무엇을 하는 걸까요?', 2문단의 '여러분, 격자 안에는 무엇이 적혀 있을까요?'를 통해, 발표자는 청중에게 풍속화 속 사람들이 무엇을 하는지, 격자 안에는 무엇이 적혀 있을지 등의 질문을 던져 청중이 발표에 집중하도록 하고 있다.

③ 발표 순서를 안내하여 청중이 내용을 예측하도록 돕고 있다.
1문단을 통해 발표 목적이 무엇인지 알 수 있지만, 발표 순서를 안내하지는 않고 있다.

④ 정보의 출처를 언급해 발표 내용의 신뢰성을 확보하고 있다.
발표자는 풍속화를 자료를 제시하고 있지만 자료의 출처가 어디인지는 밝히지 않고 있다.

⑤ 발표 내용에 대한 청중의 이해도를 점검하며 발표를 마무리 하고 있다.
발표자는 승경도 놀이를 할 것을 권유하면서 발표를 마무리하고 있지, 발표 내용에 대한 청중의 이해도를 점검하지는 않고 있다.

★★★ 등급을 가르는 문제!

36 자료 활용 방안 파악 정답률 74% | 정답 ③

〈보기〉의 자료를 활용하기 위한 계획 중 발표에 반영되지 않은 것은?

〈보 기〉

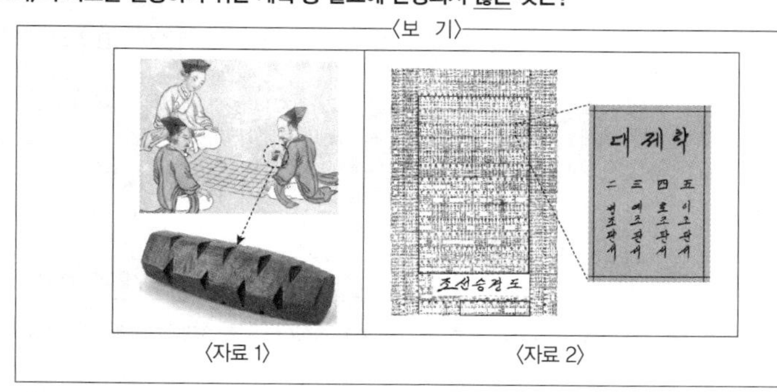

〈자료 1〉 〈자료 2〉

① 〈자료 1〉을 활용하여, 조선 시대에 승경도 놀이가 성행했음을 알려 준다.
〈자료 1〉은 승경도 놀이를 하는 장면이 그려진 풍속화와 함께 윤목의 사진을 제시한 것이다. 이를 활용하여 풍속화 속 사람들에 대한 질문을 통해 승경도 놀이를 소개하며 풍속화에 그려질 정도로 조선 시대에 많은 사람들이 이 놀이를 즐겼음을 1문단에서 알려 주고 있다.

② 〈자료 2〉를 활용하여, 승경도판의 칸에 들어 있는 글자들에 대한 정보를 알려 준다.
〈자료 2〉에서 판의 한 칸을 확대한 부분을 가리키며 각 칸에 가로 방향의 큰 글씨로 관직명이 적혀 있고, 세로 방향의 작은 글씨로 다음에 이동할 수 있는 관직들이 적혀 있음을 2문단에서 알려 주고 있다.

✔③ 〈자료 2〉를 활용하여, 놀이를 시작하는 출신의 종류와 출신을 정하는 방법을 소개한다.
〈자료 2〉는 승경도판의 전체 모습과 함께 판의 한 칸을 확대해 제시한 것이다. 이를 활용하여 발표의 3문단에서는 판 바깥쪽 아랫부분의 격자들에서 놀이를 시작한다는 점을 밝히며, 격자마다 문과, 무과, 군졸 등의 출신이 적혀 있음을 언급하고 있다. 그러나 놀이를 시작할 때 출신을 정하는 방법을 소개하는 부분은 찾아 볼 수 없다.

④ 〈자료 2〉를 활용하여, 전체 승경도판의 관직 배치 방식과 놀이의 시작 지점을 제시한다.
〈자료 2〉에서 승경도판의 전체 모습을 가리키며 굵은 선의 안쪽에 중앙 관직이, 선의 바깥에 지방 관직이 배치되어 있음을 2문단에서 언급하며, 승경도판의 관직 배치 방식을 제시하고 있다. 그리고 이 자료를 활용해 3문단에서는 판 바깥쪽 아랫부분의 격자들에서 놀이를 시작한다고 언급하며 놀이의 시작 지점을 제시하고 있다.

⑤ 〈자료 1〉과 〈자료 2〉를 활용하여, 윤목을 던져 나온 수에 따라 말이 이동하는 방식을 설명한다.
〈자료 1〉에서 윤목의 사진을 통해 윤목의 모서리에 눈금이 새겨져 있음을 3문단에서 언급하고 있다. 그리고 윤목을 던져 나온 수에 따라 다섯 가지 경우로 진출할 수 있음을 밝힌 뒤 〈자료 2〉를 제시해 말이 이동하는 방식을 설명하고 있다.

★★ 문제 해결 꿀~팁 ★★

▶ 많이 틀린 이유는?
이 문제는 〈보기〉에 제시된 '자료'를 발표 내용과 제대로 연관하지 못하였거나, '자료'를 제시하며 설명한 내용을 정확하게 파악하지 못해 오답률이 높았던 것으로 보인다.

▶ 문제 해결 방법은?
이 문제처럼 화법에서는 〈보기〉로 자료를 제시하는 경우가 있는데, 아 자료가 무엇인지 알기 위해서는 '자료'를 정확히 살펴본 뒤, 화법 내용을 바탕으로 어떤 자료인지 확인해야 한다. 그런 다음 '자료'를 설명하는 내용을 바탕으로 선택지의 내용이 적절한지 판단해야 한다. 가령 정답인 ③의 경우, '자료 2'가 승경도판임을 알고, 이 자료에 대한 설명이 2문단에 제시되어 있음을 파악해야 한다. 그리고 이를 통해 발표자가 '자료 2'를 어떻게 설명하고 있는지 확인하면 되는데, 발표자는 '자료 2'를 제시한 뒤 판 바깥쪽 아랫부분의 격자들에서 놀이를 시작 한다는 점을 밝히며, 격자마다 문과, 무과, 군졸 등의 출신이 적혀 있음을 언급하고 있으므로 적절하지 않다고 할 수 있는 것이다. 마찬가지로 오답률이 높았던 ④의 경우에도 '자료 2'를 가지고 설명하고 있는 2문단과 3문단을 통해 파악했으면 적절하지 않았음을 알았을 것이다.

37 듣기 전략의 이해 정답률 85% | 정답 ①

다음은 위 발표를 들은 학생들의 반응이다. 학생의 반응을 이해한 내용으로 적절하지 않은 것은? [3점]

> **학생 1** : 선조들의 놀이에 유배나 파직처럼 실제 관직 생활에서 일어날 수 있는 일까지 반영했다는 사실을 알게 되어 좋았어. 그럼 현실에서처럼 놀이에서도 유배나 파직이 되었을 때 다시 관직으로 복귀할 수 있었을까
> **학생 2** : 보드게임 중에도 주사위를 활용해서 하는 놀이가 있는데, 조선 시대에도 이와 비슷한 놀이를 즐겼다는 점을 알게 되어 유익했어. 이 놀이를 누가 만들었는지 궁금한데 그에 대한 설명이 없네. 자료를 찾아봐야겠어.
> **학생 3** : 도구를 던져 나온 수에 따라 이동한다는 점은 윷놀이와 같네. 그렇지만 출신에 따라 승진 과정이 다르다고 하니 윷놀이와 달리 말이 잡히는 경우는 없겠어.

✔① 학생 1은 발표의 일부를 언급하며 그 내용의 타당성에 대한 의문을 제기하고 있다.
'학생 1'은 발표에서 놀이의 벌칙에 대해 설명한 부분과 관련해 유배나 파직이 되었을 때 현실에서처럼 다시 관직으로 복귀할 수 있었을지에 대한 의문을 제시하고 있다. 이는 발표 내용과 관련해 궁금한 점을 떠올린 것이지 발표 내용의 타당성에 대해 의문을 제기하고 있는 것은 아니다.

② 학생 2는 발표 내용과 관련해 궁금한 점에 대해 더 조사해야 겠다고 생각하고 있다.
'학생 2'는 놀이를 만든 사람에 대해 궁금해하며 자료를 찾아봐야겠다고 생각하고 있다. 이는 승경도 놀이에 대해 설명한 발표 내용과 관련하여 궁금한 점에 대해 더 조사해야겠다고 생각한 것이다.

③ 학생 3은 발표에서 직접적으로 언급되지 않은 내용을 추론하고 있다.
'학생 3'은 출신에 따라 승진 과정이 다르다고 설명한 발표 내용과 관련해 윷놀이와 달리 말이 잡히는 경우가 없겠다며 발표에서 직접적으로 언급되지 않은 내용을 추론하고 있다.

④ 학생 1과 학생 2는 발표를 통해 새로운 사실을 알게 된 것을 긍정적으로 평가하고 있다.
'학생 1'은 선조들의 놀이에 유배나 파직처럼 실제 관직 생활에서 일어날 수 있는 일까지 반영했다는 사실을 알게 되어 좋았다고 말하며 발표에서 새로운 사실을 알게 된 것을 긍정적으로 평가하고 있다. 또한 학생 2는 보드게임 중에도 주사위를 활용해서 하는 놀이가 있는데, 조선 시대에도 이와 비슷한 놀이를 즐겼다는 점을 알게 되어 유익했다고 말하며 발표에서 새로운 사실을 알게 된 것을 긍정적으로 평가하고 있다.

⑤ 학생 2와 학생 3은 발표에서 언급한 내용을 배경지식을 활용하여 이해하고 있다.
'학생'2는 보드게임 중에도 주사위를 활용하는 놀이가 있다는 배경지식을 바탕으로 승경도 놀이에 대한 발표 내용을 이해하고 있다. 또한 '학생 3'은 윷놀이에 관한 배경지식을 바탕으로 윤목이라는 도구를 던져 나온 수에 따라 말을 이동한다고 언급한 발표 내용을 이해하고 있다.

38 발화의 의미와 기능 이해 정답률 77% | 정답 ④

대화의 흐름을 고려할 때, ㉠ ~ ㉤에 대한 설명으로 적절하지 않은 것은?

① ㉠ : 상대의 요청에 따라 강연에서 인상적이었던 내용을 제시하고 있다.
㉠에서 학생 1은 상대가 강연에서 인상 깊었던 내용이 무엇이었는지 말해 주기를 요청하자, 이에 대해 답하고 있다.

② ㉡ : 상대가 한 질문의 의미를 자신이 제대로 이해했는지 확인하고 있다.
㉡에서 학생 1은 학생 2가 시민적 롬바드 효과를 막으려면 어떻게 해야 하는지 묻자, 상대가 한 질문의 의미를 자신이 제대로 이해했는지 확인하고 있다.

③ ㉢ : 상대의 말을 다시 진술하며 그에 대한 자신의 생각을 덧붙이고 있다.
㉢에서 학생 1은 상대가 한 명, 한 명의 선택과 행동이 사회를 만들어 간다고 하자, 이를 다시 말하며 책임감이 느껴진다고 그에 대한 자신의 생각을 덧붙이고 있다.

✔④ ㉣ : 상대의 의견을 뒷받침할 수 있는 추가적인 사례를 요구하고 있다.
㉣에서 학생 1은 상대의 의견을 듣고 관련된 경험이 있는지 묻고 있다. 학생 1이 질문하기 전에 상대가 사례를 말하지 않았기 때문에 학생 1이 의견을 뒷받침하는 추가적인 사례를 요구하였다는 내용은 적절하지 않다.

⑤ ㉤ : 상대의 계획을 응원하기 위해 강연에서 들었던 비유를 활용하고 있다.
㉤에서 학생 1은 상대의 계획을 듣고 멋지다고 말하며 상대를 정원을 아름답게 만드는 정원사가 될 것이라는 비유를 사용해 응원하고 있다. 해당 비유를 강연에서 들었다는 것은 학생 1이 사회를 정원으로, 시민을 정원을 관리하는 정원사에 비유한 강연 내용이 인상 깊었다는 언급에서 확인할 수 있다.

39 대화의 의미 이해 정답률 91% | 정답 ①

[A], [B]에 대한 설명으로 가장 적절한 것은?

✔① [A]에서 학생 2는 스스로에 대한 인식이 부정적인 상대에게, [B]에서 학생 1은 스스로의 행동을 자책하는 상대에게 위로의 말을 건네고 있다.
[A]에서 학생 1이 강연에서 들은 중요한 단어를 기억하지 못해 자신을 부정적으로 언급하자, 학생 2는 괜찮다며 위로하고 있고, 이에 대해 학생 1은 고마움을 표현하고 있다. 그리고 [B]에서 학생 2가 쓰레기를 아무 데나 버리는 학생들을 보고도 말리지 못했다고 자책하자, '학생 1'이 그 행동을 따라 하지 않은 것이 중요하다고 위로하고 있고, 이에 대해 학생 2는 고마움을 표현하고 있다.

② [A]에서 학생 2는 상대의 말에 동의하고 있음을, [B]에서 학생 1은 상대의 말에 공감하고 있음을 준언어적 표현을 통해 드러내고 있다.
[A]에서 학생 2는 학생 1에 위로하고 있지, 학생 1의 말에 동의하고 있는 발화는 찾아볼 수 없다. [B]에서 학생 1은 '고개를 끄덕이며'라는 비언어적 표현을 사용하여 공감하고 있지만 준언어적 표현을 사용하여 공감하지는 않고 있다.

③ [A]에서 학생 2는 상대가 잘못 정리한 강연 내용을, [B]에서 학생 1은 상대가 스스로의 행동에 대해 평가한 생각을 수정하고 있다.
[A]에서 학생 2는 학생 1이 강연에서 기억하지 못한 '시민적 롬바드 효과'를 알려 주고 있지만 상대가 잘못

PART I 18회

정리한 강연 내용을 수정하지는 않고 있다. [B]에서 학생 1은 학생 2의 행동에 공감을 표하면서 학생 2의 행동에 대해 평가하고 있지만, 상대가 스스로의 행동에 대해 평가한 생각을 수정하지는 않고 있다.

④ **[A]에서 학생 2는 상대의 의견에 이의를 제기하며, [B]에서 학생 1은 상대의 의견 일부를 인정하며 자신의 의도를 설명하고 있다.**
[A]에서 학생 2가 학생 1의 의견에 이의를 제기하지 않고 있고, [B]에서 학생 1이 학생 2의 의견 일부를 인정하며 자신의 의도를 설명하지는 않고 있다.

⑤ **[A]에서 학생 2는 상대가 생각하지 못했던 강연의 의미를, [B]에서 학생 1은 상대가 한 행동의 의미를 알려 주고 있다.**
[A]에서 학생 2는 학생 1이 기억나지 않는다는 '시민적 롬바드 효과'를 알려 주면서 이 단어가 지니는 의미는 알고 있었다고 말하고 있으므로, 학생 1이 생각하지 못했던 강연의 의미를 알려 준다고는 할 수 없다. [B]에서 학생 1은 학생 2의 행동이 지닌 가치에 대해서는 언급하고 있지만, 학생 2가 한 행동의 의미가 무엇인지를 알려 주지는 않고 있다.

40 대화 내용의 반영 양상 이해

정답률 85% | 정답 ③

(가)의 대화 내용이 (나)에 반영된 양상으로 적절하지 않은 것은?

① **(가)에서 학생 2가 학생들의 나쁜 행동을 목격한 경험에 대해 언급한 내용이 (나)의 1문단에서 문제 상황의 실태를 드러내는 내용으로 제시되었다.**
(가)에서 학생 1은 청소하는 학생들이 쓰레기통을 분리수거장까지 들고 가지 않고 아무 데나 쓰레기를 버렸다고 언급하고 있다. 이 문단이 (나)의 1문단에 제시되어 문제 상황의 실태를 드러내 주고 있다.

② **(가)에서 학생 1, 학생 2가 학교 관계자의 말에 대해 언급한 내용이 (나)의 1문단에서 문제 상황의 심각성을 부각하는 내용으로 제시되었다.**
(가)에서 학생 1은 아무 데나 쓰레기를 버리는 학생들이 매우 빠른 속도로 늘었다고 난감해 하는 학교 관계자의 모습을 보았다고 언급하고 있고, 학생 2는 함부로 버려지는 쓰레기 때문에 골치가 아프다는 학교 관계자의 말을 들었다고 언급하고 있다. 이 내용이 (나)의 1문단에서 제시되어 학교 내에 쓰레기를 함부로 버리는 문제의 심각성을 부각하고 있다.

✔③ **(가)에서 학생 1이 문제 해결을 위한 행동의 필요성에 대해 언급한 내용이 (나)의 2문단에서 문제 해결 방안의 적절성을 입증하는 근거로 제시되었다.**
(가)에서 학생 1이 언급한 문제 해결을 위한 행동의 필요성이 2문단에 문제 해결 방안의 적절성을 입증하는 근거로 제시되지 않았다. 2문단은 문제 해결 방안의 적절성을 입증하는 내용이 없다. 2문단은 강연 내용을 바탕으로 학교 내에서 쓰레기를 함부로 버리는 행동을 따라 하는 현상을 설명하고 있다.

④ **(가)에서 학생 1, 학생 2가 강연에서 들은 시민적 롬바드 효과에 대해 언급한 내용이 (나)의 2문단에서 문제의 원인을 설명하는 내용으로 제시되었다.**
(가)에서 학생 1과 학생 2는 '시민적 롬바드 효과'에 대해 언급하고 있다. 이 내용이 (나)의 2문단에서 누군가가 쓰레기를 함부로 버리면 학교 내에서 너도나도 이런 행동을 따라하는 문제의 원인을 설명하기 위해 제시되고 있다.

⑤ **(가)에서 학생 1, 학생 2가 사회에 해를 끼치는 행동의 확산을 막는 방법에 대해 언급한 내용이 (나)의 3문단에서 문제 해결과 관련한 주장의 내용으로 제시되었다.**
(가)에서 학생 1은 사회에 해를 끼치는 행동이 확산되는 걸 막기 위해서 나부터 그런 행동을 하지 않아야 한다는 강연 내용을 언급하고 있고, 학생 2는 나쁜 행동을 그냥 두고 보지 않는 것도 중요하다고 언급하고 있다. 이 내용이 (나)의 3문단에서 학교 내에 쓰레기를 함부로 버리는 행동을 해서는 안 된다는 것과 쓰레기를 함부로 버리는 일을 목격하면 이를 막도록 노력해야 한다는 주장의 내용으로 제시되었다.

41 글쓰기 전략 파악

정답률 88% | 정답 ⑤

(나)에 활용된 글쓰기 전략으로 가장 적절한 것은?

① **예상되는 반론을 제시하고 이를 반박하여 논지를 강화했다.**
(나)를 통해 예상되는 반론이나 이에 대해 반박하는 내용은 찾아볼 수 없다.

② **본문에서 설명하는 순서대로 요약한 내용을 포함하여 마무리했다.**
(나)의 마지막 문단에서는 제멋대로 쓰레기를 버리는 학생의 행동이 우리 학교를 어지럽히는 일이라는 점을 인식시킬 필요성을 언급하고 있지만, 본문에서 설명하는 순서대로 내용을 요약하지는 않고 있다.

③ **각 문단의 마지막마다 의문형 문장을 활용하여 문단의 핵심 내용을 강조했다.**
1, 2문단에서는 의문형 문장을 활용하고 있지만, 이러한 의문형 문장은 이어질 내용을 언급하는 기능을 하고 있지, 문단의 핵심 내용을 강조한 것은 아니다. 또한 3, 4문단에서는 의문형 문장을 활용하지는 않고 있다.

④ **'행동'이라는 말을 반복하여 예상 독자가 지닌 신중한 태도의 문제점을 지적했다.**
(나)에서는 '행동'이라는 말이 반복해서 등장하지만, 예상 독자의 신중한 태도의 문제점을 지적하는 내용은 찾아볼 수 없다.

✔⑤ **'우리'라는 말을 자주 사용해 글에서 다루고 있는 내용이 공동체의 문제임을 부각했다.**
(나)에서는 '우리'라는 말을 자주 사용하고 있다. 이를 통해 학교 내에 쓰레기를 함부로 버리는 문제가 학교 공동체 구성원인 학생들의 문제임을 부각하고 있다.

42 검토 의견의 파악

정답률 91% | 정답 ②

다음은 학교 신문 편집부장의 검토 의견을 반영해 (나)의 마지막 문단을 학생 2가 수정한 원고이다. 검토 의견으로 가장 적절한 것은?

> 상호 의존적인 관계로 맺어져 있는 학교생활에 좀 더 큰 책임감을 느껴야 한다. 이에 '쓰레기 되가져 가기'와 '버리지마' 캠페인을 제안한다. 캠페인을 통해 무분별한 쓰레기 투기를 막을 수 있고, 쓰레기를 버리는 행동에 대한 거부감을 드러내는 것으로 나쁜 행동의 확산을 막을 수 있다.

① **학교 내에서 예의와 존중을 지키지 않는 행동에 대해 소극적으로 대처할 때의 문제점을 지적하며 글을 마무리해 주세요.**

✔② **학교 내에서 쓰레기를 함부로 버리는 것을 막기 위한 구체적인 방법과 그 기대 효과를 설명하며 글을 마무리해 주세요.**
(나)의 마지막 문단과 '수정 원고'를 비교해 보면, (나)의 마지막 문단의 제멋대로 쓰레기를 버리는 학생에게 그 행동의 의미가 무엇인지를 분명하게 인식시킬 필요가 있다는 내용이 '수정 원고'에서는 쓰레기를 함부로 버리는 것을 막기 위해 '쓰레기 되가져 가기'와 '버리지 마'라는 구체적인 방법을 제시하면서, 이를 통해 기대할 수 있는 효과가 무엇인지 설명하는 내용이 제시되었음을 알 수 있다. 따라서 이를 통해 학교 신문 편집부장은 학생 2에게 학교 내에서 쓰레기를 함부로 버리는 것을 막기 위한 구체적인 방법과 그 기대 효과를 설명하며 글을 마무리해 달라고 검토 의견을 제시했음을 알 수 있다.

③ **학교 내에서 쓰레기를 함부로 버리는 행동을 하는 심리가 무엇인지 설명하며 글을 마무리해 주세요.**

④ **학교 내에서 분리수거를 효율적으로 실천하기 위한 교육적 방안을 제안하며 글을 마무리해 주세요.**

⑤ **학교 내에서 분리수거를 하지 않는 학생에 대한 대처 방안을 안내하며 글을 마무리해 주세요.**

43 글쓰기 계획의 반영 여부 판단

정답률 83% | 정답 ⑤

다음은 초고를 작성하기 전에 학생이 떠올린 생각이다. 학생의 초고에 반영되지 않은 것은?

① **인터뷰를 제시하여 학생들의 과제 수행에 관한 문제점을 강조 해야겠어.**
초고의 2문단에서 우리 학교 선생님들의 인터뷰를 제시하여 마감 시한에 임박해 과제를 수행하면 과제의 완성도가 낮아질 수밖에 없다는 문제점을 강조하고 있다.

② **묻고 답하는 방식으로 과제 수행에 관한 문제 해결 방안을 제시해야겠어.**
초고의 4문단에서 '이런 문제를 해결하려면 어떻게 해야 할까?'라고 묻고 이에 대한 답변으로 과제 수행에 관한 문제의 해결 방안을 제시하고 있다.

③ **과제 수행에 대한 통념을 언급한 후 이 통념이 사실과 다른 부분이 있음을 드러내야겠어.**
초고의 2문단에서 벼락치기로 과제를 수행하면 집중력이 높아져 좋은 성과를 낼 수 있다고 믿는 학생들의 통념을 언급한 후, 고등 사고 능력이 떨어져 과제의 완성도가 낮아질 수밖에 없으므로 통념이 사실과 다른 부분이 있다는 내용을 드러내고 있다.

④ **학교생활에서 벌어지는 모습을 제시해 과제 수행과 관련해 발생하는 문제 상황을 보여 주어야겠어.**
초고 1문단에서 과제 수행과 관련해 학교생활에서 벌어지는 모습을 제시하고 있는데, 이는 과제 수행과 관련해 발생하는 문제 상황을 보여 주는 것이라 할 수 있다.

✔⑤ **과제 수행과 관련한 문제의 발생 원인을 개인적 측면과 사회적 측면으로 구분하여 밝혀 주어야겠어.**
초고에서 알 수 있는 과제 수행과 관련한 문제는, 학생들이 마감 시한에 임박해서 과제를 수행하여 과제의 완성도가 낮아진다는 것과 과제 외의 다른 일을 소홀히 하게 된다는 것이다. 초고에 문제의 발생 원인을 개인적 측면과 사회적 측면으로 구분하여 밝히고 있는 부분은 없다.

44 조건에 맞는 글쓰기

정답률 93% | 정답 ⑤

다음은 초고를 읽은 교지 편집부원이 조언한 내용이다. 이를 반영하여 [A]를 작성한 내용으로 가장 적절한 것은?

> 앞서 언급한 두 가지 문제를 해결할 수 있음을 밝히며 마무리하되, 문맥에 어울리는 관용적 표현을 활용하면 좋겠어요.

① **그러면 과제 수행에 온전히 에너지를 쏟게 되어 자신의 과제 수행에 대해 만족할 수 있게 될 것이다.**

② **그러면 시간적 여유를 가지고 과제를 수행해서 과제 이외의 다른 일들을 두루 살필 수 있게 될 것이다.**

③ **그러면 다른 중요한 일들을 놓치더라도 과제 결과물에 대해서는 좋은 평가를 받을 수밖에 없게 될 것이다.**

④ **그러면 돌다리를 두드려 보고 건너듯이 신중한 자세로 과제를 수행하는 것이 중요하다는 점을 알게 될 것이다.**

✔⑤ **그러면 완성도 높은 과제 결과물도 얻고 해야 할 다른 일도 소홀히 하지 않게 되어 두 마리 토끼를 모두 잡게 될 것이다.**
내용상 조건이 앞에 언급한 두 가지 문제, 즉 마감 시한에 임박해서 과제를 수행하면 과제의 완성도가 낮아지고 과제 이외의 다른 중요한 일들을 소홀히 하게 된다는 문제들을 해결할 수 있음을 제시하는 것이고, 표현상 특징이 관용적 표현의 활용임을 알 수 있다. 이러한 조건을 반영한 것은 ⑤로, ⑤의 '완성도 높은 과제 결과물도 얻고 해야 할 다른 일도 소홀히 하지 않게' 된다며를 통해 두 가지 문제를 해결할 수 있음을 밝히고 있음을 알 수 있다. 또한 '두 마리 토끼'를 모두 잡게 될 것이라고 문맥에 어울리는 관용적 표현을 활용하고 있다.

45 자료 활용 방안의 적절성 판단

정답률 85% | 정답 ④

다음은 학생이 초고를 보완하기 위해 수집한 자료이다. 자료의 활용 방안으로 적절하지 않은 것은? [3점]

ㄱ. 우리 학교 설문 조사

ㄱ-1. 과제 제출 시한에 임박해서 과제를 수행하는 편인가?

예 78%	아니요 22%

ㄱ-2. (ㄱ-1에서 '예'라고 응답한 학생들을 대상으로) 본인이 제출한 과제 결과물에 만족하는가?

만족 65%	불만족 35%

ㄴ. 신문 기사의 일부

우리의 뇌는 무엇인가가 부족하다고 생각되면 본능적으로 그와 관련된 자극에 더 민감하게 반응하여 부족한 것을 채우기 위해 뇌의 에너지 대부분을 쏟게 된다. 한정된 집중력을 일시에 몰아주는 것이다. 이로 인해 짧은 시간에 한 가지 문제에 관심을 쏟다 보면 그 문제 해결에만 집중하게 되고, 그 외의 것에 대해서는 집중하지 않게 되는 '터널 시야 현상'이 발생할 수 있다.

[문제편 p.071]

ㄷ. 전문가 인터뷰
"과제 수행에는 고등 사고 능력이 요구되는데 시간에 쫓기면 이런 능력이 발휘되기 어렵습니다. 따라서 과제를 수행할 때에는 중요도와 시급성을 기준으로 일의 우선순위를 정하는 것이 중요합니다. 이를 바탕으로 계획을 세워 정해진 과업을 실행하고, 실행한 결과를 점검해야 합니다."

① **ㄱ-1을 활용해, 마감 시한에 임박해 과제를 수행하는 습관을 지닌 학생이 많다는 1문단의 내용을 구체화한다.**
ㄱ-1은 학생들에게 과제 제출 시한에 임박해서 과제를 수행하는 편인지를 조사한 결과이다. 질문에 '예'라고 답한 학생들이 78%에 이르므로 이를 활용해 우리 학교의 많은 학생들이 습관적으로 마감 시한에 임박해 과제를 수행하고 있다는 1문단의 내용을 구체화할 수 있다.

② **ㄴ을 활용해, 단시간에 과제를 해결하려 할 때 과제 외의 중요한 일들을 소홀히 하게 된다는 3문단의 내용을 보강한다.**
ㄴ은 우리 뇌의 작용과 관련하여 짧은 시간에 한 가지 문제에 관심을 쏟다 보면 그 문제 외의 다른 것들에 대해 집중하지 못함을 언급한 신문 기사이다. 이를 활용해 짧은 시간에 과제를 수행하려 할 때 과제 이외의 다른 중요한 일들을 소홀히 하게 된다는 3문단의 내용을 보강할 수 있다.

③ **ㄷ을 활용해, 마감 시한에 임박해 과제를 수행하면 과제의 완성도가 떨어진다는 2문단의 내용을 보강한다.**
ㄷ은 시간에 쫓기면 과제 수행에 필요한 고등 사고 능력이 발휘되기 어렵다는 전문가 인터뷰 내용이다. 이를 활용해 마감 시한에 임박해서 과제를 수행하면 과제의 완성도가 낮아질 수밖에 없다는 2문단의 내용을 보강할 수 있다.

✔ **ㄱ-2와 ㄴ을 활용해, 과제 결과물에 대한 학생과 교사의 평가 기준이 일치하지 않는 이유를 2문단에 덧붙인다.**
2문단에서는 벼락치기로 과제를 수행했을 때 집중력이 높아져 좋은 성과를 낼 수 있다고 믿는 학생들의 생각과 관련하여, 과제의 완성도가 낮아져 좋은 점수를 받지 못한 경우가 많았다는 내용을 제시하고 있다. ㄱ-2는 과제를 제출 시한에 임박해서 수행하는 편인 학생들에게 과제 결과물에 대한 만족도를 조사한 결과이다. 그리고 ㄴ은 짧은 시간에 과제를 수행하면 과제 외의 것에 대해서는 집중하지 못하는 터널 시야 현상이 발생할 수 있음을 언급한 신문 기사이다. 이들 자료에서 학생과 교사의 과제 평가 기준에 대한 내용은 확인할 수 없으므로 이를 활용해 2문단에 학생과 교사의 평가 기준이 일치하지 않는 이유를 2문단에 덧붙이는 것은 적절하지 않다.

⑤ **ㄴ과 ㄷ을 활용해, 뇌의 집중력은 한정되어 있으므로 일들의 우선순위를 정해 수행 계획을 세워야 한다는 내용을 4문단에 보충한다.**
ㄴ은 우리 뇌가 부족함을 인식하면 부족한 것을 채우기 위해 한정된 집중력을 몰아주게 된다는 내용의 신문 기사이다. 그리고 ㄷ은 과제를 수행할 때 중요도와 시급성을 기준으로 일의 우선순위를 정하는 것이 중요하다는 전문가 인터뷰 내용이다. 이를 활용해 일들의 우선순위를 정해 수행 계획을 세워야 한다는 내용을 4문단에 보충할 수 있다.

[문제편 p.073]

19회 | 2024학년도 대학수학능력시험 고3

• 정답 •
35 ④ 36 ⑤ 37 ④ 38 ④ 39 ⑤ 40 ① 41 ③ 42 ③ 43 ② 44 ⑤ 45★ ①

★ 표기된 문항은 [등급을 가르는 문제]에 해당하는 문항입니다.

35 발표 표현 전략의 파악
정답률 94% | 정답 ④

위 발표자의 말하기 방식으로 가장 적절한 것은?

① **청중의 이해를 돕기 위해 전문 용어의 개념을 정의한다.**
이 발표를 통해 발표자가 전문 용어의 개념을 정의하는 내용은 찾아볼 수 없다.

② **청중의 요청에 따라 발표 내용에 대한 정보를 추가한다.**
이 발표를 통해 청중이 발표 내용에 대한 정보를 추가할 것을 요청하는 부분은 찾아볼 수 없다.

③ **청중이 내용을 예측하며 듣도록 발표 진행 순서를 안내한다.**
이 발표에서 발표자는 발표의 처음 부분에서 발표의 중심 제재를 소개하고 있을 뿐, 발표의 진행 순서를 안내하지는 않고 있다.

✔ **청중의 참여를 이끌어 내기 위해 질문을 하고 청중의 반응을 확인한다.**
이 발표에서 발표자는 꾸구리가 낮과 밤 중 언제 주로 활동하는지를 질문하고 청중의 답변을 이끌어 내고 있다. 따라서 발표자의 질문은 청중의 참여를 이끌어 내기 위한 질문임을 알 수 있다.

⑤ **청중과 공유하는 기억을 환기하여 발표 주제를 선정하게 된 계기를 밝힌다.**
이 발표를 통해 발표 주제를 선정하게 된 계기는 찾아볼 수 없고, 또한 청중과 공유하는 기억을 환기하지도 않고 있다.

36 발표 계획의 반영 여부 판단
정답률 57% | 정답 ⑤

다음은 발표를 준비하며 참고한 내용이다. ㉠~㉢을 구체화한 발표 계획 중 발표에 반영되지 않은 것은?

• 청중 분석
 – 청중의 요구, 배경지식, 청중과의 관련성 등
• 발표의 구성
 – 도입부 : 청중의 관심 유발 ··········· ㉠
 – 전개부 : 효과적인 정보 전달을 위한 내용 조직 ··········· ㉡
  전달할 내용에 알맞은 자료 활용 ··········· ㉢
 – 정리부 : 내용 요약 및 강조

① **㉠: 청중의 관심을 끌기 위해 물고기에게서 흔히 보기 어려운 모습을 떠올리도록 청중에게 요청해야겠어.**
발표자는 발표를 시작하면서 물고기가 눈을 감는 모습을 상상해 볼 것을 요청하고 있다. 그러면서 '잘 떠오르지 않으시죠?'라고 질문하며 일반적으로 물고기는 눈꺼풀이 없어 눈을 감지 못한다는 설명을 덧붙이고 있다. 따라서 발표자는 물고기에게서 흔히 보기 어려운 모습을 떠올리도록 청중에게 요청하여 관심을 끌려 함을 알 수 있다.

② **㉡: 말뚝망둑어 눈의 개폐 과정을 드러내기 위해 눈과 눈 아래 피부의 움직임을 순서대로 설명해야겠어.**
2문단의 '말뚝망둑어가 눈을 닫을 때 위로 볼록 솟아 있는 눈이 아래의 구멍으로 들어가고, 이어서 눈 아래 피부가 올라와 눈을 덮어 줍니다.'를 통해, 발표자는 말뚝망둑어 눈의 개폐 과정을 드러내기 위해 눈과 눈 아래 피부의 움직임을 순서대로 설명하고 있음을 알 수 있다.

③ **㉡: 말뚝망둑어 눈의 개폐가 가능한 이유를 설명하기 위해 말뚝망둑어와 둥근망둑어의 눈 근육을 비교하여 말해야겠어.**
2문단을 통해 발표자는 말뚝망둑어의 눈 근육이 둥근망둑어에 비해 그 기울기가 훨씬 가파르기 때문에 눈의 개폐가 가능하다고 설명하고 있다.

④ **㉢: 두 물고기의 눈 개폐 양상을 보여 주기 위해 말뚝망둑어의 동영상과 꾸구리의 사진을 제시해야겠어.**
2문단의 '(자료 제시) 동영상에 보이는 것처럼'에서 확인할 수 있듯이 발표자는 동영상을 보여 주며 말뚝망둑어 눈의 개폐를 설명하고 있다. 그리고 발표자는 '(자료 제시) 나란히 놓인 두 사진이 보이시죠?'라는 말과 함께 사진을 제시하여 꾸구리 눈의 개폐 양상을 설명하고 있다.

✔ **㉢: 꾸구리 눈이 개폐된 모습의 차이를 드러내기 위해 두 사진을 화면에 순차적으로 제시해야겠어.**
3문단을 통해 발표자는 꾸구리 눈의 개폐된 모습의 차이를 드러내기 위해 두 사진을 나란히 놓아 제시하였음을 알 수 있다. 따라서 두 사진을 화면에 순차적으로 제시해야겠다는 발표 계획은 발표에 반영되지 않았음을 알 수 있다.

37 발표 내용에 대한 반응의 이해
정답률 93% | 정답 ④

발표 내용을 바탕으로 할 때, 〈보기〉에 나타난 학생들의 반응에 대한 이해로 적절하지 않은 것은?

〈보 기〉
학생 1 : 눈꺼풀이 없는 다른 물고기들은 눈으로 들어오는 빛의 양을 어떻게 조절하는지에 대한 설명이 빠져 있어서 그것을 알고 싶어.
학생 2 : 상어에도 눈꺼풀 같은 피부가 있다고 알고 있어. 그 피부가 꾸구리 눈에 있는 피부와 같은 역할을 수행하는지 누리집에서 검색해야지.
학생 3 : 말뚝망둑어 눈의 개폐가 사람의 눈 깜빡임과 같은 역할을 한다는 정보는 흥미롭지만, 그 연구 결과가 믿을 만한 것일까? 관련 내용을 도서관에서 찾아봐야겠어.

① **학생 1은 발표에 언급되지 않은 정보에 대해 궁금증을 드러내고 있다.**
학생 1은 눈꺼풀이 없는 다른 물고기들이 눈으로 들어오는 빛의 양을 조절하는 방법에 대한 설명이 빠져 있음을 언급하며 이에 대한 궁금증을 드러내고 있다. 이는 발표에서 언급되지 않은 정보에 대해 궁금증을 드러낸 것으로 볼 수 있다.

② **학생 2는 발표 내용과 관련하여 자신의 배경지식을 떠올리고 있다.**

학생 2는 눈꺼풀 같은 피부가 있는 물고기의 또 다른 예로 상어를 떠올리고 있는데, 이는 발표 내용과 관련하여 자신의 배경지식을 떠올리고 있는 것으로 볼 수 있다.

③ **학생 3은 발표에 제시된 내용을 신뢰할 수 있는지에 대해 의문을 제기하고 있다.**
학생 3은 말뚝망둑어 눈의 개폐에 대한 연구 결과가 믿을 만한 것인지를 궁금해하고 있는데, 이는 발표에 제시된 내용을 신뢰할 수 있는지에 대한 의문을 제기한 것으로 볼 수 있다.

✔ **학생 1과 학생 3은 모두, 발표 내용을 통해 알게 된 정보의 효용성을 판단하고 있다.**
학생 1은 눈꺼풀이 없는 다른 물고기들이 눈으로 들어오는 빛의 양을 조절하는 방법에 대한 설명이 빠져 있음을 언급하며 이에 대한 궁금증을 드러내고 있다. 하지만 발표 내용을 통해 알게 된 정보의 효용성을 판단하지는 않고 있다. 그리고 학생 3은 발표에서 전달한 정보가 흥미롭다고 평가하고 있지 정보의 효용성을 판단하지는 않고 있다.

⑤ **학생 2와 학생 3은 모두, 발표 내용과 관련하여 추가적인 정보를 탐색하려 하고 있다.**
학생 2는 상어의 눈꺼풀 같은 피부가 꾸구리 눈에 있는 피부와 같은 역할을 수행하는지 누리집에서 검색해야겠다고 말하고 있다. 그리고 학생 3은 말뚝망둑어 눈의 개폐에 대한 연구 결과와 관련된 내용을 도서관에서 찾아봐야겠다고 말하고 있다. 이렇게 볼 때, 학생 2와 학생 3 모두 발표 내용과 관련하여 추가적인 정보를 탐색하려 함을 알 수 있다.

38 대화 맥락의 이해

정답률 74% | 정답 ④

(가)의 '학생 1'에 대한 설명으로 가장 적절한 것은?

① **대화 참여자에게 대화에 적극적인 태도로 참여할 것을 요청하고 있다.**
'학생 1'의 첫 번째 발화와 세 번째 발화를 통해 요청하는 내용은 확인할 수 있지만, 대화에 적극적인 태도로 참여할 것을 요청하지는 않고 있다.

② **대화 참여자에게 추후 모임에서 논의할 사항을 안내하고 있다.**
'학생 1'은 마지막 발화에서 대화의 내용을 정리해 글을 작성할 것임을 밝히고 있을 뿐, 추후 모임에서 논의할 사항을 안내하지는 않고 있다.

③ **대화 참여자의 입장을 확인한 후 합의를 이끌어 내고 있다.**
'학생 1'의 네 번째 발화를 통해, '학생 1'이 '학생 2'와 '학생 3'의 입장을 요약 정리하면서 이들 간의 차이점을 확인하고 양쪽 모두 일리가 있음을 인정하였음을 알 수 있다. 하지만 '학생 2'와 '학생 3'의 합의를 이끌어 내지는 않고 있다.

✔ **대화 참여자에게 질문을 하여 대화 내용을 전환하고 있다.**
'학생 1'의 세 번째 발화를 통해, '학생 1'은 두 번째 발화에서 자신이 제기한 문제 상황의 해결 방안에 대해 이야기해 볼 것을 질문의 방식을 통해 요청하고 있다. 따라서 '학생 1'은 질문을 통해 문제 상황에서 문제에 대한 해결 방안으로 대화 내용을 전환하고 있음을 알 수 있다.

⑤ **대화 참여자가 제시한 정보에 대해 출처를 요구하고 있다.**
'학생 1'이 대화 참여자가 제시한 정보에 대해 출처를 요구하는 발화는 찾아볼 수 없다.

39 대화 내용 이해 및 평가

정답률 74% | 정답 ⑤

[A], [B]에서 나타나는 의사소통 방식에 대한 설명으로 적절하지 않은 것은?

① **[A]에서 '학생 2'는 '학생 3'의 말을 자신의 표현으로 바꾸어 말하며 이해한 내용을 확인하고 있다.**
[A]에서 '학생 2'는, 전통 한지가 빛에 안정적이기 때문에 보존성이 좋다는 '학생 3'의 말을 듣고 '서양 종이는 빛을 받으면 색이 잘 변하는데 전통 한지는 빛에 더 강하'다는 표현으로 바꾸어 말하면서 자신의 이해가 맞는지를 질문하고 있다.

② **[A]에서 '학생 3'은 '학생 2'가 말한 내용에 대해 자신이 알고 있는 정보를 덧붙이고 있다.**
[A]에서 '학생 3'은, 서양 종이와 전통 한지를 비교하는 '학생 2'의 말을 듣고 닥나무로 만든 중국, 일본의 종이와 전통 한지를 비교하며 전통 한지의 우수성을 추가적으로 설명하고 있다.

③ **[B]에서 '학생2'는 '학생3'의 의견을 수용한 후, 자신의 의견을 제시하고 있다.**
[B]에서 '학생 2'는 전통 한지를 어떤 식으로든 사용하지 않으면 사라지게 될 것이라는 '학생 3'의 말을 듣고 '나도 그렇게 생각해.'라며 수용하고 있다. 그런 다음 '학생 2'는 전통 한지 사용을 늘리기 위한 정부 차원의 노력을 강조하는 자신의 의견을 제시하고 있다.

④ **[B]에서 '학생 3'은 '학생 2'가 제공한 정보가 정확한지에 대해 의문을 제기하고 있다.**
[B]에서 '학생 3'은 민간에서 만든 생활용품이나 공예품에 쓰이는 한지는 품질 낮은 한지가 대부분이라는 '학생 2'의 말을 듣고 '민간에서 쓰이는 한지가 대부분 품질이 낮다는 건 확인이 필요할 것 같아.'라며 정보의 정확성에 의문을 제기하고 있다.

✔ **[B]에서 '학생 3'은 '학생 2'가 제시한 해결 방안이 공정하지 못하다고 지적하고 있다.**
[B]에서 '학생 3'은, 전통 한지를 계승하고 발전시킬 수 있는 방법으로 높은 품질의 유지와 정부 차원의 노력이 필요하다고 주장하는 '학생 2'의 말을 듣고 그것만으로는 문제를 해결하기 어렵다고 지적하며 민간에서 전통 한지를 두루 사용하는 것이 더 중요하다는 입장을 밝히고 있다. 그리고 '학생 3'은 생활용품이나 공예품에 쓰이는 한지는 품질이 낮은 경우가 대부분이라는 '학생 2'의 말을 듣고 확인이 필요할 것 같다고 말하고 있다. 따라서 '학생 3'은 '학생 2'의 주장에 대해 한계를 지적하거나 정보 확인의 필요성을 지적하고 있을 뿐, 해결 방안이 공정하지 못하다고 지적하지는 않고 있다.

40 글쓰기에 반영 여부 판단

정답률 34% | 정답 ①

다음은 (가)에서 '학생 1'이 대화의 내용과 자신이 떠올린 생각을 작성한 메모이다. ㉠~㉤이 (나)에 반영된 양상으로 적절하지 않은 것은? [3점]

《대화 내용》 《떠올린 생각》

◎ 우수성

• 문화재 상태 복구에 사용(유럽) 글에서 어떻게 활용? ㉠

• 보존성 뛰어남 뒷받침할 자료가 더 필요할 듯 ㉡

-빛에 안정적
-질기고 오래감 글에서 모두 활용? ㉢

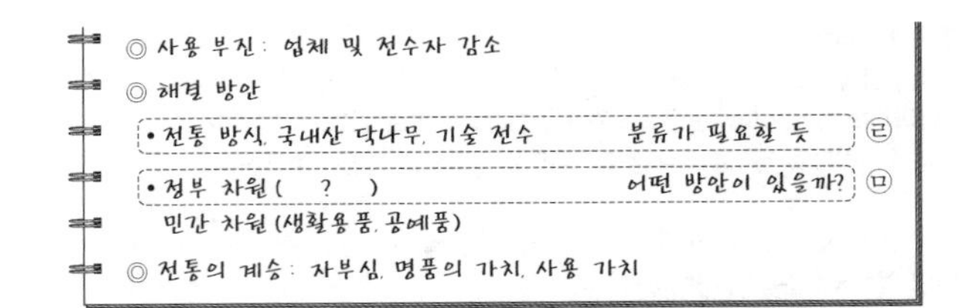

✔ **'학생 2'의 발화를 토대로 작성된 ㉠은, 전통 한지의 우수성을 부각하기 위한 내용으로 (나)에 반영되었다.**
유럽에서는 손상된 종이 문화재를 복구하는 용도로 우리 전통 한지를 사용하고 있다는 (가)의 '학생 2'의 첫 번째 발화는, 전통 한지에 대한 관심이 높은 유럽의 상황과 대조를 이루는 국내의 현실에 대한 우려를 부각하기 위한 내용으로 (나)의 3문단에 반영되었음을 알 수 있다. 따라서 '학생 2'의 발화가 전통 한지의 우수성을 부각하기 위한 내용으로 반영되었다는 설명은 적절하지 않다.

② **'학생 3'의 발화를 토대로 작성된 ㉡은, 세계 기록 유산과 관련된 내용이 추가되어 (나)에 반영되었다.**
(가)에서 '학생 3'은 첫 번째 발화에서 전통 한지가 보존성이 뛰어나다 하고 있는데, (나)의 2문단에 유네스코 세계 기록 유산을 아시아에서 가장 많이 보유한 나라가 우리나라이며 이들 대부분이 전통 한지에 기록된 문화유산이라는 내용이 추가되어 반영되었다.

③ **'학생 3'의 발화를 토대로 작성된 ㉢은, 전통 한지의 보존성을 설명하는 내용 중 일부가 제외되어 (나)에 반영되었다.**
(가)에서 '학생 3'은 첫 번째 발화에서 전통 한지가 빛에 안정적이라고 하였으며, 두 번째 발화에서 전통 한지의 질기고 오래가는 특성을 언급하고 있다. 그리고 (나)의 2문단에는 이 중 두 번째 발화의 내용만이 반영되고 첫 번째 발화의 내용은 제외되었음을 알 수 있다.

④ **'학생 2'의 발화를 토대로 작성된 ㉣은, 전통 한지의 품질 유지를 위한 방안이 범주화되어 (나)에 반영되었다.**
(가)에서 '학생 2'는 네 번째 발화에서 전통 한지의 높은 품질을 유지하기 위한 방법으로 전통 방식으로 만들고 국내산 닥나무만 사용할 것을 제시하고, 또한 기술 전수 교육이 필요함을 주장하고 있다. 이 중 국내산 닥나무만 사용해야 한다는 것은 '재료 측면'으로, 전통 방식으로 만들고 기술 전수 교육을 해야 한다는 내용은 '제작 기술 측면'으로 범주화되어 (나)의 4문단에 반영되었다.

⑤ **'학생 2'의 발화를 토대로 작성된 ㉤은, 전통 한지의 사용 확대를 위한 방안이 구체화되어 (나)에 반영되었다.**
(가)에서 '학생 2'는 다섯 번째 발화에서 전통 한지 사용을 늘리기 위한 정부 차원의 노력이 필요하다 하고 있는데, (나)의 4문단 후반부에 공공 부문에서의 전통 한지 사용 장려와 문화재 수리에서의 활용이 전통 한지 사용의 확대를 위한 정부 차원의 방안으로 제시됨으로써 구체화되고 있다.

41 글쓰기 방식 파악

정답률 85% | 정답 ③

(나)의 글쓰기 방식에 대한 설명으로 가장 적절한 것은?

① **자신의 특별한 경험을 활용하여 문제의 심각성을 드러내었다.**
글쓴이 자신의 특별한 경험을 언급한 내용은 찾아볼 수 없다.

② **독자에게 익숙한 상황을 들어 예상되는 반론에 대해 반박하였다.**
글쓴이 자신의 주장에 대한 예상 반론과 그에 대한 반박은 찾아볼 수 없다.

✔ **주장을 뒷받침하는 사례를 들어 주장의 실현 가능성을 제시하였다.**
4문단에서 글쓴이는 전통 한지 사용을 확대하기 위한 노력이 필요하다고 하면서, 민간 차원에서는 전통 한지의 활용 분야를 넓힐 필요가 있다고 주장하고 있다. 그리고 '일례로 전통 한지는 ~ 그 응용 범위가 점차 확대되어 갈 것으로 기대된다.'에서 알 수 있듯이 구체적인 사례를 들어 민간 차원에서 전통 한지의 활용 분야를 넓힐 필요가 있다는 주장의 실현 가능성을 제시하고 있다.

④ **제재의 물리적 특성을 분석하여 문제 상황의 원인으로 제시하였다.**
2문단에서 전통 한지의 섬유 조직에 대한 언급하고 있으므로 제재의 물리적 특성을 분석한 내용은 있다고 볼 수 있다. 하지만 이는 한지의 우수성을 언급하기 위해 제시된 내용이지 문제 상황의 원인을 제시한 것이라고 할 수 없다.

⑤ **보도 자료의 내용을 인용하여 제재와 관련한 정책의 변화를 드러내었다.**
보도 자료의 내용을 인용한 부분은 찾아볼 수 없다.

42 고쳐쓰기 계획의 이해

정답률 85% | 정답 ③

다음은 (나)의 마지막 문단을 고쳐 쓴 것이다. 그 과정에서 반영된 수정 계획으로 가장 적절한 것은?

> 전통 한지와 그 제작 기술은 우리가 자부심을 가질 만한 세계적인 문화유산이다. 따라서 전통 한지를 계승하고 발전시키려면 전통 한지와 그 제작 기술의 원형을 보존하여 품질을 유지하는 한편, 전통 한지의 사용을 확대하여 전통 한지가 다양한 방식으로 활용될 수 있도록 해야 한다.

① **전통 한지를 계승하고 발전시켜 예상되는 기대 효과를 제시 해야겠군.**
고친 글에는 전통 한지를 계승하고 발전시킴으로써 예상되는 기대 효과가 언급되어 있지 않다.

② **전통 한지를 계승해야 할 필요성이 드러나지 않으니, 관련된 내용을 추가해야겠군.**
(나)의 마지막 문단에도 '우리의 자랑스러운 문화유산'이라는 진술에 전통 한지를 계승해야 할 필요성이 드러나 있다고 볼 수 있다.

✔ **전통 한지의 계승 및 발전을 위한 방안을, 앞서 제시한 두 가지 방향이 드러나도록 써야겠군.**
(나)의 마지막 문단에는 전통 한지의 계승 및 발전과 관련하여 전통 한지와 그 제작 기술의 가치를 이어 나가기 위한 노력이 필요하다는 점만 언급된 반면, 고쳐 쓴 글에는 '전통 한지와 그 제작 기술의 ~ 다양한 방식으로 활용될 수 있도록 해야 한다.'를 통해 알 수 있듯이 전통 한지의 사용을 확대하기 위한 노력의 방향이 추가로 언급되어 있다. 따라서 글쓴이는 전통 한지의 계승 및 발전을 위한 두 가지 방향을 모두 드러내는 방향으로 수정하자고 수정 계획을 세웠음을 알 수 있다.

④ **전통 한지의 계승 및 발전에 대해 언급하며 사용한 접속 표현이 적절하지 않으니 수정해야겠군.**
(나)의 마지막 문단에서 사용한 접속 표현인 '따라서'는 적절한 표현이며, 고친 글에서 수정되지 않았다.

[문제편 p.074]

⑤ **전통 한지의 특성에 관해 앞부분에서 이미 다룬 내용은 삭제하고 다른 내용으로 대체해야겠군.**
(나)의 마지막 문단에도 전통 한지의 특성에 대한 내용은 언급되어 있지 않다.

43 글쓰기 구상 내용의 반영 여부 판단

정답률 72% | 정답 ②

'작문 상황'을 고려하여 구상한 글쓰기 내용으로, 초고에 반영되지 않은 것은?

① **기후 변화 대응에 대한 청소년의 참여를 유도하는 방안**
3문단에서 청소년의 참여를 이끌어 내려면 청소년이 실천할 수 있는 방안을 알려 주는 것이 중요하다고 하면서, 이러한 방안은 생활 속에서 실천할 수 있는 것부터 사회적인 차원의 것까지 다양함을 언급하고 있다.

✔ **기후 변화 대응에 대한 청소년 참여를 위한 지원 정책**
4문단에서 기후 변화 대응에 대한 청소년들의 참여를 이끌어 내기 위해서는 자신의 활동이 상황을 개선할 수 있다는 인식을 형성하는 것이 중요하다 하면서, 이를 위해서는 체계적이고 지속적인 지원이 필요하다고 제시하고 있다. 하지만 청소년 참여를 위한 지원 정책은 찾아볼 수 없으므로 적절하지 않다.

③ **기후 변화 대응에 대한 청소년의 참여도가 낮은 원인**
2문단에서 청소년들이 기후 변화 대응 활동에 참여하지 않는 원인을 분석하고 있다.

④ **기후 변화 대응에 대한 청소년 인식 형성의 중요성**
4문단에서 기후 변화 대응 활동에 대한 청소년들의 참여를 이끌어 내기 위해서는 자신의 활동을 통해 상황을 개선할 수 있다는 인식을 형성하는 것이 중요하다고 언급하고 있다.

⑤ **기후 변화 대응에 대한 청소년 참여의 필요성**
1문단에서 인류 생존을 위협하는 기후 변화가 가속화되는 상황이므로 미래 세대인 청소년들이 기후 변화에 대한 대응에 관심을 가지고 참여해야 한다는 사회적 공감대가 형성되고 있음을 언급하고 있다.

44 조언에 따른 제목의 적절성 판단

정답률 84% | 정답 ⑤

〈보기〉는 초고를 읽은 교사의 조언이다. 이를 반영하여 [A]를 작성한다고 할 때, 가장 적절한 것은?

〈보 기〉

"글의 제목은 글에 대한 독자의 관심을 이끌어 낼 수 있도록 표현하는 게 좋아. 기후 변화의 심각성과 글의 5문단에서 말하고자 하는 바가 잘 드러나는 내용으로 쓰는 게 좋겠어."

① **기후 변화 정책, 학교와 사회의 실천적 연대를 지향할 때**
독자의 관심을 이끌어 내는 표현이 없고, 기후 변화의 심각성이 잘 드러나지 않았다.

② **기후 변화에 대처하는 삶의 양식 전환, 이제 더 이상은 미룰 수 없다**
'이제 더 이상은 미룰 수 없다'에서 기후 변화의 심각성을 드러내며 독자의 관심을 이끌어 내고 있다고 볼 수 있다. 하지만 '기후 변화에 대처하는 삶의 양식 전환'이라는 표현은 5문단에서 말하고자 하는 바를 잘 드러냈다고 보기 어렵다.

③ **환경에 위협받는 삶, 인간 중심의 삶에서 환경과 공존하는 생활로 전환**
'환경에 위협받는 삶'이라는 표현으로 독자의 관심을 끌면서 기후 변화의 심각성을 드러내고 있다. 하지만 '인간 중심의 삶에서 환경과 공존하는 생활로 전환'은 5문단에서 말하고자 하는 바를 잘 드러낸다고 할 수 없다.

④ **기후 변화 문제, 청소년을 위해 모두가 실천적 노력으로 모여야 할 시기**
'기후 변화 문제'로 인해 '모두가 실천적 노력으로 모여야 할 시기'를 통해 기후 변화의 심각성이 어느 정도 드러난다고 볼 수는 있다. 하지만 기후 변화 문제는 청소년에게만 해당되는 문제가 아니고 5문단에서 말하고자 하는 바 또한 잘 드러났다고 볼 수 없으므로 적절하지 않다.

✔ **미래를 위협하는 기후 변화, 실천을 도와 청소년의 삶에서 대응을 실현할 때**
〈보기〉를 통해 교사는 독자의 관심을 이끌어 낼 수 있도록 표현하면서 기후 변화의 심각성이 잘 드러나는 내용으로 쓸 것, 그리고 글의 5문단의 내용이 잘 드러나는 내용으로 쓸 것을 조언하였음을 알 수 있다. 이러한 선생님의 조언이 잘 반영된 제목은 ⑤로, ⑤에서는 '미래를 위협하는 기후 변화'를 통해 독자의 관심을 이끌어 내는 동시에 기후 변화의 심각성을 드러내고 있음을 알 수 있다. 그리고 '실천을 도와 청소년의 삶에서 대응을 실현할 때'를 통해, 5문단의 내용을 잘 드러내고 있음을 알 수 있다.

★★★ 등급을 가르는 문제!

45 자료 활용 방안의 적절성 판단

정답률 31% | 정답 ①

〈보기〉는 초고를 보완하기 위해 추가로 수집한 자료이다. 자료의 활용 방안으로 적절하지 않은 것은? [3점]

〈보 기〉

ㄱ. 기후 변화 대응 활동 관련 설문 조사 자료

(대상: 우리 지역 청소년 600명)

ㄱ-1. 참여하지 않은 이유
(참여하지 않은 청소년 431명 응답)

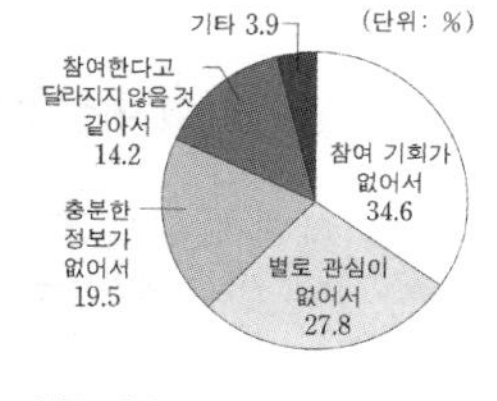

(단위: %)

이유	%
참여 기회가 없어서	34.6
별로 관심이 없어서	27.8
충분한 정보가 없어서	19.5
참여한다고 달라지지 않을 것 같아서	14.2
기타	3.9

ㄱ-2. 참여한 활동(복수 응답)
(참여한 청소년 169명 응답)

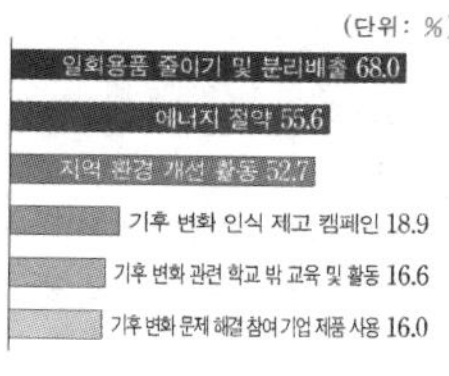

(단위: %)

활동	%
일회용품 줄이기 및 분리배출	68.0
에너지 절약	55.6
지역 환경 개선 활동	52.7
기후 변화 인식 제고 캠페인	18.9
기후 변화 관련 학교 밖 교육 및 활동	16.6
기후 변화 문제 해결 참여 기업 제품 사용	16.0

ㄴ. 신문 기사

청소년 기후 변화 대응 세미나가 ○○에서 개최되었다. 참여자들은, 기존의 교육이 기후 변화에 관심을 갖도록 만들었으나 청소년들의 실천적 대응을 이끌어 내기에는 한계가 있었다고 지적하며, 청소년들도 적극 참여하고 실천하며 효용을 체감할 수 있도록 학교·사회의 실천 연계형 교육으로 전환해야 한다는 데 의견을 모았다.

ㄷ. 인터뷰 자료

□□ 생태환경연구소 △△△ 박사는 "현재 각 국가가 온실가스 감축을 시행하고 있지만 각국에서 설정한 목표로 감축을 하더라도, 2020년에 출생한 세계 각국의 아이들은 평생 동안 50년 전에 태어난 세대에 비해 7배 수준의 폭염을 겪을 것이라고 예상합니다."라고 말했다.

✔ **ㄱ-1을 활용하여, 청소년들이 대응 방안에 무관심하거나 관련 정보가 충분하지 않은 것을, 방안을 실천하더라도 효과가 없다고 청소년들이 생각하는 이유로 2문단에 구체화해야겠어.**
2문단에서 청소년이 기후 변화 대응 활동에 참여하지 않는 원인을 '기후 변화 대응 방안에 무엇이 있는지 제대로 모르는 경우'와 '방안을 알면서 참여하지 않는 경우'로 나누어 제시하고 있다. 그런데 ㄱ-1에서 청소년들이 '별로 관심이 없어서'라고 응답한 결과나 '충분한 정보가 없어서'라고 응답한 결과는 첫 번째 원인을 구체화하는 자료로 활용할 수 있으나 두 번째 원인을 구체화하는 자료로 활용하기는 적절하지 않다.

② **ㄴ을 활용하여, 기존 교육의 한계를 지적하며 세미나 참여자들이 동의한 내용을, 기후 변화 대응과 관련한 학교 교육의 변화 방향으로 4문단에 보강해야겠어.**
ㄴ의 자료를 통해 세미나 참여자들 역시 청소년들이 기후 변화 대응 행동에 적극 참여하고 실천하며 효용을 체감할 수 있도록 기존 교육을 전환해야 한다는 데에 동의하고 있음을 알 수 있다. 그리고 4문단에서는 청소년들의 기후 변화 대응 활동에의 참여를 도울 수 있도록 학교 교육에 변화가 필요하다고 주장하고 있다. 따라서 ㄴ을 통해 4문단에서 언급한 학교 교육의 변화 방향을 뒷받침하는 것은 적절한 자료 활용 방안이라 할 수 있다.

③ **ㄷ을 활용하여, 미래 세대는 폭염으로 인한 영향을 더 크게 받게 될 것이라는 전문가의 예측을, 청소년들의 활동 참여에 대한 사회적 공감대 형성의 근거로 1문단에 추가해야겠어.**
ㄷ은 2020년에 출생한 아이들이 그 전 세대에 비해 더 심각한 수준의 폭염을 겪을 것이라는 전문가의 예측을 다루고 있는 자료이다. 그리고 1문단에서 인류 생존을 위협하는 기후 변화가 가속화되는 상황이므로 미래 세대인 청소년들이 이에 대한 관심을 가지고 참여해야 한다는 사회적 공감대가 형성되고 있음을 언급하고 있다. 따라서 ㄷ을 청소년들이 기후 변화 대응 활동에 관심을 가지고 참여해야 한다는 사회적 공감대 형성의 근거로 삼는 것은 적절한 자료 활용 방안이라 할 수 있다.

④ **ㄱ-1과 ㄱ-2를 활용하여, 청소년 다수가 참여한 활동들을, 참여 기회가 없다고 답한 청소년들이 생활 속에서 실천할 수 있는 기후 변화 대응 활동의 사례로 3문단에 추가해야겠어.**
ㄱ-1은 기후 변화 대응 활동에 참여하지 않은 학생들 가운데 '참여 기회가 없어서'라고 응답한 학생이 가장 많았음을 보여 주고 있고, ㄱ-2는 기후 변화 대응 활동에 참여한 청소년들이 생활 속에서 실천한 일들을 다루고 있다. 그리고 3문단에서는 청소년의 참여를 이끌어 내려면 청소년들이 생활 속에서 실천할 수 있는 기후 변화 대응 방안부터 알려 주는 것이 중요하다고 말하고 있다. 따라서 ㄱ-1과 ㄱ-2를 활용하면, 참여 기회가 없다고 생각해서 기후 변화 대응 활동에 참여하지 않은 학생들에게 생활 속에서 실천할 수 있는 대응 활동의 사례를 제시할 수 있으므로 3문단을 뒷받침하는 사례로 제시할 수 있다.

⑤ **ㄱ-2와 ㄴ을 활용하여, 지역 환경 개선 활동이나 캠페인 등 지역 사회와 연계될 수 있는 활동들을, 청소년의 긍정적 인식 형성을 위해 학교가 지원할 사례로 4문단에 구체화해야겠어.**
ㄱ-2는 기후 변화 대응 활동에 참여한 학생 중 지역 환경 개선 활동이나 기후 변화 인식 제고 캠페인을 하는 학생들이 있음을 보여 주고 있고, ㄴ은 앞으로의 학교 교육이 학교·사회의 실천 연계형 교육으로 전환해야 한다는 전문가의 의견을 다루고 있다. 그리고 4문단에서는 기후 변화 대응 활동에 대한 청소년의 긍정적 인식이 형성될 수 있도록 학교 교육의 지원이 필요하다는 주장을 하고 있다. 따라서 ㄱ-2와 ㄴ을 활용하면, 기후 변화 대응 활동에 대한 청소년의 긍정적 인식 형성을 위해 학교의 지원이 필요한 활동으로 지역 환경 개선 활동이나 캠페인 등이 있음을 언급할 수 있다.

★★ 문제 해결 꿀~팁 ★★

▶ 많이 틀린 이유는?
이 문제는 〈보기〉로 제시한 자료를 정확히 이해하지 못하였거나 선택지의 내용을 정확히 파악하지 못하여 오답률이 높았던 것으로 보인다.

▶ 문제 해결 방법은?
이 문제를 해결하기 위해서는 선택지를 중심으로 문제에 접근해야 한다. 즉 선택지에 제시된 자료 활용, 즉 ①의 경우 ㄱ-1을, ②의 경우 ㄴ을, ③의 경우 ㄷ 등을 활용한다는 내용을 확인해야 한다. 그런 다음 각 자료가 어떤 내용을 지니고 있는지 정확히 파악한 다음 선택지의 적절성을 판단할 수 있어야 한다. 가령 정답인 ①의 경우 ㄱ-1을 먼저 정확히 이해해야, ㄱ-1에서 기후 변화 대응 활동에 '참여하지 않은 이유'에 대한 설문 조사 내용을 정확히 이해하여야 한다. 그런 다음 선택지에 제시된 내용이 적절한지 판단해야 한다. 즉 ㄱ-1이 '청소년들이 대응 방안'에 대해 '무관심하거나 관련 정보가 충분하지 않은 것'과 '방안을 실천하더라도 효과가 없다고 생각하는 이유'를 구체화해 줄 수 있는지 판단해야 한다. 이렇게 보면 ㄱ-1이 '방안을 실천하더라도 효과가 없다고 생각하는 이유'를 구체화해 주지는 못함을 알 수 있으므로 적절하지 않음을 알 수 있을 것이다. 이처럼 자료 제시 문제는 선택지를 정확히 이해한 다음, 이를 바탕으로 자료와 글을 통해 활용 여부를 판단하면 쉽게 해결할 수 있다. 이때 주의할 점은 글에 제시된 내용이지만 주어진 자료가 뒷받침하지 못하는 경우가 있을 수 있고, 글의 내용을 잘못 제시한 경우도 있을 수 있으므로 꼼꼼하게 내용을 확인할 수 있도록 한다.

| 정답과 해설 |

회 | 2023학년도 대학수학능력시험 고3

• 정답 •
35 ① 36 ⑤ 37 ③ 38 ④ 39 ④ ★40 ③ 41 ② 42 ④ 43 ⑤ 44 ② 45 ①

★ 표기된 문항은 [등급을 가르는 문제]에 해당하는 문항입니다.

35 말하기 방식 파악 정답률 94% | 정답 ①

위 발표자의 말하기 방식으로 적절하지 않은 것은?

✔ 용어의 개념을 정의하여 발표에서 다룰 화제의 범위를 한정하고 있다.
1문단의 '지난 수업 시간에 우리는 도로에서 볼 수 있는 안전 설계에 대해 배웠는데요, 이와 관련한 유익한 내용이 있어 소개하려 합니다.'를 통해, '안전 설계'가 발표에서 다룰 화제임을 알 수 있다. 하지만 이 발표에서 용어의 개념을 정의하여 발표에서 다룰 화제의 범위를 한정하지는 않고 있다.

② 청중과 공유하는 기억과 관련지어 발표의 계기를 밝히고 있다.
1문단의 '지난 수업 시간에 우리는 도로에서 볼 수 있는 안전 설계에 대해 배웠는데요, 이와 관련한 유익한 내용이 있어 소개하려 합니다.'를 통해, 청중과 공유하는 기억과 관련지어 발표의 계기를 밝히고 있음을 알 수 있다.

③ 청중의 경험과 관련한 질문을 하며 청중의 반응을 확인하고 있다.
2문단의 '여러분, 달리는 차안에서 특정 구간을 지날 때 드르륵하는 소리가 들리며 차가 진동하는 것을 느껴 본 적이 있나요? (대답을 듣고)'를 통해, 청중의 경험과 관련한 질문을 하며 청중의 반응을 확인하고 있음을 알 수 있다.

④ 구체적인 수치를 밝혀 발표 내용의 근거로 활용하고 있다.
3문단에서 교통사고 발생 건수가 월 평균 2.6건이었던 것이 가로 홈을 시공하자 3개월간 0건이 되었음을 밝히고 있다. 이를 통해 구체적인 수치를 밝혀 발표 내용의 근거로 활용하고 있음을 알 수 있다.

⑤ 발표 내용과 관련하여 청중에게 바라는 바를 언급하며 발표를 마무리하고 있다.
5문단의 '그동안 무심코 지나쳤던 도로에서 안전을 위한 장치들을 찾아보길 바라며 발표를 마치겠습니다.'를 통해, 발표 내용과 관련하여 청중에게 바라는 바를 언급하며 발표를 마무리하고 있음을 알 수 있다.

36 매체 활용의 적절성 판단 정답률 91% | 정답 ⑤

다음은 발표자가 제시한 자료이다. 발표자의 자료 활용에 대한 설명으로 가장 적절한 것은?

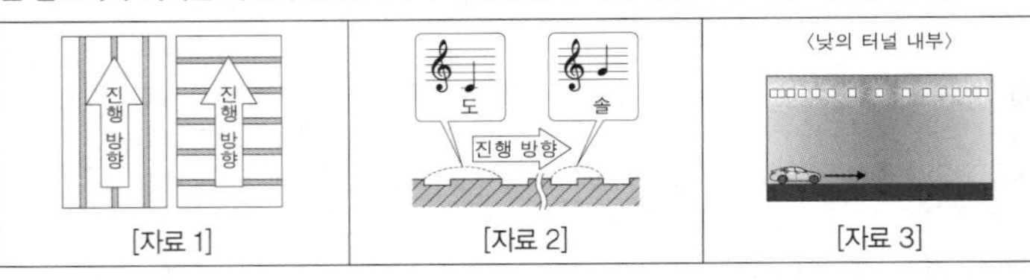

[자료 1] [자료 2] [자료 3]

① [자료 1]은 홈 사이의 도로면 너비를 달리해서 멜로디를 만든다는 내용을 설명하기 위해 ㉠에서 활용하였다.
2문단을 통해 [자료 1]은 진행 방향과 일치하는 세로 홈과, 진행 방향에 수직인 가로 홈을 진하게 표시한 그림임을 알 수 있으므로 적절하지 않다.

② [자료 1]은 살얼음 발생 감소에 효과적인 홈과 제동 거리 단축에 효과적인 홈을 설명하기 위해 ㉢에서 활용하였다.
2문단을 통해 [자료 1]은 세로 홈이 도로에 살얼음이 생기는 일을 줄이고, 가로 홈은 제동 거리를 줄여 준다는 것을 보여 주기 위해 ㉠에서 활용된 자료이므로 적절하지 않다.

③ [자료 2]는 특정 구간을 지날 때 느끼는 차의 진동이 홈 때문일 수 있다는 내용을 설명하기 위해 ㉡에서 활용하였다.
3문단을 통해 [자료 2]는 홈의 너비와, 홈 사이의 도로면 너비를 합한 값에 따라 음 높이가 정해진다는 것을 보여 주기 위해 ㉡에서 활용된 자료이므로 적절하지 않다.

④ [자료 3]은 낮에 터널의 중간 구간이 입구 쪽과 출구 쪽보다 어둡다는 내용을 설명하기 위해 ㉠에서 활용하였다.
4문단을 통해 [자료 3]은 터널 입구 쪽과 출구 쪽이 중간 구간보다 밝다는 것을 설명하기 위해 ㉢에서 활용된 자료이므로 적절하지 않다.

✔ [자료 3]은 달라지는 밝기에 눈이 서서히 적응하도록 조명등의 설치 간격을 달리한다는 내용을 설명하기 위해 ㉢에서 활용하였다.
[자료 3]은 〈낮의 터널 내부〉에 대한 자료로, 4문단을 통해 조명등이 설치된 간격이 달라서 낮에 터널 입구 쪽과 출구 쪽이 중간 구간보다 밝다는 것을 보여 주는 자료임을 알 수 있다. 따라서 [자료 3]은 달라지는 밝기에 눈이 서서히 적응하도록 조명등의 설치 간격을 달리한다는 내용을 설명하기 위해 ㉢에서 활용하였음을 알 수 있다.

37 듣기 반응에 대한 이해 정답률 97% | 정답 ③

발표 내용을 바탕으로 할 때, 〈보기〉에 나타난 학생들의 반응에 대한 이해로 가장 적절한 것은?

〈보 기〉

학생 1 : 곡선 도로에 경사를 준다는 내용을 간략히 제시해서 아쉬워. 도서관에서 그 원리를 알아봐야겠어.
학생 2 : 멜로디가 들리는 도로가 재미를 위한 것인 줄 알았는데, 안전을 위한 거였군. 이런 도로가 실제로 어디에 있는지 조사해 봐야겠어.
학생 3 : 미세한 유리 알갱이를 차선에 바르는 방법이 무엇인지, 밤에도 터널 구간별로 밝기가 다른지 알고 싶어.

① 학생 1은 자신의 의문이 해소되었다는 점에서 발표 내용을 긍정적으로 평가하고 있다.
'학생 1'의 '곡선 도로에 경사를 준다는 내용을 간략히 제시해서 아쉬워.'를 통해 자신의 의문이 해소되었다고 볼 수는 없으므로 발표 내용을 긍정적으로 평가한다고 볼 수 없다.

② 학생 2는 발표 내용이 자신의 배경지식과 일치하지 않는 이유를 궁금해하고 있다.
'학생 2'의 '멜로디가 들리는 도로가 재미를 위한 것인 줄 알았는데, 안전을 위한 거였군.'를 통해, 발표 내용이 자신의 배경지식과 일치하지 않았음을 알 수 있다. 하지만 '학생 2'는 그 이유를 궁금해하지는 않고 있다.

✔ 학생 1과 학생 2는 모두, 발표에서 언급된 내용과 관련하여 추가적인 정보를 탐색하려 하고 있다.
'학생 1'은 '도서관에서 그 원리를 알아봐야겠어.'라고 반응하고 있고, '학생 2'는 '이런 도로가 실제로 어디에 있는지 조사해 봐야겠어.'라고 반응하고 있다. 따라서 '학생 1'과 '학생 2' 모두 발표에서 언급된 내용과 관련하여 추가적인 정보를 탐색하려 함을 알 수 있다.

④ 학생 1과 학생 3은 모두, 발표를 통해 새롭게 알게 된 정보가 사실과 부합하는지 판단하고 있다.
'학생 1'과 '학생 3'은 발표를 통해 새롭게 알게 된 정보가 사실과 부합하는지를 판단하지는 않고 있다.

⑤ 학생 2와 학생 3은 모두, 자신의 경험을 바탕으로 발표 내용의 효용성을 점검하고 있다.
'학생 2'와 '학생 3' 모두 자신의 경험을 바탕으로 발표 내용의 효용성을 점검하지는 않고 있다.

38 글쓰기 방식 파악 정답률 92% | 정답 ④

(가)에 활용된 글쓰기 방식으로 가장 적절한 것은?

① 1문단에서는 식물 지도 만들기 행사에서 자신이 깨달은 점을 문제점과 해결책을 제시하는 방식으로 서술하였다.
1문단에서 식물 지도 만들기 행사에서 자신이 깨달은 점을 밝히고 있지만, 문제점과 해결책을 제시하는 방식으로 서술하지는 않고 있다.

② 2문단에서는 식물 지도를 만든 과정을 원인과 결과를 제시하는 방식으로 서술하였다.
2문단에서 식물 지도를 만든 과정을 순서에 따라 제시하고 있지만, 원인과 결과를 제시하는 방식으로 서술하지는 않고 있다.

③ 2문단에서는 학급별 식물 지도의 특색을 나열하는 방식으로 서술하였다.
2문단에서 학급마다 특색 있게 식물 지도를 그렸다는 언급이 있지만, 그러한 학급별 식물 지도의 특색을 나열하지는 않고 있다.

✔ 3문단에서는 식물 조사에 임하는 자신의 참여 자세를 친구들의 참여 자세와 대조하는 방식으로 서술하였다.
3문단에서 학생은 '다 함께 식물 지도 만들기'를 위해 식물을 조사하는 과정에서 몇몇 친구들은 힘들다고 포기했지만, 누군가는 이 지도를 보며 마을의 식물에 관심을 가질 수 있을 것이라고 생각하며 끝까지 포기하지 않았다는 점을 언급하고 있다. 이렇게 볼 때, 학생은 식물 조사에 임하는 자신의 참여 자세를 친구들의 참여 자세와 대조하며 서술하였다고 볼 수 있다.

⑤ 3문단에서는 식물을 조사하며 친구들이 겪은 어려움을 묻고 답하는 방식으로 서술하였다.
3문단에서 식물을 조사하는 과정에서 힘들다고 포기한 학생들이 있었음은 언급하고 있지만, 그 친구들이 겪은 어려움을 묻고 답하는 방식으로 서술하지는 않고 있다.

39 고쳐 쓰기의 적절성 판단 정답률 90% | 정답 ④

〈보기〉는 (가)의 마지막 문단의 초고이다. 〈보기〉를 고쳐 쓰기 위해 친구들이 조언한 내용 중 반영되지 않은 것은?

〈보 기〉

이 행사를 통해 나 자신을 반성하게 되었다. 그리고 교실 밖에서 관찰 활동을 하는 것이 학업으로 인한 부담감을 덜어 준다는 것도 알게 되었다. 다른 학교에서도 식물 지도 만들기 행사를 열면 좋겠다는 생각이 들었다.

① 교실 밖에서 관찰한 대상의 구체적 예를 언급하는 게 어때?
(가)의 마지막 문단의 '화살나무나 분꽃 등의 식물을 교실 밖에서 직접 관찰하니'를 통해 조언한 내용이 반영되었음을 알 수 있다.

② 행사를 통해 자신의 어떤 점을 반성했는지 밝히는 게 어때?
(가)의 마지막 문단의 '그동안 주변의 식물에 무심했던 나 자신을 반성하게 되었다.'를 통해 조언한 내용이 반영되었음을 알 수 있다.

③ 다른 학교에서도 행사를 개최했을 때 예상되는 기대 효과를 제시하는 게 어때?
(가)의 마지막 문단의 '더 많은 학생들이 자연의 소중함을 느낄 수 있을 것'을 통해 조언한 내용이 반영되었음을 알 수 있다.

✔ 교실 밖에서 관찰 활동을 하려면 책을 활용한 학습이 선행될 필요가 있다는 내용을 추가하는 게 어때?
(가)의 마지막 문단을 통해 교실 밖 관찰 활동을 하니 책으로만 접했을 때보다 식물에 대한 관심이 더 커지는 것 같다고 하였지만, 교실 밖 관찰 활동을 위해 책을 활용한 학습을 선행해야 한다는 내용은 찾아볼 수 없다.

⑤ 교실 밖에서 이루어지는 관찰 활동의 긍정적 효과를 행사의 취지에 부합하는 내용으로 바꾸는 게 어때?
(가)의 마지막 문단에서는 '책으로만 접했을 때보다 식물에 대한 관심이 더 커지는 것'을 언급하고 있다. 학생이 이처럼 수정한 것은 교실 밖 관찰 활동의 긍정적 효과를 '식물에 대한 관심을 높이자'는 본 행사의 취지와 관련짓기 위한 것이라 볼 수 있다.

★★★ 등급을 가르는 문제!

40 대화 맥락의 분석 정답률 62% | 정답 ③

[A], [B]에 대한 설명으로 적절하지 않은 것은?

① [A]에서 '학생 2'는 '학생 1'의 발화를 일부 재진술한 후 자신의 견해를 밝히고 있다.
[A]의 '학생 2'의 '여러 종류의 식물이 있는 곳도 좋지만, 나는 우리 학교 학생들이 볼 지도이니 학생들에게 친숙한 장소가 더 좋을 듯해.'를 통해, '학생 2'는 '학생 1'의 발화를 일부 재진술한 후 자신의 견해를 밝히고 있음을 알 수 있다.

[문제편 p.077]

② [A]에서 '학생 1'과 '학생 2'는 각기 다른 이유로 '학생 3'의 제안에 반대하는 입장을 드러내고 있다.
[A]에서 '학생 1'은 □□ 농장에는 매실나무만 많다는 점을, '학생 2'는 □□ 농장은 아무나 들어갈 수 없는 곳이어서 가 본 학생이 거의 없다는 점을 들고 있다. 따라서 '학생 1'과 '학생 2'는 각기 다른 이유를 들어 '학생 3'의 제안에 반대하고 있다.

③ [B]에서 '학생 1'과 '학생 3' 모두 질문을 주고받는 과정에서 서로가 상대의 발화 내용을 잘못 이해했음을 깨닫고 있다.
[B]의 '학생 1'의 '식물이 사람의 정서에 어떤 영향을 미칠 수 있는지에 대한 내용을 싣자는 말이었어?'를 통해, '학생 1'은 질문을 주고받는 과정에서 자신이 상대의 발화 내용을 잘못 이해했음을 깨닫고 있다. 하지만 '학생 3'은 '학생 1'의 발화 내용을 잘못 이해하지는 않고 있다.

④ [B]에서 '학생 2'는 '학생 3'에게 공감을 표한 후 '학생 3'의 제안을 구체화할 방안을 제시하고 있다.
[B]에서 '학생 2'는 '그거 좋은데?'와 같이 '학생 3'에게 공감을 드러낸 뒤, '우리가 행복산에서 조사할 꽃과 나무 중 일부에는 그런 내용도 추가로 표시하면 되겠다.'라고 '학생 3'의 제안을 구체화할 방안을 제시하고 있다.

⑤ [A]와 [B] 모두의 첫 번째 발화에서 '학생 3'은 자신이 제안한 바에 대한 '학생 1'과 '학생 2'의 의견을 묻고 있다.
[A]에서 '학생 3'은 '□□ 농장에 갔으면 하는데, 너희 생각은 어때?'와 같이 자신이 제안한 바에 대한 '학생 1'과 '학생 2'의 의견을 묻고 있다. 그리고 [B]에서 '학생 3'은 '식물 이름과 함께 식물이 어떤 효용이 있는지도 제시했으면 하는데, 너희는 어떻게 생각해?'와 같이 자신이 제안한 바에 대한 '학생 1'과 '학생 2'의 의견을 묻고 있다.

★★ 문제 해결 꿀~팁 ★★

▶ 많이 틀린 이유는?
이 문제는 [A]와 [B]에 드러난 학생들의 발화를 정확히 파악하지 못하여 오답률이 높았던 것으로 보인다. 또한 선택지를 정확히 읽지 않은 것도 오답률을 높인 원인으로 보인다.
▶ 문제 해결 방법은?
이 문제를 해결하기 위해서는 먼저 [A]와 [B]에 대해 설명하고 있는 선택지를 정확히 읽어야 한다. 그런 다음 [A] 또는 [B]에 제시된 발화를 통해 적절성을 판단해야 한다. 이때 주의할 점은 선택지에서 누구의 말하기, 즉 '학생 1'인지, '학생 2'인지, '학생 3'인지를 정확히 확인해야 한다. 이를 바탕으로 정답인 ③을 보면, 선택지에서 [B]의 '학생 1'과 '학생 3' 모두 상대의 발화 내용을 이해했음을 깨닫고 있다고 했으므로, 이러한 내용을 [B]에서 확인하면 된다. 그러면 [B]를 통해 '학생 3'은 자신이 상대의 발화 내용을 잘못 이해했음을 깨닫고 있는 말은 하지 않으므로 적절하지 않음을 알 수 있다. 마찬가지로 오답률이 높았던 ④의 경우에도 '학생 2'가 '학생 3'에게 공감을 표하는지, '학생 3'의 제안을 구체화할 방안을 제시하는지를 확인하면 적절함을 알 수 있었을 것이다.

41 정보 전달 글쓰기 내용의 생성
정답률 66% | 정답 ②

(가)와 (나)를 고려할 때, '학생 1'이 쓴 회의록의 내용 중 적절하지 않은 것은? [3점]

일시 : 2022. 8. ▽▽.		장소 : 동아리실
회의 주제 : 마을 식물 지도 만들기 계획 수립		
논의 내용 1 : ○○ 고등학교 식물 지도 제작 사례 검토		
수용할 점	정보 확인의 편의성을 고려하여, 우리도 식물의 이름을 누리집에서 찾는다. ······ ①	
	발표회까지 남은 기간을 감안하여, 우리도 몇몇 주목할 식물만 지도에 표시한다. ······ ②	
달리할 점	조사 인원을 고려하여, 우리는 학교에서 걸어갈 만큼 가까운 거리만 지도의 범위로 삼는다. ······ ③	
	지도를 볼 대상을 감안하여, 우리는 우리 학교 학생들에게 친숙한 장소의 식물을 조사한다. ······ ④	
	지도의 통일감을 고려하여, 우리는 각각의 지도를 이어 붙이는 방식은 활용하지 않는다. ······ ⑤	

① 정보 확인의 편의성을 고려하여, 우리도 식물의 이름을 누리집에서 찾는다.
(가)의 2문단에서 '식물의 이름을 알려 주는 누리집을 이용해 식물 이름을 편리하게 찾았다.'라는 내용을 확인할 수 있고, (나)의 '학생 2'는 다섯 번째 발화에서 '식물 이름은 ○○고등학교처럼 누리집을 이용해 편리하게 찾자.'라고 제안하고 있다. 따라서 (가)의 아이디어를 (나)에서 수용했음을 알 수 있다.

② 발표회까지 남은 기간을 감안하여, 우리도 몇몇 주목할 식물만 지도에 표시한다.
(가)의 2문단에서 ○○고등학교 학생들은 '최대한 여러 종류의 식물 사진을 찍은' 후에 '학급마다 특색 있게 그린 지도 위에 조사한 모든 식물의 이름을 표시'했음을 알 수 있다. 그런데 (나)에서 '학생 2'는 '국가 보호종을 비롯해 주목할 만한 몇몇 식물만 표시해야 할 듯해.'라고 말하고 있다. 따라서 (나)의 학생들이 '우리도 몇몇 주목할 식물만 지도에 표시한다.'를 수용할 점으로 논의했다고 할 수 없다.

③ 조사 인원을 고려하여, 우리는 학교에서 걸어갈 만큼 가까운 거리만 지도의 범위로 삼는다.
(가)의 2문단에서 식물 지도의 범위를 '△△동 전체'로 했다는 점을 알 수 있다. 그러나 (나)의 '학생 2'는 첫 번째 발화에서 '학교에서 걸어갈 만한 거리만 지도의 범위로 삼는 게 좋지 않을까?'라고 제안하였고, 이에 대해 '학생 1'이 '그러자.'라고 동의하고 있다. 따라서 (나)에서는 (가)의 지도의 범위에 대한 아이디어를 수용하지 않았음을 알 수 있다.

④ 지도를 볼 대상을 감안하여, 우리는 우리 학교 학생들에게 친숙한 장소의 식물을 조사한다.
(가)의 2문단을 통해 ○○고등학교에서는 식물 지도의 범위를 '△△동 전체'로 했다는 점, 3문단을 통해 학생들이 '평소 우리가 잘 모르던 곳까지 꼼꼼히 살피며' 조사를 진행했음을 알 수 있다. 그러나 (나)의 '학생 2'의 두 번째 발화를 보면 '우리 학교 학생들이 볼 지도이니 학생들에게 친숙한 장소'를 조사하자고 제안하고 있으며 이에 대해 '학생 3'는 '듣고 보니 일리가 있네.'라고 동의하고 있다. 따라서 식물을 조사할 장소에 대해서는 (나)에서 (가)의 아이디어를 수용하지 않았음을 알 수 있다.

⑤ 지도의 통일감을 고려하여, 우리는 각각의 지도를 이어 붙이는 방식은 활용하지 않는다.
(가)의 2문단을 통해 ○○고등학교에서는 '학급별로 만든 지도를 이어 붙여' △△동 식물 지도를 완성했음을 알 수 있다. 그러나 (나)의 '학생 2'의 여덟 번째 발화를 보면 '○○고등학교가 이어 붙이는 방식으로 지도를 만든 건 참신하긴 한데 통일감이 없어 부자연스러울 듯해.'라고 말하고 있으므로 (가)의 지도를 이어 붙이는 방식은 (나)에서 수용하지 않았음을 확인할 수 있다.

42 대화 내용 이해 및 평가
정답률 81% | 정답 ④

다음은 (나)를 바탕으로 학생들이 만든 지도의 초안이다. ㉠~㉤에 대한 반응으로 가장 적절한 것은?

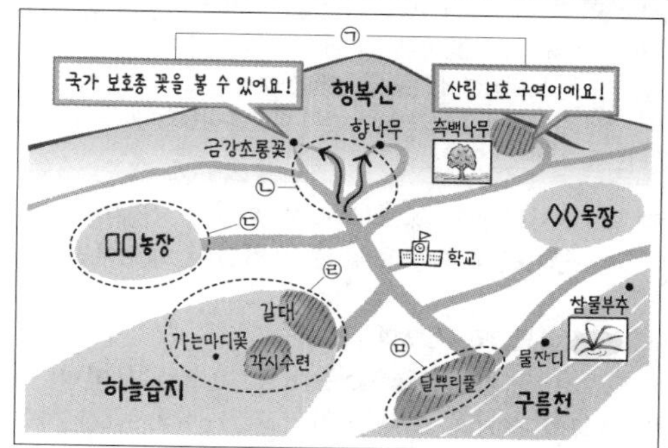

① ㉠ : 식물이 있는 곳의 핵심적인 특징을 제시하기로 했으므로 논의한 내용이 반영되었군.
'학생 2'의 다섯 번째 발화에서 '국가 보호종을 비롯해 주목할 만한 몇몇 식물만 표시해야 할 듯해.'라고 밝히고 있다. 하지만 식물이 있는 곳의 핵심적인 특징을 제시하기로 논의한 내용은 (나)에 제시되어 있지 않다.

② ㉡ : 국가 보호종 식물이 있는 곳으로 가는 길은 동선을 표시하기로 했으므로 논의한 내용이 반영되었군.
'학생 3'의 일곱 번째 발화에서 '행복산은 갈림길이 많으니 걷기에 더 편한 길을 화살표로 표시도 하고,'라고 밝히고 있다. 하지만 국가 보호종 식물이 있는 곳으로 가는 길을 동선으로 표시하기로 논의한 내용은 제시되어 있지 않다.

③ ㉢ : 식물에 대해 조사한 내용이 제시되지 않았으므로 조사한 식물에 대한 정보를 추가해야겠군.
'학생 3'의 두 번째와 세 번째 발화, '학생 1'의 네 번째 발화, '학생 2'의 세 번째 발화를 통해 □□ 농장은 식물을 조사하는 장소로 선정되지 않았음을 알 수 있다.

④ ㉣ : 각 장소마다 하나씩 대표 식물의 사진을 제시하기로 했으므로 사진을 추가해야겠군.
'학생 2'는 '장소마다 대표 식물을 하나씩 선정해서 그 식물 이름 밑에 식물의 사진도 함께 제시하는 건 어때?'라고 제안하고 있지만, ㉣에는 식물의 이름만 제시되어 있고 식물의 사진은 제시되지 않고 있다. 따라서 각 장소마다 하나씩 대표 식물의 사진을 제시하기로 했으므로 ㉣의 사진을 추가해야겠다는 반응은 적절하다.

⑤ ㉤ : 군집을 이루고 있는 식물 중 학생들에게 낯선 식물은 빗금으로 표시하기로 했으므로 논의한 내용이 반영되었군.
'학생 3'의 일곱 번째 발화에서 '군집을 이루고 있는 식물은 모두 빗금으로 표시하자.'라고 밝히고 있다. 하지만 군집을 이루고 있는 식물 중 학생들에게 낯선 식물은 빗금으로 표시하기로 논의한 내용은 제시되어 있지 않다.

43 글쓰기 계획 반영 여부 판단
정답률 95% | 정답 ⑤

다음은 초고를 작성하기 전에 학생이 떠올린 생각이다. ㉠~㉤ 중, 학생의 초고에 반영되지 않은 것은?

○ 커피박이 무엇을 지칭하는 단어인지 밝혀야겠어. ······ ㉠
○ 커피박이 잘못 버려지고 있는 예를 제시해야겠어. ······ ㉡
○ 커피박이 무엇으로 재활용될 수 있는지 언급해야겠어. ······ ㉢
○ 우리나라의 연간 1인당 커피 소비량이 세계 평균 대비 어느 정도인지 밝혀야겠어. ······ ㉣
○ 커피로 인해 발생하는 사회적 문제가 해마다 증가하고 있는 실태를 제시해야겠어. ······ ㉤

① ㉠ 커피박이 무엇을 지칭하는 단어인지 밝혀야겠어.
1문단에서 '커피박'이 '커피를 만든 후 남는 커피 찌꺼기'임을 밝히고 있다.

② ㉡ 커피박이 잘못 버려지고 있는 예를 제시해야겠어.
2문단에서 커피박을 싱크대 배수구에 버리거나 흙에 버리기도 한다며 커피박이 잘못 처리되고 있는 예를 제시하고 있다.

③ ㉢ 커피박이 무엇으로 재활용될 수 있는지 언급해야겠어.
3문단에서 커피박이 탈취제나 방향제, 합성 목재를 대신하는 재료, 비료, 바이오에너지의 원료로 활용되고 있음을 밝히고 있다.

④ ㉣ 우리나라의 연간 1인당 커피 소비량이 세계 평균 대비 어느 정도인지 밝혀야겠어.
1문단에서 우리나라의 연간 1인당 커피 소비량이 세계 평균의 2배 이상임을 밝히고 있다.

⑤ ㉤ 커피로 인해 발생하는 사회적 문제가 해마다 증가하고 있는 실태를 제시해야겠어.
학생의 초고는 커피로 인한 사회적 문제를 논할 때 상대적으로 관심을 받지 못하는 커피박 문제에 대한 관심을 촉구하고 있다. 하지만 학생의 초고를 통해 사회적 문제가 해마다 증가하고 있는 실태는 제시하지 않고 있으므로 적절하지 않다.

44 조언에 따른 글쓰기
정답률 88% | 정답 ②

다음은 초고를 읽은 교지 편집부 학생의 조언이다. 이를 반영하여 [A]를 작성한다고 할 때, 가장 적절한 것은?

"초고 2~4문단에서 문단별로 문제 삼고 있는 점을 해결할 수 있는 방안을 각각 언급하고, 우리 사회가 지녀야 할 태도를 커피에 대한 사랑과 관련지으며 마무리하는 게 좋겠어."

① 커피에 대한 사랑은 커피박에 관심을 갖는 태도로 이어질 필요가 있다. 다양한 재활용 분야와 수거 시설 확충의 중요성을 아는 것이 진정한 커피 사랑의 시작이다.

[문제편 p.079]

초고 2～4문단에서 언급한 문제 상황에 대한 해결 방안 가운데 2문단의 문제 상황에 대한 해결 방안을 언급하지 않았다.

✅ 커피박의 올바른 처리 방법과 재활용 분야를 홍보하고, 수거 시설 확충을 제도화할 필요가 있다. 커피박에도 관심을 갖는 책임감 있는 태도가 커피 사랑의 참된 자세이다.

편집부 학생의 조언을 볼 때, [A]에는 초고 2～4문단에서 문단별로 문제 삼고 있는 점을 해결할 방안, 즉 2문단은 커피박의 올바른 처리 방법, 3문단은 재활용 분야 홍보, 4문단은 커피박 수거 시설 확충을 제시해야 한다. 그리고 커피에 대한 사랑과 관련지으며 우리 사회가 지녀야 할 태도를 제시하며 글을 마무리하는 내용이 들어가야 한다. 이러한 조언을 잘 반영한 것은 ②로, ②의 첫 문장에서는 2～4문단에서 언급한 문제 상황에 대한 각각의 해결 방안을, 두 번째 문장에서는 커피에 대한 사랑과 관련지으며 우리 사회가 지녀야 할 태도를 제시하고 있다.

③ **커피를 마시지 않는 사람들은 왜 커피박에 관심을 가져야 하는지 의아해할 수 있다. 하지만 공동체의 문제 해결을 위해 가치관이 다르더라도 포용하는 태도가 필요하다.**

조언에서 언급한 내용이 전혀 반영되지 않았다.

④ **우리나라의 커피 소비량은 앞으로도 늘어날 것으로 보인다. 따라서 커피박의 바람직한 처리 방법과 재활용 분야를 알리고, 커피박 수거 시설을 확충하는 것이 필요하다.**

초고 2～4문단의 문제 상황에 대한 해결 방안은 반영되었으나 우리 사회가 지녀야 할 태도를 제시하지 않았다.

⑤ **커피박 수거 시설의 설치는 시민들에게 커피박의 쓰임새를 알리는 효과가 있다. 사랑할수록 관심을 표현하듯이, 커피에 대한 사랑을 커피박에 대한 관심으로 표현해야 할 것이다.**

우리 사회가 지녀야 할 태도와 커피박 수거 시설 설치의 효과는 제시되었으나 초고 2～4문단의 문제 상황에 대한 해결 방안을 언급하지 않았다.

45 자료 활용 방안의 적절성 판단

정답률 81% | 정답 ①

<보기>는 초고를 보완하기 위해 추가로 수집한 자료이다. 자료 활용 방안으로 적절하지 않은 것은? [3점]

<보 기>

(가) 전문가 인터뷰

"커피박으로 인한 탄소 배출이 문제가 되고 있습니다. 커피박 소각 시 탄소 배출량은 1톤당 338kg이나 됩니다. 또한 추출 직후의 커피박은 카페인 함유량이 높고, 수분이 많습니다. 이를 흙에 버리면 카페인과 토양 속 물질이 결합한 상태로 쌓여 식물의 생장을 저해할 수 있고, 수분이 많은 커피박이 부패하여 토양을 오염시킬 수 있습니다."

(나) 연구 보고서 자료

〈커피박의 바이오에너지 원료화〉

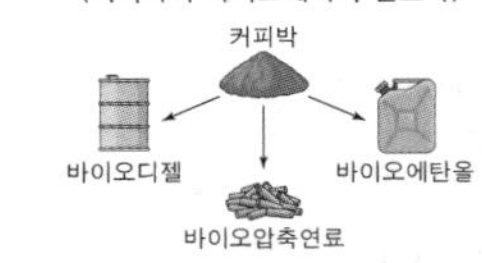

현재 우리나라는 커피박의 바이오에너지 원료화를 추진하고 있다. 바이오압축연료는 상품화 되었으며, 바이오디젤, 바이오 에탄올을 생산하는 기술도 개발되고 있다.

(다) 신문 기사

스위스는 우체국 등 2,600여 곳의 수거 거점을 마련해 커피박을 효과적으로 수거하고 있다. 반면에 우리나라는 일부 지방 자치 단체에서만 커피박 수거를 시도 중이다. ○○구는 "수거 시설이 시민들의 커피박 분리배출에 대한 관심을 높이고 커피박 수거나 운반 등과 관련한 일자리를 창출할 수 있을 것"이라고 밝혔다.

✅ **(가) : 커피박을 소각할 때 발생하는 탄소 배출량 수치를, 커피박이 우리 사회에서 관심을 받지 못하고 있는 배경을 보여 주는 자료로 1문단에 추가한다.**

(가)의 자료에서는 커피박이 소각될 때 발생하는 탄소 배출량을 제시하고 있지만, 이 자료를 활용하여 커피박이 우리 사회에서 관심을 받지 못하고 있는 배경을 보여 줄 수는 없으므로 적절한 자료 활용 방안이라 볼 수 없다.

② **(가) : 추출 직후 커피박에 남은 카페인과 수분이 많은 커피박이 유발하는 문제를, 커피박이 식물과 토양에 미치는 악영향을 구체화하는 자료로 2문단에 추가한다.**

(가)의 자료에서는 추출 직후 커피박에 남은 카페인과 수분이 각각 식물과 토양에 악영향을 미치는 이유를 밝히고 있다. 따라서 커피박이 식물과 토양에 악영향을 미친다는 점을 제시하고 있는 2문단의 내용을 구체화하는 자료로 활용할 수 있다.

③ **(나) : 커피박으로 만들 수 있는 바이오에너지의 종류를, 커피박이 바이오에너지의 원료로 활용될 수 있다는 내용을 뒷받침하는 자료로 3문단에 추가한다.**

(나)의 자료에서는 커피박으로 만들 수 있는 바이오에너지 원료의 종류를 밝히고 있다. 이는 커피박이 최근 바이오에너지의 원료로 활용될 수 있다는 점을 제시하고 있는 3문단을 뒷받침하는 자료로 활용할 수 있다.

④ **(다) : 효과적으로 커피박을 수거하고 있는 해외 사례를, 커피박 수거 시설이 부족한 우리나라의 문제 상황을 부각하는 자료로 4문단에 추가한다.**

(다)의 자료에서는 커피박 수거 시설을 효과적으로 하고 있는 스위스의 사례를 들고 있다. 우리나라의 커피박 수거 시설이 매우 부족함을 제시하고 있는 4문단에 이 자료를 활용한다면 해외에 비해 우리나라의 커피박 수거 시설이 매우 부족한 상황임을 부각하기에 효과적일 것이다.

⑤ **(다) : 커피박 수거가 일자리 창출로 이어질 수 있음을, 커피박 수거 시설이 곳곳에 마련되었을 때 예상되는 또 다른 효과를 보여 주는 자료로 4문단에 추가한다.**

(다)의 자료에서는 커피박 수거 시설의 확충이 커피박 분리배출에 대한 관심과 커피박 수거나 운반 등과 관련한 일자리 창출로 이어질 것이라 전망하고 있다. 이 자료를 4문단에 활용한다면 커피박 수거 시설의 확충이 커피박 분리배출에 대한 시민들의 관심을 높이는 것뿐만 아니라, 일자리 창출이라는 또 다른 효과를 가져올 수 있음을 보여 줄 수 있다.

21회 | 2022학년도 대학수학능력시험 고3

• 정답 •

35 ④ 36 ⑤ 37 ④ 38 ① 39 ① ★40 ③ 41 ① 42 ② 43 ② 44 ⑤ 45 ③

★ 표기된 문항은 [등급을 가르는 문제]에 해당하는 문항입니다.

35 발표의 생성 방식 파악

정답률 79% | 정답 ④

위 발표에 대한 설명으로 가장 적절한 것은?

① **두 가지 음식에 대해 발표한 내용을 중간중간 요약하고 있다.**

2문단과 3문단에서 두 가지 음식인 석류탕과 난면에 대해 발표하고 있지만, 발표한 내용을 요약하지는 않고 있다.

② **소개한 두 음식에 대해 추가로 자료를 탐색할 것을 권유하고 있다.**

발표자는 발표 마지막에 이 두 가지 음식 외에 다른 음식에 관심이 있으면 책을 볼 것을 권유하고는 있지만, 소개한 두 음식에 대해 추가로 자료를 탐색할 것을 권유하지는 않고 있다.

③ **소개한 조리법을 활용하여 만들 수 있는 다른 음식들의 예를 들고 있다.**

발표 마지막 문단에서 『음식디미방』에 제시된 음식을 언급하고는 있지만, 2, 3문단에 소개한 두 가지 음식의 조리법을 활용하여 만들 수 있는 다른 음식들의 예를 언급하지는 않고 있다.

✅ **발표자 자신의 경험과 관련하여 발표 주제의 선정 동기를 밝히고 있다.**

1문단의 '저는 얼마 전 읽은 책에서 17세기의 우리 음식 중 흥미로운 음식을 발견하여 '17세기의 두 가지 음식'을 발표 주제로 정했습니다.'를 통해, 발표자는 자신이 읽었던 책과 관련한 경험을 바탕으로 발표 주제를 정했음을 알 수 있다. 따라서 발표자는 주제 선정 동기를 자신의 경험과 관련하여 밝히고 있다고 할 수 있다.

⑤ **언급한 책의 역사적 가치를 전문가들의 서로 다른 견해를 인용하며 설명하고 있다.**

이 글에서 발표자는 언급한 책인 『음식디미방』이 '당대의 음식을 알 수 있는 대표적인 자료'라고 역사적 가치를 제시하고 있지만, 『음식디미방』이 지닌 역사적 가치를 전문가들의 서로 다른 견해를 인용하며 설명하지는 않고 있다.

36 발표 표현 전략의 파악

정답률 94% | 정답 ⑤

다음은 발표자가 위 발표를 준비하면서 작성한 메모이다. ㉠～㉤을 바탕으로 하여 발표에서 사용한 발표 전략으로 적절하지 않은 것은?

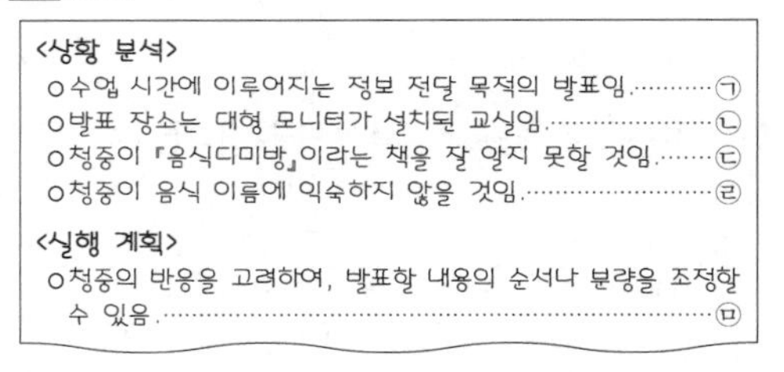

① **㉠ : 청중이 발표 내용을 신뢰할 수 있도록 발표에서 다루려는 음식이 소개된 문헌을 밝힌다.**

1문단에서 발표자는 '17세기 두 가지 음식'을 발표 주제로 정했다 하면서, 이러한 두 음식이 실린 책이 『음식디미방』임을 밝히고 있다. 한편 이처럼 발표에서 다루려는 음식이 소개된 문헌을 밝히는 것은 청중들로 하여금 발표 내용에 신뢰감을 준다고 할 수 있다.

② **㉡ : 전달 효과를 높이기 위해 모니터를 활용해 사진을 화면으로 제시하며 설명한다.**

2문단의 '먼저 화면을 보시죠. (화면을 보여 주며)'와 3문단의 '(화면을 넘기고)'를 통해, 발표자는 전달 효과를 높이기 위해 사진을 화면으로 제시하며 설명하고 있음을 알 수 있다.

③ **㉢ : 책에 대한 청중의 사전 지식을 점검하고, 책에 대한 이해를 돕기 위해 책의 집필 시기와 책 제목의 의미를 밝힌다.**

1문단의 '혹시 『음식디미방』이라는 책을 알고 계신가요? (청중의 반응을 보며) 예상대로 아는 분이 많지 않으시네요.'를 통해, 발표자가 책에 대한 청중의 사전 지식을 점검하고 있음을 알 수 있다. 그리고 '이 책은 1670년경에 쓰인 한글 음식 조리서로, 당대의 음식을 알 수 있는 대표적인 자료인데요, '음식디미방'이란 '음식의 맛을 아는 방법'이라는 뜻입니다.'를 통해, 책에 대한 이해를 돕기 위해 책의 집필 시기와 책 제목의 의미를 밝히고 있음을 알 수 있다.

④ **㉣ : 청중의 이해를 돕기 위해 청중에게 익숙한 단어를 사용하여 음식의 이름을 설명한다.**

3문단의 '이 사진은 '난면'입니다. '계란' 할 때의 '란', '냉면' 할 때의 '면'입니다.'를 통해, 발표자는 청중의 이해를 돕기 위해 청중에게 익숙한 단어를 사용하여 음식의 이름을 설명하고 있음을 알 수 있다.

✅ **㉤ : 청중과의 상호 작용으로 파악한 청중의 관심을 반영하기 위해, 도입부에서 안내한 발표 순서를 바꾸어 소개한다.**

1문단에서 책에 대한 청중들의 지식을 묻고 석류탕을 먼저 소개한 후 난면을 소개하겠다는 발표 순서를 제시하고 있다. 그런 다음 2문단에서 사진을 보여 주며 청중들과 상호 작용한 후, 청중들이 관심을 보이는 석류탕과 관련하여 먼저 소개하고 있다. 따라서 발표자가 발표 도입부에 제시한 발표 순서를 바꾸어 소개하지 않고 있다.

37 발표 내용 이해 및 평가

정답률 80% | 정답 ④

<보기>는 위 발표를 들은 학생들의 반응이다. <보기>에 드러난 학생들의 듣기 방식으로 가장 적절한 것은?

<보 기>

학생 1 : 석류탕과 난면을 조리할 때 모두 꿩고기를 재료로 사용하는 걸 보니 당시에는 꿩고기가 구하기 쉬웠나 봐.

학생 2 : 석류탕에서 만두 만드는 방법이 내가 아는 만두 만드는 방법과 크게 다르지 않네.

학생 3 : 석류탕이 어육류에 속하는 걸 보니 고기를 핵심적인 재료로 간주해서 분류한 것 같아.

[문제편 p.080]

① **학생 1은 학생 2와 달리 발표에서 음식 재료를 설명한 내용이 정확한지 평가하며 들었다.**
학생 1은 발표를 듣고 꿩고기가 구하기 쉬운 재료가 아니었을까라는 추측을 하고 있을 뿐, 발표에서 음식 재료를 설명한 내용이 정확한지 평가하지는 않고 있다.

② **학생 2는 학생 1과 달리 자신이 알고 있는 조리법과 비교하며 제시된 정보를 사실과 의견으로 구분하며 들었다.**
학생 2는 석류탕에서 만두 만드는 방법과 자신이 알고 있는 만두 방법과 크게 다르지 않다고 하여 자신이 알고 있는 조리법과 비교하고는 있지만, 제시된 정보를 사실과 의견으로 구분하며 듣지는 않고 있다.

③ **학생 2는 학생 3과 달리 발표자가 두 번째로 소개한 음식의 조리법에 대한 발표 내용을 배경지식을 바탕으로 예측하며 들었다.**
학생 2는 발표자가 첫 번째로 소개한 석류탕과 관련하여 언급하고 있을 뿐, 두 번째로 소개한 조리법에 대해 반응을 보이지는 않고 있다.

✔ **학생 1과 학생 3은 모두 발표 내용과 관련하여 발표자가 언급하지 않은 내용을 추론하며 들었다.**
학생 1은 석류탕과 난면의 주재료가 꿩고기라는 설명을 듣고 이로부터 꿩고기가 구하기 쉬운 재료가 아니었을까라는 추측을 하고 있다. 그리고 학생 3은 『음식디미방』에서 석류탕을 어육류에 속하는 음식으로 분류했다는 설명을 듣고 이로부터 석류탕의 꿩고기를 핵심 재료로 간주하지 않았을까라는 추측을 하고 있다. 따라서 학생 1, 학생 3 모두 발표 내용과 관련하여 발표자가 언급하지 않은 내용을 추론하며 들었다고 이해할 수 있다.

⑤ **학생 2와 학생 3은 모두 사전 경험을 바탕으로 발표 내용의 효용성을 점검하며 들었다.**
학생 2는 만두를 만든 자신의 경험을 언급하고 있지만, 발표 내용의 효용성을 점검하지는 않고 있다. 그리고 학생 3은 발표자가 말한 내용을 바탕으로 추리하고 있을 뿐, 자신의 사전 경험을 바탕으로 발표 내용의 효용성을 점검하지는 않고 있다.

38 건의 글쓰기 맥락 분석

정답률 82% | 정답 ①

(가)의 작문 맥락을 파악한 내용으로 가장 적절한 것은?

✔ **공동체의 문제를 해결할 수 있는 주체를 예상 독자로 설정했다.**
(가)는 학생회에서 개최하는 토론 한마당의 예선 방식에 대한 학생들의 불만 내용을 제기하며, 주최측인 학생회에 대해 이러한 문제를 해결해 줄 것을 요구하는 내용을 담고 있는 건의문이다. 이러한 작문 맥락을 볼 때, (가)는 공동체의 문제를 해결할 수 있는 학생회 운영진을 예상 독자로 설정하여 작성하였다고 할 수 있다.

② **공동체의 문제를 해결하기 위해서는 공동체 구성원 개개인의 인식 개선이 필요함을 글의 주제로 삼았다.**
(가)에서 공동체 구성원 개개인의 인식 개선이 필요하다는 내용은 나타나지 않는다.

③ **공동체의 문제와 관련하여 가치 있는 경험을 통해 얻은 깨달음을 성찰하는 것을 작문 목적으로 설정했다.**
(가)는 토론 한마당 예선 방식의 개선을 제안하며 주최 측에 공동체 문제의 해결을 요구하는 글이다. 따라서 깨달음을 성찰하는 것을 작문 목적으로 설정했다는 것은 적절하지 않다.

④ **공동체의 문제와 관련하여 자신의 생각을 진솔하게 기록하기 위해 개인적인 성격이 강한 작문 매체를 선택했다.**
(가)는 학교생활 중에 일어난 문제와 관련하여 학교 구성원들이 함께 이용하는 학생회 누리집 게시판에 올린 글이다. 따라서 공동체의 문제와 관련하여 자신의 생각을 진솔하게 기록하기 위해 개인적인 성격이 강한 작문 매체를 선택했다는 것은 적절하지 않다.

⑤ **공동체의 문제를 조사하고 분석한 절차와 결과가 잘 드러나도록 보고하는 형식을 갖춘 글의 유형을 선택했다.**
(가)는 건의문 형식에 맞게 문제점에 대한 분석과 그 해결 방안에 대해 언급하고 있지만 분석 절차와 결과가 잘 드러나도록 보고하는 형식의 글은 아니다.

39 건의 글쓰기 내용의 이해 및 평가

정답률 50% | 정답 ①

〈보기〉를 기준으로 하여 (가)를 평가한 내용으로 적절하지 않은 것은?

〈보 기〉
ⓐ 해결해야 할 현재의 문제를 제시했는가?
ⓑ 문제를 사실에 근거하여 제시했는가?
ⓒ 문제의 원인을 제시했는가?
ⓓ 문제 해결 방안의 실행 가능성을 점검하여 제시했는가?
ⓔ 문제 해결을 통한 기대 효과를 제시했는가?

✔ **2문단에서 현행 토론 한마당의 예선 방식으로 인해 발생한 문제를 언급한 내용은, 참가 팀이 늘면서 발생한 운영상의 어려움을 문제로 제시했다는 점에서 ⓐ를 충족하는군.**
2문단에서는 시간, 공간, 인원 확보 등의 문제로 예선 참가 인원을 한 학급당 한 팀으로 제한하게 되었다는 내용을 제시하고 있다. 즉 2문단에서는 현행 방식으로 운영하게 된 배경을 설명하고 있으므로 해결해야 할 현재의 문제를 제시했는가라는 ⓐ를 충족하지 못한다고 할 수 있다.

② **3문단에서 토론 한마당에 대한 설문 조사 결과를 인용한 내용은, 학생들의 불만이 높다는 문제를 사실에 근거하여 제시 했다는 점에서 ⓑ를 충족하는군.**
3문단에서는 현행 예선 방식으로 인한 토론 한마당에 대한 학생들의 불만이 매우 높다고 하면서 설문 조사 결과를 인용하여 제시하고 있다. 따라서 토론 한마당에 대한 설문 조사 결과를 인용하여 학생들의 불만이 높다는 문제를 사실에 근거하여 제시하고 있으므로 ⓑ를 충족한다고 할 수 있다.

③ **3문단에서 현행 예선 방식의 한계를 언급한 내용은, 참가자 제한을 학생들이 불만족한 원인으로 제시했다는 점에서 ⓒ를 충족하는군.**
3문단에서는 학생들의 불만의 원인이 예선 참가 기회가 제한되어 있는 현행 예선 방식의 한계에서 찾을 수 있다고 언급하고 있다. 따라서 참가자 제한을 학생들의 불만족한 원인으로 제시하고 있으므로 ⓒ를 충족한다고 할 수 있다.

④ **4문단에서 인근 학교의 사례를 언급한 내용은, 유사한 상황에서 문제를 해결한 사례를 통해 기간 연장 및 평가 방법 변경의 실행 가능성을 점검하여 제시했다는 점에서 ⓓ를 충족하는군.**
4문단에서는 인근 학교 중에서 우리와 유사한 문제를 겪다가 예선 방식을 개선하여 이를 해결한 사례가 있다고 하면서, 이 학교들에서는 대면 토론의 기간을 연장하거나, 대면 토론 대신 예선에서 토론 개요서로 평가하니까 많은 학생들이 예선에 참가할 수 있었다고 밝히고 있다. 따라서 유사한 상황에서 문제를 해결한 인근 학교의 사례를 통해 기간 연장 및 평가 방법 변경의 실행 가능성을 점검하여 제시하고 있으므로 ⓓ를 충족한다고 할 수 있다.

⑤ **5문단에서 토론 한마당의 예선 방식 개선이 가져올 결과를 언급한 내용은, 문제 해결을 통한 기대 효과를 제시했다는 점에서 ⓔ를 충족하는군.**
5문단에서는 현행의 예선 방식을 개선하면 학생들이 더 많이 참가할 수 있게 되어 불만이 해소될 것이고, 토론 한마당에 대한 학생들의 관심도 더 높아질 것이라고 토론 한마당의 예선 방식 개선이 가져올 결과를 언급하고 있다. 따라서 문제 해결을 통한 기대 효과를 제시하고 있으므로 ⓔ를 충족한다고 할 수 있다.

★★★ 등급을 가르는 문제!

40 대화 내용의 생성

정답률 21% | 정답 ③

(나)의 '학생 1'에 대한 설명으로 적절하지 않은 것은? [3점]

① **(가)에서 토론 한마당 예선 방식 개선을 요구한 것을 논의의 계기로 삼고 있다.**
학생 1의 첫 번째 발화인 '토론 한마당 행사의 예선 방식을 개선해 달라고 ~ 좋은 방안이 있는지 논의해 보자.'를 통해 확인할 수 있다.

② **(가)에서 서술한 예선 참가 인원 제한의 배경을 언급하며논의의 필요성을 제시하고 있다.**
학생 1의 두 번째 발화인 '행사 운영을 위한 시간과 공간이 부족하고 ~ 대면 토론을 대신할 방안을 찾을 필요가 있어.'를 통해 확인할 수 있다.

✔ **(가)에서 예선 방식 개선을 위해 제시한 두 가지 방식 각각의 장단점을 판단하게 하며 논의를 진행하고 있다.**
(가)를 통해 토론 한마당 예선 방식 개선을 위해 예선의 기간을 연장하는 방안과 현행의 대면 토론을 토론 개요서 제출로 대체하는 방안이 제시되었음을 알 수 있다. 그런데 (나)에서 학생 1은 첫 번째 발화를 통해 일정상의 문제로 예선 기간 연장이 불가하다는 점을 밝힘으로써 이를 논의 대상에서 제외하고 있다. 대신 학생 3이 제안한 동영상을 활용한 방안을 논의 대상으로 삼고 있다. 이렇게 볼 때, 학생 1은 (가)에서 제시한 토론 개요서 제출 방식과 새롭게 제시된 동영상 활용 방식에 대한 장단점을 판단하게 하면서 논의를 진행하고 있음을 알 수 있다.

④ **(가)에서 현행 예선 평가 방법의 장점으로 언급한 내용과 관련해서는 발언에서 제외하도록 논의 내용을 제한하고 있다.**
학생 1의 네 번째 발화인 '청중이 모인 가운데 진행되는 대면 토론만큼의 ~ 그것 말고 얘기해 줄래?'를 통해 확인할 수 있다.

⑤ **(가)에서 서술한 현행 예선 방식에 대한 불만이 해소될 것을 언급하며 논의의 결론을 제시하고 있다.**
학생 1의 마지막 발화인 '토론 개요서를 평가하면 예선 참가 가능한 인원이 늘겠지. ~ 이 방안을 도입하기로 하고 오늘 논의는 마무리하자.'를 통해 확인할 수 있다.

★★ 문제 해결 꿀~팁 ★★

▶ 많이 틀린 이유는?
이 문제는 학생 1의 발언을 정확하게 이해하지 못하여 오답률이 높았던 것으로 보인다. 또한 선택지의 내용을 정확하게 이해하지 못한 것도 오답률을 높인 원인으로 보인다.

▶ 문제 해결 방법은?
화법이나 작문 문제 역시 독서와 마찬가지로 주어진 화법과 작문의 내용을 정확히 이해하여야 한다. 이 문제에서도 제시된 대화의 내용, 특히 학생 1의 발화 내용에 주목하여 적절성을 판단했으면 충분히 해결할 수 있었다. 가령 정답인 ③의 경우, 학생 1의 첫 번째 발화를 통해 (가)에서 언급한 예선의 기간을 연장하는 방안은 '곤란하다' 하고 있으므로 적절하다고 할 수 없는 것이다. 이처럼 화법이나 작문 역시 선택지에 언급된 내용이 제시된 대화나 글 등 어느 부분에 있는지 확인할 수 있다면 문제를 쉽게 해결할 수 있으므로, 선택지에 해당하는 부분을 찾을 수 있도록 집중해야 한다.

▶ 오답인 ④를 많이 선택한 이유는?
이 문제의 경우 ④를 선택한 학생들이 많았는데, 이는 선택지의 내용을 정확히 이해하지 못했기 때문으로 보인다. 즉 선택지의 '현행 예선 평가 방법의 장점으로 언급한 내용과 관련해서는 발언에서 제외'라는 내용을 정확히 이해하지 못했기 때문으로 보인다. 이 경우 선택지를 끊어서 의미를 파악하면 되는데, '현행 예선 평가 방법의 장점으로 언급한 내용과 관련'은 '대면 토론의 장점'임을 의미하므로 이와 관련된 발언이 학생 1의 어느 부분에 있는지 찾으면서, 그 발화에서 이러한 '대면 토론의 장점'을 '발언에서 제외'하자 하고 있는지 확인하면 된다. 따라서 학생 1의 네 번째 발화에서 이를 확인할 수 있으므로 적절한 설명이라 할 수 있는 것이다. 독서나 문학, 이러한 화법과 작문 등의 선택지를 읽을 때 끊어 읽게 되면 선택지를 보다 정확히 이해할 수 있으므로, 평소 문제를 풀 때 선택지를 끊어 읽는 연습을 할 수 있도록 한다.

41 대화 표현 전략 사용

정답률 88% | 정답 ①

㉠, ㉡의 발화에 대한 이해로 가장 적절한 것은?

✔ **㉠은 ㉠ 직전의 '학생 2'가 말한 내용에 담긴 의견의 일부를 긍정하면서 추가로 자신의 의견을 드러낸다.**
㉠은 ㉠ 직전의 학생 2가 말한 '동영상 촬영은 별도의 장비가 필요하니 참가 팀들의 입장에서 번거롭다'는 내용과 '동영상 촬영을 심사하려면 대면 토론만큼 시간이 필요하므로 심사자의 평가 부담이 크다'라는 두 가지 내용 중 후자의 내용에 대해 긍정적인 반응을 제시하고 있다. 하지만 그에 덧붙여 토론 개요서로는 참가자들이 소통하는 과정을 평가하기 어렵다는 의견을 제시하고 있다. 한편 ㉡은 ㉡ 직전의 '학생 3'의 참가자들이 소통하는 과정을 평가하기는 어렵다는 토론 개요서 평가에 대한 부정적인 말에 대해, 토론 개요서 평가가 논증 능력을 평가하는 것은 가능하다고 토론 개요서 평가가 지닌 긍정적인 부분을 언급하고 있다.

② **㉠은 ㉠ 직전의 '학생 2'가 말한 내용에 담긴 의견에 동의를 표하면서 그 의견에 대한 상세한 설명을 요청한다.**
㉠은 ㉠ 직전의 '학생 2'가 말한 내용 중 일부 의견에 동의를 표하였고 동의를 표한 의견과 관련하여 자신의 의견을 덧붙였을 뿐 '학생2'의 의견에 대한 상세한 설명을 요청하지 않았다.

③ **㉠은 ㉠ 직전의 '학생 2'가 말한 내용에 담긴 의견에 이의를 제기하면서 그 의견을 뒷받침하는 근거의 타당성을 지적한다.**
㉠은 ㉠ 직전의 '학생 2'가 말한 내용에 대해 특별한 이의를 제기하거나 근거의 타당성을 지적하지 않았다.

[문제편 p.082]

④ ㉡은 ㉡ 직전의 '학생 3'이 말한 내용에 담긴 의견을 뒷받침 할 수 있는 근거를 덧붙이면서 공감을 드러낸다.

㉡은 ㉡ 직전의 '학생 3'이 말한 내용 중 '토론 개요서 평가는 참가자들이 소통하는 과정을 평가하기 어려워'라는 말과 관련하여 토론에서 중요한 것은 논증 능력임을 말하며 이의를 제기하고 있으므로 '학생 3'의 의견에 공감을 드러낸다는 것은 적절하지 않다.

⑤ ㉡은 ㉡ 직전의 '학생 3'이 말한 내용에 담긴 의견의 핵심을 재진술하면서 그 의견에 대해 동의를 유보한다.

㉡ 직전의 말에서 '학생 3'은 동영상 촬영을 활용하는 방식은 토론 개요서 활용 방안보다 심사자 부담이 크다는 것을 인정하면서도 토론 개요서 평가는 참가자들이 소통하는 과정을 평가하기 어렵다고 말하고 있다. ㉡에서 '학생 3'의 이러한 내용을 재진술하고 있지 않다.

42 대화 맥락의 분석

정답률 85% | 정답 ②

(나)의 흐름을 다음과 같이 정리할 때, ㉮에 해당하는 내용으로 적절하지 않은 것은?

> 문제 인식 및 대안 생성 → ㉮ 대안에 대한 검토 → 최선의 대안 선택

① 동영상 방식의 장점으로, 참가자들이 시간과 장소를 자율적으로 정할 수 있다는 점이 언급되었다.

학생 3의 '동영상을 제출하도록 하면 대면 토론과 달리 토론 시간이나 장소를 참가자들이 자율적으로 정할 수 있고'를 통해 확인할 수 있다.

✔ 동영상 방식의 장점으로, 대면 토론에 비해 심사자 섭외의 부담을 줄일 수 있다는 점이 언급되었다.

(나)에 제시된 학생들의 대화를 통해 대안으로 '토론 개요서 평가 방식'과 '동영상 촬영 평가 방식'이 언급되었음을 알 수 있다. 그리고 이 두 대안에 대해 학생들은 장단점을 파악하며 검토를 진행하고 있는데, 동영상 방식과 관련해서는 심사자 평가 부담이 크다는 점이 언급되고 있고 학생들은 이에 대체로 동의하고 있다. 하지만 심사자 섭외의 문제에 대해서는 (나)에서 따로 언급되지 않고 있다.

③ 동영상 방식의 단점으로, 참가자가 별도의 촬영 장비를 준비해야 한다는 점이 언급되었다.

학생 2의 '동영상 촬영을 하려면 참가 팀들이 별도의 장비를 준비해야 해서 번거로워.'를 통해 확인할 수 있다.

④ 토론 개요서 방식의 장점으로, 현행 방식에 비해 더 많은 학생이 예선에 참여할 수 있다는 점이 언급되었다.

학생 2의 '토론 개요서로 평가하면 현행 방식일 때 예선에 참가하지 못할 학생들도 기회를 얻을 수 있어.'를 통해 확인할 수 있다.

⑤ 토론 개요서 방식의 단점으로, 참가자들의 소통 과정을 평가 하기 어렵다는 점이 언급되었다.

학생 3의 '토론 개요서 평가는 참가자들이 소통하는 과정을 평가하긴 어려워.'를 통해 확인할 수 있다.

43 정보 전달 글쓰기 표현 전략 사용

정답률 80% | 정답 ②

초고에서 ㉠~㉢을 작성할 때 활용한 글쓰기 방법으로 가장 적절한 것은?

① ㉠ : 질환의 개념을 묻고 답하는 방식으로 제시했다.

'초고' 1문단에서 근골격계 질환의 개념을 언급하고 있지만, 질환의 개념을 묻고 답하는 방식으로 제시하지는 않고 있다.

✔ ㉡ : 두 범주를 설정하여 범주별로 질환 유병률의 차이를 제시했다.

'초고' 2문단의 '악기 연주자들의 근골격계 질환 유병률을 악기군과 부위의 범주로 나누어 차이를 살펴보면'에서 유병률의 차이에 대한 내용은 범주를 둘로 나누어 제시하고 있음을 확인할 수 있다.

③ ㉡ : 악기 연주자의 질환 경험 사례를 악기군별로 제시했다.

'초고' 2문단에서 악기 연주자의 질환 경험 사례를 건반 악기 연주자들을 들어 제시하고는 있지만, 악기 연주자의 질환 경험 사례를 악기군별로 제시하지는 않고 있다.

④ ㉢ : 질환 완화 방법을 질환의 부위별로 분석하여 제시했다.

'초고' 3문단에서 악기 연주자의 근골격계 질환 완화 방법을 제시하고는 있지만, 질환을 부위별로 분석하여 제시하지는 않고 있다.

⑤ ㉢ : 질환 완화에 효과가 있는 운동의 과정을 단계별로 제시했다.

'초고' 3문단에서 근골격계 질환 완화에 도움이 되도록 적절한 운동이 필요하다고는 언급하고 있지만, 질환 완화 효과가 있는 운동의 과정을 단계별로 제시하지는 않고 있다.

44 글쓰기 내용 점검 및 조정

정답률 88% | 정답 ⑤

다음은 초고를 쓴 기자가 잡지 편집장에게 보낸 이메일의 일부이다. ⓐ에 들어갈 내용으로 가장 적절한 것은?

> 초고에 대한 검토 의견 중 (ⓐ) 요청에 따라 첫 문단을 아래와 같이 수정했습니다.
>
> 직업성 질환 중 하나인 근골격계 질환은 근육, 신경, 뼈와 주변 조직 등 근골격계에 발생하는 손상 또는 통증을 말한다. 주로 장기간의 반복된 작업으로 근골격계에 손상이 누적되어 나타난다. 악기 연주자들도 연주를 할 때 유사한 동작을 오래 반복하다 보니 주로 사용하는 부위에 근골격계 질환을 겪는다.

① 직업성 질환이 아닌 예 삭제, 근골격계 질환의 발병 이유 추가

② 직업성 질환이 아닌 예 삭제, 근골격계 질환의 발병 조건 추가

③ 다른 직업군의 예 삭제, 근골격계 질환의 발병 부위 추가

④ 다른 직업군의 예 삭제, 근골격계 질환의 발병 유형 추가

✔ 다른 직업군의 예 삭제, 근골격계 질환의 발병 원인 추가

초고와 초고 수정안을 비교해 보면, 수정안에서 초고의 '사무직의 요통이 대표적인 예이다.'가 삭제되었음을 알 수 있다. 그리고 둘째 문장으로 '주로 장기간의 반복된 작업으로 근골격계에 손상이 누적되어 나타난다.'가 추가되었음을 확인할 수 있다. 따라서 이를 통해 '악기 연주자가 겪는 근골격계 질환'이라는 주제와 관련이 없는 사무직의 사례를 삭제하였고, 장기간의 반복 작업으로 인한 근골격계의 손상 누적이라는 근골격계 질환의 발병 원인을 추가하였음을 알 수 있다.

45 자료, 매체 활용의 적절성 판단

정답률 44% | 정답 ③

다음은 초고를 보완하기 위해 추가로 수집한 자료이다. 자료 활용 방안으로 적절하지 않은 것은? [3점]

> **(가) □□ 의학회 논문 자료**
>
> 악기 연주자의 근골격계 질환의 전체 부위 유병률은 관악기는 57.6%, 건반 악기는 75.0%, 현악기는 68.1%로 나타났다. 통증 부위에 따른 유병률은 상지 부위의 경우, 관악기 대비 건반 악기가 1.82배, 현악기가 1.57배였고, 하지 부위는 관악기 대비 건반 악기가 1.72배, 현악기가 0.84배로 나타났다.
>
> **(나) △△ 연구소 통계 자료**

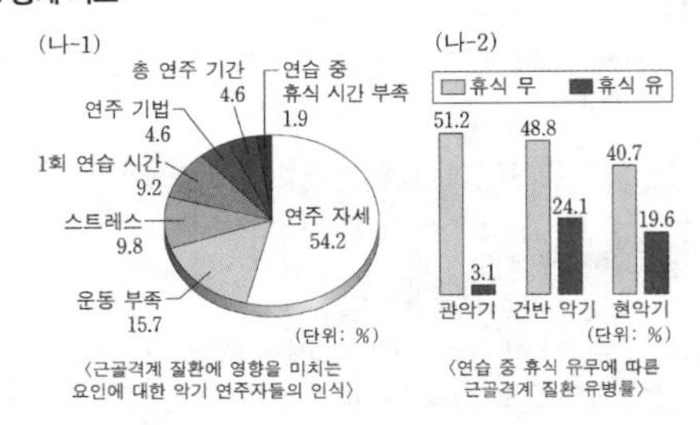

〈근골격계 질환에 영향을 미치는 요인에 대한 악기 연주자들의 인식〉 〈연습 중 휴식 유무에 따른 근골격계 질환 유병률〉

> **(다) ◇◇ 대학교 의대 교수 인터뷰 자료**
>
> "스트레칭 운동으로 근육의 긴장을 완화하고, 안정화 운동을 통해 바른 자세로 교정하면 근골격계에 도움이 됩니다."

① (가)를 활용하여, 악기군별 상지 부위의 유병률 차이에 대해, 건반 악기의 유병률이 가장 높고 다음으로 현악기, 관악기순이라는 내용으로 2문단을 구체화한다.

'초고' 2문단에서는 부위별로 구체적인 유병률은 악기군에 따라 차이를 보였다고 하였지만 구체적으로 어느 악기군이 높은지 제시되지는 않고 있다. 그리고 (가)에서는 상지 부위의 유병률에 대해 악기군별로 대비하고 있다. 따라서 (가)를 활용하여, 악기군별 상지 부위의 유병률 차이에 대해, 건반 악기의 유병률이 가장 높고 다음으로 현악기, 관악기 순이라는 내용으로 2문단을 구체화한다는 자료 활용 방안은 적절하다.

② (가)를 활용하여, 악기군에 따른 부위별 유병률 순위에 대해, 상지 부위와 달리 하지 부위의 유병률은 전체 부위 유병률과 순위가 일치하지 않는다는 내용으로 2문단을 보강한다.

'초고' 2문단에서는 악기군에 따른 근골격계 질환의 전체 부위 유병률 순위와 부위별 유병률 순위는 일부 차이를 보였다고 언급하고 있고, (가)를 통해 전체 부위 유병률이 상지 부위와 달리 하지 부위의 유병률과 순위가 일치하지 않음을 알 수 있다. 따라서 (가)를 활용하여, 악기군에 따른 부위별 유병률 순위에 대해, 상지 부위와 달리 하지 부위의 유병률은 전체 부위 유병률과 순위가 일치하지 않는다는 내용으로 2문단을 보강한다는 자료 활용 방안은 적절하다.

✔ (나-1)을 활용하여, 질환의 유병률을 낮추는 데 도움이 되는 방법에 대해, 근골격계 질환이 연주 자세에 미치는 영향에 대한 인식 개선이 필요하다는 내용으로 3문단을 구체화한다.

(나-1)은 근골격계 질환에 영향을 미치는 요인에 대한 악기 연주자들의 인식을 조사한 통계 자료에 해당한다. 따라서 (나-1)을 활용하여 근골격계 질환이 연주 자세에 미치는 영향에 대한 인식 개선이 필요하다는 내용으로 3문단을 구체화하는 것은 적절하지 않다.

④ (나-2)를 활용하여, 연습 중 휴식이 악기군별 유병률에 미치는 영향에 대해, 관악기의 경우가 현악기보다 유병률을 낮추는 데 휴식의 영향이 더 크다는 내용으로 3문단을 구체화한다.

(나-2)를 통해 관악기의 경우가 현악기보다 유병률을 낮추는 데 휴식의 영향이 더 크다는 것을 알 수 있다. 따라서 (나-2)를 활용하여 연습 중 휴식이 악기군별 유병률에 미치는 영향에 대해 관악기의 경우가 현악기보다 유병률을 낮추는 데 휴식의 영향이 더 크다는 내용으로 3문단을 구체화한다는 자료 활용 방안은 적절하다.

⑤ (다)를 활용하여, 질환 완화에 도움이 되는 운동에 대해, 근골격계에 도움이 되는 운동과 그 효과에 관한 내용으로 3문단을 보강한다.

3문단에서는 근골격계 질환 완화에 도움이 되도록 적절한 운동을 하는 것도 필요하다고 언급하고 있지만, 어떤 운동을 해야 하는지에 대해 구체적으로 제시되어 있지 않다. 그리고 (다)는 스트레칭 운동과 안정화 운동을 통해 근골격계에 도움이 된다는 인터뷰 자료이다. 따라서 (다)를 활용하여 질환 완화에 도움이 되는 운동에 대해, 근골격계에 도움이 되는 운동과 그 효과에 관한 내용으로 3문단을 보강한다는 자료 활용 방안은 적절하다.

[문제편 p.083]

• 정답 •

35③ 36④ 37④ 38③ 39④ 40① 41② 42② 43③ 44① 45②

35 발표자의 말하기 방식 파악 정답률 81% | 정답 ③

위 발표에 대한 설명으로 가장 적절한 것은?

① **전문가의 말을 직접 인용하여 내용의 신뢰성을 높이고 있다.**
이 발표에서는 내용의 신뢰성을 높일 수 있는 전문가의 말을 직접 인용하지는 않고 있다.

② **발표 중간에 자신이 말한 내용을 요약하여 청중의 이해를 돕고 있다.**
발표자는 발표의 중간에 종묘 제례악의 악기와 연주, 춤에 드러난 음양의 조화를 설명하고 있지만, 자신이 발표한 내용을 요약하지는 않고 있다.

✔ **발표 내용의 순서를 안내하여 청중이 내용을 예측할 수 있도록 하고 있다.**
1문단의 '먼저 악기와 연주에 반영된 음양의 조화에 대해 설명한 다음, 춤에 반영된 음양의 조화에 대해 설명하겠습니다.'를 통해, 발표자는 어떤 내용과 순서로 발표할 것인지를 안내하고 있음을 알 수 있다.

④ **발표를 시작할 때 주제를 선정한 이유를 밝혀 청중의 관심을 유도하고 있다.**
1문단을 통해 발표자가 발표 주제에 대해 언급하고 있음을 알 수 있지만, 이러한 발표 주제를 선정한 이유를 밝히지는 않고 있다.

⑤ **질문을 통해 청중과 공유하는 경험을 환기하여 발표의 내용과 연결 짓고 있다.**
2문단의 '그럼, 이 자료의 아래쪽에 있는 호랑이 모양의 악기는 무엇일까요?', 3문단의 '이 그림에도 축과 어가 있습니다. 어디 있을까요?', 4문단의 'ⓔ에 많은 사람들이 여러 줄로 서 있는 것이 보이시나요?', 5문단의 '이 행사에 참여하여 우리의 문화유산을 체험하고 그 속에 담긴 음양의 조화도 느껴보시면 어떨까요?'에서 발표자는 질문을 사용하고 있음을 알 수 있다. 하지만 청중과 공유하는 경험을 환기하는 질문을 하지는 않고 있다.

36 자료 활용 방안의 파악 정답률 80% | 정답 ④

〈보기〉의 자료를 활용하기 위한 계획 중 발표에 반영되지 않은 것은?

〈보 기〉

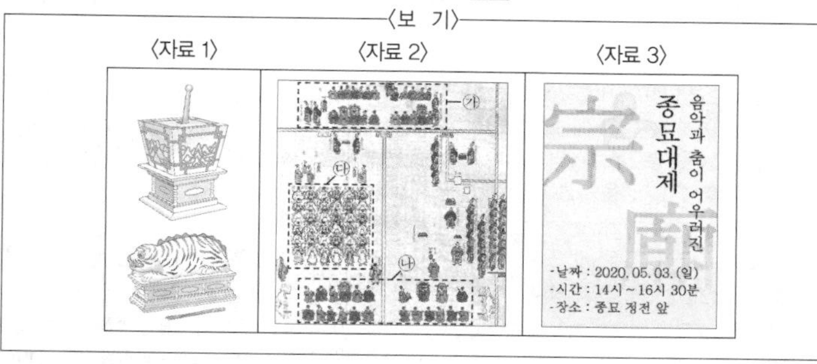

① **〈자료 1〉을 활용하여, 축과 어의 모양과 연주 방법을 설명한다.**
2문단을 통해, 발표자가 축과 어를 그림으로 그린 것인 〈자료 1〉를 보여 주면서 축과 어의 모양과 연주 방법을 설명하고 있으므로, 〈자료 1〉을 활용하기 위한 계획이 반영되었다.

② **〈자료 2〉를 활용하여, 상월대와 하월대에서 이루어진 음양의 조화에 대해 설명한다.**
3문단을 통해 발표자는 종묘 제례악의 공연 장면을 담고 있는 〈자료 2〉를 보여 주며 상월대와 하월대의 위치와 음양의 조화에 대해 알려 주고 있음을 알 수 있으므로, 〈자료 2〉을 활용하기 위한 계획이 반영되었다.

③ **〈자료 3〉을 활용하여, 종묘 제례악이 공연되는 행사의 개최 시기와 장소를 소개한다.**
5문단을 통해 발표자는 현대의 종묘대제 포스터인 〈자료 3〉을 보여 주면서 현재도 매년 5월 첫 일요일에 종묘에서 종묘대제가 열리고 있음을 드러내고 있다. 따라서 현대의 종묘대제에서도 종묘 제례악이 공연됨을 알려 주고 있으므로, 〈자료 3〉을 활용하기 위한 계획이 반영되었다.

✔ **〈자료 1〉과 〈자료 2〉를 활용하여, 상월대와 하월대에서 사용하는 축과 어가 만들어진 유래를 제시한다.**
〈자료 1〉은 종묘 제례악에 사용된 악기 중 축과 어를 그림으로 그린 것으로, 발표자가 2문단에서 축과 어를 설명하기 위해 사용하고 있다. 그리고 〈자료 2〉는 종묘 제례악의 공연 장면을 담고 있는 '오향친제반차도'의 일부로, 발표자가 3문단에서 상월대와 하월대를 설명하기 위해, 4문단에서 춤과 관련된 음양의 조화를 설명하기 위해 사용하고 있다. 그런데 축과 어를 설명한 2문단을 통해 축과 어의 모양과 연주 방법을 설명하고 있음을 알 수 있지만, 이러한 축과 어가 만들어진 유래에 대해서는 언급하지 않고 있다.

⑤ **〈자료 2〉와 〈자료 3〉을 활용하여, 종합 예술로서의 종묘 제례악이 현대에 이어지고 있음을 강조한다.**
〈자료 2〉는 종묘 제례악의 공연 장면을 담고 있는 '오향친제반차도'의 일부이이고, 〈자료 3〉은 현대의 종묘대제 포스터로, 현대의 종묘대제에서도 종묘 제례악이 공연되고 있음을 알리고 있다. 그리고 5문단에서 발표자는 '이 그림의 ㉮, ㉯, ㉰처럼 악단과 무인들이 위치하여 종합 예술로서의 종묘 제례악을 공연합니다.'라면서 종묘 제례악이 현대에 이어지고 있음을 언급하고 있다. 따라서 〈자료 2〉와 〈자료 3〉을 활용하여 음악과 춤이 어우러진 종합 예술인 종묘 제례악이 현대에도 이어지고 있음을 강조했다.

37 듣기 전략의 파악 정답률 87% | 정답 ④

다음은 발표를 듣고 청중이 보인 반응이다. 이를 바탕으로 청중의 듣기 활동을 이해한 내용으로 적절하지 않은 것은? [3점]

> ○ **청자 1** : 얼마 전에 종묘 제례악 공연을 영상으로 봤어. 그때 미처 알지 못했던 내용을 발표를 통해 알게 되어서 좋았어. 축과 어 이외의 다른 악기들에 대해서도 설명했다면 더 좋지 않았을까?
> ○ **청자 2** : 문무가 양을 상징하고 무무가 음을 상징한다고 설명했는데, 문무와 무무가 왜 각각 양과 음을 상징하는지 설명해 주지 않아 아쉬워. 내가 자료를 찾아봐야지.
> ○ **청자 3** : 음악 시간에 제례악에는 종묘 제례악 외에 문묘 제례악도 있다고 배워서 알고 있어. 그런데 서로 어떻게 다를까? 관련 내용을 알아봐야겠어.

① **'청자 1'은 새로운 사실을 알게 된 것을 긍정적으로 생각하고 있다.**
청자 1은 얼마 전에 종묘 제례악 공연을 보고 미처 알지 못했던 내용을 발표를 통해 알게 되어서 좋았다고 하였으므로, 새로운 사실을 알게 된 것을 긍정적으로 생각하고 있음을 알 수 있다.

② **'청자 2'는 누락된 내용이 있는 것을 발표의 문제점으로 지적하고 있다.**
청자 2는 문무와 무무가 왜 각각 양과 음을 상징하는지 발표자가 설명해 주지 않아 아쉽다고 했으므로, 누락된 내용이 있는 것을 발표의 문제점으로 지적하고 있음을 알 수 있다.

③ **'청자 3'은 자신의 배경지식을 활용하여 발표 내용과 관련 있는 대상을 떠올리고 있다.**
청자 3은 제례악 중에는 종묘 제례악 외에 문묘 제례악도 있다고 음악 시간에 배워서 알고 있다고 했으므로, 청자 3은 자신의 배경지식을 활용하여 발표 내용인 종묘 제례악과 관련 있는 문묘 제례악을 떠올린 것이라고 할 수 있다.

✔ **'청자 1'과 '청자 3'은 발표의 일부를 언급하며 그 내용의 타당성에 대해 의문을 제기하고 있다.**
청자 1은 발표에서 설명한 축과 어 이외의 다른 악기들에 대해서도 설명했다면 더 좋았을 것이라고 생각하며 아쉬워하고 있고, 청자 3은 발표에서 설명한 종묘 제례악과 자신이 알고 있던 문묘 제례악이 어떻게 다른지에 대해 의문을 제기하고 있다. 하지만 청자 1과 청자 3은 발표의 일부를 언급하면서 발표 내용의 타당성에 대해 의문을 제기하지는 않고 있다.

⑤ **'청자 2'와 '청자 3'은 발표를 듣고 생긴 궁금한 점에 대해 조사해야겠다고 생각하고 있다.**
청자 2는 문무와 무무가 왜 각각 양과 음을 상징하는지 설명해 주지 않아 아쉽다고 하면서, 자신이 자료를 찾아봐야겠다고 말하고 있다. 그리고 청자 3은 종묘 제례악과 문묘 제례악이 어떻게 다를지 궁금해하면서 관련 내용을 알아봐야겠다 하고 있다. 따라서 청자 2와 청자 3은 발표를 듣고 생긴 궁금한 점에 대해 조사해야겠다고 생각하고 있음을 알 수 있다.

38 발화 의미와 기능 파악 정답률 87% | 정답 ③

㉠ ~ ㉤에 대한 설명으로 적절하지 않은 것은?

① **㉠ : 회의 안건을 제시하게 된 이유에 대해 설명하고 있다.**
'학생 1'은 교지 담당 선생님께서 교지의 건강 상식 코너에 실을 글을 써 달라고 요청하셨다고 밝히면서, 교지에 실을 글을 어떻게 쓰면 좋을지에 대해 논의해 보자고 회의 안건을 제시하고 있다. 따라서 ㉠은 '학생 1'이 회의 안건을 제시하게 된 이유를 말한 것이라 할 수 있다.

② **㉡ : 자신의 경험을 토대로 상대방의 우려를 해소하고 있다.**
'학생 2'가 척추 건강에 대한 정보가 너무 어려운 것은 아니냐고 말하자, '학생 3'은 척추 건강에 대해 알려 주는 전문 잡지의 기사와 텔레비전 프로그램을 봤는데 특별히 어려운 내용은 없었다고 말하고 있다. 따라서 ㉡은 '학생 3'이 자신의 경험을 토대로 '학생 2'의 우려를 해소하기 위한 말이라 할 수 있다.

✔ **㉢ : 앞서 논의된 내용을 자신이 제대로 이해했는지 확인하고 있다.**
'학생 2'가 글을 어떤 내용으로 구성할지에 대해 이야기해 보자고 말하자, '학생 3'은 척추 질환을 앓고 있는 청소년들의 수가 증가하는 추세를 보인다는 기사를 읽었다고 말하면서, 이를 글의 시작 부분에 활용하자라고 말하고 있다. 따라서 ㉢은 '학생 3'이 앞서 논의된 내용에 대해 자신이 제대로 이해했는지 확인하는 말이기라고 할 수 없다.

④ **㉣ : 상대방의 제안이 지닌 효용성에 대해 언급하고 있다.**
'학생 1'이 학생들의 생활 습관에 초점을 맞추어서 원인을 설명하자고 제안하자, '학생 2'는 척추 건강이 생활 습관과 관련이 있어서 학생들이 생활 습관을 점검하는 데 도움이 될 것이라고 말하고 있다. 따라서 ㉣은 '학생 2'가 상대방의 제안이 지닌 효용성에 대해 언급한 말이기라 할 수 있다.

⑤ **㉤ : 상대방이 제시한 의견에 대해 이의를 제기하고 있다.**
'학생 1'이 척추 질환의 원인을 설명한 뒤 척추 질환의 증상에 대해 자세히 알려 주자고 말하자, '학생 2'는 그보다는 제시된 원인을 바탕으로 척추 질환을 예방하는 방안을 제시해야 글의 흐름이 자연스러울 것이라고 말하고 있다. 따라서 ㉤은 '학생 2'가 '학생 1'이 제시한 의견에 대해 이의를 제기한 말이기라 할 수 있다.

39 담화의 구조와 기능 이해 정답률 83% | 정답 ④

(가)에 대한 이해로 적절하지 않은 것은?

① **'학생 1'이 척추 건강에 대한 정보를 알려 주자고 한 것은 '학생 2'의 발언을 고려하여 대안을 제시한 것이다.**
글의 제재를 정하도록 하자라는 '학생 2'의 말에 대해 '학생 3'은 독감을 글감으로 삼으면 좋겠다 말하고 있다. 이에 대해 '학생 2'는 학생들이 독감 예방법에 대해서는 잘 알고 있다고 언급하며 새롭게 알려 줄 것이 없는지를 묻고 있고, '학생 1'이 척추 건강에 대한 정보를 알려 주자고 제안하고 있다. 이렇게 볼 때 '학생 1'이 척추 건강에 대한 정보를 알려 주자고 말한 것은 '학생 2'의 발언을 고려하여 대안을 제시한 것이라고 할 수 있다.

② **'학생 3'이 '학생 1'의 제안에 동의한 것은 척추 건강에 관한 정보가 독자의 관심을 끌 수 있다고 본 것이다.**
'학생 1'이 척추 건강에 대한 정보를 알려 주자고 제안하자, '학생 3'은 척추 건강에 대한 정보는 많은 학생들이 알고 싶어 하는 내용일 거라고 말하고 있다. 이렇게 볼 때, '학생 3'이 '학생 1'의 제안에 동의한 것은 척추 건강에 관한 정보가 독자의 관심을 끌 수 있다고 판단하였기 때문이라 할 수 있다.

③ **'학생 2'가 내용의 수준과 관련된 언급을 한 것은 독자의 이해를 고려한 것이다.**
'학생 2'가 척추 건강에 대한 정보는 전문적인 용어나 개념이 많아 학생들이 이해하기가 힘들 거라고 말하고 있는데, '학생 2'가 이처럼 내용의 수준과 관련된 언급을 한 것은 독자인 학생들의 이해 능력을 고려한 것이라 할 수 있다.

✔ **'학생 3'이 척추 질환의 원인을 알아야 한다고 한 것은 '학생 2'의 제안이 지닌 한계를 보완하고자 한 것이다.**
'학생 2'가 어떤 내용으로 구성할지에 대해 이야기해 보자고 하자, '학생 3'은 척추 질환을 앓고 있는 청소년들의 수가 증가하는 추세를 보인다는 기사를 활용하여 글의 시작 부분에서 척추 질환의 원인을 알고 예방하기 위한 노력이 필요함을 말하자고 제안하고 있다. 이렇게 볼 때, '학생 3'은 '학생 2'의 말에 대해 글의 구성 내용에 대한 자신의 의견을 제시하였다고 볼 수 있으므로, '학생 3'이 '학생 2'의 제안이 지닌 한계를 보완하였다는 이해 내용은 적절하지 않다.

[문제편 p.085]

⑤ '학생 1'이 생활 습관에 초점을 맞추어 원인을 설명하자고 한 것은 '학생 2'의 제안을 구체화하는 방향을 제시한 것이다.
'학생 2'가 척추 질환의 원인부터 구체적으로 설명하자는 제안에 '학생 1'은 이에 동의하면서 학생들의 생활 습관에 초점을 맞추어서 원인을 설명하는 것이 좋겠다고 말하고 있다. 이렇게 볼 때, '학생 1'의 말은 '학생 2'의 제안을 구체화하여 드러낸 것이라 할 수 있다.

40 글에 반영된 글쓰기 계획 파악

정답률 76% | 정답 ①

(가)를 바탕으로 (나)를 작성했다고 할 때, (나)에 반영된 내용으로 적절하지 않은 것은?

✔ 척추 질환의 발병 여부를 알 수 있는 증상에 대해 알려 주며 척추 질환의 위험성을 제시한다.
(나)에서는 청소년의 척추 질환으로 인한 문제점을 제시하면서 척추 질환의 위험성을 드러내고 있지, 척추 질환의 발병 여부를 알 수 있는 증상을 언급하며 척추 질환의 위험성을 제시하지는 않고 있다.

② 척추 근육을 강화할 수 있는 운동법을 제시하고 척추 건강을 위한 운동의 필요성을 강조한다.
(나)의 3문단의 '둘째, 틈틈이 척추 근육을 ~ 구부러지는 것을 막아 준다.'를 통해, 척추 근육을 강화할 수 있는 운동법을 구체적으로 제시하고 있음을 알 수 있다. 그리고 '이런 운동은 척추 건강을 위해 반드시 필요하다.'를 통해, 척추 건강을 위한 운동의 필요성을 강조하고 있음을 알 수 있다.

③ 척추 질환을 앓고 있는 청소년의 연평균 인원을 제시하여 청소년 척추 질환에 대한 문제의식을 환기한다.
(나)의 1문단의 '한 조사 기관에 따르면 ~ 지속적으로 증가하고 있다.'를 통해, 척추 질환을 앓고 있는 청소년의 연평균 인원을 제시하고 있음을 알 수 있는데, 이러한 구체적인 자료 제시는 청소년들로 하여금 척추 질환에 대한 문제의식을 환기시킨다.

④ 앉은 자세에서 척추에 가해지는 하중에 대해 언급하며 청소년에게 척추 질환이 많이 발생하는 원인을 설명한다.
(나)의 2문단의 '전문가들은 앉은 자세에서 ~ 매우 높다고 말한다.'를 통해, 앉은 자세에서 척추에 가해지는 하중에 대해 언급하고 있음을 알 수 있는데, 이는 청소년에게 척추 질환이 많이 발생하는 원인을 제시한 것이다.

⑤ 의자에 앉아 있을 때와 책을 볼 때의 바른 자세에 대해 알려 주어 척추 질환의 예방을 위한 올바른 생활 습관을 안내한다.
(나)의 3문단에서는 청소년들이 생활 속에서 척추 질환을 예방할 수 있는 방법으로, 바른 자세로 책상 앞에 앉아 있는 습관을 들여야 함을 언급한 뒤, 구체적으로 의자에 앉아 있을 때와 책을 볼 때의 바른 자세에 대해 알려 주고 있다.

41 조건에 따른 글쓰기

정답률 81% | 정답 ②

<보기>를 바탕으로 (나)의 끝부분에 새로운 문단을 이어 쓴다고 할 때, 그 내용으로 가장 적절한 것은?

<보 기>
○ **선생님의 조언** : 척추 건강이 청소년들에게 중요한 이유를 제시하고 척추 건강을 위한 노력을 강조하는 내용으로 마무리해 보렴. 이때 비유적 표현을 활용하여 표현 효과를 높이는 것도 필요해.

① 청소년뿐만 아니라 컴퓨터 앞에 오래 앉아 있는 직장인들도 바른 자세로 앉아 있는 습관을 들여야 한다. 또한 꾸준한 운동을 하여 척추가 휘어지거나 구부러지는 것을 막도록 하자.

✔ 우리 몸의 보배인 척추가 건강해야 신체적 성장이 원활해지고 학업의 효율성을 높일 수 있다. 척추 질환을 예방하기 위해 바르게 앉고 꾸준히 운동하는 습관을 기르도록 하자.
내용적 조건은 척추 건강이 청소년들에게 중요한 이유 제시, 척추 건강을 위한 노력을 강조이고, 표현적 조건은 비유적 표현 활용이다. ②의 '척추가 건강해야 신체적 성장이 원활해지고 학업의 효율성을 높일 수 있다.'는 척추 건강이 청소년들에게 중요한 이유를 밝힌 것이고, '척추 질환을 예방하기 위해 바르게 앉고 꾸준히 운동하는 습관을 기르자.'는 척추 건강을 위한 노력을 강조한 것이다. 그리고 척추를 '우리 몸의 보배'라고 표현하고 있으므로 비유적 표현을 활용하고 있음을 알 수 있다.

③ 척추는 몸에서 가장 중요한 기관이다. 척추 질환을 방치할 경우, 심폐 기능과 소화 기능에도 장애가 생길 수 있으므로 척추 질환이 발생하지 않도록 유의하자.

④ 고정된 자세를 오래 유지하거나 목을 움츠리고 있는 것은 척추 건강에 독이 된다. 그리고 턱을 괴고 있는 습관 역시 척추 질환을 유발할 수 있다.

⑤ 질병의 치료를 위해서는 운동을 꾸준히 하는 것이 중요하다. 올바른 생활 습관은 건강에 제일 좋은 보약이다.

42 작문 특성에 맞는 글쓰기 전략 파악

정답 ②

(나)에 대한 설명으로 가장 적절한 것은?

① 주장 내용의 신뢰성을 확보하기 위해 권위자의 견해를 인용하고 있다.
(나)에서 게임 중독에 대한 세계보건기구의 결정과 우리나라의 결정을 언급하고 있지만, 신뢰성을 확보하기 위해 권위자의 견해를 인용하지는 않고 있다.

✔ 주장 내용의 타당성을 높이기 위해 근거가 되는 이유를 제시하고 있다.
(나)의 1문단에서 학생은 게임 중독세 도입을 반대하는 자신의 입장을 주장하면서, 2~4문단에서 게임 중독세 도입을 반대하는 구체적인 이유를 근거로 제시하고 있다. 따라서 (나)에서 학생은 자신의 주장을 드러내기 위해 구체적인 이유를 근거로 제시하고 있음을 알 수 있다.

③ 주장 내용의 필요성을 강조하기 위해 다른 나라의 사례를 제시하고 있다.
(나)에서 게임 중독세와 관련하여 담배에 부과되는 세금이나 문화 콘텐츠 산업과 비교하고는 있지만 게임 중독세와 관련된 다른 나라의 사례를 제시하지는 않고 있다.

④ 주장 내용의 합리성을 확보하기 위해 누구나 인정할 수 있는 절충안을 제시하고 있다.
(나)에서는 게임 중독세 도입에 대한 자신의 주장만 제시하고 있을 뿐, 게임 중독세와 관련된 절충안을 제시하지는 않고 있다.

⑤ 주장 내용의 공정성을 확보하기 위해 예상되는 반론을 제시하고 이를 재반론하고 있다.
(나)를 통해 게임 중독세 도입 반대에 대한 예상되는 반론이나 이에 대한 학생의 재반론은 찾아볼 수 없다.

43 글쓰기 전략의 파악

정답률 62% | 정답 ③

㉠, ㉡을 고려하여 (나)를 작성했다고 할 때, (나)에 활용된 글쓰기 전략으로 적절하지 않은 것은?

① ㉠을 고려하여, 게임 중독세의 개념과 게임 중독세를 도입하려는 목적을 제시한다.
(나)의 1문단의 '게임 중독세란 게임 중독에 ~ 부과하는 세금이다.'를 통해, 게임 중독세의 개념을 제시하고 있음을 알 수 있다. 그리고 '게임 업체가 납부하는 세금을 게임 중독을 예방하고 치료하는 데 쓰자는 것이다.'를 통해, 게임 중독세를 도입하려는 목적을 제시하고 있음을 알 수 있다.

② ㉠을 고려하여, 게임 중독세 도입에 대한 논의가 시작된 배경으로 세계보건기구의 결정이 있었다는 정보를 제시한다.
(나)의 1문단에서 '세계보건기구(WHO)가 게임 이용 장애, 즉 게임 중독을 국제질병분류 제11차 개정판에 등록하기로 결정하였다.'라고 하면서, 이에 따라 국내에서 게임 중독세의 도입에 대한 논의가 시작되어 입장이 대립하고 있다고 밝히고 있으므로 적절하다.

✔ ㉡을 고려하여, 게임 산업을 카지노, 복권과 같은 사행 산업으로 분류한 것은 법적 근거가 없음을 지적한다.
(나)의 3문단에서 글쓴이는 게임 산업에 대해 문화 콘텐츠 산업이지 카지노, 복권 등의 사행 산업이 아니라 하고 있으므로, 게임 산업을 카지노, 복권과 같은 사행 산업으로 분류한 입장에 대한 반박이라고 볼 수 있다. 하지만 게임 산업을 카지노, 복권 게임 산업과 같은 사행 산업으로 분류한 것에 법적 근거가 없다고 지적하지는 않고 있으므로 적절하지 않다.

④ ㉡을 고려하여, 스마트폰 사용 중독에 대해 세금을 부과하지 않는 것을 들어 게임 중독세의 형평성 문제를 지적한다.
(나)의 3문단에서 스마트폰 사용 중독에 대해서는 세금을 부과하지 않으면서 게임 중독에 대해서만 세금을 부과하는 것은 형평성에 맞지 않는다고 밝히고 있는데, 이는 게임 중독세를 부과해야 하는 입장에 대한 반박의 근거라 할 수 있다.

⑤ ㉡을 고려하여, 세금으로 특별 목적 기금을 조성하는 조건을 밝히고 게임 중독세가 그에 부합하지 않는다고 지적한다.
(나)의 2문단에서 세금으로 특별 목적 기금을 조성하려면 그 당위성을 인정할 수 있어야 한다고 특별 목적 기금을 조성하는 조건에 대해 언급하고, 게임 중독세는 그 당위성이 인정되지 않는다고 밝히고 있음을 알 수 있다.

44 비판적 관점에서 반박하는 글 쓰기

정답률 67% | 정답 ①

<보기>에서 근거를 찾아 [A]에 대해 반박하는 글을 쓰려고 한다. 글에 담길 내용으로 가장 적절한 것은? [3점]

<보 기>
게임 중독으로 인한 사건이 끊이지 않으면서 게임 중독에 대한 사회적 차원의 대책이 필요하다는 목소리와 함께 게임 업체에 대한 비난의 목소리도 높아지고 있다. 게임 중독이 게임 자체에서 비롯되는 것임에도 불구하고 게임 업체가 이에 대한 사회적 책임을 지지 않고 있다는 것이다. 게임 중독세는 특별 목적 기금을 조성하기 위한 것으로 사회 문제 해결에 필요하다.

✔ 게임 중독은 게임 자체에서 비롯되는 사회적 문제이기 때문에 게임 업체는 게임 중독세를 통해 사회적 책무를 다함으로써 이미지를 개선할 수 있다.
[A]에서는 게임 중독이 이용자 개인의 책임이 큰 문제임에도 불구하고 게임 업체에 징벌적 세금을 물리는 것은 게임을 사회악으로 규정하고 게임 업체에 사회 문제를 조장하는 기업이라는 낙인을 찍는 것이라고 언급하고 있다. 그리고 <보기>에서는 게임 중독에 대한 사회적 차원의 대책이 필요하다는 목소리가 있음을 언급하면서, 게임 중독이 게임 자체에서 비롯되는 것인데도, 게임 업체가 이에 대한 책임을 지지 않고 있다고 지적하며 게임 중독세가 사회 문제 해결에 필요함을 드러내고 있다. 따라서 <보기>를 바탕으로 [A]에 대해 반박하면, 게임 중독은 게임 자체에서 비롯되는 사회적 문제이므로 게임 중독세를 통해 게임 업체가 사회적 책무를 다하게 되면 게임 업체에 대한 부정적 이미지를 개선할 수 있다고 반박할 수 있다.

② 게임 중독세를 부과하려고만 할 것이 아니라 게임 중독으로 인한 사회 문제를 해결할 수 있는 근본적 방법에 대해 고민해야 한다.
<보기>에서는 게임 중독세는 특별 목적 기금을 조성하기 위한 것으로 사회 문제 해결에 필요하다고 하였으므로, 게임 중독세를 부과하려고만 할 것이 아니라는 내용은 <보기>를 바탕으로 한 것이 아니라 할 수 있다. 또한 이 내용은 게임 중독세를 반대하는 입장에 가까운 내용이다.

③ 게임 중독의 책임을 세금을 통해 게임 업체가 지도록 하는 것은 이용자들에게 게임의 유해성을 성찰하는 기회를 줄 것이다.
이용자들에게 게임의 유해성을 성찰하는 기회를 줄 것이라는 내용은 <보기>의 내용과 전혀 관련이 없다.

④ 게임 중독세를 통해 게임 중독의 예방과 치료를 위한 재원을 마련함으로써 게임 산업의 양적 성장을 도모해야 한다.
게임 중독세를 통해 게임 중독의 예방과 치료를 위한 재원을 마련한다는 내용은 <보기>의 내용과 관련이 있지만, 이를 통해 게임 산업의 양적 성장을 도모해야 한다는 내용은 <보기>의 내용과 전혀 관련이 없다.

⑤ 게임 중독세를 부과한다고 해서 게임 중독으로 인해 발생하는 사고가 줄어들지는 않을 것이다.
게임 중독세를 부과한다고 해서 게임 중독으로 인해 발생하는 사고가 줄어들지는 않을 것이라는 내용은 게임 중독세를 반대하는 입장이다.

45 글의 내용 점검을 통한 고쳐 쓰기

정답률 85% | 정답 ②

다음은 학생이 [B]를 고쳐 쓰는 과정의 일부이다. ⓐ에 들어갈 내용으로 가장 적절한 것은?

점검	[B]에는 (ⓐ)해야겠다.

↓

고친 글	게임 중독세는 게임 산업을 위축시켜 성장을 저해할 수 있다. 우리나라의 게임 산업은 빠르게 발전해 국가 경제에 기여해 왔다. 2010년 7.4조 원이었던 국내 게임 산업 규모가 2019년에는 12.5조 원에 달한다. 세금의 과도한 부과로 게임 산업이 위축된다면 엄청난 국가적 손실이 아닐 수 없다. 게임 중독세의 도입으로 게임 산업이 퇴보하는 일이 없기를 바란다.

① 의미가 중복되는 문장이 있으니 이를 삭제하고, 문장 간 연결이 긴밀하지 않으니 연결 표현을 추가

[문제편 p.087]

✅ 글의 흐름에서 벗어나는 문장이 있으니 이를 삭제하고, 내용을 뒷받침하는 근거가 없으니 이를 추가

[B]와 '고친 글'을 비교하면 [B]에 제시된 '과거에는 사람들이 게임을 하는 데서 즐거움을 찾았으나 이제는 게임을 하는 것을 보고 공유하는 데서 즐거움을 찾고 있다.'가 삭제되고, '2010년 7.4조 원이었던 국내 게임 산업 규모가 2019년에는 12.5조 원에 달한다.'는 문장이 추가되어 있음을 확인할 수 있다. 이러한 비교를 볼 때, '과거에는 사람들이 게임을 ~ 공유하는 데서 즐거움을 찾고 있다.'는 문장은 게임 중독세의 도입으로 인해 게임 산업이 퇴보하는 일이 없기를 바란다는 글의 흐름에서 벗어나 삭제하였음을 알 수 있다. 그리고 '2010년 7.4조 원이었던 국내 게임 산업 규모가 2019년에는 12.5조 원에 달한다.'는 앞 문장인 '우리나라의 게임 산업은 빠르게 발전해 국가 경제에 기여해 왔다.'는 내용을 뒷받침하는 근거라 할 수 있어서 추가한 것임을 알 수 있다.

③ 맥락에 부적합한 담화 표지가 있으니 이를 삭제하고, 글 전체를 마무리하는 문장이 없으니 이를 추가

④ 글의 통일성을 해치는 문장이 있으니 이를 삭제하고, 전체 내용을 요약해 주는 문장이 없으니 이를 추가

⑤ 앞 문단에서 다룬 중복된 내용이 있으니 이를 삭제하고, 주제를 명료하게 드러낼 수 있는 문장이 없으니 이를 추가

[문제편 p.089]

02 회 | 수능 실전 모의고사 고3

• 정답 •

35 ① 36 ④ 37 ② 38 ② 39 ④ 40 ② 41 ⑤ 42 ③ 43 ④ 44 ② 45 ⑤

35 말하기 방식 파악

정답률 89% | 정답 ①

위 발표에 대한 설명으로 가장 적절한 것은?

✅ 질문을 통해 청중과 공유하는 경험을 환기하여 발표의 내용과 연결 짓고 있다.

1문단의 '여러분, 지난 체험 학습 때 생태 공원의 교육관에서 함께 시청했던 다큐멘터리를 기억하시죠?', 2문단의 '지난 과학 시간에 굴이나 홍합이 자연의 방파제가 될 수 있고 물을 정화할 수 있다는 것을 함께 배웠는데, 기억하시나요?'를 보면, 발표자는 질문을 통해 청중과 공유하는 경험을 환기하고 있다. 그리고 자신의 발표 내용과 연결 지어 생태 복원을 통해 환경 문제를 해결하는 방안과 자신이 소개하고자 하는 프로젝트가 굴의 서식지를 복원하여 환경을 개선하는 것을 목표로 하고 있음을 드러내고 있다.

② 발표 순서를 제시하여 청중이 발표의 흐름을 파악할 수 있도록 하고 있다.

1문단에서 발표 주제를 드러내고 있지만, 발표 주제와 관련하여 어떻게 발표할지 발표 순서를 제시하지는 않고 있다.

③ 여러 사례를 비교한 결과를 제시하며 발표의 주제를 이끌어 내고 있다.

1문단에서 발표자는 청중과 공유하는 경험을 환기시키면서 발표 주제를 이끌어 내고 있지만, 여러 사례를 비교한 결과를 제시하며 발표 주제를 이끌어 내지는 않고 있다.

④ 발표 중간중간에 발표 내용을 요약하여 청중의 이해를 돕고 있다.

발표자는 발표 중간중간에 내용을 요약하지 않고 있다.

⑤ 전문가의 말을 인용하여 발표 내용의 신뢰성을 높이고 있다.

자료를 활용하여 발표 내용을 전달하고 있지만, 전문가의 말을 인용하지는 않고 있다.

36 자료 활용 방안 계획의 적절성 판단

정답률 74% | 정답 ④

〈보기〉는 발표에 활용된 자료이다. 이와 관련하여 발표자가 세운 계획 중, 발표에 반영되지 않은 것은?

〈보 기〉

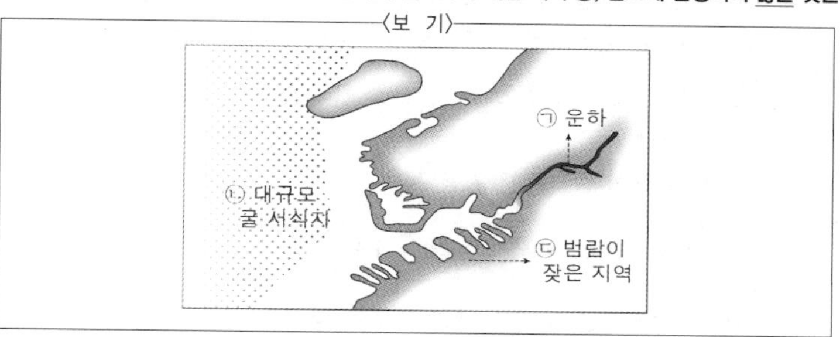

① ㉠을 짚으며 ㉠이 만들어져 발생한 문제점을 제시해야겠어.

발표 내용을 볼 때, ㉠은 □□ 도시의 운하에 해당한다. 1문단에서 발표자는 ㉠을 가리키며 운하가 만들어져 물이 잘 순환되지 않아 오염되었다는 문제점을 제시하고 있다.

② ㉠을 짚으며 ㉠에 설치되는 '떠 있는 용승 시스템'의 기능과 구조에 대해 설명해야겠어.

3문단에서 발표자는 ㉠을 가리키면서 '떠 있는 용승 시스템'의 어린 굴을 키우는 기능과 장치의 구조에 대해 설명하고 있다.

③ ㉡을 짚으며 ㉡이 조성되었을 때 나타날 변화를 제시해야겠어.

4문단에서 발표자는 ㉡을 가리키면서, 이곳에 대규모 굴 서식지가 조성되면 굴을 비롯한 다양한 수중 생물들이 새로운 생태계를 형성할 것이라는 변화를 제시하고 있다.

✅ ㉡을 짚으며 굴 서식지의 확대로 ㉡에 새롭게 조성되는 생태계를 보존하는 방안을 설명해야겠어.

발표 내용을 볼 때, ㉡은 발표자가 소개하는 프로젝트에서 대규모 굴 서식지를 조성하고 있는 곳에 해당한다. 4문단에서 발표자는 ㉡을 가리키면서 굴 서식지가 만들어지면 새로운 생태계를 형성할 것이라는 전망을 제시하고 있다. 하지만 ㉡에 새롭게 조성되는 생태계를 보존하는 방안을 설명하지는 않고 있다.

⑤ ㉢을 짚으며 프로젝트의 완성으로 ㉢에 기대되는 효과를 제시해야겠어.

발표 내용을 볼 때, ㉢은 범람이 잦은 지역에 해당한다. 4문단에서 발표자는 ㉢을 가리키면서 프로젝트가 완성되면 이 지역은 파도에 의한 물의 범람이 없어지고 깨끗한 물로 둘러싸인 쾌적한 환경이 될 것이라는 기대 효과를 제시하고 있다.

37 듣기 활동의 이해

정답률 89% | 정답 ②

〈보기〉는 학생들이 발표를 들으며 떠올린 생각이다. 이를 바탕으로 학생들의 듣기 활동을 이해한 내용으로 적절하지 않은 것은? [3점]

〈보 기〉

학생 1 : 굴 구조체를 활용하는 프로젝트가 인간과 자연이 공생하는 방안이 된다는 것을 알게 되어 유익했어. 얼마 전 △△ 나라에서 맹그로브 숲이 파괴되어 해일이 심해졌다는 기사를 읽었는데, 맹그로브 숲이 복원될 필요가 있겠어.

학생 2 : 도시 가까이에 생태계를 복원해 친환경적인 도시 환경을 조성할 수 있음을 알게 되어 좋았어. 그런데 굴이 오염된 물을 정화한다고 했는데, 그 효과가 미미하지 않을까?

학생 3 : 대규모 굴 서식지를 조성한다고 했는데 너무 시간이 오래 걸리고 비용이 많이 들어 경제성이 낮은 것은 아닐까? 그리고 운하가 만들어진 후 물이 잘 순환되지 않는다고 했는데, 그 문제의 해결에 대한 내용은 언급되지 않아 발표에 미흡한 부분이 있는 것 같아 아쉬웠어.

① '학생 1'은 발표 내용과 관련 있는 사례를 떠올리고 있다.

학생 1은 굴 구조체 활용 프로젝트 발표를 들으면서 이 내용과 관련하여 △△ 나라의 맹그로브 숲이 파괴되어 해일이 심해졌다는 사례를 떠올리고 있다.

✔ '학생 2'는 발표 내용과 관련하여 자신이 실천할 수 있는 방법을 생각하고 있다.
〈보기〉에 제시된 학생 2의 떠올린 생각을 보면, 학생 2는 발표를 통해 도시 가까이에 생태계를 복원하여 친환경적인 도시 환경을 조성할 수 있음을 알게 되어 좋았다고 하면서, 굴이 오염된 물을 정화하는 효과에 대해서는 의문을 제기하고 있다. 즉, 학생 2는 발표 내용과 관련하여 자신이 실천할 수 있는 방법을 생각하지는 않고 있다.

③ '학생 3'은 발표에 누락된 내용이 있는 것을 부정적으로 평가하고 있다.
학생 3은 발표자가 언급하지 않은 점에 대해 발표에 미흡한 부분이 있어 아쉬웠다 하고 있다. 따라서 학생 3은 발표에 누락된 내용이 있는 것을 부정적으로 평가하고 있다고 할 수 있다.

④ '학생 1'과 '학생 2'는 모두 이전에 몰랐던 사실을 발표를 통해 알게 된 것을 긍정적으로 생각하고 있다.
학생 1은 굴 구조체 프로젝트가 인간과 자연이 공생하는 방안이 된다는 점을 알게 되어 유익했다 하고 있고, 학생 2는 도시 가까이 생태계를 복원하여 친환경적인 도시 환경을 조성할 수 있음을 알게 되어 좋았다 하고 있다.

⑤ '학생 2'와 '학생 3'은 모두 발표 내용의 일부를 언급하며 이와 관련하여 의문을 제기하고 있다.
학생 2는 굴이 오염된 물을 정화한다는 내용을 언급하며 그 효과가 미미하지 않을지 의문을 제기하고 있다. 학생 3은 발표한 내용 중 대규모 굴 서식지를 조성한다는 내용을 언급하며 이와 관련하여 경제성이 낮은 것은 아닐지 의문을 제기하고 있다.

38 발화 의미와 기능의 이해

정답률 85% | 정답 ②

㉠~㉤에 대한 이해로 적절하지 않은 것은?

① ㉠ : 지난 회의 결과를 환기하며 회의에서 다루어야 할 내용을 제시하고 있는 발화이다.
㉠에서는 급식 메뉴를 학생들이 직접 선정하는 행사에 대한 기사를 쓰기로 결정했던 지난 회의 결과를 환기하면서, 이번 회의에서는 기사의 내용 구성에 대해 논의하자고 언급하고 있다.

✔ ㉡ : 기사문의 내용 구성에 대해 논의하며 드러난 쟁점을 제시하고 있는 발화이다.
학생 2는 본문의 처음 부분에 학생들이 선정한 급식 메뉴와 제공 날짜를 밝히자고 제안하고 있다. 하지만 학생 3은 행사가 실시되는 취지를 먼저 제시하자고 제안하고 학생 1도 이에 동의하고 있다. 그러자 학생 2는 학생 3 의견을 수용하여 ㉡과 같이 말하고 있다. 즉, ㉡은 본문의 처음 부분에 구성될 내용에 대해 학생 1, 3과 협의한 내용을 정리한 것이다.

③ ㉢ : 의문의 형식을 활용하여 기사문에 포함되어야 하는 내용을 제안하고 있는 발화이다.
㉢에서는 기사문에 포함되어야 할 내용으로 급식 메뉴를 선정하게 된 과정을 언급하고 있고, 이를 의문의 형식으로 제시하고 있다.

④ ㉣ : 기사문의 내용이 독자에게 유용할 수 있도록 기사문의 서술 방식을 제안하고 있는 발화이다.
㉣에서는 급식 메뉴를 선정하는 학생들에게 도움이 될 수 있도록 선정 방법을 과정에 따라 서술하자는 내용이 제안되어 있다.

⑤ ㉤ : 자신의 배경지식을 토대로 다른 학생이 앞서 말한 내용에 대해 공감하는 태도를 드러내고 있는 발화이다.
㉤에서 학생 1은 학교 급식 영양 기준에 대해 조사한 경험을 바탕으로 학생 3이 언급한 급식 메뉴 선정에 참여했던 학생들의 어려움에 공감하는 내용이 제시되어 있다.

39 담화의 구조와 기능에 대한 이해

정답률 71% | 정답 ④

[A], [B]의 담화에 대한 설명으로 가장 적절한 것은?

① [A]에서 '학생 1'은 '학생 3'의 제안의 문제점을 지적하고 대안을 제시하고 있다.
[A]에서 학생 1은 학생 3이 제안한 내용에 '좋아.'라고 하면서 급식 메뉴를 학생들이 직접 선정하게 된 취지가 표제나 부제에도 드러나게 하자고 말하고 있다.

② [A]에서 '학생 3'은 '학생 2'의 의견을 일부 인정하면서 자신의 의견과 절충한 방안을 제시하고 있다.
[A]에서 학생 3은 본문의 처음 부분에, 선정된 급식 메뉴와 제공 날짜를 제시하자는 학생 2의 의견이 지닌 문제점을 언급하며 행사의 취지부터 언급해야 한다고 말하고 있다.

③ [B]에서 '학생 3'은 '학생 2'의 의견에 동의하면서 추가적인 방안을 제안하고 있다.
[B]에서 학생 3은 본문의 마지막 부분에 급식에 대한 학생들의 불만과 그에 대한 해결을 촉구하는 내용을 쓰자는 학생 2의 의견에 대해 기사문의 통일성을 해친다며 반대하고 있다.

✔ [A]와 [B]에서 '학생 2'는 '학생 3'이 제안한 내용의 효과를 고려하여 그 내용을 수용하고 있다.
[A]의 '그래, 너희들 의견대로 하면 기사의 핵심 내용이 강조되겠구나.'와 [B]의 '아, 그렇구나. 그렇게 하면 설득력을 높일 수 있겠다. 나도 동의할게.'라는 학생 2의 말에서 알 수 있다.

⑤ [A]와 [B]에서 '학생 1'은 '학생 3'이 제안한 내용과 관련하여 구체적인 시행 방안을 덧붙이고 있다.
[B]에서 학생 1은 학생 3이 언급한 내용과 함께 학생들의 급식 메뉴 선정 횟수를 늘릴 수 있다는 계획을 덧붙이자고 하였을 뿐, 구체적인 시행 방안을 덧붙이고 있지는 않다.

40 글에 반영된 글쓰기 계획의 파악

정답률 81% | 정답 ②

다음은 (가)를 바탕으로 (나)를 쓰기 위해 작성한 메모이다. 이 중 (나)에 반영되지 않은 것은?

- 보도하고자 하는 행사의 취지가 드러나도록 표제나 부제를 작성해야겠어. ······ ⓐ
- 급식 메뉴 선정에 참여한 학생들의 반응을 제시하여 행사의 효과를 부각해야겠어. ······ ⓑ
- 학생들의 급식 메뉴 선정 횟수를 늘릴 계획과 관련지어 학생들의 행사 참여를 유도해야겠어. ······ ⓒ
- 학생들의 궁금증을 해소해 주기 위해 급식 메뉴 선정에 참여하는 학생들을 선정하는 방법을 제시해야겠어. ······ ⓓ
- 급식 메뉴에 대한 학생들의 관심을 고려해 학생들이 선정한 급식 메뉴와 제공 날짜를 구체적으로 밝혀야겠어. ······ ⓔ

① ⓐ : 보도하고자 하는 행사의 취지가 드러나도록 표제나 부제를 작성해야겠어.
(나)의 부제인 '급식 만족도를 높이고 잔반을 줄이기 위해 실시돼'에서 학생들이 직접 급식 메뉴를 선정하는 행사의 취지가 언급되어 있음을 알 수 있다.

✔ ⓑ : 급식 메뉴 선정에 참여한 학생들의 반응을 제시하여 행사의 효과를 부각해야겠어.
(나)의 본문 2문단 '급식 메뉴 선정에 참여했던 학생들은 메뉴 선정 과정에서 경험했던 어려움을 토로했다.'에서 급식 메뉴 선정에 참여한 학생들의 반응이 반영되었음을 알 수 있다. 하지만 행사의 효과를 부각한 부분은 찾아볼 수 없으므로 메모 내용이 반영되었다고 할 수 없다.

③ ⓒ : 학생들의 급식 메뉴 선정 횟수를 늘릴 계획과 관련지어 학생들의 행사 참여를 유도해야겠어.
(나)의 본문 3문단에서 현재 매월 1회인 학생들의 급식 메뉴 선정 횟수를 늘릴 계획이 있으며, 급식 메뉴를 직접 선정하는 행사에 많은 학생들의 관심과 참여를 촉구하고 있음을 알 수 있다.

④ ⓓ : 학생들의 궁금증을 해소해 주기 위해 급식 메뉴 선정에 참여하는 학생들을 선정하는 방법을 제시해야겠어.
(나)의 본문 2문단에 급식 메뉴를 선정하는 학생 선정 방법에 대한 내용이 언급되어 있으며, (가)에서 급식 메뉴 선정에 참여하는 학생 선정 방법에 대해 학생들이 많이 궁금해할 것이라는 내용을 확인할 수 있다.

⑤ ⓔ : 급식 메뉴에 대한 학생들의 관심을 고려해 학생들이 선정한 급식 메뉴와 제공 날짜를 구체적으로 밝혀야겠어.
(나)의 본문 1문단에서 선정된 급식 메뉴와 제공 날짜를 확인할 수 있으며, (가)에서 선정된 급식 메뉴와 제공 날짜를 밝히면 학생들이 기사 내용에 주목할 것이라는 내용을 확인할 수 있다.

41 조건에 따른 글의 내용의 수정·보완

정답률 71% | 정답 ⑤

〈보기〉는 (나)를 작성한 후, 학생들이 퇴고 과정에서 나눈 대화이다. 이를 참고하여 ㉮를 수정·보완한 내용으로 가장 적절한 것은? [3점]

〈보 기〉

학생 1 : 기사문의 초고를 살피다 보니, 회의에서 기사문에 포함하기로 했던 급식 메뉴 선정 과정의 어려움과 그 이유를 잘 드러내지 못한 것 같아.
학생 2 : 그래, 맞아. 글의 맥락에 맞게, 급식 메뉴 선정에 참여한 학생의 말을 인용하여 그 내용을 구체적으로 제시하자.

① 급식 메뉴 선정에 참여했던 학생들은, 급식 메뉴를 선정하는 일이 어려운 일이긴 하지만 앞으로 이와 같은 일을 계속 확대할 필요가 있다는 반응을 보였다.
급식 메뉴를 선정하는 일이 막연히 어렵다고 제시했을 뿐 이유가 제시되어 있지 않으므로 적절하지 않다.

② 급식 메뉴 선정에 참여했던 학생들은, 선정된 급식 메뉴가 학교 급식 영양 기준과 학생 선호를 모두 반영한 것이므로 선정 메뉴에 대한 불평을 자제해 달라고 당부했다.
선정된 급식 메뉴가 학교 급식 영양 기준과 학생 선호를 모두 반영한 것이라는 내용만 있을 뿐 그러한 과정에서 겪은 어려움과 그 이유에 대한 내용이 없으므로 적절하지 않다.

③ 이 과정에 참여한 ○○○은, 학생들이 선호하는 음식 위주로 급식 메뉴를 선정하다 보니 학교 급식 단가를 충분히 고려하지 못한 채 메뉴를 선정한 것에 대해 안타까워했다.
학교 급식의 단가는 글의 맥락에 맞지 않고, 급식 선정 과정의 어려움과 그 이유가 제시되어 있지 않으므로 적절하지 않다.

④ 이 과정에 참여한 ○○○은, 영양사 선생님께서 평소 학생들의 선호와 학교 급식 영양 기준을 모두 고려해서 메뉴를 선정하시느라 어려움이 많으실 것이라며 그 노고를 생각하면 좋겠다고 말했다.
영양사 선생님의 노고와 어려움을 언급하고 있을 뿐 급식 선정 과정에 참여한 학생들의 어려움과 그 이유에 대한 내용이 없으므로 적절하지 않다.

✔ 이 과정에 참여한 ○○○은, 학생들이 선호하는 음식들은 고열량으로 학교 급식 영양 기준에 맞지 않는 것들이 많고, 기준에 부합하는 것들은 선호하지 않는 학생들이 많아서 메뉴를 확정하는 데 시간이 너무 오래 걸렸다고 했다.
〈보기〉의 수정, 보완의 내용에 따라 ㉮를 수정·보완한 것으로 적절한 것은 ⑤이다. ⑤에서는 학생들의 선호와 학교 급식 영양 기준을 모두 충족하는 급식 메뉴를 선정하는 데 시간이 오래 걸렸다는 내용으로 급식 메뉴 선정 과정의 어려움과 그 이유를 학생의 말을 인용하여 제시하고 있다.

42 글쓰기 전략의 파악

정답률 74% | 정답 ③

㉠~㉤을 고려하여 (다)를 작성했다고 할 때, 학생의 초고에 활용된 글쓰기 전략으로 적절하지 않은 것은?

① ㉠을 고려해, 개인 정보 수집과 활용에 대한 사전 규제 방식과 사후 규제 방식의 주요 내용을 제시한다.
일부 학생들이 사전 규제 방식과 사후 규제 방식이 무엇인지 잘 모른다는 ㉠을 고려해, 1문단에서 사전 규제 방식과 사후 규제 방식에 대해서 설명하고 있으므로 적절하다.

② ㉡을 고려해, 개인 정보의 수집과 활용에 용이한 드론의 특성을 언급한다.
㉡을 고려해, 2문단에서 드론의 특성을 언급하고 있으므로 적절하다.

✔ ㉡을 고려해, 드론이 개인 정보를 수집하고 활용하는 기술적 원리와 한계를 설명한다.
(가)의 ㉡에서는 드론이 개인 정보를 수집하고 활용하는 것에 대해 학생들이 궁금해한다고 하고 있다. 하지만 (다)에서 드론이 개인 정보를 수집하고 활용하는 기술적 원리와 한계에 대해 설명한 내용은 확인할 수 없으므로 적절하지 않다.

④ ㉢을 고려해, 사후 규제 방식을 도입했을 때 예상되는 부정적 결과를 제시한다.
드론의 개인 정보 수집과 활용을 규제하는 방식에 대해 나와 상반된 견해를 가진 학생들도 있다는 ㉢을 고려해, 3문단에서 사후 규제 방식을 도입할 경우 발생할 수 있는 부정적 결과를 제시하고 있다.

⑤ ㉢을 고려해, 사후 규제 방식의 도입으로 드론 기술과 산업이 빠르게 발전할 수 있다는 입장의 문제점을 지적한다.

[문제편 p.090]

ⓒ을 고려해, 4문단에서 사후 규제 방식을 도입하자는 입장에 개인 정보 보호에 관한 개인의 기본권을 등한시하는 결과를 초래할 수 있다는 문제점을 지적하고 있다.

43 자료 활용 전략 파악

정답률 81% | 정답 ④

(나)를 활용하여 (다)를 작성했다고 할 때, 학생의 자료 활용에 대한 설명으로 적절하지 않은 것은?

① ⓐ를 구체화하여, 공공 분야와 민간 분야에서 드론의 활용 범위가 넓어지고 있음을 제시했다.

3문단에서 인명 구조, 시설물 점검 등의 공공 분야와 제조업, 물류 서비스 등 민간 분야까지 드론의 활용 범위가 넓어지고 있다고 ⓐ를 구체화하고 있다.

② ⓑ를 토대로, 드론으로 인한 사생활 침해의 우려가 커지고 있음을 제시했다.

ⓑ를 토대로 2문단에서 드론이 소형화, 경량화되어 사생활 침해의 우려가 커지고 있음을 제시하고 있다.

③ ⓒ의 구체적인 내용을 찾아, 개인의 기본권이 안정적으로 보호받아야 할 필요성을 강조했다.

ⓒ에 해당하는 헌법에서 보장하는 개인의 기본권의 구체적인 내용으로 5문단에서 주거의 자유, 사생활의 비밀과 자유 등을 제시하며 개인의 기본권 보호의 필요성을 강조하고 있다.

✔ ⓓ에서 하나의 방식을 선택하여, 개인 정보의 침해를 예방하지 못해 발생하는 피해를 경제적 측면에서 강조했다.

학생의 초고를 보면 ⓓ의 사전 규제 방식과 사후 규제 방식 중 사전 규제 방식을 선택하고, 이와 관련하여 3문단에서 사생활 침해, 개인 정보의 의도적 악용 등 개인 정보 침해로 인한 피해를 제시하고 있다. 하지만 개인 정보 침해를 예방하지 못해 발생하는 피해를 경제적인 측면에서 강조하지는 않고 있다.

⑤ ⓔ를 참고하여, 사전 규제 방식을 유지하면서도 드론 기술과 산업의 발전을 도모할 수 있음을 제시했다.

ⓔ를 참고하여 4문단에서 사전 규제 방식을 유지하면서도 정보 수집과 활용의 절차를 간소화하고 편의성을 높여 드론 기술과 산업의 발전이 가능할 수 있다고 하였다.

44 비판적 관점에서 반박하는 글쓰기

정답률 61% | 정답 ②

〈보기〉에서 근거를 찾아, [A]에 대해 반박하는 글을 쓰고자 한다. 글에 담길 내용으로 가장 적절한 것은?

〈보 기〉

여러 나라에서 사후 규제 방식을 도입하면서도 개인의 기본권을 보호하는 방안들을 시행하고 있다. 한 예로 '징벌적 손해 배상 제도'를 도입한 것을 들 수 있다. 개인 정보의 복제, 유포, 위조 등으로 정보 주체에게 신체나 재산 등의 중대한 손실을 입힌 경우 손해액의 3～5배 정도를 배상하도록 하여 엄격하게 책임을 물음으로써 개인 정보를 효과적으로 보호하고 있다.

① 개인의 동의를 구한 상황에서 개인 정보를 자유롭게 이용하도록 하는 것이 추후에 발생할지 모르는 문제를 예방하는 효과적인 방법이다.

개인의 동의를 구한 상황에서 개인 정보를 이용하는 것이 효과적이라는 것은 사전 규제 방식에 해당하므로 [A]와 유사한 입장에 해당한다.

✔ 개인의 동의 없이 개인 정보를 수집하고 활용하는 것을 허용하되 엄격한 기본권 보호 방안을 시행함으로써 개인 정보의 불법적인 이용을 막을 수 있다.

〈보기〉에서는 사후 규제 방식을 도입하면서도 개인의 기본권을 보호할 수 있다고 하면서, 그 예로 징벌적 손해 배상 제도와 같은 처벌을 들고 있다. 그리고 [A]에서는 사후 규제 방식을 도입하면 사생활 침해와 개인 정보를 의도적으로 악용하는 사례가 증가할 것이라고 하여 사후 규제 방식 도입에 반대하고 있다. 이를 바탕으로 〈보기〉에서 근거를 찾아 [A]에 대해 반박하는 글을 쓴다면, 개인 동의 없이 개인 정보를 수집하는 사후 규제 방식을 허용하되 엄격한 기본권 보호 방안으로 개인 정보의 불법적 이용을 막을 수 있다는 내용이 적절하다.

③ 드론의 활용 범위를 민간 분야까지 확대하기 위해서는 징벌적 손해 배상 제도를 도입하되 개인 정보의 침해 종류에 따라 손해 배상액을 결정해야 한다.

드론 활용 범위를 민간 분야까지 확대하기 위해 이 제도를 도입해야 한다는 것, 개인 정보 침해 종류에 따라 처벌하자는 것은 〈보기〉를 근거로 [A]에 대해 반박하는 내용으로 볼 수 없다.

④ 개인 정보의 수집과 활용을 원칙적으로 금지하되 규제를 완화하면 개인 정보의 복제, 유포, 위조 등으로 정보 주체에게 일어나는 피해가 증가할 것이다.

사전 규제 방식을 도입하되 규제를 완화하면 그로 인한 피해가 증가할 것이라는 내용은 〈보기〉에서 근거를 찾은 것도 아니며, [A]에 대한 반박으로 볼 수도 없다.

⑤ 사전 규제와 사후 규제 방식을 절충해서 개인 정보의 수집과 활용을 규제하는 법안을 마련하여 시행하면 개인 정보의 악용으로 인한 신체나 재산상의 중대한 손실을 줄일 수 있다.

사전 규제 방식과 사후 규제 방식을 절충하면서 개인 정보 수집과 활용을 규제하여 손실을 줄일 수 있다는 것은 〈보기〉를 근거로 [A]에 대해 반박하는 내용이 아니다.

45 고쳐 쓰기 계획의 적절성 판단

정답 ⑤

다음 〈보기〉는 [B]를 쓰기 전의 학생의 글이다. 학생이 〈보기〉를 고쳐 쓰면서 고려했을 사항으로 가장 적절한 것은?

〈보 기〉

사후 규제 방식을 도입하면 개인 정보의 수집과 활용에 제약이 적기 때문에 드론을 다양한 분야에 활용할 수 있게 되고 그에 따라 드론 기술과 산업이 더욱 빠르게 발전할 수 있다는 의견이 있다. 그러나 이와 같은 입장은 산업적 이익을 우선시하여 개인 정보 보호에 관한 개인의 기본권을 등한시하는 결과를 초래할 수 있으므로 사전 규제 방식을 도입해야 한다.

① 사후 규제 방식이 지닌 문제점을 해결할 수 있는 구체적인 방안을 제시할 필요가 있겠어.

② 사전 규제 방식과 사후 규제 방식을 대비하여 사후 규제 방식이 지닌 가치를 부각시켜야겠어.

③ 사후 규제 방식으로 초래할 수 있는 결과를 좀 더 구체적으로 부연하여 설명할 필요가 있겠어.

④ 사전 규제 방식과 사후 규제 방식의 긍정적인 측면을 절충하여 새로운 규제 방식이 필요함을 강조할 필요가 있겠어.

✔ 사후 규제 방식을 주장하는 사람들이 지적한 사전 규제 방식이 지닌 문제점에 대한 해결 방안을 언급할 필요가 있겠어.

〈보기〉와 [B]를 비교해 보면, [B]에서는 '사전 규제 방식을 유지하면서도 개인 정보 수집과 활용에 동의를 얻는 절차를 간소화하고 편의성을 높이면 정보의 활용이 용이해져 드론 기술과 산업의 발전을 도모할 수 있다.'가 추가되어 있음을 알 수 있다. 그리고 '사후 규제 방식을 도입하면 ~ 활용할 수 있게 되고'를 통해, 사후 규제 방식을 주장하는 사람들은 사전 규제 방식에 대해 '개인 정보의 수집과 활용에 제약'이 있다는 문제점을 지적하고 있음을 짐작할 수 있다. 이러한 내용을 바탕으로 할 때, [B]의 '개인 정보 수집과 활용에 동의를 얻는 절차를 간소화하고 편의성을 높이면'은 '개인 정보의 수집과 활용에 제약'이 있다는 사후 규제 방식을 주장하는 사람들이 지적한 사전 규제 방식의 문제점을 해결하기 위해 제시한 것임을 알 수 있다. 따라서 학생은 〈보기〉를 고쳐 쓰는 과정에서 사후 규제 방식을 주장하는 사람들이 지적한 사전 규제 방식이 지닌 문제점에 대한 해결 방안을 언급할 필요가 있다고 생각하였음을 알 수 있다.

회 | 수능 실전 모의고사 고3

• 정답 •

35 ⑤ 36 ③ 37 ③ 38 ② 39 ② 40 ② 41 ④ 42 ① 43 ② 44 ① 45 ⑤

35 발표 계획의 반영 여부 판단
정답률 89% | 정답 ⑤

발표에 반영된 학생의 발표 계획으로 적절하지 않은 것은?

① **정보의 출처를 밝혀 발표 내용의 신뢰성을 높여야겠어.**
2문단에서 발표자는 '국토교통부와 ○○ 건축학회 홈페이지에 있는 자료들을 발표에 활용'했다고 밝히고 있다.

② **최근의 상황을 언급하며 화제 선정의 이유를 제시해야겠어.**
발표자는 '화석 에너지 고갈과 환경 오염에 대한 우려가 커지면서 에너지 절약과 신재생 에너지에 대한 관심이 높아지고 있'다고 최근의 상황을 언급하고 있다.

③ **발표 내용과 관련된 기대감을 드러내며 발표를 마무리해야겠어.**
발표자는 '에너지 자립형 주택이 우리나라에서도 성공적으로 뿌리내려 주변에서 많이 볼 수 있는 날이 오기를 바'란다고 하면서 발표를 마무리하고 있다.

④ **구체적인 수치를 제시하여 화제에 대한 관심을 이끌어 내야겠어.**
1문단에서 발표자는 '주택에서 소비되는 에너지가 세계 에너지 소비량의 36%를 차지하는 만큼 발표에 많은 관심을 갖고 경청해 주시기 바'란다고 말하고 있다.

⑤ **중심 화제의 장단점을 바탕으로 유용성과 한계가 함께 드러나도록 해야겠어.**
3문단의 '제로 에너지 주택은 ~ 에너지를 잘 지킬 수 있게 만들어집니다.'에서 제로 에너지 주택의 장점을 언급함으로써 제로 에너지 주택의 유용성을 드러내고 있다. 하지만 에너지 제로 주택의 단점은 언급되어 있지 않으므로 적절하지 않다.

36 자료를 활용하는 방식의 이해
정답률 77% | 정답 ③

발표에서 학생이 자료를 활용한 방식에 대한 설명으로 가장 적절한 것은?

① **태양광 에너지를 생산하는 패널의 제작 원리를 설명하기 위해 ㉠에 태양광 패널이 설치된 모습을 제시하였다.**
㉠ 다음의 '보시는 것처럼 건물 옥상에 설치된 패널을 이용해 태양광 에너지를 생산합니다.'에서 태양광 패널이 설치된 모습을 파악할 수 있지만, 패널의 제작 원리는 설명하지 않고 있다.

② **지열을 에너지로 활용하는 과정을 설명하기 위해 ㉠에 지열을 끌어 올리는 장치를 제시하였다.**
㉠ 다음의 '그리고 이 화면에는 보이지 않지만 ~ 지열을 끌어 올려 에너지를 만듭니다.'에서 지열을 끌어올리는 장치가 ㉠의 화면에서는 보이지 않음을 알 수 있다.

③ **창문의 단열 효과를 설명하기 위해 ㉡에 이와 관련된 실험을 제시하였다.**
발표자는 ㉡의 영상을 보여 주면서 '지금 보시는 실험은 ~ 단열 효과가 아주 뛰어납니다.'라 말하고 있으므로 적절하다.

④ **외벽 구조의 내구성을 입증하기 위해 ㉡에 두꺼운 외벽의 모습을 제시하였다.**
㉡ 다음의 '또한 창문이 설치된 외벽이 무척 두껍다는 생각이 ~ 다섯 배나 두껍게 설계된다고 합니다.'에서 두꺼운 외벽의 모습을 보여 주고 있음을 알 수 있다. 이것은 외벽의 단열 효과를 설명하기 위한 것으로, 외벽 구조의 내구성을 입증하기 위해 제시하였다는 것은 적절하지 않다.

⑤ **열 손실의 다양한 원인을 분석하기 위해 ㉢에 폐열 회수 순환 장치가 설치된 실내의 모습을 제시하였다.**
㉢ 다음의 '집 안의 중앙 천장에는 폐열 회수 순환 장치를 설치하여 열 손실을 줄였습니다.'에서 폐열 회수 순환 장치가 설치된 실내의 모습을 제시하였음을 알 수 있다. 하지만 이것을 통해 열 손실의 다양한 원인을 분석하고 있는 것이라 볼 수 없다.

37 청중의 반응의 분석적 이해
정답률 90% | 정답 ③

다음은 학생의 발표를 들은 후 청중이 보인 반응이다. 발표를 고려하여 청중의 반응을 분석한 내용으로 적절하지 않은 것은?

> **청자 1** : 집에서 에어컨을 많이 틀어 전기 요금이 많이 나왔다고 어머니께 꾸중을 들은 적이 있었어. 그래서 오늘 발표 내용이 마음에 잘 와닿았어. 그런데 '태양광 에너지'는 '태양열 에너지'와 어떻게 다른지, 또 '폐열 회수'는 무슨 뜻인지 정확한 설명이 없어서 아쉬웠어.
> **청자 2** : 과학 선생님께서 우리 주변에서 에너지를 절약할 수 있는 방법을 조사하여 보고서를 작성해 오라고 하셨는데, 패시브 공법의 내용을 활용하면 좋겠어. 그런데 지열을 활용하여 에너지를 생산하는 주택을 지으려면 공사비가 많이 들 것 같은데, 과연 경제성이 있는 것인지 궁금하네. 그리고 발표자가 처음에는 너무 여유 있게 발표를 하다가 나중에는 시간에 쫓겨 서둘러 발표를 마무리한 게 좀 아쉬웠어.

① **청자 1은 용어에 대한 설명이 부족했다고 느끼고 있군.**
'청자 1'의 '그런데 '태양광 에너지'는 '태양열 에너지'와 어떻게 다른지, 또 '폐열 회수'는 무슨 뜻인지 정확한 설명이 없어서 아쉬웠어.'에서 알 수 있다.

② **청자 1은 자신이 겪었던 상황과 관련지어 발표 내용에 공감하고 있군.**
'청자 1'의 '집에서 에어컨을 많이 틀어 전기 요금이 많이 나왔다고 어머니께 꾸중을 들은 적이 있었어.'에서 자신이 겪었던 상황과 관련지어 발표 내용에 공감하고 있음을 알 수 있다.

③ **청자 2는 발표 내용과 관련하여 갖게 된 의문을 스스로 해결하고 있군.**
'청자 2'는 발표를 듣고 지열을 활용하여 에너지를 생산하는 주택의 경제성에 대해 궁금해 하고 있다. 그러나 이러한 의문을 스스로 해결하고 있지는 않다.

④ **청자 2는 발표 내용 중 일부 내용을 자신의 과제 해결에 활용할 생각을 하고 있군.**
'청자 2'의 '과학 선생님께서 우리 주변에서 에너지를 절약할 수 있는 방법을 조사하여 보고서를 작성해 오라고 하셨는데, 패시브 공법의 내용을 활용하면 좋겠어.'에서 패시브 공법의 내용을 자신의 과제 해결에 활용할 생각을 하고 있음을 알 수 있다.

⑤ **청자 2는 발표자가 정해진 발표 시간을 잘 활용하지 못했다고 평가하고 있군.**
'청자 2'의 '발표자가 처음에는 너무 여유 있게 발표를 하다가 나중에는 시간에 쫓겨 서둘러 발표를 마무리한 게 좀 아쉬웠어.'에서, 발표자가 정해진 발표 시간을 잘 활용하지 못했다고 평가하였음을 알 수 있다.

38 말하기 방식의 파악
정답률 89% | 정답 ②

㉠ ~ ㉤에 대한 설명으로 적절하지 않은 것은?

① **㉠ : 상대방의 말에 대한 추가적인 정보를 요청하고 있다.**
규연은 희찬이 말한 흥미를 끄는 책이 어떤 것인지 묻고 있으므로 적절하다.

② **㉡ : 상대방과 공유한 정보를 근거로 자신의 견해를 수정하고 있다.**
민수는 ㉡에서 학생들이 도서관에 오지 않는 이유에 대한 자신의 생각을 말하고 있다. 따라서 '민수'가 자신의 견해를 수정하고 있는 것은 아니므로 적절하지 않다.

③ **㉢ : 자신이 알고 있는 정보를 바탕으로 상대방이 제시한 의견에 이의를 제기하고 있다.**
규연은, 윤지가 매달 새로 들어오는 책에 대한 안내도 없다고 하자, 도서관 앞 게시판에 공지한다고 말하고 있다. 이는 규연이 알고 있는 정보를 바탕으로 윤지의 말에 이의를 제기하는 것이다.

④ **㉣ : 상대방의 의견에 동의하면서도 그것이 지니는 한계를 제시하고 있다.**
민수는 도서 게시판 설치가 필요하다는 윤지의 말에 동의하고 있다. 그러면서 그 게시판에는 책에 대한 간략한 정보만을 제시할 수밖에 없다고 한계를 밝히고 있다.

⑤ **㉤ : 자신이 상대방의 의도를 제대로 파악했는지 확인하기 위한 질문을 하고 있다.**
희찬이 학교 홈페이지의 정보 나눔방을 활용하자고 제안하자는 말에, 규연이 책에 대해 소개할 수 있는 페이지를 따로 만들어 달라는 것인지 묻고 있으므로, 규연의 희찬의 의도를 자신이 제대로 의도를 파악했는지 확인한다고 할 수 있다.

39 이어질 대화의 내용의 추리
정답률 87% | 정답 ②

다음은 '규연'과 '윤지'가 나눈 대화의 일부이다. (가)를 고려할 때, [A]에 들어갈 말로 가장 적절한 것은?

> **규연** : 홈페이지의 정보 나눔방에 올릴 글을 어떻게 쓸 거야?
> **윤지** : ____________[A]____________

① **학생들의 흥미를 불러일으킬 만한 추리 소설과 판타지 소설을 도서관에서 찾아 목록을 제시할 거야.**

② **학생들이 재미있어 할 내용이나 인상적인 내용을 발췌하여 그 내용을 중심으로 책을 소개할 거야.**
(가)에서 윤지는 정보 나눔방에 책을 소개하는 글을 쓸 때 '무엇보다 호기심과 흥미를 불러일으키는 부분을 책에서 찾아 제시하고 그 내용을 중심으로 책을 소개하자.'라 말하고 있다.

③ **학생들이 배경지식 없이도 책에 대해 이해할 수 있도록 쉽고 상세하게 줄거리를 쓸 거야.**

④ **학생들의 이해를 돕기 위해 책에 대한 전문가들의 서평을 찾아 소개할 거야.**

⑤ **학생들의 호기심을 자극할 수 있는 다양한 질문을 만들어 제시할 거야.**

40 작문의 특성 파악
정답 ②

(나)를 통해 알 수 있는 작문의 특성으로 가장 적절한 것은?

① **글쓴이가 자신의 정서를 주관적으로 담아낸다는 점에서 작문은 주관적인 정서 표현 행위이다.**
(나)에서 글쓴이의 요구 사항은 드러나 있지만 개인적인 정서는 잘 드러나지 않는다.

② **글쓴이가 자신의 주장을 분명하게 제시한다는 점에서 작문은 특정한 목적을 이루기 위한 설득적인 행위이다.**
(나)의 글쓴이는 학생들의 도서관 이용률이 저조한 이유가 책에 대한 안내가 제대로 이루어지지 않기 때문임을 지적하고, 그에 대한 해결 방안으로 건의 사항을 요구하고 있다. 이러한 글의 내용을 볼 때, 작문은 특정한 목적을 이루기 위한 설득적인 표현 행위 중 하나임을 알 수 있다.

③ **글쓴이가 출처가 분명한 자료를 바탕으로 자신의 주장을 담아낸다는 점에서 작문은 신뢰성을 기반으로 한 표현 행위이다.**
(나)의 글쓴이는 도서관 이용의 문제점을 지적하고 해결 방안을 위해 건의를 하고 있으므로 자신의 주장을 펼친다고 볼 수 있지만, 이 과정에서 출처가 분명한 자료를 활용하지 않고 있다.

④ **글쓴이가 독자의 안위를 염려하며 글을 마무리하고 있다는 점에서 작문은 친교적 관계 형성에 초점을 둔 표현 행위이다.**
(나)에서 글쓴이가 글을 읽는 예상 독자를 위한 안부 내용은 언급되지 않고 있다.

⑤ **글쓴이가 독자를 분석하여 독자가 잘 모르는 정보를 자세하게 설명한다는 점에서 작문은 정보 제공의 기능을 하는 행위이다.**
(나)는 글쓴이가 독자를 분석하여 독자가 잘 모르는 정보를 자세하게 설명하는 정보 전달의 글이 아니므로 적절하지 않다.

41 글쓰기 전략의 이해
정답률 82% | 정답 ④

〈보기 2〉는 (나)를 쓰기 위한 '규연'의 글쓰기 계획이다. 〈보기 2〉의 ⓐ ~ ⓒ를 〈보기 1〉의 ㉮ ~ ㉰와 연결한 것으로 가장 적절한 것은? [3점]

〈보기 1〉

> 건의문은 개인이나 기관에 문제 상황과 관련된 요구나 제안을 밝히는 글이다. 그렇기 때문에 건의문에서는 ㉮ 문제 상황을 분명하게 드러내고 그 심각성을 부각하여야 할 뿐만 아니라, ㉯ 문제 상황의 원인을 밝혀야 한다. 그리고 ㉰ 이를 해결하기 위한 제안을 서술해야 한다.

[문제편 p.093]

〈보기 2〉

ⓐ 도서관 이용과 관련된 설문 조사 자료를 활용해야지.
ⓑ 효과적인 도서 안내 활동을 위해 필요한 사항들을 제시해야지.
ⓒ 도서관 이용 현황을 알 수 있는 도서 대출 대장을 활용해야지.

	㉮	㉯	㉰
①	ⓐ	ⓑ	ⓒ
②	ⓐ	ⓒ	ⓑ
③	ⓑ	ⓐ	ⓒ
✔	ⓒ	ⓐ	ⓑ

(나)에서 글쓴이는 '이번 달 도서 대출 대장을 보니 ~ 15권 남짓에 불과하였습니다.'라고 언급하고 있다. 이는 도서 대출 대장을 활용하여 학생들의 도서관 이용률이 저조한 문제 상황을 부각하는 것이다. 따라서 〈보기 1〉의 ㉮는 〈보기 2〉의 ⓒ와 연결할 수 있다.
(나)에서 글쓴이는 '이러한 상황의 원인은 학교 신문에 실린 설문 조사 결과에서 찾을 수 있습니다.'라며 설문 조사 자료를 제시하고 있다. 이는 학생들이 도서관을 이용하지 않는 원인을 밝히는 것이다. 따라서 〈보기 1〉의 ㉯는 〈보기 2〉의 ⓐ와 연결할 수 있다.
(나)에서 글쓴이는 도서 게시판 설치를 요청하고, 정보 나눔방에 도서 관련 페이지를 만들어 달라고 건의하고 있다. 이는 효과적인 도서 안내 활동을 위해 필요한 사항을 제시한 것이다. 따라서 〈보기 1〉의 ㉰는 〈보기 2〉의 ⓑ와 연결할 수 있다.

⑤	ⓒ	ⓑ	ⓐ

42 글의 검토에 따른 고쳐쓰기 방안

정답률 79% | 정답 ①

〈보기〉는 (나)를 읽은 '민수'의 검토 의견과 이에 따라 '규연'이 고쳐 쓴 글이다. Ⓐ에 들어갈 내용으로 가장 적절한 것은?

〈보 기〉

['민수'의 검토 의견]
네가 쓴 글 잘 읽었어. 마지막 문단에서 (　　Ⓐ　　)하는 것이 좋겠다.

[고쳐 쓴 글]
도서반 활동은 학생들의 독서 습관을 형성하는 데 많은 기여를 하고 있습니다. 여기에 선생님의 도움으로 도서 안내 활동이 성공적으로 이루어진다면, 우리 학교 도서관은 활기차고 생기 있는 공간으로 거듭날 것입니다. 선생님의 적극적인 도움을 기다리겠습니다.

✔ **독서의 가치에 대한 내용은 삭제하고, 건의 사항이 실현되었을 때의 기대 효과에 대한 내용은 추가**
(나)의 마지막 문단과 '규연'이 '민수'의 검토 의견에 따라 고쳐 쓴 글을 비교해 보면, 독서의 가치에 대해 서술한 문장을 삭제하였음을 알 수 있다. 그리고 고쳐 쓴 글을 보면, 건의 사항이 실현되었을 때의 기대 효과에 대한 내용을 추가하였음을 알 수 있다. 따라서 Ⓐ에 들어갈 내용은 '독서의 가치에 대한 내용은 삭제하고, 건의 사항이 실현되었을 때의 기대 효과에 대한 내용은 추가'가 적절하다.

② **독서의 가치에 대한 내용은 삭제하고, 건의 사항 실현을 위한 노력에 대해 감사하는 내용은 추가**
(나)의 마지막 문단에 서술된 독서의 가치에 대한 내용은 삭제하고 있지만, '고쳐 쓴 글'에 건의 사항 실현을 위한 노력에 대해 감사하는 내용은 추가되지 않았으므로 적절하지 않다.

③ **도서반 활동의 의의는 삭제하고, 건의 사항이 실현되었을 때의 기대 효과에 대한 내용은 추가**
(나)의 마지막 문단에서 도서반 활동의 의의를 밝히고 있고, '고쳐 쓴 글'에도 그대로 서술되어 있으므로 적절하지 않다.

④ **독서 태도의 중요성에 대한 내용은 삭제하고, 도서 안내 활동의 필요성에 대한 내용은 추가**
(나)의 마지막 문단에서 독서 태도의 중요성에 대한 내용이 서술되어 있지 않으므로 적절하지 않다.

⑤ **도서반 활동의 의의는 삭제하고, 도서 안내 활동의 필요성에 대한 내용은 추가**
(나)의 마지막 문단에서 도서반 활동의 의의를 밝히고 있고, '고쳐 쓴 글'에도 그대로 서술되어 있으므로 적절하지 않다.

43 글쓰기 계획의 반영 여부 판단

정답률 87% | 정답 ②

〈보기〉는 초고를 쓰기 위해 떠올린 생각이다. 초고에 반영된 내용이 아닌 것은?

〈보 기〉

ㄱ. 더 자세한 정보를 알고 싶은 학생도 있을 테니 추가 정보를 얻을 수 있는 방법을 함께 안내해 주어야겠어.
ㄴ. 'OO마을 교육 공동체'의 발전을 위해 사업에 필요한 재원을 관계 기관에 요청하는 내용을 담아야겠어.
ㄷ. 'OO마을 교육 공동체'에서 진행한 사업과 내년에 추가될 사업을 함께 소개해 주어야겠어.
ㄹ. '마을 교육 공동체'를 모르는 학생들이 많을 테니 그 개념을 제시해야겠어.
ㅁ. '마을 교육 공동체' 사업을 통해 기대할 수 있는 효과를 알려 주어야겠어.

① **ㄱ. 더 자세한 정보를 알고 싶은 학생도 있을 테니 추가 정보를 얻을 수 있는 방법을 함께 안내해 주어야겠어.**
'초고' 3문단의 '더 자세한 내용은 'OO마을 교육 공동체' 홈페이지를 통해 안내받을 수 있다.'에서 알 수 있다.

✔ **ㄴ. 'OO마을 교육 공동체'의 발전을 위해 사업에 필요한 재원을 관계 기관에 요청하는 내용을 담아야겠어.**
'초고'의 4문단에서 글쓴이는 관계 기관 협조의 필요성을 언급하고 있다. 하지만 사업에 필요한 재원을 관계 기관에 요청하는 내용은 언급하지 않았다.

③ **ㄷ. 'OO마을 교육 공동체'에서 진행한 사업과 내년에 추가될 사업을 함께 소개해 주어야겠어.**
'초고' 3문단의 '내년에는 '희망 목공 학교'와 '마을 숲 생태 학교' 외에 연극 및 직업 탐방과 관련된 사업이 열릴 예정이라고 한다. 또한 본교의 방과 후 학교와 연계한 '신나는 국악 교실'이라는 수업도 준비 중이어서 공교육의 활성화에 도움을 줄 것으로 기대된다.'에서 알 수 있다.

④ **ㄹ. '마을 교육 공동체'를 모르는 학생들이 많을 테니 그 개념을 제시해야겠어.**
'초고' 1문단의 "마을 교육 공동체"란 ~ 교육 활동에 자발적으로 참여하는 공동체를 말한다.'에서 알 수 있다.

⑤ **ㅁ. '마을 교육 공동체' 사업을 통해 기대할 수 있는 효과를 알려 주어야겠어.**
'초고' 4문단의 "마을 교육 공동체'는 공교육의 질을 높이고 마을 공동체를 활성화할 것으로 기대를 모은다.'에서 알 수 있다.

44 초고에 반영된 자료 활용 방안 이해

정답률 76% | 정답 ①

〈보기〉는 학생이 초고를 쓰기 위해 수집한 자료이다. ㉠~㉤의 활용에 대한 설명으로 적절하지 않은 것은? [3점]

〈보 기〉

ㅇ 최근 '마을 교육 공동체'가 ㉠ 미래 사회를 대비할 수 있는 대안 교육으로 주목받고 있다. 마을 교육 공동체는 ㉡ 학교 교육과 연계한 사업을 통해 공교육의 역량 강화에 도움을 줄 뿐 아니라 ㉢ 프로그램을 기획하는 과정에 학생들이 직접 참여할 수 있게 하여 학생들의 자발성과 창의성을 이끌어 내는 데도 큰 도움이 되고 있다.
― 교육 전문 잡지 「△△ 교육」 ―

ㅇ 'OO마을 교육 공동체'의 '희망 목공 학교'에 참여했던 학생들을 대상으로 조사한 결과 ㉣ 출석률은 87%였고, 만족도는 94%였다. 공교육에서는 ㉤ 전문 인력도 부족하고 작업장이나 작업 도구도 갖추기 어려워 감당하기 힘들었던 수업을 '희망 목공 학교'가 해냈다는 점에서 그 성과를 높이 평가할 만하다.
― 「'OO마을 교육 공동체' 활동 보고서」 ―

✔ **㉠에 펼쳐질 상황을 예측하여 'OO마을 교육 공동체' 사업이 극복해야 할 점을 제시하는 데 활용하였다.**
1문단의 '미래 사회를 책임질 창의적 인재를 키우기 위한 것'이라는 내용에서 ㉠과 관련된 내용을 확인할 수 있다. 하지만 'OO마을 교육 공동체' 사업이 극복해야 할 점은 제시하지 않고 있으므로 적절하지 않다.

② **㉡이 구체화될 수 있는 사업을 'OO마을 교육 공동체'에서 준비 중인 사업의 하나로 소개하였다.**
'초고'의 글쓴이는 학교 교육과 연계한 사업의 하나로 방과 후 학교와 연계한 '신나는 국악 교실'을 소개하고 있다.

③ **㉢과 관련된 효과를 'OO마을 교육 공동체' 사업의 과정에서 거둔 성과로 제시하는 데 활용하였다.**
'초고'에서 글쓴이는 ㉢과 관련된 효과의 하나로, '희망 목공 학교'에서 연간 프로그램을 기획하는 과정에 학생들이 직접 참여함으로써 학생들이 주인 의식을 갖고 창의성을 마음껏 발휘할 수 있었다는 내용을 제시하고 있다.

④ **㉣의 정보를 활용하여 '희망 목공 학교'의 학생 만족도가 긍정적으로 나타났음을 제시하였다.**
㉣은 '희망 목공 학교'에 대한 학생 만족도가 높았음을 보여 줄 수 있는 자료에 해당하고, '초고'에서 글쓴이는 '희망 목공 학교'에 대한 학생들의 만족도가 매우 높은 것으로 나타났다고 하고 있다.

⑤ **㉤을 활용하여 공교육에서 일부 교육 활동을 감당하기 어려운 이유를 제시하였다.**
㉤은 인적·물적 자원의 부족을 나타내는 것에 해당하고, '초고'에서 글쓴이는 공교육에서 감당하기 어려운 교육 활동이 있다고 언급하고 있으므로 자료 활용에 대한 적절한 설명이다.

45 조건에 따른 홍보 문구의 작성

정답률 78% | 정답 ⑤

'마을 교육 공동체'에 관한 홍보 문구를 작성하고자 할 때, 〈조건〉에 따라 쓴 것으로 가장 적절한 것은?

〈조 건〉

ㅇ ⓐ에 담긴 '마을 교육 공동체'의 특성과 ⓑ를 권유하는 내용을 모두 포함할 것.
ㅇ 직유법을 활용할 것.

① **마을 교육 공동체의 열매가 영글어 갑니다. 함께 열매를 가꾸어 더욱 풍성하게 수확합시다.**
'함께 열매를 가꾸어 더욱 풍성하게 수확합시다.'에서 ⓑ를 권유하는 내용은 찾아볼 수 있지만, ⓐ에 담긴 '마을 교육 공동체'의 특성이나 직유법은 사용되지 않았다.

② **마을 교육 공동체는 나침반처럼 우리가 나아갈 방향을 알려 줍니다. 우리 교육의 새로운 방향을 떠올려 봅시다.**
'마을 교육 공동체는 나침반처럼 우리가 나아갈 방향을 알려 줍니다.'에서 직유가 사용되었으나, 내용 조건은 충족시키지 못하고 있다.

③ **마을을 지키는 당산나무처럼 마을 교육 공동체는 믿음직스럽습니다. 여러분들의 재능을 나누어 더욱더 믿음직한 마을 교육 공동체를 만듭시다.**
'마을을 지키는 당산나무처럼 마을 교육 공동체는 믿음직스럽습니다.'에서 직유가 사용되었으나, 내용 조건은 충족시키지 못하고 있다.

④ **학교에서 배우지 못한 것들을 학교 밖 마을 교육 공동체에서 배울 수 있습니다. 학교와 마을이 함께 여러분에게 다양한 교육 기회를 제공합니다.**
'학교에서 배우지 못한 것들을 학교 밖 마을 교육 공동체에서 배울 수 있습니다.'와 '학교와 마을이 함께 여러분에게 다양한 교육 기회를 제공합니다.'에는 ⓐ에 담긴 '마을 교육 공동체'의 특성이 반영되었으나, ⓑ를 권유하는 내용이나 직유법은 사용되지 않았다.

✔ **마을 교육 공동체는 학교에서 체험하기 어려운 다양한 교육 기회를 제공합니다. 좋은 양분을 먹고 자란 나무처럼 마을 교육 공동체에서의 활동을 통해 더 크게 성장하기 바랍니다.**
〈보기〉를 보면 내용 조건은 'ⓐ에 담긴 '마을 교육 공동체'의 특성', 'ⓑ를 권유하는 내용'이고, 표현 조건은 '직유법'을 활용하는 것이다.
'마을 교육 공동체는 학교에서 체험하기 어려운 다양한 교육 기회를 제공합니다.'에는 ⓐ에 담긴 '마을 교육 공동체'의 특성이 반영되어 있고, '마을 교육 공동체에서의 활동을 통해 더 크게 성장하기 바랍니다.'에는 ⓑ를 권유하는 내용이 담겨 있다. 그리고 '좋은 양분을 먹고 자란 나무처럼'에서는 직유가 사용되었으므로 가장 적절하다.

04회 | 수능 실전 모의고사 고3

• 정답 •

35 ⑤ 36 ⑤ 37 ③ ★38 ⑤ 39 ④ 40 ④ 41 ④ 42 ② 43 ⑤ 44 ④ 45 ③

★ 표기된 문항은 [등급을 가르는 문제]에 해당하는 문항입니다.

35 말하기 방식의 파악
정답률 93% | 정답 ⑤

위 강연에 대한 설명으로 적절하지 않은 것은?

① **강연자의 신분을 밝히며 청중에게 신뢰감을 주고 있다.**
1문단의 '강연을 맡은 약사 ○○○입니다.'를 통해 강연자는 '약사'라는 자신의 신분을 밝히고 있는데, 이러한 강연자의 신분은 강연 내용에 대해 청중에게 신뢰감을 줄 수 있다.

② **시각 자료를 활용하여 강연 내용을 효과적으로 전달하고 있다.**
2문단의 '(화면에 사진을 보여 주며) 여기 보시는 것처럼 내복약에는 대표적으로 산제, 액제, 캡슐제, 정제가 있습니다.'를 통해, 시각 자료를 활용하고 있음을 알 수 있다. 이러한 시각 자료의 활용은 강연 내용을 효과적으로 전달해 준다.

③ **질문을 던지는 방식을 사용하여 청중의 반응을 유도하고 있다.**
1문단의 '주로 어떤 형태였나요? (대답을 듣고) 네, 약의 형태가 다양하죠? 일반적으로 약의 형태를 제형이라고 합니다.'를 통해, 강연자는 질문을 던지는 방식을 사용하며 청중의 반응을 유도하고 있음을 알 수 있다.

④ **강연에 사용된 용어의 개념을 정의하여 청중의 이해를 돕고 있다.**
2문단의 '산제는 분말이나 아주 ~ 일정한 형태로 만든 것입니다.'를 통해, 산제, 액제, 캡슐제, 정제에 대한 개념을 정의하고 있음을 알 수 있다. 그리고 4문단의 '약물의 성분이 빠르게 방출되는 속방정과 서서히 지속적으로 방출되는 서방정'에서 속방정과 서방정의 개념에 대해 제시하고 있음을 알 수 있다. 이러한 용어의 개념 정의는 강연 내용에 대한 청중의 이해를 도울 수 있다.

✔⑤ **강연의 내용을 요약하며 마무리하여 강연의 주제를 강조하고 있다.**
이 강연의 마지막에서 강연자는 약에 대한 이해를 높일 수 있는 계기가 되었으면 한다고 밝히면서, 상세한 복약 정보는 꼭 의사나 약사에게 확인하라고 당부하며 마무리하고 있다. 따라서 강연자가 강연 내용을 요약하며 마무리하지는 않고 있다.

36 듣기 활동의 이해의 적절성 판단
정답률 95% | 정답 ⑤

〈보기〉는 학생들이 강연을 들으며 떠올린 생각이다. 이를 바탕으로 학생들의 듣기 활동을 이해한 내용으로 가장 적절한 것은?

〈보 기〉

학생 1 : 제형의 종류가 이렇게 많은지 몰랐어. 약사를 진로로 생각하는 나에게 참 유익한 정보인 것 같아.
학생 2 : 서방정은 복용 시 주의 사항을 설명해 주어서 좋았어. 그런데 속방정을 복용할 때 주의할 점은 무엇일까?
학생 3 : 피부에 바르는 약도 내복약처럼 제형에 따라 특징이 달라지는지 알고 싶어졌어. 나중에 온라인 의약 도서관에 접속해서 알아봐야겠어.

① **'학생 1'은 강연 내용에 대해 부정적으로 평가하며 듣고 있다.**
'학생 1'의 '약사를 진로로 생각하는 나에게 참 유익한 정보인 것 같아.'를 통해, 강연 내용에 대해 긍정적으로 평가하며 듣고 있음을 알 수 있다.

② **'학생 2'는 강연 내용을 자신의 문제 상황에 적용하며 듣고 있다.**
'학생 2'는 '속방정을 복용할 때 주의할 점'에 대해 궁금해하고 있지만, 이를 자신의 문제 상황에 적용하며 듣지는 않고 있다.

③ **'학생 3'은 강연 내용의 순서를 예측하며 능동적인 태도로 듣고 있다.**
'학생 3'은 '온라인 의약 도서관'에 접속하여 '피부에 바르는 약'에 대해 찾아봐야겠다고 떠올리고 있지만, 강연 내용의 순서를 예측하며 듣지는 않고 있다.

④ **'학생 1'과 '학생 3'은 모두 강연을 들으며 생긴 의문점을 해결하기 위한 방법을 고민하며 듣고 있다.**
'학생 3'은 피부에 바르는 약도 내복약처럼 제형에 따라 특징이 달라지는지 알고 싶어졌다 하면서 온라인 의약 도서관에 접속해서 알아봐야겠다 하고 있다. 즉 '학생 3'은 강연을 들으며 생긴 의문점을 해결하기 위한 방법을 고민하며 듣고 있음을 알 수 있다. 하지만 '학생 1'은 강연을 통해 새롭게 알게 된 내용에 대해 긍정적으로 평가하고 있을 뿐, 의문점을 해결하기 위한 방법을 고민하며 듣지는 않고 있다.

✔⑤ **'학생 2'와 '학생 3'은 모두 강연에서 언급되지 않은 내용에 대해 궁금해하며 듣고 있다.**
'학생 2'의 '그런데 속방정을 복용할 때 주의할 점은 무엇일까?'를 통해, 강연에서 언급되지 않은 속방정을 복용할 때 주의할 점에 대해 궁금해하며 강연을 듣고 있음을 알 수 있다. 그리고 '학생 3'의 '피부에 바르는 약도 내복약처럼 제형에 따라 특징이 달라지는지 알고 싶어졌어.'를 통해, 강연에서 언급되지 않은 피부에 바르는 약이 제형에 따라 특징이 달라지는지에 대해 궁금해하며 듣고 있음을 알 수 있다.

37 청중 반응의 적절성 판단
정답률 93% | 정답 ③

다음은 강연 내용을 확인하기 위한 학습지의 일부이다. 위 강연을 들은 학생들이 보인 반응으로 적절하지 않은 것은? [3점]

약품	제형	특징 및 주의 사항
㉠		○ 약물이 분말 형태임. ○ 복용해야 할 용량에 맞게 조절 가능함. (습기 주의)
㉡	액제	○ 노약자가 복용하기 쉬움. ○ 복용 전 변질 여부를 확인해야 함. (물약)
㉢		○ 약물을 캡슐에 넣은 형태임. ○ 자극이 강한 약물을 복용할 때 생기는 불편을 줄일 수 있음. (충분한 물과 함께 복용)
㉣	정제 (서방정)	○ 비교적 보관이 간편함. ○ 일정한 형태로 압축되어 정량을 복용하기 쉬움.

① **㉠의 '특징 및 주의 사항'으로 보아 '제형'에는 산제라는 내용이 들어갈 수 있겠군.**
2문단의 '산제는 분말이나 아주 작은 알갱이 형태의 가루로 된 약'과 3문단의 '먼저 산제나 액제는 복용해야 하는 용량에 맞게 미세하게 조절이 가능합니다.'를 통해, ㉠의 '제형'이 산제임을 알 수 있다.

② **㉡의 '특징 및 주의 사항'에는 ㉠과 같이, 복용해야 하는 용량에 맞게 조절할 수 있다는 내용이 들어갈 수 있겠군.**
3문단의 '먼저 산제나 액제는 복용해야 하는 용량에 맞게 미세하게 조절이 가능합니다.'를 통해 적절함을 알 수 있다.

✔③ **㉢은 '특징 및 주의 사항'으로 보아 ㉡에 비해 약효가 빠르게 나타나는 제형이라고 할 수 있겠군.**
2문단의 '캡슐제는 약물을 캡슐에 넣은 형태의 약'을 통해, ㉢의 '제형'은 캡슐제임을 알 수 있다. 그리고 3문단의 '먼저 산제나 액제는 ~ 정제나 캡슐제에 비해 노인이나 소아가 약을 삼키기 쉽고 약효도 빠르게 나타납니다.'를 통해, 액제인 ㉡이 캡슐제인 ㉢에 비해 약효가 빠르게 나타나는 제형이라는 것을 알 수 있다.

④ **㉣의 '제형'으로 보아 '특징 및 주의 사항'에는 함부로 쪼개거나 씹어서 복용하면 안 된다는 내용이 들어갈 수 있겠군.**
4문단의 '그런데 서방정은 함부로 쪼개거나 씹어서 먹으면 안 됩니다.'를 통해 적절함을 알 수 있다.

⑤ **㉣의 '특징 및 주의 사항'에는 약의 효과를 오랜 시간 일정하게 유지할 수 있어 복용 횟수를 줄일 수 있다는 내용이 들어갈 수 있겠군.**
4문단의 '서방정은 오랜 시간 일정하게 약의 효과를 유지할 수 있어 복용 횟수를 줄일 수 있습니다.'를 통해 적절함을 알 수 있다.

★★★ 등급을 가르는 문제!

38 쟁점에 따른 내용 정리
정답률 56% | 정답 ⑤

(가)의 입론을 쟁점별로 정리한 내용으로 적절하지 않은 것은?

[쟁점 1] 현금 없는 사회는 편리한가?
○ **찬성 1** : 현금 휴대 및 사용의 불편함과 비현금 결제 방식이 시간과 장소에 구애받지 않음을 들어 입장을 분명히 하고 있다. ············ ①
○ **반대 1** : 비현금 결제 방식에 적응하지 못한 사람들이 겪을 수 있는 불편함을 밝히고 있다. ··· ②

[쟁점 2] 현금 없는 사회는 경제적인가?
○ **찬성 1** : 화폐 제조 비용을 수치로 제시하여 경제적 효과를 얻을 수 있음을 분명히 하고 있다. ··· ③
○ **반대 1** : 시스템 구축에 소요되는 비용이 많을 것이라는 점을 들어 경제적이지 않음을 밝히고 있다. ············ ④

[쟁점 3] 현금 없는 사회는 공공의 이익에 기여하는가?
○ **찬성 1** : 자금 흐름을 정확하게 파악하여 얻을 수 있는 이점을 들어 공공의 이익에 기여할 수 있음을 밝히고 있다.
○ **반대 1** : 개인의 선택의 자유가 제한되는 것이 필요함을 근거로 들어 공공의 이익에 부정적인 영향을 미칠 수 있음을 분명히 하고 있다. ············ ⑤

① **찬성 1 : 현금 휴대 및 사용의 불편함과 비현금 결제 방식이 시간과 장소에 구애받지 않음을 들어 입장을 분명히 하고 있다.**
'찬성 1'은 '쟁점 1'에 대해 '현금 없는 사회에서 사람들은 불편하게 ~ 주고받기 위해 기다릴 필요가 없습니다. 그리고 언제 어디서든 편리하게 거래를 할 수 있습니다.'라고 말하고 있으므로 적절하다.

② **반대 1 : 비현금 결제 방식에 적응하지 못한 사람들이 겪을 수 있는 불편함을 밝히고 있다.**
'반대 1'은 '쟁점 1'에 대해 '비현금 결제 방식에 익숙하지 않거나 ~ 불편을 겪을 것입니다.'라고 말하고 있으므로 적절하다.

③ **찬성 1 : 화폐 제조 비용을 수치로 제시하여 경제적 효과를 얻을 수 있음을 분명히 하고 있다.**
'찬성 1'은 '쟁점 2'에 대하여 '또한 매년 새로운 화폐를 제조하기 ~ 이 비용을 절약할 수 있어 경제적입니다.'라고 말하고 있으므로 적절하다.

④ **반대 1 : 시스템 구축에 소요되는 비용이 많을 것이라는 점을 들어 경제적이지 않음을 밝히고 있다.**
'쟁점 2'에 대하여 '반대 1'은 '또한 비현금 결제 방식에 필요한 시스템을 구축하는 데 많은 비용이 소요되어 경제적이지 않습니다.'라고 말하고 있으므로 적절하다.

✔⑤ **반대 1 : 개인의 선택의 자유가 제한되는 것이 필요함을 근거로 들어 공공의 이익에 부정적인 영향을 미칠 수 있음을 분명히 하고 있다.**
'반대 1'은 '쟁점 3'에 대해 현금 없는 사회는 현금을 사용하고자 하는 개인들의 선택의 자유를 제한한다고 하면서, 현대 사회의 지향점이 자유라는 가치가 확대되는 것이라 할 때, 사회 구성원들의 선택의 자유가 축소되는 것은 공공의 이익에도 부정적인 영향을 미칠 것이라고 말하고 있다. 따라서 '반대 1'이 개인의 선택의 자유가 제한되는 것이 필요함을 근거로 들어 공공의 이익에 부정적인 영향을 미칠 수 있음을 분명히 하고 있다고 한 진술은 적절하지 않다.

★★ 문제 해결 꿀~팁 ★★

▶ 많이 틀린 이유는?
찬성 1과 반대 1의 쟁점별로 정리한 선택지의 내용을, 각각의 입론을 통해 확인하는 과정에서 실수를 하여 오답률이 높았던 것으로 보인다.

▶ 문제 해결 방법은?
선택지에 제시된 쟁점이 찬성 1과 반대 1의 입론의 어느 부분에 해당하는지 정확히 표시해 두어야 한다. 그런 다음 이를 선택지에 제시된 내용과 비교하여 적절성을 판단해야 한다. 정답인 ⑤의 경우, 사회 구성원들의 선택의 자유가 축소되는 것은 공공의 이익에도 부정적인 영향을 미칠 것이라는 반대 1의 입론을

[문제편 p.097]

볼 때 적절하지 않음을 쉽게 알 수 있다. 그런데 ⑤가 적절하다고 한 학생들의 경우, '개인의 선택의 자유가 제한되는' 것에만 치중하여, 이후에 제시된 '필요함'을 잘못 해석하여 판단한 것으로 보인다. 이에서 알 수 있듯이 선택지를 정확히 읽지 못할 경우 잘못된 선택을 할 수 있으므로, 펜으로 밑줄을 쳐 가면서 꼼꼼히 읽을 필요가 있다.

▶ 오답인 ③을 많이 선택한 이유는?

이 문제의 경우 ③을 선택한 학생들이 많았는데, ③이 입론에 직접적으로 제시되지 않아 잘못된 선택을 한 것으로 보인다. 그런데 찬성 1의 입론의 '또한 매년 새로운 화폐를 제조하기 ~ 이 비용을 절약할 수 있어 경제적입니다.' 부분을 통해, 주어진 내용을 확인할 수 있으므로 적절하다고 할 수 있다.

이처럼 간혹 선택지에서 말하기 내용이나 글의 내용을 다르게 제시되는 경우가 있으므로, 해당 내용들을 비교하여 의미가 상통하는지 반드시 확인할 수 있도록 해야 한다.

39 말하기 방식의 파악

정답률 84% | 정답 ④

[A], [B]에 대한 설명으로 가장 적절한 것은?

① **[A]의 반대 2는 상대측이 인용한 정보의 신뢰성에 의문을 제시하며 출처를 요구하고 있다.**

[A]에서 '반대 2'는 비현금 결제 방식을 사용할 수 없는 곳에서는 오히려 거래에 제약이 있지 않을까라고 의문을 제기하고 있지, 상대측이 인용한 정보의 신뢰성에 의문을 제시하지는 않고 있고, 또한 출처를 요구하지도 않고 있다.

② **[A]의 찬성 1은 상대측의 이의 제기를 수용하며 자신의 주장이 타당함을 강조하고 있다.**

[A]에서 '찬성 1'은 대표적인 비현금 결제 방식 중 하나인 신용카드의 경우 우리나라의 모든 곳에서 사용되고 있다라며 '반대 2'의 의문 제기에 대답을 하고 있지, 상대측의 이의 제기를 수용하지는 않고 있다.

③ **[B]의 찬성 2는 상대측 발언 내용을 재진술하며 구체적인 사례를 제시해 줄 것을 요청하고 있다.**

[B]에서 '찬성 2'는 '비현금 결제 방식에 필요한 시스템을 구축하는 데 많은 비용이 소요된다고 하셨는데요.'라며 상대측 발언 내용을 재진술하고 있음을 알 수 있다. 하지만 구체적인 사례를 제시해 줄 것을 요청하지는 않고 있다.

✔ **[B]의 반대 1은 상대측의 이의 제기를 일부 인정하며 향후 예상되는 문제점을 지적하고 있다.**

[B]에서 '반대 1'은 '구축 비용은 절감할 수 있을지라도'라며 '찬성 2'의 이의 제기를 일부 인정하면서도, '시스템을 안정적으로 유지하고, 관리하기 위한 추가 비용이 지속적으로 발생할 것'이라고 향후 예상되는 문제점을 지적하고 있으므로 적절하다.

⑤ **[A]의 반대 2와 [B]의 찬성 2는 모두 상대측 주장을 요약하며 절충안을 제시하고 있다.**

[A]의 '반대 2'와 [B]의 '찬성 2' 모두 상대측 주장을 요약하면서 절충안을 제시하지는 않고 있다.

40 글쓰기 계획의 반영 여부 판단

정답률 88% | 정답 ④

다음은 (가)를 참고하여 (나)를 작성하기 위해 학생이 메모한 내용이다. (나)에 반영되지 않은 것은?

> **[1문단]**
> ○ 토론 논제에 대한 나의 입장을 분명히 드러내야겠어.
> ○ 토론에서 언급되지 않은, 현금 없는 사회로의 이행은 시대적 흐름이라는 내용을 추가해서 나의 입장을 강조해야겠어. ······ ①
>
> **[2문단]**
> ○ 토론에서 언급된, 현금 없는 사회에서 발생할 수 있는 문제들 중 일부를 해결 방안과 함께 제시해야겠어. ······ ②
>
> **[3문단]**
> ○ 토론에서 언급되지 않은, 현금 없는 사회의 장점을 밝혀 나의 주장을 뒷받침해야겠어. ····· ③
> ○ 현금 없는 사회로의 이행을 위해 국가적 차원에서 준비해야 할 사항들을 언급해야겠어. ··· ④
>
> **[4문단]**
> ○ 현금 없는 사회로의 이행을 위해서는 공동체 합의를 위한 노력이 필요함을 강조해야겠어. ··· ⑤

① **토론에서 언급되지 않은, 현금 없는 사회로의 이행은 시대적 흐름이라는 내용을 추가해서 나의 입장을 강조해야겠어.**

(나)의 1문단의 '하지만 오늘날 새로운 기술의 발전에 따라 ~ 현금 없는 사회로의 이행을 준비하고 있다.'를 통해, 토론에서 언급되지 않은 현금 없는 사회로의 이행이 시대적 흐름이라는 내용을 추가해서 나의 입장을 강조하고 있음을 알 수 있다.

② **토론에서 언급된, 현금 없는 사회에서 발생할 수 있는 문제들 중 일부를 해결 방안과 함께 제시해야겠어.**

(가)를 통해 '반대 1'이 비현금 결제 방식에 익숙하지 않은 사람들이 불편함을 겪을 것이라는 점을 현금 없는 사회에서 발생할 수 있는 문제 중 하나로 제시하였음을 알 수 있다. 그런데 (나)의 2문단의 '그러나 지속적이고 단계적으로 ~ 현금 없는 사회에 적응할 수 있을 것이다.'를 통해, 비현금 결제 방식이 익숙하지 않은 사람들이 겪을 불편을 해결할 방안을 제시하고 있으므로 메모 내용이 반영되었다.

③ **토론에서 언급되지 않은, 현금 없는 사회의 장점을 밝혀 나의 주장을 뒷받침해야겠어.**

(나)의 3문단의 '현금 없는 사회로 나아갔을 때 새로운 금융 서비스 산업이 개발되어 국제 무역이 더욱 활발해질 것이다.'는 토론에서 언급되지 않은 현금 없는 사회의 장점을 밝힌 것이므로, '현금 없는 사회로의 이행은 바람직하다.'라는 나의 주장을 뒷받침해 준다.

✔ **현금 없는 사회로의 이행을 위해 국가적 차원에서 준비해야 할 사항들을 언급해야겠어.**

(나)의 3문단에서는 현금 없는 사회의 장점을 밝히고 있을 뿐, 현금 없는 사회로의 이행을 위해 국가적 차원에서 준비해야 할 사항들을 언급하지는 않고 있다.

⑤ **현금 없는 사회로의 이행을 위해서는 공동체 합의를 위한 노력이 필요함을 강조해야겠어.**

4문단의 '사회 구성원들 간의 충분한 합의 없이 ~ 사회적 논의가 필요하다.'를 통해, 현금 없는 사회로의 이행을 위해서는 공동체 합의를 위한 노력이 필요함을 강조하고 있음을 알 수 있다.

41 조건에 따른 글쓰기

정답률 91% | 정답 ④

〈조건〉에 따라 (나)의 마지막 문단에 내용을 이어 쓴다고 할 때, 그 내용으로 가장 적절한 것은?

> 〈조 건〉
> ○ 비유적 표현을 활용하여 자신의 주장을 강화한다.

① **현금 결제 방식을 지키기 위해 우리 모두 한 배를 탄 사람이라는 인식을 가져야 한다.**

② **현금 결제 방식이 사라지게 된다면 한쪽 날개로만 나는 새처럼 불균형한 사회가 될 것이다.**

③ **이렇게 함께 만들어 가는 현금 없는 사회 속에서 개인은 더욱 편리한 삶을 누릴 수 있을 것이다.**

✔ **공동체가 함께 가는 현금 없는 사회로의 이행은 현대 사회를 윤택하게 하는 새로운 물결이 될 것이다.**

'조건'을 통해 (나)의 마지막 문단에는 비유적 표현을 활용하여 (나)의 글쓴이의 주장, 즉 '현금 없는 사회로의 이행은 바람직하다.'는 내용을 담고 있어야 함을 알 수 있다. ④에서는, '현금 없는 사회로의 이행'은 '새로운 물결'이라는 비유적 표현을 활용하여 '공동체가 함께 가는 현금 없는 사회로의 이행은 현대 사회를 윤택하게 하는' 것이라고 자신의 주장을 강화하고 있으므로 (나)의 마지막 문단으로 적절하다.

⑤ **이처럼 공동체가 함께 논의한다면 현금의 긍정적 가치를 인식하고 미래 사회를 준비할 수 있을 것이다.**

42 글쓰기 계획의 적절성 판단

정답률 91% | 정답 ②

(가)를 바탕으로 (나)를 쓰기 위해 세운 글쓰기 계획 중 (나)에 활용된 것으로 가장 적절한 것은?

① **글의 목적을 구체화하기 위해 폰트 파일의 배포 절차를 제시한다.**

(가)에 제시된 '작문 과제'를 통해 글의 목적이 '폰트 파일의 올바른 사용에 대한 관심 촉구'임을 알 수 있다. 그런데 (나)에서는 이러한 목적을 구체화하기 위해 폰트 파일의 배포 절차를 제시하지는 않고 있다.

✔ **예상 독자의 이해를 돕기 위해 폰트 파일의 개념을 정의하여 제시한다.**

(가)에 제시된 '작문 과제'를 통해 폰트 파일에 대한 이해가 부족한 학생들이 예상 독자임을 알 수 있다. 그리고 (나)의 1문단의 '폰트 파일은 동일한 스타일의 크기와 모양으로 작성된 문자 및 기호 등 한 벌의 디자인을 디지털화한 것'임을 통해, 폰트 파일의 개념을 정의하고 있음을 알 수 있다. 따라서 폰트 파일의 개념을 정의하여 제시한 것은 예상 독자의 이해를 돕기 위한 것이다.

③ **주제를 구체화하기 위해 폰트 파일 저작권 침해에 따른 피해 사례를 제시한다.**

(가)에 제시된 '작문 과제'를 통해 글의 주제가 '폰트 파일을 올바르게 이해하고 사용하자.'임을 알 수 있다. 그런데 (나)에서는 이러한 주제를 구체화하기 위해 폰트 파일 저작권 침해에 따른 피해 사례를 제시하지는 않고 있다.

④ **주제를 강조하기 위해 폰트 파일의 저작권 보호에 대한 상반된 견해를 제시한다.**

(가)에 제시된 '작문 과제'를 통해 글의 주제가 '폰트 파일을 올바르게 이해하고 사용하자.'임을 알 수 있다. 그런데 (나)에서는 이러한 주제를 구체화하기 위해 폰트 파일의 저작권 보호에 대한 상반된 견해를 제시하지는 않고 있다.

⑤ **예상 독자의 관심을 반영하기 위해 저작권에 대한 학생들의 생각을 직접 인용하여 제시한다.**

(가)에 제시된 '작문 과제'를 통해 폰트 파일에 대한 이해가 부족한 학생들이 예상 독자임을 알 수 있다. 이러한 예상 독자의 관심을 반영하기 위해 저작권에 대한 학생들의 생각을 직접 인용하여 제시하지는 않고 있다.

43 자료를 활용하여 내용 보완하기

정답률 79% | 정답 ⑤

다음은 (나)를 보완하기 위해 추가로 수집한 자료이다. 자료의 활용 방안으로 적절하지 않은 것은? [3점]

[자료 1] 통계 자료

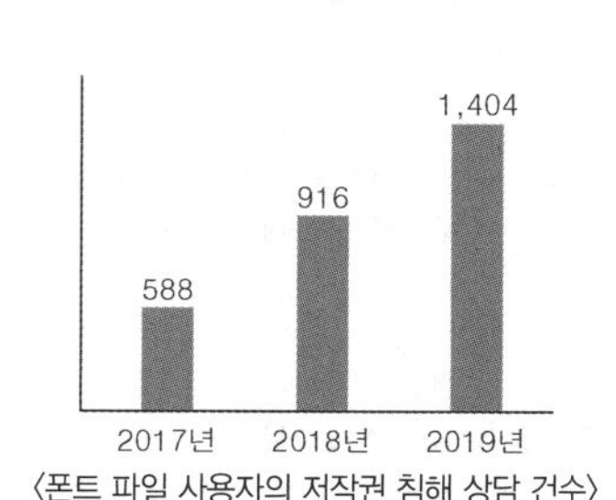

〈폰트 파일 사용자의 저작권 침해 상담 건수〉

[자료 2] 우리 학교 학생 대상 설문 조사 결과

㉮ 폰트 파일이 저작권으로 보호되고 있다는 사실을 알고 있는가?

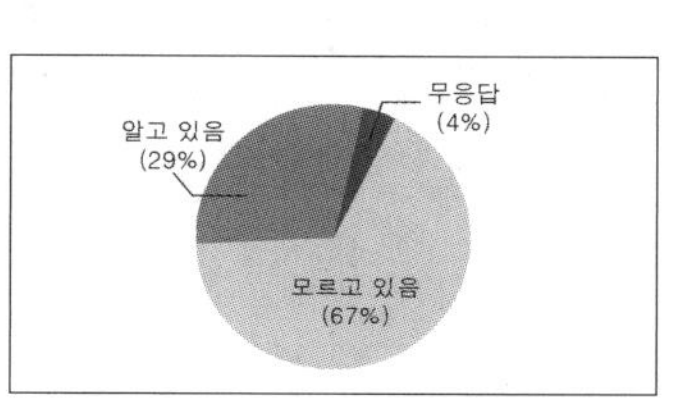

㉯ 폰트 파일의 저작권을 확인하는 방법을 알고 있는가?
(㉮의 '알고 있음' 응답자 대상)

구분	비율(%)
모른다	65
안다	20
기타	15

[자료 3] 전문가 인터뷰

"폰트 파일의 저작권 내용이 너무 복잡해 사용자들이 이를 모두 이해하고 사용하는 것은 쉽지 않습니다. 따라서 폰트 파일 제작자는 폰트 파일 배포 시 저작권 보호 여부 및 내용을 명시적으로 안내하여 사용자들이 쉽게 확인할 수 있도록 해야 합니다. 또한 정부는 사용자가 저작권을 지킬 수 있도록 폰트 파일 저작권 확인 프로그램을 널리 보급할 필요가 있습니다."

[문제편 p.098]

① [자료 1]을 활용하여, 폰트 파일 저작권 침해 실태의 심각성을 강조해야겠군.
'자료 1'은 폰트 파일 사용자의 저작권 침해 비율이 해마다 늘어나고 있음을 드러낸 자료이므로, 이 자료를 활용하여 폰트 파일 저작권 침해 실태의 심각성을 강조해야겠다는 활용 방안은 적절하다.

② [자료 2-㉮]를 활용하여, 폰트 파일이 저작권으로 보호되고 있다는 사실을 모르는 학생들이 많다는 것을 뒷받침하는 근거로 사용해야겠군.
'자료 2-㉮'는 폰트 파일이 저작권으로 보호되고 있다는 사실을 모르는 학생의 비율이 67%로 많음을 드러낸 자료이므로, 폰트 파일이 저작권으로 보호되고 있다는 사실을 모르는 학생들이 많다는 것을 뒷받침하는 근거로 사용해야겠다는 활용 방안은 적절하다.

③ [자료 3]을 활용하여, 폰트 파일의 저작권 침해를 줄이기 위해서는 제작자가 사용자를 위해 저작권을 알기 쉽게 제시하는 것이 필요하다는 것을 해결 방안으로 추가해야겠군.
'자료 3'은 폰트 파일 제작자는 사용자를 위해 저작권을 알기 쉽게 확인할 수 있도록 안내해야 한다는 내용을 드러내고 있다. 따라서 폰트 파일의 저작권 침해를 줄이기 위해서는 제작자가 사용자를 위해 저작권을 알기 쉽게 제시하는 것이 필요하다는 것을 해결 방안으로 추가해야겠다는 활용 방안은 적절하다.

④ [자료 2-㉮]와 [자료 2-㉯]를 활용하여, 폰트 파일이 저작권으로 보호되고 있다는 사실을 아는 학생들 중 많은 학생들이 저작권의 내용을 확인하는 구체적인 방법을 모르고 있음을 원인 분석의 근거로 사용해야겠군.
'자료 2-㉮'는 학생들 중 폰트 파일이 저작권으로 보호되고 있다는 사실을 알고 있는 학생이 있음을 드러내고 있고, '자료 2-㉯'는 폰트 파일이 저작권으로 보호되고 있다는 사실을 알고 있는 학생들 중에서 65%의 학생이 저작권을 확인하는 방법을 모른다는 내용을 드러내고 있다. 따라서 이 두 자료를 활용하여 폰트 파일이 저작권으로 보호되고 있다는 사실을 아는 학생들 중 많은 학생들이 저작권의 내용을 확인하는 구체적인 방법을 모르고 있음을 원인 분석의 근거로 사용해야겠다는 활용 방안은 적절하다.

✔ [자료 2-㉯]와 [자료 3]을 활용하여, 폰트 파일의 저작권에 대해 알면서도 저작권을 보호하지 않는 학생들의 문제의식 개선을 위해 정부의 지속적인 교육이 필요함을 해결 방안으로 강조해야겠군.
'자료 2-㉯'는 폰트 파일이 저작권으로 보호되고 있다는 사실을 알고 있는 학생 중에 저작권을 확인하는 방법을 모르는 학생이 많다는 자료이고, '자료 3'은 정부가 사용자를 위한 폰트 파일 저작권 확인 프로그램을 보급할 필요가 있다는 내용을 담은 자료이다. 따라서 이러한 '자료 2-㉯'와 '자료 3'의 내용을 볼 때, 폰트 파일의 저작권에 대해 알면서도 저작권을 보호하지 않는 학생들의 문제의식 개선을 위해 정부의 지속적인 교육이 필요함을 해결 방안으로 강조해야겠다는 활용 방안은 적절하지 않다.

44 고쳐 쓰기의 적절성 판단

정답률 78% | 정답 ④

〈보기〉는 [A]의 초고이다. 〈보기〉를 고쳐 쓰기 위해 친구들이 조언한 내용 중 [A]에 반영된 것으로 적절하지 않은 것은?

〈보 기〉

우리는 폰트에 대해 정확히 알고 사용하는 태도를 지녀야 한다. 자신의 노력이 중요하듯이 타인의 노력도 중요하기 때문이다. 앞으로 우리는 폰트 파일을 만들어 사용할 수 있어야 한다. 자신이 사용하는 폰트 파일의 저작권을 침해하는 일이 없는 것이 좋다.

① 글의 흐름을 고려하여 통일성에서 벗어난 문장은 삭제하는 게 어때?
〈보기〉에서 세 번째 문장은 통일성에서 벗어난 문장이므로 [A]에서 삭제하고 있다.

② 글에서 반복적으로 사용했던 용어를 고려해 용어를 일관되게 일치시켜 주는 게 어때?
〈보기〉의 첫 문장에 제시한 '폰트'를 글에서 반복적으로 사용했던 용어인 '폰트 파일'로 [A]에서 수정하고 있다.

③ 첫 번째 문장은 주장의 설득력을 강화하기 위해 그 문장에 근거를 추가해 주는 게 어때?
〈보기〉의 첫 문장에서 제시하지 않은 주장에 대한 근거를 [A]에서 '폰트 파일은 타인의 노력이 담겨 있는 저작물이므로'라고 근거를 추가하고 있다.

✔ 두 번째 문장은 서술어와의 호응을 고려하여 생략된 주어를 밝혀주는 게 어때?
〈보기〉와 [A]를 비교해 보면, 〈보기〉의 두 번째 문장에서 서술어 '때문이다'를 고려하여 [A]에서 '왜냐하면'이라는 부사어를 제시하고 있음을 알 수 있다. 따라서 서술어와의 호응을 고려하여 생략된 주어를 밝혀 주어야 한다는 조언은 [A]에 반영되지 않았다.

⑤ 네 번째 문장은 학생들에게 실천을 촉구하기 위한 문장으로 바꾸는 게 어때?
〈보기〉의 네 번째 문장을 [A]에서 '자신이 사용하는 폰트 파일의 저작권을 침해하는 일이 없도록 꼭 확인하고 사용하자.'라고 실천을 촉구하기 위한 문장으로 바꾸고 있다.

45 작문 특성의 반영 여부 판단

정답 ③

〈보기〉의 ㉠~㉤ 중 (나)에 반영된 것을 있는 대로 고른 것은?

〈보 기〉

선생님 : 일상생활에서 문제가 되는 상황을 제재로 삼아 글을 쓸 때에는, 먼저 문제가 되는 상황이 무엇인지 분명히 언급해야 주어야 합니다. 이때 ㉠ 문제 상황과 관련된 사례를 구체적으로 제시하게 되면 문제의 심각성을 효과적으로 알려 줄 수 있습니다. 그런 다음 ㉡ 문제 상황이 발생하게 된 원인이 무엇인지 분석하여 제시할 수 있어야 하고, 이러한 문제 상황을 어떻게 해결할 수 있는지 ㉢ 해결 방안을 제시해야 합니다. 마지막으로 ㉣ 문제 상황과 관련하여 자신의 주장을 분명히 제시할 수 있어야 하는데, ㉤ 설의적인 표현을 활용하거나 비유적 표현을 활용하면 자신의 의견을 효과적으로 전달할 수 있습니다.

① ㉠, ㉡　② ㉠, ㉢, ㉤　✔ ㉡, ㉢, ㉣
④ ㉡, ㉣, ㉤　⑤ ㉡, ㉢, ㉣, ㉤

㉠ 문제 상황과 관련된 사례
1문단을 통해 폰트 파일의 저작권을 침해하는 학생들이 늘어나고 있다는 문제 상황을 알 수 있지만, 이러한 문제 상황과 관련된 구체적인 사례는 제시하지 않고 있다.

㉡ 문제 상황이 발생하게 된 원인
2문단을 통해 폰트 파일의 저작권을 침해하는 원인은, 폰트 파일이 저작권으로 보호되고 있다는 사실을 모르거나 그 사실을 알면서도 폰트 파일을 문제의식 없이 사용하는 경우, 저작권의 내용을 확인하는 구체적인 방법을 모르는 학생들이 많기 때문임을 알 수 있다.

㉢ 해결 방안을 제시
3문단을 통해 학생들이 폰트 파일을 올바르게 사용할 수 있도록 하기 위해서, 폰트 파일의 저작권에 대해 이해할 수 있도록 학교에서 교육을 확대해야 하고, 폰트 파일을 문제의식 없이 사용하는 학생들의 인식 개선을 위해 캠페인을 지속적으로 실시해야 함을 제시하고 있다.

㉣ 문제 상황과 관련하여 자신의 주장을 분명히 제시
4문단의 '자신이 사용하는 폰트 파일의 저작권을 침해하는 일이 없도록 꼭 확인하고 사용하자.'를 통해 학생의 주장을 확인할 수 있다.

㉤ 설의적인 표현을 활용
4문단에서 문제 상황과 관련하여 자신의 주장을 드러내면서 설의적인 표현을 사용하지는 않고 있다.

05회 | 수능 실전 모의고사 고3

• 정답 •
35 ③ 36 ⑤ 37 ③ 38 ⑤ 39 ⑤ 40 ③ 41 ③ 42 ⑤ 43★ ④ 44 ④ 45 ⑤

★ 표기된 문항은 [등급을 가르는 문제]에 해당하는 문항입니다.

35 말하기 방식의 적절성 파악 정답률 83% | 정답 ③

위 방송 진행자의 말하기 방식에 대한 설명으로 가장 적절한 것은?

① 지난 시간 방송 내용을 요약하여 청취자의 이해를 돕고 있다.
이어질 2부에서 진행될 방송 내용에 대해 안내하고는 있지만, 지난 시간 방송 내용을 요약하지는 않고 있다.

② 주제에 대한 자신의 이력을 소개하여 전문성을 부각하고 있다.
이 방송의 주제는 식품의 유통기한의 소개에 해당하는데, 이러한 식품 유통기한과 관련하여 방송 진행자 자신의 이력을 소개하지는 않고 있다.

✔ 질문을 던지는 방식을 사용하여 청취자의 관심을 유도하고 있다.
1문단의 '여러분은 식품을 살 때 유통기한을 확인하시나요?'를 통해, 방송 진행자가 청취자에게 질문을 던지는 방식을 사용하고 있음을 알 수 있다. 이처럼 질문을 던지는 방식을 사용하게 되면 청취자의 흥미와 관심을 이끌어 낼 수 있다.

④ 전문가의 말을 직접 인용하여 방송 내용에 대한 신뢰성을 높이고 있다.
이어질 2부에서 식품의약품안전처 ○○○님과 전화 연결을 한다는 것을 통해 전문가와의 대담이 이어질 것임을 알 수 있다. 하지만 주어진 방송에서 전문가의 말을 직접 인용하지는 않고 있다.

⑤ 방송의 중심 소재를 친숙한 소재에 빗대어 청취자의 공감을 이끌어 내고 있다.
방송의 중심 소재인 식품의 유통기한을 친숙한 소재에 빗대어 표현하지는 않고 있다.

36 말하기 계획의 적절성 파악 정답률 90% | 정답 ⑤

다음은 위 방송을 진행하기 위한 사전 계획의 일부이다. 방송 내용에 반영되지 않은 것은?

> [1부]
> 1. 오프닝
> 2. 주요 내용 전달
> ▷ 유통기한의 의미
> ▷ 유통기한 설정실험을 하는 경우 ················ ㉠
> ▷ 유통기한 설정실험의 종류
> ▷ 유통기한 설정실험 식품의 예 ················ ㉡
> ▷ 실측실험과 가속실험의 방법 ················ ㉢
> ▷ 실측실험과 가속실험의 장단점 ················ ㉣
> ▷ 외국에서 유통기한을 사용하지 않는 이유 ················ ㉤
> 3. 청취자 문자 메시지 소개
> 4. 클로징

① ㉠ 유통기한 설정실험을 하는 경우
2문단의 '설정실험은 보통 새로운 제품을 개발한 경우나 제품의 공정 또는 포장이 변경된 경우에 진행하는데'에서 확인할 수 있다.

② ㉡ 유통기한 설정실험 식품의 예
3문단에서 설정실험에는 실측실험과 가속실험이 있다고 하면서, 실측실험으로 유통기한을 정하는 제품은 빵이나 두부, 어묵 등 유통기한이 짧은 식품이 대부분이라고 밝히고 있다. 또한 4문단에서 가속실험으로 유통기한을 정하는 제품은 통조림이나 식용유 등이 있다고 언급하고 있다.

③ ㉢ 실측실험과 가속실험의 방법
3문단의 '제조사가 의도하는 유통기한의 약 1.3배에서 2배 기간 동안 실제와 동일한 유통 조건에서 제품이 어떻게 변하는지 실험을 통해 유통기한을 설정합니다.'와 4문단의 '제품의 실제 유통 온도와 2개 이상의 비교 온도에서 제품의 변화를 측정하고, 수학적 계산을 통해 유통기한을 설정합니다.'에서 확인할 수 있다.

④ ㉣ 실측실험과 가속실험의 장단점
3문단의 '그래서 이 실험은 제품의 유통기한을 ~ 상대적으로 긴 제품에는 비효율적이죠.'와 4문단의 '이 방법은 유통기한이 길고 유통 조건이 ~ 유통기한을 잘못 예측할 수도 있습니다.'에서 확인할 수 있다.

✔ ㉤ 외국에서 유통기한을 사용하지 않는 이유
이 방송에서는 외국에서의 유통기한에 대해 설명하며, 유럽에서는 유통기한을 사용하지 않음을 언급하고 있다. 하지만 유럽에서 유통기한을 사용하지 않는 이유는 드러나 있지 않다.

37 청자의 반응 분석 정답률 89% | 정답 ③

다음은 방송 중 청취자가 보낸 문자 메시지이다. 방송 내용을 고려하여 청취자의 반응을 분석한 것으로 적절하지 않은 것은? [3점]

> 청취자 1: 진공 포장을 하면 기존보다 유통기한을 늘릴 수 있다고 알고 있어요.
> 청취자 2: 실측실험이 가장 정확하다고 했는데 계절에 따라 결과가 달라지지 않을까요?
> 청취자 3: 실측실험의 대상과 가속실험의 대상을 구분하는 기준은 무엇인가요?
> 청취자 4: 유통기한 사용 여부가 나라마다 다르다는 것을 알게 되어 여행할 때 유용하겠어요.
> 청취자 5: 실험을 통해 산출된 기간보다 유통기한을 짧게 정하는 이유는 안전을 위한 것이겠군요.

① '청취자 1'은 방송 주제와 관련된 자신의 배경지식을 언급하고 있군.
'청취자 1'은 진공 포장을 하면 기존보다 유통기한을 늘릴 수 있다는, 유통기한에 대한 자신의 배경지식을 언급하고 있으므로 적절하다.

② '청취자 2'는 방송 내용을 언급하며 의문을 제기하고 있군.
3문단에 언급된 '실측실험'이 '가장 정확하게 설정할 수 있으며'라고 말한 내용에 대해, '청취자 2'는 계절에 따라 실측실험의 결과가 달라질 수 있다는 의문을 제기하고 있으므로 적절하다.

✔ '청취자 3'은 방송에서 다루지 않은 내용에 대해 추가 정보를 요구하고 있군.
3문단의 '예측되는 유통기한이 대개 3개월 이내인 경우에는 실측실험을, 그 이상인 경우에는 가속실험을 합니다.'를 통해, 실측실험의 대상과 가속실험의 대상을 구분하는 기준을 알 수 있다. 따라서 '청취자 3'이 보낸 문자 메시지에 대해, 방송에서 다루지 않은 내용에 대해 추가 정보를 요구하고 있다고 한 분석은 적절하지 않다.

④ '청취자 4'는 방송을 통해 접한 정보의 유용성에 대해 긍정적으로 평가하고 있군.
5문단의 '미국은 유통기한도 사용하지만 최종 사용일자인 ~ 유통기한은 사용하지 않고 주로 소비기한을 사용합니다.'라는 정보에 대해, '청취자 4'는 여행할 때 유용하다고 긍정적으로 평가하고 있으므로 적절하다.

⑤ '청취자 5'는 방송에 언급된 내용을 바탕으로 관련된 내용을 추론하고 있군.
2문단의 '실험을 통해 산출된 기간보다 20 ~ 30% 짧게 유통기한을 정합니다.'라고 말한 내용을 바탕으로, '청취자 5'는 실험을 통해 산출된 기간보다 유통기한을 짧게 정하는 이유는 안전을 위한 것이라고 추론하고 있으므로 적절하다.

38 글쓰기 계획의 파악 정답률 88% | 정답 ⑤

다음은 '학생 2'가 (가)를 쓰기 위해 떠올린 생각이다. (가)에 반영된 것으로 적절하지 않은 것은?

① 문제 상황을 구체적으로 제시하기 위해 버스정보 안내단말기의 상태를 언급해야겠어.
2문단의 '이미 설치된 버스정보 안내단말기의 화면이 손상되거나 작동이 멈춰 있는 경우도 많습니다.'를 통해, 문제 상황을 구체적으로 제시하고 있음을 알 수 있다.

② 건의 내용의 현실적 수용을 위해 버스정보 안내단말기의 단계적 설치를 제안해야겠어.
3문단의 '예산 문제로 단기간에 설치율을 높이는 것이 어렵다면 ~ 단계적으로 안내단말기를 설치해 주셨으면 좋겠습니다.'를 통해, 건의 내용이 현실적으로 수용될 수 있게 제안하고 있음을 알 수 있다.

③ 효과적인 문제 해결 방안을 제시하기 위해 시청 홈페이지에 관련 게시판의 신설을 제안해야겠어.
3문단의 '시청 홈페이지에 안내단말기 고장이나 오작동 문제를 신고할 수 있는 게시판을 만든다면'을 통해, 효과적인 문제 해결 방안을 제시하고 있음을 알 수 있다.

④ 중심 소재와 관련된 현황을 제시하기 위해 버스정보 안내단말기와 관련된 전국적인 추세를 활용해야겠어.
1문단의 '뉴스를 보면 버스 도착 예정 시간을 알려 주는 '버스정보 안내단말기(BIT)'가 전국적으로 많이 설치하고 있다는 것을 알 수 있습니다.'를 통해, 중심 소재와 관련된 현황을 제시하고 있음을 알 수 있다.

✔ 신속한 문제 해결의 필요성을 강조하기 위해 버스정보 안내단말기 오작동으로 인한 비용 손실을 언급해야겠어.
2문단의 '이미 설치된 버스정보 안내단말기의 화면이 손상되거나 작동이 멈춰 있는 경우도 많습니다.'를 통해, 버스정보 안내단말기의 고장 및 오작동에 대한 내용을 제시하고 있음을 알 수 있다. 하지만 버스정보 안내단말기의 오작동으로 인한 비용 손실을 언급하지는 않고 있다.

39 말하기 방식의 이해 정답률 85% | 정답 ⑤

[A], [B]의 담화에 대한 설명으로 가장 적절한 것은?

① [A]에서 '학생 2'는 '학생 1'의 의견에 대해 반박하며 자신의 생각을 제안하고 있다.
[A]에서 '학생 1'이 구체적인 수치를 드러내면 문제 상황이 잘 드러날 것 같아라고 말하자, '학생 2'는 '그럴 수 있겠네. 조사해서 반영해 볼게.'라고 '학생 2'의 의견을 수용하고 있으므로 적절하지 않다.

② [B]에서 '학생 1'과 '학생 3'의 대립하는 의견을 '학생 2'가 절충하여 제시하고 있다.
[B]에서 '학생 1'과 '학생 3'이 대립하는 의견은 찾아볼 수 없고, '학생 2' 역시 '학생 1'과 '학생 3'의 의견에 공감을 표하고 있지 의견을 절충하여 제시하지는 않고 있다.

③ [A]에서 '학생 2'는 '학생 3'의 의견에 대해, [B]에서 '학생 2'는 '학생 1'의 의견에 대해 의문을 제기하고 있다.
[A]에서 '통계 자료를 제시해서 ~ 보여 주면 좋겠어.'라는 '학생 3'의 의견에 대해 '학생 2'가 '그런데 글을 읽다가 ~ 불편하지는 않을까?'라고 의문을 제기하고 있다. 하지만 [B]에서 '학생 2'가 '학생 1'의 의견에 의문을 제기하는 부분은 없으므로 적절하지 않다.

④ [A]와 [B]에서 모두, '학생 3'은 '학생 1'의 의견을 재진술하며 동의하고 있다.
[A]에서 '학생 1'은 '학생 3'의 의견을 재진술해서 의견에 동의하고는 있지만, '학생 3'이 '학생 1'의 의견을 재진술하며 동의하지는 않고 있다. [B] 역시 '학생 3'이 '학생 1'의 의견을 재진술하며 동의하고 있는 내용은 찾아볼 수 없으므로 적절하지 않다.

✔ [A]와 [B]에서 모두, '학생 3'은 '학생 2'의 질문에 대해 자신의 의견을 제시하고 있다.
[A]에서는 '그런데 둘째 문단에서 ~ 어떻게 하면 좋을까?'라고 '학생 2'가 질문하자, '학생 3'이 '통계 자료를 제시해서 인근 도시에 비해 우리 시의 안내단말기 설치율이 낮다는 것을 보여 주면 좋겠어.'라고 자신의 의견을 제시하고 있다. 그리고 [B]에서는 '그런데 어떻게 하면 ~ 인상적으로 마무리할 수 있을까?'라고 '학생 2'가 질문하자, '학생 3'이 '마지막 문단에서 비유적 표현을 활용해 버스정보 안내단말기의 필요성을 강조하면 좋을 것 같아.'라고 자신의 의견을 제시하고 있음을 알 수 있다. 따라서 [A]와 [B] 모두 '학생 3'은 '학생 2'의 질문에 대해 자신의 의견을 제시하고 있음을 알 수 있다.

40 내용 추가 계획의 적절성 평가 정답률 82% | 정답 ③

'학생 2'가 (나)를 참고하여 (가)에 내용을 추가하기 위해 세운 계획으로 적절하지 않은 것은?

[문제편 p.101]

[구성]	[계획]
처음	▶ 첫째 문단에 '○○시의 발전과 안전을 위해 힘써 주시는 시장님께 감사의 마음을 전합니다.'라는 내용을 추가해야겠군. ······ ①
중간	▶ 둘째 문단에 '최근 신문기사를 보면 □□시의 버스정보 안내단말기 설치율은 60%인데, 우리 시의 설치율은 15%에 그치고 있습니다.'라는 내용을 추가해야겠군. ······ ② ▶ 둘째 문단에 '지금은 버스정보 안내단말기가 시각 정보만 제공하고 있어서 안내 정보를 확인하기 어려운 교통 약자층이 불편함을 겪고 있습니다.'라는 내용을 추가해야겠군. ······ ③ ▶ 셋째 문단에 '외국인들을 위해 버스정보 안내단말기에 외국어 안내 기능도 추가해 주시기 바랍니다.'라는 내용을 추가해야겠군. ······ ④
끝	▶ 넷째 문단에 '버스정보 안내단말기는 시민들의 삶의 질 향상으로 나아가는 문을 열기 위한 열쇠와 같습니다.'라는 내용을 추가해야겠군. ······ ⑤

① **첫째 문단에 '○○시의 발전과 안전을 위해 힘써 주시는 시장님께 감사의 마음을 전합니다.'라는 내용을 추가해야겠군.**
(나)의 '학생 3'의 첫 번째 발화에서 '내 생각에는 시장님의 노고에 ~ 예의와 격식을 갖추는 것이 좋을 것 같아.'와 '학생 2'의 두 번째 발화에서 '그 생각은 ~ 추가해 볼게.'로 볼 때 적절하다.

② **둘째 문단에 '최근 신문기사를 보면 □□시의 버스정보 안내단말기 설치율은 60%인데, 우리 시의 설치율은 15%에 그치고 있습니다.'라는 내용을 추가해야겠군.**
(나)의 '학생 3'의 두 번째 발화인 '통계 자료를 제시해서 ~ 보여 주면 좋겠어.'와 '학생 2'의 네 번째 발화인 '그럴 수 있겠네. 조사해서 반영해 볼게.'로 볼 때 적절하다.

✔③ **둘째 문단에 '지금은 버스정보 안내단말기가 시각 정보만 제공하고 있어서 안내 정보를 확인하기 어려운 교통 약자층이 불편함을 겪고 있습니다.'라는 내용을 추가해야겠군.**
(가)의 2문단의 '또한 현재 버스정보 안내단말기는 시각 정보만 ~ 시각 장애인들이 어려움을 겪고 있습니다.'를 통해, 교통 약자층의 어려움이 제시되어 있음을 알 수 있다. 따라서 둘째 문단에 교통 약자층이 불편함을 겪고 있다는 내용을 추가해야겠다는 계획은 적절하지 않다.

④ **셋째 문단에 '외국인들을 위해 버스정보 안내단말기에 외국어 안내 기능도 추가해 주시기 바랍니다.'라는 내용을 추가해야겠군.**
(나)의 '학생 1'의 네 번째 발화인 '우리 시에는 ~ 제공됐으면 좋겠어.'와 '학생 2'의 여섯 번째 발화인 '아, 그거 좋은 ~ 반영해서 써 볼게.'로 볼 때 적절하다.

⑤ **넷째 문단에 '버스정보 안내단말기는 시민들의 삶의 질 향상으로 나아가는 문을 열기 위한 열쇠와 같습니다.'라는 내용을 추가해야겠군.**
(나)의 '학생 3'의 다섯 번째 발화인 '마지막 문단에서 ~ 강조하면 좋을 것 같아.'와 '학생 2'의 일곱 번째 발화인 '좋아. 그렇게 해 볼게.'로 볼 때 적절하다.

41 고쳐 쓰기의 적절성 파악

정답률 91% | 정답 ③

(나)의 ⓐ를 고려하여 (가)의 ㉠ ~ ㉤을 고쳐 쓰기 위한 방안으로 적절하지 않은 것은?

① **㉠ : 문장 성분 간의 호응을 고려하여 '설치되고'로 고친다.**
㉠은 주어인 "버스정보 안내단말기(BIT)'가'와 호응이 되지 않으므로 '설치되고'로 고치는 방안은 적절하다.

② **㉡ : 문장의 연결 관계를 고려하여 '그리고'로 고친다.**
㉡은 연결된 앞뒤 문장이 순접 관계에 있으므로 '그리고'로 고치는 방안은 적절하다.

✔③ **㉢ : 단어의 쓰임이 적절하지 않으므로 '난해함'으로 고친다.**
버스정보 안내단말기가 시각 정보만 제공하고 있어서 시각 장애인들이 어려움을 겪는다는 내용이므로, '어려움'은 문맥에 맞는 단어이다. 따라서 '뜻을 이해하기 어려움.'이라는 의미를 지닌 '난해함'으로 고치는 것은 적절하지 않다.

④ **㉣ : 필요한 문장 성분이 생략되었으므로 '시각 정보를'을 첨가한다.**
'이용하기'는 목적어를 필수적으로 요구하므로 ㉣에 '시각 정보를'을 첨가하는 방안은 적절하다.

⑤ **㉤ : 글의 통일성을 해치는 내용이므로 삭제한다.**
㉤은 버스정보 안내단말기의 설치라는 글의 내용과 관련이 없으므로 삭제하는 방안은 적절하다.

42 글쓰기 계획의 반영 여부 판단

정답 ⑤

<보기>는 학생이 (다)를 쓰기 위해 생각한 것이다. (다)에 반영된 것을 모두 고르면?

<보 기>
㉮ 주장을 뒷받침하기 위해 다른 지역의 사례를 제시해야겠어.
㉯ 주장을 효과적으로 강조하기 위해 비유적 표현을 활용해야겠어.
㉰ 전문가의 말을 인용하여 제시하는 근거가 타당성을 지니고 있음을 보여 줘야겠어.
㉱ 주장에 대한 근거를 제시할 때는 글의 표지를 사용하여 일목요연하게 드러나도록 해야겠어.

① ㉮, ㉯ ② ㉮, ㉯, ㉱ ③ ㉮, ㉰, ㉱ ④ ㉯, ㉰, ㉱ ✔⑤ ㉰, ㉱

㉮ **주장을 뒷받침하기 위해 다른 지역의 사례를 제시해야겠어.**

㉯ **주장을 효과적으로 강조하기 위해 비유적 표현을 활용해야겠어.**

㉰ **전문가의 말을 인용하여 제시하는 근거가 타당성을 지니고 있음을 보여 줘야겠어.**
5문단에서는 우리 지역의 탑은 주변 산수는 물론 절 내부 건축물들과의 조화를 고려하여 세워졌다고 한다는 전문가의 말을 인용하여, 탑을 보존하면 탑과 주변 공간의 조화가 유지된다는 근거가 타당성을 지님을 보여 주고 있다.

㉱ **주장에 대한 근거를 제시할 때는 글의 표지를 사용하여 일목요연하게 드러나도록 해야겠어.**
2문단에서는 복원보다는 보존이 다음과 같은 근거에서 더 적절하다고 하면서, '우선, 다음으로, 마지막으로'라는 표지를 사용하여 근거를 제시하고 있다. 이러한 표지를 사용하게 되면 내용을 일목요연하게 보여 줄 수 있는 효과가 있다.

★★★ 등급을 가르는 문제!

43 글쓰기 전략의 적절성 파악

정답률 59% | 정답 ④

(가)의 ㉠ ~ ㉢을 고려하여 (다)를 작성했다고 할 때, 학생의 글에 활용된 글쓰기 전략으로 적절하지 않은 것은?

① **㉠을 고려해, 1문단에서 문화재의 복원과 보존의 개념을 설명한다.**
(다)의 1문단에서 복원과 보존의 의미를 설명하고 있으므로, 지역 주민들이 문화재 복원과 보존에 대해 잘 모른다는 것을 분석한 ㉠을 고려하고 있음을 알 수 있다.

② **㉡을 고려해, 2문단에서 우리 지역의 탑이 훼손된 정도를 제시한다.**
(다)의 2문단에서 탑의 상층부 대부분이 훼손되었음을 제시하고 있으므로, 예상 독자가 우리 지역 탑의 현재 상태를 궁금해한다는 것을 분석한 ㉡을 고려하고 있음을 알 수 있다.

③ **㉡을 고려해, 2문단에서 탑을 복원함으로써 발생하는 효과를 언급한다.**
(다)의 2문단에서 탑을 복원하면 완전한 형태의 문화재를 보여 줄 수 있다는 효과를 언급하고 있으므로, 예상 독자가 우리 지역 탑을 복원하거나 보존하려는 이유를 궁금해한다는 것을 분석한 ㉡을 고려하고 있음을 알 수 있다.

✔④ **㉢을 고려해, 4문단에서 탑의 건축 과정을 설명하며 복원이 필요하지 않음을 부각한다.**
(가)의 '학생의 메모'를 보면, ㉢은 예상 독자인 주민들 중 탑을 복원하자는 의견을 지닌 경우가 있음을 분석한 것이라 할 수 있다. 그리고 선택지 ④에 제시된 글쓰기 전략을 보면 ㉢을 고려하여 탑의 건축 과정을 설명하며 복원이 필요하지 않음을 4문단에서 부각한다라 하고 있다. 그런데 (다)의 4문단을 보면 건축 과정에 대한 설명은 제시되어 있지 않으므로 적절하지 않다.

⑤ **㉢을 고려해, 6문단에서 국제적 흐름을 언급하며 탑의 복원보다 보존이 긍정적임을 강조한다.**
(다)의 6문단에서 복원보다 보존을 중시하는 국제적인 흐름을 언급하여 보존하는 것이 바람직한 방법임을 강조하고 있으므로, 예상 독자가 탑을 복원하자는 의견을 지닌 경우가 있음을 분석한 ㉢을 고려하고 있음을 알 수 있다.

★★ 문제 해결 꿀~팁 ★★

▶ 많이 틀린 이유는?
이 문제는 쉽게 해결할 수 있는 문제였지만 생각보다 오답률이 높게 나왔는데, 이러한 가장 큰 이유는 적절한 ③이 잘못되었다고 판단하였기 때문으로 보인다.

▶ 문제 해결 방법은?
이 문제를 해결하기 위해서는 기본적으로 ㉠ ~ ㉢의 내용을 정확히 이해하고, 이와 연관하여 제시한 선택지의 내용(1문단에서 ~, 2문단에서 ~ 등)이 적절한지 판단하면 된다. 가령 적절하지 않은 ④의 경우, ㉢을 고려하였거나 4문단에서 복원이 필요하지 않음을 부각하고 있음을 알 수 있지만, '탑의 건축 과정을 설명'의 내용은 4문단을 통해 확인할 수 없기 때문에 적절하지 않은 것이라 할 수 있다. 이 문제처럼 선택지에는 옳은 내용과 그렇지 않은 내용이 섞여 있을 수 있으므로, 선택지를 읽을 때 보다 정확히 읽을 줄 알아야 한다.

▶ 오답인 ③를 많이 선택한 이유는?
이 문제의 경우 ③을 선택한 학생들이 많았는데, 이는 '탑을 복원함으로써 발생하는 효과'가 학생의 의견과 상반되는 것이어서 적절하지 않았다고 판단했기 때문으로 보인다. 그런데 '㉡을 고려해'라는 조건을 고려했다면 '탑을 복원함으로써 발생하는 효과'가 이와 관련 있기 때문에 학생이 2문단에 제시한 것임을 알아차렸을 것이다.

44 자료를 활용 방안의 적절성 판단

정답률 88% | 정답 ④

(나)를 활용하여 (다)를 작성했다고 할 때, 학생의 자료 활용에 대한 설명으로 적절하지 않은 것은?

① **ⓐ를 근거로 하여, 우리 지역 탑이 세워진 역사적 의미를 제시했다.**
역사 에세이의 자료 ⓐ를 보면, 제시된 ○○사의 탑이 세워진 배경을 제시하고 있음을 알 수 있다. (다)의 3문단에서는 이러한 ⓐ를 근거로 백성들의 평화로운 삶을 기원하기 위해 탑을 만들었다는 역사적 의미를 제시했으므로 적절하다.

② **ⓑ를 근거로 하여, 우리 지역 탑을 만들던 당시의 건축 재료를 활용하지 못할 경우에 대한 우려를 드러냈다.**
지역 신문 자료인 ⓑ를 보면, 고택 복원 시 원래의 나무와 다른 품종의 나무를 사용하여 본연의 모습을 되살리지 못했다는 내용이 제시되어 있음을 알 수 있다. (다)의 4문단에서는 ⓑ를 근거로 탑의 원래 재료를 활용하지 못하면 탑을 복원하더라도 옛 모습을 온전하게 되살리기 어렵다는 우려를 드러냈으므로 적절하다.

③ **ⓑ를 근거로 하여, 우리 지역 탑의 경우에 건축 과정을 알 수 있는 자료가 충분하지 않기 때문에 온전한 복원이 어려움을 제시했다.**
지역 신문 자료인 ⓑ를 보면 건축 과정에 대한 과거의 정확한 자료가 없는 상태에서 고택 지붕을 복원하여 본연의 모습을 되살리지 못했다는 내용이 제시되어 있음을 알 수 있다. (다)의 4문단에서는 ⓑ를 근거로 탑과 관련한 건축 과정을 알 수 있는 자료가 소실된 상태에서는 탑을 복원하더라도 옛 모습을 온전하게 되살리기 어려움을 제시했으므로 적절하다.

✔④ **ⓒ를 근거로 하여, 새로운 공간과의 조화를 고려해서 우리 지역 탑을 이전해야 함을 제시했다.**
전문가 인터뷰에서 제시된 자료 ⓒ를 보면, 전문가는 탑을 이전해야 한다면 주변 공간과의 조화를 고려해야 함을 제시하고 있음을 알 수 있다. 그런데 (다)를 보면 새로운 공간과의 조화를 고려해서 우리 지역 탑을 이전해야 함을 제시하지는 않고 있으므로 적절하지 않다.

⑤ **ⓒ를 근거로 하여, 우리 지역 탑은 절 내부 건축물들과 조화를 고려하여 세워졌음을 드러냈다.**
전문가 인터뷰에서 제시된 자료 ⓒ를 보면, 전문가는 탑을 이전해야 한다면 주변 공간과의 조화를 고려해야 함을 제시하고 있음을 알 수 있다. (다)의 5문단에서는 ⓒ를 근거로 우리 지역의 탑이 절 내부 건축물들과의 조화를 고려해서 세워졌음을 드러냈으므로 적절하다.

45 근거를 바탕으로 한 반박

정답률 85% | 정답 ⑤

<보기>를 바탕으로 [A]에 대해 반박할 내용을 작성한 것으로 가장 적절한 것은? [3점]

<보 기>
건축 문화재를 복원하는 것은 역사 교육에서 가치 있는 일이다. 우리 지역의 탑을 복원하면 사람들은 원형에 가깝게 완성된 탑의 모습을 보면서, 형태가 훼손된 탑에서는 느낄 수 없었던 과거의

[문제편 p.103]

문화적 양식이나 아름다움 등을 직접 체험할 수 있게 된다. 따라서 탑을 복원하는 것은 사람들이 당대의 역사를 내면화할 수 있는 기회를 제공하기 때문에 역사 교육의 측면에서 바람직하다.

① 복원된 문화재를 직접 체험할 수 있는 기회를 제공하는 것은 역사적 의미를 왜곡하게 만든다.
② 문화재를 보존해서 실제 경험하도록 해야 문화재에 담긴 아름다움이 사라지는 것을 막을 수 있다.
③ 복원을 통해 역사적 의미를 내면화하려면 지속적으로 문화재를 보존해 온 해외 사례에서 대안을 찾아야 한다.
④ 과거의 문화적 양식이 문화재 복원으로 인해 계승되지 못하는 것을 막을 수 있는 제도적 지원 방안이 마련되어야 한다.

✔ 문화재의 보존만이 역사 교육에 효과적이라고 보는 것은 복원을 통해 완성된 형태가 주는 교육적 의미를 간과한 것이다.
[A]를 통해, 학생은 탑을 복원하게 되면 탑에 담긴 역사적 의미가 사라져서 그 의미를 온전하게 전달할 수 없기 때문에 형태가 훼손되었더라도 탑을 보존하는 것이 진정한 역사 교육을 위해 중요하다고 주장하고 있다. 그런데 〈보기〉에서는 건축 문화재를 복원하는 것은 원형에 가깝게 완성된 탑의 모습을 통해 과거의 문화적 양식이나 아름다움 등을 직접 체험할 수 있게 하기 때문에 역사 교육에서 가치 있는 일이라는 것을 주장하고 있다. 이렇게 볼 때 〈보기〉의 입장에서 [A]를 반박한다면, 문화재의 보존만이 역사 교육에 효과적이라고 보는 것은 복원을 통해 완성된 형태가 주는 교육적 의미를 간과한 것이라고 반박할 수 있을 것이다.

06회 | 수능 실전 모의고사 고3

• 정답 •
35① 36⑤ 37④ 38③ 39⑤ 40③ 41③ 42③ 43② 44① 45⑤

35 연설의 말하기 방법 파악

정답률 71% | 정답 ①

위 연설자의 말하기 방법으로 적절하지 않은 것은?

✔ 청유의 문장을 사용하여 주장이 야기한 논란을 해소한다.
이 연설에서 연설자는 연설 도입 부분에서 '여러분, 환경의 날 ~ 영상을 잠시 떠올려 봅시다.'라고 청유의 문장을 사용하여 학생들로 하여금 시청한 영상을 떠올려 보기를 권유하고 있다. 그리고 연설 마무리 부분에서 '건강한 지구를 후손에게 물려주기 ~ 그 가치를 알리는 데 동참합시다.'라고 청유형 문장을 사용하여 연안 생태계를 보호하고 가치를 알리자고 권유하고 있다. 하지만 연설의 주장이 야기한 논란을 언급하지 않고 있고, 이를 청유형 문장을 통해 해소하지도 않고 있다.

② 통계 자료를 근거로 활용하여 주장의 신뢰성을 강화한다.
2문단의 '2019년 통계에 따르면'과 3문단의 '2018년 정부 통계에 따르면'을 통해 연설자는 통계 자료를 사용하여 우리나라의 이산화탄소 배출량과 연안 생태계가 이산화탄소 흡수에 탁월함을 드러내고 있다.

③ 예상되는 반론을 언급하여 특정 대상의 가치를 강조한다.
3문단의 '물론 연안 생태계가 이산화탄소를 얼마나 흡수할 수 있겠냐고 말하는 분도 계실 것입니다.'에서 알 수 있듯이 연설자는 예상되는 반론을 제시하면서, 이에 대해 '하지만 연안 생태계를 구성하는 ~ 이산화탄소 흡수 능력이 뛰어납니다.'에서 알 수 있듯이 예상되는 반론을 반박하고 있다.

④ 청중과 공유하는 경험을 들어 상황의 심각성을 인식시킨다.
1문단의 '여러분, 환경의 날 행사 ~ 잠시 떠올려 봅시다.'를 통해, 연설자는 청중과 공유하는 환경의 날 행사 때의 경험을 들어 '이산화탄소에 의한 지구 온난화'라는 상황의 심각성을 인식시키고 있다.

⑤ 비유적 표현을 활용하여 문제 해결에 동참할 것을 촉구한다.
5문단의 '북극곰의 눈물은 우리의 눈물이 될 것입니다.', '이산화탄소의 흡수원이자 저장고', '지구의 보물, 연안 생태계'를 통해, 연설자는 비유적 표현을 활용하여 연안 생태계의 보호에 동참할 것을 촉구하고 있음을 알 수 있다.

36 연설을 홍보하기 위한 내용의 적절성 판단

정답률 87% | 정답 ⑤

다음은 위 연설자가 자신의 연설을 홍보하기 위해 작성한 포스터이다. 위 연설을 바탕으로 할 때 적절하지 않은 것은? [3점]

○○고등학교 교내 연설 대회
지구 온난화 대응의 새로운 접근, 연안 생태계!

연설자 : △△△

ㅇ 연설 관련 그림 자료

〈연안 생태계〉

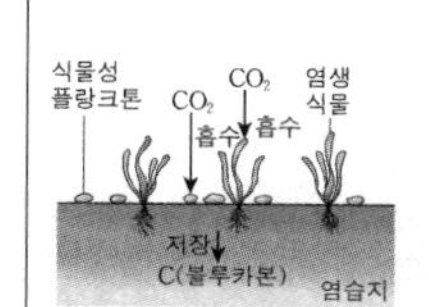

연안의 염생 식물과 식물성 플랑크톤은 광합성을 통해 대기 중의 이산화탄소를 흡수하여 갯벌과 염습지에 탄소를 저장 함. ················ ①

ㅇ 연설 내용

• 우리나라는 이산화탄소 배출량 순위가 높은 편이며 대기 중 이산화탄소를 줄이고자 노력해 왔음. ················ ②
• 연안 생태계는 대기 중 이산화탄소 감축 효과가 있으며 산림보다 이산화탄소 흡수 능력이 우수함. ················ ③
• 연안 생태계가 훼손되면 블루카본이 공기 중에 노출되어 문제가 발생함. ················ ④
• 대기 중 이산화탄소 감축을 위한 기존의 방법을 연안 생태계 보호가 대체할 수 있음. ····· ⑤

① 연안의 염생 식물과 식물성 플랑크톤은 광합성을 통해 대기 중의 이산화탄소를 흡수하여 갯벌과 염습지에 탄소를 저장 함.
작성 포스터에 제시된 연설 관련 그림 자료 및 이에 대한 설명 내용은 4문단의 '연안의 염생 식물과 식물성 플랑크톤은 ~ 이 탄소를 블루카본이라 합니다.'에서 확인할 수 있다.

② 우리나라는 이산화탄소 배출량 순위가 높은 편이며 대기 중 이산화탄소를 줄이고자 노력해 왔음.
2문단의 '2019년 통계에 따르면 우리나라의 이산화탄소 배출량은 세계 1위에 해당하는 높은 수준입니다.'를 통해, '우리나라는 이산화탄소 배출량 순위가 높은 편'이라는 포스터의 내용을 확인할 수 있다. 그리고 '그동안 우리나라는 이산화탄소 ~ 산림 조성에 힘써 왔습니다.'를 통해, '대기 중 이산화탄소를 줄이고자 노력해 왔음'이라는 포스터의 내용을 확인할 수 있다.

③ 연안 생태계는 대기 중 이산화탄소 감축 효과가 있으며 산림보다 이산화탄소 흡수 능력이 우수함.
3문단의 '연안 생태계를 구성하는 갯벌과 ~ 이산화탄소 흡수 능력이 뛰어납니다.'를 통해, 연안 생태계는 대기 중 이산화탄소 감축 효과가 있으며 산림보다 이산화탄소 흡수 능력이 우수하다는 포스터의 내용을 확인할 수 있다.

④ 연안 생태계가 훼손되면 블루카본이 공기 중에 노출되어 문제가 발생함.
4문단의 '연안 생태계가 훼손되면 블루카본이 공기 중에 노출되어 이산화탄소 등이 대기 중으로 방출됩니다.'와 1문단을 통해 지구 온난화가 이산화탄소에 의해 발생함을 알 수 있으므로, 연안 생태계가 훼손되면 블루카본이 공기 중에 노출되어 문제가 발생한다는 포스터의 내용은 강연 내용과 일치함을 알 수 있다.

✔ 대기 중 이산화탄소 감축을 위한 기존의 방법을 연안 생태계 보호가 대체할 수 있음.

[문제편 p.105]

5문단에서 연설자는 '건강한 지구를 후손에게 물려주기 위해 일회용품 줄이기, 나무 한 그루 심기와 함께' 연안 생태계를 보호하고 그 가치를 알리는 데 동참하자고 말하고 있다. 따라서 대기 중 이산화탄소 감축을 위한 기존 방법을 연안 생태계 보호가 대체할 수 있다는 내용은 적절하지 않다.

37 연설 내용을 통한 설득 내용의 적절성 판단 정답률 89% | 정답 ④

위 연설을 듣고 그 취지에 공감한 학생이 ㉠에 주목하여 친구들을 설득할 말로 가장 적절한 것은?

① **연안 생태계의 복구에 무심했던 나를 반성했어. 일회용품 사용을 자제하여 연안 생태계를 되살리자.**
이 연설을 통해 연안 생태계 복구와 관련된 내용은 확인할 수 없고, 또한 연안 생태계를 되살리는 방안으로 일회용품 사용을 자제하자고 주장하지도 않고 있다.

② **블루카본이 지구 온난화의 원인임을 알았어. 북극곰을 위해 연안 생태계 보호의 중요성을 홍보하자.**
이 연설 내용을 볼 때, 블루카본은 염생 식물과 식물성 플랑크톤이 이산화탄소를 흡수하여 갯벌과 염습지에 저장한 탄소를 말하는 것으로 지구 온난화의 원인으로 볼 수 없다.

③ **북극곰의 모습에서 우리의 미래를 보는 것 같았어. 북극곰을 살리기 위해 산림 조성이 시급함을 알리자.**
이 연설의 목적은 연안 생태계의 가치와 보호에 대한 관심을 촉구하는 것이므로, 북극곰을 살리기 위해 산림 조성이 시급함을 알리자는 내용은 연설의 취지를 잘못 이해한 것이다.

✔ **우리도 북극곰처럼 위기에 처할 수 있어. 이제 연안 생태계의 가치를 알고 이를 보호하기 위해 관심을 갖자.**
이 연설에서 학생은 '이산화탄소에 의한 지구 온난화' 문제와 관련하여 연안 생태계의 가치와 보호에 대한 관심을 촉구하고 있다. 따라서 우리도 북극곰처럼 위기에 처할 수 있으므로, 연안 생태계의 가치를 알고 이를 보호하기 위해 관심을 갖자는 ④가 적절하다.

⑤ **북극곰과 공생하려면 나무 한 그루가 의미 있다는 것을 알았어. 이산화탄소를 줄이기 위해 작은 일부터 실천하자.**
이 연설의 목적은 연안 생태계의 가치와 보호에 대한 관심을 촉구하는 것이므로, 나무 한 그루가 의미 있다는 것을 알게 되어 이산화탄소를 줄이기 위해 작은 일부터 실천하자는 내용은 연설의 취지를 잘못 이해한 것이다.

38 화법과 작문의 성격 이해 정답률 83% | 정답 ③

(가) ~ (다)를 비교하여 이해한 내용으로 적절하지 않은 것은?

① **개인의 경험을 이야기하는 (가)보다 공식적인 성격이 강한 (다)에서 격식을 갖춘 표현이 더 두드러지게 나타나는군.**
(가)는 학교 홈페이지 '자유 게시판'의 게시글로, 게시글을 작성한 학생이 등교할 때 발생한 자신의 경험을 다루고 있다. 그리고 (다)는 다수를 대상으로 공동의 문제에 대해 건의하는 건의문에 해당함을 알 수 있다. 따라서 (다)는 (가)보다 공식적인 성격이 강하고, 표현 역시 '학생회입니다, 것입니다' 등에서 알 수 있는 것처럼 '-ㅂ니다'와 같은 격식을 갖춘 표현이 더 두드러지게 나타나고 있다.

② **(나)의 '홈피'와 (다)의 '홈페이지'를 비교해 보면, (다)에서는 줄인 말을 되도록 쓰지 않는 문어적인 특징을 확인할 수 있군.**
(나)에서는 '홈피'라고 말하고 있는데 비해 (다)에서는 '홈페이지'라고 표현하고 있는데, 이를 통해 줄인 말을 쓰는 일상 대화보다는 줄인 말을 잘 쓰지 않는 문어적인 특징을 확인할 수 있다.

✔ **(가), (나)는 (다)와 달리 의사소통 참여자들이 시간과 공간을 모두 공유하는 상황이므로 (가), (나)에는 언어적 표현 외에 비언어적 표현도 함께 나타나는군.**
(가)는 학교 홈페이지에 올린 글이고, (나)는 학생들이 나눈 대화이며, (다)는 '학교 게시판'에 올린 건의문에 해당한다. 이렇게 볼 때, (나)는 (가), (다)와 달리 직접 대면하며 의사소통을 하고 있으므로, 의사소통 참여자들이 시간과 공간을 모두 공유하고 있음을 알 수 있다. 또한 (나)에서는 언어적 표현뿐만 아니라 몸짓, 손짓, 표정, 시선, 자세 등으로 생각이나 느낌을 나타내는 비언어적 표현(고개를 끄덕이며)도 함께 사용하고 있음을 알 수 있다.

④ **(나)의 '학교 올 때', '우리'와 (다)의 '학교에 올 때', '우리가'를 비교해 보면, (나)에서는 조사의 생략이 문어보다 자유롭게 허용되는 구어적인 특징을 확인할 수 있군.**
(다)의 '학교에 올 때', '우리가'가 (나)에서는 '학교 올 때', '우리'로 조사가 생략되어 사용되었음을 알 수 있다. 따라서 공식적인 글보다는 대화에서 조사의 생략이 자유롭게 허용되고 있는 것을 알 수 있으므로, 이를 통해 (나)에서 조사의 생략이 자유롭게 허용되는 구어적 특징을 확인할 수 있다.

⑤ **(가)는 (다)처럼 문어 상황이지만 (가)의 '되게', '친구하고', (나)의 '되게', '너하고', (다)의 '몹시', '친구와'를 비교해 보면, (가)에서는 (나)에서처럼 구어적인 특징을 확인할 수 있군.**
(가)는 학교 홈페이지 '자유 게시판'의 게시글이고, (다)는 '학교 게시판'의 게시글이라는 점에서 (가), (다) 모두 '문어 상황'에 해당함을 알 수 있다. 그런데 (다)의 '몹시', '친구와'와 달리 (가)에서는 '되게', '친구하고' 처럼 구어적인 특징을 확인할 수 있으므로 (나)와 유사한 구어적 특징이 나타난다.

39 대화 표현 전략 파악 정답률 88% | 정답 ⑤

[A], [B]에 대한 설명으로 가장 적절한 것은?

① **[A]에서 '학생 1'은 '학생 2'의 발화를 듣고 자신이 확인한 주변 상황을 근거로 들어 '학생 2'의 의견을 뒷받침하고 있다.**
[A]에서 '학생 1'은 '학생 2'의 '자가용 등교는 대부분 사정이 있는 거 아닐까? 다리를 다쳤거나 집이 너무 멀거나 하는.'이라는 발화를 듣고, '차에서 내리는 애들 중 다리가 불편해 보이는 경우는 별로 없던데? 집도 멀지 않은데 차 타고 오는 애들도 많이 봤고.'와 같이 자신이 확인한 주변 상황을 근거로 들어 '학생 2'의 의견을 반박하고 있다.

② **[A]에서 '학생 3'은 '학생 1'의 발화 중 일부를 재진술하여 '학생 1'이 제시한 상황에 대한 자신의 이해가 정확한지 확인하고 있다.**
[A]에서 '학생 3'은 '학생 1'의 발화 중 일부를 재진술하고 있지 않으며, 오히려 '학생 1'이 제시한 상황에 대해 '어떤 방법으로 학교에 오든 그건 개인의 선택에 맡겨야 할 문제 아닐까?'와 같이 이견을 제시하고 있다.

③ **[B]에서 '학생 1'은 자신의 관점과 상반되는 다수의 생각을 언급하며 자신의 의견이 지닌 차별성을 부각하고 있다.**
[B]에서 '학생 1'은 '댓글 보면 많은 애들이 자가용 등교 때문에 등굣길이 안전하지 않다고 여기는 건 분명해 보여.'와 같이 자신과 관점이 같은 다수의 학생이 있음을 언급하여 자신의 의견이 정당함을 강조하고 있다.

④ **[B]에서 '학생 3'은 '학생 2'가 한 말을 요약하며 '학생 2'의 견해가 지닌 한계를 드러내고 있다.**
[B]에서 '학생 3'은 특별한 사정이 있는 애들까지 자가용 등교를 미안해하게 만들 필요는 없다는 '학생 2'의 의견에 동조하여, '그럼 글 쓸 때 이런 경우는 이해해 주자고 따로 언급하는 건 어때?'와 같이 제안하고 있다.

✔ **[A], [B] 모두에서 '학생 2'는 질문의 형식을 활용하여 '학생 1'의 의견에 대해 추가로 생각할 점이 있음을 밝히고 있다.**
[A]에서 '학생 1'이 '학생들이 학교 올 때 자가용 이용은 자제하자고 제안하면 좋겠어.'라고 의견을 내자, '학생 2'는 '그런데, 자가용 등교는 대부분 사정이 있는 거 아닐까?'와 같이 질문의 형식을 활용하여 추가로 생각할 점이 있음을 밝히고 있다. 그리고 [B]에서 '학생 1'이 '그렇다 해도 댓글 보면 많은 애들이 자가용 등교 때문에 등굣길이 안전하지 않다고 여기는 건 분명해 보여.'라는 의견에 대해 '학생 2'는 '그렇다고 특별한 사정이 있는 애들까지 자가용 등교를 미안해하게 만들 필요는 없잖아?'와 같이 질문의 형식을 활용하여 추가로 생각할 점이 있음을 밝히고 있다. 따라서 [A], [B] 모두에서 '학생 2'는 질문의 형식을 활용하여 '학생 1'의 의견에 대해 추가로 생각할 점이 있음을 밝히고 있다.

40 글쓰기 표현 전략의 파악 정답률 92% | 정답 ③

〈보기〉를 참고할 때, ㉠ ~ ㉤에 대한 반응으로 가장 적절한 것은?

〈보 기〉

글을 쓸 때는 설득 전략과 표현 방식을 활용하여 설득 효과를 높일 수 있다. 논리적 추론을 강조하는 이성적 설득 전략에는 전문가 소견이나 객관적 자료 활용하기, 예상 반론을 언급하고 필자의 주장이 우위에 있음을 드러내기 등이 있다. 독자의 감정에 호소하는 감성적 설득 전략에는 독자의 공감을 얻기 위해 독자나 필자의 경험을 언급하기 등이 있다. 또한 표현 방식으로는 이중 부정이나 설의법 등이 활용된다.

① **㉠에서 현안과 관련한 예상 독자의 경험을 언급한 것은 필자의 주장이 전문가의 의견에 부합함을 강조하고 있다고 볼 수 있겠어.**
㉠에서는 등굣길 교통사고와 관련한 예상 독자의 경험을 언급하고 있다. 따라서 〈보기〉의 '감성적 설득 전략'에 해당한다.

② **㉡에서 필자의 경험을 제시하고 그와 대비되는 예상 독자의 경험을 제시한 것은 독자의 감정에 호소하여 설득의 효과를 높이고 있다고 볼 수 있겠어.**
㉡은 자가용 등교의 문제점에 대한 내용을 언급하고 있는 것이므로, ㉡을 '필자의 경험을 제시하고 그와 대비되는 예상 독자의 경험을 제시한 것'이라고 할 수 없다.

✔ **㉢에서 구체적인 수치를 사용하여 현황을 보여 준 것은 객관적인 자료를 제시하여 이성적 설득 전략을 활용한 것으로 볼 수 있겠어.**
㉢은 ㅁㅁ경찰서의 자료를 인용한 것으로, 구체적 수치를 활용하여 등교 시간의 우리 지역 학교 앞 교통사고 발생률을 제시하고 있다. 따라서 ㉢은 〈보기〉의 '객관적 자료 활용하기'에 해당하므로 '이성적 설득 전략'을 활용한 것으로 볼 수 있다.

④ **㉣에서 예상 독자가 제기할 수 있는 이견을 언급한 것은 그 의견이 실현 불가능한 것임을 밝혀 필자의 주장이 우위에 있음을 드러내기 위한 것으로 볼 수 있겠어.**
㉣은 예상 독자가 제기할 수 있는 이견을 언급한 것에 해당하므로 〈보기〉의 '예상 반론을 언급하고'와 관련 있다. 하지만 이를 통해 예상 독자의 의견이 실현 불가능한 것임을 밝히지는 않고 있으므로 적절하지 않다.

⑤ **㉤에서 현재의 상황이 지속됨으로써 발생할 결과를 설의적인 표현으로 제시한 것은 표현 방식을 활용하여 설득적 효과를 높이고 있는 것으로 볼 수 있겠어.**
㉤은 현재 상황을 개선함으로써 실현할 수 있는 '안전한 등굣길'에 대한 희망을 설의적인 표현으로 제시하고 있으므로, '현재의 상황이 지속됨으로써 발생할 결과'를 제시한 것이라고 할 수 없다.

41 건의하는 글쓰기 내용의 조직 정답률 87% | 정답 ③

〈보기〉는 (나)를 반영하여 (다)를 쓸 때 적용한 내용 전개 과정이다. 〈보기〉의 ⓐ ~ ⓔ에 따라 (나)와 (다)를 관련지어 이해한 내용으로 적절하지 않은 것은?

〈보 기〉

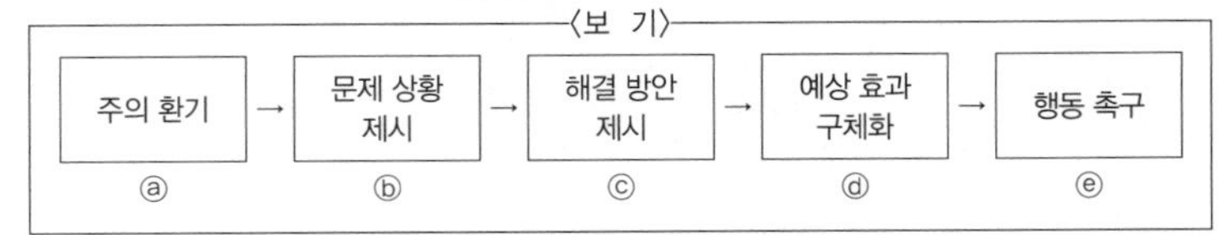

① **ⓐ : (나)에서 안전한 등굣길 만들기를 화제로 삼았던 것을 반영하여, (다)에서는 이와 관련한 독자의 일상을 떠올려 보게 함으로써 화제에 대한 주의를 환기하고 있다.**
(나)에서 '학생 1'의 '안전한 등굣길을 만들기 위해 학생회 차원에서 건의문을 써서 제시하는 건 어때?'를 통해, 안전한 등굣길 만들기를 화제로 삼고 있음을 알 수 있다. 그리고 (다)의 2문단에서는 이를 반영하여 '오늘 아침 여러분의 ~ 안전했나요?'에서 알 수 있듯이 독자의 일상을 떠올려보게 하여 화제에 대한 주의를 환기하고 있음을 알 수 있다.

② **ⓑ : (나)에서 자가용 등교로 인해 등굣길이 위험하다는 인식을 드러낸 것을 반영하여, (다)에서는 자가용 등교가 학교 주변 환경과 맞물려 심각한 문제가 되고 있음을 제시하고 있다.**
(나)에서 '학생 1'의 '그렇다 해도 댓글 보면 많은 애들이 자가용 등교 때문에 등굣길이 안전하지 않다고 여기는 건 분명해 보여.'를 통해, 자가용 등교로 인해 등굣길이 위험하다는 인식을 드러내고 있음을 알 수 있다. 그리고 (다)의 3문단에서는 이를 반영하여 '특히 우리 학교 앞 도로는 유난히 좁다 보니 횡단보도에 정차하는 경우도 많아 몹시 위험합니다.'라고 자가용 등교가 학교 주변 환경과 맞물려 심각한 문제가 되고 있음을 제시하고 있다.

✔ **ⓒ : (나)에서 자가용 이용이 불가피한 학생이 있음을 언급한 것을 반영하여, (다)에서는 집이 먼 경우 부지런히 등교 준비를 해야 한다는 것을 해결 방안으로 제시하고 있다.**
(나)에서 '학생 2'의 '그런데, 자가용 등교는 대부분 사정이 있는 거 아닐까? 다리를 다쳤거나 집이 너무 멀거나 하는.'를 통해, 자가용 이용이 불가피한 학생이 있음을 언급하고 있는 것을 알 수 있다. 그리고 (다)의 4문단의 '물론 걷기가 불편하거나 집이 많이 먼 경우는 자가용 등교가 불가피할 수 있습니다.'를 통해, 걷기가 불편하거나 집이 먼 경우는 예외적으로 자가용 등교를 할 수 있다고 언급하고 있다. 이렇게

[문제편 p.105]

볼 때, (나)에서 자가용 이용이 불가피한 학생이 있음을 언급한 것을 반영하여, (다)에서 집이 먼 경우 부지런히 등교 준비를 해야 한다는 것을 해결 방안으로 제시하였다고는 볼 수 없다.

④ ⓓ : (나)에서 자가용 등교 자제가 자신에게도 좋은 점이 있음을 알려 주자고 한 의견을 반영하여, (다)에서는 자가용 이용을 자제했을 때 예상되는 긍정적 변화를 구체화하고 있다.
(나)에서 '학생 1'의 '자가용을 이용하지 않았을 때 남은 물론 자기한테도 좋은 점이 있다는 것도 알려 주면 좋겠어.'를 통해, 자가용 등교 자제가 자신에게도 좋은 점이 있음을 알려 주자고 의견을 제시하고 있음을 알 수 있다. 그리고 (다)에서는 이를 반영하여 '차에 놀라며 걷는 대신 ~ 갖게 될 것입니다.'라고 자가용 이용을 자제했을 때 예상되는 긍정적 변화를 구체화하고 있다.

⑤ ⓔ : (나)에서 등굣길 안전을 확보하기 위한 방법으로 언급한 제안들을 반영하여, (다)에서는 등교 시에 유념할 행동 방향을 제시하며 독자가 이를 실천하도록 촉구하고 있다.
(나)의 내용을 통해 등굣길 안전을 확보하기 위한 방법으로 '자가용 이용 자제'와 '주변을 살피며 등굣길 걷기'를 언급하고 있음을 알 수 있다. 그리고 (다)에서는 이를 반영하여 '그러려면 자가용 이용은 자제하고 주변을 살피며 걸어 주세요. 다 함께, 평화로운 등교 장면을 상상이 아닌 현실로 만듭시다.'라고 등교 시에 유념할 행동 방향을 제시하며 독자가 이를 실천하도록 촉구하고 있음을 알 수 있다.

42 글쓰기 자료, 매체의 활용

정답률 85% | 정답 ③

수집한 자료를 다음의 기준에 따라 선별한 후, 선별된 자료를 반영하여 '초고'를 작성하였다. 각 자료에 대한 이해로 적절하지 않은 것은? [3점]

선별 기준	그렇다	아니다
(가) 작문 목적에 부합하는가?		
(나) 출처가 분명한 최근의 정보인가?		

① 〈자료 1〉은 '내용'이 물 섭취 방법에 대한 올바른 정보를 제공하기에 적합하다고 보아 (가)에 대해 '그렇다'라고 판단했겠군.
'초고'의 2문단과 3문단에서 물을 마실 때 유의해야 할 점을 다루고 있고, 〈자료 1〉의 내용이 '전문가가 권하는 물 섭취 방법'임을 알 수 있다. 따라서 선별 기준 '(가)'에 대해 '그렇다'라고 판단했을 것이다.

② 〈자료 2〉는 '내용'이 물 섭취에 대한 많은 학생들의 인식이 잘못되었음을 뒷받침하는 정보를 제공한다고 보아 (가)에 대해 '그렇다'라고 판단했겠군.
'초고'의 1문단에서 인터뷰를 통해 만난 학생들의 인식과 달리 물을 많이 섭취한다고 무조건 좋은 것만은 아니라는 내용을 다루고 있고, 〈자료 2〉의 '물 중독 사례'는 물 섭취에 대한 많은 학생들의 인식이 잘못되었음을 뒷받침하는 정보를 제공한다고 볼 수 있다.

✔ 〈자료 3〉은 '연도'를 고려하면 최근의 상황을 반영하지 못하지만 '출처'가 명확하고 물 섭취 실태를 보여 주기에 적절하다고 보아 (나)에 대해 '그렇다'라고 판단했겠군.
'수집한 자료 목록'의 〈자료 3〉은 2004년에 제작/발행된 것으로 최근의 상황을 반영하는 자료라 할 수 없어 선별 기준 '(나)'에 대해 '아니다'라고 판단했을 것임을 알 수 있다. 또한 '초고'의 내용이 '한국인의 물 섭취 현황'에 대해 다루고 있지 않고 있으므로 작문 목적에도 부합한다고도 볼 수 없다.

④ 〈자료 4〉는 '내용'이 물 섭취에 관해 정확한 정보를 제공하려는 목적에 부합하지 않는다고 보아 (가)에 대해 '아니다'라고 판단했겠군.
'초고'의 내용을 볼 때, 〈자료 4〉의 내용인 '1일 1인당 수돗물 사용량 현황'은 '초고'와 직접적인 상관이 없는 자료임을 알 수 있으므로, 선별 기준 '(가)'에 대해 '아니다'라고 판단했을 것이다.

⑤ 〈자료 4〉는 '출처'는 분명하지만 해마다 발간되는 보고서라는 점에서 '연도'를 고려했을 때 최근의 현황에 대한 정보가 아니라고 보아 (나)에 대해 '아니다'라고 판단했겠군.
〈자료 4〉가 '연례 보고서'라는 보고서의 성격과 2013년에 제작/발행된 것임을 고려할 때 최근의 현황을 반영하지 못한 것임을 알 수 있으므로, 선별 기준 '(나)'에 대해 '아니다'라고 판단했을 것이다.

43 글에 반영된 내용 조직하기 방법 파악

정답률 77% | 정답 ②

위의 '초고'에 반영된 내용 조직 방법으로 적절하지 않은 것은?

① 1문단에서 물 섭취에 대한 학생들의 인식은 묻고 답하는 구조로 제시한다.
1문단의 '학생들은 물 섭취에 대해 어떤 인식을 가지고 있을까?', '우리 학생들은 대부분 물은 많이 마실수록 좋다고 답했다.'를 통해, 물 섭취에 대한 학생들의 인식을 묻고 답하는 구조로 제시하고 있음을 알 수 있다.

✔ 1문단에서 물의 인체 내 역할은 원인과 결과의 관계가 드러나도록 제시한다.
1문단의 '물이 관절의 충격을 흡수하며, 장기와 조직을 보호하는 등의 역할을 한다는 점에서 물 섭취는 중요하다.'를 통해, 물의 인체 내 역할을 제시하고 있음을 알 수 있다. 하지만 물의 인체 내 역할을 원인과 결과의 관계가 드러나도록 제시하지는 않고 있다.

③ 2문단에서 물 중독 증상에 대한 부분은 정보를 나열하여 제시한다.
2문단의 '피로감이 커지고, 두통 또는 어지럼증에 시달리거나, 장기가 붓는 등의 증상이 나타날 수 있다.'를 통해, 물 중독 증상에 대한 정보를 나열하여 제시하고 있음을 알 수 있다.

④ 3문단에서 물 섭취에 대한 실험 방법은 그 과정을 순서대로 제시한다.
3문단의 '연구팀은 먼저 실험 참여자들을 ~ 물 섭취 유무를 파악하며 과제 수행 능력을 측정했다.'를 통해, 물 섭취에 대한 실험 방법을 과정에 따라 순서대로 제시하고 있음을 알 수 있다.

⑤ 3문단에서 물 섭취에 대한 실험 결과는 비교·대조의 방법으로 제시한다.
3문단의 '목이 마를 때 물을 마신 경우는 물을 마시지 않은 ~ 물을 마시지 않은 경우보다 수행 능력이 떨어진다.'를 통해, 물 섭취에 대한 실험 결과를 비교·대조의 방법으로 제시하고 있음을 알 수 있다.

44 조건에 맞는 글 쓰기

정답률 78% | 정답 ①

〈보기〉는 '초고'를 읽은 친구의 조언이다. 〈보기〉를 반영하여 '초고'에 마지막 문단을 추가한다고 할 때 가장 적절한 것은?

〈보 기〉

글이 마무리되지 않은 느낌이 드니까 중심 내용으로 제시한 두 가지 유의 사항을 모두 포함하는 문장을 추가하는 것이 좋겠어. 그리고 중심 내용에 담긴 정보가 독자에게 어떤 긍정적인 가치가 있는지도 언급하는 게 좋겠어.

✔ 물은 적당한 양을 필요한 때에 마셔야 좋은 것이다. 물 섭취에 대한 올바른 정보를 이해하고 삶에 적용한다면 건강을 지키며 삶의 질을 높일 수 있을 것이다.
〈보기〉를 통해 제시된 조건이 '중심 내용으로 제시한 두 가지 유의 사항을 모두 포함하는 문장을 추가하는 것'과 '중심 내용에 담긴 정보가 독자에게 어떤 긍정적인 가치가 있는지도 언급하는 것'임을 알 수 있다. ①의 '물은 적당한 양을 필요한 때에 마셔야 좋은 것이다.'는 '중심 내용으로 제시한 두 가지 유의 사항을 모두 포함하는 문장을 추가하는 것'이라는 조건을 충족한다. 그리고 '물 섭취에 대한 올바른 정보를 이해하고 삶에 적용한다면 건강을 지키며 삶의 질을 높일 수 있을 것이다.'라는 문장은 '중심 내용에 담긴 정보가 독자에게 어떤 긍정적인 가치가 있는지도 언급하는 것'이라는 조건을 충족한다.

② 언제 마시는가에 따라 물도 독이 될 수 있음을 유의해야 한다. 갈증을 느낄 때 물을 마셔야만 물이 인체에서 수행하는 역할을 활성화하는 데 기여할 수 있다.
'언제 마시는가에 따라 물도 독이 될 수 있음을 유의해야 한다.'라는 문장은 물을 마시는 때에 대해서만 언급하고 있으므로, '중심 내용으로 제시한 두 가지 유의 사항을 모두 포함하는 문장을 추가하는 것'이라는 조건을 충족하지 못하고 있다.

③ 물은 인체에 필수적이나 한 번에 많은 물을 마시지는 말아야 한다. 물이 인체에 미치는 영향을 정확히 안다면 물이 지닌 긍정적 가치를 더 많이 발견할 수 있을 것이다.
'물은 인체에 필수적이나 한 번에 많은 물을 마시지는 말아야 한다.'라는 문장은 물을 마시는 양에 대해서만 언급하고 있으므로, '중심 내용으로 제시한 두 가지 유의 사항을 모두 포함하는 문장을 추가하는 것'이라는 조건을 충족하지 못하고 있다.

④ 물 중독 사례와 연구 팀의 실험을 통해 물 섭취 시 유의 사항을 확인하였다. 결국 물을 한 번에 많이 마시면 건강에 해롭고, 목마르지 않은데 마시면 과제 수행 능력이 떨어진다.
'결국 물을 한 번에 많이 마시면 건강에 해롭고, 목마르지 않은데 마시면 과제 수행 능력이 떨어진다.'라는 내용도 중심 내용에 담긴 정보의 긍정적인 가치로 보기 어려우므로, '중심 내용에 담긴 정보가 독자에게 어떤 긍정적인 가치가 있는지도 언급하는 것'이라는 조건을 충족하지 못하고 있다.

⑤ 당연하다고 생각했던 것들이 거짓인 경우도 있는데 물은 많이 마실수록 좋다는 인식도 그러하다. 올바른 물 섭취를 생활화한다면 학습 능력 향상에 도움을 얻을 수 있을 것이다.
'당연하다고 생각했던 것들이 거짓인 경우도 있는데 물은 많이 마실수록 좋다는 인식도 그러하다.'라는 문장은 물을 마시는 양에 대해서만 언급하고 있으므로, '중심 내용으로 제시한 두 가지 유의 사항을 모두 포함하는 문장을 추가하는 것'이라는 조건을 충족하지 못하고 있다.

45 고쳐 쓰기의 적절성 판단

정답 ⑤

[A]는 학생이 〈보기〉를 쓴 다음 퇴고하는 과정에서 고쳐 쓴 것이다. 〈보기〉를 퇴고할 때 학생이 고려한 점으로 가장 적절한 것은?

〈보 기〉

우선, 한 번에 마시는 물의 양에 유의해야 한다. 단시간 내에 지나치게 많은 양의 물을 마시면 혈액 속 나트륨 농도가 정상 수치 이하로 내려가는 '물 중독'이 발생할 수 있다. 그리고 피로감이 커지고, 두통 또는 어지럼증에 시달리거나, 장기가 붓는 등의 증상이 나타날 수 있다. 한 번에 마실 수 있는 물의 양은 사람마다 다를 수 있다. 한 다큐멘터리에서는 물 중독 환자들의 모습을 보여 주며 그 위험성을 경고하기도 했다.

① 앞뒤 문장을 이어주는 접속어와 맞춤법에 맞지 않는 표현을 고쳐야 할 것 같아.
② 글의 통일성에 어긋나는 문장이 있고, 띄어쓰기에 맞지 않는 부분이 있는 것 같아.
③ 문장 간의 호응 관계에 벗어난 부분과 글의 통일성에서 어긋나는 부분을 고쳐야겠어.
④ 글의 내용에 맞는 정확한 단어와 앞뒤 문장을 이어주는 접속어를 고칠 필요가 있겠어.

✔ 앞뒤 문장을 이어주는 접속어를 고치면서 글의 통일성에 어긋나는 내용은 삭제해야겠어.
[A] 부분과 〈보기〉를 비교해 보면, 〈보기〉의 '그리고'라는 접속어를 [A]에서는 '그러면'으로 바꾸어 제시하고 있고, 또한 〈보기〉의 '한 번에 마실 수 있는 물의 양은 사람마다 다를 수 있다.'를 [A]에서는 삭제하였음을 알 수 있다. 따라서 학생은 〈보기〉를 쓴 다음 퇴고하는 과정에서, '그리고'의 앞뒤가 원인과 결과로 이어져 있어서 순접의 접속어인 '그리고'가 적절하지 못하다고 생각하여 인과의 접속어인 '그러면'으로 바꾸었음을 알 수 있다. 또한 '한 번에 마실 수 있는 물의 양은 사람마다 다를 수 있다.'의 앞뒤 내용이 '물 중독'과 관련된 내용이어서 주어진 내용이 글의 통일성에 어긋난다고 하여 삭제하였음을 알 수 있다.

[문제편 p.108]

07회 | 수능 실전 모의고사

| 정답과 해설 | 고3

• 정답 •

35 ④ 36 ② 37 ② 38 ⑤ 39 ② 40 ⑤ 41 ④ 42 ② 43 ③ 44 ⑤ ★45 ③

★ 표기된 문항은 [등급을 가르는 문제]에 해당하는 문항입니다.

35 말하기 전략 평가

정답률 88% | 정답 ④

위 발표에 대한 설명으로 가장 적절한 것은?

① 도입부에서 발표에 사용될 용어의 개념을 설명하며 화제를 제시하고 있다.
1문단에서 발표에 사용될 용어의 개념을 설명하지는 않고 있다.

② 수업 시간의 경험이 발표 주제 선정의 동기가 되었음을 밝히고 있다.
1문단에서 발표자가 국어 시간에 봉산 탈춤을 배운 경험을 언급하고 있기는 하지만, '발표를 준비하던 중'의 경험에 해당하므로 발표 주제 선정의 동기가 되었다고 볼 수 없다.

③ 전문가의 말을 인용하며 발표 내용에 대한 신뢰도를 높이고 있다.
전문가의 말을 인용하고 있는 부분은 찾아볼 수 없다.

✔ 청중에게 질문을 던지고 청중의 반응을 확인하며 추가 정보를 제시하고 있다.
2문단에서 발표자는 '(화면 1을 가리키며) 이 탈의 이름을 아세요?'라며 질문을 던지고, 청중의 반응이 없자 '안동에서 볼 수 있는 탈이에요.'라고 '화면 1'에 대한 추가 정보를 제시하고 있다.

⑤ 발표 내용에 대한 청중의 이해도를 확인하며 마무리하고 있다.
마지막 문단에서 발표자는 발표 내용에 대한 청중의 이해도를 확인하지는 않고 있다.

36 매체 활용 계획의 적절성 판단

정답률 73% | 정답 ②

다음은 위 발표에 반영된 매체 자료 활용 계획이다. 발표를 참고할 때 A, B에 들어가기에 가장 적절한 것은? [3점]

	화면 1 → 화면 2 → 화면 3	➡	화면 4
제시 순서		➡	
내용 구성	A	➡	B

	A	B
①	사용된 색채를 중심으로 각각의 탈 소개하기	탈들의 형태상 차이점이 부각되도록 구분하여 제시하기

양반탈은 '화려한 색채가 없이 표현한 것'이고, 관우 탈은 '얼굴이 강렬한 붉은 색'이라 언급하고 있지만, 카메룬 탈의 색채는 언급하지 않고 있다.

	A	B
✔	형태적 특징을 중심으로 각각의 탈 소개하기	탈들의 복잡성이 대비되도록 유형화하여 제시하기

2문단에서는 하회탈 중 양반탈, 3문단에서는 관우 탈, 4문단에서는 카메룬의 탈의 형태적 특징을 각각 소개하고 있다. 그리고 5문단에서는 '선을 단순하게 ~ 복잡한 오른쪽 탈이 보이시죠?'라며 각각의 탈을 구분하여 제시하고 있다.

	A	B
③	인상적이었던 순서를 밝히며 각각의 탈 소개하기	탈들의 공통점이 드러나도록 순서를 변경하여 제시하기

발표자는 인상적이었던 탈의 순서를 밝히지는 않고 있다.

	A	B
④	지리적으로 인접한 순서를 밝히며 각각의 탈 소개하기	탈들의 관이 가진 장식성이 대비되도록 제시하기

발표자는 지리적으로 인접한 탈의 순서를 밝히지는 않고 있다.

	A	B
⑤	표현된 선의 유사성을 중심으로 각각의 탈 소개하기	탈들의 선의 형태에 따른 분류 기준이 드러나도록 제시하기

발표자는 탈들을 소개하면서 '선'에 대해 언급하고는 있지만, 표현된 선의 유사성을 중심으로 소개하지는 않고 있다.

37 반응의 적절성 평가

정답률 78% | 정답 ②

〈보기〉는 위 발표를 들으며 떠올린 생각들이다. 〈보기〉의 듣기 활동을 이해한 내용으로 적절하지 않은 것은?

〈보 기〉

ㅇ 저 탈이 하회탈인 줄 알았는데, 하회탈의 한 종류였구나. 양반탈 말고 다른 하회탈도 설명해 주겠지?
ㅇ 나도 관우 탈을 박물관에서 봤을 때에 정말 화려하다고 생각했었어.
ㅇ 발표자가 말한 대로 '탈의 용도에 따른 모양'에 대해 조사해보면 좋을 것 같아.

① 발표 내용을 예측하며 능동적인 태도로 듣고 있다.
〈보기〉의 '양반탈 말고 다른 하회탈도 설명해 주겠지?'라는 반응은 발표 내용에 대한 예측을 드러낸 것이다.

✔ 발표를 들으며 갖게 된 의문을 해결하며 듣고 있다.
〈보기〉의 첫 번째 생각에서 '양반탈 말고 다른 하회탈도 설명해 주겠지?'라 말하고 있는데, 이는 발표 내용과 관련된 의문을 가진 것으로 볼 수 있다. 하지만 이에 대한 설명을 발표에서 찾을 수 없으므로 적절하지 않다.

③ 발표자가 제안한 탐구 주제를 긍정적으로 수용하며 듣고 있다.
〈보기〉의 세 번째 생각인 '발표자가 말한 대로 '탈의 용도에 따른 모양'에 대해 조사해 보면 좋을 것 같아.'는 발표자가 제안한 탐구 주제를 긍정적으로 수용하며 들은 것이라 할 수 있다.

④ 발표 내용과 관련된 경험을 떠올리며 발표자의 설명에 공감하며 듣고 있다.
〈보기〉의 두 번째 생각인 '나도 관우 탈을 박물관에서 봤을 때에 정말 화려하다고 생각했었어.'는 발표 내용과 관련된 경험을 떠올리며 발표자의 설명에 공감하며 듣고 있는 것이다.

⑤ 발표를 통해 알게 된 새로운 정보를 활용하여 기존 지식을 수정하며 듣고 있다.
〈보기〉의 첫 번째 생각인 '저 탈이 하회탈인 줄 알았는데, 하회탈의 한 종류였구나.'는 발표를 통해 알게 된 새로운 정보를 활용하여 기존 지식을 수정한 것이다.

38 글쓰기 계획의 반영 여부 판단

정답률 83% | 정답 ⑤

다음은 기자가 (가)를 작성하기 전 취재 계획을 메모한 것이다. (가)에 반영되지 않은 것은?

> **[기사 내용]** 솔빛 마을 한옥 관광지 조성 사업
> **[조사 방법]** 관계자 취재, 관련 기업 문헌 자료 수집
>
> 〈시청 측과 주민 측 협상 취재〉
> • 사업 추진 목적 및 양측 협의 사항
> 〈시청 측과의 인터뷰〉
> • 사업 경쟁력에 대한 판단 ········· ①
> • 사업 추진 계획 ········· ②
> 〈솔빛 마을 주민 측과의 인터뷰〉
> • 사업 추진에 따른 기대 및 우려 사항 ········· ③
> 〈지역 연구소 자료 수집〉
> • ○○ 마을 한옥 관광지 사업 관련 통계 ········· ④
> • 관광지 운영에 따른 피해 경감 사례 ········· ⑤

① 사업 경쟁력에 대한 판단
2문단의 '규모가 크고 보존 상태가 양호해 사업 경쟁력이 충분할 것이라고 말했다.'에서 확인할 수 있다.

② 사업 추진 계획
2문단의 '전통 문화 체험 프로그램 운영, 둘레 길 조성, 마을 진입로 정비 등을 추진할 계획'에서 확인할 수 있다.

③ 사업 추진에 따른 기대 및 우려 사항
3문단의 '사업이 마을 발전과 한옥의 가치 전파에 기여할 것'에서 사업 추진에 대한 기대를 알 수 있고, '인근 ○○ 마을에서 발생한 과잉 현상이 솔빛 마을에서 되풀이되지는 않을지 걱정'에서 우려 사항을 확인할 수 있다.

④ ○○ 마을 한옥 관광지 사업 관련 통계
4문단의 '○○ 마을의 마을 소득과 관광객 수는 각각 연평균 약 5%, 7%씩 증가', '○○ 마을의 토착 거주 인구는 8년 전 대비 12% 감소'에서 확인할 수 있다.

✔ 관광지 운영에 따른 피해 경감 사례
(가)의 4문단에서는 '지역 연구소 자료'를 인용하여 관광객 수가 관광 수용력을 초과함에 따라 각종 문제에 봉착하게 된 ○○ 마을의 사례를 제시하고 있다. 하지만 '관광지 운영에 따른 피해 경감 사례'는 제시되지 않고 있다.

39 효과적인 전달을 위한 표현의 적절성

정답률 71% | 정답 ②

〈보기〉는 ㉠의 초안이다. 〈보기〉를 ㉠과 같이 수정한 이유로 가장 적절한 것은?

〈보 기〉

> 그러나 관광객 수가 마을의 관광 수용력을 초과했다. 이로 인해 주민들은 각종 문제에 봉착했고, 그에 따라 올해 4월 기준 ○○ 마을 토착 거주 인구는 8년 전 대비 12 % 감소했다.

① 독자의 관심도를 고려하여 인과 관계에 따라 정보를 배열하기 위해
〈보기〉와 ㉠ 모두 인과 관계에 따라 정보를 배열하고 있으므로 수정한 이유로 적절하지 않다.

✔ 독자의 이해도를 고려하여 주요 개념에 대한 정보를 추가하기 위해
〈보기〉와 ㉠을 비교해 보면, ㉠에서는 '관광 수용력'이라는 개념을 '관광객 수가 마을이 감당할 수 있는 방문 인원의 최대치'라고 자세히 설명하고 있다. 이렇게 볼 때, 〈보기〉를 ㉠과 같이 수정한 이유는 독자의 이해도를 고려하여 주요 개념에 대한 정보를 추가하기 위해서임을 알 수 있다.

③ 글의 통일성을 고려하여 주제와 관련이 없는 정보를 삭제하기 위해
〈보기〉의 내용 중 주제와 관련이 없어 삭제된 부분은 찾을 수 없으므로 수정한 이유로 적절하지 않다.

④ 글의 응집성을 고려하여 맥락에 적합하지 않은 담화 표지를 수정하기 위해
〈보기〉에 나오는 '그러나', '이로 인해', '그에 따라'와 같은 담화 표지 중 글의 맥락에 적합하지 않아 수정된 것은 찾을 수 없으므로 수정한 이유로 적절하지 않다.

⑤ 글의 가독성을 고려하여 긴 문장을 두 문장으로 나누어 간결하게 표현하기 위해
수정 전후를 비교할 때 긴 문장을 둘로 나눈 부분은 찾을 수 없으므로 수정한 이유로 적절하지 않다.

40 협상 전략의 파악

정답 ⑤

〈보기〉는 협상 전략에 대한 설명이다. (나)의 협상 내용을 고려할 때, (나)에 사용된 협상 전략으로 가장 적절한 것은?

〈보 기〉

> 협상 전문가들은 협상가들이 개별적으로 사용할 수 있는 여러 가지 방법에 대하여, 대체로 '자신의 이익에 대한 관심'과 '상대의 이익에 대한 관심'이라는 양쪽 측면을 고려하는 기본 틀을 바탕으로 설명한다.

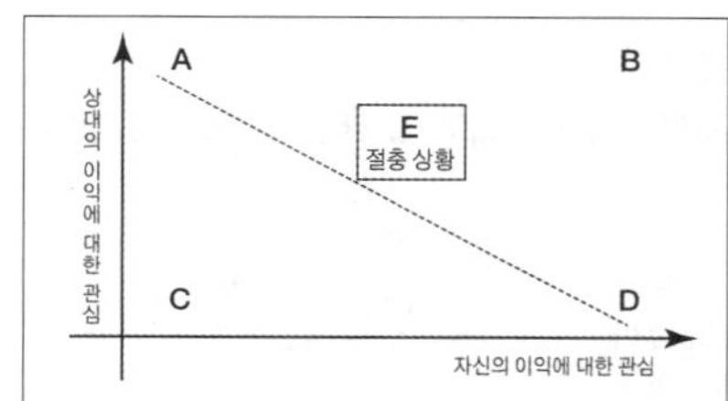

[문제편 p.109]

A. 자신의 이익보다 상대의 이익을 먼저 배려하는 '양보 전략'
B. 양자의 이익을 모두 극대화할 수 있는 '윈(WIN)-윈(WIN) 문제 해결 전략'
C. 양자의 이익 모두에 무관심한 '회피 전략'
D. 자신의 이익을 극대화하기 위해 수단과 방법을 가리지 않는 '투쟁 전략'
E. 자신의 이익을 취하고 상대의 이익도 적당히 배려하는 '타협 전략'

① A. 자신의 이익보다 상대의 이익을 먼저 배려하는 '양보 전략'
② B. 양자의 이익을 모두 극대화할 수 있는 '윈(WIN)-윈(WIN) 문제 해결 전략'
③ C. 양자의 이익 모두에 무관심한 '회피 전략'
④ D. 자신의 이익을 극대화하기 위해 수단과 방법을 가리지 않는 '투쟁 전략'
✔ E. 자신의 이익을 취하고 상대의 이익도 적당히 배려하는 '타협 전략'
이 협상에서 시청 측은 관광객에게 한옥 내부를 직접 관람하는 기회를 제공하자고 의견을 제시하고 있고, 이에 대해 주민 측은 사생활이 침해되어 삶의 질이 저하될 것이라고 반대 의견을 내고 있다. 그러자 시청 측은 한옥 내부 관람 인원은 매일 일정 수 이하로 제한하는 등 방법을 제시하였고, 이에 대해 주민 측은 받아들일 수 있는 현실적인 방안이라 하면서, 한옥 관광 도우미로 지역 어르신들을 우선 채용해 달라 요구하였고, 이에 대해 시청 측은 수용할 뜻을 밝히고 있다. 이처럼 이 협상에서는 시청 측과 주민 측 모두 자신이 얻고자 하는 것을 취하면서도 상대의 요구 사항도 적절히 수용하는 방식으로 협상하고 있음을 알 수 있다. 따라서 (나)의 협상 내용을 볼 때, 시청 측과 주민 측 모두 자신의 이익을 취하고 상대의 이익도 적당히 배려하는 '타협 전략'을 사용하고 있음을 알 수 있다.

41 협상의 내용과 전략 평가
정답률 82% | 정답 ④

다음은 솔빛 마을 주민 측에서 협상을 준비하는 과정에서 작성한 협상 계획서의 일부이다. 다음을 참고하여 [A]~[E]를 이해한 내용으로 적절하지 않은 것은?

논의할 내용	세부 내용	대응 전략
⋮	⋮	⋮
과잉 관광 문제 – 관광 수용력을 중심으로	개인 생활 침해, 공동체 구성원의 이탈과 같은 상황에 대처하지 못할 우려 ······ ㉮	
	관광객이 기대하는 관광 경험의 질적 수준을 유지하지 못할 우려 ··· ㉯	
	동시에 방문할 수 있는 관광객 규모를 넘을 우려 ······ ㉰	
지역민을 위한 현안	일자리 창출 ······ ㉱	
	생활 복지 개선 ······ ㉲	
⋮	⋮	⋮

① [A]에서는 ㉮와 관련된 문제 상황을 언급하며 상대측의 요구에 대한 입장을 제시하고 있다.
[A]에서 주민 측은 '사생활이 침해받아 삶의 질이 저하'되고, '주민들이 떠난 자리가 관광업에 종사하는 외지인들로 채워'지는 문제 상황을 언급하면서, 한옥 내부를 관광객에게 개방해 달라는 상대측 요구에 대해 협조하기 어렵다는 입장을 드러내고 있다.
② [B]에서는 ㉯와 관련된 문제의식을 드러내며 상대측 의견에 대해 부정적으로 전망하고 있다.
[B]에서 주민 측은 많은 관광객이 한곳에 몰리면 '관광객의 여행 경험의 질'이 악화될 것임을 우려하고 있다.
③ [C]에서는 ㉰와 관련된 상대측 계획에 대한 수용 가능성을 언급하면서 추가적인 요구 사항을 제시하고 있다.
[C]에서 주민 측은 '그 정도 계획은 마을의 여건을 고려할 때 받아들일 수 있다'고 하면서, '개방 시간은 오후 5시까지로 제한'할 것과 '한옥 관광 도우미로 지역 어르신들을 우선 채용'해 줄 것을 요구하고 있다.
✔ [D]에서는 ㉱에 대한 입장을 드러내면서 상대측에 그에 대한 대안을 요구하고 있다.
[D]에서 주민 측은 개방 시간 연장과 관련된 입장을 드러내고 있지, ㉱에 대한 입장은 드러내지 않고 있다.
⑤ [E]에서는 ㉲에 대한 필요성을 드러내며 상대측의 요구에 대한 수용 가능성을 언급하고 있다.
[E]에서 주민 측은 '노인 회관 시설 개·보수와 주민 문화 시설 마련'에 세수를 사용한다면 '개방 시간과 관련해 주민들의 동의를 얻을 수 있을 것'이라고 언급하고 있다.

42 말하기 전략 추론
정답률 90% | 정답 ②

(나)의 담화 흐름을 고려할 때, ⓐ~ⓒ의 공통점으로 가장 적절한 것은?

① 논의할 대상을 제한하여 상대방에게 선택할 것을 권유하는 발화이다.
ⓐ~ⓒ 모두 논의할 대상을 제한하고 있는 발화라 하기에 적절하지 않다.
✔ 예상되는 효과를 언급하며 상대방에게 자신의 의도를 전달하는 발화이다.
ⓐ에서는 한옥 내부를 관람하는 기회를 제공하면 관광객의 만족도를 높일 수 있다고 언급하고 있고, ⓑ에서는 실시간 정보 안내판을 설치하면 특정 장소에 관광객이 몰리는 것을 방지할 수 있다고 언급하고 있다. 그리고 ⓒ에서는 관광 산업이 활성화되면 주민 소득이 증대될 것이라고 언급하고 있다. 따라서, ⓐ~ⓒ는 특정 상황에서 예상되는 효과를 언급하며 상대방에게 자신의 의도를 전달하고 있는 것이다.
③ 상대방이 제기할 수 있는 의견을 가정하며 그 의견의 타당성 여부를 묻는 발화이다.
ⓐ~ⓒ 모두 상대방이 제기할 수 있는 의견을 가정하고 있지 않다.
④ 상대방과 공유하고 있는 정보에서 자신이 파악하지 못한 부분에 대하여 설명을 요구하는 발화이다.
ⓐ~ⓒ 모두 자신이 파악하지 못한 부분에 대하여 설명을 요구하는 발화라 하기에 적절하지 않다.
⑤ 상대방과 공동으로 기대하는 상황이 발생할 조건을 제시하며 기대가 충족되지 않을 가능성을 부정하는 발화이다.
ⓐ~ⓒ 모두 기대가 충족되지 않을 가능성을 부정하는 발화라 하기에 적절하지 않다.

43 작문의 성격과 기능 파악
정답률 91% | 정답 ③

작문 맥락을 고려할 때, (가)와 (나)에 대한 설명으로 적절하지 않은 것은?

① (가)의 글쓴이와 같은 생각을 하는 사람들이 (나)의 글쓰기 과정에 참여하고 있다.
(나)의 글쓴이는 (가)의 글쓴이를 포함한 □□ 고등학교 환경 동아리 학생들에 해당하므로, (가)의 글쓴이와 같은 생각을 하는 사람들이 (나)의 글쓰기에 참여하고 있다고 볼 수 있다.
② (가)에서 언급한 개인의 경험이 동기가 되어 (나)의 사회적 문제 해결의 글쓰기를 이끌어 내고 있다.
(가)의 내용에서 PVC 사용과 관련된 개인의 경험이 (나)와 같은 사회적 문제 해결의 목적이 분명히 드러나는 건의문을 쓰는 계기가 되었음을 알 수 있다.
✔ (가)는 (나)와 달리 예상 독자의 관심사에 대한 분석이 글쓰기에 중요하게 작용하고 있다.
(가)는 학생의 일기이고, (나)는 (가)를 쓴 학생이 친구들과 함께 작성한 건의문이다. (가)는 자기 성찰적 성격이 분명한 글에 해당하며, 글의 예상 독자는 글쓴이 자기 자신이다. 하지만 (나)는 글의 목적상 예상 독자에 대한 분석이 매우 중요하다. 따라서 (나)가 (가)보다는 예상 독자의 관심사에 대한 분석이 글쓰기에 중요하게 작용한다.
④ (나)는 (가)와 달리 글쓴이의 주장과 그에 대한 논거가 제시되고 있다.
(가)는 일기에 해당하므로 주장과 그에 대한 논거를 분명하게 찾기 어려운 반면, 건의문인 (나)에서는 'PVC 재질이 환경을 오염시킬 수 있기 때문'이라는 논거를 제시하면서 '귀사가 필통의 재질을 바꾸어야 한다'는 주장을 제시하고 있다.
⑤ (가)는 (나)에 비해 글쓴이의 체험을 기록하고 이를 통해 일상을 반성하려는 성격이 두드러진다.
(가)는 일기이므로 건의문인 (나)에 비해 글쓴이의 체험을 기록하고 이를 통해 성찰하려는 성격이 두드러진다고 할 수 있다.

44 내용 생성의 적절성
정답률 90% | 정답 ⑤

〈보기〉는 (나)에 대한 학생들의 수정 의견이다. 〈보기〉를 참고할 때, (나)에 추가할 내용으로 가장 적절한 것은?

〈보 기〉
초고에서는 건의 내용을 언급한 후 글을 읽어 준 것에 감사하는 끝인사로 마무리했잖아. 그런데 글의 설득력을 높이려면 건의 내용을 언급한 후에 건의가 받아들여졌을 때 소비자와 기업 양쪽이 얻게 될 이익을 직접적으로 표현하면 좋겠어.

① 재질을 개선한다면 소비자는 질 좋은 PVC 제품을 구매할 기회를 얻게 되고, 귀사는 제품의 재질을 개선하기 전보다 높은 수익을 얻을 수 있을 것입니다.
② 재질을 개선한다면 소비자는 귀사의 제품을 선택함으로써 자원 재활용에 동참하게 되는 것이며, 그렇게 되면 우리나라의 플라스틱 사용량이 줄어들 것입니다.
③ 재질을 개선한다면 귀사처럼 환경 보호에 동참하는 기업이 늘어나게 됨으로써 소비자는 환경을 오염시키지 않으면서 다양한 제품을 선택할 수 있을 것입니다.
④ 재질을 개선한다면 소비자는 제품을 구입하면서 환경 오염에 대한 부담을 덜 수 있을 것이며, 개선하지 않는다면 귀사에 환경 오염에 대한 부담이 돌아올 것입니다.
✔ 재질을 개선한다면 소비자는 귀사 제품을 구매하며 환경 보호를 실천했다는 만족감을 얻을 것이고, 귀사는 친환경 기업이라는 신뢰감을 고객에게 주게 되어 매출이 증가할 것입니다.
〈보기〉의 수정 의견을 바탕으로, '소비자는 ~ 만족감을 얻을 것'에서 소비자가 얻게 될 이익을, '귀사는 ~ 매출이 증가할 것'에서 기업이 얻게 될 이익을 표현하고 있어 적절하다.

★★★ 등급을 가르는 문제!

45 자료 수집, 활용의 적절성
정답률 41% | 정답 ③

다음은 (나)를 작성한 후 추가로 수집한 자료이다. 자료를 활용하여 (나)의 ㉠~㉤을 수정·보완하고자 할 때 적절하지 않은 것은? [3점]

㉮ 논문 자료
플라스틱은 가공성이 우수하고 저렴하지만 재활용하지 않고 폐기하는 경우에 분해가 되지 않아 환경 오염을 일으킨다. 플라스틱은 성분에 따라 PVC, PP, PET 등으로 나뉘는데, 염화 비닐이 주성분인 PVC는 질기고 깨지지 않아 투명 지퍼백, 필통 등에 쓰인다. PVC를 부드럽게 하기 위해 첨가하는 프탈레이트는 인체에 유해할 수 있다. 이에 비해 식품 용기, 학용품 등에 사용되는 PP나 음료 병 등에 주로 사용되는 PET는 프탈레이트가 첨가되지 않는다.

㉯ 통계 자료
〈1인당 연간 플라스틱 사용량(kg) 세계 1위~6위 국가〉

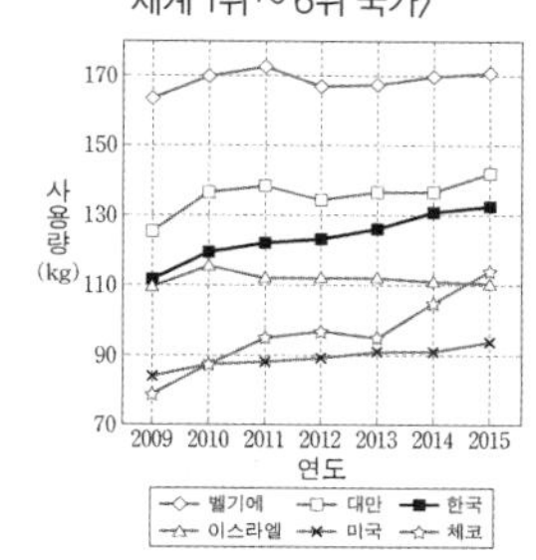

㉰ 보고서 자료
〈재질에 따른 재활용 정도〉

재질		재활용 정도 용이함	재활용 정도 어려움
플라스틱	PVC		○
	PP	○	
	무색 PET	○	
	유색 PET		○
철		○	

① ㉠ : ㉰를 참고하여 문제점을 구체적으로 드러내려면 필통의 지퍼는 재활용이 용이한 재질이지만 몸체는 재활용이 어려운 재질인 것이 문제라고 수정해야겠군.
㉰의 보고서 자료로, PVC는 재활용이 어렵고, 철은 재활용이 용이하다는 것을 알 수 있다. 따라서 ㉰를 참고하여 ㉠에 언급된 문제점을 구체적으로 드러낼 수 있다.

② ㉡ : ㉮를 활용하여 상대방의 입장을 이해함을 드러내려면 PVC로 필통을 만드는 이유가 가격과 가공성 면에서 유리하며 질기기 때문일 것이라는 내용을 추가해야겠군.

㉮의 논문 자료로, PVC가 가공성이 우수하고 저렴하며, 질기고 깨지지 않아 필통 등에 쓰인다는 내용을 알 수 있다. 따라서 ㉮를 활용하여 PVC로 학용품을 생산하는 상대방의 입장을 이해함을 드러낼 수 있다.

✔③ ㉢ : ㉯를 활용하여 정보를 정확하게 제시하려면 우리나라의 1인당 연간 플라스틱 사용량은 2009 ~ 2015년 기간 중 세계 3위에 해당할 만큼 많고 그 증가율도 가장 높았다고 수정해야겠군.

㉯의 통계 자료로 우리나라의 연간 플라스틱 사용량이 2009 ~ 2015년 기간 중 세계 3위임을 알 수 있으므로 이를 활용하여 ㉢의 '우리나라 국민들의 플라스틱 사용량은 세계적으로 많'다는 내용은 보완할 수 있다. 하지만 플라스틱 사용량 증가율은 체코가 가장 높기 때문에 우리나라의 증가율이 가장 높았다고 수정한다는 내용은 적절하지 않다.

④ ㉣ : ㉮와 ㉰를 참고하여 문제의 심각성을 드러내려면 PVC는 재활용이 어려워 환경에 부정적인 영향을 끼칠 뿐 아니라, 제조 공정에서 첨가되는 물질이 인체에 해로울 수 있다는 내용을 추가해야겠군.

㉮에는 프탈레이트가 인체에 해롭다는 내용이 담겨 있으며, ㉰에는 PVC의 재활용이 어렵다는 내용이 담겨 있다. 따라서 ㉮와 ㉰를 참고하여 ㉣에 제시된 PVC가 환경에 끼치는 영향의 심각성을 드러낼 수 있다.

⑤ ㉤ : ㉮와 ㉰를 참고하여 건의 내용을 구체적으로 제시하려면 필통의 재질을 플라스틱으로 유지할 경우에 재활용이 용이하고 프탈레이트가 첨가되지 않는 PP로 바꾸어 달라고 수정해야겠군.

㉤은 필통의 재질을 다른 것으로 바꾸어 달라고 건의하고 있지만 PVC를 대체할 다른 재질을 구체적으로 제시하지는 않고 있다. 따라서 ㉮와 ㉰를 참고하여 필통의 재질을 플라스틱으로 유지할 경우에 재활용이 용이하고 프탈레이트가 첨가되지 않는 PP로 바꾸어 달라고 수정할 수 있다.

★★ 문제 해결 꿀~팁 ★★

▶ 많이 틀린 이유는?

주어진 자료를 정확하게 이해하지 못하여 오답률이 높았던 것으로 보인다. 또한 선택지를 정확히 파악하지 못한 것도 오답률이 높았던 것으로 보인다.

▶ 문제 해결 방법은?

먼저 자료를 정확히 파악해야 한다. 특히 그래프가 제시될 경우에는 그래프가 의미하는 것이 무엇인지 정확히 파악하여 이를 바탕으로 선택지의 적절성을 판단해야 한다. 적절하지 않은 ③의 경우, 자료 ㉯의 그래프를 보면 우리나라의 1인당 플라스틱 사용량이 세계 3위에 해당함을 알 수 있지만, '증가율'만을 놓고 보면 우리나라보다 체코가 더 높은 것을 알 수 있으므로 적절하지 않음을 알 수 있다. 이때 주의할 점은 선택지를 끊어서 정확히 파악하여야 한다는 것이다. ③에서도 '증가율도 가장 높았다'는 내용을 파악하지 못하고 대충 읽게 되어 이 선택지가 맞다고 판단하는 잘못을 범하고 있는 것이다.

▶ 오답인 ②를 많이 선택한 이유는?

②를 선택한 학생들이 많았는데, (나)에서 플라스틱 사용에 비판하고 있어서 긍정적으로 언급한 ②가 적절하지 못하다고 지레짐작하였기 때문으로 보인다. 또한 ㉮에 제시된 '플라스틱은 가공성이 우수하고 저렴하지만'을 파악하지 못했기 때문으로 보인다. 그런데 ②에서는 '상대방의 입장을 드러내려면'의 조건이 드러나 있으므로 건의를 받는 독자 입장을 볼 때, ㉮를 활용한 적절한 자료 이용이라 할 수 있다.

08회 | 수능 실전 모의고사 고3

• 정답 •

35 ② 36 ② 37 ⑤ 38 ⑤ 39 ① 40 ⑤ 41 ④ 42 ⑤ 43 ② 44 ③ 45 ⑤

35 말하기 전략 파악 정답률 93% | 정답 ②

위 강연에 대한 설명으로 가장 적절한 것은?

① 강연에서 제시된 용어를 정의하여 청중의 이해를 돕고 있다.

✔② 청중의 응답을 이끌어 내고 반응을 확인하여 청중과 상호 작용하고 있다.

1문단의 '여러분, 혹시 걷다가 유리문에 부딪친 적 있나요? (대답을 듣고) 네, 몇몇 학생들이 경험했군요. 꽤 아팠죠?'와 '사람은 자외선을 볼 수 없다고 과학 시간에 배웠죠? (대답을 듣고) 다들 잘 알고 있군요.'를 보면 강연자는 질문을 제시하면서 청중의 응답을 이끌어 내거나 반응을 확인하고 있다. 따라서 이 강연에서는 청중과 상호 작용을 하고 있음을 알 수 있다.

③ 청중의 배경지식이 잘못되었음을 지적하여 청중의 주의를 환기하고 있다.

④ 강연의 앞부분에서 강연 내용의 순서를 제시하여 청중들이 내용을 예측하며 듣게 하고 있다.

⑤ 강연 내용의 이해 정도를 확인하는 질문을 하면서 강연을 마무리하여 청중에게 강연 주제를 강조하고 있다.

36 듣기 활동의 이해 정답률 89% | 정답 ②

다음은 학생이 강연을 들으며 떠올린 생각들이다. 이를 바탕으로 학생의 듣기 활동을 이해한 내용으로 적절하지 않은 것은?

- 며칠 전 우리 집 유리창에도 비둘기가 부딪쳐서 놀랐어.
- 비둘기도 야생 조류에 해당할까?
- 자외선 반사 테이프는 정말 좋은 방법인 것 같아. 우리 집에도 부착하면 새가 부딪치지 않겠지.
- 야생 조류가 부딪치지 않게 유리창에 그물망을 설치하는 것은 나도 할 수 있을 것 같아.

① 강연 내용과 관련된 자신의 과거 경험을 떠올리며 들었다.

'며칠 전 우리 집 유리창에도 비둘기가 부딪쳐서 놀랐어.'는 강연 내용과 관련된 자신의 과거 경험을 떠올린 것이다.

✔② 강연자가 설득의 근거로 제시한 내용에 의문을 제기하며 들었다.

제시된 생각들을 보면 의문을 제기한 것은 '비둘기도 야생 조류에 해당할까?'이다. 그런데 이 의문은 강연자가 설득의 근거로 제시한 내용에 대한 의문이라고 볼 수 없다.

③ 강연을 통해 알게 된 정보에 대해 긍정적으로 평가하며 들었다.

'자외선 반사 테이프는 정말 좋은 방법인 것 같아.'는 강연에서 알게 된 정보에 대해 긍정적으로 평가한 것이다.

④ 강연자가 제시한 방법이 실제로 효과가 있을 것이라고 생각하며 들었다.

자외선 반사 테이프를 '우리 집에도 부착하면 새가 부딪치지 않겠지.'는 강연자가 제시한 방법이 실제 효과가 있을 것이라고 생각한 것이다.

⑤ 강연자의 제안에 따라 자신이 실천할 수 있는 방법을 생각하며 들었다.

'야생 조류가 부딪치지 않게 유리창에 그물망을 설치하는 것은 나도 할 수 있을 것 같아.'는 강연자의 제안에 따라 자신이 실천할 수 있는 방법을 생각한 것이다.

37 자료 활용의 적절성 평가 정답률 83% | 정답 ⑤

〈보기〉는 강연에서 강연자가 제시한 자료이다. 강연자의 자료 활용에 대한 설명으로 가장 적절한 것은? [3점]

〈보 기〉

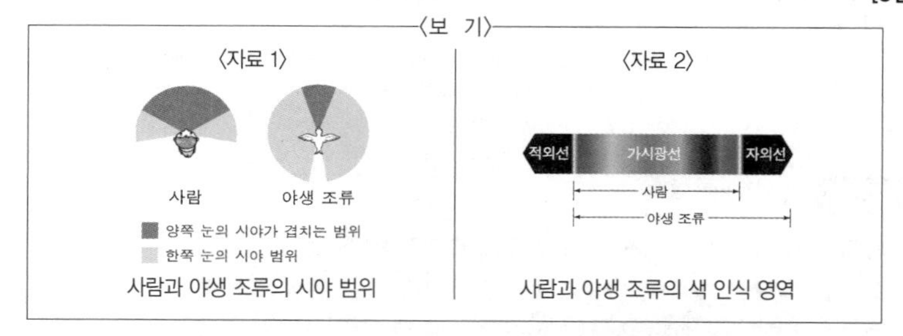

사람과 야생 조류의 시야 범위 / 사람과 야생 조류의 색 인식 영역

① 〈자료 1〉은 야생 조류의 유리창 충돌로 인한 피해 현황을 보여 주기 위해 ㉠에서 활용하였다.

〈자료 1〉은 사람과 야생 조류의 시야 범위가 다름을 설명하기 위해 ㉠에서 활용한 자료이다. ㉠을 제시한 이유는 시야 범위 때문에 야생 조류가 전방 인지 능력이 부족하여 유리창에 부딪친다는 것을 드러내기 위해서이므로 적절하지 않다.

② 〈자료 1〉은 사람과 야생 조류의 시야 범위가 다름을 설명하기 위해 ㉡에서 활용하였다.

〈자료 1〉은 사람과 야생 조류의 시야 범위가 다름을 설명하기 위해 ㉠에서 활용한 자료이다.

③ 〈자료 1〉은 자외선 반사 테이프의 부착 효과를 보여 주기 위해 ㉢에서 활용하였다.

자외선 반사 테이프의 부착 효과를 보여 주기 위한 자료는 〈자료 1〉이 아니라 〈자료 2〉이므로 적절하지 않다.

④ 〈자료 2〉는 야생 조류가 유리창에 충돌하는 원인을 설명하기 위해 ㉠에서 활용하였다.

〈자료 2〉를 활용하여 야생 조류가 유리창에 충돌하는 원인을 설명할 수는 없다.

[문제편 p.113]

✔ 〈자료 2〉는 야생 조류가 자외선 반사 테이프를 장애물로 인식할 수 있음을 설명하기 위해 ⓒ에서 활용하였다.
〈자료 2〉를 보면 사람과 달리 야생 조류는 자외선까지 색을 인식하고 있음을 알 수 있다. 그리고 강연자는 자료를 제시하면서 '대부분의 야생 조류는 사람과 달리 우리가 보는 색뿐만 아니라 자외선도 볼 수 있고, 이를 이용해 자외선 반사 테이프를 유리창에 붙이면 야생 조류가 테이프에서 반사된 자외선을 보고 장애물이 있다고 인식할 수 있'다고 하고 있다.

38 토의 내용의 이해

정답률 65% | 정답 ⑤

[A]에 대한 이해로 적절하지 않은 것은?

① '학생 2'가 △△거리, □□길을 언급한 것은 맛나거리가 사랑시만의 특색이 드러나는 곳이 아니라는 판단에 따른 것이군.
'학생 2'는 '학생 1'이 '분식으로 유명한 맛나거리'에 대해 쓰고 싶다고 하자, △△거리, □□길을 언급하고 있는데, 이는 맛나거리가 사랑시만의 특색이 드러나는 곳이 아니라는 판단에 따라 말한 것이다.

② '학생 3'이 반딧불이 축제를 소개하자고 한 것은 '학생 2'의 발언을 고려하여 대안을 제시한 것이군.
'학생 2'가 '학생 1'의 제안에 문제점을 제기하자 '학생 3'이 반딧불이 축제를 소개하고 있으므로, '학생 3'의 제안은 '학생 2'의 발언을 고려하여 대안을 제시한 것이다.

③ '학생 2'가 사랑미술관을 소개하자고 한 것은 모둠 과제 안내장에 제시된 조건을 고려하여 제안한 것이군.
'모둠 과제 안내장'에 '우리 도시의 특색 있는 장소나 행사를 포함시킬 것'이라는 조건이 있으므로, 사랑미술관을 소개하자고 한 '학생 2'의 제안은 모둠 과제 안내장에 제시된 조건을 고려하여 제안한 것이다.

④ '학생 1'이 유화 그리기 수업에 대해 언급한 것은 독자가 학생이라는 점을 고려해야 한다는 판단에 따른 것이군.
'학생 1'은 '학생 2'가 언급한 '유화 그리기 수업'에 대해 '어른들만을 대상'이라고 문제점을 제기하고 있다. 이는 '모둠 과제 안내장'의 '다른 지역의 학생들에게'라는 독자인 학생을 고려해야 한다는 판단에 따른 것이다.

✔ '학생 3'이 사랑미술관의 다른 활동을 언급한 것은 '학생 1'이 제시한 대안의 적절성을 판단하여 평가한 것이군.
'학생 3'이 사랑미술관의 다른 활동을 언급한 것은, '학생 2'의 제안에 '학생 1'이 문제점을 제기하자 이를 해결할 수 있는 방안을 모색한 것이다.

39 토의 내용에 대한 평가

정답률 87% | 정답 ①

㉠, ㉡에 대한 설명으로 가장 적절한 것은?

✔ ㉠은 우려되는 문제 상황을 들어 논의가 필요한 사항을 제시하고 있다.
㉠의 '수집한 내용들을 나열해서 쓰기만 하면 평범한 글이 될 것 같은데'는 우려되는 문제 상황이고, '어떻게 하면 인상적인 글을 쓸 수 있을까?'는 논의가 필요한 사항을 제시한 것이므로 적절하다.

② ㉡은 상대가 제시한 의견의 문제를 지적하며 상대에게 해결 방법을 제안하고 있다.
㉡은 상대에게 해결 방법을 제안하고 있는 것이므로 적절하지 않다.

③ ㉠은 ㉡과 달리 물음의 형식을 활용하여 자신의 의견에 대한 상대의 동의를 구하고 있다.
㉠은 의견을 묻는 물음인 반면에, ㉡은 상대의 동의를 구하기 위한 물음이다.

④ ㉡은 ㉠과 달리 상대에게 되묻는 방식으로 상대의 질문 내용에 대한 자신의 이해가 정확한지를 확인하고 있다.
㉡은 상대의 질문에 대하여 자신이 생각한 방법을 제안하고 있는 것이므로 적절하지 않다.

⑤ ㉠과 ㉡은 모두 자신이 처한 상황을 설명하며 상대의 조언을 요청하고 있다.
㉠과 ㉡ 모두 자신이 처한 상황을 설명하지는 않고 있으므로 적절하지 않다.

40 글쓰기 전략의 반영 여부 판단

정답률 79% | 정답 ⑤

[B]를 바탕으로 [C]를 작성했다고 할 때, [C]에 반영된 내용으로 가장 적절한 것은?

① 산할머니 제당과 문화제를 소개하자는 의견을 반영하여, 제당과 문화제에서 열리는 다양한 행사를 안내한다.

② 산할머니 전설을 추가하자는 의견을 반영하되, 산할머니의 일화가 담긴 은행나무도 함께 소개한다.

③ 사랑시 명칭의 유래를 추가하자는 의견을 반영하되, 사랑시의 명칭이 변화되어 온 과정도 설명한다.

④ 사랑시의 전통을 보여 주는 바람맞이 언덕을 소개하자는 의견을 반영하여, 해마다 문화제가 열리는 이유를 설명한다.

✔ 제당에서 바람맞이 언덕으로 찾아가는 길을 안내하자는 의견을 반영하여, 정자를 거쳐서 가는 경로를 소개한다.
[B]에서 '학생 3'은 '제당에서 언덕까지 찾아가는 길도 안내하면 좋겠어.'라고 말하고 있다. 그리고 [C]에서 '제당 뒤편으로 난 길을 따라가다 정자를 지나 5분 정도 더 올라가면 '바람맞이 언덕'에 도착한다.'고 경로를 소개하고 있다.

41 글쓰기 계획에 따른 표현

정답률 70% | 정답 ④

(가)와 (나)를 바탕으로 할 때, ⓐ에 들어갈 내용으로 가장 적절한 것은?

① 효의 고장, 사랑시로 오시겠어요? 바람맞이 언덕에서 별빛처럼 피어나는 반딧불을 보면 텅 빈 가슴이 빛으로 가득 찰 거예요.
예술 분야의 특색을 드러내고 있는 내용은 나타나지 않고 있다.

② 산할머니 전설이 남아 있는 사랑시에는 효의 전통과 함께 맑고 깨끗한 자연 풍경이 있어요. 아름다운 예술이 가득한 사랑시로 오세요.
사랑시를 방문하면 얻을 수 있는 좋은 점은 드러나지 않고 있고, 대조적인 표현도 나타나지 않고 있다.

③ 사랑시의 맑고 깨끗한 자연을 담은 그림을 감상하면서 화가의 해설을 들어 보세요. 효의 전통을 느낄 수 있는 산할머니 전설이 가족의 소중함을 깨닫게 해 줍니다.
대조적인 표현이 나타나지 않고 있다.

✔ 효의 정신이 담긴 산할머니 전설과 화가들의 작품 이야기가 있는 청정한 사랑시로 오세요. 어두운 여름밤을 수놓는 밝은 반딧불을 보면 여러분들 마음속에 여유가 생길 거예요.
(가)의 '학생 3'의 '우리 도시를 상징하는 반딧불이 그림에 말풍선을 달고 거기에 문구를 넣자. 사랑시의 전통, 자연, 예술 분야의 특색을 모두 드러내고, 사랑시를 방문하면 얻을 수 있는 좋은 점도 문구에 포함하면 좋겠어.'와 '학생 2'의 '대조의 표현 방식을 사용하는 건 어때?'에서 ⓐ에 들어갈 내용을 알 수 있다. '효의 정신이 담긴 산할머니 전설과 화가들의 작품 이야기가 있는 청정한 사랑시로 오세요.'와 '여러분들 마음속에 여유가 생길 거예요.'에서 '학생 3'의 의견이 반영되었고, '어두운 여름밤을 수놓는 밝은 반딧불'에서 '학생 2'의 의견이 반영되었다.

⑤ 사랑스러운 반딧불이와 오순도순 함께 떠나는 사랑시 여행. 눈은 시원하게 마음은 따뜻하게, 사랑시의 평범한 사람들의 일상이 오롯이 담긴 미술 작품을 천천히 둘러보십시오.
사랑시의 전통 특색을 나타내지 않고 있고, 대조적인 표현도 나타나지 않고 있다.

42 글쓰기 계획의 반영 여부 판단

정답률 91% | 정답 ⑤

㉠~㉤ 중 '글의 초고'에 반영되지 않은 것은?

① ㉠
1문단의 '드라마 'OO'이 인기를 끌면서 사극에 대해 학생들 사이에 논란이 일고 있다.'와 이어지는 학생들의 반응에서 반영되어 있음을 알 수 있다.

② ㉡
2문단의 '사극의 본질은 상상력을 바탕으로 만들어진 이야기를 통해 구현되는 주제의식에 있다.'에서 반영되어 있음을 알 수 있다.

③ ㉢
3문단의 '사극에서는 실존 인물에 새로운 성격을 부여하거나, ~ 요인이 되어 실제 역사에 대한 관심을 유도하는 역할을 한다.'에서 반영되어 있음을 알 수 있다.

④ ㉣
3문단의 '사극에서는 실존 인물에 새로운 성격을 부여하거나, ~ 요인이 되어 실제 역사에 대한 관심을 유도하는 역할을 한다.'에서 반영되어 있음을 알 수 있다.

✔ ㉤
㉤의 '역사적 사실의 반영 정도에 따른 사극의 유형'은 '글의 초고'에서는 찾아볼 수 없다.

43 고쳐쓰기의 적절성 평가

정답률 76% | 정답 ②

'고쳐 쓴 마지막 문단'을 고려할 때, ⓐ에 들어갈 내용으로 가장 적절한 것은?

① 사극의 순기능과 역기능을 함께 제시하여 통일성이 약화되므로, 허구적 창작물이 사극의 본질이라는 입장이 부각되도록

✔ 실제 역사와 사극으로 초점이 분산되어 논지가 흐려지므로, 사극은 상상력을 바탕으로 한 창작물이라는 입장이 부각되도록
'점검 내용'을 보면 '글의 목적'이 잘 드러나야 함을 알 수 있다. 그런데 '글의 초고' 마지막 문단을 보면, 실제 역사의 가치와 사극의 가치를 동등하게 언급하고 있다. 이는 '글의 목적'을 고려할 때, 논지가 분명하지 않게 서술된 것이다.
그래서 '고쳐 쓴 마지막 문단'에서는 '실제 역사'의 가치에 대한 언급을 삭제하고, '사극을 실제 역사 그 자체의 재현이 아닌 허구적 창작물로 인식해야' 한다는 점을 분명하게 드러내고 있다.

③ 실제 역사의 장점을 위주로 제시하여 주장이 분명하게 드러나지 않으므로, 사극이 실제 역사에 긍정적 영향을 미친다는 입장이 강조되도록

④ 실제 역사와 사극의 긍정적 기능을 함께 제시하여 일관성이 부족하므로, 사극의 본질은 실제 역사를 온전히 수용하는 데 있다는 입장이 강조되도록

⑤ 실제 역사 반영이 사극에서 중요함을 제시하여 설득력이 부족하므로, 허구적 창작물로서의 사극이 갖는 효용에 주목해야 한다는 입장이 강조되도록

44 내용 생성의 적절성 판단

정답률 87% | 정답 ③

〈보기〉의 관점에서 [A]에 대해 비판하는 글을 쓰려고 한다. 글에 담길 주장으로 가장 적절한 것은? [3점]

〈보 기〉

사실로서의 역사와 상상력의 산물로서의 허구라는 두 가지 요소가 사극의 본질이다. 그중 어느 한쪽으로 치우치게 되면 사극은 자신의 정체성에서 멀어지므로 둘 사이의 균형을 유지해야 한다. 이를 위해서는 보편적으로 인정하는 역사적 사실은 유지하고, 역사적 사실들을 연결해 하나의 이야기를 만들어 가는 과정에서 상상력이 발휘되어야 한다.

① 사극은 상상력의 산물로서의 허구를 제외하고 사실로서의 역사를 중심으로 만들어야 한다.

② 사극에서는 상상력을 바탕으로 한 허구를 사실로서의 역사보다 더 가치 있게 바라봐야 한다.

✔ 사극에서 상상력은 역사적 사실에 부합하는 범위에서 역사적 사실들 간의 유기성을 부여하는 데 활용해야 한다.
〈보기〉에서는 보편적으로 인정하는 역사적 사실은 유지하고, 역사적 사실들을 연결해 하나의 이야기를 만들어 가는 과정에서 상상력이 발휘되어야 함을 주장하고 있다.
그리고 [A]에서는 '사극에서는 허구를 통해 가치 있는 의미를 담고 그것이 얼마나 시청자의 공감을 살 수 있느냐가 중요한 것이지, 역사적 사실과 얼마나 부합하느냐는 중요하지 않다.'고 주장하고 있다. 따라서 가장 적절한 것은 사실과 상상력의 균형을 언급한 ③이다.

④ 사극에서 시청자의 공감을 유도하는 요인은 허구를 통해서 드러나는 주제 의식이 아니라 사실로서의 역사이다.

⑤ 사극의 본질에 부합하려면 허구적 내용의 재미보다는 역사적 사건과의 유사성에 초점을 맞춰 사극을 제작해야 한다.

45 설득 전략 및 표현 방식 파악 정답 ⑤

〈보기〉의 ⓐ～ⓕ 중, '글의 초고'를 통해 확인할 수 있는 것끼리 묶은 것은?

〈보 기〉

글을 쓸 때는 설득 전략과 표현 방식을 활용하여 설득 효과를 높일 수 있다. 논리적 추론을 강조하는 이성적 설득 전략에는 ⓐ 전문가 소견이나 객관적 자료 활용하기, ⓑ 근거를 뒷받침하는 구체적 사례 제시하기, ⓒ 예상 반론을 언급하고 이에 대한 재반박하기 등이 있다. 그리고 주장을 강조하기 위한 표현 방식으로는 ⓓ 이중 부정이나 ⓔ 설의법, ⓕ 비유적 표현 등을 활용할 수 있다.

① ⓐ－ⓓ
② ⓐ－ⓕ
③ ⓑ－ⓔ
④ ⓒ－ⓔ
✔ ⓒ－ⓕ

'글의 초고' 4문단에서는 예상되는 반론인 '한편 일각에서는 시청자들이 ～ 우려를 제기한다.'를 언급하면서, '하지만 다큐멘터리와 달리 사극은 ～ 실제 역사라고 생각하지 않는다.'에서 볼 수 있듯이 예상되는 반론에 대해 재반박하고 있음을 알 수 있다. 그리고 3문단의 '과거의 지식으로만 존재하던 역사를 현재에서 살아 숨 쉬게 만들 수 있다.'를 통해 비유적 표현이 사용되었음을 알 수 있다.

09회 | 수능 실전 모의고사 고3

• 정답 •
35 ③ 36 ④ 37 ① 38 ① 39 ② 40 ④ 41 ④ 42 ① 43 ② 44 ⑤ 45 ⑤

35 발표 전략의 이해 정답률 92% | 정답 ③

위 발표에 대한 설명으로 가장 적절한 것은?

① 디지털 기술과 문화유산의 관계를 비유적으로 설명하며 문화유산 복원에 디지털 기술이 유용함을 강조하고 있다.
발표 내용에서 찾아볼 수 없는 설명이다.

② 문화유산의 디지털 복원이 성공한 요인을 제시하며 다양한 학술 분야 간의 연계가 선행되어야 함을 강조하고 있다.
발표 내용에서 찾아볼 수 없는 설명이다.

✔ 디지털 기술을 활용한 문화유산 복원의 장점을 소개하며 문화유산의 디지털 복원에 대한 관심을 갖도록 권유하고 있다.
3문단, 4문단의 내용과 5문단의 '지금까지 말씀드린 것처럼 디지털 기술은 문화유산 복원에 유용하게 활용될 수 있'다에서 디지털 기술을 활용한 문화유산 복원의 장점을 언급하고 있다. 그리고 5문단의 '디지털 기술에 대한 관심에서 더 나아가 문화유산의 디지털 복원에도 관심을 가져 보는 건 어떨까요?'에서 디지털 복원에 대한 관심을 갖도록 권유하고 있으므로 적절하다.

④ 문화유산과 관련된 산업의 발전 가능성을 언급하며 디지털 기술의 개발을 위한 재정적 지원이 필요함을 강조하고 있다.
발표 내용에서 찾아볼 수 없는 설명이다.

⑤ 문화유산 훼손의 근본 원인을 다각도로 분석하며 문화유산 복원에 학생들이 더 많은 관심을 가져 줄 것을 요청하고 있다.
문화유산 복원에 학생들이 관심을 가져 줄 것을 요청하고 있지만, 문화유산 훼손의 원인을 분석하지는 않고 있다.

36 발표 계획의 이해 정답률 92% | 정답 ④

다음은 위 발표를 위해 사전에 청중을 분석하여 세운 발표 계획이다. 발표 내용에 반영되지 않은 것은?

ㅇ 지역
- 학교 가까운 곳에 박물관이 있으니, 그곳에서 발표 내용과 관련된 체험을 함께 해 보자고 제안해야겠다. …… ①

ㅇ 사전 지식
- 디지털 기술의 활용에 대해서는 알고 있을 테니, 문화유산 복원을 디지털 기술과 관련지어 설명해야겠다. …… ②
- 문화유산의 디지털 복원이라는 용어가 낯설 테니, 개념을 설명해야겠다. …… ③

ㅇ 요구
- 발표 내용이 진로 선택에 도움이 되기를 바라니, 문화유산의 디지털 복원과 관련된 직업을 소개해야겠다. …… ④

ㅇ 관심사
- 디지털 콘텐츠 이용에 관심이 많으니, 문화유산을 디지털 콘텐츠로 만든 사례를 언급해야겠다. …… ⑤

① 학교 가까운 곳에 박물관이 있으니, 그곳에서 발표 내용과 관련된 체험을 함께 해 보자고 제안해야겠다.
5문단의 '마침 학교와 가까운 ○○ 박물관'과 '디지털로 복원한 조선 시대 한양 도성 체험전'에서 반영되었음을 알 수 있다.

② 디지털 기술의 활용에 대해서는 알고 있을 테니, 문화유산 복원을 디지털 기술과 관련지어 설명해야겠다.
1문단의 '여러분도 강연을 들어 잘 알고 있듯이 디지털 기술의 활용 범위는 점차 확대되어 가고 있는데요.'에서 반영되었음을 알 수 있다.

③ 문화유산의 디지털 복원이라는 용어가 낯설 테니, 개념을 설명해야겠다.
2문단에서 문화유산의 디지털 복원에 대한 개념 설명이 반영되었음을 알 수 있다.

✔ 발표 내용이 진로 선택에 도움이 되기를 바라니, 문화유산의 디지털 복원과 관련된 직업을 소개해야겠다.
학생의 발표에서 디지털 복원과 관련된 직업을 소개하지는 않았다.

⑤ 디지털 콘텐츠 이용에 관심이 많으니, 문화유산을 디지털 콘텐츠로 만든 사례를 언급해야겠다.
4문단의 '석굴암을 가상 체험할 수 있는 디지털 콘텐츠'에서 반영되었음을 알 수 있다.

37 말하기 내용 추론 정답률 87% | 정답 ①

다음은 위 발표를 들으며 학생이 떠올린 생각이다. 이를 바탕으로 발표자에게 질문할 내용으로 가장 적절한 것은?

디지털 기술을 활용하더라도 문화유산의 종류에 따라 디지털 복원의 가능 여부가 다를 것 같은데, 이에 대해서는 구체적으로 밝히지 않은 것 같아.

✔ 발표 내용이 유형 문화유산에만 해당하는 것 같은데요, 한옥을 짓는 기술과 같은 무형 문화유산도 디지털 기술을 활용해 복원할 수 있는 건가요?
발표를 들은 학생은 '문화유산의 종류에 따라 디지털 복원의 가능 여부'가 다를 것이라고 생각하고 있다. 따라서 유형 문화유산과 달리 무형 문화유산도 디지털 기술을 활용한 복원이 가능한지 묻는 것이 적절하다.

[문제편 p.116]

② **얼마나 훼손되어야 현실 공간에 문화유산을 복원하는 게 불가능한지 구체적으로 밝히지 않았는데요, 복원 가능 여부를 판단하는 기준은 무엇인가요?**
학생이 떠올린 생각인 '문화유산의 종류에 따른 디지털 복원의 가능 여부'와 무관한 질문이다.

③ **디지털 기술을 활용하면 문화유산을 반영구적으로 보존할 수 있다고 했는데요, 구체적으로 디지털 기술의 어떤 원리로 그것이 가능하다는 건가요?**
학생이 떠올린 생각인 '문화유산의 종류에 따른 디지털 복원의 가능 여부'와 무관한 질문이다.

④ **문화유산의 복원을 과학 기술의 차원에서만 다룬 것 같은데요, 그 외에 제도적 차원에서 문화유산의 복원을 위해 할 수 있는 노력에는 무엇이 있을까요?**
학생이 떠올린 생각인 '문화유산의 종류에 따른 디지털 복원의 가능 여부'와 무관한 질문이다.

⑤ **앞으로 해결해야 할 과제에 대해서는 말씀하지 않았는데요, 만약 개인이 소장한 문화유산을 디지털 콘텐츠로 제작한다면 그 소유권은 누구에게 있는 건가요?**
학생이 떠올린 생각인 '문화유산의 종류에 따른 디지털 복원의 가능 여부'와 무관한 질문이다.

38 인터뷰 계획의 반영 여부 판단
정답 ①

〈보기〉는 '학생 1'과 '학생 2'가 인터뷰를 어떻게 할지 상의한 뒤, '학생 1'이 인터뷰를 하기 전 생각한 내용이다. ㉮ ~ ㉲ 중, 인터뷰를 통해 확인할 수 없는 것은?

〈보 기〉

내일 발명가인 선배님을 만나서 인터뷰하기로 했으니까 어떻게 인터뷰해야 할지 생각해 봐야겠어. 선배님을 만나면 인사말을 하면서 ㉮ 인터뷰를 하게 된 구체적인 목적을 밝혀야겠지. 그런 다음 선배님께 질문하기 위해 준비된 질문을 해야 하는데, 먼저 선배님께 ㉯ 발명이 무엇인지, 선배님이 발명하신 발명품은 무엇인지 질문해야겠어. 그런 다음 발명을 할 때 ㉰ 아이디어를 잘 떠오르게 하는 방법에 대해서도 질문해야겠어. 이 과정에서 잘 모르면 ㉱ 선배님께 이해가 될 수 있도록 구체적인 설명을 부탁해야겠어. 마지막으로 선배님에게 ㉲ 미래의 발명가 후배들에게 조언할 말은 무엇인지 요청하면서 인터뷰를 마무리하면 되겠어.

✔ **㉮ 인터뷰를 하게 된 구체적인 목적을 밝혀야겠지.**
처음 '학생 1'의 말을 통해 발명가이신 선배님께 궁금한 게 많다고 언급하고 있음은 알 수 있지만, 무슨 목적 때문에 인터뷰를 하게 되었는지를 드러내는 인터뷰를 하게 된 구체적인 목적은 밝히지 않고 있다.

② **㉯ 발명이 무엇인지**
'학생 1'의 '먼저 발명이 무엇인지 말씀해 주세요.'를 통해 확인할 수 있다.

③ **㉰ 아이디어를 잘 떠오르게 하는 방법에 대해서도 질문**
'학생 2'의 '저도 발명을 하고 싶은데 아이디어가 잘 떠오르지 않아서 힘들어요. 도움이 될 만한 게 있다면 알려 주세요.'를 통해 확인할 수 있다.

④ **㉱ 선배님께 이해가 될 수 있도록 구체적인 설명을 부탁**
'학생 1'의 '아직 이해가 잘 안 되는데요. 예를 들어 설명해 주실까요?'를 통해 확인할 수 있다.

⑤ **㉲ 미래의 발명가 후배들에게 조언할 말은 무엇인지 요청**
'학생 1'의 '끝으로 미래의 발명가 후배들에게 한 말씀 부탁드려요.'를 통해 확인할 수 있다.

39 말하기 방식 평가
정답률 93% | 정답 ②

㉠ ~ ㉤의 말하기 방식으로 적절하지 않은 것은?

① **㉠ : 상대방의 말을 재진술하며 자신의 생각을 드러내고 있다.**
㉠은 바로 앞부분의 발명가의 말을 재진술하면서, '물건을 만든다는게 쉽지 않'다라고 자신의 생각을 드러내고 있다.

✔ **㉡ : 설명 대상에 대한 과학적 상식을 제시하여 상대방의 흥미를 유발하고 있다.**
㉡은 자신이 발명한 발명품에 대한 아이디어 창출에 대해 말하고 있는 것이므로 적절하지 않다.

③ **㉢ : 물음의 형식을 활용하여 자신의 요구를 상대방에게 전하고 있다.**
'설명해 주실 수 있을까요?'라고 물음의 형식을 활용하여, 예를 들어 설명해 줄 것을 요구하고 있다.

④ **㉣ : 상대방이 언급한 정보를 이용하여 다음 내용을 예측하고 있다.**
'발명가'의 세 번째 말에서 아이디어 창출 중심 모형을 설명하고 있고, '학생 2'는 발명가가 다음 단계에 해당하는 인지 단계에 속하는 내용을 예측하며 '과학적 원리를 공부하겠다고' 말하고 있다.

⑤ **㉤ : 구체적 사례를 제시하여 앞의 발화를 보충하고 있다.**
발명가는 '자가 발전 기능이 있는 손전등에 전자기 유도 법칙이 이용됐다는 것을 참고'할 수 있다고 말하고 있는데, 이는 앞의 발화를 보충하고 있는 것이다.

40 말하기 내용 추론
정답률 56% | 정답 ④

다음은 (가)에 참여한 '학생 1'이 (나)를 쓰기 위해 '학생 2'와 나눈 대화의 일부이다. (가)와 (나)를 고려할 때, ⓐ에 들어갈 말로 가장 적절한 것은? [3점]

학생 2 : 선배님의 말씀을 활용해서 글을 쓴다고 했잖아. 어떤 내용을 글에 포함할 거니?
학생 1 : 선배님은 ______ⓐ______

① **발명품을 만드는 데 어려움을 겪었다고 하셨지. 나도 발명 도중에 겪었던 어려움을 글에 포함해야겠어.**
(가)에서 발명가가 발명품을 만드는 데 어려움을 겪었다는 말하는 대목을 찾을 수 없고, (나)에서 발명 도중에 겪었던 어려움에 대한 언급이 없다.

② **주변 사물에 호기심을 갖고 개선점을 찾아보라고 하셨지. 나는 개선이 필요한 주변 사물의 문제점을 글에 포함해야겠어.**
(가)에서 발명가가 마지막에 '주변 사물에 호기심을 갖고 개선할 점이 있는지' 찾아보라고 했지만, (나)에서 개선이 필요한 주변 사물의 문제점을 찾는 내용에 대한 언급이 없다.

③ **모형의 각 단계를 양념 담는 통으로 설명하셨지. 나는 다른 물건을 이용해 모형을 설명하는 내용을 글에 포함해야겠어.**
(가)에서 발명가는 아이디어 창출 중심 모형의 각 단계를 양념 담는 통이 아닌 필기구로 설명하고 있다.

✔ **기존의 다른 발명품을 참고할 수 있다고 하셨지. 나도 기존의 다른 발명품을 참고하여 아이디어를 창출하는 내용을 글에 포함해야겠어.**
(가)의 발명가의 세 번째 말인 '도움을 얻기 위해 기존의 다른 발명품들을 참고할 수 있습니다.'와 (나)의 4문단의 '자동으로 공기가 채워지는 튜브를 참고해 물에 뜨는 자전거라는 아이디어를 창출할 수 있'다는 내용에서 확인할 수 있으므로 적절하다.

⑤ **발명은 아이디어를 통해 새로운 물건을 만드는 것이라고 하셨지. 나도 창출한 아이디어를 이용하여 새로운 물건을 제작, 완성하는 과정을 글에 포함해야겠어.**
(가)의 발명가의 첫 번째 말에서 발명이 아이디어를 통해 새로운 물건을 만드는 것임을 알 수 있다. 하지만 (나)에는 '물에 뜨는 자전거'라는 아이디어를 창출할 수 있다는 언급만 있지, 이 아이디어를 이용하여 실제로 물건을 제작, 완성하는 과정에 대한 언급은 없다.

41 요약하기 실제
정답률 78% | 정답 ④

다음 선생님의 조언에 따라 (나)에 내용을 추가하고자 할 때, 가장 적절한 것은?

선생님 : 설명문의 끝부분을 쓸 때에는 먼저 중심 내용이 잘 드러나도록 요약해야 합니다. 그리고 중심 내용이 지닌 의의를 덧붙이며 글을 마무리하면 좋습니다.

① **이처럼 아이디어 창출 중심 모형은 발명을 처음 시작하는 사람에게 좋은 안내가 될 수 있다. 또한 주위 사물을 꼼꼼하게 관찰하는 태도를 길러 준다.**
(나)의 아이디어 창출 중심 모형을 설명하는 중심 내용에 대한 언급이 없다.

② **이처럼 아이디어 창출 중심 모형은 체험, 인지, 발명 단계로 이루어진다. 발명 단계 이후에는 체험 단계 이전에 학습한 발명 기법을 떠올리며 아이디어를 창출한다.**
아이디어 창출 중심 모형을 설명하는 중심 내용은 드러나지만, 중심 내용이 지닌 의의에 대한 언급이 없다.

③ **이처럼 아이디어 창출 중심 모형은 주변의 사물들 중에서 발명 주제를 선정하는 것이다. 이렇게 주제를 선정하면 손쉽게 아이디어를 구상할 수 있다는 장점이 있다.**
아이디어 창출 중심 모형의 중심 내용을 잘못 요약했고, 물건을 탐색하며 발명에 대한 호기심을 가져 보라는 것이지 주변 사물들 중에서 발명 주제를 선정할 필요가 있다는 내용은 없다.

✔ **이처럼 아이디어 창출 중심 모형은 체험 단계, 인지 단계, 발명 단계가 순서대로 진행된다. 이 모형의 단계를 따라 하면 쉽게 아이디어를 생성할 수 있고 이를 통해 발명에 대한 자신감을 가질 수 있다.**
선생님의 조언 내용을 보면, '중심 내용을 요약할 것, 중심 내용의 의의를 덧붙일 것'이라고 말하고 있다. (나)의 중심 내용은 아이디어 창출 중심 모형을 설명하는 것이므로 '아이디어 창출 중심 모형은 체험 단계, 인지 단계, 발명 단계가 순서대로 진행된다.'는 중심 내용을 반영한 것이고 '이 모형의 단계를 따라 하면 쉽게 아이디어를 생성할 수 있고 이를 통해 발명에 대한 자신감을 가질 수 있다.'는 아이디어 창출 중심 모형이 지닌 의의를 언급한 것이다.

⑤ **이처럼 아이디어 창출 중심 모형은 발명에 대한 호기심을 떠올리는 체험 단계, 과학적 원리를 탐구하는 인지 단계, 발명 아이디어를 창출하는 발명 단계로 이루어진다. 그리고 이후에는 아이디어를 구현한 제품을 만드는 적용 단계가 있다.**
아이디어 창출 중심 모형을 설명하는 중심 내용은 드러나지만, 중심 내용이 지닌 의의에 대한 언급이 없다.

42 내용 조직의 적절성
정답률 72% | 정답 ①

(나)에 대한 '학생 2'의 상호 평가 내용으로 적절하지 않은 것은?

'학생 2'의 평가 내용

잘한 점	비교의 방법을 사용하여 중심 화제의 의미를 구체적으로 설명한 점 ······ ①
	글의 흐름이 잘 드러나도록 문단의 앞부분에 순서를 알려 주는 표지를 사용한 점 ······ ②
수정할 점	2문단에서 표현이 어색한 문장을 사용한 점 ······ ③
	3문단에서 글의 흐름과 어긋나는 문장을 사용하여 통일성을 떨어뜨린 점 ······ ④
	4문단에서 앞뒤 문장의 위치를 잘못 배열하여 내용의 연결이 자연스럽지 않은 점 ······ ⑤

✔ **비교의 방법을 사용하여 중심 화제의 의미를 구체적으로 설명한 점**
(나)의 중심 화제는 '아이디어 창출 중심 모형'이고, '자전거'를 예로 들어 각 단계에서 아이디어 창출 중심 모형이 어떻게 적용될 수 있는지를 설명하고 있으므로 적절하지 않다.

② **글의 흐름이 잘 드러나도록 문단의 앞부분에 순서를 알려 주는 표지를 사용한 점**
2문단의 '먼저', 3문단의 '그 후', 4문단의 '마지막으로'라고 표지를 사용하여 글의 자연스러운 전개를 돕고 있다.

③ **2문단에서 표현이 어색한 문장을 사용한 점**
2문단에서 표현이 어색한 문장은 '직접 자전거를 타 보이기도 하고, 자전거를 분해해 보이기도 하면서 탐색된다.'이다. '보이기'는 '보기'로, '탐색된다'는 '탐색한다'로 표현하는 것이 적절하다.

④ **3문단에서 글의 흐름과 어긋나는 문장을 사용하여 통일성을 떨어뜨린 점**
3문단의 마지막 문장 '이때 자전거를 탔던 즐거운 추억을 떠올려 감상문을 써 보는 것도 좋다.'는 글의 주제와 관련성이 적어 통일성을 떨어뜨리므로 삭제하는 것이 적절하다.

⑤ **4문단에서 앞뒤 문장의 위치를 잘못 배열하여 내용의 연결이 자연스럽지 않은 점**
4문단의 두 번째 문장과 세 번째 문장은 서로 순서를 바꾸는 것이 적절하다. 첫 문장이 '개선 방안을 생각한다.'로 끝나므로, '개선 방안을 생각할 때는'으로 이어지는 것이 자연스럽다.

43 글쓰기 계획에 따른 표현하기
정답률 80% | 정답 ②

〈보기〉는 (가)를 쓰기 위해 떠올린 생각이다. (가)에 반영된 생각만을 〈보기〉에서 있는 대로 고른 것은?

〈보 기〉

ㄱ. 여름방학 기간에 학교 측에서는 무슨 일을 할까?
ㄴ. 여름방학 기간을 단축했을 때 얻을 수 있는 이점은 무엇일까?
ㄷ. 여름방학 기간을 단축했을 때 발생할 수 있는 문제는 무엇일까?
ㄹ. 여름방학 기간을 유지하자는 주장에 대해 어떤 반론이 제기될 수 있을까?

① ㄱ, ㄴ　✔ ㄱ, ㄷ　③ ㄴ, ㄹ　④ ㄱ, ㄷ, ㄹ　⑤ ㄴ, ㄷ, ㄹ

ㄱ. 여름방학 기간에 학교 측에서는 무슨 일을 할까?
(가)의 4문단 '학교 시설을 보수하거나 설치하는 일이 2주 이상 걸리는 경우 방학을 활용한다.'에서 'ㄱ'에 대한 생각이 반영되었음을 알 수 있다.

ㄴ. 여름방학 기간을 단축했을 때 얻을 수 있는 이점은 무엇일까?
(가)에서 확인할 수 없는 내용이다.

ㄷ. 여름방학 기간을 단축했을 때 발생할 수 있는 문제는 무엇일까?
(가)에서는 3가지 이유를 들어 여름방학 기간 단축의 문제점을 서술하고 있으므로 'ㄷ'에 대한 생각을 반영하고 있다.

ㄹ. 여름방학 기간을 유지하자는 주장에 대해 어떤 반론이 제기될 수 있을까?
(가)에서 확인할 수 없는 내용이다.

44 글쓰기 전략 정답률 72% | 정답 ⑤

(나)에 사용된 쓰기 전략이 아닌 것은?

① 여름방학 기간 단축에 대하여 (가)로 인해 촉발된 반응을 제시하고 글을 쓰는 목적을 밝힌다.
(나)의 1문단에서 (가)로 인해 촉발된 반응을 제시하고 있다는 것을 알 수 있다. (나) 글의 목적은 '그 글에서 제시한 근거들을 반박하고자 한다.'에서 찾을 수 있다.

② 여름방학의 의미가 현실과 차이가 있다는 점을 들어 (가)의 주장을 비판한다.
(나)의 2문단의 '대다수의 학생들은 오히려 학기 중보다 학습 부담이 커져서 여름방학 기간에 여유를 갖고 휴식을 취하지 못한다.'에서 확인할 수 있다.

③ 학생들이 원하는 프로그램에 참여하기 어렵다는 (가)의 주장을 반박하며 이를 뒷받침할 수 있는 근거를 제시한다.
(나)의 3문단의 '2학기가 시작된 후에도 개인 체험 학습을 신청하면 원하는 프로그램에 얼마든지 참여할 수 있다.'에서 확인할 수 있다.

④ 학기 중 공사가 불편을 초래한다는 (가)의 주장을 비판하며 이를 뒷받침하는 사례를 제시한다.
(나)의 4문단의 '실제로 우리 학교에서 지난 학기 중 특별실 보수 공사를 하였지만 불편 없이 진행되었다.'에서 확인할 수 있다.

✔ 학생들의 여유로운 생활을 보장해야 한다는 (가)의 주장을 일부 수용하고 자신의 의견을 추가하여 절충안을 제시한다.
(나)의 마지막 문단의 '학교가 학생들의 여유로운 생활을 보장해 주어야 한다는 주장도 타당한 측면이 있다. 하지만, 학교가 해야 할 더 중요한 일은 수업의 연속성 확보와 학사 운영의 효율성 제고'라는 내용에서 (가)의 주장이 어느 정도 타당하다는 것을 인정하고 있지만 절충안을 제시한 것은 아니므로 적절하지 않다.

45 자료 수집, 활용의 적절성 정답률 59% | 정답 ⑤

(가)를 쓴 학생이 (나)를 반박하는 글을 쓰려고 한다. [A]를 비판하기 위한 자료 활용 방안으로 가장 적절한 것은? [3점]

① 학교 시설 공사로 통행에 불편을 겪었던 학생의 인터뷰를, 학기 중 공사가 불편 없이 진행된다는 주장을 반박하는 근거로 제시해야겠어.
(나)의 4문단을 비판하기 위한 자료 활용 방안이다.

② 개인이 신청할 수 있는 체험 학습 일수를 제한하고 있는 학교 규정을, 학기 중에도 체험 학습 참여가 얼마든지 가능하다는 주장을 반박하는 근거로 제시해야겠어.
(나)의 3문단을 비판하기 위한 자료 활용 방안이다.

③ 학기 중보다 여름방학 기간에 더 많은 휴식을 취한다는 신문 기사를, 여름방학 기간을 유지할 때 학생들의 만족도가 높다는 주장을 반박하는 근거로 제시해야겠어.
[A]의 핵심 내용과 무관한 자료 활용 방안이다.

④ 여름방학 기간을 단축했지만 학년 말 학사 운영이 비효율적이었던 다른 학교 사례를, 여름방학 기간 단축이 학사 운영과 무관하다는 주장을 반박하는 근거로 제시해야겠어.
여름방학 기간을 단축했지만 학년 말 학사 운영이 비효율적이었던 다른 학교 사례는 학사 운영과 무관하다는 주장과는 연결되기 어렵다. 또한 [A]는 여름방학 기간 단축이 학사 운영과 무관하다고 주장하고 있지 않고 있으므로 [A]의 주장을 잘못 이해하고 있다.

✔ 여름방학 기간이 2주, 4주인 두 학교 학생들이 지난 학기의 수업 내용을 기억하는 정도에 차이가 없다는 조사 결과를, 여름방학 기간과 학습 연속성이 관련 있다는 주장을 반박하는 근거로 제시해야겠어.
[A]의 핵심 내용은 '지난 학기의 수업 내용을 잘 기억할 수 있게 되어서 학습이 연속적으로 이루어질 수 있다'는 것과 '학년 말의 비효율적인 학사 운영을 피하는' 것이다.
여름방학 기간이 서로 다른 두 학교 학생들이 지난 학기의 수업 내용을 기억하는 정도에 차이가 없다는 조사 결과는, 여름방학 기간과 학습 연속성은 서로 관련성이 없다는 것이므로 적절하다.

10회 | 수능 실전 모의고사 고3

• 정답 •
35④ 36⑤ 37④ 38⑤ 39① 40③ 41④ 42③ 43① 44② 45③

35 발표 전략의 파악 정답률 82% | 정답 ④

위 발표에 대한 설명으로 적절하지 않은 것은?

① 용어의 개념을 설명하며 청중의 이해를 돕고 있다.
2문단의 '순우리말이란 본디부터 있던 말이나 ~ 외래어가 아닌 말을 뜻합니다.'를 통해, '순우리말'이라는 용어의 개념을 설명하고 있음을 알 수 있다.

② 청중의 경험을 환기시켜 발표 내용에 대해 친근감을 느끼게 하고 있다.
1문단의 "한뉘'는 여러분이 자주 사용하는 우리 학교 도서관의 이름이기도 하지요.'를 통해, 발표자는 청중의 경험을 환기시켜 순우리말에 대해 친근감을 느끼게 해 주고 있음을 알 수 있다.

③ 발표 내용과 관련된 질문을 하여 청중과의 상호 작용을 유도하고 있다.
1문단의 '예스러운 멋과 부드러운 어감이 느껴지지 않나요? (청중의 대답을 듣고)'와 2문단의 '본 적이 있으신가요? (청중의 반응을 살피고)'를 통해, 발표자는 발표 내용과 관련된 질문을 통해 청중과 상호 작용하고 있음을 알 수 있다.

✔ 청중이 발표 내용을 예측할 수 있도록 발표 순서를 제시하며 발표를 시작하고 있다.
1문단에서는 발표자의 소개, 영상 제시 및 영상에 나온 순우리말인 '한뉘'에 대해 언급해 주고 있다. 하지만 1문단에서 이후에 발표할 내용인 발표 순서를 제시하지는 않고 있다.

⑤ 담화 표지를 사용하여 청중이 발표 내용을 구조적으로 파악할 수 있도록 하고 있다.
3문단의 '첫 번째', 4문단의 '두 번째'를 통해 발표자가 담화 표지를 사용하고 있음을 알 수 있다. 이러한 담화 표지는 청중들로 하여금 발표 내용을 구조적으로 파악할 수 있게 해 준다.

36 자료 활용 방식 파악 정답률 86% | 정답 ⑤

발표를 참고할 때, 발표자의 자료 활용에 대한 설명으로 가장 적절한 것은?

① ㉠에서 나온 어휘가 옛말에서 어떤 형태였는지를 알리기 위해 ㉡을 제시하고 있다.
㉠은 '한뉘'라는 순우리말이 나온 화면에 해당하고, ㉡은 예쁜 순우리말 목록에서 공유되고 있는 '아토'나 '씨밀레'와 같은 어휘가 보이는 화면에 해당한다. 따라서 ㉠에 나온 '한뉘'의 옛 형태가 ㉡에 제시되지는 않고 있다.

② ㉠에서 나온 어휘가 실제 생활에서 활용되는 사례를 알려 주기 위해 ㉡을 제시하고 있다.
㉡은 '아토'나 '씨밀레'와 같은 어휘가 보이는 화면에 해당하므로, '한뉘'가 실제 생활에서 활용되는 사례가 제시되지는 않고 있다.

③ ㉠에서 나온 어휘를 사용하려는 노력이 필요함을 강조하기 위해 ㉢을 제시하고 있다.
㉢은 ㉡에 제시된 '아토'나 '씨밀레'와 같은 어휘가 순우리말이라고 판단할 수 있는지 파악하기 위해 제시된 것이므로 ㉠의 '한뉘'라는 어휘를 사용하려는 노력이 필요함을 강조하기 위해 ㉢을 제시하지는 않고 있다.

④ ㉡에서 나온 어휘의 다양한 의미를 소개하기 위해 ㉢을 제시하고 있다.
㉢은 '아토'나 '씨밀레'와 같은 단어들이 순우리말인지 의문을 해결하기 위해 국립국어원의 답변을 들은 화면에 해당하므로, ㉡에 나온 '아토'나 '씨밀레'와 같은 어휘의 다양한 의미가 제시되었다고 할 수 없다.

✔ ㉡에서 나온 어휘와 관련된 문제점을 언급하기 위해 ㉢을 제시하고 있다.
㉡은 예쁜 순우리말 목록에서 공유되고 있는 '아토'나 '씨밀레'와 같은 어휘가 보이는 화면에 해당한다. 그리고 ㉢은 '아토'나 '씨밀레'와 같은 단어들이 순우리말인지 의문을 해결하기 위해 국립국어원의 답변을 들은 화면에 해당한다. 따라서 ㉡에서 보이는 '아토'나 '씨밀레'와 같은 어휘가 본디부터 있던 말이나 그것에 기초하여 새롭게 만들어진 말이 아니라는 것을 증명하기 위해 ㉢을 활용하고 있으므로, ㉡에 나온 어휘와 관련된 문제점을 언급하기 위해 ㉢을 제시하였다고 할 수 있다.

37 반응의 적절성 파악 정답률 84% | 정답 ④

다음은 발표를 들은 후 학생들이 보인 반응이다. 발표를 고려하여 청중의 반응을 분석한 것으로 적절하지 않은 것은?

> **학생 1** : 발표자가 한 것처럼 순우리말이라고 알려진 말의 근거를 확인하려는 노력은 필요할 것 같아. 그런데 우리가 사용하는 말들이 순우리말에서 유래되었는지 아닌지 일일이 파악하는 것은 어렵지 않을까?
> **학생 2** : 나는 '바다'라는 뜻을 지녔다고 하여 운하나 배의 이름으로 쓰이는 '아라'가 사실 옛말에서는 '바다'라는 의미를 지니지 않았다는 것을 기사에서 본 적이 있어. 이처럼 나도 순우리말인 줄 알고 있는 말 중에서 잘못 사용하고 있는 말은 없는지 확인해 봐야겠어.
> **학생 3** : '한뉘'가 '한평생'이라는 뜻이었구나. 이번 발표를 통해 '한뉘'와 같이 순우리말에 대해 알게 되어 좋았어. 우리 학교 '동아리 발표회 명칭 공모전'에 응모할 때, 순우리말 이름을 지어봐야겠어.

① '학생 1'은 발표 내용의 일부를 언급하며 이에 대한 의문을 제기하고 있다.
'학생 1'은 '순우리말을 찾아내 사용하려는 노력은 바람직'하다는 발표자의 발표 내용을 부분적으로 언급하면서도, '우리가 사용하는 말들이 순우리말에서 유래되었는지 아닌지 일일이 파악하는 것은 어렵지 않을까?'라며 이에 대한 의문을 제기하고 있다.

② '학생 2'는 발표 내용과 관련된 자신의 배경 지식을 활용하고 있다.
'학생 2'의 '나는 '바다'라는 뜻을 지녔다고 ~ 의미를 지니지 않았다는 것을 기사에서 적이 있어.'를 통해, 발표 내용과 관련된 자신의 배경지식을 활용하고 있음을 알 수 있다.

[문제편 p.120]

③ '학생 3'은 발표를 통해 새로운 사실을 알게 된 것을 긍정적으로 생각하고 있다.
'학생 3'의 '이번 발표를 통해 '한뉘'와 같이 순우리말에 대해 알게 되어 좋았어.'를 통해, 발표를 통해 새로운 사실을 알게 된 것을 긍정적으로 생각하고 있음을 알 수 있다.

④ '학생 1'과 '학생 3'은 발표를 통해 알게 된 내용을 바탕으로 추가적인 활동을 계획하고 있다.
'학생 3'은 순우리말에 대해 알게 되었다고 긍정적으로 평가하면서, '동아리 발표회 명칭 공모전'에 응모할 때 순우리말 이름을 지으려 하겠다 말하고 있다. 즉 '학생 3'은 발표를 통해 알게 된 내용을 바탕으로 추가적인 활동을 계획하고 있다고 할 수 있다. 하지만 '학생 1'은 발표자의 의견에 동조하면서도 의문을 제기하고 있을 뿐, 추가적인 활동을 계획하지는 않고 있다.

⑤ '학생 2'와 '학생 3'은 발표자의 발표 내용에 대해 공감하고 있다.
'학생 2'의 '이처럼 나도 순우리말인 줄 알고 있는 말 중에서 잘못 사용하고 있는 말은 없는지 확인해 봐야겠어.'와 '학생 3'의 '이번 발표를 통해 '한뉘'와 같이 순우리말에 대해 알게 되어 좋았어.'를 통해, '학생 2'와 '학생 3'이 발표 내용에 대해 공감하고 있음을 알 수 있다.

38 담화의 유형과 성격 파악 정답률 79% | 정답 ⑤

[A], [B]의 담화에 대한 설명으로 가장 적절한 것은? [3점]

① [A]에서 '학생 3'은 '학생 2'가 제시한 문제점을 반박한 후 새로운 대안을 제시하고 있다.
[A]에서 '학생 3'은, '학생 2'가 동아리 발표회 시기 변경과 행사 프로그램 추가에 대해 폐쇄형 질문 형태로 설문지를 만들어 전교생들의 의견을 물어 보자라고 의견을 내자, 그 방법은 학생들이 찬성이나 반대 의견을 밝힌 이유나 발표회에 대한 요구 사항은 파악할 수 없다는 점에서 문제가 있음을 제시하고 있다. 하지만 '학생 3'은 이에 대한 새로운 대안을 제시하지는 않고 있다.

② [B]에서 '학생 1'은 '학생 3'의 의견이 지닌 긍정적 측면을 인정한 후 이에 대한 자료를 제시하고 있다.
[B]에서 '학생 1'은, '학생 3'이 발표회 시기 변경이나 행사 프로그램 추가에 반대하는 경우에만 개방형 질문 형태로 그 이유를 물어 보자라고 의견을 제시하자 그 의견에 동의하고 있다. 하지만 '학생 1'은 자신의 의견에 대한 자료를 제시하지는 않고 있다.

③ [A]에서 '학생 1'은 '학생 3'의 의견에 대해 구체적 대안을, [B]에서 '학생 3'은 '학생 2'의 의견에 대한 문제점을 근거를 들어 언급하고 있다.
[A]에서 '학생 1'은, '학생 3'이 폐쇄형 질문 형태의 설문지로는 학생들이 찬반 의견을 밝힌 이유와 동아리 발표회에 대한 학생들의 요구 사항을 파악하기 어려울 것이라고 말하자, 이에 대해 면접 방식으로 설문 조사를 진행하자는 대안을 제시하고 있다. 그리고 [B]에서 '학생 3'은, '학생 2'가 추가 질문을 통해 발표회 시기 변경과 행사 프로그램 추가에 대한 찬반 이유와 추가하고 싶은 프로그램 종류를 파악해 보자고 말하자, 이 의견에 대해 발표회 시기 변경이나 행사 프로그램 추가에 찬성하는 경우에는 그 이유를 알 필요가 없다는 의견을 제시하고 있을 뿐 자신이 제시한 의견에 대한 근거를 언급하지는 않고 있다.

④ [A]와 [B]에서는 모두 '학생 3'이 '학생 2'가 제시한 의견이 실현되기 위한 조건에 대해 언급하고 있다.
[A]에서 '학생 3'은 '학생 2'가 제시한 의견에 대해 반대 의견을 제시하고 있을 뿐, '학생 2'가 제시한 의견이 실현되기 위한 조건에 대해 언급하지는 않고 있다. 그리고 [B]에서 '학생 3은' '학생 2'의 의견에 반대하면서 자신이 생각하는 의견을 추가로 제시하고 있을 뿐, '학생 2'가 제시한 의견이 실현되기 위한 조건에 대해 언급하지는 않고 있다.

⑤ [A]와 [B]에서는 모두 '학생 2'가 '학생 1'이 제시한 의견이 야기할 문제점을 언급하며 이의를 제기하고 있다.
[A]에서 '학생 2'는 모집단을 선정한 후 면접 방식으로 설문을 진행하자는 '학생 1'의 제안에 대해, 모집단 선정 기준과 선정된 학생의 의견이 전체 학생의 의견을 대표할 수 있는지가 문제가 될 수 있다고 이의를 제기하고 있다. 그리고 [B]에서 '학생 2'는 프로그램 추가와 관련된 질문도 개방형 질문으로 물어보자는 '학생 1'의 의견에 대해, 설문 조사 결과를 수합하기 어려울 수 있다며 이의를 제기하고 있다.

39 담화의 공통점 파악 정답률 88% | 정답 ①

(가)의 담화 흐름을 고려할 때, ㉠과 ㉡의 공통점으로 가장 적절한 것은?

① 논의된 의견을 절충하는 방안을 제시한 후 그 방안에 대한 상대방의 동의를 구하는 발화이다.
㉠은 폐쇄형 질문 형태로 설문지를 만들어 전교생을 대상으로 설문 조사를 실시하자는 '학생 2'의 의견과, 개방형 질문과 추가 질문을 활용하여 학생들의 의견을 심층적으로 파악하자는 '학생 1'의 의견을 절충하여 다양한 문항 유형의 설문지를 만들어 전교생을 대상으로 설문 조사를 실시하자는 의견에 대해 동의를 구하고 있다. 그리고 ㉡은 프로그램 추가에 관한 의견을 개방형 질문 형태의 추가 문항으로 물어보자는 '학생 1'의 의견과 설문 조사 결과의 수합을 쉽게 하기 위해 폐쇄형 질문 형태로 추가 문항을 만들자는 '학생 2'의 의견을 절충하여 폐쇄형 질문 형태로 추가 문항을 만들되, 응답 항목 중 원하는 것이 없는 경우에는 개방형 형식으로 학생들의 의견을 서술하도록 하자며 동의를 구하고 있다. 따라서 ㉠과 ㉡은 논의된 의견을 절충하는 방안을 제시한 후 그 방안에 대한 상대방의 동의를 구하는 발화이다.

② 논의된 의견들이 지닌 장점을 언급한 후 상대방에게 하나의 방안을 선택할 것을 권유하는 발화이다.

③ 논의된 의견 중 하나를 지지하는 방안을 제시한 후 그 방안에 대한 상대방의 생각을 확인하는 발화이다.

④ 논의된 의견들이 지닌 한계를 언급한 후 이를 보완할 수 있는 방안에 대한 상대방의 의견을 요청하는 발화이다.

⑤ 논의된 의견들을 시행했을 때 기대되는 효과를 언급한 후 상대방에게 자신의 생각이 맞는지를 확인하는 발화이다.

40 고쳐 쓰기 계획의 반영 여부 파악 정답률 88% | 정답 ③

다음은 추가 회의를 바탕으로 (나)를 고쳐 쓴 글이다. 고쳐 쓴 글에 반영된 의견으로 적절하지 않은 것은?

> **동아리 발표회 개최 시기 변경 및 프로그램 추가 찬반 조사**
>
> 학생 여러분, 안녕하십니까? ○○고등학교 학생회입니다. 지난 6월에 개최된 학생회 회의에서 12월에 개최되는 동아리 발표회를 10월로 변경하여 실시하자는 의견과 동아리 발표회 행사의 다양화를 위해 행사 프로그램을 추가하자는 의견에 대해 논의하였습니다. 이에 학생회에서는 동아리 발표회 개최 시기 변경과 프로그램 추가 여부에 관해 여러분의 생각을 듣고자 합니다. 여러분께서 주시는 소중한 의견이 학생이 함께 학교를 만들어 가는 데 디딤돌이 된다는 점에서, 앞으로 진행될 설문 조사에 여러분의 솔직한 생각을 담아 주시면 고맙겠습니다.

① 제목이 구체적이지 않으므로 설문 조사의 목적을 알 수 있도록 제목을 수정하자.
(나)의 내용과 '고쳐 쓴 글'을 비교해 보면, '고쳐 쓴 글'에서는 제목을 '동아리 발표회 개최 시기 변경 및 프로그램 추가 찬반 조사'로 고쳤음을 알 수 있다. 이는 (나)에 제시된 '동아리 발표회 관련 설문 조사'라는 제목에 설문 조사의 목적이 분명히 드러나지 않아 설문 조사의 목적을 분명히 하기 위해 고친 것임을 알 수 있다.

② 글의 흐름에 어긋나는 문장이 있으므로 글의 흐름과 관련 없는 내용은 삭제하자.
(나)의 내용과 '고쳐 쓴 글'을 비교해 보면, '고쳐 쓴 글'에서는 '또한 등교 음악회 선곡 및 학급 단합 행사의 지원금 확대 등에 대해서도 논의를 하였습니다.'라는 문장을 삭제했음을 알 수 있다. 이는 삭제된 내용이 안내문의 내용에 어긋났기 때문이라 할 수 있다.

③ 설문 조사로 의견을 수합하는 방식의 장점을 언급하며 설문 조사에 참여하는 구체적인 방법을 안내하자.
(나)의 내용과 '고쳐 쓴 글'을 비교해 보면, '고쳐 쓴 글'에서는 설문 조사에 참여하는 것이 학생이 함께 학교를 만들어 가는 디딤돌이 된다는 점만 언급하고 있을 뿐, 설문 조사로 의견을 수합하는 방식의 장점에 대해 언급하지는 않고 있다. 또한 설문 조사에 참여하는 구체적인 방법에 대해서도 언급하지 않고 있다.

④ 설문 조사에 대한 학생들의 참여를 독려하기 위해 설문 조사 참여가 지닌 의의와 관련된 내용을 추가하자.
(나)의 내용과 '고쳐 쓴 글'을 비교해 보면, '고쳐 쓴 글'에서는 '학생이 함께 학교를 만들어가는 데 디딤돌이 된다는 점'을 설문 조사 참여의 의의로 제시하며 학생들의 설문 조사 참여를 독려하고 있다.

⑤ 설문 조사와 관련된 논의 내용을 모르는 학생이 많으므로 설문 조사를 실시하게 된 배경을 구체적으로 언급하자.
(나)의 내용과 '고쳐 쓴 글'을 비교해 보면, '고쳐 쓴 글'에서는 '6월에 개최된 학생회 회의'의 논의 내용을 구체적으로 언급하며 설문 조사를 실시하게 된 배경을 소개하고 있다.

41 작문 내용에 대한 반응의 적절성 파악 정답률 83% | 정답 ④

다음은 (가)를 바탕으로 작성한 설문 문항의 초고이다. 설문 문항에 대한 이해로 적절하지 않은 것은?

> ◇ 설문 문항 ◇
>
> **문항 1.** 작년에 개최된 동아리 발표회에 참여하였습니까?
> (1) 참여하였다. (2) 참여하지 않았다.
>
> **문항 2.** 동아리 발표회 시기 변경과 행사 프로그램 추가에 동의하십니까?
> (1) 동의한다. (2) 동의하지 않는다.
> 2-1. 동의한다면 그 이유는 무엇입니까? ( )
> 2-2. 동의하지 않는다면 그 이유는 무엇입니까? ( )
>
> **문항 3.** 동아리 발표회에 추가할 프로그램은 무엇입니까?
> (1) 체험 부스 (2) 전시회 (3) 학술제 (4) 기타 ( )

① '문항 1'은 발표회 시기 변경이나 행사 프로그램 추가와 관련하여 회의에서 언급되지 않은 내용이므로 굳이 설문 문항에 포함시킬 필요가 없을 것 같아.
'문항 1'은 동아리 발표회에 참여하였는지를 묻는 설문 조사 내용이므로, 발표회 시기 변경이나 행사 프로그램 추가와 관련한 회의에서 언급되지 않은 내용에 해당한다. 따라서 이러한 설문 문항을 굳이 포함시킬 필요가 없다고 한 내용은 적절하다.

② '문항 2'는 동아리 발표회 시기 변경에 찬성하지만 행사 프로그램 추가에 반대하는 의견을 반영할 수 있도록 추가 문항을 포함하여 각각 별도의 문항으로 분리하면 좋을 것 같아.
'문항 2'는 동아리 발표회 시기 변경과 행사 프로그램 추가의 찬반 여부를 동시에 묻고 있으므로, 동아리 발표회 시기 변경에 대한 찬반 의견과 행사 프로그램 추가에 대한 찬반 의견이 다른 경우에는 응답자가 자신의 의견을 제대로 답할 수 없다. 따라서 '문항 2'를 각각 별도의 문항으로 분리해야 한다는 내용은 적절하다.

③ '문항 2-1'은 발표회 시기 변경과 행사 프로그램 추가에 동의한 학생들에게 이유를 물을 필요가 없다는 회의 내용을 고려하면 설문 문항에 포함시킬 필요가 없을 것 같아.
(가)에서 동아리 발표회 시기 변경과 행사 프로그램 추가에 찬성하는 경우에는 그 이유를 물어볼 필요가 없다고 하였으므로, '문항 2-1'을 설문 문항에 포함시킬 필요가 없다고 한 내용은 적절하다.

④ '문항 3'의 선택 항목 중 체험 부스는 이미 동아리 발표회 프로그램으로 운영되고 있다고 했으므로 다른 행사로 바꿀 필요가 있을 것 같아.
(가)에서 '학생 1'의 첫 번째 발화를 통해 동아리 발표회가 전시 위주로 진행된다는 점을 알 수 있다. 따라서 '문항 3' 중 이미 운영되고 있어서 다른 프로그램으로 바꾸어야 할 프로그램은 (1)번 선택지가 아닌 (2)번 선택지이다.

⑤ '문항 3'은 설문 조사 결과 수합의 용이성과 답변의 다양성을 둘 다 확보하기 위해 폐쇄형 문항과 개방형 문항을 섞어 작성했다는 점에서 회의 내용을 잘 반영한 문항 같아.
'문항 3'은 동아리 발표회에 추가하고 싶은 프로그램을 (1)~(3)번 선택지에서 고르거나 선택지 중 자신이 원하는 프로그램이 없을 경우 자유롭게 의견을 서술하는 문항이다. 이는 설문 결과 수합의 용이성과 답변의 다양성을 확보하는 문항을 만들자는 (가)의 회의 내용이 반영된 것이므로 적절하다.

42 작문의 특성 파악하기 정답 ③

윗글을 통해 알 수 있는 작문의 특성으로 가장 적절한 것은?

① 사회의 비특정 다수를 독자로 설정한 것을 통해 작문은 사회적 문제를 해소할 수 있는 표현 행위임을 알 수 있다.
이 글에서는 예상 독자를 '○○시청 정책 담당자'라고 구체적으로 제시하고 있으므로, '사회의 비특정 다수를 독자로 설정'하였다는 내용은 적절하지 않다.

② 공간의 흐름에 따라 내용을 구성한 것을 통해 작문은 정보 제시 방법을 고려하는 표현 행위임을 알 수 있다.

'장천 주변'이라는 공간을 대상으로 하고 있지만, '학생의 초고'에서는 공간의 흐름에 따라 내용을 구성하지는 않고 있다.

✔ 근거를 들어 글쓴이 자신의 의견을 제시한 것으로 미루어 보아 작문은 특정한 목적을 이루기 위한 표현 행위임을 알 수 있다.
이 글은 장천 주변 자전거 도로 건설 사업으로 인해 사라질 위기에 처한 생물들을 보호할 수 있는 방안을 건의하는 건의문에 해당한다. 이 건의문에서 학생은 자신이 생각하는 해결 방안, 즉 기존의 자전거 도로와 장천 주변의 둘레길을 연결해 보는 방식을 제안하면서, 이러한 해결 방안이 받아들여졌을 때의 효과를 근거로 제시하고 있다.

④ 문제가 되는 상황을 구체적으로 제시한 것으로 미루어 보아 작문은 독자와 글쓴이 간의 갈등 해결을 위한 표현 행위임을 알 수 있다.
장천 주변 자전거 도로 건설 사업으로 인해 생물들이 사라질 위기에 처해 있음을 통해 문제가 되는 상황을 구체적으로 제시하고 있음을 알 수 있지만, 이러한 문제 상황 제시는 독자와 글쓴이 간의 갈등과 관련이 없다.

⑤ 작문의 일반적인 관습적 형식을 지키고 있는 것으로 미루어 보아 작문은 글의 소재가 다르더라도 글쓰기 형식은 동일하게 표현하는 행위임을 알 수 있다.
이 글에서는 건의문의 형식에 맞게 작문하고 있으므로, 작문의 일반적인 관습적 형식을 지킨다고는 볼 수 없다. 참고로 글의 성격에 따라 작문의 형식은 바뀔 수 있다.

43 글쓰기 전략 파악

정답률 85% | 정답 ①

'학생의 초고'에 사용된 글쓰기 전략에 대한 설명으로 적절하지 않은 것은?

✔ 글을 쓰게 된 계기를 설명하기 위해 장천 둘레 길에서의 개인적인 경험을 언급하고 있다.
1문단을 통해 '학생'이 글을 쓰게 된 계기가 장천 주변 자전거 도로 건설 사업으로 인해 생물들이 사라질 위기에 처했기 때문임을 알 수 있지만, 이러한 계기를 드러내기 위해 개인적인 경험을 언급하지는 않고 있다.

② 건의 내용의 타당성을 높이기 위해 둘레 길을 활용하는 방안이 가져올 다양한 효과를 제시하고 있다.
3문단을 통해 둘레 길 활용 방안이 가져올 다양한 효과, 즉 습지의 보호, 건설 비용 절약, 둘레 길 정비 등을 제시하고 있는데, 이러한 효과 제시는 건의 내용의 타당성을 높여 준다.

③ 건의 내용의 적절성을 강조하기 위해 자전거 도로 건설 사업으로 인해 예상되는 문제점을 언급하고 있다.
2문단을 통해 자전거 도로 건설 사업으로 인해 예상되는 문제점, 즉 멸종 위기 생물들의 생존 위협이라는 문제점을 언급하고 있다. 이러한 예상되는 문제점 언급은 건의 내용의 적절성을 강조해 준다.

④ 문제 해결의 필요성을 강조하기 위해 장천과 그 주변 습지에 서식하는 희귀 생물들을 예로 들어 제시하고 있다.
2문단을 통해 멸종 위기 생물들의 서식지인 장천 주변 습지 보호의 필요성을 강조하기 위해 금개구리나 꼬마잠자리, 가시연꽃과 같은 희귀 생물을 예로 들어 제시하고 있다.

⑤ 건의 내용의 실현 가능성을 높이기 위해 장천 습지를 매립하지 않고 자전거 도로를 연결할 수 있는 대안을 제시하고 있다.
3문단을 통해 학생은 기존 자전거 도로와 둘레 길의 연결이라는 대안을 제시하고 있는데, 이는 장천 주변 습지의 보호라는 건의 내용의 실현 가능성을 높이기 위한 대안이다.

44 자료 활용의 적절성 파악

정답률 73% | 정답 ②

〈보기〉는 '학생의 초고'를 보완하기 위해 수집한 자료이다. 〈보기〉의 활용 방안으로 적절하지 않은 것은? [3점]

〈보 기〉

(가) 통계 자료

1. 생물 종 감소 원인

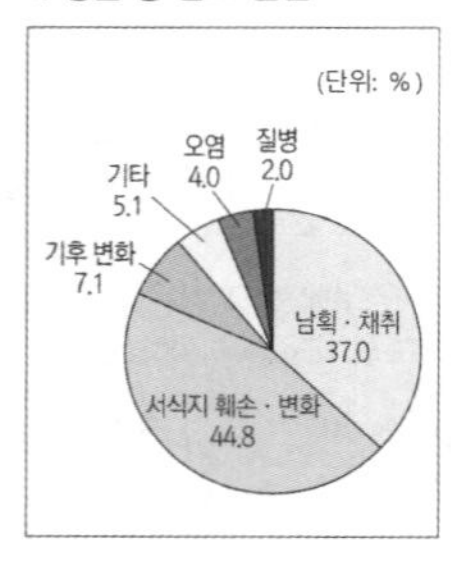

2. 지역 주민 대상 설문 조사 결과

장천 주변 습지 방문자를 위한 효과적인 정보 제공 방법	
습지 생태 안내판	47%
시청 홈페이지	23%
시청 공식 SNS	15%
지역 신문	7%
기타	8%

(나) 신문 기사

△△ 생태공원은 한강을 대표하는 친환경 생태공원이자 지역 주민의 생활·휴식 공간으로 자리매김하고 있다. 다양하고 희귀한 생물들의 서식지를 보호하기 위해 생태공원으로 조성한 후 정부에서는 매년 환경 평가를 실시해 공원 상태를 점검·관리하고 있고 지역 주민들 역시 공원 환경 지킴이, 환경 정화 캠페인 활동으로 공원 관리에 적극적으로 참여하고 있다. △△ 생태공원은 지역 주민과 정부가 생태 환경 보호와 지역 주민 복지라는 두 가지 공익 실현을 위해 함께 노력한 모범 사례로 손꼽히고 있다.

(다) 전문가 인터뷰

습지의 가치는 다양합니다. 다양한 생명체들의 서식처를 제공해 생태계의 안정을 유지시켜 주는 '생태적 가치', 장마철이나 홍수 때의 물을 저장해 두었다가 주위에 공급하는 '수문으로서의 가치'가 대표적입니다. 또한 수자원 개발 및 관리와 관련된 비용을 절감시켜 주며, 수질을 정화해 환경 오염에 따른 비용을 절감시키는 등 '경제적 가치'도 지녀 그 보존 가치가 매우 높습니다.

① (가)-1을 활용하여, 장천 주변 습지에 살고 있는 멸종 위기 생물의 보호를 위해 서식지 보호가 필요함을 부각한다.
(가)-1을 통해 생물 종 감소의 가장 큰 원인인 '서식지 훼손·변화'임을 알 수 있으므로, (가)-1을 활용하여 장천 주변 습지에 살고 있는 멸종 위기 생물의 보호를 위해 서식지 보호가 필요함을 부각한다는 자료 활용 방안은 적절하다.

✔ (나)를 활용하여, 장천 주변 습지의 생태를 보호하기 위해 장천 습지를 친환경 생태공원으로 개발해야 한다는 주장을 뒷받침하는 사례로 제시한다.
'학생의 초고'에서는 장천 주변 습지 생태를 보호하기 위해 기존 자전거 도로와 둘레 길 연결을 건의하고 있을 뿐, 장천 습지를 친환경 생태공원으로 개발해야 한다는 주장은 나타나 있지 않다. 따라서 장천 주변 습지의 생태를 보호하기 위해 장천 습지를 친환경 생태공원으로 개발해야 한다는 주장을 뒷받침하기 위한 사례로 (나)를 활용하자는 내용은 적절하지 않다.

③ (다)를 활용하여, 장천 주변 습지가 생태적 가치 외에도 다양한 가치를 지닌다는 내용을 장천 주변 습지 매립에 반대하는 근거로 추가한다.
(다)는 습지의 가치에 대한 전문가 인터뷰 자료로, 습지가 '생태적 가치' 외에도 '수문으로서의 가치', '경제적 가치' 등 다양한 가치가 있음을 드러내고 있다. 따라서 (다)를 활용하여 장천 주변 습지가 생태적 가치 외에도 다양한 가치를 지닌다는 내용을 장천 주변 습지 매립에 반대하는 근거로 추가한다는 활용 방안은 적절하다.

④ (가)-1과 (나)를 활용하여, 행정 기관과 지역 주민이 연계한 서식지 보호 노력이 이루어진다면 생물 종 감소를 막는 데 도움이 될 수 있음을 추가한다.
(가)-1을 통해 생물 종 감소의 가장 큰 원인인 '서식지 훼손·변화'임을 알 수 있고, 신문 기사인 (나)를 통해 생태 환경 보호를 위해 지역 주민과 행정 기관이 노력하고 있음을 알 수 있다. 따라서 (가)-1과 (나)를 활용하여, 행정 기관과 지역 주민이 연계한 서식지 보호 노력이 이루어진다면 생물 종 감소를 막는 데 도움이 될 수 있음을 추가한다는 자료 활용 방안은 적절하다.

⑤ (가)-2와 (다)를 활용하여, 장천 주변의 습지가 지닌 가치를 알리기 위해 장천 주변 습지 방문자를 위한 생태 안내판을 설치하자는 내용을 추가한다.
(가)-2는 장천 주변 습지 방문자를 위한 효과적인 정보 제공 방법이라는 설문 조사 결과로, 이를 통해 '습지 생태 안내판'이 가장 효과적인 정보 제공 방법임을 알 수 있다. 그리고 (다)는 습지의 가치에 대한 전문가 인터뷰 자료로, 습지가 '생태적 가치' 외에도 '수문으로서의 가치', '경제적 가치' 등 다양한 가치가 있음을 드러내고 있다. 따라서 (가)-2와 (다)를 활용하여 장천 주변의 습지가 지닌 가치를 알리기 위해 장천 주변 습지 방문자를 위한 생태 안내판을 설치하자는 내용을 추가한다는 자료 활용 방안은 적절하다.

45 조건에 따른 글쓰기

정답률 93% | 정답 ③

선생님의 조언을 고려할 때, ㉠에 들어갈 내용으로 가장 적절한 것은?

> 선생님 : 글의 마무리로 건의 내용을 언급한 후, 그것이 받아들여졌을 때 자연과 마을 주민들 양쪽이 얻게 될 이익을 구체적으로 표현한다면 설득력을 높일 수 있을 것 같구나.

① 기존 자전거 도로와 둘레 길을 연결한다면 사람과 자연 모두에게 이익을 제공할 수 있는 지속 가능한 개발이 실현될 것입니다.

② 기존 자전거 도로와 둘레 길을 연결한다면 주민들뿐만 아니라 이곳을 찾는 방문객들도 안전하고 깨끗해진 둘레 길에서 건강과 여유를 얻게 될 것입니다.

✔ 기존 자전거 도로와 둘레 길을 연결한다면 주민들은 정비된 둘레 길을 통해 자연 속 휴식처를 얻게 되고, 멸종 위기 생물들은 안전한 서식처를 얻게 될 것입니다.
선생님'의 말을 통해, ㉠에 들어갈 내용은 '건의 내용을 언급한 후, 건의 내용이 받아들여졌을 때의 자연과 마을 주민들 양쪽이 얻게 될 이익을 구체적으로 표현'한 것임을 알 수 있다.
③의 '기존 자전거 도로와 둘레 길을 연결한다면'이라는 말에서 건의 내용을 언급하고 있고 마을 주민에게는 '자연 속 휴식처', 멸종 위기 생물들에게는 '안전한 서식처'라는 구체적 이익을 표현해 설득력을 높이고 있음을 알 수 있다.

④ 기존 자전거 도로와 둘레 길을 연결한다면 주민들은 자연이 주는 혜택을 충분히 누리게 되고, 이를 통해 자연의 소중함을 깨달아 자발적으로 환경 보호에 힘쓸 것입니다.

⑤ 기존 자전거 도로와 둘레 길을 연결한다면 습지 생태계를 보호할 수 있어 생물 종 다양성을 확보하면서도 멸종 위기종의 개체 수는 증가할 것입니다.

[문제편 p.124]

11회 | 수능 실전 모의고사 고3

• 정답 •

35 ⑤ 36 ④ 37 ⑤ 38 ② 39 ③ 40 ③ 41 ⑤ 42 ④ 43 ⑤ 44 ⑤ 45 ③

35 강연 계획의 파악

정답률 92% | 정답 ⑤

다음은 위 강연을 위해 사전에 청중을 분석하여 세운 강연 계획이다. 강연 내용에 반영되지 않은 것은?

① **학생들이 일상생활에서 시도해 볼 수 있는 '자발적 고독'의 방법을 안내해야겠군.**
4문단을 통해 강연자가 자발적 고독을 즐기기에 가장 효과적인 활동으로 '멍하게 있는 시간'과 '유도된 심상'을 떠올리는 것을 들고 있음을 알 수 있다.

② **학생들이 알고 있는 신조어를 활용하여 학생들의 주의를 환기하고 흥미를 유발해야겠군.**
2문단의 '여러분, 'TMI'나 '관태기'와 ~ 네, 많이들 알고 있네요.'를 통해, 학생들이 알고 있는 신조어를 활용하여 학생들의 주의를 환기하고 흥미를 유발하고 있음을 알 수 있다.

③ **학생들이 '자발적 고독'이 왜 필요한지 궁금해 할 수 있으니 '자발적 고독'의 효과를 제시해야겠군.**
3문단에서 '자발적 고독'이 원만한 대인 관계를 형성하는 데 도움을 주고, 4문단에서 '자발적 고독'이 창의력 증진, 스트레스 조절 등에 도움을 준다는 사실을 언급하고 있다. 이러한 '자발적 고독'의 효과 제시는 '자발적 고독'이 왜 필요한지에 대한 설명에 해당한다.

④ **학생들이 '자발적 고독'과 타인에 의한 '고립'을 혼동할 수 있으니 그 차이를 비교하여 설명해야겠군.**
3문단에서 강연자는 '자발적 고독'과 타인에 의한 '고립'의 차이점을 제시하여 학생들이 '자발적 고독'의 의미를 제대로 이해할 수 있도록 하고 있다.

✔ **학생들이 '자발적 고독'을 실천하는 과정에서 어려움을 겪을 수 있으니 예상되는 문제와 해결 방안을 함께 제시해야겠군.**
이 강연의 4문단을 통해 강연자가 '자발적 고독'을 실천하는 구체적인 방법을 제시하고 있음을 알 수 있다. 하지만 강연자가 '자발적 고독'을 실천하는 과정에서 어려움을 겪을 수 있는 예상되는 문제점이나 이에 대한 해결 방안을 언급하지는 않고 있다.

36 말하기 방식 파악

정답률 78% | 정답 ④

위 강연자의 말하기 방식으로 가장 적절한 것은?

① **관련 기관의 설문 조사 결과를 인용하여 강연 내용을 뒷받침하고 있다.**
이 강연에서 관련 기관의 설문 조사 결과를 인용하지는 않고 있다.

② **자신의 과거 경력을 소개하여 청중이 강연 내용에 대해 신뢰감을 갖게 하고 있다.**
강연자가 자신이 '심리학과 교수'임을 밝히고는 있지만, 자신의 과거 경력에 대해 소개하지는 않고 있다.

③ **강연 진행 순서를 처음에 안내하여 청중이 강연 내용을 예측할 수 있도록 하고 있다.**
1문단에서 강연 주제와 강연자가 누구인지 밝히고 있지만, 강연 진행 순서를 안내하지는 않고 있다.

✔ **강연의 마무리 부분에서 비유적 표현을 활용하여 강연의 핵심적인 내용을 강조하고 있다.**
5문단의 '지금부터라도 오롯이 나를 위한 '1인분의 시간'을 마련해 보는 것이 어떨까요?'를 통해, 강연자가 '1인분의 시간'이라는 비유적인 표현을 활용하여 현대인들에게 '나 자신을 위한 시간'인 '자발적 고독'이 필요하다는 점을 강조하고 있음을 알 수 있다.

⑤ **전체 강연 내용을 요약하는 시각 자료를 활용하여 청중이 강연 내용을 잘 기억할 수 있도록 하고 있다.**
4문단에서 '멍하게 있는 시간'과 관련하여 '뇌 사진'을 보여 주고 있지만, 전체 강연 내용을 요약하는 시각 자료를 활용하지는 않고 있다.

37 반응의 적절성 파악

정답률 93% | 정답 ⑤

다음은 위 강연을 들은 청중들이 강연자의 SNS에 남긴 댓글이다. 강연 내용을 고려하여 청중들의 반응을 분석한 것으로 적절하지 않은 것은?

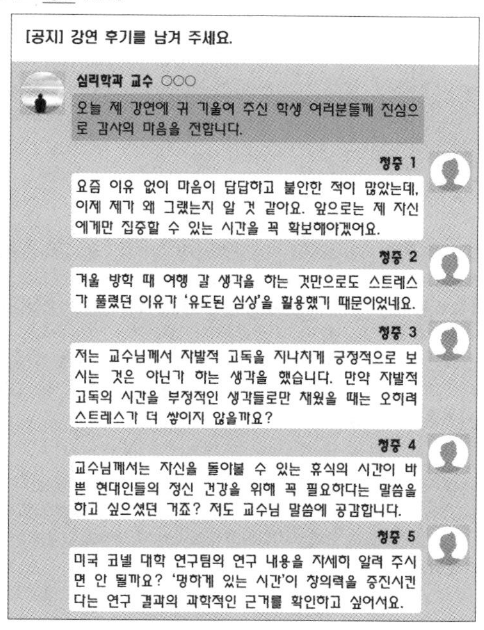

① **'청중 1'은 강연 내용을 자신의 문제 상황에 적용하고 있다.**
'청중 1'은 '요즘 이유 없이 마음이 답답하고 불안한 적이 많았는데, 이제 제가 왜 그랬는지 알 것 같아요.'라고 말하고 있는데, 이는 강연 내용을 자신의 문제 상황에 적용하고 있는 것이다.

② **'청중 2'는 강연 내용과 관련된 자신의 경험을 떠올리고 있다.**
'청중 2'는 겨울 방학 때 여행 갈 생각을 하는 것만으로도 스트레스가 풀렸던 이유가 '유도된 심상'을 활용했기 때문이라 하고 있는데, 이는 강연 내용인 '유도된 심상'과 관련된 자신의 긍정적 경험을 떠올린 것이다.

③ **'청중 3'은 비판적 태도로 강연 내용에 의문을 제기하고 있다.**
'청중 3'은 강연 내용이 긍정적 측면으로만 치우친 것은 아닌지 비판적으로 바라보면서, '만약 자발적 고독의 시간을 ~ 스트레스가 더 쌓이지 않을까요?'라며 자발적 고독이 부정적인 결과를 초래할 가능성에 대해 의문을 제기하고 있다.

④ **'청중 4'는 강연자의 의도를 확인한 후 강연자의 견해에 동조하고 있다.**
'청중 4'는 '자발적 고독'이 피로, 불안감, 답답함을 느끼는 현대인들에게 도움을 줄 수 있다는 강연 내용을 바탕으로, '자신을 돌아볼 수 있는 휴식의 시간'이 '바쁜 현대인들의 정신 건강'을 위해 필요하다는 강연자의 의도를 확인한 뒤 이에 동조하고 있다.

✔ **'청중 5'는 강연자에게 질문을 하며 강연 내용에 대한 자신의 이해가 맞는지 확인하고 있다.**
'청중 5'는 '미국 코넬 대학 연구팀의 연구 내용을 자세히 알려 주시면 안 될까요?'라면서 그 이유를 들고 있다. 따라서 '청중 5'는 강연 내용과 관련한 추가 정보를 강연자에게 요청한다고 볼 수 있으므로, 강연 내용에 대한 자신의 이해가 맞는지 질문한다고는 볼 수 없다.

38 토의의 내용과 전략 평가

정답률 83% | 정답 ②

대화의 흐름을 고려할 때, ㉠ ~ ㉤에 대한 이해로 적절하지 않은 것은?

① **㉠ : 상대 제안이 야기할 수 있는 부정적 측면을 고려하여 토의 안건의 논의 순서에 대한 반대 의견을 전달하는 발화이다.**
㉠은 '학생 1'의 의견에 대한 말하기로, '학생 1'이 홍보용 안내 게시물의 유형부터 정하자는 의견을 제시한 것에 대해, '학생 2'는 홍보용 안내 게시물의 유형을 먼저 결정할 경우, 안내 게시물에 들어갈 내용이 제한될 수 있다고 자신의 의견을 밝히고 있다. 따라서 ㉠은 '학생 1'이 제안한 의견이 야기할 수 있는 부정적 측면을 고려한 반대 의견이다.

✔ **㉡ : 설문 결과를 근거로 포스터 형식의 게시물을 채택하자는 상대의 의견과 상반된 생각을 나타내는 발화이다.**
㉡은 '학생 3'의 말하기를 듣고 한 말이다. 즉 '학생 3'이 포스터 형식으로 안내 게시물을 작성할 경우 행사의 취지 및 참가 방법을 홍보할 수 없을 것이라고 하자, '학생 2'는 행사의 취지 및 참가 방법을 효과적으로 알릴 수 있는 안내 게시물 형식을 찾아보자는 의견을 제시하고 있다. 이렇게 볼 때, ㉡은 '학생 3'의 생각에 동의하는 발화라 볼 수 있으므로, '학생 3'과 상반된 입장을 드러내었다는 이해 내용은 적절하지 않다.

③ **㉢ : 행사에 참여하는 대상을 고려해야 한다는 점을 이유로 상대가 발언한 제안 중 한 가지를 선택하는 발화이다.**
㉢은 '학생 3'이 교목이나 교화 중 한 가지를 선택해서 행사의 제목을 정하자고 제안한 것에 대해, '학생 2'가 행사에 참여하는 지역 주민들이 잘 알고 있다는 점을 근거로 교목을 활용하여 제목을 정하자는 의견에 해당한다. 따라서 ㉢은 행사에 참여하는 대상을 고려하여 '학생 3'이 발언한 제안 중 한 가지를 선택하는 말하기이다.

④ **㉣ : 포스터를 제작하는 목적을 고려하여 전달할 정보의 양을 고려해야 한다는 상대의 의견에 동의하는 발화이다.**
㉣ 앞을 보면, '학생 1'은 포스터에 '나눔 장터'와 세부 프로그램에 대한 자세한 정보를 제공하자는 '학생 2'의 의견에 대해 학생들이 행사 정보를 파악하기 어렵다는 이유를 들어 반대하고 있음을 알 수 있다. 그리고 이에 대해 '학생 3'은 ㉣에서 포스터에는 필요한 정보만을 선별해서 제공하자는 의견을 제시하고 있으므로, ㉣은 포스터를 제작하는 목적을 고려하여 전달할 정보의 양을 고려해야 한다는 상대의 의견에 동의하는 말하기이다.

⑤ **㉤ : 행사에 도움을 준 단체를 밝히자는 자신의 제안을 상대가 어떻게 생각하는지 확인하는 발화이다.**
㉤은 '학생 3'이 '나눔 장터'를 준비하는 데 도움을 준 단체들의 이름을 밝히자는 자신의 제안에 대해 상대가 어떻게 생각하는지 묻고 있으므로, 행사에 도움을 준 단체를 밝히자는 자신의 제안을 상대가 어떻게 생각하는지 확인하는 말하기이다.

39 담화의 유형과 성격 파악

정답률 78% | 정답 ③

[A], [B]의 담화에 대한 설명으로 가장 적절한 것은? [3점]

① **[A]에서 '학생 3'은 '학생 1'과 '학생 2'의 의견이 대립하는 상황에서 '학생 2'의 의견을 지지하고 있다.**
[A]에서 '학생 1'은 홍보용 안내 게시물의 유형부터 정하자는 의견을 말하고 있으며, '학생 2'는 안내 게시물에 들어갈 내용이 제한될 수 있다며 '학생 1'의 의견에 반대하고 있다. 이를 듣고 '학생 3'은 '밤샘 독서' 행사를 언급하며 '학생 1'의 의견을 지지하고 있다.

② **[B]에서 '학생 2'는 '학생 3'이 제안한 의견의 타당성을 점검한 후 이를 뒷받침하는 근거를 요구하고 있다.**
[B]에서 '학생 2'는 '학생 3'이 제시한, 교목이나 교화 중 한 가지를 선택해 행사의 제목을 정하자는 의견과 포스터 중앙에는 행사 진행 모습을 그림으로 그리자는 의견에 모두 동의하고 있다. 그러나 '학생 3'의 의견을 뒷받침하는 근거를 요구하고 있지는 않다.

✔ **[A]에서 '학생 1'은 '학생 2'의 의견에 대한 구체적 방안을, [B]에서 '학생 1'은 '학생 2'의 의견에 대한 문제점을 언급하고 있다.**
[A]에서 '학생 2'가 행사 개최 시기와 장소 및 행사의 취지와 물품 판매 방법을 효과적으로 알릴 수 있는 안내 게시물 형식을 찾아보자라고 제안하고 있고, 이에 대해 '학생 1'은 행사 취지와 물품 판매 방법은 안내 글 형식으로, 행사의 개최 시기와 장소에 관한 안내는 포스터 형식으로 게시하자는 의견을 드러내고 있다. 그리고 [B]에서 '학생 2'가 포스터 그림의 양쪽에 '나눔 장터'와 세부 프로그램에 대한 자세한 정보를 제공하자는 의견을 제시하자, '학생 1'은 이에 대해 학생들이 행사 정보를 파악하기 어렵다는 이유로 반대하고 있다. 따라서 [A]에서 '학생 1'은 '학생 2'의 의견에 대한 구체적 방안을 제시하고 있고, [B]에서 '학생 1'은 '학생 2'의 의견에 대한 문제점을 언급하고 있다.

④ **[A]와 [B]에서는 모두 '학생 3'이 '학생 1'이 제시한 의견을 수용하면서 그 이유를 밝히고 있다.**

PART II 11회

[문제편 p.125]

[B]에서 '학생 3'은 포스터 그림의 양쪽에 '나눔 장터'와 세부 프로그램에 대한 자세한 정보를 제공하면 학생들이 행사 정보를 파악하기 어려울 것이라는 '학생 1'의 의견을 수용하고 있을 뿐, 그 이유를 밝히고 있지는 않다. [A]에서 '학생 3'은 행사의 취지와 물품 판매 방법을 안내하기에는 포스터 형식이 적합하지 않다는 점을 들어 '학생 1'의 의견에 반대하고 있다.

⑤ **[A]와 [B]에서는 모두 '학생 3'이 '학생 2'가 제시한 의견을 들은 후 자신의 의견을 수정하여 제시하고 있다.**
[A]에서 '학생 3'은 '밤샘 독서' 행사를 언급하며 '학생 2'의 의견에 대해 반대하고 있을 뿐, 자신의 의견을 수정하여 제시하고 있지는 않다. [B]에서도 '학생 3'은 자신의 의견을 수정하여 제시하고 있지 않다.

40 작문 계획의 반영 여부 파악 정답률 76% | 정답 ③

다음은 (가)를 바탕으로 작성한 '안내 포스터'이다. ⓐ ~ ⓔ에 대한 이해로 적절하지 않은 것은?

① **ⓐ를 보니 '나눔 장터' 행사의 의의를 드러내기 위해 대구법과 연쇄법을 활용한 문구를 제시하였군.**
'안내 포스터'의 ⓐ에서는 '~을/를 통한 ~의'의 문장 구조가 반복된 대구법, 그리고 '재사용'과 '재활용'을 뒤에 이어 사용한 연쇄법이 사용되어 있다. 또한 내용상 행사의 의의를 제시하고 있으므로, 표현 기법을 활용하여 행사의 의의를 소개하자는 (가)의 토의 내용을 반영한 것이라 할 수 있다.

② **ⓑ를 보니 학생들이 '나눔 장터'에서 개최되는 프로그램을 쉽게 파악할 수 있도록 정보를 항목화하여 나타내었군.**
'안내 포스터'의 ⓑ에서는 '벼룩시장'과 '먹거리 시장', '체험 마당' 등으로 '나눔 장터'와 관련된 세부 프로그램을 항목화하여 제시하고 있다. 따라서 학생들이 행사 정보를 쉽게 파악할 수 있도록 하자는 (가)의 토의 내용을 반영한 것이라 할 수 있다.

✔ **ⓒ를 보니 토의 내용을 반영하기 위해서 '나눔 장터'의 개최 시기와 목적이 드러나는 그림으로 교체할 필요가 있겠군.**
(가)의 토의 내용을 보면, 안내 포스터의 중앙에 행사 진행 모습을 그림으로 나타내자 하고 있다. 그런데 작성한 '안내 포스터'를 보면 ⓒ에는 학교 건물과 느티나무만 그려져 있음을 알 수 있다. 따라서 ⓒ 부분에는 나눔 장터의 개최 시기와 목적이 드러나는 그림이 아니라 행사 진행 모습이 담긴 그림이 제시되어야 한다.

④ **ⓓ를 보니 포스터에 실릴 정보의 양을 조절하기 위해 행사 일시와 장소와 관련된 정보만을 수록하였군.**
'안내 포스터'의 ⓓ에서는 행사 개최 일시와 장소 등에 관한 정보를 제시하고 있음을 알 수 있다. 따라서 학생들이 행사 정보를 쉽게 파악할 수 있도록 하자는 (가)의 토의 내용을 반영한 것이라 할 수 있다.

⑤ **ⓔ를 보니 작년 행사에 학생들의 참여가 저조했던 이유를 고려하여 행사 참여와 관련된 정보를 안내하였군.**
'안내 포스터'의 ⓔ에서는 학생들의 참여를 독려하기 위해 작년 설문 조사 결과를 반영한 행사 참여 방법에 관한 내용을 제시하고 있으므로, (가)에서 토의된 작년 행사에 학생들의 참여가 저조했던 이유를 고려하여 행사 참여와 관련된 정보를 안내한 것이다.

41 자료 활용의 적절성 파악 정답률 68% | 정답 ⑤

〈보기〉는 '학생 3'이 (나)를 쓰면서 활용한 설문 자료의 일부이다. 〈보기〉의 활용에 대한 설명으로 적절하지 않은 것은?

〈보 기〉
- 구매한 꽃이 금방 시드는 바람에 판매자와 언쟁을 벌인 경우가 있었음.
- 홍보가 제대로 이루어지지 않아 미술 전시회나 체험 마당에 참여한 학생이 적었음.
- 기부금의 사용 계획을 알지 못해 판매 수익금을 기부하지 않은 판매자도 다수 있었음.
- 많은 학생들이 행사의 취지를 잘 모르고 있으며, 참여 방법을 알지 못해 물건을 판매하지 못한 경우도 있었음.

① **판매 수익금의 기부를 권장하기 위해 기부금의 사용 계획을 제시하였다.**
(나)의 1문단과 3문단을 통해 '나눔 장터' 행사의 수익금이 주변의 어려운 이웃을 돕는 데 사용될 것이라고 밝히고 있음을 알 수 있다. 이는 기부금의 사용 계획을 알지 못해 판매 수익금을 기부하지 않은 판매자가 다수 있었다는 설문 자료를 활용한 것이다.

② **불미스러운 일이 생기는 것을 예방하기 위해 판매할 수 없는 물품의 종류를 안내하였다.**
(나)의 2문단을 통해 동·식물이나 고장 여부를 판단하기 어려운 전자 제품, 안전사고를 유발하는 물품은 판매할 수 없다는 점을 언급하고 있음을 알 수 있다. 이는 구매한 꽃이 시드는 바람에 판매자와 언쟁을 벌인 경우가 있었다는 설문 자료를 활용한 것이다.

③ **행사의 취지를 모르는 학생들을 위해 '나눔 장터'의 개념과 행사를 개최하는 이유를 설명하였다.**
(나)의 1문단을 통해 '나눔 장터'의 개념을, 2문단을 통해 '나눔의 삶을 실천'한다는 행사 개최 이유를 밝히고 있음을 알 수 있다. 이는 행사의 취지를 모르는 학생이 많았다는 설문 자료를 활용한 것이다.

④ **학생들의 참여를 이끌어 내기 위해 '나눔 장터' 행사 때 진행되는 다양한 체험 프로그램을 소개하였다.**
(나)의 3문단을 통해 구름다리 미술 전시회, 먹거리 시장, 체험 마당 등의 프로그램에 대해 언급하고 있음을 알 수 있다. 이는 홍보가 제대로 이루어지지 않아 체험 프로그램에 참여한 학생이 적었다는 설문 자료를 활용한 것이다.

✔ **물품 판매 방법을 몰라 행사에 참여하지 못했던 사람들을 위해 판매 물품을 등록하는 방법과 참가 자격을 안내하였다.**
(나)의 2문단을 보면 판매 물품을 등록하는 방법과 물품 등록 시 유의점 등에 대해 안내하고 있음을 알 수 있다. 하지만 참가 자격에 대해서는 안내하고 있지 않으므로 적절하지 않다.

42 글쓰기 계획의 반영 여부 파악 정답 ④

(나)에 반영된 글쓰기 계획으로 적절하지 않은 것은?

① **'나눔 장터' 행사가 지닌 의의를 제시해야겠어.**
(나)의 3문단의 '환경을 지키고, 어려운 이웃도 도울 수 있는 소중한 기회'를 통해 '나눔 장터' 행사가 지닌 의의를 알 수 있다.

② **'나눔 장터'가 어떤 행사인지 설명해 주어야겠어.**
(나)의 1문단의 "나눔 장터'는 이처럼 자신이 ~ 실천하는 행사입니다.'를 통해, '나눔 장터'가 어떤 행사인지 설명하고 있음을 알 수 있다.

③ **'나눔 장터' 행사 참여를 촉구하는 말로 글을 마무리해야겠어.**
(나)의 3문단의 '환경을 지키고, 어려운 이웃도 ~ 참여를 기다리고 있습니다.'를 통해, '나눔 장터' 행사 참여를 촉구하고 있음을 알 수 있다.

✔ **'나눔 장터' 행사로 얻게 될 학생회 수익금의 용도를 알려 줘야겠어.**
(나)의 3문단에서 '나눔 장터'에서 모은 기부금은 도움을 필요로 하는 이웃들을 위해 소중하게 쓰인다고 하면서, '나눔 장터'에 참여한 학생들이 얻게 될 판매 수익금을 기부해 달라 하고 있음을 알 수 있다. 하지만 (나)를 통해 '나눔 장터'를 주최하는 학생회가 얻게 될 수익금에 대한 내용은 찾아볼 수 없으므로 적절하지 않다.

⑤ **'나눔 장터'에서 팔 수 있는 물건과 그렇지 않은 물건을 알려 주어야지.**
(나)의 2문단을 통해 '나눔 장터'에서 팔 수 있는 물건과 그렇지 않은 물건이 무엇인지 알려 주고 있음을 알 수 있다.

43 글쓰기 전략 파악 정답률 83% | 정답 ⑤

[A]에 사용된 글쓰기 전략에 대한 설명으로 적절하지 않은 것은?

① **글의 내용을 구조적으로 파악할 수 있도록 담화 표지를 사용하고 있다.**
3문단에서는 '먼저'라는 담화 표지를, 4문단에서는 '두 번째'라는 담화 표지를 사용하고 있음을 알 수 있다. 이러한 담화 표지의 사용은 글의 내용을 구조적으로 파악하는 데 도움이 되므로 적절하다.

② **독자의 관심을 유도하기 위해 물음의 형식을 통해 독자의 경험을 환기하고 있다.**
2문단의 '선생님과 함께 복도에 ~ 호응을 받았던 일 기억하시지요?'를 통해, 물음의 형식을 사용하여 독자인 선생님의 경험을 환기하고 있음을 알 수 있다.

③ **실현 가능성을 높이기 위해 건의하는 목적에 부합하는 해결 방안을 제시하고 있다.**
2문단의 '하지만 동아리 활동을 원활하게 진행하는 데 ~ 방안을 건의하고자 합니다.'를 통해, 건의하는 목적을 알 수 있다. 그리고 건의 목적에 부합하는 해결 방안으로 3문단에서 무한 상상실 설치라는 해결 방안을, 4문단에서 전문가와의 연계 프로그램 제공이라는 해결 방안을 제시하고 있다. 따라서 건의하는 목적에 부합하는 해결 방안 제시를 통해 건의 내용의 실현 가능성을 높이고 있음을 알 수 있다.

④ **건의 내용의 적절성을 강조하기 위해 현재의 문제 상황을 구체적으로 언급하고 있다.**
3문단에서 무한 상상실과 같은 공간의 부족이라는 문제 상황을, 4문단에서 전문가 연계 프로그램의 부족이라는 문제 상황을 언급하여 건의 내용의 적절성을 강조하고 있다.

✔ **건의 내용의 타당성을 높이기 위해 건의 내용의 실현 과정에서 예상되는 문제점을 밝히고 그 대안을 제시하고 있다.**
[A]에서 건의할 내용과 건의 내용이 이루어질 경우의 효과에 대해 언급하고 있지만, 건의 내용의 실현 과정에서 예상되는 문제점 및 그 대안을 제시하지는 않고 있다.

44 자료 활용의 적절성 파악 정답률 82% | 정답 ⑤

〈자료〉를 활용하여 '학생의 초고'를 보완하려 한다. 〈자료〉의 활용 방안으로 적절하지 않은 것은? [3점]

〈자 료〉

(가) 통계 자료

1. ○○광역시 소재 학교 내 무한 상상실 설치율

(단위 : %)

연도	설치율
2016년	1.2
2017년	5.1
2018년	10.3

2. 우리 학교 학생 대상 설문 조사 결과
〈동아리 활동이 활성화되지 않는 이유〉

(중복 응답, 단위 : %)

이유	응답률
동아리 특성에 맞는 활동 공간 부족	45.7
전문가 연계 프로그램 부족	40.5
활동 예산 지원 부족	28.4
동아리 신설 제약	15.2
기타	7.0

(나) 신문 기사

3D 프린터와 같은 디지털 제작 도구를 이용해 자신만의 아이디어를 실물로 구현하는 사람을 '메이커'라고 하는데, 최근 창업에 대한 사회적 관심이 높아지면서 메이커 교육이 활발히 전개되고 있다. 메이커 교육은 학생들에게 자연 현상과 사물에 대하여 흥미와 호기심을 갖게 하고, 창의적이고 융합적인 사고를 바탕으로 개인과 사회의 문제를 해결할 수 있는 능력을 길러줄 수 있다. 교육정책관 ◇◇◇은 미국, 중국 등은 이미 학교에서의 메이커 교육이 진로·직업교육의 일환으로 인정받고 있다며, 우리 학교 현장에서도 미래 메이커 양성을 위해 발명 및 특허 과정을 교육해 줄 수 있는 전문가의 도움이 절실하다고 말했다.

(다) 인터뷰

발명 활동을 통해 제가 생각해 낸 작품을 제작하며 무엇을 잘하고 좋아하는지, 나중에 무엇을 하고 싶은지 알게 되었습니다. 무한 상상실에서 3D 프린터를 사용하며 디지털 제작 도구 활용 능력을 키울 수 있었고, 친구들과 함께 아이디어를 모아 다른 학생들의 일상을 편리하게 해 주는 발명품을 만들며 보람을 느낄 수 있었습니다.

– △△고 발명 동아리 부장 학생

[문제편 p.127]

① (가)-1을 활용하여, 학교 내 무한 상상실 설치가 증가하는 추세임을 보여 주어 우리 학교에도 무한 상상실을 설치할 필요성이 있음을 부각해야겠어.
(가)-1은 ○○광역시 소재 학교 내 무한 상상실 설치율이 증가하는 추세를 보여 주는 자료로, 이를 근거로 우리 학교에서도 무한 상상실을 설치할 필요성이 있음을 부각할 수 있다.

② (가)-2를 활용하여, 동아리 특성에 맞는 활동 공간의 부족이 원활한 동아리 활동을 저해하는 주된 요인임을 밝히고, 발명 동아리의 활성화를 위해서도 창작 활동을 위한 공간의 마련이 필요함을 강조해야겠어.
(가)-2를 통해 동아리 활동이 활성화되지 않는 주된 요인은 '동아리 특성에 맞는 활동 공간 부족'임을 알 수 있다. 이를 근거로 발명 동아리 활동을 활성화하기 위해서는 무한 상상실과 같은 활동 공간이 필요함을 강조할 수 있다.

③ (다)를 활용하여, 발명품 제작 활동이 학생들의 적성과 진로 탐색에 도움이 된다는 점을 언급하며 발명 동아리에 대한 지원 확대가 교육적으로 의미 있는 일임을 언급해야겠어.
(다)는 학생 인터뷰 자료로, 발명품 제작 활동이 학생의 적성과 진로 탐색에 도움이 됨을 언급하고 있으므로 이를 근거로 지원 확대가 교육적으로 의미가 있음을 언급할 수 있다.

④ (가)-2와 (나)를 활용하여, 학생들이 관련 지식과 기능을 익혀 원활한 동아리 활동을 하기 위해서는 전문가와 연계한 프로그램의 제공이 필요함을 강조해야겠어.
(가)-2를 통해 동아리 활동이 활성화되지 않은 이유로 전문가 연계 프로그램 부족이 두 번째로 높게 나타나 있음을 알 수 있다. 그리고 (나)는 신문 기사 자료로, 메이커의 개념과 메이커 교육의 효과 및 메이커 양성을 위해 필요한 것에 대해 언급하고 있음을 알 수 있다. 따라서 (가)-2와 (나)를 활용하여 원활한 동아리 활동을 하기 위해서는 전문가와 연계한 프로그램의 제공이 필요함을 강조할 수 있다.

✔ (나)와 (다)를 활용하여, 다른 학생들에게 편의를 제공하는 발명품을 만들기 위해서는 디지털 제작 도구를 활용하여 발명품을 상품화하는 과정이 수반되어야 함을 부각해야겠어.
'학생의 초고'에서 학생은 발명 동아리 활동의 원활한 진행을 위하여 무한 상상실 설치를 건의하고 있을 뿐, 디지털 제작 도구를 활용한 발명품을 제작하기 위해 발명품을 상품화하는 과정이 수반되어야 함을 부각하고 있지는 않다.

45 조건에 따른 글쓰기

정답률 87% | 정답 ③

㉠에 들어갈 내용을 〈조건〉에 따라 쓴 것으로 가장 적절한 것은?

〈조 건〉
○ 비유적 표현을 사용할 것.
○ [A]에 제시된 건의 내용을 모두 언급하고, 건의 주체와 관련된 긍정적 기대를 드러낼 것.

① 발명 활동을 통해 창의적 상상력의 싹을 틔우고 특허 출원에 대한 관심도 높일 수 있도록 학생들을 대상으로 한 관련 교육이 이루어져야 할 것입니다.
'상상력의 싹을 틔우고'라는 비유적 표현은 사용하고 있지만 두 가지 건의 내용은 모두 언급하고 있지 않다.

② 우리 학교에 무한 상상실을 설치한다면, 우리 학교가 학생들의 창의성을 증진시킴으로써 미래의 발명가를 양성해 나가는 견인차의 역할을 하게 될 것입니다.
'견인차'라는 비유적 표현, 창의성 증진이라는 긍정적 기대는 드러나지만 전문가 연계 프로그램 관련 건의 내용은 언급하지 않았다.

✔ 다양한 창작과 공작이 가능한 공간에서의 활동은 저희들의 아이디어에 현실의 날개를 달아줄 것이며, 전문가를 통한 배움은 발명에 대한 흥미와 잠재력을 이끌어 낼 것입니다.
〈조건〉을 보면 내용상 조건이 건의 내용을 모두 언급하는 것과 건의 주체의 긍정적 기대를 드러내는 것이고, 형식상 조건이 비유적 표현을 사용해야 함을 알 수 있다. ③에서는 '현실의 날개를 달아줄 것'이라는 비유적 표현이 사용되어 있고, 공작 공간 및 전문가와 관련한 건의 내용에 대한 긍정적 기대를 드러내고 있다.

④ 무한 상상실에서 무언가를 만드는 것에만 그치지 않고, 발명품을 제작하며 수없이 반복되는 실패를 친구들과 함께 극복하는 과정에서 저희들은 끈기와 소통을 배우게 될 것입니다.
비유적 표현을 사용하지 않았고, 전문가 연계 프로그램 관련 건의 내용과 그에 따른 긍정적 기대도 언급하지 않았다.

⑤ 체계적인 동아리 활동을 위한 전문가의 지원이 제공된다면 저희가 아이디어를 발전시키는 과정을 통해 빠르게 변화하는 시대에 적극적으로 대처하는 능력을 기를 수 있을 것입니다.
비유적 표현을 사용하지 않았고, 공작 공간과 관련한 건의 내용과 그에 따른 긍정적 기대도 언급하지 않았다.

12회 | 수능 실전 모의고사

| 정답과 해설 | 고3

• 정답 •
35 ④ 36 ③ 37 ⑤ 38 ② 39 ④ 40 ④ 41 ⑤ 42 ② 43 ② 44 ② 45 ①

35 발표 표현 전략의 파악

정답률 91% | 정답 ④

위 발표에 대한 설명으로 가장 적절한 것은?

① 발표에 사용할 용어의 개념을 정의한 후 화제를 제시하고 있다.
1문단에서 알 수 있듯이 학생은 발표 화제를 먼저 제시하고 있음을 알 수 있다. 그리고 이러한 발표 화제 제시 후 발표 과정에서 떫은 맛과 타닌의 개념을 정의하여 제시하고 있다.

② 청중의 요청에 따라 발표 내용에 대한 정보를 추가하여 설명하고 있다.
이 발표를 통해 학생이 청중에게 질문을 던지고는 있지만 청중의 요청은 제시되지 않고 있다.

③ 발표 중간중간에 청중이 발표를 들으면서 주의해야 할 점을 안내하고 있다.
이 발표에서 학생은 발표 순서에 따라 발표를 하고 있을 뿐, 발표 중간중간에 청중이 발표를 들으면서 주의해야 할 점을 안내하지는 않고 있다.

✔ 발표 내용과 관련된 청중의 경험을 환기하며 청중의 반응을 확인하고 있다.
2문단의 '과학 시간에 단맛, 짠 맛 ~ (대답을 듣고) 다들 잘 알고 있네요.'와 3문단의 '과육 사이에 보이는 작고 검은 점들을 ~ (대답을 듣고) 네, 다들 본 적이 있는 이 점들이'를 통해, 학생은 발표 내용과 관련된 청중의 경험을 환기하며 청중의 반응을 확인하면서 발표를 진행하고 있다.

⑤ 발표 내용에 대한 청중의 이해 여부를 확인하는 질문을 하며 발표를 마무리하고 있다.
마지막 문단에서 학생은 청중에게 질문의 형식을 사용하여 떫은맛이 나는 식품에는 무엇이 더 있는지 찾아볼 것을 제안하고 있지만, 발표 내용에 대한 청중의 이해 여부를 확인하는 질문을 하지는 않고 있다.

36 발표 계획의 반영 여부 판단

정답률 88% | 정답 ③

다음은 발표를 하기 위해 작성한 메모와 발표 계획이다. 발표 내용에 반영되지 않은 것은?

	메모		발표 계획
①	청중은 떫은맛의 느낌은 알지만 떫은맛과 관련된 지식은 부족할 것임.	→	떫은맛에 대한 정보를 제공하는 것이 발표의 목적임을 밝혀야지.

1문단의 '여러분에게 떫은맛에 대해 알려 드리려고 합니다.'에서 떫은맛에 대한 정보를 제공하는 것이 발표 목적임을 밝히고 있다.

	메모		발표 계획
②	청중은 기본적인 맛은 미각 세포를 통해 느낀다는 것을 배운 적이 있음.	→	기본적인 맛과 떫은맛이 느껴지는 감각의 차이를 언급하며 떫은맛이 느껴지는 과정을 설명해야지.

2문단의 '과학 시간에 단맛, 짠맛, ~ 느껴지는 촉각에 해당해요.'에서 기본적인 맛과 떫은맛이 느껴지는 감각의 차이를 언급하고 있음을 알 수 있다. 그리고 '떫은맛을 내는 성분은 ~ 입안이 텁텁하다고 느낍니다.'에서 떫은맛이 느껴지는 과정을 설명하고 있음을 알 수 있다.

	메모		발표 계획
✔	감의 타닌(과육의 검은 점)이 떫은맛을 냄.	→	떫은맛을 내는 다양한 성분을 분석한 시각 자료를 보여 줘야지.

3문단의 '(사진을 보여 주며) 이것은 감의 단면입니다. 과육 사이에 보이는 ~ 이 점들이 떫은맛을 내는 성분 중의 하나인 타닌입니다.'를 통해, 떫은맛을 내는 타닌 성분을 시각 자료인 사진을 통해 설명하고 있음을 알 수 있다. 하지만 타닌 이외의 성분을 분석한 자료는 보여 주지 않고 있으므로 발표 계획은 적절하지 않다.

	메모		발표 계획
④	떫은맛이 나는 식품이 건강에 도움을 줌.	→	떫은맛이 나는 식품의 효능과 관련된 연구 결과를 인용해야지.

4문단의 '○○ 연구소의 연구에 따르면, ~ 개선하는 기능이 있다고 합니다.'에서 떫은맛이 나는 식품의 효능과 관련된 연구 결과를 인용하고 있음을 알 수 있다.

	메모		발표 계획
⑤	떫은맛이 나는 식품은 여러 가지가 있음.	→	떫은맛이 포함되어 풍미를 느낄 수 있는 식품의 예를 언급해야지.

5문단의 '떫은맛을 꺼리는 사람도 있지만 ~ 즐기는 사람도 많은데요'에서 떫은맛이 포함되어 풍미를 느낄 수 있는 식품의 예로 녹차와 홍차를 언급하고 있음을 알 수 있다.

37 청중 반응의 적절성 평가

정답률 96% | 정답 ⑤

〈보기〉는 위 발표를 들은 학생들의 반응이다. 발표의 내용을 고려하여 학생의 반응을 이해한 내용으로 가장 적절한 것은?

〈보 기〉
학생 1 : 녹차에 타닌이 들어 있다는 사실을 처음 알았어. 녹차의 떫은맛이 물에 우려내는 정도에 따라 달라지는 걸로 봐서 녹차의 타닌은 물에 녹는 성질을 가지고 있겠군.
학생 2 : 떫은맛에 대해 관심이 없었는데 쉽게 접하는 과일인 감과 연결해서 설명하니 떫은맛에 관심이 생겼어. 떫은맛이 나는 건 먹어서 좋을 게 없다고 생각했는데 그렇지 않네. 몸에 좋다니 앞으로 적당히 먹어 봐야겠어.
학생 3 : 감의 검은 점이 단맛을 내는 것이라고 생각했는데 떫은맛을 내는 성분이었구나. 감이 익어 가면서 그 성분의 성질이 변한다는 점이 흥미로웠어.

① '학생 1'은 발표 내용과 자신이 알고 있던 사실을 비교하며 발표에서 제시한 정보의 문제점을 지적하고 있다.
② '학생 2'는 발표자가 청중에게 익숙한 사물을 소재로 제시한 것에 대해 그 이유를 궁금해 하고 있다.
③ '학생 3'은 발표에서 새롭게 알게 된 사실에 대해 추가적인 정보가 필요하다고 판단하고 있다.

④ '학생 1'과 '학생 2'는 모두, 발표에서 직접적으로 언급하지 않은 내용을 추론하고 있다.

✔ '학생 2'와 '학생 3'은 모두, 발표에서 새롭게 알게 된 정보를 통해 자신이 평소 생각하던 바를 수정하고 있다.
<보기>의 학생 2의 '떫은맛이 나는 건 먹어서 좋을 게 없다고 생각했는데 그렇지 않네. 몸에 좋다니 앞으로 적당히 먹어 봐야겠어.'와 학생 3의 '감의 검은 점이 단맛을 내는 것이라고 생각했는데 떫은맛을 내는 성분이었구나.'를 통해, 학생 2와 학생 3은 발표에서 새롭게 알게 된 정보를 통해 자신의 평소 생각하던 바를 수정하고 있음을 알 수 있다.

38 의사소통 방식 파악

정답률 92% | 정답 ②

(가)에 나타난 의사소통 방식으로 적절하지 않은 것은?

① '진행자'는 '지도사'의 답변에 자신의 의견을 덧붙이고 있다.
'진행자'의 네 번째 발화인 '제 생각에는 청소년들이 ~ 그런 것 같네요.'를 통해 알 수 있다.

✔ '지도사'는 '진행자'가 잘못 이해하고 질문한 내용을 바로잡아 주고 있다.
(가)의 텔레비전 방송 인터뷰를 통해 '진행자'가 잘못 이해하여 '지도사'에게 질문하거나 '지도사'가 이를 바로잡아 주는 내용은 찾아볼 수 없다.

③ '진행자'는 '지도사'의 답변에 대한 추가 정보를 요청하는 질문을 하고 있다.
'진행자'의 여덟 번째 발화인 '말씀하신 참가 신청은 어떻게 할 수 있나요?'를 통해, '진행자'가 앞의 '지도사'의 답변에 대해 추가 정보를 요청하는 질문을 하고 있음을 알 수 있다.

④ '진행자'는 자신의 경험을 언급하며 '지도사'의 질문에 대해 답변하고 있다.
'진행자'의 다섯 번째 발화인 '네, 업무 처리가 생각만큼 잘 ~ 그럴 때 좀 힘들죠.'를 통해, 앞의 '지도사'의 질문에 대해 자신의 경험을 언급하며 답변하고 있음을 알 수 있다.

⑤ '지도사'는 기대되는 긍정적인 결과를 언급하며 '진행자'의 참여를 권유하고 있다.
'지도사'의 여섯 번째 발화인 '진행자께서 참여하시면 ~ 꼭 한번 참여해 보세요.'를 통해 알 수 있다.

39 자료, 매체 활용 계획 반영 여부 판단

정답률 94% | 정답 ④

<보기 1>은 '지도사'가 받은 전자 우편의 내용이고, <보기 2>는 '지도사'가 인터뷰를 위해 준비한 자료이다. ㉠ ~ ㉢의 활용 계획 중 (가)에 드러나지 않은 것은? [3점]

<보기 1>

방송국입니다. 인터뷰 질문을 보내 드리니, 답변과 자료를 준비해주세요. 추가 질문이 있으면 다시 연락드리겠습니다.
[질문 1] 산림 치유와 산림 치유 프로그램을 간단히 소개해 주시겠어요?
[질문 2] 산림 치유 프로그램의 긍정적 효과에 대해 소개해 주시겠어요?
[질문 3] 프로그램 운영 장소에 대한 정보를 알려 주시겠어요?

<보기 2>

㉠ [동영상]
○ 내용 : '숲 명상' 참가자들이 숲에서 새소리 등 숲의 소리를 들으며 명상하는 장면 (1분 분량)

㉡ [표]
산림 치유 프로그램 참가자 집단의 스트레스 점수 평균값 변화

참가자 집단	참가 전 점수 평균값	참가 후 점수 평균값
A 직업군	36.6점	12.4점
B 직업군	34.3점	10.8점

※ 32 ~ 49점 구간 : '스트레스 관련 질환주의군'에 해당함.

㉢ [그림]
△ 산림 치유원 1개
● 치유의 숲 27개

① [질문 1]에 대한 답변 과정에서 ㉠을 제시하며, 실제 산림 치유프로그램 활동을 간접 체험해 보도록 안내해야겠군.
'지도사'의 두 번째 발화인 '(동영상 제시) 시청자들 분들께서는 ~ 귀 기울여 보세요.'를 통해 활용 계획이 반영되었음을 알 수 있다.

② [질문 1]에 대한 답변 과정에서 ㉠을 제시하여, 영상과 소리를 통해 산림 치유 프로그램 활동을 생생하게 전달해야겠군.
'지도사'의 두 번째 발화인 '(동영상 제시) 시청자들 분들께서는 ~ 귀 기울여 보세요.'와 '진행자'의 세 번째 발화인 '(동영상을 보고 나서) 숲에서의 활동이 실감 나게 느껴지네요.'를 통해 활용 계획이 반영되었음을 알 수 있다.

③ [질문 2]에 대한 답변 과정에서 ㉡을 제시하여, 수치 변화로 알 수 있는 산림 치유 프로그램의 효과를 보여 줘야겠군.
'지도사'의 다섯 번째 발화인 '(표 제시) 이 표는 저희가 프로그램 ~ 감소했음을 알 수 있습니다.'를 통해 활용 계획이 반영되었음을 알 수 있다.

✔ [질문 2]에 대한 답변 과정에서 ㉡을 제시하며, 많은 직장인이 스트레스 관련 질환 주의군에 속한다는 점을 언급해야겠군.
'지도사'의 다섯 번째 발화인 '(표 제시) 이 표는 저희가 프로그램 ~ 감소했음을 알 수 있습니다.'를 통해, '지도사'는 [질문 2]에 대한 답변 과정에서 ㉡을 제시하고 있음을 알 수 있다. 하지만 ㉡을 제시하면서 많은 직장인이 스트레스 관련 질환 주의군에 속한다는 점을 언급하지는 않고 있다.

⑤ [질문 3]에 대한 답변 과정에서 ㉢을 제시하며, 산림 치유 프로그램 운영 장소의 수와 분포에 대한 정보를 제공해야겠군.
'지도사'의 일곱 번째 발화인 '(그림 제시) 이렇게 한 곳의 ~ 분산돼 운영되고 있습니다.'를 통해 활용 계획이 반영되었음을 알 수 있다.

40 글쓰기 과정에서 떠올린 생각 추리

정답률 93% | 정답 ④

(가)와 (나)를 고려할 때, 학생이 글을 쓰기 위해 떠올렸을 생각으로 적절하지 않은 것은?

① 인터뷰에서 숲을 비유적으로 표현했는데, 그 어구를 활용해 산림 치유 프로그램이 나에게 도움이 되었음을 제시해야겠다.
(가)의 '지도사'의 마지막 발화에서 '마음을 토닥여 주는 친구'라고 숲을 비유적으로 표현하고 있음을 알 수 있고, (나)의 3문단에서 해당 어구를 활용해 산림 치유 프로그램이 '나'에게 도움이 되었음을 제시하고 있음을 알 수 있다.

② 인터뷰에서 산림 치유 프로그램이 스트레스 해소에 좋다고 했는데, 그 점이 프로그램에 참여하는 계기였음을 밝혀야겠다.
(가)의 '지도사'의 다섯 번째, 여섯 번째 발화에서 산림 치유 프로그램이 스트레스 해소에 도움이 된다고 언급하고 있음을 알 수 있고, (나)의 1문단에서 이러한 점이 프로그램에 참여하는 계기였음을 밝히고 있음을 알 수 있다.

③ 인터뷰에서 산림 치유 프로그램에 청소년들도 참가한다고 했는데, 이 말을 듣고 산림 치유 프로그램에 대한 기존의 생각이 바뀌었음을 밝혀야겠다.
(가)의 '지도사'의 세 번째 발화에서 산림 치유 프로그램에 청소년들도 참가한다는 내용을 언급하고 있음을 알 수 있고, (나)의 2문단 '내 생각과 달리 인터뷰에서는 ~ 찾는구나.' 하고 생각했다.'에서 산림 치유 프로그램에 대한 '나'의 기존 생각이 바뀌었음을 밝히고 있음을 알 수 있다.

✔ 인터뷰에서 숲의 환경 요소가 심신에 좋은 영향을 준다고 했는데, 산림 치유 프로그램에서 만난 다른 사람들도 좋은 영향을 받았음을 언급해야겠다.
(가)의 '지도사'의 두 번째 발화에서 숲의 환경 요소가 심신에 좋은 영향을 준다는 내용을 언급하고 있음을 알 수 있지만, (나)에서 산림 치유 프로그램에서 만난 다른 사람들도 좋은 영향을 받았다는 내용은 찾아볼 수 없다.

⑤ 인터뷰에서 청소년을 대상으로 하는 산림 치유 프로그램의 운영 시기와 장소에 대한 정보를 얻지 못했는데, 이에 대한 구체적 정보를 누리집에서 찾을 수 있었음을 언급해야겠다.
(가)를 통해 청소년을 대상으로 하는 산림 치유 프로그램의 운영 시기와 장소에 대한 정보가 제시되어 있지 않음을 알 수 있고, (나)의 2문단에서 이에 대한 구체적 정보를 누리집에서 찾을 수 있었음을 언급하고 있음을 알 수 있다.

41 조건에 따른 글쓰기

정답률 95% | 정답 ⑤

다음을 고려할 때, [A]에 들어갈 내용으로 가장 적절한 것은?

[글쓰기 과정에서의 자기 점검]
체험의 의미가 부각되도록 '쉼숲' 프로그램에 참여하기 전과 후의 내 마음 상태를 모두 표현해야겠어. 그리고 삶의 자세에 대한 다짐을 나타내야지.

① 주말에 집에만 틀어박혀 지내던 나는 이제 주말이 오면 종종 숲으로 향한다. 숲이 내가 믿고 기댈 수 있는 친구가 되었기 때문이다.
삶의 자세에 대한 다짐을 확인할 수 없다.

② 고민거리를 지니고 있던 나는 나무와 대화를 나눈 후 마음의 짐을 덜어 낼 수 있었다. 산림 치유의 효과를 실감한 뜻깊은 시간이었다.
삶의 자세에 대한 다짐을 확인할 수 없다.

③ 인터뷰에서 알게 된 산림 치유 프로그램을 직접 경험해 보니 정말 만족스러웠다. 앞으로 힘든 일이 생길 때마다 숲을 찾아가 숲의 응원을 받고 와야겠다.
삶의 자세에 대한 다짐은 확인할 수 있으나, '쉼숲' 프로그램에 참여하기 전과 후의 마음 상태를 모두 표현한 것으로 보기 어렵다.

④ 이제 나는 집에 돌아와 다시 일상을 보내고 있다. 나를 따뜻하게 맞아 주던 숲을 기억하면서 나도 다른 사람들에게 향기로운 사람이 되려고 노력할 것이다.
삶의 자세에 대한 다짐은 확인할 수 있으나, '쉼숲' 프로그램에 참여하기 전과 후의 마음 상태를 모두 표현한 것으로 보기 어렵다.

✔ 성격 때문에 속상해하던 나는 나무와 대화를 나누고 나서, 속상했던 마음이 풀리고 내 성격을 인정하게 되었다. 이제 내 모습을 아끼며 살아갈 것이다.
제시된 내용을 통해 [A]에 들어갈 내용이 '쉼숲' 프로그램에 참여하기 전과 후의 내 마음 상태를 표현하는 것과 삶의 자세에 대한 다짐이 드러나야 함을 알 수 있다. 이러한 내용을 볼 때, 이를 잘 반영한 것은 ⑤라 할 수 있다. ⑤의 '성격 때문에 속상해하던 나는 나무와 대화를 나누고 나서, 속상했던 마음이 풀리고 내 성격을 인정하게 되었다.'를 통해 '쉼숲' 프로그램에 참여하기 전과 후의 마음 상태를 모두 표현하였음을 확인할 수 있다. 그리고 '이제 내 모습을 아끼며 살아갈 것이다.'를 통해, 삶의 자세에 대한 다짐도 확인할 수 있다.

42 서술 방식 활용 여부 판단

정답 ②

<보기>는 학생이 (나)를 쓰면서 고려한 서술 방식이다. (나)를 통해 확인할 수 있는 서술 방식을 모두 찾으면?

<보 기>

ⓐ 의문형을 통해 독자에게 실천할 것을 권유해야겠어.
ⓑ 전문가의 견해를 제시하여 대상이 지닌 효과를 강조해야겠어.
ⓒ 구체적 사례를 제시하여 대상 간의 차이점을 이해할 수 있게 해야지.
ⓓ 대상에 대한 인상을 선명하게 해 주기 위해 비유적 표현을 활용해야겠어.

① ⓐ, ⓑ ✔ ⓐ, ⓑ, ⓒ ③ ⓐ, ⓒ, ⓓ ④ ⓑ, ⓒ, ⓓ ⑤ ⓒ, ⓓ

ⓐ 의문형을 통해 독자에게 실천할 것을 권유해야겠어.
6문단의 '발표를 하거나 보고서를 작성할 때 인포그래픽을 활용해 보면 어떨까?'를 통해 ⓐ가 사용되었음을 알 수 있다.

ⓑ 전문가의 견해를 제시하여 대상이 지닌 효과를 강조해야겠어.
4문단의 '김○○ 박사의 논문에 따르면 ~ 높이는 효과가 있다고 한다.'를 통해 ⓑ가 사용되었음을 알 수 있다.

ⓒ 구체적 사례를 제시하여 대상 간의 차이점을 이해할 수 있게 해야지.
3문단의 '예를 들어 컴퓨터를 나타낸 픽토그램은 ~ 효과적으로 설명할 수 있다.'를 통해 ⓒ가 사용되었음을 알 수 있다.

ⓓ 대상에 대한 인상을 선명하게 해 주기 위해 비유적 표현을 활용해야겠어.
(나)를 통해 비유적 표현은 찾아볼 수 없다.

[문제편 p.130]

43 메모 내용의 반영 여부 판단

정답률 88% | 정답 ②

㉠ ~ ㉤ 중 (나)에 반영되지 않은 것은?

① ㉠
1문단의 내용을 통해 인포그래픽이 무엇인지 알 수 있다.

✔ ㉡
(나)의 5문단을 통해 좋은 인포그래픽의 기준에 대해서는 알 수 있지만, 인포그래픽의 유형을 나누는 기준은 (나)를 통해 알 수 없다.

③ ㉢
3문단을 통해 비상구 표시등의 그래픽 기호는 인포그래픽이 아니라 픽토그램임을 알 수 있다.

④ ㉣
4문단의 내용을 통해 인포그래픽이 글에 비해 더 나은 점이 무엇인지 알 수 있다.

⑤ ㉤
2문단의 내용을 통해 인포그래픽이 널리 쓰이게 된 배경을 알 수 있다.

44 고쳐 쓸 때의 고려 사항 파악

정답률 85% | 정답 ②

〈보기〉는 [A]의 초고이다. 〈보기〉를 [A]로 고쳐 쓸 때 반영한 친구의 조언으로 가장 적절한 것은?

〈보 기〉

지금까지 인포그래픽에 대해 살펴보았다. 인포그래픽의 여러 특성에 비추어 볼 때 앞으로 인포그래픽이 활용되는 분야는 더욱 늘어날 것이다.

① 예상 독자가 탐구해야 할 문제가 포함되도록 써 보는 게 어때?
[A]에는 예상 독자가 탐구해야 할 문제가 포함되어 있지 않다.

✔ 예상 독자가 얻을 수 있는 효용이 드러나도록 써 보는 게 어때?
〈보기〉의 '인포그래픽의 여러 특성에 비추어 볼 때 앞으로 인포그래픽이 활용되는 분야는 더욱 늘어날 것이다.'를 통해 글의 화제와 관련된 전망을 제시하고 있음을 알 수 있다. 그런데 [A]에서는 '학생들도 쉽게 인포그래픽을 만들 수 있다.'와 '발표와 보고서의 전달력이 한층 높아질 것이다.'에서 알 수 있듯이 예상 독자인 '학생'이 얻을 수 있는 효용을 드러내고 있다.
따라서 〈보기〉를 [A]로 바꿀 때, 학생은 '예상 독자가 얻을 수 있는 효용이 드러나도록' 쓰는 것이 좋겠다는 친구의 조언을 받아들였음을 알 수 있다.

③ 글의 내용에 대해 균형 잡힌 관점이 드러나도록 써 보는 게 어때?
[A]에는 글의 제재에 대한 긍정적인 관점만 드러나 있다.

④ 글의 도입에서 제기한 문제에 대한 답이 포함되도록 써 보는 게 어때?
글의 도입에서 문제를 제기하고 있지 않으므로 [A]에는 글의 도입에서 제기한 문제에 대한 답이 포함되지 않았다.

⑤ 글의 내용을 설명한 순서대로 요약한 내용이 포함되도록 써보는 게 어때?
글의 내용을 설명한 순서대로 요약한 내용은 포함되어 있지 않다.

45 정보의 활용 방식 파악

정답률 85% | 정답 ①

다음은 (나)를 읽은 학생이 이를 참고하여 작성한 글의 일부이다. (나)의 정보를 활용한 방식으로 가장 적절한 것은? [3점]

설문 조사 결과 우리 학교 학생의 90%가 학교 정보 알림판을 읽어 본 적이 없었습니다. 그 이유를 물은 인터뷰에서 학생들 대다수는 '알림판에 관심이 안 생겨서'라고 답했습니다.
이러한 문제를 해결하기 위해, 알림판을 인포그래픽으로 만들어 주실 것을 건의합니다. 많은 학생들이 인포그래픽을 선호하며, 인포그래픽이 유용하다는 점도 알고 있습니다. 특히 교지의 글에서 인용한 논문을 찾아보니, 인포그래픽을 활용 하면 정보에 주목하는 정도가 글만 활용할 때보다 성별이나 나이와 상관없이 2배 정도 높아졌다고 합니다. 또한 인근 학교 에서는 학교 신문에 인포그래픽을 추가했더니 학교 신문을 읽는 학생이 3배 늘었다고 합니다. 건의가 수용되면 알림판에 관심을 갖는 학생들이 많아질 것입니다.

✔ (나)에 언급된 인포그래픽의 관심 유발 효과와 관련하여, 그 효과가 확인된 인근 학교의 사례를 문제 해결 방안의 근거로 제시하였다.
(나)의 4문단을 통해 인포그래픽의 관심 유발 효과에 대해 언급하고 있음을 알 수 있다. 그리고 (나)를 참고하여 작성한 글의 2문단을 통해, 학생은 인포그래픽의 효과가 확인된 인근 학교의 사례를 '알림판을 인포그래픽으로 만들 것'의 근거로 제시하고 있음을 알 수 있다.
따라서 학생은 (나)에 언급된 인포그래픽의 관심 효과의 정보를 활용하여, 인포그래픽 효과가 확인된 인근 학교의 사례를 문제 해결 방안의 근거로 제시하였다고 할 수 있다.

② (나)에 인용된 인포그래픽 연구 논문과 관련하여, 그 논문의 내용에 대해 추가적으로 조사한 정보를 문제 상황의 내용으로 제시하였다.
(나)의 4문단에 인용된 인포그래픽 연구 논문과 관련해 (나)를 참고하여 작성한 글의 2문단에서 그 논문의 내용에 대해 추가적으로 조사한 정보를 제시하고 있다. 그러나 이를 문제 상황의 내용으로 제시한 것은 아니다.

③ (나)에 진술된 좋은 인포그래픽의 기준과 관련하여, 그 기준 으로 알림판의 정보가 신뢰할 만한지 평가한 결과를 문제 상황의 내용으로 제시하였다.
(나)를 참고하여 작성한 글의 2문단에서는 (나)의 5문단에 진술된 좋은 인포그래픽의 기준을 근거로 알림판의 정보가 신뢰할 만한지 평가한 결과를 제시하지 않았다.

④ (나)에 언급된 인포그래픽의 사용 목적과 관련하여, 그 사용 목적이 무엇인지 교내 학생들에게 설문한 결과를 문제 상황의 내용으로 제시하였다.
(나)의 4문단을 통해 인포그래픽의 사용 목적을 정보 처리 시간 절감과 정보에 주목하는 정도를 높이기 위한 것이라고 추론할 수 있으나, (나)를 참고하여 작성한 글의 1문단에서 교내 학생들에게 설문한 내용은 인포그래픽의 사용 목적이 아니라 학교 정보 알림판을 읽어 본 경험의 여부이다.

⑤ (나)에 언급된 인포그래픽의 효율성과 관련하여, 그 효율성에 얼마나 공감하는지 교내 학생들에게 인터뷰한 내용을 문제 해결방안의 근거로 제시하였다.
(나)의 4문단에 인포그래픽의 효율성이 언급되어 있으나 (나)를 참고하여 작성한 글의 1문단에서 교내 학생들에게 인터뷰한 내용은 인포그래픽의 효율성에 대한 공감 여부가 아니라 학교 정보 알림판을 읽지 않는 이유이다.

[문제편 p.132]

| 정답과 해설 |

13회 | 수능 실전 모의고사 고3

• 정답 •

35 ③ 36 ⑤ 37 ① 38 ④ 39 ④ 40 ② 41 ④ 42 ④ 43 ② 44 ④ 45 ③

35 말하기 전략의 이해

정답률 93% | 정답 ③

위 발표에 대한 설명으로 적절하지 않은 것은?

① 청중에게 질문을 하여 발표 내용에 관심을 유도하고 있다.
2문단의 '기이한 돌산처럼 보이는 물체를 사람들이 움직이고 있죠?'와 3문단의 '우선, 예산대에 있는 인형들을 알아볼까요?'에서 확인할 수 있다.

② 정보의 출처를 언급하여 발표 내용의 신뢰성을 높이고 있다.
2문단의 '『광해군 일기』에 사람들이 산대를 끌어냈다는 기록이 있는 것으로 보아'와 '이 명칭은 『성종실록』에 이미 기록되어 있습니다.'에서 정보의 출처를 밝히고 있다. 이는 발표 내용의 신뢰성을 높이는 효과를 준다.

✔ 청중과 공유했던 경험을 제시하며 발표의 목적을 밝히고 있다.
발표 첫 부분의 '전통극과 관련된 문화유산 중 '예산대'를 소개하고자 합니다.'에서 발표 목적을 알 수 있다. 하지만 청중과 공유했던 경험은 드러나지 않고 있다.

④ 발표 주제와 관련된 단어의 의미를 설명하여 청중의 이해를 돕고 있다.
2문단의 '산대는 산 모양의 큰 무대입니다.'에서 알 수 있다.

⑤ 발표에 대한 청중의 반응을 확인하며 청중에게 바라는 바를 제시하고 있다.
발표의 마지막 부분의 '여러분, 예산대에 대해 관심이 좀 생겼나요?'와 '(청중의 대답을 듣고)'라는 비언어적 표현에서 청중의 반응을 확인하고 있음을 알 수 있다. 또한 '여러분도 ~ 다른 예를 찾아보면 좋겠습니다.'에서 청중에게 바라는 바를 제시하고 있다.

36 매체 활용의 적절성 평가

정답률 92% | 정답 ⑤

〈보기〉는 위 발표에서 발표자가 제시한 자료이다. 발표자의 자료 활용에 대한 설명으로 가장 적절한 것은? [3점]

〈보 기〉

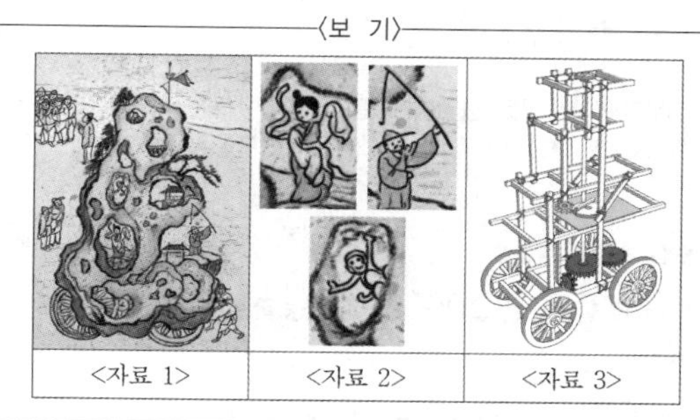

〈자료 1〉 〈자료 2〉 〈자료 3〉

① 예산대의 제작 과정을 보여 주기 위해 ㉠에 〈자료 1〉을 활용하였다.
2문단에서 ㉠은 예산대의 모습에 대한 청중의 이해를 돕기 위한 것임을 알 수 있으므로 〈자료 1〉이 이에 해당한다. 하지만 발표에서 예산대의 제작 과정이 드러나지 않으므로 적절하지 않다.

② 예산대의 구조를 설명하기 위해 ㉠에 〈자료 3〉을 활용하였다.
발표자는 ㉠을 제시한 다음 '기이한 돌산처럼 보이는 물체를 사람들이 움직이고 있죠?'라고 묻고, 〈자료 3〉은 예산대 내부의 모습을 보여 주는 자료이므로 적절하지 않다.

③ 예산대의 유래를 설명하기 위해 ㉡에 〈자료 2〉를 활용하였다.
3문단을 볼 때, ㉡을 제시한 이유는 예산대에 있는 인형들을 크게 보여 주려는 것이므로 〈자료 2〉는 적절하다. 또한 발표에서 예산대의 유래를 설명하지 않고 있으므로 적절하지 않다.

④ 예산대 인형의 형태를 보여 주기 위해 ㉢에 〈자료 2〉를 활용하였다.
4문단을 볼 때, ㉢은 '예산대 위의 인형들이 어떻게 움직일 수 있었는지' 원리를 설명하기 위한 것에 해당하므로, ㉢에 〈자료 2〉를 활용하는 것은 적절하지 않다.

✔ 예산대 인형이 움직이는 원리를 설명하기 위해 ㉢에 〈자료 3〉을 활용하였다.
3문단을 보면 ㉢은 '예산대 위의 인형들은 어떻게 움직일 수 있었는지' 그 원리를 설명하기 위한 자료임을 알 수 있다. 따라서 '수레바퀴'와 '예산대 내부의 톱니바퀴'가 잘 드러나 있는 〈자료 3〉이 ㉢에 활용하기 적절하다.

37 말하기 내용 추론

정답률 86% | 정답 ①

다음은 발표 후 청중의 질문에 대한 발표자의 답변이다. 발표 내용과 답변을 바탕으로 할 때, 청중의 질문으로 가장 적절한 것은?

"신선의 세계에서 유희를 즐기는 인물과 동물을 나타낸 것입니다. 당시 사람들이 꿈꾸던 이상향 속의 존재들이지요."

✔ 예산대에는 여러 인형들이 있다고 하셨는데, 그 인형들은 어떤 의미를 지니고 있나요?
발표자의 답변 내용인 '신선의 세계에서 유희를 즐기는 인물과 동물'에서 예산대에 있는 여러 인형과 연관된 질문임을 짐작할 수 있다. 또한 '당시 사람들이 꿈꾸던 이상향 속의 존재들'이라는 답변 내용에서 예산대에 있는 여러 인형들의 의미를 말하고 있음을 알 수 있다.

② 전통극 무대에는 상징적 의미가 있다고 하셨는데, 예산대는 무엇을 상징하는 것인가요?
발표에서 전통극 무대에 상징적 의미가 있다는 내용은 확인할 수 없다.

③ 예산대는 산 모양의 큰 무대라고 하셨는데, 그 산은 신선의 세계와 어떤 관련이 있나요?

발표에서 '예산대는 산 모양의 큰 무대'라는 말은 알 수 있지만, 발표자의 답변 내용에서 '산'과 '신선의 세계'와의 관련성은 확인할 수 없다.

④ **예산대에서 인형극이 행해졌다고 하셨는데, 사람이 직접 예산대 위에서 공연할 수 있었나요?**
발표를 보면 예산대에서 인형극이 행해졌음은 알 수 있지만, 발표자의 답변 내용에서 사람이 직접 예산대에서 공연할 수 있는지 확인할 수 없다.

⑤ **『봉사도』는 중국 사신단의 일정을 보여 준다고 하셨는데, 예산대 외에 다른 그림에는 무엇이 있었나요?**
발표 내용에서 『봉사도』가 '중국 사신단의 일정'을 보여 줌을 확인할 수 있지만, 발표자의 답변 내용에서 『봉사도』에 있는 예산대 외의 다른 그림에 대한 내용은 확인할 수 없다.

38 말하기 목적의 추론

정답률 95% | 정답 ④

[A], [B]에 대한 이해로 가장 적절한 것은?

① **[A]에서 학생은 사서의 답변이 질문의 의도에서 벗어났다고 판단하여 같은 질문을 다시 하고 있다.**
[A]에서 '혹시 신청 방법이 궁금한 거예요?'라는 사서의 답변이 학생이 자신의 질문의 의도에서 벗어났다고 판단하여 다시 질문했다고 볼 수는 있지만 같은 질문을 다시 하고 있지는 않다.

② **[A]에서 사서는 질문에 대한 답변을 학생이 제대로 이해하지 못했다고 판단하여 이를 확인하는 질문을 하고 있다.**
[A]에서 사서는 확인하는 질문을 하고 있지만 이는 질문의 의도를 확인하기 위함이지 질문에 대한 답변을 학생이 제대로 이해하지 못했다고 판단했기 때문은 아니다.

③ **[B]에서 학생은 사서의 답변이 면담의 목적에서 벗어났다고 판단하여 새로운 질문을 하고 있다.**
[B]에서 학생이 두 번째 질문을 한 이유는 사서의 답변이 목적에서 벗어나서가 아니라 사서의 첫 번째 답변을 듣고 더 알고 싶은 점이 생겨서이다.

✔ **[A]에서 사서는 학생의 질문이 명확하지 않았다고 판단하여 질문의 의도를 확인하고 있고, [B]에서 학생은 사서의 답변을 듣고 더 알고 싶은 점을 질문하고 있다.**
[A]에서 사서는 '혹시 신청 방법이 궁금한 거예요?'라고 질문하고 있다. 이 질문은 학생의 의도가 무엇인지를 명확하게 하기 위한 것이다. 그리고 [B]에서 학생은 '구체적으로 어떤 도움을 주시고 싶었나요?'라고 질문하고 있는데, 이는 '도움'의 구체적 내용을 더 알고자 하는 보충 질문이다.

⑤ **[A]에서 학생은 질문의 의미가 잘못 전달됐다고 판단하여 다시 질문하고 있고, [B]에서 사서는 학생의 질문 중 일부 내용을 반복하여 자신의 이해 여부를 확인하고 있다.**
[A]에서 학생은 '질문의 의미가 잘못 전달됐다고 판단하여 다시 질문'하고 있다고 볼 수는 있으나 [B]에서 사서가 학생의 질문 중 일부 내용을 반복하여 자신의 이해 여부를 확인하는 내용은 확인할 수 없다.

39 자료 수집, 활용의 적절성

정답률 76% | 정답 ④

다음은 위 면담을 바탕으로 학생이 쓴 글이다. 면담과 학생 글을 고려할 때, 학생이 활용한 글쓰기 방법으로 적절하지 않은 것은?

> **책과 마음이 닿는 햇살도서관**
> "도서관은 책을 경험하는 곳입니다."
>
> 햇살도서관은 책편지 서비스를 하는 마을 도서관이다. 인자한 인상의 사서 선생님의 설명에 따르면 책편지 서비스는 햇살 도서관에서 신청자의 고민 해결에 도움이 되는 책을 골라 주고, 그 이유를 편지에 적어 주는 개인 맞춤형 서비스이다. 이 서비스를 경험한 주민들은 햇살도서관이 책을 빌리는 곳, 그 이상의 장소라고 말한다. 책편지 서비스는 방문객들을 친절하게 응대해 주는 사서 선생님들 덕분에 큰 호응을 얻고 있다. 진로 탐색이나 교우 관계에 고민이 있는 한국고 학생들이 이 서비스를 이용하면, 고민 해결에 많은 도움을 받을 수 있을 것으로 기대된다.

① **면담에서 받은 사서에 대한 주관적 인상을 포함하여 독자들에게 도서관에 대한 호감을 높인다.**
학생이 쓴 글을 보면 사서를 '인자한 인상의 사서 선생님'이라고 표현하고 있다. 이는 사서에 대한 주관적 인상을 드러내 도서관에 대한 호감을 높여 준다.

② **책편지 서비스가 도움이 될 만한 대상자를 구체화하여 책편지 서비스를 통한 기대 효과를 알린다.**
학생이 쓴 글의 '진로 탐색이나 교우 관계에 고민이 있는 한국고 학생들'은 도움이 될 만한 대상자를 구체화한 것이고, '고민 해결에 많은 도움을 받을 수 있을 것으로 기대된다.'에서 기대 효과를 알리고 있다.

③ **마지막 질문에 대한 사서의 답변 중 일부를 글의 부제로 제시하여 도서관에 대한 관심을 이끌어 낸다.**
학생이 쓴 글을 보면, 면담의 '도서관은 단순히 책을 빌리는 곳이 아니라, 책을 경험하는 곳'이라는 내용을 바탕으로 부제를 제시하고 있다. 이러한 부제 사용으로 도서관에 대한 관심을 이끌어 내고 있다.

✔ **면담에서 알게 된 책편지 서비스 신청 방법을 제시하여 책편지 서비스 이용에 대한 정보를 제공한다.**
사서의 '도서관에 직접 와서 책을 통해 어떤 고민을 해결하고 싶은지 신청서를 작성하면 됩니다.'를 보면, 이 면담에는 책편지 서비스 신청 방법이 제시되어 있다. 하지만 학생이 쓴 글에서는 책편지 서비스 신청 방법에 대한 정보는 확인할 수 없다.

⑤ **면담에서 학생이 사서에게 언급한, 도서관에 대한 주민들의 반응을 제시하여 도서관의 장점을 부각한다.**
면담에서 학생은 '책을 빌리는 곳, 그 이상의 장소'라는 주민들의 반응을 언급하고 있는데, 이를 글에서도 제시하여 도서관의 장점을 부각하고 있다.

40 글쓰기 과정의 이해

정답률 87% | 정답 ②

(가)와 (나)를 통해 두 학생의 글쓰기 과정을 이해한 내용으로 적절하지 않은 것은?

① **'학생 1'과 '학생 2'는 모두 타인의 조언을 성찰의 계기로 삼았다.**
학생 1은 '선생님'의 조언을, 학생 2는 '선배'의 조언을 들으면서 성찰의 계기로 삼고 있다.

✔ **'학생 1'과 '학생 2'는 모두 식물이 자라는 모습에서 새로운 의미를 발견하였다.**
학생 1은 옥수수 씨앗을 심으면서 '심는 사람의 마음'이 중요한 것을 깨닫고 있다. 하지만 옥수수가 자라는 모습은 드러나 있지 않으므로, '식물이 자라는 모습'에서 새로운 의미를 발견한 것이라고는 볼 수 없다. 한편 학생 2는 옥수수 싹이 나오길 기다리며 '조급해했던' 마음을 반성하고 있으므로 '식물이 자라는 모습'에서 '새로운 의미'를 발견하였다고 볼 수 있다.

③ **'학생 1'과 '학생 2'는 모두 자신을 돌아보기 위해 스스로에게 질문하는 방식을 사용하였다.**
학생 1은 '당장의 어려움 때문에 시작할 때의 마음을 잊었던 것은 아닐까?', 학생 2는 '왜 그렇게 조급해했던 것일까?'라고 스스로에게 질문하며 각자 자신을 돌아보고 있다.

④ **'학생 1'은 같은 문장을 다시 인용하며, '학생 2'는 자신이 원했던 상황이 이루어진 모습을 제시하며 글을 마무리하였다.**
학생 1은 '하나의 생명을 심을 때는 심는 사람의 마음도 함께 심는 거란다.'라는 문장을 다시 인용하여 글을 마무리하고 있고, 학생 2는 자신이 원했던 '싹이 어느새 올라와' 있는 상황을 제시하면서 글을 마무리하고 있다.

⑤ **'학생 1'은 자신의 감정 변화를 중심으로, '학생 2'는 자신의 태도를 타인과의 관계와 연결 지어 내용을 전개하였다.**
학생 1은 '설렘'에서 '투덜댐', '투덜댐'에서 '반성'으로 감정 변화를 중심으로 내용을 전개하고 있다. 그리고 학생 2는 자신의 조급해하는 태도를 교우 관계에서의 경험과 연결 지어 내용을 전개하고 있다.

41 말하기 내용의 적절성 평가

정답률 96% | 정답 ④

〈보기〉는 (가)와 (나)를 읽은 학생들이 나눈 대화의 일부이다. ㉠ ~ ㉤에 대한 설명으로 적절하지 않은 것은?

> 〈보 기〉
>
> A : 친구들이 쓴 글 읽어 봤어? 소감이 어때?
> B : '학생 1', '학생 2' 모두 학교 텃밭에서 체험한 내용에 대해 쓴 점이 흥미로웠어. '학생 1'은 자신이 느낀 점을 진솔하게 표현한 점이 좋았고, '학생 2'는 결과를 얻기 위해서 기다림의 자세가 필요하다고 한 점이 인상 깊었어.
> A : 나도 그렇게 생각해. ㉠ 그런데 기다림의 자세만으로 목표한 결과를 얻을 수 있다고 생각하니?
> B : 그럼. ㉡ 예전에 수영을 배울 때 빨리 잘하고 싶었지만 생각처럼 되지 않은 적이 있어서 '학생 2'의 생각이 이해되더라. 나도 성급하게 생각하지 말고 꾸준히 연습해야겠다고 마음먹으니까 실력이 늘더라고.
> A : ㉢ '학생 2'의 생각처럼 여유를 갖고 기다리는 것도 중요하지만 문제점을 고치려는 노력도 중요하지 않을까? 원하는 결과가 나오지 않을 때 그 과정에 문제가 있을지도 모르잖아. ㉣ 노력에 따라 목표한 결과를 얻는 시기를 앞당길 수도 있어.
> B : 그렇게 생각할 수도 있겠다. ㉤ 같은 글을 읽고 이야기해보니, 서로의 생각이 어떤 점에서 비슷하고 다른지 알 수 있어서 좋았어.

① **㉠ : '학생 2'의 글에 의문을 제기하며 상대의 생각을 묻고 있다.**
학생 2의 '기다림의 시간을 소중하게 여기며 성급한 마음을 먹지 말아야겠다'는 깨달음에 대해, 〈보기〉의 ㉠에서는 의문을 제기하며 상대의 생각을 묻고 있다.

② **㉡ : 자신의 경험을 들어 '학생 2'의 글에 공감하고 있다.**
〈보기〉의 ㉡에서는 수영을 배울 때 성급하게 생각했던 자신의 경험을 제시하여, '기다림의 시간을 소중하게 여기는' 학생 2의 글에 공감하고 있다.

③ **㉢ : '학생 2'의 글에 담긴 생각을 인정하면서 자신의 생각을 추가하고 있다.**
〈보기〉의 ㉢에서는 학생 2의 '여유를 갖고 기다리는 것'의 중요성에 공감하면서도 '문제점을 고치려는 노력도 중요'하다는 자신의 생각을 추가하고 있다.

✔ **㉣ : '학생 2'의 글과 자신의 생각의 공통점을 근거로 자신의 의견을 강조하고 있다.**
학생 2는 '기다림의 시간을 소중하게 여기며 성급한 마음을 먹지 말아야겠다'는 깨달음을 드러내고 있다. 그런데 ㉣에서는 학생 2의 생각과는 달리 문제점을 고치려는 노력을 통해 결과를 얻는 시기를 앞당길 수 있다는 의견을 강조하고 있다.

⑤ **㉤ : '학생 1', '학생 2'의 글을 읽고 대화를 나누는 행위에 대해 이유를 들어 긍정적으로 평가하고 있다.**
〈보기〉의 ㉤에서는 글을 읽고 대화를 나누는 행위에 대해 '서로의 생각'에 대한 공통점과 차이점을 알 수 있다는 점을 근거로 긍정적으로 평가하고 있다.

42 내용 조직 전략의 적절성 판단

정답률 84% | 정답 ④

(가)를 바탕으로 (나)를 쓰기 위해 세운 글쓰기 계획 중 (나)에 활용된 것은?

① **주제를 구체화하기 위해 확증 편향의 원인을 개인적 측면과 사회적 측면으로 나누어 제시해야겠다.**
(나)에서 '확증 편향에 빠지지 않기 위한 방안'이라는 주제를 구체화하고 있지만, 확증 편향의 원인은 찾아볼 수 없다.

② **글의 목적을 강조하기 위해 확증 편향의 문제점에 대한 상반된 견해를 비교하여 설명해야겠다.**
2문단에서 '확증 편향에 빠지지 않기 위해 노력해야 함을 주장'하는 글의 목적을 강조하기 위해 확증 편향의 문제점을 제시하고 있다. 하지만 문제점에 대한 '상반된 견해'를 비교한 내용은 찾아볼 수 없다.

③ **글의 목적을 분명히 하기 위해 확증 편향에 빠지지 않기 위한 방안의 한계와 이를 보완할 방향을 제시해야겠다.**
3 ~ 5문단에서 글의 목적을 분명히 하기 위해 확증 편향에 빠지지 않기 위한 '방안'을 제시하고 있다. 하지만 '방안의 한계'와 '보완할 방향'은 찾아볼 수 없다.

✔ **예상 독자의 이해를 돕기 위해 확증 편향을 보여 주는 예를 들어 개념을 설명해야겠다.**
(나)의 1문단에서는 '미국의 한 심리학자'의 실험을 예로 들어 2문단에서 확증 편향의 개념을 설명하고 있다.

⑤ **예상 독자의 관심을 반영하기 위해 사회적 쟁점을 두고 우리 학교 학생들 간에 벌어진 논쟁을 제시해야겠다.**
(나)에서 사회적 쟁점을 두고 학생들 간에 벌어진 논쟁은 찾아볼 수 없다.

[문제편 p.134]

43 글쓰기 평가의 적절성 판단 정답 ②

〈보기〉는 학생들이 (나)를 읽고 평가한 것이다. 평가 내용으로 적절한 것을 모두 찾은 것은?

〈보 기〉

ⓐ 경아 : 표지를 사용하여 자신의 의견을 구체적으로 나열하고 있군.
ⓑ 은영 : 의문의 방식으로 글을 시작하여 독자의 관심을 유발하고 있군.
ⓒ 찬민 : 의견을 뒷받침하기 위한 이유를 제시하여 설득력을 높이고 있군.
ⓓ 유영 : 자신의 의견을 강조하기 위해 특정 대상에 빗대어 표현하고 있군.

① ⓐ, ⓑ ② ⓐ, ⓑ, ⓒ ③ ⓑ, ⓒ ④ ⓑ, ⓒ, ⓓ ⑤ ⓒ, ⓓ

ⓐ 경아 : 표지를 사용하여 자신의 의견을 구체적으로 나열하고 있군.
ⓐ (나)의 3～5문단에 제시된 '먼저, 다음으로, 마지막으로'를 통해, (나)의 학생은 표지를 사용하여 확증 편향에 빠지지 않기 위한 자신의 의견을 나열하여 드러내고 있음을 알 수 있다.

ⓑ 은영 : 의문의 방식으로 글을 시작하여 독자의 관심을 유발하고 있군.
ⓑ 1문단의 '만약 특정 주제에 대해 ～ 사람들은 어떻게 반응할까?'를 통해 의문의 형식을 사용하여 글을 시작하고 있음을 알 수 있다. 이러한 의문 형식으로 글을 시작하게 되면 독자들의 관심을 유발해 주는 효과가 있다.

ⓒ 찬민 : 의견을 뒷받침하기 위한 이유를 제시하여 설득력을 높이고 있군.
ⓒ (나)의 3～5문단을 통해 확증 편증에 빠지지 않기 위한 의견과 그 이유를 제시하고 있으므로, 이유 제시를 통해 설득력을 높이고 있다고 할 수 있다.

ⓓ 유영 : 자신의 의견을 강조하기 위해 특정 대상에 빗대어 표현하고 있군.

44 글쓰기 전략 파악 정답률 83% | 정답 ④

(나)에 제시된, 확증 편향에 빠지지 않기 위한 방안에 대해 〈보기〉를 바탕으로 비판하는 글을 쓰려고 한다. 비판의 내용으로 가장 적절한 것은? [3점]

〈보 기〉

갈릴레이는 태양의 흑점 이동과 목성의 위성 존재 등 경험적 사실을 근거로 지동설이 옳음을 주장하였다. 하지만 당시 과학계에서는 천동설을 지지했기에 갈릴레이의 거듭된 증거 제시에도 불구하고 논의를 거쳐 이를 거부하였다. 지동설은 갈릴레이 사후에야 받아들여지게 되었다.

① 자신의 주장과 일치하는 정보만을 선택적으로 수집한다면 비판적 사고에 부정적 영향을 줄 수 있다.
〈보기〉의 내용은 '집단의 의견'도 '비합리적'일 수 있음을 보여 주는 자료에 해당하는 것이지, '확증 편향'이 '비판적 사고에 부정적 영향'을 주는 것 자체를 비판하는 것은 아니다.

② 집단 구성원 간의 상호 작용이 원활하게 이루어진다면 확증 편향으로 인한 판단의 착오를 줄일 수 있다.
집단 구성원 간의 상호 작용이 원활하게 이루어질 때 확증 편향으로 인한 문제를 막을 수 있다는 주장은 학생의 글 4문단에 제시된 내용과 같은 주장에 해당한다.

③ 현상에 대해 판단을 내릴 때 책임감 있는 자세를 갖지 않는다면 보고 싶은 대로 보는 관습에서 벗어나기 어렵다.
〈보기〉의 내용은 집단의 의견도 비합리적일 수 있음을 보여 주는 것이므로, 5문단의 '책임지는 자세'를 통해 확증 편향에 빠지지 않을 수 있음을 비판하는 주장의 근거로는 적절하지 않다.

④ 집단의 의견이 한쪽으로 치우쳐 있다면 집단 의사 결정 방법을 거치더라도 비합리적인 의사 결정이 이루어질 수 있다.
〈보기〉에서는 천동설과 지동설의 대립을 통해 '집단의 의견'도 한쪽으로 치우쳐 있다면 '비합리적인 의사 결정'이 이루어질 수 있음을 보여 주고 있다. 따라서 〈보기〉 자료를 활용하여, 학생의 글 4문단에 언급된 확증 편향에 빠지지 않기 위해 '집단 의사 결정 방법'을 거쳐야 한다는 주장에 대한 비판의 근거로 사용할 수 있다.

⑤ 가치관이 다양한 세상에서 일관된 자아 정체성을 유지할 수 있는 것은 인간에게 확증 편향이 있기에 가능한 일이다.
선택지의 내용은 '확증 편향'의 긍정적 측면을 주장하고 있어 비판하는 내용으로 적절하지 않다.

45 고쳐쓰기의 적절성 판단 정답률 83% | 정답 ③

〈보기〉는 [A]의 초고이다. 〈보기〉를 고쳐 쓰기 위해 친구들이 조언한 내용 중 [A]에 반영되지 않은 것은?

〈보 기〉

반대 입장에서 생각해 보는 자세를 지녀야 한다. 즉, 자신의 판단이 틀릴 수도 있는 이유에 대해 구체적으로 떠올려 보는 것이다. 그러나 반대를 위한 반대는 의사 결정에 역효과를 초래할 수 있다.

① 앞 문단과의 연결 관계를 보여 주기 위해 문단 간의 관계를 알려 주는 표현을 추가하는 게 어때?
[A]에서는 '따라서 확증 편향에 빠지지 않기 위해서는 먼저'를 추가하여 앞 문단과의 연결 관계를 보여 주고 있다.

② 첫 번째 문장의 내용을 뒷받침하는 근거가 제시되어 있지 않으니까 제시된 방안의 긍정적 효과를 근거로 추가하는 게 어때?
[A]에서는 첫 번째 문장의 내용을 뒷받침하는 근거로 '왜냐하면 고려의 ～ 있기 때문이다.'를 추가하여 제시된 방안의 긍정적 효과를 드러내고 있다.

③ 두 번째 문장의 내용이 앞 문장과 유사하니까 두 문장의 핵심어를 포함한 한 문장으로 교체하는 게 어때?
〈보기〉의 두 번째 문장 내용은 앞 문장과 유사하다. 하지만 고쳐 쓴 [A]를 보면, 글쓴이는 핵심어를 포함한 한 문장으로 교체한 것이 아니라 두 번째 문장을 삭제하고 있다.

④ 세 번째 문장의 내용이 문단의 통일성에서 벗어나니까 해당 문장을 삭제하는 게 어때?
[A]에서는 〈보기〉의 세 번째 문장의 내용이 주제에서 벗어나 문단의 통일성을 해치므로 삭제하고 있다.

⑤ 주장의 설득력을 강화하기 위해 역사적 인물의 사례를 주장에 대한 근거로 추가하는 게 어때?
[A]에서는 '반대 입장에서 생각'해야 한다는 주장의 설득력을 강화하는 '찰스 다윈'의 사례를 근거로 추가하고 있다.

14회 | 수능 실전 모의고사 고3

• 정답 •
35② 36⑤ 37① 38② 39④ 40④ 41⑤ 42③ 43③ 44④ 45④

35 말하기 전략의 평가 정답률 93% | 정답 ②

학생의 발표에 대한 반응으로 가장 적절한 것은?

① 청중의 이해도를 점검하고 발표 내용을 요약하며 마무리하고 있군.

② 공유할 수 있는 경험을 환기하여 발표 내용에 대한 청중의 관심을 끌고 있군.
2문단에서 발표자는 '여러분, 지난주 국어 시간에 배운 「옥상의 민들레꽃」에서 들꽃이 하나 등장했었는데 기억나시나요?'라고 묻고 있다. 발표자는 이러한 질문으로 청중들이 '들꽃'에 대해 관심을 끌 수 있도록 하고 있다.

③ 전문가의 말을 직접 인용하여 청중이 발표 내용에 대해 신뢰를 가지게 하고 있군.
④ 청중을 칭찬하는 말로 발표를 시작하여 청중과 긍정적인 유대감을 쌓고 있군.
⑤ 청중의 질문에 답을 함으로써 발표 내용과 관련된 청중의 궁금증을 해소하고 있군.

36 매체 활용 방안의 적절성 평가 정답률 85% | 정답 ⑤

다음은 위 학생 모둠의 1차 탐구 과제 발표 계획안이다. 발표에 반영된 매체 활용 방안에 대한 설명으로 적절하지 않은 것은?

프로젝트 과제	숨어 있는 들꽃의 재발견	
발표 단계 및 발표 내용	도입	1차 탐구 과제 제시 ··· ㉠
	전개	1. 기대지 않은 곳에서 찾은 들꽃의 아름다움 ··· ㉡ 2. 들꽃의 아름다움에 매료되는 이유 • 고산 지대의 생태 환경 ··· ㉢ • 고산 지대에서 피는 들꽃 – 고려엉겅퀴꽃 – 금강초롱꽃과 동자꽃 ··· ㉣
	정리	2차 탐구 과제 예고 ··· ㉤

① ㉠ : 슬라이드를 활용하여 모둠 탐구 과제의 차례를 보여 주며 오늘 발표할 탐구 과제를 제시하고 있다.
1문단에서 발표자는 슬라이드를 보여 주면서 '1차 탐구 과제'와 '2차 탐구 과제'를 먼저 안내한 후, '오늘은 1차 탐구 과제 발표를 하겠'다고 밝히고 있다.

② ㉡ : 사진을 활용하여 들꽃의 모습에 청중의 시선을 집중시키고 있다.
2문단에서 발표자는 자신이 찍은 '제비꽃 사진'을 제시하고 있는데, 이는 발표의 중심 화제인 들꽃의 모습에 청중의 시선을 집중시키기 위한 것이다.

③ ㉢ : 동영상을 활용하여 고산 지대의 생태 환경을 실감나게 전달하고 있다.
3문단에서 발표자는 '동영상'을 제시하여 세찬 바람 소리가 들리는 고산 지대의 환경과 그곳에서 자라는 '고려엉겅퀴꽃'의 모습을 실감나게 보여 주고 있다.

④ ㉣ : 인터넷으로 검색한 화면을 활용하여 고산 지대의 들꽃이 지닌 특징을 뒷받침하는 사례를 제시하고 있다.
3문단에서 발표자는 '인터넷을 검색한 화면'으로 '고산 지대에서 피는 금강초롱꽃과 동자꽃'의 모습을 보여 주면서, '아담하면서 색이 선명'한 고산 지대 들꽃의 특징을 드러내고 있다.

⑤ ㉤ : 슬라이드를 활용하여 들꽃 이름이 분류된 도표를 보여 주며 들꽃 이름과 자연 환경의 관계를 파악하게 하고 있다.
4문단의 '슬라이드를 보여 주며'에서 발표자가 슬라이드를 활용하는 것을 알 수 있다. 그리고 '그래서 다음 시간에는 ～ 이름을 찾아보는 내용으로 발표하겠습니다.'라고 발표를 마무리하고 있다. 즉, 발표자는 슬라이드를 활용하여 다음 발표의 내용을 예고한 것이므로 적절하지 않다.

37 화법 참여자의 공통점 파악 정답률 95% | 정답 ①

(가)에서 찬성 측과 반대 측이 공통으로 인정하고 있는 내용으로 가장 적절한 것은?

① 학생회장 선거에서 투표율을 높여야 한다.
'찬성 1'은 입론에서 '학생들의 투표율이 낮아 선출된 학생회장의 대표성에 대해 논란이 제기되고' 있다고 말하면서, 결선 투표제를 도입하면 '선거에 대한 관심이 고조되고 투표율이 높아져 대표성을 인정받는 학생회장이 선출'될 것이라 말하고 있다. 그리고 '반대 1'은 입론에서 '학생회장 선거의 투표율을 높여야 한다는 것에는 공감'한다고 말하고 있다.

② 학생회장 선거 홍보 방법을 다양화해야 한다.
'찬성 1'과 '반대 1'의 토론에서 찾아볼 수 없는 내용이다.

③ 학생회장 선거에 새로운 투표 제도를 도입해야 한다.
'찬성 1'은 입론에서 학생회장 선거에 '결선 투표제'를 도입해야 한다는 주장을 펼치고 있지만, '반대 1'은 도입에 반대하고 있다.

④ 무효표를 줄이기 위해 선거 홍보 기간을 늘려야 한다.
'찬성 1'과 '반대 1'의 토론에서 찾아볼 수 없는 내용이다.

⑤ 선거 기간이 길어지면 후보자의 자질과 능력이 향상된다.
'찬성 1'은 입론에서 1차 투표와 결선 투표를 거치면 후보자의 자질과 능력도 향상될 것이라 말하고 있지만, '반대 2'는 이러한 의견에 의문을 제시하고 있다.

38 토론의 적절성, 전략 평가 정답률 80% | 정답 ②

(가)의 토론자들의 말하기 방식에 대한 설명으로 적절하지 않은 것은? [3점]

[문제편 p.136]

② **'반대 2'는 반대 신문에서, 상대방이 말한 내용을 지적하여 상대방 스스로 자신의 생각이 잘못되었음을 인정하게 하고 있다.**
'반대 2'는 반대 신문에서 '1차 투표와 결선 투표를 거치면서 서로 다른 의사가 수렴되므로 후보자의 자질과 능력도 향상될 것입니다.'라고 '찬성 1'의 발언에 의문을 제기하고 있다. 그리고 이러한 의문 제기에 '찬성 1'은 '그렇다고 후보자의 자질과 능력이 향상되지는 않겠지요.'라고 잘못되었음을 인정하고 있다.

✔ **'반대 1'은 입론에서, 상대방이 제기한 문제점에 대한 원인을 다양하게 분석해 자신의 주장을 강조하고 있다.**
'반대 1'은 입론에서 결선 투표제를 도입한다고 해서 투표율이 높아지는 것은 아니며, 오히려 시간과 비용 측면에서 비효율적이라고 말하고 있다. 하지만 학생회장의 대표성에 대한 논란이 일어나고 있다는 '찬성 1'이 제기한 문제점의 원인을 다양하게 분석하지는 않고 있다.

③ **'찬성 1'은 반대 신문에서, 상대방이 한 말을 언급하며 질문함으로써 자신이 원하는 답변을 이끌어 내고 있다.**
'찬성 1'은 반대 신문에서 '단순 다수제가 최선의 후보자를 신중하게 선택하게 만드는 민주적 절차라고 하셨는데'라며 '반대 1'이 한 말을 언급하고 있다. 그러면서 결선 투표제는 단순 다수제의 과정을 한 번 더 거치므로 '더 민주적이지 않을까요?'라는 질문으로 '반대 1'의 동의를 이끌어 내고 있다.

④ **'반대 1'은 반론에서, 상대방의 주장이 받아들여질 경우 예상되는 문제점을 거론하며 상대방의 주장에 대해 반박하고 있다.**
'반대 1'은 반론에서 결선 투표를 하게 되면 후보자들 간의 담합이 발생할 수 있다는 문제점을 거론하며 찬성 측의 주장에 반박하고 있다.

⑤ **'찬성 1'은 반론에서, 상대방이 제기하는 문제점을 해결할 수 있는 대안으로 사례를 제시하고 있다.**
'찬성 1'은 반론에서 '반대 1'이 입론 때 제기한 시간과 비용의 측면에서 비효율적이라는 문제점에 대해 'OO고등학교'의 사례를 들어 홈페이지에 접속해 투표하는 대안을 제시하고 있다.

39 토론 유형과 내용 파악

정답률 92% | 정답 ④

〈보기〉의 ㉠~㉤ 중 '찬성 1'의 입론에서 언급하지 않은 것은?

〈보 기〉

대체로 입론에서는 ㉠ 문제 상황을 제시하고, 문제의 원인을 분석하며, ㉡ 문제를 해결할 수 있는 방안을 제시한다. 또한 ㉢ 용어의 개념을 제시하고, ㉣ 예상되는 반박에 대비한 해결 방안을 제시하기도 한다. 끝으로 ㉤ 자신의 주장이 관철되었을 때의 기대 효과를 제시하여 주장의 정당성을 입증한다.

① **㉠ 문제 상황**
'찬성 1'의 '그런데 학생들의 투표율이 낮아, 선출된 학생회장의 대표성에 대해 논란이 제기되고 있습니다.'에서 확인할 수 있다.

② **㉡ 문제를 해결할 수 있는 방안**
'찬성 1'의 '이를 해결하기 위해 학생회장 선거에 결선 투표제를 도입해야 한다고 생각합니다.'에서 확인할 수 있다.

③ **㉢ 용어의 개념**
'찬성 1'의 '결선 투표제는 과반의 득표자가 없을 때, ~ 선출하는 방식입니다.'에서 확인할 수 있다.

✔ **㉣ 예상되는 반박에 대비한 해결 방안**
'찬성 1'은 결선 투표제를 도입해야 한다고 주장하고 있지만, 이러한 결선 투표제 도입에 반대하는 측에서 제기할 수 있는 반박과 그에 대한 해결 방안은 제시하지 않고 있다.

⑤ **㉤ 자신의 주장이 관철되었을 때의 기대 효과**
'찬성 1'의 '투표율이 높아져 대표성을 인정받는 학생회장이 선출될 것으로 기대'되며, '후보자의 자질과 능력도 향상될 것'이라는 말하기에서 자신의 주장이 관철되었을 때의 기대 효과를 확인할 수 있다.

40 내용 생성 전략의 적절성

정답률 93% | 정답 ④

다음은 (나)를 쓰기 위한 글쓰기 계획이다. (나)에 반영되지 않은 것은?

- 토론회가 개최된 목적과 관련하여 글을 쓴 동기를 밝히며 글을 시작해야겠어. ··· ①
- 찬성 측의 발언 내용에 대해 배경지식을 가지고 판단한 내 생각을 써야겠어. ··· ②
- 토론을 들으며 생긴 의문점에 대해 자료를 찾아 정리한 내 생각을 써야겠어. ··· ③
- 찬반 양측의 입장 중 내 입장을 선택하고, 내 입장과 반대되는 주장에 대한 비판의 내용을 담아야겠어. ··· ④
- 토론회의 의의에 대해 내 생각을 밝히고, 문제 해결의 과정에서 토론의 필요성을 제시하며 글을 마무리해야겠어. ··· ⑤

① **토론회가 개최된 목적과 관련하여 글을 쓴 동기를 밝히며 글을 시작해야겠어.**
1문단의 '이번 토론회는 대표성 높은 학생회장을 선출하기 위해 개최된 것이다.'에서 목적을 제시하면서, '토론에 대한 의견을 밝혀 학교의 중요한 의사 결정에 참여하고자 한다.'라고 글을 쓰게 된 동기를 드러내고 있다.

② **찬성 측의 발언 내용에 대해 배경지식을 가지고 판단한 내 생각을 써야겠어.**
2문단에서 학생은 사회 시간에 배운 지식을 바탕으로 결선 투표제를 도입하면 학생회장이 대표성을 갖게 된다는 '찬성 측'의 발언에 대한 판단을 드러내고 있다.

③ **토론을 들으며 생긴 의문점에 대해 자료를 찾아 정리한 내 생각을 써야겠어.**
4문단에서 학생은 '대표성은 어떻게 생기는 것일까'에 대한 의문이 들었다고 언급하면서, 관련 서적의 내용을 바탕으로 '다수의 지지를 받을수록 당선자의 대표성은 높아진다.'라는 자신의 생각을 제시하고 있다.

✔ **찬반 양측의 입장 중 내 입장을 선택하고, 내 입장과 반대되는 주장에 대한 비판의 내용을 담아야겠어.**
(나)의 학생은 2문단에서 찬반 양측이 발언한 내용을 비판적으로 평가하고 있지만, 찬성과 반대 측의 입장 중 어느 하나를 선택하지는 않고 있다.

⑤ **토론회의 의의에 대해 내 생각을 밝히고, 문제 해결의 과정에서 토론의 필요성을 제시하며 글을 마무리해야겠어.**
마지막 문단의 '이번 토론회는 ~ 의미 있는 시간이었다.'에서 토론회의 의의를 제시하고 있고, '공동체의 일원으로서 의견을 나누는 것은 민주적 의사소통의 첫걸음이라고 생각한다.'에서 토론의 필요성을 제시하고 있다.

41 내용 생성의 적절성

정답률 84% | 정답 ⑤

다음은 (나)의 필자가 글을 쓰기 위해 정리한 토론 평가 항목이다. 글을 쓴 후, 이를 바탕으로 (나)를 점검한 내용으로 적절하지 않은 것은?

토론 평가	㉮ 찬성 측 입론에서 제시한 내용의 타당성 평가 ㉯ 반대 측 입론에서 제시한 내용의 타당성 평가
	㉰ 입론 단계에서 발언한 내용의 적합성 평가 ㉱ 반론 단계에서 발언한 내용의 적합성 평가

① **㉮ : 필자는 찬성 측이 입론에서 제시한 내용과 부합하지 않는 사례를 들어, 찬성 측의 입론 내용이 타당하지 않다고 평가하였다.**
2문단에서 필자는 찬성 측의 주장에 대해, 'A 나라'의 사례를 들어 '찬성 측의 근거는 타당하지 않다'고 평가하고 있다.

② **㉯ : 필자는 반대 측이 입론에서 주장한 투표 횟수와 신중한 투표권 행사 사이의 연관성을 입증하지 않았다는 점을 들어, 반대 측의 입론 내용이 타당하지 않다고 평가하였다.**
2문단에서 필자는 반대 측 주장에 대해, 주장과 근거의 관련성이 입증되지 않아 설득력이 부족하다고 평가하고 있다.

③ **㉯ : 필자는 반대 측이 입론에서 현행 투표제를 유지할 때 문제 상황을 해결할 방안을 제시하지 않은 점을 들어, 반대 측의 입론 내용이 타당하지 않다고 평가하였다.**
2문단에서 필자는 반대 측에 대해, 현 제도를 유지할 때 문제 상황을 해결할 방안을 제시하지 않아 주장을 뒷받침할 근거를 보여 주지 못했다고 평가하고 있다.

④ **㉰ : 필자는 반대 측이 입론 단계에서 상대측의 주장대로 투표가 시행되었을 때 예상되는 문제점을 지적하여 반박했다는 점을 적합하다고 평가하였다.**
3문단에서 필자는, 반대 측이 상대측이 주장하는 투표 제도를 도입할 때 발생할 수 있는 문제점을 지적하고 있음을 드러내면서, 이는 '상대측의 주장을 반박하며 자신의 주장을 강화한 것'이라고 평가하고 있다.

✔ **㉱ : 필자는 반대 측이 반론 단계에서 자신의 주장을 입증하는 근거를 들고 있다는 점을 적합하다고 평가하였다.**
3문단의 '상대측과는 달리 사례나 증거를 들어 자신의 주장을 입증하지 못하고 있으므로 적합하지 않다.'는 내용으로 적절하지 않음을 알 수 있다.

42 글쓰기 계획에 따른 반영 여부 파악

정답률 94% | 정답 ③

(가)의 '학생의 생각'이 (나)에 반영된 내용으로 적절하지 않은 것은?

① **동아리에서 추가한 활동을 제시하여 ㉠을 반영하고 있다.**
(나)의 1문단에서 '다른 봉사 동아리와 달리 특색 있고 재미있는 봉사 활동을 하기 위해 퍼네이션과 같은 기부 활동을 추가하여 운영'하고 있다는 내용을 보면 알 수 있다.

② **퍼네이션의 개념과 사례를 제시하여 ㉡을 반영하고 있다.**
(나)의 2문단에서 '퍼네이션(funation)은 ~ 봉사활동입니다.'라고 개념을 밝히고, '아이스 버킷 챌린지' 사례를 제시하고 있다.

✔ **다른 동아리와의 연계 활동을 제시하여 ㉢을 반영하고 있다.**
(나)의 마지막 문단에서 '우리 동아리에 가입하면 관심과 흥미에 따라 다양한 퍼네이션'을 할 수 있고, 진로 탐색에도 도움이 될 것이라는 내용 (가)의 ㉢이 반영되었음을 알 수 있다. 하지만 다른 동아리와의 연계 활동을 제시한 부분은 찾아볼 수 없다.

④ **동아리가 추구하는 가치를 제시하여 ㉣을 반영하고 있다.**
(나)의 3문단에서 '우리 동아리가 추구하는 가치는 나눔의 마음이며, 우리 동아리의 선발 기준도 나눔의 마음'이라는 내용을 보면 알 수 있다.

⑤ **가입한 학생이 할 수 있는 활동을 제시하여 ㉤을 반영하고 있다.**
(나)의 4문단의 '컴퓨터를 잘하는 학생은 퍼네이션 애플리케이션 개발을, 마케팅에 관심이 있는 학생은 퍼네이션 홍보'를 할 것이라는 내용에서 확인할 수 있다.

43 자료 수집, 활용의 적절성 판단

정답률 86% | 정답 ③

〈보기〉는 (나)를 수정·보완하기 위해 찾은 자료이다. 자료 활용 방안으로 적절하지 않은 것은? [3점]

〈보 기〉

ㄱ. 우리 학교 설문 조사

ㄱ-1. 기부를 하지 않는 이유 **ㄱ-2. SNS 이용 빈도**

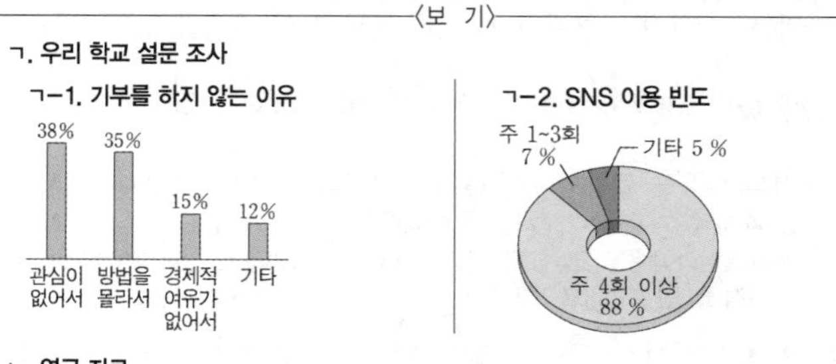

ㄴ. 연구 자료
봉사 활동에 참여하는 청소년들의 경우, 참여 빈도가 높을수록 봉사 활동에 대한 만족도가 증가한다. 또한 자발적으로 봉사 활동에 참여 할수록 진로 탐색 기회가 많아져 진로 의식의 성숙도가 높아진다.

ㄷ. 신문 기사
최근 퍼네이션이 SNS를 통해 확산되고 있다. 퍼네이션을 위한 게임 애플리케이션은 재미있고 일상에서 쉽게 접할 수 있어서 많은 사람들이 퍼네이션에 자주 참여하고 있다.

① **ㄱ-1을 활용하여, 우리 학교 학생들이 기부하지 않는 가장 큰 이유를 경제적 여유가 없다는 것에서 기부에 관심이 없다는 것으로 수정해야겠어.**
자료 ㄱ-1에서 학교의 학생들이 기부 활동을 하지 않는 가장 큰 이유가 기부 활동에 관심이 없기 때문임

[문제편 p.139]

을 알 수 있다. 그런데 (나)의 3문단에서는 '우리 학교 학생들이 기부를 하지 않는 가장 큰 이유도 경제적 여유가 없기 때문입니다.'라고 서술하고 있으므로, ㄱ-1을 활용하여 수정할 수 있다.

② **ㄱ-1을 활용하여, 기부 방법을 모르는 우리 학교 학생들에게 '잔반 제로 게임 애플리케이션'을 통해 기부를 체험할 수 있도록 하는 것을 우리 동아리 활동의 내용으로 제시해야겠어.**
자료 ㄱ-1에서 학생들이 기부를 하지 않는 이유 중 하나가 '방법을 몰라서'임을 알 수 있다. 그리고 (나)의 4문단에서 '잔반 제로 게임 애플리케이션'을 개발하였다고 언급하고 있다. 따라서 ㄱ-1를 활용하여 동아리 활동 내용으로 제시할 수 있다.

✔③ **ㄱ-2와 ㄴ을 활용하여, SNS 이용 빈도가 높은 학생일수록 봉사 활동 참여 빈도가 높아져 진로 탐색에 도움이 된다는 내용을 보강해야겠어.**
자료 ㄱ-2에서 학생들의 SNS 이용 목적이나 내용을 확인할 수 없으므로 SNS 이용 빈도가 높을수록 봉사 활동에 참여하는 빈도가 높다고 해석하는 것은 적절하지 않다.

④ **ㄴ을 활용하여, 우리 동아리에 가입해 퍼네이션에 자발적으로 참여하면 진로 의식의 성숙도를 높일 수 있음을 제시해야겠어.**
(나)의 4문단에서 동아리는 학생들이 퍼네이션에 자발적으로 참여할 수 있도록 노력하고 있음을 언급하고 있다. 이를 ㄴ과 연관시키면 동아리를 통한 자발적인 봉사 활동이 진로 의식의 성숙도를 높일 수 있다는 내용을 제시할 수 있다.

⑤ **ㄷ을 활용하여, 우리 동아리가 '잔반 제로 게임 애플리케이션'을 개발한 이유는 일상에서 퍼네이션에 자주 참여할 수 있도록 하기 위한 것임을 제시해야겠어.**
(나)의 4문단에서 퍼네이션의 일환으로 최근 '잔반 제로 게임 애플리케이션'을 개발하였다고 제시하고 있다. 이를 ㄷ과 연관시키면 '잔반 제로 게임 애플리케이션'을 개발한 것은 사람들이 퍼네이션에 자주 참여할 수 있도록 하기 위한 것이라는 내용을 제시할 수 있다.

44 고쳐 쓰기 의견의 적절성 판단 정답 ④

㉮는 동아리 회장의 의견을 들어 〈보기〉 내용을 고쳐 쓴 것이다. ㉮를 볼 때, 동아리 회장의 의견으로 가장 적절한 것은?

〈보 기〉

우리 동아리는 학생들이 자신의 관심과 흥미에 맞는 퍼네이션에 자발적으로 참여할 수 있도록 노력하고 있습니다. 우리 동아리에 참여한 학생들의 만족도는 다른 어느 동아리보다 높았습니다. 최근에는 급식의 잔반을 줄여 절약한 잔반 처리 비용을 결식아동에게 기부하는 '잔반 제로 게임 애플리케이션'을 발명하였습니다.

① **잘못된 띄어쓰기와 맞춤법이 맞지 않는 부분이 있으므로 바르게 고쳤으면 해.**

② **맞춤법에 어긋나는 부분이 있으니 고치고, 통일성에 어긋나는 문장은 삭제했으면 해.**

③ **주어와 서술어가 호응이 되도록 수정하고, 맞춤법에 맞지 않는 단어가 있으니 고쳤으면 해.**

✔④ **글의 통일성에 어긋나는 문장은 삭제하고, 잘못 사용된 어휘는 문맥에 맞게 고쳤으면 해.**
㉮와 〈보기〉를 비교해 보면, ㉮의 '우리 동아리에 참여한 학생들의 만족도는 다른 어느 동아리보다 높았습니다.'가 삭제되었음을 알 수 있는데, 이는 문단의 통일성을 고려하여 삭제하였음을 알 수 있다. 그리고 〈보기〉의 '발명'을 ㉮에서는 '개발'로 고치고 있음을 알 수 있다. 발명이 '아직까지 없던 기술이나 물건을 새로 생각하여 만들어 냄.'의 의미이고, 개발이 '새로운 물건을 만들거나 새로운 생각을 내어놓음.'의 의미이므로, 문맥상 '개발'이 적절하여 수정했음을 알 수 있다.

⑤ **잘못 사용된 어휘는 문맥에 맞게 다른 어휘로 바꾸고, 문장 성분 간의 호응 관계가 맞지 않는 부분은 수정했으면 해.**

45 글쓰기 계획에 따른 표현 정답률 95% | 정답 ④

[A]에 들어갈 내용을 〈조건〉에 따라 작성한 것으로 가장 적절한 것은?

〈조 건〉

나눔의 의의를 밝히고, 의문문의 형식으로 동아리 가입을 권유하면서 글을 마무리해야겠어.

① **나눔은 베푸는 마음입니다. 우리 동아리에 가입하면 여러분의 재능과 나눔의 마음이 더해져 우리 주변은 밝아질 것입니다.**
나눔의 의의를 밝히고 동아리 가입을 권유하고는 있으나 의문문의 형식을 사용하지 않았다.

② **우리가 생활 속에서 실천할 수 있는 나눔에는 어떤 것이 있을까요? 각자의 자리에서 나눔을 실천할 수 있는 방법을 찾아봅시다.**
나눔의 의의를 밝히지 않았으며, 의문문을 사용하였으나 동아리 가입을 권유하는 내용을 담고 있지 않다.

③ **동아리 활동을 함께하다 보면 친구들 간의 친밀감이 높아집니다. 우리 동아리에서 퍼네이션 게임을 하며 재능을 발견해 보지 않으실래요?**
동아리 가입을 권유하는 의문문을 사용하고 있지만, 나눔의 의의는 밝히지 않았다.

✔④ **나눔은 내가 베푼 마음이 누군가에게 퍼져 모두를 따뜻하게 만드는 것입니다. 우리 동아리에서 나눔을 실천하는 경험을 해 보지 않으시겠어요?**
'나눔은 내가 베푼 마음이 누군가에게 퍼져 모두를 따뜻하게 만드는 것'이라고 나눔의 의의를 밝히면서, '우리 동아리에서 나눔을 실천하는 경험을 해 보지 않으시겠어요'라고 의문문의 형식으로 동아리 가입을 권유하고 있다.

⑤ **다른 사람이 도움을 필요로 할 때 나의 재능이 함께하면 나눔이 시작됩니다. 자신이 잘할 수 있는 일을 찾기 위해서는 어떻게 하는 것이 좋을까요?**
나눔의 의의를 드러내고 의문문을 사용하고 있지만 동아리 가입을 권유하는 내용을 담고 있지 않다.

| 정답과 해설 |

15회 | 수능 실전 모의고사 고3

• 정답 •
35② 36⑤ 37② 38④ 39① 40④ 41② 42⑤ 43⑤ 44③ 45⑤

35 말하기 방식 파악 정답률 91% | 정답 ②

위 강연자의 말하기 방식으로 가장 적절한 것은?

① **강연 중간 중간에 자신이 말한 내용을 요약하여 청중의 이해를 돕고 있다.**
강연자가 강연 중간에 자신이 말한 내용을 요약하고 있는 부분은 찾을 수 없으므로 적절하지 않다.

✔② **관련 기관의 발표 자료를 인용하여 자신이 언급한 내용을 뒷받침하고 있다.**
강연자는 식품의약품안전처가 영양 성분 표시 순서를 변경한 이유를 뒷받침하기 위해 질병관리본부의 자료를 인용하여 우리나라 국민이 얼마만큼 나트륨을 섭취하고 있는지를 보여 주고 있다.

③ **강연 대상과 관련된 자신의 경험을 사례로 들어 청중의 흥미를 유발하고 있다.**
강연자가 영양 성분 표시 제도와 관련된 자신의 경험을 사례로 들어 청중의 흥미를 유발하고 있지 않으므로 적절하지 않다.

④ **강연 대상을 친숙한 소재에 빗대어 표현함으로써 대상의 개념을 설명하고 있다.**
강연자가 강연 대상을 친숙한 소재에 빗대어 표현하고 있는 부분을 찾을 수 없으므로 적절하지 않다.

⑤ **청중의 질문에 답을 함으로써 강연 내용과 관련된 청중의 궁금증을 해소하고 있다.**
청중이 강연자에게 질문하고 있는 내용은 나와 있지 않고, 이에 대해 강연자가 청중의 질문에 답하는 부분은 제시되어 있지 않으므로 적절하지 않다.

36 강연을 통한 시각 자료의 이해 정답률 69% | 정답 ⑤

다음은 강연자가 사용한 시각 자료이다. 시각 자료를 보며 강연을 들은 학생이 떠올린 생각으로 적절하지 않은 것은?

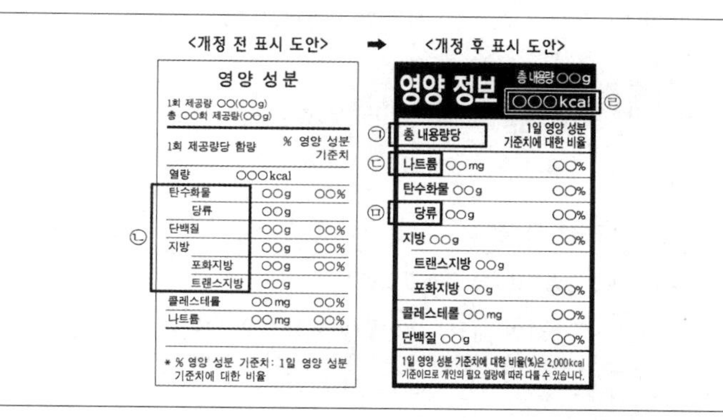

① **㉠은 영양 정보를 확인할 때 소비자의 혼란을 줄이기 위한 함량 표시 기준이구나.**
2문단의 '개정 전에는 한 번에 섭취할 것으로 ~ 그래서 제품의 총 내용량을 기준으로 영양성분의 함량을 표시하는 것으로 바뀌었습니다.'에서 '총 내용량'을 기준으로 영양 성분 함량 표시 방법을 개정한 이유가 업체마다 1회로 보는 양이 달라서 소비자에게 혼란을 줄 수 있기 때문임을 알 수 있다.

② **㉡은 에너지 공급원순에 따라 탄수화물, 단백질, 지방을 표시한 것이구나.**
3문단의 '개정 전에는 에너지 공급원순으로 표시했는데'의 내용과 ㉡이 개정 전 표시 도안에 해당하는 것임을 볼 때, 개정 전에는 에너지 공급원순으로 표시했다는 것을 알 수 있다.

③ **㉢은 소비자의 관심도와 국민 건강상의 중요도가 반영되어 이전과 표시 위치가 달라졌구나.**
3문단에서 '소비자의 관심도가 높고 국민 건강상 중요해진 성분들은 위로 올려 표시'하는 것으로 개정되었다고 밝히고 있고, ㉢이 이전과 표시 위치가 달라져 있으므로 적절하다.

④ **㉣은 소비자들이 확인하기 쉽도록 다른 성분들과 위치를 구분해 표시한 것이구나.**
4문단에서 '열량에 대한 소비자들의 관심이 높은 만큼 이를 확인하기 쉽도록 다른 성분들과 분리해 열량을 표시'하게 되었음을 밝히고 있고, ㉣을 개정 전과 비교해 보면 그 위치를 구분해 표시했다는 것을 알 수 있으므로 적절하다.

✔⑤ **㉤은 함량을 의무적으로 표시해야 하는 성분으로 추가되면서 1일 영양 성분 기준치에 대한 비율도 표시하게 되었구나.**
2문단의 '함량을 의무적으로 표시해야 하는 대상이 열량, 나트륨, 탄수화물, 당류, 지방, 트랜스지방, 포화지방, 콜레스테롤, 단백질인 점은 이전과 변함이 없습니다.'에서 '당류'는 함량을 의무적으로 표시해야 하는 성분으로 추가된 것이 아님을 알 수 있다.

37 질문 내용의 적절성 판단 정답률 85% | 정답 ②

강연 내용에 대한 이해를 바탕으로 추가 설명을 요청하는 학생의 질문으로 적절하지 않은 것은?

① **영양 성분 표시 제도가 일부 가공 식품에 적용되고 있다고 하셨는데, 무엇을 기준으로 적용 대상을 결정하나요?**
2문단에서 강연자는 식품의약품안전처에서 일부 가공 식품에 한하여 영양 정보를 표시하고 있음을 언급하고 있다. 그런데 무엇을 기준으로 적용 대상이 결정되는지는 언급되어 있지 않으므로 추가 설명을 요청하는 질문 내용으로 적절하다.

✔② **식품의약품안전처에서 영양 성분 표시 방법을 바꿨다고 하셨는데, 그 이유는 무엇인가요?**
강연자는 '소비자들이 더 쉽게 영양 정보를 확인하고 건강한 식생활을 실천하는 데 도움이 되도록' 영양 성분 표시 방법을 바꿨다고 밝히고 있다. 이렇게 볼 때 ②는 이미 강연에서 말한 내용에 해당하므로 적절한 질문이라 볼 수 없다.

PART Ⅱ 15회

③ 의무적으로 함량을 표시해야 하는 성분들을 말씀해 주셨는데, 비타민이나 칼슘 등은 왜 의무 표시 대상이 아닌가요?
2문단에서 강연자는 의무적으로 함량을 표시해야 하는 성분들을 열거하고 있는데, 여기에 비타민이나 칼슘 등은 언급되지 않고 있다. 따라서 이들은 왜 의무 표시 대상이 아닌지에 대한 추가 설명을 요청할 수 있다.

④ 대용량 제품의 경우에는 별도의 표시 기준을 둔다고 하셨는데, 그 기준은 무엇인가요?
2문단에서 강연자는 대용량 제품은 별도의 표시 기준을 두기로 했음을 언급하고 있지만, 그 기준이 무엇인지는 밝히지 않고 있으므로 추가 설명을 요청할 수 있다.

⑤ 우리나라 국민의 나트륨 섭취량이 세계보건기구 권고량의 2배 수준이라고 하셨는데, 그 권고량은 얼마인가요?
3문단에서 강연자는 '세계보건기구 권고량'을 언급하고 있으나 구체적 수치를 밝히지는 않고 있으므로 추가 설명을 요청할 수 있다.

38 자기소개서 내용 반영 여부 파악

정답률 95% | 정답 ④

(가)에 반영된 내용만을 〈보기〉에서 있는 대로 고른 것은?

〈보 기〉

자기소개서는 자신을 알리고자 하는 의도로 다른 사람에게 자신을 드러내는 글이다. 자기소개서에는 ㉠ 지원 동기, ㉡ 성장 배경 및 가정환경, ㉢ 성격의 장단점, ㉣ 지원 분야와 관련된 의미 있는 활동, ㉤ 지원자의 다짐 등의 내용이 포함될 수 있다.

① ㉠, ㉡ ② ㉠, ㉣ ③ ㉢, ㉤ ✔ ㉠, ㉣, ㉤ ⑤ ㉡, ㉢, ㉣

㉠ 지원 동기
㉠은 1문단의 학생이 또래 상담으로 위안을 받고, 이 경험으로 상담의 중요성을 깨닫고 또래 상담 요원이 되고 싶다는 생각을 하게 된 것에서 알 수 있다.

㉡ 성장 배경 및 가정환경
(가)에서 확인할 수 없는 내용이다.

㉢ 성격의 장단점
(가)에서 확인할 수 없는 내용이다.

㉣ 지원 분야와 관련된 의미 있는 활동
㉣은 2문단의 학생이 자신이 경험한 공부방 봉사 활동 이야기에서 확인할 수 있다.

㉤ 지원자의 다짐
㉤은 마지막 문단의 친구의 이야기와 고민을 경청하면서 공감하도록 노력하겠다는 내용에서 확인할 수 있다.

39 내용 조직 전략의 적절성

정답률 95% | 정답 ①

(가)의 글쓰기 방법에 대한 설명으로 가장 적절한 것은?

✔ 구체적인 경험을 제시하여 지원 분야에 대한 관심을 드러내고 있다.
학생은 1문단에서 친구 관계로 힘든 시기에 또래 상담의 중요성을 깨닫게 되었던 자신의 경험을 제시하면서 '또래 상담 요원'에 관심을 드러내고 있으므로 적절하다.

② 지원 분야와 관련된 학업 계획을 언급하여 지원자의 의지를 드러내고 있다.
지원 분야와 관련된 학업 계획을 언급하고 있지 않다.

③ 지원 분야에 대한 분석 결과를 인용하여 지원자의 잠재력을 드러내고 있다.
지원 분야인 '또래 상담'에 대한 분석 결과를 인용하고 있지 않으므로 적절하지 않다.

④ 비유적 표현을 활용하여 지원 분야에 대한 지원자의 포부를 드러내고 있다.
학생은 또래 상담 요원이 되면 친구의 이야기와 고민을 경청하면서 공감할 것이라는 포부를 언급하지만, 이를 비유적 표현으로 드러내고 있지는 않다.

⑤ 지원자에 대한 전문가의 평가를 활용하여 지원 분야에 대한 전문성을 드러내고 있다.
지원자에 대한 전문가의 평가는 언급하고 있지 않다.

40 면접의 전략 평가

정답률 90% | 정답 ④

〈보기 2〉는 면접 대상자의 사고 과정 중 일부이다. 〈보기 1〉을 참고하여 [A]～[C]에 대한 질문 분석과 답변 전략을 연결한 것으로 가장 적절한 것은? [3점]

〈보기 1〉

면접은 질문을 통해 면접 대상자의 지식, 성품, 능력 등을 평가하기 위한 공적 대화이다. 질문에 효과적으로 답변하기 위해 면접 대상자에게는 질문의 의도를 정확하게 분석하고, 그에 따라 적절한 답변 전략을 수립하기 위한 사고의 과정이 요구된다.

〈보기 2〉

[질문 분석]	[답변 전략]
ⓐ 자기소개서에서 제시한 내용과 관련하여 추가적인 설명을 요구하는군. ⓑ 지원 분야의 필요성에 대해 근거를 들어 답할 것을 요구하는군. ⓒ 지원 분야와 관련한 상황을 제시하며 수행 능력을 확인하고자 하는군.	㉮ 자기소개서에서 언급한 내용을 제시된 상황에 적용하여 답변해야겠군. ㉯ 자기소개서에서 언급한 책의 내용을 바탕으로 자세하게 답변해야겠군. ㉰ 자기소개서에서 언급하지 않은 설문 조사 결과를 근거로 들어 답변해야겠군.

질문 분석 답변 전략

① [A] ⓑ ㉯
[A]의 질문과 답변은 '또래 상담이 왜 필요하다고 생각'하는지 묻고 있기 때문에 지원 분야의 필요성에 대해 근거를 들어 답할 것을 요구하는 것으로 이해할 수 있으므로, 각각 ⓑ, ㉰와 연결된다. 따라서 적절하지 않다.

② [A] ⓒ ㉰
[A]의 질문과 답변은 '또래 상담이 왜 필요하다고 생각'하는지 묻고 있기 때문에 지원 분야의 필요성에 대해 근거를 들어 답할 것을 요구하는 것으로 이해할 수 있으므로, 각각 ⓑ, ㉰와 연결된다. 또한 자기소개서에서 언급하지 않은 '제가 본 설문조사 결과에 따르면'이라고 말하고 있는 것에서도 ㉰와 연결된다.

③ [B] ⓐ ㉮
[B]는 '인간 중심적 상담 이론에서 제시한 상담자의 태도에 대해 좀 더 자세히 설명'할 것을 요청하고 있는 면접자의 물음에 대한 답변이므로, '제시된 상황에 적용'한 답변이라 할 수 없다.

✔ [B] ⓐ ㉯
(가)의 자기소개서 3문단에서 면접 대상자는 로저스의 인간 중심적 상담 이론을 흥미롭게 읽었음을 언급하고 있고, 이와 관련하여 실제 면접인 [B]에서 면접자는 '인간 중심적 상담 이론에서 제시한 상담자의 태도에 대해 좀 더 자세히 설명'할 것을 요청하고 있다. 이에 대해 면접 대상자는 '「상담 심리학의 기초」란 책을 보면'이라고 말하면서 상담자의 태도가 어떠해야 하는지 설명하고 있다.

⑤ [C] ⓒ ㉰
[C]의 질문과 답변은 '상담 상황'을 제시하고 질문하고 있으며 자기소개서에서 언급한 '신뢰와 친근감을 형성한 뒤 친구의 어려움에 공감'하며 상담하겠다고 답변하고 있으므로, ⓒ, ㉮와 연결된다.

41 말하기 전략 평가

정답률 94% | 정답 ②

(나)에 나타난 면접 참여자들의 의사소통 방식에 대한 설명으로 적절하지 않은 것은?

① '면접 대상자'는 '면접자'에게 되묻는 방식으로 질문 내용을 확인하고 있다.
면접자가 '래포'가 무엇인지 알고 있는지 질문하자, 면접 대상자는 '래포의 개념을 말씀하시는 건가요?'라고 말하고 있다. 이는 면접 대상자가 면접자의 질문 내용을 확인하는 것이다.

✔ '면접 대상자'는 '면접자'와의 견해 차이를 인정하면서 자신의 입장을 밝히고 있다.
(나)의 면접 내용에서 '면접 대상자'와 '면접자'의 견해 차이가 드러난 부분을 찾을 수 없으므로 적절하지 않다.

③ '면접자'는 '면접 대상자'의 답변에 대해 긍정적으로 반응하고 있다.
면접자는 면접 대상자의 대답을 듣고, '평소 또래 상담에 대해 많은 생각을 했군요.'라거나 '잘 알고 있네요.'라고 반응하고 있으므로 적절하다.

④ '면접자'는 '면접 대상자'의 답변 내용을 요약하며 재진술하고 있다.
면접자는 면접 대상자의 말을 듣고, '신뢰와 친근감을 뜻하는 래포는 진솔하게 이야기를 나눌 수 있게 하는 상담의 중요한 요소라는 말이군요.'라고 말하고 있는데, 이는 면접 대상자의 직전 답변을 요약하며 재진술하고 있는 것이다.

⑤ '면접자'는 면접의 도입부에 '면접 대상자'의 긴장을 풀어 주는 말을 하고 있다.
이 면접의 도입부에서 면접자는 면접 대상자에게 '긴장한 것 같은데요, 편안한 마음으로 답변하면 됩니다.'라고 말하고 있는데, 이는 면접 대상자의 긴장을 풀어 주기 위한 말이므로 적절하다.

42 글쓰기 전략 파악

정답률 96% | 정답 ⑤

'학생의 초고'에 대한 설명으로 가장 적절한 것은?

① 건의 내용의 신뢰성을 확보하기 위해 권위자의 견해를 인용하고 있다.
'학생의 초고'에서 권위자의 견해를 인용하고 있는 부분을 찾을 수 없으므로 적절하지 않다.

② 건의 내용의 타당성을 높이기 위해 해결 방안의 한계점을 검토하고 있다.
'학생의 초고'에서 학생은 자신이 건의한 내용의 실현 가능성을 높이기 위해 학생 전용 급행 노선의 신설이라는 구체적인 해결 방안을 제안하고 있다. 하지만, 이러한 해결 방안의 한계점을 검토하지 않고 있으므로 적절하지 않다.

③ 건의 내용의 합리성을 확보하기 위해 여러 가지 해결 방안을 비교하고 있다.
'학생의 초고'에서 학생은 자신이 건의한 내용의 실현 가능성을 높이기 위해 학생 전용 급행 노선의 신설이라는 구체적인 해결 방안을 제안하고 있다. 하지만, 다른 방안과 비교하지 않고 있으므로 적절하지 않다.

④ 건의 내용의 공정성을 확보하기 위해 예상되는 반론을 함께 제시하고 있다.
'학생의 초고'에서 학생은 예상되는 반론을 제시하고 있지 않으므로 적절하지 않다.

✔ 건의 내용의 실현 가능성을 높이기 위해 구체적인 실행 방안을 제안하고 있다.
'학생의 초고' 3문단을 보면, 학생 전용 급행 노선의 신설이라는 구체적인 해결 방안을 제안하고 있다.

43 내용 생성의 적절성

정답률 83% | 정답 ⑤

선생님의 조언을 고려할 때, ㉠에 들어갈 내용으로 가장 적절한 것은?

> **선생님** : 건의문의 끝 부분에는 건의가 받아들여졌을 때 건의 주체에게 도움이 된다는 점을 밝히고 다른 사람들에게도 도움이 된다는 점을 제시하면 설득력을 높일 수 있어요.

① 수요 조사에 따른 버스 운영으로 시내버스 회사의 이익 창출에 기여하며, ○○시도 시내버스 운영 지원비를 줄일 수 있게 될 것입니다.
다른 사람들에게 도움이 된다는 내용은 언급되어 있지만, A 단지 학생들에게 도움이 된다는 내용은 없으므로 적절하지 않다.

② A 단지 학생들이 겪는 등굣길 버스 이용의 불편을 줄일 수 있을 뿐만 아니라 A 단지 학생들의 아침 수면 시간을 확보할 수 있을 것입니다.
A 단지 학생들에게 도움이 된다는 내용은 있지만 다른 사람들에게 도움이 된다는 내용은 없으므로 적절하지 않다.

③ A 단지 학생들의 등굣길 스트레스를 줄여 줄 수 있으며, 여유롭게 등교할 수 있게 되어 A 단지 학생들이 즐겁게 학교 생활을 하는 데에도 기여할 것입니다.
A 단지 학생들에게 도움이 된다는 내용은 있지만 다른 사람들에게 도움이 된다는 내용은 없으므로 적절하지 않다.

④ 학생들의 자가용 통학으로 인한 학부모들의 부담을 줄일 수 있으며, 자녀들을 데려다 주지 않아도 되어 학부모들이 여유로운 아침 시간을 보낼 수 있을 것입니다.
A 단지 학생들에게 도움이 된다는 내용이 없으므로 적절하지 않다.

✔ 긴 통학 시간으로 인한 A 단지 학생들의 피로감을 줄일 수 있어 학업에 보다 집중할 수 있게 되고, 학교 주변 교통 혼잡을 해결하여 인근 주민들의 불편을 해소할 수 있을 것입니다.
선생님의 조언 내용을 볼 때, ㉠에는 건의 주체인 A 단지 학생들에게 도움이 된다는 점과 학생이 아닌 다른 사람들에게도 도움이 된다는 점을 제시해야 한다.
⑤에서는 학생들의 피로감을 줄이고 학업에 도움이 된다는 내용과 교통 혼잡을 해결하여 인근 주민들에게도 도움이 된다는 내용도 제시하고 있으므로 적절하다.

[문제편 p.142]

44 자료 수집, 활용의 적절성 정답률 78% | 정답 ③

〈자료〉를 활용하여 '학생의 초고'를 보완하려 한다. 〈자료〉의 활용 방안으로 적절하지 않은 것은? [3점]

〈자 료〉

(가) 인터뷰

"학교까지 가는 버스가 너무 많은 곳을 돌아서 시간이 오래 걸려서 힘들어요. 그러다 보니 아침에 일찍 집을 나서야 되고, 종종 아침밥도 못 먹고 갈 때가 있어요."

– □□고등학교 학생 –

(나) 'A 단지' 고등학생들의 등교 수단 이용률

조사 시점 \ 등교 수단	자가용	시내버스	기타
2016년 6월	25.2%	66.7%	8.1%
2016년 12월	44.4%	47.8%	7.8%
2017년 6월	53.2%	38.5%	8.3%

– □□고등학교 학생자치회 –

(다) 신문 기사

△△시가 3월부터 고등학교 학생 전용 급행 버스 노선을 본격적으로 운행하였다. 등교 급행 노선은 오전 7시 30분부터 9시까지 통학생들이 집중된 지역에서 학교까지 일부 정류장만 경유하여 운행하는 것으로 기존 40분대 통학 시간을 20분대로 줄였다. 이로 인해 시내버스로 통학하는 학생의 비율이 급행 노선 운행 전보다 증가하였다.

① (가)의 학생 경험을 제시하여 등굣길 시내버스 노선 문제의 실태를 보여 주어야겠군.
'자료 (가)'는 시내버스를 이용하는 학생의 불편을 드러내는 인터뷰이므로 등굣길 시내버스 노선 문제의 실태를 보여 줄 수 있다.

② (나)의 시내버스 이용률 변화 추이를 활용하여 학생들의 시내버스 기피 현상이 심화되고 있음을 보여 주어야겠군.
'자료 (나)'는 시내버스 이용률이 감소하고 있다는 것을 보여 주는 자료이므로, 이를 활용하여 시내버스 기피 현상이 심화되고 있음을 보여 줄 수 있다.

③ (가)와 (나)를 활용하여 자가용 이용률 증가가 시내버스 이용 불편의 원인이 될 수 있다는 점을 보여 주어야겠군.
'자료 (가)'는 시내버스를 이용하는 학생의 불편을 보여 주는 인터뷰 자료이고, '자료 (나)'는 자가용 이용률이 증가하고 있다는 것을 보여 주는 자료이다.
(가)와 (나)를 활용하여 시내버스 이용이 불편하기 때문에 자가용 이용률이 증가한다는 내용은 이끌어 낼 수 있지만 자가용 이용률의 증가가 시내버스 이용의 불편의 원인이 된다는 것은 글의 논지와 맞지 않는 잘못된 해석이다.

④ (나)와 (다)를 활용하여 학생 전용 급행 노선이 자가용 이용률을 감소시키는 데 도움이 될 수 있음을 제시해야겠군.
'자료 (나)'를 활용하여 자가용 이용률과 시내버스 이용률은 상관관계에 있다는 것을 추론할 수 있고, '자료 (다)'를 통해 다른 지역에서 학생 전용 급행 노선 운행이 실시되어 시내버스 통학 학생 비율이 전보다 증가했음을 알 수 있다. 따라서 학생 전용 급행 노선이 자가용 이용률을 감소시키는 데 도움이 될 수 있음을 제시할 수 있다.

⑤ (가)와 (다)를 활용하여 학생 전용 급행 노선이 학생 불편 해소에 기여할 수 있음을 강조해야겠군.
'자료 (가)'는 학생 전용 급행 노선이 없는 지역의 학생이 겪는 불편을 보여 주는 자료이고, '자료 (다)'는 학생 전용 급행 노선 운행으로 인해 통학 시간이 줄어 학생들의 시내버스 이용률이 증가했다는 자료이다. 이러한 자료들을 활용하면 학생 전용 급행 노선이 학생 불편 해소에 기여할 수 있음을 강조할 수 있다.

45 고쳐쓰기 조언의 적절성 판단 정답 ⑤

㉮는 선생님의 조언을 들어 〈보기〉 내용을 고쳐 쓴 것이다. ㉮를 볼 때, 선생님의 조언으로 가장 적절한 것은?

〈보 기〉

이 문제를 해결하는 방안은 학생 전용 급행 노선을 신설하는 것입니다. 여기서 학생 전용 급행 노선이란 학생들의 등교만을 위한 급행 버스 노선입니다. 학생 전용 급행 노선 신설을 위해서는 정책 담당자님의 적극적인 관심이 필요합니다.

① 해결 방안을 제시할 때는 자신의 생각이 무엇인지 드러나야 하고, 또한 상대방을 고려하여 정확한 어휘를 사용하여 개념을 제시할 수 있어야 해.
② 해결 방안을 제시할 때는 상대방의 입장을 배려해야 하고, 또한 개념을 제시할 때 상대방이 잘 모르는 어휘가 있을 경우 풀어서 설명할 수 있어야 해.
③ 해결 방안을 제시할 때는 자신의 생각이 무엇인지 드러나야 하고, 또한 개념을 제시할 때 상대방이 잘 모르는 어휘가 있을 경우 풀어서 설명할 수 있어야 해.
④ 해결 방안을 제시할 때는 상대방이 쉽게 파악할 수 있도록 항목화하여 제시해야 하고, 또한 상대방의 입장을 고려하여 개념을 설명할 때 쉬운 어휘를 사용해야 해.
⑤ 해결 방안을 제시할 때는 상대방이 수긍할 수 있도록 구체적으로 실행 방안을 제시해야 하고, 또한 상대방을 고려하여 필요한 경우 개념을 정확히 설명해 주어야 해.
㉮와 〈보기〉를 비교할 때, ㉮의 '급행 노선의 신설을 위해서는 학생들의 수요를 ~ 거점 정류장으로 정하면 될 것입니다.'를 통해, 학생 전용 급행 노선 신설이라는 해결 방안을 어떻게 실행할지 구체적으로 제시하고 있음을 알 수 있다.
그리고 '학생 전용 급행 노선이란 등교 시간에 ~ 최단 경로로 운행하는 노선을 말합니다.'를 통해, 상대방이 학생 전용 급행 노선이 무엇인지 분명하게 알 수 있게 하기 위해 개념을 정확히 설명하고 있음을 알 수 있다. 따라서 선생님은 ⑤와 같이 조언했을 것임을 알 수 있다.

16회 | 수능 실전 모의고사 고3

• 정답 •
35 ② 36 ④ 37 ② 38 ⑤ 39 ⑤ 40 ③ 41 ⑤ 42 ③ 43 ⑤ 44 ④ 45 ⑤

35 발표자의 말하기 방식 파악 정답률 91% | 정답 ②

위 발표에 반영된 학생의 발표 계획으로 적절하지 않은 것은?

① 청중과 공유하고 있는 경험을 언급하여 발표 내용과 관련된 청중의 지식을 환기해야겠어.
2문단의 '지난 시간에 선생님께서 ~ 바로 섬모체근입니다.'를 통해, 발표자는 선생님께서 수정체에 대해 설명해 주셨던 경험을 언급하면서 발표 내용인 '섬모체근'과 관련된 청중의 지식을 환기하고 있음을 알 수 있다.

② 발표 내용의 순서를 안내하여 청중이 발표 내용을 예측할 수 있도록 해야겠어.
1문단을 통해 발표 주제는 언급되어 있지만, 청중이 발표 내용을 예측할 수 있게 하는 발표 내용의 순서를 안내하지는 않고 있다.

③ 청중에게 질문을 던지는 방식으로 청중과 상호작용해야겠어.
1문단의 '여러분들도 저와 같은 증상을 ~ 역시 그러시네요.', 3문단의 '어떠신가요? 눈이 좀 시원해지셨나요? (청중의 반응을 확인하고)'를 통해, 발표자는 청중에게 질문을 던지고 청중의 반응을 확인하고 있음을 알 수 있다.

④ 발표 내용 선정의 이유를 밝혀 청중의 관심을 유도해야겠어.
1문단에서 발표자는 사물이 또렷이 보이지 않고 눈에 피로를 느끼는 증상을 경험하고 있는 자신의 상황을 언급하면서, 이와 같은 증상을 경험하고 있는 청중에게 도움을 주고자 발표를 한다고 말하고 있다. 따라서 발표자는 발표 내용 선정의 이유를 밝혀 청중의 관심을 유도하고 있음을 알 수 있다.

⑤ 정보의 출처를 밝혀 발표 내용의 신뢰성을 높여야겠어.
4문단에서 발표자는 대한안과학회에서 발간한 학술지와 대한시과학회의 누리집에 게재된 자료를 바탕으로 발표 내용을 마련하였다고 정보의 출처를 밝히고 있다. 이러한 정보 출처 제시는 청중들로 하여금 신뢰성을 준다고 할 수 있다.

36 자료 활용 방안 파악 정답률 84% | 정답 ④

〈보기〉는 위 발표에서 발표자가 제시한 자료이다. 발표자의 자료 활용에 대한 설명으로 가장 적절한 것은?

〈보 기〉

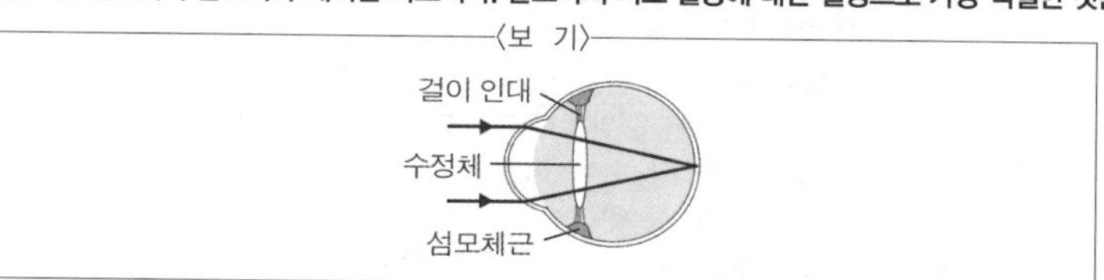

① 대상과의 거리에 따라 수정체가 초점을 맞추는 원리를 설명하기 위해 ㉠에서 활용하였다.
2문단의 '그러면 걸이 인대가 잡아당기고 ~ 그 반대가 되고요.'를 통해, 대상과의 거리에 따라 수정체가 초점을 맞추는 원리를 설명하기 위해 ㉡에서 활용되었음을 알 수 있다.

② 섬모체근의 기능이 저하되었을 때 수정체에 이상이 생길 수 있다는 것을 설명하기 위해 ㉠에서 활용하였다.
2문단을 통해 섬모체근의 기능이 저하되었을 때를 설명하기 위해 ㉡에서 활용되었음을 알 수 있다. 또한 이 발표를 통해 수정체에 이상이 생기는 경우에는 언급하지 않았으므로 적절하지 않다.

③ 눈 초점 운동이 걸이 인대의 힘을 키워 초점을 맞추는 기능이 향상된다는 것을 설명하기 위해 ㉡에서 활용하였다.
3문단의 '보시는 것처럼 눈 초점 운동을 ~ 확인할 수 있습니다.'를 통해, 눈 초점 운동이 초점을 맞추는 기능을 향상시킨다는 것을 설명하기 위해 〈보기〉가 아닌 자료 ㉢을 활용하였음을 알 수 있다.

④ 먼 곳을 볼 때는 걸이 인대가 잡아당기고 있는 수정체가 납작해진다는 것을 설명하기 위해 ㉡에서 활용하였다.
2문단을 통해 발표자는 ㉡에서 자료를 제시하며 먼 곳을 볼 때에는 섬모체근이 늘어나 걸이 인대가 팽팽한 상태가 되어 수정체가 납작해진다고 설명하고 있으므로, 〈보기〉 자료는 ㉡에서 활용된 것이라 할 수 있다.

⑤ 휴대폰으로 인해 저하된 시력을 회복시켜 줄 수 있는 눈 초점 운동의 방법을 설명하기 위해 ㉢에서 활용하였다.
3문단을 통해 눈 초점 운동의 방법을 설명하기 위해 자료 〈보기〉가 아닌 자료 ㉢을 활용하고 있음을 알 수 있다. 또한 4문단을 통해 눈 초점 운동을 제시한 것이 저하된 시력을 회복시키기 위해 제시한 것은 아니므로 적절하지 않다.

37 듣기 전략의 파악 정답률 90% | 정답 ②

다음은 학생이 위 발표를 들으며 떠올린 생각들이다. 이를 바탕으로 학생의 듣기 활동을 이해한 내용으로 적절하지 않은 것은?

- 컴퓨터 화면의 경우도 가까이에서 오랫동안 보는 것이 습관화되면 조절 긴장증을 유발할 수 있겠네.
- 눈 초점 운동을 꾸준히 하면 효과가 있다고 했으니 나도 하루에 10회 이상 눈 초점 운동을 해 봐야지.
- 휴대폰 사용으로 안구 질환 환자가 급증했다고 하는데, 얼마나 증가했는지 구체적으로 알고 싶어. 관련 자료를 인터넷 검색으로 찾아봐야겠어.
- 수정체를 모양체라고도 하고 걸이 인대를 친대라고도 하는 것으로 알고 있어. 그런데 같은 대상에 서로 다른 이름을 붙인 이유는 무엇일까?

① 발표 내용과 관련된 자신의 배경지식을 떠올리며 들었다.
발표를 들은 학생의 떠올린 생각 네 번째의 '수정체를 모양체라고도 하고 걸이 인대를 친대라고도 하는 것으로 알고 있어.'를 통해 알 수 있다.

✔ 발표자가 제시한 정보의 정확성에 의문을 제기하며 들었다.
발표를 들은 학생의 떠올린 생각을 통해 같은 대상에 서로 다른 이름을 붙인 이유가 무엇인지 궁금해 하고 있지만, 발표자가 제시한 정보의 정확성에 의문을 제기하지는 않고 있다.

③ 발표 내용을 통해 알게 된 사실을 유사한 경우에 적용하며 들었다.
발표를 들은 학생의 떠올린 생각 첫 번째를 통해, 학생은 발표를 통해 알게 된 사실을 '컴퓨터 화면'의 경우에 적용하며 듣고 있음을 알 수 있다.

④ 발표자가 제시한 방법이 효과가 있을 것이라고 여기고 실천을 다짐하며 들었다.
발표를 들은 학생의 떠올린 생각 두 번째에서 학생은 '눈 초점 운동을 꾸준히 하면 효과가 있다'는 발표 내용을 바탕으로 '하루에 10회 이상 눈 초점 운동을 해봐야'겠다고 눈 초점 운동을 실천할 것을 다짐하고 있다.

⑤ 발표 내용과 관련하여 생긴 궁금증을 해결하는 데 필요한 정보를 어떻게 수집할지를 생각하며 들었다.
발표를 들은 학생의 떠올린 생각 세 번째에서, 학생은 휴대폰 사용으로 안구 질환 환자가 급증하고 있다는 발표 내용을 바탕으로 '얼마나 증가했는지'를 '인터넷 검색으로 찾아봐야'겠다고 필요한 정보를 어떻게 수집할지 언급하고 있다.

38 글쓰기 계획의 반영 여부 판단 정답률 95% | 정답 ⑤

다음은 기자가 취재 과정에서 작성한 메모이다. (가)에 반영되지 않은 것은?

> **[구청 측과 백화점 측 협상 취재]**
> 〈구청 측과의 인터뷰〉
> ○ □□ 백화점 방문 차량으로 인한 민원 발생 ········· ①
> ○ 문제 해결을 위한 노력 요청 및 협조 의향 ········· ②
> 〈백화점 측과의 인터뷰〉
> ○ 문제 해결을 위한 의지 표명 및 협조 당부 ········· ③
> 〈교통 연구소 자료 수집 및 지역 주민 인터뷰〉
> ○ □□ 백화점 관련 교통 상황 통계 ········· ④
> ○ 시설 개선을 통한 주차 문제 해결 사례 ········· ⑤

① □□ 백화점 방문 차량으로 인한 민원 발생
(가)의 2문단에서 구청 측은 백화점 방문 차량이 크게 증가함에 따라 교통 혼잡으로 인해 민원이 폭증하고 있음을 지적하고 있음을 알 수 있다.

② 문제 해결을 위한 노력 요청 및 협조 의향
(가)의 2문단에서 구청 측은 백화점에 해결책을 마련할 것을 요청할 예정이며 필요한 부분이 있다면 구청도 협조할 것이라 말하고 있음을 알 수 있다.

③ 문제 해결을 위한 의지 표명 및 협조 당부
(가)의 2문단에서 백화점 측은 문제 해결을 위해 적극적으로 나서겠다는 의지를 밝히면서 구청 측의 협조가 필요함을 강조하고 있음을 알 수 있다.

④ □□ 백화점 관련 교통 상황 통계
(가)의 3문단을 통해 백화점 주변 교통량과 정체 시간을 분석한 교통 연구소의 통계 자료를 제시하였음을 알 수 있다.

✔ 시설 개선을 통한 주차 문제 해결 사례
(가)에서는 구청 측과 □□ 백화점 측의 백화점 방문 차량으로 인한 합의와 교통 연구소의 최근 자료 소개 및 인근 아파트 주민의 인터뷰 내용을 싣고 있다.
하지만 시설의 개선을 통해 주차 문제를 해결한 사례는 찾아볼 수 없다.

39 고쳐 쓰기의 이유 파악 정답률 80% | 정답 ⑤

〈보기〉는 ㉠의 초안이다. 기자가 〈보기〉를 ㉠과 같이 수정한 이유로 가장 적절한 것은?

> 〈보 기〉
> 이 자료에서는 □□ 백화점의 주차장 추가 확보가 시급하다고 분석했다. 그리고 주말에 백화점으로 유입되는 차량의 수가 백화점의 주차 수용력을 40% 초과한다고 했다.

① 주요 개념에 대한 정보를 추가하기 위해
㉠과 〈보기〉를 비교해 보면, ㉠에서 주요 개념에 대한 정보를 추가한 부분은 찾아볼 수 없다.

② 주관적인 의견이 담긴 부분을 삭제하기 위해
㉠과 〈보기〉를 비교해 보면, ㉠에서 〈보기〉의 정보를 삭제하지는 않고 있다.

③ 한 측의 입장으로 치우친 정보를 수정하기 위해
㉠과 〈보기〉를 비교해 보면, ㉠에서 한 측에 치우친 정보를 수정한 부분은 찾아볼 수 없다.

④ 긴 문장을 나누어 내용을 효과적으로 표현하기 위해
㉠과 〈보기〉를 비교해 보면, 〈보기〉에서 두 문장으로 제시했던 정보를 ㉠에서는 순서를 재배치해 한 문장으로 제시하고 있다.

✔ 문제 원인과 해결 방안의 순서에 따라 정보를 재배치하기 위해
㉠과 〈보기〉를 비교해 보면, ㉠에서는 주말에 백화점으로 유입되는 차량 수가 백화점의 주차 수용력을 초과한다는 점을 원인으로 먼저 제시한 뒤, 주차장의 추가 확보라는 해결 방안을 뒤로 재배치하고 있음을 알 수 있다.
따라서 기자는 문제 원인과 해결 방안의 순서에 따라 정보를 재배치하기 위해 〈보기〉를 ㉠과 같이 수정하였다고 할 수 있다.

40 협상의 이해 정답 ③

다음은 (나)를 바탕으로 협상에 대해 대화를 나눈 것이다. 협상에 대한 이해로 적절하지 않은 사람은?

> **경민** : 협상은 서로의 안을 조정하고 합의하는 의사 결정 과정이라 할 수 있어.
> **은아** : 협상이 이루어지기 위해서는 협상을 필요로 하는 구체적 갈등 상황이 존재해야 할 것 같아.
> **민정** : 협상 참여자는 협상 원칙을 세우고 변함없는 태도로 자신의 주장을 견지해야 협상에서 성공할 수 있어.
> **진철** : 협상은 자신만의 이익을 관철시키는 데 있는 것이 아니라 양보와 설득을 통해 실현 가능한 구체적인 타협안을 찾는 것이야.
> **유주** : 협상을 조정할 때는 참여자들이 입장을 표명하고 구체적인 제안이나 대안을 상호 검토하면서 양보를 통해 서로의 입장을 좁혀가야 해.

① 경민 ② 은아 ✔ 민정 ④ 진철 ⑤ 유주

민정
협상에서 협상 참여자는 합리적 원칙을 갖추어야 하지만, 견해의 차이 또는 그로 인한 갈등을 해결하기 위해서는 유연한 태도가 필요하며, 이를 통해 서로의 주장을 조정하는 과정이 필요하다. (나)를 통해서도 구청 측과 백화점 측은 자신들의 입장을 견지하면서도 상대방의 주장을 받아들여 해결 과정을 모색하는 태도를 보이고 있음을 알 수 있다. 따라서 (나)를 통해 협상 참여자들이 협상 원칙을 세우고 변함없는 태도로 자신의 주장을 견지한다고는 볼 수 없으므로, 민정의 협상에 대한 이해는 적절하지 않다.

41 담화의 구조와 기능에 대한 이해 정답률 89% | 정답 ⑤

다음은 '구청 측'에서 협상을 준비하는 과정에서 작성한 협상 계획서의 일부이다. 다음을 참고하여 [A]~[E]를 이해한 내용으로 적절하지 않은 것은? [3점]

논의할 내용	세부 내용
⋮	⋮
백화점 방문 차량 관련 민원	백화점 방문자들의 차량 증가에 따른 교통 혼잡 ········· ㉮
	백화점 방문자들의 아파트 주차장 무단 이용 ········· ㉯
	인근 아파트 차량의 진출입 방해 ········· ㉰
주차장 공간 확보	백화점 내부에 새로운 주차 공간 확보 ········· ㉱
	백화점 외부에 새로운 주차 공간 확보 ········· ㉲
⋮	⋮

① [A]는 ㉮와 관련된 문제의식을 드러내며 상대측에 요구 사항을 제시하고 있다.
[A]에서 구청 측은 백화점 방문 차량 증가로 인해 주변의 교통 혼잡이 심각하다는 ㉮와 관련된 문제의식을 드러내면서 상대측에 주차장 10부제 운영이라는 요구 사항을 제시하고 있다.

② [B]는 ㉯, ㉰와 관련된 문제 상황을 언급하며 문제 해결을 위한 방안을 마련할 것을 상대측에 요구하고 있다.
[B]에서 구청 측은 ㉯의 백화점 방문자들이 아파트 주차장을 무단으로 이용한다는 점, ㉰의 백화점으로 진입하려는 차량들이 아파트 차량의 진출입을 방해한다는 점을 문제 상황으로 언급하면서, 이에 대한 해결책 마련을 백화점 측에 요구하고 있다.

③ [C]는 ㉱의 필요성을 언급하며 다른 사례를 참고하여 문제를 해결할 것을 제안하고 있다.
[C]에서 구청 측은 문제의 근본적인 해결을 위해 ㉱의 백화점 내부 주차장 추가 확보가 필요함을 언급하면서, △△ 백화점의 옥상 주차장을 사례로 들어 문제를 해결할 것을 제안하고 있다.

④ [D]는 ㉲와 관련하여 대안을 제시하면서 이에 대한 상대측의 수용 의사를 묻고 있다.
[D]에서 구청 측은 ㉲의 백화점 외부 새로운 주차 공간 확보와 관련해 ○○ 유수지 주변 공터를 대안으로 제시하면서 백화점 측에 이에 대한 수용 의사를 묻고 있다.

✔ [E]는 ㉱, ㉲와 관련된 상대측의 요구 사항을 수용하면서 그에 상응하는 요구 조건을 직접 제시하고 있다.
[E]에서 구청 측은 '구청 주차장 개방'이라는 백화점 측의 요구 사항에 대해 안전 문제에 대한 우려를 표하면서 면밀한 검토가 필요하다고 말하고 있다. 따라서 구청 측은 백화점 측의 요구 사항을 수용하였다고 볼 수 없고, 수용한 요구 사항에 상응하는 조건을 직접 요구하지도 않고 있다.

42 발화 의미와 기능 이해 정답률 94% | 정답 ③

(나)의 담화 흐름을 고려할 때, ⓐ와 ⓑ의 공통점으로 가장 적절한 것은?

① 상대측이 제시한 문제점에 대해 추가적인 설명을 요구하는 발화이다.
② 상대측의 제안을 수용할 경우 예상되는 부작용에 대해 언급하는 발화이다.
✔ 상대측이 지적한 문제점을 고려하여 요구 사항을 수정하여 제시하는 발화이다.
ⓐ는 여러 입장에 따라 이해관계가 복잡하고 또 다른 교통 혼잡을 유발할 수 있다는 구청 측이 지적한 문제점을 고려하여 앞서 언급한 버스 노선 증설이라는 요구 사항을 기존 마을버스의 배차 간격 조정으로 수정하여 제시하고 있다. 그리고 ⓑ는 구청 주차장으로 차량이 몰려 또 다른 문제가 발생할 것이라는 구청 측이 지적한 문제점을 고려하여 앞서 언급한 백화점 방문자의 주차 요금 면제라는 요구 사항을 주차 요금 할인으로 수정하여 제시하고 있다. 따라서 ⓐ, ⓑ 모두 상대측이 지적한 문제점을 고려하여 요구 사항을 수정하여 제시하였다는 공통점이 있다.
④ 상대측이 제기할 수 있는 의견을 가정하며 그 의견의 타당성 여부를 묻는 발화이다.
⑤ 상대측의 제안을 수용하기 어려운 이유를 들어 상대측에게 양보를 요구하는 발화이다.

43 글쓰기 계획의 반영 여부 판단 정답률 81% | 정답 ⑤

㉠, ㉡을 바탕으로 세운 글쓰기 계획 중 '학생의 초고'에 활용되지 않은 것은?

① ㉠을 고려하여, 시대적 상황과 관련하여 정보 전달을 위한 글쓰기의 중요성을 강조하는 전문가들의 견해를 제시한다.
1문단을 통해 지식 정보화 사회가 도래하면서 정보 전달을 위한 글쓰기가 더욱 중요해졌다는 전문가들의 견해를 언급하고 있음을 알 수 있다.

② ㉠을 고려하여, 정보 전달을 위한 글쓰기 능력으로 얻을 수 있는 이점을 다룬 연구 논문의 내용을 제시한다.
1문단을 통해 정보 전달을 위한 글쓰기 능력이 학습 능력이나 업무 능력에 많은 도움을 준다는 연구 논문의 내용을 제시하고 있음을 알 수 있다.

③ ㉡을 고려하여, 정보 전달을 위한 글쓰기 교육의 효과에 대한 기관의 자료를 제시한다.
2문단을 통해 정보 전달을 위한 글쓰기 교육을 받은 학생들이 작성한 보고서가 그 이전보다 월등히 나아졌다는 국내의 한 대학교에서 발표한 자료 내용을 언급하고 있음을 알 수 있다.

[문제편 p.146]

④ ㉡을 고려하여, 정보 전달을 위한 글쓰기 교육을 적극적으로 하고 있는 외국의 사례를 제시한다.
2문단을 통해 미국, 독일 등의 국가에서는 어릴 때부터 정보 전달을 위한 글쓰기 교육을 철저하게 하고 있다고 언급하였음을 알 수 있다.

✔ ㉡을 고려하여, 훈련을 통해 정보 전달을 위한 글쓰기 능력이 향상될 수 있음을 보여 주는 실험의 과정을 제시한다.
'학생의 초고'를 통해 훈련을 통해 정보 전달을 위한 글쓰기 능력이 향상될 수 있음을 보여 주는 실험 과정은 찾아볼 수 없다.

44 자료 활용 방안의 적절성 판단 정답률 86% | 정답 ④

〈보기〉는 [A]를 보완하기 위해 추가로 수집한 자료이다. 자료 활용 방안으로 가장 적절한 것은? [3점]

〈보 기〉

(가) 글쓰기 능력 진단을 위한 설문 조사 (대상: 우리 학교 학생들)

1. 평소 어떤 종류의 글을 가장 많이 쓰십니까?

정보 전달을 위한 글 37%	사회적 상호 작용을 위한 글 26%	자기표현을 위한 글 24%	설득을 위한 글 13%

2. 정보 전달 글쓰기 능력에 만족하십니까?

아니요 74%	예 26%

3. 정보 전달 글쓰기에서 가장 어려운 부분은 무엇입니까?

자료 수집 48%	내용 조직 34%	문장 표현 18%

(나) 작문 관련 서적 자료

정보 전달 글쓰기에서 유용한 내용을 담아내기 위해서는 정보를 효과적으로 조직해야 한다. 그러기 위해서는 수집한 자료를 비교, 대조, 분류 등의 방식으로 정리하는 유형적 사고법을 활용해 체계화할 수 있어야 한다.

① (가) : 정보 전달을 위한 글을 많이 쓴다는 점에서, 학생들이 다양한 글을 쓰도록 유도해야 한다는 내용을 추가해야겠군.
[A]에서는 정보 전달을 위한 글쓰기 능력을 향상시킬 수 있는 방법에 대해 설명하고 있으므로, 학생들이 다양한 글을 쓰도록 유도해야 한다는 내용을 추가해야겠다는 보완 내용은 적절하지 않다.

② (가) : 자신의 글쓰기 능력에 만족하지 못하고 있다는 점에서, 학생들의 자신감을 키워 주어야 한다는 내용을 추가해야겠군.
(가)의 설문 조사를 통해 '정보 전달 글쓰기 능력에 만족하십니까?'에 대한 결과를 확인할 수 있지만 자신의 글쓰기 능력에 만족하지 못하고 있다는 설문 조사 내용은 찾아볼 수 없으므로, 〈보기〉를 잘못 이해한 것이라 할 수 있다.

③ (나) : 유형적 사고법을 통해 자료를 수집할 수 있다는 점에서, 비교, 대조, 분류 등의 방식으로 수집된 자료가 더 유용하다는 내용을 추가해야겠군.
(나)를 통해 유형적 사고법이 수집한 자료를 정리하는 방법임을 알 수 있으므로, 유형적 사고법을 통해 자료를 수집할 수 있다고 언급한 내용은 적절하지 않다.

✔ (나) : 유용한 내용을 담아내기 위해서는 정보를 효과적으로 조직해야 한다는 점에서, 수집한 자료를 체계화하는 훈련도 필요하다는 내용을 추가해야겠군.
[A]에서는 정보 전달을 위한 글쓰기에서 가장 중요한 것은 가치 있는 정보를 담아내는 것인데, 가치 있는 정보를 찾기 위해서는 자료를 풍부하게 수집하는 훈련이 필요함을 언급하고 있다. 그리고 〈보기〉의 (나)에서는 비교, 대조, 분류 등의 방식으로 수집한 자료를 정리하는 유형적 사고법을 활용할 수 있다고 말하고 있다. 따라서 〈보기〉의 (나)를 활용하여 [A]에서 정보 전달을 위한 글쓰기 능력을 향상시킬 수 있는 방법으로, 수집한 자료를 체계화하는 훈련이 필요하다는 내용을 추가할 수 있다.

⑤ (가), (나) : 내용 조직에 가장 큰 어려움을 느끼고 있다는 점에서, 학생들의 수준을 고려한 내용 조직 방법을 마련해야 한다는 점을 추가해야겠군.
(가)를 통해 정보 전달 글쓰기에서 가장 어려운 부분이 '자료 수집'임을 알 수 있으므로, 내용 조직에 가장 큰 어려움을 느끼고 있다는 내용은 설문 조사 결과를 정확히 이해하지 못한 것이라 할 수 있다. 또한 (나)에서는 정보를 효과적으로 조직하는 방법에 대해 언급하고 있지, 내용 조직에 어려움을 느끼고 있음은 언급하지 않고 있다.

45 조건에 맞는 글 쓰기 정답률 85% | 정답 ⑤

[B]에 들어갈 내용을 〈조건〉에 따라 작성한 것으로 가장 적절한 것은?

〈조 건〉

정보 전달을 위한 글쓰기의 중요성을 강조하고 직유법을 활용해 글의 주제를 효과적으로 드러내면서 글을 마무리하자.

① 우리는 정보 전달이 일상이 된 시대에 살고 있다. 꾸준히 노력해서 정보 전달 글쓰기와 가까워지도록 하자.

② 정보는 일용할 양식처럼 우리의 삶을 풍요롭게 한다. 정보를 다양하게 활용하여 우리의 삶을 더욱 풍성하게 만들자.

③ 정보 전달을 위한 글쓰기는 학업과 업무에 큰 영향을 준다. 글쓰기 능력의 향상을 위해 반복적인 노력을 해 나가자.

④ 작은 물방울이 큰 바위를 뚫는다. 꾸준히 훈련하면 누구나 만족할 만한 정보 전달의 글을 쓸 수 있다는 것을 명심하자.

✔ 정보 전달을 위한 글쓰기 능력은 지식 정보화 사회의 핵심 역량이다. 농부의 땀방울이 좋은 열매를 맺게 하듯이 정보 전달을 위한 글쓰기 능력의 향상을 위해 노력하자.
〈조건〉을 통해 [B]에 들어갈 내용이 '정보 전달을 위한 글쓰기의 중요성 강조'와 '직유법을 활용해 글의 주제를 드러내는 것'이라 할 수 있다. 이러한 조건을 가장 잘 드러낸 것은 ⑤로, ⑤의 '정보 전달을 위한 글쓰기 능력은 지식 정보화 사회의 핵심 역량'을 통해 정보 전달을 위한 글쓰기의 중요성을 강조하고 있음을 알 수 있다. 그리고 '정보 전달을 위한 글쓰기 능력의 향상을 위해 노력하자.'라는 글의 주제를 '농부의 땀방울이 좋은 열매를 맺게 하듯이'라는 직유법을 사용하여 제시하고 있음을 알 수 있다.

17회 | 수능 실전 모의고사

| 정답과 해설 | 고3

• 정답 •
35④ 36② 37① 38④ 39① 40③ 41⑤ 42⑤ 43⑤ 44② 45④

35 말하기 방식 파악 정답률 91% | 정답 ④

위 강연에 대한 설명으로 가장 적절한 것은?

① 강연을 시작할 때 강연 순서를 미리 안내하여 청중이 내용의 흐름을 예측하며 듣도록 하고 있다.

② 질문을 던져 청중이 강연자와 다른 관점에서 강연 내용을 생각해 보도록 유도하고 있다.

③ 강연 대상의 변화 과정과 그에 수반되는 문제점을 제시하고 있다.

✔ 청중과 공유하고 있는 경험을 환기하여 강연의 내용과 연결 짓고 있다.
강연자는 강연을 시작하면서 '지난 체험 학습 때 저희 천문대에 오셔서 별을 관측했던 것을 기억하시죠?'라며 질문한 뒤, 조선 시대에는 천체 망원경이 없었음에도 하늘을 관측해 기록했다는 강연 내용과 연결 지으며 말하고 있다. 또한 4문단에서도 '우리가 함께 천문대에서 봤던 별자리가 보이시나요?'라며 질문한 뒤, 북극성을 중심으로 작은 원이 그려져 있다는 내용과 연결 지으며 말하고 있다. 이렇게 볼 때 강연자는 청중과 공유하고 있는 경험을 환기하면서, 이를 강연 내용과 연결하고 있음을 알 수 있다.

⑤ 청중의 이해도를 점검하며 마무리하여 강연 주제를 강조하고 있다.

36 활용 자료의 이해 정답률 80% | 정답 ②

〈보기〉는 강연에서 활용한 자료이다. 이에 대한 이해로 적절하지 않은 것은?

〈보 기〉

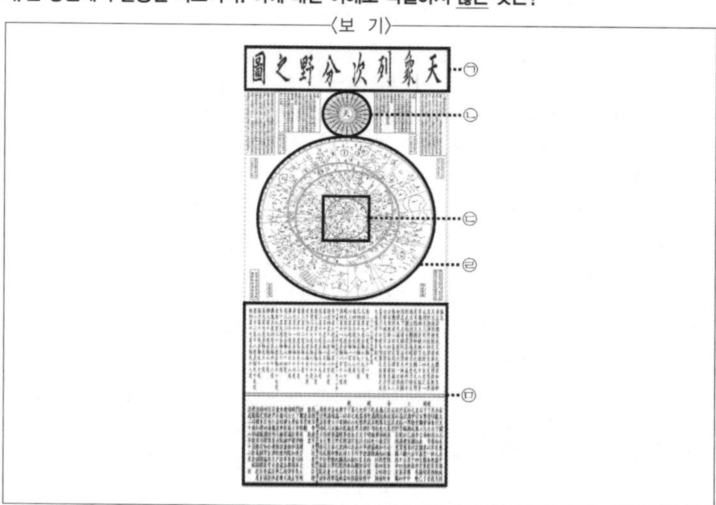

① ㉠의 글자들을 가리키며 '천상열차분야지도'라는 명칭에 대해 설명하였다.
2문단의 내용을 통해 강연자는 ㉠을 가리키면서, '천상', '열', '차', '분야'라는 각 명칭에 대해 설명하고 있음을 알 수 있다.

✔ ㉡의 가운데에 있는 글자를 언급하며 밤의 시각을 알기 위해 중성기를 활용하는 방법을 예를 들어 설명하였다.
3문단의 내용을 통해 ㉡은 중성기에 해당함을 알 수 있다. 3문단에서 강연자는 중성기 중앙에 표기된 '天'을 언급하며 중성기가 별의 위치로 밤의 시각을 알 수 있게 해 준다고 설명하고 있지만, 이러한 중성기를 활용하는 방법을 예를 들어 설명하지는 않고 있다.

③ ㉢을 확대해 보여 주며 북극성을 중심으로 일 년 내내 관측할 수 있는 하늘의 범위가 성도에 그려져 있음을 제시하였다.
4문단의 내용을 통해 ㉢은 성도의 가운데 부분임을 알 수 있다. 4문단에서 강연자는 ㉢을 확대해 보겠다고 하면서 ㉢ 안에 북극성을 중심으로 작은 원이 있고, 이것이 계절에 관계없이 항상 관측 가능한 하늘의 범위를 나타낸다고 말하고 있다.

④ ㉣의 외곽 경계선 주변의 별들을 확대해 보여 주며 성도와 동시대 중국 천문도의 차이점을 언급하였다.
4문단의 내용을 통해 ㉣은 성도 외곽 경계선임을 알 수 있다. 4문단에서 강연자는 화면을 확대하며 경계선 안의 두 별을 예로 들면서 별의 크기 차이가 밝기의 차이를 나타냄을 언급하면서, 이것이 동시대 중국 천문도와 다른 점임을 제시하고 있다.

⑤ ㉤의 일부를 인용하며 선조들이 천문을 중요하게 여겼음을 제시하였다.
5문단의 내용을 통해 ㉤은 성도 아랫부분에 대한 설명임을 알 수 있다. 5문단에서 강연자는 ㉤ 중 '천문을 관측해 중성을 바로잡는 것은, 요와 순의 정치를 본받는 것'이라는 부분을 인용하면서 하늘을 받들어 선정을 베풀기 위해 천문을 중요시해야 한다는 선조들의 뜻을 언급하고 있다.

37 듣기 전략의 이해 정답률 94% | 정답 ①

다음은 강연을 듣고 학생들이 보인 반응이다. 이를 바탕으로 학생들의 듣기 활동을 이해한 내용으로 적절하지 않은 것은? [3점]

○ 학생 1 : 천체 망원경 없이 하늘을 관측했다니 놀랍네. 관련 자료를 찾아봐야겠어. 또 어떤 기준으로 '차'와 '분야'의 구획을 나누었는지도 알아봐야겠어.
○ 학생 2 : 조선 시대에 별자리를 체계적으로 정리한 천문도가 있었음을 알게 되어 유익했어. 그런데 '남중', '중성' 같은 말의 의미가 궁금했는데 설명해 주지 않아 아쉬웠어. 이 말들의 의미는 따로 찾아봐야겠어.

PART II 17회

ㅇ **학생 3** : 태조가 조선 건국의 정당성 확보를 중요하게 여겼다고 알고 있었는데, 이를 바탕으로 '천상열차분야지도'의 제작 목적을 이해할 수 있었어. 천문이 정치와 관련이 있었다는 것을 알게 되어 좋았어.

✔ **'학생 1'은 강연에서 사용한 자료의 출처를 확인하며 정보의 신뢰성을 점검하고 있다.**
'학생 1'은 천체 망원경 없이 하늘을 관측한 방법에 놀랐다고 하면서 관련 자료를 찾아보거나, 어떤 기준으로 '차'와 '분야'의 구획에 대해 나누었는지 알아봐야겠다 언급하고 있다. 즉 '학생 1'은 강연을 듣고 강연과 관련된 자료를 더 찾아보고자 하는 태도를 보인다. 따라서 '학생 1'이 강연에서 사용한 자료의 출처를 확인한다는 것은 이해 내용으로 적절하지 않다.

② **'학생 2'는 강연 내용에 설명이 부족한 부분이 있다는 점을 지적하고 있다.**
'학생 2'는 강연자가 '남중', '중성' 같은 말의 의미가 궁금했는데, 이 말의 의미를 설명해 주지 않은 것에 대한 아쉬움을 드러내고 있다.

③ **'학생 3'은 자신의 배경지식을 활용하여 강연에서 언급한 내용을 이해하고 있다.**
'학생 3'은 태조가 조선 건국의 정당성 확보를 중요시했다는 자신의 배경지식을 활용하여, 천상열차분야지도의 제작 목적을 이해할 수 있었다고 언급하고 있다.

④ **'학생 1'과 '학생 2'는 강연의 내용과 관련하여 궁금한 점에 대해 조사해야겠다고 생각하고 있다.**
'학생 1'은 어떤 기준으로 '차'와 '분야'의 구획에 대해 나누었는지 알아봐야겠다 하고 있고, '학생 2'는 '남중', '중성'의 의미를 찾아봐야겠다고 언급하고 있다.

⑤ **'학생 2'와 '학생 3'은 강연을 통해 새로운 사실을 알게 된 것을 긍정적으로 평가하고 있다.**
'학생 2'는 조선 시대에 별자리를 체계적으로 정리한 천문도가 있었음을 알게 되어 유익했다고 평가하고 있고, '학생 3'은 천문이 정치와 관련이 있었다는 것을 알게 되어 좋았다고 평가하고 있다.

38 발화 의미와 기능 이해
정답률 92% | 정답 ④

㉠~㉤에 대한 이해로 적절하지 않은 것은?

① **㉠ : 토의에서 논의할 내용과 관련 있는 문제 상황을 제시하고 있는 발화이다.**
㉠은 'OO 독서 대화'의 참여 인원이 재작년에 이어 작년에도 줄었다는 문제 상황을 드러낸 발화이고, 이후 이러한 문제 상황에 대해 토의가 이루어지고 있다.

② **㉡ : 자신의 견해를 뒷받침하는 사실을 근거로 제시하고 있는 발화이다.**
㉡ 앞에서 홍보의 부족도 참여가 적었던 이유라고 하면서, 작년 홍보 방식이었던 ㉡을 언급하고 있다.

③ **㉢ : 앞서 논의한 내용을 정리하여 제시하고 있는 발화이다.**
㉢은 '학생 2'와 '학생 3'이 제시한 'OO 독서 대화' 참여 인원이 적은 것에 대한 이유를 정리하여 제시한 발화라 할 수 있다.

✔ **㉣ : 자신이 처했던 상황을 근거로 문제를 해결할 수 있는 대안을 제시하고 있는 발화이다.**
㉣ 앞에서 '학생 3'은 작년에 진행된 독서 대화에서 개선할 점으로 화제가 잘 맞지 않아 대화가 산만했다는 것을 제시하고 있다. 그리고 ㉣에서는 '우리 모둠에서도 화제가 잘 맞지 않아'라고 '학생 2' 자신이 작년에 경험한 것을 바탕으로 제시된 문제점에 동의하면서, 깊이 있는 이야기를 나누지 못했다는 생각을 덧붙이고 있다. 따라서 ㉣이 문제를 해결할 수 있는 대안을 제시한 발화라는 이해 내용은 적절하지 않다.

⑤ **㉤ : 토의를 진전시키기 위해 앞으로 논의할 내용을 제시하고 있는 발화이다.**
문제점을 짚는 발화를 마무리하며 ㉤에서 이제부터는 문제점을 개선하는 방향에 대해 이야기해 보자는 말로 토의의 진행을 다음 단계로 이끌고 있다.

39 담화의 구조와 기능 이해
정답률 87% | 정답 ①

[A], [B]의 담화에 대한 설명으로 가장 적절한 것은?

✔ **[A]에서는 '학생 3'이, [B]에서는 '학생 2'가 상대 의견의 문제점을 지적하며 대안을 제시하고 있다.**
[A]에서는 '학생 2'가 선정 도서를 논점으로 한 독서 대화의 개선 방안에 대해 의견을 제시하자, '학생 3'이 앞서 제시한 의견이 지닌 한계를 언급하며 새로운 개선 방향을 제시하고 있다. 그리고 [B]에서는 '학생 3'이 화제를 서로 맞추기 위한 방안을 논점으로 한 독서 대화의 개선 방향에 대해 의견을 제시하자, '학생 2'는 앞서 제시한 의견이 지니는 문제점을 언급하고 있다. 이렇게 볼 때, [A]에서는 '학생 3'이 상대 의견의 문제점을 지적하면서 대안을 제시하고 있음을 알 수 있고, [B]에서는 '학생 2'가 상대 의견의 문제점을 지적하며 대안을 제시하고 있음을 알 수 있다.

② **[A]에서는 '학생 2'가, [B]에서는 '학생 3'이 상대 의견을 일부 인정하며 자신의 의견과 절충하고 있다.**

③ **[A]에서는 '학생 2'가, [B]에서는 '학생 3'이 상대가 제시한 방안의 실현 가능성을 검토하며 상대 의견의 한계를 지적하고 있다.**

④ **[A]에서와 달리 [B]에서는 '학생 3'이 '학생 2'의 의견에 반대하며 자신의 제안을 수정하고 있다.**

⑤ **[B]에서와 달리 [A]에서는 '학생 2'가 '학생 3'의 의견에 대한 타당성을 점검하기 위해 근거를 요구하고 있다.**

40 글쓰기 계획 반영 여부 판단
정답률 88% | 정답 ③

다음은 '학생 2'가 (나)를 쓰기 위해 작성한 메모이다. 이 중 (나)에 반영되지 않은 것은?

ㅇ 올해와 작년 독서 대화의 차이점 제시 ······ ⓐ
ㅇ 독서 대화에 참여를 신청하는 방법 제시 ······ ⓑ
ㅇ 독서 대화를 위해 선정할 도서의 분야 제시 ······ ⓒ
ㅇ 독서 대화에 참여하려는 학생들의 준비 사항 제시 ······ ⓓ
ㅇ 독서 대화에 참여했던 학생들의 소감 제시 ······ ⓔ

① **ⓐ 올해와 작년 독서 대화의 차이점 제시**
2문단의 '이번에는 학생들의 ~ 도서를 선정했습니다.'를 통해, 작년과 달리 학생들의 선택의 폭을 넓혀 주려고 세 권의 도서를 선정했음을 알 수 있다.

② **ⓑ 독서 대화에 참여를 신청하는 방법 제시**
2문단의 '독서 대화에 참여하기 ~ 제출하기 바랍니다.'를 통해 독서 대화에 참여를 신청하는 방법을 확인할 수 있다.

✔ **ⓒ 독서 대화를 위해 선정할 도서의 분야 제시**
(나)의 2문단을 통해 독서 대화를 위한 도서가 이미 선정되어 있음을 알 수 있고, 3문단을 통해 선정된 세 권의 도서 중 한 권을 신청서에 기입하라는 안내가 있음을 알 수 있다. 하지만 이 글에서 선정할 도서의 분야를 제시하는 부분은 찾아볼 수 없다.

④ **ⓓ 독서 대화에 참여하려는 학생들의 준비 사항 제시**
3문단의 "OO 독서 대화'에 참여를 ~ 제출해야 합니다.'를 통해 독서 대화에 참여하려는 학생들의 준비 사항이 제시되어 있음을 확인할 수 있다.

⑤ **ⓔ 독서 대화에 참여했던 학생들의 소감 제시**
4문단의 '독서 대화에 참여했던 ~ 좋았다고 했습니다.'를 통해 독서 대화에 참여했던 학생들의 소감이 제시되어 있음을 확인할 수 있다.

41 조건에 따른 글의 내용을 수정·보완
정답률 96% | 정답 ⑤

다음은 (나)를 작성한 후, 학생들이 퇴고 과정에서 나눈 대화이다. 이를 참고해 ㉮를 수정·보완한 내용으로 가장 적절한 것은?

학생 1 : 마지막 부분에 학생들의 참여를 독려하기 위해, 한 권의 책에 대해서 여러 사람이 이야기를 나눔으로써 얻을 수 있는 이점을 추가하도록 하자.
학생 3 : 부제의 내용을 활용하면서 함께한다는 의미도 드러내면 더욱 좋을 것 같아.

① **책을 읽으며 독서 대화를 위한 이야깃거리를 찾아보세요. 책을 깊이 읽고 내면화하는 시간이 될 것입니다. 독서 대화에 많은 참여를 바랍니다.**

② **도서부는 독서 대화를 위해 많은 준비를 하고 있습니다. 여러분의 참여로 저희가 준비한 행사가 완성될 수 있습니다. 독서 대화에 많은 참여를 바랍니다.**

③ **누구나 책 속에서 다양한 삶의 모습을 발견할 수 있습니다. 좋은 책을 만나 여러분의 문제를 해결할 실마리를 찾아보세요. 독서 대화에 많은 참여를 바랍니다.**

④ **책을 읽으며 스스로를 돌아보면서 진정한 자신을 만날 수 있을 것입니다. 내면의 이야기에 귀 기울이는 의미 있는 시간을 가져 보세요. 독서 대화에 많은 참여를 바랍니다.**

✔ **한 권의 책을 읽고 여러 사람의 생각이 모이면 넓고 깊은 깨달음에 이를 수 있습니다. 이렇게 함께한 경험은 학창 시절의 뜻깊은 기억으로 남을 것입니다. 독서 대화에 많은 참여를 바랍니다.**
대화에서 '학생 1'은 참여를 독려하기 위해 안내문의 마지막 부분에 여러 사람이 한 권의 책에 대해 이야기를 나눔으로써 얻을 수 있는 이점을 추가하자는 제안을 하고 있고, '학생 3'은 부제의 내용, 즉 '우리들의 소중한 추억이 될 독서 대화'를 활용하면서 함께한다는 의미를 드러내자고 말하고 있다. ⑤에서는 '한 권의 책을 읽고 여러 사람의 생각이 모이면 넓고 깊은 깨달음에 이를 수 있'다는 내용은 여러 사람이 한 권의 책에 대해 이야기를 나눔으로써 얻을 수 있는 이점을 추가하자는 조건을 충족시키고 있다. 그리고 '함께한 경험은 학창 시절의 뜻깊은 기억으로 남을 것'이라는 내용은 독서 대화에 참여하며 소중한 추억을 쌓을 수 있다는 내용을 드러내자는 조건을 충족시킨다.

42 글쓰기 전략 파악
정답률 82% | 정답 ⑤

(가)의 ㉠~㉢을 고려하여 (다)를 작성했다고 할 때, 학생의 초고에 활용된 글쓰기 전략으로 적절하지 않은 것은?

① **㉠을 고려해, '디지털 흔적'으로 인한 피해가 일상에서 직면할 수 있는 문제임을 강조한다.**
1문단에서는 디지털 흔적으로 인한 피해가 일상에서 누구에게라도 일어날 수 있는 문제임을 강조하고 있는데, 이는 ㉠을 고려한 것이다.

② **㉡을 고려해, '잊힐 권리'의 개념을 예를 들어 설명한다.**
2문단에서는 잊힐 권리의 개념을 A의 예를 들어 설명하고 있으므로 학급 친구들 중에는 잊힐 권리가 무엇인지 잘 모른다는 ㉡을 고려한 것이다.

③ **㉡을 고려해, '잊힐 권리'가 중요한 권리로 대두된 상황을 제시한다.**
2문단에서는 디지털 기술이 발달함에 따라 원치 않는 개인의 정보가 빠르게 확산될 수 있다고 불안해하는 사람들이 많아지고 있는 상황을 제시하고 있는데, 이는 사회적으로 왜 중요한지를 모르는 친구들이 많다는 ㉡을 고려한 것다.

④ **㉢을 고려해, '잊힐 권리'에 대해 자신과 반대되는 입장을 소개한 후 그에 대한 자신의 생각을 제시한다.**
5문단에서 표현의 자유와 알 권리를 중시하는 입장을 소개한 후, 이 권리들보다 개인의 존엄성이 더 우선시되어야 한다는 자신의 생각을 제시하고 있으므로, 나와 반대 의견을 가진 친구도 있다는 ㉢을 고려한 것이다.

✔ **㉢을 고려해, '디지털 흔적'을 삭제하는 기술의 한계로 잊힐 권리가 제대로 보장되지 못하고 있음을 부각한다.**
(다)의 3문단에서는 디지털 흔적을 삭제하고 싶어도 삭제할 수 있는 법적인 방법이 없다고 언급하고 있다. 하지만 자신과 반대 의견을 가진 친구들도 있다고 한 ㉢을 고려하여 (다)에서 디지털 흔적을 삭제하는 기술의 한계는 제시되어 있지 않으므로 적절하지 않다.

43 자료 활용 방안의 적절성 판단
정답률 84% | 정답 ⑤

(나)를 활용하여 (다)를 작성했다고 할 때, 학생의 자료 활용에 대한 설명으로 적절하지 않은 것은?

① **ⓐ를 토대로, 많은 사람들이 개인의 존엄성을 중시해 잊힐 권리의 적극적 보장에 동의하고 있음을 제시했다.**
ⓐ를 토대로, 5문단에서 개인의 존엄성을 지키기 위해 많은 사람들이 잊힐 권리의 적극적 보장에 찬성하고 있다고 하였다.

② **ⓑ에 대한 해석을 바탕으로, 디지털 기술의 발달로 원치 않는 개인 정보의 확산을 우려하는 사람들이 많아지고 있는 상황을 제시했다.**
ⓑ에 대한 해석을 바탕으로, 2문단에서 원치 않는 개인의 정보가 빠르게 확산될 수 있다는 불안감을 느끼는 사람들이 많아지고 있다고 하였다.

[문제편 p.150]

③ ⓒ의 내용을 찾아, 정보에 대한 삭제 또는 차단을 요청할 수 있는 경우를 제시했다.
ⓒ의 내용을 찾아, 3문단에서 명예 훼손 또는 사생활 침해에 해당한다고 소명한 경우에 정보 삭제 및 차단 요청이 가능함을 제시하고 있다.

④ ⓓ를 참고하여, 정보통신망 이용촉진 및 정보보호 등에 관한 법률에서 잊힐 권리를 보장하는 것의 한계를 제시했다.
ⓓ를 참고하여, 3문단에서 정보 통신 서비스 사업자가 정보 삭제 또는 차단 조치 요청에 응하지 않을 때 제재할 조항이 없고, 사생활 침해로 소명하기는 어렵지만 삭제하고 싶은 정보가 존재하는 경우에 이를 삭제할 법적인 방법이 없음을 제시하였다.

✔ ⓔ를 일반화하여, 인터넷 공간이 우리 삶의 편의를 높여 주는 만큼 알 권리 보장의 필요성도 커지고 있음을 제시했다.
3문단에서는 현재 정보통신망 이용촉진 및 정보보호 등에 관한 법률을 들어 인터넷 공간에 개인적인 기록이 남아 있는 경우가 많아 잊힐 권리를 적극적으로 보장하는 법적 장치를 마련할 필요가 있음을 언급하고 있음을 알 수 있으므로, ⓔ를 일반화하여 진술했다고 볼 수 있다. 하지만 알 권리 보장의 필요성이 높아지고 있음을 제시하지는 않고 있으므로 적절하지 않다.

44 비판적 관점에 따른 반박하는 글쓰기

정답률 89% | 정답 ②

〈보기〉에서 근거를 찾아 [A]에 대해 반박하는 글을 쓰고자 한다. 글에 담길 내용으로 가장 적절한 것은? [3점]

〈보 기〉
인터넷 공간에서 유통되는 개인적인 기록들 중에는 공적인 성격을 가지게 되는 것들이 있다. 예를 들어, 유권자들이 국회의원 선거에 출마한 후보자의 자질을 검증할 때 후보자의 디지털 흔적은 중요한 참고 자료가 될 수 있다. 이와 같은 사례는 디지털 흔적이 공익을 위해 사용될 수 있음을 보여 준다.

① 사회의 투명성을 높인다는 이유로 사적인 자료를 활용하여 개인의 인성을 검증한다면, 개인 정보를 검열의 도구로 악용하게 될 것이다.
사적 자료를 개인의 인성 검열 도구로 사용하면 안 된다는 것은 〈보기〉에서 근거를 찾은 것이 아니며, [A]와 유사한 입장에 해당한다.

✔ 법적 장치를 통해 잊힐 권리를 적극적으로 보장하면, 공익을 위해 필요한 정보들까지 사라지거나 왜곡될 수 있다. 이것은 공익을 훼손하는 것이다.
〈보기〉에서는 인터넷 공간에서 유통되는 개인적인 기록들이 공적인 성격을 가지게 될 수 있다고 하였고, [A]에서는 과거와 달리 인터넷 공간에 사적인 기록들이 남아 있는 경우가 많다고 하고 있음을 알 수 있다. 따라서 〈보기〉에서 근거를 찾아 [A]에 대해 반박하는 글을 쓴다면, 잊힐 권리가 적극적으로 보장될 경우 공익을 위한 정보들까지 삭제되어 결국 공익을 훼손할 수 있다는 주장이 담겨야 한다.

③ 디지털 흔적에 대한 통제 권한을 각 개인에게 주어야 한다. 그리고 디지털 흔적을 더 많은 분야에서 공익을 위해 활용할 수 있게 해 주는 제도적 장치가 필요하다.
디지털 흔적을 공익을 위해 활용할 수 있게 해 주는 제도적 장치가 필요하다는 것은 〈보기〉에서 근거를 찾은 것으로 볼 수 있으나, 디지털 흔적에 대한 통제 권한을 개인에게 주어야 한다는 것은 [A]와 유사한 입장에 해당한다.

④ 인터넷 공간에서 개인의 표현의 자유는 보장되어야 한다. 그러나 그 자유에는 자신의 표현에 대해 도덕적으로 책임을 지고자 하는 의식이 반드시 뒷받침되어야 한다.
인터넷 공간에서 표현의 자유가 보장되어야 하지만, 그 자유에는 도덕적 책임 의식이 뒷받침되어야 한다는 것은 〈보기〉에서 근거를 찾은 것이 아니며 [A]에 대한 반박으로 보기 어렵다.

⑤ 과거에는 개인적인 기록이 통제가 가능했지만, 오늘날에는 매체의 발달로 인하여 통제가 어렵다. 따라서 개인이 통제할 수 있도록 만들어 주는 제도적 장치가 필요하다.
매체의 발달에 따라 개인적인 기록을 통제하기가 어려워져 이를 통제할 수 있도록 하는 제도적인 장치가 필요하다는 것은 〈보기〉에서 근거를 찾은 것이 아니며, [A]와 유사한 입장에 해당한다.

45 고쳐 쓰기 의견의 적절성 판단

정답 ④

[B]는 선생님의 검토 의견을 반영하여 〈보기〉를 고쳐 쓴 것이다. 〈보기〉를 볼 때, 선생님의 검토 의견으로 가장 적절한 것은?

〈보 기〉
잊힐 권리가 표현의 자유와 알 권리를 침해한다는 측면에서 잊힐 권리의 적극적 도입을 반대하는 입장도 있다. 물론 표현의 자유와 알 권리도 중요하다. 그 권리들보다 개인의 존엄성이 더 우선시되어야 한다. 많은 사람들이 잊힐 권리의 적극적 보장에 찬성하는 까닭도 여기에 있다. 잊힐 권리를 적극적으로 보장하여 디지털 흔적으로 인한 피해로부터 개인의 존엄성을 보호할 수 있어야 한다.

① 의견을 좀 더 부각시키기 위해 예상되는 효과를 덧붙이면서 마무리하는 것이 좋겠어. 더불어 글을 흐름에 어긋나는 문장이 있으므로 삭제하는 것이 좋겠어.

② 의견을 좀 더 부각시키기 위해 구체적인 사례를 제시하며 마무리하는 것이 좋겠어. 더불어 글을 흐름을 자연스럽게 하기 위해 적절한 접속어를 넣어 주는 것이 필요해.

③ 의견을 강조하기 위해 주장 내용을 한 번 더 언급하며 마무리하는 것이 좋겠어. 더불어 문맥에 맞지 않는 단어가 사용되어 있으므로 적절한 단어로 고치는 것이 필요해.

✔ 의견을 좀 더 부각시키기 위해 예상되는 효과를 덧붙이면서 마무리하는 것이 좋겠어. 더불어 글을 흐름을 자연스럽게 하기 위해 적절한 접속어를 넣어 주는 것이 필요해.
[B]와 〈보기〉를 비교하면, [B]에서는 〈보기〉와 달리 글의 마지막을 '잊힐 권리를 적극적으로 보장하여 디지털 흔적으로 인한 피해로부터 개인의 존엄성을 보호한다면 더욱 건강한 정보화 사회를 만들어 나갈 수 있을 것이다.'로 고쳤음을 알 수 있다. 즉 개인의 존엄성을 보호한다면 더욱 건강한 정보화 사회를 만들어 나갈 수 있을 것이라고, 잊힐 권리를 적극적으로 보장할 경우의 예상되는 효과를 제시하고 있음을 알 수 있다. 또한 [B]에서는 〈보기〉의 '~ 알 권리도 중요하다. 그 권리들보다 ~'의 사이에 '그러나'라는 접속어를 넣었음을 알 수 있다.

⑤ 의견을 강조하기 위해 상대방의 주장이 잘못된 이유를 간단히 언급하면서 의견을 제시하는 것으로 마무리하는 것이 좋겠어. 더불어 문맥에 맞지 않는 단어가 사용되어 있으므로 적절한 단어로 고치는 것이 필요해.

18회 | 수능 실전 모의고사 고3

• 정답 •
35② 36④ 37① 38⑤ 39② 40③ 41③ 42④ 43① 44⑤ 45⑤

35 발표자의 말하기 방식 파악

정답률 94% | 정답 ②

위 발표자의 말하기 방식으로 가장 적절한 것은?

① 청중에게 기대하는 바를 언급하여 발표 목적을 부각하고 있다.
이 발표에서는 고구려 고분 벽화가 지니는 가치를 언급하며 발표를 마무리하고 있지, 청중에게 기대하는 바를 언급하면서 발표 목적을 부각하지는 않고 있다.

✔ 발표 내용과 관련된 질문을 하여 청중의 반응을 이끌어 내고 있다.
1문단의 '여러분은 고구려 고분 벽화를 본 적이 있나요? (청중의 대답을 듣고) 생각보다 많지 않네요.'나, 2문단의 '그럼 고구려 고분 벽화에는 무엇을 그렸을까요? (청중의 반응을 살피고) 네, 다양한 답변이 있네요.'를 통해, 발표 내용인 '고구려 고분 벽화'에 대한 질문을 하며 청중의 반응을 이끌어 내고 있음을 알 수 있다.

③ 청중의 요청에 따라 발표 내용과 관련된 정보를 추가하여 설명하고 있다.
이 발표에서 발표자가 청중에게 질문을 던지고는 있지만, 청중이 발표자에게 질문을 하여 발표 내용과 관련된 정보를 추가하여 요청하지는 않고 있다.

④ 발표 내용의 순서를 안내하여 청중이 발표 내용을 예측하도록 돕고 있다.
발표자는 발표를 시작하면서 발표할 내용에 대해 언급하고는 있지만, 어떤 순서로 발표를 할지 발표 순서를 안내하지는 않고 있다.

⑤ 발표 내용이 청중과 관련성이 높음을 제시하여 청중의 흥미를 유발하고 있다.
발표자가 발표 내용인 '고구려 고분 벽화'가 청중과 관련성이 높다는 내용을 언급한 부분은 찾아볼 수 없다.

36 발표 자료 활용의 이해

정답률 67% | 정답 ④

다음은 발표자가 제시한 자료이다. 발표자의 자료 활용에 대한 설명으로 적절하지 않은 것은? [3점]

[자료 1] [자료 2] [자료 3]

① 고구려 돌방무덤 내부에 벽화가 그려져 있음을 보여 주기 위해 ㉠에 [자료 1]을 활용하였다.
1문단에서 발표자는 [자료 1]을 제시하면서, '여기가 돌방무덤의 내부입니다. 고분 벽화는 이곳의 천장과 벽에 그려져 있어요.'라고 말하고 있음을 알 수 있다. 따라서 발표자는 고구려 돌방무덤 내부에 벽화가 그려져 있음을 보여 주기 위해 ㉠에 [자료 1]을 활용하였다고 할 수 있다.

② 무덤 주인의 권위를 고분 벽화에 담아내었음을 보여 주기 위해 ㉡에 [자료 2]를 활용하였다.
2문단에서 발표자는 주인과 종의 모습을 그린 ㉡을 제시하면서, 주인을 종에 비해 크게 그리고 나머지는 작게 그리는 '주대종소법'을 활용하여, 무덤 주인의 권위를 강조하고 그의 풍요로운 삶이 사후 세계에서도 이어지길 바라는 마음을 담아냈다고 설명하고 있다. 따라서 주인이 크게 그려지고 종이 작게 그려진 [자료 2]는 무덤 주인의 권위를 고분 벽화에 담아내었음을 보여 주기 위해 ㉡에 활용하였다고 할 수 있다.

③ 사후 세계에 대한 염원이 고분 벽화에 반영되어 있음을 보여 주기 위해 ㉡에 [자료 2]를 활용하였다.
3문단에서 발표자는 5세기 중반부터 6세기 초의 고분 벽화에는 연꽃무늬가 주로 등장하는데, 이는 무덤 주인이 이상 세계에 다시 태어나길 바라는 마음을 연꽃을 통해 표현한 것이라 설명하고 있다. 그리고 [자료 3]을 보면 연꽃 위에 신선이 있는 모습을 그리고 있으므로, 사후 세계에 대한 염원이 고분 벽화에 반영되어 있음을 보여 주기 위해 [자료 2]를 ㉡에 활용하였다고 할 수 있다.

✔ 무덤 주인을 지켜 준다고 여긴 대상을 고분 벽화에 담아내었음을 보여 주기 위해 ㉢에 [자료 3]을 활용하였다.
3문단에서 발표자는 '연꽃 위에 도교 사상과 관련된 신선을 그'린 [자료 3]을 제시하면서, 불교와 도교 사상이 공존하던 6세기 중반부터 7세기 전반의 당시의 상황을 반영하고 있음을 설명하고 있다. 그러면서 이 시기 대다수의 고분 벽화에는 도교의 영향으로 사신(四神)을 주로 그렸는데, 사신이 무덤 주인을 수호해 준다고 여겼기 때문이라 밝히고 있다. 따라서 [자료 3]의 그림을 볼 때, 무덤 주인을 지켜 준다고 여긴 사신을 고분 벽화에 담아내었음을 보여 주기 위해 ㉢에 [자료 3]을 활용하였다고는 할 수 없다.

⑤ 종교 사상이 고분 벽화에 영향을 주었음을 보여 주기 위해 ㉢에 [자료 3]을 활용하였다.
3문단에서 발표자는 연꽃 위에 도교 사상과 관련된 신선을 그린 ㉢을 제시하면서 이것은 불교와 도교 사상이 공존하던 당시의 상황이 반영된 것이라 설명하고 있다. 따라서 발표자는 종교 사상이 고분 벽화에 영향을 주었음을 보여 주기 위해 [자료 3]을 ㉢에 활용하였다고 할 수 있다.

37 질문 내용의 적절성 판단

정답률 74% | 정답 ①

학생의 발표를 바탕으로 할 때, [A]에 들어갈 청중의 질문으로 가장 적절한 것은?

[발표 후 질의응답]
– 청 중 : [A]
– 발표자 : 네, 그것은 고구려 이후에도 사람들이 사후 세계에 대해 관심을 가지고 있었음을 의미한다고 생각합니다.

PART II 18회

✔ 고구려 고분 벽화의 전통이 후대까지 이어졌다고 하셨는데요, 무덤 내부에 벽화를 계속 그렸다는 것은 어떤 의미인가요?
'발표 후 질의응답'에서 발표자는 청중의 질문에 '고구려 이후에도 사후 세계에 대해 관심을 가지고 있었음을 의미한다.' 대답하고 있다. 이렇게 볼 때, 청중의 질문은 이와 관련이 있어야 하므로 ①이 이에 해당하는 질문이라 할 수 있다. 즉 ①의 '고구려 고분 벽화의 전통이 후대까지 이어졌다'라는 내용과 '무덤 내부에 벽화를 계속 그렸다는 것은 어떤 의미'라는 질문 내용은 발표자의 대답에서 다루어진 내용과 대응된다고 할 수 있다.

② 고구려에 도교가 확산된 시기가 있었다고 하셨는데요, 이 시기에 사신이 상징성을 지니게 되었다는 것은 어떤 의미인가요?
질문에 제시된 '이 시기'는 고구려 시기를 가리키므로, '고구려 이후'에 대한 발표자의 대답이 나오기 위한 질문으로는 적절하다고 할 수 없다.

③ 고구려 고분 벽화에 주대종소법이 활용되었다고 하셨는데요, 당시에 인물의 크기를 다르게 그렸다는 것은 어떤 의미인가요?
질문에 제시된 '당시'는 고구려 시기를 가리키므로, '고구려 이후'에 대한 발표자의 대답이 나오기 위한 질문으로는 적절하다고 할 수 없다.

④ 고구려 돌방무덤은 3세기에 출현했다고 하셨는데요, 이전 시기에서 볼 수 없었던 무덤 형태가 나타나게 된 것은 어떤 의미인가요?
'이전 시기에 볼 수 없었던 무덤 형태가 나타나게 된' 시기는 고구려 시기를 가리키므로, '고구려 이후'에 대한 발표자의 대답이 나오기 위한 질문으로는 적절하다고 할 수 없다.

⑤ 고구려 고분 벽화가 역사 자료로서의 가치가 있다고 하셨는데요, 문화재가 시대를 초월하여 가치를 지닌다는 것은 어떤 의미인가요?
'문화재가 시대를 초월하여 가치를 지닌다는 것은 어떤 의미'인지에 대한 질문은 '사후 세계에 대한 관심'이라는 발표자의 대답과 관련이 없으므로 적절하지 않다.

38 대화 내용의 이해

정답률 96% | 정답 ⑤

대화의 흐름을 고려할 때, ㉠~㉤에 대한 이해로 적절하지 않은 것은?

① ㉠ : 상대가 언급한 내용을 구체화하여 확인하고 있다.
㉠은 바로 앞의 '지난번에 비평문에서 다룰 현안'에 대한 것이므로 상대가 언급한 내용을 구체화하여 확인하고 있음을 알 수 있다.

② ㉡ : 상대의 제안에 대한 자신의 견해를 밝히고 있다.
㉡은 바로 앞의 '나는 우리 학교 학생들의 독서 실태 개선으로 하는 게 좋을 거 같은데.'에 대한 것이므로 상대의 제안에 대한 자신의 견해를 밝혔음을 알 수 있다.

③ ㉢ : 상대의 의견에 대해 추가 정보를 요청하고 있다.
㉢은 바로 뒤의 '응. 장소가 본모습을 잃고 다른 장소와 유사하게 변한 것을 말해.'로 보아 상대의 의견에 대해 추가 정보를 요청한 것임을 알 수 있다.

④ ㉣ : 상대에게 자신의 생각이 맞는지 확인하고 있다.
㉣은 바로 뒤의 '그래, 그게 장소 획일화의 사례 중 하나라고 볼 수 있을 것 같아.'로 보아 상대에게 자신의 생각이 맞는지 확인하고 있는 것임을 알 수 있다.

✔ ㉤ : 상대의 의도를 정확히 파악했는지 확인하고 있다.
'학생 2'가 '장소의 획일화에 대해 부정적 관점으로 비평문 쓰기를 해 보자'는 의견에, '학생 3'은 이에 동의를 하면서, '장소의 획일화로 어떤 문제들이 생길 수 있는지 더 생각해 보'자고 제안하고 있다. 따라서 ㉤은 '학생 3'이 '학생 2'의 의견과 관련하여 구체적으로 생각해 볼 것을 제안하는 것이지, '학생 2'의 의도를 정확히 파악했는지 확인하는 것이라고는 할 수 없다.

39 대화 표현 전략의 반영 확인

정답률 91% | 정답 ②

다음은 '학생 1'이 [활동 1]을 준비하면서 작성한 메모이다. ㉮~㉲ 중 (가)의 '학생 1'의 발화에서 확인할 수 있는 내용만을 고른 것은?

- 모둠 활동 시작
  - [활동 1]과 관련해 지난 활동에서 논의된 사항 환기 ······ ㉮
- 비평문에서 다룰 현안 선정
  - 교지에 실린 비평문을 참고 자료로 제시 ······ ㉯
  - 매체에서 찾은 현안 제안 ······ ㉰
- 현안에 대한 관점 선정
  - 관점을 선정할 때 유의할 점 안내 ······ ㉱
- 모둠 활동 마무리
  - [활동 2]와 관련해 모둠원들의 역할 분담 제안 ······ ㉲

① ㉮, ㉯, ㉰ ✔② ㉮, ㉰, ㉲ ③ ㉮, ㉱, ㉲ ④ ㉯, ㉰, ㉱ ⑤ ㉰, ㉱, ㉲

㉮ [활동 1]과 관련해 지난 활동에서 논의된 사항 환기
'학생 1'의 첫 번째 발언 '지난번에 비평문에서 다룰 현안에 대해 각자 찾아보기로 했잖아.'를 통해 확인할 수 있다.

㉯ 교지에 실린 비평문을 참고 자료로 제시
학생 1의 발화에서 '교지에 실린 비평문을 참고 자료로 제시'는 확인할 수 없다.

㉰ 매체에서 찾은 현안 제안
'학생 1'의 두 번째 발언 '얼마 전에 읽은 신문 기사 중에 장소의 획일화에 관한 내용이 인상적이었거든. 그건 어때?'를 통해 확인할 수 있다.

㉱ 관점을 선정할 때 유의할 점 안내
학생 1의 발화에서 '관점을 선정할 때 유의할 점 안내'는 확인할 수 없다.

㉲ [활동 2]와 관련해 모둠원들의 역할 분담 제안
'학생 1'의 여섯 번째 발언 '다른 문제점도 있을 텐데, 내가 자료 수집하면서 더 조사해 볼게. 다른 역할도 나눠 볼까?'를 통해 확인할 수 있다.

40 비평 글쓰기 계획의 반영 여부 판단

정답률 77% | 정답 ③

'학생 2'가 (가)를 바탕으로 세운 글쓰기 계획 중, (나)에 반영되지 않은 것은?

- **제목**
  [활동 1]에서 선정한 현안이 드러나게 제목을 구성해야 겠군. ······ ①
- **1문단**
  [활동 1]에서 예상 독자도 접했을 만하다고 논의된 경험을 제시하며 글을 시작해야겠군. ······ ②
- **2문단**
  [활동 1]에서 언급되지 않았던 전문가의 견해를 인용하여 현안에 대한 사회적 인식의 변화에 대해 설명해야겠군. ······ ③
- **3문단**
  [활동 1]에서 언급된 문제점과 관련하여, 장소의 획일화가 확산되고 있음을 보여 주는 추가 자료를 활용해야겠군. ······ ④
- **4문단**
  [활동 1]에서 제기되었던 의견을 반영하여 서술해야겠군.
- **5문단**
  [활동 1]에서 다뤄지지 않았던 사례를 추가하여 장소의 획일화에서 벗어나기 위한 노력이 필요함을 부각해야겠군. ······ ⑤

① [활동 1]에서 선정한 현안이 드러나게 제목을 구성해야 겠군.
(가)에서 '학생 2'가 '장소의 획일화를 현안으로 다뤄 보자.'라고 제안하자 '학생 3'이 이에 동의하고 있다. 그리고 (나)의 제목이 '이곳저곳 같은 장소, 장소의 획일화 무엇이 문제인가'임을 알 수 있다. 따라서 (나)에서는 [활동 1]에서 선정한 현안인 '장소의 획일화'가 드러나게 제목을 구성하였다고 할 수 있다.

② [활동 1]에서 예상 독자도 접했을 만하다고 논의된 경험을 제시하며 글을 시작해야겠군.
(가)를 통해 '학생 3'이 '우리 학교 근처에 있던 골목길도 다른 지역과 비슷한 ○○ 거리로 변해 버'린 상황을 말하고 있음을 알 수 있다. 그리고 (나)의 1문단을 통해 '우리 학교 학생이라면 학교 인근의 변화된 모습을 본 적이 있을 것'이라는 내용과 '학생들이 즐겨 찾던 골목길이 사라지고, 개성 없는 ○○ 거리가 자리 잡았다.'라는 내용을 확인할 수 있다. 따라서 [활동 1]에서 예상 독자도 접했을 만하다고 논의된 경험을 제시하며 글을 시작하야겠다는 계획은 반영되었다고 할 수 있다.

✔ [활동 1]에서 언급되지 않았던 전문가의 견해를 인용하여 현안에 대한 사회적 인식의 변화에 대해 설명해야겠군.
(나)의 2문단에서 [활동 1]에서 언급되지 않았던 전문가인 '지리학자 에드워드 렐프'의 견해를 인용하고 있음을 알 수 있다. 그런데 2문단에서는 인간과 장소의 관계가 장소의 획일화로 훼손되면, 장소는 인간에게 애착의 대상이 되지도 못하며 안정감을 주지도 못한다고 제시하고 있는데, 이는 장소의 획일화로 인한 부정적인 영향을 설명한 것에 해당한다. 따라서 장소의 획일화에 대한 사회적 인식의 변화에 대해 설명한다는 내용은 반영되지 않았다고 할 수 있다.

④ [활동 1]에서 언급된 문제점과 관련하여, 장소의 획일화가 확산되고 있음을 보여 주는 추가 자료를 활용해야겠군.
(가)를 통해 '학생 3'이 '우리 학교 근처에 있던 골목길도 다른 지역과 비슷한 ○○ 거리로 변해 버렸잖아.'라며 문제점을 지적하고 있음을 알 수 있다. 그리고 (나)의 3문단을 통해 '학교 근처 골목길에서 일어난 변화가 최근 우리 동네 곳곳으로 퍼지고 있음을 확인할 수 있다.'라는 내용의 '우리 동네 보고서'가 자료로 활용되고 있음을 알 수 있다. 따라서 [활동 1]에서 언급된 문제점과 관련하여, 장소의 획일화가 확산되고 있음을 보여 주는 추가 자료를 활용하겠다는 계획은 반영되었다고 할 수 있다.

⑤ [활동 1]에서 다뤄지지 않았던 사례를 추가하여 장소의 획일화에서 벗어나기 위한 노력이 필요함을 부각해야겠군.
(나)의 5문단을 통해 '전통적인 모습으로 장소의 고유성을 살려 상인과 방문객들에게 큰 호응'을 얻고 있는 '△△ 재래시장'을 제시하고 있음을 알 수 있다. 이는 (가)에서 다뤄지지 않았지만, 내용이 장소의 획일화에서 벗어나기 위한 노력의 사례라 할 수 있다. 따라서 [활동 1]에서 다뤄지지 않았던 사례를 추가하여 장소의 획일화에서 벗어나기 위한 노력이 필요함을 부각하겠다는 계획은 반영되었다고 할 수 있다.

41 비평 글쓰기 내용 점검 및 조정

정답률 94% | 정답 ③

다음은 선생님의 모둠 활동 안내이다. 이에 따라 (나)를 평가한 내용으로 적절하지 않은 것은? [3점]

선생님 : 오늘은 모둠에서 작성한 비평문의 초고를 평가해 볼게요. 다음의 평가 기준에 따라 각 모둠별로 평가해 봅시다.

ⓐ 현안에 대한 주장이 분명하게 드러나는가?
ⓑ 현안에 대한 관점이 일관되는가?
ⓒ 필자의 주장을 뒷받침할 근거를 제시하였는가?
ⓓ 필자가 선택하지 않은 관점을 비판할 근거를 제시하였는가?

① ⓐ를 고려할 때, 장소의 획일화는 바람직하지 않다는 주장을 명시적으로 드러내고 있어.
1문단의 '장소의 획일화는 바람직하지 않다.'를 통해, 현안인 장소의 획일화에 대한 주장을 명시적으로 드러내고 있음을 알 수 있다.

② ⓑ를 고려할 때, 장소의 획일화에 대해 부정적으로 생각하는 관점을 일관되게 유지하고 있어.
2문단의 '장소가 획일화되면 장소에서 느끼는 정서적 유대가 훼손된다.'와 3문단의 '장소가 획일화되면 장소를 통해 얻을 수 있는 경험의 다양성도 줄어든다.'를 통해, 장소의 획일화에 대해 부정적으로 생각하는 관점을 일관되게 드러내고 있음을 알 수 있다.

✔ ⓒ를 고려할 때, 획일화된 장소에 식상함을 느낀 사람들이 장소의 선택권을 요구했다는 점을 근거로 제시하고 있어.
4문단에 제시된 '비슷한 장소에 싫증을 느낀 사람들'을 '획일화된 장소에 식상함을 느낀 사람들'로 볼 수 있다. 하지만 사람들이 비슷한 장소에 싫증을 느낀 경우에 '장소의 선택권을 요구했다는 점'을 근거로 제시하지는 않고 있으므로 적절하지 않다.

④ ⓒ를 고려할 때, 장소가 획일화되면 인간이 장소에서 느끼는 정서적 유대와 안정감이 훼손된다는 점을 근거로 제시하고 있어.
2문단을 통해, 장소에 대한 정서적 유대를 강조한 에드워드 렐프의 견해를 제시하여, 인간과 장소의 관계가 장소의 획일화로 훼손되면, 장소는 더 이상 애착의 대상이 되지 못하며 안정감을 주지 못한다는 점을 주장을 뒷받침하기 위한 근거로 활용하고 있음을 알 수 있다.

⑤ ⓓ를 고려할 때, 장소의 획일화를 통해 얻으려는 경제적 효과가 지속되기 어렵다는 점을 비판의 근거로 제시하고 있어.

[문제편 p.154]

4문단에서 경제적 효과를 얻기 위해서 장소의 획일화가 불가피하다고 보는 이들의 주장을 언급하고 있는데, 이는 '필자가 선택하지 않은 관점'에 해당한다고 할 수 있다. 그리고 이러한 관점에 대해 '비슷한 장소에 싫증을 느낀 사람들은 더 이상 그곳을 찾지 않게 되고, 그로 인해 기대했던 경제적 효과도 지속되기 어렵'다는 점을 근거로 제시하며 비판하고 있으므로 적절하다고 할 수 있다.

42 글쓰기 방식의 이해 정답 ④

다음은 (나)를 읽은 학생들이 글쓰기 방식에 대해 나눈 대화 내용이다. 글쓰기 방식에 대해 올바르게 이해한 사람끼리 바르게 묶은 것은?

> **민아** : 장소의 획일화의 개념과 유형을 제시하여 독자들의 이해를 돕고 있군.
> **은정** : 장소의 획일화로 인해 발생할 수 있는 문제점을 나열하여 제시하고 있군.
> **경희** : 장소의 획일화 문제점을 해결할 수 있는 방법을 항목화하여 구체적으로 드러내고 있군.
> **진영** : 장소의 획일화에 대한 예상되는 반론을 제시하고, 이유를 들어 반론을 반박하고 있군.

① 민아, 은정
② 민아, 경희
③ 은정, 경희
✔ 은정, 진영
(나)의 2문단에서는 장소가 획일화되면 장소에서 느끼는 정서적 유대감이 훼손됨을, 3문단에서는 장소가 획일화되면 장소를 통해 얻을 수 있는 경험의 다양성이 줄어든다고 제시하고 있다. 따라서 장소의 획일화로 인한 문제점을 2, 3문단에서 각각 제시하고 있으므로, 장소의 획일화로 인해 발생할 수 있는 문제점을 나열하여 제시하였다고 할 수 있다. 그리고 4문단에서는 장소의 획일화가 불가피하다고 주장하는 이들의 주장을 제시하면서, 이러한 주장에 대해 '어딜 가나 비슷한 장소에 싫증을 ~ 경제적 효과도 지속되기 어렵기 때문이다.'는 이유를 들어 반박하고 있다. 따라서 장소의 획일화에 대한 예상되는 반론을 제시하고, 이유를 들어 반론을 반박하고 있음을 알 수 있다.
⑤ 경희, 진영

43 글쓰기 전략 파악 정답률 93% | 정답 ①

(나)에 활용된 글쓰기 전략으로 적절하지 않은 것은?

✔ 제재에 대한 정보를 전달하기 위해 개념 간의 차이를 중심으로 대조한다.
1문단을 통해 게임화와 게임이 무엇인지 개념을 밝히고 있음을 알 수 있지만, 개념 간의 차이를 중심으로 대조한 부분은 찾아볼 수 없다.

② 제재의 특징을 드러내기 위해 제재가 가지는 효용적 측면을 부각한다.
2문단의 '과제에 참여한 사람들의 경쟁을 유도하거나, 목표를 달성하면 성취감과 같은 보상을 받을 수 있게 하여 참여자들이 과제에 몰입할 수 있도록 돕는다.'를 통해, 게임화의 효용적 측면을 부각하고 있음을 알 수 있다.

③ 제재가 다양한 분야에서 활용되는 양상을 드러내기 위해 사례를 제시한다.
2문단에서 교육 분야에서 게임화가 활용되는 양상을 보여 주는 사례를 제시하고 있고, 3문단에서 보건, 기업의 마케팅 분야에서 게임화가 활용되는 양상을 보여 주는 사례를 제시하고 있다.

④ 제재에 대한 배경지식이 부족한 예상 독자의 이해를 돕기 위해 용어를 정의한다.
1문단의 '게임적 사고나 게임 기법과 같은 요소를 다양한 분야에 접목시키는 것'이라고 게임화에 대해 정의하고 있는데, 이러한 용어 정의는 배경지식이 부족한 예상 독자의 이해를 돕게 해 주는 것이라 할 수 있다.

⑤ 제재와 관련한 정보를 효과적으로 전달하기 위해 예상 독자와 공유하고 있는 경험을 활용한다.
2문단에서 한국사 수업 시간의 경험을 언급하고 있는데, 이는 게임화의 특징을 이해할 수 있도록 예상 독자인 우리 학급 학생들과 공유하고 있는 경험을 활용한 것이라 할 수 있다.

44 글쓰기 자료의 적절성 판단 정답률 84% | 정답 ⑤

<보기>는 (나)의 '학생'이 '초고'를 보완하기 위해 추가로 수집한 자료이다. 자료 활용 방안으로 적절하지 않은 것은?

〈보 기〉

ㄱ. 신문 기사
가상의 나무 심기가 실제 나무 심기로 이어지는 애플리케이션이 개발되었다. 이 애플리케이션은 사용자들이 가상의 나무를 심으며 얻는 성취감과 함께 환경 보호에 기여하고 있다는 보람을 느끼도록 설계되어, 가상의 나무 심기에 더욱 몰입하게 만든다는 평가를 받고 있다.

ㄴ. 전문가 인터뷰
"게임화된 과제에서는 참여자가 무언가를 하거나 선택할 때마다 그에 대한 피드백이 즉시 제공됩니다. 이때 피드백의 한 유형인 보상 또한 신속하게 주어집니다. 참여자는 성취감과 같은 보상을 바탕으로 과제에 더 집중하게 됩니다."

ㄷ. 연구 자료
○○초등학교 5학년을 대상으로, 사회 수업에 게임화를 적용한 학급과 적용하지 않은 학급으로 나누어 수업 전후의 변화를 측정하였다. 게임화를 적용한 학급은 적용하지 않은 학급과 달리, 도표와 같은 통계적으로 의미 있는 변화를 보였다.

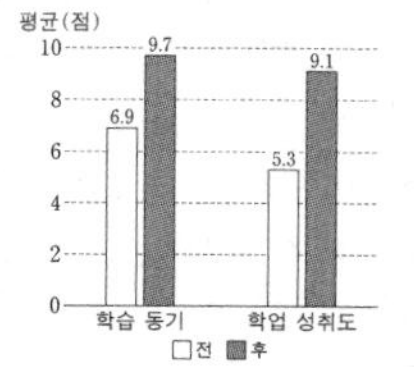

① ㄱ을 활용하여, 게임화가 다양한 분야에 적용되고 있다는 (나)의 내용에 게임화가 환경 분야에서도 활용된다는 점을 추가한다.
ㄱ은 신문 기사로, 신문 기사에서는 게임화의 요소를 적용한 나무 심기 애플리케이션에 대해 소개하고 있음을 알 수 있다. 따라서 이 자료를 활용하여 (나)의 내용에 교육, 보건, 기업의 마케팅 외에 환경 분야에서도 게임화가 활용된다는 점을 추가할 수 있다.

② ㄴ을 활용하여, 게임화의 특징을 다루고 있는 (나)의 내용에 참여자에게 피드백이 빠르게 제공된다는 점을 추가한다.
ㄴ은 게임화된 과제에서 피드백이 즉시 제공된다는 점을 설명하고 있으므로, 이 자료를 활용하여 (나)의 내용에 게임화의 특징으로 피드백이 빠르게 제공된다는 점을 추가할 수 있다.

③ ㄷ을 활용하여, 게임화를 학습 상황에 적용한 (나)의 내용에 게임화가 학습 참여자의 학업 성취도를 높이는 데 효과적일 수 있다는 점을 제시한다.
ㄷ은 게임화를 적용한 학급의 경우 학업 성취도가 향상되었음을 보여 주고 있으므로, (나)의 내용에 학업 성취도를 높이는 데 게임화가 효과적일 수 있다는 점을 추가할 수 있다.

④ ㄱ과 ㄴ을 활용하여, 게임화가 보상을 통해 참여자들의 몰입도를 높인다는 (나)의 내용을 뒷받침하는 근거로 추가한다.
ㄱ에서는 게임화가 활용된 애플리케이션이 사용자를 게임에 더욱 몰입하게 만든다고 설명하고 있으며, ㄴ에서는 게임화된 과제에서 참여자가 성취감과 같은 보상을 바탕으로 과제에 더 집중하게 된다는 점을 밝히고 있다. 이렇게 볼 때, ㄱ과 ㄴ은 (나)에서 게임화가 보상을 통해 참여자들의 몰입도를 높인다는 내용을 뒷받침하는 근거로 활용할 수 있다.

✔ ㄴ과 ㄷ을 활용하여, 게임화가 참여자의 호기심을 유발한다는 (나)의 내용에 학습 동기가 높을수록 과제 선택에 따른 성취감이 커진다는 점을 제시한다.
ㄴ은 전문가 인터뷰로, 전문가는 게임화된 과제에서 성취감과 같은 보상이 과제에 집중하게 하는 효과를 낸다고 설명하고 있다. 그리고 ㄷ은 연구 자료로, 이 연구 자료를 통해 게임화를 적용한 학급에서 학습 동기와 학업 성취도가 향상된다는 점을 알 수 있다. 따라서 ㄴ과 ㄷ을 활용하여 성취감과 같은 보상이 학생들로 하여금 과제에 더 집중하게 할 수 있으며, 그 결과 학습 동기나 학업 성취도의 향상을 이끌어 낼 수 있다는 내용을 제시할 수는 있다. 하지만 ㄴ과 ㄷ을 활용하여 학습 동기가 높을수록 과제 선택에 따른 성취감이 커진다는 내용을 이끌어 내기는 어렵다고 할 수 있다.

45 글쓰기 내용 점검 및 조정 정답률 92% | 정답 ⑤

다음은 (나)의 '학생'이 '초고'를 고쳐 쓰는 과정에서 수행한 학습 활동이다. [A]에 들어갈 내용으로 가장 적절한 것은?

> **학습 활동**
> ○ 일상에 대한 성찰을 바탕으로, 자신이 쓴 글을 고쳐 써 보자.
> (1) 자신이 쓴 글과 관련한 경험을 떠올려 보자.
>
> 지난 한국사 시간에 모둠별로 퀴즈 대결을 하는 과제에 참여했다. 다른 모둠을 꼭 이기고 싶다는 생각에 누구보다 열정적으로 과제에 임했다. 그러다 보니 나도 모르게 같은 모둠의 친구를 다그치며 싫은 소리를 해 버렸다. 집에 와서도 내내 마음이 편치 않아 다음 날 그 친구를 찾아가 미안하다는 말을 건넸다.
>
> (2) (1)에서 작성한 내용을 바탕으로 고쳐 쓸 내용을 생각해보자.
>
> 이번 일로 게임화에 대해 더 깊이 생각해 보게 되었다. 마지막 문단에서 [A] 내용을 제시하여 게임적 요소를 적절히 활용하는 지혜가 필요하다는 점을 강조해야겠다.

① 게임화를 통해 얻을 수 있는 물질적 보상에만 연연할 경우 주객이 전도될 수 있다는
(1)은 게임화로 인해 경쟁이 과열될 경우 부정적인 결과를 초래할 수 있음을 보여 주고 있다. 그러나 그 이유를 물질적 보상에만 연연하는 데에서 찾지 않고 있다.

② 게임화를 통해 단순히 흥미만 추구할 경우 상업적으로 변질되는 문제점이 발생할 수 있다는
(1)은 게임화로 인해 경쟁이 과열될 경우 부정적인 결과를 초래할 수 있음을 보여 주고 있다. 그러나 흥미 추구로 인한 게임화의 상업적 변질과 관련된 내용은 알 수 없다.

③ 게임화된 과제에 도전하려는 의욕이 없는 경우 다른 참여자들의 과제 수행을 방해할 수 있다는
(1)은 게임화에 의해 경쟁이 과열될 수 있음을 보여 주고 있으므로 이를 통해 과제에 도전하려는 의욕이 없는 경우와 관련한 내용을 생성하는 것은 적절하지 않다.

④ 게임화를 통해 달성하고자 하는 목적을 고려하지 않을 경우 과제에 대한 몰입이 저해될 수 있다는
(1)은 게임화로 인해 과도하게 과제 수행에 과도하게 몰입할 수 있음을 보여 주고 있으므로 이를 통해 과제에 대한 몰입 저해에 관련한 내용을 생성하는 것은 적절하지 않다.

✔ 게임화의 경쟁적 속성이 지나치게 강조될 경우 참여자들 간의 관계에 부정적인 영향을 미칠 수 있다는
(1)은 모둠 활동에 접목시킨 게임화가 모둠에 속한 학생으로 하여금 열정적으로 과제에 임하게 하는 긍정적인 효과를 내기도 했으나, '이기고 싶다'는 경쟁심을 과도하게 자극할 경우 학생들 간의 불화를 초래하는 부정적인 결과를 초래할 수도 있음을 보여 주고 있다. 따라서 이를 바탕으로 게임화로 인해 경쟁적 속성이 지나치게 강조될 경우 그 참여자들의 간의 관계에 부정적인 영향을 미칠 수 있다는 내용을 제시할 수 있다.

[문제편 p.155]

| 정답과 해설 |

19회 | 수능 실전 모의고사 고3

• 정답 •

35 ④ 36 ③ 37 ① 38 ⑤ 39 ② 40 ② 41 ④ 42 ③ 43 ③ 44 ④ 45 ①

35 말하기 방식 파악

정답률 88% | 정답 ④

위 발표자의 말하기 방식으로 적절하지 않은 것은?

① 발표 대상의 종류를 열거하여 장점을 소개하고 있다.
5문단에서 발표자는 다양한 볼펜의 종류를 언급하면서 사람들이 필요에 따라 고를 수 있다는 장점을 소개하고 있다.

② 청중의 대답을 예상하고 질문하여 화제를 제시하고 있다.
1문단에서 발표자는 '여러분의 필통에는 어떤 필기구가 가장 많은가요?'라는 질문을 던지고, 청중의 대답에 '네, 제 생각대로 볼펜이 많군요.'라고 대답하고 있다.

③ 청중의 경험을 이끌어 내며 관련된 내용을 설명하고 있다.
4문단에서 발표자는 '볼펜의 볼이 빠진 경험이 한 번쯤 있으시죠?'라고 질문한 뒤 볼펜의 볼에 대한 설명을 이어가고 있다.

✔ 내용의 신뢰성을 높이기 위해 전문가의 견해를 인용하고 있다.
발표자는 볼펜이 사람들에게 널리 사용되는 이유에 대해 자료를 활용하여 설명하고 있다. 하지만 설명 과정에서 전문가의 견해를 인용하지는 않고 있다.

⑤ 발표 대상의 특징을 부각하기 위해 다른 대상과 비교하고 있다.
발표자는 볼펜의 특징이 볼과 종이의 마찰에 의해 볼이 구르며 글씨가 써지는 것이라는 것을 부각하기 위해 2문단에서 볼펜을 만년필과 비교하며 설명하고 있다.

36 매체 활용의 이유 파악

정답률 88% | 정답 ③

다음은 위 발표에 활용된 매체 자료이다. 발표를 참고할 때, 발표 내용과 자료를 활용한 이유를 바르게 짝지은 것은? [3점]

[자료 1]

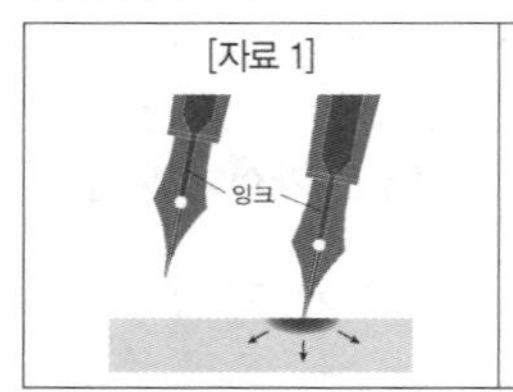

[자료 2]

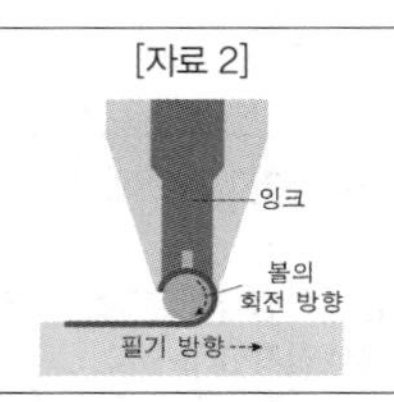

[자료 3]

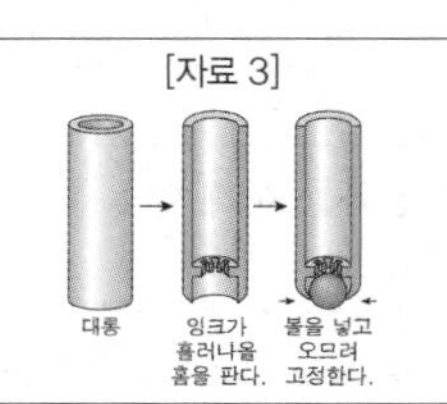

	자료	발표 내용	매체 자료를 활용한 이유
①	자료 1	만년필에 적용된 모세관 현상	표면의 거친 정도에 따라 모세관 현상이 일어나는 정도의 차이를 대비하여 보여 주기 위해

3문단을 통해 자료 1이 만년필에 적용된 모세관 현상을 보여 준다고 볼 수 있지만, 표면의 거친 정도에 따른 모세관 현상의 차이를 드러내기 위한 것은 아니다.

	자료	발표 내용	매체 자료를 활용한 이유
②	자료 2	볼펜의 제작 과정	볼펜의 복잡한 내부 구조를 단순화하여 보여 주기 위해

자료 2에서 본체 끝에 볼이 삽입되어 있는 볼펜의 구조를 알 수 있지만, 발표 내용에서 볼펜의 제작 과정과 관련된 내용이 제시되지 않고 있다.

	자료	발표 내용	매체 자료를 활용한 이유
✔	자료 2	볼펜으로 글씨가 써지는 원리	볼이 있는 부분의 단면을 확대하여 볼의 잉크가 종이에 묻는 원리를 보여 주기 위해

4문단에서, 볼펜으로 글을 쓸 때 볼펜의 볼과 종이의 마찰에 의해 볼이 구르고 이 과정에서 볼의 잉크가 종이에 묻으며 글씨가 써지는 것을 알려 주기 위해 '자료 2'를 활용하고 있음을 알 수 있다. 즉 볼의 잉크가 종이에 묻는 볼펜의 원리를 설명하기 위해 볼펜의 구조 중 볼이 있는 부분의 단면을 확대한 자료 2를 보여 주고 있는 것이다.

	자료	발표 내용	매체 자료를 활용한 이유
④	자료 3	볼펜의 볼을 고정하는 과정	볼펜의 볼을 정밀하게 가공하는 절차를 단계적으로 보여 주기 위해

4문단에서 자료 3을 제시하며 대롱의 끝을 오므려 볼펜의 볼이 빠지지 않도록 한다고 발표하고 있지만, 볼펜의 볼을 가공하는 과정은 언급하지 않았다.

	자료	발표 내용	매체 자료를 활용한 이유
⑤	자료 3	볼펜에 잉크를 주입하는 방법	잉크가 흘러나오는 과정을 한눈에 확인할 수 있도록 순서대로 보여 주기 위해

자료 3을 통해 볼펜이 대롱의 잉크가 볼로 흘러갈 수 있는 구조임을 알 수는 있다. 하지만 발표 내용에서 볼펜에 잉크를 주입하는 방법은 언급되어 있지 않으므로 적절하지 않다.

37 말하기 내용 추론

정답률 91% | 정답 ①

위 발표의 흐름을 고려할 때, ㉠으로 가장 적절한 것은?

✔ 만년필로 종이에 글씨를 수월하게 쓸 수 있는 것이 모세관 현상과 어떤 관련이 있나요?
3문단에서 발표자는 ㉠을 들은 뒤 만년필은 모세관 현상으로 인해 필기가 수월하게 이루어진다고 대답하고 있다. 따라서 '만년필로 종이에 글씨를 수월하게 쓸 수 있는 것이 모세관 현상과 어떤 관련이 있나요?'가 가장 적절하다.

② 만년필 외에 모세관 현상이 적용되어 손쉽게 필기할 수 있는 필기구에는 무엇이 있나요?
발표자의 대답 내용에 만년필 외의 필기구에 대한 내용이 없는 것으로 보아, 만년필 외에 모세관 현상이 적용되어 손쉽게 필기할 수 있는 필기구를 묻는 것은 적절하지 않다.

③ 만년필 펜촉의 굵기와 필기할 때 힘을 들이는 정도는 어떤 연관성이 있나요?
만년필 펜촉의 굵기와 필기할 때 힘을 들이는 정도의 연관성에 대한 내용이 발표자의 대답에서 나타나지 않기 때문에 적절하지 않다.

④ 만년필로 힘들이지 않고 글씨를 쓰려면 어떤 형태의 펜촉을 사용해야 하나요?
발표자의 대답에 만년필로 종이에 글씨를 수월하게 쓸 수 있다는 내용은 있지만 펜촉의 형태에 대한 내용은 없기 때문에 펜촉의 형태와 관련하여 질문하는 것은 적절하지 않다.

⑤ 종이의 섬유소가 가는 대롱과 같은 역할을 한다는 것이 무슨 의미인가요?
종이의 섬유소가 가는 대롱의 역할을 한다는 것은 ㉠에 대한 답변이므로 적절하지 않다.

38 말하기 과정 분석

정답률 91% | 정답 ⑤

(가)의 입론을 쟁점별로 정리한 내용으로 적절하지 않은 것은?

[쟁점 1] 인공 지능을 활용한 면접은 편리한가?
▶ 찬성 1 : 때와 장소에 얽매이지 않고 면접에 참여할 수 있는 점을 들어 입장을 분명히 밝히고 있다.
▶ 반대 1 : 기술적 결함으로 인한 문제 상황을 제시하여 지원자가 오히려 불편할 수 있음을 강조하고 있다. ······ ①

[쟁점 2] 인공 지능을 활용한 면접은 경제적인가?
▶ 찬성 1 : 면접에 소요되는 인력을 줄임으로써 경제적 효과가 큼을 비용 절감의 사례를 통해 강조하고 있다. ······ ②
▶ 반대 1 : 경제적 가치를 창출할 인재를 놓치게 되는 점을 들어 장기적으로는 경제적이지 않음을 밝히고 있다. ······ ③

[쟁점 3] 인공 지능을 활용한 면접에서의 평가는 객관적인가?
▶ 찬성 1 : 면접관의 주관에 영향을 받지 않고 일관된 평가 기준을 적용할 수 있어 객관적임을 밝히고 있다. ······ ④
▶ 반대 1 : 빅데이터에 근거하지 않고 왜곡된 정보를 바탕으로 평가하므로 객관적이지 않음을 강조하고 있다. ······ ⑤

① 반대 1 : 기술적 결함으로 인한 문제 상황을 제시하여 지원자가 오히려 불편할 수 있음을 강조하고 있다.
반대 1의 '먼저 인공 지능을 ~ 면접 기회가 상실될 수 있습니다.'를 보면, 반대 1은 '인공 지능을 활용한 면접이 편리한가?'라는 쟁점에 대해 기술적 결함이 발생할 가능성이 있고 이로 인해 지원자가 불편을 겪거나 면접 기회를 상실할 수 있다는 점을 우려하고 있음을 알 수 있다.

② 찬성 1 : 면접에 소요되는 인력을 줄임으로써 경제적 효과가 큼을 비용 절감의 사례를 통해 강조하고 있다.
찬성 1의 '또한 회사는 면접에 ~ 비용을 절감했습니다.'를 보면, 찬성 1은 '인공 지능을 활용한 면접이 경제적인가?'라는 쟁점에 대해 면접에 소요되는 인력이 줄어들기 때문에 경제적 효과가 크다는 것을 강조하고 있음을 알 수 있다.

③ 반대 1 : 경제적 가치를 창출할 인재를 놓치게 되는 점을 들어 장기적으로는 경제적이지 않음을 밝히고 있다.
반대 1의 '또한 인공 지능을 활용한 면접은 ~ 결국 경제적이지 않습니다.'를 보면, 반대 1은 인공 지능을 활용한 면접을 장기적인 관점에서 본다면 오히려 미래의 경제적 가치를 창출할 인재를 놓치게 될 수도 있기 때문에 궁극적으로는 경제적이지 않다고 밝히고 있음을 알 수 있다.

④ 찬성 1 : 면접관의 주관에 영향을 받지 않고 일관된 평가 기준을 적용할 수 있어 객관적임을 밝히고 있다.
찬성 1의 '그리고 기존 방식의 면접에서는 ~ 평가 기준을 적용할 수 있습니다.'를 보면, 찬성 1은 '인공 지능을 활용한 면접에서의 평가가 객관적인가?'라는 쟁점에 대해 면접관의 주관이 개입될 확률이 적기 때문에 면접에서 일관된 평가 기준을 적용할 수 있어서 객관적이라 밝히고 있음을 알 수 있다.

✔ 반대 1 : 빅데이터에 근거하지 않고 왜곡된 정보를 바탕으로 평가하므로 객관적이지 않음을 강조하고 있다.
반대 1의 입론을 보면, '인공 지능의 빅데이터는 왜곡될 가능성이 있습니다. 빅데이터는 사회에서 형성된 정보가 축적된 결과물로서 특정 대상과 사안에 치우친 것일 수 있습니다.'라고 발언하고 있다. 이 발언은 정보가 빅데이터를 근거로 할 때에 왜곡될 수 있다는 점을 강조하고 있는 것으로, 인공 지능을 활용한 면접에서의 평가 바탕이 되는 정보가 빅데이터에 근거하지 않았다는 점을 지적한 것은 아니다.

39 말하기 목적 추론

정답률 93% | 정답 ②

[A], [B]에 대한 설명으로 가장 적절한 것은?

① [A]의 반대 2는 상대측이 제시한 근거의 적절성에 의문을 제기하며 적합한 사례를 요구하고 있다.
[A]에서 반대 2는 찬성 측이 활용한 '면접관의 주관이 개입될 여지가 있다'는 근거의 적절성에 의문을 제기하고 있지만, 상대측이 제시한 근거에 대해 적합한 사례를 요구하지는 않고 있다.

✔ [A]의 찬성 1은 상대측의 이의 제기에 대해 반박하며 자료를 통해 자신의 주장이 타당함을 강조하고 있다.
[A]에서 찬성 1은 반대 2의 이의 제기에 대해 면접관의 생각이나 견해로는 지원자의 잠재력을 판단할 수 없고 오히려 오랜 기간 정보가 축적된 데이터가 지원자의 잠재력을 판단하는 데 적합하다고 반박하고 있다. 또한 설문 조사 결과를 근거로 활용하여 자신의 주장이 타당하다는 것을 강조하고 있다.

③ [B]의 찬성 1은 상대측의 진술 내용에 이의를 제기하며 사실 관계를 확인할 수 있는 자료를 추가로 요청하고 있다.
[B]에서 찬성 1은 △△회사가 인공 지능을 활용한 면접을 폐지했다는 상대측의 진술 내용에 대해 수용하고 있다.

④ [B]의 반대 1은 상대측이 제시한 근거 자료의 출처를 확인하고 새로운 정보를 통해 향후 전망을 제시하고 있다.
[B]에서 반대 1은 인공 지능을 활용한 면접의 한계가 드러난다면 이를 폐지하는 기업이 늘어날 것이라고 향후 전망을 제시하고는 있지만, 인공 지능을 면접에 활용하는 것이 확대되고 있는 추세라는 찬성 1의 근거 자료의 출처를 확인하지는 않고 있다.

⑤ [A]의 찬성 1과 [B]의 반대 1은 모두 상대측이 언급한 의견에 이의를 제기하고 실현 가능한 방안을 추가하고 있다.

[문제편 p.157]

[A]의 찬성 1은 상대측의 의견에 이의를 제기하고 있지만 실현 가능한 방안을 추가하지는 않고 있다. 그리고 [B]의 반대 1은 인공 지능 면접의 확대 추세에 대한 찬성 1의 자료를 인정하고 있지만, 인공 지능 면접을 폐지하는 기업이 늘어날 것이라는 부정적 전망을 제시할 뿐 실현 가능한 방안을 추가하지는 않고 있다.

40 글쓰기 전략 파악

정답률 89% | 정답 ②

다음은 (가)에 청중으로 참여한 학생이 (나)를 쓰기 위해 작성한 과제 학습장의 일부이다. (나)에 반영되지 않은 것은?

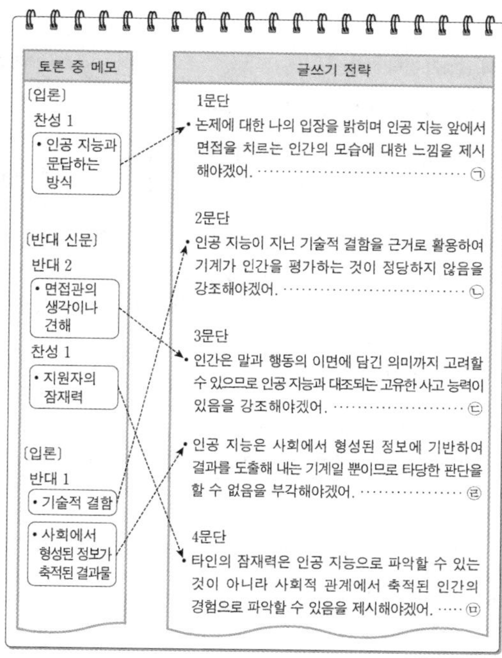

① **㉠ 논제에 대한 나의 입장을 밝히며 인공 지능 앞에서 면접을 치르는 인간의 모습에 대한 느낌을 제시해야겠어.**
(나)의 1문단 첫째 문장에서 인공 지능의 면접 활용에 반대하는 입장을 드러내고 있고, 둘째 문장을 통해 인공 지능 앞에서 면접을 치르는 인간의 모습에 대해 '안타깝다'라는 느낌을 제시하고 있다.

✔ **㉡ 인공 지능이 지닌 기술적 결함을 근거로 활용하여 기계가 인간을 평가하는 것이 정당하지 않음을 강조해야겠어.**
과제 학습장 글쓰기 전략 2문단을 보면, 학생은 반대 1의 입론을 바탕으로 '인공 지능이 지닌 기술적 결함을 근거로 활용하여 기계가 인간을 평가하는 것이 정당하지 않음을 강조'한다는 전략이 수립되어 있음을 알 수 있다. 하지만 (나)의 2문단에서 이러한 내용을 찾아볼 수 없다.

③ **㉢ 인간은 말과 행동의 이면에 담긴 의미까지 고려할 수 있으므로 인공 지능과 대조되는 고유한 사고 능력이 있음을 강조해야겠어.**
(나)의 3문단 둘째 문장에서 말과 행동 이면의 의미까지 고려하는 인간의 고유한 사고 능력에 대해 진술하고 있다.

④ **㉣ 인공 지능은 사회에서 형성된 정보에 기반하여 결과를 도출해 내는 기계일 뿐이므로 타당한 판단을 할 수 없음을 부각해야겠어.**
(나)의 3문단 셋째 문장에서 '인공 지능은 빅데이터라는 정보에 기반하여 결과를 도출해 내는 기계'일 뿐, '타당한 판단을 할 수 없다'라고 진술하고 있다.

⑤ **㉤ 타인의 잠재력은 인공 지능으로 파악할 수 있는 것이 아니라 사회적 관계에서 축적된 인간의 경험으로 파악할 수 있음을 제시해야겠어.**
(나)의 4문단에 사회적 관계를 통한 경험의 축적이 바탕이 되어야 타인의 잠재력을 발견할 수 있다는 내용이 제시되고 있다. 이는 인공 지능 면접이 지원자의 잠재력을 판단하는 데에 더 적합하다는 찬성 측의 입장에 반박하는 글쓰기 전략을 바탕으로 한 것이다.

41 조건에 따른 새로운 내용의 생성

정답률 93% | 정답 ④

〈보기〉를 바탕으로 (나)의 끝 부분에 새로운 문단을 이어 쓴다고 할 때, 그 내용으로 가장 적절한 것은?

〈보 기〉

ㅇ **친구의 조언** : 1문단에서 제기한 첫째 물음에 대해 너의 입장을 드러내야 할 것 같아. 둘째 물음에 대해서는 2문단에 썼던 두 단어를 활용하여 인간과 인공 지능의 관계를 드러내는 게 좋겠어.

① **인공 지능은 인간의 고유한 영역을 대신할 수 없다. 인공 지능과 인간의 의사소통을 통한 사회적 관계 형성은 불가능하다.**
'인공 지능은 인간의 고유한 영역을 대신할 수 없다.'는 첫째 물음에 대한 답으로 볼 수 있지만 2문단에 썼던 두 단어를 활용하여 인간과 인공 지능의 관계를 드러낸 부분은 확인할 수 없다.

② **인공 지능은 인간을 대신하기보다는 보조하는 도구이어야 한다. 그러므로 인간은 인공 지능과 공존할 수 있는 길을 모색해야 한다.**
'인공 지능은 인간을 대신하기보다는 보조하는 도구이어야 한다.'를 첫째 물음에 대한 답으로 볼 수 있지만 두 번째 문장에서 인간과 인공 지능의 관계를 드러내기 위해 사용된 단어는 '공존'인데, 이 단어는 2문단에 사용된 단어가 아니다.

③ **인공 지능은 인간보다 우위에 있을 수 없다. 그러나 인공 지능이 지속적으로 발전하고 있으므로 인간이 객체가 되는 날이 머지않았다.**
2문단에 사용된 두 단어를 활용하여 인간과 인공 지능의 관계를 드러낸 부분은 확인할 수 없다.

✔ **인공 지능은 인간을 대체할 수 없다. 인간의 삶을 결정하는 주체는 인간이고 인공 지능은 인간이 이용하는 객체일 뿐임을 명심해야 한다.**
〈보기〉의 조건에 부합하는 것은 ④이다. 첫째 물음에 대해 '인공 지능은 인간을 대체할 수 없다.'라고 입장을 밝히고 있고, 둘째 물음에 대한 답으로 2문단에 사용된 '주체', '객체'를 사용하여 '인간의 삶을 결정하는 주체는 인간이고 인공 지능은 인간이 이용하는 객체일 뿐'이라고 그 관계를 밝히고 있다.

⑤ **객체인 인공 지능을 이용하는 인간의 태도가 무엇보다 중요하다. 인간은 인공 지능과의 소통을 통해 자신의 삶을 주체적으로 이끌어 가야 한다.**
'객체인 인공 지능을 이용하는 인간의 태도가 무엇보다 중요하다.'는 첫째 물음에 대한 답으로 볼 수 없으며 '인간이 자신의 삶을 주체적으로 이끌어 가야 한다.'라는 문장은 2문단에 사용된 두 단어를 활용하여 인간과 인공 지능의 관계를 드러낸 것으로 볼 수 없다.

42 토론에서의 사회자 역할 파악

정답 ③

〈보기〉는 토론에서 사회자의 역할과 관련된 글이다. ⓐ ~ ⓓ 중 (가)를 통해 확인할 수 있는 것끼리 짝지은 것은?

〈보 기〉

토론에서 사회자는 객관적인 입장에서 토론이 원만하게 이루어지도록 공정하게 토론을 진행할 수 있어야 한다. 먼저 사회자는 ⓐ 토론이 열리게 된 배경과 이를 바탕으로 ⓑ 토론 주제를 제시해 주어야 한다. 또한 토론 참석자들이 공정하게 발언권을 행사할 수 있도록 ⓒ 토론 순서를 알려 주어야 한다. 그리고 사회자는 토론자들이 토론 규칙을 지킬 수 있도록 해야 하고, ⓓ 토론의 쟁점을 정리하여 토론자들에게 숙지시킬 수 있어야 한다. 마지막으로 사회자는 토론자의 발언이 모호하거나 장황할 경우 질문과 요약을 통해 토론 진행을 도울 수 있어야 한다.

① ⓐ, ⓑ ② ⓐ, ⓓ ✔ ⓑ, ⓒ ④ ⓑ, ⓓ ⑤ ⓒ, ⓓ

ⓐ **토론이 열리게 된 배경**

ⓑ **토론 주제를 제시**
사회자의 첫 번째 발언인 '이번 시간에는 '인공 지능을 면접에 활용하는 것이 바람직하다.'라는 논제로 토론을 진행하겠습니다.'를 통해, 토론의 주제를 확인할 수 있다.

ⓒ **토론 순서를 알려 주어**
'찬성 측이 먼저 입론을 ~ 신문해 주십시오.'나 '이번에는 반대 측에서 ~ 반대 신문해 주십시오.'를 통해 토론 진행자들에게 토론 순서를 알려 주고 있음을 알 수 있다.

ⓓ **토론의 쟁점을 정리하여 토론자들에게 숙지시킬 수 있어야**

43 글쓰기 계획의 파악

정답률 96% | 정답 ③

㉠, ㉡을 바탕으로 세운 글쓰기 계획 중 (나)에 활용되지 않은 것은?

① **㉠을 고려하여, 우리 지역 학생들의 지역 방언 사용 실태를 보여 주는 조사 결과를 제시한다.**
1문단의 '초등학생의 80% 이상, 중학생의 60% 이상이 '전혀 사용하지 않는다.'라고 답했다.'에서 지역 방언 사용 실태 조사 결과를 인용하고 있음을 알 수 있다.

② **㉠을 고려하여, 소멸 위기 언어로 등록될 정도로 심각한 위기에 처한 지역 방언이 있다는 내용을 제시한다.**
1문단의 '2010년에 유네스코에서는 제주 방언을 소멸 직전의 단계인 4단계 소멸 위기 언어로 등록하였다.'에서 확인할 수 있다.

✔ **㉠을 고려하여, 문제의식을 환기하기 위해 지역 방언으로 인해 의사소통에 어려움을 겪었던 경험을 제시한다.**
㉠은 지역 방언이 사라져 가는 실태를 잘 모르는 독자인 우리 학교 학생들의 상황을 분석한 것이다. 그런데 '지역 방언으로 인해 의사소통에 어려움을 겪었던 경험'은 ㉠과 직접적인 관련이 없고, (나)에 '지역 방언으로 인해 의사소통에 어려움을 겪었던 경험'이 제시되지도 않았다.

④ **㉡을 고려하여, 예상되는 반론을 제시하며 지역 방언의 보호에 관심을 가져야 하는 이유를 강조한다.**
㉡은 지역 방언의 가치에 대해 독자인 우리 학교 학생들의 인식이 부족함을 분석한 것에 해당한다. 3문단의 첫 문장에서 이에 대해 예상되는 반론을 제시하고 있고, 이어서 지역 방언의 보호에 관심을 가져야 하는 이유를 제시하고 있다.

⑤ **㉡을 고려하여, 지역 방언의 예를 활용하며 지역 방언의 가치를 설명한다.**
4문단에서 '올갱이, 데사리, 민물고동' 등의 지역 방언의 예를 활용하여 지역 방언의 가치, 즉 우리말의 어휘를 풍부하게 만드는 바탕이 됨을 제시하고 있다.

44 글을 보완하기 위한 자료 활용 방안

정답률 88% | 정답 ④

다음은 [A]를 보완하기 위해 추가로 수집한 자료이다. 자료 활용 방안으로 가장 적절한 것은? [3점]

[자료 1] 언어 의식 조사

표준어 사용자가 지역 방언 사용자와 대화할 때 받는 느낌

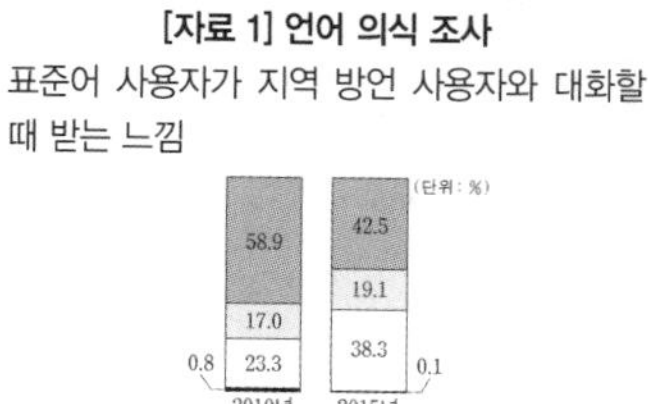

[자료 2] 전문가 인터뷰

"방언 사용 지역에서는 관공서와 학교 등에서나 표준어가 높은 비율로 사용되는 것이 일반적이었어요. 그런데 최근 조사 자료에 따르면, 일상생활에서도 표준어가 상당히 높은 비율로 사용되고 있습니다. 아무래도 표준어가 세련된 느낌을 준다고 생각하기 때문이겠지요."

① **[자료 1] : 지역 방언에 대한 긍정적 느낌의 비율과 부정적 느낌의 비율 변화 양상이 상반된다는 점에서, 지역 방언에 대한 무관심을 원인으로 추가해야겠군.**
지역 방언에 대한 표준어 사용자의 언어 의식 조사인 [자료 1]을 보면, 2010년과 비교해서 2015년에는 지역 방언에 대한 긍정적 느낌의 비중은 감소한 반면, 부정적 느낌의 비중은 증가하였음을 확인할 수 있다. 하지만 이러한 변화만을 가지고 '지역 방언에 대한 무관심'을 지역 방언이 사라져 가는 원인으로 추가하기에는 적절하지 않다.

② **[자료 1] : 지역 방언 사용자와 대화할 때 받는 느낌의 순위가 변함이 없다는 점에서, 시대의 변화상을 반영하지 못한 지역 방언 교육 정책을 원인으로 추가해야겠군.**
[자료 1]에서 표준어 사용자가 지역 방언 사용자와 대화할 때 받는 느낌의 순위에는 변화가 없고 그 비율만 변화하고 있음을 확인할 수 있다. 이러한 자료 내용과 지역 방언 교육 정책과의 관련성은 알 수 없으므로 적절하지 않다.

③ **[자료 2] : 표준어와 지역 방언을 구분하여 사용해야 한다는 인식이 부족하다는 점에서, 공식적 상황에서의 표준어 사용 교육이 부재한 것을 원인으로 추가해야겠군.**
[자료 2]에서 표준어와 지역 방언을 구분하여 사용해야 한다는 인식은 확인할 수 없다. 그리고 [자료 2]에

[문제편 p.159]

서는 비공식적 상황에서도 표준어가 많이 사용되고 있음을 언급하고 있으므로 '공식적 상황에서의 표준어 사용 교육 부재'라는 내용은 지역 방언이 사라져 가는 원인과 관련된다고 볼 수 없다.

✔ [자료 2] : 공식적 상황에서 사용하는 표준어를 일상에서도 사용하려는 경향이 있다는 점에서, 방언을 사용해도 되는 상황에서도 표준어를 쓰려는 태도를 원인으로 추가해야겠군.
[A]에서는 지역 방언이 사라지는 원인을 제시하고 있다. 따라서 전문가 인터뷰인 [자료 2]를 활용하여 방언 사용 지역에서 표준어 사용 상황이 확대되는 경향을 원인으로 추가할 수 있다.

⑤ [자료 1]과 [자료 2] : 지역 방언에 대한 표준어 사용자와 지역 방언 사용자의 인식이 서로 다르다는 점에서, 대중 매체의 지역 방언에 대한 편향성을 원인으로 추가해야겠군.
[자료 1], [자료 2]에서 지역 방언에 대한 표준어 사용자와 지역 방언 사용자의 인식 차이를 확인하기는 어렵다. 또한 이를 근거로 대중 매체의 지역 방언에 대한 편향성을 지역 방언이 사라져 가는 원인으로 추가하는 것도 적절하지 않다.

45 고쳐 쓰기의 이유 추론

정답률 86% | 정답 ①

다음은 학생이 [B]를 고쳐 쓰는 과정의 일부이다. ⓐ, ⓑ에 해당하는 내용을 바르게 짝지은 것은?

점검	[B]에는 (ⓐ)해야겠다.
고친 글	지역 방언은 지역의 고유한 문화와 정서를 담고 있다는 점에서 우리의 소중한 언어 문화 자산이다. 우리의 언어문화를 전 세계에 알릴 수 있기 때문에 지역 방언의 세계 문화유산 지정이 시급하다. 사라져가는 지역 방언의 보호에 관심을 기울이자.
재점검	고친 글을 읽어 보았는데 (ⓑ)해야겠다.
다시 고친 글	지역 방언은 지역의 고유한 문화와 정서를 담고 있다는 점에서 우리의 소중한 언어 문화 자산이다. 사라져 가는 지역 방언의 보호에 관심을 기울이자.

✔ ⓐ : 문장의 내용을 뒷받침하는 근거가 없으니 이를 추가
ⓑ : 글의 흐름에서 벗어나는 문장이 있으니 이를 삭제
[고친 글]과 [B]를 비교해 보면, [고친 글]에서는 [B]와 달리 '지역의 고유한 문화와 정서를 담고 있다는 점에서', '우리의 언어문화를 전 세계에 알릴 수 있기 때문에' 등의 근거를 추가하고 있다. 그리고 [다시 고친 글]을 [고친 글]과 비교해 보면, 두 번째 문장인 '우리의 언어문화를 전 세계에 알릴 수 있기 때문에 지역 방언의 세계문화유산 지정이 시급하다.'가 삭제되어 있다. 이는 '지역 방언의 세계문화유산 지정 필요성'이라는 내용이 통일성을 해치고 있기 때문이라 추정할 수 있다.

② ⓐ : 문단이 완결되지 않았으니 마무리하는 문장을 추가
ⓑ : 글의 통일성을 해치는 문장이 있으니 이를 삭제
추가한 부분은 주장을 뒷받침하는 근거에 해당하는 것이다.

③ ⓐ : 문장 간 연결이 긴밀하지 않으니 연결 표현을 추가
ⓑ : 의미가 중복되는 문장이 있으니 이를 삭제
추가한 부분을 연결 표현으로 보기 어렵고, 삭제한 문장이 의미가 중복되는 문장이었기 때문이라고도 보기 어렵다.

④ ⓐ : 글의 목적에 부합하는 정보가 부족하니 이를 추가
ⓑ : 글의 맥락에 부적합한 담화 표지가 있으니 이를 삭제
학생 글의 목적이 지역 방언에 대한 보호를 촉구하는 것이므로 주장만 제시된 [B]에 근거를 추가한 것을 부족한 정보를 추가한 것으로 볼 수도 있다. 하지만 재점검 과정에서 담화 표지가 아니라 문장 하나를 삭제하고 있으므로 적절하지 않다.

⑤ ⓐ : 주요 개념의 설명이 부족하니 부연 설명을 추가
ⓑ : 앞 문단에서 다룬 중복된 내용이 있으니 이를 삭제
추가한 부분을 주요 개념 설명을 위한 부연 설명으로 보기 어렵고, 세계문화유산 지정 필요성이 앞 문단에 다루어지지 않고 있으므로 중복된 내용을 삭제하였다는 것도 적절하지 않다.

20회 | 수능 실전 모의고사 고3

• 정답 •
35 ① 36 ③ 37 ③ 38 ④ 39 ④ 40 ⑤ 41 ③ 42 ② 43 ② 44 ② 45 ②

35 진행자의 말하기 방식 파악

정답률 95% | 정답 ①

위 방송 진행자의 말하기 방식에 대한 설명으로 가장 적절한 것은?

✔ 사연 내용을 정리하고 사연 신청자의 마음에 공감하고 있다.
2문단의 '□□님은 스스로를 못났다고 생각하는 친구를 돕고 싶은데 방법을 모르신다는 거네요.'에서 진행자가 읽은 사연의 내용을 정리하고 있음을 알 수 있다. 그리고 '친구를 생각하는 마음이 참 따뜻하게 느껴져요. 저도 □□님처럼 안타깝네요.'에서 사연 신청자의 마음에 공감하고 있음을 알 수 있다.

② 사연 신청자의 궁금증을 해소하고 다음 방송을 예고하고 있다.
진행자는 '장점 말해주기'와 '감정 헤아려 주기' 방법을 들어 사연 신청자의 궁금증을 해소해 주고 있다. 하지만 다음 방송을 예고하지는 않고 있다.

③ 사연 내용을 선정하게 된 동기를 밝히고 청취자의 참여를 독려하고 있다.
진행자에게 하고 싶은 말이나 청취 소감을 게시판에 올려 달라는 내용에서 청취자의 참여를 독려하고 있음을 알 수 있지만, 사연 내용을 선정하게 된 동기는 언급하지 않고 있다.

④ 사연과 관련된 자신의 과거 경력을 소개하고 전문성을 부각하고 있다.
진행자가 자신을 심리 상담가라 하고 있으므로 자신의 전문성을 부각한다고 할 수 있다. 하지만 청취자가 보낸 심리 사연과 관련하여 자신의 과거 경력을 소개하지는 않고 있다.

⑤ 사연에 대한 상담 중에 질문을 던지고 사연 속 상황을 다양한 관점에서 생각해 보도록 유도하고 있다.
'오늘 방송 잘 들으셨나요?'는 방송에 대해 어떻게 생각하는지를 묻는 질문이지, 진행자가 사연에 대한 상담 중에 던진 질문에 해당하지 않는다.

36 방송 진행 계획의 반영 여부 판단

정답률 95% | 정답 ③

다음은 위 방송을 진행하기 위해 진행자가 세운 계획이다. 방송에 반영되지 않은 것은?

[오프닝] 방송의 취지를 드러내기 위해 '달빛' 이야기로 시작
[사연 소개 및 고민 진단]
ㅇ 사연 신청자가 보낸 사연 소개
ㅇ 내용의 이해를 돕기 위해 자존감이라는 용어의 의미 제시 …… ㉠
ㅇ 자존감이 낮은 원인 중 일반적으로 알려진 원인을 제시하고 사연의 문제 상황에 적용 …… ㉡
ㅇ 사연의 문제 상황을 설명하기 위해 유사한 문제 상황 제시 …… ㉢
[방법 제시]
ㅇ '장점 말해 주기' 방법을 안내하고 효과 제시 …… ㉣
ㅇ '감정 헤아려 주기' 방법을 예를 들어 소개하고 효과 제시 …… ㉤
[클로징] 청취자 게시판에 관한 안내 및 인사말로 마무리

① ㉠ 내용의 이해를 돕기 위해 자존감이라는 용어의 의미 제시
② ㉡ 자존감이 낮은 원인 중 일반적으로 알려진 원인을 제시하고 사연의 문제 상황에 적용

✔ ㉢ 사연의 문제 상황을 설명하기 위해 유사한 문제 상황 제시
3문단에서 방송 진행자는 사연의 문제 상황, 즉 사연 속 친구가 다른 사람과 비교해서 열등감을 느끼고, 사소한 실수에도 자신을 탓하며 스트레스를 받아서 자존감이 낮아진 것으로 보인다고 설명하고 있다. 이러한 설명을 위해 방송 진행자는 자존감의 개념 정의와 자존감이 낮아진 원인에 대해 제시하고 있다. 하지만 사연과 유사한 문제 상황을 제시하지는 않고 있다.

④ ㉣ '장점 말해 주기' 방법을 안내하고 효과 제시
⑤ ㉤ '감정 헤아려 주기' 방법을 예를 들어 소개하고 효과 제시

37 청취자들의 반응의 적절성 판단

정답률 86% | 정답 ③

다음은 위 방송을 들은 청취자들이 게시판에 올린 댓글이다. 방송 내용을 고려하여 청취자들의 반응을 분석한 것으로 적절하지 않은 것은? [3점]

'나에게 말해 줘' 게시판

○월 ○일 방송에 대해 자유롭게 의견을 남겨 주세요.

└ 청취자 1: 저도 자존감이 낮은 거 같아서 좋은 방법이 나오기를 기다리며 들었는데, 스스로 자존감을 높이는 방법은 안 나오네요.

└ 청취자 2: 자존감을 높여 주려면 자기만 부족하다는 생각에서 벗어나게 해 주라는 거네요. 그렇다면 가능한 목표를 세워서 도달하게 하는 방법도 성취감을 느낄 수 있게 해 주어 자존감을 높이는 데 도움이 되겠군요.

└ 청취자 3: 딸아이의 자존감이 향상되도록 앞으로는 제 아이에게 긍정적인 면들을 말해 줘야겠어요.

└ 청취자 4: 도와주고 싶은 대상의 연령대가 사연 속 친구와 다를 때에도 방송에서 알려 준 방법대로 해도 되는 건가요?

└ 청취자 5: 감정을 헤아려 주는 건 좋은 방법이네요. 제가 직설적으로 말하는 버릇이 있어서 친구들이 속상했을 텐데 활용해 볼게요.

① '청취자 1'은 자신이 방송을 들은 목적과 관련해 방송 내용이 충분하지 않다고 판단하고 있군.
'청취자 1'은 자신도 자존감이 낮은 것 같아서 좋은 방법이 나오기를 기다렸지만, 스스로 자존감을 높이는 방법은 나오지 않았다고 하면서 실망감을 드러내고 있다.

[문제편 p.160]

② '청취자 2'는 방송 내용을 이해한 바를 확인하고 방송에서 안내되지 않았던 방법의 효과를 예측하고 있군.
'청취자 2'의 '자존감을 높여 ~ 해 주라는 거네요.'에서 방송 내용을 이해한 바를 확인하고 있음을 알 수 있고, '그렇다면 가능한 목표를 세워서 ~ 높이는 데 도움이 되겠군요.'에서 방송에서 안내되지 않았던 방법의 효과를 예측하고 있음을 알 수 있다.

✔ '청취자 3'은 방송에서 언급한 방법을 다른 사람들에게 권유하고 적용할 것을 다짐하고 있군.
'청취자 3'은 딸아이의 자존감이 향상되도록 방송에서 언급한 방법인 '장점 말해 주기'를 해보겠다고 말하고 있으므로, 방송 방법을 적용할 것을 다짐한다고 할 수 있지만 방송에서 언급한 방법을 다른 사람에게 권유한다고는 하지 않았으므로 적절하지 않다.

④ '청취자 4'는 방송에서 제시한 방법을 다른 경우에도 적용할 수 있는지 궁금해하고 있군.
'청취자 4'는 도와주고 싶은 대상의 연령대가 사연 속 친구와 다를 때도 제시한 방법을 적용할 수 있는지 궁금해하고 있다.

⑤ '청취자 5'는 방송에서 언급한 방법을 긍정적으로 평가하고 자신의 언어 습관을 반성하고 있군.
'청취자 5'는 '감정을 헤아려 주는 건 좋은 방법이네요.'라며 방송에서 언급한 방법을 긍정적으로 평가하고, '제가 직설적으로 말하는 ~ 활용해 볼게요.'라며 자신의 언어 습관을 반성하고 있다.

38 고쳐쓰기 계획의 적절성 평가

정답률 87% | 정답 ④

'학생 3'이 (나)를 참고하여 (가)를 고쳐 쓰기 위해 세운 계획으로 적절하지 않은 것은?

○ 표제 수정하기
→ '작은 물방울들 하나 되어 희망 만든 사제동행 마라톤'으로 수정해야겠군. ……………… ㉮

○ 전문 수정하기
→ '지난 10월 4일 △△공원 일대에서 우리 학교 선생님들과 학생들은 K 군을 돕기 위해 응원 메시지를 달고 사제동행 마라톤 행사를 함께했다.'로 고쳐야겠군. ……………………… ㉯

○ 본문 수정하기
→ 첫째 문단 마지막 문장을 '또한 행사 참가자들 중 선생님은 1만 원씩, 학생은 5천 원씩의 성금을 내고 학교 인근 △△공원 일대 4km 구간을 완주했다.'로 수정해야겠군. ……… ㉰
→ 둘째 문단 첫 문장을 '이날 행사에 참가한 학생들은 평소 마라톤을 즐겼던 K 군을 생각하며 응원 메시지를 직접 써서 가슴에 달고 뛰었다.'로 고쳐야겠군. ……………………………… ㉱
→ 둘째 문단에서 '이날 많은 시민들이 △△공원을 찾았다.'를 삭제해야겠군. ……………… ㉲

① ㉮ → '작은 물방울들 하나 되어 희망 만든 사제동행 마라톤'으로 수정해야겠군.
(나)의 [A] 부분에서, '학생 3'은 '중심 소재를 담고 화합이라는 행사의 의미를 드러낼 수 있도록 비유적 표현을 활용해서 표제를 다시 작성하는 게 좋을 것 같'다고 하였으므로, ㉮는 이러한 고쳐쓰기 방안을 반영한 것이다.

② ㉯ → '지난 10월 4일 △△공원 일대에서 우리 학교 선생님들과 학생들은 K 군을 돕기 위해 응원 메시지를 달고 사제동행 마라톤 행사를 함께했다.'로 고쳐야겠군.
(나)의 [A] 부분에서, '학생 1'은 '육하원칙 중 빠진 내용을 추가해야 한다'라 하고 있고, ㉯는 '△△공원 일대에서'라는 육하원칙에 해당하는 '어디서'를 추가하고 있으므로 고쳐쓰기 방안을 반영한 것이다.

③ ㉰ → 첫째 문단 마지막 문장을 '또한 행사 참가자들 중 선생님은 1만 원씩, 학생은 5천 원씩의 성금을 내고 학교 인근 △△공원 일대 4km 구간을 완주했다.'로 수정해야겠군.
(나)의 마지막 부분에서 '학생 2'는 '성금을 5천 원씩 낸 건 학생이었고, 선생님은 만 원씩 내셨'다고 하면서 사실에 맞게 본문을 수정해 달라 하고 있다. 그리고 ㉰는 이러한 내용을 반영하여 수정하고 있으므로 고쳐쓰기 방안을 반영한 것이다.

✔ ㉱ → 둘째 문단 첫 문장을 '이날 행사에 참가한 학생들은 평소 마라톤을 즐겼던 K 군을 생각하며 응원 메시지를 직접 써서 가슴에 달고 뛰었다.'로 고쳐야겠군.
(나)의 [B] 부분에서, '학생 2'는 '선생님들도 응원 메시지를 직접 써서 가슴에 달고 뛰셨는데 본문에 그 내용을 빠뜨린 것 같아. 수정이 필요해.'라고 말하고 있다. 그러면서 '실제 사실에 대한 부분은 정확히 다뤄야' 한다고 말하고 있다. 이러한 내용을 볼 때, ㉱는 선생님들이 응원 메시지를 직접 써서 가슴에 달고 뛰었다는 내용이 반영되어 있지 않으므로 고쳐쓰기 위한 계획으로 적절하지 않다.

⑤ ㉲ → 둘째 문단에서 '이날 많은 시민들이 △△공원을 찾았다.'를 삭제해야겠군.
(나)에서 '학생 1'은 본문에 불필요하게 중복된 내용의 문장이 있다면서, 그것을 삭제하면 분량이 줄어들 것 같다고 하고 있다. 그리고 ㉲를 보면 (가)의 [본문]의 둘째 문단에서 중복된 내용을 삭제하고 있으므로 고쳐쓰기 방안을 반영한 것이다.

39 조건에 따른 추가할 내용의 작성

정답률 79% | 정답 ④

(나)를 바탕으로 할 때, (가)의 마지막 부분에 추가로 작성할 내용으로 가장 적절한 것은?

① 학생회장은 "행사 홍보가 힘들었지만 즐거운 경험이었다."라고 밝혔다. 선생님과 학생 누구도 중도에 포기하지 않고 함께 달린 의미 있는 행사였다.

② 학생회장은 "준비 기간이 짧아서 부족한 점이 있었지만 무사히 마무리되어 기뻤다."라고 밝혔다. 행사에서 모인 성금은 다음 날 학생회장이 대표로 K 군 가족에게 전달했다.

③ 학생회장이 계획하고 준비한 이번 행사는 선생님과 학생들이 한마음으로 참여한 인상적인 행사였다. 행사 이후 K 군 가족은 성금을 전달받고, 학교에 감사의 뜻을 전했다.

✔ 학생회장은 "장소 섭외가 힘들었지만 뜻 깊은 경험이었다."라고 밝혔다. 선생님과 학생들이 한마음이 되어 성공적으로 행사를 마쳤고, 모금된 성금은 K 군 가족에게 전달됐다.
(나)를 보면 (가)의 마지막 부분에 들어가야 할 내용은 '화합을 드러내는 내용', '학생회장이 행사를 주최하면서 어려웠던 점에 대한 인터뷰', '행사 이후 결과에 대한 내용'임을 알 수 있다. '학생회장은 "장소 섭외가 힘들었지만 뜻 깊은 경험이었다."라고 밝혔다.'에서 학생회장이 행사를 주최하면서 어려웠던 점에 대한 인터뷰를 제시하였고, '선생님과 학생들이 한마음이 되어'에서 화합을 드러내는 내용을 확인할 수 있다. 그리고 '모금된 성금은 K군 가족에게 전달됐다.'에서 행사 이후 결과에 대한 내용을 확인할 수 있다.

⑤ 학생회장은 "어려운 친구를 생각하며 기쁘게 완주했다."라고 밝혔다. 선생님과 학생들이 함께 달리며 뜻을 모을 수 있었던 행사였으며, 학생회에서 성금을 K 군 가족에게 전달했다.

40 발언 내용의 이해

정답률 90% | 정답 ⑤

대화의 흐름을 고려할 때, ㉠~㉤에 대한 이해로 적절하지 않은 것은?

① ㉠ : 상대의 제안 중에서 추가적인 정보가 필요한 부분에 대한 설명을 상대에게 요청하는 발화이다.
'학생 3'의 '표제는 어떤 문제가 있는지 좀 더 말해 줄래?'는 '학생 1'의 제안 '표제'에 대하여 추가적인 정보를 요청하는 발화이다.

② ㉡ : 상대의 제안은 기사문에서 강조하려는 바와 달라지게 한다고 판단하여 반대 의사를 상대에게 전달하는 발화이다.
'학생 2'의 표제에 '참가 인원수를 적자.'는 의견에 대해 '학생 1'은 기사문의 의도가 살지 않으므로 그렇게 하면 안 될 것 같다고 말하고 있다. 이는 상대의 제안이 기사문에서 강조하려는 바와 달라지게 한다고 판단하여 반대 의사를 전달하는 발화이다.

③ ㉢ : 화합의 모습을 표현하려는 의도가 본문에 나타나는지에 대한 상대의 생각을 확인하는 발화이다.
'학생 3'이 말한 '선생님과 학생이 한마음으로 행사에 참여한 모습'은 대화 내용을 볼 때, '화합의 모습'을 드러낸 것이다. 그리고 '드러나게 쓰려 했는데, 어때?'는 자신의 의도가 본문에 나타나는지에 대해 '학생 1'과 '학생 2'의 생각을 묻는 것이다. 이는 화합의 모습을 표현하려는 의도가 본문에 나타나는지에 대한 상대의 생각을 확인하는 발화이다.

④ ㉣ : 본문의 마지막 부분의 작성에 대해 논의했던 사항이 무엇인지를 상대에게 환기하는 발화이다.
'학생 1'이 '본문의 마지막 부분에 화합을 드러내는 내용을 담기로 하지 않았어?'라고 말하자, '학생 3'은 '아, 맞다. 지난 회의에서 그러자고 했는데 잊었네.'라고 말하고 있다. 본문의 마지막 부분의 작성에 대해 논의했던 사항이 무엇인지를 상대에게 환기시켜 주는 발화이다.

✔ ㉤ : 글의 분량을 언급한 상대의 의견에 대해 지면의 크기를 이유로 들어 상반된 의견을 드러내는 발화이다.
'학생 2'는 글의 분량도 잘 생각해야 할 것 같다는 '학생 1'의 말에, 지면이 한정되어 있으니까 추가로 작성할 내용은 많지 않아야 된다고 말하고 있다. 이러한 '학생 2'의 말은 글의 분량을 잘 생각해야 할 것 같다는 '학생 1'의 의견에 동조하는 것이다.

41 담화 과정의 이해

정답률 68% | 정답 ③

[A], [B]의 담화에 대한 설명으로 가장 적절한 것은?

① [A]에서 '학생 3'은 '학생 1'과 '학생 2'의 의견이 대립하는 상황에서 양측에 절충안을 제시하고 있다.

② [B]에서 '학생 2'는 '학생 3'의 의견은 비판하고 있고, '학생 1'의 의견은 지지하고 있다.

✔ [A]에서 '학생 3'은 '학생 1'의 의견을, [B]에서 '학생 3'은 '학생 2'의 의견을 수용하고 있다.
[A]에서 '학생 1'은 표제는 비유적 표현을 활용하는 내용으로 수정하고 전문은 육하원칙 중 빠진 내용을 추가해야 할 것 같다고 의견을 제시하고 있다. 이에 '학생 3'은 전문에 어떤 내용을 추가해야 할지 알겠다 하고 있고, 표제도 비유적 표현을 활용해서 작성하는 것이 좋을 것 같다고 의견을 수용하고 있다.
[B]에서 '학생 2'는 본문에 내용을 빠뜨린 것 같다고 수정을 요청하고 있다. 그리고 실제 사실에 대한 부분은 정확히 다루어야 하지, 개인적인 관점에 따라 정보를 누락하면 안 된다고 말하고 있다. 이에 '학생 3'은 '그러게. 내가 잘못 생각했네. 수정해 올게.'라며 의견을 수용하고 있다.

④ [A]와 [B]에서는 모두 '학생 1'이 '학생 2'의 의견의 타당성을 인정하고 있다.

⑤ [A]와 [B]에서는 모두 '학생 2'가 '학생 1'이 제시한 의견을 점검하고 있다.

42 글에 활용된 글쓰기 전략 파악

정답률 79% | 정답 ②

㉠~㉢을 고려하여 (다)를 작성했다고 할 때, 학생의 글에 활용된 글쓰기 전략으로 적절하지 않은 것은?

① ㉠을 고려해, 로봇세의 납부 주체를 포함한 로봇세의 개념을 설명한다.
1문단의 '로봇세는 로봇을 사용해 이익을 얻는 기업이나 개인에 부과하는 세금이다.'에서 알 수 있다.

✔ ㉡을 고려해, 로봇 사용으로 얻을 수 있는 편안한 삶에 로봇세 도입이 미치는 영향을 드러낸다.
마지막 문단에서 로봇 기술이 인간의 삶을 편하게 만들어 준다고 하면서, 로봇세의 도입으로 이러한 편안한 삶이 지연되지 않기를 바란다고 언급하고 있다. 이는 로봇세 도입이 미치는 영향을 언급한 것이지, 로봇세 도입 목적과는 관련이 없다.

③ ㉡을 고려해, 로봇 사용으로 일자리를 잃은 사람들을 지원하려는 로봇세 도입의 취지를 언급한다.
1문단의 '로봇으로 인해 일자리를 잃은 사람들을 지원하거나 ~ 로봇세 도입의 목적이다.'에서 알 수 있다.

④ ㉢을 고려해, 로봇세 도입과 로봇 기술 개발의 관계를 제시하여 로봇세의 부정적 측면을 부각한다.
3문단의 '로봇세를 도입하면 세금에 ~ 로봇 기술의 특허권으로 이익을 창출할 수 있는 기회가 줄어들게 된다.'는 로봇세 도입의 부정적 측면을 부각한 것이다. 이는 '나와 상반되는 견해를 가진 학생들'을 염두에 둔 것이므로 적절하다.

⑤ ㉢을 고려해, 일자리가 증가해 온 역사적 사실을 언급하며 로봇세 도입이 필요하지 않음을 부각한다.
4문단에서 학생은 일자리가 증가해 온 역사적 사실인 산업 혁명을 언급하고 있다. 이는 일자리를 잃은 사람들을 지원하기 위해 로봇세가 필요하다는 생각에 대한 반대 의견을 드러낸 것이다. 따라서 '나와 상반되는 견해를 가진 학생들'을 염두에 둔 것이므로 적절하다.

[문제편 p.162]

43 자료 활용 방안의 적절성 판단 정답률 70% | 정답 ②

(나)를 활용하여 (다)를 작성했다고 할 때, 학생의 자료 활용에 대한 설명으로 적절하지 않은 것은?

① ⓐ에 대한 해석을 토대로, 로봇세 도입에 대한 논의는 일자리가 감소할 것이라는 사람들의 우려를 배경으로 한다는 점을 제시했다.
1문단의 '로봇의 발달로 일자리가 줄어들 것이라는 사람들의 불안이 커지면서 최근 로봇세 도입에 대한 논의가 활발하다.'에서 확인할 수 있다.

✔ ⓑ의 사례를 찾아, 이를 로봇의 경우와 비교하여 로봇세가 중복 부과되는 세금이라는 점을 제시했다.
'학생의 글' 2문단의 '널리 쓰이고 있는 ~ 그 기준이 일관되지 않는다는 문제가 있다.'에서 '새로운 기계가 도입되면서 일부 분야에서 일자리가 줄어든 경우'의 사례를 찾아 로봇과 비교하고 있음을 알 수 있다. 하지만 이를 통해 학생은 공정한 과세가 아니라는 의견을 드러내고 있지, 로봇세가 중복 부과되는 세금이라는 점을 드러내지는 않고 있다.

③ ⓒ를 이유로 들어, 로봇 시장을 선점하기 위해 벌어질 경쟁의 양상을 예측하여 제시했다.
3문단의 '앞으로 로봇 수요가 증가하면서 로봇 시장의 우위를 선점하기 위한 로봇 기술 개발의 경쟁이 더욱 뜨거워질 것이다. 로봇 기술 중 상당수가 특허권이 인정되는 고부가 가치 기술이기 때문이다.'에서 확인할 수 있다.

④ ⓓ를 구체화하여, 로봇세를 도입하는 경우 국가에 손실이 발생할 수 있음을 제시했다.
3문단의 '로봇세를 도입하면 세금에 대한 부담이 늘어나 로봇에 대한 수요가 감소한다 ~ 로봇 사용이 필요한 기업이나 개인은 선진 로봇 기술이 적용된 로봇을 외국에서 수입해야 하므로 막대한 금액이 외부로 유출되어 국가적으로 손해이다.'에서 확인할 수 있다.

⑤ ⓔ에서 한쪽의 의견을 선택하여, 로봇세 부과가 로봇 관련 특허 기술 개발에 걸림돌이 될 수 있음을 제시했다.
3문단의 '이러한 상황에서 전문가들은 로봇세를 도입하면 기술 개발에 악영향을 끼칠 수 있다고 말한다 ~ 로봇을 생산하는 기업은 기술 개발 의지가 약화되어 로봇 기술의 특허권으로 이익을 창출할 수 있는 기회가 줄어들게 된다.'에서 확인할 수 있다.

44 주장에 대한 반박하는 글 쓰기 정답률 89% | 정답 ②

〈보기〉에서 근거를 찾아 [A]에 대해 반박하는 글을 쓰려고 한다. 글에 담길 내용으로 가장 적절한 것은? [3점]

〈보 기〉

로봇 기술의 발전에 따라 로봇의 생산 능력이 비약적으로 향상되고 있다. 이는 로봇 하나당 대체할 수 있는 인간 노동자의 수도 지속적으로 증가함을 의미한다. 로봇 사용이 사회 전반에 빠르게 확산되는 현실을 고려할 때, 로봇 사용으로 인한 일자리 대체 규모가 기하급수적으로 커질 것이다.

① 로봇 기술의 발달을 통해 일자리를 늘리려면 지속적으로 일자리가 늘었던 산업 혁명의 경험에서 대안을 찾아야 한다.

✔ 로봇의 생산 능력에 대한 고려 없이 과거 사례만으로 일자리가 감소하지 않을 것이라고 보는 것은 성급한 판단이다.
[A]에서 학생은 산업 혁명을 사례로 들어, 로봇의 사용으로 일자리가 줄어들 가능성은 낮다고 하고 있다. 그리고 〈보기〉에서는 로봇 기술의 발전에 따라 생산 능력이 비약적으로 향상되고 있어서, 일자리 대체 규모가 기하급수적으로 커질 것이라 하고 있다. 이러한 내용을 볼 때, 〈보기〉에서 근거를 찾아 [A]를 반박한 것으로 가장 적절한 것은 ②이다.

③ 로봇 사용으로 밀려날 수 있는 인간 노동자의 생산 능력을 향상시킬 수 있는 제도적 지원 방안을 마련해야 한다.
④ 로봇세를 도입해 기업이 로봇의 생산성 향상에 기여하도록 해야 인간의 일자리 감소를 막을 수 있다.
⑤ 산업 혁명의 경우와 같이 로봇의 생산성 증가는 인간의 새로운 일자리를 만드는 데 기여할 것이다.

45 작문의 특성 파악 정답 ②

(가)와 (다)를 바탕으로 이끌어 낼 수 있는 작문의 특성으로 가장 적절한 것은?

① 글쓴이가 자신의 감정을 주관적으로 드러냈다는 점에서 작문은 주관적인 정서 표현 행위라 할 수 있다.
(다)에서 글쓴이의 개인적인 감정은 드러나지 않고 있으므로 적절하지 않다.

✔ 글쓴이가 근거를 들어 자신의 주장을 제시했다는 점에서 작문은 주장의 타당성을 드러내는 표현 행위라 할 수 있다.
(가)를 통해 '사회적 쟁점에 대해 학급 학생들에게 주장하는 글을 쓴다.'는 학습 활동 과제를 알 수 있다. (다)에서 학생은 로봇세 도입을 반대한다고 주장하면서, 2, 3문단에서 로봇세 도입을 반대하는 이유를 근거로 들어 제시하고 있다. 따라서 (가), (다)를 통해 학생은 근거를 들어 주장의 타당성을 드러내고 있으므로 ②와 같은 작문의 특성을 이끌어 낼 수 있다고 할 수 있다.

③ 글쓴이가 구체적인 통계 자료를 제시하여 자신의 생각을 드러냈다는 점에서 작문은 독자의 이해를 위한 표현 행위라 할 수 있다.
(다)에서는 (나)를 활용하여 글을 서술하고 있지만, (다)에서 구체적인 자료를 제시하지는 않고 있다.

④ 글쓴이가 문제가 되는 상황을 구체적으로 제시했다는 점에서 작문은 인물 간의 갈등 해결을 위한 표현 행위라 할 수 있다.
(다)를 통해 로봇세 도입이라는 문제가 되는 상황을 제시하고 있지만, (다)는 설득적 성격을 지닌 주장하는 글에 해당하므로 인물 간의 갈등 해결과 관련되었다고 볼 수 없다.

⑤ 글쓴이가 사회 구성원을 독자로 설정하고 있다는 점에서 작문은 사회적 문제를 해소할 수 있는 표현 행위라 할 수 있다.
(가)를 통해 글쓴이는 학급 학생들을 독자로 설정하고 있음을 알 수 있으므로 적절하지 않다.

21회 | 수능 실전 모의고사 고3

• 정답 •
35② 36② 37④ 38③ 39④ 40⑤ 41③ 42① 43④ 44② 45③

35 발표 계획의 적절성 파악 정답률 85% | 정답 ②

발표에 반영된 학생의 발표 계획으로 적절하지 않은 것은?

① 정보의 출처를 언급하여 발표 내용의 신뢰성을 높여야겠어.
두 번째 문단에서 학생은 「조선 왕조 궁중 음식」이라는 책을 언급하며 왕이 수라상을 아침과 저녁에 두 번 받았다는 내용을 전달하고 있다. 그리고 마지막 문장에서 수라상에 대해 자신이 참고한 기록이 대한 제국 시기 상궁들의 구술을 토대로 한 것임을 밝히고 있다.

✔ 내용을 요약하며 마무리하여 발표의 중심 내용을 한 번 더 강조해야겠어.
발표의 마지막 부분에서 학생은 궁중 음식의 의의에 대해 언급하고 있다. 또한 수라상에 대해 자신이 참고한 기록이 대한 제국 시기 상궁들의 구술을 토대로 한 것임을 밝히고 있다. 따라서 학생이 발표 마지막에 발표 내용을 요약하며 마무리하고 있지 않으므로 적절하지 않다.

③ 발표 중에 질문을 하여 발표 내용에 대한 청중의 이해를 확인해야겠어.
세 번째 문단에서 '야참을 식사로 본다면 왕은 하루에 몇 번이나 식사를 했을까요?'라고 질문하며 청중의 대답을 듣고 있다.

④ 발표 주제와 관련된 단어의 의미를 설명하여 발표 내용에 대한 청중의 이해를 도와야겠어.
학생은 '조선의 궁중 음식 중 수라상에 대해 말씀드리겠'다고 발표 주제를 드러내면서, 청중의 이해를 돕기 위해 '수라'가 무엇인지 의미를 알려 주고 있다.

⑤ 발표할 내용의 순서를 앞부분에 제시하여 청중이 발표 내용을 예측하며 들을 수 있게 해야겠어.
학생은 발표를 하기에 앞서 '발표는 수라상의 상차림, 왕의 식사 횟수와 식사 장면, 그리고 수라상의 음식을 포함한 조선의 궁중 음식이 지닌 의의 순으로 진행하겠'다고 발표할 내용의 순서를 제시하고 있다.

36 자료 활용 방식의 적절성 판단 정답률 93% | 정답 ②

발표에서 학생이 자료를 활용한 방식에 대한 설명으로 가장 적절한 것은?

① 전골을 조리하는 과정을 설명하기 위해 ㉠에 소원반과 화로의 사진을 제시하였다.

✔ 수라상의 전체적인 모습을 보여 주기 위해 ㉠에 음식이 차려진 상들과 화로의 사진을 제시하였다.
2문단의 '지금 보시는 화면이 수라상의 사진인데요, 세 개의 상과 화로를 한눈에 볼 수 있습니다.'에서 알 수 있다.

③ 왕이 식사한 시간을 알려 주기 위해 ㉡에 수라상의 사진을 제시하였다.
④ 수라상을 간단히 차린 이유를 알려 주기 위해 ㉡에 낮것상의 사진을 제시하였다.
⑤ 수라상을 차리는 과정을 설명하기 위해 ㉢에 시중을 드는 상궁들의 모습을 담은 동영상을 제시하였다.

37 청중 반응 분석의 적절성 판단 정답률 95% | 정답 ④

〈보기〉는 발표를 들은 후 청중이 보인 반응이다. 발표를 고려하여 청중의 반응을 분석한 것으로 적절하지 않은 것은? [3점]

〈보 기〉

청자 1 : 궁중 음식을 민간과 무관한 것으로 생각했는데, 민간과 교류를 했다는 사실을 알게 되어 좋았어. 그런데 수라상에 세 개의 상이 있다고 하면서도 설명은 두 개만 해서 아쉬웠어.
청자 2 : 왕의 음식에 독이 들었는지 확인하는 상궁을 기미 상궁으로 알고 있는데, 동영상의 상궁 중 한 명이 기미 상궁이겠군. 그리고 발표자가 참고한 기록이 대한 제국 시기 상궁들의 구술을 토대로 했다면, 오늘 들은 수라상에 대한 내용은 조선 시대 전반에 걸친 것이 아닐 수도 있지 않을까?
청자 3 : 궁중 음식이 무형 문화재로 지정되었다는 것은 단지 음식만이 아니라 조리법을 비롯한 음식 문화 전반의 가치를 인정한 것이겠군. 그리고 고추와 같은 재료는 조선 후기에 유입된 것으로 알고 있는데, 그렇다면 그에 따라 수라상의 음식들에 변화가 있었겠군.

① 청자 1은 이전에 몰랐던 사실을 발표를 통해 알게 된 것을 긍정적으로 생각하고 있군.
'궁중 음식을 민간과 무관한 것으로 생각했는데, 민간과 교류를 했다는 사실을 알게 되어 좋았어.'에서 알 수 있다.

② 청자 2는 발표 내용의 일부를 언급하며 이와 관련하여 의문을 제기하고 있군.
'발표자가 참고한 기록이 대한 제국 시기 상궁들의 구술을 토대로 했다면, 오늘 들은 수라상에 대한 내용은 조선 시대 전반에 걸친 것이 아닐 수도 있지 않을까?'에서 알 수 있다.

③ 청자 3은 발표 내용을 바탕으로 발표에서 직접적으로 언급되지 않은 내용을 추론하고 있군.
'고추와 같은 재료는 조선 후기에 유입된 것으로 알고 있는데, 그렇다면 그에 따라 수라상의 음식들에 변화가 있었겠군.'에서 알 수 있다.

✔ 청자 1과 청자 3 모두 발표 내용에 누락된 내용이 있는 것을 부정적으로 생각하고 있군.
'청자 1'은 수라상에 세 개의 상이 있다고 하면서도 설명은 두 개만 해서 아쉬웠다고 발표 내용의 누락된 부분을 지적하고 있다. 그러나 '청자 3'은 궁중 음식이 무형 문화재로 지정되었다는 것에 대한 의미를 분석하고, 고추 유입에 따라 수라상에도 변화가 있었을 것이라고 배경지식을 바탕으로 추측하고 있다. 이렇게 볼 때, '청자 1'은 발표 내용에 누락된 내용이 있는 것을 부정적으로 생각하고 있지만, '청자 3'은 발표 내용의 누락과는 관련이 없는 반응을 보이고 있으므로 적절하지 않다.

[문제편 p.164]

⑤ **청자 2와 청자 3 모두 발표 내용과 관련된 자신의 배경 지식을 활용하고 있군.**
'왕의 음식에 독이 들었는지 확인하는 상궁을 기미 상궁으로 알고 있는데'와 '고추와 같은 재료는 조선 후기에 유입된 것으로 알고 있는데'에서 알 수 있다.

38 토의 진행 계획의 적절성 판단 정답률 96% | 정답 ③

다음은 '현지'가 (가)를 준비하면서 떠올린 생각이다. ㉮~㉲ 중 (가)에서 확인할 수 있는 것을 고른 것은?

> 이번 독서 토의는 어떻게 진행하는 게 좋을까? 우선 토의와 관련된 활동지를 나눠 주고, ㉮ 시작할 때 토의 주제를 언급하는 게 좋겠어. 그리고 참여자들이 고루 의견을 제시할 수 있도록 ㉯ 발언 순서를 지정해 줘야지. ㉰ 근거 없이 의견만을 이야기할 때는 근거를 함께 제시하도록 요구해야겠어. 토의 흐름을 이해할 수 있도록 ㉱ 토의 내용을 정리해 주고, ㉲ 질문을 통해 다른 관점에서 생각해 보도록 유도하는 것도 좋을 것 같아.

① ㉮, ㉯, ㉱ ② ㉮, ㉰, ㉲ ✔㉮, ㉱, ㉲ ④ ㉯, ㉰, ㉲ ⑤ ㉰, ㉱, ㉲

㉮ **시작할 때 토의 주제를 언급**
현지의 첫 번째 발언인 '이번 시간에는 '허생의 처가 추구하는 행복의 조건은 무엇인가?'라는 주제로 토의하려고 해.'에서 시작할 때 토의 주제를 언급하고 있음을 알 수 있다.

㉯ **발언 순서를 지정**

㉰ **근거 없이 의견만을 이야기할 때는 근거를 함께 제시하도록 요구**

㉱ **토의 내용을 정리**
현지의 두 번째, 세 번째 발언의 '정리하면'이라는 말에서 토의 내용을 정리하고 있음을 알 수 있다.

㉲ **질문을 통해 다른 관점에서 생각해 보도록 유도**
두 번째 발언인 '그렇다면 허생의 처가 추구한 행복의 조건을 다른 측면에서는 어떻게 접근할 수 있을까?'에서 다른 관점에서 생각해 보도록 유도하고 있음을 알 수 있다.

39 토의 참여자들의 말하기 방식 파악 정답률 90% | 정답 ④

[A], [B]를 이해한 내용으로 가장 적절한 것은?

① **[A] : '영수'는 '민호'에게 추가적인 근거를 요구하기 위해 질문하고 있다.**
'영수'는 '허생의 처는 외적 조건인 부를 추구하는 사람이라고 볼 수 있'다는 민호의 말에, '과연 그럴까?'라고 의문을 제기하면서, 허생의 처가 외적인 부를 추구하는 사람이라 볼 수 없다는 자신의 의견을 드러내고 있다. 따라서 '영수'는 '민호'에게 추가적인 근거를 요구하기 위해 질문하고 있다는 이해는 적절하지 않다.

② **[A] : '영수'는 '민호'의 의견을 수용하면서 또 다른 근거를 제시하고 있다.**
'영수'는 '허생의 처는 외적 조건인 부를 추구하는 사람이라고 볼 수 있'다는 민호의 말에, '과연 그럴까?'라고 의문을 제기하면서, 허생의 처가 외적인 부를 추구하는 사람이라 볼 수 없다는 자신의 의견을 드러내고 있다. 따라서 '영수'는 '민호'의 의견을 수용하면서 또 다른 근거를 제시하고 있다는 이해는 적절하지 않다.

③ **[A] : '영수'는 '민호'의 의견에 동의하면서 그 의견을 재진술 하고 있다.**
'영수'는 '허생의 처는 외적 조건인 부를 추구하는 사람이라고 볼 수 있'다는 민호의 말에, '과연 그럴까?'라고 의문을 제기하면서, 허생의 처가 외적인 부를 추구하는 사람이라 볼 수 없다는 자신의 의견을 드러내고 있다. 따라서 '영수'는 '민호'의 의견에 동의하면서 그 의견을 재진술 하고 있다는 이해는 적절하지 않다.

✔ **[B] : '영수'는 '민호'의 의견을 받아들이며 이를 보완하는 의견을 추가하고 있다.**
[B]에서 '민호'는 허생의 처가 추구하는 행복의 조건을 가족 구성원의 관계라는 측면에서 접근할 수 있다는 의견을 드러내고 있다. 이에 '영수'는 '민호'의 의견에 동의하면서 가족 간의 소원한 관계도 행복하지 않은 이유로 여긴다고 의견을 추가하고 있다.

⑤ **[B] : '영수'는 '민호'의 의견에 대해 논리적 오류를 지적하면서 상반된 의견을 제시하고 있다.**
'영수'는 '민호'의 의견에 동의하고 있으므로 적절하지 않다.

40 작문 계획의 반영 여부 판단 정답률 68% | 정답 ⑤

다음은 (가)를 반영하여 (나)를 작성하기 위한 '민호'의 작문 계획이다. (나)에 반영된 내용으로 적절하지 않은 것은?

> **1문단**
> ○ 허생의 처가 추구한 행복의 조건이 외적 조건이라고 한 기존의 내 의견과, 토의를 통해 수정된 내 생각을 함께 써야겠어. ········ ①
>
> **2문단**
> ○ 허생의 처가 행복하지 않은 이유를 생계 문제를 중심으로 파악했던 의견에 의문을 제기하고 이에 답하는 식으로 써야겠어. ········ ②
> ○ '영수'가 허생의 처의 말을 인용하면서 개진한 의견을 포함하여 허생의 처가 행복해지기 위한 조건을 써야겠어. ········ ③
>
> **3문단**
> ○ 나와 '영수'가 허생의 처의 행복을 가족 간 관계의 측면에서 논의한 내용을 바탕으로, 내가 기존에 갖고 있던 행복에 대한 생각이 편협했음을 깨달았다는 내용을 써야겠어. ········ ④
> ○ 허생의 처가 왜 행복하지 않은지에 대해 나와 '영수'가 동의했던 두 가지 이유 중 강요된 희생을 주된 이유로, 소원한 관계를 부차적 이유로 구별하고 이에 비추어 나의 삶을 반성하는 내용을 써야겠어. ········ ⑤

① **허생의 처가 추구한 행복의 조건이 외적 조건이라고 한 기존의 내 의견과, 토의를 통해 수정된 내 생각을 함께 써야겠어.**
1문단의 '나는 허생의 처가 행복의 외적 조건을 추구하고 있다고 여겼다. 하지만 토의를 통해 ~ 부를 추구했다고 보기 어렵다는 사실을 깨닫게 되었다.'에서 반영되었음을 알 수 있다.

② **허생의 처가 행복하지 않은 이유를 생계 문제를 중심으로 파악했던 의견에 의문을 제기하고 이에 답하는 식으로 써야겠어.**
2문단의 '그런데 생계와 관련된 문제만 해결된다면 허생의 처는 행복해질 수 있었을까 하는 의문이 들었다.'에서 생계 문제를 중심으로 파악했던 의견에 의문을 제기하고 있다. 그리고 '남편인 허생과 소원해지면서 가족 구성원으로서의 유대감 또한 느낄 수 없었던 것이다.'라고 언급하며 의문에 대한 답을 드러내고 있다.

③ **'영수'가 허생의 처의 말을 인용하면서 개진한 의견을 포함하여 허생의 처가 행복해지기 위한 조건을 써야겠어.**
토의에서 영수는 허생의 처의 말을 인용하면서 '허생의 처는 가족 간의 소원한 관계도 행복하지 않은 이유로 여기'고 있다고 말하고 있다. 그리고 2문단에서 '허생의 처가 행복해지기 위해서는 가족 구성원 간의 바람직한 관계 역시 중요한 조건이었던 것이다.'라고 언급하고 있다.

④ **나와 '영수'가 허생의 처의 행복을 가족 간 관계의 측면에서 논의한 내용을 바탕으로, 내가 기존에 갖고 있던 행복에 대한 생각이 편협했음을 깨달았다는 내용을 써야겠어.**
'그동안 나는 돈을 많이 벌거나 좋은 직업을 갖는 등 ~ 이 조건만이 행복을 위한 조건의 전부가 아니라는 것을 깨닫게 되었다.'에서 반영되었음을 알 수 있다.

✔ **허생의 처가 왜 행복하지 않은지에 대해 나와 '영수'가 동의했던 두 가지 이유 중 강요된 희생을 주된 이유로, 소원한 관계를 부차적 이유로 구별하고 이에 비추어 나의 삶을 반성하는 내용을 써야겠어.**
'민호'가 쓴 글 3문단의 '공부나 친구를 핑계로 가족과의 관계를 소원하게 만든 것은 아닌지 반성하게 되었다.'에서 자신의 삶을 반성하고 있음을 알 수 있다. 하지만 강요된 희생을 주된 이유로, 소원한 관계를 부차적 이유로 구분하여 자신의 삶을 반성하고 있는 것은 아니다. '민호'는 행복의 외적 조건만이 자신을 행복으로 이끌어 줄 것이라는 생각이 잘못되었음을 깨달으면서 반성하고 있는 것이다.

41 자료 활용 방안의 적절성 판단 정답률 90% | 정답 ③

〈보기〉는 '민호'가 (나)를 쓴 후 찾은 자료이다. (나)의 문맥에 따라 〈보기〉를 활용하여 ㉠을 구체화할 수 있는 방안으로 가장 적절한 것은? [3점]

> 〈보 기〉
> ○ 한 경제학자는 ⓐ 소득이 높아질수록 행복 수준도 상승할 것이라는 사람들의 기대와는 달리, ⓑ 소득이 일정 수준을 넘어서면 소득이 더 증가해도 행복 수준은 더 이상 상승하지 않는다고 주장했다.
>
> ○ OECD 국가 간 행복 비교 연구에서는 ⓒ 행복 수준을 조사하기 위해 물질적 풍요 수준, 가족이나 친구와 같은 인간관계에서의 만족 수준 등을 종합적으로 고려한다.

① **ⓐ를 활용하여, 행복을 위한 조건인 물질적 부의 수준은 사람마다 다를 수 있다는 내용으로 구체화한다.**
ⓐ는 물질적 부가 높아질수록 행복 수준도 높아질 것이라는 일반적인 사람들의 기대감에 해당하지만, 이를 통해 행복을 위한 조건인 물질적 부의 수준은 사람마다 다를 수 있다는 내용은 이끌어 내기 어려우므로 적절하지 않다.

② **ⓑ를 활용하여, 일정 소득 수준을 넘어선 물질적 부의 추구가 행복의 조건에 해당하지 않는다는 내용으로 구체화한다.**
ⓑ는 일정 소득 수준을 넘어선 물질적 부의 추구가 행복의 조건에 해당하지 않는다는 내용과는 관련이 없으므로 ㉠을 구체화하기에는 적절하지 않다.

✔ **ⓒ를 활용하여, 행복을 위한 조건으로 물질적 부도 고려해야 하지만 가족 구성원 간의 바람직한 관계 형성도 고려해야 한다는 내용으로 구체화한다.**
ⓒ는 행복의 조건과 관련된다. 따라서 이를 활용하여 물질적 풍요뿐만 아니라 가족 구성원 간의 바람직한 관계 형성도 고려해야한다고 ㉠을 구체화할 수 있다.

④ **ⓐ와 ⓒ를 활용하여, 행복을 위한 조건인 바람직한 가족 관계를 형성하려면 일정 수준 이상의 소득이 보장되어야 한다는 내용으로 구체화한다.**
ⓐ는 물질적 부가 높아질수록 행복 수준도 높아질 것이라는 일반적인 사람들의 기대감에 해당하고, ⓒ는 물질적 풍요 수준뿐만 아니라 바람직한 가족 관계를 형성하는 것도 행복의 조건임을 드러내고 있다. 하지만 이러한 ⓐ와 ⓒ를 통해 바람직한 가족 관계를 형성하기 위해 일정 수준 이상의 소득이 보장되어야 한다는 내용을 이끌어 내기는 어려우므로 적절하지 않다.

⑤ **ⓑ와 ⓒ를 활용하여, 행복을 위한 조건인 물질적 부를 추구할 경우 가족 간의 관계가 소원해질 수 있다는 내용으로 구체화 한다.**
ⓑ는 부의 수준이 행복 수준과 반드시 비례하지 않음을 드러내고 있고, ⓒ는 물질적 풍요 수준뿐만 아니라 바람직한 가족 관계를 형성하는 것도 행복의 조건임을 드러내고 있다. 이러한 ⓑ와 ⓒ를 활용하여 물질적 부를 추구할 경우 가족 간의 관계가 소원해질 수 있다는 내용은 이끌어 내기 어려우므로 적절하지 않다.

42 글쓰기 계획의 반영 여부 판단 정답률 95% | 정답 ①

(가)의 사항이 (나)에 반영된 내용으로 가장 적절한 것은?

✔ **글감에 대한 논의의 필요성을 드러내기 위해, 봉사의 날 운영 방식이 논의되고 있는 우리 학교 상황을 제시하였다.**
(가)를 보면 학생은 '봉사의 날 운영 방식'을 글감으로 하고 있다. 그리고 (나) 1문단에서는 우리 학교 운영 방식을 제시하면서, '이로 인해 학교 구성원들 사이에서 봉사의 날 운영 방식에 대한 논의가 한창이다.'라고 자신의 학교 상황을 언급하고 있다. 이렇게 볼 때 학생은 '봉사의 날 운영 방식'을 글감에 대한 논의의 필요성을 드러내기 위해, 봉사의 날 운영 방식이 논의되고 있는 자신의 학교 상황을 제시하였다고 할 수 있다.

② **글의 목적을 강조하기 위해, 자료를 수집한 과정과 우리 학교에 봉사의 날이 도입된 취지를 제시하였다.**
학생은 학교 구성원을 설득하는 글의 목적을 드러내기 위해 글을 쓰고는 있지만, 자료를 수집한 과정과 우리 학교에 봉사의 날이 도입된 취지를 제시하지는 않고 있으므로 적절하지 않다.

③ **예상 독자의 관심을 반영하기 위해, 학교 구성원이 관심을 가질 수 있는 주제를 선정하는 과정을 제시하였다.**
예상 독자인 학교 구성원의 관심을 반영하기 위해 주제를 선정하는 과정은 드러나지 않고 있다.

④ **글의 주제를 구체화하기 위해, 현행 봉사의 날 운영 방식의 장점을 병렬적으로 열거하여 제시하였다.**

[문제편 p.165]

글의 주제를 드러내기 위해 현행 봉사의 날 운영 방식의 문제점을 언급하고는 있지만, 현행 봉사의 날 운영 방식에 대한 장점을 병렬적으로 열거하지는 않고 있다.

⑤ **자료의 객관성을 높이기 위해, 봉사 활동과 관련한 설문 조사 문항과 조사 대상에 대한 정보를 제시하였다.**
학생은 자신이 다니는 학생들이 현행 봉사의 날 운영 방식에 불만을 지녔다고 언급하고는 있지만, 이를 설문 조사 문항과 조사 대상에 대한 정보를 구체적으로 제시하여 언급하지는 않고 있다.

43 자료 활용 방안의 적절성 판단
정답률 89% | 정답 ④

다음은 [A]를 보완하기 위해 추가로 수집한 자료이다. 자료의 활용 방안으로 적절하지 않은 것은?

〈자 료〉

우리 학교 학생 대상 설문 조사 결과

㉮ 현행 봉사의 날 운영 방식에 대한 만족 여부

매우 만족, 만족, 매우 불만족, 15%, 9%, 보통, 52%, 불만족

㉯ 현행 봉사의 날 운영 방식에 대한 불만족 이유

기타, 자발성이 떨어짐, 43%, 51%, 보람을 느낄 수 없음

㉰ 교육 전문 잡지 「□□□」
동아리별 봉사 활동은 동아리 활동을 통해 계발한 역량을 봉사 활동에서 발휘할 수 있어 학생들에게 성취 경험을 제공하므로 봉사 활동에 대한 학생들의 자발성을 높일 수 있다. 하지만 학생들이 동아리 활동 시간에 봉사 활동 준비를 하는 경우도 있어 동아리의 본래 목적에 맞는 활동이 잘 이뤄지지 않을 수 있다. 따라서 학교에서는 별도의 봉사 활동 준비 시간을 마련해 주는 방안을 고려할 필요가 있다.

① **㉮를 활용해, 현행 운영 방식에 대한 우리 학교 학생들의 만족 여부를 구체적으로 보여 주는 설문 조사의 결과를 추가해야겠어.**
㉮의 자료는 현행 봉사의 날 운영 방식에 대한 불만족이 67%나 됨을 알 수 있으므로, '글의 초고' 2문단에 언급된 현행 운영 방식에 대한 우리 학교 학생들의 만족 여부를 구체적으로 보여 주는 설문 조사의 결과로 이를 활용할 수 있다.

② **㉯를 활용해, 현행 운영 방식에 대한 학생들의 불만족 이유에 봉사 활동에서 보람을 느낄 수 없다는 점을 추가해야겠어.**
㉯에서 불만족 이유로 '자발성이 떨어짐'이 51%를 차지하고 있고, 2문단에서 현행 운영 방식에 대한 우리 학교 학생들이 불만족은 언급하고 있지만 그 이유는 언급하고 있지 않다. 따라서 ㉯를 활용하여 그 이유를 구체적으로 밝혀 주면 학생들의 신뢰를 얻을 수 있으므로 적절한 활용 방안이다.

③ **㉰를 활용해, 동아리별 봉사 활동의 도입과 관련한 일부 학생들의 우려에 대해 이를 해결할 수 있는 방안을 추가해야겠어.**
㉰의 자료는 동아리별 봉사 활동 방식이 지닌 장점과 단점을 언급하면서, 단점을 해결하기 위한 방안으로 학교에서 별도의 봉사 활동 준비 시간을 마련해 주어야 함을 언급하고 있다. 그리고 '글의 초고'에서 '동아리 활동이 위축될 수 있다'는 동아리별 활동 방식에 대한 학생들의 우려가 드러나고 있다. 따라서 ㉰를 활용하면 동아리별 봉사 활동의 도입과 관련한 일부 학생들의 우려를 해결할 수 있으므로 적절한 자료 활용 방안이다.

✔ **㉮와 ㉰를 활용해, 현행 운영 방식의 문제점으로 봉사 활동 준비에 많은 시간이 소요된다는 점을 추가해야겠어.**
㉮의 자료는 현행 봉사의 날 운영 방식에 대한 불만족이 67%나 됨을 알 수 있다. 따라서 이 자료에서 현행 봉사의 날 운영 방식에 대한 문제점을 이끌어 낼 수 있다. 그런데 ㉰의 자료는 동아리별 봉사 활동 방식이 지닌 단점으로 봉사 활동 준비에 많은 시간이 소비됨을 언급하고 있지, 이를 현행 운영 방식의 문제점으로는 언급하고 있지 않으므로 적절하지 않다.

⑤ **㉯와 ㉰를 활용해, 동아리별 봉사 활동이 학생들에게 성취 경험을 제공하여 불만족 이유 중 가장 비율이 높은 문제의 해결에 도움이 된다는 점을 추가해야겠어.**
㉯에서 불만족 이유로 '자발성이 떨어짐'이 51%를 차지하고 있고, ㉰에서는 동아리별 봉사 활동이 학생들에게 성취 경험을 제공하여 봉사 활동에 대한 자발성을 높일 수 있다는 장점을 드러내고 있다. 따라서 ㉯와 ㉰를 활용하여 동아리별 봉사 활동이 학생들에게 성취 경험을 제공하여 불만족 이유 중 가장 비율이 높은 문제의 해결에 도움이 된다는 점을 추가할 수 있으므로 적절한 자료 활용 방안이다.

44 고쳐쓰기 방안 내용의 추론
정답률 80% | 정답 ②

다음은 (나)를 쓴 학생이 교지 편집부장에게 보낸 이메일이다. ㉠에 들어갈 내용으로 가장 적절한 것은?

답장 | 전체답장 | 전달 | X삭제 | 스팸신고 | 목록 | 위 | 아래

보내 주신 검토 의견 중 (㉠)해 달라는 말을 고려해 초고의 마지막 문단을 아래와 같이 수정했습니다. 확인 바랍니다.

청소년기에 수행하는 봉사 활동은 청소년들에게 나눔과 배려의 정신을 길러 줄 뿐만 아니라, 스스로 성장할 수 있는 기회를 제공한다는 점에서 의의가 있다. 동아리별 봉사 활동을 도입한다면, 학생들이 자발적으로 봉사 활동에 참여하게 되어 봉사 정신을 기를 수 있고 자신들의 진로 관련 역량을 계발하여 자기 성장의 기회를 얻게 될 것이다.

① **청소년기의 의의는 삭제하고, 청소년기 봉사 활동의 의의는 추가**
청소년기의 의의는 삭제하였지만, 청소년기 봉사 활동의 의의는 기존 내용을 사용하였으므로 적절하지 않다.

✔ **청소년기의 의의는 삭제하고, 동아리별 봉사 활동 도입 시 기대 효과는 추가**
이메일 내용을 보면, '청소년기에 수행하는 봉사 활동이 지니는 의의'를 언급하고, '동아리별 봉사 활동을 도입한다면 ~ 자기 성장의 기회를 얻게 될 것이다.'라고 하여 동아리별 봉사 활동을 도입 시 기대효과를 드러내고 있다. 이를 '글의 초고' 마지막 문단과 비교하면 '청소년기의 의의'는 삭제하고 동아리별 봉사 활동 도입 시 기대되는 효과를 추가하고 있으므로 적절하다.

③ **청소년기의 의의는 삭제하고, 동아리별 봉사 활동 도입을 위한 지원 방안은 추가**
청소년기의 의의는 기존 내용을 사용하였고, 동아리별 봉사 활동 도입을 위한 지원 방안은 추가되지 않았으므로 적절하지 않다.

④ **청소년기 봉사 활동의 의의는 삭제하고, 동아리별 봉사 활동 도입 시 기대 효과는 추가**
동아리별 봉사 활동 도입 시 기대 효과는 추가하였지만, 청소년기의 의의는 기존 내용을 그대로 사용하였으므로 적절하지 않다.

⑤ **청소년기 봉사 활동의 의의는 삭제하고, 동아리별 봉사 활동 도입을 위한 지원 방안은 추가**
청소년기의 의의는 기존 내용을 사용하였고, 동아리별 봉사 활동 도입을 위한 지원 방안은 추가되지 않았으므로 적절하지 않다.

45 작문 평가의 적절성 판단
정답 ③

다음은 (나)를 친구들이 읽고 난 뒤의 평가이다. 적절한 평가를 한 사람들끼리 바르게 짝지은 것은?

윤아 : 자신의 의견에 반대하는 학생들을 고려하여 절충안을 제시하고 있군.
정수 : 인터뷰 내용을 바탕으로 기존 봉사 활동이 지닌 문제점을 지적하고 있군.
경민 : 동아리별 봉사 활동이 지닌 장점을 제시하여 자신의 생각을 드러내고 있군.
상은 : 봉사 활동이 지닌 의의를 제시하면서 봉사 활동에 대해 참여하기를 독려하고 있군.

① **윤아, 정수**
② **윤아, 상은**
✔ **정수, 경민**
(나)의 2문단에서는 현행 봉사의 날 운영 방식에 대해 만족하지 않았다는 인터뷰 내용을 바탕으로, 기존 봉사 활동이 획일적이어서 학생들의 자발적 참여를 유도하기 어렵다는 문제점을 드러내고 있다. 그리고 3문단에서는 동아리별 봉사 활동을 하게 되면 동아리의 특색을 살린 봉사 활동이 되어서, 학생들이 보다 다양한 봉사 활동을 계획하고 실행할 수 있는 장점이 있음을 언급하고 있다. 이렇게 볼 때, (나)를 읽고 올바르게 평가한 사람은 정수와 경민이라고 할 수 있다.
참고로 3문단의 '동아리 활동이 위축될 수 있다는 일부 학생들의 우려도 있지만'을 통해 자신의 의견에 반대하는 의견을 언급하고 있지만, 절충안을 제시하지는 않고 있다. 또한 4문단을 통해 청소년기에 수행하는 봉사 활동의 의의를 확인할 수 있지만 봉사 활동에 참여하기를 독려하지는 않고 있다.
④ **정수, 상은**
⑤ **경민, 상은**

[문제편 p.168]